797,885 Books
are available to read at

Forgotten Books

www.ForgottenBooks.com

Forgotten Books' App
Available for mobile, tablet & eReader

ISBN 978-0-259-95892-5
PIBN 10619770

This book is a reproduction of an important historical work. Forgotten Books uses state-of-the-art technology to digitally reconstruct the work, preserving the original format whilst repairing imperfections present in the aged copy. In rare cases, an imperfection in the original, such as a blemish or missing page, may be replicated in our edition. We do, however, repair the vast majority of imperfections successfully; any imperfections that remain are intentionally left to preserve the state of such historical works.

Forgotten Books is a registered trademark of FB &c Ltd.
Copyright © 2017 FB &c Ltd.
FB &c Ltd, Dalton House, 60 Windsor Avenue, London, SW19 2RR.
Company number 08720141. Registered in England and Wales.

For support please visit www.forgottenbooks.com

1 MONTH OF FREE READING

at
www.ForgottenBooks.com

By purchasing this book you are eligible for one month membership to ForgottenBooks.com, giving you unlimited access to our entire collection of over 700,000 titles via our web site and mobile apps.

To claim your free month visit: www.forgottenbooks.com/free619770

* Offer is valid for 45 days from date of purchase. Terms and conditions apply.

English
Français
Deutsche
Italiano
Español
Português

www.forgottenbooks.com

Mythology Photography **Fiction** Fishing Christianity **Art** Cooking Essays Buddhism Freemasonry Medicine **Biology** Music **Ancient Egypt** Evolution Carpentry Physics Dance Geology **Mathematics** Fitness Shakespeare **Folklore** Yoga Marketing **Confidence** Immortality Biographies Poetry **Psychology** Witchcraft Electronics Chemistry History **Law** Accounting **Philosophy** Anthropology Alchemy Drama Quantum Mechanics Atheism Sexual Health **Ancient History Entrepreneurship** Languages Sport Paleontology Needlework Islam **Metaphysics** Investment Archaeology Parenting Statistics Criminology **Motivational**

HISTOIRE GÉNÉRALE DE PARIS

COLLECTION DE DOCUMENTS

PUBLIÉE

SOUS LES AUSPICES DE L'ÉDILITÉ PARISIENNE

REGISTRES DES DÉLIBÉRATIONS

DU

BUREAU DE LA VILLE DE PARIS

L'Administration municipale laisse à chaque auteur la responsabilité des opinions émises dans les ouvrages publiés sous les auspices de la Ville de Paris.

TOUS DROITS RÉSERVÉS.

HISTOIRE GÉNÉRALE DE PARIS

REGISTRES

DES DÉLIBÉRATIONS

DU

BUREAU DE LA VILLE DE PARIS

PUBLIÉS PAR LES SOINS

DE L'INSTITUT D'HISTOIRE, DE GÉOGRAPHIE ET D'ÉCONOMIE URBAINES

TOME QUINZIÈME
1610-1614
TEXTE ÉDITÉ ET ANNOTÉ
PAR LÉON LE GRAND
CONSERVATEUR AUX ARCHIVES NATIONALES

Sceau de la Prévôté des Marchands (XV°-XVI° siècle).

PARIS

IMPRIMERIE NATIONALE

MDCCCCXXI

DC
702
P3
t.15

SOMMAIRES.

REGISTRE H 1795. (SUITE.)

1610.

		Pages.
8 juillet...	Mandement aux Quarteniers pour avertir les bourgeois qui ont été désignés comme colonels, capitaines, lieutenants et enseignes de la milice de se trouver au Louvre afin d'y prêter serment...	1
9-11.....	Rôle des colonels, capitaines, lieutenants et enseignes de la milice qui ont prêté serment au Louvre...................	1
12.......	Signification faite à Christophe Martin, receveur et payeur des rentes assignées sur le Clergé, de la requête de François de Castille, receveur général du Clergé, au sujet de la somme qu'il a payée en vertu du parti des rentes rachetées accordé à Louis Denielle, et réponse de Messieurs de la Ville sur ladite signification................	15
14 juin-13 juillet.	Devis et adjudication des travaux à faire pour conduire l'eau des fontaines de la Ville jusqu'au château du Louvre...................	16
13.......	Mandement aux colonels de faire par eux-mêmes, ou par l'entremise de leurs officiers, une visite dans les maisons de leurs colonelles pour s'assurer que les bourgeois de la milice sont pourvus d'armes offensives et défensives...................	17
15.......	Mandement aux colonels de se réunir le lendemain à l'Hôtel de Ville pour y rendre compte de l'exécution du mandement qui précède...................	17
21.......	Mandement aux Quarteniers de procéder à la visite des chaînes et rouets des rues de leurs quartiers et de dresser procès-verbal de l'état de ces chaînes...................	18
30.......	Lettre des Prévôt des Marchands et Échevins au pape Paul V pour lui demander l'autorisation de publier le «pardon» de l'Hôtel-Dieu...................	18
S. d......	Requête présentée au Roi afin qu'il donne l'ordre de fabriquer pour soixante mille livres de doubles et deniers...................	18
6 août....	Mandement aux colonels de faire une seconde revue des maisons de leurs colonelles pour s'assurer que les bourgeois se sont munis d'armes comme il leur a été prescrit, et que les compagnies sont complètes...................	19
12.......	Mandement aux Quarteniers de faire procéder aux assemblées préparatoires à l'assemblée de l'Élection, et mandement aux Conseillers de la Ville d'assister à l'assemblée électorale...................	19
14.......	Lettres du Roi et de la Reine régente adressées aux Conseillers de la Ville et aux Quarteniers pour leur prescrire de continuer dans leurs charges le Prévôt des Marchands et les Échevins actuels, le premier pour deux ans et les seconds pour un an...................	19
16.......	Assemblée de l'Élection pour la nomination du Prévôt des Marchands et de deux Échevins, avec le texte du scrutin et le procès-verbal de la prestation de serment faite entre les mains du Roi le lendemain, 17 août, par les sieurs Sanguin de Livry, Lambert et Thévenot, continués dans leurs charges...................	20
16.......	Assemblée du Conseil de la Ville pour statuer sur la résignation à survivance de son office de Conseiller de la Ville faite par Denis Palluau en faveur de Jean Leschassier, son neveu...................	23

		Pages.
19 août....	Mandement aux Quarteniers pour faire la recherche des chaînes des rues dont la disparition a été constatée..	24
19........	Mandement aux colonels pour envoyer au Bureau le rôle des bourgeois de leurs colonelles, avec mention de leurs armes..	24
20........	Députation des membres du Bureau à l'Assemblée du Clergé..	24
23........	Sommation faite à la Ville par Nicolas Largentier, sieur de Vaussemain, au sujet du cautionnement de Jean de Moisset pour le bail général des gabelles....................................	26
27........	Mandement à Jean Jodelet, procureur des causes de la Ville en Parlement, de comparoir par-devant les Trésoriers généraux de France à l'assignation donnée à Claude Herbelin, fermier de la chaussée du Bourget..	27
30........	Seconde députation des membres du Bureau à l'Assemblée du Clergé.............................	28
11 septembre.	Nouvelle députation des membres du Bureau à l'Assemblée du Clergé............................	28
13........	Ordre donné à Joachim Dupont, épicier de la Ville, de fournir douze torches pour l'enterrement du capitaine Marchant..	28
18........	Remontrances faites au Conseil du Roi au sujet des rentes du Clergé............................	29
18........	Ordonnance du Bureau prescrivant à Julien Pomrat, Maître des œuvres de charpenterie de la Ville, de faire diverses réparations aux portes Saint-Michel et Saint-Marcel et à la Porte Neuve......	30
18........	Ordonnance du Bureau portant que les sieurs Nourry et Lefebvre seront respectivement reçus capitaines des arquebusiers et des arbalétriers-pistoliers de la Ville, et que la charge de capitaine unique des Trois Nombres, qu'avait exercée Charles Marchant, ne sera pas maintenue........	30
23........	Ordonnance du Bureau confirmant l'élection de Claude de Norroy en qualité de capitaine des archers de la Ville, à laquelle la compagnie des archers avait procédé après la mort de Charles Marchant...	31
30........	Ordonnance du Bureau portant que l'Échevin Thévenot procédera à l'apposition des scellés sur les coffres et papiers de feu Nicolas Largentier, sieur de Vaussemain, caution de Jean de Moisset pour le bail des gabelles...	32
30........	Acte notarié par lequel Marie Lemairat, veuve dudit Nicolas Largentier, et Louis Largentier, baron de Chappelaine, son fils, s'engagent à continuer le cautionnement précité..................	32
8 octobre..	Lettres du Roi et de la Reine régente au Bureau de la Ville pour lui prescrire d'assister le sieur Legras, trésorier de France, à qui ils ont donné ordre de faire procéder au nettoiement des égouts de la Ville..	33
12........	Réponse du Bureau de la Ville aux lettres susdites, par laquelle les Prévôt des Marchands et Échevins protestent contre l'empiètement sur les attributions de leur charge qui résulterait de la commission ainsi donnée au sieur Legras, et annoncent qu'ils ont mis des ouvriers à l'œuvre pour commencer le nettoyage des fossés et égouts..	34
12........	Lettre du Bureau de la Ville au Chancelier pour réclamer son intervention dans cette affaire......	35
12........	Autre lettre au Chancelier pour le prévenir que les Trésoriers de France ont fait procéder à l'adjudication des travaux des égouts et protester contre cette entreprise sur les prérogatives de la Ville..	35
12........	Lettre du Bureau à M. de Loménie, secrétaire d'État, pour solliciter son assistance dans cette entreprise sur les attributions de la Ville..	35
15........	Réponse de M. de Loménie..	36
12-18....	Députation de Jean Perrot, Échevin, et de Guillaume Clément, Greffier de la Ville, envoyés à Reims auprès du Roi pour protester contre la violation des prérogatives de la Ville dans la question du nettoiement des égouts..	36
15........	Lettres du Roi et de la Reine régente en réponse à cette députation..............................	37
17........	Lettres du Roi aux Prévôt des Marchands et Échevins pour faire chanter un *Te Deum* à l'occasion de son sacre..	37
23........	Relation de la cérémonie célébrée à Notre-Dame pour le chant du *Te Deum* demandé par le Roi, avec les mandements adressés à cet effet aux Conseillers de la Ville, aux Quarteniers et aux capitaines des Trois Nombres..	38

	SOMMAIRES.	Pages.
27 octobre..	Assemblée du Conseil de la Ville pour délibérer sur la résignation de son office de Conseiller de la Ville faite par Claude Aubery, sieur d'Auvilliers, au profit de son frère, Jean Aubery, maître des Requêtes...	39
30........	Relation de l'entrée du Roi à Paris, au retour de son sacre, avec les mandements adressés aux Conseillers de la Ville, aux Quarteniers et aux capitaines des Trois Nombres pour se rendre au-devant de lui..	40
12 novembre.	Exemption de l'obligation d'envoyer aux gardes et guet et de l'assujettissement aux visites pour les armes, accordée à Arnoud Mestayer, lieutenant des arquebusiers de la Ville...............	42
17........	Mandement à Geoffroi Le Secq, procureur des causes de la Ville au Châtelet, de s'opposer aux criées et adjudication d'une maison sise hors la porte Saint-Michel, appartenant à Jean de Saint-Paul, pour sûreté d'une redevance annuelle de 5 sols tournois que ledit de Saint-Paul doit à la Ville...	42
17-19.....	Assignation à comparoir à l'audience du Bureau de la Ville donnée au Grand Prieur de France, commandeur du Temple, à Paris, ainsi qu'aux religieux de Saint-Martin-des-Champs au sujet des réparations qu'ils doivent faire à leurs fontaines, et sentence du Bureau condamnant par défaut les religieux de Saint-Martin à se conformer dans la huitaine aux sentences antérieures qui leur prescrivaient de réparer les tuyaux de leurs fontaines...........................	43
19........	Plaintes apportées au Bureau par le sieur Leschassier, avocat au Parlement, assisté d'un certain nombre de bourgeois et de femmes, qui protestent contre le défaut de payement des rentes assignées sur les recettes générales et préviennent la Municipalité qu'ils ont adressé à ce sujet une requête au Roi et à son Conseil. — Réponse du Prévôt des Marchands qui les blâme énergiquement d'avoir adressé directement des plaintes au Roi.................................	44
22........	Ordonnance du Bureau portant qu'il sera pourvu d'un dizenier sur le pont Marchant...........	45
26........	Mandement à Geoffroi Le Secq, procureur des causes de la Ville au Châtelet, pour comparoir à la Police à l'assignation donnée à David Paschal, marchand de vin muscat, et remontrer que c'est à la Ville qu'il appartient de fixer le prix de vente au détail du vin muscat.................	45
2 décembre.	Ordonnance du Bureau sur le prix du bois et charbon...................................	46
7........	Assemblée du Conseil de la Ville tenue pour délibérer sur le projet de démembrement des deux offices de receveurs et payeurs des rentes assignées sur le Clergé : avis favorable à ce démembrement..	46
11-13.....	Oppositions apportées à la Chambre des Comptes par le Bureau : 1° à la vérification de divers partis et commissions touchant les rentes de la Ville; 2° à la réception de Louis Massuau en l'office de receveur général des bois de l'Île-de-France...	47
15-19.....	Devis et adjudication des ouvrages de pavage à exécuter sur le pont de la fortification de la Ville, derrière le jardin des Tuileries...	48
16........	Comparution au Bureau de François de Castille, receveur général du Clergé, mandé pour entendre les remontrances du Procureur du Roi de la Ville sur le retard apporté au payement des rentes du Clergé, et réponse dudit de Castille à ces remontrances...............................	50
20........	Assemblée du Conseil de la Ville tenue pour délibérer sur la résignation à survivance que Guillaume Clément entend faire de son office de Greffier de la Ville en faveur de François Clément, son fils...	52
20........	Assemblée du Conseil de la Ville tenue pour délibérer sur la résignation à survivance que Jacques Danès, président de Marly, entend faire de son office de Conseiller de la Ville en faveur de Jacques Jubert, sieur Du Thil, son gendre...	54
22........	Sommation faite à François de Castille, receveur général du Clergé de France, de payer l'arriéré qui est dû sur les rentes du Clergé et de délivrer dorénavant chaque semaine 23,500 livres au lieu de 20,000 livres pour l'acquittement de ces rentes......................................	54
22........	Réponse du Bureau aux remontrances faites par Pierre Guillain, Maître des œuvres de maçonnerie de la Ville, sur l'insuffisance de la somme qui lui avait été attribuée pour le travail consacré aux préparatifs de l'entrée de la Reine..	55
23........	Assemblée générale pour l'installation de François Clément en l'office de Greffier de la Ville auquel il a été reçu sur la résignation à survivance de Guillaume Clément, son père. — Texte des lettres de provision de cet office à lui délivrées par les Prévôt des Marchands et Échevins......	55

24 décembre.	Ordonnance du Bureau adressée au premier des sergents de la Ville pour se transporter le long des rivières de Seine et de Marne, afin de faire amener à Paris le bois qui se trouve sur les bateaux et dans les ports..	58

1611.

4 janvier...	Hommage fait au Bureau par Raoul Boutrays de son livre intitulé *Lutetia*..................	58
11........	Mandement à Geoffroy Le Secq, procureur des causes de la Ville en Parlement, de se présenter, à la Police du Châtelet, à l'assignation donnée à Jean Moreau au sujet d'une place occupant l'ancien emplacement de la fausse porte Saint-Denis..	59
11........	Mandement aux colonels de faire faire par leurs capitaines la revue des bourgeois de leurs compagnies..	59
21........	Mandement aux colonels de faire et faire faire par leurs officiers la recherche des hôtes qui sont logés dans les hôtelleries, «chambres locantes» et autres de leurs quartiers................	60
21........	Entreprise faite par le Lieutenant civil sur les prérogatives du Bureau à propos desdites recherches : une ordonnance ayant été rendue par lui pour interdire aux hôteliers de livrer les noms de leurs hôtes à d'autres que les commissaires du Châtelet, le Chancelier défère cette ordonnance au Conseil du Roi et, avant que le Conseil en ait délibéré, le Lieutenant civil fait emprisonner un lieutenant de la milice qui procédait aux recherches dans les maisons, ce dont le Chancelier le blâme vertement..	60
25........	Assemblée des colonels à l'Hôtel de Ville, en présence du Gouverneur, pour aviser à la sûreté de la Ville..	61
9 février...	Mandement à Jean Jodelet, procureur des causes de la Ville en Parlement, de se joindre à l'appel porté devant la Cour des aides par Jean Bignon, maître des ponts de Poissy, pour être exempté de la charge de collecteur des tailles..	62
19........	Comparution au Bureau des receveurs et payeurs des rentes assignées sur le Clergé pour régler l'exercice de leur office alternatif..	62
25........	Mandement à François de Castille, receveur général du Clergé de France, de remettre les deniers des décimes à Paul de la Barre, receveur et payeur des rentes sur le Clergé, pour les employer au fait de sa charge pendant l'année de son exercice......................................	63
26........	Mandement au premier des sergents de la Ville de faire amener à Paris les bateaux chargés de bois et de charbon qui se trouvent dans les ports..	63
3 mars....	Annonce de l'adjudication des travaux pour l'entretien des fontaines publiques de la Ville, et envoi de cette annonce aux curés de la Ville pour la publier au prône de leurs paroisses......	64
3-7 et 18..	Devis et adjudication des travaux pour l'entretien des fontaines publiques de la Ville, avec la présentation des cautions baillées par Jean Coulon, adjudicataire de ces travaux................	64
5........	Ordonnance du Bureau prescrivant aux marchands de bois et de charbon de faire amener promptement en cette Ville leur bois et charbon, avec défense de le vendre en chemin..............	67
7........	Ordonnance du Bureau exemptant les Quarteniers, cinquanteniers et dizeniers de contribuer aux frais supportés par les maîtres et gardes des corps de la marchandise et autres communautés de métiers pour les préparatifs de l'entrée que la Reine devait faire à Paris.....................	67
17........	Ordre à Pierre Guillain, Maître des œuvres de maçonnerie de la Ville, de rétablir la fontaine particulière que Nicolas Le Feron, maître des Comptes, avait en son logis.....................	67
22........	Relation de la procession célébrée pour commémorer la réduction de la Ville en l'obéissance du Roi, avec les mandements de convocation expédiés à cet effet............................	68
24........	Convocation des Conseillers de la Ville à une assemblée du Conseil.........................	68
26........	Assemblée du Conseil de la Ville tenue pour délibérer sur la résignation de son office de Conseiller de la Ville faite par Louis Le Lièvre à Guillaume Marescot et sur le bail général des gabelles passé à Thomas Robin..	68
7 avril....	Comparution au Bureau de Christophe Martin et Flamin Fanuche, receveurs et payeurs des rentes assignées sur les recettes générales, pour régler l'exercice de leur office alternatif...........	70

8 avril....	Messe en souvenir de la réduction de la Ville sur les Anglais, avec les mandements de convocation adressés à cet effet..	70
9........	Visite rendue par Messieurs de la Ville à Nicolas de Verdun, à l'occasion de sa réception en l'office de Premier Président du Parlement...	71
11........	Ordre à Pierre Guillain, Maître des œuvres de maçonnerie de la Ville, de rétablir la fontaine qui existait ci-devant au logis de Nicolas Luillier, président de Boulancourt..................	72
12........	Ordonnance du Bureau portant défense aux marchands de vendre leur bois et charbon à des prix dépassant le tarif inséré dans l'acte...	72
18........	Mandement à Jean Jodelet, procureur des causes de la Ville en Parlement, de prendre fait et cause pour Jacques Liger, sʳ de Graville, capitaine de la milice, dans l'appel porté par lui contre une sentence du Prévôt de Paris au sujet des recherches dans les maisons..................	73
21........	Ordre à Pierre Guillain, Maître des œuvres de maçonnerie de la Ville, de faire un regard au carrefour de la rue Saint-Honoré, proche la fontaine de la Croix-du-Tiroir, pour les robinets de la fontaine du Roi au Louvre...	73
22........	Mandement aux capitaines des Trois Nombres pour la montre qui se fera le 1ᵉʳ mai en la cour du Temple..	73
28........	Mandement à Geoffroy Le Secq, procureur des causes de la Ville au Châtelet, de s'opposer aux criées de la jouissance d'un plant d'arbres dans les fossés de la Ville et d'une casemate près la porte Montmartre, saisie sur les héritiers de feu Jean Martin...............................	74
28........	Comparution au Bureau des marchands de bois et charbon pour rendre raison du prix excessif de leurs marchandises..	75
1ᵉʳ mars-30 avril.	Requête au Roi et à son Conseil contre le Lieutenant civil au sujet des recherches dans les maisons, et arrêt du Conseil en faveur de la Ville sur cette requête......................	76
30 avril....	Lettres du Roi notifiant au Bureau de la Ville l'arrêt qui précède et le chargeant d'en assurer l'exécution..	77
7 mai.....	Ordre à Pierre Guillain, Maître des œuvres de maçonnerie de la Ville, de fermer une brèche faite au mur de la Ville, entre les portes de Nesle et de Buci, pour le passage d'un égout......	78
9........	Ordonnance du Bureau portant règlement pour la vente du bois et charbon et le salaire des officiers de la Ville..	78
16........	Mandement à Olivier de Gouest, sergent de la Ville, et à Mathurin Moyron, contrôleur du bois et charbon, de se transporter sur les ports de la rivière d'Oise pour reconnaître le bois qui s'y trouve et le faire amener à Paris..	79
17........	Démarche de Messieurs de la Ville auprès du Chancelier et du Conseil du Roi au sujet du parti des aides..	80
19........	Envoi par le Bureau aux colonels de copies de l'arrêt du Conseil du 30 avril précédent qui autorise les visites dans les maisons...	84
8-11 juin..	Lettre de la Reine régente à la Ville pour lui donner avis que le Roi a ordonné de suspendre pendant six ans la levée du droit de douane sur les marchandises à l'entrée de la Ville, et réponse de la Ville..	81
11-13.....	Brevet et lettres du Roi portant ladite suspension du droit de douane et lettre de la Reine transmettant à la Ville le texte de ces actes royaux..	82
12........	Relation de la descente des châsses de saint Marcel et de sainte Geneviève et de la procession générale faite pour obtenir de Dieu la cessation de la grande sécheresse, avec les mandements délivrés à cette occasion...	83
16........	Assemblée du Conseil de la Ville pour entendre lecture des lettres du Roi portant surséance de la levée du droit de douane..	86
27 juin-1ᵉʳ juillet.	Assemblées du Conseil de la Ville pour délibérer sur le renouvellement du bail général des aides..	86
13 juillet...	Mandement aux colonels d'envoyer au Bureau les noms des officiers de la milice qui sont morts ou qui ont changé de quartier, afin qu'il soit pourvu à leur remplacement..................	87

17 juillet...	Assemblée du Conseil de la Ville pour délibérer sur la réception de Claude Aubery, sieur d'Auvilliers, en l'office de Conseiller de la Ville, qu'il avait naguère résigné à son frère Jean Aubery, pour cause de maladie, et dont celui-ci se démet en sa faveur.............................	88
19........	Assemblée du Conseil de la Ville pour délibérer sur la résignation de son office de Conseiller de la Ville que Guillaume Marescot entend faire au profit de Gui Loisel, son beau-frère............	88
20-26.....	Opposition formée par la Ville à la vérification par la Chambre des comptes des lettres de commission obtenues par Jean Filacier pour la recette des deniers provenant des rentes amorties....	89
8 août....	Mandement à Jean Jodelet, procureur des causes de la Ville en Parlement, de se présenter à l'assignation donnée par l'évêque de Paris à Isidore Guiot, au sujet d'une place hors la porte Saint-Honoré..	90
16........	Procès-verbal de l'assemblée de l'Élection, précédé du mandement adressé aux Quarteniers pour la convocation des assemblées préparatoires et suivi du texte du scrutin ainsi que du procès-verbal de la prestation de serment par les nouveaux Échevins Poussepin et Fontaine................	91
20........	Requête présentée au Roi par le président Jeannin afin d'obtenir la nomination de commissaires chargés de donner avis au Roi sur la mise à exécution du privilège que Sa Majesté a accordé audit Jeannin de faire bâtir des maisons le long des quais qui partent du pont Neuf vers le pont Marchant et le pont Saint-Michel; avec l'arrêt du Conseil commettant à cet effet trois des Trésoriers de France ainsi que les Prévôt des Marchands et Échevins, et les lettres du Roi notifiant cette décision aux commissaires choisis...	95
26........	Mandement à Jean Jodelet, procureur des causes de la Ville en Parlement, de se joindre à l'instance engagée par Pierre Joussart pour faire réformer une sentence du Prévôt de Paris au sujet des recherches dans les maisons..	96
13-27.....	Arrêts du Conseil du Roi obtenus par Jean Filacier au sujet de sa commission pour la recette des deniers des rentes amorties..	96
31........	Déclaration de la Ville au sujet de la surséance de la douane............................	98
3 septembre.	Lettre du Bureau aux échevins de Chartres qui désiraient savoir si, à Paris, les ecclésiastiques étaient exempts du service des gardes...	98
16-19.....	Opposition formée par la Ville à la vérification des lettres de commission de Jean Filacier au sujet des rentes amorties..	98
20........	Remontrances présentées au Roi contre le projet qui lui est soumis de créer quatorze offices de chargeurs et déchargeurs de marchandises au port du guichet du Louvre.................	101
24-28.....	Devis et adjudication des ouvrages de maçonnerie à faire à la porte Saint-Honoré............	102
13 octobre..	Ordonnance rendue par le Bureau pour réprimer le désordre qui se produit à la vente du bois sur les ports..	105
17........	Requête de Louis Massuau à la Chambre des comptes et ordonnance conforme de la Chambre pour mettre le Bureau de la Ville en demeure de présenter ses causes d'opposition à la réception de Massuau en l'office de receveur général des bois en la généralité de Paris......	105
19........	Mandement à Robert Moisant, substitut du Procureur du Roi de la Ville, de se présenter à l'assignation donnée devant le bailli du For-l'Évêque à Claude Vinet pour une place sur les remparts...	106
19-21.....	Opposition formée par le Bureau de la Ville à la réception de Louis Massuau en l'office de receveur général des bois en la généralité de Paris, avec la réponse dudit Massuau et la réplique du Bureau...	106
5 novembre.	Mandement à Geoffroy Le Secq, procureur des causes de la Ville au Châtelet, de s'opposer à la vente d'une maison et d'un jeu de paume, sis proche la porte Saint-Germain, saisis sur François Thomas..	108
7.........	Ordre à Pierre Guillain, Maître des œuvres de maçonnerie de la Ville, de construire un siège et tuyau de privé et une cheminée dans la prison de la Ville..............................	108
7.........	Ordre à Julien Pourrat, Maître des œuvres de charpenterie de la Ville, de construire un plancher dans la prison de la Ville..	109
9.........	Lettre du Roi aux Prévôt des Marchands et Échevins de la Ville pour les inviter à aller saluer la duchesse de Lorraine...	109

	SOMMAIRES.	
		Pages.
[1612]		VII
12 novembre.	Visite rendue par le Corps de Ville à la duchesse de Lorraine............................	109
19-21.....	Opposition formée par la Ville à la vérification par la Chambre des comptes de la commission obtenue par Jean Filacier pour faire la recette des deniers provenant des rentes rachetées et amorties..	109
28........	Décharge accordée à Séverin Pineau, chirurgien, constatant qu'il a rempli les obligations que comportait le contrat passé par lui avec la Ville pour enseigner à de jeunes chirurgiens l'opération de la pierre...	111
29........	Règlement promulgué par le Bureau de la Ville pour la vente du bois et charbon............	111
1ᵉʳ-2 décembre.	Assemblée de la Ville tenue pour rendre compte aux Conseillers et aux Quarteniers des démarches relatives à la commission obtenue par Jean Filacier au sujet des rentes rachetées et amorties, et pour leur notifier la libéralité de la Reine régente qui a révoqué cette commission et fait abandon à la Ville de l'intérêt qu'elle y avait. — Relation de la députation envoyée à la Reine pour lui présenter les remerciements de la Ville, et projet de lettres patentes que le Bureau avait proposé pour consacrer la révocation de cette commission, mais dont le Chancelier jugea l'expédition inutile...	113
7........	Affiche annonçant la mise en adjudication de la confection d'une horloge pour l'Hôtel de Ville...	117
12........	Relation des funérailles de la reine d'Espagne, avec les lettres du Roi, du 8 décembre, convoquant le Corps de Ville à cette cérémonie, et les mandements envoyés par le Bureau à cet effet.	117
14........	Mandement à Pierre Guillain, Maître des œuvres de maçonnerie de la Ville, de rétablir la fontaine qui se trouvait dans la maison de M. de Versigny, rue Vieille-du-Temple................	121
15........	Ordonnance du Bureau portant que les deux Maîtres des œuvres de la Ville, les deux maîtres des ponts et Jean Nouaille, buissonnier, visiteront l'emplacement du quai aux Ormes où Christophe Marie désire construire un pont...	122
30........	Mandement aux colonels de faire faire des recherches dans les maisons pour savoir les personnes qui y sont logées..	122
30........	Ordonnance du Bureau pour garer les bateaux à cause des glaces........................	122

1612.

5 janvier...	Mandement à Jean Jodelet, procureur des causes de la Ville en Parlement, de comparoir pour la Ville aux Requêtes du Palais, à l'assignation donnée par le Grand Prieur de France à propos d'une rente que la Ville désire racheter...	123
12........	Mandement aux colonels pour remettre au Bureau les procès-verbaux de recherches dans les maisons	123
12........	Remontrances adressées au Roi et à son Conseil pour faire observer que le droit de 2 s. 6 d. sur les draps fait partie de la douane et doit être suspendu en même temps qu'elle............	123
17........	Mandement à Jean de Moisset de faire apporter à l'Hôtel de Ville les registres qu'il avait préparés pour le payement des rentes sur le sel; ces registres seront baillés au sieur de Gondy, qui sera chargé désormais de ce payement et qui lui donnera une juste indemnité................	124
17........	Ordonnance portant que Thomas Robin, adjudicataire du bail des gabelles, baillera caution pour le payement des rentes sur le sel..	124
20........	Mandement aux colonels de faire faire exacte recherche par les maisons pour dresser le rôle des personnes qui y sont logées...	125
24........	Arrêt du Conseil du Roi portant que, pendant la surséance de la douane, les marchandises de grosserie, mercerie et joaillerie entrant en la Ville seront portées au bureau des marchands, rue Quincampoix, où le fermier des traites foraines pourra établir un commis afin de sauvegarder ses droits..	125
4 février...	Avis donné par le Bureau, portant que le président Jeannin peut être autorisé, sans nuire à la navigation, à faire construire des maisons en saillie sur la rivière, le long du quai, entre le pont Neuf et le pont Saint-Michel, du côté du Palais, conformément à la visite des lieux faite le 24 janvier en vertu de l'ordonnance du Bureau du 19 janvier et de l'arrêt du Conseil rendu le 20 décembre sur la requête du président Jeannin...........................	126

		Pages.
14 janvier-7 février.	Marché passé avec Jean Lintlaër pour la construction du mouvement de l'horloge de l'Hôtel de Ville et bail de la caution fournie par Lintlaër pour l'exécution de ce marché......	129
7 février...	Devis des travaux d'architecture et de sculpture destinés à l'encadrement de l'horloge de l'Hôtel de Ville, et marché passé avec Marin de La Vallée pour l'exécution de ces travaux.........	130
14........	Délibération du Bureau portant que le buffet d'argent, destiné à être offert à la Reine à l'occasion de son entrée et dont la souveraine a fait don à la Ville, serait conservé comme meuble inaliénable de la Ville, avec requête à la Chambre des comptes pour la prier d'y consentir et de laisser employer dans les comptes de la Ville la dépense faite pour la confection de ce service d'orfèvrerie...	131
18........	Mandement à Jean Jodelet, procureur des causes de la Ville en Parlement, de présenter requête à la Cour pour faire valoir les droits de la Ville à réclamer une indemnité des Chartreux s'ils veulent jouir d'une maison sise dans la censive de la Ville, que leur a léguée M. Le Voya, conseiller au Parlement...	132
16-17 mars..	Ordonnance du Bureau portant qu'il sera travaillé à l'élargissement de la porte de Nesle, et mandement à Julien Pourrat, Maître des œuvres de charpenterie, de faire les appuis et chevalements nécessaires pour ces travaux...	132
19........	Mandement à Jean Jodelet, procureur des causes de la Ville en Parlement, de répondre à la signification faite à la requête du Grand Prieur, relativement à une rente que la Ville entend racheter.	133.
21........	Ordonnance du Bureau concernant le compromis fait avec Charles Dury, entrepreneur du bâtiment de la porte Saint-Honoré, au sujet des ouvrages supplémentaires nécessités par l'élargissement de cette porte...	133
22........	Relation de la procession générale faite en souvenir de la réduction de la Ville à l'obéissance de Henri IV, avec les mandements adressés par le Bureau à ce sujet........................	134
23........	Déclaration du Bureau portant que les jurés crieurs de vins et autres officiers de la Ville ne peuvent être contraints à payer le droit de confirmation.....................................	134
28........	Lettres du Roi adressées à la Ville pour lui prescrire de faire procéder à l'élargissement de la porte de Nesle...	135
17-29.....	Arrêt du Conseil du Roi condamnant François de Castille, receveur général du Clergé, à verser à l'Épargne les trois cent mille francs que le Clergé s'est engagé à payer au Roi, avec la réponse dudit de Castille et la sommation qu'il a faite au Clergé, au reçu du commandement de payer cette somme, ainsi que la réponse du Bureau à la signification qui lui a été faite de ces actes de François de Castille..	135
28 mars-7 avril.	Relation du carrousel et autres réjouissances célébrés à l'occasion des futurs mariages convenus entre les princes et princesses de France et d'Espagne, avec les lettres du Roi prescrivant la célébration de ces fêtes et les mandements adressés aux Quarteniers par le Bureau à cette occasion...	136
18 avril....	Requête au Roi tendant à ce que les officiers de la Ville soient reconnus exempts du droit de confirmation...	139
27........	Relation de la messe célébrée en mémoire de la réduction de Paris sur les Anglais, avec les mandements adressés par le Bureau à cette occasion.........................	140
27........	Ordonnance du Bureau prescrivant que les bâtiments de l'Hôtel de Ville seront visités par le Maître des œuvres de maçonnerie pour vérifier la solidité des murs.....................	140
27........	Accord conclu par le Bureau avec Jacques Guillot et Philippe Habert pour qu'ils dénoncent ceux qui touchent indûment les arrérages de rentes rachetées ou amorties, moyennant l'abandon qui leur sera fait du dixième denier sur les sommes ainsi recouvrées.............	141
19 mai.....	Mandement à Jean Jodelet, procureur des causes de la Ville en Parlement, de s'opposer à la délivrance des deniers provenant de la vente d'une maison du quai aux Ormes chargée de 13 sols de rente envers la Ville...	142
S. d.....	Mention du procès-verbal de visite et recherche du bois sur les ports de la rivière de Marne.....	142
19........	Convocation des marchands de bois au Bureau à l'occasion de la disette de bois.............	142
29........	Assemblée du Conseil de la Ville tenue pour délibérer sur la réception de Guillaume Marescot en l'office de Conseiller de la Ville en vertu de la résignation de Gui Loisel, son beau-frère, à qui naguère il avait cédé le même office..	143

[1612]	SOMMAIRES.	Pages.
1ᵉʳ juin....	Avis donné par le Bureau sur la communication qui lui a été faite des offres de Nicolas de Boncourt pour l'enlèvement des roches de Montereau et de Samois qui encombrent le lit de la Seine et entravent la navigation..	144
2........	Lettre du Bureau au Chancelier afin de réclamer son intervention pour la suppression du droit d'entrée de 3o s. pour muid sur le vin, dont le bail est près d'expirer..................	144
5........	Assemblée générale de la Ville tenue pour délibérer sur la résignation à survivance que Pierre Perrot, Procureur du Roi de la Ville, entend faire de son office au profit d'Étienne Charlet, sieur d'Esbly, son gendre, et lettres de provision de cet office délivrées par les Prévôt des Marchands et Échevins audit Charlet, conformément à la décision de ladite assemblée	145
6........	Règlement pour la vente du bois et charbon..	148
6........	Opposition formée par la Ville à l'entérinement par la Chambre des comptes des lettres patentes du Roi du 20 octobre 1611 accordant à la veuve et aux enfants de Robert Mesnard, marbrier des bâtiments de Sa Majesté, le logement leur vie durant dans la tour du Bois............	148
13.......	Réponse donnée par Guillaume Clément, Greffier de la Ville, à l'assignation qu'il a reçue pardevant Monsieur Dollé, conseiller d'État, à la requête de François Guérin, sieur de La Pointe, et d'Antoine Hervé, afin de délivrer les extraits des amendes et confiscations adjugées à l'Hôtel de Ville..	149
18.......	Députation du Bureau de la Ville auprès de l'Assemblée du Clergé.......................	149
22.......	Lettre du Bureau au Chancelier pour le prier de contribuer à la modération du droit d'entrée de 3o sols sur le vin, comme il en a donné l'espérance à la Ville........................	150
19-20 décembre 1611-22 juin 1612. Actes relatifs au projet présenté par Christophe Marie pour la construction d'un pont au port Saint-Paul : rapport des experts désignés par le Bureau des Finances et par le Bureau de la Ville, les uns concluant à l'utilité du projet mais étant d'avis que le pont soit construit en pierre, les autres repoussant tout projet de pont (19-20 décembre 1611). — Observations de Christophe Marie sur cette expertise et ordonnance du Bureau prescrivant une nouvelle enquête (3o janvier 1612). — Procès-verbal de cette seconde enquête (12 mars). — Offres nouvelles de C. Marie proposant de construire le pont en pierre. — Ordonnance du Bureau renvoyant Marie au Conseil du Roi sur ces nouvelles offres (22 juin)............		150
14-27 juin..	Rapports d'experts pour la réception du mouvement de l'horloge de l'Hôtel de Ville et la prisée du cadran, œuvres de Jean Lintlaër..	154
4 juillet...	Défenses faites par le Bureau aux compagnons de rivière de Pont-Sainte-Maxence de s'immiscer dans l'exercice de la charge d'aide de maître du pont sans avoir permission et lettres du Bureau.	155
4........	Ordonnance du Bureau portant qu'il sera mis des affiches pour annoncer la mise en adjudication des halles du Marché neuf dont le bail est près d'expirer............................	155
6........	Assemblée du Conseil de la Ville tenue afin de délibérer sur les offres faites au Conseil du Roi pour amener à Paris les eaux de Rungis, avec le texte desdites offres..................	155
13.......	Nouvelle députation du Bureau à l'Assemblée du Clergé...............................	157
18.......	Mandement à Jean Jodelet, procureur des causes de la Ville en Parlement, de s'opposer à la vente de la moitié d'un jeu de paume, rue du Cul-de-Sac-de-Saint-Magloire, autrement dit la Porte-aux-Peintres	158
18.......	Adjudication à Philippe Le Faulcheur de la fourniture de pierre et caillou pour les fontaines de la Ville...	158
16-22....	Lettre des maire et échevins d'Orléans adressée à la municipalité parisienne pour lui demander de quelle façon ont été réglées les difficultés relatives aux visites à exercer dans les maisons, avec la réponse du Bureau..	159
23.......	Avis donné au Parlement par le Bureau de la Ville sur la vérification des lettres de privilège accordées aux sieurs de Galles et Bietrix pour la fabrication du fer-blanc et des faux, concluant à ce que cette fabrication ne soit autorisée qu'à la condition que le commerce de ces marchandises reste libre, conformément à l'avis ci-attaché des gardes de la mercerie, grosserie et joaillerie de Paris...	159
27	Lettres patentes des Échevins concédant à Jacques Sanguin, sieur de Livry, une fontaine particulière en sa maison de la rue Barre-du-Bec..	161

B

IMPRIMERIE NATIONALE.

9 août....	Communication des comptes du Clergé faite aux membres du Bureau de la Ville dans la maison de l'évêque de Rieux au cloître Notre-Dame.	161
11........	Ordonnance du Bureau prescrivant le rétablissement de la fontaine particulière qui existait naguère dans la maison du sieur de Roissy.	162
11........	Mandements adressés aux Quarteniers et aux Conseillers de la Ville pour l'assemblée de l'Élection.	162
12........	Ordonnance du Bureau concernant l'indemnité qui sera allouée au concierge de la Ville pour l'entretien de l'horloge de l'Hôtel de Ville.	163
14........	Présents offerts par la Ville au duc de Pastrana, ambassadeur d'Espagne, en exécution des ordres du Roi énoncés dans sa lettre du 13 août.	163
14........	Ordonnance du Bureau pour le rétablissement d'une fontaine particulière en la maison du sieur de Boinville.	164
14........	Semblable ordonnance au profit du sieur de Bercy.	164
....	Mémoire rédigé par le Greffier sur les offices à la nomination de la Ville et sur la façon dont sont répartis entre les membres du Bureau les profits provenant de leur collation. (Cette note, datée du 2 janvier 1610, a été placée à la fin du volume H 1795, après la formule de clôture du registre, pour indiquer qu'elle ne fait pas partie des actes du Bureau.).	164

REGISTRE H 1796.

16 août 1612.	Assemblée de l'Élection pour la nomination du Prévôt des Marchands et de deux Échevins, avec le texte du scrutin et le procès-verbal du serment prêté par Gaston de Grieux, sieur de Saint-Aubin, élu Prévôt, et les sieurs Desprez et Claude Mérault, élus Échevins.	167
5 septembre.	Devis des ouvrages à faire pour amener à Paris les eaux de Rungis.	172
10........	Assemblée du Conseil de la Ville tenue pour délibérer sur les mesures que doit prendre la Ville au sujet de la prochaine adjudication des ouvrages destinés à amener à Paris les eaux de Rungis; à la suite sont relatées les offres faites au Conseil du Roi par la municipalité, le 11 septembre, et la première mise aux enchères à laquelle le Conseil procéda sur lesdites offres, le 13 septembre.	175
25........	Ordonnance du Bureau pour travailler au grand regard des fontaines de Belleville.	177
26........	Convocation du Conseil de la Ville.	177
26........	Présentation à la Chambre des comptes des causes d'opposition rédigées la veille par le Bureau de la Ville contre l'enregistrement des lettres de commission données à Jean Filacier pour la recette des deniers provenant des arrérages des rentes non demandées échues à Sa Majesté par voie de rachat, droit d'aubaine ou autrement; en tête est reproduite l'ordonnance rendue par la Chambre des comptes le 31 août, sur requête de la Ville, et accordant à celle-ci un nouveau délai pour le dépôt de ces causes d'opposition.	178
27........	Assemblée du Conseil de la Ville tenue pour délibérer : 1° sur les offres faites par quelques particuliers en vue d'obtenir la fourniture exclusive du bois flotté; 2° sur la proposition faite par Germain Gillot d'ouvrir un bureau où, dès le lendemain de l'échéance de chaque quartier, les rentes seraient payées sans délai, sur simple présentation de la quittance déchargée, moyennant 1 sol pour livre : la première proposition est repoussée et la deuxième renvoyée à une assemblée ultérieure.	181
S. d......	Requête du Bureau de la Ville au Roi et à son Conseil pour s'opposer à la demande que Claude et Dreux Barbin ont présentée afin d'être déchargés du cautionnement de 360,000 livres qu'ils ont fait à la Ville pour Thomas Robin, fermier général des gabelles.	182
27........	Démarche du Prévôt des Marchands et des Échevins auprès du Conseil du Roi pour s'opposer à la décharge susdite.	182
2 octobre..	Assemblée du Conseil de la Ville tenue pour délibérer à nouveau sur les mémoires dont le texte est joint au procès-verbal et par lesquels Germain Gillot propose d'ouvrir un bureau destiné au payement des rentes : résolution de s'opposer à l'adoption de cette préposition auprès du Conseil du Roi et promulgation d'un règlement à suivre pour le payement de chaque nature de rentes, sous la surveillance des Échevins.	183

		Pages.
3 octobre..	Second devis pour les ouvrages destinés à amener à Paris les eaux des fontaines de Rungis....	187
S. d......	Requête adressée au Parlement par le Bureau de la Ville au sujet de la saisie du bac des Tuileries, à laquelle Nicolas Magnac, receveur de l'abbaye Saint-Germain-des-Prés, a fait procéder, au préjudice des droits de la Ville...	191
4........	Arrêt du Conseil du Roi déchargeant les sieurs Barbin du cautionnement qu'ils ont fourni pour Thomas Robin, fermier général des gabelles, et signification de cet arrêt faite à la Ville le 12 octobre..	191
5........	Avis favorable donné par le Bureau de la Ville à l'entérinement des lettres obtenues par le chevalier et autres officiers du Guet pour la continuation de la levée de l'octroi des 15 sols pour muid de sel affecté en partie au payement de leurs gages...........................	192
16.......	Règlement fait par le Bureau de la Ville pour la vente du bois et charbon, et publication de ce règlement faite le lendemain...	193
16.......	Mandement à Jean Jodelet, procureur des causes de la Ville en Parlement, de comparoir à l'assignation donnée à Jean Soyer, serviteur de la communauté des passeurs d'eau, à la requête de Nicolas Magnac, receveur de Saint-Germain-des-Prés, au sujet du bac des Tuileries.......	195
17.......	Autre mandement audit Jodelet de comparoir à l'assignation donnée aux détenteurs de places à laver lessives, à la requête dudit Magnac...	196
17.......	Mandement aux Quarteniers de procéder à la visite des chaînes des rues...................	196
22.......	Commission délivrée par le Bureau de la Ville à Pierre de la Salle, bourgeois de Paris, pour se transporter le long des rivières de Vanne, Aube et Seine, reconnaître les bois qui sont à proximité de ces rivières et s'informer de leur prix ainsi que de ce qu'ils pourront coûter à façonner et charrier jusqu'auxdites rivières, avec le texte de la lettre circulaire adressée par le Bureau, le 22 octobre, aux lieutenants généraux et procureur du Roi de Troyes, Sens et Bar-sur-Aube pour leur demander de prêter assistance à Pierre de la Salle dans l'exercice de sa mission....	196
22.......	Autres causes d'opposition présentées par le Bureau de la Ville à la Chambre des comptes pour obtenir que Jean Filacier soit débouté de l'effet des lettres de commission par lui obtenues au sujet des rentes rachetées, en ce qui concerne les rentes de la Ville........................	197
27.......	Défenses portées par le Bureau de la Ville de faire amas et magasin de bois, avec la publication de ces défenses faite le 29 octobre suivant......................................	197
31.......	Signification faite à Claude et Dreux Barbin de l'intention où est la Ville de se pourvoir contre eux pour l'exécution du bail du parti du sel dont ils se sont portés caution, nonobstant les décharges par eux prétendues..	198
5 novembre.	Ordonnance du Bureau de la Ville pour le rétablissement d'une fontaine particulière en la maison du Premier Président, rue des Mauvaises-Paroles, durant le temps où il y demeurera.......	198
5........	Mémoire présenté par la Ville au Chancelier pour le prier de refuser un projet de lettres présenté au sceau par l'abbaye de Saint-Victor et reconnaissant aux religieux des droits sur les fossés de la Ville en vertu de lettres du Roi données le 10 février 1412 (n. st.)..................	198
6........	Défenses faites par le Bureau de la Ville à tous voituriers, bateliers et crocheteurs de charger du bois sur flettes ou nacelles..	200
S. d......	Requête du Bureau de la Ville au Parlement pour obtenir la levée des scellés apposés par ordre du Lieutenant civil sur un magasin de bois dont la Ville avait elle-même fait saisir le contenu et sur la porte duquel elle avait mis ses propres scellés................................	200
S. d......	Requête du Bureau de la Ville à la Cour des monnoies pour la prier de donner un avis favorable à la demande de fabrication de doubles et deniers jusqu'à concurrence de la somme de 30,000 livres..	200
S. d......	Requête du Bureau de la Ville au Parlement pour obtenir que la Cour ordonne à François de Castille de fournir intégralement chaque année la somme de 1,202,122 livres 12 sols 6 deniers pour le payement des rentes de la Ville conformément au contrat passé par le Clergé le 22 mars 1606...	201
12.......	Règlement édicté par la Ville sur la vente et le prix du bois et charbon, avec publication de ce règlement le 10 décembre..	201

		Pages.
17 novembre.	Ordonnance du Roi portant défense aux archers des gardes du corps du Roi et à ceux de la Reine et de la Prévôté de l'Hôtel de se trouver sur les ports pour empêcher la liberté de la vente du bois, avec procès-verbal de la publication de cette ordonnance le 22 novembre...	202
26........	Ordonnance du Bureau enjoignant à Philippe de Gondi de procéder dès ce jour au payement du premier quartier des rentes sur le sel de l'année 1609, qui est échu et qu'il a reçu ordre de payer...	203
1ᵉʳ décembre.	Assemblée de bourgeois et de voituriers par eau convoqués au Bureau pour donner leur avis sur la construction d'un pont au port Saint-Paul, proposée par Christophe Marie.............	203
1ᵉʳ.......	Mandement du Bureau au premier sergent de la Ville de saisir le bois amassé dans les magasins dont la liste est jointe..	204
4........	Commission donnée par le Roi aux Trésoriers de France pour surveiller et diriger les travaux destinés à amener les eaux de Rungis...	205
7........	Commission donnée par le Roi au sieur de Fourcy, intendant de ses bâtiments, pour surveiller, conjointement avec les Trésoriers de France et le Bureau de la Ville, les travaux destinés à amener les eaux de Rungis..	206
S. d......	Requête du Bureau de la Ville au Parlement pour obtenir que jour soit fixé au Lieutenant civil afin de répondre à la précédente requête relative aux scellés placés sur un magasin de bois....	207
10........	Ordonnance du Bureau portant que Jean Coing, entrepreneur des ouvrages et conduite des eaux de Rungis, se rendra, avec plusieurs personnes y désignées, à Rungis pour prendre les alignements des travaux..	207
10........	Ordonnance du Bureau prescrivant à Denis Feydeau, naguère fermier général des aides de France, d'apporter au Bureau de la Ville le double de ses comptes avec l'état au vrai des débets de quittances restés entre ses mains et celui des rentes rachetées et amorties...................	208
S. d......	Requête présentée par le Bureau au Roi et à son Conseil afin d'obtenir que la commission qui leur a été donnée le 22 novembre précédent pour la direction des travaux des eaux de Rungis obtienne son entier effet sans que d'autres s'en puissent entremettre, comme cela résulterait de semblable commission délivrée depuis aux Trésoriers de France.......................	208
13........	Arrêt du Conseil du Roi portant mainlevée de la saisie pratiquée, en vertu d'un arrêt du Parlement de Rouen, sur du bois destiné à l'approvisionnement de Paris et ordonnant aux marchands de conduire ce bois à Paris, en défendant à qui que ce soit d'y porter trouble ni empêchement..	209
S. d......	Requête présentée par le Bureau de la Ville au Roi et à son Conseil pour obtenir que le Procureur du Roi de la Ville et les maîtres des ponts soient reconnus exempts du droit de confirmation, ainsi que tous les autres officiers de la Ville..	210
15........	Ordonnance du Bureau portant que les conducteurs des bateaux appelés coches de Melun apporteront au Bureau de la Ville les lettres en vertu desquelles ils se livrent à cette entreprise....	210
18........	Assemblée du Conseil de Ville tenue : 1° pour décider si l'on persistera dans l'opposition contre la commission expédiée à Jean Filacier pour les arrérages des rentes amorties ou échues à Sa Majesté constituées sur les autres villes et recettes du royaume, que la Reine a déclaré ne pas être compris dans la remise qu'elle avait naguère accordée à la Ville du don à elle fait par le feu Roi, ou bien si l'on entrera en composition avec la marquise d'Ancre à qui la Reine avait transporté ses droits sur les arrérages de ces sortes de rentes, et dans ce dernier cas pour choisir entre les propositions faites par divers partisans afin de recueillir le produit de ces arrérages ; — 2° pour délibérer sur le projet de construction d'un pont vers le port Saint-Paul : la décision sur la première question est remise à une assemblée ultérieure, et le projet de pont est approuvé pourvu que les piles soient de pierre. — Le Prévôt des Marchands entretient de plus le Conseil des propositions présentées pour rendre plusieurs rivières navigables et faciliter par là l'approvisionnement du bois, ainsi que du projet d'un canal à creuser entre l'Arsenal et la Porte Neuve..	210
22.......	Assemblée du Conseil de la Ville tenue pour délibérer sur les propositions faites par divers partisans afin de tirer profit des arrérages des rentes amorties ou échues à Sa Majesté dont la Reine a fait remise à la Ville : la décision est renvoyée à une assemblée ultérieure..........	213
22.......	Ordonnance du Bureau portant que M. de La Martinière sera remis en possession de la fontaine particulière qui existait en sa maison...	215

	SOMMAIRES.	
29 décembre.	Mandement à Jean Jodelet, procureur des causes de la Ville en Parlement, de comparoir à l'assignation donnée au Procureur du Roi de la Ville, à la requête du duc de Nevers appelant d'une sentence du Bureau de la Ville..	215
29........	Lettres du Roi adressées conjointement aux Trésoriers de France et au Bureau de la Ville pour leur donner commission de diriger et surveiller les travaux des eaux de Rungis...........	215
31........	Convocation à une assemblée du Conseil de la Ville................................	216

1613.

2 janvier..	Assemblée du Conseil de la Ville tenue pour délibérer sur les propositions faites dans les deux assemblées précédentes relativement au don fait par la Reine des arrérages de rentes amorties et échues à Sa Majesté : il est décidé que la Ville se désistera de son opposition au sujet des rentes assises en dehors de la ville de Paris, et que, pour les autres, elle fera l'opération elle-même sans s'adresser à aucun partisan...	216
4........	Ordonnance du Bureau enjoignant à Philippe de Gondi de payer intégralement, avant la fin du mois de janvier, le premier quartier de l'année 1609 des rentes sur le sel................	217
4........	Règlement édicté par le Bureau pour le payement des rentes de la Ville assignées sur le sel, le Clergé, les aides et les recettes générales..	217
4........	Ordonnance du Bureau pour le rétablissement de la fontaine particulière dont M. le Président de Jambeville jouissait ci-devant dans sa maison.......................................	218
5........	Arrêt du Conseil du Roi déclarant les officiers de la Ville exempts du droit de confirmation lors de l'avènement des Rois à la couronne...	218
7........	Avis favorable donné au Roi par le Bureau de la Ville pour la construction, proposée par Christophe Marie, d'un pont permettant de passer du quartier Saint-Paul au quai de la Tournelle..	219
7........	Mandement du Bureau adressé aux Quarteniers pour apporter les noms des officiers de la milice de leurs quartiers et les noms de ceux qui sont décédés ou qui ont changé de quartier.......	220
12........	Arrêt du Conseil du Roi réglant la répartition des forêts de Normandie au point de vue de l'approvisionnement en bois des villes de Paris et de Rouen.....................................	221
15........	Mémoires présentés par Pierre Bizet pour le rachat des rentes constituées sur les recettes générales et les aides ainsi que pour la construction du pont Saint-Louis, l'établissement d'un «séminaire académique», la création de diverses fondations charitables et l'agrandissement de l'Hôtel de Ville...	221
18........	Assemblée du Conseil de la Ville tenue pour délibérer : 1° sur la requête présentée par les sieurs de La Pointe et Pourcelet au sujet de la recherche des deniers retenus par les receveurs des décimes de divers diocèses; 2° sur les moyens d'assurer un meilleur payement des rentes sur le sel; 3° sur l'exécution des résolutions prises précédemment pour le désistement de l'opposition à la commission de Jean Filacier relative aux arrérages des rentes assises en dehors de la Ville et pour l'éclaircissement de celles qui sont assignées sur l'Hôtel de Ville............	224
18........	Mandement à Jean Jodelet, procureur des causes de la Ville en Parlement, de présenter requête à la Cour pour obtenir communication des lettres dont les tonneliers déchargeurs de vins poursuivent la vérification et de prendre les instructions du Bureau pour répondre aux défenses des Chartreux dans l'affaire de la maison de M. Le Voys..	225
23........	Ordonnance du Bureau enjoignant à Denis Feydeau, naguère fermier général des aides et payeur des rentes desdites aides, d'apporter les doubles de ses comptes, selon ce qui lui a déjà été ordonné...	226
29........	Marché passé par le Bureau de la Ville avec Pierre Judon, maître maçon, pour les ouvrages de la porte Saint-Bernard...	226
29........	Le Prévôt des Marchands, accompagné d'un Échevin et du Greffier, se rend au Conseil du Roi où il avait été mandé pour s'expliquer sur les propos qu'on lui attribuait et d'après lesquels les deniers des rentes de la Ville seraient retenus à l'Épargne. — Il requiert en même temps du Conseil que le différend de la Ville avec le Clergé au sujet de l'insuffisance des payements faits par celui-ci pour le service des arrérages des rentes soit porté devant le Parlement. Le Chancelier l'adresse aux commissaires nommés en cette cause par le Conseil, et les membres du Bureau se rendent, le 4 février, chez M. de Châteauneuf pour y discuter, devant ces commissaires, avec les délégués du Clergé..	227

		Pages.
29 janvier..	Arrêt du Parlement à propos d'un règlement fait sur le payement des rentes de la Ville........	228
30........	Avis du Bureau de la Ville sur la requête présentée au Parlement par M⁰ Jacques Martin, professeur ès mathématiques en la lecture fondée par Pierre de la Ramée, pour obtenir le payement de ses honoraires..........	228
30........	Mandement à Jean Jodelet, procureur des causes de la Ville en Parlement, d'intervenir pour la Ville en une cause relative à l'exemption de tutelle dont doivent jouir les dizeniers de la Ville en raison de leur charge........	228
5 février...	Mandement audit Jodelet d'intervenir pour la Ville en une instance d'appel pendante en la Cour des aides entre les échevins de Montereau-faut-Yonne et Mathieu Blanchard, maître des ponts de cette ville, qui prétend que ses fonctions l'exemptent de la charge de collecteur des tailles à laquelle il a été élu par les habitants de Montereau........	229
9........	Acte donné par le Bureau à Claude Lestourneau, Receveur de la Ville, de la présentation de l'arrêt de la Chambre des comptes réglant les conditions dans lesquelles le Prévôt des Marchauds, le Procureur du Roi de la Ville et le Greffier doivent prendre en charge le buffet d'argent qui avait été offert à la Reine, et prière à la Chambre des comptes de consentir à ce que le Greffier et concierge de la Ville en ait seul la charge et la garde........	229
13........	Mandement à Jean Jodelet, procureur des causes de la Ville en Parlement, d'intervenir pour la Ville dans une instance pendante en la Cour entre les maîtres tonneliers déchargeurs de vins et les jurés courtiers de vins de la Ville........	230
13........	Marché passé par le Bureau de la Ville avec Julien Pourrat, Maître des œuvres de charpenterie, pour les ouvrages de charpenterie qu'il convient faire dans le comble de l'Hôtel de Ville, en vertu d'un rapport d'experts daté du 19 janvier précédent........	230
21........	Mandement à Jacques Mareschal, avocat de la Ville au Conseil du Roi, d'intervenir pour la Ville en la cause pendante audit Conseil entre les maîtres et gardes du corps de l'Épicerie et Apothicairerie et les fermiers des cinq grosses fermes........	231
21........	Avis donné par le Bureau à la cour de Parlement sur la vérification des lettres obtenues par les hôteliers et cabaretiers et auxquelles les jurés vendeurs et contrôleurs de vins faisaient opposition........	231
6 mars....	Mandement à Jean Jodelet, procureur des causes de la Ville en Parlement, de prendre fait et cause pour les particuliers tenant places à laver lessives sur le bord de la rivière, assignés devant les Requêtes du Palais à la requête du prévôt de l'abbaye Saint-Magloire........	232
7 février-9 mars.	Arrêt du Conseil du Roi du 7 février autorisant Louis d'Abancourt, sieur de Ravenne, à entreprendre les travaux propres à rendre navigable la rivière d'Armançon depuis Montbard jusqu'à Cheny, à son confluent avec l'Yonne, et lui concédant pendant trente ans la perception du péage à établir pour le transport des marchandises sur cette rivière. — Autre arrêt du Conseil, du 16 février, renvoyant ledit d'Abancourt devant le Bureau de la Ville pour avoir son avis sur le tarif de ce péage. — Lettres du Roi expédiées le 16 février en vertu de cet arrêt et prescrivant au Bureau de la Ville de donner avis sur ledit tarif. — Convocation pour le 5 mars d'une assemblée du Conseil de Ville à ce sujet. — Remise de l'assemblée parce que les Conseillers ne sont pas en nombre et convocation d'une nouvelle assemblée pour le 8 mars. — Tenue de cette assemblée où, après l'exposé fait par le Prévôt des Marchands des études auxquelles on s'est livré en vue d'assurer l'approvisionnement en bois de la Ville de Paris par l'ouverture de la navigation sur diverses rivières et des propositions présentées par Louis d'Abancourt au sujet de la rivière d'Armançon, il est délibéré sur le péage à imposer aux marchandises transportées sur cette rivière et arrêté un projet de tarif pour ce péage. — Soumissions faites au Bureau de la Ville, le lendemain 9 mars, par Louis d'Abancourt pour l'entreprise des travaux de la rivière d'Armançon........	232
11 mars....	Ordonnance du Bureau de la Ville pour le rétablissement d'une fontaine dans la maison du sieur d'Almeras, rue des Francs-Bourgeois........	238
11........	Semblable ordonnance en faveur du sieur Puget, trésorier de l'Épargne........	238
16........	Semblable ordonnance en faveur de Nicolas Lescalopier, abbé de l'abbaye de Notre-Dame de Ham, pour sa maison rue des Cinq-Diamants........	238
21........	Mandement à Jean Jodelet, procureur des causes de la Ville en Parlement, d'intervenir pour la Ville en l'instance pendante en la cour de Parlement entre les maîtres tonneliers déchargeurs de vins et Jean du Mesnil, l'un d'eux........	239

SOMMAIRES.

		Pages.
22 mars....	Relation de la procession générale aux Augustins célébrée en action de grâces de la réduction de la Ville à l'obéissance de Henri IV, avec les mandements de convocation à cette cérémonie....	239
26........	Devis des ouvrages de maçonnerie, pierre de taille et sculpture destinés à la construction d'un grand manteau de cheminée dans la grande salle de l'Hôtel de Ville et marché passé le lendemain par le Bureau avec David de Villiers et Pierre Biard, sculpteurs, pour l'exécution de ces ouvrages	240
12 avril....	Relation de la messe célébrée à Notre-Dame en action de grâces de la réduction de la Ville sur les Anglais, avec les mandements de convocation à cette cérémonie.........................	242
16-18.......	Avis favorable donné par le Bureau au sujet des offres présentées au Conseil du Roi par César Arnaud de Rusticy, écuyer, afin d'entreprendre les travaux propres à rendre navigable la rivière d'Oise depuis Chauny jusqu'à Erloy, à la condition de jouir pendant cinquante ans des droits de péage imposés sur les marchandises transportées sur cette rivière. — Tarif proposé pour ce péage et réception par le Bureau des soumissions faites à la Ville par ledit de Rusticy.	242
19........	Démarche faite par les membres du Bureau de la Ville auprès du Conseil du Roi réuni dans la maison de M. le Chancelier, afin d'y discuter contradictoirement avec les membres du Clergé les réclamations de la Ville au sujet de l'insuffisance des payements faits par le Clergé pour le service des arrérages des rentes...	246
S. d.......	Requête présentée par le Bureau au Roi et à son Conseil afin d'obtenir le rétablissement de la somme nécessaire pour le payement d'une demi-année des arrérages des rentes assignées sur les recettes générales, en attendant que le Roi puisse donner le fond pour le payement de l'année entière...	247
3 mai.....	Assemblée du Conseil tenue pour délibérer sur la réception de Mathurin Geslain en l'office de Conseiller de Ville que lui résigne à condition de survivance Nicolas Luillier, sr de Boulancourt..	247
S. d.......	Requête au Roi pour faire évoquer à son Conseil l'instance pendante au Parlement de Rouen entre Étienne Langlois, Jean Le Comte et Jean Denis, pourvus par la Ville de la charge d'aide au pont de Pont de l'Arche, d'une part, et Geoffroy Dantan, chanoine à Rouen, prétendant être pourvu de l'état de maître dudit pont, d'autre part.............................	249
15........	Assemblée du Conseil de Ville tenue pour délibérer sur les affaires concernant les rentes du Clergé: après l'exposé fait par le Prévôt des Marchands des démarches et discussions auxquelles il s'est livré, l'assemblée proteste contre l'insuffisance de l'augmentation de 500 livres adoptée par le Conseil pour être ajoutée aux payements hebdomadaires faits par le Clergé à la Ville et réclame la communication des comptes du Clergé....................................	249
10 avril-17 mai.	Avis favorable donné par le Bureau de la Ville au sujet des offres faites au Conseil du Roi par Samson Dujac pour se charger des travaux propres à rendre la rivière de Vanne navigable depuis Sens jusqu'à Saint-Liébault [aujourd'hui Estissac, dans l'Aube], à la condition de jouir pendant cinquante ans des droits de péage appliqués aux marchandises transportées sur cette rivière, avec la pancarte donnant le tarif proposé pour ces droits de péage et la réception par le Bureau des soumissions faites par ledit Dujac pour cette entreprise.......	252
18 mai.....	Avis favorable donné au Parlement par le Bureau de la Ville pour la vérification des lettres du Roi permettant à Gui de Lusignan de Saint-Gelais, seigneur de Lansac, de fournir à la Ville, pendant vingt années consécutives, 400,000 voies ou charretées de bois au prix de 6 livres 10 sous la voie et 300,000 mines de charbon au prix accoutumé, sans payer aucun droit de composition ni péage..	255
23........	Arrêt du Conseil du Roi portant que le sieur de Castille, receveur du Clergé, payera aux receveurs des rentes de la Ville, pour chacune des trois années 1613, 1614 et 1615, 26,000 livres de plus par an qu'il ne fait maintenant, c'est-à-dire 20,500 livres par semaine au lieu de 20.000...	256
29........	Mandement du Bureau de la Ville aux Quarteniers pour faire faire une exacte recherche de tous les bourgeois de leurs quartiers...	257
15 juin....	Opposition faite par le Bureau au placet présenté au Roi par Nicolas Ranté, valet de pied de la Reine, pour obtenir le don de deux offices de visiteurs et garde-clefs des regards et fontaines de Paris et de Rungis...	257

		Pages.
11 avril-5 juillet.	Devis des ouvrages de maçonnerie à faire pour l'achèvement des bâtiments de l'Hôtel de Ville le long de l'église du Saint-Esprit et affiche pour leur mise aux enchères (11 avril). — Adjudication desdits ouvrages faite à Marin de La Vallée pour 48 livres tournois la toise (23 avril). — Nouvelle mise aux enchères provoquée par les offres d'Arnoul Deshayes pour le compte de Jacques Boullet (24 et 26 avril) et adjudication faite à Étienne Tartaise, au prix de 45 livres la toise (29 avril). — Transport de son marché fait par ledit Tartaise à Marin de La Vallée (13 mai). — Reprise par Jacques Boullet du marché de Tartaise, vu la négligence apportée par Marin de La Vallée à faire recevoir sa caution et prendre les ordres du Bureau (18 juin). — Réception de la caution de Jacques Roullet (20 juin). — Sur les réclamations de La Vallée, offre d'un nouveau rabais de 10 sous sur toise par Jacques Boullet, puis proposition d'entreprendre l'ouvrage pour 40 livres tournois la toise faite par Marin de La Vallée, à qui l'adjudication définitive est faite à ce prix (2 juillet). — Réception de la caution de Marin de La Vallée (5 juillet)...	257
3-6 juillet..	Rapport par Pierre Guillain sur les travaux à faire aux fontaines de Belleville. — Ordonnance du Bureau prescrivant l'exécution desdits travaux et mandement à Pierre Guillain d'y procéder sans retard..	263
3-10.....	Annonce de l'adjudication des démolitions de ce qui reste à abattre de la vieille salle de l'Hôtel de Ville. — Adjudication de cette démolition à Pierre de La Salle, au prix de 300 livres. — Quittance de cette somme donnée audit de La Salle par Claude Lestourneau, Receveur de la Ville...	264
6-13.....	Devis des ouvrages à faire pour la reconstruction du corps de logis de la porte Saint-Martin. — Annonce de la mise aux enchères de ces ouvrages. — Leur adjudication à Pierre Judon. — Réception de la caution baillée par ledit Judon...............................	265
11-17....	Relation de la visite aux travaux des fontaines de Rungis et de la pose de la première pierre de ces fontaines faites par le Roi le 13 et le 17 juillet, ainsi que des préparatifs nécessités par ces cérémonies..	267
18......	Mémoire pour Jean Jodelet, procureur des causes de la Ville en Parlement, chargé de comparoir à l'assignation donnée aux Prévôt des Marchands et Échevins devant M. Buisson, conseiller en la Cour, au sujet de la chute d'une partie de la halle du milieu au Marché Neuf.........	269
19.......	Assemblée du Conseil de la Ville pour délibérer sur le moyen d'éviter les longueurs et remises apportées par les receveurs au payement des rentes : à cause de l'heure tardive, l'assemblée se sépare avant qu'une décision soit prise...	270
19.......	Mandement à Antoine Feydeau, commis au payement des rentes sur les aides, de payer comptant les particuliers rentiers du premier quartier de l'année 1606, sans retenir les quittances....	271
20.......	Récit de l'inondation subite survenue au mois de juillet et texte de la commission délivrée par le Bureau à l'Échevin Desprez, au Procureur du Roi de la Ville et au Greffier pour se rendre dans la vallée de l'Yonne et y faire procéder à la recherche du bois dispersé par les grandes eaux...	271
2 août....	Mandement à Jean Jodelet, procureur des causes de la Ville en Parlement, de comparoir à l'assignation donnée en la Cour, à la requête d'Antoine Marie, au sujet de la chute de la halle du Marché Neuf, et requête présentée au Parlement par le Bureau sur cet objet................	273
2........	Plainte portée au Conseil du Roi par les membres du Bureau sur le retard apporté par le sieur de Gondi au payement des rentes sur le sel..	274
3........	Ordonnance du Conseil du Roi pour procéder en tous les greniers à sel de la généralité de Paris à la saisie et mise en la main du Roi de tous les deniers dus sur le sel vendu, qui ne devront plus être remis à Philippe de Gondi mais seront payés entièrement, sans aucun divertissement, entre les mains de Nicolas Bigot, commis à cet effet.............................	274
5........	Arrêt du Conseil du Roi évoquant à lui et renvoyant par-devant le Bureau de la Ville en première instance et par appel en Parlement tous les procès que pourrait faire naître la dispersion par les grandes eaux du bois entassé sur les ports des rivières de Cure et d'Yonne et lettres du Roi expédiées sur cet arrêt..	275
1ᵉʳ-6.....	Mise aux enchères des matériaux provenant de la démolition du vieux bâtiment de la porte Saint-Martin dont l'adjudication est faite à Pierre Perrin, portier de ladite porte................	276

[1613] SOMMAIRES.

		Pages.
6 août....	Mandement à Jean Jodelet, procureur des causes de la Ville en Parlement, de comparoir à l'assignation donnée à la requête de Jean Despotz au sujet des maisons élevées sur une place sise proche et hors la porte Saint-Honoré...	276
13........	Déclaration donnée par le Bureau de la Ville sur les circonstances dans lesquelles a été faite la résignation de l'office de juré vendeur et contrôleur de vins que possédait Jean Foressier.....	277
13-16......	Mandements pour l'assemblée de l'Élection et procès-verbal de ladite assemblée, où sont nommés Échevins Israël Desneux, grènetier, et Charles Clappisson, conseiller au Châtelet, avec le texte du scrutin et le procès-verbal du serment prêté au Roi par les nouveaux élus le 21 août suivant...	278
17........	Ordonnance du Conseil du Roi portant que le sieur Ragois, commis à la recette du grenier à sel de Paris, remettra entre les mains de Philippe de Gondi, en présence d'un Échevin et du Greffier de la Ville, les deniers provenant de la vente du sel audit grenier jusqu'à ce jour.....	282
21........	Ordonnance du Bureau prescrivant à Claude et Dreux Barbin, cautions de Philippe de Gondi, de payer ou faire payer aux particuliers rentiers les deniers qui leur sont dus pour les arrérages des rentes du sel..	282
22........	Arrêt du Conseil du Roi portant défense aux Prévôt des Marchands et Échevins de faire mettre à exécution l'ordonnance qui précède, étant donné que lesdits Barbin ont été précédemment déchargés de leur caution, et signification de cet arrêt faite le lendemain, 23 août, aux Prévôt des Marchands et Échevins...	283
23........	Ordonnance du Bureau portant que les deniers dus à Philippe de Gondi par les sieurs Robin et Briant seront saisis..	283
26........	Ordonnance du Bureau portant que tous les deniers dus à Philippe de Gondi seront saisis et ses débiteurs assignés au Bureau...	284
6 septembre.	Ordonnance du Bureau portant que seront saisis et arrêtés entre les mains de Claude Gallard, receveur des consignations, tous les deniers adjugés à Philippe de Gondi sur les biens de feu Jérôme de Gondi..	284
6........	Ordonnance du Bureau prescrivant aux porteurs de quittances pour les rentes du sel de les apporter au Bureau pour en dresser la liste..	284
7........	Ordonnance du Bureau prescrivant à Philippe de Gondi d'apporter au Bureau l'inventaire de toutes les quittances de rentes qu'il a payées sur le sel................................	284
9........	Ordonnance du Bureau portant que Louis Chasserat et Jean Cadot, voituriers par eau, feront renouveler par le Bureau leurs lettres de provision pour la conduite des coches de Melun....	285
10........	Ordonnance du Bureau enjoignant à Philippe de Gondi de se tenir le lendemain en sa maison pour représenter à deux des Échevins les inventaires des quittances par lui payées.........	285
16........	Ordonnance du Bureau portant que les bateaux appelés coches de Melun et les chevaux qui les tirent seront saisis, faute par les conducteurs d'avoir satisfait à l'ordonnance du 9 septembre précédent...	285
16........	Lettres patentes ordonnant à la Chambre des comptes d'allouer, dans l'examen des comptes des dons et octrois de la Ville, les dépenses faites à l'occasion de la pose par le Roi de la première pierre des fontaines de Rungis, bien que les deniers de ces octrois aient une autre destination.	285
Août-23 septembre.	Remontrances présentées à la Chambre des comptes pour faire valoir les causes d'opposition à la vérification de l'édit qui porte création de deux offices de conseillers receveurs et payeurs des rentes sur le sel. — A la suite de ces remontrances on trouve le texte de l'édit lui-même et celui de l'arrêt de la Chambre des comptes qui en ordonne communication à la Ville, puis le procès-verbal des assemblées du Conseil de Ville des 22 août et 18 septembre tenues pour délibérer sur ledit édit et sur les lettres de jussion qui en ordonnent la vérification, avec la teneur de la résolution prise par l'assemblée du 18 septembre pour persister dans ses causes d'opposition..	286
1ᵉʳ octobre.	Arrêt de la Chambre des comptes rendu sur les secondes lettres de jussion à elle adressées pour la vérification de l'édit de création de deux receveurs et payeurs des rentes du sel, par lequel il est ordonné qu'avant de procéder par la Chambre à cette vérification les Prévôt des Marchands et Échevins se retireront devant Leurs Majestés pour être ouïs en leurs causes d'opposition....	293

c

		Pages
2 octobre...	Lettres de cachet du Roi ordonnant au Bureau de la Ville d'envoyer à Fontainebleau trois de ses membres pour présenter à Leurs Majestés leurs remontrances et causes d'opposition à l'édit de création de deux receveurs et payeurs des rentes sur le sel........................	293
5........	Assemblée du Conseil de Ville tenue pour délibérer sur les lettres de cachet qui précèdent.....	294
5........	Déclaration du Bureau de la Ville portant : 1° qu'il ne peut procéder à l'enregistrement des lettres du Roi du 31 août 1613 qui concèdent à Charles de Loménie, subrogé au lieu de Jean de Biez, l'entreprise d'un coche d'eau entre Joigny et Paris, et dont le texte est joint ainsi que celui de l'arrêt du Conseil du 17 septembre 1609 sur le même sujet; 2° que ledit de Loménie se retirera par devers le Bureau pour lui être pourvu...............................	295
11........	Ordonnance du Bureau portant que Jean Coing, entrepreneur des travaux des fontaines de Rungis, présentera une nouvelle caution en remplacement de Jonas Robelin, récemment décédé..	298
12........	Ordonnance du Bureau portant défense aux marchands de cidre qui viennent mettre en vente leur cidre en Grève de le vendre en chemin ou dans les faubourgs, à peine de confiscation de leur marchandise et d'amende arbitraire pour les regrattiers qui procéderaient à des achats dans ces conditions...	298
15........	Arrêt du Conseil du Roi portant que le receveur et payeur des rentes assignées sur les recettes générales présentera un état au vrai de la recette et dépense qu'il doit faire chaque année pour sa charge, certifié par le Bureau de la Ville, avec un état des rentes rachetées ou éteintes, afin de régler le fonds à inscrire sur les prochains états de finances de Sa Majesté pour le payement d'une demi-année entière des rentes de cette nature...........................	298
15........	Arrêt du Conseil du Roi portant que François de Castille, receveur du Clergé de France, remettra entre les mains des commissaires du Conseil les comptes qu'il a rendus au Clergé pour raison de sa charge depuis l'année 1607, afin que le Prévôt des Marchands et Échevins en prennent communication en présence desdits commissaires.................................	299
15........	Arrêt du Conseil du Roi portant qu'il sera donné communication au Bureau de la Ville des états des rentes rachetées soit des deniers provenant tant de la vente du parisis, greffes, clercs et tabellionnages que de la revente du domaine, soit en vertu des différents partis accordés à des particuliers..	299
15........	Arrêt du Conseil du Roi portant qu'il sera dressé un état des deniers affectés au payement de ce qui reste dû par Philippe de Gondi des quartiers de juillet et octobre 1609 et janvier 1610 des rentes sur le sel, lequel sera remis au payeur de ces rentes pour en faire le recouvrement....	300
15........	Arrêt du Conseil du Roi portant règlement pour la charge et fonction des deux offices de receveurs et payeurs des rentes sur le sel nouvellement créés................................	301
21........	Lettre du Bureau de la Ville adressée au Chancelier au sujet de la hausse des monnaies........	301
21........	Comparution au Bureau de la Ville de François de Castille, receveur général du Clergé de France, convoqué pour recevoir signification de l'arrêt du Conseil du Roi lui prescrivant de communiquer ses comptes aux commissaires députés par le Roi................................	302
22........	Assemblée du Conseil de la Ville tenue pour entendre de la bouche du Prévôt des Marchands ce qui s'est passé à Fontainebleau au sujet des rentes de la Ville; il ne se présente à cette assemblée qu'un seul Conseiller, M. de Versigny, auquel est fait l'exposé des démarches du Bureau et des arrêts rendus par le Conseil du Roi..	303
22........	Comparution au Bureau de la Ville de Flamin Eanuche, convoqué pour recevoir signification de l'arrêt du Conseil du Roi qui lui ordonne de représenter au Conseil un état des recettes et dépenses de sa charge et un autre état des rentes rachetées ou éteintes	304
7-23.....	Lettres de commission délivrées par le Roi à Jean de Moisset, le 7 octobre, pour recevoir les deniers encore dus à Philippe de Gondi sur le sel et contraindre les pleiges et cautions dudit de Gondi au payement des sommes auxquelles ils se sont obligés, afin de procéder par ledit de Moisset au payement des arrérages des rentes sur le sel suivant l'ordre qui lui sera prescrit par le Bureau de la Ville : à ces lettres sont joints l'état, dressé au Conseil du Roi le 16 octobre, des deniers qui sont ainsi à recouvrer; le règlement fait par le Bureau de la Ville, le 19 octobre, pour l'exécution de la commission dudit de Moisset; l'enregistrement de cette commission au Bureau de la Ville, le 21 octobre; le procès-verbal des soumissions faites au Bureau, le 22 octobre, par Jean de Moisset pour l'accomplissement de sa charge; la réception	

	SOMMAIRES.	
	de la caution fournie à cet effet par ledit de Moisset, le 23 octobre; l'ordonnance du Bureau, du 21 octobre, autorisant le commis de Philippe de Gondi à assister au payement des rentes fait par les soins de Moisset, afin d'en tenir contrôle; et enfin l'ordonnance rendue par le Bureau de la Ville, le 22 octobre, sur la contestation élevée entre Nicolas Bigot, contrôleur général des gabelles, et Louis Le Noir, contrôleur des rentes assignées sur l'Hôtel de Ville, sur la question de savoir à qui appartient le contrôle du payement des rentes fait par Jean de Moisset en vertu de sa commission...	304
23 octobre..	Lettre du Chancelier au Bureau de la Ville en réponse à celle que lui avait écrite le Bureau au sujet de la hausse des monnaies...	309
25........	Assemblée particulière tenue au Bureau de la Ville, où sont convoqués vingt-cinq des notables marchands et bourgeois de la Ville afin de donner leur avis sur les causes de la hausse des monnaies et les remèdes qu'on y peut apporter.....................................	309
25........	Lettre du Bureau de la Ville au Chancelier pour lui rendre compte de ladite assemblée et lui proposer les mesures à prendre au sujet des monnaies..................................	310
29........	Ordonnance du Bureau de la Ville portant que les sous-fermiers de Philippe de Gondi apporteront au Bureau l'état de leur recette et dépense et verseront entre les mains de Jean de Moisset les deniers qu'ils doivent; que les officiers des greniers à sel de la généralité de Paris délivreront le certificat du sel qu'ils ont reçu et ce qu'ils en ont vendu, et enfin que les cautions dudit de Gondi remettront à Jean de Moisset les deniers qu'ils doivent pour leur cautionnement....	311
5 novembre.	Procès-verbal de la visite que Robert Desprez, Échevin, Pierre Perrot, Procureur du Roi de la Ville, Guillaume Clément, Greffier, Olivier de Gouest, sergent, et Nicolas Bourguillot, maître des ponts, assistés de Jean Nouaille, commis au buissonnage de la rivière de Marne, et de plusieurs voituriers par eau, ont faite de l'emplacement où Christophe Marie doit construire un pont de bois sur ladite rivière, à Gournay, afin de donner alignement audit Marie pour la plantation des pieux et la fixation de l'endroit où seront les arches de ce pont, au désir du rapport d'experts fait le 3 novembre 1612 et dont le texte est joint.............................	311
12........	Ordonnance du Bureau portant défense d'exposer en vente du vin mélangé d'eau et procès-verbal de la publication de cette ordonnance faite le lendemain, 13 novembre..................	313
16........	Devis des ouvrages de maçonnerie à faire pour la continuation du bâtiment de la porte Saint-Martin et marché passé pour ces travaux avec Pierre Judon, maître maçon...............	314
19........	Assemblée du Conseil de la Ville tenue pour délibérer sur les propositions faites par Mathurin Geslain, auditeur en la Chambre des comptes, pour le rachat et amortissement de 500,000 livres de rentes, contenues dans les articles présentés au Conseil du Roi et communiqués à la Ville par arrêt dudit Conseil en date du 28 mars 1613, dont le texte est reproduit ici : après audition des explications fournies sur son projet par Mathurin Geslain et des avis défavorables développés par Antoine Feydeau, adjudicataire de la ferme des aides, et par les receveurs des rentes de la Ville assignées sur le Clergé qui s'opposent à l'acceptation de ces offres, la décision est remise à une assemblée subséquente................................	315
26........	Autre assemblée du Conseil de la Ville tenue pour le même objet : après intervention de plusieurs bourgeois, il est décidé que le Roi et son Conseil seront suppliés de rejeter les offres dudit Geslain...	320
9-29....	État des cautions fournies par Philippe de Gondi à cause de la ferme des gabelles de la généralité de Paris, certifié par lui le 9 novembre 1613, avec ordonnance rendue le même jour par le Bureau, prescrivant à Jean de Moisset de faire, au péril et fortune de Claude et Dreux Barbin, cautions dudit Gondi, toutes diligences et contraintes pour le recouvrement des sommes portées en cet état, qui seront déduites des 360,000 livres auxquelles s'élève le cautionnement desdits Barbin, et signification de cette ordonnance faite à iceux Barbin le 29 novembre.....	321
2 décembre.	Règlement pour la vente du bois et du charbon..	322
6........	Ordonnance portant que les deniers qui auraient été adjugés à Philippe de Gondi sur la succession de feu Jérôme de Gondi seront saisis et arrêtés entre les mains de Claude Callard, receveur des consignations..	323
12........	Requête adressée par le Bureau au Roi et à son Conseil tendant à ce que les offres faites par Pasquier de l'Isle pour la construction d'un quai le long de la Seine, à Suresnes, soient acceptées, étant donné que les adjudicataires de ces travaux ont négligé de les exécuter..............	323

xx REGISTRES DU BUREAU DE LA VILLE DE PARIS. [1614]

Date		Pages
14 décembre.	États des rachats et amortissements de rentes envoyés au Bureau de la Ville par M. de Maupeou.	325
18........	Ordonnance du Bureau portant que les receveurs et payeurs des rentes du Clergé apporteront leurs états de recette et dépense depuis qu'ils sont en charge.........................	325
18........	Ordonnance du Bureau portant que Gabriel du Crocq, sous-fermier des greniers à sel de Sens, Joigny, Tonnerre et Vézelai, viendra compter avec Philippe de Gondi, et lui accordant à cet effet sauf-conduit pendant un mois, sans qu'il puisse être arrêté et emprisonné pour fait concernant sa ferme...	326
19........	Arrêt du Conseil du Roi portant défenses aux receveurs et payeurs des rentes de payer, à l'avenir, les arrérages des rentes amorties par Jacques Feret......................	326
19........	Arrêt du Conseil du Roi portant que Philippe de Gondi sera contraint au payement de 193,000 livres dont il reste redevable pour les rentes du sel du 1" août 1608 au 31 mars 1610, et qu'à son défaut ses pleiges et cautions seront contraints audit payement, chacun pour la somme à laquelle il est obligé..	327
19........	Remontrances adressées au Roi par le Bureau de la Ville, au sujet de la demande de mise en liberté sous caution présentée par Philippe de Gondi..................................	327

1614.

Date		Pages
10 janvier...	Signification faite aux receveurs et payeurs des rentes de l'arrêt du Conseil du 19 décembre reproduit ci-dessus...	328
15........	Ordonnance du Bureau de la Ville enjoignant à Augustin Guillain, Maître des œuvres de maçonnerie de la Ville à survivance, de faire procéder au nettoiement des conduites d'eau de Belleville, conformément aux conclusions du rapport qu'il a présenté à ce sujet...............	328
17........	Acte donné à Claude Lestourneau de la présentation qu'il a faite au Bureau de l'arrêt de la Chambre des comptes du 6 juin 1612 relatif à la garde du buffet d'argent donné à la Ville par la Reine et dont le texte est ci-joint..	328
S. d........	Requête présentée au Roi et à son Conseil par les Prévôt des Marchands et Échevins afin d'être reçus à intervenir au procès pendant entre les députés du diocèse de Chartres et le curé de Saint-Hilaire et autres ecclésiastiques dudit diocèse...............................	330
22........	Ordonnance du Bureau portant que les scellés seront mis en la maison de Jean Going, entrepreneur des travaux des fontaines de Rungis, qui vient de mourir, et procès-verbal de l'apposition desdits scellés par les Échevins Desprez et Merault, en présence du Greffier et du Procureur du Roi de la Ville...	330
25-29.....	Arrêt du Conseil du Roi du 25 janvier recevant Jean Gobelin, gendre dudit Jean Coing, en qualité d'entrepreneur des travaux des fontaines de Rungis, au lieu et place du défunt, et requête de Catherine Chanterel, veuve de Jean Coing, tendant à la levée des scellés mis en sa maison, avec ordonnance de mainlevée de ces scellés rendue par le Bureau en conséquence desdits arrêt et requête...	331
28........	Avis donné au Roi par le Bureau de la Ville sur la requête qui lui a été communiquée par arrêt du Conseil du Roi, aux termes de laquelle Pierre Bruslart, receveur du domaine de Sa Majesté à Creil, demande à être déchargé des contraintes exercées contre lui en raison de la caution qu'il a baillée à Philippe de Gondi et qui garantissait seulement la fourniture de sel du grenier de Creil et le payement de ce qu'il recevrait de la vente du sel....................	332
29........	Règlement fait par le Bureau de la Ville pour assurer la navigation sur les rivières d'Yonne, Cure et Armançon, en déterminant les conditions dans lesquelles les meuniers établis le long de ces rivières doivent faire ouverture de leurs vannes et pertuis pour permettre le passage des bateaux et trains de bois..	333
30........	Opposition faite par le Bureau de la Ville à l'entérinement par la Cour des monnaies des lettres du Roi portant concession aux Pères de l'Oratoire de la maison et place de la Monnaie.......	333
S. d.......	Requête du Bureau au Roi et à son Conseil pour s'opposer à la prétention nouvellement émise de lever, sur le pied fourché, un droit qui avait été jadis établi au temps des guerres et était tombé en désuétude...	334

SOMMAIRES.

[1614]		Pages.
4 février...	Avis donné au Roi sur une requête en décharge présentée par les députés du diocèse de Périgueux, dont communication a été donnée à la Ville par ordonnance du Conseil du Roi......	335
18........	Décision du Conseil de la Ville portant que les Quarteniers seront convoqués au Bureau pour les avertir de ne pas répondre au Lieutenant civil et à ses commissaires du Châtelet pour ce qui est du fait de leur charge, de la sûreté de la Ville et garde des portes....................	335
18........	Assemblée du Conseil de la Ville pour aviser au fait des rentes assignées sur le sel : il est décidé de poursuivre auprès du Chancelier ou du Conseil du Roi l'assignation des fonds nécessaires pour achever le payement du premier quartier de 1610.........................	336
22........	Arrêt du Conseil du Roi portant que, eu égard aux remontrances présentées par la Ville, il sera fait discussion plus ample et exacte des facultés et effets de Philippe de Gondi, et qu'en attendant, assignation sera faite à la Ville de 160,000 livres sur les deniers de l'Épargne.........	336
26........	Mandement à Geoffroi Le Secq, procureur des causes de la Ville en Parlement, de comparoir à l'assignation donnée au Châtelet à Pierre Perrot, Procureur du Roi de la Ville, à la requête de Louis de Vesins et Claude Le Rabier, et de requérir le renvoi de la cause au Parlement.....	337
26........	Ordonnance du Bureau portant que Thomas Robin et Nicolas Milon, fermiers des gabelles de la généralité de Touraine, viendront au Bureau de la Ville s'obliger au payement des sommes qu'ils doivent fournir aux receveurs et payeurs des rentes de la Ville d'après l'état du Roi, et bailleront bonnes et suffisantes cautions....................................	337
27 février-1ᵉʳ mars.	Ordonnance de Gilles de Maupeou, Conseiller d'État du Roi, commissaire en cette partie, rendue le 27 février, pour enjoindre au premier huissier du Conseil de signifier au Greffier de l'Hôtel de Ville l'arrêt du Conseil du Roi du 31 décembre 1613, dont le texte est ci-joint et qui ordonne la présentation par les receveurs et payeurs des rentes de la Ville de leurs registres et doubles de comptes, avec signification dudit arrêt faite à Guillaume Clément, le 1ᵉʳ mars...	338
1ᵉʳ mars...	Ordonnance du Bureau portant qu'il sera fait commandement à tous les commis de Philippe de Gondi aux greniers à sel de la généralité de Paris d'apporter au Bureau de la Ville les acquits des payements qu'ils ont faits audit de Gondi ou les comptes qu'ils lui ont rendus, et leurs certificats de vente du sel pendant le quartier de juillet, août et septembre............	339
1ᵉʳ.......	Assemblée du Conseil de la Ville tenue pour délibérer sur la manière dont sera fait le payement des rentes du sel pour l'année 1610, étant donné que les fonds pour lesquels la Ville a reçu assignation sur l'Épargne ne seront pour la plus grande partie disponibles qu'à la fin de la présente année 1614...	339
5........	Ordonnance du Bureau prescrivant aux fermiers des gabelles sur lesquels la Ville est assignée pour le payement des rentes sur le sel de verser entre les mains de Pierre Payen, receveur et payeur des rentes sur le sel, les deniers qu'ils sont tenus payer d'après l'état du Roi........	341
5........	Moyens d'intervention baillés devant le Conseil du Roi par les Prévôt des Marchands et Échevins contre certains bénéficiers du diocèse de Chartres et les receveurs et commis en la recette dudit diocèse...	341
7........	Mandement à Geoffroi Le Secq, procureur des causes de la Ville au Châtelet, de comparoir à l'assignation donnée au Châtelet à Jean Massieu, locataire d'une des maisons du pont Notre-Dame, à la requête d'Isidore Guyot, commis à la voirie, et de prendre fait et cause pour lui en requérant le renvoi de l'affaire au Parlement..	343
7........	Avis favorable donné au Parlement par le Bureau de la Ville au sujet de l'entérinement des lettres obtenues par Léon Maubec pour son invention permettant de scier plusieurs pièces de bois à l'aide d'un seul homme et de faire tourner moulins à huile et à tan....................	343
7........	Enregistrement par la Chambre des comptes de l'arrêt du Conseil du 22 février précédent dont le texte est donné plus haut...	343
4-7......	Enregistrement par la Chambre des comptes de l'arrêt du Conseil du Roi du 4 mars autorisant Pierre Payen, receveur et payeur des rentes de la Ville sur les gabelles, à avancer à Jean de Moisset, fermier des gabelles de sa charge, les sommes nécessaires pour le payement du premier quartier de 1610, que ledit de Moisset lui rendra quand il aura touché les deniers pour lesquels il a assignation, et des lettres du Roi expédiées le même jour conformément à cet arrêt..	343
10........	Mandement aux Quarteniers d'apporter au Bureau les rôles des capitaines, lieutenants et enseignes de leurs quartiers..	345

		Pages.
11 mars....	Ordonnance du Bureau portant que Sébastien l'Empereur, commis du sieur Chartier, versera dans trois jours entre les mains de Jean de Moisset, commis pour recevoir les effets de Philippe de Gondi, la somme de 8,000 livres tournois assignée audit de Gondi sur les gabelles de la généralité de Touraine..	345
11........	Ordonnance du Bureau enjoignant à Thomas Robin et Nicolas Milon, fermiers des gabelles de la généralité de Touraine, en satisfaisant à l'ordonnance du 26 février, de s'obliger au payement des sommes qu'ils doivent d'après l'état du Roi, et de bailler caution pour le quart de ces sommes..	345
17........	Ordonnance du Bureau enjoignant à François de Fontenu, Quartenier, de présenter dans la huitaine un sujet capable de remplir l'office de portier de la porte Saint-Honoré en remplacement de Guillaume Fleury qui a été révoqué de ces fonctions..............................	346
18........	Signification faite au Bureau de la Ville d'une requête présentée au Roi et à son Conseil par Nicolas Milon, fermier des gabelles de dix-huit greniers de la généralité de Tours, afin d'être déchargé de l'obligation que la Ville prétend lui imposer de s'obliger au payement de la somme de 307,633 livres et de bailler caution pour le quart de cette somme, sur laquelle requête est inscrite une ordonnance du Conseil du Roi, du 15 mars, portant qu'elle sera communiquée aux Prévôt des Marchands et Échevins...	346
18........	Mandement à Jean Jodelet, procureur des causes de la Ville en Parlement, de comparoir à l'assignation donnée à la requête de Gervais de Versoigne et consorts, qui réclament à la Ville le payement de chevaux fournis pendant la Ligue.....................................	347
22........	Relation de la procession faite aux Augustins en action de grâces de la réduction de Paris à l'obéissance de Henri IV..	348
24........	Ordonnance du Bureau portant rétablissement de fontaine en la maison de Jean de Bordeaux, receveur et payeur des gages et droits de Messieurs du Parlement, rue des Quatre-Fils......	348
4 avril....	Relation de la messe célébrée à Notre-Dame en action de grâces de la réduction de Paris sur les Anglais...	349
4........	Assemblée du Conseil de Ville où est approuvée la cession faite par M. Le Prevost, sieur de Malassise, à Jacques Le Prevost, sieur d'Herblay, son fils, de l'exercice de l'office de Conseiller de Ville qu'il lui a résigné jadis à condition de survivance................................	349
5........	Requête du Bureau de la Ville au Parlement au sujet de la réclamation élevée par Gervais de Versoigne et consorts...	350
10........	Devis des ouvrages de dorure et peinture à exécuter à la cheminée de la grande salle de l'Hôtel de Ville et marché passé à cet effet avec Antoine Bornat, maître peintre à Paris............	350
12........	Convocation au Bureau de la Ville de quincailliers et armuriers pour leur signifier l'interdiction de vendre aucune arme sans permission du Gouverneur de la Ville et du Bureau..........	351
12-14.....	Conflit avec le Lieutenant civil au sujet de la défense faite aux armuriers et quincailliers de vendre des armes sans autorisation spéciale : démarche faite auprès de la Reine par le Gouverneur de la Ville et les membres du Bureau pour protester contre la violation apportée à leurs prérogatives par la publication de l'ordonnance du Lieutenant civil. — Réponse favorable de la Reine portant que ces défenses doivent être promulguées au nom de la Ville. — Ordonnances rendues en conséquence de cette réponse pour interdire la vente des armes et celle des chevaux (12 avril). — Démarches du Bureau pour protester contre l'emprisonnement fait par le Lieutenant civil du crieur qui a publié lesdites ordonnances de la Ville (13 avril). — Ordre donné par le Bureau au crieur juré de la Ville de publier par tous les carrefours et places de la Ville les ordonnances susdites (14 avril). — Ordonnance du Roi portant interdiction de la vente des armes, expédiée sous la date du 9 avril, mais transmise seulement le 14 à la Ville.............................	351
15........	Mandement aux Quarteniers d'apporter au Bureau le rôle des principaux bourgeois de chaque dizaine où il manque des officiers de la milice, afin de procéder à de nouvelles nominations...	354
16........	Avis donné par le Bureau de la Ville au Parlement pour l'entérinement des lettres de privilége accordées à Mathieu Burghe et Jean Andecot, marchands anglais, pour la confection d'ouvrages imitant le marbre..	354
17........	Arrêt du Conseil du Roi ordonnant l'achèvement de la procédure commencée sur la diversité des inventaires des payements faits par Philippe de Gondi et la liquidation des créances proposées par lui..	355

[1614]	SOMMAIRES.	XXIII
		Pages.
21 avril....	Déclaration du Roi portant que l'ordonnance précédemment rendue pour le retrait des bacs existant sur les rivières de Seine et de Marne ne s'applique pas aux bateaux servant au transport des marchandises...	356
23........	Nouvelle requête adressée par le Bureau de la Ville au Parlement au sujet des réclamations de Gervais de Versoigne et consorts...	357
26........	Mandement pour la montre des archers..	357
26........	Ordre du Roi portant que le chariot chargé d'armes saisi par le Bureau de la Ville sera délivré au concierge de l'hôtel de Bouillon..	357
28........	Mandement du Bureau pour l'exécution de l'ordre du Roi qui précède.................	357
30........	Arrêt du Parlement déchargeant la Ville des réclamations intentées par Gervais de Versoigne et consorts pour fourniture de chevaux faite pendant la Ligue............................	358
3 mai.....	Mandement à Jean Jodelet, procureur des causes de la Ville en Parlement, d'intervenir pour la Ville en l'instance pendante en la cour de Parlement entre Guillaume Fleury et Gilles Le Maistre, sieur de la Massuere..	358
12........	Ordonnance du Bureau de la Ville portant que Thomas Robin et Nicolas Milon, fermiers des gabelles de la généralité de Touraine, seront emprisonnés à la Conciergerie s'ils ne fournissent pas, dans trois jours, les obligations et cautions qui leur ont été prescrites................	359
12........	Devis des ouvrages de charpenterie qu'il convient faire au pavillon neuf de la porte Saint-Martin, et marché passé à ce sujet avec Julien Pourrat, Maître des œuvres de charpenterie de la Ville.	359
12........	Remontrances présentées au Roi par le Bureau de la Ville pour s'opposer à la création sollicitée par Guillain de Nostaing et Jean Sornet, grands valets de pied du Roi, d'un office de contrôleur des marchandises de bois sur les ports des rivières d'Aisne et d'Oise.....................	361
10-28.....	Arrêt du Conseil du Roi prescrivant de lever les scellés apposés sur les quittances des payements faits par Philippe de Gondi, et levée desdits scellés faite en conséquence de cet arrêt.........	362
31........	Ordonnance du Bureau portant que commandement sera fait à Nicolas Milon, fermier de divers greniers à sel de la généralité de Touraine, de payer à Pierre Payen les sommes dont celui-ci est assigné sur ledit Milon..	363
31........	Semblable ordonnance à l'égard de Thomas Robin, fermier d'autres greniers à sel de la généralité de Touraine...	363
31........	Ordonnance portant qu'une fontaine particulière sera rétablie en la maison du sieur L'Escuyer, rue des Prouvaires...	363
17 juin....	Mandement à Jean Jodelet, procureur des causes de la Ville en la cour de Parlement, d'intervenir pour la Ville au procès pendant en ladite Cour entre les jurés mesureurs de grains et les grainiers au sujet de la visitation des grains...	364
Juin.......	Commencement des opérations relatives à la convocation des États généraux.............	364
2 juillet...	Ordonnance du Bureau portant que les maisons du pont Notre-Dame seront visitées par le Maître des œuvres de maçonnerie en vue du renouvellement des baux de ces maisons............	364
7.........	Mandement aux colonels de faire avertir les bourgeois de leurs colonelles d'avoir toujours des armes prêtes en leurs maisons pour pouvoir s'opposer par la force aux enlèvements ou autres excès et violences qui viendraient à se produire......................................	365
11........	Promesses faites par le Bureau de la Ville à Guillaume Boullanger, sieur d'Inville, pour le cas où l'avis qu'il annonce devoir donner à la Ville serait reconnu praticable et avantageux........	365
11........	Mandement aux colonels de faire faire une exacte recherche des personnes logées dans les hôtelleries et chambres garnies..	366
15........	Assemblée du Conseil de la Ville tenue pour délibérer sur l'emploi des deniers provenant des rentes sur le Clergé qui sont négligées et non demandées................................	366
17........	Ordonnance du Bureau portant que les capitaines des Trois Nombres enverront à tour de rôle dix hommes de leur compagnie à l'Hôtel de Ville, de 7 heures du matin à 7 heures du soir, pour être à la disposition du Bureau...	367
17........	Mandement aux colonels d'avertir derechef les bourgeois d'avoir des armes prêtes en leurs maisons pour prêter main-forte à la répression des tumultes et violences......................	367

		Pages.
26 juillet...	Affiche pour annoncer la mise en adjudication de la location des maisons du pont Notre-Dame...	368
1ᵉʳ août....	Ordonnance du Bureau portant rétablissement d'une fontaine particulière en la maison du Président Gayant, rue des Prouvaires...	368
2........	Assemblée du Conseil tenue pour entendre lecture des lettres missives par lesquelles la Reine exprime le désir que l'élection annuelle soit différée jusqu'à l'époque de son retour à Paris : la compagnie décide que la Reine sera priée d'autoriser la réunion de l'assemblée électorale à l'époque accoutumée...	368
3........	Lettre écrite par le Bureau à la Reine pour lui faire part de la décision qui précède..........	369
1ᵉʳ-5.....	Rapport présenté par Julien Pourrat, Maître des œuvres de charpenterie de la Ville, sur les travaux de réparation qu'il est nécessaire d'exécuter au pont-levis de la porte Saint-Jacques, et marché passé avec lui par la Ville pour l'exécution de ces travaux......................	370
6........	Devis des travaux de sculpture qui sont à faire à la porte Saint-Martin et marché passé avec Pierre Besnard pour leur exécution..	370
9........	Mandement à Geoffroi Le Secq, procureur des causes de la Ville au Châtelet, d'intervenir pour la Ville en la cause pendante audit Châtelet entre Bénigne Havart, femme de Christophe de Bury, et la veuve de Robert Panier, locataire de la maison de la Marchandise sise à la Vallée de Misère.	371
11........	Assemblée du Conseil tenue pour délibérer sur la résignation que Claude Le Tonnellier, sieur de Breteuil, entend faire de son office de Conseiller de Ville en faveur d'Antoine Barthélemy, sieur d'Oinville, maître en la Chambre des comptes...................................	371
11........	Rapport présenté par Augustin Guillain, Maître des œuvres de maçonnerie, sur les travaux à faire au pont-levis de la porte Saint-Jacques, et mandement adressé par le Bureau de la Ville audit Guillain pour la prompte exécution de ces travaux.............................	373
11........	Mémoire présenté par le Bureau à la Chambre des comptes au sujet de l'ordre à apporter au payement des rentes et de l'intérêt qu'il y a à ce que les états finaux soient mis sur les comptes le plus rapidement possible...	373
11........	État de la recette et dépense du Clergé depuis le 29 avril 1614 jusqu'au 31 décembre 1615....	374
7-12.....	Lettres du Roi et de la Reine autorisant la Ville à procéder aux élections à l'époque accoutumée et réponse du Bureau...	375
12........	Mandements aux Quarteniers et aux Conseillers de la Ville pour l'Élection................	376
27........	Rapport fait par Augustin Guillain, Maître des œuvres de maçonnerie, sur les moyens à employer pour faciliter l'écoulement des eaux stagnantes et croupies qui sont dans le fossé entre la porte de Buci et la porte de Nesle..	377
14-27.....	Alignement qu'après plusieurs informations faites sur les lieux les membres du Bureau de la Ville et les Trésoriers généraux de France donnent à Christophe Marie pour la construction du pont de pierre qu'il doit bâtir afin de relier le quartier Saint-Paul à celui de la Tournelle............	378
29........	Mandement à Augustin Guillain, Maître des œuvres de maçonnerie, de faire promptement entreprendre les travaux qu'il a proposés pour l'écoulement des eaux dans le fossé de la porte de Nesle...	380
29........	Assemblée du Conseil de la Ville tenue pour délibérer sur les propositions faites par François du Noyer de Saint-Martin pour l'établissement de la navigation en Afrique et aux Indes et pour l'ouverture des mines de France : il est décidé que les mémoires de du Noyer seront mis au Greffe, que leur auteur sera renvoyé aux États généraux et qu'il en sera donné avis aux villes maritimes afin qu'elles députent personnes compétentes qui puissent examiner lesdites propositions..	380
1ᵉʳ septembre.	Mandement à Geoffroi Le Secq, procureur des causes de la Ville au Châtelet, de comparoir à l'assignation donnée à la Police du Châtelet, par le commissaire de La Vigne, à Rigaud Le Maire et autres ferronniers tenant des places de la Ville sur le quai de la Mégisserie........	382
3........	Mandement à Augustin Guillain, Maître des œuvres de maçonnerie, de faire commencer le jour même les travaux de tranchée nécessaires pour l'écoulement des eaux du fossé des portes de Nesle et de Buci...	382

REGISTRES DU BUREAU DE LA VILLE DE PARIS.

1610. (SUITE[1].)

I. — Mandement aux quarteniers pour advertir les bourgeois qui ont été choisis collonnelz, capitaines, lieutenants et enseignes de se trouver au Louvre pour faire le serment.

8 juillet 1610. (H 1795, fol. 230.)

De par les Prevost des Marchans et Eschevins de la ville de Paris.

«Sire Jehan Le Conte, Quartenier, nous vous mandons, incontinant le present mandement receu, d'aller vous mesmes advertir les personnes cy apres nommées de eux trouver demain, entre midy et une heure precisement, en la grande salle du Louvre, pour là faire le serment, entre les mains de Sa Majesté, des charges des cappitaines, lieutenans et enseignes, ausquelles charges ilz ont esté eslevez et choisis par Sa Majesté. Sy n'y faictes faulte, attendu le commandement expres que nous en avons receu.

«Faict au Bureau de ladicte [Ville], le jeudy huictiesme Juillet mil six cens dix.»

Pareil sera envoyé à chacun des seize Quarteniers de ceste Ville, avecq le roolle desdictz nommez et esleuz de leurdict quartier.

II. — Roolle des collonels, capitaines, lieutenans et enseignes qui ont faict le serment au Louvre.

[9-11] juillet 1610[2]. (Fol. 230 v°.)

Roolle des collonnelz, cappitaines, lieutenans et enseignes esleuz et creez par le Roy pour commander par les quartiers et dizaines de sa bonne ville et faulxbourgs de Paris[3].

---

[1] Le présent volume inaugure la seconde série de la collection des *Registres du Bureau de la Ville*, où seront publiées les délibérations postérieures à l'époque de la mort de Henri IV. Il comprend la reproduction de la fin du registre coté H 1795, dont la première partie a été donnée dans le tome XIV, et celle du registre H 1796 tout entier. Nous renvoyons, pour la description du registre H 1795, à la notice qui a été placée à la page 355 du tome XIV, et nous publierons plus loin celle du registre 1796. — Les rubriques que nous donnons en tête de chaque pièce du registre H 1795 sont celles qui ont été dressées sous la table qur termine le registre et qui sont à peu près contemporaines, comme le montre la mention suivante placée à la fin de la table : «Faict et escript par moy, Falle Mahuet, m⁰ escrivain juré à Paris, le 9ᵉ jour de juin 1613.»

[2] Cette date est très incertaine. Le texte du procès-verbal du serment, qu'on trouve à la suite du présent rôle, porte que ce serment aurait été prêté les *vendredi sixième* et *dimanche vingt-septième* juillet : la minute (*Arch. nat.*, H 1962) est d'accord sur ce point avec le registre, mais on voit que le scribe a hésité, car sous la seconde de ces dates on distingue des traces de grattage. O ces deux mentions sont certainement inexactes : en effet, la convocation n'a été lancée que le *huit*, et, de plus, ni l'un ni l'autre de ces quantièmes ne correspondent, en 1610, à un vendredi et à un dimanche ; on est donc obligé de restituer hypothétiquement les deux dates. Le parti le plus sûr parait être de s'en rapporter aux indications fournies par le mandement du jeudi 8 juillet, qui convoquait les officiers de la milice bourgeoise au Louvre pour le lendemain vendredi 9 juillet. Comme il parait difficile de supposer que la prestation de serment commencée ce jour-là ait été interrompue pendant plusieurs semaines, il est vraisemblable que le dimanche où s'est terminée cette formalité est le dimanche 11 juillet. Cette supposition s'accorde avec les dates des mandements des 13 et 15 juillet adressés au colonels pour la visite qu'ils devaient faire dans les maisons de leurs compagnies, car on s'expliquerait mal que cette mission leur eût été confiée avant qu'ils eussent pris officiellement possession de leurs charges en prêtant serment.

[3] Cette liste intéressante doit être rapprochée de celle des «collonelz et capitaines esleuz et creez par le Roy» en 1594, peu de temps après l'entrée de Henri IV à Paris, qui a été publiée au tome XI des *Registres du Bureau*, p. 27-35. Nous indiquerons ci-dessous, en note, pour chacun des quartiers, les modifications qui, en cet espace de seize années, avaient été apportées dans les cadres de la milice bourgeoise; mais il est bon de faire remarquer tout de suite que la liste de 1594, à la différence de celle de 1610, ne mentionnait pas les dizaines des faubourgs.

Ce rôle ne nous apprend pas seulement les noms des officiers de la milice, il fournit en même temps des données pour la résolution d'un problème important et difficile qui continuellement se pose à nouveau dans l'histoire parisienne, celui de savoir à quelle région de la ville correspondaient les différents quartiers qu'on ne trouve presque jamais désignés que sous le nom du Quartenier placé à leur tête. Un précieux document de l'année 1588, publié aux pages 181-182 du tome IX des *Registres du Bureau*, donne la concor-

Premierement

QUARTIER DE SIRE JEHAN LE CONTE [1].

Dizaine de Baudart [1].

Monsieur le president de Blancmesnil, collonnel [2];
Monsieur Dolé, procureur general de la Royne, lieutenant;
Monsieur Tassault, controlleur de l'audiance, enseigne.

Dizaine de Jehan Le Roy.

Monsieur Descroisettes, conseiller, cappitaine [3];
Monsieur Gelin, auditeur des Comptes, lieutenant [4];
Le sieur du Vert dict Rentigny, enseigne.

Dizaine de Françoys Levasseur.

Monsieur Amelot, m⁰ des Comptes, cappitaine [5];
Monsieur du Vivier, lieutenant;
Monsieur de Beausanblant, advocat, enseigne [6].

Dizaine de Pierre Galland.

Monsieur de Sauzelle, m⁰ des Requestes [7], cappitaine;
Monsieur de Chasteaupoissy, m⁰ des Comptes [8], lieutenant;
Monsieur des Noyers, advocat et m⁰ des Requestes de la Royne, [enseigne].

Dizaine de Jehan Le Bon.

Monsieur Le Bret, advocat general [9], cappitaine;
Monsieur Victon, secretaire du Roy, lieutenant;
Monsieur Aubert, advocat, enseigne [10].

Dizaine de Jehan Bourlier.

Monsieur Abelly, Conseiller de Ville, cappitaine;
Le sieur Amaulry, lieutenant;
Le sieur Vaussart, enseigne.

Dizaine de Fourcy Maillart.

Monsieur de la Martiniere, m⁰ des Comptes, cappitaine [11];

---

dance entre les noms des Quarteniers et les subdivisions topographiques, mais cette concordance est toute momentanée et a besoin d'être tenue à jour. Le personnel des Quarteniers se renouvelle assez vite, peu à peu d'autres noms viennent prendre place sur les listes consignées dans les registres au moment des assemblées générales de la Ville ou des élections, et au bout de quelques années on se retrouverait devant la même difficulté si on n'avait pas soin de noter, pour servir comme de jalons, les indications fournies par des documents analogues à celui que nous rencontrons ici. En prenant pour base ce tableau de 1588 dont nous parlions à l'instant et en le combinant avec les rôles de la milice de 1594 et de 1610 et avec la liste des Enfants d'honneur dressée en vue de l'entrée projetée de la Reine, où sont indiqués, quartier par quartier, les domiciles des bourgeois appelés à faire partie de cette troupe de parade (t. XIV, p. 431-433), on arrive à déterminer quelles étaient les circonscriptions de la Ville à la tête desquelles se trouvaient placés en 1610 les différents Quarteniers. On trouvera successivement dans les notes suivantes le résultat de cette étude pour chaque quartier.

[1] Quartier Saint-Martin. Jean Le Conte, qu'on trouve en charge en 1594 (t. XI, p. 28), ne figure pas dans la liste des Quarteniers de 1588, mais une décision du Bureau rendue après l'entrée du Roi à Paris (t. XI, p. 10 note) montre que Vasseur, à qui est attribué le quartier Saint-Martin dans le tableau dressé en 1588, n'exerçait cette charge qu'en l'absence de Jean Le Conte qui était à la tête de ce quartier depuis 1562 et avait été nommé Echevin en 1587 (voir t. VIII, p. 178 n. 2). En effet, les Enfants d'honneurs du quartier de Le Conte habitaient rue Saint-Martin. Sur les quatorze diziniers de ce quartier deux étaient déjà en charge en 1594 : Bandard, qui doit être le même que le Bedard du rôle de 1594, et Le Vasseur.

[2] Nicolas Potier, s⁰ de Blancmesnil, président à mortier au Parlement de Paris, dont on a vu dans les volumes précédents le rôle pendant la Ligue, était déjà colonel en 1594. Les services qu'il rendit à la Reine régente et à Louis XIII au début de son règne lui valurent la charge de chancelier de Marie de Médicis. Il mourut le 1ᵉʳ juin 1635 à l'âge de 94 ans.

[3] Pierre Des Croisettes, reçu conseiller au Parlement le 15 juin 1583. On peut se demander si le nom de Du Croisel, donné au capitaine de cette dizaine en 1594, ne serait pas une mauvaise forme pour Des Croisettes. Quant à l'enseigne, c'était déjà Rantigny à cette époque (*Registres du Bureau*, t. XI, p. 28).

[4] Mathurin Geslain, reçu auditeur des Comptes en 1597, resta en exercice jusqu'en 1629.

[5] Charles Amelot et Du Vivier étaient, l'un capitaine, et l'autre lieutenant dès 1594 (t. XI, p. 29).

[6] Laffemas de Beausemblant, l'auteur du « Discours sur la figure du Roy, eslevée à la porte de la Maison de Ville », qui a été reproduit dans *François Miron* (Paris, 1885, in-8°), p. 407-411.

[7] Le texte portait primitivement « maistre des Requêtes de la Boyne », mais les trois derniers mots ont été barrés. On peut se demander si cette correction ne provient pas d'une erreur, car le nom de Sauzelle ne figure pas sur les listes de maîtres des Requêtes de l'Hôtel.

[8] Les filiations d'offices de la Chambre des Comptes ne donnent aucun conseiller de ce nom. Il y a sans doute là une confusion ou une erreur.

[9] Cardin Le Bret, avocat du Roi en la Cour des Aides, fut reçu avocat général au Parlement le 11 décembre 1604.

[10] Aubert était enseigne en 1594 (t. XI, p. 29).

[11] Charles Lecomte, sieur de La Martinière, maitre des Comptes de 1605 à 1619, était le fils du conseiller-maître de même nom qui occupait la charge de capitaine en 1594 (t. XI, p. 29).

Monsieur Le Tanneur, secretaire du Roy, lieutenant;
Monsieur Le Camus, bourgeois, enseigne.

Dizaine de Thomas Mesnager.

Le sieur Le Maistre, cappitaine;
Le sieur Jacques Bernard, lieutenant;
Le s' Couin, enseigne.

Dizaine de Jacques Beaussault.

Monsieur de Machault, m° des Comptes, cappitaine [1];
Monsieur Garnier, secretaire du Roy, lieutenant;
Monsieur Amelot, procureur de Parlement, enseigne.

Dizaine de Christofle Desnoiers.

Monsieur de Soulfour, conseiller en la Cour, cappitaine [2];
Monsieur Morely, controleur general de l'artillerie, lieutenant;
Monsieur de Cominges, procureur, enseigne.

Dizaine de Robert Gilbert.

Monsieur Gueroult, controleur des finances à Paris, cappitaine;
Le s' Chambigez, lieutenant [3];
Le s' Brottin, greffier du Chastellet, enseigne.

Dizaine de Jodouyn.

Le s' Guillaume Jolly, cappitaine;
Le s' Amelot, lieutenant;
Le s' Chandelier, enseigne.

Dizaine de André des Carrieres.

Le s' Chesneau, cappitaine [4];
Le s' Charles du Buisson, lieutenant;
Le s' Anthoine Lhoste, enseigne.

Dizaine de La Noue.

Le s' Ysidore Guiot, maçon des bastimens du Roy, cappitaine;
Le s' Jacques Berjonville dict Marquelet, lieutenant;
Le s' Jehan Jullien, marchant de vins, enseigne

FAULXBOURGS SAINCT MARTIN.

Dizaine de Pierre Blanchet.

Le s' Fremin Perier, plastrier, cappitaine;
Le s' Germain Herpin, jardinier, lieutenant;
Le s' Louys de La Place, enseigne.

QUARTIER DE M° JEHAN JOBERT [5].

Dizaine de Pouilly.

Monsieur Langlois [6], m° des Requestes, cappitaine et collonnel;
Monsieur Martin, m° des Comptes [7], lieutenant
Monsieur Amaulry, commissaire du Guet, enseigne;

Dizaine de Picard.

Monsieur de Mancy, conseiller de la Cour, cappitaine;
Monsieur Poncet, auditeur des Comptes [8], lieutenant;
Monsieur du Ruble, enseigne.

---

[1] Louis de Machault, s' de Boutigny, maitre des Comptes de 1586 à 1618, était déjà capitaine en 1594 (t. XI, p. 29).

[2] Probablement Denis de Soulfour, reçu au Parlement le 22 décembre 1582.

[3] Le nom de ce lieutenant figure déjà sous la forme Sambiche dans la liste de 1594. L'identification avec Pierre Chambiges, proposée par M. Tuetey, se trouve ainsi confirmée et est d'autant plus vraisemblable que cet architecte était marguillier de Saint-Merry (Registres du Bureau, t. XIV, p. 186) et habitait par conséquent le quartier Saint-Martin.

[4] Le s' Chesneau est sans doute le même que Jacques Chosneau, mentionné comme capitaine en 1594 (t. XI, p. 29).

[5] Quartier Saint-Jean. Ce quartier, qui comptait six dizaines, est le même qui avait, en 1594, pour Quartenier La Noue, car on retrouve en 1610 les noms de quatre des diziniers qui y étaient en charge en 1594 : Dangers, Petitpain, Picard et Labbé ou Habbé La Noue ayant été élu Échevin en 1609 (t. XIV, p. 383), Jean Jobert fut sans doute commis pour exercer sa charge durant son échevinage. Quant à l'identification du quartier de La Noue avec celui de Le Goix qui, d'après la liste de 1588, administrait le quartier Saint-Jean, elle résulte, par voie d'élimination, de ce que pour tous les autres quartiers on peut, comme nous le verrons, à l'aide de différents indices, remonter du Quartenier de 1610 à celui de 1588.

[6] Martin Langlois, s' de Beaurepaire, était déjà colonel en 1594 (t. XI, p. 31). On trouve au tome XI des renseignements sur la part qu'il prit à la reddition de Paris à Henri IV et sur son exercice de la Prévôté des Marchands à laquelle il fut élu le 16 août 1594.

[7] Constant d'Yanville n'indique pas d'autre conseiller-maître de ce nom que Guillaume Martin, qui n'est resté en exercice que jusqu'au 1er mars 1603.

[8] Mathias Poncet, reçu auditeur le 1er août 1596, resta en exercice jusqu'en 1618

Dizaine de Baulery.

Monsieur Aubry, m[e] des Requestes [1], cappitaine;
Monsieur Pradel, tresorier de France, lieutenant;
Monsieur de Bergeron, conseiller notaire et secretaire du Roy, enseigne.

Dizaine de Petitpain.

Monsieur Vion, m[e] des Comptes, cappitaine [2];
Monsieur Desjardins, conseiller au Chastellet, lieutenant;
Monsieur Jolly le jeune, advocat, enseigne.

Dizaine de Dangers.

Monsieur Foucquet, conseiller au Parlement [3], cappitaine;
Monsieur Fragnier, lieutenant;
Monsieur Cosnart, enseigne.

Dizaine de Labbé.

Monsieur Crespin, conseiller en la Court [4], cappitaine;
Monsieur Dubuisson [5], lieutenant;
Monsieur de Saint Jullien, enseigne.

QUARTIER DE Me PHILIPPE MARIN [6].

Dizaine de Corbon.

Monsieur Dolet, advocat, cy devant Eschevin [7], cappitaine;
Monsieur Pietre, advocat, lieutenant;
Monsieur Macé, marchant, enseigne.

Dizaine du Bé.

Monsieur Desprez, advocat, cappitaine;
Monsieur Sonyns [8], marchant libraire, lieutenant;
Monsieur Mesmin, procureur, enseigne.

Dizaine d'Estienne Regnault.

Monsieur Gamard [9], appoticquaire, cappitaine;
Monsieur Bazille, lieutenant;
Le s[r] Nicolas Boucher, marchant boucher, enseigne.

Dizaines de Cartier et Pellier.

Monsieur de La Barre, controleur des Escuiries, cappitaine;
Le s[r] Riollant, lieutenant;
Le s[r] Le Juge, boucher, enseigne.

Dizaine de Bourgeois au lieu de Chavenne.

Monsieur de Grieux, conseiller en la Cour, cappitaine et collonnel [10];
Monsieur Pasquier, lieutenant;
Monsieur Charbonnieres, secretaire de la chambre du Roy, enseigne.

Dizaine de Filz.

Monsieur Quelain, conseiller en la Cour, cappitaine [11];
Monsieur de Bucy Pasquier, auditeur des Comptes [12], lieutenant;
Le s[r] Boulay, procureur, enseigne.

---

[1] Il y avait à cette époque deux maîtres des Requêtes de ce nom, les deux frères Jean et Robert, dont nous aurons l'occasion de parler comme Conseillers de la Ville.

[2] Ezéchiel Vyon, reçu maître des Comptes à Tours le 23 août 1592, resta en exercice jusqu'en 1620.

[3] Le conseiller de ce nom le plus récemment entré au Parlement était alors Guillaume Foucquet, reçu le 8 juillet 1605. Mais il en avait été reçu antérieurement d'autres qui pouvaient encore exister.

[4] Gérôme Crespin, conseiller au Parlement depuis le 18 décembre 1596.

[5] C'est probablement l'apothicaire de ce nom qui était enseigne en 1594 (t. XI, p. 32).

[6] Quartier Sainte-Geneviève, circonscription dont le point central, ou du moins le lieu de réunion de la milice, était la place Maubert (t. IX, p. 182 note). Ce quartier avait à sa tête, en 1588 et en 1594, Cosme Carrel. Il eut pour successeur Jean Carrel, qui fut remplacé, entre les deux élections municipales de 1607 et de 1608, par Philippe Marin. D'après la liste des Enfants d'honneur de 1610, le carrefour Saint-Séverin et la rue Saint-Jacques étaient compris dans cette circonscription. Sur les diziniers ici énumérés, trois sont les mêmes qu'en 1594 : Courbon, Le Bé et Cartier.

[7] Bien qu'il n'eût obtenu que huit voix au scrutin du 16 août 1603, Léon Dolet fut choisi comme Échevin par le Roi «en faveur de la Royne qui le lui avoit recommandé» (*Registres du Bureau*, t. XIII, p. 156).

[8] Le recueil de *Documents*, publié par M. Renouard, mentionne plusieurs libraires du nom de Sonnins à la fin du XVIe siècle.

[9] Ce capitaine et son lieutenant étaient, en 1594, respectivement lieutenant et enseigne (t. XI, p. 30).

[10] Gaston de Grieu possédait le même grade en 1594 (t. XI, p. 30). Il mourut au mois de janvier 1624, un jour seulement avant son fils Charles. Tous deux furent enterrés ensemble au collège des Bernardins. (Raunié, *Épitaphier*, II, 21.)

[11] Ce conseiller au Parlement, qui était déjà capitaine en 1594 (t. XI, p. 30), était Nicolas Quelain, en faveur de qui son père, Michel Quelain, s'était démis de l'exercice de la charge de conseiller le 31 décembre 1575 (*Arch. nat.*, X[1a] 1650, fol. 240 v°). Boulay était également enseigne de cette dizaine en 1594.

[12] Gui Pasquier, sieur de Bucy, reçu auditeur le 21 novembre 1598, resta en exercice jusqu'en 1625 et épousa Marie Rouillé.

Dizaine de Mignot.

Monsieur Loysel, président en la cour des aydes, cappitaine[1];
Monsieur Pieddeseigle, general des Monnoyes, lieutenant;
Le sr Lefebvre, procureur au Chastellet, enseigne.

Dizaine de Bertrand.

Monsieur Lhomedé, advocat, cappitaine;
Le sieur Perier, notaire, lieutenant;
Le sieur Pietre, medecin, enseigne.

Dizaine de Douceur [2].

Monsieur de Gravalle, secretaire du Roy, cappitaine;
Le sieur Deschamps, lieutenant [3];
Le sieur Dupré, marchant papetier, enseigne.

FAULXBOURGS SAINCT MARCEL
Dizaines de Durant et Gollier.

Le sieur Boulle, cappitaine;
Le sr Despinay, lieutenant;
Le sr Robert Foucquet, enseigne.

Dizaines de Lescalon, de Vernolles et Voisin.

Le sr Pierre Theveny, cappitaine;
Le sr Jehan Le Cerf, lieutenant;
Le sr Jehan Le Peinteur, enseigne.

Dizaine de Delaire.

Le sr Pasquier Lucas, cappitaine,
Le sr Jehan Guerou, lieutenant;
Le sr Pierre Gogelin, enseigne.

QUARTIER DE SIRE GLAUDE PARFAICT [4].
Dizaines de Pesme et Bouer.

Monsieur de Machault, conseiller en la Court, cappitaine [5];
Monsieur Parfaict, president aux Monnoyes [6], lieutenant;
Le sieur Le Rat, appoticquaire, enseigne.

Dizaines de Bazouin et Lebel.

Monsieur le president de Lyverdy [7], cappitaine;
Monsieur de Beauvais, lieutenant [8];
Monsieur Jacquet, receveur general du taillon à Paris, enseigne.

Dizaines de Rosnay et Forbet.

Monsieur Duret, president des Comptes, cappitaine et collonnel [9];
Monsieur Chastellain, lieutenant;
Monsieur Baudouyn, notaire, enseigne.

---

[1] Le 6 avril 1611, Marie de Hacqueville, femme de Claude Loisel, président en la Cour des Aides, demeurant rue des Rats, fit son testament dont le texte est conservé dans les Insinuations du Châtelet (Arch. nat., Y 151, fol. 224 v°). Claude était le second fils de Philippe Loisel, frère du célèbre avocat, Antoine. Il fut d'abord lieutenant général de Senlis, puis devint président à la Cour des Aides en 1609 (Gui Joly, *Opuscules d'Antoine Loisel*, p. 611).

[2] David Doulceur, marchand libraire. Le 15 mars 1612, sur sa requête, le Bureau rendit un jugement lui permettant de continuer la reconstruction de sa maison de la rue Saint-Jacques, que ses voisins prétendaient interrompre pour le forcer à en retrancher une partie. La requête donne sa signature (Arch. nat., Z¹ᵇ 381).

[3] C'est sans doute le même qu'on trouve, en 1594, enseigne dans la dizaine de Huault.

[4] Quartier Saint-Antoine. Claude Parfaict était déjà Quartenier en 1588. La rue Saint-Antoine du côté des Jésuites, la rue Vieille-du-Temple, les alentours de l'église Saint-Paul étaient compris dans ce quartier. Trois dizaines étaient administrées en 1610 par les mêmes titulaires qu'en 1594 : Bazouin, Rosnay et Forbet, Le Maire.

[5] J.-B. de Machault, reçu conseiller le 15 janvier 1583. Il était fils d'autre Jean-Baptiste et de Louise Le Coq; il épousa Marie de Monsoy (Blanchard, *Conseillers au Parlement*, p. 98).

[6] Jacques Parfaict, alors avocat au Parlement, fut reçu président en la cour des Monnaies le 2 juin 1594. L'information faite à cette occasion montre qu'il demeurait rue Saint-Antoine (Arch. nat., Z¹ᵇ 557).

[7] Timoléon Grangier, seigneur de Liverdy (Lebeuf, *Diocèse de Paris*, t. V, p. 301), reçu président aux Enquêtes le 3 septembre 1604 (Arch. nat., X¹ᵃ 1801, fol. 163 v°). Il habitait en effet, dans le quartier Saint-Antoine, une grande maison composée de deux corps de bâtiments reliés par une galerie et donnant par devant sur la rue Saint-Antoine et par derrière sur la rue du Roi-de-Sicile, en la censive de l'Évêché. Cette maison avait été cédée le 12 décembre 1572 par Guillaume de Marillac, sieur de Ferrières, à Jean Grangier, père du président. Après la mort de Jean, Timoléon, par un accord passé avec ses frère et sœurs le 15 janvier 1609, avait acquis la totalité de cette maison moyennant la cession d'une rente de 1,333 livres 6 sous 6 deniers. Timoléon Grangier avait épousé Anne de Refuge; le partage de sa succession entre ses enfants fut réglé le 31 décembre 1626 (Arch. nat., Papiers de l'Asile de Charenton, classement Herpin, carton 21).

[8] Beauvais était déjà lieutenant en 1594 (t. XI, p. 31).

[9] Charles Duret, sr de Chevry, avait été reçu président des Comptes le 2 janvier 1610. Il devint en 1621 commandeur-greffier des ordres du Roi et contrôleur général des finances en 1633. Il mourut en 1637, et son fils lui succéda dans sa présidence. M. de Boislisle lui a consacré une notice dans l'édition des *Mémoires* de Saint-Simon (t. VII, p. 63 et 465), à propos du mariage de son arrière-petite-fille avec Antoine-François de la Trémoïlle, duc de Noirmoutier (22 mars 1700).

Dizaine du Maire.

Monsieur le president de Bragelongne[1], cappitaine;
Monsieur de Verton[2], correcteur des Comptes, lieutenant;
Monsieur Le Vacher, enseigne.

Dizaines de La Pie et Porlier.

Monsieur Midorge, conseiller, cappitaine[3];
Monsieur de La Mothe, conseiller au Chastellet, lieutenant;
Monsieur Guenault, marchant de bois, enseigne.

Dizaine de La Mouche.

Monsieur de Sainct Germain Le Grand, maistre des Comptes[4], cappitaine;
Monsieur Pileur, sr de Chattou, lieutenant[5];
Monsieur Petit, secretaire du Roy, enseigne.

PLACE BOYALLE.

Monsieur Le Gras, tresorier de France, cappitaine;
Monsieur Coullanges, lieutenant
Monsieur Marchant, enseigne.

QUARTIER DE Mr GUILLAUME DU TERTRE[6].

Dizaine de Michon.

Monsieur le president de Boullancourt, cappitaine;

Monsieur de Lahaye, auditeur des Comptes[7], lieutenant;
Monsieur de Breda, enseigne.

Dizaines de Laporte et Gosnier.

Monsieur le Lieutenant civil[8], cappitaine;
Monsieur Becquet, general des Monnoyes[9];
Monsieur Cordier, advocat, enseigne.

Dizaines de Lavigne et Cheron Lemaistre.

Monsieur Nicolaï, premier president des Comptes[10], cappitaine;
Monsieur Bouchet, sr de Boinville[11], conseiller en la Court, lieutenant;
Monsieur Quentin, tresorier de la Vennerie, enseigne.

Dizaine de Ladehore.

Monsieur Sanguin, sr de Livry, Prevost des Marchans, cappitaine et collonnel;
Monsieur Marescot[12], advocat general de la Royne, lieutenant;
Le sieur Hautdesens, notaire, enseigne.

Dizaine de Jacquelin.

Monsieur le president de Jambeville[13], cappitaine;
Monsieur Godart, conseiller en la Court[14], lieutenant;
Monsieur Gohorry, auditeur, enseigne.

Dizaine de Garenger.

Monsieur de Roissy, m{e} des Requestes[15], cappitaine;

---

[1] Martin de Bragelongne, président aux Enquêtes du Parlement, était déjà capitaine en 1594 (t. XI, p. 31).
[2] Pierre de Verton, reçu correcteur le 11 mai 1604, resta en exercice jusqu'au 31 décembre 1618.
[3] Jean Midorge, conseiller au Parlement, était, dès 1594, capitaine de cette dizaine.
[4] Jean Le Grand, sr de Saint-Germain-le-Grand, nommé maitre des Comptes en 1573, resta en exercice seulement jusqu'au 29 avril 1598, mais ne mourut que le 27 janvier 1615. Il avait épousé Catherine Allegrain.
[5] Thomas Le Pileur, secrétaire du Roi et audiencier à la Chancellerie. Avec sa femme, Anne Portail, il fit, en 1622, réparer et embellir l'église de Chatou, comme le constate une inscription qui a été publiée par l'abbé Lebeuf (t. II, p. 23-24) et qui se voit encore dans l'église de cette localité.
[6] Quartier du Temple. Ce Quartenier était en charge dès 1594, et trois diziniers de ce quartier figuraient déjà sur le rôle de 1594 : Ladehors, Jacquelin et Haranger. En 1588, le Quartenier du Temple s'appelait Charpentier. L'identité du quartic de Charpentier et de celui de du Tertre est établie par une liste des ateliers publiée au tome X, p. 141, et par le rôle des Enfants d'honneur de 1610 (t. XIV, p. 433) où, pour le quartier de du Tertre, le fils du sieur Olin, apothicaire, est indiqué comme habitant à l'Échelle du Temple.
[7] Hilaire de Lahaye avait le même grade en 1594 (t. XI, p. 27).
[8] Nicolas le Jay, dont nous aurons à parler plus loin.
[9] Robert Becquet était déjà lieutenant en 1594 (*ibid.*).
[10] Jean de Nicolay, sr de Goussainville, entré en exercice le 6 mai 1587. mourut le 31 mai 1624. Il épousa Marie de Billy
[11] C'est peut-être Jacques Bouchet, reçu conseiller le 14 décembre 1583 (Arch. nat., X{1a} 1683, fol. 101).
[12] Nous aurons l'occasion de parler plus loin de Guillaume Marescot à l'occasion de son office de Conseiller de Ville.
[13] Antoine Le Camus, sr de Jambeville. Il fut d'abord maitre des Requêtes, puis président à mortier, le 8 avril 1602 (Blanchard, *Présidents au mortier*, p. 377-379).
[14] François Godard, reçu en 1580.
[15] Jean-Jacques de Mesmes, sieur de Roissy (voir t. XIV, p. 381).

[1610] DE LA VILLE DE PARIS.

Monsieur Mesnon[1], lieutenant ;
Le s⁻ Olin, appoticquaire, enseigne.

Dizaine de Troche.

Monsieur Florette, conseiller[2], cappitaine ;
Monsieur Larcher, conseiller en la Court[3], lieutenant ;
Monsieur...

Dizaine de Jacquet.

Le sieur Jacques Dalmet, cappitaine ;
Le sieur Abdenay Fossard, lieutenant ;
Le sieur Tibi, menuisier, enseigne.

QUARTIER DE SIRE ANTHOINE ANDRENAS[4].
Dizaine de Lebret.

Monsieur le president Chevallier[5], cappitaine et collonnel ;
Monsieur de Hodicq, correcteur des Comptes[6], lieutenant ;
Monsieur Mesnard, enseigne[7].

Dizaine de Drouyn.

Monsieur de Rezé le jeune, conseiller en la Court, cappitaine[8] ;

Monsieur Neucourt, lieutenant ;
Monsieur du Sausoy, enseigne.

Dizaine de Boué.

Le s⁻ Morice Passart, marchant drapier, cappitaine,
Le s⁻ Ferrand, lieutenant[9] ;
Le s⁻ Gaignard, enseigne.

Dizaine de Jehan Genais.

Monsieur Couppé, cappitaine[10] ;
Le sieur Talon, procureur, lieutenant ;
Le sieur Jehan Lemercier, enseigne.

QUARTIER DE SIRE SIMON MARCES[11].
Dizaines de Pierre Heron et Jehan Villain.

Le s⁻ Drouet, espicier, cappitaine[12] ;
Le s⁻ Barbier, marchant, lieutenant ;
Le s⁻ Garnier, enseigne.

Dizaines de Poignant et de Manessier.

Monsieur Gaulmont[13], recepveur des tailles, cappitaine ;

---

[1] Mesnon était enseigne en 1594 (t. XI, p. 27).

[2] Il est probable qu'il s'agit là d'un conseiller au Parlement et qu'on doit y reconnaître Guillaume Florette, reçu dans cette charge le 30 mai 1572.

[3] Claude Larcher, reçu conseiller le 17 décembre 1598.

[4] Quartier de Saint-Innocent. En 1588 et en 1594, ce quartier était administré par Nicolas Bourgeois. Des quatre diziniers qu'il comprenait, un seul portait en 1610 le même nom qu'en 1594 : Boué, mais plusieurs officiers de la milice restaient les mêmes, comme nous allons le voir ; on ne peut donc hésiter à identifier le quartier d'Andrenas avec celui de Bourgeois ou de Saint-Innocent. Les Enfants d'honneur de cette circonscription, appartenant pour la plupart à la marchandise de la draperie, habitaient rue Saint-Honoré.

[5] Nicolas Chevalier, conseiller au Conseil d'État et privé, président de la 4ᵉ Chambre des Enquêtes, fut reçu premier président de la Cour des Aides le 20 avril 1610, sur la résignation de Christophe de Sève (Arch. nat., U 678, p. 250).

[6] François Le Hodicq était déjà lieutenant en 1594 et désigné alors par le rôle de la milice comme auditeur des Comptes, bien qu'il eût été reçu correcteur en 1588 (t. XI, p. 32). Il n'exerça cet office que jusque vers la fin du XVIᵉ siècle, mais la mention que nous rencontrons ici montre que ce n'est pas, comme le suppose Coustant d'Yanville, la mort qui mit un terme à ses fonctions de correcteur. Il résigna probablement sa charge, et la liste des officiers de la milice lui en conserva le titre par erreur.

[7] Mesnard, qualifié alors de greffier de la Monnaie, était déjà enseigne en 1594 (t. XI, p. 32).

[8] Pierre Benard ou Bernard de Rezay, reçu le 15 juin 1605 conseiller au Parlement de Paris, en survivance de son père Guillaume, qui, après avoir été conseiller au Parlement de Rennes, était passé à celui de Paris en 1570 (Saulnier, Le Parlement de Bretagne, t. I, p. 80 et note).

[9] Charles Ferrand, notaire, et Guignard, drapier, étaient lieutenant et enseigne en 1594 (t. XI, p. 32). D'après les noms de ces deux officiers, qui, à cette époque, figuraient dans la dizaine de Jullien, il semble que Boué, déjà dizinier en 1594, ait échangé sa circonscription contre celle-ci.

[10] Couppé, trésorier des offrandes, et Talon, procureur au Châtelet, possédaient, en 1594, les mêmes grades qu'en 1610 (ibid.).

[11] Quartier de Saint-Jacques-la-Boucherie. En 1588, ce quartier avait à sa tête Durantel, auquel succéda Pierre Nicolas qui occupait la charge de Quartenier dès 1591 (t. X, p. 141), car on le voit alors Quartenier du quartier dont était colonel Jacques Turquet, orfèvre sur le Pont-au-Change, qui mourut en 1592 et fut enterré à Saint-Jacques-la-Boucherie (ibid., p. 257). Il est deux dizaines de ce quartier dont les titulaires se retrouvent les mêmes en 1610 qu'en 1594 : Heron et Filassier. La liste des rues habitées par les Enfants d'honneur du quartier de Simon Marces ne peut laisser de doutes sur l'identification de ce quartier avec celui de Saint-Jacques-la-Boucherie, car on y rencontre les rues de la Vieille-Monnaie, de Saint-Jacques-la-Boucherie, des Lombards, Saint-Denis (à l'entrée), de la Savonnerie, le pont Notre-Dame, le pont au Change, l'Apport Paris. (Cf. ci-dessous, p. 139.)

[12] Jacques Drouet était capitaine en 1594, mais Barbier n'avait alors que le grade d'enseigne (t. XI, p. 34).

[13] On peut le demander si c'est le même que le sieur de Gaumont, qualifié colonel en 1594.

Le sr Malacquin, lieutenant;
Le sr Baron, passementier, enseigne.

Dizaines de Fillacier et Guilloré.

Le sr Le Mercier l'aisné, orphevre, cappitaine;
Le sieur Benoise, lieutenant;
Le sieur Pierre Henaut, enseigne[1].

Dizaine de Robert Lescuyer.

Monsieur Perrot, naguere president des Esleuz, Eschevin, cappitaine et [collonnel][2];
Le sr Gardebled, lieutenant;
Le sr Compau, drappier, enseigne.

Pont aux Marchant[3].

Le sr Michel Pollu, cappitaine;
Le sr Chritofle de Lahaye, lieutenant;
Le sr Nicolas Vaillant, enseigne.

Dizaine de Cousturier.

Le sr Le Houst, cappitaine;
Le sr de la Noue, affineur, lieutenant;
Le sr Baillet, boucher, enseigne.

Dizaine de Grandhomme.

Le sr Langlois, espicier, cappitaine;
Le sr Lhoste, marchant, lieutenant;
Le sr Sinffray, enseigne.

QUARTIER DE Me JACQUES HUOT[4].

Dizaine de Guillaume Richer.

Monsieur Rousselet, cappitaine;

Monsieur Lemaistre, advocat, lieutenant;
Monsieur Cadot, greffier des presentations[5], enseigne.

Dizaine de Jehan de St Germain[6].

Monsieur le procureur general, cappitaine et collonel[7];
Monsieur Duret[8], substitud, lieutenant;
Monsieur Baussan, advocat, enseigne.

Dizaine de Jehan Cochon.

Monsieur Guillemin, auditeur des Comptes[9], cappitaine;
Monsieur Chauveau, advocat, lieutenant;
Le sr Messier, drappier, enseigne.

Dizaine de Trubert.

Monsieur Baron, conseiller en la Court[10], cappitaine;
Monsieur du Mesnil Tardieu, secretaire du Roy, lieutenant;
Le sr Claude Morel, libraire[11], enseigne.

Dizaine de Jehan Jesus.

Monsieur Pelletier, conseiller en la Cour[12], cappitaine;
Le sr Rochon, huissier[13], lieutenant;
Le sr Marguenat, drappier, enseigne;

Dizaine de Anthoine Lemoyne.

Le sr François Guilloire[14], espicier, cappitaine;
Le sr Besançon, lieutenant;

---

[1] Sans doute le même que Aymant, qui occupait cette charge en 1594 (t. XI, p. 35).
[2] Le texte porte par erreur *lieutenant*.
[3] Nous verrons plus loin qu'une dizaine spéciale avait été créée pour le pont Marchant et que les Quarteniers Marces, Passart et Beroûl la revendiquaient chacun pour leur quartier.
[4] Quartier Saint-Séverin. Jacques Huet occupait déjà l'office de Quartenier en 1588. Divisé en dix dizaines d'après le document que nous commentons, ce quartier n'en comptait que neuf en 1594. Jésus est le seul dizinier qui soit resté le même depuis cette époque.
[5] «Présentation, lit-on dans le *Dictionnaire de Trévoux*, se dit d'une comparution en justice. C'est une cédule que le procureur du défendeur ou de l'appelant anticipé met au greffe pour sa partie, et laquelle est signée de lui. On ne reçoit personne à plaider qu'il n'ait fait sa *présentation* à un greffe qu'on nomme *le greffe des présentations*.»
[6] En 1594, cette dizaine, à la tête de laquelle était Le Prieur, avait les mêmes officiers qu'en 1610 (t. XI, p. 29).
[7] Jacques de La Guesle, qui mourut en 1612. Il était capitaine en 1594 et avait le même lieutenant.
[8] Louis Duret, pourvu par le Roi d'un état de substitut du Procureur général, fut reçu en cette charge par le Parlement siégeant à Tours, le 26 mars 1594 (Arch. nat., X{1a} 9240, fol. 192).
[9] Jean Guillemin n'était que lieutenant en 1594 (t. XI, p. 30).
[10] Pierre Baron était lieutenant en 1594 (*ibid.*).
[11] Claude Morel, libraire imprimeur, second fils de Frédéric Morel et de Jeanne Vascosan, épousa Jeanne Héry et mourut en 1626. (Renouard, *Documents sur les imprimeurs*, Paris 1894, p. 7 et 199).
[12] Il s'agit probablement de François Le Pelletier, reçu conseiller au Parlement le 29 janvier 1572.
[13] Rochon, huissier au Parlement, était enseigne en 1594 (t. XI, p. 29).
[14] Guilloire était lieutenant en 1594 (t. XI, p. 30).

[1610]   DE LA VILLE DE PARIS.   9

Le s[r] Mathurin Le Gay[1], enseigne.

Dizaine de *Louys Cuvillier*.

Monsieur Le Grand, conseiller en la Cour[2], cappitaine;
Monsieur Gueffier, advocat du Roy au Chastelet, lieutenant;
Monsieur Talon le jeune, advocat[3], enseigne.

Dizaine de *Vauselle*.

Le s[r] Jehan Leclerc[4], tappissier, cappitaine;
Le s[r] Bricquet, lieutenant;
Le s[r] Foyneau, mesureur de sel, enseigne.

Dizaine de *Leclerc*.

Monsieur des Ruisseaulx, cappitaine;
Monsieur Trouillard, advocat, lieutenant;
Le s[r] Nicolas Noël, enseigne.

Dizaine de ...

Monsieur Lhuillier, procureur general de la Chambre[5], cappitaine;
Monsieur de Paris, auditeur des Comptes[6], lieutenant;
Monsieur Milon, esleu, enseigne.

FAULXBOURGS St GERMAIN DES PREZ.

Dizaine de *René Girard*.

Monsieur le president Thevenyn, cappitaine[7];
Monsieur Martineau, lieutenant;
Le s[r] Claude Vellefaulx[8], enseigne.

Dizaine de *Jehan Moisy*.

Monsieur Chanteclerc, m[e] des Requestes[9], cappitaine;
Monsieur de Montargu, lieutenant;
Le s[r] Champion[10], enseigne.

Dizaine de *Nicolas Boucher*.

Monsieur de Sceve, sieur de St Jullien, cappitaine;
Monsieur Du Hamel, lieutenant;
Le s[r] Febvre, enseigne.

Dizaine de *Chalumeau*.

Monsieur Scaron, conseiller[11], cappitaine;
Monsieur Baptiste, lieutenant;
Le s[r] Hazé, enseigne;

Dizaine de *Jehan Le Maire*.

Le s[r] Goderot, cappitaine;
Le s[r] Gayant, lieutenant;
Le sieur Ferrant, enseigne.

Dizaine de *Daniel Amouy*.

Monsieur de Rochefort, cappitaine;
Monsieur de La Forest, lieutenant;
Le sieur Guillaume Picart, enseigne.

QUARTIER DE SIRE JACQUES BEROUL[12].

Dizaine de ...

Monsieur d'Esrivaulx[13], conseiller, cappitaine et collonnel;

---

[1] Mathurin Le Gay ou Le Jay a conservé son grade d'enseigne (t. XI, p. 30).

[2] Alexandre Le Grand, reçu conseiller le 18 septembre 1573.

[3] Il doit s'agir de Jacques Talon, dont le père, l'avocat Omer Talon, ne mourut qu'en 1618, tandis que son frère puîné Omer, l'auteur des *Mémoires*, ne fut reçu avocat qu'en 1613. Jacques devint avocat général en 1631 et démissionna dix ans plus tard en faveur de son frère.

[4] Leclerc, lieutenant en 1594 (t. XI, p. 29).

[5] Jérôme L'Huillier, sieur d'Interville, fut nommé procureur du Roi en la Chambre des Comptes en 1596 et resta en exercice jusqu'à l'année 1619 qu'il fut nommé maître. Il épousa Elisabeth Dreux, fille du procureur général, et mourut le 16 septembre 1633. Leur monument funéraire qui se voyait aux Grands Augustins est reproduit au tome I de l'*Épitaphier* de Raunié, p. 186.

[6] Nicolas de Paris, reçu auditeur des Comptes le 12 juillet 1599, resta en exercice jusqu'au 19 août 1613, date à laquelle il fut nommé maître.

[7] Peut-être est-ce Robert Therin, reçu président aux Enquêtes le 27 juin 1591?

[8] Voyer de Saint-Germain-des-Prés et juré du Roi en l'office de maçonnerie. Son rôle comme architecte est signalé à diverses reprises au cours du tome XIV. Il était propriétaire d'une maison rue de Buci, aboutissant à celle qui portait pour enseigne la Croix blanche (Arch. nat., Y 3565, fol. 304 v°, 27 mai 1628. Cf. P. Fromageot, *La rue de Buci*, Paris, 1907, in-8°, p. 133).

[9] Ce doit être Charles Chanteclere, sieur de Vaux, que la continuation de Chassebras signale comme reçu en cet office le 20 juin 1578 et encore en exercice en 1599.

[10] C'est peut-être Thomas Champion, propriétaire de la maison du Jugement de Salomon, rue de Buci, en 1609. (Fromageot, *ibid.*, p. 75.)

[11] Le Parlement comptait plusieurs conseillers de ce nom.

[12] Quartier Notre-Dame. En 1588 et en 1594 ce quartier avait à sa tête Guillaume Guerrier. Les noms de deux diziniers sur huit, restés les mêmes en 1610 qu'en 1594 (Bonnefons et Esconys), et la mention du domicile des divers Enfants d'honneurs du quartier de Beroul : Pont au Change, Petit pont, Pont Marchant, le Palais, devant Saint-Denis de la Charte, prouvent que le quartier de Beroul est bien le même que celui de Guerrier, c'est-à-dire le quartier Notre-Dame.

[13] René le Rouillé, chanoine de la Sainte-Chapelle, conseiller au Parlement, était devenu abbé d'Herivaux, au diocèse de Paris, en 1578, sur la résignation de son frère Pierre. Il mourut en 1624 (*Gallia Christiana*, t. VII. col. 827).

Monsieur Philippes, m° des Comptes[1], lieutenant;
Monsieur Scaron, advocat, enseigne.

Dizaine de Pasquier le Roy.

Monsieur de La Haye, audiancier, cappitaine;
Le s' de La Noue, orphevre, lieutenant;
Le s' Messier, brodeur, enseigne;

Dizaine de Bonfons.

Monsieur Le Roy Damexaincte, conseiller en la Cour[2], cappitaine;
Monsieur Loysel, conseiller au Parlement, lieutenant[3];
Le sieur Le Royer, procureur, enseigne[4].

Dizaine de Costard.

Le s' Guybert, cappitaine[5];
Le s' Habicot, lieutenant;
Le s' Pigeart, enseigne.

Dizaine de Guyot.

Monsieur de Vertamont, conseiller en la Court du Parlement[6], cappitaine;
Monsieur de Bruxelles[7], conseiller aux Requestes, lieutenant;
Monsieur Gouffé, substitud au Chastellet, enseigne.

Dizaine d'Escouys.

Le sieur Frison, marchant, cappitaine;
Le sieur Lempereur, marchant, lieutenant;
Le sieur Lindo, enseigne.

Dizaine de Cheron.

Monsieur Hesselin, m° des Comptes[8], cappitaine;
Le s' Drouyn, drappier, lieutenant;
Le s' Langlois, tireur d'armes, enseigne.

Dizaine de Bertrand.

Le s' La Gogue, marchant, cappitaine;
Le sieur Vieillard l'aisné, lieutenant;
Le sieur Brunet l'aisné, marchant, enseigne.

FAUXBOURGS S^T JACQUES.

Dizaines de *Therouin* et *Godin.*

Mons' Amelin, s' de La Cour, general des Monnoyes, cappitaine;
Le s' Guillaume Estienne, lieutenant;
Le s' Jehan Prevost, enseigne;

Dizaines de la Hogue et Baudin.

Le sieur Guillaume Thirouyn, cappitaine;
Le sieur Aubin de Laulnay, lieutenant;
Le sieur Germain Pesche, enseigne.

QUARTIER DE SIRE NICOLAS BOURLON[9].

Dizaine de ...

Monsieur Dufour[10], conseiller, cappitaine;
Le s' de Moncheny, appoticquaire, lieutenant;
Le s' Theriot, notaire, enseigne.

Dizaine de Paris.

Le s' Belin, cappitaine[11];

---

[1] Henri Phelippes, d'abord auditeur des Comptes, passa maitre le 19 juillet 1606.
[2] Jean Le Roy, prieur de Dame-Sainte. Voir t. XIV, p. 276 (note). Nous en reparlerons plus loin.
[3] Il y avait alors deux conseillers de ce nom: les deux frères Antoine et Gui. Il s'agit plutôt du premier, qui mourut le 23 décembre 1610, car Gui était chanoine de Notre-Dame; or le Bureau ne le cite pas, dans sa lettre du 3 septembre 1611 aux échevins de Chartres, parmi les ecclésiastiques qui avaient un grade dans la milice.
[4] En 1594 le grade de capitaine était possédé par un procureur du nom de Le Royer, qui était probablement le père de celui que nous voyons ici enseigne dans la même dizaine.
[5] Guybert était lieutenant en 1594 (t. XI, p. 28).
[6] François de Verthamon, reçu conseiller le 17 août 1588. On trouve sa généalogie dans les *Conseillers au Parlement* de Blanchard, p. 104-105.
[7] Peut-être s'agit-il de Pierre Brussel, reçu en 1601 ?
[8] Louis Hesselin était déjà capitaine en 1594 et la lieutenance de cette dizaine était alors également occupée par le même titulaire qu'en 1610.
[9] Quartier Saint-Jacques de l'Hôpital. Bourlon remplissait l'office de Quartenier dès 1588 et quatre des diziniers nommés ici étaient déjà en charge en 1594: Paris, Moret, Loret et Quicquebeuf ou Guigneheuf. D'après la liste des Enfants d'honneur, les Halles, Saint-Sauveur, Saint-Jacques de l'Hôpita les rues au Fevre et de la Tonnellerie faisaient partie de cette circonscription.
[10] Jérôme Du Four, conseiller au Parlement, était colonel de ce quartier et capitaine de la dizaine de Trouvé en 1594 (t. XI, p. 34). Le 4 juin 1603, Jérôme se démit, au profit de son fils Michel Du Four, de l'exercice de son office de Conseiller qu'il lui avait résigné auparavant à titre de survivance (X^{1a} 1791, fol. 101). Il est probable qu'il s'agit ici de ce fils qui, selon toute vraisemblance, avait également succédé à son père dans la charge de capitaine, celle de colonel étant passée, ainsi qu'on le voit plus bas, à Denis Palluau.
[11] Belin était également capitaine de cette dizaine en 1594 (L XI, p. 34).

Le s' du Chesne, espicier, lieutenant;
Le s' Jacques Dosny, espicier, enseigne.

Dizaine des Laniers.

Le sieur Robin, cappitaine;
Le sieur Savary, lieutenant;
Le sieur Le Secq, enseigne.

Dizaine de Moret.

Le sieur Tronchet, marchant de soye, cappitaine;
Le sieur Neret, espicier, lieutenant;
Le sieur Marcellet [1], enseigne.

Dizaine de Loret.

Le sieur Caverne, frippier, cappitaine;
Le sieur Nicolas Cochery [2], lieutenant;
Le sieur de La Vergne [3], mercier, enseigne.

Dizaines de Quicquebœuf et Donjat.

Le s' Roussel [4], marchant de vins, cappitaine;
Le s' Montrouge, vendeur de marée, lieutenant;
Le s' Jehan Poullain, vendeur de bestial, enseigne.

Dizaine de Eustache.

Monsieur Palluau, conseiller en la Cour [5], cappitaine et collonnel;
Monsieur Targer, marchant, lieutenant;
Le s' Mulot, marchant de vins, enseigne.

QUARTIER DE M' ESTIENNE COLLOT [6].

Dizaines de Charly et Richard.

Monsieur de Gastines, m° des Comptes [7], cappitaine;

Monsieur Le Maire, tresorier, lieutenant;
Monsieur de Louvigny, enseigne.

Dizaine de Lambert.

Monsieur le president Champrond [8], cappitaine et collonnel;
Monsieur Poussepin, conseiller au Chastelet, lieutenant;
Monsieur de Bures, marchant de vins, enseigne;

Dizaine de Heurlot.

Monsieur de Creil, conseiller en la court des Aydes, cappitaine;
Monsieur Fontaine, lieutenant;
Monsieur Amaulry, receveur du domaine, enseigne.

Dizaines de Lespicier et Barat.

Monsieur Poussepin, secretaire, cappitaine [9];
Le s' Quincquaire, marchand de vins, lieutenant;
Le s' Nicolas Philippes, marchand de grains, enseigne;

Dizaine de Moblet.

Monsieur Philippes, marchand de grains, cappitaine [10];
Le s' de Sainct Genist, marchand de grains, lieutenant;
Le s' de Champregnault, marchand de grains, enseigne.

Dizaine de Boisard.

Monsieur Gastel, conseiller en la Court des Aydes, cappitaine [11];

---

[1] Marcelot était enseigne en 1594 (t. XI, p. 34).

[2] Nous verrons plus loin que, le 30 janvier 1611, le Lieutenant civil prétendit faire emprisonner «Cochery, lieutenant d'ung nommé Caverne, cappitaine au quartier de la Fripperie».

[3] L'enseigne La Vergne est probablement le même que celui dont le nom est écrit Le Bergue en 1594.

[4] Roussel n'était que lieutenant en 1594 (ibid.).

[5] Denis Palluau, reçu conseiller en 1580.

[6] Quartier Saint-Gervais, dont Choilly était Quartenier en 1588 et 1594. Claude de Choilly ayant été élu Échevin en 1601 (t. XII, p. 468), fut remplacé comme Quartenier par Étienne Collet, et mourut le 10 avril 1603, avant l'expiration de son mandat d'Échevin (t. XIII, p. 95). Trois des dizaines de ce quartier avaient gardé les mêmes diziniers qu'en 1594 : Charly, Barat et Heurlot ou Hurle. Outre cette similitude de diziniers, les mentions de domicile des Enfants d'honneur du quartier de Collot : l'Ave Maria, les rues de la Mortellerie et de Jouy, l'orme S' Gervais montrent qu'il s'agit bien là en effet du quartier Saint-Gervais.

[7] Louis Le Bigot, sieur de Gastines, d'abord auditeur puis maître des Comptes (13 janvier 1594), garda cette charge jusqu'en octobre 1616.

[8] Le catalogue de Blanchard (p. 86 et 116) signale deux présidents aux Enquêtes de ce nom à cette époque, Michel de Champrpund et Jean qui fut reçu en cette charge le 5 juin 1610. (Arch. nat., X¹ᵃ 1829, fol. 151.)

[9] Déjà capitaine en 1594 (t. XI, p. 32).

[10] Probablement le même que Fiacre Philippes, capitaine en 1594 (ibid.).

[11] Du Gastel était déjà capitaine en 1594 et La Fosse enseigne (ibid.).

Monsieur de la Fosse, lieutenant;
Le sieur Theurny, marchand de bois, enseigne.

Quartier de sire François Bonnard[1].

Monsieur Le Bossu, secretaire du Roy[2], cappitaine;
Monsieur Le Feigneulx, president en l'eslection, lieutenant;
Le sʳ Hautbois, marchant, enseigne.

Dizaine de Estienne Constant.

Monsieur le president de Marly, cappitaine[3];
Monsieur Lescuyer, mᵉ des Comptes[4], lieutenant;
Monsieur de Fontenu[5], auditeur des Comptes, enseigne.

Dizaine de Jacques Germain.

Monsieur le president Forget, cappitaine[6] et collonnel;
Monsieur Dyonnet, lieutenant;
Monsieur...

Dizaine de Jehan Lesecq.

Monsieur de Montescot, tresorier, cappitaine;
Monsieur Le Secq, lieutenant;
Le sieur Croiset, enseigne.

Dizaine d'Avolle.

Le sieur Deschamps, cappitaine;
Le sieur Jehan Lucas, drappier, lieutenant;
Le sieur Henry Voisin, marchant de vins, enseigne.

Dizaine d'Adenet.

Le sieur Chappellain[7], notaire, cappitaine;
Le sieur de Richelieu, procureur, lieutenant;
Le sieur de La Rue, procureur, enseigne.

Dizaines de François Bonnard et Le Tanneur.

Monsieur Cocquet, cappitaine;
Monsieur Le Sage, lieutenant;
Le sʳ Nicolas Vaillant, marchant de bois, enseigne.

Dizaine de André Legrand.

Monsieur de Brion[8], recepveur des aydes, cappitaine;
Le sʳ Christofle Morot, lieutenant;
Le sʳ...

Dizaine de Chassebras.

Le sʳ Michel, cappitaine[9];
Le sʳ Mailly, lieutenant;
Le sʳ Olivier Mailly, enseigne.

Faulxbourgs de Montmartre.
Dizaine de Gaston Marestz.

Ledict sieur Gaston Marrestz, cappitaine;
Le sieur Nicolas Hotin, lieutenant;
Le sieur Thomas Bodin, enseigne.

Quartier de sire Jacques de Creil[10].
Dizaine de Santueil.

Le sieur Pierre Chandelier, marchant de vins, cappitaine;

---

[1] Quartier Saint-Eustache. Bonnard était déjà Quartenier de ce quartier en 1594, et deux dizaines avaient alors les mêmes diziniers qu'en 1610: Germain et Chassebras. En 1588, le Quartenier s'appelait Gambier, et en 1590, Jean Lesaige. L'identification entre le quartier de Gambier ou de Saint-Eustache et celui de Bonnard est établie par la liste des Enfants d'honneur qui comprend des habitants des rues de la Tonnellerie, de Grenelle et de Montmartre, dont la première faisait la limite du quartier et les deux autres y étaient comprises.
[2] Jean Le Bossu, conseiller notaire et secrétaire du Roi, seigneur de Charenton. (Voir t. XIV, p. 108.)
[3] Jacques Danès, seigneur de Marly, président en la Chambre des Comptes. (Voir t. XIV, p. 191.)
[4] Jean Lescuyer, auditeur des Comptes en 1578, devint maitre le 30 mars 1583 et resta en exercice jusqu'en février 1635.
[5] Sébastien Fontenu, reçu auditeur le 13 mai 1600, resta en exercice jusqu'au 2 décembre 1619.
[6] Jean Forget, président aux Enquêtes du Parlement, possédait le grade de capitaine dès 1594 (t. XI, p. 33).
[7] Chappelain et Richelieu étaient, en 1594, respectivement lieutenant et enseigne (ibid.).
[8] De Brion était capitaine dès 1594 (ibid.).
[9] La dizaine de Chassebras avait, en 1594, le même capitaine et pour enseigne un nommé Mailly qui est probablement celui que nous voyons ici parvenu au grade de lieutenant (t. XI, p. 33).
[10] Quartier du Sépulcre. Cette circonscription avait pour Quartenier, en 1594, Nicolas Lambert, nommé à cette charge en 1590 en remplacement de Mathurin de Beausse (Registres du Bureau, t. X, p. 74, note). Sur sept diziniers, un seul, Sensier, était resté le même depuis 1594. Le quartier du Sépulcre, qui, d'après la liste des Enfants d'honneur, comprenait dans ses limites les Filles Pénitentes, les rue Aubri-le-Boucher, Troussevache et une partie de la rue Saint-Denis et était bordé par le quartier Saint-Innocent, fut réuni plus tard au quartier de Saint-Jacques-la-Boucherie, comme on le voit par la description de Jaillot.

Le sieur Jehan Roussel, lieutenant;
Le sieur Gabriel Lhostellier, enseigne.

Dizaine de Ignace Guyon.

Monsieur Lamoignon[1], conseiller en la Court, cappitaine;
Monsieur Henryot[2], marchant, lieutenant;
Le sieur Charles Arondeau, marchant, enseigne.

Dizaine de Yon.

Le sieur Robineau[3], cappitaine;
Le sieur Doublet, lieutenant, et cy devant enseigne;
Le sieur Vessieres, enseigne.

Dizaine de Choisin.

Monsieur Bouette, conseiller en la Court des Aydes, cappitaine.
Le sieur Nicolas Boulingue, cy devant enseigne, lieutenant;
Le sieur Philippes Travaillé, enseigne.

Dizaine de Baschelier.

Monsieur Merault, receveur des consignations, cappitaine;
Le sieur Nicolas Vyc, marchant, lieutenant;
Le sieur Chermont, enseigne.

Dizaine de Censier.

Monsieur Pageot[4], m° des Requestes, cappitaine et collonnel;
Monsieur Targer, marchant, lieutenant;
Le sieur Voicture, marchant, enseigne.

Dizaine de Philippes Le Beuf.

Monsieur Lamy, auditeur des Comptes, cappitaine[5];
Le sieur Fueillet, marchant, lieutenant;
Le sieur Jehan Prieur, enseigne.

FAULXBOURGS S^T DENYS.
Dizaine de Peu.

Le sieur Jehan Aubry, cappitaine;
Le sieur La Goutte, lieutenant;
Le sieur Pierre Capery, enseigne.

QUARTIER DE M^E ANDRÉ CANAYE[6].
Dizaine de Roland le Bel[7].

Monsieur Fournier, cy devant conseiller, cappitaine, et collonnel;
Monsieur Payen, secretaire du Roy, lieutenant;
Le sieur Baschelier, appoticquaire, enseigne.

Dizaine de Jehan de St Etienne.

Monsieur Lambert[8], correcteur des Comptes, cappitaine;
Le sieur Coustart, drappier, lieutenant[9];
Le sieur Sauvage, marchant de vins, enseigne.

Dizaine de Jacques Leplat.

Le sieur Bricquet, notaire, cappitaine[10];
Le sieur Le Myre, appoticquaire, lieutenant[11];
Le sieur Gruyer, sergent, enseigne.

Dizaine de Gimardes.

Monsieur Le Bailleul, conseiller en la Court, cappitaine;

---

[1] Chrestien de Lamoignon, reçu conseiller le 25 janvier 1596, devint président à mortier en 1633 et mourut au mois de janvier 1636.

[2] Enseigne en 1594 (t. XI, p. 32).

[3] Probablement le même qui était enseigne en 1594.

[4] Antoine Pajot, s^r de La Chapelle, qui fut maître des Requêtes de 1602 à 1624.

[5] Antoine Lamy, reçu auditeur le 2 septembre 1602, devint correcteur en 1639.

[6] Quartier Saint-Honoré. Ce Quartenier était déjà en charge en 1588 et deux des diziniers sur sept, Roland le Bel et Saint-Estienne, sont les mêmes qu'en 1594. La liste des Enfants d'honneur montre qu'une partie de la rue Saint-Honoré, la Croix-du-Tiroir, la rue du Four, les Quinze-Vingts, faisaient partie de ce quartier.

[7] Cette dizaine avait en 1594 le même capitaine et le même enseigne (t. XI, p. 34).

[8] Louis Lambert, sieur de Cambray, reçu correcteur des Comptes le 25 juin 1598, passa maître en 1615.

[9] C'est probablement le même que le lieutenant désigné pour cette dizaine sous le nom de Cotard, en 1594 (*ibid.*).

[10] La maison du notaire Briquet servit, en 1611, de refuge au marquis de Coeuvres que le chevalier de Guise avait attiré dans un guet-apens et poursuivait l'épée à la main pour le tuer. L'annotateur des Mémoires de Richelieu qui rapportent cette anecdote (t. I, p. 170) fait remarquer qu'en 1709 un des successeurs de ce notaire demeurait rue Saint-Honoré près des Halles, et que Briquet exerçait peut-être déjà dans la même maison. Cette supposition est confirmée par notre texte, puisque le quartier de Canaye, comme nous le disions ci-dessus, comprenait bien dans ses limites la rue Saint-Honoré.

[11] Ce capitaine et ce lieutenant figurent déjà en 1594 (*ibid.*).

Le sieur Denis Neoust le jeune, lieutenant;
Le sieur Le Gaigneur, sellier de la Royne, enseigne.

Dizaine de Jehan Drouet.

Le sieur du Carnoy, cappitaine;
Le sieur Blondel[1], appoticquaire, lieutenant;
Le sieur Jehan Godin, cordonnier du Roy, enseigne.

Dizaine de Devoulges.

Le sieur Le Secq, linger, cy devant lieutenant[2], cappitaine;
Le sieur Le Royer, drappier, lieutenant;
Le sieur Courtet, orphevre, enseigne.

Dizaine du Coincte.

Monsieur le president Billard[3], cappitaine;
Monsieur du Boullay, mareschal des logis, lieutenant;
Le sieur Joubert, appoticquaire, enseigne.

FAULXBOURGS S^T HONNORÉ.
Dizaine de l'Escuyer.

Le sieur Alexis Desvignes, cappitaine;
Le sieur Lefort, lieutenant;
Le sieur Jehan Legendre, enseigne.

Dizaine de Bardault.

Le sieur Henry Musnier, cappitaine;
Le sieur Jehan Painte, lieutenant;
Le sieur Denys Brocard, enseigne.

QUARTIER DE M^E ROBERT DANÈS[4].
Dizaine de Messier.

Monsieur Feuillet, cappitaine et collonnel[5];
Monsieur de La Brunetiere, lieutenant;
Monsieur Brunet, enseigne.

Dizaine de Mengey.

Monsieur Maillet, advocat, cappitaine[6];
Le sieur Robichon, commis à la Chambre des comptes, lieutenant;
Le sieur Nicolas Favier, enseigne.

Dizaines de Josset et Doulcet.

Le sieur Chavenas[7], cappitaine;
Le sieur de Louans, lieutenant;
Le sieur Pageris, enseigne.

FAULXBOURGS S^T VICTOR.
Dizaines de Denis Adam et Eustache Gouchet.

Le sieur Pierre Hugueville, cappitaine;
Le sieur Christofle Sinffret, lieutenant;
Le sieur Thomas Lavoy, enseigne.

Dizaines de Nivet et Herisson.

Le sieur Anthoine Sauvage, cappitaine;
Le sieur Eustache Gouchet, lieutenant;
Le sieur Thomas Mallebeste, enseigne.

QUARTIER DE SIRE MICHEL PASSART[8].
Dizaines de Peyras et de Heurlot.

Monsieur Testu, chevallier du guet, cappitaine[9];

---

[1] Déjà lieutenant en 1594 (t. XI, p. 34).
[2] *Ibid.*
[3] Charles Billard, qui était maitre des Requêtes en 1594 (t. XI, p. 34) et fut nommé président aux Enquêtes le 17 novembre 1603.
Le lieutenant et l'enseigne de cette dizaine étaient également les mêmes en 1594.
[4] Quartier du Saint-Esprit ou de la Grève. Depuis 1563, ce quartier était administré par Robert Danès, lequel mourut le 28 juillet 1592, ayant résigné, la veille, sa charge de Quartenier en faveur de son fils Adrien Danès, qui lui avait déjà succédé dans son office de greffier de la Chambre des Comptes (*Registres du Bureau*, t. X, p. 279 et note). Le Robert Danès possesseur de cet office de Quartenier à l'époque qui nous occupe était peut-être fils d'Adrien.
Sur les quatre dizaines du quartier du Saint-Esprit, aucune n'avait en 1610 le même titulaire qu'en 1594. D'après la liste des Efnants d'honneur, la rue Jean-de-l'Épine (entre celles de la Vannerie et de la Coutellerie) faisait partie de ce quartier.
[5] Feuillet, capitaine, et Brunet, enseigne, figurent sur la liste de 1594 (t. XI, p. 31).
[6] En 1594, le capitaine Maillet est qualifié procureur en la Cour (*ibid.*).
[7] C'est peut-être le même personnage que l'enseigne désigné sous le nom de Chavenaut en 1594 (*ibid.*).
[8] Quartier Saint-Germain-l'Auxerrois. Administré en 1588 par Parlan et dès 1590 par Guillaume Le Roux, ce quartier était divisé en quatre dizaines dont les titulaires ne sont pas donnés par le rôle de 1594, mais qui sont seulement désignées par leur situation topographique. On ne peut cependant hésiter à reconnaître dans le quartier de Passart l'ancien quartier de Parlan ou de Saint-Germain-l'Auxerrois, puisque le s^r Drouart, Enfant d'honneur de ce quartier, habitait rue Saint-Germain-l'Auxerrois. Il est probable d'ailleurs que le nouveau Quartenier, qui entra en fonctions en 1598 (t. XI, p. 542), n'est autre que le Passart qui était colonel de ce quartier dès 1594.
[9] Louis Testu, s^r de Frouville et de Villers-en-Vexin (*Mémoires* de Richelieu, t. II, p. 73).

Monsieur de Grand Marre, secretaire, lieutenant;
Le sieur Languerrat, jouallier, enseigne.

Dizaines de Philippes Passart et Jehan Dordane.

Monsieur le president Myron [1], cappitaine et collonnel;
Monsieur Peraut, commis au greffe du Conseil d'Estat, lieutenant;
Monsieur Lefevre, advocat, enseigne.

Dizaines de Pierre Moucant et partie de celle de Jherosme Lambert.

Monsieur de Vertou, secretaire du Roy et de ses finances, cappitaine;
Monsieur Doron, aussy secretaire, lieutenant;
Monsieur Le Regratier, payeur des Cent suisses, enseigne.

Dizaine de Anthoine Vincent.

Monsieur Briçonnet, m⁰ des Comptes [2], cappitaine;
Monsieur Vigor, advocat au Conseil privé, lieutenant;
Le sieur Louys Langlois, enseigne.

«Les vendredy sixiesme et dimanche vingt septiesme Juillet [3] mil six cens dix, le Roy estant en son chasteau du Louvre à Paris, la Royne regente, sa mere, presente, les collonnelz, cappitaines, lieutenans et enseignes par luy creez et esleuz pour la conservation de sa bonne ville de Paris et contenuz et nommez au present roolle, ont tous juré et attesté devant Dieu, sur les sainctes evangiles, que bien et fidellement ilz serviront le Roy, leur souverain seigneur, soubs l'auctorité et les commandemens de ladicte dame Royne regente, envers et contre tous sans nul excepter, que pour cest effect ilz employeront loyallement leurs personnes, biens et vies ensemble pour la deffense et conservation de ladicte Ville en l'obeissance de Leurs Majestéz, et executeront diligemment tous les commandemens qui leurs seront faictz tant par elles, qu'en leurs noms par les Gouverneur, Prevost des Marchans et Eschevins de ladicte Ville, qu'ilz ne prendront ny n'employeront les armes, que Leursdictes Majestéz fout presentement mettre en leurs mains en suitte desdictes charges qu'il a pleu leur conferer, que pour les servir et faire obeir, qu'ilz descouvriront et reveleront soigneùsement auxdictz Gouverneur, Prevost des Marchans et Eschevins, pour en advertir Leursdictes Majestez, tout ce qui viendra à leur congnoissance important à vostre royal service et au bien de ladicte Ville, et qu'ilz se banderont et opposeront ouvertement contre tous ceulx qui vouldront attenter à l'auctorité de Leursdictes Majestez, violer les eedictz faictz pour la manutention du repos publicq du royaulme et troubler celluy de la Ville, se declarans en dictz et en faictz vraiz et perpetuels ennemys de tous ceulx qui directement ou indirectement seront autheurs ou fauteurs de tels attentatz, soubz quelque pretexte que ce soit. Et ainsy l'ont tous promis et juré, moy, conseiller au Conseil d'Estat et privé de Sa Majesté et secretaire de ses commandemens, present.»

Ainsy signé: «DE LOMENYE».

III. — SIGNIFFICATION FAICTE AU Sʳ MARTIN
DE LA REQUESTE DU Sʳ DE CASTILLE
TOUCHANT LES RENTES RACHEPTÉES ET LE PARTY
DE DESNIELLE,
AVEC LA RESPONCE DE Mʳˢ DE LA VILLE
SUR LADICTE SIGNIFFICATION.
12 juillet 1610. (Fol. 226.)

«A la requeste de Mᵉ François de Castille, conseiller secretaire du Roy et receveur general du Clergé de France, soit sommé et requis Maistre Christofle Martin, recepveur et payeur des rentes de l'Hostel de Ville de Paris assignées sur ledict Clergé, ainsy que feu Mᵉ Nicolas Martin, son pere, vivant aussy recepveur et payeur desdictes rentes, a ja esté sommé et requis, de fournir et delivrer ses quictances audict de Castille de la somme de soixante douze mil livres par icelluy de Castille payée à Mᵉ Jehan de Moisset, ayant droict par transport de Mᵉ Loys Denielle qui a contracté avec Sa Majesté pour le rachapt de cinq cent mil livres de rente, lesdictz LXXIIᵐ l. pour les années vɪᶜ huict et six cens neuf, à cause de trente six mil livres ordonnez par arrest du Conseil de Sadicte Majesté du quatorziesme Novembre mil six cens neuf estre paiez par chascun an durant seize années audict Denielle par ledict de Castille [4] des deniers de sa recepte, offrant icelluy de Castille fournir presentement à icelluy Martin, pour et au lieu de sesdictes quictances, celles qu'il a dudict de Moisset de ladicte somme de soixante douze mil livres pour lesdictes deux années; le tout

---
[1] Robert Miron, président aux Requêtes du Palais. Voir t. XIV, p. 31.
[2] François Briçonnet, sieur de Léveville, reçu maître des Comptes le 15 mai 1603.
[3] Nous avons expliqué ci-dessus que ces dates sont certainement inexactes et qu'elles doivent probablement être remplacées par celles des 9 et 11 juillet.
[4] Voir t. XIV des *Registres du Bureau*, p. 366, note 3.

suivant et conformement au susdict arrest cy devant et des le vingt sixiesme jour dudict moys de Novembre signiffié et d'icelluy baillé coppie aud. feu M° Nicolas Martin.» Ainsy signé : «JOLLY, commis dudict sieur de Castille».

«Faict et signiffié le contenu cy dessus audict M° Christofle Martin, le sixiesme jour de Juillet mil six cens dix, par moy François Ambonville, sergent à verge au Chastellet de Paris, soubsigné, en parlant à sa personne en son domicile. Lequel a faict reponce qu'il communicquera la presente signiffication et sommation à Messieurs de la Ville.

«Faict, present Estienne Mire et Dutillet, tesmoings.» Ainsy signé : «AMBONVILLE.»

«Les Prevost des Marchans et Eschevins de la Ville de Paris qui ont veu l'exploict de sommation faiete à M° Christofle Martin, recepveur et payeur des rentes de ladicte Ville assignées sur le Clergé, à la requeste de M° François de Castille, receveur general dudict Clergé, affin de luy fournir et delivrer ses quictances de la somme de soixante douze mil livres tournois que ledict de Castille pretend avoir payée à maistre Jehan de Moisset ayant droict par transport de Maistre Louys de Nielle, declarent qu'ilz empeschent que ledict Martin delivre sesdictes quictances audict de Castille de la dicte. somme de soixante douze mil livres, au contraire, entendent contraindre et faire contraindre par corps icelluy de Castille au payement d'icelle somme pour estre mis es mains dudict Martin pour employer au faict de sa charge, sauf audict de Castille son recours pour la repetition de ladicte somme allencontre dudict de Moisset. Ce qui sera signiffié ausdictz de Castille et Martin, ad ce qu'ilz n'en pretendent cause d'ignorance.

«Faict au Bureau de la Ville, le douziesme jour de Juillet mil six cens dix.»

IV. — UNE FONTAINE DANS LE LOUVRE AUX DESPENS DE LA VILLE.

14 juin-13 juillet 1610. (Fol. 227.)

Le Roy desirant avoir une fontaine dans son chasteau du Louvre tirée des fontaines publicques de ladicte Ville, Messieurs de la Ville ont commandé de ce faire et pour y parvenir a esté faict le marché qui ensuit :

«Pour les tranchées qu'il convient faire pour la conduicte des eaues des fontaines de la Ville jusques au chasteau du Louvre, faut faire la descouverture du pavé et trancher les terres en la rue de l'Arbre Secq, à commencer au coing en la rue S¹ Honnoré[1], icelle continuer en la rue des Fossez Sainct Germain[2] jusques au tournant de l'hostel de Bourbon, de la profondeur de trois piedz ou environ au dessoubz du pavé, dresser le fond de ladicte tranchée proprement selon la pente telle qu'il sera commandé à l'entrepreneur et de largeur de deux piedz en fondz.

«Item, continuer ladicte tranchée depuis la rue des Poullyes, au travers de l'antien hostel de Bourbon, le long de la chappelle, jusques à la porte du chasteau du Louvre; icelle enfoncer de deux piedz au dessoubz du pavé du ruisseau de la rue de l'Autruche[3], de pareille largeur de deux piedz en fondz, dresser les terres dudict fondz proprement et selon la pente necessaire pour l'assiette des thuyaulx en descente vers ledict chasteau, et continuement soubz le portail et en la court dudict chasteau aux lieulx qui sera jugé pour la commodité du service de Sa Majesté.

«Lever le pavé et ouvrir lesdictes terres par longueurs particulieres, selon la commodité et incommodité publicque et qu'il sera monstré par le Maistre des oeuvres de maçonnerie de ladicte Ville ayant la charge et conduicte des ouvraiges desdictes fontaines.

«A la charge que l'entrepreneur sera tenu y travailler au temps et selon la forme qui luy sera commandé et l'ouverture suffisante par hault pour le tallut à revenir à ladicte ouverture de deux piedz par bas. Laquelle tranchée et ouverture de terres l'entrepreneur sera tenu remplir apres que les thuyaulx y seront assis et fondez et qui luy sera commandé par ledict M° des oeuvres des ouvrages, faire paver dessus et remettre le pavé de la rue en estat deu comme il est à present; fournir de pavé de grez neuf, s'il en est besoing, sable et autres estoffes necessaires pour ledict pavement, le tout faict deuement au dict d'icelluy Maistre des oeuvres et autres que les sieurs Prevosts des Marehans et Eschevins de ladicte Ville vouldront à ce nommer

---

[1] D'après le tracé qui est indiqué ici, on voit que c'est la fontaine de la Croix du Tiroir qui devait fournir l'eau du Louvre.
[2] La rue des Fossés-Saint-Germain-l'Auxerrois partait de la rue de l'Arbre-Sec pour aboutir à l'intersection des rues des Poulies et du Petit-Bourbon. Au XVII° siècle, son nom fut étendu à la rue de Béthisi, qui la prolongeait de l'autre côté de la rue de l'Arbre-Sec. On peut se reporter au plan de la censive de Saint-Germain-l'Auxerrois qui a été publié par la Société de l'Histoire de Paris, et qui appartient à peu près à l'époque qui nous occupe.
[3] La rue de l'Autruche ou d'Autriche allait de la Seine à la rue Saint-Honoré, en passant entre le Petit-Bourbon et le Louvre; le plan de Gomboust lui donne le nom de «rue du Louvre». Elle fut englobée en 1664 dans les travaux d'agrandissement de ce palais, et il n'en subsista que la partie voisine de la rue Saint-Honoré qui forme aujourd'hui la rue de l'Oratoire.

et commectre, et rendre place nette; faire vuyder ce qui y sera de superflu.

«Et au cas qu'il soit trouvé des vieilz plombs dans terre, lesdictz vieilz plombz retourneront au proffict de la Ville.

«Lesquelz ouvrages seront thoisez à thoise courante et boutavant une fois seulement, tant pour pavé que vuydange de terre et recouvrement entier.»

De par les Prevost des Marchans et Eschevins de la ville de Paris.

«On faict asscavoir que les tranchées qu'il convient faire pour la conduicte de l'eane des fontaines de la Ville jusques au chasteau du Louvre cy dessus mentionné seront baillés à faire au rabais et moings disant à l'extinction de la chandelle meccredy prochain seiziesme du present moys, quatre heures de rellevée, et y seront toutes personnes receues à y mettre rabais.

«Faict au Bureau de la Ville, le lundy quatorziesme jour de Juin mil six cens dix.»

Et le meccredy seiziesme dudict moys mil six cens dix, lesdictes tranchées ont esté publiées estre à faire et bailler au rabais et moings disant à l'extinction de la chandelle; où c'est presenté Pierre Voisin, m⁰ paveur, demeurant rue Mortellerie à la Traversse, qui a offert de les faire et faire faire conformement audict devis moyennant quarente solz tournois la thoise. Et pour ce qu'il ne s'est presenté autres personnes, avons remis ladicte publication au dernier dudict mois de Juin et ordonné nouvelles affiches estre mises, ce qui a esté faict.

Et ledict jour dernier Juin lesdictes tranchées ont esté derechef publiées estre à bailler, où c'est presenté Barbe Le Queulx, plombliere de la Ville, qui a offert les faire à trente cinq solz la thoise. Et pour ce qu'il ne s'est presenté aulcunes personnes qui ayt mis au rabais lesdictz ouvraiges, avons remis ladicte publication au mardy treiziesme Juillet prochain.

Et ledict jour de mardy treiziesme Juillet, c'est presenté au Bureau ledict Voisin qui a offert faire ladicte besongne moyennant trente trois solz tournois la thoise.

Ainsy signé : «Voisin».

Et pour ce qu'il ne s'est presenté aulcunes aultres personnes qui ayent voulu entreprendre de faire icelle besongne à plus bas pris que ledict Voisin, avons à icelluy Voisin adjugé et adjugeons lesdictz ouvrages de tranchées et pavemens cy devant declarez, pour ledict pris de trente trois solz la thoise, aux

charges portées par ledict devis cy devant transscript, lesquelz ouvraiges il sera tenu faire et parfaire bien et deuement, conformement à icelluy et au dire de Pierre Guillain, M⁰ des œuvres, et aultres que nous voudrons nommer. Dont il sera payé au feur et à mesure qu'il travaillera et suivant noz ordonnances et mandemens, des deniers pour le retablissement des fontaines et autres oeuvres publicques de ladicte Ville.

V. — [Mandement aux colonels] pour visiter par toutes les maisons s'il y a des armes offensives et deffensives.

13 juillet 1610. (Fol. 229.)

De par les Prevost des Marchans et Eschevins de la ville de Paris.

«Monsieur...., colonnel, nous vous prions, faire et faire faire par les cappitaines, lieutenans et enseignes de vostre collonnelle une visitation par touttes les maisons de leurs compagnies, recognoistre ceulx qui ont des armes deffensives et offensives, les advertir de les tenir nettes et en bon estat, enjoindre à ceulx qui n'en auront point d'en achepter et s'en fournir des qualitez que vous et vosdictz cappitaines leur commanderez pour rendre les compagnies complettes, affin de s'en pouvoir servir en cas de necessité et quand l'on leur commandera. Lesquelles visitations il vous plaira faire et faire faire le plus doulcement et avec le moindre bruict que faire ce pourra.

«Faict au Bureau de la Ville, le mardy treiziesme jour de Juillet mil six cens dix.»

Pareil envoyé à messieurs les collonelz de ceste Ville.

VI. — Mandement aux colonels pour se trouver à la Ville.

15 juillet 1610. (Fol. 229 v°.)

De par les Prevost des Marchans et Eschevins de la ville de Paris.

«Monsieur ....., collonel, nous vous prions executer et faire executer le mandement à vous envoyé le treiziesme jour du present moys et vous trouver au Bureau de la Ville, demain cinq heures de rellevée, où se trouvera monsieur le Gouverneur, pour nous faire entendre ce que vous aurez faict.

«Faict audict Bureau de la Ville, le jeudy quinziesme Juillet mil six cens dix.»

VII. — Mandement aux Quarteniers
pour faire la visitation des chesnes.
21 juillet 1610. (Fol. 229 v°.)

*De par les Prevost des Marchans et Eschevins
de la ville de Paris.*

«Sire Jean Le Conte, Quartenier, nous vous mandons faire et faire faire promptement par voz diziniers une exacte visitation de touttes les chesnes et rouetz d'icelles estans en touttes les rues et ruelles de vostre quartier, et en faire proces verbal contenant l'estat desdictes chesnes et rouetz en l'estat et les endroitz où il n'y en a, esquelz il y en souloit avoir, et informer ce qu'elles sont devenues. Lequel proces verbal nouz apporterez au Bureau dans vingt quatre heures au plus tard. Et faictes faire ladicte visitation le plus doulcement et avec le moings de bruict que faire se pourra.

«Faict au Bureau de ladicte Ville, le meccredy vingt ungiesme jour de Juillet mil six cens dix.»

Pareil envoyé à chacun des seize Quarteniers.

VIII. — Lettre missive
a nostre Saint Pere le Pape[1],
pour les pardons de l'Hostel Dieu,
charités et aulmosnes.
30 juillet 1610. (Fol. 246 v°.)

Tres Sainct Pere,

«Recognoissans la grande et excessive despence qu'il convient journellement faire pour la nourriture et entretiennement des pauvres mallades affluans en grand nombre de jour en jour à l'Hostel Dieu de ceste ville de Paris, laquelle il seroit impossible de continuer s'ilz n'estoient secouruz des charitez et aulmosnes accoustumées, qui nous faict avoir recours à Vostre Saincteté et en continuant l'instante priere cy devant faiete à Vostredicte Saincteté par le feu Roy Henry le Grand, que Dieu absolve, et par le Roy à present regnant, nous vous supplions tres humblement voulloir accorder andict Hostel Dieu la confirmation des antiens previlleges à eulx octroyez par vos predecesseurs, vos sacrez pardons et indulgences, avec permission de faire recueillir par toutes les eglises de ce royaume les charitez et aulmosnes des fidelz chrestiens, nonobstant les statuz du concile et autres à ce contraires[2]. Et nous continuerons à faire vœux et prieres à Dieu pour vostre Saincteté, plaise la continuer longuement et heureusement au gouvernement du Sainct Siege de nostre mere Saincte Eglise.»

Et plus bas: «Du Bureau de l'Hostel de la ville de Paris, le trantiesme jour de Juillet mil six cens dix.
«Voz tres humbles et tres obeissans serviteurs les Prevost des Marchans et Eschevins de la ville de Paris.»

«A nostre tres Sainct Pere.»

IX. — Requeste presentée au Roi
pour avoir permission de doubles et deniers[3].
[Août 1610.] (Fol. 247.)

Au Roy
et à Nosseigneurs de son Conseil.

Sire,

«Les Prevost des Marchans et Eschevins de vostre bonne ville de Paris vous remonstrent tres humblement que, pour faciliter le commerce, commodité et soulagement de vostre peuple, il seroit besoing et necessaire de faire et fabricquer grande quantité de doubles et deniers. Mais le maistre et conducteur de la monnoye au Mouslin n'en peut fabricquer sans vostre permission. Ce consideré, Sire, il plaise à Vostre Majesté ordonner qu'il sera fabricqué en vostre monnoye dudict Mouslin par le maistre et conducteur d'icelle, pour la somme de soixante mil livres

---

[1] Paul V, élu pape le 16 mai 1605, mort le 28 janvier 1621. On a vu dans les volumes précédents des lettres analogues adressées au Souverain Pontife pour la publication du «pardon» annuel de l'Hôtel-Dieu.

[2] Le Concile de Trente avait interdit l'usage des quêteurs et n'autorisait la publication des aumônes que par l'ordinaire, qui devait commettre deux chanoines pour recueillir les offrandes :
Sessio XXI. Decretum de reformatione, cap. IX. «Cum multa a diversis antea conciliis... adversus pravos eleemosynarum quæstorum abusus remedia, tunc adhibita, posterioribus temporibus reddita fuerint inutilia... statuit ut posthac in quibuscumque Christianæ religionis locis eorum nomen atque usus penitus aboleatur, nec ad officium hujusmodi exercendum ullatenus admittantur, non obstantibus privilegiis ecclesiis, monasteriis, hospitalibus, plis locis et quibusvis cujuscumque gradus, status et dignitatis personis concessis, aut consuetudinibus etiam immemorabilibus. Indulgentias vero aut alias spirituales gratias quibus non ideo Christi fideles decet privari, deinceps per ordinarios locorum, adhibitis duobus de capitulo, debitis temporibus populo publicandas esse decernit. Quibus etiam eleemosynas atque oblata sibi caritatis subsidia, nulla prorsus mercede accepta, fideliter culligendi facultas datur...» (Labbe, *Sacrosancta concilia*, t. XIV, col. 851-852.)

[3] Un arrêt du Conseil du 7 septembre 1610 renvoya la requête du Prévôt des marchands à la Cour des Monnaies (Arch. nat., E 17°, fol. 38), et le 15 septembre suivant celle-ci émit l'avis qu'il fût fabriqué desdits doubles et deniers pour la somme de trente mille livres. (Arch. nat., Z¹ᵇ 76, fol. 257.)

desdictz doubles et deniers sur le mesme pied et taille que ceulx cy devant faictz en icelle. Et les supplians continueront à prier Dieu pour la prosperité et santé de Vostre Majesté.»

X. — Mandement aux colonnels
POUR VOIR SI LES BOURGEOIS SONT BIEN ARMEZ ET LEUR ENJOINDRE D'AVOIR DES ARMES.

6 août 1610. (Fol. 247 v°.)

De par les Prevost des Marchans et Eschevins de la ville de Paris.

«Monsieur..., collonnel, nous vous prions, faire et faire faire par les cappitaines, lieutenans et enseignes de vostre collonnelle une seconde revene par touttes les maisons de vostredicte collonnelle, pour veoir et recognoistre si les bourgeois et habitans se sont armez comme il leur avoit esté enjoinct et si les compagnies sont complettes; et, où aucuns n'auront satisfaict, leur enjoindre d'obeir et se garnir promptement d'armes telles que leur avez ordonné, et nous envoyer au Bureau de la Ville, le plus tost que faire se pourra, les rolles de vosdictes compagnies ainsy complettes et chacun particulierement les armes que lesdictz bourgeois auront.

«Faict au Bureau de la Ville, le vendredy sixiesme Aoust mil six cens dix.»

XI. — Mandement de l'eslection.
12 août 1610. (Fol. 247 v°[1].)

De par les Prevost des Marchans et Eschevins de la ville de Paris.

«Sire Jehan Le Conte, Quartenier, appellez vos cinquanteniers et dizeniers avec huict personnes des plus apparans de vostre quartier, tant officiers du Roy, s'il s'en trouve andict quartier, que des bourgeois et notables marchans non mechanicques, lesquelz seront tenuz de comparoir, sur peine d'estre privez de leurs previlleges de bourgeoisies, franchises et libertez, suivant l'edict du Roy, lesquels feront le serment, es mains du plus notable desdictz huict, de eslire quatre personnes d'iceulx huict, auxquelz esleuz dictes et enjoignez qu'ilz se tiennent en leurs maisons, lundy prochain, seiziesme du present moys, jusques apres neuf heures du matin, que manderons deux d'iceulx venir en l'Hostel de la Ville pour proceder à l'eslection et continuation des Prevost des Marchans et Eschevins, au desir et conformement aux lettres du Roy et de la Royne regente sa mere, du vingt quatriesme Juin dernier. Et nous apportez ledict jour, à sept heures du matin, vostre proces verbal cloz et scellé, lequel sera signé de vous et de celluy qui aura presidé en vostredicte assemblée. Sy n'y faictes faulte.

«Faict au Bureau de ladicte Ville, le jeudy douziesme jour d'Aoust mil six cens dix.»

«Monsieur de Versigny, plaise vous trouver lundy prochain, seiziesme du present moys, sept heures du matin, en l'Hostel de la Ville, en l'assemblée gennerale qui s'y fera pour proceder à l'eslection et continuation des Prevost des Marchans et Eschevins, au desir et conformement aux lettres du Roy et de la Royne regente sa mere, du vingt quatriesme Juin dernier. Vous priant n'y voulloir faillir.

«Faict au Bureau de ladicte Ville, le jeudy douziesme jour d'Aoust mil six cens dix.

«Les Prevost des Marchans et Eschevins de la ville de Paris, tous vostres.»

XII. — Lettres du Roy et de la Royne regente
POUR LA CONTINUATION DES PREVOST ET ESCHEVINS.

14 août 1610. (Fol. 248 v°.)

«Messieurs, le Roy, Monsieur mon filz, vous a cy devant faict entendre comme pour le bien de ses affaires et du publicq il estoit necessaire de continuer le sieur de Livry en la charge de Prevost des Marchans pour deux ans et les Eschevins, chascun pour un an, et, persistant en ceste resolution et volonté, il vous escript encore presentement et vous mande que, en l'assemblée qui se fera le xvime du present moys pour ladicte eslection, vous ayez à donner voz voix et eslire ledict sieur de Livry pour estre Prevost des Marchans pour lesdictz deux ans, et les Eschevins chascun pour ung an, au mesme rang et place qu'ilz sont. Lesquelles lettres j'ay bien voullu accompagner de la presente pour vous prier aussy derechef d'effectuer et satisfaire à ceste sienne volonté qui ne tend qu'au bien de ses affaires et du publicq. A quoy m'asseurant qu'il vous ne ferez faulte, je prie Dieu qu'il vous ayt, Messieurs, en sa saincte garde.

«Escript à Paris, le xiv° jour d'Aoust 1610.»
Signé : «MARIE», et au dessoubz : «DE LOMENYE».

Et sur l'inscription : «A Messieurs les Conseillers et Quartiniers de la ville de Paris.»

---

[1] On trouve aux Archives nationales, dans le carton K 783-784, la minute de ce mandement, ainsi que les originaux des lettres du Roi et de la Reine et les minutes du procès-verbal de l'assemblée de l'élection et du scrutin qui sont reproduits ci-dessous

De par le Roy.

«Tres chers et bien amez, par noz lettres du xxivme jour de Juin dernier[1], nous vous avons faict entendre comme, pour le bien de noz affaires et du publicq, nous avons jugé estre necessaire de continuer le sieur de Livry en la charge de Prevost des Marchans pour deux ans, et les Eschevins chascun pour ung an. C'est pourquoy, persistant en ceste resolution et volonté, nous vous mandons que, en l'assemblée qui sera faite le xvime du present moys pour ladicte eslection, vous ayez à donner voz voix et eslire ledict sieur de Livry pour estre Prevost des Marchans pour deux ans, et les Eschevins chascun pour ung an, au mesme rang et place qu'ilz sont à present, et du tout vous conformer à nostredicte volonté, plus à plain mentionnée par nosdictes premieres lettres. Sy n'y faictes faulte sur tant que aymez le bien de noz affaires et du publicq. Car tel est nostre plaisir.

«Donné à Paris le quatorziesme jour d'Aoust 1610.»

Ainsy signé : «LOUIS», et plus bas : «DE LOMENIE».

Et sur l'inscription : «A noz tres chers et tres amez, les Conseillers et Quarteniers de nostre bonne ville de Paris.»

XIII. — ASSEMBLÉE DE L'ESLECTION.
16 août 1610. (Fol. 248.)

Du lundy, seiziesme jour d'Aoust mil six cens dix.

En l'assemblée generalle ledict jour faite en l'Hostel de la Ville, suivant les mandemens pour ce expediez affin de procedder à l'eslection et continuation des Prevost des Marchans et Eschevins, au desir et conformement aux lettres du Roy et de la Royne regente sa mere, du vingt quatriesme Juin dernier, sont comparuz :

Messieurs Sanguin, seigneur de Livry, conseiller du Roy en la court de Parlement, Prevost des Marchans, Lambert, Thevenot, Perrot et de La Noue, Eschevins.

MESSIEURS LES CONSEILLERS DE LA VILLE :

Monsieur de Versigny;
Monsieur le President de Boulancourt;
Monsieur Prevost, s^r de Mallascize, conseiller en la Court;
Monsieur Palluau, conseiller en la Court;
Monsieur Boucher, conseiller en la Court, *absent*;
Monsieur Le Prestre, conseiller en la Court;
Monsieur Amelot, m^e des Comptes;
Monsieur Arnault, advocat;
Monsieur de St Cir, m^e des Requestes;
Monsieur Perrot, conseiller en la Court;
Monsieur le President de Marly;
Monsieur Aubry, s^r d'Auvillier;
Monsieur Lelievre, substitud;
Monsieur Violle, s^r de Rocquemont;
Monsieur le President de Bragelongne;
Monsieur Abelly;
Monsieur Aubry, m^e des Requestes[2];
Monsieur Lamy;
Monsieur Sanguin, secretaire;
Monsieur Leclerc, conseiller en la Court;
Monsieur le Tonnellier;
Monsieur de St Germain, s^r de Ravynes;
Monsieur Sainctot;
Monsieur Potier, s^r de Chicherey, *absent*.

QUARTENIERS DE LADICTE VILLE.

Sire Jehan Le Conte;
Sire François Bonnard;
Me André Canaye;
Sire Nicolas Bourlon;
Me Jacques Huot;
Sire Claude Parfaict;
Me Guillaume du Tertre;
Sire Jacques Berroul;
Sire Michel Passart;
Me Estienne Collot;
Sire Anthoine Andrenas;
Me Robert Danès;
Sire Simon Marces;
Sire Jacques de Creil;
Me Philippes Marin;
Me Jehan Jobert.

Et environ les sept heures du matin, lesdictz sieurs Prevost des Marchans, Eschevins et Greffier vestuz de leurs robbes mi parties, assistez d'aucuns desdictz sieurs Conseillers et Quarteniers, sont allez en l'esglise de l'hospital du St Esprit où a esté celebré à haulte voix une messe du Sainct Esprit,

---

[1] Le texte de ces lettres a été publié au tome XIV, p. 518-519.
[2] Au moment où il fut élu conseiller de la Ville (8 août 1606, *Registres du Bureau*, t. XIV, p. 109), Robert Aubery, s^r de Brévanes, était conseiller au Parlement. Il fut reçu maitre des Requêtes le 1er septembre 1609. Il était, comme nous verrons plus loin, frère de Claude Aubery, s^r d'Auvilliers et de Jean, qui fut un moment Conseiller de Ville. Il épousa en premières noces Anne Le Cruel, veuve de Jean Joly, et en secondes noces Claude de Presteval, veuve de Jean de Boutillac, s^r d'Arson. Il devait être plus tard, en 1648, créé marquis de Vatan. (*Généalogies* manuscrites de Chassebras.)

laquelle dicte, lesdictz sieurs Prevost des Marchans, Eschevins, Greffier, Conseillers et Quarteniers s'en sont retournez audict Hostel de la Ville, et estans au grand Bureau, lesdictz sieurs Quarteniers ont presenté ausdictz sieurs Prevost des Marchans et Eschevins les proces verbaulx des assemblées par chascun d'eulx respectivement faictes en leurs quartiers, suivant ledict mandement, desquelz a esté faict ouverture par lesdictz sieurs Prevost des Marchans et Eschevins, en la presence desdictz sieurs Conseillers et Quarteniers, et au feur que l'on a faict ouverture desdictz proces verbaulx en commenceant par les quartiers plus eslongnez, les noms des quatre bourgeois esleuz et retenuz en chascun quartier ont esté redigez par escript par le Greffier de ladicte Ville en quatre billetz de pareille grandeur, lesquelz, pliez d'une mesme façon, ont esté mis dans le chappeau miparty pour en estre deulx d'iceulx tirez au sort les premiers par lesdictz sieurs Prevost des Marchans, Eschevins et Conseillers, et les noms des desnommez esdictz deux billetz ainsy tirez ont esté registrez apres eeluy du Quartenier dudict quartier, et à l'instant a esté enjoinct aux sergens de ladicte Ville de les aller advertir de se trouver en ladicte eslection, et estant arrivé la plus grande partie desdictz retenuz et mandez, la compagnie est entrée en la grande Salle neufve pour procedder à ladicte eslection.

Ensuit les noms desdictz Quartiniers et bourgeois.

Sire Jehan Le Conte :
   Monsieur le President de Blancmesnil,
   Monsieur Rouillard, m° des Comptes[1].

Sire François Bonnard :
   Monsieur de La Boissiere, cons" en la Court[2],
   Monsieur de Mauroy, secretaire.

M° André Canaye :
   Monsieur Fournier, conseiller[3],
   Monsieur Lebrun, auditeur[4].

Sire Nicolas Bourlon :
   Monsieur Dufour, conseiller,
   Monsieur de La Fontayne.

M° Jacques Huot :
   Monsieur Lemaistre, s' de Belle jambe,
   Monsieur Bret, conseiller en la Court.

Sire Claude Parfaict :
   Monsieur Chevallier, conseiller,
   Monsieur Petit, secretaire.

M° Guillaume du Tertre :
   Monsieur de Comartin,
   Monsieur de Bellassize.

Sire Jacques Beroul :
   Monsieur Philippes, m° des Comptes,
   Monsieur de La Haye, audiencier.

Sire Michel Passart :
   Monsieur Briçonnet, m° des Comptes,
   Monsieur Cossart, auditeur.

M° Estienne Collo :
   Monsieur Champrond le jeune, conseiller en la Court,
   Monsieur Belin l'aisné.

Sire Anthoine Andrenas :
   Monsieur Serizier, m° des Comptes[5],
   Monsieur Robin Grand, m° des Eaux et foretz.

M° Robert Danès :
   Monsieur Maillet, advocat,
   Monsieur Fueillet, bourgeois.

Sire Simon Marces :
   Monsieur Gaulmont, receveur,
   Le sieur Beaubourg, bourgeois.

Sire Jacques de Creil :
   Monsieur Deslandes, conseiller[6],
   Monsieur Jherosme, receveur de l'Hostel Dieu.

M° Philippes Marin :
   Monsieur Desprez, advocat,
   Monsieur Chauvelin, advocat et bailly de S'° Geneviefve.

M° Jehan Jobert :
   Monsieur Bergeon, secretaire,
   Monsieur Cosnard, bourgeois.

---

[1] Nicolas Rouillard ou Roillard, reçu maître des Comptes le 2 août 1597, resté en exercice jusqu'à sa mort, en 1624.

[2] Jean de La Boissière, reçu conseiller au Parlement le 26 septembre 1606. Il était conseiller à la seconde Chambre des Requêtes, et mourut âgé de 3o ans, le 19 septembre 1611. Il était fils d'un marchand grenier de Gisors. On le tenait pour riche de 10,000 livres de rente. (L'Estoile, *Mémoires-Journaux*, t. XI, p. 141.)

[3] Peut-être s'agit-il de Gabriel Fournier dont Blanchard mentionne la réception au Parlement comme conseiller le 3 décembre 1582.

[4] Denis Le Brun, reçu auditeur des Comptes le 22 avril 1583, en exercice jusqu'au 31 décembre 1613. (Cf. t. XIV, p. 210.)

[5] Barnabé de Cerisiers. (Voir t. XIV, p. 287.)

[6] Guillaume des Landes. (Voir t. XIV, p. 185.)

Chacun ayant pris place, mondict sʳ le Prevost des Marchans a remonstré que le Roy et la Royne regente, sa mere, ont envoyé lettres à ceste presente assemblée, requerant en entendre la lecture, desquelles la teneur ensuit :

De par le Roy.

«Tres chers et bien amez, par noz lettres du vingt quatriesme jour de Juin dernier[1]», etc.

Comme aussy a esté faicte lecture desdictes deux autres lettres du Roy et de la Royne dudict vingt quatriesme Juin dernier.

Ce faict, a esté faict lecture des ordonnances sur le faict de ladicte eslection par le Greffier de ladicte Ville et faict aussy lecture des noms de tous ceulx qui doibvent assister à ladicte assemblée pour sçavoir s'ils estoient venus.

Et à l'instant mondict sieur le Prevost des Marchans a dict et remonstré qu'il asseuroit la compagnie que c'estoit du propre mouvement du Roy, de la Royne et des princes et seigneurs que l'on desire que Messieurs les Eschevins et luy soient continuez en leurs charges sans que jamais ilz l'ayent demandé ny poursuivy; que puisque ainsy estoit, il ne rendroit raison à ladicte compagnie de ses deportemens pendant le temps qu'il a esté en ladicte charge, puisqu'il a encores à y estre, et demeure encores que ses actions et deportemens ont esté congnus d'ung chascun; qu'il recongnoissoit que ce n'estoit pour ses merites que le Roy desiroit ainsy ladicte continuation, mais plus tost pour le bien de son Estat et des affaires du publicq, ne desirant rien changer des magistratz en ceste saison; qu'il s'efforcera de servir Leursdictes Majestez en ladicte charge, le mieulx qu'il luy sera possible, et demeurera à toute la compagnie en general et particulier serviteur.

Et pour parvenir à la dicte eslection, mondict sieur Prevost a dict que l'on a de coustume d'eslire quatre scrutateurs, sçavoir ung pour officier du Roy, ung pour Conseiller de la Ville, ung autre pour bourgeois, et l'autre pour Quartenier, pryant la compagnie voulloir procedder à l'eslection desdictz quatre scrutateurs. Et pour ce faire, a pris le serment de toutte l'assistance de bien et fidellement eslire quatre personnes des qualitez susdictes pour tenir ledict scrutin.

Et par la pluralité des voix ont esté esleuz pour scrutateurs, asçavoir :

Monsieur le president de Blancmesnil pour officier du Roy,

Monsieur le president de Marly pour Conseiller de Ville,

Sire François Bonnard pour Quartenier,

Et Mᵉ Robert Desprez, advocat en Parlement, pour bourgeois.

Et a esté l'eslection desdictz sieurs scrutateurs faicte de vive voix en commenceant par Messieurs les Conseillers de la Ville selon leur seance, et apres, Messieurs les Quarteniers conjoinctement avec leurs mandez, et Messieurs les Prevost des Marchans et Eschevins les derniers.

Lesquelz quatre scrutateurs ont faict ensemble le serment es mains desdictz sieurs Prevost des Marchans et Eschevins sur le tableau juratoire de ladicte Ville.

Et se sont lesdictz sieurs Prevost des Marchans et Eschevins levéz de leurs places et pris sceance au dessus desdictz sieurs Conseillers de la Ville, et en leur place se sont mis lesdictz sieurs scrutateurs, ledict du Blancmesnil tenant en ses mains ledict tableau, et ledict sieur de Marly le chappeau myparty pour recepvoir les voix et suffrages. Et aussytost tous lesdictz assistans ont esté appellez, sçavoir lesdietz sieurs Prevost des Marchans et Eschevins les premiers, lesdictz Conseillers de la Ville selon l'ordre de leurs receptions, et lesdictz sieurs Quarteniers et bourgeois mandez, pour bailler leursd. voix et suffrages qui ont esté receues par lesdictz sieurs scrutateurs qui se sont aussitost transportez au petit bureau où ilz ont faict le scrutin de ladicte eslection.

Et le mardy dix septiesme dudict moys d'Aoust, sur les une heure de relevée, mesdictz sieurs les Prevost des Marchans, Eschevins, Procureur du Roy et Greffier, vestuz de leurs robbes de livrée, et lesdictz quatre sieurs scrutateurs sont partiz dudict Hostel de la Ville en carrosse, les sergens de la Ville vestuz de leurs robbes, et quelques archers marchant devant à pied. Sont allez au chasteau du Louvre trouver le Roy et la Royne qui estoient dans une des salles du Louvre, auxquelz, apres avoir faict la reverence, mondict sieur le Prevost a presenté à Leurs Majestez lesdictz sieurs scrutateurs qui leur ont faict entendre ce qui s'estoit passé en l'assemblée de l'eslection, et à eulx presenté le scrutin qui auroit esté ouvert et faict lecture d'icelluy par Monsieur de Lomenye, secretaire d'Estat, dont Leurs Majestez ont esté fort contantes de ce que l'on s'estoit conformé à leurs volontez. Lequel sieur Prevost des Marchans et lesdictz sieurs Lambert et Thevenot se

---

[1] Le registre de la Ville donne ici de nouveau le texte des lettres du Roi et de la Reine datées du 14 août 1610, qui ont déjà été reproduites plus haut, après le mandement de l'élection. (Voir n° XII, p. 19-20.)

sont agenouillez devant Leursdictes Majestez et mis la main sur le tableau juratoire qui estoit tenu par ledict sieur Roy, et faict la serment desdictes charges de Prevost et Eschevins, asseavoir ledict sieur Prevost pour deux ans, et lesdictz sieurs Lambert et Thevenot chacun pour un an, duquel serment a esté faict lecture par ledict sieur de Lomenye. Et à ceste fin ledict sieur Greffier de la Ville avoit faict porter les ordonnances de ladicte Ville, où est ledict serment, et ledict tableau. Et en prenant congé de Leursdictes Majestez ladicte dame Royne a dict au Roy que iceulx sieurs Prevost et Eschevins l'avoient bien servy cy devant et s'asseuroit d'eulx qu'ilz continueroient à le bien servir. Ce faict, lesdictz sieurs Prevost, Eschevins, Procureur, Greffier et scrutateurs sont revenuz audict Hostel de la Ville prendre possession desdictes charges.

Ensuit la teneur dud. scrutin.

Au Roy.

« Nous, Nicolas Potier, chevallier, sieur de Blancmesnil, conseiller en voz Conseilz d'Estat et privé et president en vostre court de Parlement, esleu scrutateur pour voz officiers, Jacques Danès, sieur de Marly la Ville, aussy conseiller en vozdictz Conseils d'Estat et privé et president en vostre chambre des Comptes, esleu scrutateur pour les Conseillers de Ville, François Bonnard, esleu pour les Quartiniers, et Robert Desprez, advocat en Parlement, esleu pour les bourgeois, certiffions à Vostredicte Majesté que proceddans ce jourdhuy à l'ouverture du scrutin de ceulx qui ont esté esleuz pour Prevost des Marchans et Eschevins de la ville de Paris en la maniere accoustumée suyvant les anticus statuz et previlleges d'icelle, nous avons trouvé que pour Prevost, pour estre deux ans en ladicte charge,

« Monsieur Sanguin, sieur de Livry, a de voix. LXXV
« Monsieur Lambert, pour estre continué Eschevin pour un an, a de voix LXXV
« Monsieur Thevenot, aussy pour estre continué Eschevin pour un an, a de voix LXV
« Monsieur Fontaine 1
« Monsieur Poussepin 1
« Monsieur Lepeultre 1
« Monsieur Poncet 1
« Monsieur Clapisson 1

« Ce que nous certiffions estre vray.

« Faict le lundy seiziesme jour d'Aoust mil six cens dix. »

Signé : « Potier, Danet, Bonnart » et « Desprez. »

« Aujurd'hui dix septiesme jour d'Aoust mil six cens dix, le Roy estant à Paris, les sieurs de Livry Sanguin, conseiller en sa court de Parlement, Lambert et Thevenot ont faict et presté es mains de Sa Majesté et de la Royne regente, sa mere, le serment qu'ilz estoient tenuz à cause des charges de Prevost des Marchans et Eschevins de la ville de Paris, ausquelles ilz ont esté esleuz et continuez, assçavoir ledict sieur de Livry, Prevost des Marchans, pour deux ans, et lesdictz Lambert et Thevenot, Eschevins, pour un an, selon l'eslection faicte en l'Hostel de ladicte Ville le jour d'hier seiziesme du present moys, moy, conseiller et secretaire d'Estat et des commandemens de Sa Majesté, present. »

Ainsy signé : « de Lomenie. »

Et sur l'inscription dud. scrutin est escript : « Au Roy ».

XIV. — Resignation à survivance de monsieur Palluau, Conseiller de Ville, à monsieur Jean Leschassier.

16 août 1610. (Fol. 256 v°.)

Du lundy seiziésme jour d'Aoust mil six cens dix.

En assemblée de Messieurs les Prevost des Marchans, Eschevins et Conseillers de ladicte Ville, ledict jour tenue au Bureau d'icelle pour deliberer sur la resignation à survivance que Monsieur Palluau[1], l'ung des Conseillers de la Ville, entend faire de sondict office de Conseiller de Ville[2] au proffict de Mr Jehan Leschassier, conseiller au Chastellet, son nepveu,

Sont comparuz :

Messieurs Sanguin, seigneur de Livry, conseiller du Roy en sa court de Parlement, Prevost des Marchans,

Lambert, Thevenot, Perrot et de La Noue, Eschevins.

Messieurs les Conseillers de Ville :

Monsieur le President de Boullancourt;
Monsieur le President de Marly;

---

[1] On ne connaît pas l'époque de la nomination de Denis Palluau, comme Conseiller de Ville, mais elle paraît remonter au moins à 1595.

[2] Au mois de juillet 1610, Louis XIII confirma les privilèges accordés aux Conseillers de Ville par les Rois, ses prédécesseurs, c'est-à-dire la concession de deux minots de sel par an et l'affranchissement du droit de vente sur le vin de leur crû, ainsi que le *Committimus* aux Requêtes du Palais. Ces lettres furent enterinées au Bureau des Finances le 22 septembre. (Arch. nat., Z[1f] 154, fol. 113, cf. P 2670, fol. 134.)

Monsieur le President de Bragelongne;
Monsieur de Versigny;
Monsieur de S¹ Cir, m⁰ des Requestes;
Monsieur Aubry, m⁰ des Requestes;
Monsieur de Malassize;
Monsieur Perrot, conseiller en la Court;
Monsieur Leprestre, conseiller;
Monsieur Leclerc, conseiller;
Monsieur Amelot;
Monsieur Le Tonnelier;
Monsieur Lelievre;
Monsieur Lamy;
Monsieur de S¹ Germain, s' de Ravynes;
Monsieur de Sainctot.

En laquelle assemblée s'est presenté ledict sieur Palluau qui a requis icelle compagnie avoir pour agreable la resignation à survivance qu'il faisoit de sondict office de Conseiller de la Ville au proffict dudict m⁰ Jehan Leschassier, son nepveu, et vouiloir admettre ladicte resignation comme estant favorable et faiete d'oncle à nepveu.

Et s'estans lesdictz sieurs Palluau et Leschassier retirez et l'affaire mise en deliberation, a esté arresté, deliberé et conclud admettre ladicte resignation à survivance, comme estant favorable et faiete d'oncle à nepveu; et en ce faisant que ledict sieur Leschassier sera presentement receu audict office de Conseiller de la Ville à ladicte condition de survivance, et à ceste fin fera le serment en tel cas accoustumé et d'icelluy office mis en possession.

Et à l'instant, a esté mandé en ladicte assemblée lesdictz sieurs Palluau et Leschassier ausquelz a esté faict entendre la resolution de la compagnie et d'icelluy sieur Leschassier a esté pris le serment en tel cas requis et accoustumé, mesmes, mis et installé en possession dudict office à ladicte condition de survivance.

XV. — Mandement aux Quarteniers
POUR FAIRE RECHERCHE DES CHESNES.

19 août 1610. (Fol. 257 v°.)

De par les Prevost des Marchans et Eschevins de la ville de Paris.

«Sire Jehan Le Conte, Quartenier, ayans recogneu par vostre proces verbal[1] le deffault qu'il y a aux chesnes des rues de vostre quartier, et aussy que nous sommes advertiz que aulcuns habitans ont retenu et faict leur proffict desdictes chesnes, mesmes que ceulx qui ont faict rebastir leurs maisons, où lesdictes chesnes estoient attachées, n'ont tenu compte de les faire rattacher, et aussy que aulcuns en ont dans leurs caves et les aultres les retiennent indeuement, nous vous mandons faire et faire faire par voz diziniers une exacte recherche desdictes chesnes[2], s'informer qui les ont en leur possession et de tout en faire un proces verbal pour le nous apporter dans lundy prochain.

«Faict au Bureau de la Ville, le jeudy dix neufiesme jour d'Aoust mil six cens dix.»

Pareil envoyé à chascun desdictz Quarteniers.

XVI. — Mandement aux collonels
POUR APPORTER LES ROOLES DES COMPAGNIES.

19 août 1610. (Fol. 258.)

De par les Prevost des Marchans et Eschevins de la ville de Paris.

«Monsieur...., collonnel, nous vous prions nous envoyer au Bureau de la Ville les rolles des bourgeois de vostre collonnelle, chascun separement par compagnies, et les armes qu'ilz ont chascun particulierement, suivant la visitation par vous faicte en vertu de noz ordonnances et mandemens à vous cy devant envoyez[3].

«Faict au Bureau de la Ville, le jeudy dix neufiesme Aoust mil six cens dix.»

Pareil envoyé à chascun de Messieurs les collonnelz et cappitaines.

XVII. — Messieurs de la Ville
SONT ALLEZ A L'ASSEMBLÉE DU CLERGÉ AUX AUGUSTINS.

20 août 1610. (Fol. 258 v°.)

Le vendredy vingtiesme jour d'Aoust mil six cens dix, sur les neuf heures du matin, Messieurs les Prevost des Marchans et Eschevins, Procureur du Roy et Greffier de la Ville se sont transportez en l'assem-

---

[1] A la suite de la recherche prescrite le 21 juillet. (Ci-dessus, n° VII.)
[2] Le mandement suivant, conservé parmi les minutes du Bureau (*Arch. nat.*, H 1889), a dû être provoqué par le résultat de l'inspection dont il est question ici : *De par les Prevost des Marchans et Eschevins de la ville de Paris.* «M⁰ Jacques Huot, Quartinier, nous vous mandons faire attacher à la maison de la veufve du feu sieur Bourlon, au coing de la rue de la Huchette, la grosse chesne qui est sur le lieu de l'autre costé et faire mettre le rouet à la maison de Pierre Foineau, le tout pour la commodité publicque. Faict au Bureau de la Ville, le ıx⁰ Septembre mil six cens dix.» (Signé :) «Perrot.»
[3] Voir les mandements des 13 juillet et 6 août 1610, sous les numéros V et X de ce volume.

blée de Messieurs du Clergé aux Augustins[1], où estoient messieurs les cardinaulx de Joyeuse[2] et du Perron[3] et plusieurs autres archevesques, evesques, abbez et prelatz, et ayans baillé place et sceance ausdictz sieurs de la Ville, chascun dans une chaire[4], ont dict et remonstré ausdictz sieurs du Clergé qu'ilz estoient fort aize et avoient subject d'eulx resjouir de ladicte assemblée, d'autant qu'ilz n'en pouvoient esperer que du bien au soullagement du pauvre peuple et du public, mais les estoient venuz trouver pour leur faire plaincte du mauvais payement que m⁰ François de Castille, receveur general dudict Clergé, avoit faict à ladicte Ville pour le payement des rentes d'icelle, car au lieu de payer par chascune sepmaine la somme de vingt quatre mil livres tournois, comme il avoit accoustumé, il n'en a payé depuis deux ou trois ans que vingt mil qui ne se monte par an que ung million quarante mil livres, au lieu de douze cens six mil livres qu'ilz doibvent par an pour le payement desdictes rentes, et par ce moyen il y a maneque de payement par chascun an de plus de cent soixante six mil livres, ce qu'ilz justiffieront presentement par les estatz baillez par ledict de Castille. Car depuis le renouvellement du contract, qui fut au mois de Mars mil six cens six[5], il n'ont payé à ladicte Ville jusques à present que quatre millions trois cens soixante deux mil trente sept livres, et doibvent cinq millions huict cens soixante et six huict mil quatre vingtz cinq livres, et partant doibvent de net à icelle Ville, depuis ledict renouvellement de contract, quinze cens seize mil quarante huit livres neuf solz, qui est en effect faire perdre ung quartier entier du payement desdictes rentes; qu'ilz croyoient que ce n'estoit l'intention ny du Roy ny desdictz sieurs du Clergé, mais que la faute venoit de leurdict receveur qui ne paye que ce qu'il veut, d'aultant[6] que l'on n'a aucune contraincte allencontre de luy; que à cause dudict mauvais payement ilz ont falet plusieurs plainctes au Roy et à nosseigneurs du Conseil; que à present ilz ne peuvent plus tenir le peuple, lequel se plainct dudict manquement de payement. Les supplyoient tres humblement y voulloir mettre ordre et faire payer comptant à ladicte Ville lesd. quinze cens tant de mil livres pour les distribuer au peuple, et que pour l'advenir ledict de Castille ayt à leur fournir vingt quatre mil livres par chacune sepmaine.

Surquoy, lesdictz seigneurs du Clergé ont faict responce que lesdictz sieurs de la Ville estoient bien venuz en leurdicte assemblée pour faire leursdictes remonstrances, mais croyoient que le mal n'estoit pas si grand qu'ilz le faisoient, ayans recongnu par les comptes dudict de Castille que jamais led. Clergé n'avoit si bien payé ladicte Ville qu'il avoit faict depuis le renouvellement dud. contract, et que, comptant ensemble ric à ric[7] ilz leur feroient paroistre qu'ilz ne doibvent que fort peu de chose, d'aultant qu'il fault premierement defalquer une année entiere, laquelle l'on ne veult neantmoings faire perdre, mais ce n'est qu'un recullement en dix ans, à la fin desquelz l'on en[8] est payé, parce que il est impossible de payer, des deniers de la levée d'une année, les rentes d'icelle mesme année, ains des deniers de l'année mil six cens six l'on en paye l'année mil six cens sept et ainsy à la suitte, d'année en année; qu'il estoit tout nottoire que lors dudict renouvellement de contract y avoit ja trois mois d'entrée sur ladicte année mil six cens six, et les commissions pour faire la levée ne feurent scellées que au mois de Novembre en ladicte année mil six cens six, et partant que s'estoit ung impossible de payer l'année mil six cens six, sinon en l'année mil six cens sept; que cela s'estoit tousjours observé de ceste façon. Et sur le surplus, ladicte année defalquée, il falloit rabattre les charges que ladicte Ville est tenue de porter par chacun an, comme les gaiges des tresoriers provinciaulx, les descharges d'aucuns prelatz, seigneurs et d'autres, les trente six mil livres touchant le party de M⁰ Louis Denielle[9], et partant ne pourroit estre deub à ladicte Ville deux cens mil livres au plus, qui estoit peu de chose sur une si grande somme. Neantmoings qu'ilz feroient tout ce qui leur seroit possible pour contanter ladicte Ville, et donneroient ordre que à l'advenir elle seroit bien payée entierement.

---

[1] L'assemblée du Clergé tenue en 1610 pour l'audition des comptes fut convoquée à Paris le 1ᵉʳ août. Les députés se réunirent le 2 août chez le cardinal de Joyeuse, et firent lecture de leurs procurations. A partir du 3 août, les réunions se tinrent aux Grands-Augustins. (Voir t. XIV, p. 100, note 3.) Le compte rendu se trouve au tome II de la *Collection des procès-verbaux*, p. 1 et suiv.

[2] François de Joyeuse, archevêque de Rouen. L'assemblée de 1610, comme celle de 1605, fut tenue sous sa présidence.

[3] Jacques Davi, cardinal du Perron, archevêque de Sens, fut invité à prendre part à l'assemblée du Clergé de 1610 en qualité de métropolitain, de même que l'évêque de Paris, en qualité de diocésain.

[4] Le compte rendu de la visite du Prévôt des Marchands à l'assemblée du Clergé est donné dans la *Collection des procès-verbaux*, t. II, p. 9, et dans le procès-verbal manuscrit (Arch. nat., G** 629, fol. 33 v°).

[5] Le texte en a été publié dans le *Recueil des actes du Clergé*, t. IV, 6ᵉ partie, p. 468-480, comme nous l'avons indiqué au tome XIV des *Registres du Bureau*, p. 68, n. 1.

[6] La minute porte *disant*, leçon qui avait d'abord été transcrite au registre, mais qui a été corrigée par une autre main.

[7] Expression familière dont le plus ancien exemple relevé par Littré est tiré de la *Farce de Patelin*.

[8] Le texte de la minute et du registre porte ici et ci-dessous *n'en* : ce doit être simplement la notation du son produit à l'oreille par la liaison de l'n finale de *on* avec la voyelle qui suit, car une négation dénaturerait le sens évident de la phrase.

[9] Voir pour cette affaire le tome XIV, p. 345, 347-348, 365-366, etc.

A quoy auroit esté replicqué par mesdictz sieurs de la Ville qu'ilz faisoient mal leurs comptes pour dire que des deniers d'une année ilz eu payent la suivante, d'aultant que par ledict contract ilz estoient obligez de payer année pour année, et de commancer au premier jour de Janvier oudict an mil six cens six; que sans attendre les commissions, ilz n'avoient pas laissé de faire la levée en suitte de l'année mil six cens cinq. Quand ausdictes trente six mil livres de Deniele, que l'on sçavoit bien que ledict de Castille s'estoit trop hasté de les payer, n'estant ledict party verifiié en la Chambre des Comptes. Quant aux gaiges des tresoriers provinciaulx ne montoient qu'à trente quatre mil livres par an; et au regard des descharges d'aucuns desdictz seigneurs beneficiers se n'estoit à la Ville à les porter, ains se debvoit prendre sur les quatre vingtz treize mil livres qu'ilz ont de reste par an, les rentes de la Ville payées. Et partant, il est tout notoire qu'ilz doibvent à icelle Ville lesdictz quinze à seize [cens] mil livres dont ilz requierent le payement, sinon seront contrainctz, pour esviter aux cryeries et plainctes du peuple, d'eulx pourvoir par devers le Roy et nosdictz seigneurs de son Conseil.

Lesquelz sieurs du Clergé ont dict qu'ilz verroient les comptes de leur recepveur et s'efforceroient de rendre à ladicte Ville tout le contantement qu'ilz pourront.

Et sur ce, lesdictz sieurs de la Ville se sont levez, ont pris congé, et s'en sont allez.

XVIII. — Sommation faicte à la Ville par le sieur Largentier touchant le sieur de Moisset.

23 août 1610. (Fol. 260 v°.)

Aujourdhuy en la presence et compagnie des notaires et gardes nottes du Roy nostre sire au Chastellet de Paris soubz signés, maistre Nicolas de Fonteny, commis et ayant charge en ceste partye de noble sieur Nicolas Largentier, seigneur de Vancemain, associé, caution et cessionnaire de Mᵉ Jehan de Moisset, titulaire du bail general des Gabelles de France, s'est transporté en l'Hostel commun de ceste Ville de Paris pardevers Messieurs les Prevost des Marchans et Eschevins et Monsieur le Procureur du Roy de cestedicte Ville, auquel lieu tant à leurs personnes en leur Bureau, ledict de Fonteny oudict nom a dict et declaré que depuis les sommations qui leur ont esté signiffiées à la requeste dud. sieur de Vaucemain, l'une par de Monthenault et Le Normant et l'autre par ledict Le Normant et Herbin, nottaires,

les quinze et dix septiesme Avril dernier[1] sur le faict des debetz de quictances et autres deniers appartenans au publicq pour le payement des arrerages des rentes sur le sel estans es mains dudict sieur de Moisset, se montans pour dix huit quartiers escheuz le vingt cinquiesme jour de May dernier à la somme d'ung million de livres ou environ, iceluy sieur de Vaucemain n'a peu par ses poursuittes et diligences, tant au Conseil qu'à la Chambre des Comptes, faire ordonner que ledict de Moisset apporteroit es coffres dudict Hostel de Ville lesdictz deniers pour estre conservez soubz deux diverses clefz, l'une delaissée par devers lesdictz sieurs Prevost des Marchans et Eschevins, et l'autre par devers ledict de Moisset, et distribuez aux particulliers toutesfois et quantes que par justice il seroit ordonné, suivant et conformement aux ordonnances mentionnées en la response que lesdictz sieurs Prevost des Marchans et Eschevins auroient faictes ausdictes sommations, esquelles poursuittes ledict de Moisset auroit empesché qu'iceluy Largentier ne peust retenir par ses mains pour son indempnité et assurance de son caultionnement la somme de trois cens soixante mil livres pour la valleur dudict caultionnement, encores que ladicte retention au proffict dudict Largentier soit disertement exprimée par l'article ... de leur association, soustenant ledict de Moisset qu'iceluy Largentier ne pouvoit retenir ladicte somme, attendu que lesdictz sieurs Prevost des Marchans et Eschevins, qui y avoient le principal interest en leur qualité et comme fidejusseurs du Roy envers le publicq pour le payement desdictes rentes, estoient plainement contans de luy; qu'il n'avoit aucuns deniers desdictz debetz, ny autres appartenans aud. publicq et que jusques à ce jour ledict Largentier ne debvoit rien apprehender, et qu'il estoit bien et vallablement deschargé envers lesdictz sieurs Prevost des Marchans et Eschevins et envers ledict publicq pour ledict caultionnement de trois cens soixante mil livres. Laquelle declaration dudict de Moisset ledict Fonteny, oudict nom, a sommée et denoncée ausdictz sieurs Prevost des Marchans et Eschevins à la descharge dudict Largentier, à ce qu'ilz ayent à dire et declarer s'ilz sont contens pour le publicq dudict de Moisset pour iceulx dix huit quartiers de payement desdictes rentes et debetz de quictances, reddition de comptes et autres charges en deppendans et auxquelles ledict de Moisset est tenu comme adjudicataire du bail desdictes gabelles et nommement par les articles ... et xxvᵐᵉ d'iceluy et, advenant qu'ilz soient contens dud. de Moisset selon et ainsy qu'il pretend en tous les cas susdictz, pour lesdictz dix huit quartiers, iceluy Fonteny a supplié et requis

---

[1] Voir t. XIV, p. 416-420.

lesdictz sieurs Prevost des Marchans et Eschevins d'en donner acte andict Largentier pour luy servir en temps et lieu ce que de raison, et, où ilz ne seroient pas contents, de le dire et declarer et d'en donner semblablement acte audict Largentier, pour sur icelluy se pourveoir tant par devant eux que partout ailleurs où besoin sera à la conservation des deniers dudict publicq, de l'indemnité et descharge entiere dudict Largentier, tant comme caution que comme associé et cessionnaire dudict de Moisset. Lesquelz sieurs Prevost des Marchans et Eschevins et sieur Procureur du Roy ont faict responce que ledict de Vaucemain doit faire apparoir, comme il luy a cy devant [esté] enjoinct, de pieces vallables justificatives de son dire et sommation. Declarent lesdictz sieurs Prevost des Marchans et Eschevins et contresomment andict de Vaucemain de faire son debvoir à payer et faire payer les arreraiges des rentes du sel, ainsy qu'il est tenu par son caultionnement, et que, à faulte de ce faire, il y sera contraint sans aucun delay, attendu les contresommations et commandement faictz andict de Vaucemain tant verballement que par escript inserées aux sommations et actes precedens. Dont et de ce que dessus ledict de Fonteny, oudict nom, ensemble ledict sieur de Vaucemain, depuis intervenu pour ce present et comparant, ont requis et demandé acte auxditz nottaires qui luy ont octroyé le present pour leur servir et valloir en temps et lieu ce que de raison. Ce fut falet, requis et octroyé andict Hostel de Ville, le lundy apres midy vingt troisiesme jour d'Aoust mil six cens dix. Et auxquelz sieurs Prevost des Marchans et Eschevins a esté baillé le present acte qui ont faict signer la minutte des presentes à Maistre Guillaume Clement, leur Greffier, aud. Hostel avecq lesdictz sieurs de Vaucemain et Fonteny, qui est par devers et en la possession de Herbin l'ung des notaires soubzsignez. Et ont lesdietz Le Normant et Herbin, nottaires, signé en la minutte des presentes.

XIX. — Mandement à Mᵉ Jehan Jouelet touchant la chaussée du Bourget.
27 août 1610. (Fol. 262 v°.)

De par les Prevost des Marchans et Eschevins de la ville de Paris.

«Mᵉ Jehan Jodelet, procureur des causes de la Ville en la court de Parlement, nous vous mandons vous presenter par devant Messieurs les Tresoriers generaulx de France à l'assignation donnée à Claude Herbelin, fermier de la chaussée du Bourget. Prenez le faict et cause pour ledict Herbelin et remonstrez qu'il est question des deniers du domaine de ladicte Ville, dont la cognoissance appartient à Messieurs de la Grand chambre du Parlement où ladicte Ville a ses causes commises en premiere instance. Et partant requerez le renvoy de la cause par devant nosdictz sieurs de la Court, et en cas de desny appellez comme de juge incompetant.

«Faict au Bureau de la Ville, le vendredy vingt septiesme Aoust mil six cens dix.»

XX. — Messieurs sont retournez en ladicte assemblée du Clergé.
30 août 1610. (Fol. 262 v°.)

Le lundy trentiesme jour d'Aoust[1] mil six cens dix, sur les neuf à dix heures du matin, Messieurs les Prevost des Marchans et Eschevins, Procureur du Roy et Greffier de ladicte Ville se sont transportez en l'assemblée de Messieurs du Clergé aux Augustins, où estoient messieurs les cardinaulx de Joyeuse et de Sourdis, Mʳ de Rheins et autres archevesques, evesques et prelatz, auxquelz mesdictz sieurs de la Ville ont dict et remonstré que le vendredy vingtiesme de ce mois ilz leur estoient venuz faire plaincte du retardement et mancquement de payement que maistre [François] de Castille, leur receveur, avoit faict à ladicte Ville au prejudice du publicq, leur ayant faict veoir par les estatz mesmes baillez par ledict de Castille que, depuis l'année mil six cens six jusques à present, ilz debvoient et estoient en reste de environ quinze cens mil livres, qui seroit en effect faire perdre ung quartier desdictes rentes. A quoy leur fut promis d'y remedier et voir d'où venoit la faulte. C'est pourquoy, il les supplioit de faire payer comptant ce qu'ilz doibvent pour le distribuer au peuple, lequel l'on ne pouvoit plus retenir sans en faire de grandes plainctes et clameurs au Roy et à nos seigneurs de son Conseil.

Lesquelz sieurs du Clergé ont faict responce qu'il n'estoit pas possible qu'il feust deub à ladicte Ville si grande somme, d'autant qu'ilz n'avoient jamais si bien payé qu'ilz avoient faict depuis ladicte année mil six cens six; que sur lesdictz quinze cens mil livres, il fault desduire une année entiere, d'aultant que c'est la coustume que des deniers d'une année l'on en paye la suivante : comme des deniers de mil six cens six, l'on paye six cens sept et ainsy à la suitte, de maniere que ce n'est qu'un recullement, sans le faire perdre. Et sur le surplus quand l'on aura desduict les charges que la Ville doibt porter, comme les gaiges des recepveurs provinciaulx, descharges, les trente six mil livres touschant le party

---

[1] Le procès-verbal manuscrit de l'assemblée du Clergé (Gᵗʳ 629, fol. 41 v°) donne un bref résumé de cette seconde visite des membres du Bureau.

de maistre Louys De Nielle que autres, l'on trouvera qu'il ne s'en fault que fort peu de chose.

A quoy mesdictz sieurs de la Ville ont replicqué qu'ilz ne peuvent souffrir leur calcul, que d'une année ilz en payent ung autre, n'en estant rien porté par le renouvellement du contract : au contraire ilz sont tenuz et obligez de paier année pour année. Sy cela avoit lieu, seroit faire perdre au public une année entiere. Quant au party dudict Nielle, ledict sieur de Castille n'avoit peu ne deub payer lesdictz trente six mil livres par an à icelluy De Nielle, d'autant que son party n'estoit verifié à la Chambre des Comptes, et aussy estoient à présent à le faire rompre. Les supplians de rechef nous faire payer comptant ce qu'ilz debvoient au soullagement du peuple et en leur acquiet.

A quoy mondict sieur le cardinal de Joyeuse a faict responce qu'ilz s'efforceroient de rendre tout le contantement à la Ville, dont ilz se pourront adviser et la rendre contante. Et, pour y parvenir, desiroit que trois ou quatre d'entre eulx eussent à conferer avec mesdictz sieurs de la Ville pour compter nettement et[1] representer les estatz de la recepte. Et lors mesdictz sieurs ont pris congé et se sont retirez.

XXI. — MESSIEURS SONT DERECHEF ALLEZ EN LADICTE ASSEMBLÉE DU CLERGÉ.
11 septembre 1610. (Fol. 264.)

Le samedy unziesme jour de Septembre mil six cens dix, Messieurs les Prevost des Marchans et Eschevins et Procureur du Roy de la Ville se sont transportez en l'assemblée de Messieurs du Clergé de France[2], tenant aux Augustins, où estoient Messieurs le cardinal du Perron, plusieurs archevesques, evesques et autres prelatz ausquelz mesdictz sieurs les Prevost des Marchans et Eschevins ont remonstré que cy devant, par deux diverses fois, ilz estoient venuz leur faire plaincte de mancquement du payement qu'ils faisoient des rentes de ladicte Ville, et leur avoit justifié que depuis le moys de Mars mil six cens six ils debvoient de reste à ladicte Ville la somme de seize cens tant de mil livres; qu'ils avoient promis d'y mectre ordre et neantmoings les effectz ne s'en ensuivoyent. Au moyen de quoy, sachans qu'ilz estoient sur les termes de rompre leur assemblée, estoient venuz les trouver pour la derniere fois,

pour les prier de payer à ladicte Ville ce qu'ilz debvoient de reste pour le soullagement du pauvre peuple ; sinon qu'ilz useroient de contraincte envers maistre François de Castille, leur receveur, et outre en iroient faire plaincte au Roy et à Messieurs de son Conseil, et à Messieurs des Courtz souverainnes, pour y interposer leurs auctoritez.

Lequel sieur cardinal du Perron a faict responce, au nom de toutte l'assemblée, que sur ladicte somme de seize cens tant de mil livres, qu'il en falloit defalquer une année, d'aultant que les deniers qui se levent d'une année ne se payent que l'année suivante, et sur le surplus, il falloit desduire les descharges[3], les trente six mil livres touchant le party de Niesle et les gaiges des receveurs provinciaulx, que en ce faisant ilz ne seroient pas en reste de trois cens mil livres en cinq ans, qui estoit peu de chose ; et touttes fois s'efforceroient de randre tout le contantement à la Ville que la Ville sy pourroient.

A quoy mondict sieur le Prevost des Marchans a replicqué que, pour le regard de ladicte année, ilz entendoient en estre paiez, année pour année, sans attendre ny chevaulcher l'une sur l'autre; quant ausdictes trente six mil livres tournois de Nielle, que ledict de Castille s'estoit trop hasté de les payer et sans avoir la verification de la Chambre; et pour le regard des remises et descharges, qu'elles se debvoient prendre sur le surplus de la levée des decimes, les rentes payées, et non sur le fondz desd. rentes ; que jusques à présent ilz n'avoient donné que des parolles, mais que le peuple se plaignoit fort, et ne pouvoient plus attendre sinon qu'ilz feroient leursdictes plainctes. A quoy icelluy sieur du Perron a dict que ladicte Ville faisoit mal son compte, et neanlmoings qu'ils s'efforceroient de la contanter. Et sur ce mesdictz sieurs de la Ville se sont retirez.

XXII. — MANDEMENT À DUPONT L'ESPICIER POUR FOURNIR DOUZE TORCHES POUR L'ENTERREMENT DU CAPITAINE MARCHANT.
13 septembre 1610. (Fol. 263 v°.)
De par les Prevost des Marchans et Eschevins de la ville de Paris.

«Il est ordonné à Joachim Dupont, espicier de la Ville, de delivrer douze torches de deux livres piece, aux armoiries de la Ville, pour servir à l'enterrement du feu cappitaine Marchant[4].

---

[1] Ce doit être par suite d'une erreur que la minute et le registre intercalent ici le mot *ne*.

[2] Le procès-verbal du Clergé (*Arch. nat.*, G⁸* 629) ne parle pas de cette troisième démarche du corps de Ville.

[3] Le 23 septembre 1610, le Conseil du Roi accorda aux bénéficiers du diocèse de Laon décharge de 3,000 livres sur les décimes de 1606 et 1610, à raison des pertes, spoliations et non-jouissances souffertes par le clergé du diocèse «à cause des trouppes et compagnies de gens de guerre qui ont passé, repassé et séjourné audict diocèse de Laon tant en l'année 1606 pour le siège de Sedan qu'en la présente année 1610 pour le voyage de Cleves». (*Arch. nat.*, E 27ᶜ, fol. 138.)

[4] Charles Marchant était fils de Guillaume Marchant, Maître des œuvres du Roi en l'office de maçonnerie. Le 17 septembre 1575

«Faict au Bureau, le treiziesme Septembre mil six cens dix.»

XXIII. — Remonstrances et plainctes faictes au Conseil du Roy touchant les rentes du clergé.

18 septembre 1610. (Fol. 265.)

Le sabmedy dix huitiesme jour de Septembre mil six cens dix, Messieurs les Prevost des Marchans et Eschevins, voyant que Messieurs du Clergé de France ne tenoient compte de payer à la Ville la somme de seize cens mil livres tournois ou environ, qu'ilz debvoient de reste du payement des rentes, depuis seullement le moys de Mars mil six cens six, nonobstant les prieres à eulx faites, mesdictz sieurs ont arresté et resolu d'aller en faire plainete au Conseil d'Estat secant au Louvre, où ilz sont à l'instant allez, assistez du Greffier de la Ville. Auquel Conseil estoient Monsieur le conte de Soissons [1], qui presidoit, Monsieur le cardinal de Sourdis [2], Monsieur le Connestable [3], Monsieur du Mayne [4], Monsieur le duc d'Esguillon [5], Monsieur le Chancellier [6], Monsieur le duc de Bouillon [7], Monsieur le mareschal de Lavardin [8], Monsieur de Vic [9] et autres grandz seigneurs, auxquelz mondict sieur le Prevost des Marchans a remonstré que, ayant recogneu qu'il estoit deub à ladicte Ville par Messieurs du Clergé de France, depuis seullement le renouvellement de leur contract qui fut au moys de Mars mil six cens six, la somme de seize cens mil livres tournois ou environ, il avoit poursuivy par plusieurs fois lesdictz sieurs du Clergé pour en avoir payement, qui avoient promis de contenter ladicte Ville, mais il n'en a recogneu les effectz et sont sur les termes de rompre leur assemblée sans payer, au moyen de quoy ilz ont recours au Conseil, affin d'avoir une contraincte par corps allencontre de maistre François de Castille, leur receveur. Supplians tres humblement mesdictz sieurs du Conseil de leur delivrer, ne pouvant plus tenir le peuple, à cause du mauvais payement que l'on leur fait desdictes rentes; que de la façon que iceulx sieurs du Clergé payent, ilz veullent faire perdre ung quartier entier desdictes rentes au prejudice de tout le pauvre peuple.

Sur quoy, Monsieur le Chancellier a dict que, sur pareilles plainctes cy devant faictes, Messieurs de Chasteauneuf [10], le president Janin [11], de Vic, et Arnault [12] avoyent esté commis; qu'il se falloit pourvoir à eulx, et sur leur rapport le Conseil en ordonneroit.

A quoy mondict sieur le Prevost des Marchans la dict que, sauf correction, qu'il n'estoit point de besoing d'avoir des commissaires, d'aultant que par l'estat qu'il avoit en main, signé de maistre François de Castille, recepveur dudict Clergé, il se justifiera qu'ilz doibvent de net à ladicte Ville lesdictz seize cens mil livres, pour laquelle il n'estoit besoing que d'avoir une contraincte contre ledict de Castille, que si l'on s'assemble pardevant lesdictz sieurs commissaires, lesdictz sieurs du Clergé vueillent rabattre les trante six mil livres tournois touschant le party de Nielle à cause des rentes racheptées, ce qui n'est raisonnable de prendre ladicte somme des plus clairs

---

sa mère, Anne de Versy, devenue veuve, lui fit ainsi qu'à son frère Guillaume, architecte du cardinal de Bourbon, une donation entre vifs portant entre autres choses sur la moitié d'une maison sise rue de la Mortellerie et destinée à compenser les avantages assurés à leur frère aîné, Pierre Marchant. Charles et Guillaume doivent en retour loger et entretenir «bien et honnestement» leur mère et lui bailler 100 l. t. par an «sa vye durant, pour subvenir à ses petittes necessitez, aulmosner aux pauvres et faire prier Dieu pour les trespassez». (Arch. nat., Y 116, fol. 471.) Charles Marchant, qu'on trouve mentionné comme maistre charpentier en 1573 (Registres du Bureau, t. VII, p. 92), était dès cette époque capitaine de la compagnie des arquebusiers de la Ville (ibid., p. 122). Nous verrons ci-dessous comment, en 1595, il fut nommé seul capitaine des trois compagnies d'arquebusiers, d'archers et d'arbalétriers de la Ville, qui avaient auparavant chacune leur capitaine particulier, et comment, après sa mort, on restitua à ces compagnies leur ancienne organisation indépendante. Voici en quels termes Pierre de l'Estoile mentionne son décès: «Le sire Marchant, constructeur du pont nouveau appelé de son nom le pont Marchant, œuvre singulier et de grande décoration pour la ville de Paris, où il est mort pour aller bastir ailleurs.» (Mémoires Journaux, t. XI, p. 56.)

[1] Charles de Bourbon, comte de Soissons. Voir t. XIV, p. 243, note 9.
[2] François d'Escoubleau. Voir t. XIV, p. 273, note 2.
[3] Henri, duc de Montmorency. Voir t. XIV, p. 323, note 2.
[4] Charles de Lorraine, duc de Mayenne. En parlant de sa mort (3 octobre 1611), le Mercure François dit: «Sa reconciliation avec le roy Henry le Grand est amplement descrite dans plusieurs histoires et comme depuis il luy a tousjours rendu les œux de son obeissance et fidelité. Et mesme apres sa mort, la Royne s'est fort servie de son conseil.»
[5] Henri de Lorraine, duc d'Aiguillon et grand chambellan, fils du précédent. Voir t. XIV, p. 529, note 6.
[6] Nicolas Brulart, marquis de Sillery, dont la nomination comme chancelier, le 10 septembre 1607, a été relatée au volume prédédent (t. XIV, p. 215).
[7] Henri de La Tour, duc de Bouillon. Voir t. XIV, p. 64, note 3.
[8] Jean de Beaumanoir, marquis de Lavardin, maréchal de France, gouverneur du Maine (1551-1614).
[9] Merri de Vic. Voir t. XIV, p. 370.
[10] Guillaume de l'Aubespine, baron de Châteauneuf. Voir t. XIV, p. 213, note 2.
[11] Pierre Jeannin, premier président au Parlement de Dijon. Bien qu'ayant suivi le parti de la Ligue, il fut honoré de la faveur spéciale de Henri IV, que lui continua la Reine régente. Il mourut le 31 octobre 1622, âgé de 82 ans.
[12] Isaac Arnauld, intendant des finances.

deniers. Et s'en fault ung quartier par an que la Ville n'ayt sa somme pour le payement des rentes. Veullent aussy rabatre les remises et descharges, ce qui ne se doibt aussy faire, ains esd. remises et descharges doibvent estre portées sur le surplus desdictz deniers de la levée du Clergé, lesdictes rentes payées. Et partant, estant devant lesdictz sieurs commissaires, ce ne seroit que contention et parolles, n'en estant besoing, d'aultant qu'il a en main, comme il a dict, l'estat au vray, signé dudict de Castille, comme il doibt ladicte somme de seize cens mil livres ou environ. Requerant de rechef qu'il pleust ausdictz sieurs de delivrer contrainte par corps contre ledict de Castille, affin de distribuer ladicte somme au peuple, lequel il ne pouvoit plus tenir, estant certain que cy devant les rentes du Clergé estoient advancées en payement de plus d'une demye année que les rentes du sel, et à present lesdictes rentes du sel passent celles du Clergé de plus d'une année.

Sur quoy icelluy sieur Chancellier a dict que, tant pour ce que doibvent lesdictz sieurs du Clergé que pour le faict des traute six mil livres, y avoit les commissaires cy dessus nommez, deputez par le Conseil, pardevant lesquelz il se falloit pourveoir. Et sur ce mondict sieur le Prevost a dict que, pour le regard desdictes trante six mil livres tournois, les articles et pieces estoient à la Chambre des Comptes où le partizant poursuivoit la verification et où ilz fourniroient de deffence pour l'empescher. Et ce sont mesdictz sieurs de la Ville retirez.

XXIV. — [Ordonnance du Bureau
prescrivant à Julien Pourrat
de faire diverses réparations
aux portes Saint-Michel et Saint-Marcel
et à la Porte Neuve.]
18 septembre 1610. (H 1889 [1].)

De par les Prevost des Marchans et Eschevins de la ville de Paris.

«Il est ordonné à Jullien Pourat [2], Maistre des oeuvres de charpenterie de ladicte Ville, de faire mectre promptement ung placard de bois derriere l'ung des costez de la porte St Michel du costé du faulxbourg et le clouer avec des grandz cloudz rivez;

plus reprendre l'ung des costez de ladicte porte vers la Ville; faire mectre à la porte St Marcel trois planches sur le pont levis et des barrieres au costé dudict pont levis; plus mectre ung aiz à ladicte porte et abbattre promptement la planchette d'icelle porte St Marcel qui est toute pourrie. Et oultre fault mectre promptement des planches sur le pont levis de la Porte Neufve à l'endroit où il est necessaire.

«Faict au Bureau de la Ville, le samedy xvIII^e jour de Septembre mil six cens dix.»

XXV. — [Ordonnance du Bureau
portant que les sieurs Nourry et Lefebvre
seront respectivement
reçus capitaines des Arquebusiers
et des Arbalétriers-pistoliers de la Ville
et que la charge
de capitaine unique des Trois Nombres,
qu'avait exercée Charles Marchant,
ne sera pas maintenue.]
18 septembre 1610. (Z^{1H} 380 [3].)

«Veu la requeste à nous faicte et presentée par Germain Nourry, lieutenant de la compaignie des cent harquebuziers de la ville de Paris, et Hugues Le Febvre, lieutenant de la compaignie des cent arbalestiers pistolliers de ladicte Ville, contenant que suivant la vollonté et intention du feu roy Henry le Grand quatriesme, que Dieu absolve, portée par ses lettres du ... jour de ..... mil v^c IIII^{xx} XIIII, feu le cappitaine Marchant fut pourveu de la charge de seul cappitaine et collonnel des trois compaignies d'icelle Ville, ausquelles lectres les lieutenans et enseignes des archers et arbalestriers qui estoient lors se rendirent opposans par devant nous, nonobstant laquelle opposition, par sentence de nous donnée au mois d'Apvril M v^c IIII^{xx} xv confirmée par arrest de nosseigneurs de la Court du ve may ensuivant [4] aurions ordonné que ledict feu Marchant demeureroit cappitaine et chef desdictes trois compaignies pendant la vie dudict Marchant seullement sans tirer ledict commandement à consequence pour l'advenir, ny que par la mort ou absence dudict Marchant, vacation ou autrement, ledict commandement se peust transmettre à ung aultre sur lesdictes compaignies, lesquelles neanlmoings demeureroient distinctes et

---

[1] Cette ordonnance n'a pas été transcrite au registre et figure seulement parmi les minutes du Bureau.
[2] Julien Pourrat avait été reçu Maitre des œuvres de charpenterie à la survivance de Charles Marchant, dès le 14 août 1607 (t. XIV, p. 198-199). La mort de Marchant venait donc de lui assurer l'exercice de cette charge.
[3] Cette ordonnance, ainsi que la suivante, n'a pas été transcrite au registre, mais s'est conservée simplement avec les minut^{es} des jugements sur requête. L'importance de ces deux textes pour l'histoire des trois Nombres de la Ville mérite qu'on les range parmi les autres ordonnances municipales.
[4] Les plaidoiries prononcées au Parlement le 5 mai 1595 (Arch. nat., X^{1A} 5176, fol. 166 et 167, et X^{1B} 4546) révèlent de façon intéressante les raisons qui provoquèrent la réunion des trois compagnies sous un même chef. Le principal motif paraît bien a voir été de récompenser Charles Marchant de la part qu'il avait prise au retour de la Ville sous l'obéissance du Roi; c'est le fond du plaidoyer de son avocat: «A. Arnault pour l'inthimé dict que sa fidellité extreme au service du Roy, notoire et recoigneue de

separées par leurs noms et livrées en la forme qu'elles estoient lors, et lesquelles apres le decedz dudict Marchant et audict cas de vaccation seroient regies et conduictes suivant l'institution desdictes compaignies; requerant, attendu que ledict Marchant, est a present decedé, il nous pleust ordonner qu'ilz seront receuz cappitaines et chefz desdictes deux compaignies afin que, suivant les mandemens qui leur seront par nous ordonnez et commandez ilz les peussent mectre à execution promptement, le tout pour le service du Roy et de ladicte Ville. Considéré le conteneu en laquelle requeste avons ordonné que lesdictz Nourry et Le Febvre seront presentement receuz cappitaines esdictes compaignies, sçavoir ledict de Nourry en la compaignie desdictz cent harquebuziers et ledict Le Febvre en la compaignie des cent arbalestriers pistolliers[1]. Et à ceste fin leur avons faict faire le serment en tel cas accoustumé.

« Faict au Bureau de la Ville, le samedy xviii° Septembre mil six cens dix. »

XXVI. — [Ordonnance du Bureau confirmant l'élection de Claude de Norroy en qualité de capitaine des archers de la Ville, à laquelle la compagnie des archers avait procédé après la mort de Charles Marchant.]
23 septembre 1610. (Z.² 380.)

« Veu la requeste à nous faicte et presentée par les cent archers de la ville de Paris contenant que par les lettres, chartres et institutions desdictz archers il est expressement porté que, vaccation advenant de la charge de cappitaine, l'on procederoit à l'eslection d'ung aultre en sa place, et, à present qu'il a pleu à Dieu appeller le sieur Charles Marchant, seul cappitaine et collonnel des trois Nombres de la Ville, requeroient qu'il nous pleust ordonner qu'il seroit par eulx procedé à l'eslection d'un cappitaine en icelle compaignie, attendu mesmes que par la reception dudict feu Marchant en ladicte charge il est expressement porté que apres son decedz ledict commandement de seul cappitaine et collonnel ne se pourroit transmettre à ung autre sur lesdictes trois compaignies, lesquelles demeureroient distinctes et separées par leurs noms et livrées comme elles estoient auparavant; sur laquelle requeste aurions ordonné qu'il seroit procedé à ladicte eslection ainsy qu'il estoit requis, ce qui auroit esté faict, et apres que par la plus grande seine partie et pluralité des voix, il nous est apparu que Claude de Norroy[2], l'ung des lieutenans d'icelle compaignie, a esté esleu, choisy et nommé pour estre cappitaine d'icelle compaignie[3], avons en confirmant ladicte eslection ordonné que ledict Claude de Norroy sera par nous pourveu et receu en ladicte charge de cappitaine en ladicte compaignie des archers d'icelle Ville. Et à ceste fin l'avons mandé par devant nous au Bureau de ladicte Ville et à icelluy faict faire le serment en tel cas requis et accoustumé. Le tout en la presence de Pierre

---

ses parties... et ce qu'il a esté l'ung des principaulx instrumens de l'entrée donnée au Roy en ceste Ville dont il feist ouvrir la porte lors de l'entrée, dont n'a jamais voulu recevoir aultre recompense que la bonne grace de son prince et le gré que les gens de bien luy en sçavent... ont donné lieu aux lettres patentes de l'entherinement desquelles est question... » Quant au Procureur général, il cherche à mettre au second plan la question personnelle et invoque des motifs d'ordre général : « Servant pour le Procureur general du Roy, ne se vouloir arrester à discourir sur la qualité des parties ny taxer les ungs d'avoir esté ligueurs et louer l'aultre qui a esté bon françoys, d'aultant qu'estant tous remis en bonne concorde soubz ung mesme prince, fault estimer tous ses subjetz, mesmes ceulx qui commandent aux armes, esgallement devotieux et desireux à mourir pour leur Roy, de la volonté duquel deppend principallement le jugement de la cause : a declaré sa volonté tant par ses lettres patentes que de bouche, en ung faict où il est le premier et le vray juge, par l'establissement d'ung cappitaine et chef de deux compagnies d'archers et arbalestriers, joinctes et unies en la compagnie des harquebuziers pour estre les troys compagnies cy apres regies et conduictes soubz le commandement du cappitaine Marchant... ce qui a esté faict en consequence des lettres octroiées du roy Charles neufviesme par lesquelles les compagnies des archers et arbalestiers ne se pouvant plus aider de l'arc et de l'arbaleste, d'aultant qu'elles ne sont maintenant en usage, il fault que les soldatz portent la harquebuze en s'accommodant au temps [Lettres de Charles IX, du 23 novembre 1566, Tuetey, Bannières du Châtelet, n° 3071], ainsi que jadis les François au temps des premiers Rois usoient de la hache d'armes et depuis ilz ont usé de l'arc et de l'arbaleste, lorsqu'il y avoit ung maistre des arbalestiers comme au siècle de sainct Loys et quant l'arc servoit à la guerre, comme soubz Charles septiesme. Aujourd'huy la harquebuze, qui est plus viste, faulse [transperce] d'avantage et faict plus d'effect, estant portée par les archers et les arbalestiers, n'est plus besoing qu'ilz soient bizarez ny distinguez d'avec les harquebuziers, mais que tous ensemble recongnoissans le Roy d'une mesme devotion ayent aussi ung seul et mesme nom et le servent avec autant d'allegresse et promptitude comme il est prince prompt à sauter aux armes pour deffendre ses subjectz. » Malgré les efforts du ministère public, la Cour montra bien qu'elle ne voyait là qu'une faveur personnelle accordée à Marchant, et confirma la sentence du Bureau qui reconnaissait sa nomination, mais « sans tirer à consequence ny aucune chose innover des privilleges par cy devant octroyez aulx compagnies entretenues pour le service de la Ville ».

(1) Hugues Le Febvre demeura capitaine des arbalétriers jusqu'à sa mort, survenue vers le mois de mai 1612. Le 26 mai de cette année. en effet, on trouve une ordonnance du Bureau, rendue sur requête de la compagnie des arbalétriers et confirmant l'élection faite pour le remplacement de feu H. Le Febvre. Les cadres de la compagnie furent alors ainsi constitués : capitaine, Nicolas Lottin; lieutenant, Juste Jouy; enseigne, Jean Hélye; guidon, Jean Dumont (Arch. nat., Z.² 381).

(2) C'est toujours sous cette forme que le nom du nouveau capitaine des archers figure dans les registres du Bureau, mais, d'après la requête jointe à cette ordonnance, cet officier signait de Nouroy.

(3) Suivant la requête signalée dans la note précédente, cette élection se devait faire «au logis de l'ung des chefs de la compagnye, ainsy que de tout temps et immemorial a esté faict».

Hubardeau, lieutenant de ladicte compaignie, et autres chefz d'icelle.

«Faict au Bureau de ladicte Ville, le jeudy xxiii° jour de Septembre mil six cens dix.»

XXVII. — Ordonnance pour sceller en la maison du feu sieur Largentier.

30 septembre 1610. (Fol. 266 v°.)

De par les Prevost des Marchans et Eschevins de la ville de Paris.

«Il est ordonné que pour asseurance de la somme de trois cens soixante mil livres tournois, dont feu noble homme Nicolas Largentier[1], sieur de Vaucemain, est obligé envers la Ville à cause des rentes de la Ville assignées sur le sel, il sera par le sieur Thevenot, l'ung de nous, Eschevins, que nous avons à ce commis, proceddé au scellé des cabinetz, coffres et papiers dudict deffunct, et à ceste fin icelluy sieur Thevenot se transportera, avec le Greffier de ladicte Ville, en la maison dudict deffunct.

«Faict au Bureau de la Ville, le jeudy trantiesme et dernier Septembre mil six cens dix.»

XXVIII. — Acte comme sa veuve et son fils s'obligent au lieu du deffunct.

30 septembre 1610. (Fol. 266 v°.)

«Par devant Jehan Lenormant et François Herbin, nottaires et gardenottes du Roy nostre sire en son Chastellet de Paris soubzsignez, furent presens damoiselle Marie Lemairat, veufve de feu noble sieur Nicolas Largentier, seigneur de Vaucemain, conseiller nottaire et secretaire du Roy, maison et couronne de France et messire Louys Largentier, chevallier, baron de Chappelaine, aussy conseiller et secretaire du Roy, maison et couronne de France[2], demourant à Paris, vieille rue du Temple, paroisse Sainct Gervais, ledict sieur baron de Chappelaine, heritier principal et testamentaire dudict feu sieur de Vaucemain, son pere. Lesquelz ont dict et declaré qu'ayant pleu à Dieu appeller à soy ce jourdhuy matin ledict sieur Vaucemain, pour satisfaire de leur part tant à l'article vingt sixiesme du bail des Gabelles concernans les asseurances du prix dudict bail en la personnne du s' de Moisset, principal preneur, et ses cautions, que pour accomplir ce qui en cest esgard leur en fut prescript et ordonné le vingt quatriesme du present moys par Monsieur Arnault, conseiller du Roy en ses Conseilz et intendant de ses finances, ad ce deputté par Sa Majesté et nosseigneurs dudict Conseil, en la presence et du consentement en tant que besoing en auroit esté dudict sieur de Moisset, ilz sont prest de justifier et faire recognoistre de nouveau tant à Sadicte Majesté que à nosdictz seigneurs du Conseil et partout ailleurs que besoing sera que les mesmes biens, immeubles, heritages et aultres choses quelzconques que ledict feu sieur de Vaucemain a cy devant baillez en asseurance et cautionnement sur le total du bail dudict sieur de Moisset, sont au mesme estat qu'ilz estoient lors, et augmentez de nouvelles acquisitions, et que la mort dudict sieur de Vaucemain n'ayant apporté en cela que le manquement de sa personne, lesdictz damoiselle et sieur comparans declarent que pour la representation d'icelle, en cet esgard de noms et qualitez de cessionnaire dudict sieur de Moisset et autrement, deuement ilz s'obligent solidairement ung seul et pour le tout, sans division, ny discution, ny fidejussion, renonçans aux benefices d'icelles, et comme pour deniers royaulx, ensemble tous les biens meubles et immeubles, presens et advenir, pour l'asseurance d'ipothecque et conservation des sommes de deniers que ledict feu sieur de Vaucemain pouvoit debvoir es qualitez susdictes de cessionnaire et caution et qui, aux mesmes qualitez, pourroient estre deubz cy apres, jusques à plaine et entiere expiration dudict bail et des clauses d'icelluy, en ce qui concerne lesdictz cession et cautionnement. Desquelles declarations et obligations lesd. damoiselle et sieur comparans sont prestz à passer tous et telz aultres actes qu'il conviendra faire en consequence d'iceulx, les submissions au cas requises et necessaires, et au moyen de ces presentes, lesdictz damoiselle et sieur compa-

---

[1] «Largentier, ce grand partizan, lequel est mort excessivement riche, n'aiant laissé au monde autre mémoire de lui que celle-la», dit l'Estoile (t. XI, p. 53). L'énumération des biens qu'il possédait se trouve au tome XIII des *Registres*, p. 446.

[2] Nicolas Largentier avait résigné sa charge de notaire et secrétaire du Roi en faveur de son fils Louis, mais il avait négligé de remplir une formalité récemment introduite par l'édit de mai 1609, qui prescrivait que la résignation fût suivie dans la quinzaine de la réception de celui au nom de qui elle était faite. Aussi quand, après la mort de son père, Louis Largentier voulut se faire recevoir au collège des secrétaires, il se heurta à la compétition d'Octavian Douy d'Attichy, qui avait promesse de la première place vacante et qui se fit délivrer des lettres de provision le 19 octobre 1610. L'affaire fut portée au Conseil, et, malgré l'intervention du collège des secrétaires en faveur de Largentier, plusieurs arrêts successifs, dont le dernier en date est du 29 octobre 1611, décisrèrent la charge réellement vacante. Louis Largentier dut se désister de son opposition et donner, le 3 novembre 1611, son consentement à la réception d'Octavian d'Attichy, qui céda presque aussitôt sa place à Nicaise de Billy (*Arch. nat.*, V' 32).

Le 30 avril 1611, Louis Largentier passa contrat de mariage avec Marguerite d'Allongny, fille d'Antoine d'Allongny, s' de Rochefort. Sa mère lui constitua à cette occasion une rente de 30,000 livres. (*Arch. nat.*, Y 151, fol. 404 v°.)

rans ayans satisfaict, comme ilz satisfont, tant à l'ordonnance dudict sieur Arnault, intendant et commissaire susdict, que à la teneur dudict article vingt sixiesme, iceulx damoiselle et sieur comparans continueront la disposition, maniement et direction des affaires dudict feu sieur de Vaucemain pour le fournissement desdictes generalitez et autres choses en deppendans, payeront ce qu'ilz seront tenus à l'Espargne et ailleurs, et feront au surplus en cest esgard, circonstances et deppendances, tout ce que ledict feu sieur de Vaucemain y faisoit quand il vivoit, ainsy qu'ilz adviseront pour le mieulx. A quoy de rechef lesdictz damoiselle et sieur comparans se sont obligez et obligent solidairement, comme pour deniers royaulx, ainsy que dict est. Promettant, etc., obligeant solidairement l'ung pour l'aultre et chascun d'eulx seul et pour le tout, sans division ny discution, comme pour les propres deniers et affaires du Roy, renonceans au benefice et droictz susdictz.

«Faict et passé en l'hostel desdictz comparans, l'an mil six cens dix, le jeudy sur les sept heures du matin trantiesme et dernier jour de Septembre, et ont lesdictz damoiselle et sieur baron de Chappellaine signé avec lesdictz nottaires la minutte des presentes demeurée par devers Herbin, l'ung desdictz nottaires. De laquelle presente declaration et obligation ladicte damoiselle et sieur baron ont requis plusieurs expeditions pour autant qu'ilz en ont affaire en plusieurs et divers lieux[1].»

Signé : «Le Normant» et «Herbin».

XXIX. — Lettres du Roy et la Royne,
TOUSCHANT LES ESGOUTZ.

8 octobre 1610. (Fol. 268 v°.)

DE PAR LE ROY.

«Tres chers et bien amez, nous avons ordonné au sieur Le Gras, tresorier de France et lieutenant de notre tres cher et amé cousin le duc de Sully, Grand Voyer, de faire travailler aux esgoutz de nostre bonne Ville de Paris et iceulx nettoyer pour prevenir les inconveniens et maladies que tels immondices causent et engendrent ordinairement en nostredicte Ville. A ces causes, nous vous mandons et ordonnons que vous ayez à y tenir la main et assister ledict sieur Legras, en sorte que lesdictz esgoutz puissent estre nettoyez auparavant nostre retour en nostredicte bonne Ville. Sy n'y faictes faulte, sur toutte l'affection que vous avez tousjours portée au bien de nostre service et du publicq. Car tel est nostre plaisir.

«Donné à Monceaulx, le huictiesme jour d'Octobre mil six cens dix.»

Signé : «LOUIS», et plus bas : «DE LOMENIE».

Cacheté aux armes de Sa Majesté, et sur l'inscription est escript : «A noz tres chers et bien amez les Prevost des Marchans et Eschevins de notre bonne ville de Paris.»

«Messieurs, vous verrez par les lettres que le Roy, Monsieur mon filz, vous escript la charge qu'il a donnée au sieur Le Gras, tresorier de France, lieutenant de mon cousin le duc de Sully, Grand Voyer, de faire nettoyer les esgoutz de la ville de Paris. C'est chose si necessaire au publicq, que chascun doibt contribuer à ce bon oeuvre. Et pour ce, j'ay bien voullu vous faire la presente pour vous convier, autant que je puis, d'y tenir la main et assister ledict sieur Le Gras en sorte que ce soit faict auparavant nostre retour du voyage de Rheins. Et je prieray Dieu qu'il vous ayt, Messieurs, en sa sainete et digne garde.

«Escript à Monceaulx, le huictiesme jour d'Octobre mil six cens dix.»

Signé : «MARIE», et plus bas : «DE LOMENIE», et cachepté de ses armes.

Et sur l'inscription est escript : «A Messieurs les Prevost des Marchans et Eschevins de la ville de Paris.»

XXX. — Response au Roy et à la Royne,
AUSDICTES LETTRES.

12 octobre 1610. (Fol. 269[2].)

Sire,

«Par les lettres qu'il a pleu à Vostre Majesté nous escrire, nous avons apris que le s[r] Le Gras, tresorier de France, a pris la charge de vous de faire faire le curement des esgoutz et fossez de la Ville, qui seroit une grande entreprise sur ladicte Ville, cella estant de nostre vraye charge et fonction, sans que jamais autres que les Prevost des Marchans et Eschevins s'en soient meslez ny entremis. Et, encores que la Ville soit à present necessiteuze d'argent, pour les grandes despences qu'il

---

[1] Le même jour, 30 septembre, le Conseil du Roi confirma cette subrogation (Arch. nat., E 27[a], fol. 234).

[2] C'est dans le carton Q[1] 1091, relatif aux égouts, qu'on a placé la minute de cette letre, ainsi que celles des missives qui vont suivre.

iv.

luy a convenu faire depuis peu de temps, qu'elle continue journellement aux œuvres publicques, neantmoings recognoissans que desirez que cela soit promptement executé, nous n'avons laissé de mettre des ouvriers en besongne pour le curement et nettoyage desdictz fossez et esgouts, ensemble pour faire le pont que vous nous avez commandé. A quoy nous aurons tellement l'œil et le soing que nous esperons en donné contantement à Votre Majesté. Nous prions Dieu,

«Sire,

«Qu'il luy plaise conserver Vostre Majesté en prosperité et santé.
«Du Bureau de la Ville, le douziesme Octobre mil vi° dix.
«Vos tres humbles, tres obeissants et tres fidelz serviteurs et subjectz,

«Les Prevost des Marchans et Eschevins de vostre bonne ville de Paris.»

Pareille envoyée au Roy estant à Rheins.

Madame,

«Nous avons toujours eu tant d'affection à nous rendre prompts et diligens à l'execution de voz commandementz qu'il nous demeureroit ung extreme regret de cognoistre qu'eussiez desir et affection d'en employer d'autres, en ce qui concerne nostre particuliere fonction et charge. C'est pourquoy, Madame, ayant recogneu par celle qu'il vous a pleu nous escrire que aviez desir que l'on procedast avec toutte diligence au curement et nettoyement des fossez et esgoulx de la Ville, qui est la principalle charge, et privativement à tous autres officiers, des Prevost des Marchans et Eschevins, nous avons à l'instant mis des ouvriers en besongne et esperons tellement continuer que à vostre retour en recevrez le contantement que vous en desirez. Vous suppliant tres humblement, Madame, de ne permectre que voz tres humbles et affectionnez serviteurs et subjectz, les Prevost des Marchans et Eschevins, soient privez honteusement de l'exercice et fonction de leur charge et que l'on y commecte, à la venè de leurs concitoyens, aultres pour la faire, qui leur tourneroit à trop grand blasme. Et pour ce, Madame, il plaira à Vostre Majesté faire revocquer touttes commissions qui pourroient avoir esté delivrées à d'autres, sans nous oyr. Nous prions Dieu,

«Madame,

«Qu'il luy plaise conserver Vostre Majesté en prosperité et santé.
«Voz tres humbles et tres obeissantz subjects et serviteurs, les Prevost des Marchans et Eschevins de la ville de Paris.
«Du Bureau de la Ville, le douziesme Octobre 1610.»

Pareille envoyée à la Royne estant à Rheins.

XXXI. — Lettre à monsieur le Chancelier touschant lesdictz esgouts et curement des fossez.

12 octobre 1610. (Fol. 271.)

Monseigneur [1],

«Nous avons receu les lettres qu'il a pleu au Roy nostre sire et à la Royne regente, sa mere, nous escrire pour le faiet du curement des fossez et esgoutz de leur bonne ville, par lesquelles on nous mandoit assister le sieur Le Gras en ceste entreprise. Et ayant recogneu quelle estoit la volonté et affection de Leurs Majestez, nous avons pensé que sans remise leur falloit donner le contantement et leur rendre le service qu'ilz desiroient de nous, qui eust peu estre retardé par les contantions qui feussent survenues entre les Tresoriers de France et nous. C'est pourquoy, Monseigneur, lesdictes lettres receues, nous avons aussy tost mis ouvriers en besongne que nous ferons continuer avec telle diligence que Leursdictes Majestez en recevront tout contantement, suivant les desseings et advis de noz Maistres des oeuvres de la Ville que nous avions mis es mains dudict sieur Le Gras pour les faire voir au Conseil, et n'avons jamais creu que lesdictz Tresoriers de France ny aultres voulussent entreprendre sur ce qui est de la principalle fonction de noz charges, fondée en lettres pattentes, arrestz et possession immemoriale, sans qu'il se puisse remarquer que depuis l'establissement de la Ville aulcuns aultres officiers se soient immiscez ny entremis d'y toucher. Nous ne pensons avoir mancqué de soing et diligence à l'accomplissement des commandemens de Leurs Majestez. Ce nous eust esté, Monseigneur, ung regret et notte honteuse en noz charges sy, à la venè de nos concitoyens, l'on eust commis aultres que nous pour faire la principalle fonction de noz charges. Quand il vous pleut nous commander d'aller

---

[1] Dans le registre, cette lettre a été transcrite après celle qui va suivre; mais, le contexte établissant clairement qu'elle a été écrite la première, nous rétablissons ces pièces dans leur ordre véritable.

sur les lieulx avec les Tresoriers de France pour les visiter, ilz nous prierent d'en faire dresser ung rapport pour vous estre presenté et tesmoigner par eulx les grandz fraiz 'qu'il y convenoit faire, et donner advis au Roy de secourir la Ville pour cest effect, sachant les excessives despenses qu'il nous a convenu faire depuis ung an. Mais au lieu de prendre ceste voye ilz ont, ce que nous avons appris, tiré deniers de l'Espargne pour en faire la despence et ce faire donner la commission pour faire lesdictz ouvraiges sans nous oyr, bien qu'ilz sachent que ce ne soit aulcunement de leurs charges, à nostre deshonneur et prejudice. Et d'aultant, Monseigneur, que jusques à ce jourdhuy vou-vous estes monstré protecteur de l'autorité que Ss Majesté nous a departie pour l'execution de sea commandemens, nous vous supplions la conserver. Ce que nous avons toujours esperé, suivant la promesse que vous nous avez faicte lorsque nous vous allasmes baiser les mains et prendre congé de vous

« Nous prions Dieu,

« Monseigneur,

« Qu'il vous tienne en ses sainetes et dignes gardes.

« De Paris, du Bureau de la Ville, le douziesme Octobre mil six cens dix.

« Voz tres humbles et obeissans serviteurs les Prevost des Marchans et Eschevins de la ville de Paris. »

Pareille envoyée à Monseigneur le Chancellier estant à Rheins.

XXXII. — Autre lettre à monsieur le Chancelier un Eschevin et le Greffier
commis pour aller en court.

12 octobre 1610. (Fol. 270 v°.)

Monseigneur,

« Ayant esté mis des ouvriers de la part de la Ville pour le curement et nettoyement des fossez et esgoutz de ceste Ville, le sieur Le Gras, tresorier de France, nous avoit promis de ne faire aucune publication et adjudication de ladicte besongne, ce que nous tenions pour asseuré, mais depuis noz lettres closes que nous envoyons au Roy, à la Royne et à vous, nous avons appris que ledict sieur Le Gras a faiet au contraire de ce qu'il avoit promis. Car ce jourd'huy, au bureau des Tresoriers de France, ilz ont publié et adjugé de la besongne desdictz fossez et esgoutz, qui est une grande entreprise sur la Ville et injure qui se faict à nostre magistrat. C'est pourquoy nous avons deputé le sieur Perrot, l'ung de nous, Eschevins, avec le Greffier de ladicte Ville, pour aller en court vous faire plaincte de ladicte entreprise. Vous suppliant, Monseigneur, de conserver la Ville en ses droictz, laquelle vous demeurera perpetuellement obligée, et nous en noz particuliers demeurerons,

« Monseigneur,

« Voz tres humbles et tres obeissans serviteurs, les Prevost des Marchans et Eschevins de la ville de Paris.

« Du Bureau de la ville de Paris, le douziesme jour d'Octobre 1610. »

Pareille envoyée à Monseigneur le Chancellier estant à Rheins.

XXXIII. — Lettre à monsieur de Lomenye
et la response.

12-15 octobre 1610. (Fol. 272 v°.)

« Monsieur,

« Nous escrivons au Roy et à la Royne touchant une entreprise que le sieur Le Gras, tresorier de France, voulloit faire sur l'auctorité de noz charges, à cause du curement et nettoyement des fossez et esgoutz de la Ville, dont les Prevost des Marchans et Eschevins ont eu de tout temps immemorial la charge et direction, sans que autres s'en soient meslez. Nous vous supplions tres humblement de voulloir presenter noz lettres à Leurs Majestez et nous en faire ung mot de responce de leurs vollontez. C'est à vous à qui nous avons recours, comme nostre patron pres de leursdictes Majestez. Vous seriez fasché d'entendre que, sans avoir l'ailly, l'on nous eust depossedé d'une charge qui nous appartient, ce que nous ne pourrions souffrir. Et encores que nous soyons fort desnuez d'argent, pour les grandes despences qu'il nous a convenu faire depuis peu de temps aux oeuvres publicques, neanlmoins, nous n'avons laissé de mectre ce jourd'huy des ouvriers en besongne pour le curement desdictz fossez et esgoutz, dont nous aurons tellement le soing que nous esperons en donner tout contantement au Roy, à la Royne et au publicq. Et outre que la Ville vous en aura l'obligation, nous demeurerons eternellement en noz particulliers,

«Monsieur,

«Voz affectionnez serviteurs les Prevost des Marchans et Eschevins de la ville de Paris.
«Du Bureau de la Ville, le xii° Octobre 1610.»

Pareille envoyée à M⁰ de Lomenie, secretaire d'Estat.

«Messieurs,

«Ce matin j'ay receu par ces Messieurs celle dont il vous a pleu m'envoyer par eulx. Par lesquelles et celles au Roy et à la Royne et leurs discours, j'ay apris le prejudice que vous croyez estre faict à la Ville et à voz charges, de ce que Monsieur Le Gras, tresorier de France et lieutenant de Monsieur le duc de Suilly, Grand voyer de France, a baillé au rabais le curement et nettoyement des fossez et esgoutz de ladicte Ville, à quoy, nonobstant cela, vous n'avez laissé de faire travailler. A l'instant j'ai faict entendre à la Royne, en la presence de Monseigneur le Chancelier, ce qui estoit contenu en voz lettres. Sur quoy elle a promis, en presence de Mond. seigneur et de Monseigneur le Prince, la resolution portée par celles qui vous seront rendues par ces Messieurs, que recevray à ung tres grand contantement de servir à la conservation de l'auctorité de voz charges, comme bon compatriotte et serviteur en general et en particulier de vous tous. Ce que je vous prie de croire et me conserver l'honneur de voz bonnes graces et amitiez, faisant tousjours estat asseuré de moy comme de

«Vostre plus humble serviteur,

«DE LOMENIE.»

«Ce vendredy au soir, ce xv°° jour d'Octobre 1610, à Rheins.»

Et sur l'inscription est escript : «A Messieurs Messieurs les Prevost des Marchans et Eschevins de la Ville de Paris, à Paris.»

XXXIV. — DEPUTATION D'UNG DE MESSIEURS LES ESCHEVINS ET LE GREFFIER DE LA VILLE POUR ALLER EN COURT À REIMS.

12-18 octobre 1610. (Fol. 274.)

Le mardy douziesme jour d'Octobre mil six cens dix, Messieurs les Prevost des Marchans et Eschevins, recognoissans l'entreprise que Messieurs les Tresoriers de France s'efforçoient de faire sur ladicte Ville, ayant baillé au rabais en leur bureau le curement et nettoyement des esgoutz et fossez de la Ville, ce qui estoit de la vraye charge et fonction de mesdictz sieurs de la Ville, auroient resolu d'envoyer en court à Rheins pour en faire plaincte au Roy, à la Royne regente, sa mere, et à nosseigneurs de son Conseil, Sadicte Majesté y estant pour y estre sacrée [1], et à ceste fin auroient commis et deputé Monsieur Perrot, l'ung de Messieurs les Eschevins, avec Maistre Guillaume Clement, Greffier de ladicte Ville, qui seroient partis ensemblement ledict jour, et seroient arrivez en ladicte ville de Rheins le jeudy ensuivant quatorziesme dudict mois au soir, qui fut le jour que Sadicte Majesté feit son entrée en ladicte Ville [2]. Et le lendemain, qui estoit le vendredy quinziesme dudict mois, au matin, lesdictz sieurs Perrot et Clement furent voir Monseigneur le Chancelier et Monsieur de Lomenye, auxquelz fut baillé et presenté les lettres de ladicte Ville, et à eulx faict entendre la plaincte et le subject de leur voyage. Lequel seigneur Chancelier feist responce qu'il en parleroit à la Royne, et outre feroit assembler le Conseil pour cest effect. Ce qui fut faict ledict jour, où il fut arresté que la Ville feroit travailler ausdictz esgoust et que lesdictz sieurs Tresoriers de France surceoiroient ce qu'ilz avoient commancé, dont le Roy et la Royne escrivirent à ladicte Ville. Et le samedy seiziesme dudict mois, au matin, veille du jour que Sadicte Majesté

---

[1] Le *Journal* de Jean Héroard (t. II, p. 29-33) donne le récit du voyage de Louis XIII à Reims, qui y arriva, comme dit notre registre, le jeudi 14 octobre. Le sacre eut lieu le 17 octobre, suivant la tradition qui voulait que cette cérémonie fût célébrée un dimanche. Conformément à la même tradition, le Roi partit de Reims le 20 pour se rendre au prieuré de Saint-Marcoul. Le souvenir de ce pèlerinage est rappelé le 3 septembre 1611 dans un arrêt du Conseil rendu sur la requête «des habitans de Corbeny dict S' Marcou contenant que les predecesseurs roys, en consideration de ce qu'ilz ont accoustumé d'aller en l'eglise dudict S' Marcou, apres leur sacre pour y faire leurs prieres, ilz leur ont accordé plusieurs privilleges entre autres l'exemption de touttes tailles, creues et autres impositions generallement quelzconques, lesquelz privilleges et exemption susdicte S. M. auroit confirmez et continuez par lettres patentes du vIII° jour de novembre dernier pour six années consecutives à commencer en la presente mIII° unze en païant la somme de cinquante livres seulement par chacun an pour toutes tailles...» (*Arch. nat.*, E 32ᵃ, fol. 8.)

[2] Le 22 janvier 1611, un arrêt du Conseil autorisa la ville de Reims à faire une levée de 3,000 livres pour rembourser pareille somme qu'elle avait dû emprunter afin de payer les frais des grosses réparations «tant aux portes, ponts levis, vollens, barrieres qu'au pavé des forteresses», et la «despence faicte par les depputez du conseil de la Ville au voyage faict vers Sa Majesté et la Royne sa mere pour les submissions requises et debvoirs d'obeissance deubz à Leurs Magestez, comme aussy aux autres frais qu'il convenoit faire à l'entrée de Sa Majesté.» (*Arch. nat.*, E 29ᵃ, fol. 92.) Les noms de ces députés sont consignés dans la délibération du Conseil de ville de Reims, publiée par M. Henri Jadart dans la brochure intitulée *Émotion causée à Reims par la nouvelle de la mort du roi Henri IV*, 1907, in-8°, p. 14.

devoit estre sacrée, lesdictz sieurs Perrot et Clement partirent de ladicte ville de Rheins pour s'en revenir en cestedicte Ville où ils arriverent le lundy ensuivant, et feirent entendre à mesdictz sieurs les Prevost des Marchans et Eschevins le succes de leur voyage et leur presenterent les lettres de Leurs susdictes Majestez, desquelles la teneur en suict.

XXXV. — Lettres du Roy et de la Royne touschant le curement des fossez.

15 octobre 1610. (Fol. 275.)

«Messieurs, vous verrez par les lettres du Roy Monsieur mon filz, comme il a receu les vostres et trouve bon qu'en attendant son retour en sa bonne ville de Paris, pour y entendre voz raisons et pretentions, ensemble celles du Grand Voyer ou son commis sur ce qui est des esgoustz et fossez, vous y faciez continuer le travail desjà par vous eucommancé, en sorte que, à son retour, cest oeuvre tant necessaire à nous et au publicq soit parachevé. Je vous prie doncques y tenir la main avec tout le soing et diligence que vous pourrez, selon voz fidelles affections à ce qui regarde le bien des affaires et service du Roy mondict sieur, mon filz, et du publicq. A quoy m'asseurant que vous ne ferez faulte, je prieray Dieu qu'il vous ayt, Messieurs, en sa saincte et digne garde.

«Escrit à Rheins, le quinziesme jour d'Octobre mil six cens dix.»

Signé : «MARYE», et plus bas : «DE LOMENIE».

Et sur l'inscription est escript : «A Messieurs les Prevost des Marchans et Eschevins de la ville de Paris.»

De par le Roy.

«Tres chers et bien amez, pour remedier aux incommoditez que nous et le publicq recepvons journellement en nostre bonne ville de Paris, des puanteurs et immondices qui croupissent dans les rues, faulte d'y avoir par le passé donné cours dans les esgoutz [1] et fossez qui s'en trouvent aussy comblez nous aurions ordonné au sr tresorier Le Gras, commis de nostre tres cher et amé cousin, le duc de Suilly, Grand Voyer de France, d'y faire promptement travailler. Et neanlmoings ayant veu par celles que vous nous avez escriptes du douziesme de ce mois que c'est chose que vous pretendez estre de la fonction de voz charges et que vous avez bien commancé à y pourveoir, ayant mesme entendu que par vostre soing il y a chacun jour cinquante ou soixante personnes qui y travaillent, nous vous faisons la presente, pour vous dire que, estans de retour en nostredicte bonne ville, nous entendrons la dessus les raisons et moyens de voz pretentions et ceulx dudict sieur Grand Voyer ou son commis pour en ordonner. Et ce pendant nous trouvons bon non seullement que vous faciez continuer le mesme travail, y augmentant, s'il en est besoing, le nombre d'hommes [2], mais nous vous l'ordonnons et enjoignons tres expressement à ce que dans la fin de ce moys que nous esperons estre de retour nous puissions trouver cest oeuvre parfaict au bien de nous et du publicq [3]. Sy n'y faictes faulte sur tant que vous y avez tousjours esté affectionnez. Car tel est nostre plaisir.

«Donné à Rheins, le quinziesme jour d'Octobre mil six cens dix.»

Signé : «LOUIS», et plus bas : «DE LOMENIE».

Et sur l'inscription est escript : «A noz tres chers et bien amez les Prevost des Marchans et Eschevins de nostre bonne ville de Paris.»

XXXVI. — Lettres du Roy pour faire chanter le Te Deum à cause du sacre de Sa Majesté.

17 octobre 1610. (Fol. 276.)

De par le roy.

«Tres chers et bien amez, ayant pleu à Dieu nous departir en ce jour, à nostre sacre et couronne-

---

[1] Le Bureau cependant s'était assez récemment préoccupé de cette question. Au mois de juin 1604, il avait mis en adjudication l'entreprise du «curement et vuidange de la grand tranchée des esgoutz» et confié cette besogne à Remi Dupuis au prix de 14 s. t. la toise courante, et au mois de février suivant, une fois les égouts «curez et en bon estat», il avait passé bail pour leur entretien avec le même Remi Dupuis, moyennant la somme de trois cents livres par an, «pour esviter les emboucheures, gorgemens et putrefactions, comme ilz ont esté cydevant». (Registres du Bureau, t. XIII, p. 305-306 et 400-401). Il faut donc croire que l'entrepreneur avait bien mal exécuté les obligations de son bail.

[2] Ce parait être seulement après la réception de ces lettres que le Bureau fit travailler sérieusement au nettoyage des égouts. Pierre Guillain rédigea aussitôt le devis des travaux de curage à exécuter, et une ordonnance municipale du 20 octobre annonça la mise en adjudication de ces travaux pour le 22 du même mois, «à la charge par l'entrepreneur de travailler promptement et en toute dilligence» (Arch. nat., Q{1} 1091).

[3] Ce conflit entre la Ville et les Trésoriers de France fut terminé par un arrêt du Conseil rendu le 26 avril 1611. Après avoir exposé les pretentions de la municipalité et la réponse des Trésoriers qui reconnaissaient bien les droits traditionnels de la Ville, mais ajoutaient que «n'ayant satisfaict aux charges et particulierement au netoyement et reparation des esgoutz, qui cause de

ment[1], les sainctes benedictions et faveurs celestes dont il a voullu assister par une si longue suitte d'années les roys de France noz predecesseurs, apres luy en avoir rendu tres humbles actions de graces, nous n'avons voullu differer davantage à vous en donner advis par la presente, à ce que incontinant icelle receue vous ayez par prieres publicques et chantz de *Te Deum* à luy en rendre aussy louanges. Par le moyen desquelles nous esperons de sa divine bonté la continuation de ses mesmes benedictions, à son honneur et gloire et au salut de nous et de noz bons subjectz. Si n'y faictes faulte. Car tel est nostre plaisir.

«Donné à Rheims, le dix septiesme jour d'Octobre 1610.»

Signé : «LOUIS», et plus bas : «DE LOMENIE».

Et sur l'inscription est escript : «A noz tres chers et bien amez les Prevost des Marchans et Eschevins de nostre bonne ville de Paris»[2].

XXXVII. — LE *TE DEUM* CHANTÉ À NOSTRE DAME EN HABITS NOIRS.

23 octobre 1610. (Fol. 276 v°.)

«Monsieur de Versigny, plaise vous trouver ce jourd'huy, neuf heures du matin, à cheval et en housse, en l'Hostel de la Ville pour nous [accompaguer à aller en l'eglise Nostre Dame où sera chanté le *Te Deum* pour rendre graces à Dieu de ce que le Roy a esté sacré en sa ville de Rheims[3]. Vous priant n'y voulloir faillir.

«Faict au Bureau de ladicte Ville, le samedy vingt troisiesme jour d'Octobre 1610.»

«Les Prevost des Marchans et Eschevins de la ville de Paris, tous vostres.»

Pareil envoyé à chacun de Messieurs les Conseillers de la Ville.

De par les Prevost des Marchans et Eschevins de la ville de Paris.

«M. André Canaye, Quartenier, trouvez vous avec deux notables bourgeois de vostre quartier, à cheval et en housse, ce jourd'huy, neuf heures du matin, en l'Hostel de la Ville pour nous accompagner à aller en l'eglise Nostre Dame, où sera chanté le *Te Deum* pour rendre graces à Dieu de ce que le Roy a esté sacré en sa ville de Rheins. Si n'y faictes faulte.

«Faict au Bureau de ladicte Ville, le samedy vingt troisiesme jour d'Octobre 1610.»

Pareil envoyé à chacun de Messieurs les Quartiniers.

De par les Prevost des Marchans et Eschevins de la ville de Paris.

«Capitaine Norry, trouvez vous avec tous ceulx de vostre compagnie garniz de leurs hocquetons et hallebardes, ce jourd'huy, neuf heures du matin, en l'Hostel de la Ville pour nous assister à aller en l'eglise Nostre Dame, où sera chanté le *Te Deum* pour rendre grace à Dieu de ce que le Roy a esté sacré en sa ville de Rheims. Sy n'y faictes faulte.

«Faict au Bureau de ladicte Ville, le xxiiiᵐᵉ jour d'Octobre 1610.»

Pareil Mandement envoyé aux trois capitaines des trois compagnies d'archers.

---

grandes puanteurs et incommoditez au public, S. M. estant contraincte y pourvoir du fondz de ses finances, pour leur default, leur en a donné la charge», l'arrêt porte que «le Roy desirant l'advancement de cet ouvrage decide que les baux seront passés en la Chambre du Tresor conjointement par les Tresoriers et le Prevost des Marchans et un Eschevin, le tout sans tirer à consequence». (Arch. nat., E 30, fol. 103.)

[1] Le *Mercure françois* (t. I, fol. 530-543) donne une intéressante description de toutes les cérémonies du sacre, et le Catalogue de l'Histoire de France à la Bibliothèque nationale (t. I, n°ˢ 109-116) contient la liste des relations publiées en l'année 1610. Un récit du sacre se trouve dans le *Journalier* de Jean Pussot, chroniqueur rémois contemporain (*Travaux de l'académie de Reims*, t. XXV, p. 111-116) et dans les dépêches de l'ambassadeur vénitien, Antonio Foscarini (*Relazione di Francia*, t. I, p. 344-346). Des estampes s'y rapportant figurent au tome XVIII de la collection Henain. Le carton K 109 des Archives nationales renferme, sous le n° 5, un certain nombre de documents relatifs au sacre, comme les lettres de l'archevêque de Reims, abbé de Saint-Denis, désignant les religieux Jacques Doublet et Jacques Colletet pour se rendre à Reims et y porter les ornements royaux qui se conservaient au trésor de l'abbaye : la grande couronne, l'épée, les éperons, la grande fleur de lis d'or ornée de diamants et de pierreries qui servait à attacher le manteau royal sur l'épaule du roi, le sceptre, la main de justice; la note de différentes pièces d'orfèvrerie fabriquées à cette occasion, notamment une «couronne d'or avec fleurs de lis et fleurons, servante pour Sa Majesté», valant 958ˡ 10ˢ, plus 400ˡ «pour ladicte couronne émaillée de plusieurs couleurs avec plusieurs pieces appliquées», et une autre «couronne d'argent doré faicte aussi pour le roi» dont le métal coûta 58ˡ 10ˢ et la façon, 180ˡ.

[2] L'original de cette lettre est conservé dans le carton K 998, n° 182, ainsi que les minutes des autres pièces relatives au *Te Deum* de Notre-Dame qui sont publiées dans l'article suivant.

[3] Arch. nat., LL 169, p. 376: «Die sabbati xxiii° octobris 1610 fuit cantatum laetitiae canticum in ecclesia Parisiensi pro faelici successu sacri et coronationis christianissimi domini nostri domini Ludovici XIII Franciae et Navarrae regis Rhemis celebrati, quem Deus conservet.»

Le samedy vingt troisiesme jour d'Octobre mil six cens dix, suivant les lettres du Roy, Messieurs les Prevost des Marchans et Eschevins, assistez d'aucuns Quarteniers et bourgeois mandez, sont partiz de l'Hostel de ladicte Ville, environ les dix heures du matin, et allez en l'eglise Nostre Dame où s'est chanté *Te Deum* pour rendre graces à Dieu de ce que Sadicte Majesté avoit esté sacrée à Rheins, auquel *Te Deum* ont assisté Monseigneur le Connestable, Monsieur de Liancourt, Gouverneur de ceste Ville, Messieurs de la court de Parlement, Messieurs de la Chambre des Comptes [1] et Messieurs de la Court des Aydes.

Lesquels sieurs de la Ville sont partiz dudict Hostel de Ville, en l'ordre qui ensuict :

Premierement :

Les archers vestuz de leurs hocquetons de livrées et hallebardes.

Les sergents de ladicte Ville, vestuz de leurs robbes miparties, avec leurs navires sur l'espaule, tous à pied comme lesdictz archers.

Apres, le Greffier d'icelle Ville, seul, à cheval, en habit noir et sans avoir sa robbe mypartie.

Puis, mesdictz sieurs les Prevost des Marchans et Eschevins et Procureur du Roy, aussy en leurs habitz noirs, suivis d'aucuns desdictz Quarteniers et bourgeois, tous à cheval. Et au mesme ordre sont revenuz audict Hostel de la Ville.

XXXVIII. — Resignation de Me Claude Aubry de son office de Conseiller de Ville à Me Jean Aubry.

27 octobre 1610. (Fol. 278.)

«Monsieur..., plaise vous trouver demain, dix heures du matin, en l'Hostel de la Ville, pour deliberer sur la resignation que Monsieur Aubry, sieur d'Auvilliers, l'ung de Messieurs les Conseillers de la Ville, entend faire de sondict office de Conseiller de Ville [2], au proffict de Monsieur Me Jehan Aubry, maistre des Requestes, son frère [3]. Vous priant n'y voulloir faillir.

«Faict au Bureau de la Ville, le mardy vingt sixiesme Octobre mil six cens dix.»

«Les Prevost et Eschevins de la ville de Paris, tous vostres.»

«Noble homme Claude Aubery, sieur d'Auvilliers, conseiller du Roy et maistre de ses Comptes et Conseiller de la ville de Paris, a faict et constitué son procureur general et special....., auquel il a donné pouvoir et puissance de, pour luy et en son nom, resigner et mettre es mains de Messieurs les Prevost des Marchans et Eschevins de la ville de Paris ledict estat et office de Conseiller de ladicte Ville de Paris, pour en pourvoir telles personnes cappables que lesdictz sieurs Prevost des Marchans et Eschevins verront bon estre. Et generallement, etc., promettant, etc., obligeant, etc.

«Faict et passé l'an mil six cens dix, le lundy vingt cinquiesme jour d'Octobre apres midy.» Signé : «Aubery», et plus bas : «Chauvin» et «Lenoir», nottaires.

«Noble homme, Claude Aubery, sieur d'Auvilliers, Conseiller du Roy maistre de ses Comptes et Conseiller de la ville de Paris, a faict et constitué son procureur general et special....., auquel il a donné et donne pouvoir et puissance de, pour luy et en son nom, resigner et remettre es mains de Messieurs les Prevost des Marchans et Eschevins de ceste ville de Paris, ledict estat et office de Conseiller en ladicte ville de Paris, pour et au proffict de

---

[1] La Chambre des Comptes avait reçu, comme la Ville, une lettre de notification du sacre avec invitation au *Te Deum*, et son assistance à cette cérémonie est mentionnée au plumitif. (*Arch. nat.*, P 2670, fol. 158 et 159.) Le matin de ce jour, un grand vicaire était venu au Parlement, de la part de l'évêque de Paris, «pour sçavoir quant la Cour trouvera bon que cette prière soit faicte, la priant l'honnorer de sa presence». La Chambre, ajoute le registre du Parlement, «arresté que lesdictes prieres seront faictes aujourd'hui et que Messieurs qui sont en ceste Ville seront mandez presentement pour y assister...». (*Arch. nat.*, X^{1a} 1833, fol. 44.)

[2] Claude Aubery (c'est ainsi qu'il orthographiait son nom dans sa signature, mais les textes du temps donnent très souvent la forme *Aubry*), s^r d'Auvilliers, maître des Comptes, avait été reçu Conseiller de Ville le 19 juin 1597, sur la résignation de son beau-frère, Pierre des Croisettes (voir t. XI, p. 400-402). Nous verrons plus loin, à la date du 19 juillet 1611, que la maladie qui avait amené sa démission, ayant sans doute cessé, il rentra en possession de l'office de Conseiller de Ville qu'il avait abandonné à son frère Jean.

[3] Jean Aubery, frère de Claude et de Robert, d'abord conseiller au Grand Conseil, fut reçu maître des Requêtes le 16 février 1607. Son père Claude Aubery avait eu, d'un premier mariage avec Marie de Pallusu, Claude Aubery, sieur d'Auvilliers, dont il vient d'être question ; d'un second mariage avec Catherine Vivien naquirent Jean, dont nous parlons ici, et Robert Aubery, également maître des Requêtes et Conseiller de la Ville, auquel nous avons consacré une note plus haut.

Jean Aubery épousa d'abord Catherine de Bellièvre et, en secondes noces, Françoise Le Breton de Villandry dont il eut une fille, Julie-Renée, qui devait plus tard s'unir à Louis de La Trémoille, créé en 1650 duc de Noirmoutier. (*Généalogies* de Chassebras et *Mémoires* de Saint-Simon, éd. Boislisle, t. IX, p. 95.)

Monsieur maistre Jehan Aubery, son frere, Conseiller du Roy et maistre des Requestes ordinaire de son Hostel, et non d'autre, touttesfois soubz le bon plaisir desdictz sieurs Prevost des Marchans et Eschevins. Et generallement, etc., promettant, etc., obligeant, etc.

«Faict et passé l'an mil six cens dix, le lundy vingt cinquiesme jour d'Octobre apres midy en l'hostel dudict sieur Aubery.» Ainsi signé: «Aubery, Chauvin» et «Lenoir».

Du mercredi vingt septiesme jour d'Octobre mil six cens dix.

En l'assemblée de Messieurs les Prevost des Marchans, Eschevins et Conseillers du ladicte Ville, ledict jour tenue au Bureau d'icelle pour deliberer sur la resignation que noble homme maistre Claude Aubery, Conseiller de ladicte Ville, entend faire de son dict estat de Conseiller au proffict de noble homme maistre Jehan Aubery son frere, conseiller du Roy et maistre des Requestes ordinaire de son Hostel, sont comparuz:

Messieurs

Sanguin, seigneur de Livry, conseiller du Roy nostre sire en sa cour de Parlement, Prevost des Marchans, Lambert, Thevenot, Perrot, de La Noue, Eschevins.

Monsieur le President de Bragelongne, Monsieur Boucher, Monsieur Amelot, Monsieur Le Tonnelier, Monsieur de St Germain, s^r de Ravynes, Conseillers de Ville.

Mondict s^r le Prevost des Marchans a remonstré que ledict sieur Aubery estant indisposé, ayant volonté de resigner sondict estat, a passé deux procurations l'une, pure et simple, et l'aultre en faveur de Monsieur Aubery, son frere, c'est pourquoi il a faict assembler ceste compagnie, requerant en voulloir deliberer.

Lecture faicte desdictes deux procurations passées par devant Chauvyn et Lenoir, notaires, le lundy vingt cinquiesme jour du present mois, et l'affaire mise en deliberation, a esté arresté, deliberé et concluc admectre, comme de faict la compagnie a admis et admect, ladicte resignation comme estant favorable et faicte de frere à frere, et ordonné que ledict sieur Aubery, maistre des Requestes, sera presentement receu audict estat et office de Conseiller de ladicte Ville, et à l'instant a esté mandé en ladicte assemblée ledict maistre Jehan Aubery, auquel a esté faict entendre la resolution de ladicte compagnie, et à luy faict faire le serment en tel cas requis et accoustumé, et icelluy installé et mis en possession d'icelluy office.

XXXIX. — Retour du Roy, de son sacre à Reims.

30 octobre 1610. (Fol. 280.)

Pour aller au devant du Roy et de la Royne mere, regente.

«Monsieur..., plaise vous trouver, à cheval et en housse, samedy prochain une heure de rellevée, en l'Hostel de la Ville pour nous accompagner à aller au devant du Roy, qui arrivera en ceste Ville, ledict jour, par la porte St Anthoine. Vous priant n'y voulloir faillir.

«Faict au Bureau de la Ville, le meccredy vingt septiesme jour d'Octobre mil six cens dix.

«Les Prevost des Marchans et Eschevins de la ville de Paris, tous vostres.»

Pareil envoyé à chascun de M^{rs} les Conseillers de Ville.

«Sire....., Quartinier, trouvez vous avec voz cinquanteniers, dizeniers, et quatre notables bourgeois de vostre quartier, tous à cheval et en housse, samedy prochain une heure de rellevée en l'Hostel de la Ville, pour nous accompagner à aller au devant du Roy, qui arrivera en ceste Ville, ledict jour, par la porte St Anthoine. Sy n'y faictes faulte.

«Faict au Bureau de ladicte Ville, le meccredy vingt septiesme jour d'Octobre mil six cens dix.»

Pareil envoyé à chascun de Messieurs les Quartiniers.

«Cappitaine de Norroy, trouvez vous avec tous ceulx de vostre Nombre, à cheval avec leurs casaeques neufves et en bon esquipage, samedy prochain à l'heure de midy, en l'Hostel de la Ville, pour nous accompagner à aller au devant du Roy, qui arrivera en ceste Ville, ledict jour, par la porte St Anthoine.

«Faict au Bureau de la Ville, le meccredy vingt septiesme jour d'Octobre mil six cens dix.»

Pareil envoyé au cappitaine Norry, ung autre au cappitaine Norroy, ung autre au cappitaine Lefebvre.

L'an mil six cens dix, le meccredy vingt septiesme jour d'Octobre, Messieurs les Prevost des Marchans et Eschevins estans advertis que le Roy arrivoit en ceste Ville le samedy ensuivant, et revenoit de sa ville de Rheins, où il avoit esté sacré le dimanche dix septiesme dudict mois, auroient faict expedier les mandemens qui ensuivent pour aller au devant de Sa Majesté :

«Monsieur de Versigny, Conseiller de la Ville, plaise vous trouver[1], etc.»

[LA REINE.]

Et ledict jour de samedy, trentiesme d'icelluy mois d'Octobre, mesdictz sieurs les Prevost des Marchans et Eschevins estans advertis que la Royne, mere du Roy regente, arrivoit en ceste Ville et venoit de prendre son disné en la maison du s^r Zamet[2], ont arresté de l'aller recepvoir à la porte St Anthoine, comme de faict ilz y sont allez en l'ordre qui ensuit :

Premierement :

Marchoit les pages et plusieurs gentilzhommes de Monsieur de Liencourt[3], Gouverneur de ceste Ville, tous à cheval.

Apres eulx, le Greffier de la Ville, seul, aussi à cheval, en habitz noirs. Apres, mondict sieur le Gouverneur avecq Monsieur le Prevost des Marchans, ensemblement et coste à coste l'ung de l'aultre, suivis de Messieurs les Eschevins, Procureur du Roy, et aucuns de Messieurs les Quarteniers, tous à cheval et en habitz noirs sans avoir aucunes robes mi-parties.

Et ayans attendu quelque temps à ladicte porte, ladicte dame y seroit arrivée, où lesdictz sieurs Gouverneur, Prevost des Marchans et Eschevins se seroient presentez à elle, et luy ayant faict la reverence, mondict sieur le Prevost des Marchans luy a faict une petite briefve harangue sur le subject de sa bien venue, et comme elle trouveroit sa bonne ville de Paris calme et en pareil estat qu'elle estoit lors de son partement d'icelle. Laquelle dame les auroit remerciez et dict qu'ilz s'estoient tous bien portez en leur voyage, Dieu mercy; que tantost ilz verroient le Roy à cheval qui se portoit bien et estoit desja ung demy homme.

Ce faict, lesdictz sieurs sont revenuz audict Hostel de la Ville.

Nota qu'il n'y avoit aucuns archers ny sergens par ce qu'ilz se preparoient pour aller au devant du Roy.

[LE ROY.]

Et ledict jour, sur les deux heures de relevée, toutte la trouppe de la Ville estant assemblée dans la Greve pour aller au devant du Roy, mondict sieur le Gouverneur et Messieurs les Prevost des Marchans et Eschevins eurent advis que Sadicte Majesté estoit partye du bois de Vinciennes où elle avoit disné. Partirent dudict Hostel de la Ville pour aller au devant, en l'ordre et habitz selon et ainsy qu'il ensuict :

Premierement, marchoit la compagnie des cent harquebuziers de ladicte Ville, tous à cheval, vestuz de leurs casacques neufves de velours et serge en broderie, le pistollet à l'arçon de la selle, bien habillez et en bonne conche, marchant à la teste le sieur Nourry, leur cappitaine, richement vestu et habillé.

Suivoit apres la compagnie des archers d'icelle Ville, habillez, montez et vestuz de mesme la compagnie desdictz harquebusiers, marchant aussi à la teste le sieur de Norroy, leur capitaine, fort brave et bien habillé.

Suivoit apres la compagnie des cent arbalestriers de la Ville, habillez, montez et vestuz de mesmes lesdictz deux autres compagnies, marchant aussi à la teste le sieur Lefebvre, leur capitaine, superbement monté et habillé.

Apres, suivoit les pages dudict sieur le Gouverneur, aussi à cheval.

---

[1] Les minutes des pièces se rapportant à l'entrée du Roi ont été placées, aux Archives nationales, dans le carton K 998, n°s 184 et 185. Elles offrent la même disposition que le registre, donnant d'abord sur une feuille séparée la minute des mandements signés de trois Échevins, puis la mention de la rédaction de ces mandemens avec la relation de la cérémonie.

[2] Sébastien Zamet, dit *Bastien*, né à Lucques vers 1547, venu en France au temps de Catherine de Médicis, gagna beaucoup dans les partis de finance, particulièrement dans la gabelle, et fut honoré de la faveur spéciale de Henri IV qui lui accorda la charge de surintendant de la Maison de Marie de Médicis et de capitaine de Fontainebleau. Sa richesse était légendaire, et Saint-Simon rappelle qu'il «s'intitulait plaisamment seigneur de dix-sept cent mille écus, somme alors prodigieuse pour un particulier». L'hôtel somptueux à la construction duquel il consacra une partie de son immense fortune était situé rue de la Cerisaie, tout près de la Bastille, et devint plus tard l'hôtel de Lesdiguières. (Jaillot, *Quartier St Paul*, p. 15 et 21-22.) C'est dans cette maison que fut logé le tzar Pierre le Grand, quand il vint à Paris en 1717. Les derniers vestiges en ont disparu en 1877. (*Paris à travers les âges. Bastille et quartier de l'Arsenal*, p. 23, où s'en trouve une vue.) Comme le fait remarquer M. de Boislisle dans la note détaillée qu'il a consacrée à Zamet (*Mémoires de Saint-Simon*, t. XX, p. 288-289), cet hôtel, du vivant de Henri IV, «servait chaque jour de petite maison de ville où de pied à terre à ce roi et à sa cour» : on voit que Marie de Médicis continuait cette tradition. Sébastien Zamet mourut le 14 juillet 1614, à l'âge de 67 ans, et fut enterré aux Célestins. M. Raunié a donné le dessin du riche mausolée qui, en 1634, fut élevé dans cette église à sa mémoire et à celle de Jean Zamet, son fils, par les soins de son autre fils, Sébastien, évêque de Langres. (*Épitaphier du vieux Paris*, t. II, p. 354-357.)

[3] La minute donne bien le vrai nom du gouverneur, mais dans le registre on a transcrit par erreur *Lenoncourt*.

Les sergens de ladicte Ville, semblablement à cheval, vestuz de leurs robbes miparties avec leurs navires d'orphaveries sur l'espaulle.

Apres, le Greffier de la Ville, seul, aussi à cheval, en habit noir.

Apres luy, mondict sieur le Gouverneur et mondict sieur le Prevost des Marchans ensemblement et coste à coste l'ung de l'autre, suivis de mesdictz sieurs les Eschevins allans deulx à deulx.

Apres eulx, le Procureur du Roy et M⁰ Claude Lestourneau, Receveur du domaine de la Ville.

Apres eulx, aucuns de Messieurs les Conseillers de la Ville, Quarteniers, cinquanteniers, dizeniers et bourgeois mandez, tous à cheval.

Et est à notter que lesdictz sieurs Prevost des Marchans et Eschevins, Procureur du Roy et Greffier n'avoient que leurs habitz noirs ordinaires et non leurs robes mipartyes, estans encore en deuil à cause de la mort du deffunct Roy Henry quatriesme, que Dieu absolve.

Et en cest ordre sont allez à lad. porte S¹ Anthoine où mesdicts sⁿ les Prevost des Marchans et Eschevins auroient faict faire une haye des deulx costez par leurs archers et le reste de leur trouppe, environ le millieu du chemyn d'entre S¹ Anthoine des Champs et ladicte porte[1], où, ayant attendu quelque temps, Sadicte Majesté seroit arrivée environ les quatre heures de relevée, suivye de plusieurs princes, seigneurs et grande quantité de noblesse, Sadicte Majesté estant bottée et à cheval, vestue d'escarlatte bandé d'or. Et auroient lesdictz sieurs Gouverneur, Prevost des Marchans et Eschevins, Procureur, Greffier, Recepveur et Conseillers de la Ville mis pied à terre et se seroient presentez devant Sadicte Majesté pour la recevoir et luy faire la reverence, et auquel moudict sieur le Prevost des Marchans, au nom de toutte la Ville, a faict une petite harangue dont Sadicte Majesté les a fort remerciez. Ce faict, Sadicte Majesté a passé outre pour entrer dans la Ville, où lors auroit esté tiré grande quantité de pieces de canon et bouettes, qui estoient sur le boullevert de ladicte porte Sainct Anthoine[2].

Sadicte Majesté estant passée, auroit snivy neuf compagnies de ses gardes, lesquelz passez, mesdictz sieurs les Gouverneur, Prevost des Marchans et Eschevins, avec toutte leur trouppe, seroient retournez audict Hostel de la Ville en pareil rang et ordre qu'ilz estoient partiz.

Et est à notter que au devant du Roy marchoit sa compagnie de chevaulx legers, tous armez d'armures noires, ayans la lance en la main, comme aussy avoit les cens suisses de sa garde, marchant le tambour sonnant.

XL. — Arnould Mestayer
DESCHARGÉ D'ALLER AUX GARDES.
12 novembre 1610. (Fol. 283 v°.)
De par les Prevost des Marchans et Eschevins de la ville de Paris.

«Attendu que Arnoul Mestayer, lieutenant de la compagnie des cent harquebuziers de ladicte Ville[3], est journellement employé à l'execution de noz mandemens pour le service d'icelle Ville, à cause de sadicte charge de lieutenant, nous avons deschargé et dechargeons par ces presentes ledict Mestayer d'aller ou envoyer aux gardes, guetz et santinelles, si aucune convenoit faire, mesmes d'estre subject à aulcunes visitations d'armes tant pour ses maisons de ceste Ville que celles des faulxbourgs qu'il occupe ou tient en ses mains.

«Faict au Bureau de ladicte Ville, le vendredy douziesme jour de Novembre mil six cens dix.»

XLI. — Mandement pour s'opposer à la vente
D'UNE MAISON SCIZE HORS LA PORTE S⁷ MICHEL.
17 novembre 1610. (Fol. 283 v°.)
De par les Prevost des Marchans et Eschevins de la ville de Paris.

«M⁰ Geoffroy Le Secq, procureur des causes de la Ville au Chastellet de Paris, nous vous mandons vous opposer, au nom de ladicte Ville, aux criées, vente et adjudication par decret, qui se poursuivent

---

[1] *Mercure françois*, t. I, fol. 544. Les Prévôt des Marchands et Échevins vinrent au-devant du Roi «faisant cheminer devant eux les trois compagnies à cheval d'archers, arbalestiers et pistoliers; les chefs estoient vestus d'une mesme parure, le pourpoinct de satin blanc et le haut de chausse de velours tanné, aucuns avec passemens d'or. A chaque compagnie il y en avoit douze qui avoient des casaques de velours de bleu celeste avec passement d'or, tous les autres ayans grandes casaques de drap de mesme couleur et en broderie. Estans hors la porte Saint Antoine, ils se rangerent en haye des deux costez du chemin, puis la suite de Sa Majesté commença à passer.»

[2] Le Roi regarda tirer les bouches à feu, ensuite, continue le *Mercure françois*, «il commanda de marcher et, arrivé près de la porte, le Prévost des Marchans luy fit une harangue sur les desirs et vœux que ses tres fidelles subjects de sa bonne ville de Paris faisoient à Dieu qu'il luy donnast bonheur et prosperité en son regne; puis il passa la porte S¹ Antoine tandis que les hautbois jouoient, mais d'aussi loing qu'il veid la Royne, sa mere, à l'une des fenestres du logis du sieur Zamet, il meit le chapeau au poing et, passant devant elle, la salüa, puis, continuant son chemin, il fut conduit avec flambeaux au Louvre, recevant partout des milliers de prieres et benedictions accompagnez d'un continuel cry de Vive le Roy». (*Ibid.*) Une gravure de H. du Bois, publiée en 1612, représente «l'entrée du roy Louis treziesme faicte à Paris, le 30 octobre 1610, au retour de son sacre». (Coll. Hennin, t. XVIII.)

[3] Il était maître paumier, comme le montre le texte d'une décharge en sa faveur signalée au tome XIV, p. 444, n. 2.

audict Chastellet d'une maison seize hors et proche la porte S¹ Michel de cestedicte Ville, appartenant à Jehan de Sainct Paul; pour seureté de cinq solz tournois de rente et redevance que ledict de S¹ Paul doibt par chacun an à ladicte Ville, à cause de la permission à luy donnée de faire quelques murs pour soustenir les terres jectissés de la contrescarpe des fossés de ladicte porte S¹ Michel et pour la commodité de sadicte maison, le vingt deuxiesme apvril mil six cens trois[1]. Et requerez que l'adjudication soit faicte à la charge desdictz cinq solz tournois de rente et redevance, lesquelz l'adjudicataire sera tenu payer et continuer par chacun an à ladicte Ville, suivant ladicte permission cy dessus daltée.

«Faict au Bureau de lad. Ville, le dix septiesme jour de Novembre mil six cens dix.»

XLII. — TOUCHANT LA FONTAINE DU TEMPLE ET S¹ MARTIN.

17-19 novembre 1610. (Fol. 284.)

De par les Prevost des Marchans et Eschevins de la ville de Paris.

«Sur la remonstrance à nous faicte au Bureau de la Ville par Pierre Guillain, Maistre des oeuvres de ladicte Ville, qu'à cause que les sieurs Grand prieur du Temple et commandeur de la commanderie et les religieulx, prieur et couvant de S¹ Martin des Champs ne tiennent compte de faire travailler au restablissement et reparation de leurs fontaines, ainsy qu'ilz sont tenuz, les eanes de leursdictes fontaines gastent et deperissent journellement et les voultes des fontaines publicques de lad. Ville, à quoy estoit besoing d'y remedier promptement estant ung ouvrage precieulx et de grande consequence qu'il failloit conserver, requerant y voulloir pourveoir: Nous, sur ce oy le Procureur du Roy et la Ville, avons ordonné, que à sa requeste lesdictz sieurs Grand prieur et religieulx de S¹ Martin seront assignez par devant nous au premier jour pour voir ordonner qu'ilz seront teunz de satisfaire à la sentence par nous cy devant donnée, le seiziesme Octobre mil six cens, par laquelle, de leur consentement, ilz ont esté condampnez à faire travailler aux thuiaulx de leurs fontaines, et à nostre ordonnance du vingt huictiesme Novembre mil six cens sept à eulx signiffiée[2]; ce faisant, qu'ilz feront travailler promptement et en toutte diligence au restablissement et reparation de leursdictes fontaines, sinon qu'ilz seront privez de la jouissance et commodité de l'eaue, laquelle eane sera reduicte et mise aux canaulx des fontaines publicques de ladicte Ville et

---

[1] Jean de Saint-Paul avait adressé requête au Bureau où il exposait que, «pour bastir et ediffier quelques maisons sur une place par luy acquise scituée hors et proche la porte S¹ Michel de ceste Ville, il luy est necessaire faire mener et charroier audict lieu plusieurs matieres en et hors lad. place ce qu'il ne peult aiseement et commodement faire, attendu le destroict du chemin à l'endroict de lad. place, qu'à peine les harnois y pouvoient tourner par ce que plusieurs personnes pour descendre dans le fossé de la Ville qui est proche et vis à vis lad. place ont tellement rompu et miné la contre escarpe dud. fossé, qu'ilz ont entrepris et rompu la plus grande partye du chemin à l'endroict de lad. place au prejudice du publicq et dud. de S¹ Paul, d'aultant que sy lad. breiche tement remplye les harnois ne pourroient plus passer aud. endroict le long dud. fossé, requerant qu'il nous pleust luy permettre faire mettre par ses ouvriers qui travailleront aud. bastiment les vuidanges et terres qui proviendront de lad. place en lad. breiche pour icelle emplir et eslargir le chemin en l'estat qu'il estoit, autrement offrant faire faire en cest endroict contrescarpe suffisante dans led. fossé pour soustenir lesd. vuidanges et chemin et empescher que le fondz dud. fossé ne se remplisse......».
Pierre Guillain, maître des oeuvres de maçonnerie, chargé de visiter les lieux, «se transporta sur la contrescarpe du fossé d'entre les portes S¹ Jacques et S¹ Michel en ung recoing des fossés estant en partye au front et à l'opposite de l'encongneure des bastimens du Parlouer aux Bourgeois», et fit un rapport qui concluait à l'octroi de l'autorisation demandée.
Conformément à cet avis fut «per.mis aud. Jehan de S¹ Paul de faire faire le remplage du recoing de contrescarpe au lieu et endroict mentionné, à la charge par luy de faire faire à ses frais et despens quelques murs de maçonnerye avecq mortier de chaulx et sable de la hauteur et d'espoisseur suffisante pour soustenir les terres jectissées...... lesquelz murs led. de S¹ Paul entretiendra à tousjours en bon et suffisant estat et à ses fraiz et despens.... sera en oultre tenu led. de Sainct Paul de faire applanir le chemin publicq audict endroict, et oultre moiennant la somme de cinq solz tournois de rente et reddevance à lad. Ville par chacun an pour la presente permission». (Mardi 22 avril 1603. *Arch. nat.*, Q¹ᵉ 1099³⁰¹, fol. 330-332.) A propos des travaux dont il est question ici pour l'amélioration de la viabilité aux abords de la porte Saint-Michel, on peut citer un arrêt du Conseil du 18 décembre 1610, relatif au pavage de la rue Vaugirard neuve, ou rue de l'Hôtel-de-Condé, qui suivait la rue Saint-Michel à la porte Saint-Germain et est représentée aujourd'hui par la rue Monsieur-le-Prince. Roquête avait été présentée au Conseil du Roi «par les habitans de dessus les fossez d'entre les deux portes de S¹ Michel et S¹ Germain à ce qu'attendu les mauvais chemins qui sont en tous temps sur lesd. fossez, rue Vaugirard neufve à present appellée rue de l'Hostel de Condé, qui est ung chemin fort frequenté et le grand abord des messagers et voituriers ordinaires tant d'Orléans, Angers, Tours qu'autres lieux de ce royaume, auxquelz il est impossible de passer sur lesd. lieux à cause des mauvais chemins, et ausd. habitans de sortir hors leurs maisons, qui cause ung grand dommage et incommodité au public pour le bouleversement qui se faict ordinairement des coches, charrettes, chariotz et chevaulx qui tombent dans lesd. fossez et rues, il plaise au Roy ordonner que la longueur du dessus lesd. fossez, à prendre depuis la porte S¹ Michel jusques au bout du pavé de la porte S¹ Germain, rue Vaugirard neufve, à present appellée la rue de l'Hostel Condé, seront pavées....». Sur cette requête le Conseil décida que l'affaire serait renvoyée au duc de Sully pour qu'il en fasse son rapport. (*Arch. nat.*, E 28ᵃ, fol. 202.)

[2] Cette ordonnance a été publiée au tome XIV, p. 223-224, où l'on trouvera des renseignements sur cette fontaine commune à Saint-Martin-des-Champs et au Grand-Prieuré.

eulx tennz de la deterioration d'iceulx canaulx, et à ceste fin les lieux veuz et visitez.

«Faict au Bureau de la Ville, le meccredy dix septiesme jour de Novembre mil six cens dix.»

«A tous ceulx qui ces presentes lettres verront, Jacques Sanguin, seigneur de Livry, Conseiller du Roy nostre sire en sa cour de Parlement, Prevost des Marchans, et les Eschevins de la ville de Paris, salut. Sçavoir faisons, que aujourd'huy datte des presentes, comparans en jugement devant nous le Procureur du Roy et de la Ville, demandeur, et messire George de René Guierchy, chevallier de l'ordre de S.t Jehan de Hierusalem, Grand prieur de France et commandeur du Temple à Paris[1], comparant par Pierre Buisson, commis de M.e François de Cotignan, son receveur, deffendeur :

Nous, apres que ledict Buisson a declaré que ledict sieur Grand prieur n'est à present en ceste Ville, et requis delay de huictaine pour venir deffendre, oÿ sur ce le Procureur du Roy et de la Ville, et par vertu du deffault donné allencontre de messire Claude Dormy[2], conseiller du Roy en ses Conseils d'Estat et privé, evesque de Boullongne et prieur du prieuré S.t Martin des Champs, et les religieulx et couvant dudict Saint Martin, aussi deffendeurs et deffaillans, avons ordonné que dedans huictaine pour touttes prefictions et delaiz, lesdictz deffendeurs seront tenuz satisfaire à la sentence par nous contre eulx donnée le seiziesme Octobre mil six cens, par laquelle, de leur consentement, ilz ont esté condamnez à faire travailler aux thuyaulx de leurs fontaines, et à nostre ordonnance du vingt huictiesme Novembre mil six cens sept, à eulx signiffiées; ce faisant, qu'ilz feront travailler promptement et en touttes diligences au restablissement et reparation de leursdictes fontaines, faulte de quoy les eaues d'icelles gastent et deperissent journellement les voultes des fontaynes publicques de ladicte Ville. Sinon et à faulte de ce faire les eaues des à present descheuz et privez de la commodité de leur eaue, laquelle eane sera reduicte et mise aux canaulx desdites fontaines publicques de la Ville et lesd. deffendeurs teunz de la deterioration d'iceulx canaulx. Et à ceste fin seront les lieulx venz et visitez par Pierre Guillain, Maistre des oeuvres de ladicte Ville, le tout sauf sy dedans huit jours lesdictz sieurs deffendeurs ne viennent dire causes vallables pour ce empescher. Et soit signiffié.

«En tesmoing de ce, nous avons mis à ces presentes le scel de ladicte Prevosté des Marchans. Ce fut faict et donné au Bureau de ladicte Ville et prononcé par nous Prevost susdict, le vendredy dix neufiesme[3] jour de Novembre mil six cens dix.»

La presente sentence a esté signiffiée audict s.r Dormy par Clavier, sergent de la Ville, le vingt quatriesme jour de Novembre oudict an 1610.

XLIII. — PLAINCTE FAICTE AU BUREAU PAR DES BOURGEOIS TOUCHANT LEURS RENTES.

19 novembre 1610. (Fol. 285 v°.)

Du vendredy dix neufiesme jour de Novembre, mil six cens dix.

Ledict jour, Messieurs les Prevost des Marchans et Eschevins estans au Bureau de la Ville, est venu audict Bureau le sieur Leschassier, advocat en Parlement, assisté des nommez Boucher, Millon, Le Goulx, Benoist, Lequint, Lecourt et autres bourgeois et de cinq ou six femmes, lequel a dict que depuis trois mois en çà, lesdict Boucher et autres susnommez et presens l'estans venu trouver affin de faire plaincte du deffault de payement des rentes des receptes generalles, à leur priere et pour son interest particulier, il avoit dressé une requeste pour presenter au Roy et à la Royne, affin qu'il pleust à Leurs Majestez de mieulx faire payer lesdictes rentes et tout ainsy que les autres rentes de ladicte Ville. Laquelle requeste il avoit ce matin baillée à Monsieur le prince de Condé, chef du Conseil, qui leur avoit promis faveur et audience, suppliant tres humblement mesdictz sieurs de les voulloir ayder de leurs offices et intercedder pour eulx envers Leursdictes Majestez à l'effect de leurdicte requeste, laquelle ilz avoient juste subject et occasion de representer pour estre si mal payez desdictes rentes qu'il ne s'en recevoit seullement par an la demye année que le feu Roy dernier decedé, que Dieu absolve, avoit arresté estre payée. Ce qui leur donnoit crainte par les longueurs qu'apportoient les receveurs et payeurs d'estre encores à l'advenir plus mal payez, joinct que depuis l'année mil cinq cens

---

[1] Georges Regnier de Guerchy fut reçu chevalier de Saint-Jean de Jérusalem en 1558. Il portait pour armoiries : d'azur à 6 besans d'argent placés 3, 2 et 1 (Abbé de Vertot, *Histoire des Chevaliers de Malte*, t. VII, p. 213).

[2] Claude Dormy était prieur de Saint-Martin-des-Champs depuis 1596 quand il fut nommé en 1600 évêque de Boulogne. Ayant été délié de ses vœux monastiques par le pape, il tint, à partir de cette date, son prieuré en commende et le céda en 1615 à Jean du Piat, clerc du diocèse de Paris; mais cette cession ne fut pas ratifiée. Il mourut en 1626 (*Gallia Christiana*, t. VII, col. 542).

[3] Le texte du registre porte par erreur «dixiesme»; la vraie date peut être rétablie par le registre d'audience du Bureau (*Arch. nat.*, Z.1h 111), où a été consignée cette sentence.

quatre vingtz quatorze, il estoit deub du moings dix années d'arreraiges desdictes rentes; qu'il ne pouvoit songer d'où provenoit ceste faulte de payement, d'aultant, qu'en faisant plaincte à Monsieur de Seully, il leur avoit dict que le Recepveur de ladicte Ville touchoit fondz par chacun an pour ladicte demie année, et neanlmoings l'on ne la payoit, ce qui causoit une grande nécessité à beaucoup de familles, veufves, tuteurs et autres personnes qui n'avoient autres biens que les rentes assignées sur lesdictes receptes generalles. Et n'esperoyent d'en estre bien payez que par leur entremise comme representant leurs predecesseurs, Prevost des Marchans et Eschevins, qui les avoient constituées à leurs peres et ancestres pour le service et affaires des Roys de France; s'asseurant qu'ilz y feroient ce qu'il leur seroit possible, dont tous les rentiers leur en auroient de l'obligation.

A quoy mondict sieur le Prevost des Marchans a faict reponce qu'il ne trouvoit estrange sy ceulx qui avoient des rentes sur lesdictes receptes generalles se plaignoient de n'en estre payez comme de celles des autres assignations. Mais de s'assembler en trouppe pour faire des plainctes au Roy et à la Royne, comme ilz avoient faict, dont ledict Leschassier estoit conducteur, c'estoit chose qui tiroit de sedition et fraction de leur devoir contre l'autorité et au mespris du Bureau et faisoit croire qu'ilz ne s'acquitoient du debvoir de leurs charges, dont ledict Leschassier estoit fort blasmable, veu que le Bureau estoit tout ouvert pour recepvoir ses plainctes, s'il en avoit affaire, et que depuis qu'il est au Magistrat, il a par plusieurs fois faict remonstrances au Conseil du deffault de payer desdictes rentes, le fondz desquelles deppendoit directement du Roy et non d'autres. Et qu'il avoit toujours tenu la main à faire payer le courant d'icelles rentes, dont personne ne se pouvoit plaindre; qu'il feroit ce qu'il pourroit affin qu'il en feust payé trois quartiers par an comme des autres rentes. Et à ceste fin accordoit que aucuns desdictz bourgeois, et non ung si grand nombre, l'assistent pour aller faire priere et supplication au Roy et à la Royne affin que l'on ne doubte de l'affection qu'il a que lesdictes rentes soient bien payées au gré et contantement des rentiers. Dont lesdictz Leschassier et autres ont remercyé mesdictz sieurs et aussitost se sont retirez.

XLIV. — Ordonnance pour estre pourveu d'un dizenier sur le pont Marchant.

22 novembre 1610. (Fol. 287.)

De par les Prevost des Marchans et Eschevins de la ville de Paris.

«Il est ordonné qu'il sera pourveu par la Ville d'un dizinier sur le pont Marchant[1], dont a esté fait une compagnie des habitans d'icelluy, et quand le differend des sieurs Marces, Passart et Beroul, Quartiniers, qui pretendent tout droict sur ledict pont, sera jugé, l'on reglera soubz quel Quartenier ledict dizinier sera. Le tout pour le service de ladicte Ville.

«Faict au Bureau d'icelle, le vingt deuxiesme Novembre mil six cens dix.»

XLV. — Mandement touchant le vin muscat.

26 novembre 1610. (Fol. 287 v°.)

De par les Prevost des Marchans et Eschevins de la ville de Paris.

«M⁰ Geoffroy Le Secq, procureur des causes de la Ville au Chastellet de Paris, nous vous mandons vous presenter à l'assignation donnée à la police à David Paschal, marchant de vin muscat, ou à Barat,

---

[1] On a cité au tome précédent (t. XIV, p. 218, note 2) les lettres patentes de 1598, qui autorisaient le capitaine Marchant à reconstruire le pont aux Meuniers, détruit en 1596, et à lui donner le nom de pont aux Marchands. «L'an 1608, dit Du Breul (p. 245), l'on commença à passer par dessus et le paver, et en l'an 1609 il fut du tout parfait. Des deux costez dudit pont, ajoute cet auteur contemporain, sont baties 30 maisons toutes esgale et d'une mesme hauteur : lesquelles pour une plus grande durée et pour ornement sont peintes de diverses couleurs et huilées tant du costé de la rue que du costé de l'eau. Au hault de chascune maison regne une forte pièce de bois au travers de la rue, laquelle conjoint et lie les maisons ensemble pour les mieux tenir en estat. Ledit maistre Charles Marchant a faict graver les lettres susdites, qu'il a obtenues du Roy, en deux tables de marbre qu'il a faict mettre aux deux bouts dudict pont, au bas des quelles l'on voit les vers qui ensuivent faisant mention de sa cheute et relevement :

Pons olim submersus aquis, nunc mole resurgo :
Marcatow fecit, nomen et ipse dedit. 1608.

«Au milieu dudit pont sont deux ovalles où sont representées les figures du Roy et de la Royne en marbre blanc. Plus, pour un plus grand ornement à chaque maison pend pour enseigne un petit oiseau, chaque enseigne estant d'une mesme grandeur et figure et d'une mesme couleur.»

Le pont Marchant ne survécut que peu d'années à son constructeur, un incendie l'ayant détruit en 1621 (Jaillot, *Quartier de la Cité*, p. 174).

maistre patissier duquel il a la charge, et au nom de la Ville, prenez le faict et cause pour lesdicts Paschal et Barat, et poursuivant à vostre declinatoire remonstrez que c'est à la Ville et non à aultre à mettre pris au vin muscat et autres vins estrangers qui se vend en detail en ceste Ville [1], dont elle est fondée en ordonnance veriffiée au Parlement, ce qui a esté toujours executé. Et partant estant question des droictz de ladicte Ville, laquelle a ses causes commises en premiere instance en la Grande chambre de la Court du Parlement, requerez le renvoy de ladicte cause en ladicte court de Parlement. Et en cas de deny en appellez comme de juge incompetant.

«Faict au Bureau de la Ville, le lundy xxvime Novembre 1610.»

XLVI. — Ordonnance pour le prix du bois et charbon.

2 décembre 1610. (Fol. 288.)

De par les Prevost des Marchans et Eschevins de la ville de Paris.

«Deffences sont faictes à tous marchans de bois tant de ceste Ville que forains de vendre leur bois et charbons, sçavoir, aux ports de l'Escolle et Malaquest, plus que sept livres tournois la voye de bois de mousle, six livres dix solz tournois la voye de bois de traversse, cens quinze solz la voye de bois de corde, soixante et douze solz six deniers le cent de cottretz, cinquante huit solz tournois le cent de fagotz, vingt solz tournois la voye de charbons; et aux ports de Greve et de la place Maubert, sept livres tournois la voye de bois de mousle, six livres dix solz la voye de bois traversse, la voye de bois de corde cent quinze solz, les cottretz à soixante et cinq solz le cent, les fagotz à cinquante huit solz le cent, et la voye de charbon à dix huit solz tournois. Le tout à peine de cinq cens livres parisis d'amande et de confiscation dudict bois et charbon. Ce qui sera publié à son de trompe et cry publicq sur lesdictz portz ad ce que personne n'en pretende cause d'ignorance.

«Faict au Bureau de la Ville, le jeudy deuxiesme jour de Decembre mil six cens dix [2].»

XLVII. — Assemblée touchant le demembrement des offices des receveurs des rentes.

7 décembre 1610. (Fol. 288.)

«Monsieur....., plaise vous trouver mardy prochain, trois heures de relevée, au Bureau de la Ville pour deliberer sur l'advis que l'on demande à ladicte Ville pour l'expedition des lettres qui ont esté presentées par Me Christophle Martin, recepveur et payeur des rentes de ceste Ville, touchant sesdictz offices. Vous priant n'y voulloir faillir.

«Faict au Bureau de la Ville, le samedy quatriesme jour de Decembre, mil six cens dix.

«Les Prevost des Marchans et Eschevins de la Ville de Paris, tous vostres.»

Du mardy septiesme jour de Decembre mil six cens dix.

En l'assemblée de Messieurs les Prevost des Marchans, Eschevins et Conseillers de ladicte Ville, ledict jour tenue au Bureau d'icelle pour deliberer sur l'advis que l'on demande à ladicte Ville pour l'expe-

---

[1] Le texte suivant tiré des registres d'audience du Bureau montre comment s'exerçait ce droit de la Ville : «Du samedy 11 decembre 1610. Est comparu au Bureau de la Ville Nicolas Wailly, marchant cabaretier, demeurant rue Anquetin le Faucheur à l'enseigne de la Croix Blanche, qui a déclaré avoir en la cave de lad. maison une tiercerolle de vin muscat de Frontignan qu'il désiroit vendre en detail, requerant en avoir de nous le pris. Sur quoy apres avoir faict taster et gouster led. vin, avons permis et permettons audict Wailly icelluy vendre en detail au pris de quatorze solz tournois la pinte, et sera le bondon de lad. piece devin scellé des armes de la Ville, ad ce qu'elle ne puisse estre remplie. Et oultre permettons audict Wailly de faire crier led. vin au pris cidessus par l'ung des jurez crieurs de corps et de vins de ladicte Ville.» (Arch. nat., Z^{1H} 112, ce registre renferme plusieurs autres autorisations analogues.) Le prix fixé variait naturellement suivant la qualité de la marchandise. Ainsi, le 22 Novembre 1610, David Pascal, marchand de vin à Frontignan, avait obtenu de mettre en vente au prix de 15 s. t. la pinte du muscat qui «a esté trouvé fort bon et excellent.» (Arch. nat., Z^{1H} 111.)

[2] C'est sans doute pour veiller à l'exécution de cette ordonnance que les membres du Bureau se rendirent le surlendemain matin sur les ports de la Ville, comme le montre le mandement suivant : *De par les Prevost des Marchans et Eschevins de la ville de Paris.* «Cappitaine Norry, faictes trouver demain matin à six heures precises du matin, à la porte de l'Hostel de la Ville, vingt de voz archers vestuz de leurs hocquetons et hallebardes pour nous assister à aller à la distribution du bois. Faict au Bureau, le IIIe decembre 1610.» (Arch. nat., H 1889.) A la suite de cette visite des ports, le Bureau manda «à Mathieu Mascrier, l'ung des maistres des pontz de ceste Ville et desbacleur du port de l'Escolle, de faire doresnavant ranger les basteaulx chargez de bois qui ariveront endict port, à la queue l'ung de l'autre du costé d'aval terre, en sorte qu'il y ait toujours six basteaulx de fare, en vente, à peine de s'en prendre à luy en son propre et privé nom et de cent livres parisis d'amande. Faict au Bureau de la Ville, le quatriesme Decembre 1610.» (Arch. nat., H 1889.)

dition des lettres qui ont esté presentées par Maistre Christophle Martin, recepveur et payeur des rentes de ceste Ville, touchant sesdictz offices,

Sont comparuz :

Monsieur Sanguin, sieur de Livry, Prevost des Marchans;

Messieurs Lambert, Thevenot, Perrot, de La Noue, Eschevins.

Monsieur le President de Boullancourt;

Monsieur le President de Marly;

Monsieur de Versigny, Conseiller d'Estat;

Monsieur de St Cir, M^e des Requestes;

Monsieur Aubry, M^e des Requestes;

Monsieur Amelot, M^e des Comptes;

Monsieur Le Lievre;

Monsieur Sanguin, secretaire;

Monsieur de St Germain, s^r de Ravines;

Monsieur Sainctot, Conseillers de la Ville.

La compagnie estant assemblée, mondict sieur le Prevost des Marchans a remonstré qu'il y a quelque temps, estant en la maison de Monseigneur le Chancellier, ledict seigneur luy dist que plusieurs bourgeois estoient par devers luy le supplier de desmembrer et desunir les deux offices de conseillers du Roy et recepveurs generaulx des rentes de la Ville assignées sur le Clergé et receptes generalles, et iceulx mettre en quatre pour y estre pourveu de quatre personnes, ainsy qu'ilz estoient antiennement[1]; mesmes que l'on luy en avoit baillé les lettres d'eedict toutes dressées, dont il estoit fort poursuivy de les sceller et expedier, tant par lesdictz bourgeois ayans rentes que par Mr Christophle Martin, ce qu'il n'avoit voullu faire sans avoir son advis, pour sçavoir si ladicte Ville y avoit quelque interest. Et n'ayant voullu faire response de soy, luy fut dict par mondict sieur le Chancellier qu'il en prist advis de Messieurs les Conseillers de la Ville. C'est pourquoy il les avoit faict assembler, les suppliant en voulloir deliberer.

Sur quoy, l'affaire mise en deliberation, a esté arresté que mondict sieur le Prevost des Marchans prendra la peyne de dire à mondict seigneur Chancellier, que en faisant ledict desmembrement d'offices, tant ladicte Ville que le public et les particulliers rentiers en recevront de la commodité et que les deniers desdictes rentes seront en plus grande seureté es main de quatre officiers que de deulx.

XLVIII. — OPPOSITION À LA CHAMBRE [DES COMPTES]
À LA VERIFFICATION
DE QUELQUES PARTYS TOUCHANT LES RENTES.

11-13 décembre 1610. (Fol. 289 v°.)

Le samedy unziesme jour de Decembre mil six cens dix, Messieurs les Prevost des Marchans et Eschevins de la ville de Paris estans advertis que l'on poursuivoit par devant Messieurs de la Chambre des Comptes la veriffication et l'execution de quelques commissions et partiz au prejudice du fonds des rentes de ladicte Ville, ilz ont advisé de deputer Messieurs Thevenot et Perrot, Eschevins, pour eulx transporter en ladicte Chambre des Comptes pour y former opposition et en demander communication.

Et suivant ce, ledict jour, iceulx sieurs Thevenot et Perrot sont allez en ladicte Chambre où ilz ont faict leurs remonstrance et oppositions, dont leur a esté donné acte, et de laquelle la teneur ensuit:

«Sur la requete verballement faicte au Bureau de la Ville par les Prevost des Marchans et Eschevins de la ville de Paris affin d'estre receuz opposans à la veriffication des partis et commissions tant obteuuz qu'à obtenir et que l'on pourroit poursuivre au prejudice du fondz des rentes allienées à ladicte Ville, comme prejudiciables aux rentiers pour les causes qu'ilz entendent desduire et alleguer particullierement et distinctement lors qu'ilz auront communication des dictes commissions, la Chambre a ordonné et ordonne acte estre delivré ausdictz Prevost des Marchans et Eschevins de ladicte Ville de leurdicte opposition.

«Faict le unziesme jour de Decembre mil six cens dix[2].»

«Extraict des registres de la Chambre des Comptes.»

(Signé:) «BOURLON.»

Le treiziesme jour dudict mois de Decembre, mesdictz sieurs de la Ville estans aussy advertis que

---

[1] L'édit de mars 1608 expose, dans son préambule, l'historique de cette question et relate les tâtonnements successifs auxquels avait donné lieu jusqu'alors la fixation du nombre de titulaires pour l'office de receveur et payeur des rentes de la Ville. Primitivement fixé à six par l'édit d'avril 1694, deux pour les rentes sur les aides, deux pour les rentes sur le clergé et deux pour celle assignées sur les recettes générales (*Registres du Bureau*, t. XI, p. 39-41), ce nombre avait été réduit à un en 1603 pour parer à la confusion, mais on s'était bientôt aperçu que cette mesure radicale offrait d'autres inconvénients, et l'on avait commencé par détacher de cet office unique ce qui concernait les rentes sur les aides pour en faire un office à part; puis, la charge restant encore trop lourde pour les épaules d'un seul, un arrêt du Conseil du 31 mai 1607 avait résolu de dédoubler l'office de receveur et payeur des rentes sur le Clergé et les recettes générales, par la création d'un receveur alternatif, qui fut établi par l'édit de mars 1608 (*Registres du Bureau*, t. XIV, p. 261-262).

[2] Voir le Plumitif de la Chambre des Comptes (*Arch. nat.*, P 2670, fol. 170 v°).

M° Louys Massuau, partizan des debetz de quictances, poursuivoit, sa reception à la Chambre des Comptes en l'office de recepveur general des bois de Normandie, ont arresté d'y envoyer lesdictz sieurs Thevenot et Perrot, Eschevins, pour s'y opposer. Ce qu'ilz auroient faict ledict jour, dont leur auroit esté baillé acte, duquel la teneur ensuict :

« Ce jour d'huy treiziesme Decembre mil six cens dix, sur la requeste verballement faicte au Bureau par les Prevost des Marchans et Eschevins de la Ville de Paris qu'ilz s'opposoient à la reception de M° Louys Massuau en l'office de receveur general des bois de l'Isle de France jusques ad ce qu'il ayt rapporté en l'Hostel de ladicte Ville, comme en depost, les deniers qu'il a receuz des debetz de quictance estans sur les comptes des recepveurs et payeurs des rentes de ladicte Ville[1], ou bailler bonne et suffisante caultion de ce faire; pour estre lesdictz deniers employez à la manque de fondz qui se trouvent pour les arreraiges du courant desdictes rentes[2];

l'affaire mise en deliberation, la Chambre a ordonné que lesdictz Prevost des Marchans et Eschevins auront acte de leur opposition, et qu'ilz en bailleront les causes dans trois jours.

« Extraict des registres de la Chambre des Comptes. »

(Signé :) « BOURLON[3]. »

XLIX. — [Devis et adjudication des ouvrages de pavage à exécuter sur le pont de la fortification de la Ville, derrière le jardin des Tuileries.]

15-29 décembre 1610. (H 1889[4].)

Pour le pavé du pont de la fortification de la Ville derriere les jardins du palayz des Thuylleries[5].

« Fault faire le pavé de carreau de grez[6] de l'eschantillon de sept et huict pouces de groz sur

---

[1] On trouvera au volume précédent (t. XIV, p. 320-322) les remontrances présentées au Roi et au Conseil par le Bureau de la Ville pour s'opposer au parti que Louis Massuau prétendait faire «des deniers provenans des debetz de rentes de ladicte Ville, ensemble des arreraiges desdictes rentes admorties et racheptées».

[2] Le Plumitif de la Chambre explique mieux les griefs des représentants de la Ville qui exposent que, «sur l'avis qu'ils ont eu que M° Louis Massuau, partizan des debets de quittances, s'estoit fait pourvoir de l'office de receveur general des bois au departement de l'Isle de France et qu'il avoit paié led. office des deniers qu'il avoit receus de son party et notamment des recevcur et paieur des rentes vendues et alliennées à lad. Ville, au lieu d'en paier ceux à qui ils étoient deus suivant son contract, et qu'il poursuivoit sa reception, ils auroient été deputez par le Corps de lad. Ville pour venir suplier la Chambre les recevoir opposans. » (*Arch. nat.*, P 2670, fol. 172.)

[3] A la date du 13 décembre, les minutes du Bureau de la Ville (H 1889) renferment un mandement qui n'a pas été transcrit au registre et par lequel Geoffroi Le Secq est chargé de s'opposer à la vente par décret d'une «maison scize en ceste ville de Paris sur le quay aux Ormes, qui appartient ou qui a appartenu à ung nommé Vergnette, si ce n'est que ladicte vente soit faicte à la charge de 25 s. t. de reddevance par chacun an et un denier de cens que lad. maison doibt au domaine de lad. Ville, ensemble pour les arrerages qui en sont deuz».

[4] Ce devis et ce procès-verbal d'adjudication ne figurent pas dans le registre. Ils ne se retrouvent que dans les minutes du Bureau.

[5] Il s'agit ici du «grant boulevert pour la deffense de la riviere» dont la construction fut commencée en 1566 à l'extrémité du jardin des Tuileries pour protéger le chemin qui longeait le jardin du côté de la rivière (Jaillot, *Quartier du Palais-Royal*, p. 9 et 14-15; *Registres du Bureau de la Ville*, t. V, p. 566; et Berty, *Topographie historique, Région du Louvre et des Tuileries*, t. I, p. 319). C'est sur ce point que s'élevait la porte qui reçut le nom de la Conférence et qui, selon le texte publié dans la note suivante, commandait le pont mentionné dans ce devis.

[6] Nous reproduisons ici un projet qu'un auteur inconnu avait soumis au Bureau afin d'«acoustrer» le chemin qui partait du pont du rempart pour aller jusqu'au mur du jardin. Pierre Guillain, à qui fut renvoyée l'étude de la question, n'admit pas le systeme proposé et lui préféra un simple pavage, au moins pour le pont; quant à ce qui était du chemin, il semble avoir jugé le travail inutile, puisque, dans son avis et dans le devis qu'il dressa le jour même, il ne prévoit le pavage que jusqu'à trois toises du pont. Voici ce projet, avec l'avis du Maître des œuvres :

« Devis pour acoustrer le chemin depuis la porte desus le rampart des Thuilleries jusques à la muraille du jardin desd. Thuilleries vers led. rampart, qui est d'environ soixante toizes de longueur.

«I. Pour acoustrer bien tost led. chemin et à peu de fraiz il fault en premier lieu oster toute la fange qui s'y est desja faicte et la jetter sur le bord dud. chemin des deux costez, de façon que le chemin passant demeure secq, et de largeur pour le moins de quatre toizes. Et où il sera plus estroit, y faudra mettre de la terre pour le rendre tout à lad. largeur.

«II. En apres faudra faire porter du sable qui est le long des rampars, le plus gravelleux et pierreux qui se trouvera, et le mettre sur led. chemin, à la hauteur d'un pied et demy pour le moins, l'esplanant et unissant en sorte qu'il soit un peu plus haut par le milieu que vers les bordz, car les harnois l'affesseront assez, et par ce moien le chemin s'y trouvera sec et ferme sans qu'il y ayt jamais fange. Cette fasson se peut faire pour le prix d'un escu la toize courrante, et pourra estre achevé, en uzant de diligence, dans quinze jours pour le plus.

«III. Que si l'on dezire de faire un chemin ferré et qu'il n'y aye à perpetuité plus à refaire, mesmes qu'il ne s'y voie jamais ornieres ny pas de bœufs ny de chevaux, faudra porter des cailloux des vignes du lieu le plus proche et plus commode, et en respandre sur led. chemin, à la hauteur d'un pied pour le moins, puis apres mettre sur lesd. cailloux un pied du susd. sable des rampars, l'esplanant et unissant comme dessus. Et par ce moien ne fault craindre que le chemin ne se trouve tres bon et durable à perpetuité.

«IIII. De cette derniere lassons se pourra faire la toize courrante à raison de huict livres, ayant, comme dict est ci-dessus, quatre toizes de large.

[1610]

ledict pont, de la longeur d'iceluy et trois toises de longueur d'avantage à chascun bout oultre les espoisses des masses, lequel pavé sera faict sur ledict pont en forme de chaulcée portant ses eanes de deulx costez selon la haulteur de la charpenterie à ce designée : faire le remplage et rehaulcement de gros sable pris au lieu qui sera monstré le plus comode et sans aulcunes terres ny gravoys, de la largeur dudict pont et hors les masses d'une forme de chaulcée avec deulx petitz revers, selon les pentes qui seront données à l'ouvrier par le Maistre des euvres de maçonnerie et pavementz de ladicte Ville, le tout deuement et proprement faicte et au dire d'iceluy Maistre des euvres de maçonnerie et pavementz; fournir par l'entrepreneur de toutes choses à ce necessaire et rendre plasse nette. Faict le quinziesme Decembre mil six cens dix."

(Signé :) "GUILLAIN[1]."

De par les Prevost des Marchans et Eschevins de la ville de Paris.

"On faict assavoir que les ouvrages de pavemens cy devant mentionnez seront baillez à faire au rabaiz et moings disant à extinction de la chandelle vendredy prochain trois heures de rellevée au Bureau de la Ville, et y seront toutes personnes receues à y mettre rabaiz.

"Faict au Bureau de la Ville, le mecredy xve Decembre mil six cent dix."

Le vendredy xviie dudict mois de Decembre mil six cent dix, les ouvrages de pavemens cy devant declarez ont esté publiez estre à faire au rabaiz et moings disant à l'extinction de la chandelle.

DE LA VILLE DE PARIS.   49

Et c'est presenté Pierre Voisin, maistre paveur, qui a offert faire ladicte besongne à neuf livres tournois la thoise.

Par Pierre Pavot, m^e paveur, demeurant rue St-Anthoine, à huiet livres tournois.

Et par ce que ne c'est presenté autres personnes pour entreprendre lad. besongne à moindre pris, avons remis lad. publication et adjudication au mecredy xxixe dud. mois et ordonné nouvelles affiches estre mises. Ce qui a esté faict.

Et ledict jour de mecredy xxixe Decembre 1610 lesd. ouvrages de pavement ont esté publiez estre à faire au rabaiz et moings disans, et se sont presentez Anthoine Feron et Jacques Drouet le jeune, m^{es} paveurs demeurans rue Mortellerie proche l'hostel de Sens, qui ont offert faire lad. besongne conformement aud. devis moiennant six livres tournois la thoise.

(Signé :) "J. DROUET, Anthoine FERRON."

Et pour ce que ne c'est presenté aulcunes autres personnes qui ayent voullu faire lad. besongne à moindre pris que lesd. Feron et Drouet, avons, en la presence dud. Procureur du Roy de la Ville, ausd. Ferron et Drouet adjugé et adjugeons lesd. ouvrages de pavemens cy devant declarez, moiennant lesd. six livres t. la thoise qui leur seront paiez par le Receveur de lad. Ville au feur et à mesure qu'ilz travailleront et selon noz ordonnances et mandemeus, à la charge par eulx de faire lesd. ouvrages bien et deuement, conformement aud. devis et au dire dudict Guillain, Maistre des œuvres de ladicte Ville, et de fournir par eulx le pavé et toutes autres choses necessaires et peine d'ouvrier, et rendre place nette[2].

---

[1] V. Sur le pont de la porte suffict d'y mettre un pied de sable, lequel dans peu de temps s'affermira et endurcira, qu'il n'y aura jamais fange comme l'on voit au faux pont de Saint-Clou et au nouveau pont de Nully ; au lieu que si l'on y met du pavé il sera tousjours couvert de fange et esbranlera le pont beaucoup d'avantage. La toise courrante dudict pont se peut faire à trente solz."
(Au bas est écrit de la main de Pierre Guillain :) "Apres avoir veu l'escript cy dessus à moy baillé par Messieurs les Prevost des Marchands et Eschevins de ceste ville de Paris, je suys d'avis, soubz leur bon plaisir, que le pont soit pavé de grez en sa longueur et largeur et encore troys toises de long à chascung bout oultre les espoisses des masses, et pour le surplus je me remets à la discretion de mesdictz sieurs. Faict le quinziesme decembre mil six cent dix." (Signé :) "Guillain." (Arch. nat., H 1889.)

[2] A cette date du 15 décembre, la Ville, sur la présentation dudit Guillain, donna un remplaçant à Étienne Boutiffard, qui était ce qu'on pourrait appeler conducteur des travaux sous la direction du Maître des œuvres, et commission fut délivrée à Jean Dorival "pour la solicitation des ouvrages qui se font ordinairement pour le service et commoditez de la Ville, tant assister les plombiers à la recherche des dommages et ouvertures des thuiaux des fontaynes qu'à l'employ de la soudure qui s'y employe selon que le faict le merite, et faire rapporter ce qui reste aux magazins en l'Hostel de la Ville, assister aussy à l'employ du fer qui se faict sur les ponts levys des portes ; faire rapporter les vieilles desmolitions aux magazins, conduire et maintenir en leur debvoir les ouvriers travaillans tant à la journée de la Ville que autres affaires et soliciter l'expedition des roolles et payement desdictz ouvriers pour le profict et conservation de ce qui en peult revenir à Icelle Ville." (Arch. nat., H 1889.)

[3] Les adjudicataires ne remplirent pas leurs engagements de façon satisfaisante, et la Ville dut, quelques mois plus tard, user envers eux de la contrainte par corps. Il faut sans doute voir là une conséquence de l'emploi abusif des marchés aux rabais, qui exposait la Ville à s'adresser à des entrepreneurs n'offrant pas une surface suffisante et proposant des réductions de prix trop considérables pour permettre une bonne exécution des travaux. On trouve en effet, dans les minutes du Bureau, à la date du 11 avril 1611, le mandement suivant :

De par les Prevost des Marchans et Eschevins de la Ville.

"Il est ordonné que, à faulte par Antoine Ferou et Jacques Drouet le jeune, m^{es} paveurs à Paris, d'avoir satisfaict au marché

IV.   7

L. — Monsieur de Castille
mandé au Bureau
et remonstrances du Procureur du Roy
touchant les rentes du Clergé.

16 décembre 1610. (Fol. 291.)

Du jeudy seiziesme jour de Decembre mil six cens dix.

Ledict jour, Messieurs les Prevost des Marchans et Eschevins de la Ville de Paris estans au Bureau d'icelle, y est venu Maistre François de Castille, receveur general du Clergé de France, suyvant l'assignation à luy donnée, auquel Monsieur le Procureur du Roy et de ladicte Ville a dict que journellement ilz se faisoient des assemblées particulieres pour les rentiers du Clergé, qui ne tendoient à autre fin qu'à faire complainctes d'estre mal payez de leurs rentes, mesmes donnoient crainte de quelque scandalle et esmotion publicque, et que depuis peu ung nommé Leschassier, advocat, avec plusieurs personnes et femmes en trouppe, en auroient faict plaincte publique à ce Bureau, et non comptans de ce, en auroient aussi parlé et faict plaincte à Messieurs les Princes et Conseillers d'Estat, faict imprimer une requeste tendant à ses fins, et une autre particuliere adressante à mesdictz sieurs de la Ville sur ce mesme subject; aussy que depuis dix ou douze jours, s'estant faict assemblée en l'Hostel de ladicte Ville où estoient Messieurs les Conseillers d'icelle pour autres affaires de ladicte Ville, plusieurs feirent plaincte des mauvais payemens que l'on reculoit au long sur les arreraiges des rentes denes par le Clergé, ce qui pourroit apporter du mescontantement par faulte de soings et dilligence à faire mieulx et plus promptement satisffaire aux particulliers de ce qui justement leur estoit deub pour le courant de leurs rentes; que c'estoit le subject pour lequel ledict de Castille estoit mandé et qu'il estoit grand temps et necessité de pourveoir à ce mal et desordre; que ledict de Castille debvoit rendre raison des deniers destinez au payement desdictz arreraiges pour y apporter ung meilleur ordre et remedier aux grandz accidens et grandes plainctes qui continuoient journellement.

Plus, remonstroit que par le renouvellement du dernier contract, faict en l'année mil six cens six, Messieurs du Clergé par contract solempnel se sont obligez par chacun an payer aux termes accoustumez la somme de douze cens six mil livres et que pour les difficultez des payemens l'on en levoit treize cens mil, et neantmoings en ladicte année mil six cens six, l'on [n']a quasi rien payé du courant ou fort peu, sinon que l'on a satisffaict à l'acquict de quatre cens quarante neuf mil livres restans à payer sur le total de tous les restes des arreraiges deubz par le precedent contract, faict aussy pour dix années; que ce recullement de ceste premiere année a esté continué jusques à present et augmenté encores d'un quartier d'avantage, d'autant que l'on a par une nouvelle invention et philosophie [1] non accoustumée soustenu que il falloit un an entier à recevoir de tous les recepveurs particuliers des diocezes les deniers qui debvoient fondre en la recepte generalle et es mains dudict de Castille, ce que oncques n'avoit esté allegué ny pratiqué; mesmes que l'on soustenoit que les recepveurs particulliers payoient beaucoup plus promptement et ne sont debiteurs de sy longs arreraiges; que cela se pouvoit justiffier si ledict de Castille exiboit ses registres de recepte et de ses comptes; mesmes que ceulx de Thoulouze et de Bordeaulx estoient à Paris, lesquels soustiendroient ne debvoir des arreraiges si fort esloignez de cinq quartiers et plus comme l'on allegue. Tellement qu'il estoit vray de dire que, depuis cinq ans ou bien pres que ledict contract de l'an mil six cens six est passé, les arreraiges des rentes sur le Clergé estoient reculez de payement de cinq quartiers, ce qui provenoit tant de ce que dessus, que aussy ledict de Castille auroit depuis le commencement de Janvier mil six cens neuf pris ung nouveau stil de ne payer que vingt mil livres par chacune sepmaine; lesquelles sepmaines pour toute l'année montans à cinquante deulx ne reviennent que à la somme de ung million quarente mil livres, partant restoit à payer par chacun an cent soixante et six mil livres deubz pour iceulx arreraiges. Que l'excuse dont ledict de Castille pretendoit se prevaloir, à cause des exemptions de Messieurs les Cardinaulx et autres deschargez, mesmes des payemens des recepveurs provinciaulx que l'on couchoit sur la partie des deniers de la Ville, n'estoit aulcunement recepvable, d'autant que touttes ses parties et encores le nouvel party de Louys De Nielle des traute six mil livres pour les rentes racheptées, dont l'on veult charger la Ville, le tout ensemble ne pouvoit revenir que à cent mil livres, et neantmoings

---

et adjudication à eulx faicte des ouvrages de pavement du pont proche le jardin des Tuilleryes, et n'avoir faict iceulx ouvrages conformement aux marché et devys, et attendu les dommages et interestz soufferts par lad. Ville à cause de ce, que iceulx Feron et Drouet seront presentement mis et constituez prisonniers es prisons de lad. Ville. Faict au Bureau d'icelle Ville, le lundi xi° Avril mvi° xi.° (*Arch. nat.*, H 1890.)

[1] L'emploi de ce mot au sens de «raisonnement» ne parait pas avoir été relevé par les Lexiques.

en comptant les quatre vingtz quatorze mil livres restans desdictz treize cens mil livres joinctz avec cent soixante mil livres, ce seroit deux cens mil livres par an que ledict de Castille doibt tenir compte, portant ces motz ledict contract «que le Clergé ne peut toucher ausdictz quatre vingt quatorze mil livres, que lesdictz douze cents six mil livres ne soient payez entierement». Et pour le regard dudict Nielle, ledict party estant improuvé par le Conseil du Roy et n'estoit aulcunement veriffié à la Chambre des Comptes, ledict de Castille n'a peu ny deub en rien payer ny intervertir par ce moyen les deniers publicqz, desquelz suivant le susdict contract, il peut estre tenu et recherché jusques à la troisiesme generation.

Remonstroit aussy que par ces moyens les arreraiges des rentes du Clergé qui se payoient ordinairement et en concurrance avec les arreraiges des rentes du sel, se trouvoient de present recullées d'une année entiere et ung quartier, tellement qu'à present il se pouvoit soustenir que le Clergé debvroit pour iceulx arreraiges quinze cens mil livres, et estoit à craindre pour l'advenir, d'aultant que les cinq années restans, si l'on continuoit un pareil mauvais mesnage de ne payer que vingt mil livres par sepmaine, ce seroit d'abondant perdre une demye année et ung demy quartier montans à sept cens cinquante mil livres tournois; à quoy estoit besoing de promptement remedier. Que le desordre si grand qui estoit ausdictz payemens donnoit occasion à plusieurs de faire des plainctes, et que l'on parloit de plusieurs commissions pour le divertissement d'iceulx deniers des arreraiges des rentes sur le Clergé, et qu'il y en avoit jà aulcunes presentées à la Chambre; mesmes que l'on disoit par ville que ledict de Castille avoit contracté avec ledict Clergé pour quelques emplois de quatre vingtz quatorze mil livres restans desdictz treize cens mil livres; que cela ne se pouvoit legitimement faire et que c'estoit bastir sur le fondz d'autruy; que les deniers estans publicqz et destinez au payement des arreraiges des rentes, cela ne se pouvoit soutenir, joinct que iceulx deniers sont particullierement affectez aux deffaillances et descharges.

Pour ces raisons, requeroit à mesdictz sieurs de la Ville de commander andict de Castille de faire toutes autres diligences meilleures que par le passé; et faire que au commencement de l'année prochaine il paye aux recepveurs de la Ville par chascune sepmaine vingt cinq mil livres, et toujours continuer et augmenter lesdictz payemens pour reparer les grandes longueurs des payemens preceddens et satisfaire à acquiter les grandes sommes excessives d'iceulx arreraiges. Et qu'à faulte de le promettre promptement et mesmes que ledict de Castille n'en assure la Compagnie, qu'il plaise ausdictz sieurs d'en faire plaincte publicque au Conseil d'Estat, pour y estre par eulx pourveu promptement ainsy que de raison.

A quoy ledict sieur de Castille a faict responce qu'il louoit le desir et l'affection que ledict sieur Procureur du Roy portoit au publicq, comme estant du deub de sa charge; que à la verité il doibt paier lesdictz douze cens six mil livres par an, pour l'acquict des rentes, et tant Messieurs du Clergé que luy en ont ung extreme desir et affection de ce faire, mais il y a ung grand nombre de non valleurs, à cause de plusieurs personnes qui sont titullaires des benefices et ne sont de la profession, desquelz l'on ne peut estre payé comme des ecclesiasticques; que sy lesdietz ecclesiasticques, et non autres, possedoient les benefices, il y auroit du bon de la recepte du Clergé par an qui monteroit beaucoup plus qu'elle ne faict à cause desdictz titullaires qui disposent des benefices et les baillent en partage à leurs enffans. Aussy que en aucunes provinces et principallement en celle de Daulphiné et Auvergne la pluspart des curez et autres beneficiers sont fort pauvres, dont l'on ne peut estre payé, et d'autres ont des arrestz de la Court portant deffences aux recepveurs de les contraindre au payement de leur cottisation, à peine de l'amende. Que l'on n'avoit nul subject de se plaindre de luy, d'autant que depuis l'année mil six cens six il avoit fort bien payé le courant, outre lequel il avoit payé en icelle année lesdictz quatre cens quarante neuf mil livres deubz de reste des années precedentes; qu'il fournist plus d'argent comptant à present qu'il ne se fournissoit du temps de feu M. de Vigny, ayant payé aux recepveurs des rentes, pour l'année derniere mil six cens neuf, la somme de unze cens mil livres, et peu moings les années precedentes. Et quant est quant à la fin de l'année il a des deniers de reste, il les baille aussitost ausdictz recepveurs. Qu'il paye à ladicte Ville tous les deniers qu'il reçoit, mais la cause que ladicte somme de douze cens six mil livres n'est entierement payée, est lesdictes non valleurs, et à cause desquelles les descharges qui peuvent monter à trente cinq ou quarante mil livres et les gaiges de luy et desdictz provinciaulx qui montent à environ cinquante mil livres sont desduictes et prises sur icelle somme de douze cens six mil livres. Pour le regard des trente six mil livres du party de Denielle, à la verité il les a payez, y ayant au prealable esté contrainct par corps, en vertu d'un arrest du Conseil dont il est le plus interressé estans lesdictz payemens tenuz en souffrance; qu'il n'a usé ny faict nulle faveur audict Nielle, nous ayant plusieurs fois supplié pour empescher led. party. Et aussy qu'il poursuit ledict de Nielle au Conseil affin de restitution desdietz deniers, où il supplioit mesdictz sieurs de la

Ville d'intervenir avec luy pour la revocquation dudict party. En ce qui est du party desdictz quatre vingtz quatorze mil revenans de bon et des trente six mil livres des rentes racheptées, qu'il en a faict ung certain contract avec Messieurs du Clergé, au moyen de quoy lesdictz sieurs du Clergé ont arresté que indifferemment tous les beneficiers payeront leurs decimes sans descharges, les deniers desquelles descharges seront remployées au rachapt desdictes rentes, qui est une affaire au bien du public. Que, à cause de ceste resolution, quelques beneficiers depuis peu, poursuivans des descharges au Conseil, en ont esté debouté. Au surplus qu'il feroit ce qu'il pourroit pour nous contanter, ensemble le public.

Sur quoy mondict sieur le Prevost des Marchans a dict audict sieur de Castille que, puisqu'il estoit arresté qu'il n'y auroit plus de descharges, il ne pourroit plus reculler et falloit qu'il payast entierement ladicte Ville, qu'il y alloit de son interest et de celluy de la Ville pour les crieries du peuple qui ne s'appaiseroit qu'en estant bien payez, et qu'il eust à y prendre garde et paier doresnavant vingt cinq mil livres par sepmaine, au lieu de vingt mil qu'il payoit; et outre qu'il eust à payer les cinq quartiers qu'il debvoit, sinon qu'il en feroit plaincte au Roy et à nosseigneurs de son Conseil.

Et ayant ledict Castille representé son estat, mon dict sieur le Prevost luy a dict que par le dernier estat qu'il a baillé, il estoit en reste desdictz cinq quartiers, et par celluy qu'il presentoit, il n'en doit que trois, qui est une erreur ou chose faiete à plaisir, estant certain que lesdictz cinq quartiers sont deubz.

Ledict sieur de Castille a dict qu'il a exactement faict ledict estat qu'il nous presentoit; au reste qu'il esperoit contanter ladicte Ville à l'advenir.

LI. — RÉCEPTION DE FRANÇOIS CLEMENT, ESCOLLIER, EN L'OFFICE DE GREFFIER DE LA VILLE, À LA SURVIVANCE DE Me GUILLAUME, SON PERE.

20 décembre 1610. (Fol. 297 v°.)

«Monsieur le President de Boullancourt, plaise vous trouver lundy prochain sur les trois à quatre heures de relevée au Bureau de la Ville, pour deliberer sur la resignation à survivance que Me Guillaume Clement, Greffier de ladicte Ville, desire faire de son office de Greffier, au proffict de François Clement, escollier estudiant en l'Université de Paris, son filz. Vous priant n'y voulloir faillir.

«Faict au Bureau de la Ville, le samedy dix huitiesme jour de Decembre mil six cens dix.

«Les Prevost des Marchans et Eschevins de la Ville de Paris, tous vostres.»

Pareil mandement envoyé à chascun de Messieurs les Conseillers de la Ville.

Du lundy vingtiesme jour de Decembre mil six cens dix.

En l'assemblée de Messieurs les Prevost des Marchans, Eschevins et Conseillers de ladicte Ville, tenue ledict jour au Bureau d'icelle pour deliberer sur la resignation à survivance que Me Guillaume Clement, Greffier de ladicte Ville, desire faire de sondict office de Greffier au proffict de François Clement, escollier estudiant en l'Université de Paris, son filz,

Sont comparuz :

Monsieur Sanguin, sieur de Livry, conseiller au Parlement, Prevost des Marchans ;

Monsieur Lambert, Monsieur Thevenot, Monsieur Perrot, Monsieur de La Noue, Eschevins.

CONSEILLERS DE LADICTE VILLE :

Monsieur le President de Boullancourt ;
Monsieur le President de Marly ;
Monsieur de Marle, sieur de Versigny ;
Monsieur Aubry, sieur de Trilleport, maistre des Requestes ;
Monsieur Prevost, sieur de Mallassize, conseiller en la Court ;
Monsieur Palluau, conseiller en ladicte Court ;
Monsieur Le Prestre, conseiller en ladicte Court ;
Monsieur Perrot, conseiller en ladicte Court ;
Monsieur Amelot, m^e des Comptes ;
Monsieur Le Tonnelier, conseiller aux Aydes ;
Monsieur Lamy, secretaire du Roy ;
Monsieur Lelievre, substitud ;
Monsieur Sanguin, secretaire ;
Monsieur de Saint-Germain, sieur de Ravynes ;
Monsieur Abelly ;
Monsieur Sainctot.

La compagnie estant assemblée a commis pour greffier en ceste partye Me Claude Lestourneau, Receveur du domaine, dons et octrois d'icelle Ville.

En laquelle assemblée s'est presenté ledict Me Guillaume Clement, qui a presenté sa requeste de laquelle la teneur ensuict :

A Messieurs les Prevost des Marchans, Eschevins et Conseillers de la ville de Paris.

«Supplye humblement Guillaume Clement, Greffier de la Ville, disant qu'il y a vingt ans qu'il faict continuelle residence et service à ladicte Ville, tant en la qualité de commis du Greffe, que de present en sadicte charge de Greffier, où il s'est efforcé de faire et s'acquicter desdictes charges le mieulx qu'il luy a esté possible, ainsy que vous, Messieurs, l'avez peu veoir et recognoistre; en laquelle il desire continner tant qu'il pourra. Et d'autant que pour le bien des affaires du Roy et de la Ville, il est besoing et necessaire d'avoir audict greffe ung homme faict de longue main pour l'exercice d'icelluy, il desireroit resigner sondict office de Greffier à survivance au proffict de François Clement, escolier estudiant en l'Université de Paris, son filz.

« Ce consideré, mesdictz seigneurs, et que ce n'est chose nouvelle, mesme que en l'année mil cinq cens cinquante six, le vingt deuxiesme d'Avril [1], Maistre Regnault Bachelier, lors Greffier de la Ville, resigna sondict office à survivance au proffict de Claude Bachelier, son filz, qui n'avoit que dix ans ou environ. Et en consideration de ses services, et aussy que les resignations de pere à filz sont favorables et ont tousjours esté par vous admises, il vous plaise admettre ladicte resignation à survivance qu'il faict de sondict office de Greffier, au proffict dudlet François Clement, son filz, natif de Paris. En laquelle charge il l'instruira et introduira de jeunesse et de longue main aux affaires du Roy et de ladicte Ville. Et le suppliant continuera le service qu'il vous doibt et à icelle Ville. »

De laquelle requeste a esté faict lecture par ledict Lestourneau.

Ce faict, mondict sieur le Prevost des Marchans a remonstré que ledict Clement desirant resigner sondict office de Greffier à son filz à condition de survivance, il a faict assembler la compagnie, requerant en voulloir deliberer. Et a Maistre Pierre Perrot, Procureur du Roy et de la Ville, remonstré que ce n'estoit chose nouvelle; qu'il a veu par les registres de ladicte Ville que telles resignations ont tousjours esté admises, encores que les filz feussent en bas aage, et est tout notoire que Mᵉ Claude Bachelier fut receu aud. office par la resignation à survivance de Mᵉ Regnault Bachelier son pere, le vingt deuxiesme Avril mil cinq cens cinquante six, et n'avoit lors que dix ans; que ladicte resignation estoit favorable et comme necessaire à la Ville, parce que ledict Clement pere instruira sondict filz de jeunesse et de longue main aux affaires du Roy et de la Ville et de la chose publicque; qu'il pouvoit dire avec verité que ledict Clement pere faisoit bien sa charge et l'a tousjours veu fort affectionné au service du Roy et de ladicte Ville.

Sur quoy, l'affaire mise en deliberation et lecture faiete des resolutions d'assemblées données en cas semblable le seiziesme Aoust mil cinq cens cinquante trois, et vingt deuxiesme d'Avril mil cinq cens cinquante six, et aussy en faveur des fidelles services par ledict Clement faictz au Roy et à la Ville :

La compagnie unanimement et d'une mesme voix a arresté et concluedict admettre, comme de faict elle a admis et admet ladicte resignation à survivance, à la charge que ledict François Clement ne pourra exercer ledict office qu'il ne soit en aage cappable de ce faire et que ledict Clement pere ne luy en ayt delaissé l'exercice. Et où il adviendroit que ledict Clement pere allast de vie à trespas auparavant que ledict François Clement son filz eust attainct aage et cappacité pour ledict office exercer, en ce cas, y sera mis et commis par lesdictz sieurs Prevost des Marchans et Eschevins ung personnage cappable et suffisant, qui sera presenté par ledict François Clement, ayant le tiltre de commis soubz luy et à son proffict, sans que par la mort du premier mourant desdictz Clement pere ou filz l'on puest dire, proposer ny alleguer ledict office estre vacquant ny impetrable, ains demeurera du tout au nom et proffict du dernier vivant. Et sera ledict François Clement mis et installé en pleine possession dudict office en assemblée generalle qui sera faicte à ceste fin jeudy prochain, trois heures de relevée.

Et à l'instant a esté mandé en ladicte assemblée ledict François Clement, auquel par mondict sieur le Prevost des Marchans, en la presence de toutte l'assistance a esté faict mettre la main sur le tableau juratoire de ladicte Ville, et à icelluy faict faire le serment en tel cas requis et accoustumé.

Signé : « LESTOURNEAU ».

---

[1] Le registre manuscrit, de même que la minute (*Arch. nat.*, K 983, n° 118), porte «vingt deuxiesme de may», ce qui est une erreur du copiste, qui se trouve rectifiée plus loin. C'est en realité le 22 avril 1556 que Regnault Bachelier fut admis à résigner à condition de survivance son office de Greffier au profit de son fils Claude qui, comme le jeune François Clément, était qualifié d'«escolier estudiant en l'Université» (*Registres du Bureau*, t. IV, p. 422-425). Ce précédent pouvait être invoqué avec d'autant plus de raison que c'était la seconde fois que pareille faveur était accordée à Regnault Bachelier. Le 16 août 1555, en effet (*ibid.*, p. 203-204), l'assemblée générale de la Ville avait accepté la résignation à survivance faite par ledit Bachelier en faveur de Regnault, son fils aîné, licencié ès lois, qui «environ ung an après seroit decedé et allé de vie à trespas, au moyen duquel trespas ladicte resignation n'auroit sorty son effect». Nous allons d'ailleurs voir ci-dessous que la délibération prise à ce sujet fut rappelée à l'assemblée du Conseil.

LII. — Résignation de Mᵉ le Président de Marly de son office de Conseiller de la Ville au proffit de Mᵉ du Til, son gendre, à condition de survivance.

20 décembre 1610. (Fol. 300 v°.)

Du lundy vingtiesme jour de Decembre mil six cens dix.

En l'assemblée de Messieurs les Prevost des Marchans, Eschevins et Conseillers de ladicte Ville ledict jour tenue au Bureau d'icelle pour deliberer sur la resignation à survivance que Monsieur le President de Marly, Conseiller de la Ville [1], entend faire de sondict office de Conseiller de Ville au proffict de noble homme Mᵉ [Jacques] Jubert, sieur du Thil [2], conseiller du Roy en son Grand conseil, son gendre, Sont comparuz :

Monsieur Sanguin, sieur de Livry, conseiller en la court de Parlement, Prevost des Marchans,

Monsieur Lambert, Monsieur Thevenot, Monsieur Perrot, Monsieur de La Noue, Eschevins ;

Monsieur le President de Boullancourt ;

Monsieur de Versigny, conseiller d'Estat ;

Monsieur Aubry, sʳ de Trilleport, Mᵉ des Requestes ;

Monsieur Prevost, sieur de Malassize, conseiller de la Court ;

Monsieur Palluau, conseiller de la Court ;

Monsieur Le Prestre, conseiller de la Court ;

Monsieur Perrot, conseiller de la Court ;

Monsieur Amelot, Mᵉ des Comptes ;

Monsieur Le Tonnelier, conseiller en la Court des aydes ;

Monsieur Lelievre, substitud ;

Monsieur Sanguyn, secretaire ;

Monsieur de Saint Germain, sieur de Ravynes ;

Monsieur Abelly ;

Monsieur Sainctot.

La compagnie estant assemblée, s'i est presenté ledict sieur President de Marly, qui a requis icelle compagnie avoir pour agreable la resignation à survivance qu'il faisoit de sondict office de Conseiller de la Ville au proffict dudict sieur du Thil, son gendre, et voulloir admettre ladicte resignation comme estant favorable, et s'estant ledict sʳ de Marly retiré, et l'affaire mise en deliberation, a esté arresté et conclud admettre ladicte resignation à survivance, comme estant favorable et faiete de beaupere à gendre, et en ce faisant que ledict sieur du Thil sera presentement recen andict office de Conseiller de la Ville à ladicte condition de survivance, et à ceste fin fera le serment en tel cas accoustumé et d'icelluy office mis en possession.

Et à l'instant a esté mandé en ladicte assemblée lesdictz sieurs de Marly et du Thil, auxquelz a esté faict entendre la resolution de la compagnie et d'icelluy sieur du Thil a esté pris le serment en tel cas requis et accoustumé, mesmes mis et installé en possession dudict office à ladicte condition de survivance.

LIII. — Sommation à Mᵉ de Castille de payer les rentes du Clergé.

22 décembre 1610. (Fol. 295 v°.)

Du meccredy vingt deuxiesme jour de Decembre mil six cens dix.

«Sur la remonstrance à nous faiete au Bureau de la Ville par le Procureur du Roy d'icelle que, sur les plainctes qui sont journellement faictes du retardement du payement des rentes de ladicte Ville assignées sur le Clergé, il a poursuivy Mᵉ François de Castille, recepveur general dudict Clergé, de nous bailler l'estat des deniers par lui payez aux receveurs des rentes de ladicte Ville, et par celluy qu'il a baillé au Bureau le seiziesme du present moys, signé de luy, nous est apparu que, depuis quatre à cinq ans, il n'a payé à icelle Ville que ung million quarante ou cinquante mil livres par an au plus, au lieu de douze cens six mil livres qu'il fault pour le payement des rentes constituées, de maniere que par chascun an icelluy de Castille est en reste de cent cinquante mil livres tournois, qui est faire perdre ung demy quartier aux rentiers, outre qu'il a tousjours en ses mains les deniers d'une année entiere qui est ung grand recullement ausdictes rentes, qui ne peut estre faict au prejudice des contractz d'engagemens et allienations par lesquelz il est porté que les receveurs ne feront aucun divertissement desdictz deniers à peine de le repeter sur eulx jusques à la tierce et quatriesme generation, ce qui

---

[1] Jacques Danès, seigneur de Marly-la-Ville, président en la Chambre des Comptes, avait été nommé Conseiller de la Ville le 5 septembre 1595, sur la résignation de Pierre de Masparault (*Registres du Bureau*, t. XI, p. 161-162). Il avait exercé les fonctions de Prévôt des Marchands de 1598 à 1600. Il mourut le 26 février 1621, âgé de 63 ans et 24 jours, d'après son épitaphe au cimetière des Innocents (*Arch. nat.*, LL 434ᵃ, p. 105). Sa femme, Anne Hennequin, mourut en janvier 1645.

[2] Jacques Jubert, sʳ du Thil et de Canteleu, conseiller au Grand Conseil, était cousin paternel de Jean Jubert, sieur de Chailly, qui venait également d'être nommé conseiller au Grand Conseil (*Arch. nat.*, V¹ 1231, fol. 22 v°) et qui, suivant contrat du 5 mars 1612, épousa Marie de L'Hôpital, fille d'Anne de L'Hôpital, sieur de Sainte-Mesme (*Arch. nat.*, Y 152, fol. 198).

a esté confirmé par lettres pattentes du moys de Novembre mil cinq cens quatre vingtz quatorze veriffiées es Courtz souverayanes [1]. C'est pourquoy il requeroit que ledict de Castille fust contrainct par corps au payement de tous les deniers qu'il doibt à ladicte Ville jusques à ce jourd'huy, et que, pour l'advenir, qu'il soit tenu payer aux receveurs des rentes d'icelle Ville la somme de vingt trois mil cinq cens livres tournois par chascune sepmaine, au lieu de vingt mil livres tournois.

«Nous, faisant droict sur le requisitoire dudict Procureur du Roy de la Ville, avons ordonné que ledict Maistre François de Castille sera sommé et interpellé de paier comptant et mettre es mains du receveur des rentes de la Ville tous et ungs chascuns les deniers qu'il doibt à ladicte Ville jusques à ce jourd'huy, pour estre distribuez aux particulliers rentiers. Et à faute de ce faire luy sera declaré que la Ville se pourvoira ainsy qu'elle verra bon estre et proteste de recouvrer lesdictz deniers sur luy et les siens jusques à ladicte quatriesme generation. Et outre sera sommé de payer doresnavant par chascune sepmaine la somme de vingt trois mil cinq cens livres au lieu de vingt mil livres tournois qu'il a accoustumé de payer pour le payement desdictes rentes. Ce qui sera signifié andict de Castille ad ce qu'il n'en pretende cause d'ignorance.»

LIV. — Remonstrances
DU MAISTRE DES OEUVRES DE MAÇONNERIE POUR AVOIR QUELQUE TAXE.
22 décembre 1610. (Fol. 296 v°.)

Du vingt deuxiesme Decembre mil six cens dix.

«Sur la remonstrance à nous faicte au Bureau de la Ville de Paris par Pierre Guillain, M° des oeuvres d'icelle, de ce qu'il avoit entendu que, par l'estat qui a esté dressé pour les fraiz de l'entrée de la Royne [2], nous ne l'aurions employé que pour la somme de cent livres tournois, qui n'estoit somme raisonnable pour ses peines, vaccations et sallaires extraordinaires par luy desservis suivant nostre commandement, tant à la disposition et visitation des places pour les arcz triumphantz qui auroient esté dressez comme en la compilation des devis et marchez qui auroient esté dressez pour cest effect, solicitation des ouvriers et acceleration de l'ouvrage; pour lesquelles vaccations il croyoit luy debvoir estre taxé du moings deux cens livres tournois, et n'estoit raisonnable prendre pied sur la taxation de l'entrée du roy Charles [3], et que telles taxations sont faictes selon les temps et selon la multiplicité d'ouvrage et employ d'ouvriers; que mesmes, à l'entrée du Roy de Poloigne [4], il luy avoit esté faict taxe de six vingtz livres, encores que les ouvrages et arcz triomphantz ne fussent en tel nombre qu'ilz ont esté aux moys d'Avril et May dernier pour ladicte entrée de la Royne, lesquelz auroient triplé les precedentes entrées, joint que pour icelle il eust faict faire plusieurs menuz ouvrages qui luy rapportoient proffict; que prenant ladicte taxe de cent livres seroit prejudicier non seullement à la recompense de ses dernieres vaccations, mais seroit ung pied à l'advenir, veu la grande quantité d'ouvrages qui avoient esté entrepris à ceste derniere entrée.

«Nous, apres avoir consideré ladicte multiplicité d'ouvraiges qui excedent de beaucoup les autres entrées precedentes, et attendu que l'estat de la despence d'icelle entrée est jà presentée à la Chambre des Comptes et le compte examiné, qui ne se pourroit reformer sans ung grand retardement des affaires d'icelle Ville, avons ordonné que ledict Guillain recepvra et luy sera payé icelle somme de cent livres tournois, sauf à luy faire cy apres rescompense quant le cas y echerra. Et ledict payement et taxation [ne] puisse prejudicier ny faire subject pour les autres taxations à venir, lesquelles luy seront faictes par nous ou noz successeurs selon la quantité d'ouvrages, travail et labeur qui y aura esté employé et sans avoir esgard aux precedentes.»

LV. — Installation
ET PRISE DE POSSESSION DE FRANÇOIS CLEMENT AUDICT OFFICE DE GREFFIER EN L'ASSEMBLÉE GENERALLE DE TOUT LE CORPS DE LA VILLE.
23 décembre 1610. (Fol. 301 v°.)

«Monsieur de Versigny, plaise vous trouver jeudy prochain, trois à quatre heures de relevée, en l'assemblée qui se fera en l'Hostel de la Ville affin d'installer et mettre en possession François Clement en l'estat et office de Greffier de ladicte Ville, auquel il a esté reçeu par la resignation à survivance de M° Guillaume Clement, Greffier d'icelle Ville, son pere. Vous priant n'y voulloir faillir.

---

[1] Le texte de ces lettres a été publié par Fontanon, t. I, p. 773.
[2] Il s'agit de l'entrée de la Reine qui devait se faire le 16 mai 1610, et à laquelle l'assassinat de Henri IV mit obstacle. Il en est longuement parlé au tome précédent.
[3] La description de l'entrée de Charles IX, le 6 mars 1571, se trouve au tome VI des *Registres du Bureau*, p. 231-288.
[4] Le duc d'Anjou, plus tard Henri III, fit son entrée solennelle à Paris, comme roi de Pologne, le 14 septembre 1573. (*Registres du Bureau*, t. VII, p. 82-125.)

«Falet au Bureau de ladicte Ville, le lundy vingtiesme Decembre mil six cens dix.

«Les Prevost des Marchans et Eschevins de la ville de Paris, tous vostres.»

De par les Prevost des Marchans et Eschevins de la ville de Paris.

«Sire Jehan Le Conte, Quartenier, trouvez vous avec deux notables bourgeois de vostre quartier, jeudy prochain, trois à quatre heures de relevée, en l'assemblée qui se fera affin d'installer et mettre en possession François Clement en l'estat et office de Greffier de ladicte Ville, auquel il a esté receu par la resignation à survivance de maistre Guillaume Clement, Greffier d'icelle Ville, son pere. Si n'y faictes faulte.

«Faict au Bureau de ladicte Ville, le lundy vingtiesme jour de Decembre mil six cens dix.»

Du jeudy vingt troisiesme jour de Decembre mil six cens dix.

En l'assemblée generalle de Messieurs les Prevost des Marchans, Eschevins, Conseillers de la Ville, Quartiniers et deux bourgeois de chascun quartier mandez, ledict jour tenue en l'Hostel de la Ville affin d'installer et mettre en possession François Clement en l'estat et office de Greffier de ladicte Ville, auquel il a esté reçeu par la resignation à survivance de M⁰ Guillaume Clement, Greffier d'icelle Ville, son pere, suivant les mandemens à ceste fin envoiez,

Sont comparus :

Monsieur Sanguin, sieur de Livry, conseiller au Parlement, Prevost des Marchans;

Monsieur Lambert, Monsieur Thevenot, Monsieur Perrot, Monsieur de La Noue, Eschevins.

MESSIEURS LES CONSEILLERS DE LA VILLE.

Monsieur le President de Marly;
Monsieur de Marle, sʳ de Versigny;
Monsieur le President de Bragelongne;
Monsieur Pallauu, conseiller en la Court;
Monsieur Le Prestre, conseiller en la Court;
Monsieur Amelot, mᵉ des Comptes;
Monsieur Lelievre, substitud;
Monsieur Sanguin, secretaire;
Monsieur Abelly;
Monsieur de Sᵗ Germain, sʳ de Ravines;
Monsieur Sainctot.

Monsieur Pierre Perrot, Procureur du Roy et de la Ville.

QUARTENIERS ET BOURGEOIS MANDEZ.

Sire Jehan Le Conte :
   Le sʳ Planche, marchant drappier;
   Le sʳ Estienne Le Moyne, marchant.

Sire François Bonnard :
   Le sʳ Gobelin, marchant drappier;
   Le sʳ Danelé, aussy drappier.

Monsieur André Canaye :
   Le sʳ Roullier, antien Eschevin [1];
   Le sʳ Chesnart, marchant.

Sire Nicolas Bourlon :
   Le sʳ Roussel, marchant;
   Le sʳ Guillemot, marchant.

Mᵉ Jacques Huot :
   Le sʳ Hersant, drappier;
   Le sʳ Guerin, marchant espicier (*absent*).

Sire Claude Parfaict :
   Le sʳ Claude Boué, marchant;
   Le sʳ Denis Peine, marchant (*absent*).

Mᵉ Guillaume du Tertre :
   Le sʳ Tarteron;
   Le sʳ Olin. } (*absens*).

Sire Jacques Beroul :
   Le sʳ La Gogue, marchant;
   Le sʳ Abigot, chirurgien.

Sire Michel Passart :
   Le sʳ Cossart, auditeur des Comptes [2];
   Le sʳ de La Coulardiere (*absent*).

Mᵉ Estienne Collot :
   Le sʳ Philippes, marchant;
   Le sʳ Lespicier, marchant.

Sire Anthoine Andrenas :
   Le sʳ Guerreau, nottaire;
   Le sʳ Guillaume Gervais, marchant.

Mᵉ Robert Danès (*absent*) :
   Le sʳ Thomas, receveur;
   Le sʳ Feuillet, marchant.

---

[1] Jean Rouillé. Voir t. XIV, p. 381.

[2] Il doit y avoir là une erreur ou une confusion, car les filiations d'officiers de la Chambre ne fournissent pas ce nom.

Sire Simon Marces :
    Le s⁺ Benoist, orfevre;
    Le s⁺ Norry le jeune, orfevre.

Sire Jacques de Creil :
    Le s⁺ Robert, marchant (*absent*);
    Le s⁺ Le Bret, marchant.

M⁺ Jehan Jobert :
    Le s⁺ Dubois, secretaire;
    Le s⁺ Cosnart, bourgeois.

M⁺ Pierre Huot [1] :
    Le s⁺ de La Planche, drappier;
    Le s⁺ Dupré, marchant papetier [2].

La compagnie estant assemblée, mondict sieur le Prevost des Marchands a remonstré que lundy dernier maistre Guillaume Clement, Greffier de ladicte Ville, resigna sondict office de Greffier es mains de nous, Prevost des Marchans, Eschevins et Messieurs les Conseillers de la Ville pour ce assemblez, et ce au nom et proffict de François Clement, son filz, à condition de survivance. Laquelle resignation fut admise et iceluy Clement filz reçeu audict office, duquel fut pris le serment en tel cas accoustumé, à la charge qu'il ne pourra exercer iceluy office qu'il ne feust en aage cappable de ce faire, et que ledict Clement pere ne luy en eust delaissé l'exercice; et où il adviendroit que ledict Clement pere allast de vye à trespas auparavant que sondict filz eust atteint aage de cappacité pour ledict office exercer, en ce cas y seroit mis et commis par lesdictz sieurs Prevost des Marchans et Eschevins ung personnage cappable et suffisant qui sera presenté par François Clement, ayant le tiltre de commis soubz luy et à son proffict, sans que par la mort du premier mourant desdictz Clement pere ou filz l'on penst dire, proposer, ny alleguer ledict office estre vacquant ny impetrable, ains demeurera du tout au nom et proffict du dernier vivant; et que ledict Clement filz seroit ce jourdhuy installé et mis en plaine possession dudict office en assemblée generalle. Au moyen de quoy, il avoit faict assembler ceste compagnie, affin que, conformement à ladicte resolution et reception, ledict François Clement fust installé et mis en possession et saisine dudict office, pryant la compagnie y voulloir adviser.

Sur quoy, lecture faicte de la resolution de l'assemblée du Conseil de ladicte Ville du lundy vingtiesme de ce moys, contenant la resignation et reception dudict François Clement audict office à condition de survivance, et l'affaire mise en deliberation, la compagnie unanimement et d'une voix a arresté et conclud que icelluy François Clement sera mandé en ladicte assemblée pour estre installé et mis en plaine possession et saisine dudict office de greffier de ladicte Ville, à ladicte condition de survivance.

Et à l'instant icelluy François Clement a esté mandé en icelle assemblée où, en la presence de tous les assistants, luy a esté donné place et sceance et icelluy installé et mis en plaine possession et saisine dudict office de Greffier. Ce faict, a esté par le sieur Thevenot, l'ung des Eschevins, mené et conduict au grand Bureau et au Greffe de ladicte Ville, où il a pareillement esté installé et mis en possession d'icelluy office.

(Signé) : «LESTOURNEAU.»

«A tous ceulx qui ces presentes lettres verront, Jacques Sanguin, seigneur de Livry, conseiller du Roy nostre sire en sa court de Parlement, Prevost des Marchans, et les Eschevins de la ville de Paris, salut. Comme sur la requeste à nous presentée par maistre Guillaume Clement, Greffier de ladicte Ville, tendant ad ce qu'il nous pleust admettre la resignation à survivance qu'il faisait de sondict office pour, au nom et au proffict de François Clement, escollier estudiant en l'Université de Paris, son filz, aurions envoyé mandement à Messieurs les Conseillers de la Ville pour eulx assembler au Bureau de ladicte Ville, au lundy vingtiesme des presens mois et an, pour deliberer et adviser sur lad. resignation à survivance. Suivant lesquelz mandemens, assemblée auroit esté faicte audict Bureau de la Ville, ledict jour vingtiesme du present moys, en laquelle auroit esté arresté que ledict François Clement seroit receu audict office de Greffier, à la survivance dudict Mᵉ Guillaume Clement, son pere, à la charge que ledict Clement filz ne pourra exercer ledict office, qu'il ne soit en aage cappable de ce faire et que ledict Clement pere ne luy en ait delaissé l'exercice. Et où il adviendroit que ledict Clement pere allast de vye à trespas auparavant que ledict Clement filz eust attaint aage et cappacité pour ledict office exercer, en ce cas y seroit mis et commis par lesd s⁺ Prevost des

---

[1] Pierre Huot remplace ici, en qualité de Quartenier, Philippe Marin qui, comme nous l'avons dit, dirigeait le quartier Sainte-Geneviève. Nous verrons plus loin que Pierre Huot ne resta pas longtemps à la tête de ce quartier.

[2] Il est assez curieux de noter que les bourgeois mandés à cette assemblée sont en grande majorité des marchands et qu'on n'y voit figurer presque aucun magistrat, contrairement à ce qui se produit pour les assemblées de l'élection. Cela tient à ce que la députation aux assemblées électorales était plus recherchée, étant considérée comme pouvant offrir un accès aux charges municipales.

Marchans et Eschevins ung personnage cappable et suffisant qui sera presenté par ledict François Clement, ayant le tiltre de commis soubz luy et à son proffict, sans que par la mort du premier mourant desdictz Clement pere et filz l'on peust dire, proposer ny alleguer ledict office estre vacquant ny impetrable, ains demeurera du tout au nom et proffict du dernier vivant, et seroit ledict François Clement ce jourd'huy installé et mis en plaine possession dudict office en assemblée generalle. Auquel Clement filz a esté faict faire le serment en tel cas requis et accoustumé. Suivant laquelle resolution, aurions ce jourdhuy faict faire assemblée generalle, en l'une des salles dudict Hostel de Ville, de nous, Prevost des Marchans, Eschevins, Conseillers de la Ville, Quarteniers et deux notables bourgeois de chascun quartier mandez, affin d'installer et mettre icelluy Clement filz en possession dudict office. Sçavoir faisons que nous, par l'advis et deliberation desdicts sieurs Conseillers de la Ville, Quartiniers et bourgeois, et en leur presence, avons ledict François Clement installé et mis en plaine possession et saisine dudict office de Greffier de la Ville en la maniere accoustumée, conformement à la resolution d'assemblée dudict vingtiesme de ce moys, pour par luy en jouir, aux honneurs, preeminances, privilleges, franchises, libertez, gaiges, taxations, droictz, proffictz, revenuz et esmoluments accoustumez et aud. office appartenant. Le tout à ladicte condition de survivance et aux charges et conditions portées par sa reception et resolution d'assemblée.

«Sy donnons en mandement au Receveur du domaine, dons et octroys de ladicte Ville, present et advenir, que les gaiges, droictz de robbe, taxations et autres droictz, revenuz et esmolumens susdictz il paye, baille et delivre comptant andict François Clement quand il escherra, en la forme et maniere qu'il est accoustumé faire, sans difficulté.

«En tesmoing de ce, nous avons mis à ces presentes le scel de ladicte Prevosté des Marchans.

«Ce fut faict et donné audict Hostel de Ville, le jeudy vingt troisiesme jour de Decembre mil six cens dix.»

(Signé :) «LESTOURNEAU».

LVI. — ORDONNANCE AUX SERGENS POUR SE TRANSPORTER SUR LES PORTZ, AULX CHAMPS, POUR FAIRE AMENER LE BOIS EN CESTE VILLE.

24 décembre 1610. (Fol. 306 v°.)

De par les Prevost des Marchans et Eschevins de la ville de Paris.

«Il est ordonné et enjoinct au premier des sergens de ladicte Ville se transporter sur et le long de la riviere, tant de Seyne que Marne, voir et recognoistre la quantité des basteaux chargez de bois et de charbon y estans, enjoindre et faire commandement aux marchans, et en leur absence aulx voicturiers, de promptement, incessamment sans discontinuation faire descendre, amener et voicturer en ceste Ville lesdictz basteaulx ainsy chargez, à peyne de confiscation desdictes marchandises. Et, à leur reffus, fera ledict sergent reellement, directement et de faict, descendre, voicturer et amener lesdictz basteaulx et marchandises par telz voicturiers qu'il pourra recouvrer, avec lesquelz il fera marché aux despens, perils, risques et fortunes de ceulx auxquels appartiendront lesdictz basteaulx et marchandises. Et à ceste fin il advancera les deniers qu'il conviendra, comme anssy se transportera sur les portz où l'on charge ordinairement lesdictes marchandises, fera description de celle qu'il y trouvera, fera commandement aux marchans de les faire charger et amener en ceste Ville. Et, où aucuns seront reffusans, seront assignez par devant nous pour en estre ordonné. Et sera la presente ordonnance executée selon sa forme et teneur, nonobstant oppositions ou appellations quelzconques, faictes ou à faire.

«Faict au Bureau de la Ville, le xxiiii° jour de Decembre mil six cens dix.»

1611.

LVII. — LE LIVRE DE *LUTETIA* PRESENTÉ À LA VILLE PAR LE S^R BAUTRY, ADVOCAT.

4 janvier 1611. (Fol. 307 v°.)

Du mardy quatriesme jour de Janvier mil six cens onze.

Ce jourd'huy est venu au Bureau de la Ville, où estoient Messieurs les Prevost des Marchans, Eschevins, Procureur du Roy et Greffier de ladicte Ville, maistre Rodolph Botery, advocat au Grand Conseil, qui a remonstré avoir faict ung livre en vers latins, intitulé *Lutetia*, qui traicte des antiquitez, des choses rares remarquables et des grandes merveilles de

Paris[1]; lequel livre il a dedié à mesdictz sieurs les Prevost des Marchans et Eschevins[2]. Requeroit qu'il leur pleust recevoir son petit labeur et l'avoir pour agreable. Et, outre qu'il a baillé à chascun desdictz sieurs Prevost des Marchans, Eschevins, Procureur du Roy et Greffier de la Ville sondict livre, en a laissé deux au Bureau qu'il a priez estre mis au tresor de ladicte Ville, affin qu'à l'advenir la posterité congnoisse sondict labeur[3].

De quoy mondict sieur le Prevost des Marchans et Eschevins l'ont grandement remercyé, mesmes luy ont le lendemain envoyé des presens de ladicte Ville qui sont confitures, dragées et ypocras, et ont mesdictz sieurs ordonné que lesdictz deulx livres seroient mis audict tresor de la Ville, dont seroit faict mention dans l'inventaire des chartres et papiers d'icelle Ville.

LVIII. — [MANDEMENT] À CAUSE D'UNE PLACE SCIZE À L'ENDROICT OÙ ESTOIT LA FAUSSE PORTE S^T DENIS.

11 janvier 1611. (Fol. 308.)

De par les Prevost des Marchans et Eschevins de la ville de Paris.

«Me Geoffroy Le Secq, procureur des causes de la Ville au Chastellet de Paris, nous vous mandons vous presenter à l'assignation donnée à la pollice du Chastellet à Jehan Moreau, mareschal, à la requeste de Laurens Gilles Masson pretendant estre commis à la voirie. Prenez le faict et cause pour ledict Moreau. Remonstrez, qu'il est question d'une place à ladicte Ville appartenante, scize à l'endroict où estoit la faulce porte Sainct Denis, es faulxbourgs dudict Sainct Denis, de laquelle place ladicte Ville a faict bail audict Moreau[4] qui y a faict bastir, suivant l'allignement à luy baillé par le Maistre des oeuvres de la Ville. Et partant, estant question des droictz du domaine de ladicte Ville dont la congnoissance appartient à Messieurs de la Grande chambre de la court de Parlement où la Ville a ses causes commises en premiere instance, requerez le renvoy de ladicte cause par devant nosdictz sieurs de la Court. Et en cas de desny, en appelez comme de juge incompetant.

«Faict au Bureau de la Ville, le mardy unziesme Janvier mil six cens unze[5].»

LIX. — MANDEMENT AUX COLONNELS POUR FAIRE REVUE DE LEURS COMPAGNIES.

11 janvier 1611. (Fol. 308 v°.)

De par les Prevost des Marchans et Eschevins de la ville de Paris.

«Monsieur le President de Blancmesnil, collonnel, nous vous prions advertir presentement les cappitaines de vostre collonnelle qu'ilz ayent à chascun particulierement faire promptement une reveue des bourgeois et habitans de leursdictes compagnies[6] et recognoistre s'ilz sont en bon equipage, et qu'ilz se tiennent prest pour s'en servir quant il leur sera commandé[7].

---

[1] Voici le titre complet sous lequel parut l'ouvrage de Raoul Boutrays : *Rodolphi Botcrei in Magno Franciae Consilio advocati LUTETIA. Ejusdem ad Paul. V. pont. max. postulatio. Adjuncta est descriptio Lutetiae Parisiorum, authore Eustathio a Knobelsdorf Pruteno, edita apud Wechelum anno M. D. XLIII.* Lutetiae Parisiorum ex typ. Rolini Thierry viae Jacobeae sub Sole novo. MD. C. XI., in-8° de 15 feuillets et 224 p.

[2] En tête du livre, en effet, quatre feuillets sont consacrés à une épitre ainsi intitulée : *Urbis aedilitatique Praefecto, amplissimisque Aedilibus suam Lutetiam dedicat Rodolphus Boterius, in Magno Consilio advocatus.* Le reste des feuillets préliminaires est occupé par un recueil des éloges de Paris : *De Lutetia veterum et recentiorum varia elogia.*

[3] Pierre de L'Estoile paraît avoir eu peu d'estime pour les compositions de l'auteur; à propos d'un autre de ses ouvrages, l'histoire latine de ce temps (*De rebus in Gallia et toto pene orbe gestis, ab anno 1594 ad annum 1610*), il dit : «C'est du latin et du langage, et puis c'est tout.» Du Breul, au contraire, a prêté grande attention à ce livre sur Paris, qui paraissait au moment où lui-même mettait la dernière main à ses *Antiquitez*, et il en a donné de nombreux extraits.

[4] Bail passé le mercredi 6 octobre 1610 à Jean Moreau, moyennant 10 livres de loyer par an, pour une période de cinquante ans. Cette place, «en laquelle avoit cy devant un petit logement qui a esté desmoly et abbattu pour la commodité de l'entrée de la Royne», mesurait deux toises et demie de long sur rue et neuf pieds de profondeur. (Arch. nat., Q^{1e} 1099^{xxx}, fol. 166.)

[5] On trouve à la même date, dans les minutes du Bureau (H 1890), une opposition aux criées du moulin sis sur le boulevard de la porte Saint-Martin.

[6] Cette mesure se rapporte aux troubles suscités dans la Ville par une querelle entre le comte de Soissons et le duc de Guise qui éclata le 11 janvier et fut apaisée le 14 grâce à l'intervention de la Reine. «Ce jour [11 janvier] et le lendemain se passent, dit à ce propos le *Mercure François* (t. II, fol. 4 v°). On fait prendre les armes aux bourgeois des quartiers de devers le Louvre. On n'entend que harquebuzades...» Pour éviter les rixes entre les seigneurs et l'agitation qui en pourrait être la suite, on interdit en ce mois de janvier la tenue habituelle de la foire Saint-Germain (*Mercure François*, t. II, fol. 5 v°).

[7] Le rôle des capitaines, dans ces inspections de la milice bourgeoise, n'était pas toujours facile à remplir et ils se heurtaient quelquefois à des résistances dont peut donner l'idée la requête suivante où sont relatés des faits qui, d'après la date, doivent se rapporter à la «reveue» prescrite ici :

«Supplye humblement André Adam, marchant de vins, bourgeois de Paris, disant que de vostre ordonnance il auroit esté mis prisonnier soubz quelques plainctes qu'ilz vous auroient esté faictes des cappitaine, lieutenant et enseigne de sa dizaine au quartier

«Faict au Bureau de la Ville, le mardy unziesme Janvier mil six cens unze.»
Pareil envoyé à chacun de Messieurs les collonnels.

LX. — Mandemens ausdictz sieurs collonnels pour faire leurs recherches en leurs quartiers.
21 janvier 1611. (Fol. 309.)

De par les Prevost des Marchans et Eschevins de la ville de Paris.

«Monsieur..., collonel, nous vous prions faire et faire faire par les cappitaines, lieutenans et enseigne de vostre collonnelle une exacte recherche sans bruict et le plus doucement que faire se pourra, par toutes les maisons des bourgeois de leurs compagnies, tant hostelleries, chambres locantes que autres, pour sçavoir ceulx qui y sont logez, et ce qu'ilz font en ceste Ville; en faire chascun particulierement ung roolle qui sera mis en voz mains, pour les nous envoyer aussytost. Et outre, enjoignez et faictes enjoindre ausdictz hostelliers et autres personnes logeans de porter à leurdict cappitaine de jour en jour les noms et surnoms de leurs hostes pour les vous mettre aussy en voz mains et les nous envoyer.
«Faict au Bureau de la Ville, le vendredy vingt ungiesme jour de Janvier mil six cens unze.»

LXI. — Entreprise faicte par le Lieutenant civil sur l'aucthorité de la Ville sur lesdictes recherches.
21 janvier 1611. (Fol. 309.)

Du vingt ungiesme jour de Janvier mil six cens unze.

Suivant le mandement envoyé à Messieurs les collonnelz ledict jour de XXI° de Janvier pour faire et faire faire par les cappitaines, lieutenants et enseignes de leur collonnelle une exacte recherche par toutes les maisons de leurs compagnies, tant chambres locantes que autres, pour sçavoir ceulx qui estoient en ceste Ville, pour la seureté de ladicte Ville, ladicte recherche a esté solempnellement faicte, dont le Lieutenant civil[1] c'est formalizé, disant qu'il estoit question de pollice et que à luy seul appartenoit à faire ladicte recherche. Et auroit par grande entreprise faict faire une ordonnance par laquelle il a faict deffence à tous les hostelleriers et personnes logeans de bailler les noms de leurs hostes à autres que aux commissaires du Chastellet. Et d'aultant saüf pour la seureté de ladicte Ville, Messieurs les Prevost des Marchans et Eschevins ont interest de sçavoir ceulx qui y sont logez et qui leur est loysible de faire faire lesdictes recherches, touttes fois et quantes que bon leur semblera pour le service du Roy et seureté de ladicte Ville, ainsy qu'ilz ont faict de tout temps, mesmes des l'année mil cinq cens soixante et trois[2] et depuis continué de temps en temps, suivant mesme le pouvoir à eulx donné par les Roys, nonobstant ladicte pretendue ordonnance du Lieutenant civil, ilz n'ont laissé de faire continuer lesdictes recherches par lesdictz capitaines, mesmes se sont plains à Messieurs du Conseil d'Estat de l'empeschement et trouble que ledict Lieutenant civil faisoit à la Ville. Et ayant par mondict sieur le Chancellier mandé ledict Lieutenant civil sur lesdictes entreprises, luy auroit soustenu que à luy seul appartenoit à faire lesdictes recherches, au moyen de quoy auroit esté ordonné

où il est demeurant, vous ayant donné à entendre que le suppliant se seroit rebellé et mocqué ne voullant exposer ses armes pour le service du Roy et pour obeyr à son commandement. Où tout au contraire, incontinant vostre correction, incontinant qu'ilz luy auroient faict entendre qu'ilz estoient cappitaine, lieutenant et enseigne de sadicte dizaine, il leur auroit declaré qu'il avoit une bonne arquebuse et espée pour le service de sa Majesté et obeyr à tous ses commandemens et de vous, Messieurs. Ce considéré, mesdictz sieurs, et attendu que ledict suppliant n'a autrement failly et que ce qu'il a declaré qu'il ne congnoissoit lesdictz cappitaine, lieutenant et enseigne c'estoit pour ne les avoir jamais veuz, n'estant demeuranten sa maison où il est à present que du jour de Noël dernier; il vous plaise de voz graces ordonner que ledict suppliant sera eslargy des prisons purement et simplement, synon en la garde d'un sergent ou d'un bourgeois restant et solvable pour le representer quand besoing sera. Et ferez bien.» (Au bas de la requête:) «Presenté le premier febvrier 1611, dont y a jugement sur le registre des cappitaines.» (*Arch. nat.*, Z¹ᴴ 380, minutes de jugements sur requêtes.) Ce doit être à une rébellion du même genre que se rapporte l'emprisonnement d'un bourgeois dont il est fait mention dans une requête présentée aux Membres du Bureau, au mois de février 1611, par Gilles Pynel, sergent de l'Hôtel de Ville, «disant que sur la plaincte à vous faicte par le sieur Petit, secretaire du Roy et l'ung des cappitaines enseignes de lad. Ville à la cappittainnerye du sieur de S¹-Germain, allencontre de Jehan Fleury lequel en vertu de vostre ordonnance du XXII° janvier dernier auroict esté par ledict suppliant mis et constitué prisonnier le XXIII° dud. moys es prisons de l'Hostel de lad. Ville... et est led. Fleury refusant de payer et satisfaire led. Pynel de ses sallaire et vaccacions.» Sur cette réclamation une somme de 48 s. par. fut taxée au sergent (*Arch. nat.*, Z¹ᴴ 380).

[1] Nicolas Le Jay, qui avait été successivement conseiller au Parlement, commissaire aux Requêtes du Palais, puis substitut du Procureur général au Châtelet, fut admis par le Parlement à prêter serment en qualité de Lieutenant civil le 7 juillet 1609 (*Arch. nat.*, X¹ᴬ 1820, fol. 6 v°). Il était fils de Nicolas Le Jay et de Madeleine Gron, dame de Tilly et de la Maison Rouge. En 1613, il devint président aux Enquêtes du Parlement, fut nommé, en 1630, président à mortier, puis sept mois après (14 novembre) Premier Président. En 1636, il acquit de Claude de Bullion la charge de garde des sceaux de l'ordre du Saint-Esprit, et mourut à Paris le 30 décembre 1640, à l'âge de 66 ans. Il fut inhumé dans l'église des Minimes de la place Royale. (Voir *Mémoires de Saint-Simon*, édit. de Boislisle, t. XI, p. 471, et Emile Creuzet, *Histoire seigneuriale de Saintry*, Paris, 1907, in-8°, p. 86-97.)

[2] Le 26 juin 1563, les Prevôt des Marchans et Echevins mandèrent aux Quarteniers de faire faire par les capitaines, deux fois

que dudict differend il en seroit deliberé audict Conseil et que l'on mettroit quelques pieces es mains de Monsieur de Boissize, conseiller d'Estat, pour en faire son rapport[1].

Et touttesfois, sans attendre par ledict Lieutenant civil le jugement diffinitif, s'addressant à la partie la plus foible de son ordonnance, ung dimanche au soir qui estoit le trantiesme jour dudict moys de Janvier, par une entreprise desesperée, a envoyé le commissaire Jacquet prendre et enlever prisonnier ung nommé Cochery, lieutenant d'ung nommé Caverne, cappitaine au quartier de la Fripperie, et icelui envoyé es prisons du Chastellet pour avoir continué à faire lesdictes recherches es maisons de sa compagnie. De quoy mondict sieur le Prevost des Marchans estans adverty, usant de sa modestie accoustumée, s'en seroit allé plaindre à mondict sieur le Chancellier, lequel auroit trouvé ledict emprisonnement fort mauvais, au moyen de quoy auroit aussytost envoyé querir le sieur Sirier, huissier du Conseil, auquel il auroit enjoinct d'aller audict Lieutenant civil luy faire commandement de luy bailler sur le champ ledict Cochery, et à son refus, l'aller enlever de faict et de force des prisons du Chastellet. Et faisant par luy commandement audict Lieutenant civil de rendre ledict prisonnier, recognoissant la grand faulte qu'il avoit faicte, et qu'il avoit offensé non seullement la Ville, mais tous Messieurs les collonelz et cappitaines de ceste Ville, auroit faict responce audict huissier que le prisonnier estoit dehors desdictes prisons, comme de faict estant encores entre deux guichetz, et sans qu'il y eust eu escroue faict de sa personne, il l'avoit envoyé eslargy. De quoy mondict sieur le Chancelier estant adverty, auroit le lendemain envoyé querir led. Lieutenant civil, où en la presence de Monsieur Le Bret, advocat general du Parlement, il l'auroit infiniment blasmé de la faulte et de l'entreprise qu'il avoit faicte, lui disant qu'il estoit ung fol, que s'il ne se corrigeoit de ses follies et mauvaises actions, que dedans peu de temps il y mettroit bien ordre, qu'il estoit trop viollant, et plusieurs autres reproches et villenies que luy dist mondict sieur le Chancellier[2].

LXII. — Assemblée des collonnels de la Ville pour adviser à la seureté d'icelle, où estoit Monsieur le Gouverneur.

25 janvier 1611. (Fol. 311.)

Du mardy vingt cinquiesme jour de Janvier mil six cens unze.

En l'assemblée de Messieurs les Prevost des Marchans, Eschevins et colonnelz de ceste ville de Paris ledict jour tenue au Bureau d'icelle pour adviser à la seureté et au bien de ladicte Ville, où y est venu Monsieur de Liancourt, Gouverneur de ceste ville[3],

Sont comparuz :

Ledict sieur Gouverneur;

Monsieur Sanguyn, s^r de Livry, Prevost des Marchans;

Monsieur Lambert, Monsieur Perrot, Monsieur de La None, Eschevins;

Monsieur le President de Blanc Mesnil;

Monsieur le President de Marly;

Monsieur le President Duret;

Monsieur le President Chevallier;

Monsieur Langlois, s^r de Beauregard, m^e des Requestes;

Monsieur Pageot, m^e des Requestes;

Monsieur le President Myron;

Monsieur le President Champrond;

Monsieur d'Esrivaulx, cons^{er} de la Court;

Monsieur de Grieu, cons^{er} de la Court;

Monsieur Palluau, cons^{er} de la Court;

Monsieur Fournier;

Monsieur Duret, substitud, lieutenant de Monsieur le Procureur general.

Monsieur Feuillet[4].

---

par semaine, «visitation et recherche par toutes les maisons de leurs dixaines pour sçavoir quelles personnes y sont demourans ou logez». Le 3 juillet suivant, des poursuites furent exercées contre les hôteliers qui refusaient de bailler aux capitaines les noms et surnoms des personnes qu'ils logent, et ordre fut réitéré aux capitaines et lieutenants de faire des perquisitions dans toutes les hôtelleries de leur quartier. Mais il convient d'observer que, pour ces «visitations et recherches», les officiers de la milice devaient appeler avec eux le commissaire du quartier. (*Registres du Bureau*, t. V, p. 235, 244, 246.) En 1566, le Roi, par lettres du 20 novembre, ayant prescrit à la municipalité de faire procéder à des recherches de ce genre, ordonna le lendemain qu'un commissaire du Châtelet y fût toujours présent; puis, le 23 novembre, il révoqua cet ordre, «bien asseurez que vosd. officiers ne procederont à l'execution de nosd. lettres que modestement», et déclara qu'il était inutile d'appeler les commissaires du Châtelet. (*Ibid.*, p. 579-580.)

[1] Jean de Thumery, sieur de Boissise (1549-1625). On trouve au tome Ier des *Mémoires* de Richelieu, p. 66, une notice sur ce personnage et sur les principales affaires auxquelles il a été mêlé. On peut y ajouter une mission qu'il reçut du Roi en 1611 pour se rendre à l'assemblée des protestants de Saumur. (Suite des mêmes *Mémoires* et *Mercure François*, t. II, fol. 83.)

[2] Nous verrons plus loin que le Conseil du Roi, par son arrêt du 30 avril 1611, donna raison à la Ville contre le Lieutenant civil dans ce différend relatif aux visites domiciliaires exercées sous l'autorité des colonels.

[3] Charles du Plessis, seigneur de Liancourt, nommé gouverneur de Paris le 11 mai 1607. (Voir t. XIV, p. 181.)

[4] A part deux exceptions, cette liste comprend les colonels des seize quartiers qui ont été énumérés au commencement de ce volume. Les deux noms qui ne se retrouvent pas sont ceux du Procureur général de La Guesle, colonel du quartier St-Séverin, qui se

La compagnie estant assemblée, mondict sieur le Gouverneur a dict qu'il avoit eu commandement de la Royne de la faire assembler et s'i trouver pour dire que Sa Majesté estoit fort contante et satisfaicte du bon zele et affection qu'elle avoit recogneu en eulx et à tous ses bourgeois et habitans au service du Roy; les pryoit de continuer et veiller chascun en son quartier, empescher les assemblées, tumultes ou seditions, se saisir des factieulx, sy aucuns y avoit en leurs quartiers, l'advertir ou Messieurs de la Ville de ce qui se passera en leursdictz quartiers concernans le service de Leurs Majestez, advertir leurs cappitaines de tenir leurs bourgeois et compagnies en bon estat; se tenir toujours sur ses gardes et faire faire souvent reveue des armes de leurs habitans, affin de les tenir prest pour s'en servir en cas de necessité, sans faire des partis ny recognoistre autres que le Roy et la Royne.

A quoy tous lesdictz sieurs collonnelz ont fait responce qu'il veilleroient et y prendroient soigneusement garde, et que leur but et intention, ensemble de tous les bourgeois de Paris, n'estoit autre que de servir Leurs Majestez. Et sur ce, la compagnie c'est levée.

LXIII. — Mandement
POUR EMPESCHER QUE LE MAISTRE DU PONT DE POISSY NE SOIT COLLECTEUR DES TAILLES.

9 février 1611. (Fol. 312.)

De par les Prevost des Marchans et Eschevins de la ville de Paris.

«M⁰ Jehan Jodelet, procureur des causes de la Ville en la cour de Parlement, nous vous mandons, intervenir et vous joindre pour ladicte Ville avec Jehan Bignon, M⁰ du pont de Poissy, à l'appel par luy interjecté par devant Messieurs de la Court des Aydes, de la sentence donnée par les juges de Poissy au proffict des habitans dudict Poissy. Soustenez avec ledict Bignon qu'il doibt estre entierement deschargé de la collecte des tailles dudict Poissy, à laquelle ledict Bignon a esté esleu par lesdictz habitans, attendu l'assiduité requise audict estat de M⁰ du pont, le peril eminent qui en peut advenir, pour son absence, aux basteaulx et marchandises qui ont à passer et repasser soubz ledict pont, et que, si ledict Bignon estoit contrainct exercer ladicte collecte, cela apporteroit une grande incommodité au publicq, attendu que ladicte charge de M⁰ du pont est personnelle. Joinct qu'il a esté jugé en cas semblable pour le M⁰ du pont de Ponthoise, par arrest de la Court des Aydes du unziesme Mars mil cinq cens quatre vingtz dix huict.

«Faict au Bureau de la Ville, le meccredy neufiesme jour de febvrier mil six cens unze[1].»

LXIV. — Les Receveurs [des rentes sur le] Clergé mandez à la Ville
POUP ADVISER À L'ORDRE DE L'EXERCICE DE LEURS CHARGES.

19 février 1611. (Fol. 312 v°.)

Du samedy dix neufiesme jour de febvrier mil six cens unze.

Ledict jour ont esté mandez au Bureau de la Ville M⁰⁰ Christofle Martin et Paul de La Barre[2], conseillers du Roy, receveurs generaulx et payeurs des rentes de ladicte Ville assignées sur le Clergé de France, affin de rendre raison de leurs charges et

---

fit representer à cette assemblée par son lieutenant, Claude Duret, et du président Forget qui venait de mourir le 19 janvier 1611 (*Mercure François*, t. II, fol. 290 v°), à l'âge de 72 ans, et fut enterré le 24 janvier à Saint-Eustache. C'était, dit L'Estoile, un «homme de bien et docte, regretté au Palais et du publiq, comme bon justicier, qui n'est peu de chose en ce temps, car il n'en est pas à douzaine, comme chacun sçait». (*Mémoires-journaux*, t. XI, p. 66.)

Le quartier Saint-Eustache dont Forget était colonel est représenté ici par le président de Marly, Jacques Danès, qui était capitaine dans ce quartier et qui succéda probablement au président Forget comme colonel. Nous avons restitué sa vraie forme au nom du président de Champrond, colonel du quartier Saint-Gervais, que le registre manuscrit avait écrit «Chaurron». Par une distraction du scribe, les noms des colonels qui figurent au recto du folio 311 sont réunis par une accolade, avec la mention «Conseillers de Ville», comme c'était l'usage dans les énumérations des Conseillers aux assemblées du Conseil de la Ville.

[1] Le 29 avril 1611, la Cour des Aides rendit un arrêt qui déchargeait Jean Bignon de la collecte des tailles de Poissy (*Arch. nat.*, H 1890, minutes du Bureau).

[2] Paul de La Barre, contrôleur de l'Écurie, était gendre de Nicolas Martin, receveur général et payeur des rentes de l'Hôtel de Ville assignées sur le Clergé et recettes générales, qui mourut le 10 mai 1610 (*Registres du Bureau*, t. XIV, p. 423-424). Il avait été récemment décidé que cet office serait partagé entre deux titulaires qui l'exerceraient alternativement. Dix jours après la mort de Nicolas Martin, son fils Cristophe, beau-frère de Paul de La Barre, fut nommé par la Ville pour occuper un de ces offices de receveur général et payeur alternatif des rentes assignées sur le Clergé et recettes générales (*ibid.*, p. 507), et le 9 juin suivant Christophe y fut reçu par la Chambre des Comptes (*Arch. nat.*, P 2670, fol. 81). L'autre office alternatif avait été résigné par Nicolas Martin à son gendre, Paul de La Barre; mais celui-ci n'en conserva qu'une partie, celle qui concernait les rentes sur le Clergé, et il fut reçu par la Chambre des Comptes à cet office de receveur et payeur des rentes sur le Clergé le 5 février 1611 (*Arch. nat.*, P 2670, fol. 197); quant à l'autre partie concernant les rentes sur recettes générales, il la résigna au profit de Flamin Fanuche, ce qui fut confirmé par lettres patentes du 26 janvier 1611 (*Arch. nat.*, Z¹ᵉ 559, fol. 63 v°).

dire et declarer par quel quartier ledict de La Barre commancera à payer lesdictes rentes et faire l'exercice de sa charge. Lesquelz ont dict qu'ilz doibvent exercer leursd. charges année par année, et l'ung apres l'autre; que luy Martin doibt sortir à present d'exercice, mais que, pour compter par eulx nettement et esviter le desordre qui pourroit estre en leurs comptes sy ledict de La Barre payoit les quartiers par ledict Martin commancez à payer, il estoit de besoing que ledict de La Barre continuast de faire les paiemens de la premiere demye année mil six cens six, et que les acquictz par ledict Martin payez d'icelle premiere demye année seroient par luy baillez pour argent comptant audict de La Barre qui en comptera à sa descharge. Nous, du consentement desd. sieurs Martin et de La Barre, et sur ce, ouy le Procureur du Roy et de la Ville, avons ordonné que ladicte proposition cy dessus sera suivye, ce faisant, que ledict de La Barre continuera les payemens encommancez par ledict Martin sur ladicte premiere demye année mil six cens six, et que les acquictz des payemens faictz par iceluy Martin sur icelle premiere demye année seront par luy baillez audict de La Barre qui luy en fournira quictance comptable à sa descharge, lesquelz les prendra pour argent comptant et en comptera à la descharge dudict Martin, et par ce moyen ledict de La Barre commancera à rendre compte du payement desdictes rentes d'icelle premiere demye année mil six cens six.

LXV. — Mandement à Monsieur de Castille
de bailler les deniers de sa charge
au sieur de La Barre.

25 février 1611. (Fol. 313.)

*De par les Prevost des Marchans et Eschevins
de la ville de Paris.*

«M⁰ François de Castille, receveur general du Clergé de France, nous vous mandons payer et mectre doresnavant es mains de M⁰ Paul de La Barre, conseiller du Roy receveur general et payeur antien des rentes de ladicte Ville assignées sur ledict Clergé, les deniers des decymes, pour les employer au faict de sa charge pendant l'année de son exercice.

«Faict au Bureau de la Ville, le vendredy vingt cinquiesme jour de Febvrier mil six cens unze.»

LXVI. — Mandement aux sergens de la Ville
de se transporter sur les ports, aux champs,
pour faire descendre les bateaux chargez de bois.

26 février 1611. (Fol. 313 v°.)

*De par les Prevost des Marchands et Eschevins
de la ville de Paris.*

«Il est ordonné et enjoinct au premier des sergens de ladicte Ville se transporter sur et le long de la riviere de Seyne es portz de Noisy et Chenevieres et autres[1], veoir et recongnoistre la quantité de basteaulx chargez de bois et de charbon y estans, enjoindre et faire commandement aux marchans, et en leur absence aux voicturiers, de promptement, incessamment et sans discontinuation faire dessendre, amener et voicturer en ceste Ville lesdictz basteaulx ainsy chargez, à peine de couffiscation desdictes marchandises, et à leur reffus fera ledict sergent reellement, directement et de faict dessendre, amener et voicturer lesd. basteaulx et marchandises par tels voicturiers qu'il pourra recouvrer, avec lesquelz il fera marché aux despens, risques, perils et fortunes de ceulx auxquelz appartiendront lesdictz basteaulx et marchandises. Et à ceste fin il advancera les deniers qu'il conviendra. Comme aussy se transportera sur les portz où l'on charge ordinairement lesdictes marchandises, fera description de celles qu'il y trouvera, fera commandement aux marchans de les faire charger et amener en ceste Ville, et où aucuns seront reffusans, seront assignez par devant nous pour en estre ordonné. Et sera la presente sentence executée nonobstant oppositions ou appellations quelzconques, faictes ou à faire[2].

«Faict au Bureau de ladicte Ville, le vingt sixiesme jour de Febvrier mil six cens unze.»

---

[1] On peut se demander s'il n'y a pas eu une confusion dans la rédaction de ce mandement qui prescrit au sergent de se transporter sur la rivière de Seine, et cependant ne nomme que les ports de Chennevières et de Noisy-le-Grand qui sont sur les bords de la Marne. Peut-être sa mission comportait-elle à la fois l'inspection du cours de la Seine et celui de la Marne, de même que, le 16 mai suivant, un autre sergent fut chargé de visiter les ports de l'Oise.

[2] Cette mesure fut prise par le Bureau en vertu des ordres donnés par le Parlement, comme le montre le passage suivant des registres du Conseil : «Sur la remonstrance faicte à la Court par le Procureur general du Roy ad ce que, pour la rareté du bois pendant l'inondation de la ryviere, le peuple en la grande necessité qu'il en a soit secouru et soulagé du bois que plusieurs particuliers ont en grande quantité en magazins et ne vouloit distribuer qu'à pris excessif, qu'ilz n'ont moyen d'en avoir, oÿ le Prevost des Marchans et Eschevins, la matiere mise en deliberation, ladicte Court a enjoinct et enjoinct au Prevost des Marchans et Eschevins se transporter sur les portz, pourveoir à la descente et debit du bois, à tel port qu'il avisera, et ce qui sera par lui ordonné, executé nonobstant opposition ou appellation et sans prejudice d'icelles.» (*Arch. nat.*, X¹ᵃ 1834, 18 février 1611, et X¹ᵃ 906.)

LXVII. — Affiches pour l'entretenement
des fontaines publiques.

3 mars 1611. (Fol. 314.)

*De par les Prevost des Marchans et Eschevins
de la ville de Paris.*

«On faict assçavoir que l'entretenement des fontaines publiques de ladicte Ville, selon le devis qui en a esté faict et dont sera faict lecture, sera baillé au rabais et moings disant à l'extinction de la chandelle, lundy prochain septiesme du present mois, trois heures de relevée, au grand Bureau de lad. Ville, pour six années, aux charges et conditions qui seront declarées. Et y seront touttes personnes receues à y mectre rabaiz.

«Faict au Bureau de lad. Ville, le jeudy troisiesme jour de Mars mil six cens unze.»

«Monsieur le curé de St Nicolas, nous vous prions publier et faire publier au prosne de vostre paroisse l'ordonnance de ladicte Ville cy devant transcripte.

«Faict au Bureau de lad. Ville, les jour et an que dessus.»

Pareille envoyée à Messieurs les curez des parroisses de ceste Ville.

LXVIII. — Bail faict à Coulomb
pour l'entretenement des fontaines de la Ville
pour six ans.

3-7 et 18 mars 1611. (Fol. 314 v°.)

*Devis pour l'entretenement des fontaines
de la ville de Paris.*

«L'entretenement desdictes fontaines consiste aux thuiaulx de plomb, robinet de cuivre tant gros que menu, descharges, testes de grenault garniz de leurs manivelles, le tout de cuivre, veues et regardz tant hors la Ville que dans icelle, avec les ferrures et fermetures et cadnatz, buys de menuyseries, ferrure d'iceulx, curement et nettoyement des aulges, receptacles et reservoirs qui sont tant dans les canaulx que en aucuns regardz des prises desdictes eaues, provenant tant au dessus, à l'environ et au dessoubz des villages de Belleville sur Sablon que du Pré St Gervais, que des reservoirs dans la Ville[1].

«Entretenir tous les thuiaulx deuement et en telle sorte que les eaues, puissent et coulent facilement et fluent aulx lieux qui sont destinez tant publicqz que particuliers, sçavoir les publicques où elles sont destinées et les particulieres jusques et compris les robinetz particuliers des concessions, en ce non compris les thuyaulx particuliers depuis ledict robinet de la grosseur concedée.

«Faire et fournir les thuiaulx neufs quand besoin sera, qui seront de pareille grosseur et eschantillon ou jaulge que les thuyaulx qui y sont de present, et non moindres ny en grosseur ny en poids, pour la cognoissance et assurance desquelz lesdictz entrepreneurs seront tenuz appeller eeluy qui a la charge desdictes fontaines, avant l'assiette d'iceulx, avec touttes les souldures qu'il convient à present que pour l'advenir qu'il conviendra tant pour le restablissement qui s'est faict et entretenement desdictz thuiaulx que pour les testes, robinetz et descharges.

«Sera tenu l'entrepreneur faire les tranchées, descouvertures et recouvertures desdictz thuyaulx, veues et regardz, le tout restably deuement, mesmes les pavez sur iceulx thuiaulx et au devant et pourtour des reservoirs, fourniz de pavé de grez de pareil eschantillon, sable et touttes peines d'ouvriers.

«Sera aussy tenu de tous les ouvraiges de cuivre et fer qu'il conviendra pour lesdictes fontaines. Se servira des vieilles et en fournira de neufves, quant besoin sera, de pareil mousle, grosseur, eschantillon et poids que ce qui est à present. Au changement desquelles sera tenu ledict entrepreneur appeller l'officier qui a la charge desdictes fontaines pour justification de ce que dessus. Desquelz ouvraiges de cuivre en sera faict ung bref estat pour s'en charger par iceluy entrepreneur, et sans qu'il puisse faire lesdictz ouvraiges de moindre eschantillon ny poids, mais plustost fort que foible.

«Sera aussy tenu des buys, serrures, ferrures et

---

[1] Du Breul, dans son *Théâtre des Antiquitez de Paris* (p. 1069-1070), exactement contemporain du registre que nous publions puisqu'il parut en 1612, donne la description suivante de l'aqueduc de Belleville : « Les Prevost des Marchands et Eschevins de la ville de Paris, curieux de la santé et salubrité de leurs concitoyens, ayans recherché ès environs d'icelle les sources des fontaines, qu'ils auroient recogneu necessaires, avoient d'antiquité, pour conduire ces eaux, fait construire de grands aqueducts ou canaux, composez de murs de maçonnerie et pierre de taille, pavez de grandes noues ou esviers aussi de pierre (comme aussi auroient iceux recouvert de fort grandes pierres), contenans iceux aqueducts cinq cents toises de longueur et plus, sans qu'il y aie aucune clarté sinon celle que l'on y peut porter avec feu, et de six pieds de hauteur sur trois pieds de largeur, le long desquels les personnes peuvent facilement cheminer la lumiere à la main : lesquels acqueducts sont accompagnez d'anges ou receptacles pour faire rouer et purifier l'eau desdites sources; à l'entrée desquels est vne forme de bastiment auquel il y a un grand receptacle servant d'acueil pour recevoir les eaux descendants d'une montagne sablonneuse appellée la montagne de Belleville sur Sablon.» La fin du texte de Du Breul est reproduite dans l'article de Longpérier (*Mémoires de la Société de l'Histoire de Paris*, t. VIII, p. 289).

fermetures des regardz cy apres declarés : sçavoir, pour le costé de Belleville, des regardz de la Grande Saussaye proche du moulin de Belleville, de la Petitte fontaine, des deux regardz des Grandz et Petitz Corbeaux, du regard de la Lanterne [1], regard des Grenouilles, du regard des Vignes soubz la prise des eaues, du regard au viel chemin de S‍t Maur, des entrées et yssues de la petitte voulte soubz le rampart, comme aussy des couvertures des aulges de bois de la traverse du fossé de la Ville.

«Sera aussy tenu des pierres de recouvrement servant au remplage des couvertures de l'entrée des petitz regardz auxquelz sont les robinetz publicqs, ensemble des croisées de fer et cadnatz servant à la fermeture desdictes venes ou regardz dans la Ville, desquelz luy en sera baillé une clef. Et sera tenu de touttes les fermetures des regardz et veues desdictes fontaines, qui sera declaré en l'article subsequent.

«Item les huys, ferrures et fermetures des regardz qui sont au chemin des fontaines provenant des environs du village du Pré S‍t Gervais, qui sont le regard au Fonceau, soubz le regard Sainct Pere, et les autres regardz qui sont entre ledict village et le regard Sainct Laurens, iceluy compris; comme aussy du regard Porte S‍t Denis, venes et voultes des fontaines publicques du Ponceau, fontaine la Royne, fontaines de Marle, des Halles, Croix du Tirouer, que de tous les autres regardz et venes soubzterraines servant audictes fontaines. Auxquelz regardz l'entrepreneur fera faire des huys et fermetures neufves quand besoing sera et desquelz il aura une clef. Et pour le regard des venes, les bouches ou entrées desquelles sont à fleur du pavé des rues, sera ledict entrepreneur tenu fournir des petites pierres de recouvrement qui servent à boucher lesdictes veues, ensemble des croisées de fer, assiette d'icelles et cadnatz, quand il en conviendra, desquelles fermetures de cadnatz, s'ils les convient changer, il fournira une clef.

«Entretiendra les plombz des bassins ou receptacles d'eane de toutes les fontaines, fera ressoulder et changer les plombz et souldures, fournira de toutes estoffes à ce necessaires, les tiendra nette et les fera curer touttes et quantesfois qui luy sera commandé par Messieurs les Prevost des Marchans et Eschevins de ladicte Ville, ou par le M‍e des oeuvres de maçonnerie qui a la charge et intendance desdicts seigneurs pour le faict des ouvriers, ouvrages, faict et conduite des eaues desdictes fontaines. Et à la fin du temps de l'adjudication, rendra lesdictz lieux en bon et suffisant estat.»

De par les Prevost des Marchans et Eschevins de la ville de Paris.

«On faict assçavoir que l'entretenement des fontaines publicques de ladicte Ville, selon qu'il est cy devant declaré et specifié, seront baillées au rabaiz et moings disant, à l'extinction de la chandelle, lundy prochain septiesme du present mois, trois heures de relevée, au grand Bureau de la Ville, pour six années consecutifves, à commancer du jour de l'adjudication qui en sera faicte, à la charge par l'entrepreneur de bailler bonne et suffisante caution de bien et deuement entretenir lesdictes fontaines et de satisffaire entierement au contenu du devis cy devant transcript. Et sera l'entrepreneur payé du pris de son adjudication par le Receveur de ladicte Ville, de quartier en quartier, par les ordonnances desdictz Prevost des Marchans et Eschevins. Et y seront touttes personnes receues à y mettre rabaiz.

«Faict au Bureau de ladicte Ville, le jeudy troisiesme Mars mil six cens unze.»

Et ledict jour de lundy septiesme jour de Mars, de relevée, mil six cens unze, suivant les affiches mises et apposées es lieux et endroictz accoustumez et les proclamations faictes le jour d'hier es prosnes de toutes les parroisses de cestedicte Ville, mesdictz sieurs les Prevost des Marchans et Eschevins estans au grand Bureau de ladicte ville ont, en la presence du Procureur du Roy de ladicte Ville et de Pierre Guillain, M‍e des oeuvres d'icelles ayant soubz mesdietz sieurs la charge desdictes fontaines, faict publier ledict entretenement des fontaines estre à bailler aux rabaiz et moings disant, à l'extinction de la chandelle, pour six années à commancer du jour de l'adjudication qui en sera faicte, aux charges, clauses et conditions mentionnées par le devis cy devant transcript, dont a esté faict lecture, et de bailler par l'adjudicataire bonne et suffisante caultion, tant des deniers qu'il recevra que de faire et rendre lesdictz ouvraiges bien et deuement, au desir dudict devis. Où c'est presenté Louis le Buteux qui a entrepris lesdictz ouvrages, moyennant la somme de quatre mil cinq cens livres par an.

Par Pierre Judon, m‍e maçon, demourant rue des Roziers, à...................... III‍m ℔
Par Guillaume Mahieu, fondeur de ladicte Ville, demourant rue de la Vannerie, à..... II‍m VII‍c L ℔
Par Anthoine Feron, m‍e paveur, demourant rue Mortellerie, à.................... II‍m VII‍c ℔

---

[1] Ce regard est aujourd'hui classé parmi les monuments historiques. (Voir la note très détaillée sur les aqueducs de la rive droite, donnée par M. Guérin au tome XIII des *Registres du Bureau*, p. 110-111.)

Par Daniel Le Front, m⁴ plombier, demourant rue de la Vannerye, à.................. $II^{xx} v^{lt}$
Par Allain Charron, m⁴ plombier, demourant près l'esglise de la Magdelaine, à....... $II^m III^{lt}$
Par ledict Le Front, à............. $II^{m lt}$
Par Barbe Lequeulx, plombiere, à.... $XIX^{c lt}$
Par ledict Mahieu, à............. $XVIII^{c lt}$
Par Sebastien Jacquet, m⁴ maçon, demourant rue St Anthoine, à..................... $XVI^{c lt}$
Par ledict Le Front, à............. $XV^{c lt}$
Par ledict Le Feron, à............. $XIIII^c L^{lt}$
Par ledict Le Front, à............. $XIIII^{c lt}$
Par ledict Le Buteux, à........... $XIII^c L^{lt}$
Par ledict Mahieu, à............. $XIII^{c lt}$

Et a esté declaré aux assistans que l'on alloit procedder à l'adjudication sans remise, ad ce qu'ilz eussent à y prendre garde, et qu'il seroit allumé trois chandelles, que au premier feu le rabaiz seroit de dix livres, le second de vingt livres et le dernier de trente livres; lequel premier feu a esté allumé :
Rabaiz par led. Jacquet............... X^{lt}
Rabaiz par led. Mahieu............... X^{lt}
(Feu.) Rabaiz par Me Gedeon Bouchet.... X^{lt}
A esté allumé la seconde chandelle :
Rabaiz par Innocent Bodart, m⁴ plombier, demourant rue de la Chanverrerie............. XX^{lt}
Rabaiz par ledict Le Front............. XX^{lt}
Rabaiz par ledict Mahieu............. XX^{lt}
Rabaiz par ledict Jacquet............. XX^{lt}
A esté allumé la troisiesme chandelle :
Rabaiz par ledict Jacquet, de......... XXX^{lt}
Rabaiz par lad. Lequeulx............. XXX^{lt}
Rabaiz par led. Le Buteux............ XXX^{lt}
Rabaiz par Bodard de............... X^{lt}
Rabaiz par ledict Bouchet............ X^{lt}

Et sur l'incertitude de sçavoir celluy qui a parlé le dernier, a esté ordonné que le feu seroit reallumé, ce qui a esté faict :
Rabaiz par ledict Jacquet............. X^{lt}
Rabaiz par lad. Lequeulx............. X^{lt}
Rabaiz par led. Le Front............. X^{lt}
Rabaiz par led. Mahieu............. X^{lt}
Rabaiz par led. Bodart............. X^{lt}
Rabaiz par led. Mahieu............. X^{lt}
(Feu.) Rabaiz par led. Bouchet......... X^{lt}

Somme : mil livres tournois par an pour ledict entretenement.
Adjugé lesdictz ouvrages audict Bouchet, moyennant lesdictz mil livres par an, lequel Bouchet a declaré ladicte adjudication au proffit de Jehan Coulon, plombier de ladicte Ville.
Et à l'instant, estans encore au siege, ledict Mahieu a encores mis rabaiz sur ladicte besongne de cinquante livres, cy.................. L^{lt}
Et par ledict Bodart encores rabaiz de cinquante livres. A offert faire ladicte besongne à neuf cens livres, cy........................... $IX^{c lt}$

Ce qui a esté empesché par ledict Bouchet, soustenant ladicte besongne luy estre adjugée, et que lesdictz Mahieu et Bodart n'estoient recepvable. Et apres avoir sur ce oÿ le Procureur du Roy, a esté ordonné, pour le proffict de ladicte Ville et attendu que le siege n'estoit levé, que lesditz rabaiz seroient receuz et seroit ladicte besongne republiée sur le pris de neuf cens livres.

Et a esté allumé la chandelle et mis rabaiz par ledict Mahieu de...................... X^{lt}
Rabaiz par ledict Bouchet, oudict nom et comme ayant charge dudict Coulon, de dix livres, cy. X^{lt}

Et pour ce que au par dessoubz dudict Bouchet oudict nom aucunes autres personnes n'ont voulu mettre rabaiz sur ladicte besongne, avons audict Bouchet, comme procureur et ayant charge dudict Jehan Coulon, adjugé et adjugeons l'entretenement desdictes fontaines et ouvrages cy devant declarez, moyennant le prix et somme de huict cens quatre vingtz livres tournois par chacun an pendant lesdictes six années. Laquelle somme sera payée audict Coulon par m⁴ Claude Lestourneau, Receveur du domaine, dons et octrois de ladicte Ville, des deniers à ce destinez, de quartier en quartier, à la charge par ledict Coulon de faire bien et deuement ladicte besongne et de satisfaire entierement à tout ce qui est contenu et declaré par le devis cy devant transcript, mesmes de bailler bonne et suffisante caultion, tant des deniers qu'il recevra que de faire ladicte besongne bien et deuement, conformement audict devis. Ce que ledict Coulon, à ce present et acceptant, a promis faire et de bien effectuer tout ce que dessus. Et par ce moyen est ledict Bouchet deschargé et le deschargeons de ladicte adjudication. Et a ledict Coulon signé en la minutte des presentes.

Du vendredy dix huictiesme jour dud. mois de Mars mil six cens unze.
Le dict jour est comparu au Bureau de la Ville ledict Jehan Coulon, adjudicataire de l'entretenement des fontaines de ladicte Ville, lequel suivant son adjudication a presenté pour caultions, tant des deniers qu'il recevra que de satisfaire entierement au contenu d'icelle adjudication, Barbe Lequeulx sa femme, de luy autorizée, et Jehan Legay, sergent à cheval au Chastellet de Paris, demourant proche

la porte Sainct Germain. Lesquelz à ce presens solidairement et par emprisonnement de leurs personnes ont pleigé et caultionné ledict Jehan Coulon pour le contenu cy dessus et ont faict les submissions accoustumées. Et ont déclaré leur appartenir, sçavoir lesdictz Coulon et Lequeulx, sa femme, une maison seize à Chelles, et ledict Legay, la quatriesme partye d'une maison scize devant le Pallais, où pend pour enseigne l'Image Sainct Michel, consistant en trois corps d'hostel, plus soixante livres de rente à luy deue par Charles Vincent, eschevin de la ville d'Eu pres Abbeville, et cinquante livres tournois de rente à luy deue par les heritiers de feu m^e-Jacques Avril, vivant advocat au bailliage de ladicte ville d'Eu.

«Nous, en la presence du Procureur du Roy de ladicte Ville, avons lesdictes caultions receues et les recevons par ces presentes.»

LXIX. — Mandement aulx marchans de faire amener leur bois en ceste Ville.

5 mars 1611. (Fol. 319 v°.)

De par les Prevost des Marchans et Eschevins de la ville de Paris.

«Il est tres expressement enjoinct à tous marchans de bois et de charbon, tant de ceste Ville que forains, de faire charger promptement et en toute diligence le bois et charbon estans sur les portz le long des rivieres tant d'amont que d'aval, et faire aussi promptement admener et voicturer en cestedicte Ville lesdictes marchandises de bois et charbon pour la provision et fourniture de cestedicte Ville, avec deffences ausdictz marehans de vendre leurs dictes marchandises en chemin, et à touttes autres personnes d'aller au devant desdictes denrées pour les achepter; le tout à peine de confiscation desdictes marchandises, et de cinq cens livres parisis d'amande contre chacun contrevenant et refractaire à la presente ordonnance. Comme aussi deffences à tous crochepteurs et gaigne deniers, d'achepter desdictes marchandises ny les faire amener par flettes ou autrement, mesmes d'entrer dans les basteaulx en ceste Ville, sans estre assistez d'ung bourgeois, à peine du fouet. Et sera la presente ordonnance publiée à son de trompe et cry publicq sur les portz de cestedicte Ville, ad ce que personne n'en pretende cause d'ignorance.

«Faict au Bureau de la Ville, le samedy cinquiesme Mars mil six cens unze.»

LXX. — Les Quarteniers, cinquanteniers et diziniers deschargez des frais de l'entrée de la Royne.

7 mars 1611. (Fol. 320.)

De par les Prevost des Marchans et Eschevins de la ville de Paris.

«Il est ordonné que les Quartiniers, cinquanteniers et diziniers de ceste Ville sont deschargez et les deschargeons par ces presentes de contribuer avec les marehans ou autres mestiers de cestedicte Ville, ny de payer aulcune chose des fraiz qui ont esté faictz pour les m^{res} et gardes des corps de la marchandise et autres communaultez des mestiers; à cause des preparatifz de l'entrée de la Royne qui se debvoit faire en cestedicte Ville, attendu les fraiz que lesdictz officiers de ladicte Ville ont faictz et estoient tenuz faire en leurs particuliers, et qu'ilz ont contribué de leur part à l'execution de noz mandemens concernant ladicte entrée.

«Faict au Bureau de ladicte Ville, le lundy septiesme jour de Mars mil six cens unze.»

LXXI. — La fontaine de M. Le Feron remise.

17 mars 1611. (Fol. 320 v°.)

De par les Prevost des Marchans et Eschevins de la ville de Paris.

«Il est ordonné à Pierre Guillain, M^e des oeuvres de maçonnerie de ladicte Ville ayant la principalle charge soubz nous des ouvriers, ouvraiges et conduicte des caues des fontaines de ladicte Ville, de faire remettre la fontaine qui est au logis de Monsieur Feron, m^e des Comptes, en tel estat qu'elle estoit cy devant[1], et que l'eaue puisse fluer en la maison dudict sieur, ainsy qu'elle avoit accoustumé de faire; et outre de faire rabaisser le thuyau de la descharge du reservoir publicq par lequel l'eaue se descharge dans iceluy reservoir à la commodité publicque.

«Faict au Bureau de la Ville, le jeudy dix septiesme jour de Mars mil six cens unze.»

---

[1] On voit au tome XI des *Registres du Bureau*, p. 161 et 511, que Nicolas Le Férou, maître des Comptes de 1588 à 1619, possédait, à la date du 3 mars 1598, une fontaine particulière «en sa maison, rue Barre du Becq, où y a reservoir publiq», maison qui avait appartenu jadis à Jean Luillier, sieur de Boullancourt, mort en 1568.

LXXII. — Procession generale pour la reduction.
22 mars 1611. (Fol. 321.)

De par les Prevost des Marchans et Eschevins de la ville de Paris.

«Cappitaine Norry, trouvez vous, avec tous ceulx de vostre Nombre, garnis de leurs bocquetons et hallebardes, mardy prochain vingt deuxiesme du present moys, six heures du matin, en l'Hostel de la Ville pour nous accompagner à aller à la procession generalle qui se fera pour rendre graces à Dieu de l'heureuse reduction de cestedicte Ville en l'obeissance du Roy. Sy n'y faictes faulte.»

«Faict au Bureau de la Ville, le vendredy dix huictiesme Mars mil six cens unze.»

Pareil sera envoyé aux cappitaines Norroy et Lefebvre.

De par les Prevost des Marchans et Eschevins de la ville de Paris.

«Sire Jehan Le Conte, Quartinier, trouvez vous avec deulx notables bourgeois de vostre quartier, à cheval et en housse, demain, sept heures du matin, en l'Hostel de la Ville pour nous accompagner à aller à la procession generalle qui se fera en l'eglise Nostre Dame pour rendre graces à Dieu de l'heureuse reduction de ceste Ville en l'obeissance du Roy.

«Faict au Bureau de ladicte Ville, le lundy vingt ungiesme jour de Mars mil six cens unze.»

Pareil sera envoyé à M^{rs} les Quartiniers.

«Monsieur de Versigny, plaise vous trouver demain, sept heures du matin, en l'Hostel de la Ville, à cheval et en housse, pour nous accompagner à aller à la procession generalle qui se fera en l'eglise Nostre Dame pour rendre graces à Dieu de l'heureuse reduction de ceste Ville en l'obeissance du Roy. Vous priant n'y voulloir faillir.

«Faict au Bureau de ladicte Ville, le lundy vingt ungiesme jour de Mars mil six cens unze.

«Les Prevost des Marchans et Eschevins de la Ville de Paris, tous vostres.»

Suivant lesquelz mandemens ledict jour de mardy vingt deuxiesme Mars, sur les sept à huict heures du matin, mesdictz sieurs les Prevost des Marchans et Eschevins et aucuns des Conseillers, Quartiniers sont partiz dudict Hostel de Ville pour aller en l'eglise Nostre Dame en l'ordre qui ensuit :

Premierement marchoient les trois cens archers de la Ville, vestuz de leurs bocquetons et hallebardes;

Les dix sergents vestuz de leurs robes mipartyes;

Le Greffier de la Ville, seul, à cheval, aussy vestu de sa robe mipartye;

Lesdictz sieurs Prevost des Marchans et Eschevins, aussy à cheval et vestuz de leurs robes mipartyes;

Le Procureur du Roy, de sa robe d'escarlatte;

Le Receveur, de son manteau à manche, noir;

Suiviz d'aucuns desdictz sieurs Conseillers, Quartiniers et bourgeois mandez, tous à cheval. Et estant la procession faicte et la messe dicte, sont revenuz au dict Hostel de la Ville au mesme ordre qu'ilz en estoient partiz[1].

LXXIII. — [Convocation à une assemblée du Conseil de Ville.]
24 mars 1611. (Fol. 322.)

«Monsieur..., plaise vous trouver samedy prochain, quatre heures de relevée, au Bureau de la Ville pour deliberer sur la resignation que Monsieur Le Lievre, Conseiller de ladicte Ville, entend faire de sondict office de Conseiller au proffict de Maistre Guillaume Marescot, advocat en Parlement, conseiller et advocat general de la Royne regente, et outre pour deliberer sur le bail general des gabelles de France faict par le Roy à Maistre Thomas Robin, à nous envoyé par Messieurs de la Chambre des Comptes. Vous priant n'y voulloir faillir.

«Faict au Bureau de la Ville, le jeudy vingt quatriesme jour de Mars mil six cens unze.

«Les Prevost des marchans et Eschevins de la Ville de Paris, tous vostres.»

LXXIV. — [Assemblée du Conseil pour la] reception de Me Marescot en l'office de conseiller au lieu de M^e Le Lievre et touchant le bail general des gabelles à Me Thomas Robin.
26 mars 1611. (Fol. 322 v°.)

Du samedy vingt sixiesme jour de Mars mil six cens unze.

---

[1] Les registres du chapitre Notre-Dame renferment la mention suivante relativement à cette cérémonie : «Die lunæ xxi^a martii. Commissus est rogatas dominus Hubert et dominus Fouyn adire dominum Præpositum Mercatorum et Ædiles Urbis pro cereis, et Locumtenentem criminalem pro platearum mundatione, pro processione generali die crastina celebranda et gratiarum actione Deo optimo maximo de reductione hujus Urbis in protestatem defuncti regis Henrici Magni, cujus anima in pace requiescat.» (*Arch. nat.*, LL 169, p. 437.)

En l'assemblée de Messieurs les Prevost des Marchans, Eschevins et Conseillers de la ville de Paris, ledict jour tenue au Bureau d'icelle pour deliberer sur la resignation que Monsieur Le Lievre [1], Conseiller de ladicte Ville, a faicte de sondict office de Conseiller au proffict de Maistre Guillaume Marescot, advocat en Parlement, conseiller et advocat general de la Royne regente [2], et outre pour deliberer sur le contract et bail general faict par le Roy à M° Thomas Robin [3], des greniers à sel de ce Royaume, envoyé à la Ville par nos seigneurs de la Chambre des Comptes,

Sont comparuz :

Monsieur Sanguyn, sieur de Livry, conseiller au Parlement, Prevost des Marchans ;

Monsieur Lambert, Monsieur Thevenot, Monsieur Perrot, Monsieur de La Noue, Eschevins.

Monsieur le President de Boullancourt ;

Monsieur de S¹ Cir, m° des Requestes ;

Monsieur Aubry, m° des Requestes ;

Monsieur Boucher, conseiller en la Court ;

Monsieur Le Prestre, conseiller en la Court ;

Monsieur Amelot, m° des Comptes ;

Monsieur Arnault, advocat ;

Monsieur Abelly ;

Monsieur Lamy, secretaire ;

Monsieur de S¹ Germain, s' de Ravynes, Conseillers de ladicte Ville.

La compagnie estant assemblée, mondict sieur le Prevost des Marchans a remonstré que mondict sieur Le Lievre a passé deux procurations pour la resignation de sondict office de Conseiller, l'une pure et simple, et l'autre en faveur dudict sieur Marescot qui desire y estre reçeu, priant la compagnie en voulloir deliberer.

Sur quoy, lecture faiete desdictes deux procurations passées par devant Moulle et Mahieu, notaires, le vingt ungiesme du present moys, a esté deliberé, conclud et arresté admettre, comme de faict la compagnie a admis et admet, ladicte resignation, et ordonné que ledict sieur Marescot sera presentement reçeu audict office de Conseiller de ladicte Ville au lieu dudict sieur Le Lievre.

Et à l'instant a esté mandé en ladicte assemblée ledict sieur Marescot, auquel a esté fait entendre la resolution de la compagnie. Et d'iceluy a esté pris le serment en tel cas requis et accoustumé, mesme a esté installé et mis en plaine possession d'iceluy office.

Ce faict, a esté faict lecture dudict contract et bail general des Gabelles, donné à Paris le dernier jour de Septembre dernier [4], signé : «Par le Roy en son Conseil, FAYET», et scellé sur double queue de cire jaulne, ensemble des lettres de declaration de Sa Majesté dattées du premier jour du present mois,

---

[1] Louis Lelièvre, qui fut Échevin en 1603 (*Registres du Bureau*, t. XIII, p. 156 et note).

[2] Guillaume Marescot, fils de Michel et de Jeanne Vandovie, naquit le 25 décembre 1567 et fut reçu avocat dès 1586. Emprisonné en 1589 par les Ligueurs, il obtint du duc de Mayenne sa mise en liberté, à la condition de quitter la France, et se retira à Heidelberg où il entra en relation avec les plus savants hommes de son siècle. Rentré en France en 1593, il plaida au parlement de Tours. En 1604, il fut nommé avocat général de la reine Marie de Médicis, et devint maitre des Requêtes, cette même année 1611, à son retour d'une mission que la Reine lui avait confiée en Italie pour rechercher, dit l'Estoile, la généalogie des Concini. (*Mémoires-journaux*, t. XI, p. 78, à la date du 6 février 1611, jour où Marescot revint à Paris.) Lors de sa réception en qualité de maitre des Requêtes, qui eut lieu le mercredi 27 avril 1611 (Arch. nat., X¹ᵃ 1836), la Cour décida «que, sans examen, led. Marescot, avocat fameux, plaidant ordinairement depuis vingt ans en ladicte Court, sera receu aud. estat, faisant le serment accoustumé». Des lettres patentes du mois de septembre 1612, enregistrées à la Cour des Aides le 15 octobre suivant, portent permission à M° Guill. Marescot, maitre des Requêtes de l'Hôtel, et aux sieurs Philippe et Germain Marescot, ses frères, tous enfants de défunt M° Michel Marescot, médecin ordinaire du Roy, anobli par lettres de Henri IV du mois de mars 1596, confirmées le 19 juillet 1602, de changer les armoiries que ledit feu Marescot, leur père, avait prises par lesdites lettres, et de prendre celles que portent les sieurs Marescoti, gentilshommes de Bologne la Grasse en Italie, attendu que, portant le même nom, il est à croire qu'ils sont de même extraction, lesd. sieurs Marescoty de Bologne ayant donné pour le consentement par écrit. (Ancien registre d'enregistrement de la Cour des Aides, coté 52, fol. 266. Analyse donnée par le recueil Cromo, *Arch. nat.*, U 666.)

Plus tard, Marescot fut intendant de l'armée de Champagne en 1615, intendant de Metz en 1619 et, après avoir rempli plusieurs ambassades, mourut le 9 août 1643. Il avait épousé, le 11 septembre 1597, Valentine Loisel, fille du célèbre avocat Antoine Loisel. (*Dictionnaire* de Moréri, *Généalogies manuscrites* de Chassebras et Gui Joli, *Opuscules tirez des Mémoires de M. Antoine Loisel*, Paris 1656, in-4°, p. 602.)

[3] Thomas Robin s'intitule «seigneur de Belair et de Coulongnes», conseiller et maitre d'hôtel de la reine Marguerite, demeurant rue des Cinq Diamants, paroisse Saint Jacques la Boucherie», dans une procuration qu'il donna à sa femme le 2 avril 1611 pour le représenter à la profession de leur fils Barthelemy comme religieux à l'abbaye Saint-Corneille de Compiègne, et pour lui constituer une rente viagère (*Arch. nat.*, Y 151, fol. 232 v°).

[4] Le texte des lettres du 30 septembre 1610 par lesquelles le Roi fait bail à M° Thomas Robin, pour six années, de la ferme générale des droits de gabelle moyennant quatre millions six cent vingt et un mille livres par an, figure dans la collection Le Marié d'Aubigny (*Arch. nat.*, AD IX 165, n° 7); elles furent enregistrées à la Cour des Aides en vertu d'un arrêt du 23 septembre 1611 qui leur apportait certaines modifications (*Arch. nat.*, AD IX 416).

C'est à la fin de novembre que Pierre de L'Estoile annonce que «la ferme de sel fust adjugée à un nommé Robin, partizan, auquel avec d'autres associés on estoit après à en faire bail. — Et pour ce que, ajoute-t-il, mon nepveu de Bénévent le connaissoit et lui estoit ami et que, d'ailleurs, j'avois moien d'en faire parler à un des principaux du party, nommé S¹-Julien, j'essaiai d'y fourrer un de mes enfans nommé François, qui escrivoit bien, pour estre employé sous eux, s'il eust esté possible. Mais ils trou-

signés sur le reply : « Par le Roy, MALLIER », et scellés sur double queue de cire janlne. Et l'affaire mise en deliberation, a esté arresté supplier nosdictz seigneurs de la Chambre des Comptes ne procedder à la verification desdictz contractz et lettres, sinon à la charge que ledict Robin soit tenu nommer ses assotiez, presenter aux Prevost des Marchans et Eschevins ses caultions bien et deuement certiffiées pour s'obliger solidairement et faire les submissions accoustumées, jusques à la somme de trois cens soixante mil livres pour asseurance du payement des rentes, et de payer par chacun an, de quartier en quartier et six sepmaines apres chascun quartier eschen, ce à quoy se monte le payement des arreraiges des rentes constituées sur le sel, poursuivant la commission qui en sera baillée par lesdictz Prevost des Marchans et Eschevins, payer et distribuer conformement aux reglemens faictz pour le payement des rentes aux particuliers rentiers en suitte du dernier quartier qui sera acquitté par m° Jehan de Moisset, et que à ceste fin il s'obligera par corps. Et si, pour le payement de ce que dessus, il se presentoit quelque differend, il sera tenu, luy, ses assotiez et caultions, subir la jurisdiction de Messieurs de la court de Parlement où les contractz ont esté verifiez; qu'il sera aussy tenu presenter et rapporter au Bureau de la Ville les estatz du manyement qu'il aura faict, touttes et quantes fois qu'il luy sera ordonné, et outre que le trente deuxiesme article dudict bail[1] ne puisse aulcunement prejudicier au previllege desdictz sieurs Conseillers de Ville pour leur droict de sel, duquel ilz jouyront conformement à leurdict privillege verifié pour nosdictz seigneurs de la Chambre des Comptes.

LXXV. — LES SIEURS MARTIN ET FANUCUE,
RECEVEURS, MANDEZ À LA VILLE
POUR ESTRE REIGLEZ EN LEURS CHARGES.

7 avril 1611. (Fol. 326.)

Du Jeudy septiesme jour d'Avril mil six cens unze. Ledict jour ont esté mandez au Bureau de la Ville Maistres Christofle Martin et Flamin Fanuche[2], conseillers du Roy recepveurs generaulx et payeurs des rentes de ladicte Ville assignées sur les receptes generalles, afin de rendre raison de leurs charges et dire et declarer par quel quartier ledict Fanuche commancera à payer lesdictes rentes et faire l'exercice de sa charge. Lesquelz ont dict que, pour compter par eulx nettement et esviter le desordre qui pourroit estre en leurs comptes si led. Fanuche payoit les quartiers par led. Martin encommancez à payer, il estoit de besoing que ledict Fanuche continuast de faire les payemens de la premiere demye année mil six cens et que les acquictz que ledict Martin paye d'icelle premiere demye année seroient par luy baillez pour argent comptant audict Fanuche qui en comptera à sa descharge.

« Nous, du consentement desdictz sieurs Martin et Fanuche, et sur ce oŷ le Procureur du Roy et de la Ville, avons ordonné que ladicte proposition cy dessus sera suivye; ce faisant, que ledict Martin continuera les payemens encommancez par ledict Martin sur ladicte premiere demye année mil six cens et que les acquicts des payemens faictz par iceluy Martin sur icelle premiere demye année seront par luy baillez audict Fanuche qui luy en fournira quitance comptable à sa descharge, lesquelz il prendra pour argent comptant et en comptera à la descharge dudict Martin. Et par ce moyen ledict Fanuche commancera à rendre compte du payement desdictes rentes des receptes generalles d'icelle premiere demye année mil six cens. »

LXXVI. — MESSE DE LA REDUCTION.

8 avril 1611. (Fol. 324 v°.)

De par les Prevost des Marchans et Eschevins de la ville de Paris.

« Cappitaine Norry, trouvez vous avec tous ceulx de vostre compagnie garniz de leurs hocquetons et hallebardes, vendredy prochain huictiesme jour du present mois, six heures du matin, en l'Hostel de la

---

vèrent qu'il estoit trop petit et firent response qu'ils ne se vouloient servir que d'hommes jà tout faits et duits aux affaires. Dont je ne fus autrement marri, pour la corruption qui y règne... Quand j'oy dire à tout le monde que, pour y faire ses affaires, il faut este larron, cela m'en diminue fort le regret, car je l'aimerois mieux voir toute sa vie belistrer que derobber. » (*Mémoires-journaux*, t. XI, p. 33.)

[1] Relatif aux exemptions des droits de gabelle.

[2] Nous avons dit plus haut que Christophe Martin avait été reçu en l'office de receveur général et payeur alternatif des rentes sur le Clergé et recettes générales, mais que le second de ces offices alternatifs avait été divisé entre deux titulaires; l'un de ces titulaires, chargé de ce qui concernait les rentes sur le Clergé, était, comme nous l'avons vu, Paul de La Barre, l'autre, ayant la charge des rentes sur les recettes générales, fut Flamin Fanuche qui fut nommé le 26 janvier et reçu en cet office à la Chambre des Comptes le 19 mars 1611 (*Arch. nat.*, P 2670, fol. 218), à la charge de bailler caution, ce qu'il fit le 24 octobre suivant (*ibid.*, fol. 325). Flamin Fanuche, qui portait, comme armoiries, d'azur à la fasce d'or accompagnée de six coquilles du même, fut plus tard conseiller du Roi en ses Conseils d'Etat et privé. Il épousa Marie Maupeou qui, devenue veuve, mourut au mois de mai 1631 et fut enterrée le 18 en l'église de l'Ave-Maria (Raunié, *Épitaphier*, t. I, n° 403).

Ville, pour nous assister à aller à la messe qui se dira en l'eglise Nostre Dame pour rendre graces à Dieu de l'heureuse reduction de ceste Ville. Sy n'y faictes faulte.

«Faict au Bureau de la Ville, le meccredy sixiesme jour d'Apvril mil six cens unze.»

Pareil envoyé audict Norry, autre au cappitaine Lefebvre, et autre au cappitaine de Norroy.

De par les Prevost des Marchans et Eschevins de la ville de Paris.

«Sire Jehan Le Conte, Quartenier, trouvez vous avec deux notables bourgeois de vostre quartier, à cheval et en housse, vendredy prochain huictiesme du present moys, sept heures du matin, en l'Hostel de la Ville, pour nous accompagner à aller à la messe qui se dira en l'eglise Nostre Dame pour rendre graces à Dieu de l'heureuse reduction de ceste Ville. Sy n'y faictes faulte.

«Faict au Bureau de ladicte Ville, le meccredy sixiesme jour d'Avril mil six cens unze.»

Pareil a esté envoyé à chacun des seize Quarteniers.

«Monsieur de Versigny, plaise vous trouver, vendredy prochain huictiesme jour du present mois, sept heures du matin, à cheval et en housse, en l'Hostel de la Ville, pour nous accompagner à aller à la messe qui se dira en l'eglise Nostre Dame pour rendre graces à Dieu de l'heureuse reduction de ceste Ville. Vous priant n'y voulloir faillir.

«Faict au Bureau de ladicte Ville, le meccredy sixiesme jour d'Apvril mil six cens unze.

«Les Prevost des Marchans et Eschevins de la ville de Paris, tous vostres.»

Pareil envoyé à chacun de M⁹⁹ les Conseillers de la Ville.

Suivant lesquelz mandemens mesdictz sieurs les Prevost des Marchans et Eschevins, Conseillers et Quarteniers sont partiz dudict Hostel de la Ville ledict jour de vendredy huictiesme d'Apvril, sur les huict à neuf heures du matin, pour aller en ladicte eglise Nostre Dame en l'ordre qui ensuict :

Premierement marcheoient les archers de la Ville, vestuz de leurs hocquetons avec hallebardes;

Les dix sergens de lad. Ville, à pied, vestuz de leurs robes mipartyes;

Le Greffier de la Ville, seul et à cheval, vestu de sa robe mipartye;

Lesdictz sieurs Prevost des Marchans et Eschevins, vestuz de leurs robes mipartyes;

Le Procureur du Roy de la Ville, de sa robe d'escarlatte;

Aucuns de Messieurs les Conseillers, Quartiniers et bourgeois mandez.

Et estant arrivez à Nostre Dame auroient pris leurs places dans la nef, vis à vis la chappelle Nostre Dame, et incontinant apres, seroient arrivez Messieurs de la cour de Parlement et Messieurs de la Chambre des Comptes qui auroient pris leurs places à main droicte et vis à vis mesdicts sieurs de la Ville. Et aussytost la messe a commancé, laquelle dicte, mesdictz sieurs de la Ville sont revenuz audict Hostel de la Ville, au mesme ordre comme ilz en estoient partiz.

Et est à notter que, suivant la coustume, ledict jour de vendredy sur les sept heures du matin, deux de Messieurs les Eschevins ayant leurs robes miparties et assistez de quelques archers et sergentz de ladicte Ville furent en la court de Parlement et Chambre des Comptes, les prier d'assister à lad. messe de la reduction ainsy qu'il estoit accoustumé.

Et sont ordinairement les Eschevins qui vont ausdictes Courtz le premier et le troiziesme [1].

LXXVII. — La Ville est allée saluer M. de Verdun en qualité de Premier President.

9 avril 1611. (Fol. 326 v°.)

Le samedy neufiesme jour d'Apvril mil six cens unze, Messieurs les Prevost des Marchans et Eschevins de la ville de Paris, estans advertiz que Monsieur de Verdun[2] avoit pris sceance en la cour de

---

[1] On trouvera plus loin, pour l'année 1612, un spécimen de l'allocution prononcée en pareille circonstance par le premier Échevin. — Nous donnons ici l'extrait d'un mandement qui n'a pas été transcrit dans le registre et qui fut adressé, à cette date du 8 avril, à Geoffroy Le Secq pour se présenter à l'assignation donnée à la Ville, au Châtelet, à la requeste de maistre Martin Lefebvre, prestre et soy disant l'un des chappellains de la chappelle de la Trinitté fondée en l'eglise Monsieur S' Gervais et S' Protais par le feu s' de Pacy», et de requérir la juridiction du Parlement (*Arch. nat.*, H 1890).

[2] Dès le mois d'août précédent, il avait été question du remplacement d'Achille de Harlay par Nicolas de Verdun pour la charge de Premier President, comme ledit Pierre de L'Estoile : «M. de Verdun, Premier Président en la cour du Parlement de Tolose, arriva à Paris ce jour [21 août 1610], en grande compagnie (et plus grande, ce semblait, que sa qualité ne portoit), car il estoit accompagné de bien cent chevaux et avoit à sa suitte dix ou onze carrosses. Il est vrai que la plupart de ce train n'estoit sien, mais de ceux qui lui estoient allés au devant comme amis. Il fust logé à l'hostel de Roquelaure. Dès cette heure-là, on lui donnoit l'estat de Premier Président de Paris dont on disoit que M. de Harlay estoit en propos de se desfaire. Et combien qu'il

Parlement et avoit esté receu Premier President en ladicte Court, sont allez, avec les Procureur du Roy, Greffier et Recepveur de lad. Ville, en la maison dudict sieur Premier President[1], scize rue de la Chanverrerie[2], pour luy faire la reverence au nom de la Ville et le supplier d'avoir les affaires de ladicte Ville en recommandation.

Lequel sieur Premier President a fort bien receu mesdictz sieurs de la Ville et iceulx remerciez de l'honneur que ladicte Ville luy faisoit; que l'acces et entrée de sa maison seroit fort libre à mesdictz sieurs de la Ville en general et en particulier; qu'il aymoit ladicte Ville, l'assisteroit de tout son pouvoir à ce qui sera de la commodité d'icelle Ville tant envers le Roy, la Royne, que Messieurs du Conseil, et qu'il auroit lesd. affaires de la Ville en singuliere et particuliere recommandation. De quoy mesdictz sieurs de la Ville l'ont remercyé et pris congé.

LXXVIII. — Retablissement de la fontaine du President de Boullancourt.

11 avril 1611. (Fol. 327.)

De par les Prevost des Marchans et Eschevins de la ville de Paris.

«Il est ordonné à Pierre Guillain, M⁰ des oeuvres de maçonnerie de ladicte Ville ayant la principalle charge soubz nous des ouvriers, ouvrages et conduicte des eaues des fontaines de ladicte Ville de faire remettre la fontaine qui est au logis de Monsieur le President de Boullancourt[3] en tel estat qu'elle estoit cydevant et que l'eaue puisse fluer en la maison dudict sieur, ainsy qu'elle avoit accoustumé de faire.

«Faict au Bureau de ladicte Ville, le lundy unziesme jour d'Apvril mil six cens unze.»

LXXIX. — Deffences aulx marchans de vendre leur bois et charbon plus que le pris à eulx ordonné.

12 avril 1611. (Fol. 327 v°.)

De par les Prevost des Marchans et Eschevins de la ville de Paris.

«Deffences sont faictes à tous marchans de bois, tant de ceste Ville que forains, de vendre leur bois à plus hault pris que celluy porté par le registre de l'arrivage[4] et qui a esté mis depuis le jour de Pasques[5].

«Sçavoir, le meilleur bois de traverse, six livres dix solz la voye; le bois d'andelle cent dix solz la voye; les meilleurs cottrets trois livres dix solz le cent, et la douzaine et le cottrest au prorata; les

---

en ait esté honoré depuis, si se moquoit-on de ce bruict et personne ne le croioit.» (*Mémoires-journaux*, t. X, p. 375-376.) Nicolas de Verdun était fils d'autre Nicolas, trésorier extraordinaire des guerres, et de Nicole de L'Aubespine; il avait épousé, dit Pierre de L'Estoile, la «fille de Jean Le Guay, marchant de draps de soie à Paris, qui fournissoit beaucoup de bonnes maisons de ceste ville, mesmes celles des Montelons et la nostre; et disoit-on que ce mariage lui avoit apporté quelque commodité.» (*Mémoires-journaux*, t. XI, p. 96.) Après la mort de Charlotte Le Guay, sa première femme, il se remaria avec Charlotte de Fonlebon, mais ne laissa pas d'enfants de ces deux unions. D'abord président aux Requêtes du Palais, puis aux Enquêtes, il était, depuis l'année 1600, Premier Président au parlement de Toulouse quand il fut pourvu du même office à celui de Paris. Sa nomination vint completer ce qu'on appelait par plaisanterie «la légende des Saints (cinq) Nicolas : Nicolas Bruslart, Chancelier; Nicolas de Neuville Villeroy, secrétaire d'Estat, Nicolas de Verdun, Premier Président, Nicolas Chevalier, président» des Aydes, Nicolas Le Geay, Lieutenant civil» (L'Estoile, *ibid.*, p. 125). — M. de Verdun mourut le 16 mars 1627.

[1] Cette visite du Corps de Ville lui fut rendue le jour même où il avait été reçu dans sa nouvelle charge et admis à prêter, devant toutes les chambres assemblées, le serment accoutumé (*Arch. nat.*, X¹ᵃ 911). Pierre de L'Estoile (t. XI, p. 98-105) donne de nombreux détails sur les débuts du Premier Président. Le 20 avril suivant, les Prévôt des Marchands et Échevins proposèrent au Parlement, pour remplir une des places vacantes de gouverneur de l'Hôtel-Dieu, Nicolas de Verdun qui «leur a esté nommé par les autres gouverneurs». (*Arch. nat.*, X¹ᵃ 1836.)

[2] La rue de la Chanverrerie ou Chanvrerie fut supprimée par ordonnance royale du 5 mars 1838. Elle allait de la rue Saint-Denis à la rue Mondétour. Comme elle faisait partie de la censive du Roi (*Arch. nat.*, Q¹* 1099³, fol. 70), on n'a pas chance de trouver à cette époque sur elle des renseignements qui permettent de déterminer l'emplacement de l'hôtel du Premier Président.

[3] On trouve des renseignements sur cette famille dans les Registres précédents (t. XII, p. 480-481, et t. XIII, p. 28, 138 et 460). Nicolas Luillier, sieur de Boulancourt, président en la Chambre des Comptes, était Conseiller de Ville depuis près d'une quarantaine d'années ayant été reçu en cet office le 16 août 1581 (*Registres du Bureau*, t. VIII, p. 263), en survivance de son père qui portait également le nom de Nicolas et qui, dès l'année suivante lui laissa par sa mort l'exercice de la charge de Conseiller de Ville. Nicolas Luillier, étant entré en possession de l'héritage de son père, rendit aveu au Roi pour la terre de Boulancourt dépendant de la châtellenie de Gretz en Gâtinais (aujourd'hui département de Seine-et-Marne, canton de la Chapelle-la-Reine), le 30 juin 1582 (*Arch. nat.*, P 73, cote 3423). De son mariage avec Louise Bourdet il laissa une fille unique, Louise, dame de Boulancourt, qui épousa Henri de Balsac, comte de Clermont d'Entraigues, de qui naquit Louise de Balsac, seconde femme de Louis de Bretagne, marquis d'Avaugour, comte de Vertus.

[4] On trouve dans le registre d'audience du Bureau (*Arch. nat.*, Z¹ᴴ 112), à la date du 9 avril, des poursuites intentées par le Procureur du Roi de la Ville contre deux marchands de Compiègne, Florimond et Nicolas Roussel, pour avoir vendu leur bois à un prix supérieur : «Serment faict par lesd. deffendeurs, enquis s'il est pas vray qu'ilz ont vendu leur cotteret 1111 l. et 1111 l. x s. le cent? ont dit que non. Nous, parties oyes, leur avons faict et faisons expresses inhibitions et deffenses de doresnavent vendre le boys plus que le pris de l'arivage, à peyne de confiscation.»

[5] Pâques était tombé, en 1611, le 3 avril.

fagotz à cinquante huict solz le cent, la douzaine et le fagot au prorata; et le meilleur bois de mousle à sept livres aussy la voye, et ce nonobstant et sans avoir esgard aux pris qui ont esté ordonnez auparavant ledict jour de Pasques pour les considerations portées par nostre ordonnance faicte auparavant ledict jour, lesquelz pris nous avons reduict à ceulx cy dessus speciffiez. Enjoinct à tous lesdictz marchans d'obeir à la presente ordonnance à peine de cent livres parisis d'amende et de confiscation des marchandises au cas de contravention. Et sera cestedicte presente ordonnance signiffiée à tous lesdictz marchans ad ce qu'ilz n'en pretendent cause d'ignorance.

«Faict au Bureau de ladicte Ville, le mardy douziesme jour d'Avril mil six cens unze.»

LXXX. — Mandement à Jodelet, procureur, contre Monsieur le Lieutenant civil à cause de la recherche des quartiers.

18 avril 1611. (Fol. 328.)

De par les Prevost des Marchans et Eschevins de la ville de Paris.

«M° Jehan Jodelet, procureur des causes de la Ville en la court de Parlement, nous vous mandons vous presenter, pour ladicte Ville, à l'assignation à elle donnée à la requeste de Monsieur Jacques Liger, sieur de Grasville, conseiller notaire et secretaire du Roy, maison et couronne de France, et l'ung des capitaines de cestedicte Ville, sur l'appel par luy interjecté d'une sentence donnée par le Prevost de Paris ou son Lieutenant civil. Intervenez et vous joignez avec ledict de Graville contre maistre Nicolas Le Jay, conseiller du Roy en ses Conseilz d'Estat et privé et Lieutenant civil de la prevosté et viconté de Paris, et pour cause d'appel et moyens d'intervention, remonstrez que, executant par ledict de Graville le mandement par nous à luy envoyé pour le faict des recherches, il se seroit transporté par les hostelleries et chambres locantes de sa dizaine et auroit enjoinct aux hostelliers de luy porter chacun jour les noms de leurs hostes; à quoy satisfaisant par ung nommé Claude Assades, auroit baillé les noms de ses hostes audict de Graville. De quoy estant adverty ledict Lieutenant civil auroit condamné ledict Assades en quatre livres parisis d'amande, avec deffenses de plus bailler les noms de ses hostes à son capitaine, sauf son recours contre ledict de Graville. Pour le payement de laquelle amande ledict Assades auroit esté executé en ses biens, et pour en esviter la vente auroit esté contrainct payer ladicte amande à M° Pierre Le Breton, receveur des amandes du Chastellet. Et d'aultant que ledict Assades poursuit ledict de Graville pour le recours de ladicte amande, prenez le faict et cause pour icelluy de Graville et requerez qu'il soit dict que ladicte sentence donnée contre icelluy Assades soit declarée nulle et de nul effect, avec deffenses andict Lieutenant civil de plus troubler ladicte Ville au faict desd. recherches et perquisitions; et outre que ledict Breton qui a recen lad. amande sera contrainct par corps à la restitution d'icello. Et ne faillez à nous advertir souvent de ce qui se passera de la presente affaire.

«Faict au Bureau de ladicte Ville, le dix huitiesme jour d'Apvril mil six cens unze.»

LXXXI. — Ordonnance au Maistre des œuvres pour faire une vue ou regard au carrefour de la rue Saint-Honoré proche la fontaine de la Croix du Tirouer.

21 avril 1611. (Fol. 329.)

De par les Prevost des Marchans et Eschevins de la ville de Paris.

«Il est ordonné à Pierre Guillain, Maistre des œuvres de maçonnerie de lad. Ville, de faire une vene ou regard au carrefour de la rue St Honoré proche le reservoir de la fontaine de la Croix du Tirouer, à l'environ des robinetz de la grosseur et descharge d'eaue de la fontaine ordonnée et destinée pour le service du Roy dans le chasteau du Louvre [1], garny de ses murs de pierre de taille, et de la proffondeur de six à sept piedz au dessoubz du pavé; icelle recouvrir de grande pierre de liaiz avec une pierre percée pour l'entrée d'icelluy et dessente à costé; et icelluy disposer pour avoir sa descharge au puisart qui est proche d'icelluy; et le faire fermer comme les autres regardz qui sont à fleur du pavé des rues. Et ce le plus diligemment que faire se pourra aux frais de ladicte Ville.

«Faict et ordonné au Bureau d'icelle Ville, le vingt uniesme d'Apvril mil six cens unze.»

LXXXII. — Monstre des archers de la Ville au Temple.

22 avril 1611. (Fol. 329 v°.)

De par les Prevost des Marchans et Eschevins de la ville de Paris.

«Cappitaine Norry, trouvez vous avec tous ceulx de vostre compagnie, à cheval, vestuz de leurs cazacques neufves, ayant l'espée et chacun le pistollet

---

[1] Voir ci-dessus, n° IV.

à l'arçon de la scelle, et au meilleur esquipage que faire se pourra, le dimanche premier jour de May prochain, sept heures du matin, pour, eu noz presences, faire les monstres en la maniere accoustumée[1]. Sy n'y faictes faulte.

«Faict au Bureau de ladicte Ville, le vendredy vingt deuxiesme jour d'Apvril mil six cens unze.»

Pareil envoyé aux deux autres cappitaines.

LXXXIII. — Mandement au Secq, procureur, touchant les arbres estans dans les fossez.

28 avril 1611. (Fol. 329 v°.)

De par les Prevost des Marchans et Eschevins de la ville de Paris.

«M° Geoffroy Le Secq, procureur des causes de la Ville au Chastellet de Paris, nous vous mandons vous opposer aux cryées, vente et adjudication par decret, qui se poursuivent audict Chastellet, de la permission et jouissance du plan d'arbres estant le long des fossez de ladicte Ville, ensemble de la jouissance d'ung casematte scize pres la porte de Montmartre[2] appartenant à ladicte Ville, saisiz sur les heritiers de feu Jehan Martin. Et requerez que l'adjudication soit faicte à la charge par l'adjudicataire de payer et continuer par chacun an à ladicte Ville quatre livres tournois de loyer pour lesdictz arbres, et dix livres tournois pour ledict cazematte, auxquelz pris ledict deffunct Martin les tenoit, comme appert par les permissions que nous vous envoyons[3], et de satisfaire entierement aux charges et conditions desdictes permissions. Et outre sur le pris de l'adjudication opposez vous pour estre payé de la somme de neuf livres tournois, d'une part, pour deux années et demye escheues au jour de Pasques dernier, à cause de ladicte redevance desdictz arbres, et douze livres dix

---

[1] Voici, d'après le registre d'audiences du Bureau, le procès-verbal de cette revue :

«Ce jourd'huy dimanche premier jour de May mil v° unze, en la presence de messieurs les Prevost des Marchans et Eschevins estans dans la court du Temple de ceste Ville, ont esté faictes les monstres des trois compagnyes d'arquebuziers, archers et arbalestriers pistolliers de ladicte Ville estans tous à cheval et en fort bon esquipage, en la maniere accoustumée. Et à faulte par F. Bauteur de ladicte compagnie des harquebuziers de s'estre trouvé à ladicte monstre et qu'il nous a esté certifié par le s' Norry, cappitaine d'icelle compagnie, qu'il ne vient à tous les mandemens qui luy sont faictz, ordonnons que ledict Bauteur sera assigné pour respondre; comme aussi à faulte par Jehan Frebautin et Loys Vingnier, de la compagnye des archers, Simon Bourgeois et François Lambert, de ladicte compagnye desdictz arbalestriers pistolliers, d'estre aussy comparuz à ladicte monstre et qu'il nous a certifié qu'ilz sont coustumiers de ce faire et tous que led. Frebautin est demeurant aulx champs, ont esté lesdictz quatre susnommez cassez, en la place desquels en sera mis d'autres. Et au regard de Simon Dramard et J. Guyot, de lad. compagnye des archers, qui ne se sont anssy trouvez à lad. monstre, ont esté condampnez en chacun soixante solz tournois d'amande; lesd. amandes applicables à la discretion du sieur de Norroy, cappitaine d'icelle conpagnye.»

[2] La porte Montmartre avait besoin à cette date de réparations urgentes, comme le montre cet extrait assez curieux des registres d'audiences (Z¹ᵇ 112, au 29 mars 1611) :

«... Est comparu au Bureau de la Ville m° Pinguet, commissaire au Chastelet, qui a remonstré que poursuivant André Vitot, entrepreneur du nectoiement des boues et immondices du quartier de Sainct Honnoré et ses environs, de bien nectoier sondict quartier, il s'excusa de ce qu'il ne peult passer avec ses harnois par la porte de Montmartre à cause du peril eminent y estant, qui est le chemin de la voirie et du lieu où il faict la conduite de ses immondices, qui est cause qu'il ne peult si promptement nectoier ledict quartier qu'il desireroit. Pour à quoy remedier ledict Vitot cy present requiert qu'il nous pleust luy permettre de faire estayer à ses fraiz et despens ledict peril esminent, affin de passer par ladicte porte avec ses gens, chevaulx et harnois, le tout en attendant que la Ville y face travailler pour la reparation entiere de ladicte porte, à la charge que autre que luy et ses gens et chartiers ne passeront par ladicte porte avec des harnois, et à ceste fin qu'il y mettra une barriere dont il aura la clef.» Le Bureau lui accorde sa demande, mais on voit dans le même registre, à la date du 10 juin 1611, que cette mesure souleva des réclamations. Le Bureau de la Ville reçut de plusieurs bourgeois habitant près de la porte Montmartre des plaintes sur ce «que le pont de ladicte porte est tellement rompu et en peril esmaynant que aucuns harnoys ny mesmes aucunes personnes n'y peuvent nullement passer, et depuis peu est tombé ung tombereau de dessus ledict pont dans les fossez dont y en a eu des personnes blessées et ung homme de tué, et combien qu'un nommé André Vitot, voiturier par terre, aict eu permission de nous d'estayer et de soustenir led. pont soubz sa commodité et le passage de ses harnoys, et soubz umbre de ceste permission aict tiré de l'argent de plusieurs chartiers, voire jusques à neuf ou dix escus d'un seul, soubz faulx donné à entendre que s'estoit pour faire reffaire led. pont afin d'avoir par eulx la liberté de passer par lad. porte, ce neantmoings Vitot n'a nullement faict travailler aud. pont d'icelle. Requerant leur voulloir pourvoir. Nous, oy sur ce le Procureur du Roy et de la Ville eu ses conclusions, avons ordonné que led. Vitot sera assigné à comparoir en personne pour respondre sur lad. plaincte cy dessus et aulx conclusions dud. Procureur du Roy et de la Ville et qu'il sera pourveu ausditz habittans.» Le 14 juin, Vitot reçoit commandement de faire travailler au pont conformément à la permission qui lui en a été donnée.

[3] Le 24 octobre 1607, sur la requête de Jean Martin, teinturier en laine, fil et soie, le Bureau lui avait accordé la permission de planter dans les fossés de la Ville, entre les portes Saint-Honoré et du Temple, «telle quantité d'arbres d'aulnes que bon luy semblera... tant pour l'utilité du publicq que pour se servir de la coupe d'iceulx». Jean Martin pouvait planter ces arbres le long des douves du côté de la Ville à trois pieds près du bord de l'eau qui est dans les fossés, moyennant une rente de 4 l. p. (*Arch. nat.*, Q¹ᵇ 1099³⁰², fol. 66 v°.) A la suite de la vente par décret dont il s'agit ici, ce droit fut acquis moyennant 1,200 livres par Simon Barat, bourgeois de Paris, sur des créanciers de Martin. Le 22 octobre 1615, Barat obtint de la Ville le renouvellement de l'autorisation donnée au teinturier pour le même prix annuel de 4 livres. Cette concession nouvelle était faite pour une durée de quatre-vingt-dix-neuf ans, au bout desquels arbres et plant devaient appartenir à la Ville (*ibid.*, fol. 376).

solz d'autre pour une année ung quartier escheu audict jour de Pasques dernier, à cause de la redevance de ladicte casematte.

«Faict au Bureau de la Ville, le vingt huictiesme Avril mil six cens unze.»

LXXXIV. — Les marchans de bois et charbon mandez pour rendre raison du grand pris de leurs bois.

28 avril 1611. (Fol. 330.)

Du vingtneufiesme jour d'Apvril mil six cens unze. Sur ce que le Procureur du Roy de la Ville a remonstré que, sur les plainctes qui luy sont journellement faictes du grand pris excessif que les marchans de boys tant de ceste Ville que forains vendent leur bois, il a faict venir par devant nous lesdictz marchans, aucuns desquelz ont esté condamnez à l'amande, et à enlx faict expresses inhibitions et deffenses de vendre leur bois plus que le pris à enlx donné lors de l'arrivage, à peine de confiscation, ce qui est presque impossible de faire executer, s'excusans par lesd. marchans que le bois leur estoit renchery et que cy devant ilz n'acheptoient les cottretz que xxiiii, xxv, xxvi et xxvii l. tournois au plus le millier de cottretz, et à present ilz sont contrainctz de les achepter des marchandz qui ont contracté avec le Roy et d'autres seigneurs jusques à xxxii livres tournois le millier; joinct que iceulx marchandz ne tiennent compte de faire voicturer le bois des ventes jusques au bord de la riviere, ce qui leur faict faire de grandz fraiz et sejours de lurs basteaulx, hommes et chevaulx. Au moyen de quoy, il a faict adjourner par devant nous les sieurs Belin, Le Bossu, Roussel et Chanlatte, marchans de ceste Ville qui ont contracté avec le Roy pour la vente de ses bois de la forest de Compiegne, affin de rendre raison de la survente qu'ilz font de ladicte marchandise au prejudice du publicq et de ce qu'ilz ne font voicturer leurdict bois desdictes ventes au[x] portz de la riviere. A laquelle assignation se sont presentez lesdictz Roussel et Chanlatte, tant pour enlx que pour lesdictz Belin et Le Bossu, et, iceulx enquis de ce que dessus, ont dict que à la verité ilz sont assotiez de deffunct Jacques Dufeu auquel en l'année mil six cens six fut vendue la couppe de quatorze cens arpens de bois de haulte futaye des forestz de Guyse[1] et Laigle, à la charge de faire la vuidange desdictz bois, sçavoir ceulx de la forest de Guyse dedans quatre ans et ceulx de la forest de Laigle dedans cinq ans, et qu'il ne se feroit aucune autre vente en ladicte forest de Guyse de cinq ans, et celle de Laigle de xxx ans, au prejudice de laquelle clause Monsieur le Connestable auroit vendu à diverses fois en ladicte forest de Laigle deux cens soixante et quinze arpentz faisant partye des trois cens arpentz par luy reservez pour la decoration de son chastel d'Offremont[2].

Que en l'année mil six cens huict fut adjugé à ung nommé de Moisset, commis au grenier à sel de Compiegne, la couppe de cent cinquante arpents.

Plus au commencement de l'année mil six cens dix fut encores adjugé audict de Moisset soixante et quinze arpents.

Aussy a esté vendu par la royne Marguerite en ladicte forest de Laigle douze arpents par an, qui est soixante arpents en cinq ans, sans ce qui a esté vendu par les officiers et usagers.

Semblablement de la forest de Guise a esté vendu en l'année mil six cens huict à ung nommé de Namur deux cents quatre vingtz arpents de bois taillis.

Plus cent arpens en cinq ans pour le chauffage des officiers et usagiers.

Touttes lesquelles ventes, faictes depuis cinq ans en ça au prejudice de leur bail, montent ensemble à plus de vii° arpents qui sont presque totallement usez et en reste encores fort peu dedans les ventes dudict de Moisset.

Interpellez les susdictz de dire et declarer combien il leur peut rester de bois dedans les ventes de leur contract et pourquoy ils ne le font en diligence voicturer sur les portz proche des rivieres :

Ont dict que de lad. forest de Laigle il leur peut rester deux ou trois millions tant de cottretz que de bois de somme tant façonnez que à façonner, et quelque quantité de bois en grume[3], tout lequel bois ilz font charrier sur les portz le plus diligemment que faire se peult à cause mesme que tous les villages circonvoisins se chauffent à leurs despens et qu'on leur en desrobe une bonne partye.

Quand à la forest de Guyse, leurs ventes sont vuides et rendues, il y a un an ou environ et n'y a à present dans ladicte forest aulcune vente, si ce n'est quelque chauffage.

Et que touttes les ventes qui peuvent estre à leur cognoissance proche Compiegne et qui se sont

---

[1] Il faut sans doute lire Cuise, ancien nom de la forêt de Compiègne (Joanne, Dictionnaire géographique de la France, t. II, p. 1040).

[2] Offémont, commune de Saint-Crépin-aux-Bois (Oise). Le fils aîné du connétable Henri de Montmorenci, Hercule, mort sans alliance, avait été titré comte d'Offémont.

[3] Bois de charpente et de charronnage, qui a encore son écorce, qui n'est point équarri, mais qui pourtant est coupé de certaines longueurs. Littré, dans son Dictionnaire, cite une amusante dispute entre La Fontaine et Furetières, qui avait reproché à La Fontaine de ne pas savoir ce que c'était que bois de grume et bois de marmenteau, bien qu'il fût maitre des eaux et forêts.

faictes depuis ung an en ça, sont deux cens tant d'arpents de bois de jeune fustaye, qui sont parties chesneaulx, qui ont esté venduz aux nommez Charmoluc et Ider, marchands de Compiegne, par Monsieur le vicomte de Bourgival. La pluspart de tout lequel bois se convertit en eschallatz, qui est cause qu'il n'en peult sortir beaucoup de bois à brusler.

Et que la verité est que auparavant leur adjudication desdictz xiiiie arpents de bois, il ne s'en faisoit vente par chacun an que d'une ordinaire en chacune forest : sçavoir en celle de Guyse de quatre vingts dix arpentz, et en celle de Laigle de vingt cinq arpens. Et neanlmoings Paris estoit remply, à cause qu'il en parvenoit grande quantité des forestz de Gentilly[1] et Hallastre[2] dont à present il ne s'en peult tirer que fort peu, et que plusieurs seigneurs avoyent des bois proche des rivieres d'Oyse et d'Esnes qu'ilz ont venduz; aussy que cy devant il en venoit du pays de Normandye bien plus grande quantité qu'il ne faict à present, joinct qu'il se brusle plus de bois à present en un an qu'il ne se faisoit en deux il y a douze ans.

Et que sy l'on remet les ventes à leur ordinaire, ce qui en proviendra ne sera suffisant de fournir le pays de bois jusques à Sainct Denys, partant Paris n'en pourra estre aucunement secouru.

Interpellez de dire pourquoy ilz ont renchery leurdict bois aux marchands qui l'ameynent vendre en ceste Ville?

Ont dict qu'ilz ne l'ont nullement rencheri et ne le vendent que vingt cinq livres le milier de cottretz pris sur le port de la forest de Laigle, qui est le mesme pris qu'ilz le vendoient il y a cinq ans. Mais ce qui est cause en partie de la cherté dudict bois provient des grandz fraiz que font et sont contrainctz de faire les marchandz et mariniers, et que les chevaulx qui ne leur coustoient que quatre ou cinq escus la courbe[3] pour admener leurs basteaulx de Compiegne en ceste Ville, il leur en couste à present dix. Et le sallaire des compagnons mariniers ont augmenté de moictyé, et est à craindre qu'il y ayt disette et necessité de bois en ceste Ville l'année prochaine, parce que les foretz sont desertes.

«Nous avons donné acte des dire et declarations cy dessus et avons enjoinct ausdictz marchans de faire charroyer sur les portz ce qui leur reste de bois le plus promptement que faire se pourra, pour estre chargez et amenez en cestedicte Ville.

LXXXV. — REQUESTE AU ROY
CONTRE LE LIEUTENANT CIVIL TOUCHANT LES RECHERCHES.

1er mars-30 avril 1611. (Fol. 333.)

AU ROY

Et à nosseigneurs de son Conseil.

SIRE,

«Les Prevost des Marchans et Eschevins de la Ville de Paris, vous remonstrent tres humblement que pour le bien du repos publicq et sureté de ladicte Ville, suivant le deub de leurs charges et le serment qu'ilz font entre les mains de Vostre Majesté, ilz ont tousjours faict faire recherche en ceste Ville tant par les collonnelz, cappitaines, lieutenans et enseignes que par les Quartiniers, cinquanteniers et diziniers, mesmes depuis peu de temps, suyvant le commandement qu'ilz ont receu de Vostre Majesté, ilz ont faict faire lesdictes recherches, à quoy ilz ont esté troublez par le Lieutenant civil, lequel par son ordonnance a faict deffenses aux hostelliers de bailler les noms de leurs hostes à autres que aux commissaires du Chastellet, mesmes a faict emprisonner l'ung des lieutenans de ceste Ville pour le faict de ladicte recherche. De quoy s'estans les supplians plains à Vostre Majesté et à nosdictz seigneurs du Conseil, avez ordonné que sur ledict differend d'entre la Ville et ledict Lieutenant civil, il y seroit pourveu et à ceste fin que l'on communiqueroit les pieces à Monsieur de Boisizes, conseiller en vostre Conseil, pour en faire son rapport. Et combien que lesd. partyes ayent communicqué leursdictes pieces audict de Boissises qui est prest d'en faire son rapport, touttes fois au prejudice de ladicte instance, ledict Lieutenant civil a depuis troys jours condampné Pasquier Bué, hostellier demeurant proche la Greve, en quatre livres parisis d'amande pour avoir baillé les noms de ses hostes au sieur Feullet, son cappitaine et colonnel, et sauf son recours contre ledict Fueillet: qui seroit directement empescher que les supplians puissent pourvoir et respondre de la sureté de ladicte Ville, à laquelle ilz sont obligez.

«Ce consideré, Sire, il vous plaise ordonner deffenses estre faictes audict Lieutenant civil d'empescher en aulcune façon l'execution des ordonnances et mandemens de ladicte Ville concernant le repos et

---

[1] La forêt de Chantilly faisait partie du domaine de Montmorenci. M. Gustave Macon a publié l'*Historique du domaine forestier de Chantilly* (Senlis, 1905-1906, 2 vol. in-8°).

[2] La forêt d'Halatte a été spécialement étudiée par M. Étienne Guillemot dans son travail sur *Les Forêts de Senlis* (Paris, 1905, in-8°. Extrait des *Mémoires de la Société de l'Histoire de Paris*).

[3] En termes de batellerie, on appelle «courbe de chevaux» deux chevaux accouplés qui tirent les bateaux.

seureté de ladicte Ville, et en ce faisant, declarer ledict emprisonnement tortionnaire et casser ladicte sentence par luy donnée allencontre dudict Bué. Et lesdictz supplians continueront leurs prieres envers Dieu pour la prosperité et santé de Vostredicte Majesté. »

Aultant de la presente requeste a esté baillée à Monsieur de Boissises, conseiller d'Estat, le premier Mars mil six cens unze.

LXXXVI. — [Arrêt du Conseil autorisant les cappitaines à faire des recherches dans les maisons et sa notification à la Ville par le Roi.]

30 avril 1611. (Fol. 334 v°.)

Extraict des registres du Conseil d'Estat.

«Sur la plaincte faicte par les Prevost des Marchans et Eschevins de la ville de Paris disans que, pour le deu de leurs charges et par commandement expres de la Royne, ilz auroient, le vingt uniesme jour de Janvier dernier passé, envoyé leur mandement aux collonnelz et capitaines de ladicte Ville pour faire les visites et recherches par les hostelleries et maisons, ainsy qu'il leur est enjoinct par les ordonnances et reiglemens faictz pour la garde et seureté de ladicte Ville, pour sçavoir quelles personnes arrivent et sejournent en icelle, en quoy ilz ont esté empeschez par le Prevost de Paris ou son Lieutenant civil qui auroit faict publier à son de trompe des deffenses ausdictz hostelliers de porter les noms de ceulx qui logent en leurs maisons à d'autres qu'aulx commissaires de leurs quartiers[1] et condamné lesdictz hostelliers en amandes pour en avoir donné advis ausdictz Prevost des Marchands, Eschevins, collonnelz et cappitaines de ladicte Ville, dont il pourroit arriver plusieurs inconveniens, auquel lesdictz Prevost et Eschevins auroient supplié Sa Majesté de pourveoir.

«Veu les lettres pattentes, mandemens, arrestz de la court de Parlement, ordonnances, reiglement, proces verbaulx et autres pieces mises de part et d'autre par devers le commissaire à ce député avec lesdictes deffenses publiées le ..... Janvier mil. six cens unze et condamnations d'amande contre les-

dictz hostelliers des ..... et xviii° Mars dernier passé; ouy le rapport dudict commissaire et tout consideré :

«Le Roy estant en son Conseil, assisté de la Royne regente sa mere, ordonne que par les Prevost des Marchans et Eschevins de ladicte ville de Paris, cappitaines, collonnelz et Quarteniers, les visites et recherches en ce qui touchera la garde et seureté de ladicte Ville se feront par les maisons, ainsy qu'il est accoustumé, pour s'informer des personnes qui y seront logées, dont les noms seront baillez par les hostelliers et autres qui tiendront lesdictes maisons ausdictz Prevost des Marchans et Eschevins, colonelz, capitaines, Quarteniers, pour les porter au Gouverneur de ladicte Ville qui en advertira Sa Majesté. Comme aussy ledict Prevost de Paris ou son Lieutenant civil fera les visites et recherches en ce qui appartiendra à la police de ladicte Ville, ainsy qu'il est accoustumé. Luy faisant Sa Majesté inhibitions et deffenses de donner aucun empeschement ausd. Prevost des Marchans, Eschevins, colonnelz, cappitaines et Quarteniers en l'exercice de leurs charges. Et seront lesdictes amandes rendues si payées ont esté.

«Faict au Conseil d'Estat du Roy, la Royne regente sa mere presente, tenu à Fontainebleau le dernier jour d'Avril l'an mil six cens et unze.»

Signé : «Phelipeaux[2]».

«Louys par la grace de Dieu Roy de France et de Navarre, à noz tres chers et bien amez les Prevost des Marchans et Eschevins de nostre bonne ville de Paris, salut. Nous vous mandons et ordonnons par ces presentes que l'arrest dont l'extraict est cy attaché soubz le contrescel de nostre chancellerye, ce jourdhuy donné en nostre Conseil d'Estat, vous ayez à suivre, garder et executer de poinct en poinct, selon sa forme et teneur. Mandant à nostre huissier ou sergent sur ce premier requis le signiffier à tous qu'il appartiendra, à ce qu'ilz n'en puissent pretendre cause d'ignorance, luy faisant les inhibitions et deffenses y contenues en vertu de la coppie d'icelles, sans estre tenu demander aucune permission, placet, visa, ni *pareatis*, luy donnant de ce faire pouvoir et mandement special. Car tel est nostre plaisir.

«Donné à Fontainebleau, le dernier jour d'Apvril mil six cens unze et de nostre regne le premier.»

---

[1] Une ordonnance rendue par le Lieutenant civil le 22 avril 1611 porte que «tous les commissaires travailleront tous concurremment, sans distinction d'anciens, modernes et jeunes, au fait de la police, feront exactes recherches et perquisitions en leurs quartiers des berlans, bordeaux et des personnes de mauvaise vie; informeront secretement des monopoles qui se feront, etc., et de quinzaine en quinzaine chacun en leurs quartiers feront exacte recherche et roolle certain de tous estrangers et autres personnes qui ne sont domiciliez ny officiers du Roy...» (*Arch. nat.*, AD ✠ 150).

[2] La minute de cet arrêt ne figure pas dans les collections du Conseil, mais l'expédition originale adressée à la Ville, se retrouve, avec les lettres d'envoi reproduites sous le numéro qui suit, dans le carton H 1962.

LXXXVII. — Mandement au Mᵉ des œuvres
pour reparer une breche
[destinée au passage d'un esgout].

7 mai 1611. (Fol. 335.)

*De par les Prevost des Marchans et Eschevins
de la ville de Paris.*

«Il est ordonné à Pierre Guillain, Mᵉ des œuvres de maçonnerie de ladicte Ville, suivant le jugement par nous cy devant rendu pour raison du percement du gros mur de ladicte Ville, proche la rue d'Anjou[1], au derriere de l'hostel de Nevers[2], pour la vuidange des eaues jusques au fossé d'entre les portes de Nesle et Bucy, de faire et faire faire promptement les gargouilles, esviers, petit mur et couverture pour en la reparation de la bresche destinée pour le passage ou esgout necessaire[3], aux fraiz et despens de ladicte Ville, et y faire mettre une grille de fer pour la seureté d'icelle Ville.

«Faict au Bureau de la Ville, le septiesme jour de May mil six cens unze.»

LXXXVIII. — Reiglement
pour la vente du bois et charbon
et sallaire des officiers.

9 mai 1611. (Fol. 335 v°.)

*De par les Prevost des Marchans et Eschevins
de la ville de Paris.*

«Pour remedier aux plainctes qui se font journellement au Bureau de la Ville du pris excessif que les marchans vendent leur bois et charbon outre et par dessus le pris à eulx donné lors de l'arrivage et aussy des sallaires des jurez, mosleurs et chargeurs de bois, crochepteurs et desbardeurs, chartiers, jurez mesureurs et porteurs de charbon :

«Deffenses tres expresses sont faictes à tous marchans tant de ceste Ville que forains de doresnavant vendre leur marchandise à plus hault pris que ce qui sera cy apres declaré, à peine d'amande arbitraire et confiscation de leur marchandise[4] :

«Assavoir, la voye du meilleur gros bois de mousle, à sept livres tournois;

«La voye du meilleur bois de traverse, à six livres dix solz tournois;

«La voye du bois de corde, à cent solz, à cent cinq solz, et le meilleur à cent dix solz;

«Les fagotz de l'Escolle, à cinquante solz, et les meilleurs à cinquante quatre solz;

«Les fagotz à la Greve et place Maubert, à cinquante deux solz le cent, et les meilleurs à cinquante cinq solz;

«Les meilleurs cottretz aux portz de l'Escolle et Malacquetz, à soixante et dix solz le cent; à la Greve et autres portz, à soixante solz tournois;

«La voye de charbon, qui est une mine, dix huict solz tournois au port de l'Escolle, et à la Greve et au port du Pavé[5] à seize solz tournois.

«Seront tenuz lesdictz marchans de faire descharger de leurs basteaulx à terre leur gros bois et la corde, sans que les bourgeois soient teznz en payer anloune chose pour le deschargeage.

«Sera payé aux jurez mosleurs de bois pour chacune voye de gros boys, cottretz et fagotz, deux solz tournois, moictié par l'achepteur et l'aultre moictié par le vendeur.

«Comme aussy, leur sera payé, pour chascune voye de bois de corde, quatre solz tournois, moictyé

---

[1] Rue d'Anjou-Dauphine, ouverte en 1607, aujourd'hui rue de Nesle.
[2] Au tome V de la *Topographie historique de Paris*, L.-M. Tisserand a consacré une notice détaillée à l'hôtel de Nevers, construit par Louis de Gonzague, duc de Nevers, sur l'emplacement de l'hôtel de Nesle qu'il avait acquis du Roi en 1571. Cette fastueuse demeure fut démolie par sa petite fille Marie-Louise, reine de Pologne, qui vendit le terrain pour bâtir des maisons et percer des rues. Le lot principal fut acheté par Henri de Guénégaud, qui y éleva un hôtel le long duquel fut ouverte la rue qui porte son nom.
[3] L'ordonnance suivante des Trésoriers de France explique la nature de cette opération de voirie :
«Veu le raport des experts, ensemble le consentement des Prevost des Marchans et Eschevins de cested. Ville, il est ordonné que pour la comodité desd. habitans de lad. rue d'Anjou et escoulement des eaues venaus d'icelle, il sera prins portion de la terre appartenant à Monsʳ le duc de Nevers pour faire la noue et pavement de la conduite desd. eaues de la longueur de quatre thoizes deux pieds sur dix pieds de large pour la recompense de laquelle terre sera pourveu au sʳ duc de Nevers, et pour le passage desd. eaues, et recevoir icelles dans le fossé sera faict une ouverture dans le groz mur de la Ville, pour servir de gargouille, par le Mᵉ des œuvres de la Ville, et est enjoint à Claude Voysin, entrepreneur des ouvrages de pavé de la rue Daufine, de travailler en toute diligence au pavé de la noue dud. esgout, dont il sera payé.» (*Arch. nat.*, Z¹ᴵ 156, fol. 52.)
[4] Les prix du bois donnaient lieu à de multiples réglementations. Voici quelles étaient, à cette date, les dernières mesures prises à ce sujet par le Bureau. Le 26 août 1608 (*Registres du Bureau*, t. XIV, p. 253-254), la Municipalité avait édicté un tarif maximum, puis l'année suivante un nouveau règlement avait décidé que les prix seraient fixés aux marchands par le Bureau lors de l'arrivage et affichés sur des banderoles de fer placées au-dessus de bateaux (12 août 1609, *Registres du Bureau*, t. XIV, p. 376-378). La même ordonnance réglementait le salaire dû aux différents officiers de la Ville, mouleurs, crocheteurs, etc., au ministère desquels devaient recourir les acquéreurs. Ce tarif des salaires de 1609 était le même que celui que nous voyons publier ici, sauf en ce qui concerne les charretiers, pour le bois, et les porteurs de charbons, dont la rétribution fut légèrement relevée.
[5] Voir tome XIV, p. 50, note 2.

aussy par le vendeur et l'autre moictyé par l'achepteur.

« Aux chargeurs de bois en charrettes leur sera payé par l'achepteur deux solz tournois pour chacune voye de gros bois, corde, fagotz, cottretz ou bourrées.

« Sera payé aux crochepteurs desbardeurs par le marchant vendeur trois solz tournois pour deschargier du basteau à terre chacune voye de gros bois ou corde, sans que outre ce il soit payé aucune chose par l'achepteur.

« Semblablement, sera payé ausd. crochepteurs desbardeurs par l'achepteur trois solz tournois pour le deschargeage du basteau à terre de deux cens de cottretz ou fagotz, sans que le marchant vendeur soit tenu en payer aucune chose. Et faisons deffenses ausdictz crochepteurs de prendre ny exiger plus de deniers que ce que dessus, à peyne de fouet et d'estre banniz des portz.

« Sera payé pour la voicture de la voye de gros bois, corde ou menue denrée es lieulx ciconvoisins des portz, huict solz tournois; es lieulx plus esloignez desd. portz, dix solz; au plus loing dans l'enceinte de la Ville, douze solz, et aux faulxbourgs, quinze solz.

« Faisons deffenses aux charretiers, à peine d'estre mis au carquan pour la premiere fois, et du fouet pour la seconde, de prendre ny exiger plus grandz deniers pour la voicture dud. bois que ce qui est cy dessus declaré, ny mesme de charger aucun bois dans leurs charrettes, ny en faire la voicture sans estre assisté du bourgeois achepteur ou de ses domesticques. Deffenses semblablement leur sont faictes de charger aucun bois dans la riviere, ains leur est enjoinct de se retirer avec leurs charrettes à six thoises loing du bord de la riviere, ny mesmes de charger par rang, ny user d'aucun monopole, sur les mesmes peines que dessus, estant à la liberté du bourgeois de se servir de tel chartier que bon luy semblera [1].

« Sera payé aux jurez mesureurs de charbon, pour le mesurage de chascun minot de charbon, six deniers tournois, sçavoir trois deniers par l'achepteur et les trois autres par le vendeur.

« Sera payé aux jurez porteurs de charbon pour le port de chacune myne de charbon es environs des portz, trois solz tournois, plus loing desdictz portz et comme au milieu de la Ville, quatre solz tournois, et au plus loing desdictz portz, mesmes aux faulxbourgs, cinq solz tournois.

« Faisons aussy deffenses à tous lesd. officiers de la Ville de prendre plus de deniers pour leurs sallaires que ce qui leur est cy dessus ordonné, à peine de l'amande pour la premiere fois et de supension et privation de leurs offices pour la seconde.

« Et sera le present reiglement mis et affiché à ung tableau qui sera attaché à ung poteau mis dans terre à chacun desdictz portz, en lieu le plus esminant. Lequel tableau sera mis es mains desdictz jurez mosleurs de bois, pour par eulx, ou leur sepmainier de chacun desdictz portz, l'oster le soir dudict potteau et le remettre le lendemain du grand matin auparavant que de commancer à vendre. Auquel sera mis une chesne et ung cadnas duquel lesdictz mosleurs auront la clef et dont ilz seront responsables en leurs propres et privez noms.

« Faict et ordonné au Bureau de ladicte Ville, le lundy neufiesme jour de May mil six cens unze. »

LXXXIX. — MANDEMENT
AUX SERGENS ET CONTROLEUR DU BOIS DE LA VILLE
POUR SE TRANSPORTER SUR LES PORTS
ET FAIRE VENIR LE BOIS À PARIS.
16 mai 1611. (Fol. 339.)

De par les Prevost des Marchans et Eschevins de la ville de Paris.

« Il est ordonné et enjoinct à Olivier Degouest, l'ung des sergens de ladicte Ville, de se transporter

---

[1] L'application de cette ordonnance donna lieu, entre mouleurs et chargeurs de bois, à des conflits qui jettent un jour assez curieux sur les mœurs de la population des ports, comme le montre le procès jugé à l'audience du Bureau entre Jacques Le Vacher et Mathieu Augard, mouleurs de bois, demandeurs, et Denis de La Marre, chargeur de bois en charrette au port de l'Escolle, défendeur :

« Serment faict par led. deffendeur, enquis s'il est pas vray que en haine de ce que le jour d'hier lesd. mosleurs ne luy baillerent que six solz pour le chargeage de trois voies de bois, a dict que ordinairement lesd. monsieurs luy font et à ses compaignons plusieurs algarades, leur disans qu'il leur estoit deffendu de prendre plus de deux solz pour voye à peine du fouet, ce qui le fascha tellement qu'à la verité il bailla ung coup de sa main sur le visage dud. Le Vacher, mais qu'il y a ung nommé de La Roche aussy monsieur de bois qui luy bailla plusieurs coups et a esté bien battu.

« Serment faict par led. de La Roche, juré mosleur de bois, enquis par serment s'il est pas vray qu'il a battu et oultragé led. La Marre, a dict que non. Bien est vray que en voyant qu'il avait baillé ung soufflet aud. Le Vacher son compagnon d'office, à la verité il le repoussa seulement pour l'empescher de continuer à batre led. Le Vacher.

« Enquis led. de La Marre s'il est pas vray qu'il a appelé lesd. monsieurs monopolleurs, volleurs et larrons et qu'il feroit pendre led. Angard au tableau, a dict que voyant que les monsieurs le battoient, il leur a dict lesd. injures, mais il n'a poinct dict qu'il feroit pendre led. Angard. Enquis s'il est pas vray que luy et ses compaignons preignent trois solz au lieu de deux pour le chargeage de chacune voie de bois, a dict que d'aultant qu'il appartient ung sol ausd. mousleurs paiable par le bourgeois ilz preignent lesd. trois solz parceque lesd. monsieurs ne comptent poinct led. bois, et partant preignent leur sold, d'aultant qu'ilz comptent iceluy bois autieu desd. monsieurs.... » (*Arch. nat.*, Z¹ᵉ 112, 22 mai 1611.)

avec Mathurin Moyron, controlleur du bois et charbon de ladicte Ville, que à ce faire commectons, sur le long de la riviere d'Oise, et principallement es ports de Beaumont, Boran, Sainct Leu, Creil, Verneuil, des Bonnettes, du Monssel à Pont Saincte Mexance[1], de la Croix[2] pres Compiegne, les ports dudict Compiegne, de Montcheveuil, de Montmac[3], aux Carreaulx, Sainct Bernard, Sainct Leger, Orcan et le Pont Levesque[4], veoir et recongnoistre la quantité de bois estans es dictz ports, et la quantité de basteaulx qui sont chargez, ou prestz à charger; faire commandement aux marchans et voicturiers qui sont chargez de promptement, en toutte diligence et sans discontinuation faire amener en ceste Ville leursdicts basteaulx et marchandises, à peine de confiscation, et à leur reffus prendre des voicturiers et compagnons de riviere, pour, aux perils, risques et fortunes et aux despens desdictz marchans, estre lesdictz basteaulx et marchandises amenez et voicturez en cestedicte Ville. Feront semblablement description de touttes les marchandises de bois qui seront esd. portz cy dessus et à autres ports, et sera faict commandement aux marchans à qui elles appartiendront de les faire charger promptement, et les faire amener incessamment et sans sejour en cestedicte Ville, et à leur reffus, leur sera declaré qu'il y sera mis ouvriers et voicturiers à leurs despens. Pour ce faire mesmes sera procedé contre eulx à la confiscation de leursd. marchandises et à ses fins, leur sera donné assignation par devant nous. Et de tout faire bon proces verbal, et sera la presente ordonnance executée de poinct en poinct, selon sa forme et teneur, nonobstant oppositions ou appellations quelzconques faictes ou à faire.

«Faict au Bureau de ladicte Ville, le lundy seiziesme jour de May mil six cens unze.»

XC. — Messieurs de la Ville sont allés au Conseil se plaindre du party des aydes.

17 mai 1611. (Fol. 338.)

Le mardy dix septiesme jour de May mil six cens unze, Messieurs les Prevost des Marchans, Eschevins, Procureur du Roy et Greffier de la Ville sont allez trouver Monseigneur le Chancellier, affin de le supplier de leur donner audiance au Conseil d'une requeste qu'ilz avoient affaire. Et ayant par mondict sieur le Chancellier demandé à mondict sieur le Prevost des Marchans sur quel subject : luy auroit dict, en la presence de messieurs les presidens de Thou, Janyu et Arnault qui y estoient, que les fermes des aides estoient vendues et engaigées par le Roy à ladicte Ville pour le payement des rentes, qu'ilz estoient advertiz que l'on faisoit des publications et nouveaulx partiz, qu'ilz avoient à demander au Conseil que ce feust à la charge du payement des quatre quartiers desdictes rentes suivant les contractz; sinon que la Ville s'opposeroit ausdictz partiz et publications; dont ilz requeroient acte de leurdicte opposition pour l'interest des rentiers. A quoy mondict seigneur le Chancellier auroit faict responce que nous n'estions pas en saison pour faire telle demande et qu'il n'y en avoit apparence quelconque; qu'il sembloit que mesdictz sieurs de la Ville par leur demande voulloient troubler le repos publicq et mectre le feu aux quatre coings de la France; que l'on estoit bien payé de trois quartiers desdictes aydes qui equipolloit la reduction desdictes rentes au denier seize. Et ayant repliqué par mondict sieur le Prevost qu'il y alloit du deub de leurs charges; que par le moyen des offres que l'on faisoit desdictes aydes, il y avoit moyen d'estre payez desdictz quatre quartiers sans toucher à ce que le Roy en reçoit; mesmes qu'ilz y estoient poursuiviz et pressez d'en faire instance les premiers de messieurs des Courtz souverainnes et plusieurs bourgeois qui en faisoient du bruict et s'en plaignoient; icelluy seigneur Chancellier auroit encores faict responce que c'estoient des maistres es artz qui ne sçavoient pas les affaires de la France, et que c'estoit à faire audict sieur le Prevost de les retenir et composer leurs esspritz, et que au surplus qu'il ne trouvoit pas bon que mesdictz sieurs de la Ville allassent au Conseil pour ce subject et que seroit sonner le toxin et voulloir empescher le Roy de jouir de son bien.

Et ayant mesdictz sieurs de la Ville pris congé, ont neantmoings resolu, pour leur descharge, aller au Conseil faire leur remonstrance. Et à ceste fin sont allez au Louvre, où estans, incontinant apres y seroient arrivez mondict sieur le Chancellier, Monseigneur le conte de Soissons, Messieurs les ducz de Mayenne et de Nevers[5], Messieurs l'Admiral[6],

---

[1] Beaumont-sur-Oise (Seine-et-Oise), Boran, Saint-Leu-d'Esserant, Creil, Verneuil, Le Moncel, écart de la commune de Pontpoint, près Pont-Sainte-Maxence (Oise).
[2] La Croix-Saint-Ouen, cant. de Compiègne (Oise).
[3] Montmacq, cant. de Ribecourt (Oise).
[4] Saint-Léger-aux-Bois et Ourscamp, cant. de Ribecourt, et Pont-L'Évêque, cant. de Noyon (Oise).
[5] Charles de Gonzague-Clèves, qui devint plus tard duc de Mantoue.
[6] Charles de Montmorenci, duc de Damville, qui devait mourir l'année suivante.

le President de Thon[1], Janin, de Comartin[2], de Vicq et plusieurs autres seigneurs du Conseil, auxquels mondict sieur le Prevost a faict la mesme requeste et proposition qu'il avoit faicte à mondict sieur le Chancelier, à la reserve qu'il n'a point parlé d'opposition. Et a supplié iceulx seigneurs du Conseil d'accorder la requeste que la Ville faisoit, laquelle estoit plaine de justice et equité au proffict du publicq et des particuliers rentiers. A quoy mondict sieur le Chancellier a faict responce qu'il feroit entendre à la Royne la requeste de ladicte Ville, mais qu'il falloit trouver trois millions pour l'asseurance et le repos du royaulme; qu'il estoit bien difficile d'accorder ce que l'on demandoit; touttesfois que lad. dame Royne fera responce à ladicte Ville, laquelle sera plaine de tant de raisons que lad. Ville n'aura subject de ce mescontenter. Et ce faict, mesdictz sieurs de la Ville se sont retirez.

XCI. — Coppie de l'arrest du Conseil contre ledict Lieutenant civil envoyée aux collonnelz et cappitaines.

19 mai 1611. (Fol. 340.)

De par les Prevost des Marchans et Eschevins de la ville de Paris.

«Monsieur le President de Blancmesnil, collonnel, nous vous envoyons des coppies de l'arrest du Conseil d'Estat pour en delivrer à chacun des cappitaines de vostre collonnelle, affin de faire et faire faire par vosdictz cappitaines, lieutenans et enseignes, les recherches et visitations, chacun en sa compagnie, touttesfois et quantes qu'il vous sera par nous mandé.

«Faict au Bureau de ladicte Ville, le jeudy dix neufiesme jour de May mil six cens unze[3].»

Pareil envoyé à chacun de Messieurs les collonnels.

Nota que ledict arrest est cy devant enregistré[4] et est du dernier avril.

XCII. — Lettre à la Ville par la Royne regente touchant la douanne et responce à icelle.

8-11 juin 1611. (Fol. 346.)

«Messieurs, ayant considéré et meurement faict deliberer sur les plainctes qui me furent dernierement faictes par les marchands de la Ville de Paris, qu'ilz m'ont reiterées icy, des pertes qu'eulx et tout le publicq recevoit à l'occasion des doannes qui se prenoient sur les marchandises à l'entrée de ladicte Ville[5], le Roy, Monsieur mon filz, a ordonné que la levée en seroit surcise pour six années prochaines et consecutives, dont je vous ay bien voulu donner advis, à fin que vous faciez entendre ausdictz marchans et tous autres habitans de ladicte Ville le desir qu'il a de les soulager, à quoy je tiendray la main en tout ce qu'il me sera possible. Et n'estant la presente à autre fin, je prieray Dieu, Messieurs, vous tenir en prosperité.

«Escript à Fontainebleau, le huictiesme jour de Juin mil six cens unze.»

Signé: «MARIE», et plus bas: «DE LOMENIE».

Et sur l'inscription: «A Messieurs les Prevost des Marchans et Eschevins de la ville de Paris.»

«Madame, ayant receu voz commandemens et entendu par les vostres la signallée et royale liberalité que le Roy nostre sire, vostre filz, a ses jours derniers espandu sur ses fidels serviteurs et habitans de sa bonne Ville de Paris pour la surceance et remise de l'imposition de la doanue, qu'il luy a pleu accorder pour le terme de six ans, nous ayons aussitost convocqué en l'Hostel de la Ville le corps des marchans et merciers, ausquelz ayant faict entendre voz sainctes resolutions, touchez au vif du rayon de ceste singuliere munificence, se sont par acclamations resjouys avecq nous d'ung sy grand bien faict, duquel Paris particulierement vous en aura l'obligation, dont nous, au nom de tous les

---

[1] Jacques-Auguste de Thon, président à mortier. Voir t. XIV, p. 213, note 6.
[2] Louis Le Fèvre, s' de Caumartin. Voir t. XIV, p. 350, note 4.
[3] Le 13 juin 1611, copie de l'arrêt fut envoyée aux Quartiniers avec le mandement suivant:
«Sire Jean Le Conte, Quartinier, nous vous envoyons la coppie de l'arrest donné au Conseil d'Estat du dernier jour d'avril dernier affin de vous servir de pouvoir faire les visittes et recherches en vostre quartier touttes les fois qu'il vous sera par nous mandé.» (Arch. nat., H 1890.) Ces copies étaient des placards imprimés donnant le texte de l'arrêt, suivi de celui de la lettre d'envoi du Roi, qui a été reproduite plus haut. Un de ces exemplaires imprimés est conservé aujourd'hui dans le carton H 1962 avec les minutes des actes du Bureau concernant cette affaire des recherches à faire par la milice.
[4] Voir ci-dessus, p. 77.
[5] Les droits d'entrée connus sous le nom de «douane de Paris» avaient été établis, comme nous le verrons plus loin, au mois de septembre 1548. Le tarif en vigueur en 1611 était celui qui avait été réglé par l'arrêt du Conseil du 10 mars 1607, et dont le tableau était affiché au bureau de la douane (Registres du Bureau, t. XIV, p. 93 note).

habitans d'icelle, remercions infiniement Vos Majestez, et prions le Createur du monde vous donner,

«Madame,

«En parfaicte santé tres longue et tres heureuse vye, demeurant eternellement,

«Voz tres humbles, tres fidelz et tres obeissants subjectz et serviteurs,

«Les Prevost des Marchans et Eschevins de vostre bonne Ville de Paris.

«Du bureau de l'Hostel de Ville, le xi⁰ Juin mil vi⁰ xi.»

Pareille envoyée à ladicte dame Royne.

XCIII. — [Brevet et] lettres pour la surceance de la levée de la douanne pour six ans.

11-13 juin 1611. (Fol. 347 v°.)

«Aujourd'huy unziesme de Juin mil six cens et unze, le Roy estant à Fontainebleau, apres avoir ouy les plainctes et doleances faictes par les marchauds de sa bonne ville de Paris du prejudice qu'ilz reçoivent en leur trafficq, et le publicq, à occasion de la douanne qui se prent sur les marchandises entrans en ladicte ville de Paris, Sa Majesté, de l'avis de la Royne regente sa mere, a surcis et surceoit la levée de ladicte douanne qui se prent sur lesdictes marchandises entrans en ladicte Ville de Paris, durant le temps du bail naguerres faict en son Conseil, à Feydeau, qui finira le dernier Septembre mil six cens dix sept. A commancer icelle surceance du premier jour de Janvier prochain que l'on comptera mil six cens douze, sans que pendant et durant ledict temps il puisse estre pris ne levé aulcune chose d'icelle douanne pour ce regard. Et m'a commandé en expedier le present brevet, qu'elle a pour ce signé de sa main, et voulu estre contresigné par moy, son conseiller secretaire d'Estat et de ses commandemens et finances.»

Ainsy signé : «LOUYS», et plus bas : «DE LOMENIE».

«Louis par la grace de Dieu Roy de France et de Navarre, à noz amez et feaulx les gens tenans nostre Court des Aydes à Paris et tous autres noz justiciers et officiers qu'il appartiendra, salut. Noz tres chers et bien amez les marchands de nostre bonne ville de Paris nous ont faict remonstrer qu'ilz reçoivent en leur trafficq, et tout le publicq, ung tres grand prejudice à l'occasion de la douanne qui se prend sur les marchandises entrans en ladicte Ville de Paris, nous suppliant et requerant les en voulloir descharger.

«A ces causes, pour apporter ausdits marchands et general de nostre peuple tout le bien et soullagement qu'il nous sera possible, de l'advis de la Royne regente, nostre tres honnorée dame et mere, nous avons surcis et par ces presentes signées de nostre main surceons la levée de ladicte douanne qui s'y prend sur lesdictes marchandises entrans en nostredicte ville de Paris, durant le bail naguieres faict en nostre Conseil à Denis Feydeau, de la ferme generalle de noz aydes, qui finira le dernier Septembre mil six cens dix sept. A commancer icelle surceance du premier jour de Janvier prochain, que le comptera mil six cens douze, sans que pendant et durant ledict temps il puisse estre pris ne levé aucune chose de ladicte douanne pour ce regard. Et vous mandons et ordonnons que de nostredicte surceance et contenue cy dessus vous facent, souffrent et laissent lesditz marchans jouyr et user plainement et paisiblement, sans leur faire, mettre ou donner, ne souffrir ou permectre leur estre sur ce faict, mis ou donné aucun trouble, destourbier ou empeschement au contraire. Car tel est nostre plaisir. Nonobstant quelzconques ordonnances, deffences et lettres à ce contraires.

«Donné à Fontainebleau, le unziesme jour de Juin l'an de grace mil six cens unze et de nostre regne le deuxiesme.»

Signé : «LOUIS», et plus bas : «Par le Roy, la Royne regente sa mere, DE LOMENYE.» Et scellée du grand scel de cire jaulne.

«Messieurs, suivant ce que je vous ay cy devant escrit, le Roy, Monsieur mon filz, a faict expedier le brevet et commission necessaire pour la surceance de la doanne qui se prent sur les marchandises entrans en la Ville de Paris, pendant le temps du bail faict à Denis Feydeau, fermier general des aydes. A commancer icelle surseance du premier jour de Janvier prochain que l'on comptera mil six cens et douze, et vous envoye icelluy brevet et commission. Et par ce qu'il y avoit quelques rentes assignée sur ladicte doanne, pour lesquelles ceulx à qui elles appartiennent pourroient faire plaincte, vous leur ferez entendre que mondict sieur et filz a faict pourvoir de fondz ailleurs pour les acquiter, affin que le soulaigement, que les marchans et le publicq recevront d'icelle surseance, n'apporte aulcune perte ne incommodité à personne. Et n'estant la presente à autre fin, je prieray Dieu, Messieurs, vous tenir en prosperité.

«Escrit à Fontainebleau, le xiii⁰ jour de Juin 1611.»

Signé : «MARIE», et plus bas : «DE LOMENYE».

Et sur l'inscription est escript : «A Messieurs les Prevost des Marchans et Eschevins de la ville de Paris.»

XCIV. — Descente de la chasse
de madame Saincte Geneviefve.

12 juin 1611. (Fol. 340 v°.)

Ordre de la ceremonie gardée et observée en la descente des chasses de Monsieur Sainct Marcel et de Madame Saincte Geneviefve, et de la Procession generalle qui fut faicte le dimanche douziesme jour de Juing mil six cens unze pour la conservation des biens et fruicts de la terre à cause de la grande seicheresse du temps.

Le vendredy troisiesme jour de Juin mil six cens unze, recognoissans par Messieurs les Prevost des Marchans et Eschevins de la ville de Paris la grande seicheresse du temps, et que pour avoir de la pluye pour la conservation des biens de la terre, il estoit expedient d'avoir recours à Dieu et faire les prieres et processions ordinaires en telle necessitez, mesmes qu'il estoit venu quelques bourgeois au Bureau pour prier mesdictz sieurs de provocquer et faire faire lesdictes processions[1], iceulx sieurs Prevost des Marchans et Eschevins se sont transportez au parquet de Messieurs les gens du Roy avec lesquels auroit esté arresté qu'il estoit expedient de faire lesdictes processions et pour y parvenir deux de Messieurs les Eschevins feurent à l'evesché prier Monsieur l'Evesque de Paris, de faire faire lesdictes processions. Ce qui leur octroya. Et le lendemain samedy quatriesme dudict mois de Juin, mesdictz sieurs de la Ville feurent en la grand chambre de la court de Parlement, où ilz prierent Monsieur le Premier President de donner jour pour faire lesdictes solempnitez et prierres, où se seroit trouvé mondict sieur l'Evesque de Paris, auquel mesdictz sieurs de la Court auroient dict que le dimanche cinquiesme dudict mois de Juin, il feroit faire les processions par les paroisses, et le dimanche douziesme dudict moys se feroit la grande procession generalle, où seroient portées lesdictes chasses et autres beaulx reliquaires.

Et estans mesdictz sieurs de la Ville retournez audict Hostel de Ville, ont faict expedier les mandemens à l'espicier de la Ville, desquelz la teneur ensuict :

De par les Prevost des Marchans et Eschevins de la ville de Paris.

«Il est ordonne à Joachim Dupont, espicier de la Ville, d'envoyer à l'eglise Nostre Dame quatre torches de cire blanche, de deux livres piece, et quatre cierges aussy de cire blanche, d'une livre piece, pour servir à la procession generalle qui se fera le jour de demain de ladicte eglise Nostre Dame à celle de Madame Saincte Geneviefve, et outre d'envoyer à ladicte eglise Saincte Geneviefve quatre autres cierges de cire blanche, aussy d'une livre piece, pour mettre sur l'hostel à la celebration de la messe qui se dira en ladicte eglise Saincte Geneviefve.

«Faict au Bureau de ladicte Ville, le samedy quatriesme jour de Juin mil six cens unze.»

De par les Prevost des Marchans et Eschevins de la ville de Paris.

«Il est ordonné à Joachin Dupont, espicier de la Ville, d'envoyer à l'eglise Nostre Dame six torches de cire blanche, de deux livres piece, et quatre cierges de cire blanche, d'une livre piece, deux autres cierges, de demye livre piece, plus envoyer et delivrer aulx religieux de Ste Geneviefve six autres torches de cire blanche, de deux livres piece, et quatre cierges, d'une livre piece, le tout pour servir à la procession generalle qui sera faicte le dimanche douziesme du present mois de Juin, où seront portées les chasses de Monsieur Sainct Marcel et de Madame Saincte Geneviefve.

«Faict au Bureau de la Ville, le samedy quatriesme jour de Juin mil six cens unze.»

Et ledict jour de dimanche cinquiesme Juin, ladicte procession generalle de touttes les paroisses fut faicte de l'eglise Nostre Dame à Saincte Geneviefve où la messe fut celebrée, et en laquelle procession n'assisterent ny Messieurs des Courtz souverainnes, ny Messieurs de la Ville.

Et le vendredy dixiesme jour du mois de Juin, mesdictz sieurs de la Ville ont faict expedier les mandemens qui ensuivent :

«Monsieur de Versigny, plaise vous trouver, à

---

[1] L'initiative du recours aux prières publiques pour détourner le fléau de la sécheresse paraît avoir été prise par les chanoines de Sainct-Marcel d'après le passage suivant du *Théâtre des Antiquitez* de Du Breul (p. 393-394) : «Il y a 37 parroisses qui dependent de Sainct Marcel, la plus part desquelles, quand Messieurs de Sainct Marcel vont en procession publique et solemnelle et portent la chasse de sainct Clement, les doivent assister comme inferieurs. Ce qui s'est practiqué pour impetrer de la pluye ceste année 1611, le vendredy 3 de juin, le lendemain de la Feste Dieu, auquel jour les doyen et chanoines de Sainct Marcel, accompagnez de dix-sept des parroisses dessusdictes (les autres n'y ayans peu venir pour la longue distance des lieux et incommoditez de la saison), vindrent en procession à Sainct Severin, parroisse archipresbyterale de l'Université, apportans la chasse de sainct Clement pape et martyr (qui est un des quatre patrons de ladite paroisse), où ils chanterent une antienne à son honneur et après s'en retournerent dire une grande messe à Sainct Victor. Ladicte chasse n'est que de bois et n'avoit esté apportée à Paris depuis l'an 1580.»

cheval et en housse, dimanche prochain, sept heures precises du matin, en l'Hostel de la Ville, pour nous accompagner à la procession generalle qui sera faicte ledict jour, où seront portées les chasses de Monsieur Sainct Marcel et de Madame Saincte Geneviefve pour faire prieres à Dieu pour la conservation des biens de la terre. Vous priant n'y voulloir faillir.

«Faict au Bureau de ladicte Ville, le vendredy dixieme Juin mil six cens unze.

«Les Prevost des Marchans et Eschevins de la ville de Paris, tous vostres.»

Pareil envoyé à chacun de M^{rs} les Conseillers de la Ville.

De par les Prevost des Marchans et Eschevins de la ville de Paris.

«Sire Jehan Le Comte, Quartenier, trouvez vous, avec deux notables bourgeois de vostre quartier, à cheval et en housse, dimanche prochain, sept heures precises du matin, en l'Hostel de la Ville, pour nous accompagner à la procession generalle qui se fera ledict jour, où seront portées les chasses de Monsieur Sainct Marcel et de Madame Saincte Geneviefve, pour faire prieres à Dieu pour la conservation des biens de la terre. Si n'y faictes faulte.

«Faict au Bureau de la Ville, le vendredy dixieme Juin mil six cens unze.»

Pareil envoyé à chacun des Quarteniers.

De par les Prevost des Marchans et Eschevins de la ville de Paris.

«Capitaine Norry, trouvez vous avec tous ceulx de vostre Nombre, garniz de leurs hocquetons et hallebardes, dimanche prochain, six heures precises du matin, en l'Hostel de la Ville, pour nous accompaguer à la procession generalle qui se fera ledict jour, où seront portées les chasses de Mr Sainct Marcel et de Madame Saincte Geneviefve, pour faire prieres à Dieu pour la conservation des biens de la terre. Sy n'y faictes faulte.

«Faict au Bureau de la Ville, le vendredy dixiesme jour de Juin mil six cens unze.»

Pareil envoyé aux sieurs de Norroy et Lefebvre, capitaines des deux autres Nombres de ladicte Ville.

Et ledict jour de dimance douziesme Juin[1], sur les sept heures du matin, mesdictz sieurs de la Ville ont envoyé une trentaine d'archers à Messieurs des Courtz souverainnes pour les conduire à Ste Geneviefve.

Et aussy tost mesdictz sieurs de la Ville, avec sa trouppe, sont partis dudict Hostel de Ville pour aller en ladicte procession en l'ordre qui ensuict :

Premierement marchoient les trois cens archers de la Ville, à pied, vestuz de leurs hocquetons et hallebardes.

Apres, lesdictz sergens de lad. Ville, vestuz de leurs robbes de livrée et leurs navires sur l'espaule, estans aussy à pied.

Apres, Monsieur le Greffier de ladicte Ville, seul, à cheval et en housse, vestu de sa robbe mipartie.

Apres, mesdictz sieurs les Prevost des Marchans et Eschevins, aussy à cheval, vestuz de leurs robbes miparties.

Apres, Monsieur le Procureur du Roy de la Ville, vestu de sa robe d'escarlatte, et Monsieur le Receveur d'icelle Ville avec ung manteau à manches noir, suiviz d'aucuns de Messieurs les Conseillers de la Ville, Quarteniers et bourgeois mandez, tous à cheval.

Et en tel ordre sont allez en ladicte eglise Nostre Dame où mesdictz sieurs de la Ville sont entrez dans le coeur et pris leur place dans les haultes chaises, à l'entrée du coeur à main dextre. Et le Greffier s'est mis en la chaise basse vis à viz mondict sieur le Prevost, où ayans esté quelque temps, l'ung des orphevres de ceste Ville est venu présenter à mesdictz sieurs Prevost des Marchans, Eschevins, Procureur du Roy, Greffier et Receveur, à chacun ung grand boucquet d'œilletz.

Et incontinant apres, les processions ont commencé à partir pour aller à Ste Geneviefve, la chasse de mondict sieur sainct Marcel[2] estant portée par plu-

---

[1] On peut comparer la relation donnée ici avec la description des *Ceremonies observées à la descente de la chasse Saincte Geneviefve* qui se lit dans le *Théâtre des Antiquitez* de Du Breul, p. 286-288, et avec *L'ordre et ceremonie observée tant en la descente de la chasse de Madame Ste Geneviefve... qu'en la procession d'icelle* (Paris, du Carroy, 1611, in-8°), parue sous le nom d'E. Leliepvre. Félibien a publié au tome III de ses *Preuves*, p. 47-48, le récit de la procession du 12 juin 1611 qui a été consigné dans les registres du Parlement. Dans les registres du chapitre Notre-Dame (*Arch. nat.*, LL 169), on a laissé en blanc la page qui devait contenir la relation de la cérémonie, et il en est de même dans les minutes (LL 173) où se lit cette simple mention : «*Eadem die dominica duodecima junii 1611 fuit celebrata processio generalis delationis capsæ sanctæ Genovefæ.*» La collection Le Marié d'Aubigny donne un récit «extrait du Mémorial de la Chambre des Comptes», et y ajoute la transcription d'une partie du texte fourni par le registre de la Ville (*Arch. nat.*, AD IX 165). La relation du Parlement figure dans le registre X^{1a} 1537, fol. 166 v°.

[2] «Ladicte chasse de sainct Marcel, laquelle est d'argent doré enrichie d'une infinité de grosses perles et pierres précieuses, — dit Du Breul, en 1611 (*Théâtre des Antiquitez*, p. 36 et 393), — se void encore eslevée sur une plateforme de cuivre, soustenue par quatre colonnes au dessus du maistre autel de l'eglise de Nostre Dame.»

sieurs orphevres qui avoient leurs habitz noirs, ung chappeau de fleurs en leurs testes et ung boucquet à la main, Monsieur l'Evesque de Paris en son habit pontifical estant derriere les chanoines, et immediatement apres ledict s⁺ Evesque, marchoient lesdictz sergens de la Ville, apres, ledict Greffier seul, et apres luy, mesdictz sieurs les Prevost des marchans, Eschevins, Procureur du Roy, Receveur, Conseillers, Quartiniers et bourgeois mandez, ayans mesdictz sieurs de la Ville, Procureur, Greffier et Receveur leurs bonnetz carrez et tocques de velours. Les archers de la Ville estoient sur les aisles, à costé de Messieurs et le long de ladicte procession pour empescher la foulle du peuple. Et en cest ordre feurent en ladicte eglise Saincte Geneviefve le long de la rue S⁺ Jacques, et à cause de la grande foulle du peuple, mesdictz sieurs de la Ville ne peurent entrer dans le cœur. Et pour le regard de mesdictz sieurs des Courtz souverainnes, ilz estoient dans le cloistre, attendant le depart de la procession, et estants tous pretz à partir. Les orphevres, qui avoient porté la chasse de Monsieur sainct Marcel jusques à Saincte Geneviefve, baillerent ladicte chasse à porter à plusieurs marchans et bourgeois de Paris, qui estoient tous nudz, à la reserve d'une chemise plissée qu'ilz avoient, et lesdictz orphevres prindrent la chasse de Madame sainte Geneviefve pour la porter à Nostre Dame. Et tost apres, ladicte procession s'achemina en ladicte eglise Nostre Dame, et passa par devant le college de Lizieulx [1] et le long de ladicte rue Sainct Jacques en l'ordre qui ensuict :

Premierement marchoient les religieulx mandians et les paroisses. Apres, lesdictes chasses de Monsieur saluct Marcel et Madame saincte Geneviefve, avec plusieurs autres chasses et beaulx reliquaires, laquelle chasse sainct Marcel fut portée, comme dict est, par lesdictz marchans et bourgeois qui estoient nudz, et lad. chasse saincte Geneviefve, par lesdictz orphevres. Proche laquelle chasse Madame saincte Geneviefve et derriere icelle, estoient Monsieur le Lieutenant criminel et Monsieur le Procureur du Roy du Chastellet, vestuz de leurs robbes d'escarlattes, assistez de quelques commissaires et sergens. Apres, marchoient les chanoine de Nostre Dame d'un costé et les religieulx de S⁺ᵉ Geneviefve de l'autre, lesquelz religieulx estoient piedz nudz et avoient la main droicte, et derriere eulx estoient mondict sieur l'Evesque de Paris, Monsieur l'Abbé de Saincte Geneviefve[2], en leurs habitz pontificaulx, les mitres en leurs testes, ledict sieur Abbé estant aussy piedz nudz. Et derriere eulx feurent mesdictz sieurs de la Ville, jusques au grand portail de ladicte eglise Saincte Geneviefve, que l'on fit place à Messieurs des Courtz souverainnes, qui estoient, comme dict est, au cloistre et prirent leur rang et place accoustumée : asçavoir mesdictz sieurs de la court de Parlement en robbes rouges, où estoit Monsieur de Verdun, Premier President, et tenoient la main droicte. Derriere eulx, estoient Messieurs de la Court des Aydes, et à main gaulche, viz à viz Messieurs de la Court, estoient Messieurs de la Chambre des Comptes, à la suitte desquelz estoient lesd. sergens de la Ville, puis le Greffier de la Ville, seul. Apres, mesdictz sieurs les Prevost des Marchans, Eschevins, Procureur, Receveur, Conseillers, Quartiniers et bourgeois. Et en cest ordre. sont tous allez en ladicte eglise Nostre Dame, où ilz prindrent sceance, assavoir mesdictz sieurs de la Court aux haultes chaises, à main droicte, et mond. sieur l'Abbé de S⁺ᵉ Geneviefve à la premiere place, proche et au dessoubz de mondict sieur le Premier President. De l'autre costé, à main gaulche, estoient Messieurs des Comptes, apres, Messieurs de la Court des Aydes, et à la suitte mesdictz sieurs de la Ville, proche les chanoines. Et de l'autre costé, du costé des Messieurs de la Court, aux trois dernieres chaises proche la ceinture du coeur, estoient mesdictz sieurs le Lieutenant criminel[3], Procureur du Roy du Chastellet, et Monsieur Desfunctis, Lieutenant criminel de robbe courte[4]. Et aussy tost la messe a commencé par Monsieur l'Evesque de Paris, et les religieulx de Saincte Geneviefve respondoient sans aucune musicque.

La messe dicte, a esté chanté *Salve regina*, et à la fin l'*Oremus* par ledict sieur Abbé.

Ce faict, lesdictz orphevres ont enlevé ladicte chasse de Madame saincte Geneviefve et lesdictz bourgeois estans nudz, celle de Monsieur sainct Marcel, et sont partiz de ladicte eglise Nostre Dame, suivis des chanoines et religieulx, et apres eulx,

---

[1] La rue Saint-Étienne-des-Grès, par où l'on descendait de l'abbaye Sainte-Geneviève à la rue Saint-Jacques, longeait en effet le collège de Lisieux; cette rue est aujourd'hui représentée par la portion de la rue Cujas qui va de la place du Panthéon à la rue Saint-Jacques, et les bâtiments du collège de Lisieux ont été démolis au milieu du XVIIIᵉ siècle pour la construction des Écoles de Droit et la formation de l'immense place au milieu de laquelle s'élève la nouvelle église Sainte-Geneviève, le Panthéon actuel.

[2] Benjamin de Brichanteau, nommé abbé de Sainte-Geneviève le 31 mars 1607, devint évêque de Laon en 1612 et mourut dans son hôtel abbatial de Sainte-Geneviève, le 14 juillet 1619.

[3] Gabriel Lallement, naguère prévôt et juge ordinaire en la ville d'Orléans, reçu lieutenant criminel au Châtelet le 21 avril 1600 (Arch. nat., X¹ᵃ 1768, fol. 105 v°). Ses lettres de provision sont datées du 2 mars 1600. (*Registres du Bureau*, t. XII, p. 336, note 1.)

[4] Jean de Fontis, autrefois vice-bailli de Chartres, reçu lieutenant criminel de robe courte le 1ᵉʳ avril 1602 (*Arch. nat.*, X¹ᵃ 1783, fol. 1 v°).

lesdictz sieurs Evesque et Abbé, et immediatement apres eulx, ont suivy mesdictz sieurs de la Ville, sçavoir lesdictz sergens, le Greffier, seul, lesdictz sieurs Prevost des Marchans et Eschevins, Procureur du Roy, Receveur, Conseillers, Quartiniers et bourgeois. Et en tel ordre se sont acheminez, et estans mesdictz sieurs de la Ville proche l'eglise Saincte Geneviefve des Ardens[1], qui estoit environ le temps que lesd. chasses estoient proche Petit pont, mesdictz sieurs de la Ville se sont arrestez, comme semblablement a faict ledict sieur Evesque qui a pris congé dudict sieur Abbé. Et lors, les deux chasses ont pris congé l'une d'elle l'autre, lesdictz orphevres ayans repris ladicte chasse sainct Marcel et lesdictz marchans et bourgeois estans nudz, celle de madicte dame saincte Geneviefve, lesquelz avec lesdictz religieulx et Abbé et lesdictz sieurs Lieutenant criminel et Procureur du Roy du Chastellet, ont reportée en ladicte eglise Saincte Geneviefve, prenans leur chemin par la place Maubert. Et lesdictz orphevres sont revenuz en ladicte eglise Nostre Dame avec lesdictz chanoines et Monsieur l'Evesque. Lesquelz mesdictz sieurs de la Ville en l'ordre que dessus ont reconduitz jusques en ladicte eglise Nostre Dame que mesdictz sieurs de la Ville seroient entrez dans le coeur aulx haultes chaires à main droicte à l'entrée du coeur, et ayant esté chanté une antienne, mesdictz sieurs de la Ville et leur trouppe sont revenuz en l'Hostel de ladicte Ville en l'ordre qu'ilz en estoient partiz, estans lors plus de trois heures apres midy.

Nota que apres la messe dicte à Nostre Dame, et aussi tost que les chasses sont enlevées et le clergé et Messieurs de la Ville partiz, mesdictz sieurs des Courtz souverainnes se retirent chacun en leurs maisons.

XCV. — Assemblée touchant ladicte douanne.
16 juin 1611. (Fol. 349.)

Du jeudy seiziesme jour de Juin mil six cens unze[2].

En l'assemblée de Messieurs les Prevost des Marchans, Eschevins et Conseillers de ladicte Ville, ledict jour tenue au Bureau d'icelle pour entendre la lecture des lettres pattentes du Roy du unziesme de ce moys, portans surceance de la levée de l'imposition de la douanne pour six ans, à commancer du premier jour de Janvier prochain, ensemble des lettres de cachet de la Royne regente, mere du Roy, du treiziesme de ce moys, adressante à ladicte Ville pour le mesme subject, sont comparuz :

Monsieur Sanguin, seigneur de Livry, Prevost des Marchans;

Monsieur Thevenot, Monsieur Perrot, Monsieur de La Noue, Eschevins;

Monsieur de Marle, seigneur de Versigny, Monsieur Leclerc, conseiller en la Court; Monsieur Amelot, m° des Comptes; Monsieur Lamy, secretaire, Conseillers de Ville.

Lecture faicte desdictes lettres pattentes et du brevet attaché à icelles, ensemble desdictes lettres de cachet, a esté arresté que ladicte Ville poursuivra Sa Majesté et Messieurs de son Conseil pour obtenir lettres pattentes en bonne forme pour remplacer ladicte Ville de pareil fonds pour le payement des rentes constituées sur ladicte douanne au lieu de ladicte levée et imposition de la douanne.

«Monsieur de Versigny, plaise vous trouver demain, quatre heures de relevée, au Bureau de la Ville, pour entendre la lecture des lettres à nous envoyées par le Roy, touchant la douanne de Paris. Vous priant n'y voulloir faillir.

«Faict au Bureau de ladicte Ville, le meccredy quinziesme jour de Juin mil six cens unze.

«Les Prevost des Marchans et Eschevins de la Ville de Paris, tous vostres.»

Pareil envoyé à chacun de Messieurs les Conseillers de Ville.

XCVI. — Assemblée à la Ville touchant le bail general des avoes.
27 juin-1ᵉʳ juillet 1611. (Fol. 350.)

«Monsieur..., plaise vous trouver lundy prochain, sur les quatre à cinq heures de rellevée, au Bureau de la Ville, pour deliberer sur le bail general des aydes faict de nouveau par le Roy à Maistre Denys Feydeau, à nous envoyé par arrest de nosseigneurs de la Chambre des Comptes. Vous priant n'y voulloir faillir.

«Faict au Bureau de ladicte Ville, le vingt cinquiesme jour de Juin mil six cens unze.

«Les Prevost des Marchans et Eschevins de la Ville de Paris, tous vostres.»

---

[1] Cette église s'élevait dans la rue Neuve-Notre-Dame, à main droite en venant de la cathédrale. Elle fut abattue en 1747 pour permettre l'agrandissement de l'hôpital des Enfants trouvés (Jaillot, *Quartier de la Cité*, p. 96).

[2] Le procès-verbal de cette assemblée est, dans le registre, précédé de cette mention : «Nota que le mandement de l'Assemblée est escript apres», et en effet la convocation adressée aux Conseillers de Ville le 15 juin n'a été reproduite qu'à la suite de la délibération du Conseil, ce qui est contraire à la pratique habituelle du Greffier.

Pareil envoyé à chacun de Messieurs les Conseillers de la Ville.

Du lundy vingt septiesme jour de Juin mil six cens unze.

En l'assemblée de Messieurs les Prevost des Marchans, Eschevins et Conseillers de ladicte Ville, ledict jour tenue au Bureau d'icelle pour deliberer sur le bail general des aydes faict de nouveau par le Roy à Maistre Denis Feydeau[1], à nous envoyé par arrest de nosseigneurs de la Chambre des Comptes,

Sont comparuz :

Monsieur Sanguyn, seigneur de Livry, conseiller en la Cour, Prevost des Marchans;

Monsieur Lambert, Monsieur Thevenot, Monsieur Perrot, Monsieur de La Noue, Eschevins;

Monsieur de Versigny, Monsieur Aubry, maistre des Requestes; Monsieur Aubry, aussy maistre des Requestes; Monsieur Amelot; Monsieur Lamy, Conseillers de Ville.

L'affaire remise à en deliberer en plus grande assemblée, laquelle sera faicte vendredy prochain de relevée.

Du vendredy premier jour de Juillet oud. an mil six cens unze.

En l'assemblée des Messieurs les Prevost des Marchans, Eschevins et Conseillers de ladicte Ville, ledict jour tenue au Bureau d'icelle pour deliberer sur le bail general des aydes faict de nouveau par le Roy à M⁰ Denis Feydeau, à nous envoyé par arrest de nosseigneurs de la Chambre des Comptes,

Sont comparuz :

Monsieur Sanguyn, seigneur de Livry, conseiller en la Cour, Prevost des Marchans;

Monsieur Lambert, Monsieur Perrot, Monsieur de La Noue, Eschevins;

Monsieur le President de Bragelongne;

Monsieur M⁰ Jehan Aubry, m⁰ des Requestes;

Monsieur M⁰ Robert Aubry, m⁰ des Requestes;

Monsieur Palluau, conseiller en la Court;

Monsieur Leclerc, conseiller en la Court;

Monsieur Lamy, secretaire.

Lecture faicte desdictes lettres de bail données à Paris le vingt huitiesme jour de May dernier, et l'affaire mise en deliberation, a esté arresté de supplier nosditz seigneurs de la Chambre des Comptes, en proceddant par eulx à la verifficcation dudict bail, que ce soit à la charge que ledict Feydeau soit tenu payer par chacun an les quatre quartiers des rentes assignées sur lesdictz aydes au lieu des trois portez par ledict bail et sauf à luy à se pourveoir pardevers le Roy pour ledict quatriesme quartier; desquelz aydes, il commancera à jouir du premier jour d'Octobre mil six cens unze, suivant son bail, et ouvrira son bureau du payement desdictes rentes au quinziesme de Febvrier mil six cens douze pour acquiter le premier quartier de l'année mil six cens cinq. Sera tenu apporter en l'Hostel de ladicte Ville de troys en trois moys et six sepmaines apres iceulx escheux, à trois payemens esgaulx de quinzaine en quinzaine, le fondz entier qu'il convient pour le payement d'ung quartier desdictes rentes, pour estre distribuez aux rentiers suivant l'arrest de nosseigneurs du Conseil du dernier jour de Mars mil six cens cinq[2]. Et que pour faire lesdictz payemens il prendra commission desdictz Prevost des Marchans et Eschevins et baillera bonnes et suffisantes cautions par devant eulx, jusques à la somme de cent cinquante mil livres tournois pour asseurance du payement desdictes rentes. Subira et obeyra aux ordonnances et reglemens qui sont et seront faictz par lesdictz Prevost des Marchans et Eschevins concernans les payemens desdictes rentes. Et outre que icelluy Feydeau soit tenu de faire doresnavant en l'Hostel de la Ville les baulx des fermes des aydes qui ont accoustumé d'estre faictz en icelluy Hostel et qui y ont mesmes esté faictz depuis que ledict Feydeau est fermier general, et ce en la presence desdictz Prevost des Marchans et Eschevins ou de l'ung d'eulx, lesquelz ne feront lesdictes adjudications sinon que en sa presence et de son consentement, sans aucuns fraiz, le tout pour la conservation de l'entretenement des contractz d'engaigement faictz à ladicte Ville desdictz aydes.

XCVII. — POUR ENVOYER LES NOMS DES OFFICIERS DE QUARTIER DECEDÉS OU QUI ONT CHANGÉ DE QUARTIER.

13 juillet 1611. (Fol. 352 v°.)

De par les Prevost des Marchans et Eschevins de la ville de Paris.

«Monsieur le President de Blancmesnil, collonnel, nous vous prions nous envoyer les noms des capitaines, lieutenans et enseignes de vostre collonnelle qui sont deceddez ou qui ont changé de

---

[1] Le texte imprimé de ce bail, passé le 28 mai 1611 pour huit années commançant au 1ᵉʳ octobre suivant, figure aux Archives nationales dans AD + 150. Le 30 août 1611, ce bail fut transporté à Antoine Feydeau, frère de Denis.

[2] N. Valois, *Inventaire des arrêts du Conseil d'État*, t. II, n° 202.

quartier depuis qu'ilz ont esté nommez et esleuz esdictes charges, afin d'y pourveoir et d'en mettre d'autres à leurs places.

«Faict le meccredy xiiime jour de Juillet mil six cens unze.»

Pareil envoyé à chacun desdictz sieurs collonnels.

XCVIII. — Reception de M. Claude Aubry au lieu de M. Jehan Aubry en l'office de Conseiller de la Ville.
19 juillet 1611. (Fol. 353.)

Du mardy dix neufiesme jour de Juillet mil six cens unze.

En l'assemblée de Messieurs les Prevost des Marchans, Eschevins et Conseillers de la Ville de Paris, ledict jour tenue au Bureau d'icelle pour deliberer sur la resignation que Monsieur Me Jehan Aubry, Conseiller du Roy et m[e] des Requestes ordinaires de son hostel, et l'ung des Conseillers de ladicte Ville, a faicte de sond. ofhce de Conseiller de la Ville au proffict de noble homme Claude Aubry, sieur d'Auvillier, son frere [1],

Sont comparuz :

Monsieur Sanguin, sieur de Livry, conseiller en Parlement, Prevost des Marchans;

Monsieur Lambert, Monsieur Perrot, Monsieur de La Noue, Eschevins;

Monsieur Le Prestre, conseiller en la Court, Monsieur Arnault, advocat, Monsieur Sangnyn, secretaire, Monsieur de St Germain, sieur de Ravines, Monsieur Potier, sieur d'Equevilly, Conseillers de Ville.

La compagnie estant assemblée, mondict sieur le Prevost des Marchans a remonstré que ledict sieur Aubry, m[e] des Requestes, a passé deux procurations pour la resignation de sondict office de Conseiller de Ville, l'une pure et simple et l'autre en faveur dudict sieur d'Auvillier qui desire y estre receu, et lequel il avoit cy devant resigné par maladye à sondict frere, priant la compagnie en voulloir deliberer.

Sur quoy, lecture faicte desdictes deux procurations passées par devant Libault et Bergeon, notaires, le vingt deuxiesme jour de novembre mil six cens dix [2], a esté deliberé, conclud et arresté admettre, comme de faict la compagnie a admis et admet, ladicte resignation, et ordonné que ledict sieur d'Auvillier sera presentement recen audict office de Conseiller de ladicte Ville au lieu dudict sieur Aubry, son frere.

Et à l'instant a esté mandé en ladicte assemblée ledict sieur d'Auvillier auquel a esté faict entendre la resolution de la compagnie, et d'icelluy a esté pris le serment en tel cas requis et accoustumé, mesmes a esté installé et mis en possession dudict office.

Nota que ledict s[r] d'Auvillier a esté recen le premier, et auparavant Monsieur Loisel lequel est le dernier.

XCIX. — Reception de M. Loysel en l'office de Conseiller au lieu de M. Marescot.
19 juillet 1611. (Fol. 354 v°.)

«Monsieur..., plaise vous trouver ce jourd'huy, dix heures, en l'Hostel de la Ville pour deliberer sur la resignation que Monsieur Marescot, Conseiller de ladicte Ville, entend faire de sondict office de Conseiller au proffict de Monsieur Loysel, conseiller en la court de Parlement, son beau frere. Vous priant n'y voulloir faillir.

«Fait au Bureau de ladicte Ville, ce mardy dix neufiesme Juillet mil six cens unze.

«Les Prevost des Marchans et Eschevins de la ville de Paris, tous vostres.»

Pareil envoyé à chacun de Messieurs les Conseillers.

Du mardy dix neufiesme jour de Juillet mil six cens unze.

En l'assemblée de M[rs] les Prevost des Marchans, Eschevins et Conseillers de ladicte Ville, ledict jour tenue au Bureau d'icelle, pour deliberer sur la resignation que Monsieur Marescot, Conseiller de ladicte Ville [3], a faicte de sondict office de Conseiller au

---

[1] Comme nous l'avons vu, à la date du 27 octobre 1610, et comme cela sera rappelé ci-dessous, Claude Aubery avait résigné, pour cause de maladie, sa charge de Conseiller de Ville à son frère Jean. Il est assez curieux de remarquer que le jour même où il fut rétabli dans l'office de Conseiller qu'il avait momentanément abandonné à son frère, le Conseil de la Ville, sur la résignation de Guillaume Marescot, ouvrit ses rangs à Gui Loisel qui devait quelques mois plus tard rendre à son tour à ce même Marescot, son beau-frère, la place de Conseiller dans laquelle il lui avait succédé.

[2] L'original de ces procurations joint à la minute du procès-verbal de l'assemblée du Conseil (*Arch. nat.*, K 983, n°s 134 et 135) montre que Jean Aubery écrivait bien son nom sous cette forme dans sa signature.

[3] Il y avait à peine un mois que Guillaume Marescot occupait la charge de Conseiller de la Ville, à lui résignée par M. Lelièvre (ci-dessus, p. 69), quand il y renonça en faveur de son beau-frère, ainsi que le montre la date de la procuration indiquée ci-contre, passée le 21 avril 1611. Il y a probablement corrélation entre cette démission de Marescot et sa réception en la charge de maître des Requêtes de l'Hôtel qui se produisit le 27 avril suivant. Quoi qu'il en soit, il ne tarda pas à revenir sur sa décision, et des

proffit de Monsieur Guy Loysel, conseiller en la court de Parlement, son beau frere [1].

Sont comparuz :

Monsieur Sanguyn, sieur de Livry, conseiller au Parlement, Prevost des Marchans;

Monsieur Lambert, Monsieur Perrot, Monsieur de La Noue, Eschevins;

Monsieur Le Prestre, Conseiller en la Court, Monsieur Arnault, advocat, Monsieur Sangnyn, secretaire, Monsieur de St Germain, s^r de Ravynes, Monsieur Potier, sieur d'Equevilly, Conseillers de Ville.

La compagnie estant assemblée, mondict sieur le Prevost des Marchans a remonstré que ledict sieur Marescot a passé deux procurations pour la resignation de sondict office de Conseiller de Ville, l'une pure et simple, et l'autre en faveur dudict sieur Loysel qui desire y estre receu, priant la compagnie en voulloir deliberer.

Sur quoy, lecture faicte desdictes deux procurations passées par devant Desnotz et Mahieu, notaires, le vingt ungiesme jour d'Avril dernier [2], a esté deliberé, conclud et arresté admettre, comme de faict la compagnie a admis et admet, ladicte resignation, et ordonné que ledict sieur Loysel sera presentement receu andict office de Conseiller de lad. Ville au lieu dudict sieur Marescot.

Et à l'instant a esté mandé en ladicte assemblée iceluy sieur Loysel, auquel a esté faict entendre la resolution de la compagnie et d'icelluy a esté pris le serment en tel cas requis et accoustumé, mesmes a esté installé et mis en possession d'icelluy office.

C. — Opposition et remonstrance par la Ville au party de Fillacier touchant les rentes.

20-26 juillet 1611. (Fol. 356.)

«Les Prevost des Marchans et Eschevins de la Ville de Paris qui ont veu les lettres de commission données à Paris le vingt deuxiesme Febvrier dernier, signées «par le Roy en son Conseil, Malier», et scellées, par lesquelles Sa Majesté a commis Me Jehan Fillassier pour faite la recepte des deniers des arreraiges des rentes non denes ny demandées, escheues et appartenans à Sa Majesté au moyen des rachaptz qui en auroient esté faictz à son proffict ou de ses predecesseurs, droictz d'aubeynes et desherances, forfaicture ou autrement, soit es receptes generalles des finances et particulieres des domaynes, tailles, aydes et taillon, Clergé, Gabelles, traicte et impositions foraines et dommainalles, maisons et hostels de villes de ce royaume, depuis l'année mil six cens trois, pour estre lesdictz deniers portez à l'Espargne, ainsi qu'il est plus au long contenu esdictes lettres à eulx communiquées par arrest de nosseigneurs de la Chambre des Comptes du vingt huictiesme Juin dernier [3],

«Declarent, entend que touche les rentes de ladicte Ville assignées tant sur le Clergé, sel, aydes, que receptes generalles, et pour les raisons cy apres declarées, qu'ilz empeschent formellement et s'opposent à la verification de ladicte commission.

«En premier lieu, que, depuis que lesdictz rachaptz ont esté faictz, ilz ont tousjours jouy des arreraiges jusques à present, suivant la volonté et intention du Roy, lequel recognoissant la faulte de fondz qu'il y avoit sur lesdictes natures de rentes dont il estoit le vray debiteur, par arrest donné en son Conseil le treiziesme Novembre mil cinq cens quatre vingt cinq auroit ordonné que les receveurs de ladicte Ville retiendroient les arreraiges revenans bons à Sadicte Majesté desdictes rentes rachaptées pour estre employez à la faute de fondz, ce qui a esté confirmé par autre arrest du Conseil du septiesme Janvier mil v^c iiii^{xx} xvii et autres solemnellement donnez aud. Conseil les douziesme jour d'Aoust mil six cens trois et xxiiij^{me} Juillet mil six cens quatre [4], en vertu desquelz lesdictz receveurs ont payé plusieurs particuliers, dont ilz ont rendu

---

le 28 septembre 1611, comme nous le verrons plus loin, Gui Loysel à son tour résigna en faveur de son beau-frère l'office de Conseiller de Ville auquel il lui avait succédé, et cette nouvelle résignation fut admise et confirmée par le Conseil de Ville, le 29 mai 1612.

[1] Gui Loisel, fils d'Antoine Loisel et de Marie Goulas, avait à cette époque quarante ans, et nous avons déjà dit que sa sœur Valentine avait épousé Guillaume Marescot.

Gui Loisel, qui était sous-diacre, fut nommé chanoine de Paris le 8 septembre 1590, sur la résignation d'Arnoud du Mesnil, et admis à prêter serment en cette qualité le 12 du même mois (Arch. nat., LL 165, p. 676); à partir de 1620, il figure au nombre des chanoines diacres. Il résigna sa prébende en 1631, peu de temps avant sa mort qui arriva le 20 décembre de cette année (Arch. nat., LL 242, et Dictionnaire de Moréri). Gui Joli, son neveu, nous a dépeint dans un joli tableau la déférence qu'il manifesta toute sa vie envers son père, Antoine Loisel : «A l'âge de 40 ans et plus et estant conseiller de la Cour, il ne faisoit point difficulté d'aller souvent à pied par la campagne, avec ce bon vieillard monté dessus sa mule, en sa petite maison champestre de Chevilly, size à une lieue et demie de Paris, pour luy faire seulement compagnie, comme je luy ay ouy dire plusieurs fois, et que lors il estoit le mieux récompensé de ses peines, en ce qu'il apprenoit toujours dans sa conversation quelque chose de beau, qui lui estoit autant utile qu'agréable.» (Introduction aux Opuscules tirez des Mémoires de M. Antoine Loisel, Paris, 1656, in-4°, p. xxxiv.)

[2] On voit, d'après ces procurations, que G. Marescot habitait au cloître Saint-Merry (Arch. nat., K 983, n° 131).

[3] Cf. Arch. nat., P 2670, fol. 267 v°.

[4] Ces deux derniers arrêts sont indiqués au tome II de l'Inventaire de M. Valois, sous les numéros 7763 et 8400.

compte à lad. Chambre, n'estant juste ny raisonnable de le repeter sur eulx qui n'ont que satisfaict à la volonté de Sa Majesté.

« Que s'il estoit permis de faire la repetition desdictz deniers paiez depuis ladicte année mil six cens trois, seroit renverser tout ordre de justice, troubler toutes les familles, engendrer infiniz proces, encores qu'ilz n'ayent reçeu que ce qui leur estoit legitimement deub en vertu des susdictz arrestz.

« Que si ladicte commission avoit lieu soit pour le passé ou pour l'advenir elle absorberoit une bonne partye du fondz desdictes rentes, ce qui altereroit et diminueroit le payement des arreraiges au prejudice des particuliers rentiers, lesquelz, comme chascun sçait, ne sont paiez entierement de leurs rentes, ains n'en recoipvent par an des unes que trois quartiers et des autres demye année, qui faict qu'il leur en est deub plusieurs années d'arreraiges depuis mesmes la reduction de ceste Ville. Aussi seroit faire une ouverture à une infinité de dons qui se demanderoient sur ceste nature de deniers.

« Que ayant cy devant Sa Majesté faict party des rentes racheptées du Clergé à ung nommé Denielle, nosdictz sieurs des Comptes, sur l'opposition de ladicte Ville et recongnoissance qu'il estoit à la foulle du publicq, n'ont voulu entrer à verification, comme mesmes Messieurs du Clergé n'ont alloué à M° François de Castille les deniers qu'il pretendoit avoir paiez audict Denielle sur ledict party.

« Et seroit ladicte commission contraire et au prejudice des lettres pattentes de Sa Majesté du mois de Novembre mil cinq cens quatre vingtz quatorze verifiées en toutes les Courtz souverainnes, par lesquelles Sa Majesté faict deffenses à touttes personnes de toucher aux deniers desdictes rentes, destourner les assignations ny prendre le fondz à peyne de les repeter sur eulx jusques à la quatriesme generation [1].

« Et partant (soubz correction) il n'y a apparence quelconque de voulloir toucher ausdictes rentes si mal acquittées et dont Sa Majesté estant debitrice ne peut se prevalloir des rachaptz jusques ad ce que la levée du payement entier des arreraiges soit du tout suffisante et restablie en sa recepte actuelle.

« Quant aux rentes qui sont par desherances, aubeynes, forfaictures ou autrement qui pouvoient appartenir à Sadicte Majesté elles doibvent semblablement demeurer es mains desdictz receveurs pour servir à la faulte de fondz.

« Et pour le regard des rentes que l'on pretend non denes, et que aucuns particuliers, par supposition, en recoivent des deniers, requierent lesdictz Prevost des Marchans et Eschevins qu'il en soit faict ung roolle, pour, à la requeste d'iceux Prevost des Marchans et Eschevins, poursuivre en justice ceulx qui injustement ont reçeu lesd. deniers, tant à la restitution d'iceux que punition exemplaire et corriger l'abbus pour l'advenir, pour estre lesdictz deniers employez comme dessus au manquement de fondz.

« Et pour touttes ses raisons, iceulx Prevost des Marchans et Eschevins supplient nosdictz seigneurs de la Chambre des Comptes ne voulloir entrer à la verification desdictes lettres, lesquelles ilz empeschent formellement, comme estans à la foulle et au prejudice du publicq.

« Faict au Bureau de ladicte Ville, le vingtiesme jour de Juillet mil six cens unze. »

« Sur la requeste verbalement faicte à la Chambre par les Prevost des Marchans et Eschevins de la ville de Paris, contenant l'opposition par eulx formée à la verification de la commission obtenue par M° [Jehan] Fillacier à la recepte des deniers provenans des rentes admorties et advenues au Roy par droict d'aubeyne, desherance, forfaiture ou aultrement, la Chambre a donné acte aux supplians de leurdicte opposition.

« Faict le vingt sixiesme jour de Juillet mil six cens unze [2]. »

« Extrait des registres de la Chambre des Comptes. » Signé : « BOURLON ».

CI. — Mandement à Jodelet, procureur, touchant une place proche et hors la porte Sainct Honnoré.

8 août 1611. (Fol. 359.)

De par les Prevost des Marchans et Eschevins de la ville de Paris.

« M° Jehan Jodellet, procureur des causes de la Ville en la court de Parlement, nous vous mandons vous presenter pour ladicte Ville à l'assignation à elle donnée, à la requeste de Monsieur l'Evesque de Paris, à Ysidore Guiot, maçon. Remonstrez que ledict sieur Evesque n'a peu ny deub bailler à rente la place scize proche et hors la porte S¹ Honoré pour y bastir, d'aultant que c'est ung carrefour publicq, qui estoit pavé, qui doibt demeurer vuide pour la beauté et decoration des lieux et advenues de ladicte porte S¹ Honnoré. Requerez au nom de ladicte Ville

---

[1] Ces lettres ont déjà été citées plus haut, et le Prévôt des Marchands y reviendra encore avec complaisance.

[2] *Arch. nat.*, P 2670, fol. 284, 26 juillet : « Les Prevost des Marchands et Eschevins, mandés à la Chambre au sujet de l'offre faite par Levassor sur le bail des aides de payer le quatriesme quartier de rente outre les trois portés par le bail, présentent leurs causes d'opposition à la commission de Fillacier. »

que les pretenduz baux faictz par ledict sieur Evesque andict Guyot, ou à ceulx dont il a le droict, soient declarez nulz et que deffenses soient faictes andict Guyot et à tous aultres de bastir ny faire bastir en ladicte place, et de la restablir et reparer comme elle estoit cy devant.

«Faict au Bureau de la Ville, le lundy huitiesme jour de Aoust mil six cens unze.»

Pareil envoyé audict sieur Jodelet.

CII. — Assemblée de l'Eslection.

— 16 août 1611. (Fol. 359 v°.)

De par les Prevost des Marchans et Eschevins de la ville de Paris.

«Sire....., Quartenier, appeliez voz cinquanteniers et diziniers, avec huict personnes des plus apparans de vostre quartier, tant officiers du Roy, s'il s'en trouve audict quartier, que des bourgeois et notables marchans non mechanicques, lesquels seront tenuz de comparoir, sur peyne d'estre privez de leurs privileges de bourgeoisie, franchises et libertez suivant l'edict du Roy. Lesquels seront tenuz faire le serment, es mains du plus notable desditz huict, d'eslire quatre personnes d'iceulx huict. Auxquels esleuz dictes et enjoignez qu'ilz se tiennent en leurs maisons, mardy prochain, seiziesme jour du present mois, jusques apres neuf heures du matin, que manderons deux d'iceulx venir en l'Hostel de la Ville pour proceder à l'eslection de deux Eschevins nouveaulx au lieu de ceulx qui ont faict leur temps. Et nous apportez ledict jour, à sept heures du matin, vostre proces verbal cloz et scellé, lequel sera signé de vous et de celui qui aura presidé en vostredicte assemblée. Sy n'y faictes faulte.

«Faict au Bureau de la Ville, le vendredy douziesme jour d'Aoust mil six cens unze.»

«Monsieur de Versigny, plaise vous trouver, mardy prochain seiziesme jour du present mois, sept heures du matin, en l'assemblée generalle qui se fera en l'Hostel de la Ville affin de proceder à l'eslection de deux Eschevins nouveaulx, au lieu de ceulx qui ont faict leur temps. Vous priant n'y voulloir faillir.

«Faict au Bureau de la Ville, le vendredy douziesme d'Aoust mil six cens unze.

«Les Prevost des Marchans et Eschevins de la ville de Paris, tous vostres.»

Pareil envoié à chacun de Messieurs les Conseillers de la Ville.

Du mardy seiziesme jour d'Aoust mil six cens unze[1].

En l'assemblée generalle ledict jour tenue et faicte au Bureau de l'Hostel de la Ville, suivant les mandements pour ce expediez et envoyez affin de proceder à l'eslection de deux Eschevins nouveaulx, au lieu de ceulx qui ont faict leur temps,

Sont comparuz :

Messieurs Sanguyn, seigneur de Livry, conseiller en la Court, Prevost des Marchans ; Lambert, Thevenot, Perrot et de La Noue, Eschevins.

Messieurs les conseillers de la Ville :

Monsieur de Versigny ;
Monsieur le President de Boullancourt ;
Monsieur Prevost, sieur de Mallascize, conseiller en la Court ;
Monsieur Palluau, conseiller en la Court ;
Monsieur Boucher, conseiller en la Court ;
Monsieur Le Prestre, conseiller en la Court ;
Monsieur Amelot, m° des Comptes ;
Monsieur Arnauld, advocat ;
Monsieur de S¹ Cir, maistre des Requestes ;
Monsieur Perrot, conseiller en la Court ;
Monsieur le President de Marly ;
Monsieur Violle, s' de Rocquemont ;
Monsieur le President de Bragelongne ;
Monsieur Abelly ;
Monsieur Aubry, m° des Requestes ;
Monsieur Lamy ;
Monsieur Sanguin, secretaire ;
Monsieur Leclerc, conseiller en la Court ;
Monsieur Le Tonnellier ;
Monsieur de S¹ Germain, s' de Ravynes ;
Monsieur Sainctot ;
Monsieur Potier, s' d'Equevilly ;
Monsieur Aubry, s' d'Auvillier ;
Monsieur Loysel, conseiller en la Court.

Quarteniers de ladicte ville :

Sire Jehan Le Conte ;
Sire François Bonnard ;
M° André Canaye ;
Sire Nicolas Bourlon ;
M° Jacques Huot ;
Sire Claude Parfaict ;
M° Guillaume du Tertre ;
Sire Jacques Beroul ;
Sire Michel Passart ;
M° Estienne Collot ;
Sire Anthoine Andrenas ;
M° Robert Danès ;

---

[1] Le procès-verbal de cette élection est publié par Félibien, au tome III des *Preuves*, p. 514-517.

Sire Simon Marces;
Sire Jacques de Creil;
M° Pierre Huot;
Sire Jacques de Monthere[1].

Et environ les sept heures du matin, Messieurs les Prevost des Marchans, Eschevins et Greffier, vestuz de leurs robes mi parties, assistez d'aucuns desd. sieurs Conseillers et Quartiniers, sont allez en l'eglise de l'hospital du S¹ Esprit où a esté celebré à haulte voix une messe du Sainct Esprit, laquelle dicte, lesdictz sieurs Prevost des Marchans et Eschevins, Greffier, Conseillers et Quartiniers s'en sont retournez andict Hostel de Ville, et estant au grand Bureau lesdictz sieurs Quartiniers ont presenté auxdictz sieurs Prevost des Marchans et Eschevins les scrutins et proces verbaulx des assemblées par eulx chacun particulierement faictes en leur quartier, cloz et scellez, desquelz a esté faict ouverture par lesdictz sieurs Prevost des Marchans, Eschevins et Conseillers. Et ainsy que lesdictz scrutins et proces verbaulx ont esté venz, a esté faict quatre bultins en papier où ont esté redigez par escript les noms des desnommez et retenuz ausdictz proces verbaulx de chacun quartier, et lesdictz bultins mis dans le chappeau mi-party, a esté tiré au sort d'iceulx, et faict enregistrer les noms des desnommez aux deux premiers bultins tirez dudict chappeau, apres le nom du Quartenier, et continué de quartier en quartier. Et à l'instant a esté enjoinct aux sergens de ladicte Ville de les aller advertir de se trouver à ladicte Eslection, et estant la plus grande partye arrivée, la compagnie seroit entrée dans la grande salle de l'Hostel de lad. Ville pour procedder à ladicte eslection.

Ensuict les noms desdictz Quartiniers
et Bourgeois de chacun quartier mandez :

Sire Jehan Le Conte :

Monsieur Descroisettes, conseiller en la Court;
Monsieur Merault[2], auditeur.

Sire François Bonnard :

Monsieur de Fontaine Bigot[3], m° des Requestes;
Monsieur de Pleurs, conseiller.

M° André Canaye :

Monsieur le President Billart[4];
Monsieur Charlet, sʳ d'Esbly[5], conseiller;

Sire Nicolas Bourlon :

Monsieur du Four, conseiller;
Monsieur Vieillard, tresorier de France.

M° Jacques Huot :

Monsieur Pelletier, conseiller;
Monsieur Garnier, conseiller[6].

Sire Claude Parfaict :

Monsieur Violle, conseiller en la Court;
Monsieur Le Gras, tresorier de France[7].

M° Guillaume du Tertre :

Monsieur Sevyn, conseiller en la Court[8];
Monsieur Picart, m° des Comptes[9].

Sire Jacques Beroul :

Monsieur Gillot, conseiller[10];
Monsieur Cocquelay.

Sire Michel Passart :

Monsieur le President Myron;
Monsieur Desportes Bevilliers.

Monsieur Estienne Collot :

Monsieur Dupuis, bourgeois;
Monsieur Berger, bourgeois.

---

[1] C'est ici pour la première fois que ce nom figure sur la liste des Quarteniers où il remplace celui de Jean Jobert, Quartenier du quartier Saint-Jean. C'est bien en effet à la tête de cette circonscription qu'on retrouve plus tard de Montbers dans le rôle des Quarteniers de l'année 1649, publié par G. Saige à la suite des *Mémoires de Dubuisson-Aubenay*, t. II, p. 308.

[2] Claude Mérault, sieur de la Fossée, reçu auditeur des Comptes le 20 juillet 1594, en exercice jusqu'au 9 septembre 1627. Il fut élu Échevin l'année suivante.

[3] Claude Bigot, sieur des Fontaines, avocat au Parlement, reçu maître des Requêtes le 6 février 1604, résigna en 1619. Il était fils d'Étienne Bigot, échevin de la ville de Bourges. (Continuation manuscrite de Chassebras.)

[4] Charles Billard, président aux Enquêtes depuis le 17 novembre 1603. (Voir tome XIV, p. 210.)

[5] Étienne Charlet, sieur d'Esbly, dont nous parlerons plus loin à propos de la résignation à survivance de l'office de Procureur du Roi de la Ville que fit en sa faveur son beau-père, Pierre Perrot.

[6] Il s'agit probablement de François Garnier, reçu conseiller au Parlement en 1588.

[7] Il mourut en septembre 1611. (L'Estoile, *Mémoires-Journaux*, t. XI, p. 141.)

[8] Michel Sevin, reçu conseiller au Parlement en 1588.

[9] Jean Le Picart, reçu maître des Comptes le 12 février 1587, en exercice jusqu'au 31 décembre 1624. Il épousa Françoise de Flexelles, veuve de Jean Vaillant de Guélis.

[10] Il s'agit peut-être de Jacques Gillot, reçu conseiller au Parlement le 19 juin 1573.

Sire Anthoíne Andrenas :

Monsieur Benard Rezé l'aisné[1], conseiller;
Monsieur Serizier, m* des Comptes.

M* Robert Danès :

Monsieur Cosnard, secretaire;
Monsieur Maillet, advocat.

Sire Simon Marces :

Monsieur de La Potoire, esleu[2];
Monsieur Perdereau, marchant.

Sire Jacques de Creil :

Monsieur Lamoignon, conseiller;
Monsieur Sainctot l'aisné.

M* Pierre Huot :

Monsieur Gohory, conseiller au Chastelet;
Monsieur Desprez, advocat.

Sire Jacques de Monthere :

Monsieur de S* Yon, m* des Requestes[3];
Monsieur Anappier, conseiller aux Aydes.

Chacun ayant pris place et sceance, mondict sieur le Prevost a remonstré que ayant les sieurs Lambert et Thevenot faict leur temps, il avoit faict expedier les mandemens pour faire assembler ceste compagnie, affin de proceder à l'eslection de deulx Eschevins nouveaulx en leur place.

Et à l'instant a esté faict lecture des ordonnances sur le faiot de lad. eslection par le Greffier de ladicte Ville et faict aussi lecture de tous ceulx qui doibvent assister à ladicte assemblée pour sçavoir s'ilz estoient venuz.

Ce faict, lesdictz sieurs Lambert et Thevenot ont remercié la compagnie de l'honneur qu'elle leur avoit faict de les avoir esleus et appellez esdictes charges et les excuser sy elle n'avoit recen le contantement qu'elle en esperoit et remettre plustost la faulte sur leur insuffisance que faulte de bonne volonté.

Et sur ce icelluy sieur Prevost des Marchans a dict que l'on a de coustume d'eslire quatre scrutateurs, assavoir l'ung pour officier du Roy, ung autre pour Conseiller de la Ville, ung autre pour Quartenier, et l'autre pour bourgeois, priant la compagnie voulloir procedder à l'eslection desdictz quatre scrutateurs. Et pour ce faire a pris le serment de toute l'assistance, de bien et fidellement eslire quatre diverses personnes des qualitez susdictes pour tenir le scrutin de ladicte eslection.

Et par la pluralité des voix ont esté esleuz scrutateurs,

Asçavoir :

Monsieur le President Myron, pour officier du Roy;
Monsieur Boucher, sieur de Beaufort, pour Conseiller de la Ville[4];
Sire Jacques de Creil, pour Quartenier, et Monsieur Le Gras, tresorier de France, pour bourgeois.

Et a esté l'eslection desdictz sieurs scrutateurs faicte de vive voix en commanceant par Messieurs les Conseillers de la Ville, selon leurs sceances, et apres, Messieurs les Quarteniers conjoinctement avecq leurs mandez, et Messieurs les Prevost des Marchans et Eschevins les derniers.

Lesquelz quatre sieurs scrutateurs ont faict ensemble le serment es mains desd. sieurs Prevost des Marchans et Eschevins sur le tableau de ladicte Ville.

Ce faict, iceulx sieurs Prevost des Marchans et Eschevins se sont levez de leurs places et pris sceance au dessus desdictz sieurs Conseillers de la Ville, et en leurs places se sont assiz lesdictz sieurs scrutateurs, ledict sieur Myron tenant en ses mains ledict tableau, et le sieur Boucher, le chappeau miparty pour recevoir les voix et suffrages. Et aussy tost tous iesd. assistans ont esté appellez, sçavoir, lesd. sieurs Prevost des Marchans et Eschevins, les premiers, lesdictz sieurs Conseillers de la Ville, selon l'ordre de leurs receptions, et lesdictz sieurs Quarteniers et bourgeois mandez, pour bailler leursdicts voix et suffrages qui ont esté receues par lesdictz sieurs scrutateurs qui se sont aussy tost transportez au petit Bureau, où ilz ont faict le scrutin de ladicte eslection.

Pendant lequel temps mesdictz sieurs les Prevost des Marchans et Eschevins ont envoyé le cappitaine des archers de la Ville par devers Monsieur de Liancourt, Gouverneur de ceste Ville, pour sçavoir la volonté du Roy, pour luy porter le scrutin. Comme aussy ont envoyé par devers Monsieur de Laumenye, secretaire d'Estat, affin de se trouver à l'ouverture dudict scrutin. Lequel cappitaine des archers est venu rapporter que Sa Majesté avoit remis la compagnie au lendemain, une heure precisement.

---

[1] Guillaume Benard, sieur de Rezay, reçu conseiller au Parlement en 1570. (Voir *Registres du Bureau*, t. XII, p. 582.)

[2] Germain de la Poustoire. (Voir *Registres du Bureau*, t. XIV, p. 201.)

[3] Antoine de Saint-Yon, sieur de Rubelles, lieutenant général des Eaux et Forêts au siège de la Table de marbre du Palais, fut nommé maître des Requêtes par lettres du 21 octobre 1605, chargé qu'il résigna en 1614. Il épousa Élisabeth Chaillou, dont il eut cinq filles. Les quatre premières se firent religieuses, et la cinquième épousa Henri du Bouchet, sieur de Bournonville. (Continuation manuscrite de Chassebras.)

[4] Arnoul Boucher, sieur de Beaufort, conseiller au Parlement, fut nommé Conseiller de la Ville le 1er avril 1592, sur la résignation de son frère aîné, Charles Boucher d'Orsay, alors Prévôt des Marchands. (*Registres du Bureau*, t. X, p. 243.)

Et ledict jour de lendemain, dix septiesme dudict mois d'Aoust[1], environ l'heure d'entre midy et une heure mesdictz sieurs les Prevost des Marchans, Eschevins, Procureur du Roy et Greffier de la Ville, vestuz de leurs robbes miparties, le Receveur de ladicte Ville, de son manteau à manche, et lesdictz sieurs scrutateurs, avec les sieurs Poussepin[2] et Fontaine[3] qui avoient esté advertiz par mesdictz sieurs pour aller avec eulx au Louvre, comme ayant le plus de voix, sont tous partiz dudict Hostel de la Ville, en carrosse, pour aller au Louvre, marchant devant eulx les cappitaines des trois Nombres des archers de la Ville, avec une douzaine et demie de leurs archers vestuz de leurs casacques de velours, les sergens d'icelle estans allez devant attendre mesdictz sieurs à la porte du Louvre. Et estans approchez à la premiere barriere du Louvre vis à vis la petite porte Sainct Germain de l'Auxerrois, les gardes et sentinelles[4] ont faict arrester lesdictz archers, jusques à ce qu'ilz eussent esté recevoir commandement, et aussy tost ladicte barriere a esté ouverte et ont lesdictz sieurs, avec leur trouppe, continué leur chemyn jusques à la porte de Bourbon, où mondict sieur le Gouverneur les attendoit. Et estans descenduz de carrosses, sont allez à pied jusques à la porte du chasteau du Louvre, lesditz archers allant les premiers, les sergens de la Ville vestuz de leur robbesses miparties et leurs navires d'orphaivrerie sur l'espaulle, apres eulx, le Greffier de la Ville, seul, et apres luy mondict sieur le Gouverneur coste à coste de Monsieur le Prevost des Marchans, suiviz desdictz sieurs Eschevins et scrutateurs. Et estans à ladicte porte du Louvre, la barriere auroit esté ouverte et lors toutte la trouppe de ladicte Ville seroit entrée, à la reserve des archers de la Ville ayans hallebardes que l'on n'auroit voullu laisser entrer, mais leurs cappitaines seroient entrez à la teste de la compagnie et devant lesdictz sergens, et au mesmes ordre seroient montez au quartier de la Royne. Et estans dedans l'antichambre du cabinet, ledict sieur Gouverneur seroit entré dedans le cabinet, où Sa Majesté et sa mere, la Royne regente, estoient. Lesquelz les auroit advertiz la venue de mesdictz sieurs de la Ville, qui auroient anssy tost commandé les faire entrer. Et voulloient les huissiers de chambre du Roy empescher lesdictz sergens de la Ville d'entrer dedans ledict cabinet; leur fut dict par mesdictz sieurs de la Ville que la coustume estoit que lesdictz sergens de la Ville entrassent avec eulx où estoient le Roy et que c'estoit les marques de la Ville. Nonobstant ce, lesdictz huissiers de chambre ne les vouloient laisser entrer, au moyen de quoy l'on l'alla le dire à Monseigneur le Chancellier, qui estoit avec Leursdictes Majestez, lequel commanda aussi tost de laisser entrer lesdictz sergens comme estoit la coustume. Et lors toutte la compagnie seroit entrée dedans ledict cabinet, où le Roy et la Royne estoient assis l'ung contre l'autre, et proche d'eulx, mondict seigneur le Chancelier, Monsieur de Lomenie et plusieurs autres seigneurs. Et s'estans mesdictz sieurs de la Ville approchez de Leursdictes Majestez, mondict sieur le Prevost leur auroit dict que, suivant les antiennes coustumes, ilz avoient le jour d'hier procedé, à l'Hostel de la Ville, à l'eslection des deulx Eschevins nouveaulx, au lieu des sieurs Lambert et Thevenot qui avoient faict leur temps, mais que Messieurs les scrutateurs leur feroient entendre plus particulierement ce qui c'estoit passé en ladicte assemblée. Et à l'instant se sont approchez iesd. sieurs scrutateurs, et par led. sieur President Miron, l'ung d'iceulx, a esté presenté au Roy leur scrutin et supplié Sa Majesté avoir agreable et confirmer lad. eslection. Et aussitost Sadicte Majesté auroit baillé ledict scrutin andict sieur de Lomenie, lequel l'ayant ouvert et faict lecture d'icelluy, la Royne a dict qu'elle estoit bien ayse de ladicte eslection, et qu'il falloit faire approcher ceulx qui avoient le plus de voix. Et aussitost par le Greffier de ladicte Ville a esté tenu le tableau sur les genoulx du Roy, et ce sont approchez lesdictz sieurs Poussepin et Fontaines, et s'estans mis à genoulx, ont mis la main sur le tableau où ilz ont faict le

---

[1] A cette date est consignée dans les registres d'audience du Bureau (Arch. nat., Z¹ᴴ 112) la mention d'un usage assez curieux concernant le vin nouveau : «Est comparu au Bureau de la Ville Jacques Poisson, vigneron demeurant à Nanterre, lequel a déclaré avoir ce jourd'hui faict entrer en cestedicte Ville et arriver à l'estappe au vin en Greve deulx muidz de vin nouveau, qui est le premier vin nouveau qui est arrivé en cestedicte Ville la presente année, requerant, conformement à l'antienne coustume, l'exemption de tous les droictz d'entrée et impositions pour icelluy vin.» Le Bureau accorde la demande «le tout en la maniere accoustumée».

[2] Nicolas Poussepin, sieur de Belair, conseiller au Châtelet, élu comme premier Échevin. Un jeton de son échevinage, frappé en 1613, a été publié par d'Affry La Monnoye, p. 66.

[3] Jean Fontaine, maistre des œuvres de charpenterie des bâtiments du Roi, élu comme second Échevin. Le soin des affaires municipales était trop absorbant pour lui permettre de continuer l'exercice de sa charge de maitre des œuvres, et il dut se faire suppléer momentanément, comme le montre la décision suivante des Trésoriers de France : «28 septembre 1611. Sur ce qui nous a esté representé par Jehan Fontaine, Mᵉ des œuvres de charpenterie des bastimens du Roy, qu'il estoit journellement empesché aux affaires de l'Hostel de Ville de Paris pour cause de son eschevinage, pourquoy il luy est impossible de vacquer aux commandemens qui luy seront par nous faicts pour l'execution de sa charge de maistre des œuvres, nous requerant qu'en son absence il nous pleust ordonner que Simon Harnier, mᵉ charpentier juré à Paris, fera led. exercice. A quoy ayant esgard nous avons receu led. Harnier a faire ledict exercice en l'absence dud. Fontaine.» (Arch. nat., Z¹ᶠ 156, fol. 130.)

[4] Les vers de Malherbe ont immortalisé la «garde qui veille aux barrières du Louvre».

serment en tel cas accoustumez, qui a esté leu par ledict sieur de Laumenye, estant dans le registre des ordonnances de la Ville, qui lui avoit esté mise es mains par le Greffier de ladicte Ville.

Ce faict, mondict sieur le Prevost des Marchans a presenté à Leurdictes Majestez lesdictz sieurs Lambert et Thevenot, lesquelz s'estant mis à genoulx, ont remercyé Leursdictes Majestez de l'honneur qu'ilz avoient receu desd. charges. A quoy ladicte dame Royne, leur donnant louange, leur auroit dict qu'ilz avoient bien servy, et lors le Roy auroit demandé leurs noms. Et sur ce, toutte la compagnie a pris congé de Leursdictes Majestez, et seroient revenuz aud. Hostel de la Ville en pareil ordre qu'ilz en estoient partiz, où lesdictz sieurs Poussepin et Fontaine auroient esté mis en possession en la maniere accoustumée.

Ensuict la teneur dudict scrutin :

Au Roy.

Sire,

«Nous, Robert Myron, vostre conseiller en vos Conseils d'Estat et privé, et President es Requestes du pallais, esleu scrutateur pour voz officiers, Arnoul Boucher, sieur de Beaufort, vostre conseiller au Parlement, esleu scrutateur pour les Conseillers de la Ville, Jacques de Creil, esleu scrutateur pour les Quartiniers, et Simon Legras, aussy vostre conseiller et tresorier general de France en la generallité de Paris, esleu scrutateur pour les bourgeois, certiffions à Vostredicte Majesté que proccedant à l'ouverture du scrutin de ceulx qui ont été esleuz pour Eschevins de vostredicte ville de Paris en la maniere accoustumée, suivant les antiens statuz et privilleges d'icelle, nous avons trouvé que

«Le sieur Poussepin, conseiller au Chastellet, a de voix.......................... LV
«Le sr Fontaine a de voix............ XLVI
«Le sr Poncet, auditeur, a de voix...... XXV
«Le sr Desprez, advocat, a de voix...... VI
«Le sr Clapisson, consr au Chastellet, a de voix.......................... V
«Le sr Lambert.................... III
«Le sr Frizon..................... II
«Et les sieurs Admamaned, Tanneguy, Amelot, du Tertre, Chesneau, Beroul, Passart, des Hayes, Poussemye et Damours, chascun une voix, cy. X

«Ce que certiffions estre vray.

«Faict en l'Hostel de la Ville, le seiziesme jour d'Aoust mil six cens unze.»
Signé en fin : «Myron, Boucher, de Creil» et «Leoras».

«Aujourd'huy dix septiesme jour d'Aoust, mil six cens unze, le Roy estant en son chasteau du Louvre à Paris, les sieurs Poussepin, conseiller au Chastellet, et de Fontaines, Maistre des œuvres de charpenterie de Sa Majesté, ont faict et presté entre ses mains le serment qu'ilz estoient teunz à cause des charges d'Eschevins de la ville de Paris, auxquelles charges ilz ont esté esleuz et nommez, assçavoir ledict Poussepin pour premier, et ledict Fontaines pour second, de l'election faicte le jour d'hier, seiziesme de ce mois, moy, conseiller et secretaire d'Estat et des commandemens et finances de sadicte Majesté, present.»

Signé : «DE LOMENYE» [1].

CIII. — REQUESTE AU ROY PAR M. LE PRESIDENT JANNYN TOUCHANT DES PLACES EN L'ISLE DU PALLAIS.

20 août 1611. (Fol. 369.)

Au Roy.

Sire,

«Vous remonstre tres humblement le sieur Jeanin, conseiller au Conseil d'Estat, qu'il a pleu à Vostre Majesté luy accorder le droict et pouvoir de faire bastir et construire des maisons et boutiques sur et le long des deux quaiz qui sortent du Pont Neuf, l'ung pour aller au pont Marchant du costé du grand cours de l'eau, et encores de petittes boutiques et eschoppes contre le mur du Pallais entre les tours et pilliers d'icelluy et à l'allignement de leur saillye, et l'autre au pont Saluct Michel, des l'entrée desd. quaiz jusques à la sortie d'iceulx, en payant, pour chascune desdictes maisons, vingt solz de cens annuelle et perpetuelle, portantz lotz et ventes et retenue, sauf pour ladicte premiere vente, ayant Vostre Majesté estimé que lesdictes maisons et boutiques pouvoient estre basties esdictz lieux et endroictz, sans porter aulcune incommodité au passage ny à la navigation, prenant partie d'icelle sur l'espoisseur de la muraille desdictz quaiz en eslargissant d'une largeur convenable du costé de la riviere, soit avec des consoles ou liens de bois supportez sur l'espoisseur de ladicte muraille, ou avec des pilliers de pierre, et que lesdictz bastimens ser-

---

[1] Les minutes du procès-verbal de l'assemblée et du scrutin sont conservées aux Archives nationales, sous la cote K 983, n°° 128 et 129.

viroient encores d'ornemens et de seureté aux rives qui sont joignant lesdictz quaiz, au moyen de quoy, le public en recevroit beaucoup de commodité, Vostre Majesté le proffict de la cense et droictz en deppendantz, et ledict sieur Janin quelque recompense de ses services. La suppliant, affin que cette commodité et utilité soit mieulx congneue, voulloir deputter quelques ungs des tresoriers ou autres commissaires tels qu'il luy plaira pour se transporter sur le lieu, appellé avec eulx des Maistres des œuvres tant de maçonnerie que de charpenterye, ensemble le maistre des pontz, pour en donner advis; et apres, luy estre les expeditions requises delivrées, affin que le suppliant puisse jouir avec seureté, tant luy que ses successeurs, du fruict de cette gratiffication. Et il continuera, en vous rendant le service qu'il doibt, à prier Dieu pour vostre prosperité et grandeur.»

Et au dessoubz est escript :

«Les sieurs Le Conte, Lefebvre et Almeras, conseillers du Roy, president et tresoriers generaulx de France en la generalité de Paris, et les Prevost des Marchans et Eschevins de la Ville sont commis aux fins de la presente requeste.

«Faict au Conseil d'Estat du Roy, tenu à Paris le vingtiesme jour d'Aoust mil six cens unze.»
Signé : «FAYET.»

«LOUYS, par la grace de Dieu Roy de France et de Navarre, à ńoz amez et feaulx conseillers les president et tresoriers generaulx de France à Paris, les sieurs Le Conte, Lefebvre et Almeras, et au Prevost des Marchans et Eschevins de nostredicte Ville, [salut]. Nous vous renvoyons la requeste cy attachée à nous presentée par notre amé et feal conseiller en nostre Conseil d'Estat et controlleur general de noz finances, le s\ Jeanin, et vous mandons vous transporter sur les lieulx mentionnez en icelle, appellé avec vous les Maistres de noz œuvres tant de maçonnerie que de charpenterie et le maistre des pontz; informer et nous donner advis sur les fins de ladicte requeste. De ce faire vous avons donné et donnons plain pouvoir, puissance, authorité, commission et mandement special. Car tel est nostre plaisir.

«Donné à Paris le vingtiesme jour d'Aoust, l'an de grace mil six cens unze, et de nostre regne le deuxiesme.»

Signé : «Par le Roy en son Conseil, FAYET.»

«Collationné aux originaulx par moy, Greffier de la ville de Paris soubz signé : CLEMENT.»

CIV. — MANDEMENT À JODELET,
PROCUREUR, CONTRE M. LE LIEUTENANT CIVIL,
TOUCHANT LES RECHERCHES.

26 août 1611. (Fol. 371.)

De par les Prevost des Marchans et Eschevins de la ville de Paris.

«M° Jehan Jodelet, procureur des causes de la Ville en la court de Parlement, nous vous mandons intervenir et vous joindre, pour et au nom de la Ville, avec ung nommé Pierre Joussart, bourgeois de Paris, au proces qu'il a pendant en ladicte Court allencontre des nommez Turcault et Gosserez, sergents. Et soustenez que ledict Joussart doibt estre deschargé de l'amande en laquelle il a esté condamné par sentence du Prevost de Paris ou son lieutenant, comme tous les autres bourgeois, pour avoir porté les noms de leurs hostes à leurs cappitaines, suivant l'arrest du Conseil d'Estat donné sur noz remonstrances en datte du dernier jour d'Avril dernier. N'ayans peu lesdictz sergens user d'aucune contraincte au prejudice dudict arrest à eulx monstré par ledict Joussart.

«Faict au Bureau de lad. Ville, le vingt sixiesme jour d'Aoust, mil six cens unze.»

CV. — ARRESTS DU CONSEIL OBTENUS PAR FILLACIER
TOUCHANT LES DENIERS DES RENTES.

13-27 août 1611. (Fol. 371 v°.)

Extraict des Registres du Conseil d'Estat.

«Sur la remonstrance faicte au Roy en son Conseil par M° Jehan Fillacier, secretaire de la Chambre du Roy, que sa Majesté l'a cy devant commis par ses lettres pattentes en forme de commission du XXII° Febvrier dernier pour faire la recepte de tous les deniers des arrerages des rentes non denes ny demandées, esteinctes par rachaptz ou escheues à Sa Majesté par droict d'aubeine, desherances ou autrement, lesquelles il auroit presentées à la Chambre des Comptes affin d'estre registrées, mais ladicte Chambre au lieu de les faire register a ordonné qu'elles seroient communicquées aux Prevost des Marchans et Eschevins de la ville de Paris, qui se seroient opposez à l'execution d'icelles, pretendans que lesdictz arrerages doibvent subvenir à la faulte de fonds du payement des autres rentes. Comme aussy se seroit opposé M° Denis Feideau, fermier general des aydes, soustenant que lesdictes rentes non denes ou estainctes sur lesdictz aydes sont comprises en son contrat pour le temps d'icelluy. Et sur lesdictes oppositions sont les choses tirées en telle longueur que cependant lesdictz deniers se divertissent et plusieurs comptables et autres qui en sont redevables demeurent insolvables, en quoy Sa Majesté recepvroit ung notable dommage, s'il n'y est promptement remedyé. Veu lesdictes lettres patentes portant commission du xxii.ᵐᵉ Febvrier; arrest de la Chambre donné sur icelles le vingt huictiesme Juin; causes d'opposition desdictz Prevost des Marchans et Eschevins et dudict Feideau; arrest du Conseil de Sa Majesté du cinquiesme Febvrier mil six cens neuf, donné entre ledict Prevost des Marchans et Maistre Louis Massuau ayant contract de Sa Majesté des arreraiges desdictes rentes esteinctes et supposées, jusques à l'année mil six cens trois, icelle comprise; le bail dudict Feideau, et tout considéré:

«Le Roy en son Conseil a evocqué et evocque à soy et à sondict Conseil lesdictes oppositions, la congnoissance desquelles Sa Majesté a interdite et deffendue à ladicte Chambre et toutes autres Courtz et juges quelzconques, et pour faire droict sur icelles, ordonne que lesdictz Prevost des Marchans et Eschevins et ledict Feideau mettront par devers le sieur de Meaupou, conseiller en sondict Conseil et intendant de ses finances, les pieces justificatives de leursd. oppositions, dedans trois jours pour tous delaiz, autrement sera faict droict ainsi qu'il appartiendra.

«Faict au Conseil d'Estat du Roy tenu à Paris le treiziesme jour d'Aoust mil six cens unze.»
Signé: «Fayet».

Le dix septiesme jour d'Aoust mil six cens unze, l'original de l'arrest du Conseil dont copie est devant transcripte a esté par moy, premier huissier ordinaire du Roy en ses Conseils d'Estat et privé soubzsigné, monstré, signiffié, aux fins y contenues, ausdictz Prevost des Marchans et Eschevins de ceste ville de Paris, parlant à Monsieur Mᵉ Jacques Sanguyn, sieur de Livry, Prevost des Marchans, et à Mᵉ Jehan Thevenot, Eschevin, trouvez en l'Hostel de ladicte Ville, à ce qu'ilz ayent à satisfaire au contenu dudict arrest dans le temps porté par icelluy, à ce qu'ilz n'en pretendent cause d'ignorance.
Signé: «Mauroy».

Au Roy.
et Messeigneurs de son Conseil,
Sire,

«Jehan Fillassier vous remonstre tres humblement que Vostre Majesté l'a cy devant commis par ses lettres pattentes en forme de commission du vingt deuxiesme Febvrier dernier pour faire la recepte des arreraiges de touttes les rentes appartenans à Vostredicte Majesté, par remise, rachaptz, desherances, aubeynes ou autrement, lesquelles il auroit presentées à la Chambre des Comptes pour estre registrée, mais au lieu de les faire registrer, ladicte Chambre par arrest du dix huictiesme jour de Juin dernier a ordonné qu'elles seroient communicquées aux Prevost des Marchans et Eschevins de ceste ville de Paris, sur laquelle communicquation ilz se seroient opposez à l'execution de ladicte commission. Comme aussy se seroit opposé Mᵉ Denis Feideau, fermier general des aydes, sur lesquelles oppositions Vostredicte Majesté par arrest de son Conseil du treiziesme jour du present mois d'Aoust a evocqué à soy et à sondict Conseil la cognoissance desdictes oppositions et icelle interdicte à tous autres Courts et juges quelzconques, et ordonné que lesd. Prevost des Marchans et Eschevins et ledict Feideau mettroient par devers le sʳ de Meaupou, conseiller en vostredict Conseil et intendant de voz finances, les pieces justificatives de leursdictes oppositions, dedans trois jours pour tous delaiz, autrement, qu'il seroit faict droict. Lequel arrest leur a esté signiffié le dix septiesme jour du present mois d'Aoust auquel ilz n'avoient satisfaict. Ce consideré, Sire, il plaise à Vostre Majesté ordonner qu'à faulte d'avoir par lesdicts Prevost des Marchans et Eschevins et ledict Feydeau satisfaict à vostredict arrest, qu'il sera passé outre au jugement desdictes oppositions. Et ledict suppliant continuera de prier Dieu pour la prosperité et santé de Vostre Majesté.»
Signé: «Fillacier».

«Il est ordonné que dans mardy prochain pour tous delaiz ledict Prevost des Marchans et Feydeau satisferont au contenu dudict arrest du Conseil du xiiiᵐᵉ du present mois, autrement sera passé outre au jugement d'icelle opposition.

«Faict au Conseil d'Estat du Roy tenu à Paris le vingt septiesme jour d'Aoust mil six cens unze.»
Signé: «Fayet».

«Le vingt neufiesme jour d'Aoust mvi.ᶜ unze, l'original de la requeste dont coppie est devant escripte a esté montré et signiffié aux fins y contenues audict sieur Prevost des Marchans de ceste ville de Paris, parlant à la personne du sieur Prevost des Marchans trouvé au Bureau dudict Hostel de Ville, en son domicille à Paris, à ce qu'il n'en pretende cause d'ignorance.

«Faict par moy, premier huissier ordinaire du Roy en ses Conseils d'Estat et privé soubzsigné.»
Signé: «Mauroy».

CVI. — DECLARATION DE LA VILLE
TOUSCUANT LA SURSEANCE DE LA DOUANNE.

31 août 1611. (Fol. 374.)

«Les Prevost des Marchans et Eschevins de la ville de Paris qui ont veu les lettres pattentes du Roy données à Fontainebleau le unziesme jour de juin dernier, signées : «LOUYS» et plus bas : «Par le Roy, la Royne regente, sa mere, presente, DE LOMENYE», obtenues par les marchans de soyes de cestedicte Ville, par lesquelles et pour les causes y contenues Sadicte Majesté a surcis la levée de la douanne qui se prend sur les marchandises entrans en cestedicte Ville, durant six années à commancer du premier jour de Janvier prochain, sans que pendant et durant led. temps il puisse estre pris ny levé aucune chose de ladicte douanne. Veu aussy le brevet du Roy dudit jour, signé comme dessus, contenant ladicte surceance, le tout ordonné leur estre communicqué par arrest de nosseigneurs de la Chambre des Comptes du cinquiesme Juillet dernier.

«Declarent qu'ilz ne peuvent empescher la grace et la liberalité que Sadicte Majesté faict ausdictz marchans et au public, à cause de ladicte remise de la douanne, pourveu que pendant ledict temps les particuliers rentiers qui ont rentes assignées sur ladicte douanne soient paiez de leursdictes rentes concurramment ainsy que les autres rentiers, et à quoy le fermier general desdictes aydes sera constrainct, le tout sans prejudicier à l'ypothecque que ladicte Ville et lesdictz particuliers rentiers ont sur ladicte douanne, dont les contractz d'engaigemens et constitutions de rentes demeureront en leur force et vertu.

«Faict au Bureau de ladicte Ville, le meccredy trente ungiesme et dernier jour d'Aoust mil six cens unze.»

CVII. — LETTRES ENVOYÉES
AUX ESCHEVINS DE CHARTRES TOUCHANT LES GARDES.

3 septembre 1611. (Fol. 375.)

«Messieurs, nous avons receu voz lettres et pour responce nous vous asseurons que Messieurs les ecclesiasticques de ceste Ville assistent aux gardes des portes, guetz et sentinelles en ceste Ville, lors et toutes les fois que l'on y faict garde et qu'il en est de besoing[1], et sont compris aux roolles des collonnels et cappitaines. Mesmes Monsieur Rouillier[2], abbé de Lagny et d'Esrivault, est collonnel de son quartier en ceste Ville, Monsieur Le Roy, sieur Damexainte, chanoine de Nostre Dame[3] et conseiller en la Court, est cappitaine en sondict quartier, et ainsy des autres. Partant lesdictz ecclesiasticques ne sont exemptz desdictes gardes, non plus que les autres[4]. C'est ce que desirez sçavoir de nous. Sy nous pouvons quelque autre chose en ceste Ville pour vous, nous nous y employerons de pareille affection que nous demeurerons,

«Messieurs,

«Voz confreres et meilleurs amys pour vous servir, les Prevost des Marchans Eschevins de la ville de Paris.

«Du Bureau de la Ville, le III.me Septembre 1611.»

Pareil envoyé à Messieurs les Eschevins et Gouverneurs de la ville de Chartres.

CVIII. — EMPESCHEMENT PAR LA VILLE
À LA COMMISSION DE FILLACIER TOUCHANT LES RENTES.

16-19 septembre 1611. (Fol. 375 v°.)

«Les Prevost des Marchans et Eschevins de la ville de Paris, ausquelz a esté signiffié deux arrestz de nosseigneurs du Conseil du treiziesme et vingt septiesme Aoust dernier, obtenuz par Maistre

---

[1] La consultation que les échevins de Chartres avaient adressée à la municipalité parisienne se rapporte à une mesure qui prescrivait à la bourgeoisie chartraine de reprendre le service de la milice et des gardes pendant l'assemblée des protestants à Saumur, aux mois de juin et juillet 1611. (E. de Lépinois, *Histoire de Chartres*, II, p. 376.) On voit par cet ouvrage que les gardes furent supprimées à Chartres au mois d'août.

[2] Nous avons déjà parlé de René Rouillé, chanoine de la Sainte-Chapelle, conseiller au Parlement, à propos de l'abbaye d'Hérivaux. Il avait également succédé en 1578 à son frère Pierre comme abbé de Lagny, au diocèse de Paris. (*Gallia christiana*, t. VII, col. 506.)

[3] Jean Le Roy, clerc du diocèse de Bourges, fut nommé chanoine de Paris le 21 octobre 1585, sur la résignation de Charles de Labessée (*Arch. nat.*, LL 164, p. 630). Il n'était alors que diacre, mais à partir de 1587 il figure sur la liste des chanoines prêtres. Il mourut en sa maison canoniale le 19 février 1613. (*Arch. nat.*, LL 170, p. 93.)

[4] A Reims le clergé n'était tenu à fournir le service des gardes en personne qu'en cas de danger pour la ville : «Sur la proposition faicte par Monsieur le Lieutenant à Messieurs les Seneschaux qu'à raison de l'estat present des affaires, il est besoin que chascun mette la main à la conservation de la ville et que le clergé de Reims, en temps de peril eminent, ont accoustumé d'envoyer par chascun jour à la garde des portes dix hommes de leur corps et faire faire la ronde de nuit par aulcuns dudit clergé, ce qu'il • seroit besoing de recommencer de nouveau...» (Délibération du conseil de ville de Reims du 16 mai 1610, publiée par M. Henri Jadart dans l'*Emotion causée à Reims par la nouvelle de la mort de Henri IV*, Paris, 1907, in-8°, p. 12.)

Jehan Fillacier, pretendant avoir commission du Roy pour faire la recepte des deniers des arreraiges des rentes non deues ny demandées, escheues et appartenans à Sa Majesté au moyen des rachaptz qui en auroient esté faictz à son proffict ou de ses predecesseurs, droictz d'aubeynes et desherances, forfaictures ou autrement.

« Remonstrent à Sadicte Majesté et à nosseigneurs du Conseil que ladicte commission est grandement prejudiciable à ladicte Ville et à tous les particuliers rentiers d'icelle et percistent en leurs causes d'opposition par eulx formées à la Chambre des Comptes, le vingtiesme Juillet dernier, à la verification de ladicte commission, lesquelles ilz employent et supplient tres humblement Sadicte Majesté et nosdictz seigneurs du Conseil voulloir revocquer ladicte Commission comme estant au prejudice de ladicte Ville et desd. rentiers, et voulloir ordonner que lesd. deniers desd. rentes racheptées et autres susdictes demeureront pour servir à la faulte de fondz estans sur lesdictes rentes de la Ville, ainsy que Sa Majesté l'a ordonné par plusieurs arrestz ordonnez en son Conseil et dactez par leursd. causes d'opposition.

« Faict au Bureau de lad. Ville, le seiziesme Septembre mil six cens unze. »

Le samedy dix septiesme jour de Septembre mil six cens unze, Messieurs les Prevost des Marchans et Escheuins de la ville de Paris estans advertiz que ledict jour l'on devoit deliberer au Conseil sur la commission de m° Jehan Fillacier par luy obtenue le vingt deuxiesme Febvrier mil six cens dix pour faire la recepte des debetz de quictances des deniers des rentes racheptées, rentes non deues ny demandées, desherances, aubeynes, forfaictures ou autrement, à quoy mesdictz sieurs s'estoient opposez pour l'empescher, iceulx sieurs de la Ville, avec le Greffier d'icelle, se sont transportez audict Conseil seant au Louvre, où estoient Messieurs les prince de Conty et conte de Soissons, Monsieur le Chancelier, Monsieur le mareschal du Bois Daulphin[1], Messieurs de Chasteau Neuf, le President de Thou, le President Janyn, de Pontcarré, Maupeou, d'Atichy[2] et autres conseillers d'Estat, auxquelz mondict sieur le Prevost des Marchans a remonstré que, ayant ledict Fillacier obtenu ladicte commission, elle avoit esté portée à la Chambre des Comptes qui auroit ordonné estre communicquée à ladicte Ville, laquelle se seroit opposée à la verification d'icelle; depuis par arrest donné audict Conseil, le Roy auroit evocqué à Sadicte Majesté et à sondict Conseil lesdictes causes d'opposition, et faict deffences à ladicte Chambre d'en cognoistre; qu'ils venoient audict Conseil pour percister en leursdictes causes d'opposition qui estoient plaine de justice et equité; que ladicte commission estoit du tout contraire aux contractz d'engagements des rentes et aux arrestz donnez audict Conseil le treiziesme jour de Novembre mil cinq cens quatre vingtz cinq et douziesme Aoust mil six cens trois[3], par lesquelz Sa Majesté a ordonné que les deniers des rentes racheptées demeureroient entre les mains des recepveurs de la Ville pour servir et suppleer au mancque de fondz qu'il y a sur lesdictes rentes, à present fort mal payez comme chascun sçayt, des unes n'en estans paiez que d'une demie année et des autres, trois quartiers, et pouvoit dire, comme il se justiffieroit, que depuis la reduction de ceste Ville il estoit deub aux particulliers rentiers vingt deux millions de livres, ce qui provenoit à cause de ladicte faulte de fondz; que, sy ladicte commission avoit lieu, se seroit encore diminuer le payement desdictes rentes au prejudice de ladicte Ville et desdictz rentiers. Supplioit tres humblement, au nom de toute la Ville, le Roy et nosdictz seigneurs de son Conseil de revocquer ladicte commission et ne poinct donner de subject ausdictz rentiers de se plaindre d'avantage, estant à craindre qu'il n'en arrivast quelque desordre. Au contraire, cela leur donnera subject de se porter tousjours plus affectionnez au service de Sa Majesté. A quoy, mondict sieur le conte de Soissons et Monsieur le Chancellier ont faict responce que les deniers des rentes racheptées appartenoient au Roy, qui en pouvoit disposer. A quoy mondict sieur le Prevost a replicqué que, sy la Ville avoit le fondz de touttes ses assignations des rentes, ainsy que Sadicte Majesté y est obligée, et les arreraiges bien payez, à la verité elle pourroit disposer desd. rachaptz et non autrement. Et sur ce, mesdictz sieurs de la Ville, en percistant de rechef en leurs causes d'opposition, se sont retirez.

Et le lundy dix neufiesme dud. moys de Septembre, mesdictz sieurs estans advertiz que, ledict jour de samedy preceddent, il avoit esté ordonné aud. Conseil que Messieurs de Chateauneuf, de Thou, Janyn, Maupeou, d'Attichy et Arnault, conseillers d'Estat et intendans des finances, s'assembleroient pour voir les causes d'opposition de la Ville et con-

---

[1] Urbain de Laval, s' de Boisdauphin, né en 1557, mort en 1629, maréchal de France depuis 1595. (*Histoire généalogique*.)

[2] Le 28 février 1612, un brevet de Marie de Médicis attribue à J. d'Attichy, conseiller du Roi en son Conseil d'État et intendant de ses finances, un don de dix-huit mille livres «pour les bons et recommandables services qu'il luy rend continuellement en ses plus importantes affaires». (*Arch. nat.*, K 109, n° 17.)

[3] Voir pour ces arrêts le tome XIV des *Registres du Bureau*, p. 321.

certer ensemblement sur le faict de ladicte commission, et sachant qu'ilz se debvoient assembler ledict jour de relevée en la maison dudict sieur de Chasteauneuf, iceulx sieurs de la Ville ont advisé et arresté d'y aller pour encores derechef cotter l'interest que ladicte Ville a en ladicte commission; mais au prealable ont faict expedier mandemens à Messieurs les Conseillers de la Ville pour eulx trouver ledict jour, une heure de relevée, en l'Hostel de la Ville pour entendre ce qui se passoit audit Conseil sur le faict de ladicte commission et adviser ce qui seroit à faire. Desquelz sieurs Conseillers de la Ville ne se seroient trouvez que Monsieur le President de Marly et Monsieur Loysel, conseiller en la Court, auxquelz a esté faict entendre tout ce que dessus et à iceulx faict faire lecture des remonstrances et oppositions de ladicte Ville à Sadicte Majesté et à mesdictz seigneurs du Conseil pour empescher l'effect d'icelle commission, qui les ont trouvez bonnes et justes, et ont esté d'advis de les presenter.

Et icelluy jour de lundy, sur les trois heures de rellevée, mesdictz sieurs les Prevost des Marchans et Eschevins, avec Monsieur le Procureur du Roy de la Ville, se sont transportez en l'hostel dudict sieur de Chasteauneuf sciz pres l'eglise Sainct Germain de l'Auxerrois[1], où estoient assemblez icelluy sieur, mesdictz sieurs de Thou, Janyu, Maupeou, d'Attichy et Arnault, sur le faict de ladicte commission, et dont ledict sieur de Maupeou estoit rapporteur; et ausquelz mondict sieur le Prevost a baillé les remonstrances et oppositions de ladicte Ville pour empescher l'execution d'icelle commission, desquelles a esté faict lecture et debattu vivement l'ung contre l'autre le merite de la cause de la Ville, laquelle ne souffriroit point estre depossedée des deniers desdictz rachaptz et autres deniers susdictz, desquelz elle avoit toujours jouy, lesquelz il falloit qu'ilz servissent à partye de ladicte mancque de fondz. Et outre a esté representé ausdictz sieurs que, par lettres patentes du Roy du mois de Novembre mil cinq cens quatre vingtz quatorze verifiiez es Courtz souveraines, Sa Majesté a declaré qu'elle n'entendoit nullement toucher aux deniers desdictes rentes, deffendoit tres expressement à toutes personnes d'y toucher ny destourner les assignations, à peine de le repeter sur eulx jusques à la quatriesme generation, que cela les regardoit tous. Quoy que ce soit, les a admonestez comme bons concitoyens de prendre la cause de la Ville en main, laquelle estoit plaine de justice et equité. A quoy lesdictz sieurs commissaires ont faict responces qu'ilz feroient leur rapport au Conseil de tout ce qui c'estoit passé, et des pieces qu'ilz avoient venes. Et sur ce, mesdictz sieurs de la Ville ont pris congé et sont revenuz andict Hostel de Ville, au mesme ordre qu'ilz estoient venuz.

«Les Prevost des Marchans et Eschevins de la ville de Paris, auxquelz a esté signiffié deulx arrestz de nosseigneurs du Conseil des treiziesme et vingt septiesme Aoust dernier, obtenu par maistre Jehan Fillacier, pretendant avoir commission du Roy du vingt deuxiesme febvrier dernier pour faire la recepte des deniers des arreraiges des rentes non deues ny demandées, escheues et appartenans à Sa Majesté au moyen des rachaptz qui en auroient esté faictz à son proffict ou de ses predecesseurs, droictz d'aubeynes et desherances, forfaictures ou autrement,

«Remonstrent à Sadicte Majesté et à nosseigneurs du Conseil que ladicte commission est grandement prejudiciable à ladicte Ville et à tous les particuliers rentiers d'icelle assignez sur le Clergé, sel, aydes et receptes generalles, et pour les raisons cy apres declarées empeschent formellement l'effect et execution de ladicte commission.

«En premier lieu, que depuis que lesdictz rachaptz ont esté faictz, ilz ont toujours jouy des arreraiges jusques à present, suivant la volonté et intention du Roy, lequel recognoissant la faulte de fondz qu'il y avoit sur lesdictes natures de rentes, dont il estoit le vray debiteur, par arrest donné en son Conseil le treiziesme Novembre mil cinq cens quatre vingtz cinq, auroit ordonné que les recepveurs de ladicte Ville retiendroient les arreraiges revenans bons à Sa Majesté desdictes rentes racheptées pour estre employez à la faulte de fondz, ce qui a esté confirmé par autre arrest du Conseil du septiesme Janvier mil cinq cens quatre vingtz dix sept et autres solempnellement donnez audit Conseil les douziesme Aoust mil six cens trois et vingt quatriesme Juillet mil six cens quatre[2], en vertu desquelz lesdictz recepveurs ont payé plusieurs particuliers, dont ilz ont rendu compte à la Chambre, n'estant juste ny raisonnable de le repeter sur eulx qui n'ont que satisfaict à la volonté de Sa Majesté.

«Que si ladicte commission avoit lieu, soit pour le passé soit pour l'advenir, elle absorberoit une bonne partye du fondz desdictes rentes, ce qui altereroit ou diminueroit le payement des arreraiges au prejudice desdictz rentiers, lesquels, comme chacun sçait, ne sont payez entierement de leurs rentes, ains

---

[1] Il a déjà été parlé, au tome XIV, p. 213, de la «grande gallerie» qui se trouvait en l'hôtel de Guillaume de l'Aubépine, baron de Châteauneuf.

[2] Le registre porte par erreur «23 août». Ces arrêts du Conseil ont déjà été rappelés dans des remontrances analogues du 20 décembre 1608. (*Registres du Bureau*, tome XIV, p. 321.)

n'en reçoipvent par an, des unes que trois quartiers, et des autres demye année, qui faict que leur est deub plusieurs années d'areraiges depuis mesmes la reduction de ceste Ville. Aussy seroit faict une ouverture à une infinité de dons qui se demanderoient sur ceste nature de deniers.

« Que ayant cy devant Sa Majesté faict party des rentes racheptées du Clergé à ung nommé Niele, Messieurs des Comptes, sur l'opposition de la Ville et recognoissans qu'il estoit à la foulle du publicq, n'ont voullu entrer en la verification, comme mesmes Messieurs du Clergé n'ont alloué à M° François de Castille les deniers qu'il pretendoit avoir payez audict Nielle sur ledict party.

« Et seroit ladicte commission contraire et au prejudice des lettres pattentes de Sadicte Majesté du moys de Novembre mil cinq cens quatre vingtz quatorze verifïiez en toutes les Courtz souveraines, par lesquelles Sa Majesté faict deffences à touttes personnes de toucher aux deniers des rentes, destourner les assignations ny prendre le fondz, à peine de les repeter sur eulx jusques à la quatriesme generation.

« Et partant (soubz correction) il n'y a apparence quelconque de voulloir toucher auxdictes rentes si mal acquictées et dont Sa Majesté, estant debitrice, ne peut se prevalloir des rachaptz jusques ad ce que la levée du payement entier des arreraiges soit du tout suffisamment et restablie en sa recepte actuelle.

« Et tant s'en fault que le fondz et arreraiges des rentes racheptées ou advenues au Roy par desherances, forfaictures ou autrement puisse esgaller et suppleer au manque de fondz, qu'il s'en fault plus des deulx tiers, d'aultant que sur le Clergé, par an, il y a manque de fondz de cent soixante mil livres par an, oultre cinq années d'arreraiges qui sont deues aux particuliers rentiers depuis la reduction de ceste Ville;

« Sur les receptes generalles, de deux cens soixante quinze mil livres et en oultre dix années entieres des arreraiges qui sont denes du courant depuis ladicte reduction;

« Sur les aydes, deux cens quarante mil livres par an, oultre sept années qui sont deues desdictz arreraiges.

« Et des rentes du sel, en est deub depuis icelle reduction, quatre années entieres.

« Partant est deub par le Roy à ladicte Ville, depuis ladicte reduction, la somme de vingt deux millions de livres.

« Quand aux rentes qui sont par desherance, aubeynes, forfaictures ou autrement qui pouvoient appartenir à Sadicte Majesté, elles doibvent semblablement demeurer es mains desdictz recepveurs, pour servir à la faulte de fonds.

« Et pour le regard des rentes que l'on pretend non deues et que aucuns particulliers par supposition en reçoivent des deniers, requierent lesdictz Prevost des Marchans et Eschevins, qu'il en soit faict ung roolle pour, à leur requeste, poursuivre en justice ceulx qui injustement ont receu lesdictz deniers tant à la restitution d'iceulx que punition exemplaire, et corriger l'abbus pour l'advenir, pour estre lesdictz deniers employez comme dessus au manque de fondz.

« Et pour touttes ses raisons, iceulx Prevost des Marchans et Eschevins supplient tres humblement Sadicte Majesté et nosdictz seigneurs du Conseil voulloir revocquer ladicte commission, comme estant au prejudice de ladicte Ville et desdictz rentiers, et voulloir ordonner que lesdictz deniers desdictes rentes racheptées et autres susdictes demeureront pour servir à la faulte de fondz estans sur lesd. rentes.

« Faict au Bureau de la Ville, le lundy dix neufiesme Septembre mil six cens unze. »

CIX. — [Remonstrances] TOUCHANT DES DESCHARGEURS DE FARDEAULX ET MARCHANDISES QUE L'ON VOULLOIT ESTABLIR AU GUICHET DU LOUVRE.

20 septembre 1611. (Fol. 382 v°.)

« Les Prevost des Marchans et Eschevins de la ville de Paris qui ont veu le placet presenté au Roy et à la Royne regente par Noel Gorin, cocher de Sa Majesté, tendant à ce qu'il plenst à Leurs Majestez luy faire don de la finance qui proviendra des premieres lettres et provisions de quatorze chargeurs et deschargeurs de marchandises arrivans au port du Guichet du Louvre, tant d'amont que aval l'eaue, à l'instar des quatorze chargeurs et deschargeurs qui font le mesme office au port Sainct Paul, à la charge qu'apres lesdictes premieres provisions, lesdictz Prevost des Marchans et Eschevins pourvoiront ausdictz offices, distinctz et separez d'avec ceulx dudict port Sainct Paul, ainsy que aux autres offices de leur pouvoir et jurisdiction et sans que lesdictz deschargeurs et chargeurs desdictz deux portz peussent entreprendre l'un sur l'autre; à eulx renvoyé par Sadicte Majesté pour luy en donner advis.

« Remonstrent à Sadicte Majesté qu'il n'est nullement necessaire de creer ny eriger de nouveau telz officiers qui ne seroient que à la surcharge et foulle des marchans, n'y ayans que trop d'officiers sur les portz.

«Que ordinairement les voicturiers et compagnons de riviere, qui ont chargé dans leurs basteaulx les marchandises, tant à Rouen que autres lieulx, et qui les amenent en ceste Ville deschargent de leursdictz basteaulx à terre lesdictes marchandises et les envoient aux marchans pour lesquelz ilz les ont chargez au pays, recognoissans leurs marques, et pour leurs peines iceulx marchans leur donnent ce que bon leur semble, sans que jamais il y ayt eu aulcune taxe ny plaincte.

«Que lesdictz voicturiers sont tenuz de rendre en cesd. Ville les marchandises bien et deuement conditionnées, qui est cause qu'ilz ne souffriront jamais que aultres que eulx les deschargent de leurs basteaulx, de craincte de la Ville de la perte ou deterioration d'icelles marchandises dont ilz sont responsables.

«Que sy lesdictz offices estoient creez, il arriveroit journellement des querelles sur ledict port, entre lesd. voicturiers et compagnons de riviere et eulx, et anssy que jamais lesd. marchans ne les vouldroient payer.

«Que ceulx qui sont pourveuz par ladicte Ville au port St Paul ne sont pas de mesme, n'estans que simples commissionnaires et non officiers, ayans neantmoings pouvoir par leurs lettres de provisions d'aller travailler audict port du Guichet, mais lesdictz voicturiers et compagnons de riviere ne les ont jamais voullu souffrir travailler dans leurs basteaulx, mesmes les marchans s'i sont opposez formellement, ne voullans confier leurs marchandises, ny rien payer à autres que à leurs voicturiers, conducteurs ou à leurs gens, dont ilz sont responsables de l'envoy en leurs maisons. Joinct qu'il n'arrive pas andict port Saint Paul des marchandises precieuses comme il faict audict Guichet du Louvre, car en icelluy port St Paul ne vient habituellement que du fer, chanvre, toilles, papiers et autres gros pacquetz et fardeaulx, et en icelluy port du Louvre arive tonneaulx de sucre, sallines et espiceries, dont presque d'autres que lesdictz compagnons de riviere ne les pourroient descharger sans risquer de les perdre ou gaster.

«Et partant ne peuvent estre d'advis de la creation de telz offices, du tout à la foulle et surcharge des marchans. Supplians Sa Majesté de donner et laisser la liberté ausdictz marchans de faire descharger leursdictes marchandises par leursdictz voicturiers et compagnons de riviere.

«Faict au Bureau de ladicte Ville, le vingtiesme jour de Septembre mil six cens unze.»

CX. — ADJUDICATION POUR FAIRE LE BASTIMENT DE LA PORTE SAINCT HONNORÉ.

24-28 septembre 1611. (Fol. 384 v°.)

Devis des ouvraiges de maçonnerie pour la porte St Honoré [1].

«Et premierement fault faire les abbattages et desmolitions de l'arriere portail encommancé à desmolir, mettre les bonnes matieres à sauveté pour d'icelles faire reservir les meilleurs s'ilz sont jugés vallables, mectre le bois à sauveté pour en disposer pour la Ville ainsy qu'il sera advisé, oster et vuyder les gravois et les faire mener aux champs, au fur et à mesure que s'y en trouvera, affin de n'empescher la place et passage de ladicte porte.

«Item, faut fouller les fondations, vuyder et oster les terres, icelles promptement mener aux champs, icelles rigolles et tranchées enfondrer jusques à bon et suffisant fonds pour porter deuement tel ouvraige, et en la tranchée vers la Ville, à l'alignement qui sera baillé, faire et fonder ung mur de trois piedz et demy d'espoisse, maçonné avec bon moeslon dur et moictié de chaulx et sable, garnir icelluy mur de deux assises de libaiges joinctifs, partye de pierres portant parpin entre deulx une, l'une desquelles assizes sera au fondz de la fondation et l'autre à l'empattement au rez de chaussée.

«Item, au dessus de ladicte fondation sera assis et planté le mur de pierre de taille faict de cartiers de pierre dure de clicquart jusques et y compris les impostes, garny d'une grande porte de pierre dure dont les voulsoirs auront deux piedz et ung quart de long et deux piedz de lict; toute ladicte taille portant parpain et double parement de mur taillées, lyées et traversées, conserver en icelluy pan de mur les bées, huisseries et fenestres qui sera ordonné. Et le surplus dudict estage sera faict de pierre de St Leu. Poser et asseoir ladicte taille avec fruict, faire quatre retraictes de demy poulces piece, aux quatre premieres assises, et le surplus dud. estage premier sera faict de pierre de St Leu portant parpain à joinctz carrez, sans aulcun mouellon. Sera la premiere plaincte faicte de pierre dure de clicart de dix poulces de haulteur, avivé et net taillé.

«Faire retraicte d'estage en estage par dehors oeuvre, d'ung poulce et demy. Et sera ledict pan de mur continué en amont tout de pierre de St Leu avec retraictes. A l'endroict des planchers seront

[1] Le 5 juillet 1611, Guillain et Pourrat procédèrent à la visite de la porte Saint-Honoré, sur la plainte du portier Guillaume Fleury, signalant les «ruynes et perils esminent estans au portail d'icelle porte dont il penlt advenir inconvenient aulx personnes passant ordinairement aud. lieu, mesme de la personne du Roy qui y passe ordinairement» (*Arch. nat.*, H 1890.)

faictz les entablements en saillye, de mouslure honneste, et le tout parpain. Garder et conserver les levée, huisseries et fenestre telles qui sera advisé, delaisser les bossages de pierre de fourq Sainct Leu pour les ornemens et enrichissemens que l'on commandera, suivant les devis qui en seront baillez par les M^{es} des oeuvres. Et seront laissé les bossages pour ce faire.

«Item, faire fouiller et trancher les terres pour la fondation du mur auquel sera la porte, de pareille matiere, espoisse, forme, structure et façon que l'autre cy devant declaré, tant en fondation et eslevation au dessus du rez de chaussée, avec la conservation des ouvertures, portes et fenestres, telle qu'il sera commandé.

«Item, sera aussy faict de neuf le mur du pignon, vers la Porte neuve, qui sera garny par bas de six assises de pierre de clicquart, deux jambes boutisses ainsy qu'il sera commandé et une jambe parpanne. Ledict mur de deux piedz d'espoisseur au rez de chaussée avec empattement de quatre poulces de chascun costé en la fondation, s'il le convient faire et elle soit ainsy jugée. Laquelle fondation sera massonnée, comme aussy le rez du mur au dessoubz, de moellon dur, avec mortier, chaulx et sable; seront ainsy recenes. Seront aussy refaictz de neuf les murs en trois sens de la chaulcée du pavé, lesdictz murs enduictz de plastre par dedans et crespis de plastre grenu, par dehors oeuvre. Sera l'entablement faict de pierres parpannes portant saillye honneste à l'occasion de la couverture en pavillon.

«Item, le mur de l'autre pignon, vers la porte Montmartre, sera aussy abattu jusques à fleur du premier planché au deseus. du portail neuf, et relevé de pareille matiere, espoisse, forme, structure que l'aultre pignon susdict.

«Item, fault faire la maçonnerie de trois thuiaulx de cheminée contre les pignons, avec trois manteaulx pour lesdictes cheminées ou autres lieus, selon que la disposition du lieu le permettra, lesdictz thuiaulx de cheminée de bricques.

«Item, fault faire la massonnerie de deux planchers l'ung sur l'autre, avec les ayres au rez de chaulcée, faictz et massonnez de plastre, arazez dessus et dessoubz ou bien enduictz et dressez par dessus.

«Item, faire la maçonnerie des cloisons tant de la cerche de la vis à deux noyaulx que autres, qui serviront de separation aux ensaintres qui seront lambrissées d'ung costé et lattées à espasse de quatre pouces.

«Tous lesdictz ouvraiges seront faictz et parfaictz deuement de espoisseurs, qualitez de matieres et forme cy devant declarez, sans aulcune chose y diminuer, à peyne d'estre les ouvrages non faictz de lad. qualité abattu et refaictz au desir dudict devis, aulx fraiz et despens de l'entrepreneur, lesquelz seront toisez suivant la coustume de Paris, reservé les cloisons lambrissées, lesquelles, sy elles sont lambrissée des deux costez, seront toisez pour mur et, sy elles ne sont lambrissée que d'ung costé, ne seront reduictz que à raison trois quartz de toises pour chacune toise desdictes cloisons et sans qu'il soit aulcune chose compté, thoisé ny evalué pour les saillies et mouslure ny entablemens. Neanlmoings, sera tenu l'entrepreneur faire les plinthes ou larmieres à l'endroict des retraictes des planchers, les imposles des huisseries et portes, les apuis[1] des fenestres, qui seront de pierre de lyaiz de Nostre Dame des Champs, qui seront saillantes d'ung poulce et demy. Rendu plasse nette, fera mener les gravoys et vuydanges aulx champs en toute diligence.»

De par les Prevost des Marchans et Eschevins de la ville de Paris.

«On faict asscavoir que les ouvrages de maçonnerie cy devant declarez seront baillez à rabais et moings disant à l'extinction de la chandelle, vendredy prochain deuxiesme jour de Septembre, quatre heures de relevée, au Bureau de la Ville, ad ce que nul n'en pretende cause d'ignorance. Et seront touttes personnes [reçues] à y mettre rabaiz.

«Faict au Bureau de ladicte Ville, le meccredy trente et ungiesme jour d'Aoust mil six cens unze.»

Publié ledict jour de vendredy deuxiesme jour de Septembre mil six cens unze.

Et c'est presenté Pierre Judon, maistre masson à Paris, demourant rue des Roziers, parroisse St Gervais, qui a entrepris faire lesdictz ouvraiges pour trente six livres la toise.

Et ne s'estant presenté autres personnes pour mettre rabaiz, avons remis la publication et adjudication à meccredy prochain, quatre heures de relevée, et ordonné affiches nouvelles seront mises.

Republiez le meccredy septiesme jour dudict mois de Septembre, et remis au vendredy en suivant et ordonné nouvelles affiches seront mises.

---

[1] Il paraît probable qu'il faut lire ainsi ce mot dont le déchiffrement exact ne donne rien d'acceptable. Ce devis, dont la minute ne se retrouve pas, devait être, comme tous les autres, de la main de Guillain qui avait une mauvaise écriture; en plusieurs endroits la copie paraît défectueuse.

Republiez le vendredy neufiesme jour d'icelluy moys de Septembre, sur ladicte enchere de trente six livres la thoise et à la charge par l'adjudicataire de faire lesdictz ouvraiges bien et deuement au dire du M° des oeuvres de la Ville et autres gens ad ce cognoissans, et de bailler bonne et suffisante caultion tant des deniers qu'il recepvra que de rendre ladicte besongne bien et deuement faicte.

Et à l'instant c'est presenté Perceval Noblet, m° maçon demourant rue des Roziers, qui a entrepris faire les ouvraiges à trente trois livres tournois la thoise.

Par ledict Judon, à.............. xxxii^{lt}
Par Sebastien Jacquet, à.......... xxxi^{lt}
Par ledict Noblet, à............. xxx^{lt}x^s

Et pour ce qu'il ne s'est presenté autres personnes pour diminuer le pris de ladicte besongne, avons remis ladicte publication et adjudication au mardy vingtiesme dudict moys de Septembre, et ordonné que nouvelles affiches seront mises.

Republiez ledict jour vingtiesme Septembre, tous Messieurs presens, où c'est presenté Marin de La Vallée, juré du Roy en l'office de maçonnerie, qui a offert faire lesdictz ouvraiges bien et deuement, conformement audict devis, moyennant vingt trois livres tournois la thoise, cy.................. xxiii^{lt}

Et à l'instant a esté allumé la chandelle et declaré aux assistans le rabaiz estre de dix solz par thoise, et estant ladicte chandelle esteincte, en a esté allumé une seconde et une troisiesme. Et pour ce qu'il ne s'est presenté aucunes personnes qui ayent voullu mettre rabaiz sur ledict pris de vingt trois livres, ny qui ayent voullu faire la condition de la Ville meilleure que ledict de La Vallée, avons, en la presence du Procureur du Roy de ladicte Ville, adjugé et adjugeons lesdictz ouvraiges mentionnez au devis cy devant transcript audict La Vallée pour ledict pris de vingt trois livres tournois la thoise qui luy seront payez par le Recepveur de ladicte Ville, au fur et à mesure qu'il travaillera, et selon noz ordonnances et mandemens. A la charge par ledict de La Vallée de faire lesdictz ouvraiges bien et deuement, conformement audict devis et au dire du Maistre des oeuvres de ladicte Ville, et autres gens ad ce cognoissans, et y travailler promptement, incessamment et sans discontinuation, en sorte que toutte ladicte besongne soit faicte au jour St Jehan Baptiste prochainement venant, et outre de bailler bonne et suffisante caultion, tant des deniers qu'il recepvra que de rendre iceulx ouvraiges bien et deuement faictz comme dessus.

Et le vendredy vingt troisiesme dudict mois de Septembre, sur le rabais mis sur ladicte besongne de trante solz sur thoise par Charles du Ry et François Boullay, et quarante solz tournois pour thoise par Perceval et Louys Noblet, m^{es} maçons, avons ordonné affiches nouvelles estre mises au rabaiz et moings disant sur le pris de vingt une livres tournois la thoise et suivant ce affiches ont esté mises pour le lendemain vingt quatriesme dudict moys. Ce qui a esté signiffié audict de La Vallée.

Et ledict jour de samedy vingt quatriesme dudict mois, lesdictz ouvraiges ont de rechef esté publiez estre à bailler au rabaiz sur ledict pris de vingt une livres tournois la thoise, et ce en la presence dudict sieur de La Vallée.

Et à l'instant a esté allumé la chandelle et declaré aux assistans le rabaiz estre de dix solz tournois pour thoise. A l'extinction de laquelle s'est presenté Guillaume Charrier qui a miz rabaiz de dix solz tournois pour thoise. Et pour ce qu'il ne s'est presenté aucunes personnes qui ayent voulu mettre rabaiz au dessoubz dudict Charrier, avons à icelluy Charrier adjugé et adjugeons ladicte besongne aux charges et conditions cy devant declarées.

Ce falot, s'est presenté ledict Charles du Ry, maistre maçon demourant rue de la Jussienne, qui a requis que le feu fust reallumé, ce que ledict Charrier a consenty en mectant par luy un rabaiz de dix solz auparavant que d'alumer le feu, lequel du Ry a mis ledict rabaiz de dix solz et partant entrepris de faire ladicte besongne au pris de vingt livres tournois la thoise. Avons, du consentement dudict Charrier, ordonné que ledict feu sera realumé sur ledict pris de vingt livres tournois la thoise, ce qui a esté faict. Et pour ce qu'il ne s'est presenté aucunes autres personnes pour faire la condition de la Ville meilleure que ledict du Ry, avons, en la presence dudict Procureur du Roy de la Ville, audict Charles du Ry adjugé et adjugeons lesdictz ouvraiges de maçonnerie, mentionnées par ledict devis cy devant transcript, audict pris de vingt livres tournois la thoise qui luy seront paiez par le Recepveur de lad. Ville, au feur et à mesure qu'il travaillera et selon noz ordonnances et mandemens, à la charge par ledict du Ry de faire lesdictz ouvraiges bien et deuement, conformement à icelluy devis et au dire du Maistre des oeuvres de ladicte Ville et autres gens ad ce congnoissans, et y travailler promptement, incessamment et sans discontinuation, en sorte que toutte ladicte besongne soit faicte au jour sainct Jehan Baptiste prochainement venant, et outre de bailler bonne et suffisante caution, tant des deniers qu'il recepvra que de rendre iceulx ouvraiges bien et deument faictz comme dessus.

Du meccredy vingt huictiesme jour de Septembre oudict an mil six cens uuze.

Ledict jour est comparu au Bureau de la Ville Charles du Ry, adjudicataire des ouvraiges de maçonnerie qu'il convient faire à la porte S¹ Honnoré, lequel, suivant son adjudication, a présenté pour cautions, tant des deniers qu'il recepvra que de rendre ladicte besongne bien et deuement faicte, Jonas Robelin et François Boullay, maistres maçons à Paris, demeurants rue Chappon, parroisse S¹ Nicolas des Champs, lesquelz à ce presens et solidairement ont pleigé et caultionné ledict du Ry pour le contenu cy dessus et ont faict les submissions accoustumées. Et a led. Robelin, declaré luy appartenir une maison scize rue des Gravilliers à l'enseigne de la Soulche. Et pour plus grande asseurance de ce que dessus, ledict du Ry a offert de laisser tousjours en fondz pour six cens livres tournois de besongne faicte et materiaulx sans en rien demander, sinon à la fin que ladicte besongne sera faicte. Nous avons lesd. caultions receues, les recevons par ces presentes, du consentement du Procureur du Roy de la Ville, et à la charge que suivant les offres dudict du Ry, il laissera tousjours pour six cens livres de besongne faicte en materiaulx sur lesdictz lieux, qui demeurera en fondz sans en estre payé, sinon à la fin de ladicte besongne. Et ont lesdictz du Ry, Boullet et J. Robelin signé en la minutte des presentes.

CXI. — Ordonnance pour empescher le desordre au bois.
13 octobre 1611. (Fol. 391.)

De par les Prevost des Marchans et Eschevins de la ville de Paris.

«Sur la plaincte à nous faicte, au Bureau de la Ville, du desordre qu'il y a à la vente et distribution du bois de chauffage[1] au port de l'Escolle S¹ Germain, avons ordonné et enjoinct à tous les marchans ayans des basteaulx chargez de bois audict port de les faire presentement aborder et mectre en vente au publicq lad. marchandise, l'arrivage prealablement faict, avecq deffenses ausdictz marchans de vendre leurs marchandises plus que le pris qui leur sera donné lors dudict arrivage, à peyne de confiscation. Et à faulte par iceulx marchans de faire aborder leursdictz basteaulx, pour estre mis en vente comme dict est, ordonnons que iceulx basteaulx seront mis à bord par les mestres des ponts, auxquels enjoignons ce faire aux despens desdictz marchans. Comme aussy faisons deffences à tous crochepteurs, gaigne deniers et autres, de prendre et enlever du bois dans des flettes[2] ny d'approcher lesdictes flettes des basteaulx chargez de marchandise, à peyne de punition corporelle, et à tous voicturiers, passeurs et autres de prester leurs flettes à ceste fin, sur pareilles peynes et de confiscation desdites flettes. Et sera la presente ordonnance executée, nonobstant oppositions ou appellations quelzconques, faictes ou à faire, et sans prejudice d'icelle, laquelle sera signiffiée à tous lesdictz marchans, ad ce qu'ilz n'en pretendent cause d'ignorance.

«Faict au Bureau de ladicte Ville, le treiziesme jour d'Octobre mil six cens unze[3].»

CXII. — Touchant le parti de Massuau.
17 octobre 1611. (Fol. 391 v°.)

A nosseigneurs des Comptes.

«Supplie humblement Loys Massuau, disant que par deux arrestz de la Chambre sur deux requestes qu'il a presentées, la premiere du vingt deuxiesme Decembre mil six cens dix par laquelle les Prevost des Marchans et Eschevins de ceste ville de Paris

---

[1] Un exemple de ce désordre est donné par les poursuites intentées contre Pierre Travers, marchand de bois à Villeneuve-Saint-Georges. «Enquis quelle quantité de boys il a faict arriver depuis quinze jours? A dict qu'il en a faict arriver quatre basteaulx chargez. Enquis s'il a faict arrivage dudict boys? A dict qu'il n'en a faict arrivage que de deulx basteaux. Enquis quant sont arrivez ses derniers basteaulx? A dict qu'il en arriva ung jeudi dernier et l'autre samedy. Enquis s'il est pas vray que ceste nuict il a vendu du bois sans discontinuation? A dict que, à la veritté il en a vendu quatre cens seullement et non plus grande quantité. Et serment faict par Jehan Payen et P. Henault, archers du guet, enquis s'ilz ont veu ledict deffendeur vendre son boys ceste nuict? Ont dit que, estans de garde es environs du Pallais, quelques bourgeois se seraient addressez à eulx et leur auroient dict que l'on vuiddoit des basteaulx chargez de boys, par quoy le bourgeois n'en pouvait avoir. C'est pourquoy ils se seraient transportez au port des Degrez, où ilz auroient veu que l'on chargeoit dudict boys dans des flettes. Et ayant arresté led. basteau et marchandises et faict deffense audict Travers de par le Roy de continuer à vendre, icelluy Travers ou ses gens et serviteurs leur auroient dict plusieurs injures et n'auroient laissé de continuer à vendre pendant la nuyt.....» — Travers fut condamné à 16 livres d'amende envers le Roi et à payer 4 livres aux archers du guet. (*Arch. nat.*, Z¹ᵉ 112, 19 octobre 1611.)

[2] «Moyen bateau de rivière qui est au service d'un bateau plus grand, comme la chaloupe au service d'un navire.» (Définition donnée par Jal et reproduite par Littré.)

[3] On trouve à cette époque, parmi les jugements sur requête, de nombreuses permissions accordées à des particuliers pour faire prendre sur les ports des quantités de bois déterminées qu'ils ont fait venir pour l'approvisionnement de leurs maisons. (*Arch. nat.*, Z¹ᵉ 380.)

sont forcloz de fournir de leurs causes d'opposition faicte à la reception du supplicant en l'office de recepveur general des bois en la generalité de Paris, dont il a esté pourveu par le Roy, decretté sur M° Claude Josse[1], sauf si dans le jour suyvant ilz ne baillent leurs causes d'opposition, et l'autre du vingt neufiesme desd. mois et an, par lequel il est expressement porté que lesdictz opposans fourniront de leursdictes causes d'opposition, dans trois jours apres ensuivant, autrement qu'ilz feront forcloz. De toutes lesquelles requestes et arrestz iceulx opposans ont eu coppie des le xxiiii° et xxix° desdictz moys et an, et neanlmoings ilz n'ont tenu compte de fournir desdictes causes d'opposition au grand prejudice et dommage dudict suppliant. Ce considéré, nosdictz sieurs, et qu'il appert dudict arrest intervenu sur lesdictes requestes cy joinctes et attendu que lesdictz opposans n'ont tenu compte d'y satisfaire, il vous plaise, de vos graces et sans avoir esgard ausdictes pretendues causes d'opposition, qui ne peuvent estre qu'inciville et prejudiciable aux arrestz du Conseil, joinct que lesd. opposans sont en demourent de long temps de les fournir, procedder à la reception dudict suppliant en sondict estat et office, et en ce faisant, condamner lesdictz opposans en tous les despens, dommages et interests. Et vous ferez bien.»

Signé: «Menestrel».

Et au hault marge[2] de ladicte requeste est escript: «La Chambre a ordonné et ordonne que les Prevost des Marchans et Eschevins de la Ville fourniront de leurs causes d'opposition dans mecredy prochain pour tous delaiz et sans autres forclusions ne significations de requestes; et à faulte d'y satisfaire, sera passé outre à la reception dudict Massuau, et soit signiffié.

«Fait ce dix septiesme Octobre mil six cens unze.»

Signé: «Larcher».

«Signiffié la requeste et arrest, dont coppie est cy dessus transcripte, à Messieurs les Prevost des Marchans et Eschevins de la ville de Paris, en parlant à Messieurs de la Noue, Perrot et Fontaine, et Perrot, Eschevins et Procureur du Roy de ladicte Ville, pour ce assemblé au Bureau de ladicte ville le dix septiesme jour d'Octobre l'an mil six cens unze, ad ce qu'ilz n'en pretendent cause d'ignorance, par moy, huissier des Comptes, soubzsigné.»

Signé: «Quinot».

CXIII. — Mandement à M° Robert Moysant
touchant une place sur les rempartz.

19 octobre 1611. (Fol. 393.)

De par les Prevost des Marchans et Eschevins de la ville de Paris.

«M° Robert Moysant, substitud du Procureur du Roy de la Ville, nous vous mandons vous presenter pardevant le bailly du Fort l'Evesque ou son lieutenant, à l'assignation donnée à Claude Vinet, maistre cordier, auquel la Ville a faict bail de quelque place à elle appartenant[3], et ce à la requeste de Monsieur l'Evesque de Paris. Prenez le fait et cause au nom de la Ville pour ledict Vinet. Remonstrez qu'il est question des droictz du domaine de la Ville, dont la cognoissance appartient à nosseigneurs de la court de Parlement, où lad. Ville a ses causes commises en premiere instance, et partant requiert le renvoy tant de ladicte cause que de toutes autres semblables, pardevant nosd. seigneurs de ladicte court de Parlement, et en cas de desny, en appelez comme de juge incompetant.

«Faict au Bureau de la Ville, le meccredy dix neufiesme Octobre mil six cens unze.»

CXIV. — Opposition au party de Massuau.
19-21 octobre 1611. (Fol. 393 v°.)

«Les Prevost des Marchans et Eschevins de la ville de Paris ayans, des le treiziesme jour de Decembre dernier, esté advertiz que M⁵ Louis Massuau poursui-

---

[1] Il a été parlé au tome précédent (p. 351 et 387) de la banqueroute frauduleuse de Jean de Saint-Germain et de Claude Josse.

[2] D'après des citations de Montaigne et d'Olivier de Serres, qu'a recueillies Littré, on voit que ce mot était autrefois considéré comme du masculin.

[3] Le 4 mars 1610, Claude Vinet avait pris à bail de la Ville, moyennant un loyer annuel de 12 livres, «une petite advance au dedans du fossé en forme de ravelin garny de deux petittes voultes et cazemattes chacune de sept à huict piedz de long et de cinq à six piedz de large, au dessus desquelles est une place descouverte de cinq thoises de long ou environ ensemble douze pieds de place de large sur la longueur dud. ravelin qui est de cinq thoises du costé dudict rempart, en ce compris l'espaisse du mur; le tout assis proche lesd. remparts de la Ville entre les portes S¹ Hannaré et de Montmartre proche et au dessoubz le Mouslin des Petitz Champs.» Ces deux casemates avaient déjà été prises à bail par lui le 6 octobre 1594, et il s'en servait pour «mectre et serrer ses houtils de cordier», mais, ajoute le texte du contrat, «lui sont ordinairement vollez et desrobbez, d'aultant qu'il n'y a aulcune retraicte pour couché son serviteur», il résolut donc d'ajouter à cette location celle d'une petite place à bâtir. (*Arch. nat.*, Q¹ˢ 1099¹⁰¹, fol. 153.)

voit pardevant vous, nosseigneurs de la Chambre des Comptes, sa reception en l'office de receveur general des bois en la generalité de Paris, ilz s'i seroient des lors opposez et faict entendre de vive voix les causes de leur opposition, qui furent lors trouvées justes et enregistrées, et dont leur fut donné acte. Depuis lequel temps de dix mois, n'en auroient ouy parler aucunement estimans qu'il en cust esté entierement debouté, et neanlmoings lundy dernier, dix septiesme du present mois, leur auroit esté siguiffié certaine requeste à vous presentée par ledict Massuau, avec arrest de fournir dans huy de leurs causes d'opposition, et à faulte de ce qu'il seroit reçeu audict office.

« C'est pourquoi, lesdictz Prevost des Marchans et Eschevins, pour satisfaire audict arrest, percistent en leursdictes causes d'opposition et dient que led. Massuau a obtenu une commission pour la recherche des debetz de quictances des rentes, depuis l'année mil cinq cens soixante et dix jusques en l'an mil six cens trois, à laquelle commission ilz se sont formellement opposez pour l'empescher, pour le grand interest que le public et le particullier a en icelle, et nonobstant icelle commission ne laisse d'avoir lieu, sans qu'il ayt esté possible à ladicte Ville d'avoir communication des articles et pieces concernans ledict party. En execution de laquelle commission ledict Massuau a reçeu des debetz de quictances de toutes natures de deniers, dont les rentes de ladicte Ville sont assignées plus d'ung million de livres, deniers sacrez et du publicq, dont par tant de lettres pattentes veriffiées tant au Parlement que pardevant vous, que Cour des Aydes, il a esté prohibé et deffendu à toutes personnes d'y toucher, à peyne d'en estre tenus jusques à la quatriesme generation, mesmes par celles de l'année mil cinq cens quatre vingtz quatorze.

« Qu'il est doncq certain que desd. deniers provenans desdictz debetz de quictances des rentes de la Ville, led. Massuau en a achepté ledict office au prejudice de ladicte Ville et des particuliers ausquelz lesdictes rentes appartiennent[1]. Et partant empeschent formellement que led. Massuau soit admis et receu en lad. charge, jusques ad ce qu'il ayt baillé à lad. Ville ung estat au vray de tous et ungs chacuns les deniers qu'il a receuz desdictz debetz de quictances des rentes de ladicte Ville, lesquelz deniers il sera tenu mettre en depost dans les coffres de la Ville, à la conservation desdictz rentiers. Et jusques à ce vous supplient tres humblement, nosdictz seigneurs, ne le recevoir.

« Faict au Bureau de la Ville, le meccredy dix neufiesme jour d'Octobre mil six cens unze. »

[1] Voir le Plumitif de la Chambre (*Arch. nat.*, P 2670, fol. 172).

[*Reponses dudit Massuau.*]

« M° Loys Massuau, pourveu de l'office de conseiller du Roy et receveur general des bois du departement de Paris et l'Isle de France, dict pardevant vous, nosseigneurs des Comptes, pour respondre aux causes d'opposition fournies par les Prevost des Marchans et Eschevins de ceste ville de Paris à sa reception audict office,

« Qu'il se voit clairement qu'ilz n'ont eu et n'ont encores aucun interest en ladicte reception qu'il poursuit pardevant vous, desquelles il soustient qu'ilz doibvent estre debouttez et condampnez en tous ses depens, dommaiges et interestz, employant contre icelles les arrestz du Conseil donnez allencontre d'eulx sur semblables remonstrances et oppositions qu'ils ont faictes lors de la resolution du contract et articles à luy accordez pour les debetz de quictance ; desquelles oppositions ilz furent debouttez, apres avoir esté oys par plusieurs et diverses fois, tant de bouche que par escript ; ensemble l'arrest de la Chambre donné sur les difficultez formez à cause dudict contract et articles pour lesdictz debetz, par lequel est ordonné qu'il sera reçeu au serment dudict office. Soustenant et desniant au surplus ledict Massuau avoir oncques touché ny appliqué à son profict et affaires particulieres aucuns deniers desdicts debetz de quictance, soit pour l'achapt dudict office ou autrement, et que mal à propos et sans aucune raison ilz se donnent de la peine pour sçavoir ce que ledict Massuau fera des deniers desdictz debetz de quictance et quel compte il en rendra, veu que c'est une affaire qui ne les concorne et regarde poinct, et de laquelle ilz ne doibvent avoir cognoissance, non plus que du compte que ledict Massuau rendra pardevant vous, suivant l'arrest et verification faicte dudict contract par la Chambre, auquel il entend satisffaire et compter dans le temps qu'elle luy a prefix. Et, soubz ceste declaration, requiert ladicte Chambre de vouiloir recevoir au serment ludict office et debouter ledict Prevost des Marchans et Eschevins de leur frivolle opposition, qui n'est que pour molester et travailler indeuement led. Massuan, et les condamner en tous ses despens, dommaiges et interestz, à quoy il conclue. »

Signé : « Massuau ».

« L'an mil six cens unze, le jeudy vingtiesme jour d'Octobre, le contenu cy dessus a esté monstré, signiffié et laissé à M° Estienne Chomalus, procureur des Prevost des Marchans et Eschevins de la ville de Paris, par moy huissier des Comptes et

ib.

Tresor à Paris, soubzsigné, ad ce qu'il n'en pretende cause d'ignorance, en son domicille, parlant à sa personne.»

Signé: «Heliot».

[*Replique des Prevost des Marchans et Eschevins.*]

«Les Prevost des Marchans et les Eschevins de la ville de Paris, qui ont veu la signiffication faicte à la requeste de Louis Massuau, le vingtiesme du present moys, sur l'opposition par eulx formée par devant vous, nosseigneurs de la Chambre des Comptes, à sa reception, qu'il poursuit, de l'estat de recepveur des bois en la generalité de Paris :

«Sur ce qu'il dict que lesdictz opposans n'ont aucun interest en ladicte reception, attendu les arrestz du Conseil qu'il a obtenuz, et qu'il denie avoir pris deniers des debetz de quictances pour achepter ledict office, et que lesdictz opposans n'ont aucun interest aud. affaire, attendu le compte qu'il entend rendre,

«Dient qu'ilz ont tout l'interest contre ledict Massuau et autres telles personnes qui ont touché les deniers des rentes de la Ville, en estant les principaulx debiteurs, et ayant tant de fois esté ordonné peynes de corps et de biens contre ceulx qui les toucheroient, mesmes permis les contraindre jusques à la quatriesme generation; qu'il est certain, et demeure d'accord ledict Massuau d'avoir recen grandes sommes de deniers des debetz de quictances des rentes de la Ville; doncques les opposans et debiteurs d'icelles n'ont aucune asseurance; qu'il n'a jamais esté parlé ny ouy dire que l'on rendra compte, que au moings devant et pendant le manyement l'on ayt donné bonne et assurée caultion aux interessez.

«Soustiennent que ledict Massuau n'a achepté et payé ledict office que des deniers qu'il a receu, appartenans à ladicte Ville, estant certain qu'estant venu en une nuict, il n'a trouvé telle somme que aulx offices publicqz.

«Qu'il n'y a aucun arrest du Conseil ne d'ailleurs qui ayt excluz les opposans de poursuivre touttes personnes ayant manié tels deniers du publicq et particulier. Declarans que non seullement ilz s'opposent à la reception dudict office contre ledict Massuau, jusques ad ce qu'il ayt satisffaict aulx conclusions par eulx prises par leurs causes d'opposition, mais protestent de poursuivre tous ses associetz presens, leurs veufves et heritiers, jusques à la quatriesme generation.

«Supplians nosdictz seigneurs des Comptes les maintenir en la justice de leur cause contre toutes telles personnes qui ne respirent à faire leurs affaires que à l'oppression du publicq et particulier.

«Fait au Bureau de lad. Ville, le vendredy vingt ungiesme jour d'Octobre mil six cens unze.»

CXV. — Mandement à Le Secq
POUR LA REDEVANCE D'UNG JEU DE PAUME
À LA PORTE SAINCT GERMAIN.
5 novembre 1611. (Fol. 398.)

De par les Prevost des Marchans et Eschevins de la ville de Paris.

«M° Geoffroy Le Secq, procureur des causes de la Ville au Chastellet de Paris, nous vous mandons vous opposer aux criées qui se font au Chastellet pour la vente d'une maison contenant plusieurs corps d'hostels et ung grand jeu de paulme, assis proche et hors la porte S' Germain, saisiz sur François Thomas, et empeschez la vente desdictz lieulx, si ce n'est à la charge de quarente livres tournois de rente annuelle et perpetuelle d'une part, et dix livres tournois de loyer d'autre part, dont iceulx lieulx sont chargez par chascun an, envers lad. Ville, qui a baillé lesdictes places andict Thomas, comme appert par deulx baulx à luy faictz : assavoir des places où sont bastiz lesdictes maisons et jeu de paulme, à perpetuité, moyennant lesdictes quarente livres tournois de rente, le quatriesme aoust mil six cens quatre, et l'autre d'une place estant entre le fossé et le jeu de paulme ausdictes dix livres de loyer, pendant cinquante années, le dix huictiesme apvril mil six cens six[1]. Et requerez acte de vostre opposition.

«Faict au Bureau de la Ville, le samedy cinquiesme Novembre mil six cens unze.»

CXVI. — Ordonnance au maistre des œuvres
POUR FAIRE FAIRE UN PRIVÉ DANS LA PRISON.
7 novembre 1611. (Fol. 398 v°.)

De par les Prevost des Marchans et Eschevins de la ville de Paris.

«Il est ordonné à Pierre Guillain, Maistre des oeuvres de maçonnerie de lad. Ville, de faire faire

---

[1] Le premier des deux baux indiqués ici avait été passé par la Ville en faveur de François Thomas, faiseur d'esteufs, pour l'emplacement d'un jeu de paume dont son beau-père et lui-même avaient joui, «installé naguères es faulxbourgs S' Germain des Prez à l'entrée et proche le bord du fossé, où estoit pour enseigne le *Chasteau de Milan*», mais depuis «abbattu et du tout ruyné par l'invasion des gens de guerre». Deux ans plus tard, comme le dit le présent texte, la Ville avait concédé à Fr. Thomas, avec la permission de la clore d'une haie sèche, une bande de terrain de 18 toises de long sur 12 pieds de large, où il craignait qu'on n'établist un «fillouer à cordier», ce qui l'eût incommodé pour l'exploitation de son jeu de paume. (Arch. nat., Q¹* 1099²⁰, fol. 366 et 443.)

les ouvraiges de maçonnerie et pierre de taille qu'il conviendra faire pour mettre et accomoder ung siege et thuiau de privé pour la chambre des prisonniers de l'Hostel de la Ville, proche la voulte de l'Arche de ladicte Ville [1]; faire murer de forte maçonnerie ung cabinet qui est pris sur la petite montée tornante joignant l'entrée de ladicte chambre; ensemble faire ung thuyau de cheminée de maçonnerie de plastre et moislon pour mettre la cheminée de ladicte chambre en usage, et le tout faire promptement.

«Faict au Bureau de ladicte Ville, le septiesme jour de Novembre mil six cens unze.»

CXVII. — Ordonnance
POUR FAIRE UN PAULX PLANCHER DANS LA PRISON.
7 novembre 1611. (Fol. 399.)

«Il est ordonné à Jullien Pourrat, Maistre des œuvres de charpenterie de ladicte Ville, de faire la charpenterie d'ung plancher neuf de sollives de cinq et sept poulces de gros roynez, tamponnez et espassez à cinq poulces pres l'ung de l'autre, pour le plus. Le tout pour la chambre des prisonniers proche la voulte de l'Hostel de la Ville, et y faire travailler promptement.

«Faict au Bureau de la Ville, le septiesme Novembre mil six cens unze.»

CXVIII. — Lettres du Roy
POUR ALLEE SALUER LA DUCHESSE DE LORRAINE ET LUY FAIRE PRESENS.
9 novembre 1611. (Fol. 390.)

«Tres chers et bien amez, estant arrivé en cette nostre bonne ville de Paris nostre tres chere et tres amée cousine la duchesse de Lorraine [2], notre intention est que vous l'alliez saluer et luy faire les presens de la Ville accoustumez. Ce que nous aurons tres agreable, avec asseurance que nous ne les estimerons pas moings que sy les vous faisiez à nous mesme. Et sur ce nous prierons Dieu qu'il vous ayt, tres chers et bien amez, en sa sainte garde.

«Escrit à Paris le neufiesme jour de Novembre 1611.»

Signé : «LOUIS», et plus bas : «DE LOMENIE».

Et sur l'inscription est escript : «A nos tres chers et bien amez les Prevost des Marchans et Eschevins de nostre bonne ville de Paris [3].»

CXIX. — [Messieurs de la Ville vont saluer la duchesse de Lorraine.]
12 novembre 1611. (Fol. 399 v°.)

Le samedy douziesme jour de Novembre mil six cens unze, Messieurs les Prevost des Marchans et Eschevins, Procureur du Roy et Greffier de la Ville, vestuz de leurs robbes et habits noirs, assistez des sergens et quelques archers de ladicte Ville, sont allez, par commandement du Roy et suivant ses lettres envoyées à la Ville, saluer Madame la duchesse de Lorraine qui estoit logée au Louvre, où estans, apres luy avoir faict la reverance et à Monsieur le duc de Vaudemont [4], son beau frere qui estoit avec elle, mesdictz sieurs leur ont presenté des presens ordinaires de la Ville, qui sont grande quantité de bouettes d'exquises confitures et dragées, avec des flambeaulx blancz, dont ilz ont été tres humblement remerciez.

CXX. — Empeschement à la verifification de la commission de Fillacier.
19-21 novembre 1611. (Fol. 400.)

Du samedy dix neufiesme jour de Novembre mil six cens unze.

Ledict jour, Messieurs les Prevost des Marchans

---

[1] Le transfert de la prison de l'Hôtel de Ville dans le bâtiment neuf avait été prescrit le 21 juin 1591. (*Registres du Bureau*, t. X, p. 132.) Une «fosse à privé» y fut faite en 1604 (t. XIII, p. 294).

[2] Marguerite de Gonzague, seconde femme de Henri II, duc de Lorraine, était fille de Vincent Ier, duc de Mantoue, et d'Éléonore de Médicis, sœur de la reine de France; elle était donc cousine germaine de Louis XIII. — «Sur la fin du mois d'octobre, dit le *Mercure François* (année 1611, fol. 157 v°), Leurs Majestés estans à Fontainebleau où ils passoient l'automne, la duchesse de Lorraine et le cardinal de Gonzague y arriverent, où on leur fit une fort honnorable reception. La Royne regente fut tres aise de les voir, comme ceux qui luy attouchent de si pres, estans enfans de feue sa sœur, la duchesse de Mantoue. Au commencement de novembre, toute la court retourna à Paris et apres qu'elle y eut esté quelques jours, la Royne voulut faire voir à sa niece et à son neveu Messieurs les Enfans de France, qui estoient au chasteau de Sainct-Germain : tout se prepare à la resjouyssance, toute la Court s'y achemine, mais ils se trouverent arrivez au logis de la douleur par la mort de M^r le duc d'Orléans qui deceda le 17 novembre, agé de quatre ans six mois. — Les obsèques du jeune prince furent célébrées le 25 novembre, comme le montre une lettre du Roi adressée le 23 aux religieux de Saint-Denis. (*Arch. nat.*, K 109, n° 14).

[3] L'original de cette lettre est conservé, ainsi que le procès-verbal de la visite, dans le carton K 998, n°s 189 et 190 des Archives nationales.

[4] François comte de Vaudemont, frère puîné du duc Henri et père de Charles IV, qui devait succéder à son oncle comme duc de Lorraine.

et Eschevins de ladicte Ville, estans avertiz que Messieurs du Conseil d'Estat avoient donné arrest addressant à Messieurs de la Chambre des Comptes pour enregistrer et veriffier la commission obtenue par M* Jehan Fillacier pour faire la recepte des deniers des debetz de quictances des arreraiges des rentes racheptées et admorties par forfaictures, desherances, non demandées ou autrement, le tout des rentes de ladicte Ville, et que la Ville avoit esté debouttée audict Conseil de ses causes d'oppositiou, ont arresté que Messieurs Perrot, Poussepin, Fontaine, Eschevins, et le Greffier de ladicte Ville se transporteroient à la Chambre des Comptes, lundy matin, pour faire de rechef les remonstrances de la Ville, empescher ladicte veriffication et s'y opposer d'abondant.

Et ledict jour de lundy vingt ungiesme dudict mois de Novembre, sur les huict à neuf heures du matin, mesd. sieurs les Eschevins et Greffier sont allez en lad. Chambre[1], où estoient Messieurs les Presidens Bailly[2], de Verderonne, Tambonneau et Duret[3], et plusieurs maistres des Comptes, auxquelz a esté remonstré par mesdictz sieurs, ledict sieur Perrot portant la parolle, que sy devant ledict Fillacier avoit obtenu commission de Sa Majesté adressante à ladicte Chambre pour faire la recepte de tous les deniers susdictz, à la verification de laquelle la Ville s'estoit opposée. Depuys voyant par ledict Filassier que lesdictes causes d'opposition estoient tres justes et que au pardessus d'icelle la Chambre n'entreroit en la verification, il auroit faict donner arrest au Conseil d'Estat, par lequel Sa Majesté auroit evocqué à elle lesdictes causes d'opposition et faict deffendre à la Chambre d'en cognoistre. Ce que voyant, ilz se seroient addressez à nosdictz sieurs du Conseil, où de rechef se sont opposez à l'execution de ladicte commission comme estant prejudiciable à ladicte Ville et à tous les particuliers rentiers; lesquelles causes d'opposition ilz auroient baillé par escript. Mesmes fut ordonné que ladicte Ville en confereroit avec Messieurs les intendans et directeurs des Finances, ce qui auroit esté faict. Lesquelz sieurs et entre autres Messieurs de Chateauneuf, presidens de Thou et Jeanin trouverent ladicte commission n'estre juste ny raisonnable, mesmes apres avoir veu les arrestz donnez audict Conseil, entr'autres celluy du douziesme. Aoust mil six cens trois par lesquelz est ordonné que lesdictz deniers demeureroient es mains des recepveurs pour servir à la faulte de fondz estans sur lesdictes rentes. Et toutefois, au prejudice desd. causes d'opposition, sont advertiz que l'on avoit renvoyé à ladicte Chambre ladicte commission pour l'enregistrer avec jussion et mandement de ce faire. C'est pourquoy la Ville supplioit tres humblement ladicte Chambre, où il y auroit de nouveau quelque chose concernant ladicte commission soit par arrest du Conseil ou autrement, de luy communicquer affin d'y respondre et s'opposer de nouveau, comme de faict elle s'oppose, à l'enregistrement et verification d'icelle commission, l'execution de laquelle, seroit fort difficile, joinct le grand interest de ladicte Ville et tous lesdictz rentiers qui sont composez de princes, seigneurs, communaultez, hospitaulx, veufves, enffans orphelins, ausquelz en ce faisant l'on diminueroit leur rentes et assignations, joinct qu'elles sont desjà assez mal payées et que tel qui reçoit trois quartiers de sa rente, n'en recepvroit plus que demye année. Qu'il ny avoit point d'apparence de recevoir ny escouter tant de partisans sur les rentes de la Ville, qui ne cherchoient que la ruyne de leurs concitoiens; que l'on les cognoissoit bien et que soubz le nom et l'auctorité du Roy ilz ne veullent faire que leurs affaires; que par lettres solempnellement données en l'année mil cinq cens quatre vingtz quatorze, verifiées en toutes les Courtz souverainnes, il est expressement deffendu à toutes personnes de toucher aux deniers des rentes de la Ville ny destourner les assignations, à peyne de les repeter sur eulx et leur posterité jusques à la quatriesme generation; que soubz le nom de la Ville et la foy publicque lesdictes rentes de la Ville auroient esté constituées, partant avoient grand interest à la conservation d'icelles, n'estans portez en cela que pour le service du publicq et debvoir de leurs charges. Supplians tres humblement ladicte Chambre avoir esgard à la justice de leur cause, ensemble à leursdictes causes d'opposition. Et ce depuis leursdictes causes d'opposition baillée, il seroit survenu quelque chose de nouveau, de leur communicquer pour y respondre.

Sur quoy, mondict sieur le President Bailly a dict que la Chambre louoit ceste action et la bonne volonté que la Ville porte au publicq, et sur lesdictes remonstrances de la Ville et causes d'opposition fera ce que raison.

Ce faict, mesdictz sieurs de la Ville ont pris congé et sont revenuz audict Hostel de Ville, où ilz ont rapporté à Monsieur le Prevost des Marchans ce qui c'estoit passé.

---

[1] Cf. Arch. nat., P 2670, fol. 333 v°.

[2] Charles Bailly, sieur du Séjour, reçu président des Comptes en survivance de son père, Guillaume, le 30 décembre 1580, installé le 30 décembre 1582, resta en exercice jusqu'en 1619.

[3] Il a été parlé au tome XIV, p. 201 et 381, de Michel Tambonneau et de Claude de L'Aubespine, s' de Verderonne. On a donné plus haut une notice sur le président Duret.

CXXI. — Descharge du sieur Pineau,
chirurgien, ayant satisfaict à son contract.
28 novembre 1611. (Fol. 402 v°.)

«Sur la requeste à nous faicte au Bureau de la Ville par m° Severin Pineau, chirurgien du Roy et son opperateur ordinaire pour la pierre, professeur et docteur en chirurgie de l'Université de Paris, contenant que suivant le contract par luy faict avec Sa Majesté, nosseigneurs du Conseil et nous, le quatorziesme jour d'Aoust mil six cens huict, il a instruict dix jeunes hommes ausquelz il a apprins et monstré l'art et methode de bien, seurement et industriensement tirer la pierre de la vessye, le tout pour la commodité publicque, lesquelz ont faict preuve de leur suffisance par les malades qu'ilz ont pensez et gariz, dont ilz avoient des certificatz en main. Requerant, attendu qu'il avoit entierement satisffaict à son contract, le voulloir descharger, purement et simplement. Sur quoy aurions mandé audict Bureau M° Phillebert Pyneau, m° chirurgien juré à Paris, maistre Jehan Pietre, à present medecin, Edme Lefebvre, Maurice de Louye, Loys Imbault, Guillaume Gosselin, François Thevenin, Pierre Sixdeniers et Jacques de Saincte Beuve, escoliers dudict maistre Severin Pyneau, lesquelz aurions interpellez de dire s'il leur restoit quelque chose à monstrer par ledict Pineau pour l'art et exercice que dessus. Lesquelz ont faict responce que icelluy Pineau leur avoit bien, deuement et continuellement monstré ledict exercice depuis le temps qu'il y estoit obligé jusques à present, et duquel ilz se contentoient, ayans chacun d'eulx particulierement et separement faict preuve de leur suffisance, dont ils avoient les certificatz des medecins et chirurgiens en main. Ce que icelluy Pineau a recogneu veritable, et iceulx susnommez estre suffisans et capables de servir au-

dict art et methode cy dessus pour avoir assisté à leurs operations, au moyen de quoy apres avoir veu les certificatz de plusieurs medecins et chirurgiens de ceste Ville [1], dattez des diziesme Avril, VIII°, XVI° et XXII°° Septembre, VIII°° Octobre, III°° et XVIII°° Novembre, le tout mil six cens neuf, X°° Febvrier, I°° et XIX°° Juin, XXVII°° Aoust et XXII°° Septembre mil six cens dix, II°°, X°°, XX°° XXV°° et dernier Janvier, I°°, VI° et XII°° Febvrier, XXIX°° Mars, XVIII°° Avril, X°° et XV°° May, II°° Juin et XXVII°° Octobre mil six cens unze, et veu aussi ledict contract dudict XIIII° Aoust mil six cens huict, les actes et articles faictz au Bureau de la Ville le vingt deuxiesme jour de decembre mil six cens huict contenant les charges et subjections en quoy lesdictz escolliers sont tenuz, les actes des cautions pare ulx baillées de satisfaire ausdictz articles et subjections [2], et sur ce oy le Procureur du Roy et de la Ville auquel le tout a esté communicqué : Nous avons ledict M° Severin Pyneau deschargé et deschargeons par ces presentes, purement et simplement, comme ayant bien et deuement satisfaict à ce qu'il estoit tenu par ledict contract dudict quartorziesme Aoust mil six cens huict, et ordonné que lesdictz susnommez escolliers feront ledict exercice en ceste Ville pour servir au publicq et satisffaire entierement auxdictz articles cy dessus dactées [3].

«Faict au Bureau de la Ville, le lundy XXVIII° jour de Novembre mil six cens unze.»

CXXII. — Reiglement pour la vente du bois et charbon.
29 novembre 1611. (Fol. 404.).
De par les Prevost des Marchans et Eschevins de la ville de Paris.

«Sur les plainctes qui nous sont journellement faictes au Bureau de la Ville que, combien que par

---

[1] Par son arrêt du 8 octobre 1609 le Parlement avait établi un contrôle pour l'enseignement chirurgical relatif à la taille de la pierre confié à Séverin Pineau par le contrat du 14 août 1608, qui a été publié au tome XIV des *Registres du Bureau* (p. 511 et suiv.). La Cour avait ordonné que «de trois medecins qui seront nommés par elle de trois ans en trois ans deux y assisteront [aux operations] gratuitement et sans frais, lesquelz à ceste fin ledict Pineau sera tenu d'advertir le jour precedent ladicte taille, de l'heure et jour et du lieu qu'elle se fera, sans neantmoings que pour leur absence apres led. advertissement, il soit differé. Lesd. trois medecins chacun d'eulx à leur tour et à telle commodité qu'ilz adviseront instruiront les dix jeunes hommes en la theorie de ladicte operation et auparavant qu'ung d'eux en puisse faire exercice public, soit pour sonder ou tirer la pierre, ilz seront tenuz faire telle experience ou chef d'œuvre qu'il sera advisé par lesd. trois medecins et Pineau, et, sur le tesmoignage qu'ilz rendront au Prevost de Paris ou son Lieutenant civil de leur suffizance, il leur sera permis d'en faire exercice et non plus tost. A nommé et nomme pour vacquer pendant les trois premieres années à ce que dessus m° Nicolas Eslain, Simon et Nicolas les Pietres, docteurs en la Faculté de médecine.» (*Arch. nat.*, Y 14, fol. 73 v°.)

[2] Toutes ces pièces ont été publiées au tome XIV des *Registres du Bureau* (p. 511-515), à la date du 12 juin 1610.

[3] Le Roi, de son côté, exécuta de la façon suivante la promesse, que renfermait le contrat, d'une pension de 600 livres à chacun des deux premiers operateurs formés par Severin Pineau et d'une récompense audit Pineau : un arrêt du Conseil du 27 mars 1612 régla «Séverin Pineau, Philebert Pineau, son neveu, et François Thevenin, operateurs instruits par lui, «jouiront de 1,200 l. de pencion, qui est à chacun 400 l. et en seront payez chacun an par le tresorier de l'Epargne. Moyennant quoy S. M. demeure deschargée envers led. Severin Pineau de la recompense à luy promise par icelluy, à la charge qu'après sa mort lesd. quatre cent livres reviendront auxd. sieur Philebert Pineau et Thevenin et seront tenuz de faire et continuer led. art d'operation de la pierre à peyne d'estre privez desdictes pentions.» (*Arch. nat.*, E 34°, fol. 255.)

nostre ordonnance et reglement du neufiesme May dernier, affiché et mis à des tableaux sur les ports au bois de cette Ville, contenant l'ordre de la vente et distribution du bois et charbon, le prix d'iceulx et les sallaires des officiers, chartiers, desbardeurs et crochepteurs, neanlmoings, contrevenant par les marchans audict reiglement, ils vendent leurs bois et charbon à plus hault pris qu'il n'est porté par le tableau, et pour eux rendre necessaire et passer par le prix qu'ilz en veullent, ilz ne font arriver en ceste Ville leurdicte marchandise que basteau à basteau à la fille, pour y avoir de la presse et confusion, affin de vendre à discretion. Semblablement aucuns desdictz officiers et lesdictz chartiers, desbardeurs et crocheteurs exigent et se font payer beaucoup plus qu'il ne leur est taxé, rançonnant les bourgeois, lesquels ilz contraignent leur bailler ce qu'ilz vueillent, pour à quoy remedier avons par maniere de provision, sur ce oÿ et ce requerant le Procureur du Roy de la Ville, faict le reglement que ensuit :

«Premierement, avons tres expressement enjoinct et enjoignons à tous marchans de bois, tant de ceste Ville que forains, ayans bois et charbon aux champs dans les ventes et sur les portz et bordages de rivieres, de promptement, en toutte diligence et sans discontinuation aller faire charger leur dicte marchandise et l'amener en ceste Ville pour la provision et fourniture d'icelle. Et à faulte de ce faire, sera envoyé sur les lieux, à leurs fraiz et despens, perilz, risques et fortunes, pour les faire venir. Et eulx adjournez par devers nous pour voir ordonner qu'elle sera forfaicte et confisquée, sans user par iceulx marchans d'aucuns monopoles et association entre eulx, sur les peynes que dessus.

«Auxquelz marchans enjoignons, aussitost l'arrivée de leur marchandise en ceste Ville, venir à l'arrivage au Bureau de la Ville pour prendre le prix, leur faisant tres estroictes inhibitions et deffences de vendre leurdict bois et charbon à plus hault pris que ce qui leur sera taxé lors de l'arrivage, à peyne de confiscation desdictes marchandises et d'amande arbitraire.

«Lesquelz marchans seront tenuz faire deschargement de leurs basteaulx à terre leur gros bois et la corde, sans que les bourgeois soient tennz en payer aucune chose pour le deschargeage.

«Sera payé aux jurez monsieurs de bois, pour chacune voye de gros bois, cotterestz ou fagotz, deux solz tournois, moictié par l'achepteur et l'autre moictié par le vendeur.

«Comme aussi leur sera payé, pour chacune voye de bois de corde, quatre solz tournois, moictié aussy par le vendeur et l'autre moictié par l'achepteur, faisant deffenses à tous monsleurs de permettre qu'il soit enlevé aucune voye de bois sur lesdictz portz, qu'au prealable elles ne soient comptées et cordées par eux.

«Aux chargeurs de bois en charrettes leur sera payé par l'achepteur deulx solz tournois pour chacune voye de gros bois, corde, fagotz, cottretz ou bourrées.

«Sera payé aux crochepteurs desbardeurs par le marchant vendeur quatre solz tournois pour le deschargeage du basteau à terre de chascune voye de gros bois ou cordes, sans que l'achepteur soit tenu en payer aucune chose.

«Semblablement, sera payé ausd. crochepteurs desbardeurs par l'achepteur quatre solz, pour le deschargeage du basteau à terre de deux cens de cottretz ou fagotz, sans que le marchant vendeur soit tenu en payer aucune chose.

«Sera payé aux chartiers pour la voicture de la voye de gros bois, cordes ou menues denrées, es lieux ciconvoisins des portz, dix solz tournois, es lieux plus esloignez desdictz portz, douze solz, au plus loing dans l'accint de la Ville, seize solz, et aux faulxbourgs, dix huict solz. Auxquelz chartiers faisons deffences de charger aucun bois dans leur charrettes ny en faire la voicture sans estre assistez du bourgeois achepteur ou de ses domesticques, ny mesme charger aulcuns bois dans la riviere, ains leur est enjoinct de se retirer avec leurs charrettes à six thoises loing du bord de la riviere, sans charger par un ny user d'aucunes monopoles, estant à la liberté du bourgeois de se servir de telz charretiers que bon luy semblera.

«Sera payé aux jurez mesureurs de charbon, pour le mesurage de chacun minot de charbon, six deniers, sçavoir, trois deniers par l'achepteur et les trois autres par le vendeur.

«Sera payé aux jurez porteurs de charbon pour le port de chacune myne de charbon es environs des portz, trois solz tournois, plus loing desdictz portz et comme au milieu de la Ville, quatre solz tournois, et au plus loing desditz portz, mesmes aux faulxbourgs, cinq solz.

«Faisant inhibitions et deffences à tous les dessusdictz de contrevenir au present reiglement, ny prendre, demander ny exiger plus de sallaire que ce qui leur est ordonné cy dessus, à peyne, contre les officiers, de privation et suspension de leurs offices et de prison, et auxd. charetiers, crochepteurs et debardeurs, d'estre mis au carquan, battuz et fustigez de verges et banniz desdictz portz.

«Enjoignant ausdictz jurez monsleurs de bois, mesureurs et porteurs de charbon, advertir les bourgeois ou leurs domestiques du pris dudict bois et charbon, auxquelz jurez leur sera baillé par escript ledict pris, lors des arrivages.

«Faisons semblablement deffences auxdictz bourgeois, leurs serviteurs, domesticques ou autres qui achepteront et enlevront lesdictz bois et charbons, de le payer à plus hault pris que ce qui sera taxé, ny mesmes payer ausd. officiers, chartiers, crochepteurs et desbardeurs, plus de deniers que ce qui leur est aussy taxé et ordonné cy dessus, à peyne de confiscation du bois qu'ils acheptent et d'amande arbitraire.

«Et ad ce que personne ne pretende cause d'ignorance du present reiglement, ordonnons qu'il sera publié à son de trompe et cry publicq sur les portz et places publicques de ceste Ville de Paris et affiché et mis en des tableaux à chacun desdictz portz, aux poteaux y destinez. Lesquelz tableaux seront mis es mains desdictz jurez mouleurs de bois pour par enlx ou leur sepmainier de chacun desdictz portz l'oster le soir dudict pothean et le remettre le lendemain du grand matin, auparavant que de commancer à vendre. Auquel sera mis une chesne et ung cadnat, duquel lesdictz mousleurs [auront] la clef et dont ils seront responsables en leurs propres et privez noms. Et oultre, sera le present reiglement imprimé aux despens de la Ville, et envoyé nombre de coppies collationnées à l'original par le Greffier aux Quarteniers, et par iceulx baillez et delivrez à leurs cinquanteniers et diziniers, pour estre amplement notiffié à tous les bourgeois et habitans de la Ville[1]. Et lesquelz cinquanteniers et dizeniers advertiront lesdictz Quartiniers des contraventions qu'ilz sçauront avoir esté faictes audict reiglement, pour par enlx estre portez proces verbaulx en l'Hostel de Ville et y estre pourveu suivant les rigueurs y contenues. Et sera donné pouvoir à certaines personnes pour recognoistre par la Ville les contraventions, en venir faire la plaincte audict Hostel de Ville, lesquelz seront sallairiez sur les amandes ainsy que de raison.

«Faict et ordonné au Bureau de ladicte Ville, le mardy vingt neufiesme jour de Novembre mil six cens unze.»

CXXIII. — ASSEMBLÉE
TOUCHANT LADICTE COMMISSION DE FILLACIER,
ET DE LA REVOCATION DE LA COMMISSION D'ICELLUI
FAICTE PAR LA ROYNE,
AVEC LE REMERCYEMENT FAICT À SA MAJESTÉ.

1ᵉʳ décembre 1611. (Fol. 407 v°.)

De par les Prevost des Marchans et Eschevins de la ville de Paris.

«Sire....., Quartenier, trouvez vous, jeudy prochain premier jour de Decembre[2], au Bureau de la Ville, deux heures de relevée, en l'assemblée generalle qui sera faicte ledict jour premier decembre pour entendre ce qui s'est passé touchant une commission obtenue du Roy par ung nommé Fillacier, concernant les rentes de la Ville, ensemble la declaration et intention de la Royne sur ce subject. Sy n'y faicte faulte.

«Donné au Bureau de ladicte Ville, le mardy vingt neufiesme jour de Novembre mil six cens unze.»

Pareil envoyé à chacun des Quarteniers.

«Monsieur....., plaise vous trouver jeudy prochain premier jour de Decembre, deux heures de relevée, en l'Hostel de la Ville, en l'assemblée generalle qui sera faicte au Bureau d'icelle pour entendre ce qui s'est passé touchant une commission obtenue du Roy par ung nommé Fillacier concernant les rentes de la Ville, ensemble la declaration et intention de la Royne sur ce subject. Vous priant n'y voulloir faillir.

«Faict au Bureau de la Ville, le mardy vingt neufiesme jour de Novembre mil six cens unze.

«Les Prevost des Marchans et Eschevins de la Ville de Paris, tous vostres.»

Pareil envoyé à chacun de Messieurs les Conseillers de la Ville.

Du jeudy premier jour de Decembre mil six cens unze.

En l'assemblée de Messieurs les Prevost des Marchans, Eschevins, Conseillers et Quartiniers de ladicte Ville, ledict jour tenue au Bureau d'icelle, pour entendre ce qui c'est passé touchant une commission obtenue du Roy par ung nommé Fillacier concernant les rentes de la Ville, ensemble la declaration et intention de la Royne sur ce subject, sont comparuz :

Monsieur Sanguin, seigneur de Livry, Prevost des Marchans;

Monsieur Perrot, Monsieur de La Noue, Monsieur Poussepin, Eschevins.

Monsieur le President de Boullancourt;

Monsieur Aubry, maistre des Requestes;

Monsieur Palluau, conseiller;

Monsieur Leprestre, conseiller;

Monsieur Loysel, conseiller;

Monsieur Amelot, mᵉ des Comptes;

Monsieur Violle, sʳ de Rocquemont;

---

[1] Un de ces placards imprimés figure comme minute dans le carton H 1890, joint à un mandement adressé le 9 décembre 1611 aux Quartiniers «pour communiquer ce reglement aux bourgeois de leurs dizaines».

[2] Il est probable que cette assemblée est celle qui avait été primitivement convoquée pour le 26 novembre et qui fut contre-

Monsieur Sanguin, secretaire;
Monsieur Sainctot, Conseillers de la Ville.

QUARTINIERS DE LAD. VILLE.

Sire Jehan Le Conte;
Sire François Bonnard;
Sire Nicolas Bourlon;
M*e* Jacques Huot;
Sire Claude Parfaict;
M*e* Guillaume du Tertre;
Sire Jacques Beroul;
Sire Anthoine Andrenas;
M*e* Estienne Collot;
Sire Simon Marcez;
Sire Jacques De Creil, Quartiniers de la Ville.

La compagnie estant assemblée, mondict sieur le Prevost des Marchans a remonstré que le Roy, par ses lettres de commission du vingt deuxiesme Febvrier dernier, auroit commis M*e* Jehan Fillacier pour faire la recepte des deniers des arreraiges des rentes non denes ny demandées, escheues et appartenans à Sad. Majesté au moyen des rachaptz qui en auraient esté faictz à son proffict ou de ses predecesseurs, droictz d'aubeynes, desherance, forfaictures ou autrement, soit en receptes generalles des finances ou particullieres des domaines, tailles et taillon, clergé, gabelles, traictes et impositions foraines et domanialles, maisons et hostels des villes de ce royaulme depuis l'année mil six cens trois, pour estre lesdictz deniers portez à l'Espargne. Ce qui estoit grandement prejudiciable à ladicte Ville et à tous les particuliers rentiers, d'aultant que n'ayant le fondz pour payer les rentes d'icelle Ville à beaucoup pres et dont estoit deub à icelle Ville vingt deux millions d'arreraiges à cause dudict manquement de fondz, il se seroit avec mesdictz sieurs les Eschevins fort employez pour empescher ladicte commission, laquelle estant à la Chambre des Comptes pour verifier, Messieurs des Comptes par leur arrest du vingt huictiesme juin dernier auroi[en]t ordonné qu'elle seroit communicquée à ladicte Ville. Ce qu'ayant esté faict, auroit des le vingtiesme de Juillet ensuivant formé opposition, à ladicte Chambre, à la verification de ladicte commission et fourny les causes de ladicte opposition. Et recognoissant par ledict Fillacier lesdictes causes d'opposition estre justes et raisonnables et par le moyen desquelles la Chambre rentroit en la verification de ladicte com-

mission, il se seroit pourveu au Conseil du Roy où il auroit obtenu arrest du treiziesme Aoust[1] par lequel Sa Majesté auroit evocqué à elle lesdictes causes d'opposition et faict deffences à la Chambre d'en cognoistre, et auroit commis Monsieur de Meaupou rapporteur. Ce que voyant, se seroit avec lesdictz sieurs Eschevins, le seiziesme Septembre ensuivant, transporté audict Conseil du Roy, où ilz auroient faict leurs plainctes et remonstrances du tort que l'on faisoit à ladicte Ville, sy ladicte commission avoit lieu, suppliant le Roy et nosseigneurs du Conseil de la revocquer. Où leur auroit esté faict responce qu'ilz eussent à bailler leurs remonstrances es mains dudict sieur Maupeou pour en faire son rapport. Ce qui auroit esté faict et baillé par escript le dix neufiesme jour dudict moys de Septembre. Au prejudice desquelles auroit, le vingt deuxiesme jour d'Octobre dernier, donné arrest audict Conseil, tenu à Fontainebleau, par lequel la Ville auroit esté debouttée de ces causes d'opposition et renvoyé ladicte commission à ladicte Chambre pour la verifier, avec lettres de jussion et mandement de ce faire. Ce qu'estant adverty, et que ladicte commission estoit à ladicte Chambre, auroit, le XXI*me* de novembre dernier, envoyé lesdictz sieurs Eschevins et le Greffier par devers mesdictz sieurs des Comptes qui auroient de vive voix faict de rechef leur remonstrance, iceulx suppliez avoir communication dudict arrest et ne permettre que les deniers des rentes si mal payez fussent divertiz ailleurs. A quoy leur fut faict responce que la Chambre louoit l'action de ladicte Ville et qu'ilz feroient ce que de raison.

Laquelle Chambre auroit ledict jour ordonné que icelluy dernier arrest du Conseil, ensemble les lettres de jussion, leur seroient de rechef communicquées. Et recognoissant que la verification de ladicte commission estoit poursuyvie fort vivement et que l'on en prioit Messieurs des Comptes de la part de la Royne, ce serait transporté par devers ladicte dame Royne, laquelle il auroit suppliée en toutte humilité, au nom de toutte la Ville et desdictz rentiers, de revocquer ladicte commission; qu'elle sçavoit bien les services qu'elle avoit receu de ces bons bourgeois de la ville de Paris, et que, destournant les deniers de leurs rentes, cela leur donneroit du mescontentement.

Laquelle dame Royne inclinant liberallement à ladicte supplication et requeste, luy auroit dict qu'elle remectoit et qu'elle donnoit à ladicte Ville de son propre mouvement, ce qui estoit de son interest

---

mandée ce jour-là par un mandement adressé aux Conseillers de Ville : «Monsieur Arnault, nous vous avions envoyé mandement pour vous trouver ce jourd'huy à trois heures à l'Hostel de la Ville, mais l'assemblée est differée à ung autre jour que nous vous ferons sçavoir, pour les raisons que nous vous dirons. C'est pourquoy nous vous prions ne prendre la peyne de venir aujourd'huy.» (*Arch. nat.*, H. 1890, 26 novembre.)

[1] *Arch. nat.*, E 32*, fol. 156..

à ladicte commission [1], voulloit qu'elle n'eust lieu; laquelle commission elle revocquoit et l'alloit envoyer querir à ladicte Chambre des Comptes, luy commandant de faire assembler ceste compagnie pour luy faire entendre son intention et revocation. De quoy, l'auroit tres humblement et affectueusement remercyé.

Suivant ce, auroit faict faire la presente assemblée, affin d'entendre tout ce que dessus et adviser à ce qui estoit affaire au reste.

Sur quoy, apres que tant mondict sieur le Prevost des Marchans et mesd. sieurs les Eschevins ont esté remerciez par toutte la compagnie de la peyne, soing et diligence qu'ilz avoient prise en ceste affaire, laquelle ayant mis en deliberation :

A esté arresté que tant iceulx sieurs les Prevost des Marchans et Eschevins, aucuns desdictz sieurs Conseillers, Quarteniers, se transporteroient le lendemain au Louvre pour remercier la Royne de sa grande liberalité et remise que par elle ainsi faicte à ladicte Ville. Laquelle seroit tres humblement suppliée de faire delivrer des lettres de declaration à ladicte Ville portant revocation de lad. commission, avec asseurance de ne point touscher ausdictz deniers à l'advenir, lesquelz demeureront à ladicte Ville, pour estre employez à la faulte de fondz et au payement des arreraiges du courant et non ailleurs, avec pouvoir à ladicte Ville de faire ung estat de touttes lesdictes rentes racheptées et autres deniers susdictz, faire apporter les rachaptz à ladicte Ville, contraindre ceulx qui ont receu induement desdictz deniers par faulx transportz, suppositions, rentes non deues ou autrement, à la restitution d'iceulx, pour estre le tout mis comme dessus au payement desdictz arreraiges du courant.

Et le lendemain, vendredy deuxiesme jour du moys de Decembre, environ l'heure d'entre midy et une heure, mesdictz sieurs les Prevost des Marchans et Eschevins, Procureur du Roy et Greffier de la Ville, lesd. sieurs Aubry, Leprestre, Amelot, Conseillers, Le Conte, Bourlon et Bonnard, Quarteniers, se sont transportez au chasteau du Louvre, où ayant faict advertir la Royne de leur venue, les auroit faict entrer dans son grand cabinet où elle estoit. A laquelle, en la presence de Monsieur le Gouverneur et autres seigneurs, mondict sieur le Prevost des Marchans a faict le remerciement qui ensuict :

« Madame,

« Ayant par vostre commandement faict assembler le Conseil de vostre Ville, assisté d'ung bon nombre de bourgeois, pour luy faire entendre comme de bonne part et avec quelle affection vous aviez receu les bien humbles remonstrances que je vous avois faictes par plusieurs fois, sur la revocation de la commission des rentes racheptées, et comme d'une franche, royalle et liberalle volonté, pour le desir que vous aviez et avez tousjours eu de gratiffier ceste ville de Paris, vous l'aviez retirée de la Chambre, ilz nous ont chargé, Madame, de vous venir saluer et vous en faire les remerciemens.

« La nouvelle de ceste revocation leur a esté d'autant plus agreable comme la poursuitte prejudiciable est contraire à la tranquilité et repos du publicq.

« Et c'est en quoy nous avons recogneu la grandeur de vostre courage et liberalité, vostre bonté indiscible, l'affection que portez à vostre Ville et à tous noz concitoyens, et de la prudence accoustumée que vous apportez au gouvernement de cest Estat.

« La faveur que nous avez faicte, Madame, est grande, aussi nous ont il chargé de vous dire qu'elle demeurera empraincte perpetuellement en noz ames et gravée en noz cœurs pour en avoir un souvenir perpetuel qui nous redoublera l'affection que nous avons toujours eu de vous rendre le service que nous vous debvons et de prier Dieu qu'il luy plaise favoriser à jamais vostre gouvernement et conserver voz enffans, vrays fondement et asseurance de vostre Estat, en prosperité et santé. »

A quoy ladicte dame a faict responce qu'elle avoit agreable le remerciement que l'on luy faisoit; qu'elle redonnoit à la Ville l'interest qu'elle avoit en ladicte commission, laquelle elle revocquoit, et à ceste fin l'avoit faict retirer de la Chambre des Comptes [2].

---

[1] La suite qui fut donnée à cette affaire et qu'on trouvera plus loin, à la date du 18 décembre 1612, permet de se rendre compte du rôle que la Reine avait à y jouer. C'est à elle en effet que Henri IV avait fait don du produit de cette recherche des rentes rachetées ou échues au Roi par déshérence ou forfaiture, lui attribuant les arrérages de ces rentes qui auraient été indûment reçus pendant les six années écoulées de 1604 à 1609, et c'est pour son compte que Jean Fillacier devait faire la recette des deniers provenant de cette recherche. Ainsi s'explique pourquoi c'est à la Reine directement que le Bureau s'était adressé pour obtenir la révocation de ce parti, et comment elle avait pu « remettre et donner liberalement à la Ville ce qui était de son interest à ladite commission ». En somme, la Ville était simplement substituée à Marie de Médicis pour profiter du produit de la recherche, et nous verrons qu'elle songea, pour mettre ce don en valeur, à employer le moyen qu'avait pris la Reine, c'est-à-dire à s'adresser à un partisan qui entreprendrait la recherche à ses risques et périls, en lui assurant une partie des profits. Un autre système prévalut cependant, et la Ville se décida à se charger directement de l'opération par les mains de son Receveur.

[2] Le 10 décembre 1611, la Reine, ayant fait appeler le premier président de la Chambre des Comptes, lui déclara ce qu'elle avait fait en faveur de la Ville à l'égard de la commission de Filacier, afin qu'il en fît rapport à la Chambre. (Arch. nat., AD IX 165.

A quoy Monsieur le Prevost des Marchans auroit repliqué en ces termes : «Nous vous supplions doncq, Madame, puis qu'il vous a pleu retirer ladicte commission de la Chambre, affin qu'un si bel œuvre ne demeure infructueux, il vous plaise faire ordonner par Sa Majesté que lettres de revocation nous seront delivrées, et que conformement à la volonté de ses predecesseurs et arrestz sur ce intervenuz les deniers provenans desditz rachaptz seront employez au parfournissement de nos rentes, avec deffence de les destourner ailleurs. C'est dont [1] nous vous supplions bien humblement, et Dieu benira voz actions et les fera prosperer au contentement universel de tous vos subjects. »

Ce faict, mesdictz sieurs de la Ville, apres avoir faict la reverence au Roy qui estoit dans le cabinet de la Royne, ont pris congé de Leurs Majestez et sont revenuz audict Hostel de Ville, où estans, ont faict dresser la minutte desdictes lettres de renonciation, lesquelles, encores qu'elles n'ayent esté signées ny scellées, disans par Monsieur le Chancellier qu'il n'en estoit point de besoing, puisque l'on avoit retiré ladicte commission et pieces, sy est ce que pour memoire seulement et pour monstrer les diligences et soing de mesdictz sieurs de la Ville, sont cy apres transcriptes.

Et continuant par mondict sieur le Prevost des Marchans et Eschevins le soing de cest affaire et le desir pour le publicq qu'elle soit parfaicte, a poursnivy la Royne, par plusieurs fois, de lui faire bailler et delivrer ladicte commission; arrest et pieces dudict Fillacier comme nulles. Laquelle dame Royne desirant entierement gratiffier ladicte Ville, a, le dix neufiesme jour dudict moys de Decembre, baillé elle mesme mondict sieur le Prevost icelle commission de Fillacier, le don et brevet qu'elle en avoit du deffunct Roy, et les arrestz et pieces sur ce obtenu, lesquelles pieces ont esté apportées audict Hostel de Ville par mondict sieur le Prevost des Marchands, comme nulles [2].

Ensuict la teneur desdictes coppies de lettres qui avoient esté dressées pour ladicte revocation de lettres.

«LOUIS, par la grace de Dieu Roy de France et de Navarre, à nos amez et feaulx les gens de nos Comptes à Paris, salut. Ayant, des le vingt deuxiesme febvrier dernier, faict expedier nostre commission à Maistre Jehan Fillacier, à vous adressante pour faire la recepte de tous les arreraiges des rentes non denes ny demandées, à nous escheues et appartenans au moyen des rachaptz qui en ont esté faitz à nostre proffict ou de noz predecesseurs, droict d'aubeynes, desherances, confiscation, forfaicture ou autrement, soit es rentes des receptes generalles de noz finances et particulieres de noz domaines, aydes, tailles et taillon, Clergé, gabelles, traictes et impositions foraines et domanialles, maisons et hostels des villes de nostre royaulme, mesme d'aucuns particulliers qui en ont reçeu les arreraiges, noz tres chers et bien amez les Prevost des Marchans et Eschevins de nostre bonne ville de Paris auroient formé opposition à la verification desdictes lettres. Nostre Chambre des Comptes mesmes nous auroit par plusieurs et diverses fois remonstré le grand et notable interest qu'ilz y avoient en ce qui concerne les rentes des gabelles, aydes, Clergé et receptes generalles assignées sur l'Hostel de Ville, pour n'avoir à beaucoup pres fondz suffisans pour l'acquict des arreraiges du courant, et que ce pretendu retranchement des deniers desd. rentes qui se trouveroient racheptées ou ainsy que dict est cydessus à nous escheues et acquises par les formes susdictes, d'autant plus diminueroit le fondz et payement du courant dont lesdictz deniers font partye; aussi que pareil advis ayant cydevant esté donné au feu Roy, nostre tres honnoré sieur et pere, que Dieu absolve, et arrest sur ce expedié, oïz lesdictz Prevost des Marchans et Eschevins en leurs justes remonstrances et supplications, nostredict sieur et pere auroit revoqué ledict arrest par autre du douziesme Aoust mil six cens trois. Et à ces causes, desirans favorablement traicter lesdictz Prevost des Marchans et Eschevins, bourgeois et habitants de nostre ville de Paris, et en consideration des bons et loyaulx services qu'ilz nous ont faictz, de l'advis de la Royne regente, nostre tres honorée dame et mere, plusieurs et notables seigneurs de nostre Conseil :

«Avons des à present revoqué et de nostre plaine puissance et auctorité royalle revoquons par ces presentes lesdictes lettres de commission dudict vingt deuxiesme Febvrier dernier et tout le contenu en icelles, en ce qui concerne les deniers desdictes rentes de la Ville assignées sur le sel, Clergé, aydes et receptes generalles, tant des rachaptz, droictz d'aubeynes, desherances, confiscation, forfaictures, rentes non deues, supposées, qu'aultrement, en quelque sorte et maniere que ce soit. Voulons, entendons et nous plaist que pour l'advenir à tous jours lesditz Prevost des Marchans et Esche-

---

[1] La minute et le registre portent *doncq* : il faut évidemment restituer la leçon que nous adoptons.

[2] On verra ci-dessous que le refus de la Reine de procéder en cette occasion autrement que par une simple déclaration verbale donna lieu à une fausse interprétation de sa pensée, la Ville croyant qu'elle lui abandonnait les arrérages de toutes les rentes sujettes à la recherche, tandis que Marie de Médicis affirma plus tard n'avoir eu en vue que les arrérages des rentes constituées sur l'Hôtel de Ville de Paris et s'être réservé la disposition de ceux des rentes constituées sur les autres villes et recettes.

vins jouissent reaulment et de faict de tous les deniers de la nature susdicte pour estre par eulx et leurs successeurs employés au manque et faulte de fondz estant sur lesdictes rentes, et par eulx et leurs recepveurs distribuez aux particuliers rentiers pour le payement du courant. Et ausquelz Prevost des Marchans et Eschevins enjoignons faire ung estat au vray de toutes lesdictes rentes racheptées et autres deniers cy dessus specifiiez; à ce faire contraindre tous ceulx qui ont faictz lesdictz rachaptz de les porter au Bureau de la Ville, comme aussy pour sçavoir ceulx qui ont reçeu injustement des deniers desdictes rentes par supposition, faulx transportz ou autrement, de les contraindre à la restitution d'iceulx, pour le tout estre mis es mains desdictz recepveurs de la Ville et employez comme dessus au payement desdictz arreraiges. Car tel est nostre plaisir. Nonobstant toutes autres lettres, partiz et commissions que pourrions avoir expediez à ce contraire, lesquelz nous avons par ces presentes revocquez et revocquons.

«Donné à Paris le.... jour de Decembre, l'an de grace mil six cens unze et de nostre regne le deuxiesme.»

CXXIV. — Touchant l'orloge de l'Hostel de la Ville.

7 décembre 1611. (Fol. 415.)

De par les Prevost des Marchans et Eschevins de la ville de Paris.

«On faict assavoir que l'orloge qu'il convient faire pour l'Hostel de lad. Ville sera baillée à faire au rabais et moings disant à l'extinction de la chandelle, ce jourd'huy trois à quatre heures de rellevée au Bureau de lad. Ville, selon et en la forme qu'il sera prescript, et y seront touttes personnes receues à y mettre rabaiz.

«Faict au Bureau de la Ville, le meccredy septiesme jour de Decembre mil six cens unze.»

CXXV. — Funerailles de la royne d'Espaigne.

12 décembre 1611. (Fol. 415 v°.)

Le neufiesme decembre mil six cens unze ont esté apportées au Bureau de la Ville, de la part du Roy, des lettres missives de Sa Majesté dont la teneur ensuit :

De par le Roy.

«Tres chers et bien amez, ayant pleu à Dieu appeller à soy la Royne Catholicque des Espaignes, nostre tres chere et tres amée sœur[1], nous avons resolu de faire faire lundy prochain douziesme de ce moys, en l'eglise Nostre Dame, le service et prieres publicques accoustumées pour le repos de son ame, avec touttes les ceremonies denes à l'honneur et à la memoire d'une si grande princesse. A ces causes, nous voullons et vous mandons que vous ayez à vous preparer pour y assister en corps, au meilleur ordre et estat que vous pourrez, et tout ainsy que vous en avez cy devant usé en pareilles occasions. Si n'y faictes faulte, car tel est nostre plaisir.

«Donné à Paris, le huictiesme jour de Decembre 1611.»

Signé : «LOUIS», et plus bas : «DE LOMENIE».

Et sur l'inscription : «A noz tres chers et bien amez les Prevost des Marchans et Eschevins de nostre bonne ville de Paris[2].»

Et le samedy dixiesme jour de Decembre, sont venuz au Bureau de la Ville vingt trois jurez crieurs de corps et de vins de ladicte Ville, vestuz de robles et d'armoiries dessus aux armes de ladicte deffuncte Royne, tenant leur clochette en la main, pour faire la semonce du service. Et mesdictz sieurs de la Ville sont sortiz du petit Bureau et entrez dedans le grand Bureau, et apres avoir pris leurs places, Gaspard Melon, l'ung desdictz crieurs, a faict la semonce dont la teneur ensuit :

«Nobles et devotes personnes,

---

[1] Marguerite d'Autriche, fille de Charles d'Autriche, archiduc de Gratz, avait épousé le 18 avril 1599 Philippe III, roi d'Espagne. C'est au commencement de novembre, dit le *Mercure François* (fol. 278 v°), qu'elle «quitta cette vie caducque et mortelle pour aller à l'immortelle. Elle fut enterrée le 18 novembre à Sainct Hierosmes le Royal à Madrid, où sont enterrez les roys de Castille. Et le 12 décembre les ceremonies funebres furent faictes en l'eglise Nostre Dame de Paris, ainsi que l'on a accoustumé faire à tous les Roys et Roynes Catholiques. Messieurs les princes de Condé et de Conty, avec le duc de Guise, y portoient le grand deuil, et l'archevesque d'Ambrun fit l'oraison funebre. Elle a delaissé six enfans, sçavoir quatre fils, Philippes, à present accordé en mariage avec Madame Elisabeth de France, Charles, Ferdinand et Alfonso, avec deux filles, Anne Marie Mauricette et Marguerite. Ceste Anne Marie Mauricette est accordée en mariage avec le Roy Très chrétien Loys XIII à present regnant, premier nay du mariage du roy Henry le Grand et de Marie de Médicis, ainsi que sa promise Anne est aussi la première née du mariage de Philippes III et de Marguerite d'Autriche.»

[2] L'original de ces lettres se trouve, ainsi que les minutes des pièces qui vont suivre, dans les cartons relatifs aux fêtes de la Ville (*Arch. nat.*, K 998, n°ˢ 191 à 194).

«Priez Dieu pour l'ame de tres haulte, tres excellente et tres puissante princesse
« Marguerite par la grace de Dieu Royne Catholique des Espaignes.
«Pour l'ame de laquelle le Roy faict faire les services et prieres en l'eglise de Paris. Auquel lieu, demain apres midy seront dictes vespres et vigilles des mortz, pour estre lundy prochain, à dix heures du matin, faict son service solempnel.
«Priez Dieu qu'il en ayt l'ame!»

Ce faict, mesditz sieurs de la Ville ont envoyé mandement à Messieurs les Conseillers de la Ville et Quarteniers, dont la teneur ensuit :

De par les Prevost des Marchans et Eschevins de la ville de Paris.

«Sire...., Quartenier, trouvez vous avec deux notables bourgeois de vostre quartier, à cheval et en housse, lundy prochain douziesme du present moys, huict heures du matin, en l'Hostel de la Ville, pour nous accompagner à aller au service qui se dira ledict jour, en l'eglise Nostre Dame, pour la feue Royne d'Espagne. Sy n'y faictes faute.

«Faict au Bureau de la Ville, le samedy dixiesme jour de Decembre mil six cens unze.»

Pareil envoyé à chacun desdictz Quartiniers.

«Monsieur...., plaise vous trouver lundy prochain douziesme du present moys, huict heures du matin, à cheval et en housse, en l'Hostel de la Ville, pour nous accompagner à aller au service qui se dira ledict jour, en l'eglise Nostre Dame, pour la feue Royne d'Espagne. Vous priant n'y voulloir faillir.

«Faict au Bureau de la Ville, le samedy dixiesme jour de Decembre mil six cens unze.

«Les Prevost des Marchans et Eschevins de la ville de Paris, tous vostres.»

Pareil envoyé à chacun de Messieurs les Conseillers de la Ville.

De par les Prevost des Marchans et Eschevins de la ville de Paris.

Cappitaine Nourry, trouvez vous, avec tous ceulx de vostre Nombre garniz de leurs hocquetons et hallebardes, lundy prochain, sept heures du matin, en l'Hostel de la Ville, pour nous accompagner à aller au service de la feue Royne d'Espagne qui se dira en l'eglise Nostre Dame.

«Faict au Bureau de ladicte Ville, le samedy dixiesme jour de Decembre mil six cens unze.»

Pareil envoyé aux deulx autres cappitaines.

Suivant lesquelz mandements, mesdictz sieurs de l'Hostel de la Ville sont partiz de l'Hostel de la Ville, led. jour de lundy douziesme [1] dudict moys, en l'ordre qui s'ensuit :
Premierement marchoient les archers [2] de ladicte Ville, vestuz de leurs hocquetons et hallebardes.
Les dix sergents de la Ville vestuz de leurs robes my partyes, à pied.
Le Greffier de la Ville, seul, à cheval, vestu de ses habitz noirs.
Apres, lesdictz sieurs Prevost des Marchans et Eschevins, Procureur du Roy et Recepveur de la Ville, aussi à cheval, et vestuz de leurs habits noirs [3], suiviz d'aucuns de Messieurs les Conseillers, Quarteniers et bourgeois mandez. Et au mesme ordre, sont allez en l'eglise Nostre Dame, où leur a esté baillé leur rang et place par le Maistre des Ceremonies. Laquelle eglise Nostre Dame estoit toutte tendue de duell, de serge et de velours noir, et une chappelle ardante au milieu. Et apres que Messieurs les Princes portant le dueil furent arrivez, ensemblement Messieurs des Courtz souverainnes, l'on auroit commencé la messe et service, au milieu de laquelle fut dict l'oraison funebre de ladicte dame, Ce faict mesditz sieurs de la Ville s'en sont retournez

---

[1] La minute et le registre portent par erreur «quatorziesme».
[2] La présence des archers n'était pas inutile pour contenir la foule, comme le montre l'interrogatoire subi par Claude Micquart, libraire, poursuivi à la requête de Claude de Norroy, capitaine de la compagnie des Cent Archers, et de Louis Crezieux, de ladite compagnie : «Enquis s'il est pas vray que le jour de lundy dernier, pendant le service qui se disoit en l'esglise Nostre Dame pour la feue royne d'Espagne, il feit plusieurs insollances au devant de lad. esglize et voullant par led. Crezieulx et autres le faire arrester, il les appella vieilz dazés, vaches et plusieurs autres injures? A dict que non et qu'il ne sçait que c'est. Enquis s'il est pas vray que du depuys, rencontrant led. Crezieulx, il l'a menacé de battre et outragé? A dict que non. Nous partyes oyes, ensemble le Procureur du Roy et de la Ville en ses conclusions, et apres que led. deffendeur a declaré qu'il n'a nullement injuryé led. demandeur, ny aucuns autres archers de lad. Ville, et seroit bien mary d'y avoir seullement songé, lesquelz archers il recongnoissoit tous pour gens de bien et d'honneur, avons donné acte de lad. declaration et recongnoissance...» (*Arch. nat.*, Z¹ᵇ 113, 19 décembre 1611.)
[3] Les Prévôt des Marchands et Échevins avaient reçu du Roi, à cette occasion, un don de 254 livres «pour leurs robbes de deuil». (*Arch. nat.*, P 2670, fol. 343 v°.)

audict Hostel de la Ville, au mesme ordre qu'ilz en estoient sortiz[1].

Ceremonie observée pour le service funebre de tres haulte et tres excellente Princesse, Marguerite, Royne des Espaignes, faicte par le commandement du Roy en l'eglise de Paris, le lundy douziesme jour de Decembre mil six cens unze[2].

Premierement :

Le jour ayant esté resolu, fut commandé par la Royne à Monsieur de Rodes[3], Maistre des Ceremonies de Sa Majesté, d'adviser à ce qu'il convenoit faire. Lequel ayant receu le commandement advisa avec Monsieur du Hamel, controlleur de l'argenterie de Sadicte Majesté, de parler aux marchantz pour les tantures des draps et veloux, à l'espicier pour le luminaire, au peintre pour les armoyries, à Mellon pour les crieurs, à Messieurs de Nostre Dame pour la composition de la chappelle ardante, qui estoit celle qui servist au feu Roy dernier decedé, à ladicte eglise, que pour les tantes des draps d'or et veloux tanduz à ladicte eglise et au brodeur pour les armoiries de broderies appliquées sur les paremenps, chappes, chasubles, tunicques et grand poisle de drap d'or.

Fut habillé deux cens pauvres, chacun d'une robe et chaperon de dueil, d'un bas de chausse et d'une paire de soulliers. Auxquels pauvres leur fut donné, à la fin dudict service, chacun deux quartz d'escu.

Fut baillé pour le duell de Messieurs les trois princes du grand dueil, chacun douze aulnes de serge de Florance.

A Monsieur de Roddes, douze aulnes de serge de Florance.

A six gentilz hommes qui l'ont suivy aux semonces, chacun une robe et ung chapperon de dueil.

Fut baillé à Messieurs de Nostre Dame pour leurs pretentions des tantures et de ladicte chappelle ardante...[4].

A quatre herauts d'armes, chascun une robe et chapperon de duell. Tout estant le contenu accordé et prest, furent faictes les semonces à Messieurs du Parlement, Chambre des Comptes et Cour des Aydes, en la maniere qui ensuict :

Monsieur De Rodes, M⁰ des Ceremonies, accompagné de six gentilz hommes vestuz de robbes de duell, le chapperon sur l'espaulle, et de deux heraults vestuz anssy de robes de dueil et le chapperon de mesme que dessus, ayant leurs cottes par dessus lesdictes robbes, se rendirent le samedy dixiesme dudict mois au Pallais à huict heures du matin, entre les deux portes de la Grand chambre, où faisant advertir Messieurs de la Cour par les huissiers, eurent incontinant entrée. Lors marcha devant les deux heraultz Monsieur de Rhodes, seul, et les six gentilz hommes apres, deux à deux, et les vingt trois crieurs en queue, où apres que ledict sieur de Rhodes eust faict sa harangue, fut commandé auxdictz crieurs de faire le deub de leurs charges, qui commencerent à sonner leurs clochettes à deux diverses fois, et fut crié par Gaspar Mellon, l'ung desdictz crieurs, en la maniere qu'il s'ensuict :

«Nobles et devotes personnes,

«Priez Dieu pour l'ame de tres haulte, tres puissante et tres excellente princesse, Marguerite, par la grace de Dieu, Royne Catholique des Espaignes, pour l'ame de laquelle le Roy faict faire les services et prieres en l'eglise de Paris, auquel lieu demain apres midy seront dictes vespres et vigiles des morts, pour y estre, lundy douziesme jour du moys, à dix heures du matin, faict son service solempnel. Priez Dieu qu'il en ayt l'ame.»

Ce faict, furent lesd. M⁰ des Ceremonies, heraults et gentilzhommes et crieurs, en la mesme maniere, en la Chambre des Comptes[5] et Cour des Aydes, seullement.

---

[1] A la suite du récit de la part que prit la Ville aux obsèques de la reine d'Espagne, le registre porte cette mention : «Nota que les ceremonies sont au deuxiesme feuillet à la marque presente ✠», et en effet deux folios plus loin, au folio 420 v°, on trouve la relation reproduite ci-après, intitulée : «Ceremanie observée pour le service funebre, etc.», qui est peut-être la copie de quelque imprimé du temps.

[2] Le *Cérémonial* manuscrit de Godefroy (*Arch. nat.*, KK 1436, fol. 133 et suiv.) a réuni un certain nombre de textes relatifs à ces obsèques : Un mémoire des cérémonies à observer; le relevé des mesures prescrites par le Conseil du Roi à la date du 25 novembre; la relation donnée par le Cérémonial de la Chambre des Comptes; celle qui figure dans les registres du Parlement, et enfin celle du registre de l'Hôtel de Ville. Cf. AD IX 165 pour la Chambre des Comptes, et X¹ᵃ 1839, fol. 131 et 211, pour Parlement.

[3] Guillaume Pot de Rhodes. (Voir t. XIV, p. 527, note 10.)

[4] La somme est restée en blanc. D'après les registres capitulaires, le coût total des obsèques de la reine d'Espagne à Notre-Dame f ut de 99 livres 2 sous : «Expensae exequiarum reginae Hispaniarum allocetur receptori fabricae ecclesiae Parisiensis summa nonaginta novem librarum duorum solidorum turonensium per eum soluta pro causis in particulis desuper confectis.» (*Arch. nat.*, LL 169, p. 554.)

[5] La collection Le Marié d'Aubigny (*Arch. nat.*, AD IX 165) renferme un extrait du Cérémonial de la Chambre des Comptes décrivant cette semonce et le cérémonial même des obsèques.

Fut envoyé lettres du Roy à Messieurs de la Ville, et lors lesdictz sieurs de Rodes s'en alla [1] et les crieurs acheverent de faire lesdictz cris tant à la Pierre de marbre [2], Chancellerie, Hostel de la Ville, Chastellet et autres lieux et places de la Ville accoustumez.

Monsieur de Rhodes envoya monsieur Lambert, huissier de l'Ordre [3], prier monsieur le Recteur et les chevalliers et sieurs de la cour.

Monsieur de Bonoeil [4] prist la charge de prier les ambassadeurs,

Monsieur de...., les Evesques et Cardinaulx.

Tout estant adverty, le rendé vous de Messieurs les Princes fut à l'evesché, le lundy xii°, comme aussy les chevalliers du S¹ Esprit.

Ordre et assiette de l'eglise.

Le cueur fut tendu, assavoir le cueur de six lez de draps de chacun costé, et de deulx lez de veloux par dessus, et sur ledict veloux les armes de ladicte dame de trois piedz d'espace de l'un à l'autre; les chaires tant haultes que basses foncées, et tout le parterre dudict cueur couvert de drap noir, comme aussy les sieges et bancqs des assistans.

La chappelle ardante, dressée au milieu du cueur de ladicte eglise, chargée de huict à neuf ens cierges de demye livre piece; autour de laquelle il y avoit un lé de drap, et sur icelluy un lé de veloux, et sur ledict veloux les armoyries de fin or sur carton, distantes d'un pied de l'autre. Et aux quatre coings d'icelle quatre heraults vestuz de leurs cottes.

Soubz ladicte chappelle estoit la representation du corps de ladicte dame couverte d'ung grand poisle de drap d'or, croisé de satin blanc, armoyré de six grandz escussons de broderie aux armes d'Espagne et d'Austriche, ayant l'ordre de la Toison autour. Et autour de ladicte representation, aux quatre coings, estoit six grandz chandeliers garniz de cierges de deux livres piece de cire blanche,

sur lesquelz estoit les escussons, comme dict est, de fin or.

Au chef de ladicte representation estoit une petite table sur laquelle estoit l'image d'un crucifix, aux deux costez duquel avoit deulx chandelliers vermeils dorez, garniz chacun d'un cierge de cire blanche d'une livre piece, et pres de ladicte table arriere d'icelle estoit le benoistier sur ung scabeau.

La nef et croisée de ladicte eglise fut tendue de deux lez de drap de chacun costé, et sur ledict drap d'un lez de veloux.

La grande et principalle porte de ladicte eglise fut tendue de deux lez de drap, et sur ledict drap d'un lez de veloux, et sur ledict lez de veloux des armoyries de fin or, fors que au milieu de ladicte porte avoit une grande armoyrie sur toille de fin or, de trois piedz de hault et de deulx de large.

Fut mis autour de ladicte eglise, tant au cueur que à la nef, des cierges tant au hault des voultes que aux tringles d'embas, distant d'ung pied l'ung de l'autre et de demye livre piece.

Tous les cierges, tant de l'autel que de la credence de Monsieur l'evesque faisant l'office et autour de la representation du corps estant soulz la chappelle ardante, estoit de cire blanche.

La grande herse du travers du cueur fut garnye de cierges de cire jaulne d'une livre et demye piece.

Le grand autel fort bien garny et paré de parements de velours noir croizez de satin blanc, aux armes d'Espagne et d'Austriche, ayant l'ordre de la Toison d'or autour de l'escu.

A costé du maistre autel, à main droite en entrant, estoit Monsieur le cardinal du Perron, en une chaire, seul; à costé de luy estoient assiz sur des bancs Messieurs les evesques de Carcassonne, d'Angiers, de Beauvais, de Grenoble, de Noyon, d'Agen, de Boulongne, d'Orleans et de Rieux [5], et derriere lesdictz sieurs evesques, quelques abbez et aulmosniers.

De l'austre costé à gauche, vis à viz lesdictz sieurs cardinal et evesques, estoient :

Messieurs les Nonce du Pape [6], ambassadeurs

---

[1] Cette leçon est conforme à la minute. Il est probable que le rédacteur voulait dire : «lesdictz sieurs de Rodes, heraults et gentilshommes».

[2] Sans doute la Table de marbre du Palais, où se tenaient les juridictions des Eaux et forêts, de la Connétablie et de l'Amirauté.

[3] Mathurin Lambert, pourvu de la charge d'huissier des ordres du Roi par lettres du 22 mai 1608, mourut en 1614 (*Histoire généalogique*, t. IX, 1ʳᵉ partie, p. 348).

[4] René de Thou, sieur de Bonneuil, introducteur des ambassadeurs. (Voir t. XIV, p. 281, note 3.)

[5] Christophe de L'Estang, Charles Miron, René Potier, fils du Président de Blancmesnil, Jean de La Croix de Chevrières, Charles de Balsac qui occupa le siège de Noyon de 1596 à 1625, Claude de Gélas, évêque d'Agen de 1609 à 1630, Claude Dormy, Gabriel de L'Aubépine, évêque d'Orléans de 1604 à 1630, Jean de Bertier, qui pour la plupart ont déjà été identifiés au tome XIV.

[6] Robert Ubaldini fut chargé de la nonciature de Paris de 1607 à 1616. Il fut nommé cardinal en 1615, et mourut vingt ans plus tard. — Don Iuigo de Cardenas fut ambassadeur d'Espagne à Paris de 1609 à 1614, et Giorgio Giustinian, ambassadeur de Venise, de mars 1611 à novembre 1613. — Cardenas envoya à son souverain un récit des obsèques (*Arch. nat.*, K 1464).

d'Espaigne, de Venize et de Savoye. Et au dessoubz desdictz sieurs ambassadeurs estoit messieurs les chevalliers du Sainct Esprit, qui estoit Messieurs de Ragny, de Praslain [1], de Temine [2] et le marquis de Trenel [3] ayant l'ordre du Saint Esprit sur leurs manteaulx.

Au cueur de ladicte eglise, du costé de la chaire episcopale, estoit Messieurs de la Cour de Parlement, reservé cinq chaires destinées pour les trois princes du grand dueil. De l'autre coté, à gauche, estoit Messieurs des Comptes. Au dessoubz de Messieurs des Comptes, estoit Messieurs des Aydes, Messieurs les Prevost des Marchans et Eschevins, accompagnez de quelques notables bourgeois et Quartiniers.

A l'entrée dudict cueur à main gauche, estoit Monsieur le Recteur accompagné de ces bedeaulx ayant les masses.

Tout estant disposé à ladicte eglise, sortirent de l'evesché Messieurs les princes de Condé, de Conty et de Guyse portant le grand dueil, conduictz par Monsieur de Rhodes, Maistre des ceremonies, et de deux heraults ayant leurs cottes d'armes et des chevallierz susdictz du Sainct Esprit ayant, comme dict est, l'ordre du Sainct Esprit.

Les crieurs marcherent à la teste desdictz sieurs, suiviz de deux cens pauvres vestuz de leurs robes et chapperon, ayant chascun une torche du poids de deux livres, garnyes chascune d'escussons aux armes de ladicte dame, conduictz par les baillifz et sergens des pauvres.

Lesdictz pauvres furent mis en la nef en haye de chascun costé.

Lesdictz seigneurs princes estant à l'eglise et à leurs places, la messe commencea et fut dicte par Monsieur le cardinal de Bonzy [4], grand aulmosnier de la Royne.

Ordre de l'offrande.

Lorsque ledict sieur grand aulmosnier fut tourné pour les offrandes, l'ung des heraultz sortit de sa place, faisant les reverances accoustumées, vint prendre l'un des cierges pres de ladicte credence dudict sieur officiant estant à costé de l'autel, lequel cierge estoit garny d'escussons d'or fin et de six escns d'or, vint faire la reverance à mondict sieur le Prince, premier grand dueil. Lors Monsieur de Rodes advertit ledict seigneur de venir offrir, ce qu'il feist avec les ceremonies et reverances accoustumées en pareille chose.

Aussi fut faict de Monsieur le prince de Conty et de Monsieur de Guyse, second et tiers dueil.

L'offrande faicte, l'oraison funebre fut faicte par Monsieur l'evesque d'Ambrun [5].

La messe achevée, ledict sieur cardinal vint faire les prieres accoustumées au chef de la representation qui estoit sous la chappelle ardante, et ayant fait gecter de l'eaue beniste sur ladicte representation. Ce fait, Monsieur de Rodes alla querir Messieurs les Princes du grand dueil, lesquelz firent le semblable.

Puis apres, Messieurs les Ambassadeurs. Ce faict chascun s'en alla.

CXXVI. — Restablissement
de la fontaine de M. de Versigny.
14 décembre 1611. (Fol. 419.)

De par les Prevost des Marchans et Eschevins de la ville de Paris.

«Il est ordonné à Pierre Guillain, M⁰ des oeuvres de ladicte Ville ayant la charge du faict et conduitte des fontaines de lad. Ville, de restablir la fontaine de la maison de Monsieur de Versigny, size Vieille rue du Temple [6], et faire venir l'eaue en icelle maison, de pareille grosseur et eschantillon qu'elle y fluoit cy devant, le tout aux fraiz et despens de ladicte Ville.

«Faict au Bureau d'icelle, le meccredy quatorziesme jour de Decembre mil six cens unze.»

---

[1] François de La Magdeleine, gouverneur du Nivernais, chevalier de l'Ordre depuis 1595, en faveur de qui la terre de Ragny avait été érigée en marquisat par Henri IV (*Arch. nat.*, E. 34ᵇ, fol. 65), et Charles de Choiseul, marquis de Praslin, maréchal de France.

[2] Pons de Lauzières-Themines-Cardaillac, marquis de Themines, chevalier de l'Ordre en 1597. Il semble bien qu'il faible reconnaître ce nom sous la forme Destenmie, donnée par le texte de la minute aussi bien que du registre.

[3] François Juvenal des Ursins, marquis de Trainal, reçu chevalier de l'Ordre en 1599.

[4] Jean de Bonzy, évêque de Béziers, qui venait de recevoir le chapeau cette même année. Voir t. XIV, p. 75, des *Registres du Bureau* et *Mémoires* de Saint-Simon, édit. Boislisle, t. XI, p. 136.

[5] Honoré du Laurens, qui devait mourir le 24 janvier suivant. Cf. t. XIV, p. 509.

[6] Cette concession d'eau avait été accordée à Christophe de Marle, sʳ de Versigny, le 20 décembre 1605, moyennant la cession qu'il avait faite à la Ville de 85 livres de rentes sur les recettes générales (*Registres du Bureau*, t. XIV, p. 35-36). Il était donc de toute justice qu'elle fût rétablie dans les premières quand on commença à apporter des exceptions à l'ordonnance de retranchement des fontaines particulières rendue le 22 décembre 1608 (*Ibid.*, p. 322).

CXXVII. — Ordonnance
pour l'assiette des pilles du pont au port St Paul
[Pont Marie[1]].
15 décembre 1611. (Fol. 419.)

*De par les Prevost des Marchans et Eschevins
de la ville de Paris.*

«Il est ordonné aux deux Maistres de maçonnerie et charpenterie de la Ville, les deux maistres des puntz de ceste Ville, Jehan Nouaille, buisonnier[2], par nous pris et nommez d'office, de eulx trouver demain, deulx heures de relevée, sur le quay aux Ormes[3], pour, en nos presences, voir et visiter les lieux et endroys sur la riviere, où Christophe Marie desire faire et construire ung pont[4], et nous donner advis sur la commodité ou incommodité de ladicte construction de pont.

«Faict au Bureau de ladicte Ville, le jeudy quinziesme jour de Decembre mil six cens unze.»

CXXVIII. — Mandement aux collonnelz
pour les recherches.
30 décembre 1611. (Fol. 419 v°.)

«Monsieur..., collonnel, nous vous prions faire et faire faire par les cappitaines, lieutenans et enseignes de vostre collonnelle une exacte recherche par touttes les maisons, hostelleries et chambres locantes de vostredicte collonnelle, pour sçavoir quelles personnes y sont logées, en faire des memoires et proces verbaulx que vosdictz cappitaines vous apporteront. Lesquelz memoires et proces verbaulx vous nous apporterez ou envoyerez en l'Hostel de ladicte Ville, dedans trois jours. Et oultre, advertissez vosdictz cappitaines de faire chacun une revene par touttes leursdictes compagnies pour recognoistre si tous lesditz habitans sont bien armez, au desir du premier mandement qui vous a esté cy devant envoyé et, où aucuns n'en auront, leur enjoindre d'en avoir[5].

«Faict au Bureau de la Ville, le vendredy trentiesme jour de Decembre mil six cens unze.»

Pareil envoyé à chacun de Messieurs les collonnelz.

CXXIX. — Pour garer les basteaulx
à cause des glaces.
30 décembre 1611. (Fol. 420.)

*De par les Prevost des Marchans et Eschevins
de la ville de Paris.*

«Il est expressement enjoinct à tous marchans, voicturiers et gardes de basteaulx ayans basteaulx

---

[1] Identification placée en marge de l'acte.
[2] Officier commis au buissonnage, garde de la navigation (*Dictionnaire* de Trévoux).
[3] Ce quai, représenté aujourd'hui par une partie du quai des Célestins et du quai de l'Hôtel-de-Ville, bordait sur la rive droite une portion du quartier Saint-Paul ou de la Mortellerie. Les anciens plans ne s'accordent pas sur son étendue.
[4] C'est ici le premier acte concernant le projet de construction du Pont Marie qui était destiné à relier l'île Notre-Dame au quartier Saint-Paul sur la rive droite, en même temps que la partie opposée de l'île serait réunie à la rive gauche par un autre pont aboutissant vers la Tournelle Saint-Bernard. Les registres du Bureau renferment à ce sujet de nombreuses pièces qui fourniront au fur et à mesure l'occasion de donner des renseignements sur cette importante opération de voirie, ayant pour but la création de tout un quartier nouveau dans cette île qui était alors à peu près inhabitée et qui devait bientôt prendre le nom d'île Saint-Louis. (Voir Jaillot, *Quartier de la Cité*, p. 175-176 et 201-211.) Nous nous bornerons ici à quelques indications sur l'entrepreneur qui attacha son nom à ce pont. Dès le 29 mars 1608, Christophe Marie avait obtenu du Conseil du Roi, pour la construction de ponts de bois dont il était l'inventeur, un privilège qui fut successivement complété le 30 août 1608 et le 7 mai et le 1er août 1609. (Noël Valois, *Inventaire des arrêts du Conseil du Roi*, n°^{s} 12172 et 12440. Le texte de ces différentes concessions est enregistré au Bureau des Finances, *Arch. nat.*, Z^{1f} 559, fol. 79-85. Voir aussi les registres du Parlement X^{1a} 1826, fol. 342 et 8646, fol. 357-363, 2 et 9 septembre 1609.) Pour se rembourser des frais avancés par lui, Marie avait d'abord fait approuver un tarif de péage perçu à son profit et réglé ainsi : «pour chaque personne de pied 3^d, pour homme et cheval 6^d, pour cheval de charge 6^d, pour coches, carrosses, charriotz, charrettes soyent vuides ou chargées 12^d, pour bestes chevalines et à cornes 3^d, pour pourceaux et chevres 2^d, et pour celles à layne 1^d». Le 30 août 1608, il demanda les mêmes droits qui étaient dus pour les bacs et bateaux passagers «ainsy qu'il se paye pour le present au bac de Neuilly et autres bacqs qui sont aux environs de Paris», et cet article lui fut accordé «à la charge qu'il ne pourra prendre plus de III^d pour chacun homme de pied». (Le Parlement cependant trouva ce tarif exagéré, comme le dit l'arrêt cité plus haut.) Pour la perception de ces redevances il fut autorisé à faire mettre «au bout desdits ponts dos barrières et gardes avec un poteau où sera attaché une carte de fer blanc contenant les droictz», et la durée de ces péages, fixée d'abord à 15 ans, fut portée ensuite à 20, puis à 30 ans. Le premier pont dont on lui confia la construction fut celui de Neuilly qui était commencé en 1609 (*Arch. nat.*, Z^{1f} 559, fol. 83 ; Valois, *Inventaire des arrêts*, n°^{os} 14734 et 15465). Le Roi et sa suite ayant souvent à traverser ce pont pour se rendre à Saint-Germain, une sorte d'abonnement fut conclu avec Marie, à qui un arrêt du Conseil accorda 50 l. par mois «pour sa recompense de ce qu'il luy escherroit du passage que Sa Majesté, la Royne, leurs trouppes et suites font et feront audict pont». (*Arch. nat.*, E 29^d, fol. 23.)
[5] A la même époque le Bureau surveillait un arrivage d'armes qui avait été signalé à Paris, comme le montre le mandement suivant :
«Sur ce que nous sommes advertis qu'il est arrivé au port St-Paul ung basteau chargé d'armes, il a esté ordonné à Nicolas

chargez ou vuides sur la riviere en ceste Ville, au dessus des pontz d'icelle, de promptement et en toutes diligences mettre de bonnes et seurres cordes à chacun de leursdictz basteaulx, et icelles fermer à terre pour esviter aux dangers et inconveniens qui en pourroient arriver à cause des glaces, à peyne de la vye. Et enjoinct aussy aux deux maistres des pontz et desbacleurs des portz de faire promptement executer la presente ordonnance et à ceste fin icelles faire signiffier à tous ceulx ayant desdictz basteaulx, ad ce qu'ilz n'en pretendent cause d'ignorance.

«Faict au Bureau de lad. Ville, le trentiesme Decembre mil six cens unze.»

ANNÉE MIL VI^c XII.

CXXX. — Touchant les gens livres de rente deue au Temple, racheptez.

5 janvier 1612. (Fol. 426.)

De par les Prevost des Marchans et Eschevins de la ville de Paris.

«Me Jehan Jodelet, procureur des causes de la Ville en la cour de Parlement, nous vous mandons vous presenter pour ladicte Ville par devant Messieurs des Requestes du Pallais, à l'assignation donnée à la requeste de Monsieur le Grand Prieur de France et suivant le renvoy de la cause du Chastellet par devant lesdictz sieurs.

Remonstrez, que des le...... ladicte Ville a vendu et constitué andict sieur Grand Prieur cent livres tournois de rente [1] à prendre sur le revenu du domaine, laquelle rente est et doibt estre rachaptable de douze cens livres tournois; que, se voullant par ladicte Ville liberer et acquitter de ladicte rente, elle a offert de la rachepter, ce que ledict sieur Grand Prieur n'a voulu accepter, pretendant ladicte rente n'estre racheptable : ce qu'il ne sçauroit justifier, et partant soustenez ladicte rente estre racheptable. Offrez de payer la somme de douze cens livres pour l'admortissement de ladicte rente, ensemble le courant des arreraiges jusques au jour de la sommation à luy faicte de recevoir son rachapt, sy mieulx n'ayme ledict sieur Grand Prieur reduire ladicte rente au denier vingt.

«Faict au Bureau de ladicte Ville, le cinquiesme jour de Janvier mil six cens douze.»

CXXXI. — [Mandement aux colonels pour remettre les proces-verbaulx des recherches.]

12 janvier 1612. (Fol. 426 v°.)

De par les Prevost des Marchans et Eschevins de la ville de Paris.

«Monsieur....., collonnel, nous vous prions nous envoyer dedans demain au plus tard les proces verbaulx des recherches et visitations qui ont esté faictes par toutes les compagnies de vostre collonnelle, suivant le mandement qui vous a esté à ceste fin envoyé.

«Faict au Bureau de la Ville, le jeudy douziesme Janvier mil six cens douze.»

CXXXII. — Remonstrances pour empescher la levée de deux sols six deniers sur les draps.

12 janvier 1612. (Fol. 426 v°.)

«Les Prevost des Marchans et Eschevins de la ville de Paris, qui ont veu le placet presenté au Roy par le sieur Morelly, tendant à ce qu'il pleust à Sa Majesté luy faire don pendant le temps de six ans de ce à quoy pourront monter les droictz de la levée de deux solz six deniers tournois pour chascune piece de draps de laynes, entrans en cette Ville et qui sont portez à la halle aux draps ou es maisons des marchans, ordonné leur estre communiqué par arrest de nosseigneurs du Conseil du septiesme du present moys et an :

«Remonstrent à Sadicte Majesté et à nosseigneurs de son Conseil que par l'eedict de la crea-

---

Bourguillot, l'un des maistres des pontz de ceste Ville, et à Pierre Guinard, deschargeur de fardeaulx, de prendre soigneusement que lesd. armes soient deschargées ny transportées que au proalable la Ville ne se soit asseurée si c'est pour le Roy ou non. Lesquelles armes seront baillées en garde ausd. Bourguillot et Guinard. Faict au Bureau de la Ville, le XXIIIe decembre mil six cens unze.» (*Arch. nat.*, H 1890.)

[1] Cette rente avait été constituée, le 2 novembre 1599, par le Prevôt des Marchands et les Eschevins à feu Pierre de La Fontaine, qui l'avait cédée au Grand Prieur. (*Arch. nat.*, H 1890, 29 novembre 1611.)

lion et establissement de la ferme des draps d'or, d'argent, soyes et laynes appellée la douanne de Paris qui fut au moys de Septembre mil cinq cens quarante huiet vendue et engagée par le Roy à ladicte Ville[1] pour partie du payement des rentes de ladicte Ville, entre autres impositions mises sur lesdictz draps d'or, d'argent et soyes, y est compris les deulx solz six deniers tournois sur chacune piece de draps de laynes, draps frizés et serges drappées, laquelle imposition a depuis ledict temps jusques à present tousjours esté levée par le fermier de la douanne[2], n'estant qu'une mesme ferme avec celle des soyes; qu'ayant pleu au Roy faire surceance de la levée et imposition de ladicte ferme de la douanne pour six ans et dont Sadicte Majesté a d'autant deschargé Monsieur Anthoine Feydeau sur le pris de la ferme generalle des aydes de France, par consequent ladicte imposition de deux solz six deniers sur chacune piece de draps de laynes, draps frizez et serges drappées est semblablement estaincte et surcize pendant le temps de six années, et est ledict Morelly non recepvable à demander ce qu'il a pleu à Sa Majesté remettre pour lesdictes six années à ladicte Ville, depuis le premier jour du present moys de Janvier, qu'il soit pour son particullier faict ceste levée, qui seroit du tout frustrer tous les marchans de la liberalité que Sadicte Majesté leur a octroyée, et pour la levée de laquelle il seroit besoing dudict particulier.

«Et partant supplient tres humblement Sadicte Majesté et nosdictz seigneurs de son Conseil voulloir rejetter ledict placet et demande dudict Morelly, comme estant à la foulle du publicq, et ordonné que lesdictz draps de laynes, frizés et serges drappées seront deschargez de ladicte imposition de deulx sols six deniers pour piece pendant led. temps de six ans, faisans part de ladicte douanne, le tout sans prejudicier à ladicte Ville de l'ypotecque qu'elle a sur ladicte imposition apres ledict temps expiré, à cause du payement desdictes rentes.

«Faict au Bureau de la Ville, le jeudy douziesme jour de Janvier mil six cens douze.»

CXXXIII. — Mandement
AU SIEUR DE MOISSET DE FOURNIR SES REGISTRES, POUR LES COPPIER, POUR BAILLER AU SIEUR DE GONDY.

17 janvier 1612. (Fol. 428 v°.)

De par les Prevost des Marchans et Eschevins de la ville de Paris.

«Il est ordonné à M° Jehan de Moisset, naguere adjudicataire general des Gabelles et commis au payement des rentes de la Ville assignées sur icelles, de faire apporter ou envoyer dedans demain pour tous delaiz en l'Hostel de lad. Ville tous et ungs chacun les registres concernant le payement desdictes rentes, ensemble les nouveaux registres qu'il a fait transcrire sur iceulx pour servir à faire le nouveau payement desdictes rentes, affin d'estre collationnez les ungs sur les aultres par le Greffier de ladicte Ville. Desquelz nouveaulx registres icelluy sieur de Moisset sera payé raisonnablement par le sieur de Gondy, ayant la charge du payement desdictes rentes[3], dont ilz conviendront de gré à gré ou selon l'estimation qui sera par nous faiete. Et à faulte de ce faire, et ledict temps passé, y sera pourveu.

«Faict au Bureau de la Ville, le mardy dix septiesme jour de Janvier mil six cens douze.»

CXXXIV. — Ordonnance au s' Robin
DE BAILLER CAUTION DU PARTI DU SEL.

17 janvier 1612. (Fol. 429.)

De par les Prevost des Marchans et Eschevins de la ville de Paris.

«Il est ordonné que dedans vendredy prochain, pour tous delaiz, M° Thomas Robin, adjudicataire

---

[1] Ces droits furent établis par lettres patentes du 3 septembre 1548 d'après le tarif proposé au Roi par le Bureau de la Ville, comme on le voit au tome III des *Registres du Bureau*, p. 135.

[2] Ce droit de 2 s. 6 d., fixé par le tarif de 1548, se retrouve en effet dans le tableau de la douane de 1607 dont nous avons parlé plus haut (p. 81, note 5).

[3] Philippe de Gondi était associé de Thomas Robin, adjudicataire des greniers à sel, qui lui avait «délaissé, mais comme personne estrange, le fournissement des greniers à sel de la généralité de Paris, avec commission de payer les rentes constituées sur le sel». Comme il n'avait encore fourni caution que pour 50 mille livres, bien qu'il dût en bailler une pour 150 mille, le Conseil d'État, par arrêt du 19 janvier 1612, lui prescrivit de compléter son cautionnement dans les huit jours. (*Arch. nat.*, E 34⁴, fol. 71.) Selon toute vraisemblance, ce partisan appartenait à une des branches de la grande famille des Gondi et doit être identifié avec un Philippe de Gondi, fils de Jean-Baptiste et de Nannine Antinori, dont parle Corbinelli dans son *Histoire des Gondi*, t. I, p. cxviii-cxlii. Ce Philippe s'établit d'abord à Lyon, où il épousa en 1581 Lucrèce Capponi, veuve de Philippe Giacomini, puis il vint à Paris où son souvenir fut perpétué par l'inscription de la chaire dont il avait fait don à l'église des Cordeliers : «...ex pio voto erigi curavit Philippus Gondius, patritius Florentinus, anno Domini M DC VIII». Il mourut à Avignon en 1633.

general des greniers à sel de ce royaulme, ensemble ses assotiez, bailleront bonnes et suffisantes caultions par devant nous, au Bureau de la Ville, de la somme de trois cens soixante mil livres tournois pour asseurance du payement des rentes assignées sur lesdictes Gabelles, ainsy qu'ilz y sont tenuz par leur bail et arrest de verification d'icelluy par nosseigneurs de la Chambre des Comptes. Aultrement et à faulte de ce faire et ledict temps passé, y seront contrainctz par touttes voyes deues et raisonnables, comme pour les deniers et affaires du Roy.

«Faict au Bureau de la Ville, le mardy dix septiesme jour de Janvier mil six cens douze.»

CXXXV. — Mandement aux collonnels pour les recherches.

20 janvier 1612. (Fol. 429 v°.)

De par les Prevost des Marchans et Eschevins de la ville de Paris.

«Monsieur le president de Blancmesnil, collonnel, nous vous prions, en executant le mandement qui vous a esté envoyé le trentiesme jour de decembre dernier, de faire et faire faire par les cappitaines, lieutenans et enseignes de vostre collonnelle une exacte recherche par toutes les maisons de chascune compagnie, pour recognoistre quelles personnes y sont logées, quelle quantité de chevaulx, armes et hommes ilz ont de leur suitte, et l'occasion de leur sejour, en prendre les noms et les surnoms, qualitez et pays, en faire ung roolle que vosdictz cappitaines mettront en voz mains pour les nous apporter ou envoyer aussitost, sans aucun retardement, et oultre doresnavant, de huictaine en huictaine, faire pareilles visitations et recherches, et selon les occurances nous advertir de ceulx qui y logeront de nouveau, et de ce qui se passera en vostredicte collonnelle; comme aussy enjoindre aux bourgeois et habitans de ceste Ville de tenir tousjours leurs armes prestes; et à ceulx qui n'auront satisfaict à vos commandemens d'en avoir, de leur enjoindre d'y satisfaire, mesmes nous envoyer ung roolle de ceulx qui sont ainsy refractaires, pour y estre par nous pourveu. Vous suppliant de tenir la main à l'execution du present mandement.

«Faict au Bureau de la Ville, le vendredy vingtiesme jour de Janvier mil six cens douze.»

CXXXVI. — [Arrêt du Conseil] concernant les marchands grossiers, merciers et jouailliers pendant la surceance de la douanne.

24 janvier 1612. (Fol. 430.)

Extraict des Registres du Conseil d'Estat[1].

«Sur la requeste presentée par les maistres et gardes de la marchandise de grosserie, mercerie et joaillerie de ceste ville de Paris, ad ce qu'attendu que Urbain de La Motte, fermier des traictes foraines, pretend les empescher en la jouissance de partie de la liberté qu'il a pleu aux Roys leur accorder, en ce qu'il veut establir ung autre bureau que celuy de leur communaulté, sciz rue de Quicqampoix, pour y faire mener et descendre les marchandises entrans en ladicte Ville, à leur prejudice et du publicq pour ce que, par ce moyen, outre qu'ilz seroient travaillez de mener leurs marchandises audict bureau, ledict de La Mothe feroit, par monopolles qu'il auroit aveq les estrangers et forains, que leurs marchandises ne seroient admenées au bureau des suppliants, et ne seroient veus, visitée ne gardée jusques au temps des foires, selon qu'il est porté par leurs statutz et previleges, il pleust au Roy ordonner que, durant le temps de la surceance de la doanne de Paris, lesdictes marchandises arrivans en ladicte Ville et fauxbourgs ne seront menées ny descendues ailleurs qu'au bureau des suppliants, et que deffences seront faictes audict de La Mothe et à tous autres de les empescher en la jouissance de leurs previleges, faire mener ou descendre lesdictes marchandises en autre lieu qu'en leur bureau, à peyne de mil livres, et de tous despens, dommaiges et interestz : offrant, pour mettre ledict de La Mothe hors d'interest, de luy bailler une clef dudict bureau et y recepvoir ung commis pendant le temps de son bail, pour la conservation de son droit.

«Veu ladicte requeste, icelle communicquée audict de La Mothe de l'ordonnance du Conseil du vingtiesme Decembre dernier pour, sa responce veue, estre ordonné ce que de raison; les responces, declarations et deffences dudict de La Mothe contre le contenu en ladicte requeste; previlleges et statuz desdictz marchans verifié au Parlement; requeste dudict de La Mothe ad ce que les autres communaultez des marchans de Paris qui ont pareil interest et magazin ordonné par leurs statuz pour la descente des marchandises dont ils font trafficq soient appelez pour donner leur consentement et estre ensemblement reiglez; le bail des cinq grosses fermes,

---

[1] La minute de cet arrêt figure dans les registres du Conseil du Roi. (*Arch. nat.*, E 34ᴬ, fol. 116.)

faict audict de La Mothe le seiziesme Juin dernier; ouy lesdictz marchants et fermiers:

«Le Roy en son Conseil, ayant esgard à la requeste desdictz marchans, a ordonné que, pendant la surceance de la douane de Paris accordée par le Roy pour six ans, les mesmes sortes de marchandises qui souloyent estre apportées et deschargées au bureau de ladicte douanne seront menées et deschargées au bureau des marchants seiz rue Quinquempoix, pour estre veues et visitées par les fermiers, et se faire payer des marchandises qui n'auront acquicté les droitz à eulx deubz à cause de la ferme, ou requerir la confiscation sellon qu'il echerra. Et affin que lesdictz fermiers n'en puissent estre frauldez, ne seront lesdictes marchandises visitées ny enlevées dudict lieu, que le commis desdictz fermiers ne soit present ou appellé, lequel pourra applicquer aux portes desdictz magazins des serrures et cadenatz dont les clefz demeureront en ses mains, outre les serrures et fermetures qui y sont à present, qui demeureront en celles desdictz gardes, pour estre par eulx et ledict commis faict ouverture et visitation ensemblement, depuis huict heures du matin jusques à unze, et de rellevée depuis deux jusques à cinq, des marchandises qui seront amenées. Et aura ledict commis le petit bureau ou estude proche de la porte qu'il pourra faire treillisser et fermer, et encores la premiere chambre et garde robbe du petit logis joignant lesdictz magazins pour y faire sa retraicte de jour et de nuict, sans y loger et entretenir aulcune famille. Enjoignant aux parties se comporter en telle sorte qu'il n'en arrive aucune plainte. Le tout sans prejudice des droitz de visitation appartenans ausdictz maistres gardes et des ordonnances sur le faict de la marchandise, lesquelles seront executées selon qu'il leur est permis et ont accoustumé, allencontre des marchans forains et autres. Faisant deffences à tous marchans et voicturiers tant par eaue que par terre faire les descentes desdictes marchandises ailleurs qu'audict bureau, à peyne de confiscation desdictes marchandises, charrettes et chevaulx, et d'amande arbitraire. Et affin que personne n'en pretende cause d'ignorance, le present arrest sera leu et publié par tous les carrefours accoustumez à faire cry publicq en ceste ville de Paris.

«Faict au Conseil d'Estat du Roy tenu à Paris, le vingt quatriesme jour de Janvier mil six cens douze.»
Signé: «MALIER».

Collationné à l'original en parchemin, ce faict, rendu par les nottaires gardenottes du Roy nostre sire au Chastellet de Paris soubzsignez, l'an mil six cens douze le troiziesme jour de Febvrier.»
Signé: «COTHEREAU» et «PARQUE», nottaires.

CXXXVII. — EXPEDITIONS POUR M. LE PRESIDENT JANYN TOUCHANT LE DON DE QUELQUES PLACES VERS L'ISLE DU PALLAIS.
20 décembre 1611-4 février 1612. (Fol. 434.)

AU ROY
et *nosseigneurs de son Conseil.*

SIRE,

«Le sieur Jeannin, conseiller en vostre Conseil d'Estat et controleur general de voz finances, vous remonstre tres humblement qu'il a pleu à Vostre Majesté lui accorder et permettre, par l'advis de la Royne regente vostre mere, de faire bastir et construire des maisons et bouticques en l'estendue et longueur des deux quaiz qui sortent du Pont Neuf, l'ung pour aller au pont Sainct Michel, l'autre au pont Marchand, et pour ce que l'espoisseur desdictz quaiz ne peut suffire pour y prendre les commoditez requises, permis qu'il se puisse advancer du costé de la riviere avec consoles de pierre ou liens de bois de quelque largeur convenable, pourveu qu'elle ne soit nuysible à la navigation, comme aussy de se pouvoir eslargir du costé de la rue, jusques à trois ou quatre piedz, comme il se peut faire sans incommoder aucunement le passage de ladicte rue, qui sera encores de largeur de cinq thoises et plus; et outre ce accordé audict suppliant la permission de faire bastir et construire de petittes bouticques le long de la muraille de la salle Sainct Louys, du costé qu'elle respond sur le quay du grand cours de la riviere, jusques à la tour de l'horloge du Pallais, à la charge de payer perpetuellement, pour chacune thoise d'espace sur lequel seront bastyes lesdictes maisons et boutiques, ung sold de cens et rente annuelle portant lotz et amandes. A ces causes, Sire, affin que le suppliant puisse jouir avec seureté, luy et les siens, de ceste gratification, dont Votre Majesté retirera aussy quelque proffict, il la supplie tres humblement voulloir deputter et commettre le Prevost des Marchans et Eschevins de vostre ville de Paris pour visiter lesdictz lieux, appellez expers avec eulx, et dresser proces verbal qui contiendra leur advis de ce qu'ils adviseront et estimeront pouvoir estre faict en cest endroict sans incommoder la navigation ny le passage des rues, pour, apres le tout rapporté et veu en vostre Conseil, estre ordonné ce qu'elle jugera devoir estre faict. Et il priera Dieu pour la tres humble[1] prosperité de vostredicte Majesté.»

---

[1] L'original de la requête porte bien ce qualificatif qui doit être mis là par erreur.

«Il est ordonné aux Prevost des Marchans et Eschevins de la ville de Paris de se transporter, ou tels d'entre eulx qu'ilz adviseront, sur lesd. lieux pour, appellé les Maistres des oeuvres et autres expertz, les visiter, en dresser proces verbal et donner leur advis, pour, icelluy veu et rapporté au Conseil, estre pourveu sur le contenu en la presente requeste ainsy qu'il appartiendra.

«Faict au Conseil du Roy tenu à Paris, le vingtiesme jour de Decembre mil six cens unze.»

Signé : «DE FLECELLES».

A Messieurs les Prevost des Marchans et Eschevins de la ville de Paris.

«Le sieur Jeannyn, conseiller du Roy en ses Conseils et controlleur general de ses finances, vous remonstre qu'il auroit pleu à Sa Majesté vous renvoyer la requeste cy attachée, pour, appelez les Maistres des oeuvres de ceste ville de Paris et autres expertz, vous transporter sur les lieulx y mentionnez, dresser proces verbal de la commodité ou incommodité qu'apporteront les maisons et bastimens qu'on pretend y faire et sur ce y donner vostre advis, pour, iceluy veu au Conseil de Sa Majesté, estre ordonné ce qu'il appartiendra par raison. Ce consideré, il vous plaise vous transporter sur lesdictz lieulx aux fins que dessus. Et vous ferez bien.»

Signé : JEANNYN.»

«Il est ordonné que à mardy prochain de relevée, lesdictz lieulx [seront visitez], en noz presences et du Procureur du Roy de la Ville, par Pierre Guillain et Jullien Pourrat, M⁎ des oeuvres de maçonnerie et charpenterie de lad. Ville, Nicolas Bourguillot et Nicolas Raince, maistres des pontz, Jehan Eustache, maistre voicturier par eaue demeurant à Mante, et Nicolas Roussel, aussy marchant voicturier par eaue demeurant à Compiegne, par nous nommez d'office, lesquelz en feront leur rapport.

«Faict au Bureau de la Ville, le dix neufiesme jour de Janvier mil six cens douze.»

«L'an mil six cens douze, le mardy vingt quatriesme jour de Janvier, sur les quatre heures de relevée, Nous, Prevost des Marchans et Eschevins de la ville de Paris, pour satisfaire à l'arrest de nos seigneurs du Conseil du vingtiesme Decembre dernier, intervenu sur la requeste presentée au Roy et à nosdictz seigneurs de son Conseil par Monsieur le President Jeannin, conseiller de Sadicte Majesté en ses Conseils d'Estat et privé et controlleur general de ses finances, sommes, avec les Procureur du Roy et Greffier de la Ville, transportez sur et le long du quay d'entre le pont S¹ Michel, du costé du Pallais, où y aurions trouvé Pierre Guillain[1] et Jullien Pourrat, Maistres des oeuvres de maçonnerie et charpenterie de ladicte Ville, Nicolas Bourguillot, et Nicolas Raince, maistres des ponts de cestedicte Ville, Jehan Eustache, marchant voicturier par eaue demeurant à Mante, et Nicolas Roussel, aussy marchant voicturier par eaue demeurant à Compiegne, experts par nous pris et nommez pour, en noz presences, voir et visiter lesdicts lieulx et sy, sans incommoder la navigation ny le passage des rues, l'on peult construire des maisons et boutiques sur ledict quay en l'estendue et longueur d'icelluy, depuis ledict Pont Neuf jusques audict pont S¹ Michel du costé dudict Pallais. Et pour y parvenir avons ausdicts Maistres des oeuvres, des pontz et autres experts cy dessus nommez faict faire le serment de bien, fidellement, en leurs consciences, faire ladicte visitation. Et à l'instant nous a esté representé et ausdicts nommez et expertz, de la part dudit sieur President Jannin, les desseings et plan de la façon, grandeur et estendue il entend faire bastir et construire lesdictes maisons et dont il a le don du Roy. Et apres avoir par iceulx expertz et nommez veu et visité lesdictz lieulx, comme il appartient, consideré le cours de la riviere, ensemble ledict plan, ont iceulx expert rapporté qu'ilz sont d'advis que, sans empescher la navigation, il peult estre permis audict sieur President Jeannyn de faire bastir et construire sur ledit quay, depuis l'allignement des pointes des pilles dudict Pont Neuf jusques à l'endroit du pied de la descente de l'abbreuvoir, comme il est à present, estant au milieu dudict quay devant la petite porte du Pallais, à prendre à fleur de la riviere, continuer lesdictz bastimens depuis l'arche de la descente de marches en la riviere, au-dessus dudit abbreuvoir, tirant jusques à l'autre descente faicte vers le pont S¹ Michel; auxquelz bastimens l'on pourra faire des saillies sur la riviere, de trois à quatre pieds, l'espoisse des poictraulx comprises, portez sur racinaulx et liens ou encorbellemens de pierre, sans rien planter en riviere. Le plancher desquelles saillies ne sera point plus bas que le dessus du pavé des rues. Et demeureront lesdictes

---

[1] Il a été bien souvent parlé de Pierre Guillain, qui occupait l'office de Maitre des œuvres de maçonnerie depuis l'année 1582, mais il n'est pas sans intérêt de signaler un acte passé par lui, qui contient quelques renseignements sur sa famille: Le 27 août 1611, P. Guillain, qui demeurait rue Saint-Antoine, paroisse Saint-Gervais, donna une rente de 100 livres tournois aux «recteur, prestres et escolliers du collège de Jesus», à la consideration de son fils, le R. P. Claude Guillain, prêtre, «religieux profes d'icelle compagnie». — Cet acte nous apprend en outre que sa femme, Gillette de La Fontaine, était morte à cette époque. (*Arch. nat.*, Y 152, fol. 53 v°.)

descentes d'abbreuvoir et les deux descentes de marches en toute liberté, avec le perron entre icelles comme aussy l'espoisse delaissée pres du Pont Neuf, selon qu'il est dessus declaré, le tout sans y rien bastir, pour la commodité du tirage des chevaulx et passage des cordes du traict à la commodité de la navigation. Et outre sont d'advis que le Roy soit supplyé de faire continuer le pavé de la chaussée et descente de l'abbreuvoir, de dix thoises de long en avallant vers le Pont Neuf, outre le bout de mur jà faict, affin d'adoucir la pente du chemyn dudict abbreuvoir pour la commodité et aisance des chevaulx montans et tirans les basteaulx, et que sur les pierres dudict abbreuvoir il y soit mis des barres de fer pour tenir lesdictes pierres et servir de lyaison, ainsy que sur le quay de l'Escolle S¹ Germain, et encores de faire mettre ung tornicquet au coing du mur du quay au hault de ladicte descente pour empescher que les chables des basteaulx montans n'endommageassent ledict mur et que iceulx chables ne se couppent. Le tout pour la facilité et commodité de ladicte navigation, laquelle en ce faisant ne sera point empeschée. Viz à viz lesquelles dix toises de continuation de chaussée l'on y bastira comme il est dict cy dessus.

«Faict les an et jour que dessus.»

Signé: «Guillain, Nicolas Roussel, Bourguillot, N. Raince, Jullien Pourrat» et «Eustace».

«Les Prevost des Marchans et Eschevins de la ville de Paris qui ont veu la requeste présentée au Roy et à nosseigneurs de son Conseil, le vingtiesme jour de Decembre dernier, par Monsieur le President Jeannyn, conseiller de Sad. Majesté en ses Conseils d'Estat et privé et controlleur general de ses finances, tendant ad ce et à fin qu'il peust jouir avec seureté du don, à luy faict par Sadicte Majesté, de la permission de faire bastir et construire des maisons et boutiques en l'estendue et longueur des deux quaiz qui sortent du Pont Neuf, l'ung pour aller au pont S¹ Michel, l'autre au pont Marchant, il pleust à Sadicte Majesté nous commettre pour visiter les lieux, avec experts par nous appellez, pour recognoistre ce qui pourroit estre faict en cest endroict sans incommoder la navigation ny le passage des rues; l'arrest de nosdictz seigneurs du Conseil intervenu sur ladicte requeste ledict jour vingtiesme Decembre dernier, si_né de l'lecelles, par lequel il nous est ordonné de nous transporter sur lesdictz lieux pour, appelé les Maistres des oeuvres et autres experts, les visiter, en dresser procès verbal et donner nostre advis à Sadicte Majesté; aultre requeste à nous presentée par ledict sieur President Jeannyn, le dixneufieme jour de Janvier dernier, tendant ad ce qu'il nous pleust nous trans-porter sur lesdictz lieux et, appellé lesdictz Maistres des oeuvres et autres experts, pour les visiter, sur laquelle aurions ordonné que visitation seroit faicte d'iceulx lieulx en noz presences par Pierre Guillain et Jullien Pourrat, M¹¹ˢ des oeuvres de maçonnerie et charpenterie de ladicte ville, Nicolas Bourguillot et Nicolas Raince, maistres des ponts, Jean Eustache, marchant voicturier par eaue demourant à Mante, et Nicolas Roussel aussy marchant voicturier par eaue demourant à Compiegne, par nous nommez d'office; le proces verbal et rapport de la visitation faicte desdictz lieux, en nos presences et du Procureur du Roy de ladicte Ville par les expertz cy dessus nommez, le xxiiii¹ᵐᵉ jour dudict moys de Janvier :

«Sommes d'advis, soubz le bon plaisir de Sadicte Majesté, que sans empescher la navigation il peut estre permis audit sieur President Jeannyn de faire bastir et construire sur le quay entre le Pont Neuf et le pont S¹ Michel du costé du Pallais, depuis l'allignement des poinctes des pilles dudict Pont Neuf jusques à l'endroict du pied de la descente de l'abbreuvoir, comme il est à present, estant au milieu dudict quay devant la petite porte du Paliais, à prendre à fleur de la riviere, continuer lesdictz bastimens, depuis l'arche de la descente des marches en la riviere au dessus dudict abbreuvoir, tirant jusques à l'autre descente faicte vers le pont S¹ Michel, auxquels bastimens l'on pourra faire des saillies sur la riviere de trois à quatre piedz, l'espoisse des poitraulx comprises, portez sur racinaulx et liens ou encorbellemens de pierre, sans rien planter en riviere. Le plancher desquelles saillyes ne sera poinct plus bas que le dessus du pavé des rues, et demeureront lesdictes descentes d'abbreuvoir et les deux descentes de marches en toute liberté, avec le perron entre icelle, comme aussy l'espoisse delaissée pres du Pont Neuf, selon qu'il est dessus declaré, le tout sans y rien rebastir pour la commodité du tirage des chevaulx et passage des cordes du traict, à la commodité de la navigation, et supplions tres humblement Sadicte Majesté de faire continuer le pavé de la chaussée et descente de l'abbreuvoir, de dix thoises de long en avallant vers le Pont Neuf contre le bout du mur jà faict, afin d'adoucir la pante du chemyn dudict abbreuvoir, pour la commodité et aysance des chevaulx montans et tirans les basteaulx; et que sur les pierres dudict abbreuvoir il y soit mis des barres de fer pour tenir lesdictes pierres et servir de lyaison, ainsy que sur le quay de l'Escolle Sainct Germain; et oultre qu'il soit mis un tourniquet au coing du mur du quay, au hault de ladicte descente, pour empescher que les chables tirant les basteaulx montans n'endommagent ledict mur, et que iceulx chables ne se couppent. Le tout pour la facilité et commodité de ladicte navigation, laquelle, en ce faisant, ne sera poinct empeschée. Viz à viz lesquelles dix thoises de continuation de chaussée, l'on y pourra bastir, comme il est dict cy dessus. Le tout au desir et conformement audict rapport.

«Faict au Bureau de ladicte Ville, le quatriesme jour de Febvrier mil six cens douze.»

CXXXVIII. — Marché faict pour les mouvemens de l'horloge de l'Hostel de la Ville[1].

14 janvier-7 février 1612. (Fol. 432.)

«Comme suivant les affiches mises et apposées, tant à la cour du Pallais que autres lieux et places accoustumées, pour bailler à faire au rabaiz au Bureau de la Ville les mouvemens de l'orloge qu'il convient faire en l'Hostel de ladicte Ville, se seroient presentez au Bureau les nommez Ferrieres, Martinot, Vollant, Hebrat, Dieu et plusieurs autres maistres horlogiers de ceste Ville, et Jehan Lintlaer, maistre de la pompe du Roy[2], ausquelz a esté proposé et publié ladicte orloge estre à faire et bailler au rabaiz, laquelle sera de la grandeur, grosseur et de pareilles estoffes que celle du Pallais, et la rendre bien et deuement faicte au dire de gens ad ce cognoissans, assize et en place dedans le premier jour d'Aoust prochainement venant, et sur les demandes excessives desdictz maistres orlogiers pour faire ce que dessus, les nugs de quatre mil cinq cens livres et les autres de trois mil six cens livres, aurions remis par plusieurs fois ladicte adjudication affin de les pouvoir venir à la raison, tellement que pas ung desdictz maistres horlogiers de cestedicte Ville ne l'auroient voulu entreprendre à moins que de trois mil trois cens livres, fors ledict Jehan Lintlaer qui a offert et entrepris de faire icelle horloge pareille que celle dudict Pallais, tant en grandeur, grosseur que estoffes, voire plus pesante de trois cens livres, et la rendre assize et en place dedans ledict jour premier Aoust prochain venant, mesmes l'entretenir un an durant, le tout moyennant le pris et somme de trois mil livres tournois. Au moyen de quoy, et attendu qu'il ne s'est présenté aulcunes autres personnes pour faire la condition de la Ville meilleure que ledict Lintlaer, avons, en la presence du Procureur du Roy de la Ville, audict Jehan Lintlaer adjugé et adjugeons ladicte besongne cy dessus, à la charge que, suivant ses offres, il la fera de bonnes estoffes et mathieres et semblable tant en grosseur, que largeur que haulteur que celle du Pallais, mesmes plus pesante de trois cens, et la posera en place[3], la rendra sonnante et le tout bien et deuement faict au dire des gens ad ce cognoissans dedans le premier jour d'Aoust prochain venant, et outre l'entretiendra un an durant à ses fraiz et despens, le tout moyennant le prix et somme de trois mil livres tournois, qui luy sera payée par M° Claude Lestourneau, Receveur du domaine, dons et octrois de ladicte Ville, au feur et à mesure qu'il travaillera et selon nos ordonnances et mandemens. Et en ce faisant, sera tenu de fournir de tout ce qui sera necessaire jusques à la perfection de l'oeuvre et sonnante, et où ledict Lintlaer n'aura faict ladicte horloge posée en place et sonnante dans ledict premier Aoust prochain venant, luy sera desduict et rabattu, sur ladicte somme de trois mil livres tournois, la somme de six cens livres tournois. Et en outre sera tenu de bailler bonne et suffisante caultion, tant de rendre icelle horloge bien et deuement faicte comme dessus, que des deniers qu'il recevra. Et à tout ce que dict est ledict Lintlaer à ce

---

[1] Ce marché a été publié par Le Roux de Lincy dans l'*Histoire de l'Hôtel de Ville*, 2° partie, p. 74-75.

[2] On trouve au tome XIV des *Registres du Bureau*, p. 127, note 1, des renseignements sur Jehan Lintlaër, qui avait passé marché avec le Roi pour la conduite de la pompe de la Samaritaine, au-dessous du Pont-Neuf, et l'entretien de l'horloge à carillon qui décorait le fronton de ce «chasteau d'eau». Le texte du contrat du 22 avril 1608, conclu entre le duc de Sully et Jean de Fourcy, agissant au nom du Roi, et Jean Lintlaër, «Allemand de nation, ingénieur en pompes et fontaines artificielles», par lequel celui-ci s'engage à conserver, entretenir et réparer à ses frais, jusqu'à concurrence de la somme de 50 livres par an, les «logis, moulins tournans et travaillans des quatre pompes, que Sa Majesté a faict construire et edifier de neuf en la deuxième arche de son Pont-Neuf pour tirer et lever l'eau de la riviere», moyennant des gages annuels de 3,000 livres tournois, est reproduit dans un brevet du 16 mars 1619, où le Roi déclare qu'en cas de mort de Lintlaër, ce bail demeurera en sa force et vertu au profit de Françoise Robin, sa femme, «laquelle il a rendu capable de mener et conduire lesdictes pompes», et de ses deux fils qu'il instruit à cet effet, «l'un desquels a eu l'honneur d'estre nommé aux saincts fonts de baptesme par Sadicte Majesté». (*Arch. nat.*, O¹ 217, fol. 21.) Le 5 mai 1612, un arrêt du Conseil ordonna l'entier payement de ce qui restait dû à Lintlaër pour ses appointemens et pour la construction de la Samaritaine, en même temps qu'en raison de la fourniture, faite en 1608, d'un «basteau en forme de gondolle, façon du Pays Bas, garny de son esquippage, lequel a esté mis au vivier du grand jardin des Thuilleries, pour le payement a esté convenu de sept vingtz dix livres», et en raison de la livraison, faite en 1609, d'un «grand vaze de bronze et cuivre de canon contenant cinq piedz et demy de hault, pour estre mis au milieu dudict vivier, tant pour l'ornement d'icelluy que pour jeter l'eaue sortant du gros tuyau, pour lequel a esté convenu à six cens livres». (*Arch. nat.*, E 35*, fol. 53.)

[3] Le 4 février 1612, mandement fut adressé à Julien Pourrat pour lui ordonner «de faire promptement une cloison de charpenterye dans l'une des chambres du pavillon neuf sur le Saint Esprit au dessoubz de la prochaine poultre de la grande salle et oultre faire ung plancher à demy haulteur de ladicte cloison, avec ung estuy aussy debout pour enfermer les contrepoitz de long, de la hauteur et largeur qu'il conviendra, et coupper le plancher qui sera ainsi faict pour faire passage audict estuy. Le tout pour servir à mectre les mouvemens de l'orloge dudict Hostel de la Ville.» (*Arch. nat.*, H 1890.)

present s'est obligé et oblige par ces presentes, et promis y satisfaire.

«Faict au Bureau de la Ville, le samedy quatorziesme jour de Janvier mil six cens douze.»

Du mardy septiesme jour de Febvrier mil six cens douze.

Ledict jour est comparu au Bureau de la Ville, ledict Jehan de Lintlaer, maistre de la pompe du Roy et entrepreneur des mouvemens de l'horloge dudict Hostel de Ville, lequel, suivant son marché et adjudication du quatorziesme Janvier dernier, a presenté pour caution des deniers qu'il recepvra[1] Pierre Langlois, bourgeois de Paris, demeurant rue Saint Denis, paroisse Saint Germain de l'Auxerrois, lequel à ce present a pleigé et cautionné ledict Lintlaer pour le contenu cy dessus et a faict les submissions accoustumées. Et a ledict Langlois declaré luy appartenir la moictié d'une maison scize es faulxbourgs Saint Martin, et vingt arpents de terres scizes es environs de la Villette. Nous avons ladicte caution receue et la recevons par ces presentes, du consentement du Procureur du Roy de la Ville.

Ainsy signé : «P. LANGLOIS» et «Johan LINTLAER.»

CXXXIX. — MARCHÉ POUR LE CADRAN DE L'HOSTEL DE LA VILLE.

7 février 1612. (Fol. 442 v°.)

Devis pour faire le cadran de l'orloge de l'Hostel de la Ville.

«L'eslevation d'architecture et sculpture qu'il convient faire pour la boussolle[2] ou cadran de l'horloge dudict Hostel de Ville, sera faict et eslevé de la forme, structure et façon comme il est representé par la figure et desseing arresté particulierement au Bureau par Messieurs les Prevost des Marchans et Eschevins de ceste ville de Paris et signé le sixiesme du present moys de Febvrier. Et sera led. desseing executé sauf la correction des marbres, des moulures et des prestilles qui seront corrigées et amandées selon que l'oeuvre le merite, et sans que pour les changemens l'entrepreneur puisse demander aucune augmentation. Et sera la premiere assize sur la corniche faiete de pierre dure et clicquart qui servira d'embassement et sera tout le residu de l'ouvrage faict de pierre de S¹ Leu du franban de la carriere des Moynes. Sera tenu l'entrepreneur fournir de touttes matieres à ce necessaires, mesmes des marbres, et, au cas qu'il soit besoing y mettre du fer pour l'entretenement de ladicte oeuvre, sera fourny par ladicte Ville. Quant au marbre dè la grande table qui sera dans l'ambassement, attendu sa grande longueur, sera faicte de deux pierres proprement joinctes et mastiquées par le joinct pour la forme des lettres des escritures. Et aura ladicte table deulx piedz et demy francs de haulteur, non compris l'embassement.

«Sera tenu l'entrepreneur de rendre ladicte elevation entiere, faiete et parfaicte, fournir de toutes pierres de S¹ Leu, pierre dure, marbres et autres matieres de maçonnerye, conserver et alleger les bossages pour la sculpture, lesquelles il sera tenu faire faire par bons ouvriers et bons maistres. Le tout conformement à la figure et à la suitte du subject d'icelle figure et desseing.»

Du mardy septiesme jour de Fevrier mil six cens douze.

«Ledict jour, Messieurs les Prevost des Marchans et Eschevins de la Ville de Paris ont faict marché avec Marin de La Vallée, juré du Roy en l'office de maçonnerie, qui a promis et s'est obligé et oblige par ces presentes de faire et faire faire bien et deuement, au dire du M⁰ des oeuvres de ladicte Ville et autres gens ad ce cognoissans, toutles et unes chacunes les ouvrages de maçonnerie, sculpture et autres portées par le devis cy devant transcript; fournir de touttes pierres, marbres et toutes autres estoffes, fors le fer, et le tout rendre faict et parfaict, assiz et posé en place, dedans le quinziesme jour de Juillet prochainement venant, moyennant le pris et somme de deux mil trois cens vingt cinq livres tournois, qui lui seront payez par le Receveur de ladicte Ville, des deniers à ce destinez, au feur et à mesure qu'il travaillera et selon les ordonnances et mandemens desdictz sieurs. Et a esté par expres convenu et accordé que, où lesd. ouvraiges ne seront faictz, parfaictz et posez en place dedans ledict jour quinziesme Juillet prochain, il sera desduict et rabatu audict de La Vallée en pure perte, la somme de six cens livres tournois, tellement que au lieu de ladicte somme de deux mil trois cens vingt cinq livres tournois pour tous lesd. ouvraiges, il n'en aura que dix sept cens vingt cinq livres tournois. A quoy icelluy de La Vallée s'est submis et accordé.

«Faict au Bureau de lad. Ville, les an et jour que dessus.»

---

[1] La minute portait à la suite cette mention : «que de rendre ladicte besongne bien et deuement faicte dans le temps porté par le marché», mais ce passage a été billé, et on lit en marge : «Ces lignes rayées de l'ordonnance du Bureau». En effet, P. Langlois a fait suivre sa signature de ces mots : «pour l'argent qu'il recepvera».

[2] De cet emploi particulier du mot «boussole» on peut rapprocher l'expression *boussole de cadran* qui, d'après le *Dictionnaire* de Trévoux, désigne une boîte avec une aiguille au centre du cadran pour montrer l'heure et les parties du monde.

CXL. — LE BUFFET D'ARGENT [DONT LA VILLE DEVOIT FAIRE PRESENT À LA REINE À SON ENTRÉE] DEMEURÉ EN MEUBLES À LA VILLE.

14 février 1612. (Fol. 440.)

«Sur la remonstrance à nous faicte au Bureau de la Ville par maistre Claude Lestourneau, Receveur du domayne, dons et octroys de ladicte Ville, que au compte par luy rendu à nosseigneurs de la Chambre des Comptes à cause de l'entrée de la Royne qui se debvoit faire en ceste Ville le seize May mil six cens dix, il a employé et faict despence de la somme de dix sept mil quatre cens vingt neuf livres dix sept solz six deniers, soubz le nom de Jehan de La Haye, orphevre, d'une part, et six cens vingt neuf livres, soubz le nom de Françoys Passavant, gaignier, d'autre, pour le buffet de vaisselle d'argent, avec les estuis, qui estoit destiné pour estre donné par ladicte Ville à ladicte dame Royne[1], lequel present icelle dame Royne a donné à ladicte Ville, lesquelles deux partyes sur ledict compte ont esté tenues en souffrance six moys, pendant lesquels ledict Receveur feroit apparoir comme ledict present auroit esté employé en l'acquit des debtes de ladicte Ville ou aultres necessitez d'icelle, ce qui n'a point esté faict et dont il demeure toujours chargé par ledict compte. Requerant y voulloir pourvoir. Sur quoy, l'affaire mise en deliberation et sur ce oÿ le Procureur du Roy de la Ville :

«Avons ordonné que, pour memoire perpetuelle à ladicte Ville de ladicte entrée qui se debvoit ainsy faire en ceste Ville, laquelle debvoit estre la plus somptueuse et triomphante que jamais, que ledict buffet d'argent demeurera en meubles à ladicte Ville pour y servir aux occasions qui se presenteront et dont le concierge et garde des meubles d'icelle demeurera chargé, sans que à l'advenir il puisse estre vendu, engaigé, ny destourné pour quelque cause ou occasion que ce soit, et à ceste fin, qu'il sera presenté requeste à nosdictz seigneurs de la Chambre des Comptes, affin d'avoir agreable la presente deliberation et voulloir descharger ladicte souffrance et restablir lesdictes deux partyes audict compte et de leur donner acte de ladicte deliberation, laquelle sera enregistrée en ladicte Chambre.

«Faict au Bureau de la Ville, ce quatorziesme jour du mois de Febvrier mil six cens douze.»

A nosseigneurs des Comptes.

«Supplient humblement les Prevost des Marchans et Eschevins de la ville de Paris disans que l'entrée de la Royne ayant esté preparée pour estre faicte en ladicte Ville le seiziesme jour de May mil six cens dix, ilz auroient faict achapt d'un buffet d'argent pour estre presenté à ladicte Dame lors de ladicte entrée, dont la despence se seroit trouvée monter et revenir à la somme de dix huict mil quarante neuf livres douze solz six deniers, laquelle ayant esté employée au compte qui a esté rendu pardevant vous par maistre Claude Lestourneau, Receveur des deniers destinez pour ladicte entrée, cloz le vingt deuxiesme Decembre andict an mil six cens dix, en deux parties, l'une de dix sept mille quatre cens vingt neuf livres dix sept solz six deniers, soubz le nom de Jehan de La Haye, orphevre, et l'autre soubz le nom de François Passavant, gaisnier, montant six cens vingt livres, laquelle vous auriez tenue en souffrance, d'autant qu'il apparoissoit que ladite dame Royne n'avoit voullu accepter ledict buffet d'argent et qu'elle l'avoit remis à ladicte Ville. Sur laquelle partye vous auriez ordonné icelle estre tenue en souffrance six moys, pendant lequel temps ledict present auroict esté employé en l'acquict des debtes de ladicte Ville ou en autres necessitez d'icelle.

«Sur quoy vous remonstrent les supplians que, pour honnorer la memoire de ladicte dame Royne et d'autant plus se souvenir de la liberalité et grattiffication dont elle a usé à l'endroict de ladicte Ville, au don et present qu'elle luy a faict de ladicte vaisselle d'argent, ilz ont advisé et resolu de le garder pour demeurer audict Hostel de Ville et s'en servir aux assemblées et autres occasions qui s'offriront, et à ceste fin en ont chargé le Greffier de ladicte Ville tant sur les registres que par acte cy attaché. Ce considéré, nosseigneurs, ayant esgard à ce que dessus, il vous plaise ordonner ladicte souffrance estre deschargée et restablie audict compte et icelle demeurer à ladicte Ville pour memoire perpetuelle et meuble inalienable[2]. Et vous ferez bien[3].»

---

[1] Voir *Registres du Bureau*, t. XIV, p. 466, où ont été publiés le marché passé avec Jean de La Haye pour la confection de ce service de vermeil et l'acte de livraison de la vaisselle entre les mains du Greffier de la Ville. Comme il a été dit en note de ce passage, le «buffet» fut conservé à l'Hôtel de Ville jusqu'à l'époque de la Révolution. Le nombre des pièces qui le composaient fut consigné à nouveau dans un inventaire dressé le 6 avril 1740. (Arch. nat., K 1027, n° 87.)

[2] La minute et le registre portent *inamienable*.

[3] La Chambre des Comptes acquiesça au vœu de la Ville : «Sur la requeste des Prevost des Marchands et Eschevins de la ville de Paris, la Chambre a ordonné que le buffet d'argent demeurera aud. Hostel de Ville comme meuble precieux et inalienable, sans qu'il puisse être vendu ni alliené en tout ou en partie pour quelque cause ou occasion que ce soit, sinon de l'autorité de

17.

CXLI. — Touchant la maison de feu monsieur Le Voix en la censive de la Ville.

18 février 1612. (Fol. 444.)

De par les Prevost des Marchans et Eschevins de la ville de Paris.

«M⁰ Jehan Jodellet, procureur des causes de la Ville en la cour de Parlement, nous vous mandons presenter requeste au nom de la Ville en la cour de Parlement, par laquelle vous remonstrerez que la maison de feu Monsieur Le Voys, conseiller en ladicte Cour, sise en la rue de la Serpente, laquelle est en la censive et seigneurie fonciere de ladicte Ville et chargée envers elle de [2 sols p. de cens][1], portantz lotz, vente, saisines et amandes quand le cas y eschet, laquelle maison depuis peu de temps ledict feu sieur Le Voys[2] l'a donnée aux religieulx des Chartreulx, au prejudice du droict de ladicte Ville. Requerez par ladicte requeste que lesdictz religieulx ayent à vuider leurs mains de ladicte maison, sy mieulx ilz n'ayment payer à lad. Ville l'indemnité[3]. Poursuivez icelle requeste et nous advertissez de l'execution d'icelle.

«Faict au Bureau de la Ville, le samedy dix huictiesme jour du moys de Febvrier mil six cens douze.»

CXLII. — Eslargissement de la porte de Nesle.

16-17 mars 1612. (Fol. 445.)

De par les Prevost des Marchans et Eschevins de la ville de Paris.

«Il est ordonné que, suivant la volonté du Roy, le passage de la porte de Nesle sera ouvert et eslargy de huiet piedz et demy d'ouverture pour le passage des coches et harnois à la commodité publicque, ensemble le pont de bois qui sera eslargy de la plus grande largeur que faire se pourra. Et seront faictz les abbattages necessaires dans et soubz le vieil et antien logis, selon que le lieu le pourra permettre, à la conservation des logis qui sont andict lieu, mesme les reprises des murs, selon que l'on jugera le lieu le pouvoir porter et permettre. Et d'aultant que ce sont touttes pieces de diverses formes, lesquelles à present ne se peuvent limitter et desclarer, ny mesmes en faire ung devis formé pour iceulx ouvraiges bailler au rabaiz, ensemblement nous avons ordonné aux Maistres des œuvres de maçonnerie et charpenterie de ladicte Ville de mettre gens et ouvriers, achepter matieres propres et faire faire les ouvraiges qu'il y conviendra, dont ilz seront payez par le Receveur d'icelle Ville, au feur et à mesure que l'on travaillera à iceulx; lesquels estans faictz, seront veuz et visitez, prisez et estimez. Et pour l'execution de la presente ordonnance, avons commis le s⁰ Fontayne, l'ung de nous, pour, avec lesdictz Maistres des œuvres, reigler iceulx ouvraiges[4], au feur et à mesure qu'il sera besoing, pour

---

ladite Chambre. Et pour la conservation d'iceluy sera mis en un coffre fort fermant à trois diverses clefs, dont l'une sera baillée au Prevost des Marchands qui est et sera en charge, l'autre au Procureur du Roy et la troisiesme au Greffier de lad. Ville, desquelles ils se chargeront au greffe de lad. Chambre. Et ce faisant, les souffrances étans sur le compte des deniers destinés pour lad. entrée seront deschargées et retablies par le con⁵ʳ auditeur rapporteur aud. compte.» (*Arch. nat.*, P 2670, fol. 430 v°.)

[1] Le chiffre est resté en blanc dans la minute. Les documents que nous citons ci-dessous permettent d'y suppléer.

[2] Le 17 décembre 1611, Jean Le Voys, sieur de Barberonville et de La Planche, conseiller au Parlement, demeurant rue Hautefeuille, légua «aux venerables religieux, prieur et couvent des Chartreux lez Paris, la maison en laquelle ledict sieur testateur est demeurant et appartenances d'icelles avec les deux aultres maisons attenans, aussy à luy appartenans, scizes en la rue de la Serpente qui deppendent de lad. maison où est demeurant ledict sieur Le Voys.» Delivrance de ce legs fut faite aux Chartreux, le 8 février 1612, par ses héritiers, Françoise Vaillant de Guélis, veuve de Louis du Moulinet, chevalier, s⁰ʳ de Rochefort et de Villetoing, maître d'hôtel de la feue reine Louise, douairière de France, Jean de Varade, écuyer, sieur de Masuères, Marie de Varade, veuve de feu Audebert Cattin, correcteur en la Chambre des Comptes, cousin et cousines germaines du côté maternel de Jean Le Voys; Jacques Godet, sieur d'Omoy, tresorier général de France en la province de Champagne, à cause de Magdelaine Vaillant de Guélis, sa femme, Charles Tellier, sieur d'Oise et de Chaville en partie, auditeur en la Chambre des Comptes, à cause de Catherine Vaillant de Guélis, sa femme, lesdites demoiselles Magdelaine et Catherine Vaillant de Guélis, sœurs, cousines issues de germain dudit defunt sieur Le Voys. (*Arch. nat.*, S 3958-59.)

[3] Le préjudice dont se plaint la Ville est la transformation en bien de mainmorte de la «grande maison assize rue de la Serpente faisant le coing de la rue Hautefeuille, de laquelle y en a sept thoises de long ou environ sur quatre thoises de large, où est à present assise et fondée une tour faisant ledict coing de ladicte rue Haultefeuille, et où anciennement y avoit une maison où estoit l'image Sainct Christophe, qui sont en la censive de ladicte Ville et chargées envers elle de 2 s. p. de cens portant lotz, vente, saisine et amende quand le cas y eschet». La Ville avait donc droit à une indemnité pour compenser les droits de transmission de propriété qu'elle n'avait plus l'occasion de percevoir. Par une transaction du 1ᵉʳ août 1615, cette indemnité ou droit d'amortissement fut fixée à mille livres une fois payées, en plus de l'acquittement du cens annuel. (*Arch. nat.*, S 3958-59.)

[4] On a vu, lors des élections municipales de 1611, que Jean Fontaine, qui fut nommé Échevin à cette époque, était Maître des œuvres de charpenterie du Roi. Le Bureau faisait donc naturellement appel à ses connaissances techniques dans la surveillance des travaux intéressant la Ville.

« la diversité d'iceulx ouvraiges et qualitez des matieres qu'il y conviendra.

« Faict au Bureau de ladicte Ville, le seiziesme Mars mil six cens douze. »

De par les Prevost des Marchans et Eschevins de la ville de Paris.

« Il est ordonné à Jullien Pourrat, Maistre des œuvres de charpenterie de ladicte Ville, de faire promptement tous les appuys et chevallements qui seront necessaires à faire à la porte de Nesle, à cause de l'eslargissement de ladicte porte, et selon et ainsy qu'il luy sera monstré par Pierre Guillain, M⁰ des œuvres de maçonnerie de ladicte Ville.

« Faict au Bureau d'icelle, le dix septiesme jour de Mars mil six cens douze. »

CXLIII. — TOUCHANT LADICTE RENTE DE CEULX DU TEMPLE.

19 mars 1612. (Fol. 446.)

De par les Prevost des Marchans et Eschevins de la ville de Paris.

« M⁰ Jehan Jodellet, procureur des causes de la Ville en la court de Parlement, pour respondre à la signification qui nous a esté faicte à la requeste du Grand Prieur de France, nous vous mandons soustenir que c'est à faire audict Grand Prieur à monstrer et faire apparoir du contrat de constitution de la rente de cent livres par an qu'il a à prendre sur le domaine de ladicte Ville, lequel contract, en faisant ledict rachapt, fault qu'il rapporte pour estre endossé et deschargé, et à faulte de ce faire, declarer que les deniers seront consignez, et que ladicte rente sera estaincte du jour de la consignation.

« Faict au Bureau de lad. Ville, le lundy dix neufiesme Mars mil six cens douze. »

CXLIV. — TOUCHANT LE BASTIMENT DE LA PORTE S⁺ HONORÉ.

21 mars 1612. (Fol. 446 v°.)

Du meccredy vingt ungiesme jour de Mars mil vi⁰ douze.

« Sur la remonstrance à nous faicte par Charles Dury, m⁰ maçon et entrepreneur du bastisment de la porte S⁺ Honoré, que cy devant luy aurions ordonné ung changement en la disposition du bastiment de ladicte porte, par lequel auroit esté reiglé que les deulx portaulx qui n'estoient que de dix piedz et demy d'ouverture entre deux tableaulx seroient remis de quatorze pieds d'ouverture pour l'aysance et commodité du passage des carosses et harnoys, duquel passage le Roy se sert fort souvent, lequel au moyen de la trop petite largeur seroit plus incommode pour la rencontre des carrosses. Et pour cest effect sera le mur de reffend du costé de la porte de Montmartre abattu et relevé apres et selon la forme de l'antien plan, apres la susdicte ouverture reslargie; les piedz droictz jà plantez dudict costé, levez et retirez à la proportion susdicte; le residu des pans de murs eslevé selon la forme, figure et desseing qui a esté baillé audict du Ry, achevé et poursuiv sans y rien innover, sinon ledict reslargissement. Sera faict quatre contrepilliers de pierre dure soubz ledict portail, fondez deuement et eslevez jusques à neuf piedz de hault, sur lesquels sera porté une voulte à arreste en forme de lunette, les quatre arcs de laquelle avec les arrestes et liernes seront faictes de pierre de S⁺ Leu, comme aussy ung O ou auvalle garny d'une petitte mousiure pour mettre une pierre aux armes du Roy ou de la Ville, selon qu'il sera reiglé; laquelle armoyrie sera fournye aulx fraiz de la Ville. Sera icelle voulte garnie d'une lierne en croisée qui sera de pierre de S⁺ Leu, en forme de clef pendante de trois poulces ou environ, et le residu de ladicte voulte sera faict de bonne bricque qui sera rejoincte et mise en coulleur.

« Item, le mur à costé et soubz led. portail du costé de la porte sera continué à eslever de pierre de S⁺ Leu, parpains entre deulx ung, dans lequel seront liez les deux contrepilliers, comme cy dessus est dict, et jusques à la haulteur du dessoubz de ladicte voulte, et le residu d'icelluy mur, jusques au dernier planché, sera eslevé de maçonnerie de moislon, chaulx et sable, comme mur moictoyen garny d'une chesne à double liayson parpaine, et l'aultre mur à l'autre costé vers la porte de Montmartre sera continué et eslevé de trois assizes de pierre dure, et le surplus de pierre de S⁺ Leu, de pareille structure, forme et façon que l'autre mur de reffend à l'opposite, eslevé seullement jusques à la haulteur du premier plancher. Tous lesquels ouvrages, estantz faictz et parfaictz selon les plans et desseings cy dessus mentionnez, seront toisez et payez selon la condition faicte au rabaiz du total des ouvraiges du portail. Et pour rescompences des fortes besoignes qu'il luy convient faire, qui sont de plus grand pris, apres avoir faict voir par le s⁺ Fontaine, l'ung de nous, assisté de Pierre Guillain, Maistre des œuvres de la Ville, et oïz en leur rapport, nous avons ordonné que, outre et par dessus le pris pour chascune thoise porté par ledict marché, il sera baillé et payé audict du Ris la somme de trois cens livres tournois, à laquelle nous avons composé et traicté à l'amiable avec ledict du Ry pour lesdictz ouvraiges, meslez et renforcez parmy les ouvraiges de son marché, et qu'il ne se pouvoient baillez au rabais selon qu'il est dict cy dessus; et que les ouvrages qu'il convient desmollir pour ledict rehaussement seront toisez et mesurez par ledict Guillain en la presence dudict sieur Fontayne pour estre cy apres employez au thoisé general qui sera faict des ouvrages dudict portail, apres qu'ils seront parfaicts au desir dudict marché.»

CXLV. — Procession generalle pour la reduction de la Ville.
22 mars 1612. (Fol. 448 v°.)

De par les Prevost des Marchans et Eschevins de la ville de Paris.

«Sire Jehan Le Conte, Quartenier, trouvez vous avec deux notables bourgeois de vostre quartier, à cheval et en housse, jeudy prochain, vingt deuxiesme jour du present moys, sept heures du matin, en l'Hostel de la Ville pour nous accompagner à aller à la procession generalle qui se fera pour rendre graces à Dieu de l'heureuse reduction de ceste Ville en l'obeissance du Roy. Sy n'y faiete faulte.

«Faict au Bureau de ladicte Ville, le mardi vingtiesme jour de Mars mil six cens douze.»

«Monsieur....., plaise vous trouver jeudy prochain vingt deuxiesme jour du present moys sept heures du matin, en l'Hostel de la Ville, pour nous accompagner à aller à la procession generalle qui se fera pour rendre grace à Dieu de l'heureuse reduction de ceste Ville en l'obeissance du Roy. Vous priant n'y voulloir faillir.

«Faict au Bureau de ladicte Ville, le mardy vingtiesme jour de Mars mil six cens douze.

«Les Prevost des Marchans et Eschevins de ladicte ville de Paris, tous vostres.»

Pareil envoyé à chacun de Messieurs les Conseillers de la Ville.

De par les Prevost des Marchans et Eschevins de la ville de Paris.

«Cappitaine Nourry, trouvez vous avec tous ceuls de votre compagnie garniz de leurs hocquetons et hallebardes, ayans leurs casaeques neufves, jeudy prochain vingt deuxiesme jour dudict moys, six heures du matin, en l'Hostel de la Ville pour nous assister à aller à la procession generalle qui se fera pour rendre graces à Dieu de l'heureuse reduction de ceste Ville en l'obeissance du Roy. Sy n'y faictes faulte.

«Faict au Bureau de ladicte Ville, ledict jour vingtiesme Mars mil six cens douze.»

Pareil mandement envoyé à chacun cappitaine des autres compagnies.

Et le jeudy vingt deuxiesme jour dudict mois de Mars, suivant les mandemens à ceste fin envoyez, mesdictz sieurs furent à la procession generalle en la maniere accoustumée, en l'ordre qui ensuit, et partirent dudict Hostel de Ville environ les huict heures du matin :

Premierement marchoient les trois cens archers de la Ville, à pied, à la reserve de quelques nugs d'entre eulx, que Messieurs avoient envoyez, suivant l'ordonnance, à Messieurs des Courtz souveraynes pour les assister.

Apres, les six sergens de la Ville, à pied, vestuz de leurs robbes mipartyes.

Monsieur le Greffier de la Ville, seul, à cheval, vestu de sa robe de livrée.

Messieurs les Prevost des Marchans et Eschevins, aussy à cheval et vestuz de leurs robes aussy de livrées.

Monsieur le Procureur du Roy, de sa robe toutte d'escarlatte.

Monsieur le Receveur, avec son manteau à manche noir.

Suivz d'aucuns de Messieurs les Conseillers, Quartiniers et bourgeois mandez, tous à cheval. Et audict ordre allerent en l'eglise Notre Dame, ou ayans pris leurs places aux haultes chaires à main gaulche du costé de l'autel, sont incontinant arrivez Messieurs des Courtz souveraines.

Et tous ensemble, avec Messieurs du clergé, sont allez à pied en procession en l'eglise des Augustins, où la messe auroit esté dicte et celebrée. Et apres, mesdictz sieurs de la Ville sont revenuz avec led. clergé jusques en ladicte eglise Nostre Dame. Ce faict, sont revenuz audict Hostel de Ville, en pareil ordre qu'ilz en estoient partiz.

Nota que, quant la messe a esté dicte aux Augustins, Messieurs des Courtz souverainnes s'en sont allez, chacun separement, en leurs maisons.

CXLVI. — Les crieurs de vins et autres officiers de la Ville deschargez du droict de confirmation.
23 mars 1612. (Fol. 450 v°.)

De par les Prevost des Marchans et Eschevins de la ville de Paris.

«Apres avoir veu l'exploict de commandement faict à Guillaume Flasche, juré crieur de corps et de vins de ladicte Ville, en datte de ce jour d'huy, pour payer es mains de m⁰ François Gervaise, commis à faire la recepte du droict de confirmation, la somme de cinquante six livres cinq solz tournois, à quoy l'on pretend qu'il a esté taxé pour le droict de confirmation pretendu : Nous, attendu que les crieurs de corps et de vins de ladicte Ville ne sont officiers du Roy, ains de ladicte Ville, et que, de tout temps et antienneté, noz predecesseurs Prevost des Marchands et nous, avons pourveu ausdictz offices, comme appartenans à ladicte Ville, et en consequence de ce ilz n'ont jamais payé aulcuns droictz de confirmation ny autres choses au Roy, soustenons que lezdictz jurez crieurs de corps et de vins de ladicte Ville et tous les autres officiers d'icelle n'estre tenuz d'aucune confirmation, et empeschons qu'ilz soient contrainctz au payement d'aucune confirmation pour n'en estre tenuz.

«Faict au Bureau de ladicte Ville, le vendredy vingt troisiesme jour de Mars mil six cens douze.»

Nota que depuis, la Ville a obtenu deux arrestz du Conseil d'estat par lesquelz tant lesdictz s⁰⁵ que tous les autres officiers de la Ville sont deschargez et exemptz dudict droict de confirmation. Lesquelz arrestz sont enregistrez dans le gros registre rouge des eedictz de ladicte Ville[1].

CXLVII. — Lettres du Roy
pour l'eslargissement de la porte de Nesle.

28 mars 1612. (Fol. 454 v°.)

De par le Roy.

«Tres chers et bien amez, vous avez cy devant receu commandement du feu Roy nostre tres honoré seigneur et pere, que Dieu absolve, de faire eslargir et agrandir la porte de Nesle[2], tant pour l'usage et passage des harnoys et carrosses, que pour la commodité du public et decoration de ceste notre bonne ville. Ce qui n'a jusques icy esté executé, encores que nous le desirions pas moings que notredict feu seigneur et pere.

«A ces causes, nous vous mandons et ordonnons faire promptement abbattre ladicte porte de Nesles, icelle faire restablir et reparer, de haulteur, largeur et grandeur suffisante pour passer lesdictz harnoys et carrosses, y usant de tout le soing et diligence dont vous avez accoustumé d'user es choses qui regardent le bien et utilité du publicq. Sy n'y faictes faulte, car tel est nostre plaisir.

«Donné à Paris, le vingt huictiesme jour de Mars mil six cens douze.»

Signé : «LOUIS».

Et plus bas : «de Lomenye».

Et sur l'inscription est escriptz : «A noz tres chers et bien amez les Prevost des Marchans et Eschevins de nostre bonne ville de Paris».

CXLVIII. — Arrest
pour contraindre le s⁰ de Castille au payement de cent mille escus [et signification de la réponse faite par ledit de Castille].

17-29 mars 1612. (Fol. 451 v°.)

Extrait des registres du Conseil d'Estat[3].

«Veu par le Roy en son Conseil le traité faict par les deputez du Clergé en leur assemblée tenue à Paris l'an mil six cens huict, par lequel M⁰ François de Castille, receveur general des decimes, est obligé de payer au feu Roy la somme de quatre cens mil livres, suivant la promesse par eulx faicte en ladicte assemblée, dont Sadicte Majesté auroit depuis quicté et remis audict Clergé, par l'advis de la Royne regente sa mere, la somme de cent mil livres tournois à la charge de payer incontinant apres les trois cens mil livres restans, ce qui n'a encore esté faict, combien que ledict de Castille en ayt esté requis et interpellé plusieurs fois, Sadicte Majesté, par l'advis de ladicte dame Royne, a ordonné et ordonne que ledict de Castille sera tenu de payer à l'Espargne, dans quinze jours, ladicte somme de trois cens mil livres, à peyne d'y estre contraint comme pour les propres deniers et affaires de Sa Majesté, et le Clergé de rembourser ledict de Castille, tant du principal que dommages et interestz qu'il pourroit souffrir à cause de ladicte advance, dans le temps de leur prochaine assemblée du moys de May et avant qu'elle soit fynée. A quoy neanlmoings Sadicte Majesté veult qu'il soict satisfaict par ledict de Castille, sans re-

---

[1] Nous signalons plus loin (p. 140, note 1) l'arrêt du 3 mai 1612 pour les crieurs de corps et de vins, et l'on trouvera à la date du 5 janvier 1613 celui qui concerne Pierre Perrot.

[2] Ouverte dans l'ancienne enceinte, à côté de la célèbre tour de même nom, la porte de Nesle donnait accès à un pont jeté sur le fossé où pénétraient à cet endroit les eaux de la Seine. Elle devait disparaître, une cinquantaine d'années plus tard, lors de la construction du collège Mazarin dont le pavillon de la Bibliothèque fut élevé sur son emplacement ainsi que sur celui de la tour. (Voir l'intéressant chapitre consacré à la tour et à la porte de Nesle dans la *Topographie du Vieux Paris. Région occidentale de l'Université*, p. 37-69.)

[3] La minute de cet arrêt est conservée aux Archives nationales dans le volume E 34°, fol. 196.

tardation ou diminution des sommes qu'il est tenu et obligé de payer pour les arreraiges des rentes de l'Hostel de Ville de Paris.

« Faict au Conseil du Roy, tenu à Paris, le dix septiesme jour de Mars mil six cens douze. »

Signé : « MALIER ».

« Signiffié et baillé coppie de l'arrest duquel coppie est cy dessus transcripte audict sieur de Castille y desnommé, parlant à sa personne en son domicile, auquel ay enjoinct de satisfaire au contenu d'icelle, dans le temps y mentionné, sur les peynes y portées. Faict par moy, huissier ordinaire du Roy en ses Conseils d'Estat et privé, le vingt quatriesme jour de Mars mil six cens douze. Lequel de Castille a faict responce, que, suivant l'obligation du contract qu'il a faict avec Messieurs du Clergé pour le payement de ladicte somme, il l'a toujours depuis ce temps d'icelluy tenue preste pour y satisfaire, en satisfaisant par eulx, soubz l'auctorité de Sa Majesté, aux clauses et seuretez dudict contract pour la verification du restablissement des offices y mentionnez. A quoy il est encores prest de satisfaire pour obeyr de sa part, en luy donnant les seuretez et non autrement, n'estant en aulcune sorte obligé qu'à ceste condition. Et que si Sa Majesté desire autre sorte de secours des deniers du Clergé, c'est à eulx à qui il se fault addresser et non à luy, de Castille, qui n'a que ses deniers de sa recepte affectez ailleurs.

« A la requeste dudict sieur de Castille soit sommé et denoncé à Messieurs du Clergé de France le commandement faict audict sieur de Castille de payer la somme de trois cens mil livres tournois, pour les causes mentionnées en l'arrest du Conseil d'Estat de Sa Majesté, du dix septiesme Mars dernier, à ce qu'ilz soient tenuz le garentir de ladicte demande et commandement, mesmes intervenir et payer pour luy ladicte somme de trois cens mil livres tournois, s'il y eschet, d'aultant que la demeure et le deffault dudict payement procedde de leur part, faulte d'avoir par lesdictz sieurs du Clergé fourni l'eedict de restablissement des offices de recepveurs generaulx et provinciaulx des decimes bien et deuement verifié et autres seuretez mentionnées par le contract passé entre lesdictz sieurs du Clergé et ledict sieur de Castille, de repeter allencontre d'eux de tous despens, dommages et interestz qu'il pourroit avoir et souffrir pour raison de ce. Duquel arrest, commandement et responce faiete à iceluy par ledict de Castille leur sera baillé coppie.

« Signiffié et baillé coppie du contenu cy dessus audictz sieurs du Clergé, parlant pour eulx à M⁴ Jehan Forget [1], l'un des agens generaulx dudict Clergé, en son domicille, le vingt huictiesme jour de Mars mil six cens douze, par moy, huissier ordinaire du Roy en ses conseils d'Estat et privé, lequel a pris lesdictes coppies pour en communicquer avec lesdictz sieurs du Clergé. »

Signé : « QUICQUEBOEUF ».

« A la requeste dudict M⁴ François de Castille soit signiffiée à Mʳˢ les Prevost des Marehans et Eschevins de ceste ville de Paris la poursuitte et demande faiete par Sa Majesté audict de Castille de la somme de trois cens mil livres, suivant l'arrest du Conseil d'Estat duquel coppie est cy dessus transcripte, à ce que lesdictz sieurs Prevost des Marehans et Eschevins ayent à intervenir et ce joindre avec luy pour empescher que lesdictz deniers de sa charge, destinez et affectez au payement des rentes auxquelles ilz sont obligez, ne soient diverty ailleurs, n'ayant ledict de Castille autres deniers que ceulx de sadicte charge pour satisfaire audict arrest, en cas qu'il y fut contrainct. Duquel arrest, commandement faict audict de Castille et responce [par] luy faicte à iceluy, ensemble la sommation par luy faiete ausdictz sieurs du Clergé, leur sera baillé coppie.

« Signiffié et baillé les presentes coppies et faict ladicte sommation ausdictz sʳˢ Prevost des Marehans et Eschevins de ceste ville de Paris, parlant pour eulx aux sieurs Perrot et Poussepin, Eschevins de ladicte Ville, trouvez au Bureau de ladicte Ville, le vingt neufiesme jour de Mars mil six cens douze, par moy, huissier ordinaire du Roy en ses Conseils d'Estat et privé. Lesquels ont faict responce que sans occasion ledict de Castille faict ladicte sommation, estant contraire audict arrest, suivant lequel et leur contract d'engagement, ilz protestent que icelle sommation ne leur puisse nuyre ne prejudicier. Et où il feroit aucun retardement ou mancquement de payement de fondz entier desdictes rentes, luy declarent que ilz le contraindront par touttes voyes conformes à leursdictz contractz et au susdict arrest. »

Signé : « QUICQUEBOEUF ».

CXLIX. — LETTRES DU ROY,
AVEC TOUTES LES RESJOUISSANCES, TOURNOIS,
CAROUSEL, FEUZ DE JOYE, FAICTS POUR LES ALLIANCES
DES MAISONS DE FRANCE ET D'ESPAIGNE.

28 mars-7 avril 1612. (Fol. 455.)

DE PAR LE ROY.

« Tres chers et bien amez, desirant que noz subjectz recognoissent le contantement que nous recevons

---

[1] Jean Forget, chanoine et trésorier de Tours, nommé agent général du Clergé par la province de Tours en 1610.

de l'alliance par nous prise avec le Roy Catholicque des Espagnes, lequel ne peult apporter que du repos et tranquilité dans notre royaulme et terres de notre obeissance, nous desirons aussy que nosdictz subjectz s'en rejouissent avec nous. A ces causes, nous vous mandons et ordonnons qu'incontinant apres la publication de nostred. alliance, vous faciez dresser ung feu de joye devant l'Hostel de ceste nostre bonne ville, tirer l'artillerie d'icelle, faire faire aucuns fenz de joye par tous les quartiers, avec touttes les demonstrations de rejouissances que faire se pourra. Et pour d'autant plus decorer la ceremonye du tournoy et carrousel qui a ceste occasion se doict bien tost faire, nous vous mandons faire mettre par tous les bourgeois et habitans de cette nostredicte bonne ville, sans nul excepter, des lumieres au devant de leurs maisons et à chacunes fenestres, dans des lanternes de papier peint de diverses coulleurs, pour y demeurer toutte la nuict et pendant le temps d'iceulx carrousel et tournoy. Ce que nous nous promettons qu'ilz l'auront pour bien agreable; et pour ce n'y faictes faulte. Car tel est nostre plaisir [1].

«Donné à Paris, le xxviii.me jour de Mars mil six cens douze.»

Signé: «LOUIS».

Et plus bas: «DE LOMENYE».

Et sur l'inscription est escript: «A noz tres chers et bien amez les Prevost des Marchans et Eschevins de nostre bonne ville de Paris».

L'an mil six cens douze au moys de Mars, furent faictes et arrestées les alliances des Maisons de France et d'Espagne par les mariages du Roy nostre sire, Loys treiziesme, fils de Henry le Grand, avec la fille du Roy d'Espagne, et de Madame la premiere fille de France, avec le prince d'Espagne [2], et ce par l'advis et consentement de la Royne regente, dont Sa Majesté advertit la Ville par ses lettres du xxviii.me dudict moys enregistrées cy devant.

Et d'autant que ceste alliance asseuroit l'Estat d'une continuelle paix et tranquillité, Sadicte Majesté et tous les princes, seigneurs et tout le peuple en recent une tres grande joye et contantement.

A ce subject, Sadicte Majesté fit faire et dresser, dans la Place Royalle, ung fort beau et grand chasteau de bois ayant quatre pavillons au quatre coings et ung donjon au mitan, le tout peinct en bricque et marbre en plusieurs endroictz, enrichy de figures, bordures, mouslures et dorures, chappiteaulx et autres particulieres beautez et raretez, outre la basse cour qui estoit fort grande, cloze de planches seullement. Et tout autour de ladicte place fut faict des barrieres de bois et une lice, d'ung costé seullement, pour le tournoy et carozel qui dura trois jours.

Les princes et seigneurs, en resjouissance desdictes alliances et pour tesmoigner le contantement qu'ilz en recevoient et l'affection qu'ilz avoient au service du Roy, feirent chacun particulierement de grandes despences à eulx preparer pour ledict tournoy et carrozel, tant en habits tres riches que beaux chevaulx et chars triomphans [3].

Le jeudy quatriesme jour d'Avril ensuivant, qui estoit le premier jour dudict tournoy, environ l'heure de midy, Sa Majesté avec la Royne regente, Mesdames de France et plusieurs autres princesses et grandes dames se rendirent dans ung eschaf-

---

[1] Des lettres de cachet furent adressées à la Chambre des Comptes, le 3 avril, pour lui ordonner «d'avoir à cesser ses entrées et services, pendant les trois jours consacrés aux tournois, carrousels et autres magnificences». (*Arch. nat.*, AD IX 165; extrait du cérémonial de la Chambre.) Pareilles lettres furent adressées au Parlement (*Arch. nat.*, X¹ᵃ 1842, fol. 551).

[2] Comme l'indiquait l'extrait du *Mercure François* que nous citions plus haut, au sujet de la mort de la reine d'Espagne, les conventions matrimoniales à propos desquelles furent célébrées les fêtes dont il s'agit ici décidaient le futur mariage de Louis XIII avec Anne-Marie-Mauricie, née en 1602, fille de Philippe III et de Marguerite d'Autriche, et celui du frère de cette princesse, Philippe, né le 8 avril 1605, futur roi d'Espagne, avec Isabelle ou Élisabeth, fille de Henri IV, née le 22 novembre 1602. Étant donné le jeune âge des futurs époux, les deux mariages ne devaient se célébrer que trois ans plus tard, au mois d'octobre 1615. (*Mémoires* de Richelieu, t. I¹ʳ, p. 409-411.)

[3] Indépendamment de ce qu'en disent le maréchal de Bassompierre dans ses *Mémoires* (t. I, p. 301-308) et l'ambassadeur de Venise dans ses dépêches (*Relazioni di Francia*, t. I, p. 511-512), il fut publié à l'époque un assez grand nombre de relations de ces fêtes, dont le catalogue de l'Histoire de France à la Bibliothèque nationale donne l'énumération. Les plus détaillées sont celles que composèrent Honoré Laugier, sieur de Porchères, sous ce titre : *Le camp de la Place royalle ou relation de ce qui s'y est passé les cinquiesme, sixiesme et septiesme jour d'Avril mil six cens douze, pour la publication des mariages du Roy et de Madame, avec l'Infante et le Prince d'Espagne. Le tout recueilly par le commandement de Sa Majesté* (Paris, Jehan Laquehay, 1612, in-4° de 368 pages avec 4 fl. prélimin. et 31 pages de supplément), et François de Rosset : *Le romant des Chevaliers de la gloire contenant plusieurs hautes et fameuses adventures des Princes et des Chevaliers qui parurent aux courses faictes à la place Royalle pour la feste des alliances de France et d'Espagne, avec la description de leurs entrées, équipages, habits, machines, devises, armes et blasons de leurs maisons. Dédié à la Reine regente* (Paris, V⁸ Pierre Bertrand, 1612, in-4°). M. Lucien Lambeau a utilisé ces relations ainsi que la pièce de vers de Malherbe, *Les Sybilles*, dans le récit qu'il a donné de ces solennités (*La Place Royalle*, Paris, 1906, in-8°, p. 166-189). Le tome XIX de la collection Hennin renferme une série d'estampes sur le carrousel de la place Royalle et M. Lucien Lambeau décrit un certain nombre de gravures ou de tableaux se rapportant à ce sujet dans son *Iconographie de la Place Royale* (Saint-Denis, impr. Bouillant, 1907, in-8°, nᵒˢ 1 à 8).

fault qui estoit preparé dans ladicte Place Royalle au devant de la lice. Comme aussy la royne Marguerite se rendit dans son eschaffault, qui estoit ung peu esloigné de celuy du Roy et justement au bout de ladicte lice. Et estoit ladicte place toutte bordée d'eschaffault contre les maisons, tant hault que bas, qui estoient tous plains de monde.

Et peu apres sortist de la basse cour dudict chasteau et paru dans ladicte place la compagnie de Messieurs de Guyse, de Joinville et autres soustenans pour la deffence dudict chasteau contre tous survenans. Laquelle compagnie est composée de plusieurs vallez de pied et estaffiers, tous vestuz de thoille d'or et d'argent, partye desquelz menoient de grandz chevaulx de parade couvertz de toille d'argent et richement enharnachez, plusieurs pages portans guidons, escuyers portans lances et escuz, et autres de ladicte compagnie tres richement vestuz et montez sur de beaulx chevaulx, couvertz comme ceulx de parade, trois beaulx chars triumphants remplis de musiciens, menez l'ung par six chevaulx desguisez en lyons[1], et les deux autres par chascun sept chevaulx. Et estoient lesdictz seigneurs soustenans si braves et lestes, et bien montez que c'estoit merveilles. Et en fort bel ordre ladicte compagnie passa par devant les eschaffaultx du Roy et de la royne Marguerite, où la musique joua, puis fut icelle compagnie rangée par le maistre du camp à l'ung des coings de ladicte place.

Apres ceste compagnie, en entra plusieurs aultres dans la place, qui passerent aussy devant le Roy, lesquelles estoient en si bon ordre et equipage et sy richement accommodées, avecq chars triomphans de plusieurs façons, plains de musique, menez l'un par chevaulx deguisez en cerfs, ung autre aussy par chevaulx deguisez en licornes, aucuns par chevaulx non deguisez et autres avec des roues par dedans seullement et sans nulle apparence. Brief, par touttes inventions lesdictz chars estoient menez sy bien que jamais ne s'estoit rien veu de semblable. Et d'aultant qu'il estoit assez tard auparavant que lesdictes compagnies feussent passées et rengées, l'on ne feit autre chose ledict jour que de rompre lances au faquin[2].

Et le lendemain qui estoit le vendredy, Sadicte Majesté, accompagnée comme le jour precedent, se rendit de bonne heure dans ladicte Place royalle, où entra plusieurs compagnies nouvelles et autres que celles qui y avoient jà paru, qui s'i trouverent aussy touttes avec grand nombre de seigneurs particulliers fort richement habillez et montez, avec grande suitte de pages et estaffiers, les ungs ayans la cappe à l'espagnolle toutte couverte de passement d'or, et les autres habillez d'autre façon aussi fort richement, et le tout en sy tres bel ordre et riche esquipage qu'à peyne le pourroit l'on dire, avec trompettes, musicque et beaux chars triomphans. Et fut le tournoy faict ledict jour jusques au soir que fut tiré grande quantité d'artiffices dudict chasteau, comme aussy le canon et artillerie du Roy furent tirez, et sur les neuf heures que Sa Majesté fut passée et retournée au Louvre, touttes iesd. compagnies, en bel ordre, passerent par la rue St Anthoine et autres rues esclairez de flambeaux en telle quantité que tous les pages, vallez de pied et estaffiers en portoient chacun deux. Et furent menez aucuns desdictz chars par les rues, et le tout passa par devant le Louvre.

Le mesme soir fut faict ung beau feu en la place de Greve, au devant de l'Hostel de la Ville, où fut mis grande quantité d'artifices. Et fut tiré tout le canon, artillerie et bouettes de lad. Ville qui avoient esté amenez expres en ladicte place de Greve. Comme aussi à touttes les fenestres de tous costez dans ladicte Ville et faulxbourgs fut mis des lanternes de pappier peinct de diverses coulleurs, avec grosses chandelles dans icelles, qui furent allumées au commencement de la nuict[3]. Et outre, furent faictz fenz de joye par la Ville, par le commandement du Roy, en resjouissance desdictes alliances. Et faisoit le tout fort beau veoir.

Et le sabmedy septiesme dud. mois d'Apvril qui estoit le dernier jour dudict carrozel, apres que Sadicte Majesté et autres grandz eurent pris leurs places, parurent encores lesdictes compagnies qui estoient en nombre de seize à dix sept. Et dura le tournoy toutte la relevée, que les princes et seigneurs coururent la bague, jusques au soir que le feu fut mis au chasteau, où il y avoit une fort grande quantitté d'artifices de touttes sortes laquelle joua sy bien, avecq ce que touttes les gardes du Roy qui estoient en grand nombre allentour des barrieres de ladicte place, ti[re]rent et deschargerent leur mousquetz ensemblement et les bouettes et

---

[1] La minute porte loups, le copiste du registre avait d'abord écrit ce mot, puis l'a biffé pour lui substituer celui de lyons.

[2] Mannequin contre lequel on s'exerçait avec la lance. Cette sorte d'escrime se pratiquait encore au temps de Dangeau qui rapporte que Monseigneur «fit courre le faquin» (cité par Littré). On trouve, parmi les publications auxquelles donnèrent lieu les fêtes de la place Royale, la *Complainte du facquin du Parc royal qui a soustenu tous les cavaliers du carousel tant deffendans qu'assaillans*. (Paris, Fleury Bouriquant, 1612, in-8° de 8 pages).

[3] Les *Mémoires* de Richelieu font allusion à cette illumination quand ils disent que les fêtes célébrées à l'occasion du «double mariage» sont «si magnifiques que les nuits sont changées en jours, les ténèbres en lumière, les rues en amphithéâtres» (tome I", p. 191).

canon qui estoient sur les rempartz de la porte S‍t Anthoine qui furent tirez aussytost, que l'air en estoit tout en feu, et le bruit si grand que touttes les maisons des environs trembloient. Ce faict, chascun se retira.

Et ne fut ledict chasteau assailly ny deffendu à cause que la Royne ne le voullut permettre.

Bref ledict tournoy et carrosel fut le plus beau et le plus magnifique, que l'on tient qu'il ne s'en est jamais faict ung semblable. Pendant lequel ne se pouvoit remarquer par la Ville que grande joye et resjouissance.

Ensuict la teneur des mandements envoyez aux Quarteniers sur ce subject.

De par les Prevost des Marchans et Eschevins de la ville de Paris.

«Sire Jehan Le Conte, Quartenier, nous vous mandons enjoindre à tous et chascun les habitans de ceste Ville, ecclesiasticques, nobles, officiers, bourgeois et autres, de quelque condition qu'ilz soient, demourans en vostre quartier, Ville ou faulxbourgs, rues et ruelles, de preparer chascun quantité de lanternes de papier peinctes de diverses couleurs, avec grosses chandelles dans icelles, pour estre par eulx mises et posées à touttes et unes chascunes les fenestrages et autres lieux de leurs habitations pouvans commodement les placer tant hault que bas, qui regardent sur touttes les rues et ruelles, pour estre allumées lors du commencement de la nuict, du jour qui vous sera mandé, pour y demeurer pendant la nuict d'icelles. Le tout pour satisfaire à l'expres commandement du Roy et de la Royne regente sa mere, en resjouissance des heureuses alliances de France et d'Espaigne. Et des maintenant leur enjoindre de se preparer pour faire, andict soir et heure qui vous sera mandé, solempnelz feuz de joye en chascune rue et dizaine, en recreation de ce que dessus.

«Faict au Bureau de la Ville, le jeudy vingt neufiesme jour de Mars mil six cens douze.»

De par les Prevost des Marchans et Eschevins de la ville de Paris.

«Sire Simon Marces, Quartinier, nous vous mandons que, en executant le mandement à vous envoyé le vingt neufiesme jour de Mars dernier, vous ayez à faire sçavoir à tous les habitans dé vostredict quartier, sans nul excepter, qu'ils ayent à mettre, par touttes les rues et fenestres estant sur touttes les rues, les lanternes et chandelles qui leur ont esté ordonnées, et ce le vendredy au commencement de la nuict, pour y demeurer durant la nuict; et leur faire asscavoir que, s'ilz n'en ont preparé quantité pour touttes lesdictes fenestres, qu'ilz ayent à s'en fournir pour y estre mis. Et oultre que l'on aye ledict jour à faire les feuz de joye apres que lesd. chariotz triomphants auront passé et retourné et non plus tost.

«Faict au Bureau de la Ville, le quatriesme jour d'Apvril mil six cens douze.»

«Aussy, vous serez adverty que lesdictz chariotz passeront en vostre quartier, assavoir :

«Rue des Lombardz,

«Rue S‍t Jacques de la Boucherie et pont Nostre Dame.

«Et pour ce vous enjoindrez ausdictz lieux de faire tenir touttes lesdictes rues nettes et le plus de lumiere que faire se pourra.

«Autant envoyé à tous les Quarteniers, asscavoir à ceulx par le quartier desquelz lesdictz triomphes ont passé a esté compris et nommé dans leur mandement ce qui est cy dessus escript et à costé les rues, et aux autres où ilz n'ont point passé n'y a esté poinct mis ce qui est à costé.

CL. — REQUESTE AU ROY TOUCHANT [LE DROIT DE] CONFIRMATION.

18 avril 1612. (Fol. 460 v°.)

AU ROY

Et à nosseigneurs de son Conseil.

«Les Prevost des Marchans et Eschevins de vostre bonne ville de Paris vous remonstrent tres humblement que, combien que les officiers de ladicte Ville n'ayent jamais payé aucuns droictz de confirmation aux advenements des Roys vos predecesseurs à la couronne, ce neanlmoings par le roolle des officiers de Vostre Majesté et des artz et mestiers qui a esté faict pour payer le droict de confirmation, l'on y a par inadvertence compris les vingt quatre jurez crieurs de corps et de vins de ladicte Ville et iceulx taxés à chacun cinquante six livres tournois, dont le s‍r Gervaise, commis à faire la recepte des deniers de ladicte confirmation, s'esforce de les faire payer, ce qui est contraire aux previlleges de ladicte Ville.

«Ce consideré, Sire, et attendu que lesdictz crieurs de corps et de vins ne sont officiers de Vostredicte Majesté ains de ladicte Ville, non subjectz ausdictz droictz de confirmation, il plaise à Vostre Majesté les descharger de payer lesdictes sommes cy dessus, et qu'ilz seront ostez et rayez dudict roolle. Et lesdictz suppliants continueront à faire prieres pour la prosperité et santé de Vostredicte Majesté. »

Le dix huictiesme Apvril mil six cens douze autant de la presente requeste a esté baillé à Monsieur Maupeou, intendant des finances, pour le rapporter au Conseil[1].

CLI. — Messe de la reduction.
27 avril 1612. (Fol. 461.)

De par les Prevost des Marchans et Eschevins de la ville de Paris.

«Sire Jehan Le Conte, Quartenier, trouvez vous avec deulx notables bourgeois de vostre quartier, à cheval et en housse, vendredy prochain vingt septiesme jour du present moys, sept heures du matin, en l'Hostel de la Ville, pour nous accompagner à aller à la messe qui se dira en l'eglise Nostre Dame pour rendre graces à Dieu de l'heureuse reduction de ceste Ville. Sy n'y faictes faulte.

«Faict au Bureau de ladicte Ville, le xxv⁵ Apvril 1612.»

«Monsieur de Versigny, plaise vous trouver, vendredy prochain vingt septiesme jour du present moys, sept heures du matin, à cheval et en housse, en l'Hostel de la Ville, pour nous accompagner à aller à la messe qui se dira en l'eglise Nostre Dame pour rendre graces à Dieu de l'heureuse reduction de cestedicte Ville. Vous priant n'y voulloir faillir.

«Faict au Bureau de la Ville, le meccredy vingt cinquiesme jour d'Apvril mil six cens douze.

«Les Prevost des Marchans et Eschevins de la Ville de Paris, tous vostres.»

De par les Prevost des Marchans et Eschevins de la ville de Paris.

«Cappitaine Norry, trouvez vous avecq tous ceulx de vostre compagnie garniz de leurs hocquetons et hallebardes, vendredy prochain vingt septiesme du present moys, six heures du matin, en l'Hostel de la Ville, pour nous assister à aller à la messe qui se dira en l'eglise Nostre Dame pour rendre graces à Dieu de l'heureuse reduction de ceste Ville. Sy n'y faictes faulte.

«Faiet au Bureau de la Ville, le meccredy vingt cinq⁵ᵉ Apvril mil six cens douze.»

Et ledict jour de vendredy vingt septiesme du moys d'Apvril, sur les sept heures du matin, deux de Messieurs les Eschevins, assavoir l'antien et le troizième, sont allez en robbes rouges en la court de Parlement et Chambre pour les prier d'assister à ladicte messe de la reduction[2], mesdictz sieurs Eschevins estans à cheval et ayant devant eulx quelques archers et sergens de la Ville avec leurs robbes my parties, à pied.

Et estans revenuz audict Hostel de Ville, environ les neuf heures du matin toutte la troupe de la Ville est partie dudict Hostel de Ville pour aller à Nostre Dame en l'ordre qui ensuict :

Premierement, les archers, à pied.

Apres, les sergens de lad. Ville, avec leurs robbes, aussi à pied,

Monsieur le Greffier de la Ville, seul, à cheval, vestu de sa robbe mypartie,

Messieurs les Prevost des Marchans, Eschevins et Procureur du Roy, aussi à cheval, vestuz de leurs robbes de livrées, suiviz d'aucuns de Messieurs les Conseillers, Quartiniers et bourgeois mandez, aussy à cheval. Et estans arrivez dans la nef de l'eglise Nostre Dame ont pris leurs places sur les bancs estans du costé de main gaulche. Et quelques temps apres sont venuz Messieurs de la court de Parlement et Chambre des Comptes, en robbes noires, qui se sont assiz sur le banc à main dextre viz à viz Messieurs de la Ville. Et incontinant l'on a commencé à celebrer la messe, laquelle dicte, Messieurs de la Ville sont revenuz audict Hostel de Ville en l'ordre qu'ilz en estoient partiz.

CLII. — Touchant le bastiment de l'Hostel de la Ville.
27 avril 1612. (Fol. 463.)

«Sur ce que nous avons eu advis au Bureau de la Ville qu'il se trouve difficulté sy les gros murs tant de devant que derriere de la grande salle neufve

---

[1] Le 3 mai 1612, le Conseil du Roi rendit un arrêt qui reconnaissait le bien fondé des réclamations de la Ville et déchargeait les crieurs de corps et de vin du droit de confirmation. (*Arch. nat.*, E 35², fol. 3.)

[2] Le Plumitif de la Chambre des Comptes (*Arch. nat.*, P 2670, fol. 406) nous a conservé le résumé des paroles prononcées à cette occasion par l'échevin Perrot : «27 avril 1612. Ce jour M⁵ Jean Perrot et [Nicolas] Poussepin, deux des Eschevins, sont venus prier la Chambre vouloir assister à la procession de la reduction des Anglois. Ledict sieur Perrot a remonstré que lad. reduction fut faicte le xxii Avril 1436, auquel temps feu M⁵ Michel Bellalier [Lallier], maistre des Comptes, estoit l'un des premiers qui s'entremit en ceste reduction, qui fut honoré par le Connestable de la qualité de Prevost des Marchands par la fuite de celuy qui l'estoit auparavant, et fut continué en cette qualité plusieurs années.»

dudict Hostel de Ville seront suffisans pour supporter les ouvrages de maçonnerye et charpenterie estant sur ladicte grande salle et qu'il y convient encores faire pour l'orloge et cadran, suivant les modelles et desseings, mesmes que nous avons eu advis que ledict gros mur du costé de la cour est jà entr'ouvert, dont avec le temps pourroit arriver grand inconvenient, pour à quoy remedier, nous avons ordonné et enjoinct à Pierre Guillain, Maistre des œuvres de maçonnerie, de veoir et visiter promptement tous et ungs chacuns les bastimens dudict Hostel de Ville, faire ung rapport par escript de la qualité d'iceulx et de ce qui reste à y bastir et construire; sy lesditcz bastimens sont bien et deuement faictz ou non; cotter precisement la deffectuosité qu'il y trouvera et si lesdictz deux murs sont suffisans pour porter ladicte maçonnerie, charpenterie, sculpture, orloge, cadran, faictz et à faire sur ladicte grande salle; et mesmes sy, à l'advenir, il en pourroit arriver inconvenient, pour, ce faict, estre tous lesdictz lieulx de rechef veuz et visitez de notre ordonnance par jurez maçons, charpentiers et gens ad ce cognoissans, qui seront nommez par ladicte Ville, le tout en la presence dudict Guillain, pour y estre pourveu.

«Faict au Bureau de ladicte Ville, le vendredy vingt septiesme jour d'Apvril mil six cens douze.»

CLIII. — Accord faict
avec les nommez Guillot et Habert
pour les advis par eulx donnez touchant les rentes.

27 avril 1612. (Fol. 463 v°.)

Du vendredy vingt septiesme jour d'Apvril mil six cens douze.

Ledict jour ont esté mandez au Bureau de la Ville M⁰ˢ Jacques Guillot et Philippes Habert, bourgeois de Paris, auxquelz avons remonstré qu'il y a environ un an qu'ilz nous donnerent l'advertissement de plusieurs abbuz qui se commectent sur les rentes de ladicte Ville par plusieurs personnes, qui, encores que leurs rentes soient racheptées, ne laissent de les recevoir induement, autres rentes qui sont escheues par desherance, forfaictures ou autrement et autres parties qui sont en debetz de quictances es comptes des comptables. A quoy desirans entendre pour y travailler, nous y feusmes aussitost empeschez, au moyen d'une commission obtenue du Roy par M⁰ Jehan Fillacier, le vingt deuxiesme Febvrier mil six cens unze, pour faire la recherche et recepte desdictz deniers, pour les porter à l'Espargne. A laquelle commission nous nous serions opposez et tellement poursuivy envers le Roy, la Royne regente sa mere et Messieurs du Conseil, que ladicte commission auroit esté revocquée et rendue entre noz mains; mesmes ladicte dame Royne auroit donné et remis à ladicte Ville ce qui estoit de son interest en lad. commission. Mais à present desirent faire la recherche et poursuitte desdictes rentes pour estre les deniers en provenans convertiz et employez par ladicte Ville aux arreraiges du courant et au manque de fonds estant sur icelles, c'est pourquoy nous les avons mandez pour nous donner les memoires et instructions et travailler au recouvrement desdictz deniers. Lesquels Guillot et Habert ont dict qu'il y a plus de cinq ans qu'ilz travaillent journellement à faire lesdictz memoires et à descouvrir ceulx qui injustement ont receu et reçoivent lesdictes rentes, dont il n'est raisonnable que leur labeur leur soit infructueulx; que s'il nous plaisoit leur accorder la douziesme partie des deniers qui proviendront de leurs memoires, advis et denonciation, ilz nous justiffieroyent plus de trente mil livres tournois de rentes par an qui ont esté cy devant et jusques à huy injustement receuz, tant des rentes du sel, aydes, Clergé que receptes generalles.

«Nous, apres avoir negotié avec lesdictz Guillot et Habert sur leur recompense, et qu'ilz sont demeurez d'accord que en leur baillant la seiziesme partye desdictz deniers ils satisferont à ce que dessus, avons ordonné que lesdictz Habert et Guillot nous enseigneront et justifieront les rentes acquises par aubeynes, desherance, confiscation ou autrement, celles qui sont supposées mal ou doublement employées, dont les acquereurs, ou ceulx qui se disent avoir droict d'iceulx, ont neanlmoings reçeu les arreraiges ou sont demeurez es mains des comptables, soubz coulleur de debetz de quictances, ensemble celles qui ont esté racheptées, et neanlmoings en les faisant revivre, ont reçeu les arreraiges. A quoy journellement, incessamment et sans discontinuation nous travaillerons au Bureau de lad. Ville, avec lesdictz Guillot et Habert, pour faire le recouvrement desdictz deniers, qui seront apportez dans les coffres de ladicte Ville pour estre employez par les receveurs des rentes de ladicte Ville aux arreraiges du courant et au mancque de fondz estant sur lesdictes rentes, suivant les ordonnances du Bureau de la Ville. Sur lesquelz lesdictz Guillot et Habert seront prealablement payez du seiziesme denier ainsy par nous à eulx accordé de tous les deniers susdictz qui se recouvreront de leur denonciation, advis et memoires, sans qui leur en soit retranché ou diminué aucune chose, ny qu'ilz soient subjectz à aulcuns fraiz.

«Faict audict Bureau de la Ville, les jour et an que dessus.»

CLIV. — Pour s'opposer à la delivrance des deniers de la vente d'une maison scize sur le quay des Ormes, a cause d'une rente dont elle est chargée envers la Ville.

19 mai 1612. (Fol. 465 v°.)

De par les Prevost des Marchans et Eschevins de la ville de Paris.

«M° Jehan Jodelet, procureur des causes de la Ville en la cour de Parlement, nous vous mandons vous opposer, pour ladicte Ville, à la delivrance des deniers provenans de la vente d'une maison qui a esté decrettée aux Requestes, seize sur le quay aux Ormes, appartenant à M° Loys Belle, jusques à ce que ladicte Ville soit payée de la somme de six livres tournois pour quatre années qui escherront au jour sainct Jehan Baptiste prochain, à cause de trente solz de rente dont ladicte maison est chargée par chacun an envers ladicte Ville, pour la permission qui a esté donnée audict Belle d'advancer sadicte maison sur le quay[1], et faire clorre le déssoubz d'icelle. Et oultre vous opposez pour la somme de quarante cinq livres tournois pour le sort principal de ladicte rente qui est au denier fort, et soustenez contre tous creanciers que la Ville doibt estre payée et preferée à tous autres pour lesdictes sommes.

«Faict au Bureau de la Ville, le dix neufiesme jour de May, mil six cens douze.»

CLV. — [Mention du procès-verbal de visite et recherche du bois sur les ports de la rivière de Marne.]

Mai 1612. (Fol. 466.)

Nota que aux petittes liaces ployées a esté mis le proces verbal de la visitation et recherche faiete du boys estant sur les ports de la riviere de Marne par deux de Messieurs les Eschevins, avec Messieurs les Procureur du Roy et Greffier de la Ville, au bas duquel est aussy la visitation de quelques mouslins scis es environs de Meaulx, faict le douziesme jour de May mil six cens douze et autres jours ensuivans.

CLVI. — Les marchans de bois mandez à la Ville pour sçavoir d'où provenoit la necessité du bois.

19 mai 1612. (Fol. 466 v°.)

Du samedy, dix neufiesme jour de May mil six cens douze.

Ledict jour, ont esté mandez au Bureau de la Ville Hillaire de Lisle, Estienne Dobin, Jacques Parisis, Nicolas Clignet, Pierre Remy, Jehan Boucher, Florimond Roussel, Medard Quatorze, Mathurin Nyvet, Cosme Amblard, Nicolas Paget, Guillaume Pajot, Jeanne Dane, femme de Simon Marees, Marie Clignet, femme de Mathurin Bertrand, Marie Chapperon, femme de Pierre Travers, Esmée Poincte, femme de Anthoine Amblard, lesdictes femmes comparantes pour l'absence de leurs mariz, et plusieurs autres marehans de boys tant de ceste Ville que forains, lesquelz ont esté interpellez de dire et declarer d'où vient la necessité de bois et charbon qui est à present en ceste Ville, et pourquoy ilz n'ameynent desdictes marchandises en cestedicte Ville pour la provision d'icelle, comme ilz faisoient les années precedentes. Ont dict que ceste necessité et disette ne provient nullement de leur faulte. Au contraire, si tost et à mesure qu'il leur arrive du bois et charbon sur les portz, ilz le font charger dans les basteaulx et amener en ceste Ville, ne demandans qu'à debitter. Mais elle procedde à cause que la plus grande partye des bois qui sont proches les rivieres sont couppez, et le bois qui en est provenu, vendu, debitté et usé; à cause aussy qu'il y a fort peu de boys achepté et afaçonné pour la presente année, d'autant que les seigneurs et proprietaires les veullent vendre à pris excessif, auquel ilz ne se pourroyent sauver et gaigner leurs vyes. Et encores pour faire sy peu de bois qu'il y a afaçonné, l'on ne peult trouver d'ouvriers ny de chevaulx pour voicturer et charrier des ventes sur les portz. Mesmes ledict Roussel a dict que les forestz de Laigle et de Compiegne en Picardye sont tellement usées, et le bois qui en est provenu, debité, qu'il n'en reste pas pour charger une fois seullement tous les basteaulx qui ont accoustumé de charger du bois audict Compiegne. Et oultre a ledict Paget declaré qu'il faict monter quatre basteaulx au port de Crecy[2] pour les faire charger de bois et amener en ceste Ville.

---

[1] *Arch. nat.*, KK 430, fol. 205 v° (compte du domaine de la Ville pour 1610-1611): «Sur le quay aux Ormes pres l'arche Beaufils: De M° Louis Belle, conseiller du Roy, receveur général du taillon en la generalité de Paris, pour la permission à luy baillée par M" les Prevost des Marchans et Eschevins de la Ville de pouvoir faire clorre quelques pilliers qui soustiennent sa maison sur ledict quay pres l'arche Beaufils, et ce moyennant la somme de 30 s. t. par chacun an de rente.» Plusieurs permissions analogues avaient été données sur ce quai.

[2] Crécy-en-Brie, ch.-l. de canton (Seine-et-Marne), baigné par le Grand-Morin, affluent de la Marne.

Sur quoy, ouy le Procureur du Roy èt de la Ville, nous avons expressement enjoinct et enjoignons à tous les marchans, tant de ceste Ville que forains, de promptement, en touttes diligences et sans discontinuation, faire charrier de dedans les ventes sur les portz leurs marchandises de bois et charbon, la faire charger dans les basteaulx et amener et voicturer en ceste Ville, pour la provision d'icelle, aussy incessamment et sans discontinuation, à peyne contre chacun contrevenant de cinq cens livres parisis d'amande et d'estre envoyé sur les lieux pour faire charrier ledict bois et charbon, le faire charger et amener en ceste Ville à leurs despens, risques, perilz et fortunes.

CLVII. — Reception de Me Marescot [comme Conseiller de Ville] au lieu de Me Loysel.

29 mai 1612. (Fol. 468.)

«Monsieur..., plaise vous trouver demain, quatre heures de relevée, au Bureau de la Ville pour deliberer sur la resignation que Monsieur Loysel, l'ung de Messieurs les Conseillers de la Ville, entend faire de sondict office de Conseiller de la Ville au proffict de Monsieur Marescot, conseiller du Roy et m^e des Requestes ordinaire de son hostel[1]. Vous priant n'y voulloir faillir.

«Faict au Bureau de la Ville, le lundy vingt huictiesme May mil six cens douze.

«Les Prevost des Marchans et Eschevins de la ville de Paris, tous vostres.»

Du mardy vingt neufiesme jour de May mil six cens douze.

En l'assemblée de Messieurs les Prevost des Marchans, Eschevins et Conseillers de la Ville, ledict jour tenue au Bureau d'icelle pour deliberer sur la resignation que Monsieur Loysel, l'ung des Conseillers de ladicte Ville, a faicte de sondict office de Conseiller de Ville au proffict de noble homme Monsieur Marescot, conseiller du Roy et maistre des Requestes ordinaire de son hostel, son beau-frere,

Sont comparuz :

Monsieur Sanguyn, seigneur de Livry, conseiller au Parlement, Prevost des Marchans;

Monsieur Perrot, Monsieur de La Noue, Monsieur Poussepin, Monsieur Fontaine, Eschevins;

Monsieur le President de Marly, Monsieur Aubry, maistre des Requestes, Monsieur Palluau, Monsieur Le Prestre, Monsieur Amelot, Monsieur Le Tonnellier, Monsieur Arnault, Monsieur Lamy,

Monsieur de St Germain, s^r de Ravines, Conseillers de Ville.

La compagnie estant assemblée, mondict s^r le Prevost des Marchans a remonstré que le dict s^r Loysel a passé deux procurations pour la resignation de sondict office de Conseiller de Ville, l'une pure et simple et l'autre en faveur dudict sieur Marescot qui desire y estre reçeu, priant la compagnie en voulloir deliberer.

Sur quoy, lecture faiete desdictes deux procurations passées par devant Chauvyn et Lenoir, nottaires, le vingt huictiesme septembre mil six cens unze, a esté deliberé, conclud et arresté admettre, comme de faict la compagnie a admis et admet, ladicte resignation et ordonné que ledict sieur Marescot sera presentement receu audict office de Conseiller de la Ville au lieu du s^r Loysel.

Et à l'instant a esté mandé en ladicte assemblée icelluy sieur Marescot, auquel a esté faict entendre la resolution de la compagnie, et d'icelluy a esté pris et receu le serment en tel cas requis et accoustumé, mesmes a esté mis et installé en possession d'icelluy office.

Ensuict la teneur desdictes procurations :

«Pardevant les nottaires garde nottes du Roy nostre sire au Chastellet de Paris soubz signez, fut present en sa personne Monsieur Me Guy Loisel, conseiller du Roy en sa cour de Parlement et Conseiller de ceste ville de Paris, lequel a faict et constitué son procureur.................. auquel il a donné pouvoir et puissance de, pour luy et en son nom, resigner sondict office de Conseiller de Ville es mains de Messieurs les Prevost des Marchans et Eschevins de ceste Ville et tous autres ayans à ce pouvoir et ce pour et au nom et au proffict de Monsieur M^e [Guillaume] Marescot, conseiller du Roy et maistre des Requestes ordinaires de son hostel, et non d'autre, consentir et accorder touttes lettres de provisions et autres à ce necessaires luy en estre expediées et delivrées, et generallement faire en outre tout ce qu'au cas appartiendra, pareillement et tout et ainsy que si led. s^r constituant present en personne y estoit, jaçoit que le cas requist mandement plus special. Promettant, etc., obligeant, etc. Faict et passé es estudes des nottaires soubz signez, le vingt huictiesme jour de Septembre mil six cens unze.»

Signé : «Guy Loysel, Chauvin» et «Lenoir».

«Pardevant les nottaires et garde-nottes du Roy nostre sire au Chastellet de Paris soubz signez, fut

---

[1] Nous avons vu plus haut (n°s LXXIV et XCIX) comment Guillaume Marescot, après avoir possédé quelque temps l'office de Conseiller de Ville, le résigna à son beau-frère Gui Loisel, qui devait, si peu après, le lui rétrocéder.

present en sa personne Monsieur M° Guy Loysel, conseiller du Roy en sa cour de Parlement et Conseiller de ceste ville de Paris, lequel a faict et constitué son procureur...................... auquel il donne pouvoir et puissance de, pour luy et en son nom, resigner sondict office de Conseiller de Ville es mains de Messieurs les Prevost des Marchans et Eschevins d'icelle, pour en pourvoir telle personne qu'ilz verront bon estre, consentir et accorder touttes lettres de provisions et autres à ce necessaires en estre expediées au nom de qui bon leur semblera, et generallement faire en oultre tout ce qu'au cas appartiendra, pareillement et tout ainsy que sy ledict sieur constituant present en personne y estoit, jaçoit que le cas requist mandement plus special. Promectant, etc., obligeant, etc. Faict et passé es estudes des nottaires soubz signez, le vingt huictiesme jour de Septembre mil six cens unze.»

Signé : «Guy Loysel, Chauvin, Lenoir».

CLVIII. — Touchant la rupture
des roches du pont de Samois.
1ᵉʳ juin 1612. (Fol. 471.)

«Le Presvost des Marchans et Eschevins de la ville de Paris qui ont veu la requeste presentée au Roy et à nosseigneurs de son Conseil par Nicolas de Boncourt, bourgeois de Paris, contenant les offres qu'il faict d'arracher ou tellement diminuer les deux roches estans dans la riviere, appellées les Roches de Montereau et Samois, qui empeschent grandement à la navigation, et rendre ladicte navigation toutte libre auxdictz endroictz dedans trois ans, moyennant et à la charge que suivant le consentement desdictz marchans et voicturiers il luy soit permis de lever sur chacun basteau de la longueur de dix thoises soixante solz tournois, sur les basteaulx de unze, douze, treize, quatorze thoises et au dessus, quatre livres dix solz, sur les basteaulx foncetz [1], six livres, sur ceulx de sept, huiet, neuf thoises et au dessoubz, quarente solz, sur les baricquelles, passechevaulx [2] et autres basteaulx plus petitz portants marchandises, vingt solz, le tout pour une fois seullement, et à ceste fin, seroient lesdictz basteaulx marquez pour eviter toutte confusion; plus luy permettre de faire lever pendant six années sur chacune flotte de bois carré, six livres, sur celle de bois à brusler, bois merrien, eschallatz et lattes, quatre livres, dont il auroit ung bureau à Melun pour faire ladicte levée, ainsy qu'il est au long contenu en ladicte requeste ordonnée estre communicquée à ladicte Ville par arrest estant au bas d'icelle du huictiesme Mars dernier. Veu aussy une requeste et ung certifficat signez de plusieurs marchants et voicturiers hentans et frequentans les rivieres de Seyne et Yonne, contenans leurs plainctes et remonstrances des perilz, inconveniens et incommoditez que icelles roches apportent à ladicte navigation, consentans lesdictes levées cy dessus estre faictes sur eulx, le tout attaché à lad. requeste.

«Et apres avoir mandé au Bureau de la Ville les maistres des pontz de ceste Ville et plusieurs marchans et voicturiers ausquelz lesdictes pieces cy dessus ont esté communicquées, qui nous ont dict et rapporté que, non seullement lesdictes deux roches nuisent grandement à ladicte navigation, mais aussy plusieurs pierres et graviers estans dans les arches dudict pont de Samois [3], qu'il est fort necessaire d'oster avec lesdictes roches; mais que les demandes que faict ledict de Boncourt sont par trop excessives : sont iceulx Prevost des Marchans et Eschevins d'advis que lesdictes deux roches soient rompues et ostées, ensemble les pierres, gravois et encombremens estans dans lesd. arches du pont de Samoys, et pour ce faire qu'il soit publié, tant sur les lieux que en ceste Ville, ladicte besongne estre à faire, pour en estre payez sur les basteaulx seullement au rabaiz et moings disant, tant pour le temps de ladicte levée que des sommes qui seront ainsy mises sur chacun basteau, dont l'adjudication et rabais seront faictz au Bureau de ladicte Ville, et sans permettre qu'il soit faict aucune levée sur les flottes de bois carré à brusler, merrien ny eschallatz, ne pouvant lesdictes roches nullement empescher l'avallage desdictes flottes ny trains, joinct que les marchans de bois flotté n'ont signé ladicte requeste ny certifficat [4].

«Faict au Bureau de la Ville, le premier jour de Juin mil six cens douze [4].»

CLIX. — Lettre missive à Monsieur le Chancelier
touchant les trente solz.
2 juin 1612. (Fol. 473.)

«Monseigneur, ce jourd'hui sont venuz au Bureau de la Ville les maistres et gardes de la marchandise de vins, suiviz d'un grand nombre de bourgeois, nous advertir que, suivant l'affiche qui a esté publiée, l'on doibt adjuger la ferme des trante solz pour muid de vin entrant en ceste Ville, mardy prochain, afin

---

[1] Nom qu'on donnait à des bateaux fort longs employés surtout en Normandie et en Picardie, sur la Seine et l'Oise, pour remonter jusqu'à Paris. On en construisait qui avaient 27 toises de long (Dictionnaire de Trévoux).

[2] Bateaux pour passer les chevaux.

[3] Samois, au canton de Fontainebleau, sur la lisière de la forêt, possède un port assez important.

[4] L'affaire resta en suspens, car on voit, deux ans plus tard, le Bureau appelé à donner son avis sur de nouvelles offres faites pour la même entreprise.

de vous faire noz requestes et supplications pour lever ladicte imposition. Il vous peult souvenir, Monseigneur, qu'il y a environ un an et demy, sur les prieres tant de ladicte Ville que de tous les autres marchands de vins pour lever lesdictz trente solz, vous distes qu'il estoit lors impossible, à cause que le bail n'estoit parachevé et que les fermiers demanderoient de grandz dommages et interetz et qu'il falloit avoir patience. A present que ledict bail doibt bientost expirer, nous vous renouvellons, au nom de loutte la Ville, noz prieres, considerant que pour l'abondance des vins, l'on n'en tiendra compte, et qu'il y aura des vins de certains endroictz, lesquelz estant amenez par le paysant ou marchans forains, seront contrainctz de quicter et habandonner leurs vins pour les fraiz et impositions qui sont extremement grandz, les voictures estans augmentées, les fustailles, sallaires et labeur des mercenaires, et soixante cinq solz d'entrée. Vous supplient tres humblement, continuant les biens et faveurs que vous avez accoustumé de faire à ladicte Ville, voulloir faire lever icelle imposition. Et pour vous en faire l'humble requeste et à nosseigneurs du Conseil, nous renvoyons le s⟨r⟩ Poussepin, l'ung de nous Eschevins, par nous député à ceste fin, ensemble pour autres affaires de ladicte Ville qui vous representera. Ce sera continuation des obligations que noz concitoyens vous auront et augmentation de benedictions. Et nous demeurerons en noz particuliers,

«Monseigneur,

«Voz tres humbles et obeissans serviteurs, les Prevost des Marchans et Eschevins de la ville de Paris.

«Du Bureau de l'Hostel de la Ville, ce deuxiesme Juin 1612.»

Aultant de la presente a esté envoyé à Monseigneur le Chancelier estant à Fontainebleau.

CLX. — Résignation
DE L'OFFICE DE PROCUREUR DU ROY DE LA VILLE
FAICTE PAR MONSIEUR PERROT À MONSIEUR D'ESBLY,
SON GENDRE, À CONDITION DE SURVIVANCE,
AVEC LA RECEPTION D'ICELLUY.

5 juin 1612. (Fol. 475 v°.)

«Monsieur le President de Marly, plaise vous trouver, mardy prochain, quatre à cinq heures de relevée, en l'assemblée generalle qui se fera en l'Hostel de la Ville pour deliberer sur la resignation à survivance de M⁰ Pierre Perrot, Procureur du Roy de ladicte Ville, entend faire de sondict office de Procureur pour, au nom et au proffict de noble homme M⁰ Estienne Charlet, sieur d'Esbly, son gendre[1]. Vous priant n'y voulloir faillir.

«Faict au Bureau de ladicte Ville, le samedy deuxiesme jour de Juin mil six cens douze.

«Les Prevost des Marchans et Echevins de la ville de Paris, tous vostres.»

Pareil envoyé à chacun de Messieurs les Conseillers de la Ville.

De par les Prevost des Marchans et Eschevins de la ville de Paris.

«Sire Jehan Le Conte, Quartinier, trouvez vous avec deux notables bourgeois de vostre quartier, mardy prochain, quatre à cinq heures de relevée, en l'Hostel de la Ville, pour deliberer sur la resignation à survivance que M⁰ Pierre Perrot, Procureur du Roy de la Ville, entend faire de sondict office de Procureur pour, au nom et au proffict de noble homme Monsieur Estienne Charlet, sieur d'Esbly, son gendre. Sy n'y faictes faulte.

«Faict au Bureau de ladicte Ville, le samedy deuxiesme jour de Juin mil six cens douze.»

Pareil envoyé à chacun desdictz sieurs Quartiniers.

Du mardy cinquiesme jour de Juin mil six cens douze.

En l'assemblée de Messieurs les Prevost des Marchans, Eschevins, Conseillers et Quartiniers de ladicte Ville, et deux bourgeois de chascun quartier mandez, ledict jour tenue en l'Hostel d'icelle pour deliberer sur la resignation à survivance que Maistre Pierre Perrot, Procureur du Roy de la Ville, entend faire de sondict office de Procureur pour, au nom et au proffict de noble homme M⁰ Estienne Charlet, sieur d'Esbly, son gendre,

Sont comparuz:

Monsieur Sanguyn, seigneur de Livry, cons⁽ᵉʳ⁾ au Parlement, Prevost des Marchans;

Monsieur Perrot, Monsieur de La Noue, Monsieur Poussepin (absent), Monsieur Fontaine, Eschevins;

---

[1] Étienne Charlet, sieur d'Esbly, des Garennes et de Tourvoye, conseiller au Parlement depuis le 12 août 1606, était fils de François Charlet, successivement conseiller au Parlement de Rennes et au Parlement de Paris, puis maître des Requêtes. (*Généalogies manuscrites de Chassebras*, et F. Saulnier, *Parlement de Bretagne*, I, 420.) Sa mère était Barbe Le Picart, qu'on voit, le 20 mai 1611, solliciter du Bureau un alignement pour la reconstruction d'un moulin qu'elle possédait, en raison de la seigneurie d'Esbly, sur un bras de la rivière du Morin. (*Arch. nat.*, Z¹ᵐ 380.) Étienne Charlet avait épousé Catherine Perrot, qui mourut en 1665; lui-même mourut au mois de juillet de l'année suivante, et tous deux furent enterrés aux Grands-Augustins.

Monsieur le President de Marly, Monsieur le President de Bragelongne, Monsieur Palluau, conseiller, Monsieur Perrot, Monsieur Le Prestre, Monsieur Le Clerc, Monsieur Amelot, Monsieur Le Tonnellier, Monsieur Arnauld, Monsieur Amy, Monsieur Abelly, Monsieur de St Germain, s^r de Ravynes, Conseillers de la Ville.

Quarteniers et bourgeois mandez

Sire Jehan Le Conte :

  Sire Jacques Beaussàult,
  Le sire Jehan Boulger.

Sir François Bonnard :

  Monsieur Tanneguy, advocat (absent),
  Le sire Goujon, marchant (absent).

Me André Canaye :

  Le s^r Baudichon,
  Le s^r Roullier (absent).

Sire Nicolas Bourlon :

  Mr Bourlon, greffier des Comptes[1],
  Monsieur Roussel (absent).

Me Jacques Huot :

  Monsieur Bourlon, tresorier,
  Le sire Hersant.

Sire Claude Parfaict :

  Le sire Le Gros,
  Le sire Cagnet.

Me Guillaume du Tertre :

  Mr Tarteron,
  Monsr Olin.

Sire Jacques Beroul :

  Le sire Frison,
  Le sire Passart.

Sire Michel Passart.

Sire Anthoine Andrenas :

  Le sire Dubois,
  Le sire Robert.

Me Robert Danès :

  Le sieur Messier,
  Le sieur Motelet.

Sire Simon Marces :

  Le sire Lecourt,
  Le sire Benoiste.

Sire Jacques de Creil :

  Monsieur Neret,
  Le sieur Drouet.

Sire Jacques de Monthers :

  Monsieur de Vailly,
  Monsieur Amaury, commissaire des guerres.

Sire Jehan Leclerc[2] :

  Le sire Le Juge,
  Le sire Le Bé (absent).

Sire Denis de St Genis ·

  Le sire Philippes,
  Le sire Ducloz.

La compagnie estant assemblez, s'est presenté ledict Me Pierre Perrot, qui a presenté sa requeste, dont a esté faict lecture par le Greffier de ladicte Ville, de laquelle requeste la teneur ensuict :

A Messieurs les Prevost des Marchans et Eschevins de la ville de Paris.

«Supplie humblement Pierre Perrot, Procureur du Roy et de ladicte Ville, comme il y ayt trente trois ans qu'il a esté par vous pourveu et receu en ladicte charge, depuis lequel temps il a tousjours exercé

---

[1] Jean Bourlon, greffier en chef de la Chambre des Comptes depuis 1607.

[2] Ici encore se présentent deux nouveaux noms de Quartiniers, Jean Le Clerc et Denis de Saint-Genis, qui remplacent sur la liste, telle que nous l'avons vue constituée aux élections de 1611, les noms d'Étienne Collot et de Pierre Huot. Ces deux noms nouveaux apparaissant en même temps, on n'aurait su dire auquel des deux anciens Quartiniers les nouveaux titulaires avaient respectivement succédé et à quel quartier par conséquent ils étaient préposés, si une liste des officiers de la milice, dressée en 1620, époque à laquelle Le Clerc et de Saint-Genis étaient encore en exercice, ne nous fournissait des éléments suffisants pour cette détermination. Le quartier de Le Clerc, en 1620 (*Arch. nat.*, H 1799, fol. 495), comptait parmi les officiers de la milice les sieurs Pietre et Desprez, avocats, Sonyn, libraire, Gamard, Boucher, de la Barre, de Grieu, Charbonnières, Pasquier de Bucy, Boulay, Lefebvre, procureur au Châtelet, Perier, de Gravelle et du Pré, qui, d'après le rôle de 1610, publié en tête de ce volume, occupaient déjà les grades de capitaines, lieutenants ou enseignes dans le quartier Sainte-Geneviève, administré alors par Philippe Marin et depuis par Pierre Huot; c'est donc de ce même quartier Sainte-Geneviève que Jean Le Clerc était Quartinier, et c'est à Pierre Huot qu'il avait succédé. Il en résulte forcément que Denis de Saint-Genis avait, lui, remplacé Étienne Collot au quartier Saint-Gervais, et cette conclusion est confirmée par le rôle de la milice de 1620 (H 1799, fol. 504 v°), où l'on retrouve, parmi les noms des officiers, ceux de Poussepin, d'Amaulry, receveur du domaine, de Quincquaire, marchand de vin, et de Delafosse, qui figuraient déjà sur le rôle de 1610 pour le quartier de Collot.

au gré et contantement du Roy, de la Ville et de la chose publicque, et à present desireroit, soubz vostre bon plaisir, resigner sondict office, comme de faict il le resigne par ces presentes pour, au nom et au proffict de noble homme Maistre Estienne Charlet, sieur d'Esbly, son gendre, à condition de survivance et non aultrement. Ce consideré, mesdictz sieurs, et en consideration de ses longs et laborieux services, et que telles resignations ont tousjours esté admises, joinct qu'elle est favorable et faiete de beau pere à gendre, il vous plaise admettre ladicte resignation et recevoir ledict sieur d'Esbly au serment accoustumé dudict office et l'installer et mettre en possession, le tout à lad. condition de survivance. Et ledict suppliant continuera le service qu'il vous doibt et à ladicte Ville.»

Ce faict, s'estant ledict sieur Perrot retiré, mondict sieur le Prevost a remonstré que, desirant par icelluy sieur Perrot resigner sondict office, il avoit faict assembler la compagnie, requerant icelle en voulloir deliberer.

Et apres que, en la dicte assemblée, aucuns auroient desiré sçavoir comme l'on s'estoit gouverné par cy devant en pareil affaire et qu'il auroit esté representé les registres de la dicte Ville, où se seroit trouvé que es années mil quatre cens soixante cinq, mil cinq cens cinq[1], mil v° xxxv[2], m° v° lv[3], lxiiii[4] et lxxix[5] que les resignations de Procureur du Roy et de la Ville auroient esté admises avec pareilles et semblables convocquations d'assemblées[6], et l'affaire mise en deliberation, aucuns desdictz Conseillers auroient dict que, veu les exemples, il n'y avoit aucune difficulté et que, s'il n'y avoit aucune exemple, faudroit commancer par la personne dudict sieur Perrot, pour les longs et continuels services par luy faictz au Roy et à ladicte Ville, et pour les merites dudict sieur d'Esbly, son gendre, favorable tant pour sa personne que pour son extraction.

Et ce faict, tous unanimement et concordablement ont conclud et arresté admettre, comme de faict ladicte compagnie a admis et admet, lad. resignation à survivance faicte par ledict M° Pierre Perrot au proffict dudict sieur d'Esbly, et ordonné que ledict sieur d'Esbly sera presentement reçeu audict office dont il fera le serment accoustumé, mesmes sera mis et installé en possession d'icelluy.

Et à l'instant a esté mandé en ladicte assemblée ledict M° Estienne Charlet, sieur d'Esbly, auquel mondict sieur le Prevost des Marchans, en la presence de toutte l'assistance, a faict faire et prester le serment en tel cas requis et accoustumé, et a esté mis et installé en possession, tant en ladicte assemblée que au grand et petit Bureau, où il a esté mené et conduict par Messieurs les Prevost des Marchans et Eschevins[7].

---

[1] Bien que la collection des registres de délibérations de la Ville ne remonte qu'aux deux dernières années du xv° siècle, il est cependant exact de dire qu'on y trouve mention de la résignation à survivance faite en 1465 à Jacques Rebours par son père, qui était Procureur du Roi de la Ville. En effet, le 23 août 1505, quand ce Jacques Rebours résigna à son tour son office au profit de M° Jean Radin, il pria les Prévôt des Marchands et Échevins d'«avoir esgard que dès l'an mil iiii° lxv il s'est toujours employé es affaires de la Ville avec feu son pere, et depuis le temps d'icelluy jusques à present à l'exercice dud. office de Procureur general...» (*Registres du Bureau*, t. I, p. 111.)

[2] Résignation de Jean Benoise en faveur de Léonard Poart, son futur gendre. (31 décembre 1535. *Registres du Bureau*, t. II, p. 210.)

[3] Délibération du 29 août 1555 par laquelle la résignation d'Antoine Poart en faveur de Jérôme Angenoust, «son prochain parent», est admise «nonobstant la pretendue opposition de M° Jean Janotin, commissaire au Chastelet». (*Registres du Bureau*, t. IV, p. 381.)

[4] C'est en 1565 et non pas 1564 que Louis Dumoulin résigna son office de Procureur du Roi de la Ville en faveur de Claude Perrot, avocat au Parlement. Une assemblée de la Ville fut convoquée pour en délibérer, et bien que Dumoulin fût mort avant cette réunion et que sa résignation eût ainsi perdu sa valeur, l'assemblée tint compte de son désir et les votes se portèrent sur le candidat qu'il avait choisi. (13 octobre 1565. *Registres du Bureau*, t. V, p. 527.)

[5] Acceptation de la démission de Claude Perrot, qui venait d'être nommé maître des Requêtes de l'Hôtel, en faveur de son cousin, Pierre Perrot, celui-là même dont il s'agit dans le present registre. (5 mai 1579. *Registres du Bureau*, t. VIII, p. 192.)

[6] On peut encore citer l'assemblée réunie pour aviser sur la résignation de Léonard Poart au profit d'Antoine Poart, son frère, le 8 mars 1544. (*Registres du Bureau*, t. III, p. 29.) Mais ce qui se passa au moment où Jérôme Angenoust dut abandonner son office de Procureur de la Ville par suite de sa nomination comme conseiller au Parlement montre que la Ville réservait toujours ses droits et n'entendait pas laisser au Procureur la libre désignation de son successeur. En effet, le 14 novembre 1558, Angenoust ayant déclaré à l'assemblée de Ville «qu'il resignait sondict estat es mains de Messieurs au prouffit de M° Loys Dumoulin, present et acceptant, *et non autrement*, Messieurs ont advisé que la coustume estoit de faire pareilles resignations purement et simplement en leurs mains». Angenoust s'étant soumis, l'assemblée tint compte de son choix et nomma Louis Dumoulin pour son successeur. (*Registres du Bureau*, t. V, p. 11.)

[7] Charlet d'Esbly devait attendre quinze ans avant que la résignation à survivance qui venait d'être faite à son profit produisît son effet. Pierre Perrot continua en effet à remplir son office de Procureur du Roi de la Ville jusqu'au 15 juin 1627. A cette date, affaibli par la vieillesse et la maladie, il dut renoncer à l'exercice de sa charge et s'en désista par acte notarié en faveur de son gendre qui, le lendemain, rendit compte à la Ville de cette transmission de pouvoirs. Le Conseil de Ville ne pouvait que ratifier cette cession, puisque Charlet avait depuis longtemps été mis en possession de l'office à titre de survivance, et le jour même le gendre de Perrot entra en fonctions. (Arch. nat., H 1802, fol. 378 v° et 379.) Il les exerça jusqu'à la mort de son beau-père

«A tous ceulx qui ces presentes lettres verront Jacques Sanguin, seigneur de Livry, conseiller du Roy nostre sire en sa court de Parlement, Prevost des Marchans, et les Eschevins de la ville de Paris, salut. Comme sur la requeste à nous presentée par M° Pierre Perrot, Procureur du Roy de ladicte Ville, tendant à ce qu'il nous pleust admettre la resignation à survivance qu'il faisoit de sondict office, pour, au nom et au proffict de noble homme M° Estienne Charlet, sieur d'Esbly, son gendre, aurions envoyé mandement à Messieurs les Conseillers et Quartiniers de ladicte Ville, pour eulx trouver ce jourd'huy, avecq deux bourgeois de chascun quartier, en l'Hostel de ladicte Ville, affin de deliberer sur ladicte resignation. Ce qui auroit esté faict et en l'assemblée auroit esté arresté admettre, comme de faict ladicte resignation auroit esté admise, ce faisant, que ledict sieur d'Esbly seroit receu audict office de Procureur du Roy et de la Ville, à la condition de survivance, pour en jouir après la mort dudict sieur Perrot ou lorsqu'il luy en aura laissé l'exercice, et sans que par la mort du premier mourant l'on puisse dire, proposer ny alleguer ledict office estre vacquant ny impetrable, ains demeurera au survivant des deulx. Sçavoir faisons que nous en ensuivant ladicte resolution d'assemblée et en la presence desdictz sieurs Conseillers, Quarteniers et bourgeois, avons dudict M° Estienne Charlet, sieur d'Esbly, pris et receu le serment dudict office de Procureur du Roy et de la Ville, mesmes d'icelluy mis et installé en possession et saisine, en la maniere accoustumée, pour par luy en jouir aux honneurs, prœeminances, previlleges, franchises, libertez, gaiges, taxations, droictz, proffictz, revenuz et esmollumens accoustumez et andict office appartenant.

«Sy donnons en mandement par ces presentes au Receveur du domaine, dons et octroys de ladicte Ville present et advenir, que les gaiges, droictz de robbe, taxations et autres droictz, revenuz et esmoluments susdictz il baille, paye et delivre audict sieur d'Esbly, quant il echerra, en la forme et maniere qu'il est accoustumé, sans difficulté.

«En tesmoing de ce, nous avons mis à ces presentes le scel de ladicte Prevosté des Marchans. Ce fut faict et donné au Bureau de ladicte Ville, le mardy cinquiesme jour de Juin mil six cens douze.»

CLXI. — Reiglement pour la vente du bois et charbon.

6 juin 1612. (Fol. 474 v°.)

De par les Prevost des Marchans et Eschevins de la ville de Paris.

«Deffences tres expresses sont faictes à tous marchans de bois et charbon, tant de ceste Ville que forains, de doresnavant vendre leurs bois et charbon plus que le prix qui leur sera donné lors de l'arrivage, à peine de confiscation dudict bois et d'amande arbitraire, et à tous bourgeois et autres qui en achepteront, de le payer plus que ladicte taxe, à peyne aussy de confiscation dudict bois et charbon qu'ilz achepteront et d'amande arbitraire. Enjoignons aux jurez mousleurs de bois, mesureurs de charbon, d'advertir les bourgeois du prix desdictz bois et charbon, sans permettre qu'ilz en payent davantage, et nous venir advertir des contraventions pour y estre pourveu. Et à ce que personne n'en pretende cause d'ignorance, ordonnons que ces presentes seront publiées à son de trompe et cry publicq sur lesdictz portz.

«Faict au Bureau de ladicte Ville, le meccredy sixiesme jour de Juin mil six cens douze.»

CLXII. — Touchant la tour du Bois proche le Louvre.

6 juin 1612. (Fol. 475.)

«Les Prevost des Marchans et Eschevins de la ville de Paris, qui ont veu les lettres pattentes du Roy, données à Paris le vingtiesme jour d'Octobre dernier, signées : «LOUIS», et sur le reply : «par le Roy, la Royne regente sa mere, de Lomenye», addressantes à nosseigneurs de la Chambre des Comptes, par lesquelles Sadicte Majesté, pour les causes et considerations y contenues, a accordé à la veufve de feu Robert Mesnard, vivant marbrier ordinaire des bastimens de Sadicte Majesté, et à Alphonce et Pierre Mesnard, ses enfans, leur demeure et logement, leur vie durant, dans la tour du Bois[1] proche de la grande gallerie du Louvre, tout ainsy que

---

et quelques jours après, comme le montre la collection des sentences du Bureau sur requêtes où figurent des avis de lui, donnés le 16 et le 17 juin ainsi que le 2 juillet 1627 (*Arch. nat.*, Z¹ᵐ 384), mais il ne tarda pas à s'apercevoir que ses devoirs de conseiller au Parlement ne pouvaient guère se concilier avec les obligations d'une charge qui «merite ung homme tout entier pour s'en acquitter fidellement». Dès le 15 juillet, il démissionna en faveur de Gabriel Payen, président en l'Élection, qui fut accepté par la Ville en qualité de Procureur du Roi de la Ville (*Arch. nat.*, H 1802, fol. 404 et suiv.).

[1] Cette tour, élevée le long de la Seine près de la porte Neuve, marquait de ce côté la fin de l'enceinte de Charles V. Elle devait son nom à une fortification en charpente qui lui était adossée autrefois : «tour auprès de laquelle souloit avoir ung chastel de bois», dit un titre de 1486. (Berty, *Région du Louvre et des Tuileries*, t. I, p. 174).

jouissoit ledict feu Mesnard, sans que en la jouissance d'icelle tour et ce qui en deppend ilz puissent estre troublez ny empeschez par qui et pour quelque cause et occasion que ce soit, ordonné leur estre communicqué par arrest de nosseigneurs de la Chambre des Comptes.

«Declarent qu'ilz empeschent l'entherinement des lettres, d'autant que ladicte tour appartient et est des deppendances du domaine de la Ville, et supplient tres humblement mesdictz sieurs des Comptes ne voulloir procedder à lad. verification.

«Faict au Bureau de la dicte Ville, le sixiesme jour de Juin mil six cens douze.»

CLXIII. — Touchant l'extraict des amandes demandé au Greffier de la Ville.

13 juin 1612. (Fol. 481 v°.)

«M⁰ Guillaume Clement, Greffier de l'Hostel de ceste Ville de Paris, assigné pardevant Monsieur Dollé, conseiller du Roy en ses conseils d'Estat et privé, à la requeste de François Guerin, sieur de La Poincte, et Anthoine Hervé, bourgeois de Paris, affin de delivrer les extraictz des amandes et confiscations adjugées audict Hostel de la Ville,

«Dict et remonstre audict sieur Dollé, que, en ce qui luy concerne en son particullier, il se fault addresser à Messieurs les Prevost des Marchans et Eschevins, et ne peult delivrer aulcuns extraictz desdictes amandes sans leur commandement. Et partant requiert estre envoyé absoubz de ladicte assignation.

«Plus remonstre ledict Clement pour lesdictz sieurs Prevost des Marchans et Eschevins, ayant charge et soy faisant fort pour eulx, qu'ilz ne sont tenuz de delivrer ledict extraict des amandes ausdictz Guerin et Hervé, et empesche qu'il leur soit baillé ny à autres. D'autant que, par les ordonnances de ladicte Ville verifiées où besoing a esté, la moictié desdictes amandes qui s'adjugent audict Hostel de la Ville appartient à ladicte Ville, et dont elle a de tout temps immemorial jouist paisiblement, et l'autre moictyé appartenant au Roy. Laquelle moictyé du Roy Leurs Majestez, de regne en regne, ont tousjours donné à ladicte Ville pour subvenir à la despence et aux necessitez d'icelle[1], dont le Receveur de ladicte Ville en a compté et en compte de deux ans en deux ans pardevant nosseigneurs de la Chambre des Comptes, et que les dernieres lettres de don desdictes amandes sont du Roy à present regnant, signées en commandement, «DE LOMENIE»,

dattées du [trentiesme] jour de [novembre] mil six cens unze, verifiées en la Chambre des Comptes. Et partant lesdictz Guerin et Hervé et tous autres ne peuvent pretendre aulcunes choses ausdictes amandes ny confiscations. Et prenant la cause pour ledict Clement, requiert estre envoyé absoubz de ladicte assignation. Desquelles dernieres lettres de don, [les-]quelles sont relatifves [2] d'autres precedentz, a esté baillé coppie ausdictz Guerin et Hervé.»

Le treiziesme Juin mil six cens douze autant des presentes, signées de moy, a esté baillé audict Hervé pour faire bailler au sieur Dollé.

CLXIV. — Messieurs de la Ville sont allez en l'assemblée du Clergé, aux Augustins.

18 juin 1612. (Fol. 483.)

Le lundy dix huictiesme jour de Juin mil six cens douze, sur les dix heures du matin, Messieurs les Prevost des Marchans et Eschevins et le Greffier de ladicte Ville sont allez en l'assemblée de Messieurs du Clergé de France, sceant aux Augustins[3], où estans, leur a esté baillé place et scéance, en laquelle assemblée presidoit Monsieur le cardinal de Sourdis. Et apres leur avoir faict la reverance par Messieurs de la Ville, se sont plainctz à eulx du deffault et manquement que faisoit M⁰ François de Castille, leur receveur, du payement des rentes du Clergé, au prejudice de tous les particulliers rentiers ; que la Ville justifieroit qui luy estoit deub par ledict Clergé depuis le renouvellement du dernier contract, qui fut au mois de mars mil six cens six, plus de deux millions six cens mil livres tournois ; qu'il n'y avoit aucune apparence de le souffrir ; qu'il n'y avoit si petit beneficier qui ne payast entierement sa cotte part et sa taxe des decimes, et neanlmoings ledict de Castille payoit sy mal, car au lieu de payer par luy par chacun an à ladicte Ville la somme de douze cens six mil livres, que ledict Clergé est tenu payer pour lesdictes rentes, il ne payoit par chascune sepmaine que vingt mil livres, qui est seullement ung million quarante mil livres par an ; et par consequent redevable par chascun an de cent soixante et six mil livres, outre l'année qu'il faict tousjours anticipper l'une sur l'autre, qui est à dire que des deniers de l'année mil six cens six, il n'en a payé que l'année six cens sept, et ainsy à la suitte, qui est cause que le publicq n'est payé gueres

---

[1] Voir pour cette question le tome XIV des *Registres du Bureau*, p. 233, note 3.
[2] Dans le sens de «qui relatent». L'original de ces lettres est conservé aujourd'hui aux Archives nationales sous la cote K 962, n° 31.
[3] Assemblée tenue pour l'audition des comptes du Clergé. La relation des démarches faites auprès d'elle par les Prévôt des Marchands et Eschevins, le 18 juin et le 13 juillet, est insérée dans la *Collection des Procès-Verbaux*, t. II, p. 38.

plus que de trois quartiers l'année, dont ilz reçoivent infinies plainctes. C'est pourquoy, ilz supplient ladicte assemblée d'y remedier et de faire bailler à ladicte Ville à l'advenir vingt quatre mil livres tournois par chascune sepmaine, et outre payer ce qu'ilz doibvent du passé; autrement, seront contrainctz de renouveller leurs plainctes au Roy, et à nosseigneurs de son Conseil. A quoy ledict sieur de Sourdis a faict responce qu'il avoit entendu dire que jamais la Ville n'avoit esté si bien payée qu'elle avoit esté depuis six ans et s'estonnoit comment il seroit deub si grandes sommes; que leur assemblée estoit apres à oyr les comptes dudict de Castille, receveur, et fera en sorte de donner contantement à ladicte Ville, et sur ce, mesdictz sieurs de la Ville ont pris congé et s'en sont retournez.

CLXV. — Lettre à Monsieur le Chancellier pour l'imposition des xxx solz.
22 juin 1612. (Fol. 484.)

«Monseigneur,

«C'est comme ung impossible à la ville de Paris d'amplement vous remercier des biens, graces et faveurs que journellement elle reçoit de vous et principallement et ressentement en ce qui est de l'imposition des trente solz tournois pour chascun muid de vin où, sur les remonstrances du sieur Poussepin, l'ung des Eschevins par nous envoyé en court, embrassant la cause et le bien du publicq, vous vous y estes monstré sy affectionné que nous esperons que par vostre moyen il sera diminué. Nous avons appris que dedans peu de jours l'on doit faire au Conseil l'adjudication de ladicte impositiont Nous vous supplions, Monseigneur, en continuan le zele et l'affection que portez au publicq, que par vostre autorité il se ressente des fruictz de vostre continuelle bienveillance, qui sera une descharge generalle au publicq qui le tiendra de vous, et une obligation que tous, et nous en particullier, vous auront. Nous avons aussy trop de subject de vous remercier tres humblement des deux arrestz qu'il vous a pleu nous faire expedier, l'ung pour ce qui concerne les vIII^m IX^c LVI^{lt} tournois que la Ville estoit tenue faire porter à l'espargne, et l'autre pour le bois venant de Normandye à Paris[1].

«Nous prierons Dieu,
«Monseigneur,
«Qu'il vous maintienne en sa sainete et digne garde.
«Du Bureau de la Ville, le xxII^{me} Juin mil vi^c douze.

«Voz tres humbles et obeissantz serviteurs, les Prevost des Marchans et les Eschevins de la Ville de Paris.»

Pareille envoyée à Monseigneur le Chancellier estant à Fontainebleau.

CLXVI. — Touchant le pont neuf du port Sainct Paul.
19-20 décembre 1611-22 juin 1612. (Fol. 485.)
[*Pour la construction du pont Marie.*]

«De l'ordonnance de nosseigneurs du Conseil d'Estat, datté du neufiesme jour de Novembre mil six cens unze, signée «de Flecelles», escripte au bas de certains articles presentez au Roy et à nos seigneurs de son Conseil par Christophe Marie pour la construction d'ung pont de bois à faire proche le port St Paul, et suivant le commandement verbal à nous faict par Messieurs les Tresoriers de France, generaulx des finances, Prevost des Marchans et Eschevins de la ville de Paris, nous, Louis Marchant, Maistre des oeuvres de maçonnerie des bastimens du Roy, Augustin Guillain, Maistre des oeuvres de ladicte Ville, stipullant pour Pierre Guillain son pere à cause de l'indisposition de sa maladye, Symon Harnier, juré pour le Roy aux oeuvres de charpenterie et commis du sieur Fontaine à l'exercice de M^e des oeuvres de charpenterie de Sa Majesté, Jullien Pourrat, M^e des oeuvres de charpenterie de ladicte Ville, Nicolas Bourguillot, Nicolas Raince, maistres des pontz, Guillaume Passart, bourgeois de Paris, Jehan Presle, marchant et voicturier par eaue, demourant à Paris, Claude Bregeon, aussy marchant voicturier par eaue, demourant à Nogent sur Seyne, Jacques et Mathurin Nivet, marchands voicturiers par eaue demourants à Paris, et Pierre Quiguard, aussy voicturier par eaue demourant à Paris, et Pierre Pannier, aussy marchant voicturier par eaue demourant à Chastean Thierry, les dix neuf et vingtiesmes jours de Decembre audict an mil six cens unze, sommes transportez en et sur le quay dudictz port St Paul et jusques au port au Foing, pour, suyvant ladicte ordonnance dessus dattée et commandement à nous faict, voir et visiter et donner advis sur la comodité ou incommodité de la construction et ediffication dudict pont, et le lieu où il doibt estre assiz et planté pour l'utilité publicque. Lesquelz nous avons veuz et visitez et exactement recogneuz et considerez, et avons trouvé estre d'advis de nous, Marchant et Harnier, que lesdictz pontz se peuvent commodement faire bastir et planter d'ung droict allignement à prendre, sçavoir

---

[1] Arrêt du 14 juin 1612 relatif à la saisie d'un bateau de bois opérée à Rouen (*Arch. nat.*, E 36^a, fol. 108).

à commancerau port au Foing, venant abbouttir vis à vis à l'autre port de la Tournelle, tirant vers la rue St Bernard, pour ce que, le faisant au droict de la rue des Nonnains d'Ierre ainsy qu'il est representé par le desseing, il y auroit plus de trois cens mil livres de recompense à faire à l'occasion d'une grande tranche de rue qu'il fauldroit traverser depuis la rue de Jouy jusques à la rue St Anthoine, joinct qu'il n'y a nulle advenue comme il y a au port au Foing. Et pour ce qui est de l'utilité publicque, ledict pont est fort necessaire, tant pour la decoration de la Ville, qui servira de descharge au pont Nostre Dame et au Pont Neuf, et commodité des harnois qui pourront passer journellement sur ledict pont, tant de l'Université que du quartier de la rue St Anthoine. Et oultre, nostre advis est et disons que, pour le service du Roy que du publicq, qu'il seroit plus sceant et proffitable, si Sa Majesté le veult, que ledict entrepreneur avec ses associez facent, au lieu dudict pont de bois, ung pont de pierre au droit du cours du costé du port au Foing seullement, qui seroit beaucoup une plus belle decoration à l'abbord d'une si grande ville, que d'une grande durée au pris dudict pont de bois pour resister contre les glaces et autres choses qui se pourroient presenter contre. D'aultant que si les glaces arryvoient ainsy que on les a jà venes par le passé, ledict pont venant à se rompre par l'impetuosité d'icelles glaces, apporteroient ruyne tant des autres ponts que aux habitans et particulliers d'icelle Ville. Trop bien si Sa Majesté veut et entend que ledict pont de bois soit faict, en consideration de la grande diligence que l'on pourroit apporter, et pour les coustz, nostre advis est qu'il est necessaire que lesdictz entrepreneurs ayent ung rapport faict par les maistres expertz, tant pour la maçonnerie que charpenterie, de la qualité requise pour y travailler fidellement, tant pour la seureté du public que pour le service du Roy et proffict dudict entrepreneur ; et iceluy entrepreneur, tenu l'entretenir à jamais, lny et les siens ayans cause. Et quand aux mouslins mentionnez par lesdictz articles, nostre advis est qu'il ne s'en peult faire, du costé du cours du port au Foing, à l'occasion des basteaux, mais bien s'en peult faire du costé de l'autre cours, sans aucune incommodité.

«Et tout ce certiffions estre vray, tesmoing noz seings cy mis, les an et jour dessus dictz.» Ainsy signé en la minutte estant par devers moy soubz signé : «Marchant» et «Harnier».

«Et nous Guillain, Pourrat, Bourguillot, Raince, Passart, Presle, Bregeon, Nivet, Everard, Quinard et Pannier, apres avoir recogneu les lieux où ledict entrepreneur desire faire et entreprendre ledict pont, nostre advis est et disons que Sa Majesté soit supplyée par Messieurs les Tresoriers generaulx de France et Messieurs les Prevost des Marchans et Eschevins de la ville de Paris ne voulloir permettre qu'en iceluy lieu soit faict aulcun pont, consideré la ruyne tant des pontz de costé et d'autre, que perte des marchandises, basteaulx et personnes ; joinct aussy la grande desserre qui arryve annuellement et les obstacles qui de longtemps ont esté faictz en riviere ; attendu mesmes la necessité du grand lieu pour le reflux au temps des haultes eaues, lesquelles montent cinq à six piedz au dessus des isles : en quoy faisant le reflux seroit plus grand.

«Et tout ce certiffions estre vray, tesmoing noz seings cy mis les an et jour dessusdictz.» Signé : «Guillain.»

«Et quand aux autres de l'advis dudict Guillain ont signé en la minutte estant par devers moy soubz signé : Le Proust.»

A Messieurs les Prevost des Marchans et Eschevins de la ville de Paris.

«Supplie humblement Christofle Marie, bourgeois de Paris, disant que pour le bien, utilité et comodité du publicq, il s'est offert de faire bastir et construire ung pont de bois sur la riviere au quartier de St Paul, qui traversera jusques vers la Tournelle, dont il auroit faict des articles par luy presentez au Roy et à nosseigneurs de son Conseil, le neufiesme Novembre mil six cens unze, lesquelles Sa Majesté auroit ordonné vous estre communicquées et à Messieurs les Tresoriers generaulx de France pour donner advis à Sa Majesté sur la comodité ou incomodité de ladicte construction, ce qui auroit esté faict. Mesmes de vostre ordonnance et desdictz sieurs Tresoriers, visitation a esté faicte, en voz presences, par les Maistres des oeuvres de maçonnerie et charpenterie du Roy et de la Ville, les maistres des pontz et quelque peu des voicturiers, et par Guillaume Passart, qui auroient faict leur rapport, et par icelluy aulcuns sont d'advis de ladicte construction et les autres, qui sont en plus grand nombre, n'en sont d'advis, mais il vous plaira considerer, Messieurs, que la plus part de ceulx qui n'en sont ainsy d'advis y ont ung interest particulier, lequel ils preferent au bien publicq : en premier lieu ledict Passart, qui tient la pesche et guydeau de la grande arche du pont Nostre Dame [1], y a grand interest,

---

[1] Dès 1593, Guillaume Passart était adjudicataire de cette pêcherie (*Registres du Bureau*, t. X, p. 345). Le «guideau» dont il est ici question est une sorte de filet en forme de sac qu'on tend au travers de la rivière (Littré, *Dictionnaire*).

parcèque, sy ledict pont est construict, ledict suppliant doit y avoir droict de guydeau et de pesche, qui diminueroit celle dudict Passart; que l'ung desdictz maistres des ponts est passeur d'eane[1], tous les quelz passeurs d'eaue empeschent ladicte construction comme estant la ruyne de leurs charges. Et quand aux voicturiers, ilz vouldroient qu'il n'y eust jamais de pont, pour mieulx avaller ou monter leurs basteaulx. Mais que sy vingt ou trente bons bourgeois ou marchans tels qu'il vous plaira choisir, et plus grande quantité sy voullez, estoient appellez pour en donner leur advis, sans doubte ilz consentiroient ladicte construction. Et est tout certain par le bruict commun de la Ville que, de cent voix l'une, il ne se trouvera qui l'empescheront. Ce consideré, Messieurs, et attendu ce que dessus de la grande commodité que le publicq en recevra, il vous plaise ordonner que, aulx fraiz et despens dudict suppliant, nouvelle visitation sera faicte desdictz lieux, par vingt, trente ou tels autres nombres de bons bourgeois et marchans de ceste Ville, non suspectz et n'y ayant interest particulier, qu'il vous plaira nommer ou que le suppliant vous nommera, sur la commodité ou incommodité de ladicte construction du pont; n'ayant assisté à la visitation jà faicte les marchans qui avoyent esté par vous nommez, et partant ledict rapport sera, et le requiert le suppliant, declaré nul. Et vous ferez bien.»

«Veu la presente requeste, sur ce oÿ le Procureur du Roy de la Ville et attendu que les marchans et bourgeois qui avoient esté nommez pour assister à la premiere visitation n'y ont assisté ne n'ont esté oïz par le rapport, avons ordonné que d'habondant nouvelle visitation sera faiete, en noz presences, sur la comodité ou incommodité de ladicte construction, et ce par dix bourgeois et marchans de ceste Ville qui seront presens et nommez d'office.

«Faict au Bureau de lad. Ville, le trantiesme jour de Janvier mil six cens douze.»

«L'an mil six cens douze, le lundy douzeiesme de Mars, sur les quatre heures de rellevée, Nous, Prevost des Marchans et Eschevins de la ville de Paris, estans au Bureau de ladicte Ville, s'est presenté Mᵉ Christofle Marie, bourgeois de Paris, qui nous a remonstré qu'il a entrepris de faire faire ung pont de bois sur la riviere, depuis le port Sᵗ Paul ou es environs jusques vers la Tournelle, ensemble des maisons dans l'isle Nostre Dame dont il a dressé le plan et articles qu'il a presentez au Roy et à nosseigneurs du Conseil, lesquelz auroient esté renvoyez par devers nous pour donner advis à Sa Majesté de la commodité ou incommodité de ladicte construction du pont; et ayant esté lesdictz lieulx visitez en noz presences, les dixneufiesme et vingtiesme jour de Decembre dernier, par certaines personnes, lesquelz ayans interrezt ont faict leur rapport à son desadvantage, c'est pourquoy des le trantiesme Janvier dernier, il nous a presenté requeste tendant ad ce que nouvelle visitation feust faiete desdictz lieux par telles personnes qu'il nous plairoit nommer, ce que nous aurions ordonné ledict jour trantiesme Janvier dernier, et pour ce faire aurions nommé d'office pour faire ladicte visitation, en noz presences, Mᵉˢ Pierre Guillain, Maistre des œuvres de maçonnerie de la Ville, Mᵉ Charles de Belin, Martin Conart, Fiacre Philippes, Guillaume Lespicier, Symon de Launay, Pierre Dubuisson, Estienne Dohin et Pierre Dohin, tous marchans et bourgeois de Paris, lesquelz ont esté mandez de nostre ordonnance à heure presente pour faire lad. visitation, requerant nous vouilloir transporter sur lesdictz lieux pour, en nos presences, estre faiete ladicte visitation par les susnommez. Ce que luy aurions accordé. Et à l'instant, sommes, avec les Procureur du Roy et Greffier de ladicte Ville et assistez desdictz susnommez expers, transportez le long du quay, depuis le port au Foing, jusques et le long du port Sᵗ Paul, où estans, aurions à tous les susdictz faict faire le serment de bien, fidellement et en leurs consciences, faire la visitation desdictz lieux, et nous donner adviz sur la commodité ou incommodité de ladicte construction du pont et nous en faire rapport. Et ausquelz susnommez avons mis en mains les articles, plan et desseings qui ont esté dressez pour faire ladicte construction. Et à l'instant lesdictz susnommez ont, en nosdictes presences, veu et visité lesdictz lieux, consideré le cours de la riviere, les commoditez ou incommoditez qui en peuvent arriver; ont dict et rapporté que, à cause que c'est le premier pont de la Ville, et aussy pour la commodité publicque, le travail et tourment que led. pont auroit à souffrir pour les glaces et charrois passant par dessus, ne peuvent estre d'advis qu'il soit basty et construit ung pont de bois ny autre ausdictz lieux, pour la grande incommodité de la navigation et dessente de basteaulx et marchandises aux portz ordinaires. Et au cas qu'il plaise au Roy qu'il soit faict ung pont audict lieu, sera Sadicte Majesté suppliée tres humblement que ledict pont soit faict de pierre et non de bois, sans bastir aucunes maisons sur ledict pont pour la decoration de ladicte Ville, et aussy sans entreprendre dans la largeur de ladicte riviere plus avant que les haultz bordages de l'isle, pour em-

---

[1] Le texte porte : *et passeurs d'eaue*, ce qui ne donne pas un sens satisfaisant. La minute paraissant perdue aujourd'hui, on ne peut vérifier l'exactitude de la restitution proposée.

pescher que les grandes eanes estant renfermées ne puissent ruyner les maisons voisines. Ce qu'ilz ont certiffié estre vray. Faict les an et jour que dessus. »

Et ont lesdictz Guillain, de Belin, Lespicier, de Launay, F. Philippe, Dobin, Pierre Dohin, Dubuisson et Couart signé en la minutte des presentes.

A Messieurs les Prevost des Marchans et Eschevins de la ville de Paris.

« Supplie humblement Cristophle Marie disant qu'ayant contracté avec le Roy pour la construction des ponts de bois necessaires faire en ce royaume, il auroit, conformement à icelluy contract et pour accomoder sa ville de Paris, voulu, suivant les offres par luy faictes à Sa Majesté en son Conseil, faire ung pont commanceant à l'arche Beaufilz et traversant les deux bras d'eaue à droicte ligne, mourant à une attente du quay, vers la porte des Bernardins, et ce pour faciliter le passaige des quartiers de la place Maubert, S¹ᵉ Geneviefve, Sainct Marcel et S¹ Victor, pour avoir communication du marché de la Greve, cimetiere S¹ Jehan, le quartier S¹ Paul et la place Royalle, qui sera par ce moyen une descharge au Petit pont et pont Nostre Dame, où, à cause des charrettes et carrosses qui s'y rencontrent journellement, les gens de pied et de cheval sont infiniment incommodez, notamment ceulx qui sont desdictz quartiers ou ilz ont affaire ; et pour esviter la difficulté, longueur et despence qu'il convient faire pour aller esdictz quartiers, ce que n'arrivera ledict pont estant faict, et couvrira des eaues et glaces les ponts estans au dessoubz d'iceluy. Laquelle requeste et offres vous auroient esté renvoyez pour sur icelles donné vostre advis de la commodité ou incommodité. Lequel suppliant auroit entendu qu'il se presenté plusieurs objections et difficultez en la construction dudict pont : notamment, icelluy estant faict de bois, d'autant que advenant de grandes glaces, comme il s'en est vu, ilz pourroient rompre ledict pont et par ce moyen endommager les autres ponts estants au dessoubz d'icelluy ; et faisant aussy ledict pont de bois, que l'on ne pourroit faire les arches assez grandes pour la commodité du passage des basteaulx, et mesmes aussy qu'il y auroit ung grand embarras à ladicte riviere. Pour à quoy remedier et resouldre toutes sortes de difficultez, ledict suppliant offre de faire des pilles de pierre et faire les arches de telle largeur que l'on jugera estre necessaire pour faire passer touttes sortes de basteaulx à touttes eaues, sans pour ce empescher pendant ladicte construction la liberté de la navigation, d'autant qu'il ne commencera qu'à un bras et laissera l'autre bras libre pour icelle navigation. Ce consideré, Messieurs, attendu les offres que led. supplant faict pour faciliter le passaige libre du publicq, aussy de faire les pilles de pierre, qui sera plus commode pour le passaige des basteaulx, d'aultant qu'il n'y a rien qui desborde aux pilles de pierre, et ne font les basteaulx que couller au long d'icelles, il vous plaise donner vostre advis sur la commodité et incommodité. Et vous ferez justice. »

Signé : « C. Marie. »

« Les Prevost des Marchans et Eschevins de la ville de Paris, qui ont veu les articles presentées au Roy et à nosseigneurs de son Conseil par Mᵉ Christofle Marie, par lesquelles il offre pour le bien, commodité et utilité du publicq de faire bastir et construire ung pont de bois sur la riviere au quartier de Sainct Paul, qui traversoit jusques vers la Tournelle, sur lequel, ensemble dedans l'isle Nostre Dame, il feroit bastir et construire maisons, le tout aux conditions portées par lesdictz articles ordonné leur estre communicquées par arrest de nosseigneurs du Conseil du neufiesme Novembre dernier pour donner advis à Sadicte Majesté sur la commodité ou incommodité dudict pont. Veu aussy le rapport et proces verbal de la visitation faiete des lieulx, es presences d'aucuns de Messieurs les Tresoriers generaulx de France et nous, le dixneuf et vingtiesme jours de Decembre dernier, par les Mᵉˢ des œuvres de maçonnerye et charpenterie du Roy et de ladicte Ville, les deux maistres des ponts, quelques bourgeois, marehans et voicturiers, auxquels a esté communicqué le plan et desseing pour ladicte construction de pont, par lequel sont d'advis de ladicte construction de pont, et les autres non ; la requeste à nous presentée par ledict Marie le trentiesme Janvier dernier, ad ce que, pour les causes et considerations y contenues, nouvelle visitation fust faicte desdictz lieux, ce que nous aurions ordonné, et à ceste fin que icelle nouvelle visitation seroit faicte en noz presences par dix bourgeois et marehans qui seroient pris et nommez d'office ; le rapport de ladicte seconde visitation faiete par lesdictz bourgeois et marehans, en noz presences, le lundy douziesme jour de Mars dernier, par lequel et pour les raisons y mentionnées iceulx bourgeois et marehans n'ont peu estre d'advis qu'il fut construict ung pont de bois audict endroict ; autre requeste à nous presentée par led. Marie, par laquelle, pour oster toutes les objecttions et difficultez que l'on pourroit faire, il offre de faire faire de pierre les pilles dudict pont et rendre les arches de telle largeur necessaire pour faire passer touttes sortes de basteaulx pour la liberté et seureté de la navigation.

« Attendu que depuis lesdictes deux visitations

faictes desdictz lieux, ledict Marie a presenté audictz Prevost des Marchans et Eschevins sadicte requeste et offre partant de faire les pilles dudict pont, de pierre et les arches de largeur necessaire. Avons ordonné, avant de donner advis, que ledict Marie se retirera par devers Sa Majesté et nosseigneurs du Conseil, sur lesdictes nouvelles offres.

«Faict au Bureau de la Ville, le xxii° jour de Juin mil six cens douze.»

CLXVII. — Reception
de l'orloge de l'Hostel de la Ville et prisée du cadran.

14-27 juin 1612. (Fol. 494.)

«De l'ordonnance de Messieurs les Prevost des Marchans et Eschevins de la ville de Paris, en datte du neufiesme jour des presens moys et an, intervenue sur le placet à eulx presenté par Jehan Laintlaer, maistre de la Pompe du Roy, affin de recevoir l'orloge par lui faicte pour l'Hostel de la Ville et voir et recognoistre si elle a esté bien et deuement faicte au desir de son marché du quatorziesme Janvier dernier, ensemble pour priser et estimer la monstre et cadran de ladicte orloge dont il n'a marché, nous, Denis Martinot, horlogier, vallet de chambre du Roy et conducteur de l'horloge du Pallais, et Pierre Maingot, maistre horlogier à Paris, sommes, ce jourd'huy, transportez dans l'une des chambres du pavillon au dessus de l'eglise du Sainct Esprit, et dans les greniers au dessus de la grande salle dudict Hostel de la Ville, qui sont les lieux où est posé et assiz ladicte horloge, où estans, en la presence de mondict seigneur le Prevost des Marchans et de M' Perrot, Eschevin, avons veu et visité bien et deuement, comme il appartient, les mouvemens de lad. orloge et la sonnerye, levée du marteau, ressortz, contre ressortz, avec les remontoirs tant de la sonnerye que du mouvement, les tires et bacules, sauterelles et menées du cadran avecq verges de fer et molettes sur roulleaux et potences pour mener et conduire l'esguille du cadran, ensemble les poullyes et poulleaux; et apres avoir entendu la lecture dudict marché, nous sommes d'advis que ladicte besongne soit receue pour estre bien et deuement faicte au desir et suivant ledict marché, et au regard de ladicte monstre de cadran,

d'autant qu'il n'est encores en place et n'a peu estre posé à cause que la maçonnerye n'est pas faicte, et est encores en ladicte Pompe, nous, susdictz Martinot et Maingot, sommes à l'instant et par commandement de mesdictz sieurs de la Ville, transportez en ladicte maison de la Pompe, où nous avons veu et visité ledict cadran que nous avons bien et deuement veu faict de fer, et de la grandeur de neuf piedz de diametre avec ung gros cercle de fer à l'entour, garny de barres aussy de fer tout au travers et croisées en forme de chassis, bien enfoncé de grande platine de tolle à cloux rivez, avec les lettres du cadran eslevées en bosse, aussy bien proprement appliquées et rivées sur ladicte platine du cadran peint à huile et doré[1], lequel nous avons prisé et estimé en nos consciences à la somme de cinq cens livres tournois.

«Faict le jeudy xiiii° Juin mil six cens douze.»
Signé: «Martinot» et «Pierre Maingot».

«Je, Pierre Guillain, M° des oeuvres de maçonnerie de la ville de Paris, certiffie à Messieurs les Prevost des Marchans et Eschevins de ladicte Ville, et en leur presence, j'ay assisté à la visitation faicte par Denis Martinot, conducteur de l'orloge du Pallais, et Pierre Maingot, m° horlogier à Paris, des mouvemens et machines dressez en l'Hostel de ladicte Ville pour l'orloge d'icelle, ladicte visitation faicte le quatorziesme Juin mil six cens douze, lesquelz mouvemens du corps de ladicte horloge, en ce qui est de mon experience et practique, j'ay trouvé estre bien et deuement faicts : touttesfois, il me semble que le marteau de la sonnerye ne bat assez fermement, touttesfois je me rapporte de ce aux maistres horlogez et experimentez. Pour le regard de la monstre ou boussole de quadran des heures, je me suis transporté le dixhuictiesme dudict moys au moulin de la Pompe assiz proche le Pont neuf, auquel lieu j'ay veu ledict cadran et boussole, de la grandeur portée par le rapport desdictz Martinot et Maingot, et trouvé icelluy estre bien et proprement faict, sauf à vous, Messieurs, à adviser sur le prix et valleur d'icelluy et, par la prisée qui en pourra estre faicte, il soit faict mention de l'amenage de ladicte boussole et posage en place, selon que adviserez.

«Faict ce vingt septiesme Juin mil six cens douze.»
Signé: «Guillain».

---

[1] Le cadran fut, en plus, accompagné de figures sculptées, exécutées par David de Villiers pour la somme de 60 livres (*Arch. nat.*, KK 432, fol. 62.)

JUILLET 1612[1].

CLXVIII. — Touchant les aydes du pont Saincte Mexance.
4 juillet 1612. (Fol. 496.)

«Sur ce que nous avons esté advertis au Bureau de la Ville, que, au prejudice des deffences par nous cy-devant faictes, Jehan Populaire, Jehan Doulcet, Michel Coullon, Claude Regnault, Pasquier Pierre, Louis Lefebvre, Pierre Rochart, Jehan Chauldron, Daniel Parvillier, Estienne Parvillier, Anthoine Pierre, Pierre Bocquet, Claude Blondel, Jehan Cathenoy, Pierre Parvillier, Pierre Dechar, Jehan du Crocq, Nicolas Pierre, Claude Lemille, Hutain Regnault, Pierre Haniele, Macloud Cothehaire et Jacques Pierre, tous compagnons de riviere demourantz à Pontz Ste Mexance, s'immiscent et s'entremettent de faire et exercer la·charge et commission d'aydes au maistre dudit Pont Ste Mexance, sans avoir aucunes lettres de provision et commission de nous, comme ilz sont tenuz. Et, sur ce oy le Procureur du Roy de la Ville, avons faict et faisons expresses inhibitions et deffences à tous les dessusdictz nommez de doresnavant faire ladicte charge d'ayde audict pont, sans avoir lettres et permission de nous, à peyne de prisons et de chacun cinquante livres parisis d'amande[2], faisant deffence à Anthoine Pensehardye, maistre dudit pont, de permettre que lesdictz susnommez travaillent ausdictes charges, ny qu'ilz entrent dans les basteaulx pour ce faire, sans permission de nous, à peyne d'en respondre en son propre et privé nom. Et ordonnons que à la diligence d'icelluy Pensehardye ces presentes seront signifiées ausdictz susnommez à la requeste dud. Procureur du Roy et de la Ville, et en cas de contravention seront adjournez par devant nous à la requeste d'icelluy Procureur du Roy de la Ville pour respondre à ses conclusions.

«Faict au Bureau de la Ville, le quatriesme jour de Juillet mil six cens douze.»

CLXIX. — Ordonnance pour bailler à loyer les halles du marché Neuf.
4 juillet 1612. (Fol. 497.)

«Sur ce que le Procureur du Roy de la Ville a remonstré que, le huictiesme jour de Janvier mil six cens sept[3], bail et adjudication fut par noz predecesseurs faict pour six ans, à Jeanne Le Blanc, des halles à poissonnerye, estaulx à boucheries, loges, eschoppes et places assizes sur le quay St Michel, autrement dict le Marché neuf, à ladicte Ville appartenant, à la reserve de la halle du milieu, de laquelle bail particullier est faict à Jehan Lebeau; lequel bail doibt expirer au jour de Pasques prochainement venant, et est besoing de procedder au renouvellement; requerant voulloir ordonner affiches estre mises pour publier lesdictz lieux estre baillez: nous avons ordonné que affiches seront mises tant sur ledict quay Sainct Michel, porte de l'Hostel de la Ville, que autres endroictz accoustumez, pour estre lesdictz lieux à bailler au plus offrant et dernier encherisseur, à l'extinction de la chandelle, pour six années, qui commanceront au jour de Pasques prochain venant.

«Faict au Bureau de la Ville, le mardy quatriesme jour de Juillet, mil six cens douze.»

Nota que le bail faict en suitte desdictes affiches est enregistré dans le registre des baulx[4].

CLXX. — Assemblée touchant la fontaine de Rongis.
6 juillet 1612. (Fol. 498.)

«Monsieur...., plaise vous trouver demain, quatre attendant cinq heures de relevée, au Bureau de la Ville, pour deliberer sur les offres faictes au Roy et à nosseigneurs de son Conseil, mentionnées aux articles presentez par Joseph Aubry touchant les fontaines de Rongis[5], pour faire venir en ceste

---

[1] Cette indication du commencement d'un nouveau semestre ne se rencontre pas habituellement dans les registres du Bureau.
[2] Semblable défense avait déjà été faite par le Bureau, le 16 décembre 1609, sous peine de prison et de 60 livres d'amende, et renouvelée le 14 avril 1610 (*Registres du Bureau*, t. XIV, p. 395 et note).
[3] Le procès-verbal de cette adjudication est consigné au tome XIV des *Registres du Bureau*, p. 133-134.
[4] Il figure en effet au folio 221 v° du registre Q^{1a} 1099²⁰, sous la date du 18 juillet 1612. Il fut passé à Antoine Marye, bourgeois de Paris, et à Jeanne Le Blanc, sa femme, pour six ans, moyennant 3,410 livres par an.
[5] Rungis, village du canton de Villejuif (Seine), remarquable par ses sources. La construction de l'aqueduc d'Arcueil pour amener ces eaux à Paris donna lieu à de nombreuses délibérations qui permettront de suivre dans ses détails l'histoire de cet important ouvrage.

Ville, à nous renvoyées par nosdictz seigneurs du Conseil. Vous priant n'y voulloir faillir.

« Faict au Bureau de ladicte Ville, le jeudy cinquiesme jour de Juillet mil six cens douze.

« Les Prevost des Marchans et Eschevins de la ville de Paris, tous vostres. »

Pareil envoyé à chacun de Messieurs les Conseillers de la Ville.

Du vendredy sixiesme jour de Juillet mil six cens douze.

En l'assemblée de Messieurs les Prevost des Marchans, Eschevins et Conseillers de ladicte Ville, ledict jour tenue au Bureau d'icelle pour deliberer sur les offres faictes au Roy et à nosseigneurs de son Conseil, par Joseph Aubry, bourgeois de Paris, pour faire venir les eaues de Rongis en ceste Ville aux charges contenues aux articles dudict Aubry, renvoyées à ladicte Ville par arrest de nosdictz seigneurs du Conseil, du cinquiesme de ce moys, pour en donner advis à Sadicte Majesté,

Sont comparuz :

Monsieur Sanguyn, sieur de Livry, Prevost des Marchans ;

Monsieur Perrot, Monsieur Poussepin, Monsieur Fontaine, Eschevins ;

Monsieur le president Aubry, Monsieur Marescot, Monsieur Prevost, sieur de Mallassize, Monsieur Perrot, conseiller, Monsieur Amelot, m° des Comptes, Monsieur Aubry, sieur d'Auvillier, Monsieur de St Germain, sieur de Ravynes, Monsieur Abelly, Conseillers de la Ville.

La compagnie estant assemblée, mondict sieur le Prevost des Marchans a remonstré que le jour d'hier tant luy que Messieurs les Eschevins furent mandez au Conseil du Roy seant chez Monsieur le Chancelier, où leur fut proposé qu'il se presentoit ledict Aubry, qui offroit faire venir les eaues dudict Rongis en ceste Ville en quatre ans, soit par acqueducz ou autrement, dont il y en auroit ung tiers pour le Louvre et autres Pallais du Roy et de la Royne, ung autre tiers pour le publicq, dont ladicte Ville disposeroit, et l'autre tiers à la disposition dudict Aubry, pourveu qu'il feust faict bail audict Aubry pour six ans de la ferme des trente solz tournois pour muid de vin entrant en ceste Ville, de laquelle il payeroit seullement au Roy, par chacune desdictes six années, la somme de deux cens mille livres tournois, ainsy qu'il est contenu en ses articles et offres ; que cy devant, sur la publication qui se faisoit audict Conseil pour bailler à ferme lesdictz trente solz, il s'en estoit remué pour le faire esteindre, mesmes ledict sieur Poussepin, Eschevin, fut commis pour aller en cour à Fontainebleau, où sur les remoustrances qu'il y feit au nom de la Ville, l'on trouva ung expedient, que ladicte ferme des trente solz seroit publiée au rabaiz, sur le prix que Sa Majesté en avoit eu l'année precedente, qui estoit de deux cens trente mil livres par an, dont s'estoit trouvé quelque personne qui avoit offert prendre ladicte ferme et d'en payer à Sadicte Majesté lesdictz deux cens trente mil livres tournois par an, et au lieu desdictz trente solz, il ne leveroit que vingt deux solz tournois, de maniere que le public seroit deschargé de sept solz six deniers pour chacun muid de vin ; et depuis seroit survenu lesdictes offres dudict Aubry, sur lesquelles ilz ont esté mandez. Requerant la compagnie en voulloir deliberer.

Sur quoy, lecture faicte desd. articles et offres et l'affaire mise en deliberation, a esté arresté supplier le Roy et nosdictz seigneurs de son Conseil de recevoir lesdictes offres comme utilles et necessaires au publicq, aux conditions et au meilleur mesnage que faire se pourra, pourveu que lesdictes eaues soient bonnes, mais au prealable que de rien adjuger audict Aubry, qu'il ayt à nommer ses assoriez et caultions pour son entreprise, pour voir et recognoistre si les seuretez y seront, et qu'il soit faict ung devis general contenant ses desseings, et comme il entend faire venir lesdictes eaues dudict Rongis en ceste Ville, et avec quelles estoffes et matieres, pour, ce faict, estre icelluy devis communicqué à ladicte Ville. Laquelle deputtera des personnes pour gouster et faire l'essay desdictes eaues, et que icelle Ville aura la superintendance sur ledict Aubry et ses assotiez, à controller leurs ouvraiges. Et attendu que tout le peuple est adverty de la grande liberalité du Roy et de la Royne regente sa mere pour la diminution de sept solz six deniers tournois pour chacun muid sur la ferme des trante solz, seront Leurs Majestez suppliez tres humblement de ne frustrer le publicq de ladicte diminution de sept solz six deniers et que, au lieu desdictz traute solz, il ne soit levé que vingt deux solz six deniers tournois.

Ensuit la teneur des offres faictes au Roy, en son Conseil.

« S'il plaist au Roy et à nosseigneurs de son Conseil accorder à Joseph Aubry, bourgeois de Paris, la ferme des trente solz pour muid de vin entrant en ladicte ville et faulxbourgs, pour six années entieres et consecutifves, commenceans au premier Janvier prochain, et bail luy en estre faict bien et deuement verifié pour en jouir tout ainsy que les à present et precedent fermiers ont faict,

« Ledict Aubry offre payer chacun an à Sa Majesté la somme de deux cens mil livres esgallement, de quartier en quartier et six sepmaines apres qu'il sera eschen, et bailler bonne et suffisante caultion.

«Outre ce, entreprendre de faire venir à ses fraiz et despens, en quatre années de bon travail, à commancer au premier jour d'Aoust prochain, les eaues des sources fontaines de Rongis jusques à Paris, et les-rendre, soit par acqueducz ou autrement, dans ung grand reservoir qu'il fera faire au lieu qui sera jugé le plus propre entre les portes S¹ Jacques et S¹ Michel pour, de ce reservoir, les despartir ainsy qu'il ensuit :

«Assavoir, ung tiers à Sa Majesté pour la commodité de ses Palais, tant du Louvre que Tuilleryes, que celuy de la Royne regente sa mere [1];

«Ung autre tiers à l'utilité publique dont Messieurs les Prevost des Marchans et Eschevins de la Ville feront la distribution es endroictz les plus necessaires d'icelle;

L'autre tiers, les trois faisant le tout, demeurera audict Aubry et ses assotiez pour en disposer comme bon leur semblera, en consideration de ce que le fondz cy dessus n'est suffisant pour une telle entreprise.

«Et d'aultant que, des à present, il convient faire de grandes advances pour la mettre promptement à execution il sera permis audict Aubry d'emprunter deniers et engager la jouissance de ladicte ferme durant les six ans et en transporter le bail à personne solvable qu'il advisera bon estre. Lesquelz demeureront solidairement obligez avec à l'entretenement dudict bail.»

Signé : «Aubry».

«Les presentes offres soient communicquées au Prevost des Marchans et Eschevins de la ville de Paris pour, eulx ouiz, estre ordonné ce que de raison.

«Fait au Conseil d'Estat du Roy, tenu à Paris le cinquiesme jour de Juillet mil six cens douze.»

Signé : «Fayet».

CLXXI. — Messieurs sont retournez à l'assemblée du Clergé.

13 juillet 1612. (Fol. 502.)

Le vendredy treiziesme jour de Juillet mil six cens douze, sur les neuf heures du matin, Messieurs les Prevost des Marchans et Eschevins, Procureur du Roy et Greffier de ladicte Ville se sont transportez aux Augustins, en l'assemblée de Messieurs du Clergé, où estans arrivez leur avoit esté baillé place et sceance. Mondict sieur le Prevost leur a dict que, sur la plaincte que leur feit en la mesme assemblée, y avoit environ trois sepmaines, du deffault qu'ilz faisoient à ladicte Ville du payement des rentes du Clergé, et comme depuis seulement six ans ilz debvoient à icelle Ville plus de deux millions de livres, l'on luy promit que en ladicte assemblée il se feroit quelque bonne resolution, et que apres avoir veu les comptes de M° François de Castille sur lesquelz ilz travailloient, feroient en sorte de donner à icelle Ville tout contantement. C'est pourquoy ilz estoient retournez affin de sçavoir la resolution. Sur quoy Monsieur le cardinal de Sourdis qui presidoit en ladicte assemblée a dict que, par les comptes dudict sieur de Castille, il apparroissoit que depuis six ans ladicte Ville avoit plus receu de deniers qu'elle n'avoit faict auparavant, et que jamais ladicte Ville n'avoit esté mieulx payée que depuis ledict temps; que sy elle ne recepvoit entierement tout son fondz, qu'il ne s'en falloit pas estonner, d'aultant qu'il y avoit beaucoup de non valleurs pour la pauvreté qui estoit en aucunes provinces et dioceses et principallement en celles de Languedoc, Guyenne, Lymosin et Perigueux; que l'on se plaignoist qu'il estoit deub plus de deux millions de livres depuis six ans, mais aussy sur ladicte somme l'on y comprenoit une année entiere qui est celle que des deniers de six cens unze l'on en payoit mil six cens douze et ainsy à la suitte, d'année en année, laquelle année ne doibt pas estre appellée debte, ains ung reculement dont l'on sera toujours payé. A quoy mondict sieur le Prevost a repliqué qu'il ne se pouvoit contanter de parolles, qu'il avoit tous les jours les plaintes du peuple du deffault dudict payement; qu'il est tout certain que, au lieu de douze cens six mil livres que le Clergé est tenu et obligé de payer à ladicte Ville par chacun an, elle n'en reçoit qu'un milion quarente mil livres tournois : partant debvoient par an cent soixante et six mille livres, outre ladicte année entiere; que s'il y avoit des non valleurs, ilz se doibvent prendre sur les ɪɪɪɪˣˣ xɪɪɪᵐ l. t. qu'ilz levent par chacun an outre le fondz des rentes. C'est pourquoy il desire avoir la communication des comptes à eulx renduz par ledict s' de Castille pour voir l'employ des deniers de sa charge. Que ce n'estoit chose nouvelle, que en l'année mil six cens deux et en l'année mil six cens six ladicte Ville en eut com-

---

[1] Le Luxembourg que Marie de Médicis venait d'acheter le 2 avril précédent. (Jaillot, *Quartier du Luxembourg*, p. 100.) — La Reine faisait alors procéder aux travaux nécessaires pour préparer la construction du palais qu'elle projetait d'élever sur cet emplacement. Le 8 janvier 1613, le Roi délivra une commission aux Trésoriers de France pour «vous transporter, disent les lettres, sur les lieux qui vous seront designez par nostredicte dame et mere ou ses officiers, proche dudict hostel de Luxembourg, faire faire la prisée et estimation, en voz presence ou de ceux de vous que vous commettrez à cest effect, des maisons et heritages ou portion d'iceulx qu'il conviendra prendre pour l'accomplissement du dessein dudict pallais». (Arch. nat., Z¹ᵇ 560, fol. 148.)

munication⁽¹⁾. Qu'il estoit resolu de s'aller plaindre au Conseil du Roy et à Messieurs des Courtz souveraines du deffault dudict payement. Que sa charge luy obligeoit. Joinct qu'il couroit ung bruict par la Ville que, du fondz desdictes rentes, l'on racheptoit desdictes rentes sur le Clergé à vil pris. Et sur ce, mondict sieur le cardinal de Sourdis a dict que sur touttes les demandes de la Ville, mesmes sur la communicquation de leurs comptes, ilz en delibereroient en leurdicte assemblée, et que dedans deux ou trois jours ilz en feroient responce à ladicte Ville. Et lors mesdictz sieurs de la Ville se sont retirez.

CLXXII. — Pour s'opposer à la Vente
de la moittié d'un jeu de paulme
et d'une maison rue du Cul de sac de St Magloire,
autrement dict la Porte aux Peinctres.

18 juillet 1612. (Fol. 503 v°.)

*De par les Prevost des Marchans et Eschevins
de la ville de Paris.*

«Me Jehan Jodelet, procureur des causes de la ville en la court de Parlement, nous vous mandons vous opposer pour ladicte Ville à la vente de la moictié d'un jeu de paulme et d'une maison seiz en ceste Ville, rue du Cul de sac St Magloire, autrement dict la Porte aux Peinctres, saisiz sur les heritiers de feu Estienne Ellebrocq, vivant m^e boullanger, sy ce n'est à la charge de quatre solz parisis de cens portant lotz et ventes, et de six livres parisis de rente dont la totallité de ladicte maison et jeu de paulme sont chargez par chacun an envers le domaine de ladicte Ville, ensemble pour vous opposer pour les arreraiges desdictz cens et rentes qui en peuvent estre deubz, lesquelles criées et ventes se poursuyvent par devant nosseigneurs de ladicte Court.

«Faict au Bureau de la Ville, le dix huictiesme jour de Juillet mil six cens douze.»

CLXXIII. — Marché de la pierre et caillou
pour les fontaines publicques de la Ville.

18 juillet 1612. (Fol. 504.)

*De par les Prevost des Marchans et Eschevins
de la ville de Paris.*

«On fait assavoir que le jeudy douziesme jour des presens moys et an, quatre heures de rellevée, au Bureau de l'Hostel de la Ville, sera baillé au rabaiz et moings disant le fournissement de la pierre de caillou blanc et noir pour les pierrées des fontaines de la Ville, selon ce qu'il ensuit :

«Fournira l'entrepreneur aux environs du village de Belleville sur Sablon, sur les astelliers et pierrées le plus proche et au long selon les endroictz qui seront monstrez audict entrepreneur, toutte la pierre de caillou blanc ou noir et de grosses pierres pour les pierrées qu'il convient faire à l'environ et au dedans du bois des Rigolles, entre le village dudict Belleville et le Mesnil Montant. Laquelle pierre ledict entrepreneur rendra sur lesd. lieulx et sera enthoisée et entassée par les ouvriers de la Ville aux frais d'icelle Ville. Lequel entrepreneur sera payé à raison du pris de son adjudication pour chacune thoise carrée ou cubbe, que les tas seront toisez et reduictz à cubbe de deux cens seize piedz pour thoise, selon les certifications du Maistre des œuvres de maçonnerie de ladicte Ville qui a soubz nous l'intendance des ouvraiges, faict et conduicte desdictes fontaines.

«Faict au Bureau de la Ville, le jeudy cinquiesme jour de Juillet mil six cens douze.»

«Ledict jour de jeudy douziesme Juillet mil six cens douze, en la presence de Messieurs les Prevost des Marchans et Eschevins, lesdictes fournitures de caillou ont esté publiées estre à faire, où s'est presenté Philippes Le Faucheur, marchant, demourant à Baignollet⁽²⁾, qui a offert faire lesdictes fournitures de pierre suivant ladicte affiche moyennant vingt quatre livres tournois la thoise. Et pour ce qu'il ne s'est presenté aucunes autres personnes pour mettre rabaiz avons remis ladicte publication à lundy prochain dix huictiesme du present moys, quatre heures de relevée.

«Et ledict jour lundy dix huictiesme Juillet mil six cens douze, lesdictes fournitures ont esté de rechef publiées, où se seroit presenté led. Faucheur, qui auroit de rechef offert de faire icelles pour le pris de vingt deux livres dix solz la thoise. Sur lequel rabaiz aurions faict allumer trois chandelles, lesquelles esteinctes, aulcunes personnes n'auroient voullu mettre rabaiz au par dessus dudict Le Faulcheur, au moyen de quoy avons, en la presence du Procureur du Roy de la Ville, audict Philippes Le Faulcheur baillé et adjugé, baillons et adjugeons par ces presentes lesdictes livraisons et fournitures de caillou blanc et noir et pierres, lesquelles il sera tenu faire selon et ainsy qu'il est mentionné de l'autre part, moyennant et à raison de

---
⁽¹⁾ *Registres du Bureau de la Ville*, t. XIV, p. 32.
⁽²⁾ Baignolet, c^{ne} de Pantin (Seine) : localité où se trouvent des carrières renommées de plâtre et de moellons.

vingt deux livres dix solz tournois pour thoise cube, à deux cens seize piedz pour thoise, lesquelles fournitures il sera tenu faire promptement et sans discontinuation, dont il sera payé par le Receveur de la Ville, selon nos ordonnances et mandemens, sur les certiffications dudict Guillain, M⁰ des œuvres."

Ainsy signé: "Le Faulcheur".

CLXXIV. — Lettres de messieurs d'Orléans touchant le differend des gardes et la responce à icelles.

16-22 juillet 1612. (Fol. 506.)

"Messieurs, depuis peu de jours il est arrivé en ceste ville ung differend entre Messieurs de la justice et nous, sur le faict des gardes qui se font en icelle tant de jour que de nuict, dont lesdictz sieurs de la justice pretendent avoir la congnoissance, qui apporteroit ung desordre en ceste ville, sy telle chose avoit lieu. Et d'aultant que nous avons esté advertiz que depuis naguieres sur mesme faict vous avez eu contention avec Monsieur le Lieutenant criminel de vostre Ville, sur lequel seroit intervenu ung reiglement entre vous, nous vous vouldrions affectueusement supplier de nous en voulloir ayder et bailler coppie d'icelluy à Monsieur Lamyrault, tresorier de France en ceste ville, et l'ung des cappitaines volontaires d'icelle, porteur de ceste cy; pour sur icelluy nous reigler en nos differendz qui ne sont que pour mesme chose. Vous nous obligerez à demourer tousjours,

"Messieurs,

"Voz plus humbles et affectionnez serviteurs, les Maire et Eschevins d'Orléans."

Signé: "E. Foulcaut, maire" [1].

"En l'hostel commun, ce 16ᵉ Juillet 1612."

Et sur l'inscription d'icelle lettre est escript: "A Messieurs, Messieurs les Prevost des Marchans et Eschevins de la ville de Paris."

"Messieurs,

"Cy devant Monsieur le Lieutenant civil de ceste Ville, voullant empescher Messieur les collonnelz, cappitaines, lieutenans et enseignes de ceste Ville de faire les visites et recherches par touttes les maisons de leurs compagnies pour la sureté d'icelle Ville, nous nous serions pourveuz par devers le Roy et nosseigneurs du Conseil, où apres avoir esté produict de part et d'autre, seroit intervenu arrest solempnellement donné audict Conseil, au proffict de ladicte Ville, en datte du dernier jour d'Apvril mil six cens unze, lequel a esté executé et s'execute tous les jours en cestedicte Ville, et duquel vous envoyons coppie. Sy aviez affaire de nous en autre chose qui concernera le bien de vostre ville, vous nous y trouverez disposez de pareille affection que nous demeurerons,

"Messieurs,

"Voz confreres et affectionnez pour vous servir,

"Les Prevost des Marchans et les Eschevins de la ville de Paris.

"Du Bureau de la Ville, le vingt deuxiesme jour de Juillet mil six cens douze."

Pareille envoyée à Messieurs les Maire et Eschevins de la ville d'Orléans.

CLXXV. — Touchant les forges et fourneaux pour la fabrication du fer blanc.

23 juillet 1612. (Fol. 507 v°.)

"Les Prevost des Marchans et Eschevins de la ville de Paris qui ont veu les lettres pattentes du Roy, données à Fontainebleau au moys de Juin mil six cens neuf, signées: "HENRY", et sur le reply: "par le Roy daulphin: Bruslart", et scellées sur double queue de cire verte, par lesquelles, et pour les causes y contenues, Sa Majesté agrée la construction que les sieurs Loys et François de Galles, freres, ont commancé de faire des forges, fourneaulx et autres instruments propres pour la fabrique de fuelles de fer blanc, ensemble du fil d'archal, veut Sa Majesté qui leur soit loisible les faire parachever et en faire construire d'autres en tous lieulx et endroictz, sans que durant le temps de vingt ans, aucuns en puissent faire sans leur consentement. Veu aussy autres lettres pattentes de Sadicte Majesté, données à Paris au moys de Novembre ou dict an mil six cens neuf, signées: "HENRY" et sur le reply: "par le Roy, de Lomenie", et scellées sur double queue de cire verte, par lesquelles et pour les causes et considerations y contenues ledict seigneur agrée l'establissement de la fabricque de faulx et construction de forges et martinetz edifiez par le sieur Jehan Bietrix, veult et luy plaist que icelluy Bietrix, ou autres qui auront droict de luy, puissent edifier des forges et martinetz [2] es provinces de Daulphiné, Provence, Languedoc, Lyonnois

---

[1] Eusèbe Foucault fut maire d'Orléans en 1611 et 1612. (Lemaire, *Histoire et Antiquitez de la ville d'Orléans*, éd. 1648, p. 288.)

[2] Le *Dictionnaire* de Littré consacre un article détaillé à ce terme qui désignait d'abord un marteau mû par un moulin, puis par extension une usine où l'on faisait usage de ces marteaux.

Forestz, Beaujollois et Bresse, pour en jouir à tousjours avec les droictz de merques et autres droictz, et interdict l'entrée de touttes faulx estrangeres es susdictes provinces, et à touttes personnes d'en vendre, achepter ny user en l'estendue d'icelle ainsy qu'il est plus au long contenu ès dictes lettres, ordonnées leur estre communicquées par arrest de nosseigneurs de la court de Parlement du deuxiesme Septembre mil six cens dix [1].

«Et après avoir oïz au Bureau de ladicte Ville les maistres et gardes de la marchandise de mercerie, ausquelz nous avons communicqué lesdictes lettres, lesquelz ont baillé leur advis par escript, attaché à ces presentes,

«Remonstrent lesdictz Prevost des Marchans et Eschevins à nosdictz seigneurs de la Court que l'invention desdictz sieurs de Galles et Bietrix est louable et peult profficter au publicq, pourveu qu'il soit loisible à touttes autres personnes d'en faire fabricquer et apporter vendre en ceste Ville; que si la marchandise qu'ilz feront est fort bonne, elle en sera mieulx recherchée et vendue : partant supplient nosdictz seigneurs que, s'il plaist à la Court veriffier lesdictes lettres, ce soit à la charge qu'il sera loisible à ung chacun de continuer son trafficq, sans deffendre l'entrée desdictes marchandises en cestedicte Ville, ny sans estre subject à leurs marques, le tout à la liberté publicque.

«Faict au Bureau de ladicte Ville, le vingt trois^{me} de Juillet mil six cens douze.»

Ensuict l'advis desdictz maistres et gardes.

«Les maistres et gardes de la marchandise de mercerie, grosserie et jouaillerie de ceste ville de Paris, suivant les arrestz de la Court du deuxiesme Septembre mil six cens dix, pris communicquation des lettres pattentes obtenues, au mois de Juin mil six cens neuf, par Louys et François de Galles, sieurs de la Buisse et de Bellieres, freres, gentilhommes ordinaires de la chambre du Roy, affin qu'il leur feust permis de faire parachever les forges qu'ilz disoient avoir commencées, et en icelles faire fabricquer des feuilles de fer blanc, simples, doubles ou autrement, ensemble du fil d'archal; et par Jehan Bietrix au mois de Novembre ou dict an, pour la fabrication des faulx, avec deffences à tous autres de faire fabricquer ny vendre de telles sortes d'ouvraiges fabricquées en autres forges qu'en celles des impetrans, sans leur consentement, s'ilz n'avoient permission, deuement veriffiées auparavant lesdictes lettres :

«Dient que telles lettres sont obtenues soubz faulx donné à entendre, au prejudice des droictz du Roy et contre l'utilité publicque.

«D'autant qu'au contraire de ce qui est exposé par icelles, que les impetrans estoient les premiers inventeurs de la fabricque desdictz ouvraiges en ce royalme, il se faict dudict fil d'archal à Rugles, Seez, Leigle et pays circonvoisins [2], où plus de cent mil personnes y travaillent;

«Et des faulx à Mezieres [3] et lieux circonvoisins, à Thierache et Rouzay [4], Beauvais, Lagny, la Ferté sur Jouars, la Louppe et Brou pres Chartres [5] mesmes en ceste ville et faulxbourgs de Paris.

«Que sy telles deffences avoient lieu, il y auroit deux cens mil personnes de ce royaume, qui travaillent ausdictz ouvraiges, lesquelz demeureroient inutiles et ne pourroient payer les tailles, ny mesmes gaigner leurs vyes, et seroient peut estre poussez par telle privation de leur labeur à commettre quelque mechant acte, au lieu que, si la liberté de travailler ne leur est point ostée, chacun s'efforcera de bien travailler et à qui mieulx mieulx.

«D'ailleurs sy lesdictz impetrans n'en peuvent faire pour la fourniture du publicq, comme il y a grande apparence qu'ilz ne pourront, veu qu'oultre ceulx qui sont manufacturez en ce royaume en plusieurs forges et par plus grand nombre d'ouvriers que lesdictz impetrans ne pourroient pas employer, il s'en apporte grande quantité des Allemaignes et d'autres lieulx hors du royaume pour lad. fourniture, le peuple demeureroit sans en pouvoir avoir pour s'en servir, et les biens de la terre demeureroient perduz.

«Aussy de verité tous ceulx qui ont cy devant obtenu telle permission n'ont tendu qu'à ce, soubz

---

[1] Arch. nat., X¹ᵃ 1832. La Cour ordonne de communiquer ces lettres aux procureurs du Roi, aux Prévôt des Marchands et Échevins de la ville de Paris et aux maîtres et gardes de la marchandise de mercerie, pour avoir leur avis sur l'opportunité de l'enregistrement.

[2] Rugles, ch.-l. cant., arr. d'Évreux (Eure); aujourd'hui encore on y trouve des fonderies de cuivre et laminoirs, des tréfileries de laiton, des fabriques d'épingles, etc. — Sées, ch.-l. de cant., arr. d'Alençon (Orne), où sont des fabriques de chaudronneries. — Laigle, ch.-l. cant., arr. de Mortagne (Orne); fabrication importante de quincaillerie, taillanderie, tréfilerie de fer et laiton.

[3] Mézières, ch.-l. du département des Ardennes, fabrique de ferronnerie.

[4] La Thiérache est une région naturelle; peut-être a-t-on oublié ici le vocable d'un pays qui y était situé. Quant à «Rouzay», c'est vraisemblablement Rosoy-sur-Serre qui fait partie de la Thiérache, mais qui ne possède pas de nos jours de fabrique de ferronnerie.

[5] A Beauvais (Oise) s'exerce encore le commerce de quincaillerie et ferronnerie. — Lagny et La Ferté-sous-Jouarre, ch.-l. cant., arr. de Meaux (Seine-et-Marne). — La Loupe, ch.-l. cant., arr. de Nogent-le-Rotrou (Eure-et-Loir). — Brou, ch.-l. cant., arr. de Châteaudun (Eure-et-Loir), clouteries.

pretexte d'icelle, ilz peussent faire venir des ouvraiges du dehors et les vendre comme s'ilz estoient faictz et manufacturez par eulx ou leurs gens, à tel pris que bon leur sembleroit, au prejudice du publicq et des statuz des marchans merciers qui deffendent aux artisans de vendre autres ouvraiges que ceulx qui sont manufacturez par eulx ou leurs serviteurs en ceste ville de Paris, comme ont faict ceulx qui ont entrepris la manufacture des draps de soye à la Place Royalle[1], et la tapisserie aulx faulxbourgs St Marcel[2], lesquelz ont faict venir de dehors le royaulme grande quantité de draps de soye et de tantures de tapisseries, qu'ilz simulent estre de leurs fassons, et la vendent pour telle; ou bien à tirer de l'argent pour permettre aux ouvriers qui travaillent à present de continuer, qui ne seroit qu'apporter ung encherissement sur lesdictz ouvraiges au prejudice du publicq.

«C'est pourquoy ilz soustiennent qu'en leur baillant la permission de faire des forges et martinetz pour y faire travailler ausdictz ouvraiges, qui n'est qu'un bien publicq, pourveu qu'ilz les facent faire bons et loyaulx, ilz doibvent estre deboultez de l'entherinement du surplus de leursdictes lettres, affin que la liberté de travailler demeure à ung chacun tant pour y gaigner sa vye que pour n'y demeurer en oysiveté[3]."

Ainsy signé: «Baron, Dupré, Portebodien, A. Le Secq» et «Le Secq».

Nota que l'original a esté porté au Parlement avec l'advis de Messieurs de la Ville.

CLXXVI. — Droict de fontaine en la maison de M. de Livry.

27 juillet 1612. (Fol. 511.)

«A tous ceulx qui ces presentes lettres verront, les Eschevins de la ville de Paris, salut. Sçavoir faisons que en consideration des grandz et notables services faictz à ladicte Ville par noble homme Maistre Jacques Sanguyn, seigneur de Livry, conseiller du Roy nostre Sire en sa Court de Parlement et Prevost des Marchans de ceste Ville, et ce depuis six ans qu'il est en ladicte charge[4], avons, du consentement du Procureur du Roy de la Ville, audict sieur de Livry donné, concedé et octroyé, donnons concedons et octroyons par ces presentes ung cours d'eaue tiré des fontaines publicques de lad. Ville pour conduire et fluer en la maison dudict sieur seize rue de la Barre du Becq[5], pour l'usage et commodité d'icelle, et pour ce faire, sera assiz ung petit thuyau sur le gros thuyau desdictes fontaines publicques, passant par devant ladicte maison, auquel petit thuiau y aura ung robinet de cuivre le tournant duquel sera percé d'ung trou de deux lignes de diametre qui est la grosseur de l'eaue que nous accordons audict sieur de Livry pour fluer en sadicte maison; et sera icelluy robinet assis à une veue au regard qui sera mis en lieu le plus commode lequel sera fermé comme les autres regardz, les clefz duquel demeureront es mains de ladicte Ville et des officiers d'icelle, le tout aux fraiz et despens dudict sieur, à la charge de la restriction de ladicte eaue, lors et quand la necessité de la secheresse du temps le requerra pour servir au publicq. Sy donnons en mandement à Pierre Guillain, M° des œuvres de lad. Ville ayant la charge desd. fontaines, de faire executer ces presentes et faire soulder ledict petit thuyau et asseoir ledict robinet, pour jouyr par icelluy sieur de Livry de la presente commission.

«Faict au Bureau de ladicte Ville, le samedy vingt septiesme jour de Juillet mil six cens douze."

CLXXVII. — Messieurs de la Ville ont eu communication des comptes du Clergé, rendus par le Sr de Castille.

9 août 1612. (Fol. 512 v°.)

Du jeudy neufiesme jour d'Aoust mil six cens douze.

Ledict jour Messieurs les Prevost des Marchans et Eschevins, Procureur du Roy et Greffier de ladicte Ville se sont transportez en la maison de Mon-

---

[1] Henri IV avait fait venir en France deux cents ouvriers pour créer une manufacture d'étoffes de soie qu'il installa dans ce qui restait de l'hôtel des Tournelles. D'après Delamare (cf. Lambeau, *La Place royale*, p. 18), c'est un pavillon qu'avaient fait construire les directeurs de cette manufacture qui lui donna l'idée d'édifier en ce lieu les constructions de la place Royale.
[2] Voir *Registres du Bureau*, t. XIV, p. 170.
[3] Cet avis des gardes de la marchandise de mercerie, grosserie et joaillerie est intéressant pour montrer quelles étaient à cette époque les idées des commerçants parisiens sur la liberté du travail.
[4] Ce doit être pour les mêmes causes que Jacques Sanguin reçut du Roi vers cette époque un don de six mille livres qui fut vérifié par la Chambre des Comptes le 23 juillet 1612. (*Arch. nat.*, P 2670, fol. 454 v°.)
[5] La rue Barre-du-Bec correspond aujourd'hui à la portion de la rue du Temple comprise entre la rue de la Verrerie et la rue Saint-Merry.

sieur l'evesque de Rieux [1] au cloistre Nostre Dame où estoient Messieurs de la Vernusse et Behety, agents generaulx du clergé de France [2], et Messieurs l'evesque de Beauvais, de Villenosse [3] et Habert [4], beneficiers, pour, suivant la resolution de l'assemblée generalle du Clergé de France, nagueres convocqué aux Augustins, et donnée à la grande instance et poursuitte de mesdictz sieurs de la Ville, avoir et prendre communicquation des comptes de Maistre François de Castille, recepveur general dudict Clergé, pour les années mil six cens dix et mil six cens unze, que ledict sieur de Castille avoit faict apporter. Et apres que tous lesdictz sieurs cy dessus, tant du Clergé que de ladicte Ville, ont pris leur place, a esté mis es mains desdictz sieurs de la Ville les deux comptes dudict sieur de Castille pour lesdictes deux années, qui les ont venz à leur loisir. Où mesdictz sieurs de la Ville ont recogneu plusieurs partyes employées et passées dans lesdictz comptes tant à quelques particuliers que à M° Jehan de Moisset au prejudice de ladicte Ville. Ce que lesdictz sieurs de la Ville ont remoustré ausdictz sieurs du Clergé n'estre raisonnable, et entre autres la partye dudict sieur de Moisset montant à soixante et douze mil livres touschant le party de Desnielle, laquelle somme avoit esté rayée dans le compte dudict de Castille par ladicte assemblée du Clergé, et neantmoings ilz la trouvoient employée dans lesdictz comptes, que de ce ilz en feroient plaincte au Roy et à nosseigneurs de son Conseil, ensemble de quelques autres partyes employées dans iceulx comptes en faveur de particuliers au prejudice de ladicte Ville. Ce faict, mesdictz sieurs de la Ville, aiant pris congé desdictz sieurs du Clergé, sont revenuz audict Hostel de la Ville.

CLXXVIII. — Restablissement de la fontaine de M. de Roissy.

11 août 1612. (Fol. 513 v°.)

De par les Prevost des Marchans et Eschevins de la ville de Paris.

«Il est ordonné que le sieur de Roissy [5] sera reintegré et mis en possession du cours d'eaue à luy cy devant accordé et qu'il a accoustumé d'avoir desrivé du gros thuiau des fontaines de la Ville en la grande rue du Temple, et sera le thuyau particulier assis et souldé en coulde relevé de deulx poulces sur le gros thuiau passant devant la maison du sieur Danchin, neuf piedz ou environ au dessus de la porte de la maison, et sur ledict thuyau sera assis ung robinet qui sera percé de la grosseur qu'il estoit cy devant, dans un regard ou veue qui sera soubz la porte d'une maison où est pour enseigne le *Moustier*, attenant audict sieur de Roissy, et sera la presente ordonnance executée par Pierre Guillain, M° des œuvres de ladicte Ville, ayant la charge desdictes fontaines, en la presence du sieur Fontaine, l'ung de nous, Eschevins, par nous commis à ceste fin.

«Faict au Bureau de la Ville, le unziesme Aoust mil six cens douze.»

CLXXIX. — Mandement de l'eslection.

11 août 1612. (Fol. 514.)

De par les Prevost des Marchans et Eschevins de la ville de Paris.

«Sire Jehan Le Conte, Quartenier, appellez voz cinquanteniers et dizeniers avec huict personnes des plus apparans de vostre quartier, tant officiers

---

[1] Une maison canoniale avait par exception été concédée à Jean Bertier, évêque de Rieux : «Lunae 3 maii 1604. Domini in considerationem bonorum officiorum prestitorum ecclesiæ tam in generali quam particulari per reverendum dominum dominum episcopum Rivensem et sine tractu consequentiæ in posterum permiserunt eidem domino episcopo Rivensi tenere et possidere ad ejus vitam naturalem domum claustralem et canonicalem per eum emendam intra sex menses proximos, ea tamen lege et conditione, casu quo eveniat ipsum dominum Rivensem episcopum recedere ad tempus ab hac urbe, non licebit eidem dictam domum locare nec occupari facere per aliquem extraneum, sed durante ejus absentia occupabitur et habitabitur per aliquam personam ecclesiasticam ex ejus domesticis, et dictam domum nulli nisi alicui ex dominis canonicis vendere vel cedere poterit.» (*Arch. nat.*, LL 168, p. 393, et LL 258, fol. 57 v.°) En vertu de cette autorisation, l'évêque de Rieux acheta le 5 mai suivant une maison que détenait le chanoine Jean Le Roy, «sita juxta portam quæ ducit ad vicum des Marmousetz, contigua ab una parte domibus curatorum Sancti Joannis Rotundi, ex altera domui quam nunc possidet et inhabitat dictus dominus Le Roy». (*Ibid.* LL 168, p. 395 et LL 258, fol. 58.)

[2] Martin de Racines, abbé commendataire de la Vernusse au diocèse de Bourges (cf. t. XIV, p. 336), et Pierre Behety, docteur ès droits, chanoine, grand archidiacre, vicaire général et official de Couserans, venaient d'être respectivement élus agents du Clergé par les provinces de Sens et d'Auch. Ils devaient rester en charge jusqu'en 1615. Une difficulté s'étant produite pour la procuration de la province d'Auch et l'élection étant douteuse entre deux compétiteurs, les sieurs Behety et de Rochefort, ils résolurent de s'en remettre à la décision du sort, qui favorisa Behety. Mais ils convinrent que celui qui exercerait les fonctions d'agent partagerait avec celui que le sort écarterait la récompense ou gratification qu'il était d'usage de remettre aux agents à leur sortie de charge. (*Collection des Procès-Verbaux*, t. II, p. 29 et 30.)

[3] Dreux Hennequin, prieur de Villenauxe. Voir *Registres du Bureau*, t. XIV, p. 276 (note).

[4] Pierre Habert, abbé de la Roche (*ibid.*, p. 335).

[5] Jean-Jacques de Mesmes, seigneur de Roissy, fils unique de Henri de Mesmes et de Jeanne Hennequin, dont il est parlé, à propos de son hôtel du passage Sainte-Avoye et de la prise d'eau qui y était affectée, au tome XIII des *Registres du Bureau* (p. 138, note 10).

du Roy s'il s'en trouve audict quartier que des bourgeois et notables marchans non mecaniques, lesquelz seront tenuz de comparoir sur peine d'estre privez de leurs previlleges de bourgeoisie, franchises et libertez, suivant l'eedict du Roy, et feront le serment, es mains du plus notable desdictz huict, de eslire quatre personnes d'iceulx huiet auxquelz esleuz dictes et enjoignez qu'ilz se tiennent en leurs maisons, jeudy prochain, seiziesme jour du present moys, jusques apres neuf heures du matin, que manderons deulx d'iceulx venir en l'Hostel de la Ville, affin de procedder à l'eslection d'ung Prevost des Marchans et de deux Eschevins nouveaulx au lieu de ceulx qui ont faict leur temps et nous apportez ledit jour, à sept heures du matin, vostre proces verbal clos et scellé; lequel sera signé de vous et de celluy qui aura presidé en vostredicte assemblée. Sy n'y faictes faulte.

«Faict au Bureau de ladicte Ville, le samedy unziesme jour du moys d'Aoust mil six cens douze.»

Pareil mandement a esté envoyé à chacun de Messieurs les Quartiniers de lad. Ville.

«Monsieur de Versigny, plaise vous trouver jeudy prochain seiziesme jour du present moys, sept heures du matin, en l'assemblée generalle qui se fera en la grande salle de l'Hostel de la Ville, affin de procedder à l'eslection d'ung Prevost des Marchans et de deux Eschevins nouveaulx au lieu de ceulx qui ont faict leur temps. Vous priant n'y voulloir faillir.
«Faict au Bureau de lad. Ville, le samedy unziesme Aoust mil six cens douze.
«Les Prevost des Marchans et Eschevins de la ville de Paris, tous vostres.»

Pareil mandement envoyé à chacun de M^{rs} les Conseillers de la Ville.

CLXXX. — Taxe faicte au concierge de la Ville pour le gouvernement de l'horloge.
12 août 1612. (Fol. 515.)

De par les Prevost des Marchans et Eschevins de la ville de Paris.

«Il est ordonné au concierge de ladicte Ville de doresnavant avoir le soing, charge et gouvernement de l'orloge de l'Hostel de la Ville pour la faire aller nuict et jour et sans discontinuation, et pour ce faire luy avons taxé et ordonné par ces presentes la somme de soixante livres par chacun an, qui luy seront payez par le Receveur de ladicte Ville, des deniers du domaine d'icelle, de quartier en quartier, en vertu de quictance simple dudict concierge, à commancer du jour et datte de ces presentes. Lesquelles sommes seront passées dans les comptes dudict Recepveur en rapportant aultant de la presente ordonnance, pour une fois seullement, et les quictances d'icelluy concierge.

«Faict au Bureau de la Ville, le douziesme jour d'Aoust mil six cens douze.»

CLXXXI. — Presents de la Ville offerts à l'ambassadeur d'Espagne.
14 août 1612. (Fol. 515 v°.)

[*Lettre du Roy.*]

«Tres chers et bien amez, estant presentement arrivé en cette nostre bonne ville de Paris le sieur duc de Pastrane[1], ambassadeur du Roy des Espaignes nostre tres cher frere, pour le traicté de nostre mariage, nostre intention est que vous l'alliez salluer des demain et luy faire les presens de la Ville accoustumez, lesquelz vous doublerez. Ce que nous aurons tres agreable, avecq asseurance que nous ne les estimerons pas moings que si vous les faisiez à nous mesmes. Et sur ce nous prions Dieu, tres chers et bien amez, qu'il vous ayt en sa saincte garde.
«Escript à Paris, le XIII° jour d'Aoust 1612.»
Signé : «LOUIS», et plus bas : «DE LOMENIE».

Et sur l'inscription est escript : «A noz tres chers et bien amez les Prevost des Marchans et Eschevins de nostre bonne ville de Paris», et scellé du cachet des armes d'icelle Majesté[2].

Aussitost lesdictes lettres receues, mesdictz sieurs les Prevost des Marchans et Eschevins ont envoyé choisir chez Dupont, espicier de la Ville, grande quantité de confitures exquises avec six douzaines de flambeaulx blancz musquez, pour les presenter audict sieur duc de Pastrane, par commandement de Sad. Majesté, lequel estoit logé en l'hostel de Rocquelaure[3] rue Sainct Anthoine.

[1] Rodrigue Gomez de Silva, Mendoza et Cerda, troisième duc de Pastrana, né en octobre 1585, mort le 13 décembre 1626, après avoir épousé Léonore de Guzman. (Imhof, *Genealogiæ XX illustrium in Hispania familiarum*, Lipsiæ, 1712, in fol., p. 290 et 303.) La ville de Pastrana, en Castille, avait été achetée en 1572 par Ruy Gomez de Silva, en faveur de qui le roi Philippe II l'érigea en duché. (Imhof, *Recherches historiques des grands d'Espagne*, in-8°, p. 88.) Le duc de Pastrana avait été envoyé en France comme ambassadeur extraordinaire à l'occasion de la conclusion des mariages entre les princes français et espagnols. Le catalogue de l'Histoire de France, à la Bibliothèque nationale, donne l'indication d'un certain nombre de plaquettes publiées à propos de sa réception à Paris et des fêtes qui lui furent offertes (Lb^{35} 157 à 159 et 170).
[2] L'original de cette lettre est conservé dans la série des cartons des Rois (*Arch. nat.*, K 109, n° 22).
[3] C'est ce que dit également la relation de G. Giustinian, ambassadeur vénitien (*Relazioni di Francia*, t. I, p. 513).

Et le quatorziesme dudict moys, sur les dix heures du matin, mesdictz sieurs les Prevost des Marchans et Eschevins, Procureur du Roy et Greffier de ladicte Ville sont allez saluer ledict sieur duc de Pastrane, en l'ordre qui ensuit :

Premierement marcheoient devant eulx environ soixante archers de lad. Ville, vestuz de casacques de velours, avec leurs hallebardes, à pied.

Apres eulx, les sergens de lad. Ville, vestuz de leurs robbes myparties, aussy à pied.

Apres, mesdictz sieurs les Prevost des Marchans, Eschevins, Procureur du Roy et Greffier de la Ville, vestuz de leurs habitz noirs, estans en carrosse.

Et estans audict hostel de Rocquelaure ont faict presenter lesdictz presens par lesdictz sergens de ladicte Ville pour les presenter aud. s^r duc.

Et estans entrez dans sa chambre, apres luy avoir faict la reverance, mondict sieur le Prevost des Marchans luy a faict une harangue, contenant en peu de parolles comme, par commandement du Roy, ilz venoient luy faire la reverence et saluer et le congratuler; qu'il estoit le bien venu, principallement pour affaire qui importoit à deux si grandz et sy puissans royaumes, la France et l'Espagne, à cause des alliances et mariages; que la ville de Paris avoit tout subject de se resjouir de sa venue; qu'il luy presentoit les presens d'icelle Ville, le suppliant de les avoir pour agreables. Et aussy tost lesdictz sergens porteurs desdictz presens luy ont baillé et presenté iceulx dont il a tres humblement remercyé mesdictz sieurs les Prevost des Marchans et Eschevins de lad. Ville, lesquelz sont revenuz audict Hostel de Ville en pareil ordre qu'ilz en estoient partiz.

CLXXXII. — Restablissement de la fontaine du sieur de Boinville.
14 août 1612. (Fol. 517 v°.)

De par les Prevost des Marchans et Eschevins de la ville de Paris.

«Il est ordonné que le sieur de Boinville[1] sera reintegré et remis en la possession de sa fontaine et cours d'eaue dans sa maison, ainsy qu'il en a jouy cy devant. Lequel restablissement sera faict par Pierre Guillain, Maistre des œuvres de ladicte Ville, en la presence de l'ung de nous.

«Faict au Bureau, le quatorziesme Aoust mil six cens douze.»

CLXXXIII. — Restablissement de la fontaine du sieur de Bercy.
14 août 1612. (Fol. 518.)

De par les Prevost des Marchans et Eschevins de la ville de Paris.

«Il est ordonné que le sieur de Bercy[2] sera reintegré et remis en la possession de sa fontaine et cours d'eau dans sa maison ainsy qu'il en a jouy cy devant suivant sa concession. Lequel restablissement sera faict par Pierre Guillain, M^e des œuvres de ladicte Ville, en la presence de l'ung de nous, Eschevins.

«Faict au Bureau de la Ville, le quatorziesme Aoust mil six cens douze.»

«*Faict et arresté par moy Greffier de l'Hostel de la ville de Paris soussigné :*
«Clement[3].»

CLXXXIII bis. — [Mémoire sur les offices à la nomination de la Ville, rédigé par le Greffier[4].]
(Fol. 526.)

Memoire des offices et commissions de la Ville et comme elles sont distribuées, vacation advenant.

Grands offices.

Mesureurs de charbon.
Vendeurs de vins.
Jurez moulleurs de bois.
Sergens de la Ville.
Crieurs de corps et de vins.

Moyens offices.

Mesureurs de grains[5].
Porteurs de charbon.

---

[1] Oudard Hennequin, sieur de Boinville, ancien conseiller de la Ville. (Voir t. XIV, p. 201 et 208.)
[2] Charles Malou, seigneur de Bercy, nommé président au Grand Conseil en 1610. (Voir la notice qui lui a été consacrée au tome X, p. 179, note 2.)
[3] C'est la première fois que se presente cette formule mise par le greffier à la fin du registre pour le clore officiellement.
[4] Ce mémoire, que le Greffier fit transcrire à la fin du xviiie volume des Registres de la Ville, ne fait pas partie des actes du Bureau. Nous ne le comprenons donc pas dans la série générale des pièces enregistrées dans la collection, mais nous le laissons à part, avec un numéro bis, de façon à lui conserver le caractère d'appendice que son auteur lui voulait donner, puisqu'il l'a relégué à la suite de la table, après la clôture du registre. Ce document est très intéressant pour l'histoire des institutions parisiennes. Il explique comment l'intérêt pécuniaire, aussi bien que le désir des honneurs, pouvait engager les bourgeois à rechercher les charges municipales. On y voit également que le rang des Échevins n'avait pas un caractère purement honorifique et se traduisait par des avantages pratiques.
[5] On voit que les mesureurs de grains appartenaient à un office d'un degré supérieur à celui des porteurs de grains, et ou

[1612] DE LA VILLE DE PARIS. 165

Courtiers de vins.
Mesureurs de sel.
Briseurs de sel.
Courtiers de sel.
Courtiers de chevaux de la marchandise de l'eaue.

PETITS OFFICES.

Porteurs de sel.
Porteurs de grains.
Mesureurs de chaux.
Courtiers de lardz et gresses.
Mesureurs de gueldes[1], neffles, noix et chastaignes.
Mesureurs d'aux et oignons.

Desdictz offices cy dessus Monsieur le Prevost des Marchans en chacune de ses années, s'il vacquoit un de chacun desdictes quallitez d'offices, seroit pour luy seul, et s'il en vacquoit en une année deux d'un mesme office, il n'en auroit qu'un et l'autre seroit pour le premier Eschevin, et ainsy consecutifvement des autres Eschevins. Et sy ledict sieur Prevost en une année avoit esté remply d'un grand, d'un moyen et d'un petit office, et qu'il en vacquast encores dans la mesme année trois pareils offices d'un grand, d'un moyen et d'un petit, se seroit pour le premier Eschevin sans que les autres Eschevins y puissent rien pretendre, mais en une année s'il vacquoit cinq d'une mesme quallité d'office, se seroit pour ledict s' Prevost et quatre Eschevins chacun un, ce qui a esté de tout temps observé jusques à present.

Offices et commissions en commun, dont vaccation advenant, les deniers provenans de la vente se partagent esgallement entre mesdictz sieurs les Prevost des Marchans, quatre Eschevins, Procureur du Roy et Greffier de ladicte Ville :

L'office de Procureur du Roy de la Ville.
L'office de Greffier de ladicte Ville.
L'office de Receveur du domaine, dons et octroys de ladicte Ville.
Les offices de Messieurs les Conseillers de la Ville.
Les offices de Quartiniers.

L'office de Concierge de l'Hostel de la Ville et garde de l'estappe au vin.
L'office de Maistre des œuvres de maçonnerie de la Ville.
L'office de M⁰ des œuvres de charpenterie de ladicte Ville.
L'office de Controlleur du bois de ladicte Ville.
Les offices de M⁰ˢ des ponts et chableurs, tant de cette Ville que hors icelle.
Les commissions d'Aydes ausdictz ponts.
Les offices de Chargeurs de bois en charrettes et ports de cette Ville.
L'office de M⁰ de l'artillerie de la Ville.
L'office de M⁰ d'hostel et mareschal des logis de la Ville.
La charge de Buvetier de ladicte Ville.
Les Jaulgeurs de vins.
Les Plancheeurs et desbacleurs de basteaux.
Les Commis à nettoyer les boues tant sur les ports qu'au Marché neuf.
Les Chargeurs et deschargeurs de fardeaux et marchandises au port St Paul.
La charge d'Espicier de la Ville.
La charge de M⁰ des œuvres de couvertures de la Ville.
Les Chargeurs et porteurs de chaux au port St Paul.
Les Gardes de nuict des marchandises sur les ports.
Les Compteurs de bois sur les ports de Compiegne, que Joigny et es environs.
Les Deschargeurs de piastre et moislon.
La charge de Thoiseur de plastre.

Faict par moy, Guillaume Clement, Greffier de la ville de Paris soubzsigné, le deuxiesme jour de Janvier mil six cens dix.
Signé : «CLEMENT».

Comme aussy quant les Receveurs des rentes vendent et resignent leurs offices, les deniers de leur composition en faveur de leur reception ou resignation se partagent aussy esgallement entre lesdictz sieurs Prevost des Marchans et Eschevins, Procureur du Roy et Greffier de ladicte Ville.
De mesmes pour les partis du sel et des aydes.
Signé : «CLEMENT».

s'explique mieux une plainte pour injure portée par Jean Grignon, juré mesureur de grains, contre Jacques Pelletier, juré porteur de grains, à propos des faits relatés dans l'interrogatoire qui suit : «Serment faict par le deffendeur [Pelletier], enquis s'il est pasvray qu'il a dict aud. demandeur qu'il estoit ung Jehan foutre, luy et tous ses compagnons d'office, avec plusieurs autres injures? A dict que à la vérité, voiant que ledict demandeur ne faisoit bien la mesure et mestoit grain sur le bord du mynot, il avoit remys une poignée de grain dans ledict mynot, en vindicte de quoy ledict demandeur luy donna ung coup de sa ratoire sur les doibts, ce qui feut cause que, en collere, il luy dict qu'il estoit ung Jehan foutre. Nous, partyes oyes, ensemble le Procureur du Roy et de la Ville en ses conclusions, avons enjoinct aux partyes de vivre à l'amiable ensemblement, sans eulx offencer, etc.» (Arch. nat., Z^{1H} 113, 23 février 1612.)

[1] Guède ou pastel, plante dont les feuilles étaient d'un grand usage chez les teinturiers pour obtenir une couleur bleu foncé. Voir une *Note* de M. Boissonnade dans les *Études anciennes de la Faculté des lettres de Bordeaux* (1912), p. 194-196.

H 1796[1].

REGISTRE DU BUREAU DE LADICTE VILLE DE PARIS
DES ASSEMBLÉES
TANT DU CONSEIL DE LADICTE VILLE, QUE PUBLIQUES, GENERALLES ET PARTICULIERES
DES ESTATS ET BOURGEOIS D'ICELLE, DELIBERATIONS, ENTRÉES,
POMPES FUNEBRES ET AUTRES ACTES,
COMMENCEANT LE SEIZIESME JOUR D'AOUST MIL SIX CENS DOUZE
ET FINISSANT LE VINGT TROISIESME JOUR DE SEPTEMBRE MIL SIX CENS QUATORZE.

M⁰ GUILLAUME CLEMENT, GREFFIER DUDICT HOSTEL DE VILLE.

1612.

CLXXXIV. — Assemblée de l'eslection.
Monsieur de Grieu, Prevost des Marchans.
16 août 1612. (H 1796, fol 1.)

Du jeudy seiziesme jour d'Aoust mil six cens douze.

En l'assemblée generalle ledict jour tenue en la grande salle de l'Hostel de la Ville, suivant les mandemens pour ce expediez et envoyez, affin de proceder à l'eslection d'ung Prevost des Marchans et de deux Eschevins nouveaulx, au lieu de ceulx qui ont faict leur temps, sont comparus :

Messieurs Sanguin, seigneur de Livry, conseiller en la cour de Parlement, Prevost des Marchans;

Perrot, de La Noue, Poussepin et Fontaine, Eschevins.

Messieurs les conseillers de la Ville :

Monsieur de Versigny;
Monsieur le President de Boullancourt;
Monsieur Prevost, sieur de Mallascize, conseiller en la Cour;
Monsieur Palluau, conseiller en la Cour;
Monsieur Boucher, conseiller en la Cour;
Monsieur Le Prestre, conseiller en la Cour;
Monsieur Amelot, maistre des Comptes;
Monsieur Arnauld, advocat;
Monsieur de Saint Cir, maistre des Requestes;
Monsieur Perrot, conseiller en la Cour;
Monsieur le President de Marly;
Monsieur Violle, sieur de Rocquemont;
Monsieur le President de Bragelongne;
Monsieur Abelly;
Monsieur le President Aubry[2];
Monsieur Lamy;
Monsieur Sanguin, secretaire;
Monsieur Le Clerc, conseiller en la Cour;
Monsieur Le Tonnellier;
Monsieur de S¹ Germain, sieur de Ravynes;
Monsieur Sainctot;

---

[1] Le volume H 1796, qui va former le complément du tome XV des *Registres du Bureau de la Ville*, portait le n° XIX dans la série des Registres de délibérations de la Ville. Il compte 281 folios, plus un folio pour le titre et cinq pour la table. Cette table n'est pas signée ni datée comme celle du volume précédent, mais elle semble écrite de la même main, et il est bien probable que c'est également M⁽ˡˡᵉ⁾ Mahuet qui en est l'auteur. De même que pour le H 1795, c'est à elle que nous avons emprunté, dans l'immense majorité des cas, le texte des rubriques des pièces. L'ensemble des minutes du Bureau sur lesquelles a été faite la transcription de ce registre se retrouve dans les cartons H 1890 et 1891; mais, comme pour les autres périodes, un certain nombre de ces minutes ont été réparties dans les différentes subdivisions de la série K.

[2] Nous avons déjà vu (ci-dessus, p. 20, note 2) que Robert Aubery avait été d'abord conseiller au Parlement, puis maistre des Requêtes; le titre de président dont il est parlé ici est celui de président au Grand Conseil dont il remplissait encore les fonctions quand il fut, en 1619, nommé président à la Chambre des Comptes (*Arch. nat.*, P 2631, fol. 31).

Monsieur Pottier, sieur d'Equevilly;
Monsieur Aubry, sieur d'Auvillier;
Monsieur Marescot.

QUARTENIERS DE LADICTE VILLE.

Sire Jehan Le Conte;
Sire François Bonnard;
Maistre André Canaye[1];
Sire Nicolas Bourlon;
Maistre Jacques Huot;
Sire Claude Parfaict;
Maistre Guillaume du Tertre;
Sire Jacques Beroul;
Sire Michel Passart;
Sire Anthoine Andrenas;
Maistre Robert Danès;
Sire Simon Marces;
Sire Jacques de Creil;
Sire Jacques de Monthers;
Sire Jehan Le Clercq;
Sire Denys de Sainct Genys.

Et environ les sept heures du matin, Messieurs les Prevost des Marchans, Eschevins et Greffier, vestuz de leurs robbes mi parties, assistez d'aucuns desdicts sieurs Conseillers et Quarteniers, sont allez en l'esglise de l'hospital du Sainct Esprit où a esté celebré à haulte voix une messe du Sainct Esprit, laquelle dicte, lesdicts sieurs Prevost des Marchans, Eschevins, Greffier, Conseillers et Quarteniers s'en sont retournez andict hostel de la Ville. Et estans au grand bureau lesdicts sieurs Quarteniers ont presenté ausdicts sieurs Prevost des Marchans et Eschevins les scrutins et proces verbaulx des assemblées par eulx chacun particulierement faictes en leur quartier, cloz et scellez, desquels a esté faict ouverture par lesdicts sieurs Prevost des Marchans, Eschevins et Conseillers; et ainsy que lesdicts scrutins et proces verbaulx ont esté veuz, a esté faict quatre bultins en papier, où ont esté redigez par escript les noms des desnommez et retenuz esdictz proces verbaulx de chacun quartier; et lesdicts bultins mis dans le chappeau mi-party, a esté tiré au sort d'iceulx et faiet enregistrer les noms des desnommez aux deux premiers bultins tirés dudict chappeau apres le nom du Quartenier, et continué de quartier en quartier. Et à l'instant a esté enjoinct aux sergens de ladicte Ville de les aller advertir de se trouver à ladicte eslection. Et estant la plus grande partye arrivée, la compagnie est entrée dans ladicte grande salle pour proceder à ladicte eslection.

Ensuit les noms desdicts Quarteniers et bourgeois de chacun quartier mandez :

Sire Jehan Le Conte :
  Le President de Volle,
  Monsieur Aubry, maistre des Requestes.

Sire François Bonnard :
  Monsieur Miramion, conseiller au Grand Conseil,
  Monsieur Gervaise, receveur general de Bourges.

Sire Nicolas Bourlon :
  Monsieur du Four, conseiller,
  Monsieur Bourlon, greffier des Comptes.

Maistre Jacques Huot :
  Monsieur Le Coigneulx, conseiller[2],
  Monsieur Grasseteau, conseiller[3].

Sire Claude Parfaict :
  Monsieur de Camp, correcteur des Comptes[4],
  Monsieur de Beauvais, substitut de Monsieur le Procureur general[5].

Me Guillaume du Tertre :
  Monsieur le President d'Ozambray[6],
  Monsieur de Vincelle, conseiller.

Sire Jacques Beroul :
  Monsieur de Here, conseiller,
  Monsieur Philippes, secretaire.

Sire Michel Passart :
  Monsieur de Cuisy, advocat au Conseil,
  Monsieur Passart.

---

[1] C'est par erreur que le nom de Canaye figure ici parmi ceux des Quarteniers. Le relevé des bourgeois mandés pour chaque quartier, qu'on trouvera plus loin, montre en effet que Canaye était dès lors remplacé par François de Fontenu : dans cette seconde liste, le rédacteur du procès-verbal avait commencé par inscrire sur la minute le nom d'André Canaye à son rang habituel, mais il s'est aperçu qu'il se trompait, a biffé ce nom et a inscrit à la fin de la liste celui du nouveau Quartenier, François de Fontenu. (Arch. nat., K 983-84.)

[2] Le Parlement comptait plusieurs conseillers de ce nom.

[3] Hugues Grasseteau, reçu conseiller au Parlement le 13 août 1610.

[4] Guillaume de Caen, d'abord auditeur des Comptes, fut reçu correcteur le 24 juillet 1597 et resta en exercice jusqu'en 1620.

[5] Pierre de Beauvais, reçu substitut du Procureur général le 10 septembre 1586. (Arch. nat., U 495, fol. 511.)

[6] Jérome de Hacqueville, chevalier, sieur d'Ons-en-Bray, d'abord président aux Requêtes du Palais, fut nommé président à mortier en remplacement de Jean Forget, en 1611. Plus tard, on le verra devenir Premier Président en 1627, mais il mourut dès l'année suivante, le 4 novembre 1628, sans laisser d'enfant d'Elisabeth Gamin, sa femme, qui lui survécut jusqu'au 2 juin 1644. Tous deux furent enterrés aux Blancs-Manteaux. (Raunié, Épitaphier, tome II, p. 57.)

Sire Anthoine Andrenas :
Monsieur Pasquier, sieur de Vallegran,
Monsieur d'Averdouin, procureur.

M⁰ Robert Danès :
Monsieur Maillet, advocat,
Le sieur Gendron, premier huissier à la Court des Aydes.

Sire Simon Marces :
Le sieur Guyot, marchant,
Le sieur Le Court, marchant.

Sire Jacques de Creil :
Monsieur Deslandes, conseiller,
Monsieur Neret, bourgeois.

Sire Jacques de Mouhers :
Monsieur Foucquet, conseiller,
Monsieur le Lieutenant criminel.

Sire Jehan Le Clercq :
Monsieur Martin,
Monsieur Desneux.

Sire Denis de Saint Genist :
Le president Champront,
Monsieur de Belin l'aisné.

Maistre François de Fontenu[1] :
Monsieur de Bailleul, conseiller,
Monsieur Roullier, maistre des Comptes.

Chacun ayant pris place et sceance, mondict sieur le Prevost des Marchans a remonstré que ayant, et lesdicts sieurs Perrot et de la Noue, faict leur temps, il avoit faict expedier les mandemens, pour faire assembler ceste compagnie, affin de proceder à l'eslection d'autres en leurs places.

Et à l'instant, a esté faict lecture des ordonnances sur le faict de ladicte eslection par le Greffier de ladicte Ville, et a faict lecture de tous ceulx qui doibvent assister à ladicte assemblée, pour sçavoir s'ils estoient venuz.

Ce faict, lesdicts sieurs Sangnyu, Prevost, Perrot[2] et de la Noue, Eschevins, ont remercié la compagnie de l'honneur qu'elle leur avoit faict de les avoir esleuz et appelez esdictes charges, et les excuser si

---

[1] François de Fontenu, comme nous venons de le dire, remplace André Canaye, qui dès 1588 était à la tête du quartier Saint-Honoré. On ne peut avoir de doutes sur la circonscription à laquelle ce nouveau Quartinier était affecté, car nous savons que les deux bourgeois mandés qui figurent à la suite de son nom appartenaient au quartier Saint-Honoré : Le Bailleul était capitaine d'une dizaine de ce quartier, et quant au maître des Comptes Rouillé, ancien Échevin, on l'a vu plusieurs fois, dans les volumes précédents, délégué par les bourgeois du quartier de Canaye aux assemblées générales. On trouvera d'ailleurs plus loin, à la date du 17 mars 1614, une ordonnance du Bureau prescrivant à François de Fontenu de présenter un candidat pour la charge de portier de la porte Saint-Honoré.

[2] Jean Perrot, sieur de Chesnart, ancien président en l'élection, avait épousé Catherine Jullien, comme le montre une donation mutuelle faite entre eux le 20 janvier 1610 (Arch. nat., Y 149, fol. 184 v°). Une affaire survenue au cours de son échevinage fournit des renseignements curieux sur les rapports qui existaient entre les membres de la municipalité et la population parisienne. En voici le compte rendu d'après le registre d'audience du Bureau (Z¹ᵉ 112.)

«Du jeudi 14 avril 1611. Sur la plaincte à nous faicte au Bureau de la Ville par le sʳ Perrot, nagueres president en l'eslection de Paris, l'ung des Eschevins de ladicte Ville, que le jour d'hier ayant esté baillé à voiturer par son serviteur à ung nommé Jehan Travaillot quelque plomb depuis ceste Ville jusques en sa maison de Clamart moyennant quatre livres t. pour ladicte voiture et ayant ledict Travaillot, qui est chartier, faict icelle voiture et estant aud. Clamart, sond. serviteur luy auroit dict qu'il mectroit environ ung quarteron de foing dans sa charge pour voiturer en ceste Ville dont luy ou son maistre le payeroient les sols. A quoy il se seroit acordé et auroit chargé led. foing dans sadicte charrette, lequel il luy auroit amené led. jour d'hier au soir en sa maison, et le payant de la voiture dud. plomb luy auroit voullu donner ung quart d'escu pour celle dudict foing, ce que ledict Travaillot auroit reffusé, disant qu'il voulloit avoir saltant que de la voiture dud. plomb. Et remonstrant aud. Travaillot que c'estoit assez pour le peu de charge dud. foing, icelluy Travaillot luy auroit dict que, à cause qu'il estoit Eschevin, il le voulloit payer à son mot, qu'il recongnoissoit bien et sçavoit qu'il estoit, mais qu'il ne le craingnoit gueres, qu'il ne meneroit pas à la petite mangeoire et justice de l'Hostel de la Ville, mais bien ailleurs; avecq plusieurs aultres parolles audacieuses et arrogantes dedans sa salle. Et estant led. Travaillot sorti de sa maison, se seroit pris à cryer devant sa porte que luy complaignant luy retenoit son travail et sa peyne à cause qu'il estoit Eschevin, et qu'il le menassoit quant il viendroit à la grille, et autres parolles insollantes, tellement qu'il auroit amassé plusieurs personnes par ses discours et non comptant de ce auroit encores faict assembler du peuple proche la grille par pareilles insollances, ce qui estoit ung acte digne de reprebention et contre l'honneur et auctorité du Bureau. Sur quoy nous avons ordonné que ledict Travaillot sera presentement mis et constitué prisonnier.

«Ledict jour avons mandé des prisons de ceans Jehan Travaillot, chartier demourant en ceste Ville, auquel, apres lecture à luy faicte de la plaincte contre luy faicte par ledict sieur Perrot et enquis sy lad. plaincte est pas veritable, a dict qu'il nous prioit instamment de luy pardonner et qu'il se gouvernera sagement à l'advenir. Nous avons ordonné que presentement ledict Travaillot criera mercy audict sieur Perrot et le priera de luy pardonner, et apres qu'il a ce faict, luy avons enjoinct de doresnavant se comporter sagement et discretement en ses parolles et actions et porter honneur à ses magistratz, avec deffense d'user d'aucunes parolles insollantes contre l'honneur de ses superieurs, ou autres paroles arrogantes, à peyne du fouet, comme aussi deffense de prendre pour les voitures plus de deniers qu'il n'est porté par nos reiglemens, pour pareilles peynes. Et sera ledict Travaillot eslargy desd. prisons et oultre sera tenu d'aller encores crier mercy aud. sieur Perrot en sa maison.»

elle n'avoit receu le contantement qu'elle en esperoit et remectre plustot la faulte sur leur insuffisance que faulte de bonne volonté.

Et sur ce, icelluy sieur Prevost des Marchans a dict que l'on a de coustume d'eslire quatre scrutateurs, assçavoir : l'ung pour officier du Roy, ung autre pour Conseiller de la Ville, ung autre pour Quartenier, et l'autre pour bourgeois, priant la compagnie voulloir procedder à l'eslection desdictz quatre scrutateurs. Et pour ce faire, apres le serment de toutte l'assistance de bien et fidellement eslire quatre diverses personnes des qualités susdictes pour tenir le scrutin de ladicte eslection, et par la pluralité des voix ont esté esleuz scrutateurs, assçavoir :

Monsieur le president de Hacqueville, sieur d'Ozambray, pour officier du Roy,

Monsieur Amelot, maistre des Comptes, pour Conseiller de Ville,

Sire Michel Passart pour Quartenier et M° Desneulx, grenetier, pour bourgeois.

Et a esté l'eslection desdictz sieurs scrutateurs faiete de vive voix, en commenceant par messieurs les Conseillers de la Ville selon leur sceance, et apres, messieurs les Quarteniers conjoinctement avec leur mandez, et messieurs les Prevost des Marchans et Eschevins les derniers.

Lesquelz quatre sieurs scrutateurs ont faict ensemble le serment es mains desdicts sieurs Prevost des Marchans et Eschevins sur le tableau de ladicte Ville.

Ce faict, iceulx sieurs Prevost des Marchans et Eschevins se sont levez de leur place et ont pris sceance au-dessus desdictz sieurs Conseillers de la Ville, et en leurs places se sont assiz lesdictz sieurs scrutateurs, ledict sieur de Hacqueville tenant en ses mains ledict tableau, et ledict sieur Amelot, le chappeau miparty pour recepvoir les voix et suffrages. Et aussi tost tous lesdictz assistants ont esté appelez, sçavoir : lesdictz sieurs Prevost des Marchans et Eschevins les premiers, lesdictz sieurs Conseillers de la Ville selon l'ordre de leur reception, et lesdictz sieurs Quarteniers et bourgeois mandez, pour bailler leursdictes voix et suffrages qui ont esté receuz par lesdictz sieurs scrutateurs, qui se sont aussy tost, avec le Greffier de ladicte Ville, transportez au petit bureau ou ils ont faict le scrutin de ladicte eslection.

Pendant lequel temps, mesdictz sieurs les Prevost des Marchans et Eschevins ont envoyé par devers Monsieur de Liancourt, Gouverneur de ceste Ville, pour sçavoir la volonté du Roy, pour luy porter le scrutin; lequel sieur Gouverneur ayant parlé à Sa Majesté auroit envoyé dire à la compagnie que Sa dicte Majesté remettoit l'ouverture dudict scrutin à samedy prochain, à l'issue de son disné.

Et ledict jour de samedy, dix huictiesme Aoust, à l'heure d'entre midy et une heure, mesdictz sieurs les Prevost des Marchans et Eschevins avec le Greffier, vestus de leurs robes mi-parties, le Procureur du Roy, de sa robe d'escarlatte, et lesdictz sieurs scrutateurs, avec aucuns des Quartiniers de ladicte Ville, sont partiz dudict Hostel de Ville en carrosse, pour aller au Louvre, marchans devant eulx les cappitaines des trois Nombres des archers de la Ville et environ une trentaine de leurs archers, les sergents d'icelle estans allez devant avec leurs robbes attendre mesdietz sieurs au Louvre. Et estans tous arrivez au petit Bourbon, y auroient trouvé mondict sieur le Gouverneur qui les attendoit; et estans descenduz de carrosse sont allez à pied jusques à la porte dudict chasteau du Louvre, lesdicts archers allant les premiers, les sergens de la Ville vestuz de leurs robbes mipartiz apres, le Greffier de la Ville seul, et apres luy mondict sieur le Gouverneur à costé de mondict sieur le Prevost des Marchans, suivis desdicts sieurs Eschevins, Procureur et scrutateurs. Et estant à ladicte porte du Louvre, la barriere auroit esté ouverte, et lors toutte la trouppe de ladicte Ville seroit entrée, à la reserve des archers de ladicte Ville ayans hallebardes, que l'on n'avoit voullu laissé entrer, mais leurs cappitaines seroient entrez à la teste de la compagnie, et devant lesdicts sergens; et au mesme ordre seroient montez au quartier de la Royne et entrez dans l'antichambre du cabinet, où ils auroient trouvez messieurs de Grieux, Desprez et Merault, lesquelz mesdictz sieurs de la Ville avoient faiets advertir d'eulx trouver au Louvre à ladicte heure, comme ayant le plus de voix pour estre Prevost et Eschevins. Et lors mondict sieur le Gouverneur seroit entré dans ledict cabinet où le Roy estoit et la Royne regente sa mere, qui les auroit advertiz de la venue de mesdictz sieurs de la Ville, et apres avoir attendu quelque temps, mesme que Monsieur le Chancellier et Monsieur Ruzé, secretaire d'Estat, Leurs Majestés auroient commandé faire entrer touttes les trouppes de la Ville. Dans lequel cabinet estoit le Roy et ladicte dame Royne regente sa mere, assiz assez proche l'ung de l'autre; et proche d'eulx, mondict sieur le Chancelier et ledict sieur Ruzé et plusieurs autres seigneurs. Et s'estans mesdictz sieurs de la Ville approché de Leurs Majestez, mondict sieur le Prevost des Marchans leur auroit dict que, suivant les antiennes coustumes, qu'ils auroient procedé à l'eslection de l'Hostel de la Ville d'ung autre Prevost des Marchans en sa place, et deux Eschevins nouveaulx au lieu des sieurs Perrot et de La Noue qui avoient faict leur tems, et que messieurs les scrutateurs leur feroient entendre plus particulierement ce qui s'estoit passé en ladicte assemblée. Et à l'instant, se sont approchez lesdictz sieurs scrutateurs, et par ledict sieur President d'Hacqueville, l'ung d'iceulx, a esté presenté au Roy ledict scrutin et supplié Sa Majesté avoir pour agreable et confirmer ladicte eslection. Et aussi tost, Sadicte Majesté auroit baillé ledict scrutin au sieur Ruzé, lequel l'ayant ouvert et faict lecture d'iceluy, la Royne a dict qu'il falloit faire approcher ceulx qui avoyent le plus de voix. Et anssy tost, par le Greffier de ladicte Ville, a esté tenu le tableau sur les genoulx du Roy et se sont approchez lesdicts sieurs de Grieulx, Desprez et Merault, où s'estans mis à genoulx ont mis la main sur ledict tableau où ilz ont faict le serment en tel cas requis et accoustumé, qui a esté leu par ledict sieur Ruzé, estant dans les registres des ordonnances de la Ville, qui luy avoit esté mis es mains par ledict Greffier d'icelle. Et lors Sadicte Majesté leur auroit dict : «Servez moy bien et je vous maintiendray.»

Ce faict, lesdicts sieurs de Livry, Perrot et de La Noue se sont approchez de Leursdictes Majestés et, s'estans mis à genoulx, ont remercyé Leursdictes Majestez de l'honneur qu'ilz avoient receuz de ladicte charge, à quoy tant le Roy que la Royne regente sa mere, leur donnant louange, leurs auroient dict qu'ils avoient bien servy et se contantoient d'eulx. Et aussy tost toutte la compagnie a pris congé de Leursdictes Majestés et seroient revenuz andict Hostel de la Ville en pareil ordre qu'ils en estoient partiz, où lesdictz sieurs de Grieulx, Desprez et Merault ont esté mis en possession en la maniere accoustumée.

Ensuit la teneur dudict scrutin

Au Roy.

Sire,

«Nous, Jherosme de Hacqueville s' d'Ozembray, Conseiller de Vostre Majesté en voz Conseils d'Estat et privé et President en vostre cour de Parlement, esleu scrutateur pour voz officiers, Charles Amelot, aussy vostre conseiller et maistre ordinaire en vostre Chambre des Comptes, esleu scrutateur pour les Conseillers de la Ville, Michel Passart, esleu scrutateur pour les Quartiniers, et Desneulx, grenetier au grenier à sel de Paris, esleu scrutateur pour les bourgeois, certiffions à Vostre Majesté que, procedant ce jourd'huy à l'ouverture du scrutin de ceulx qui ont esté esleuz pour Prevost des Marchans et Eschevins de ladicte Ville, au lieu de ceulx qui ont faict leur temps, en la maniere accoustumée et suivant les antiens statuz et prevelleges d'icelle, nous avons trouvé que

«Pour Prevost :

«Monsieur de Grieux, sieur de Sainct Aubin, conseiller en vostre Parlement[1], a de voix. lxxiij.
«Monsieur le President Myron....... iij.
«Monsieur de Fourcy............. j.

«Pour Eschevins :

«Monsieur Desprez, advocat, a de voix.. lvj.
«Monsieur Merault, auditeur des Comptes[2], a de voix .... xxxv.
«Monsieur Frezon a de voix........ xxix.
«Monsieur Andrenas a de voix....... xiij.
«Monsieur Perrot................. iij.
«Monsieur Desneux, grenetier....... ij.

«Et les sieurs Durant, de La Lane, de La Noue, Clappisson, Maillet, Drouin, Cochart, Le Jay, Bourcier, Dubuisson, Rolland, Chesnart, Talon, chacun une voix.
«Et Monsieur Lamy............... ij.

«Faict en l'Hostel de la Ville, le jeudy seiziesme Aoust mil six cens douze.»
Signé : «HACQUEVILLE, AMELOT, PASSART» et «DESNEUX».

«Aujourd'hui dix huictiesme jour d'Aoust mil six cens douze, le Roy estant en son chasteau du Louvre à Paris, assisté de la Royne regente sa mere,

---

[1] Gaston de Grieu, s' de Saint-Aubin, reçu Conseiller de la Ville le 1" juin 1601 (t. XII, p. 433-435), avait résigné cet office au profit de Robert Aubery le 8 août 1606 (t. XIV, p. 109). Il mourut au mois de janvier 1624 et fut enterré dans l'église du collège des Bernardins, en même temps que son fils Charles, qui ne lui avait survécu que d'un jour. (Raunié, *Epitaphier*, t. II, p. 21-22.)

[2] Claude Mérault, dont il a été parlé ci-dessus, p. 92. Il mourut le 9 septembre 1627 et fut enterré à Saint-Nicolas-des-Champs. Il avait épousé en premières noces Jeanne Le Conte, fille du Quartenier Jean Le Conte, et en secondes noces, Antoinette Philyppes. Grâce à l'office qu'il remplissait à la Chambre des Comptes, Mérault était appelé tout naturellement à servir d'intermédiaire entre cette cour et le Bureau de la Ville. C'est ainsi qu'à propos d'une question touchant les rentes, le plumitif de la Chambre des Comptes porte la mention suivante à la date du 25 janvier 1613 : «Le Procureur général a remontré qu'il avoit communiqué de cette affaire avec M' Claude Merault, conseiller auditeur en ladicte Chambre et l'un des Eschevins de lad. Ville, et qu'il estimoit à propos de mander le Prevost des Marchands et Eschevins de lad. Ville au premier jour.» (Arch. nat., P 2671, fol. 9 v°.)

les sieurs de Grieulx, conseiller de Sa Majesté en sa cour de Parlement, sieur de Saint Aubin, Desprez, advocat en icelle, et Merault, conseiller de Sa Majesté et auditeur en sa chambre des Comptes, ont faict et presté, entre les mains de Sadicte Majesté, le serment qu'ils estoient teuuz à cause des charges de Prevost des Marchans et Eschevins de ladicte ville de Paris, auxquelles charges ils ont esté esleuz et nommez, asçavoir : ledict sieur de Sainct Aubin pour Prevost des Marchans, ledict Desprez pour premier Eschevin, et ledict Merault pour second, de l'eslection faicte jeudy dernier seiziesme du present moys, moy, conseiller secretaire d'Estat et des commandements de Sadicte Majesté, present.«

- Signé : «Ruzé», et sur l'inscription est escript : «Au Roy».

CLXXXV. — Devis touschant les fontaines de Rongis.

5 septembre 1612. (Fol. 8.)

Devis des ouvrages de maçonnerie, pierre de taille, ciment, bricque, corroy, tranchées, port et vuidanges des terres, qu'il sera besoing faire et fournir à la construction des voultes, regardz, descharges, bassins, receptacles et acqueducz que le Roy veult estre faicts pour amener et conduire avecq voultes les eaues et sources des fontaines de Rongy depuis ledict lieu jusques pres la faulce porte à la tranchée des nouvelles fortifications du faulxbourg Sainct Jacques de la ville de Paris, et depuis ledict lieu jusques à la contrescarpe du fossé entre les portes Sainct Jacques et Sainct Michel, par acqueducz, pour la commodité du publicq et ornement de ladicte Ville, lesquelles voultes et acqueducz seront faicts et conduicts des matieres et façons cy apres declarées :

[I.][1] «Et premierement, faut faire la vuydange des terres massives de touttes les tranchées et rigolles pour la massonnerie des acqueducs, descentes, regards, descharges, auges, bassins et reservoirs, des longueurs et profondeurs, proportions et mesure, qui seront cy apres declarées, icelle enfoncer plus que à fondz sollide si faire se peult, depuis la prise de l'eaue desdictes sources, jusques au fossé de la Ville ; comme aussi seront vuidées les terres et immondices de la faulce pierrée qui sera faicte le long des canaulx par le costé de la montagne. Sera au semblable curé et nettoyé le carré des grandes tranchées cy devant faictes pour esventer les eaues desdictes sources selon que cy apres sera declaré.

[II.] «Faut faire l'eslevation des murs pour eriger des canaulx dans lesdictes tranchées qui auront trois pieds de large dans oeuvre et six pieds de hault soubz clef, lesquels murs seront faicts de deux piedz d'epoisseur chacun, garniz d'une assize de pierre au brutte, touttelfois picquées et dressées, laquelle sera d'un pied de hault, dans laquelle seront delaissées des bouches et ouvertures d'ung pied de large à l'endroict des sources ou autres lieux que l'on trouvera les eaues Iluer et couller, iceulx murs garnis de chesnes de pierre de taille parpaine entre deux un. Et le residu du mur maçonné avec mouellon ou bloc proprement assemilly avec mortier de chaulx et sable, les joincts et paremens entre les licts ragrayez à l'instant et d'ung mesme mortier. Et seront aussy les voultes desdictz canaulx continuez de mesme forme, structure et façon que les murs cy devant declarez, ladicte voulte portant treize à quatorze poulces d'espoisseur au couronnement, à laquelle haulteur seront eslevez les deux murs à costé desdicts canaulx, et au dessus icelle haulteur sera faict une arraze de maçonnerie, mortier chaulx et sable, d'ung pied d'espoisseur sur le mitan, et de huit poulces d'espoisseur à l'affleurement du dehors desdietz murs, en telle sorte que ladicte arraze puisse avoir la pante des deux costez, et que les eaux qui penetrent et se pourroient arrester sur icelle maçonnerie, ne puissent apporter dommage à icelle.

[III.] «Item en faisant lesquels murs s'il se trouve quelque cours d'eau qui merite plus grande recherche, sera faict ouverture de la terre jusques à telle longueur qu'il sera necessaire pour le mieulx, laquelle tranchée sera de deulx piedz et demy de large remplie de deulx petitz murs de pierre seiche, ung petit canal entre deux de six poulces de large et ung pied et demy de hault, recouvertz de pierre de blocaille ou caillou mesme qualité, avec ung corroy faict de glaize de six poulces d'espoisseur par dessus lesdictes ouvertures.

[IV.] «Item recharger de terre touttes lesdictes tranchées, murs et canaulx, jusques à telle haulteur qu'il sera advisé pour le mieulx et telle que le lieu le pourra requerir.

[V.] «Item et au dessoubz desdicts canaulx, au lieu que advisé sera pour le mieulx et à distance et intervalle d'ung pied, seront faictes les vuydanges des teures tant seiches que mouillées pour l'assiette d'ung grand regard et accueil d'eaue, l'auge duquel sera de telle profondeur qu'il appartiendra et en telle

---

[1] Nous rétablissons ici le numérotage des articles qui avait été marqué sur la minute et qui a disparu dans la transcription du registre.

sorte que, depuis le fond de ladicte auge, il y puisse avoir dix huict poulces de haulteur, jusques au fondz du petit acqueducq ou petit canal du passage des eaues, lequel regard sera fondé en masse de maçonnerie sur bon fonds et suffisant pour porter et soustenir tel ouvraige, lequel fonds, au cas qu'il ne se trouvast ferme, sera garny comme cy apres sera declaré; sera icelluy regard faict et construict de la forme, structure et façon telle que le regard des fontaines de la Ville, qui [est] au dessus du village du Pré St Gervais, au lieu dict les Mausseings, ou du regard au bout d'en hault des canaulx des fontaines de la Ville, à Belleville sur Sablon, ledict regard appelé la Tour ou la Chapelle, garny de descente comme lesdictz regardz, les bouches et descharges des grands canaulx faictes comme celles desdictz regards; en laquelle espace d'ung pied, sera faict ung courroy de terre glaize qui commancera au fondz de la fondation dudict grand regard à eslever trois pieds plus hault que le fonds des canaulx premiers declarés, continuer ledit courroy le long du mur du grand carré de la recherche des eaues et de la longueur qu'il sera jugé necessaire, fondé et eslevé comme le corroy d'intervalle cy devant declaré, avec lequel lesdits courrois seront liez.

[VI.] « Item, sera faiete la vuidange des terres massives pour la fondation des grands canaulx qui sera faicte et fondée en masse de huict pieds de large eslevez depuis la bonne fondation jusques à la haulteur d'ung petit auget ou acqueducq du passage des eaues, sur laquelle masse de fondation seront posez et assis les deulx murs du grand canal, chacun de deulx piedz d'espoisseur, espassez à trois piedz et demy l'ung de l'autre, ou intervalle entre lesdictz murs, garniz de chesnes de pierre de taille et d'une assize à double liaison de deux et d'une jambe parpaine entre deulx une, taillez à parement par le dedans dudict grand canal; lesdictes jambes espassées de douze piedz l'une de l'autre du millieu, comme aussy les voultes au dessus. Lesdicts canaulx seront garniz d'arcs de pierre en plein ceintre à l'endroict desdictes jambes; aura ladicte voulte treize à quatorze poulces d'espoisseur en couronne, le residu desdicts murs maçonné avec moillon, chaulx et sable, ledict moislon assemblé proprement aux endroicts qui seront descouverts et en veue, ragraiez au mesme instant à pierre parante tout d'ung mortier, au dessus de laquelle voulte sera faict une arraze de moillon, chaulx et sable, telle que l'arraze declarée pour les canaulx de la grande place des sources.

[VII.] « Item, à costé desdicts canaulx du costé de la montagne, sera faict la vuidange des terres de trois piedz de large pour en icelle faire les pierrées et courroy cy apres declarez; dans laquelle tranchée contre les murs des canaulx sera faict ung courroy d'ung pied d'espoisseur qui sera fondé et prendra son origine ung peu plus bas que le fond de la maçonnerie, sy, par cy apres, il est trouvé expedient, et eslevé jusques à la haulteur du marchepied à costé de l'acqueducq. Le residu de ladicte tranchée sera employé en une pierrée faiete et composée de deux petitz murs de pierre seiche, ung petit conduict fermé de canal ou chattiere de six poulces de large et de dix huiet poulces de hault recouvert de tablettes faictes de la mesme pierre, au dessus desquelles tablettes sera jetté à pierre perdue de la plus menue pierre qui se trouvera sur le lieu, estant de trois à quatre poulces plus hault du costé du grand canal, et sur ladicte pierre sera faict un recouvrement de corroy mené et conduict en pante pour rejecter lesdictes eaues hors des murs.

[VIII.] « Item, dans ledict canal du costé de la montagne et contre le mur sera faict l'acqueducq pour la conduite de l'eaue, qui sera faict et construict d'une composition de cyment avec cailloux de vignes curieusement faict tant au fondz que aux costez, lesquelz costez, par le dedans dudit canal, seront faictz de bricques de quatre poulces de large oultre les six poulces de cyment, contenant ledit acqueducq en son vuyde de quinze poulces de largeur et dix huiet poulces de profondeur, le tout assis avec cyment.

[IX.] « Item, à costé dudit acqueducq dans le grand canal sera remplye de maçonnerie à bain. L'intervalle d'entre ledit acqueducq et le mur dudict canal, du costé de la vallée, recouvert d'une aire de cyment, le tout mené et conduict selon la pante que sera trouvé le lieu, à la conduicte, le pouvoir porter;

[X.] « En faisant lesquels canaulx et en espace que contiendront lesdictz canaulx, sera faiet quatre-vingtz regardz aux lieux qui seront disposez et advisez pour le mieulx et pour servir d'entrée dans lesdietz grands canaulx et mesme de descharges pour les eaues desdictz acqueducqs desdictz regardz. Les murs desquelz seront faicts de la qualité et espoisse que les murs desdictz grands canaulx, garniz de descente de marches de pierre dure, au hault desquels regardz, seront faicts les murs de l'enceinte pour les huisseries et entrées qui seront de pierre, en ce qui parroistra hors les terres, recouverts d'ung glassis de pierre ou autrement avec tablettes de pierre de liaiz, selon que advisé sera pour le mieulx.

[XI.] « Item, au passage de la traversse du vallon d'entre les deux montaignes, au village d'Arcueil, sera faict la maçonnerie des pilles, arches, arceaulx, petittes pilles qui seront fondées jusques à vif fondz sur pillotis et platte forme, si besoing est, sinon seront fondez de pierre de libaige joinctisse, sur lesquelles fondations de lybaige sera posée la pierre de taille desdictes pilles chacune de quatorze piedz de longueur compris leurs poinctes, lesquelles pilles seront espassées à trois thoizes l'une de l'autre, faictes et construictes de grands quartiers de pierre dure, de la plus dure qui se pourra trouver sur les lieulx et es environs, sans aucun moillon, jusques à la hauteur des eaues haultes, pour le regard de celles qui sont es deulx arches à l'endroict du grand cours. Et les autres fondées semblablement de lybaige et au dessus de quartiers à parement de pierre rempliz de moillon, maçonné avec bon mortier, chaulx et sable; et le residu desdictes pilles et arches seront eslevez pour le regard des poinctes et escoinssons de pierre avec les pillastres au dessus, aussi de pierre, selon la forme, structure et façon qu'il a esté représenté par le dessein, les testes des arcs et arceaulx portant deux pieds et deux pieds et demy en teste et en douvelle; continuer la fasse desdis arceaux avec leur engressement jusques à sadicte plaincte pour le regard de deux assizes de chacun costé, et la clef de laquelle aura dix huit poulces de haulteur soubs ledict plaincte, et continuer l'eslevation ainsy qu'il est representé par le desseing.

[XII.] «Le canal et acqueducq au dessus seront faictz de la forme, structure et façon telle que les autres regardz et canaulx saillans hors terre et de pareille espoisse de mur que lesdicts canaulx et de la haulteur de six pieds soubz clef, comme les grands canaulx.

[XIII.] «Les cullées et masses de maçonnerie des deux bouts dudict passage d'Arcueil seront faictz de mesme forme, structure et façon que la pille cy devant declarée. Par la fondation desquelles pilles et masses rivez à grands canaulx seront faicts les bacquetaiges et vuidanges d'eaue, pillotis et platte formes qui se trouveront necessaires pour la seureté et conservation des ouvraiges desdictes pilles, masses ou cullées, canaulx ou regards.

[XIV.] «Item, aux deux bouts dudit canal de traverse ou acqueducq dans le village d'Arcueil sera besoing de faire deux regards dans lesquels seront faicts des descharges pour descharger les eaues desdicts canaulx quant besoing sera, garniz de descentes ou montées de marches, environnés de murs comme les autres regards cy devant declarez; faire lesdictes decharges de telle forme, structure et façon que les eanes descendans d'icelles ne puissent endommager le publicq ny le particulier.

[XV.] «Item, à l'entrée du faulxbourg St Jacques, au lieu qu'advisé sera pour le mieulx, sera faict ung grand regard en forme carrée, l'auge duquel contiendra cinq pieds de large et sept pieds de long, à l'environ de laquelle sera faict le couridol de quatre pieds de large, lequel sera fondé en masse avec platte forme et pillotis comme le regard de la prise cy devant declarée, en l'auge duquel regard se fera la distribution et segregation des portions d'eaues tant pour le Roy que pour la Ville, sçavoir: au Roy la quantité de dix huit poulces reduictz en ung moulle de qualibre ou eschantillon, et à la Ville douze poulces anssy reduictz en ung moulle, pour estre par iceulx calibres desrivée l'eau, pour en disposer par chacun selon qu'il plaira à Sa Majesté. Et pour cet effet seront, pour lesdictes separations, faict au dessoubz dudict regard et joignant à iceluy deux petits regards ou receptacles d'eane, sçavoir: eeluy pour le Roy du costé des Chartreulx, et celuy de la Ville du costé de la chaussée, separez d'ung mur pour n'avoir aucune communication desdictes derivations d'eau, dans lesquels seront mises les bouches et entrées des thuyaulx particuliers, pour estre l'eaue de ladicte Ville conduicte proche la porte Sainct Jacques en ung reservoir cappable de telle grande quantité d'eaue qu'advisé sera pour la commodité publicque, et pour faire fluer l'eaue dans ledict reservoir sera faict ung thuyau de cappacité suffisante pour rendre pareil eschantillon d'eane à la descharge dans ledict regard que l'on aura à la prise de l'eaue au grand reservoir à l'entrée du faulxbourg proche la nouvelle fortiffication. Lequel thuiau sera faict de poterie de terre, de piece des longueurs qu'il sera advisé par ladicte Ville, assemblées l'une dans l'autre avec cyment à feu: enveloppé de cyment de trois poulces d'espoisseur, ledit cyment faict de bricque, de thuilleau et chaux vive, sur le millieu d'une masse de maçonnerie de trois pieds et demy de largeur fondée deuement et recouverte par dessus de maçonnerie aussy en masse de deux pieds de haulteur, sur ladicte largeur de trois pieds et demy; sera faict dans ledict faulxbourg, en lieu commode, deux regardz pour descharges, quand besoing sera de travailler ausdictz thuyaulx, dans lesquels regards seront mis deux robinets de cuivre, le tournant desquels seront percez de trous de pareille cappacité que lesdictz thuyaulx; dans l'ung desquels regards, seront assis les thuyaulx particuliers pour faire fluer de l'eaue en tel lieu des faulxbourgs Sainct Jacques et Sainct Marcel qu'advisé sera pour la commodité publicque.

[XVI.] «Et en ce qui concerne la conduicte de l'eaue pour Sa Majesté, messieurs les deputez pour la conduicte desdictes eanes les feront conduire par canaulx ou autrement, ainsy qu'il plaira à Sa Majesté, lesquels canaulx ou acqueducqs pourront estre continuez passant par le derriere dudict faulxbourg, qui seront assiz sur une masse de maçonnerie fondée deuement, faictz de cyment et bricqùes comme les autres acqueducqs dans les grands canaulx, recouverts de tablettes de pierre dure avec ung cyment par dessus, lesdictes tablettes assises sur cyment pour esviter les folles eaues passantes au travers des terres ne descendissent dans lesdictz canaulx. Au bas desquels canaulx, sur le contrescarpe du fossé de la Ville, sera faict ung reservoir de cappacité suffisante pour recepvoir touttes lesdictes eaues et les distribuer selon qu'il plaira à Sa Majesté.

[XVII.] «Faire et fournir par les entrepreneurs de touttes matieres à ce necessaires, soit pierre, blocquaille, bricque, bris de thuilleau faict de thuille de grand moulle de Paris et moulle bastard qui sera trouvé bon, et de terre forte, carreau de terre cuicte, bris et pouldre de poterie de grez pour faire cyment, avecq bonne chaulx vive, pillotis, platte-forme, huisseryes et fermetures des regardz, lesquels huys seront faictz de gros eschantillon, bois de quartier de deux poulces et demy corroyé, bois de chesne secq, lesdietz huys ferrez de bandes flamandes avec boullons rivez, serrure et fermeture bonnes et suffisantes pour tenir tous lesdictz lieux en seureté, et generallement touttes autres matieres à ce necessaires, mesme le plomb qu'il conviendra pour le canal ou acqueducq traversant d'une montaigne à l'autre, robinets de cuivre et teste de descharge aux endroictz où besoing sera; fournir les moulles de cuivre pour les eschantillons de la distribution et separation des eaues aux susdicts regards, des formes, longueurs et grandeurs qu'il sera jugé necessaire par les commissaires deputez à l'execution dudict devis. Comme aussy seront tenuz les entrepreneurs faire garnir les pierres des glassiz des couvertures desdictz regards ou canaulx, avecq crampons de fer scellez en plomb, chacun crampon de douze à treize poulces de long entre deulx retours, lesquels retours auroient deulx poulces de long; seront aussy tenuz de recouvrir de terre tous lesdictz canaulx d'espoisseur suffisante, pillée, battue, et dressée en pante vers le vallon; et le surplus desdictes terres sera applany et mis en telle sorte qu'il ne puisse nuyre au publicq; et seront tenuz lesdictz entrepreneurs de fournir en touttes saisons de l'eaue en telle quantité que les trente poulces d'eau portez par le present devis y puissent estre en touttes saisons.

[XVIII.] «Seront aussi tenuz de touttes les rescompences qui seront adjugez aux particuliers proprietaires des heritaiges qui seront trouvés recevoir dommaige pour l'execution du present devis, comme mouslins, terres et autres choses.

«Faict et arresté au Bureau de la Ville apres avoir oÿ et prins l'advis de Pierre Guillain, Maistre des œuvres de ladicte Ville, Loys Metezeau, architecte du Roy, Alleaume, ingenieur et architecte, Thomas Franchine, conducteur des fontaines et grottes du Roy, Remy Collin, Claude Veillefaux[1] et Augustin Guillain, jurez du Roy en l'office de maçonnerie, le sieur Cosnier, conducteur des oeuvres du canal de Loire, et Jehan Laintlaer, gouverneur de la pompe du Roy, en presence de nous Prevost des Marchans et Eschevins, de messieurs Jehan de Fourcy, sieur de Checy, conseiller du Roy en son Conseil d'Estat et privé et superintendant des bastimens de Sa Majesté, nobles hommes François Le Febvre et Henry Godeffroy, aussi conseillers du Roy, presidents Tresoriers de France et generaulx de noz finances à Paris, et Jehan Donon, aussi conseiller du Roy controlleur general des bastimens de Sadicte Majesté, le meccredy cinquiesme jour de Septembre mil six cent douze.»

Faict et delivré autant des presentes pour Messieurs du Conseil du Roy.

CLXXXVI. — Assemblée sur le subject des fontaines [de Rongis, et offres faictes au Roy et au Conseil par les Prevost des Marchans et Eschevins de la Ville de Paris sur l'entreprise de la conduicte des eaues desdictes fontaines.]

10-13 septembre 1612. (Fol. 15.)

«Monsieur le President de Marly, plaise vous trouver lundy proschain, sur les deux à trois heures de relevée, au Bureau de la Ville pour adviser à ce qui est à faire sur les publications et adjudications qui se doibvent faire mardy prochain au Conseil du Roy, touchant les regards, acqueducz et autres bastimens pour faire venir les eaues des fontaines de Rongis en ceste Ville. Vous priant n'y voulloir faillir.

«Faict au Bureau de ladicte Ville, le vendredy septiesme jour de Septembre mil six cent douze.

«Les Prevost des Marchans et Eschevins de la Ville de Paris, tous vostres.»

---

[1] Il a été parlé de Francine, de Metezeau et de Vellefaux au tome XIV.

Pareil mandement envoyé à chacun de messieurs les Conseillers de la Ville.

Du lundy dixiesme jour de Septembre mil six cent douze.

En l'assemblée de messieurs les Prevost des Marchans, Eschevins et Conseillers de ladicte Ville, ledict jour tenue au Bureau d'icelle[1] pour adviser sur ce qui est à faire sur les publications et adjudications qui se doibvent faire mardy prochain, au Conseil du Roy, touschant les regardz, acqueducqs et autres bastimens pour faire venir les eanes des fontaines de Rongis en ceste Ville, sont comparuz :

Monsieur de Grieu, sr de St Aubin, conseiller en Parlement, Prevost des Marchans; Monsieur Poussepin, Monsieur Fontaine, Monsieur Desprez, Monsieur Merault, Eschevins.

Monsieur de Versigny, Monsieur le President Aubry, Monsieur Marescot, maistre des Requestes, Monsieur Boucher, conseiller, Monsieur Amelot, maistre des Comptes, Monsieur le Tonnelier, sr de Breteuil, Monsieur Lamy, Monsieur de sainct Germain, sieur de Ravynes, Conseillers de la Ville.

La compagnie estant assemblée, mondict sieur le Prevost a remonstré que le Roy desirant faire venir en ceste Ville, pour la commodité publicque, les eanes des fontaines de Rongis, a faict bailler en son Conseil la ferme de trente solz tournois pour muid de vin en ceste Ville pour six ans, moyennant trois cens trois mil livres tournois par an, dont il n'en entera en ses coffres que deux cens mil livres, et le surplus qui est cent trois mil livres par an, pendant lesdictz six ans, Sa Majesté le donne pour employer aux ouvrages, acqueducqz et autres bastimens qu'il convient faire pour faire venir lesdictes fontaines; que depuis la derniere resolution d'assemblée du Conseil de ladicte Ville du sixiesme Juillet dernier, il a esté dressé en ce Bureau ung devis pour la construction desdictz acqueducqs, regardz et autres ouvrages où [ont] assisté Messieurs de Fourey, superintendant des bastimens du Roy, Le Febvre et Godeffroy, Tresoriers de France, Donon, controlleur des bastimens, et les sieurs Guillain, Metezeau, Francine, Alleaume, Collin, Vellefaulx, Lintheaer, expers, lequel devis a esté signé et arresté le cinquiesme du present moys, qui a esté baillé à Monsieur le Chancellier et sur lequel se doibt demain faire au Conseil d'Estat des publications pour bailler au rabais lesdictz ouvraiges et en faire ung party; que ceste oeuvre est de telle consequence pour durer perpetuellement qu'il est besoing d'y bien prendre garde et où la Ville a grand interest, soit pour empescher ledict party ou pour entreprendre par ladicte Ville de faire faire iceulx ouvraiges, c'est pourquoy il a faict faire la presente assemblée, requerant en voulloir adviser.

Sur quoy, l'affaire mise en deliberation, et lecture faite de l'arresté de ladicte assemblée dudict sixiesme Juillet dernier, ensemble dudict devis dudict cinquiesme de ce moys, a esté deliberé, arresté et conclud que mesdicts sieurs les Prevost des Marchans, Eschevins et aulcuns desdictz sieurs Conseillers de la Ville se transporteront demain par devers nosdictz sieurs du Conseil pour les supplier tres humblement et incister à ce qu'il n'y ait point de party : et au cas que l'on ne le puisse obtenir, que ladicte Ville donnera homme au Conseil, qui prendra ledict party soubz son nom, et qu'il bailera caultion à Sadicte Majesté, le tout au proffict de ladicte Ville, et à ceste fin en fera declaration dont icelle Ville l'indempnisera; que les deniers à ce destinez seront mis entre les mains de celuy qui sera commis par ladicte Ville pour en faire la despance par les ordonnances d'icelle. Et à ceste fin ladicte Ville prendra le risque du gaing ou de la perte, le tout ad ce que icelle Ville soit conservée en l'auctorité qu'elle a toujours eue du maniement et direction des oeuvres publicques de ceste Ville.

Et le mardy unziesme de ce mois, sur les huict heures du matin, mesdictz sieurs les Prevost des Marchans et Eschevins, Procureur et Greffier de la Ville, et Messieurs Marescot, Le Tonnelier, Abelly et de Sainct Germain, Conseillers de ladicte Ville, se sont transportez au Conseil d'Estat seant au Louvre, où estoient Monseigneur le Prince de Condé, Monsieur le Chancellier et autres seigneurs dudict Conseil, ausquels mondict sieur le Prevost des Marchans a faict entendre la resolution de ladicte assemblée et a supplié iceulx seigneurs du Conseil de ne poinct faire de party de l'entreprise, ouvrages, faicts et conduictes desdictes fontaines, et où il leur plaira le mettre en party, que ladicte Ville presentera homme au Conseil bien caultionné, pour l'entreprendre.

A quoy leur auroit esté faict responce de bailler

---

[1] Ce doit être à cette assemblée du Conseil que se rapporte la sentence suivante sur le service des sergents, qui est inscrite au registre d'audiences de la Ville (Z1H 114) à la date du 10 septembre 1612 : «Ledict jour à faulte par Gilles Pinet, Charles Abelly et Pierre Arnoul, sergens de ladicte Ville, de s'estre trouvez au service par eulx deub lors de l'assemblée de Messieurs du Conseil de Ville, par arresté de ladicte assemblée et sur ce oÿ le Procureur du Roy, ont esté iceulx susnommez sergens condampnez en chacun soixante solz tournois d'amande qu'ilz paieront sans deport.»

leurs offres par escript. Ce qui a esté à l'instant faict, desquelles offres la teneur ensuit :

Offres faictes au Roy et à nosseigneurs de son Conseil par les Prevost des Marchans et Eschevins de la ville de Paris sur l'entreprise de la conduicte des eaues des fontaines de Rongis à Paris.

«Ladicte Ville presentera homme cappable et bien caultionné, qui s'obligera de faire les ouvrages portez par le devis faict et arresté au Bureau de la Ville le cinquiesme jour du present mois de Septembre et icelles rendre faictes et parfaictes dans trois ans.

«Et ce, moyennant la somme de sept cens dix huit mil livres, payables selon qu'il est porté par les affiches qui ont esté mises et publiées.

«Et au cas que les adjudicataires de la ferme des trente sols se voulussent departir du bail qui leur en a esté faict, ledict entrepreneur offre de la prendre au mesme pris et conditions qu'elle a esté adjugée.

«Faict le unziesme jour de Septembre mil six cens douze.»

Lesquelles offres cydessus ayans esté signées par le Greffier de ladicte Ville, ont esté baillées par mondict sieur le Prevost des Marchans à mondict seigneur le Prince qui auroit dict que à jeudy prochain, du matin, l'on en feroit l'adjudication au Conseil, donnant charge ausdictz sieurs de la Ville de eulx y trouver.

(Nota que desdictes offres il y en a minutte signée de Messieurs estans es mains dudict Greffier.)

Et le jeudy ensuivant treiziesme desdictz mois et an, du matin, mesdictz sieurs les Prevost des Marchans et Eschevins et Greffier de ladicte Ville sont retournez audict Conseil du Roy, où estoit mondict sieur le prince de Condé, Monsieur le duc de Guyse, Monseigneur le Chancelier et autres seigneurs.

Ausquelz mesdictz sieurs de la Ville ont nommé et presenté Anthoine Bourrier, bourgeois de Paris, pour estre l'entrepreneur desdictes fontaines au desir et suivant lesdictes offres.

Et aussitost a esté allumé la chandelle pour voir et recognoistre sy quelqu'un y mettroit rabais et feroit la condition du Roy meilleure que ledict Bourrier; et ayans allumé une seconde et une troisiesme chandelle, voyans par mesdictz sieurs du Conseil que personne n'y mettoit rabaiz, ayans mesme demandé aux nommez Carrel, Roussel et plusieurs autres, qui y estoient presens, s'ils ne voulloient dire mot, l'adjudication auroit esté remise au samedy vingt neufiesme dudict moys de Septembre à Fontainebleau, et ordonné à mesdictz sieurs de la Ville où à aucuns d'eulx de se trouver et y faire trouver ledict Bourrier.

CLXXXVII. — Ordonnance pour travailler au regard de Belleville.
25 septembre 1612. (Fol. 18.)

De par les Prevost des Marchans et Eschevins de la ville de Paris.

«Il est ordonné à Pierre Guillain, Maistre des oeuvres de la Ville, de faire promptement travailler au grand regard des fontaines de Belleville appellé le regard de la Tour, aux lieux et endroicts qui seront necessaires pour rendre ledict regard entierement parfaict, et outre, de faire faire une pierre de marbre de grandeur competante, pour servir d'inscription et estre mise en la place disposée dans ledict regard[1].

«Faict au Bureau de ladicte Ville, le vingt cinquiesme jour de Septembre mil six cent douze.»

CLXXXVIII. — [Convocation du Conseil de Ville.]
26 septembre 1612. (Fol 18 v°.)

«Monsieur le President de Marly, plaise vous trouver demain, deux heures de rellevée, au Bureau de la Ville, pour deliberer sur les offres que aucuns particuliers ont faictes pour fournir la Ville de bois flotté, ensemble sur la proposition faicte par Maistre Germain Gillot touchant le payement des rentes de ladicte Ville. Vous priant n'y voulloir faillir.

«Faict au Bureau de ladicte Ville, le meccredy vingt sixiesme jour de Septembre mil six cent douze.

---

[1] Les inscriptions placées aux regards des fontaines ne trouvèrent pas grâce, sous la Révolution, devant le zèle des administrateurs chargés de supprimer les emblèmes de la féodalité. Le 18 fructidor an II, Rondelet, membre de la Commission des travaux publics, Legrand, contrôleur, et Coffinet, inspecteur des travaux de la Ville, avec Delaistre, inspecteur des fontaines, procédèrent « une visite des regards et fontaines, à la suite de laquelle ils présentèrent un rapport qui débute ainsi : «Au regard Saint-Maur il existe une plaque sur laquelle se trouve une inscription à la louange des ci-devant Prévôt des Marchands et Échevins. Il paraît convenable d'enlever cette plaque et de la déposer au Magasin de la Ville ou au Dépôt des Monuments, rue des Petits-augustins, à supposer qu'elle en mérite la peine... Enlever la plaque de la lanterne de Belleville, en ayant soin de conserver les dates utiles et les inscrire en creux dans la pierre du monument... » Mêmes mesures sont prescrites pour les autres plaques ou inscriptions. (*Arch. nat.*, F¹³ 1007.)

«Les Prevost des Marchans et les Eschevins de la ville de Paris, tous vostres.»

Pareil mandement envoyé à chacun de Messieurs les Conseillers de la Ville.

CLXXXIX. — Messieurs de la Ville sont allez à la Chambre des Comptes pour presenter les causes d'opposition à la verification de la commission obtenue par M⁰ Jehan Filassier touchant les rentes racheptées.

26 septembre 1612. (Fol. 18 v°.)

A Nosseigneurs de la Chambre des Comptes.

«Supplient humblement les Prevost des Marchans et Eschevins de la ville de Paris, disans que par arrest de la Chambre du [8 aoust][1], vous avez ordonné que, dedans quinze jours, les supplians bailleront leurs causes d'opposition à la verification de la commission obtenue par maistre Jehan Fillacier[2], ce que lesdictz supplians n'ont peu faire, n'estans instruictz de l'affaire pour le peu de temps qu'ilz sont en leurs charges; ce consideré, Nosdictz sieurs, il vous plaise donner delay ausdictz supplians, de quinze jours, pour fournir de leursdictes causes d'opposition contre ladicte commission, et vous ferez bien.»
Signé : «Clement».

«Veu[3] le contenu en la presente requeste, la Chambre a donné delay aux supplians jusques au quinziesme Septembre prochain, pour fournir des causes d'opposition à la verification de la commission y mentionnée. Et soit signiffié.
«Faict le dernier Aoust mil six cent douze[4].»
Signé : «Thiboult».

«L'an mil six cens douze, la presente requeste et arrest estant au hault marge dicelle ont esté monstrez et signiffiez à Monsieur le Procureur general du Roy et à Monsieur Jehan Fillacier y nommé, parlant pour ledict sieur Procureur general à Monsieur Jacques de Costre, son clerc, en son parquet, et pour ledict Fillacier à Victor Lainé, son serviteur, en son domicille, à ce qu'ilz n'en pretendent cause d'ignoance; et leur ay à chacun d'eux baillé et laissé coppie de ladicte requeste et arrest par moy, huissier ordinaire en la Chambre des Comptes, soubzsigné, le cinquiesme Septembre audict an mil six cens douze.»
Signé : «Boucher».

«Les Prevost des Marchans et Eschevins de la ville de Paris ayans eu communication des lettres de commission données à Paris le vingtiesme Mars dernier passé, signées : «Par le Roy en son Conseil, Malier», par lesquelles Sa Majesté a commis Maistre Jehan Fillacier pour faire recepte des deniers provenans des arreraiges des rentes non deues ny demandées, escheues à Sa Majesté au moyen des rachapts qui en ont esté faicts à son proffict ou de ses predecesseurs, droictz d'aubeynes, desherances, forfaictures ou autrement,

«Dient par devant vous, Nosseigneurs de la Chambre des Comptes, pour satisfaire à vostre arrest du douziesme Juillet dernier[5] passé, par lequel il

---

[1] La date a été laissée en blanc dans le registre. Il s'agit évidemment de l'arrêt du 8 août qui est consigné en ces termes dans le Plumitif de la Chambre (*Arch. nat.*, P 2670, fol. 445, v°) : «Dans quinzaine pour tous delais les Prevost des Marchans et Eschevins fourniront leurs causes d'opposition, et, à faute de ce, sera fait droit.»

[2] Cette commission n'avait d'abord été communiquée au Bureau de la Ville qu'en copie. Celui-ci se formalisa de ce procédé et présenta ses protestations à la Chambre des Comptes : «N'estant raisonnable d'assembler le corps de Ville composé de Messieurs de la cour de Parlement, de ladicte Chambre et des plus apparens de ceste Ville pour delliberer sur une coppie. Pourquoy supplioit la Chambre vouloir ordonner que l'original de ladicte commission leur seroit delivré à la verification de laquelle ils s'opposoient des à present, dont ils requeroient acte et offroient de fournir leurs causes d'oppositions apres que l'original de ladicte commission leur auroit été delivré pour assembler ledit corps de Ville. Et sur ce ouy le Procureur general qui auroit dit et declaré qu'il se joignoit à l'opposition desdicts Prevost des Marchands et Eschevins tant pour l'interest de Sa Majesté que du publicq, requerant qu'il plût à la Chambre leur donner acte de leur opposition, d'autant que c'estoit la coutume observée tant au Parlement qu'en lad. Chambre de leur communiquer les originaux des pièces, comme ils avoient remonstré et fait entendre, et ce faisant l'original de lad. commission dudit Fillacier, leur estre communiqué pour fournir leurs causes d'opposition dans tels temps qu'il plaira à lad. Chambre arbitrer, pour, lad. commission et causes d'opposition à luy communiquée, prendre sur le tout telles conclusions qu'il verra estre à faire par raison : la Chambre a ordonné que lesd. Prevost des Marchands et Eschevins auront acte de leur opposition et que led. Fillacier sera tenu leur communiquer l'original de la commission pour, dans trois jours apres, leur fournir leurs causes d'opposition, pour le tout communiquer au Procureur general et, luy ouy, ordonner ce que de raison.» (P 2670, fol. 451, 17 juillet 1612.)

[3] Dans le registre manuscrit, le texte de cette ordonnance de la Chambre des Comptes, rendue sur la requête qui précède, a été transcrit avant celui de lad. requête elle-même, parce que, comme le dit plus loin l'huissier chargé de la signification, le greffier de la Chambre l'avait inscrite «au haut marge» de la feuille portant cette requête; dans la présente publication, il est nécessaire de rétablir les textes dans leur ordre véritable.

[4] Mention de cet arrêt est consignée au Plumitif : P 2670, fol. 476.

[5] *Arch. nat.*, P 2670, fol. 448 v°.

vous auroit pleu ordonner que les Prevost des Marchans et Eschevins auroient communication de ladicte commission, pour, eulx oïz, ordonner ce que de raison, pour cause d'opposition : que pareille commission vous auroit cy devant esté presentée par ledict Fillacier sur laquelle des lors lesdictz Prevost des Marchans et Eschevins se seroient presentez et formé leur opposition tant au Conseil que par devant vous, Messieurs, pour les raisons lesquelles lors furent dictes et baillées par escript, en suitte desquelles ayant faict tres humbles remonstrances au Roy et à la Royne, ladicte dame considerant la grande perte, foulle et oppression de ses tres humbles subjectz, sy telle commission avoit lieu, auroit mandé lesdictz Prevost des Marchans et Eschevins ausquels elle auroit donné à entendre avec quelle affection elle cherissoit ses bons et loyaulx subjectz et bourgeois de Paris; qu'apres avoir meurement deliberé sur les remonstrances par eulx à elle cy devant faictes, elle auroit recogneu de combien ceste commission de Fillacier estoit importante et de combien elle alteroit le cours ordinaire des rentes auxquelles son intention n'avoit jamais esté d'y toucher, ne desirant rien plus que ses subjectz recogneussent ceste sienne volonté laquelle le Saluet Esprit (ce sont les propres mots) luy avoit inspiré, sans que personne l'eust induict ny provocqué à ce faire. A ceste cause remectoit franchement et liberallement à son peuple tout ce qu'il avoit pleu au deffunct Roy lui donner et rendroit ausdictz Prevost des Marchans et Eschevins ladicte commission, le brevet et tout ce qui s'en estoit ensuivy.

«De faict Sadicte Majesté envoya querir Monsieur de Borrin, rapporteur de ceste affaire, lequel luy remit les lettres, et deux jours apres lesdicts Prevost des Marchans et Eschevins, bon nombre de Conseillers de la Ville, Quarteniers et notables bourgeois, allans remercier la Royne de ceste sienne liberalle volonté et declaration, elle mesme, en la presence de Monseigneur le Chancellier, repeta à la compagnie les mesmes parolles qu'elle avoit dictes auparavant, mit entre les mains desdicts Prevost des Marchans et Eschevins le brevet du don du vingtiesme Mars mil six cens neuf, la commission dudict Fillacier du vingt deuxiesme Febvrier mil six cens onze et autres proceddures et arrests concernant ladicte commission.

«Ne se contenta Sadicte Majesté; envoya querir monsieur le Premier President de la Chambre auquel elle auroit declaré sa volonté et tout ce qu'elle avoit faict, vouloit que vous, Messieurs, en eussiez toutte certitude, ce qui fut executé par ledict sieur, ainsy qu'il se trouvera escript aux registres de la Chambre comme vous sçavez trop mieulx, et vous supplient tres humblement voulloir voir [1].

«Ces choses ainsy passées, il n'y a apparence quelconque de voulloir par ledict Fillacier faire revivre une chose du tout estaincte, et qui est si prejudiciable au publicq et aux particuliers rentiers assignez sur le Clergé, sel, aydes et receptes generalles de ce Royaume, pour plusieurs raisons cy apres remarquées, sans celles que vostre prudence peut recognoistre :

«La premiere, que depuis les rachapts, les rentiers ont tous jours jouy des arreraiges qui ont servy de fondz au courant des rentes, suivant l'intention du deffunt Henry troisiesme que Dieu absolve, lequel recognoissant la faulte du fonds sur les quatre natures des rentes desquelles il se recognoissoit vray debiteur soubz la foy que le Prevost des Marchans et Eschevins avoit donnée à son peuple, par arrest donné en son Conseil le xiij^{me} Novembre mil cinq cens quatrevingtz cinq, ordonna que les receveurs de la Ville retiendroient les arreraiges revenans bons à Sadicte Majesté des rentes racheptées, pour estre employées au manque de fondz;

«Que tel et semblable advis auroit esté donné au deffunct Roy, d'heureuse memoire, dernier deceddé, des l'année mil six cent trois, et neanlmoings apres avoir oïz les Prevost des Marchans et Eschevins en leurs tres humbles remonstrances, et le grand et notable interest qu'avoit la Ville, ne voulut permettre qu'il fust touché aux rentes racheptées, mais qu'ilz demeurassent pour ayder et suppleer le mancque de fonds qui se trouvoit au payement des rentes, comme appert par l'arrest donné en son Conseil le xij^{me} aoust mil six cens trois, snivy et confirmé d'ung autre du xxiiij^{me} Juillet mil six cens quatre.

«Aussy, si telle commission avoit lieu, seroit troubler le repos de la pluspart des subjects du Roy, alterer les esprits de ses plus speciaulx serviteurs, lesquels ayans receu ce quy leur est justement et loyaulment deub en plusieurs années, leur seroit en ung mesme temps repeté. Et ainsy la pluspart de la noblesse et la plus grande partie des familles de Paris et autres seroient indeuement traversez contre tout ordre et raison de justice.

«D'ailleurs ladicte commission, absorbant une bonne partie du fondz, alteroit le payement au pre-

---

[1] Tout cela a été rapporté plus haut, p. 114-116.

judice des rentiers qui ne sont payez entierement de leur courant mais seullement de trois quartiers et peu plus sur le Clergé, et environ demye année sur les receptes generalles, qui cause de grandz arreraiges desdictes rentes si mal acquictées, et dont Sa Majesté, estant le vray debiteur, ne se peut prevalloir des rachapts jusques à ce que la levée desdictes rentes soit suffisante pour payer entierement son peuple des quatre quartiers et qu'ils soient satisfaictz de leurs arreraiges legitimement deubz; et dont il est deub sur le Clergé cinq années du courant oultre les cinq années des troubles, et aultres precedentes, sans le fonds que le Clergé nous retient tous les ans, montans à cent soixante mil livres; sur les receptes generalles unze années d'arreraiges, oultre deux cens soixante mil livres de mancque de fonds tous les ans; sur les aydes, presque huict années, oultre ung quartier qui ne se paye tous les ans, montans à deux cens soixante et quinze mil livres; et sur le sel, quatre années, le tout depuis la reduction de la Ville, et ainsy est deub plus de vingt quatre millions de livres.

«Aussy, Messieurs, considerant par vous de quelle importance estoit voulloir toucher aux deniers affectez aux rentes, comme sacrez, n'avez voullu en façon quelconque entrer en la verifficationn du party des rentes racheptées sur le Clergé, que ung nommé Niesle vous avoit cy devant presenté, mesme Messieurs du Clergé n'ont pas voullu allouer à Monsieur François de Castille les deniers qu'il pretendoit luy avoir payé sur le party.

«Quant aulx rentes qui sont par desherance, aubeyne, forfaicture ou aultrement qui pourroient appartenir au Roy, elles doibvent semblablement demeurer par devers les receveurs, comme elles sont à present, pour servir à la faulte et mancque de fonds des arreraiges.

«Et pour le regard des rentes que l'on pretend non deues et que aucuns particulliers par supposition ou faulx transports reçoivent, lesdicts Prevost des Marchans et Eschevins ont cy devant et par plusieurs fois requis, comme encores à present requierent tres humblement la Chambre, qu'il en soit dressé ung estat, pour, à leur requeste, poursuivre en justice ceulx qui injustement ou indirectement ont receu les deniers, tant à la restitution que pugnition exemplaire, selon que la chose le requiert, pour corriger l'abbus et faire que, à leur diligence, les deniers soient employez audict mancque de fonds, lequel s'il estoit alteré au moyen de la veriffication de ladicte commission, seroit renverser les lettres pattentes du deffunct Henry le Grand, dont la memoire et les ordonnances doibvent estre autant et si sainctement gardées que ses jugemens estoient, aussi bien que touttes ses actions, admirables, par lesquelles Sa Majesté faict expresses deffenses à touttes personnes, de quelque estat et condition qu'elles soient, de toucher aux deniers des rentes, destourner les assignations ny en prendre le fondz, à peine de les repeter sur eulx jusques à la quatriesme generation; les lettres dattées du moys de Novembre mil cinq cens quatre vingtz quatorze, veriffiées en toutes les cours souveraines.

«Par ses raisons et autres qu'il plaira à la Chambre suppleer par sa prudence et justice, concluent lesdietz Prevost des Marchans et Eschevins à ce que, faisant droict sur leur opposition, l'impetrant desdictes lettres soit debouté de l'effect et entherinement d'icelles, tant pour ce qui touche les six années desquelles don a esté faict à la Royne par le deffunct Roy, et par elle à ladicte Ville, que en general, pour ce qui concerne tous les arreraiges des rentes assignées sur l'Hostel de ladicte Ville.

«Faict au Bureau d'icelle, le vingt cinquiesme jour de Septembre mil six cens douze.»

Et le meccredy vingt sixiesme jour du mois de Septembre audict an, Messieurs de Grieu, Prevost des Marchans, Poussepin et Merault, Eschevins, avec les Procureur du Roy et Greffier de la Ville, sont allez en la Chambre des Comptes où ils ont baillé eulx mesmes ausdicts sieurs des Comptes autant de leurs causes d'opposition cy devant transcriptes, et ont supplié ladicte Chambre de conserver la Ville en ses droicts, sans permettre qu'il feust aulcunement touché aux deniers des rentes de ladicte Ville; que la commission dudict Fillacier estoit grandement prejudiciable tant à ladicte Ville que à tous les rentiers; que le fonds que ledict Fillacier voulloit toucher, qui est des rentes racheptées et autres, debvoient servir au mancque de fonds, que cela estoit sans envye et fort juste et raisonnable, puisqu'il estoit deub à ladicte Ville plus de vingt deux millions de livres des arreraiges desdictes rentes; que par lettres pattentes qu'ilz avoient en main bien veriffiées, il estoit deffendu de toucher aux deniers desdictes rentes à peine de les repeter jusques à la quatriesme generation; qu'ilz estoient fondez en bon arrestz du Conseil du Roy du treiziesme Novembre mil cinq cens quatre vingts cinq et douzeiesme Aoust mil six cens trois donnez avec grande cognoissance de cause, par lequel il est notamment dict que les deniers des rentes racheptées serviroient pour suppleer à la mancque de fonds, lesquelles lettres et arrests ils ont baillé ausdicts sieurs des Comptes, avec leursdictes causes d'opposition, pour justiffier de leur bon droict; semblablement leur ont rendu la commission dudict Fillacier, touttes lesquelles pieces ont esté prises par le sieur Vyon, maistre des Comptes, rapporteur de l'affaire. Lesquels sieurs des Comptes, parlant par Monsieur le President Bailly, ont faict responce qu'ilz louoient l'action et affection de mesdicts sieurs de la Ville, et qu'ilz leur feroient justice. Et ce faict, mesdicts sieurs de la Ville se sont retirez [1].

CXC. — Assemblée
[du Conseil de la Ville] sur les offres de fournir Paris de bois flotté, ensemble sur la proposition de M° Germain Gillot pour le payement des rentes.

27 septembre 1612. (Fol. 23 v°.)

« Monsieur Perrot, plaise vous trouver jeudy prochain vingt septiesme de ce present mois, deux heures de relevée, au Bureau de la Ville, pour deliberer sur les offres que aucuns particuliers ont faictes pour fournir la Ville de bois flotté, ensemble sur la proposition faicte par Monsieur Germain Gillot touchant le payement des rentes de la Ville. Vous priant n'y vouloir faillir.

« Faiet au Bureau d'icelle, le mardy vingt cinquiesme jour de Septembre 1612 [2].

« Les Prevost des Marchands et Eschevins de la Ville de Paris, tous vostres. »

Pareil envoyé à chacun de Messieurs les Conseillers de la Ville.

Du jeudy vingt septiesme jour de Septembre mil six cent douze.

En l'assemblée de Messieurs les Prevost des Marchans, Eschevins et Conseillers de ladicte Ville ledict jour tenue au Bureau d'icelle pour deliberer sur les offres que aucuns particuliers ont faictes pour fournir la Ville de bois flotté, ensemble sur la proposition faicte par Maistre Germain Gillot touchant le payement des rentes de ladicte Ville, sont comparuz :

Monsieur de Grieu, sieur de Sainct Aulbin, conseiller en la Cour, Prevost des Marchans;

Messieurs Poussepin, Fontaine, Desprez et Merault, Eschevins.
Messieurs les Conseillers de la Ville :
Monsieur le President de Marly,
Monsieur le President Aubry,
Monsieur Prevost, sieur de Malassise, conseiller,
Monsieur Boucher, conseiller,
Monsieur Le Tonnellier, aussy conseiller,
Monsieur Abelly,
Monsieur de Sainct Germain,
Monsieur Lamy,
Monsieur Sainctot.

La compagnie estant assemblée, mondict sieur le Prevost leur a remonstré qu'il s'est presenté quelzques personnes qui entrepreignent de faire la fourniture de tout le bois flotté qu'il conviendra en ceste Ville pendant six ans et d'en fournir plus de dix milles voyes par an plus que ce qui a accoustumé d'en venir par année, moyennant la somme de cent dix solz tournois pour chacune voye tant mousle que corde, à la charge que autres que eulx ne pourront faire trafficq de ladicte marchandise; et oultre promettent de faire faire deux chaussées de pavé pour la commodité du charroy, l'une à la porte Sainete Anthoine jusques au port au Plastre, et l'aultre à la Tournelle; que sur ladicte proposition de party, il avoit mandé au Bureau de ladicte Ville les marchans faisans trafficq de ladicte marchandise, les ungs le desirans et s'assotians ensemble, les aultres l'empeschans; qu'il y avoit ung desordre si grand à la vente dudict bois qu'il n'estoit pas possible de plus, car au lieu de cent dix solz auquel l'on taxe ledict bois, lesdictz marchans impugnement le vendent six livres et six livres dix solz; que si ledict party se pouvoit faire, ce seroit une commodité pour le publicq de l'avoir à cent dix solz, au lieu desdictes six livres et six livres dix solz. Requerant la compagnie en voulloir deliberer.

Sur quoy, l'affaire mise en deliberation, a esté arresté et concluz de laisser la liberté sans mettre ledict bois en party, et que la Ville tienne la main ad ce que les marchans soient contraincts à amener leur bois à Paris en abondance, et sans leur permettre de le vendre en ceste Ville plus que le prix qui leur sera donné au Bureau lors de l'arrivage, à peine de grandes amandes et autres punitions.

Ce faict, mondict sieur le Prevost a encore remonstré que Maistre Germain Gillot a presenté

---

[1] Cette démarche des membres du Bureau auprès de la Chambre des Comptes, est relatée au Plumitif. (Arch. nat., P 2670, fol. 493 v°-494.)

[2] Les mandements de convocation à cette assemblée ne furent pas tous expédiés le même jour, car nous en avons trouvé un autre plus haut, daté du 26 septembre.

certains articles au Roy et à Nosseigneurs de son Conseil, tendant ad ce qu'il luy feust permis d'ouvrir ung bureau en ceste Ville, auquel, des le lendemain de chacun quartier eschen et tous les jours ensuivans, la matinée et l'apres disner sans discontinuation, il payera ledict quartier eschen à tous ceulx qui se vouldront addresser à luy ayant des rentes sur les quatres natures susdictes, si tost qu'il luy apporteront leur quittances deschargées, moyennant ung sol pour livre qui luy sera payé par lesdictz rentiers; lesquels articles, par arrest de nosseigneurs du Conseil du vingt cinquiesme de ce mois, ont esté renvoyez à ladicte Ville pour en donner advis, requerant la compagnie d'en voulloir deliberer.

Sur quoy, lecture faiete desdictz articles au bas desquels est ledict arrest de renvoy, ensemble deux memoires mousiez[1] presentez par ledict Gillot pour la facilité de l'execution de son party, a esté arresté de remectre à en deliberer et resouldre à une autre assemblée qui sera faiete mardy prochain deux heures de rellevée, et à ceste fin nouveaulx mandemens seront envoyez. Auquel jour tous les receveurs et payeurs des quatre natures des rentes de ladicte Ville seront appellez pour estre oïz en ladicte assemblée.

CXCI. — Requeste
PRESENTÉE POUR EMPESCHER LA DESCHARGE
DE MESSIEURS BARBINS,
CAUTIONS DE M° PHILIPPES DE GONDY.
Septembre 1612. (Fol. 33 v°.)

Au Roy

Et à Nosseigeurs de son Conseil.

Sire,

«Les Prevost des Marchans et Eschevins de vostre bonne ville de Paris vous remonstrent tres humblement que Maistres Claude[2] et Dreux Barbin se sont constituez cautions pour Maistre Thomas Robin, fermier general des gabelles de France, de la somme de trois cens soixante mil livres tournois envers ladicte Ville pour asseurance du payement des rentes assignées sur lesdictes gabelles, dont ilz ont faict les submissions au greffe d'icelle Ville, qui est une convention et ung contract duquel il n'est permis aux parties de ce departir sans le consentement mutuel de l'un et de l'autre; neantmoings lesdictz supplians ont eu communication d'une requeste presentée à Vostre Majesté par lesdictz Barbins, tendant affin qu'ils fussent deschargez de ladicte caultion, ce qui seroit par trop prejudiciable ausdictz supplians qui n'ont aultre assurance que desdictes caultions. A ces causes, Sire, il plaira à Vostre Majesté recevoir les supplians opposans à l'entherinement de ladicte requeste et, pour faire droict sur leursdictes oppositions, renvoyer les partyes en vostre Parlement de Paris où lesdictz supplians, par previllege special de voz predecesseurs, ont leurs causes commises en premiere instance. Et lesdictz supplians continueront leurs prieres à Dieu pour la prosperité et santé de Vostredicte Majesté.»

CXCII. — Messieurs de la Ville
SONT ALLEZ AU CONSEIL
POUR EMPESCHER LADICTE DESCHARGE.
27 septembre 1612. (Fol. 34.)

Du jeudy vingt septiesme jour de Septembre mil six cens douze.

Ledict jour Messieurs les Prevost des Marchans et Eschevins, ayans esté mandez par Nosseigneurs du Conseil, s'y sont transportez avec Monsieur le procureur du Roy de la Ville et où estoient Monsieur le Prince de Condé, Monsieur le Chancellier, Monsieur le Mareschal de Brissac, Messieurs de Chasteauneuf, President de Thou, President Jeannin, de Boullancourt, de Bragelongne et autres seigneurs dudict Conseil, auxquels sieurs de la Ville a esté dict par mondict sieur le Chancellier que les sieurs Barbins avoyent presenté requeste audict Conseil, tendant affin d'estre deschargé avec eulx du caultionnement qu'ils avoyent faict à ladicte Ville pour Maistre Thomas Robin, fermier general des gabelles, de la somme de trois cent soixante mil livres, mesme lesdictz Barbins ont dict que estans entrez audict party de sel, à la verité ils s'y estoient obligez pour ladicte somme, mais pour plusieurs raisons ils s'estoient desistez dudict party et assotiation, ce que nosdictz seigneurs du Conseil avoyent trouvé; mesme par arrest donné en icelluy le deuxiesme Aoust dernier ils avoyent esté deschargez dudict caultionnement et en leur place ledict Robin avoit baillé d'autres caultions qui avoyent esté receues par iceluy arrest du deuxiesme Aoust. Et partant requeroient avec lesdietz sieurs de la Ville estre entierement deschargez dudict caultionnement. A quoy mesdictz sieurs de

---
[1] C'est-à-dire imprimés. Un exemplaire de chacun de ces deux mémoires, de format petit in-4°, est resté joint à la minute du procès-verbal de l'assemblée : l'un compte environ deux pages et demie, l'autre un peu plus de trois pages. On en trouvera plus loin le texte à la suite du procès-verbal de l'assemblée du Conseil de Ville du 2 octobre.

[2] Il s'agit sans doute de Claude Barbin, ancien procureur du Roi à Melun, qui avait été nommé intendant de la maison de Marie de Médicis, grâce à l'appui de Leonora Galigaï, et qui devint, en 1616, contrôleur général des finances. La chute du maréchal d'Ancre mit fin à sa fortune. (*Mémoires* de Richelieu, t. I, p. 269, note 1.)

la Ville ont faict responce qu'ils empeschoient formellement la descharge requise par lesdictz Barbins jusques à ce que ledict. Robin et Maistre Philippes de Gondy, son assotié, leur eust baillé d'autres bonnes et suffisantes caultions en leur place, qui feussent bourgeois de Paris, reseeans et solvables pour ladicte somme de trois cens soixante mil livres tournois, pour asseurance du payement des rentes assignées sur le sel, lesquelles caultions seroient receues au Bureau de ladicte Ville en la maniere accoustumée; et jusques ad ce empeschoient, comme dict est, la descharge d'iceulx Barbins. Et par ledict seigneur Chancellier a esté dict que, en la place desdictz Barbins, ledict Robin avoit baillé d'autres caultions qui avoyent esté trouvées bonnes par le Conseil et receues, dont ilz se debvoient contanter. A quoy mondict sieur le Prevost des Marchans a repliqué que l'acte de caution faicte par lesdictz Barbins en l'Hostel de la Ville est solidaire avec lesdictz Robin et de Gondy pour ladicte somme de trois cens soixante mil livres, et par les caultions qui ont esté baillées audict Conseil, en la place desdictz Barbins, a entendu dire que icelles caultions se sont obligées separement, les ungs pour vingt mil livres, les autres plus ou moings, et lesquelles caultions demeurent aux champs, ce que ladicte Ville ne peut en façon du monde accepter; que s'il plaisoit au Roy et à nosdictz sieurs du Conseil que, pour le payement des rentes de ladicte Ville et seureté d'icelles, voulloir ordonner que sur tous les deniers provenans du party du sel, mesme sur ceulx qui doibvent estre portez à l'Espargne, la Ville sera par preference payée et aura son assignation et ypothecque pour ledict payement entier de ce qu'il convient pour payer lesdictes rentes du sel pendant le party dudict Robin, icelle Ville en ce cas conferera avec le Conseil d'icelle. A quoy tant mondict sieur le Prince de Condé, et mondict sieur le Chancellier ont dict que cela ne se pouvoit faire; au moyen de quoy mesdictz sieurs de la Ville ont percisté en leur dire et empesché la descharge d'iceulx Barbins Et sur ce mesdictz sieurs de la Ville se sont retire.

CXCIII. — AULTRE ASSEMBLÉE
[DU CONSEIL DE VILLE] :
LES MEMOIRES DUDICT GILLOT REJECTEZ ET REGLEMENT
FAICT POUR LE PAYEMENT DES RENTES.

2 octobre 1612. (Fol. 25 v°.)

«Monsieur de Versigny, plaise vous trouver demain, deux heures de rellevée, au Bureau de la Ville, pour deliberer sur la proposition faiete par Maistre Germain Gillot touchant le payement des rentes de ladicte Ville, ordonné nous estre communicqué par arrest de Nosseigneurs du Conseil du vingt cinquiesme Septembre dernier. Vous priant n'y voulloir faillir.

«Faict au Bureau de la Ville, le lundy premier jour d'Octobre mil six cens douze.

«Les Prevost des Marchans et Eschevins de la ville de Paris, tous vostres.»

Du mardy deuxiesme jour d'Octobre mil six cens douze.

En l'assemblée de Messieurs les Prevost des Marchans, Eschevins et Conseillers de ladicte Ville, ledict jour tenue au Bureau d'icelle pour deliberer sur la proposition faicte par Maistre Germain Gillot touschant le payement des rentes de ladicte Ville, ordonnée estre communicquée à icelle Ville par arrest de Nosseigneurs du Conseil du vingt cinquiesme jour de Septembre dernier, sont comparuz :

Monsieur de Grieu, conseiller en la cour, Prevost des Marchans;

Monsieur Poussepin, Monsieur Fontaine, Monsieur Desprez, Monsieur Merault, Eschevins.

Messieurs les Conseillers de la Ville :

Monsieur le President de Marly,
Monsieur de Sainct Cir,
Monsieur le President Aubry,
Monsieur Marescot,
Monsieur Prevost, sieur de Mallassize,
Monsieur Le Prestre,
Monsieur Amelot,
Monsieur Arnault,
Monsieur de Sainct Germain, sieur de Ravines,
Monsieur Sainctot.

Mondict sieur le Prevost des Marchans a remonstré que, auparavant que[1] de parler du subjeet de la presente assemblée, il avoit à parler d'une affaire qui importoit grandement à ladicte Ville, qui estoit que, quant Maistre Thomas Robin, fermier general des gabelles, a pris ledict party, il bailla caultion au Bureau de la Ville des personnes de Maistres Philippes de Gondy, Claude et Dreux Barbin, qui s'obligerent solidairement envers ladicte Ville de la somme de trois cens soixante mil livres tournois, pour asseurance du payement des rentes assignées sur lesdictes gabelles. Depuis, les-

---

[1] Le texte manuscrit, dans le registre comme dans la minute, fait précéder ces mots de «avant que», ce qui provient évidemment d'une distraction de la part du rédacteur.

dictz Barbins se sont retirez dudict party, et par arrest donné au conseil du Roy le deuxiesme Aoust dernier ils se sont faicts descharger dudict caultionnement, et ont esté recuz audict Conseil quelques autres caultions presentées en icelluy par ledict Robin, en consequence duquel arrest lesdictz Barbin ont presenté requeste à ce Bureau affin d'estre deschargés par ladicte Ville d'icelluy caultionnnement, dont il auroit esté debboutté, ce que voyant par eulx, ont de rechef presenté requeste audict Conseil, sur laquelle tant luy que Messieurs les Eschevins avoient esté mandez, où il a percisté et empesché qu'ilz ne feussent deschargez jusques ad ce qu'ils eussent, ou lesditz Robin et de Gondy, baillé à ladicte Ville d'autres bonnes et suffisantes cautions pour ladicte somme de III^c LX^x livres. Mais estoit à craindre que, nonobstant son empeschement, il ne soit donné arrest audict Conseil portant ladicte descharge, dans lequel arrest l'on mettra seullement «oïz les Prevost des Marchans et Eschevins», sans faire mention de leur empeschement : à quoy est besoing de remedier. Requerant la compagnie en voulloir deliberer.

Sur quoy, l'affaire mise en deliberation, a esté arresté presenter requeste au Roy et à Nosdictz seigneurs du Conseil, pour empescher la descharge requise par lesdictz Barbin et à laquelle ladicte Ville s'opposera formellement, et pour faire droict sur ladicte opposition, requerir les partyes estre renvoyées en la cour de Parlement de cestedicte Ville.

Ce faict, mondict sieur le Prevost a remonstré que Maistre Germain Gillot a faict une proposition au Conseil par laquelle pour remedier aux plainctes du peuple de la longueur que les receveurs et payeurs des rentes de la Ville leur font pour recevoir leursdictes rentes, peines et travaulx qu'il leur donnent, offre d'ouvrir ung bureau en ceste Ville auquel, des le lendemain de chacun quartier eschu et tous les jours ensuivant, matinées et apres disnées sans discontinuation, il payera ledict quartier à tous ceulx qui se vouldront addresser à luy ayant des rentes sur les quatre natures, si tost qu'ils luy apporteront leurs quictances deschargées, moyennant ung sol pour livre de tous lesdictz deniers qu'ils recevront de lui, qu'il retiendra par ses mains, et à la charge que quinze jours apres ledict quartier expiré, lesdicts receveurs seront tenuz le rembourser de tout ce qu'il aura ainsi payé ausdictz particulliers rentiers, ainsy qu'il est au long mentionné par les articles de sadicte proposition à nous renvoyée par arrest de Nosseigneurs du Conseil du vingt cinquiesme de ce mois, suivant lequel jeudy dernier fut faict assemblée du mesme Conseil de la Ville, où ledict advis à la verité ne fut trouvé bon ny recepvable, touttesfois l'on differa à le resouldre à ce jourd'huy, et que les receveurs et payeurs desdictes rentes seroient mandez pour estre oïz sur ladicte proposition de Gillot; suivant ce avoit faict mander lesdicts receveurs, requerant sur le tout en voulloir deliberer.

Sur quoy, ont esté mandez en ladicte assemblée Maistres Christofle Martin et Paul de la Barre, conseillers du Roy receveurs et payeurs des rentes assignées sur le Clergé, Maistre Philippes de Gondy, payeur des rentes assignées sur le sel, Maistre [Anthoine] Feydeau, fermier general des Aydes et payeur des rentes assignées sur icelles, et Maistre Flamin Fanuche, aussi conseiller du Roy receveur et payeur antien et alternatif des rentes assignées sur les receptes generalles, ausquels a esté faict entendre la proposition dudict Gillot et iceulx interpellez de dire s'ils avoient quelque interest à l'ouverture du bureau dudict Gillot, affin de remedier aux plainctes du peuple de la longueur qu'ilz font desdicts payements; lesquels ont tous dict qu'ils empescheoient formellement l'establissement dudict bureau, pour ce que ce seroit faire la fonction de leurs charges; que le peuple ne se peut plaindre d'eux par ce qu'ils payent ce qu'ils doivent et suivant les reiglemens faictz par ladicte Ville; que, s'il plaist à ladicte compagnie de changer les reiglemens faietz pour lesdictz payemens des rentes, ilz sont prestz d'y obeir. Et sur ce lesdictz receveurs se sont retirez, et a esté mandé ledict Gillot, assisté de Maistre Fontenu⁽¹⁾, son assotié, auquel a esté proposé l'empeschement desdictz receveurs à l'establissement de son bureau; lequel a dict qu'ilz ny avoient aulcun interest et que l'on ne touchoit nullement à leur gaiges ny à leurs charges; que en leur faisant payer ce qu'ilz doibvent par quartier au soullagement de tout le peuple, l'on ne leur faisoit poinct de tort. Et s'estans retirez, sont pareillement entrez en ladicte assemblée quelques bourgeois qui ont prié ladicte compagnie de ne point recevoir des nouveautez sur lesdictes rentes, et rejecter les propositions dudict Gillot, lequel, combien que son memoire porte que ledict sol pour livre soit volontaire entre lesdictz rentiers, il est à craindre que, quelque temps apres, l'on ne le rendist forcé, supplians ladicte compagnie voulloir faire de bons reiglemens pour bien faire payer lesdictes rentes par lesdictz receveurs. Et s'estans lesdictz bourgeois retirez, l'affaire mise en deliberation, a esté arresté et con-

---

(1) Le registre a laissé le prénom en blanc.

clud que le Roy et Nosdictz seigneurs du Conseil seront tres humblement suppliez de rejeter les memoires et propositions dudict Gillot, comme pernicieuses et à la foule et surcharge du public.

Et outre a esté arresté que doresnavant ledics Maistre Philippes de Gondy, incontinant apres le six sepmaines expirées de l'assemblée generalle, ouvrira son bureau pour payer indifferemment tous les jours ouvrables, matinées et apres disnées, lesdictes rentes assignées sur le sel, sans user d'aucune remise, ny retenir, ny garder aulcunes quictances sans les payer sur le champ, en sorte que dedans quinze jours utils il ayt antierement payé sondict quartier. Et au cas qu'il y ait plaincte, apres lesdicts quinze jours utils, sera delivré contrainctes allencontre de luy et condampné en l'amande et commancera lundy prochain à paier tous les jours pour ce qui reste à payer du quartier encommancé qui est le dernier de l'année mil six cens huiet.

Semblablement ledict Maistre Anthoine Feydeau, incontinant apres les six sepmaines expirées de chascun quartier qu'il doibt payer, à compter quatre moys pour quartier, sera tenu ouvrir son bureau pour payer audict Hostel de Ville indifferemment tous les jours ouvrables, matinées et apres disnées, lesdictes rentes assignées sur lesdictes Aydes, sans user d'aucunes fueilles alphabeticques, remises, ny garder aulcunes quictances sans les payer sur le champ, en sorte que dedans quinze jours utils, il ayt entierement payé sondict quartier. Et à ceste fin, fera apporter ses registres andict Hostel de Ville, pour faire les descharges des quictances et en avoir le payement à l'instant; et au cas qu'il y ayt plaincte apres lesdicts quinze jours utils, sera delivré contraincte allencontre de luy et condampné en l'amande.

Pour ce qui concerne les rentes du Clergé, lesdictz Martin et de la Barre seront teunz, chacun en l'année de leur exercice, payer et distribuer au peuple par chacune sepmaine les vingt mil livres qui leur sont baillez par Maistre François de Castille, receveur general dudict Clergé; et à la fin de chacun moys apporteront au Bureau de la Ville l'estat desdictz payemens, et comme ilz auront distribué par chascune sepmaine lesdictes vingt mil livres. Et outre que ladicte Ville fera plaincte, tant au Roy, à Nosseigneurs du Conseil que à Messieurs de la cour de Parlement de ce que Messieurs du Clergé et ledict de Castille retiennent par chacun an cent soixante mil livres, car au lieu de douze cens six mil livres qu'ils sont tenus de payer par chacun an pour lesdictes rentes, ils n'en payent ausdicts recepveurs qu'un million quarante mil livres, affin d'y donner ordre.

Quant aulx rentes assignées sur les receptes generalles, a esté arresté que aussi tost que ledict Fanuche aura reçu le fondz de ses assignations par chacune demye année, et six sepmaines apres chacunes d'icelles expirées, il sera tenu d'ouvrir son bureau pour payer tous les jours et sans discontinuation, matinées et apres disnées, le quartier qu'il sera tenu de payer sans faire aulcunes fueilles n'y user d'aucunes remises, en sorte que par année, il paye deux quartiers entiers desdictes rentes.

Ce faict, ont esté mandez lesdicts receveurs, à la reserve dudict Feideau qui s'en estoit allé, ausquels a esté prononcée la resolution de ladicte assemblée, et à eulx enjoinct d'y obeir; et quand audict Feideau, que luy sera signiffié.

Et pour l'execution de ce que dessus et pour prendre garde ausdictz payemens des rentes, et en avoir le soing de les bien faire payer, au desir de ladicte assemblée, ont esté commis : assavoir Monsieur Poussepin, pour lesdictes rentes du Clergé, Monsieur Fontaine pour les receptes generalles, Monsieur Desprez pour les rentes du sel, et Monsieur Merault pour les rentes des Aydes.

Ensuit la teneur des memoires dudict Gillot :

« Plaise au Roy et à Nosseigneurs du Conseil

« Approuver l'advis proposé par Germain Gillot pour le secours et soullagement des pauvres veufves, orphelins, gentilzhommes incommodez, artisans et autres personnes affairées, n'ayant le plus souvent autre moyen de vivre que leurs rentes sur les receptes generalles, Clergé, Aydes et sel. La teneur duquel advis est icy sommairement representée.

« Lesdictes veufves, orphelins, gentilzhommes incommodez, artisans et autres personnes affairées sont contrainctes de languir miserablement aupres de leur bien consistant esdictes rentes, d'autant qu'apres les trois mois de chacun quartier il leur faut attendre six et sept sepmaines, et outre icelles les delaiz et remises des payemens, esquels deux, trois, voire quatre mois s'escoulent à cause que les bureaux des recepveurs payeurs desdictes rentes ne s'ouvrent que les matinées pendant trois heures au plus à certains jours designez, ou que lesdicts payemens sont reglez à tour de rnolles par fueilles contenant par ordre alphabeticque les noms des particuliers rentiers; touttes ces choses expressement recherchées pour gaigner temps et jouir des deniers du public contre l'intention de Sa Majesté, à la foulle et oppression du mesme publicq.

« Les personnes susdictes sont en outre infiniment incommodées, estant necessitées de quicter leurs affaires, mesnages et vacations pour, es jours designez et au tour de roolles susdicts, aller six et huict fois inutillement attendre à la presse, tumulte et confusion, leurs payemens à la barriere des bureaulx, depuis cinq heures du matin jusques à midy qui sont sept heures les meilleures du jour, durant lesquelles il ne s'en employe que trois ou environ tant à la descharge qu'au payement.

« Lesquelles incommoditez sont si insupportables à touttes lesdictes personnes que tous les jours pour s'en redimer, ils ayment mieulx en composer à ung quart de perte avec les kabaleurs et courratiers frequentans lesdicts bureaulx, ou fier sans recepissez leurs quictances à quelques soliciteurs desdictes rentes à ung sol pour livre, pour en faire le recouvrement et supporter les incommoditez sus mentionnées.

« Pour descharger lesdictes veufves, orphelins, gentilzhommes incommodez, artisans, et aultres personnes affairées d'icelles incommoditez, ledict Gillot offre d'ouvrir en ceste ville de Paris ung bureau, à commancer des le lendemain de l'approbation de sondict advis, pour tous les jours, matinées et apres disnées, paier sans discontinuation tous ceulx qui se presenteront à sondict bureau les sommes à eulx denes pour le quartier escheu en luy apportant leurs quictances bien et deuement deschargées.

« S'il plaist à Sa Majesté d'avoir agreable qu'iceluy Gillot, pour l'entretenement de sondict bureau, gaiges de clercs, commis, avances et interests de ses deniers et aultres fraiz, prenne ung sol pour livre de tout ce qu'il payera ausdicts rentiers, ce qui ne peut estre appellé surcharge, attendu que l'action est volontaire et qu'il sera au choix desdicts rentiers d'aller au bureau dudict Gillot, ou d'attendre les delaiz et remises de ceulx desdicts receveurs payeurs, ledict Gillot se remboursera des deniers ainsy par luy advancez au soulagement du publicq six sepmaines et quinze jours apres chascun quartier escheu sur lesdictz receveurs payeurs chascun d'eulx en leur esgard.

« Ledict advis contient quelques aultres articles qu'il n'a esté besoing d'inserer icy pour ce qu'elles concernent seullement l'acceleration et forme de la descharge desdictes quictances, ensemble les precautions et seuretez dudict Gillot et de ses assotiez.

« Iceluy advis, conformement à l'arrest du Conseil du dixhuictiesme Septembre mil six cens douze, a esté veu et examiné par Nosseigneurs les Presidents Jeannin, d'Attichy et de Roissy, conseillers audict Conseil et commissaires à ce deputez.

« Le mesme advis a esté communiqué à Messieurs les Prevost des Marchans et Eschevins de ceste Ville qui l'ont trouvé juste et raisonnable et tendant au soulagement du publicq, ainsy que dict est.

« Monsieur de Roissy, rapporteur. »

Pour faire recognoistre la commodité et utilité de l'advis proposé par Germain Gillot au soullagement de touttes sortes de personnes ayans des rentes sur les receptes generalles, Clergé, aydes et sel, et nommement des pauvres veufves, orphelins, gentilzhommes incommodez, artisans et autres personnes affairées n'ayant le plus souvent aultre moyen de vivre que lesdictes rentes :

« Ledict Gillot, assisté d'une des meilleures compagnies de Paris, a preparé le fondz des deniers necessaires pour, des le lendemain des trois moys de chascun quartier escheu, payer à bureau ouvert tous les jours sans intermission, les matinées et apres disnées, tous ceulx qui se presenteront à sondict bureau pour estre payez de leur rentes assignées sur les quatre natures susdictes, selon les quartiers qui se doibvent payer annuellement, conformement à l'intention de Sa Majesté, et au fond delaissé par elle en l'esgard de chascune des quatre natures susdictes es mains des recepveurs payeurs desdictes rentes ; et ce en rapportant audict Gillot leurs quietances bien et deuement deschargées en la forme qui leur sera monstrée.

« Iceluy Gillot advançant, ainsy que dict est, ses deniers et payant des le lendemain des trois moys de chacun quartier eschen, deschargera les particuliers rentiers de la necessité d'attendre les six sepmaines apres chacun quartier escheu pour l'ouverture des bureaulx d'iceulx recepveurs payeurs, laquelle attente de six sepmaines est bien ennuyeuse à quiconque attend pour vivre le service de ses rentes.

« Deschargera iceulx rentiers de la longueur des autres delaiz et remises practiquées esdicts payemens des rentes qui durent deux, trois, voire quatre moys, à cause qu'iceulx payemens ne se font qu'à certains jours, les matinées seullement, pendant trois heures au plus, où sont la pluspart reiglez à tour de rolle et fueilles disposées par alphabets. Touttes ces inventions artificieusement recherchées pour couller le temps, soubs pretextes specieulx, et divertir peut estre en d'autres affaires ce fond publicq, à l'oppression du mesme public, notamment des pauvres et de leurs familles.

«Deschargera les mesmes rentiers de l'incommodité qu'ils supportent d'aller douze ou quinze fois inutillement chez lesdicts recepveurs payeurs et d'attendre incertainement leurs payements à la barriere des bureaulx, depuis les cinq heures du matin jusques à midy, qui sont sept heures, les meilleures du jour, pourquoy faire ils sont contraincts de quicter tous leurs autres affaires, mesnages et vacations.

«Deschargera en outre lesdicts rentiers de la necessité de passer par la mercy des kaballeurs et courratiers frequentans lesdicts bureaulx, et de composer avec eulx à ung quart de perte,

«Ou de fier sans recepissez leurs quictances à quelques soliciteurs desdictes rentes, pour faire le recouvrement de leurs deniers, et les ayant receuz, leur bailler moyennant ung sol pour livre, à la risque de perdre le tout pour la mauvaise foy ou insuffisance d'iceulx soliciteurs.

«Pour touttes ces commoditez, interestz et advances de ses deniers, entretenement de bureau, gages de clercs, commis et autres frais, ledict Gillot demande seullement qu'il lui soit permis de prendre le sol pour livre de tout ce qu'il payera à ceulx qui voudront venir à sondict bureau.

«Lequel sol pour livre ne se peut appeller surcharge, attendu la liberté qui demeure au peuple d'attendre les six sepmaines et autres delaiz et incommoditez des bureaulx desdicts recepveurs payeurs, ou d'aller se faire payer par advance en celuy dudict Gillot.

«Moins ledict sol pour livre se peut il appeller excessif pour les considerations susdictes, et entre autres, qu'il sera toujours en advance de ses deniers de deux à trois mois pour en faire le recouvrement sur lesdicts recepveurs payeurs, chacun d'eux en leur esgard; joinct que par les propositions dudict Gillot faictes au Conseil et sur lesquelles est intervenu l'arrest du dixhuictiesme Septembre mil six cens douze, personne n'est exclus d'y faire des offres plus advantageuses aux conditions de l'indempnité dudict Gillot et de ses associez, ou de la preference, ce qui se recognoistra en faisant publier au rabaix ledict sol pour livre, à la charge que lesdicts receveurs payeurs ny leurs commis n'en pourront estre directement ou indirectement, à peine de concussion et de vingt mil livres d'amande de peyne encourue.

«Lesdictz receveurs payeurs n'ont nul interest en l'execution d'une proposition si utile et advantageuse au public, d'autant qu'ilz n'en feront moins leurs charges qu'auparavant, et qu'ilz ne payeront que les mesmes sommes et au mesme temps qu'ils sont tenus, et aussi qu'ils seront deschergez de la presse, erierie et importunité de ceulx qui pour leur necessité ne peuvent attendre les delais et remises de leurs bureaulx, en quoy les personnes aysées et qui peuvent attendre recevront de la commodité, en ce qu'au temps de l'ouverture des bureaulx d'iceulx receveurs payeurs, ils y trouveront moins de presse et confusion.»

CXCIV. — AULTRE DEVIS DES FONTAINES DE RONGIS.

3 octobre 1612. (Fol. 35.)

Devis des ouvrages de maçonnerie, pierre de taille, cyment, bricques, courroy, tranchées, port et vuidanges des terres qu'il sera besoing faire et fournir la construction des voultes, regardz, descharges, bassins, receptacles et acqueducz que le Roy veut estre faictz pour amener et conduire avec voultes les eaues et sources des fontaines de Rongis, tant du carré desdites tranchées que autres sources deppendantes de la ferme dudict Rongis, depuis ledict lieu jusque pres la saulce porte et les tranchés des nouvelles fortifications du faulxbourg Saint-Jacques de la ville de Paris par acqueducs et voultes, et depuis ledict lieu conduire les eaues pour la portion de la Ville par thuiaulx jusques à la porte Sainct Jacques pour la commodité du publicq et ornement de ladicte Ville. Lesquelles voultes et acqueducz seront faicts et conduicts des matieres et façons cy apres declarées[1].

«Premierement, seront faicts les canaulx et voultes dans les tranchées cy devant faict faire par Monsieur de Sully pour ramasser touttes les eaues, lesquels canaulx auront cinq pieds de haulteur et trois pieds de large dans oeuvre, maçonné de moislon, chaulx et sable de deux piedz d'espoisseur, garny d'une assise par bas de pierre dure, qui sera continué aux murs du costé des bouches, portant ung marchepied de dix huiet poulçes de large; et le mur du

---

[1] Ce second devis est reproduit à peu près textuellement dans le bail qui fut fait à Jean Coing «pour l'entreprise de la conduite des eaux de Rungis», le 27 octobre 1612, et qu'on trouve publié dans l'*Histoire de Paris* de Félibien, au tome III des *Preuves*, 806-811. Quelques articles cependant ont été modifiés comme nous l'indiquerons en leur lieu.

costé du terreplain sera garny d'une assize de pierre de taille au pourtour pour la rencontre et remble de l'eaue, garnye de chesnes et arcz de pierre de taille de douze pieds en douze pieds, et par bas à l'endroict dudict marchepied seront conservez les bouches à l'endroict des sources et de largeur competante, les joues desquelles seront faictes de pierre de taille dure fichée avec bon mortier, chaulx et sable [1].

[II [2].] «Le canal de la fontaine de Rongis qui commancera au regard de la prise de l'eaue dudict Rongis jusque au fossé neuf de la Ville hors le faulxbourg Sainct Jacques sera fondé sur une platte forme de maçonnerie faicte de bloc de sept pieds de large fondé à bon et vif fondz, sur platte forme et pillotis, si besoing est, au dessus de laquelle masse seront plantez les deux murs du canal à espace de trois pieds l'un de l'autre, chacun de deulx pieds d'espoisseur, maçonné de blocaille avec mortier de chaulx et sable, eslevez jusques et en telle sorte qu'il ayt cinq pieds soubz clef depuis le fonds de l'acqueducq; la voulte duquel canal aura quinze poulces d'espoisse à la clef, les reings remplis, et au dessus du couronnement d'icelle voulte sera faiete une arraze de cailloux, chaulx et sable d'ung pied d'espoisse [3], audict couronnement enduict en pante des deux costés, si mieulx n'ayme l'entrepreneur ne faire qu'un revers pour rejecter l'eane du costé des vallons à l'endroict où y aura vallon; lesdictz murs du canal garnis de chesnes et arez de pierre de taille portans parpain entre deulx une espassez de douze en douze piedz. de millieu en millieu.

[III.] «Sera faict le petit acqueducq ou conduict d'eaue au mitan d'entre lesdictz deux murs, le fonds et costez duquel seront de six poulces d'espoisseur faict de ciment avec cailloux de vigne, ledict ciment faict et composé de chaulx vive avec bry de thuilleau de mousle de Paris, ou semblable terre sans auculne bricque ne sablon.

[IIII.] «Item, en faisant lesdictz murs, s'il se trouve quelque cours d'eau qui merite plus grande recherche, sera faict ouverture de la terre jusques à telle longueur qu'il sera necessaire pour le mieulx, laquelle tranchée sera de deux pieds et demy de large remplie de deux petitz murs de pierre seiche, ung petit canal entre deux de six poulces de large et ung pied et demy de hault, recouverts de pierre de blocquaille ou caillou de la mesme qualité, avec ung corroy faict de glaize de six poulces d'espoisseur par dessus lesdictes couvertures [4].

[V.] «Item, recharger de terres toutes lesdictes tranchées, murs et canaulx jusques à telle haulteur qu'il sera advisé pour le mieulx et telle que le lieu le pourra requerir.

[VI.] «Item, au [dessus] desdictz canaulx pres les sources au lieu que advisé sera pour le mieulx et à distance et intervalles d'ung pied, seront faictes les vuidanges des terres tant seiches que mouillées pour l'assiette d'ung grand regard et accueil d'eaue, l'auge duquel sera de telle profondeur qu'il appartiendra, et en telle sorte que, depuis le fonds de ladicte auge, il y puisse avoir dix huict poulces de haulteur jusques au fonds du petit acqueduc ou petit canal du passage des eaues. Lequel regard sera fondé en masse de maçonnerie sur bon fondz et suffisant pour porter et soustenir tel ouvrage. Lequel fonds au cas qu'il ne se trouvast fermé sera garny comme cy apres sera declaré. Sera iceluy regard faict et construit de la forme, structure et façon telle que le regard des fontaines de la Ville qui est au dessus du village du Pré Saint Gervais au lieu dit les Moussins, ou du regard au bout d'un haulx des canaulx des fontaines de la Ville, à Belleville sur Sablon, ledict regard appellé La Tour ou la Chappelle, garny de descente comme lesdictz regards; les bousches et descharges des grands canaulx faictes comme celles desdictz regards; en laquelle espace d'ung pied, sera faict un corroy de terre glaise qui commancera au fonds de la fondation dudict grand regard, et eslevé trois pieds plus hault que le fonds des canaulx premiers declairez; continuer ledict corroy le long du mur du grand carré de la recherche des eanes et de la longueur qu'il sera jugé necessaire, fondé et eslevé comme le corroy d'intervalle cy devant declaré. Avec lequel lesdicts courroys seront liez [5].

[VII.] «Item, au passage de la traverse du vallon d'entre les deux montagnes au village d'Arcueil, sera faict la maçonnerie des pilles, arches, arceaulx, petittes pilles, en nombre necessaire, qui seront fondées jusques à vif fonds sur pillotis et plattes formes si besoing est, sinon seront fondez de pierre

---

[1] Le bail spécifie la nature de ce sable : «graveleux de la tranchée des nouvelles fortifications de ladicte Ville ou de la rivière de Seyne».

[2] La numérotation des articles figure sur la minute, mais a été omise par le transcripteur du registre.

[3] Le bail ne parle pas de cette couche de cailloux et de sable.

[4] Le bail ajoute : «ensemble faire des esvents où il sera necessaire le long des acqueducs, et les esviers de pierre de taille traversant le mur, pour servir à recevoir les sources qui se rencontreront par voye».

[5] «Et au dessus dudict corroy sera faict le fonds dudict regard de pierre de lyez», dit le bail.

de libaige joinctisses, sur lesquelles fondations de libaige sera posé la pierre de taille desdictes pilles chacune de quatorze pieds de longueur compris leurs poinctes, lesquelles pilles seront espassées à trois thoises l'une de l'autre, faictes et construictes de grands quartiers de pierre dure de la plus dure qui se pourra trouver sur les lieulx et es environs, sans aulcun moislon, jusques à la haulteur des eaues les plus haultes pour le regard de celles qui sont es deux arches à l'endroict du grand cours, et les autres fondées semblablement de libaige et, au dessus, de quartiers à paremens de pierres remplis de moislon maçonné avec bon mortier, chaulx et sable. Et le residu desdictes pilles et arches seront eslevez pour le regard des poinctes et escoinssons de pierre avec les pillastres au dessus, aussy de pierre selon la forme, structure et façon qu'il a esté représenté par le desseing, les testes des arez et arceaulx portant deux pieds et deux pieds et demy en teste et en douvaille comme la face desdictz arceaulx avec leurs engressement jusques soubz le plainte. Et pour le regard des deux assizes de chascun costé de la clef, auront dix huict poulces de haulteur soubz ledict plaincte et continuer l'eslevation ainsy qu'il est representé par le desseing.

[VIII.] «Les cullées et masses de maçonnerie des deulx bouts dudict passage d'Arcueil seront faites de mesme forme, structure et façon que les pilles cy devant declarez; pour la fondation desquelles pilles et masses, regards et grands canaulx seront faicts les bacquetaiges et vuidanges d'eanes, pillotis, et plattes formes qui se trouveront necessaires pour la seureté et conservation des ouvrages desdictes pilles, masses ou cullées, canaulx ou regards.

[IX.] «Item, aux deux boutz dudict canal de traverse ou acqueduc dans le village d'Arcueil, sera besoing de faire deux regards dans lesquels seront faicts des descharges pour descharger les eaues desdictz canaulx, quant besoing sera, garnis de descentes ou montées de marches environnées de murs comme les autres regards cy devant declarez, faire lesdictes descharges de telle forme, structure et façon que les eaues descendans d'icelles ne puissent endommager le publicq ny le particulier.

[X.] «Item, à l'entrée du faulxbourg Sainct Jacques, au lieu qu'advisé sera pour le mieulx, sera faict ung grand regard en forme carrée, l'auge duquel contiendra cinq pieds de large et sept pieds de long, à l'environ de laquelle, sera faict le couridol de quatre pieds de large, lequel sera fondé en masse avec platte forme et pillotis comme le regard de la prise cy devant declaré. En l'auge duquel regard se fera la distribution et separation des portions des eaues, tant pour le Roy que pour la Ville : sçavoir au Roy la quantité de dix huiet poulces reduicts en un mousle de qualibre ou eschantillon, et à la Ville dix sept poulces [1] aussi reduicts en ung mousle, pour estre par iceulx qualibres desrivez l'eaue pour en disposer par chacun, selon qu'il plaira à Sa Majesté. Et pour cest effet, seront pour lesdictes separations faict au dessoubs dudict regard, et joignant à icelluy, deux [2] petits regards ou receptacles d'eaue, sçavoir : celluy pour le Roy du costé des Chartreux, et celuy de la Ville, du costé de la chaulcée, separez d'un mur, pour n'avoir aulcunes communication desdictes derivations d'eaue, dans lesquels seront mises les bouches et entrées des thuiaulx particulliers pour estre l'eaue de ladicte Ville conduicte proche la porte Sainct Jacques [3] en ung reservoir cappable de telle grande quantité d'eau qu'advisé sera pour la commodité publicque. Et pour faire fluer l'eaue dans lesdictz reservoirs, sera faict ung thuyan de cappacité suffisante pour rendre pareil eschantillon d'eane, à la descharge dans ledict regard, que l'on aura à la prise de l'eane au grand reservoir à l'entrée du faulxbourg proche la nouvelle fortification. Lequel thuyau sera faict de poterie de terre, de piece des longueurs qu'il sera advisé par ladicte Ville, assemblée l'une dans l'autre avec ciment à feu, enveloppé de ciment de trois poulces d'espoisseur, ledict ciment faict de bris de thuilleau et chaulx vive, sur le millieu d'une masse de maçonnerie de trois pieds et demy de largeur fondé deuement et recouvert par dessus de maçonnerie aussi en masse de deux pieds de haulteur sur ladicte largeur de trois pieds et demy. Sera faict dans ledict faulxbourg, en lieu commode, deulx regards pour descharger, quant besoing sera de travailler ausdictz thuiaulx, dans lesquels regards, seront mis deux robinets de cuivre, le tornant desquels seront percez de troux de pareille capacité que lesdictz thuiaulx; dans l'ung desquels regards seront assis les thuiaulx particuliers pour faire fluer de l'eaue en tel lieu des faulxbourgs Sainct Jacques et Sainct Marcel qu'advisé sera, pour la commodité publicque.

[XI.] «Item, et en espasse desdicts canaulx, seront faicts trente regards necessaires espassez de

---

[1] Le bail ne porte que *douze poulces* pour la Ville.
[2] Le bail prévoit un troisième regard pour l'eau appartenant à l'entrepreneur.
[3] La fin de cet article, à partir de ces mots. n'a pas été reproduite dans le bail.

trois cens thoises en trois cens thoises ou environ qui seront faicts de la qualité et espoisse que les murs desdicts grands canaulx, garnis de descentes de marches de pierre dure, au hault desquelz regardz seront faicts les murs de l'enceinte pour les huisseries et entrées qui seront de pierre en ce qui parroistra hors les terres, recouvertes d'ung glassis de pierre ou autrement avec tablette de pierre de liaiz selon qui sera advisé pour le mieulx, à la forme des regards des fontaines de la Ville, garnis de portes de menuiserie, serrure et ferrure comme lesdictz regards, et en chacune intervalle de deux desdictz regardz de decharge, seront faicts quatre bouches en forme de soupiraulx faicts de maçonnerie de murs en quatre sens à ouverture par bas de trois pieds en carré, lesdictz murs menez à contrefaict ou diminuement d'ouverture de deulx pieds en carré par le haut, eslevez jusques à trois pieds pres du dessus des terres, chacune desdictes bouches recouverte d'une pierre de liaiz d'une pierre de cinq poulces d'espoisseur franche pierre pour la fermeture et couverture d'iceulx soupiraulx, prosche de chacun desquels sera assis et planté une borne de pierre maçonnée en terre saillante de trois pieds pour la remarque du lieu où seront lesditz soupiraulx [1].

[XII.] «Et en ce qui concerne la conduite de l'eaue pour Sa Majesté [2], Messieurs les deputez pour ladicte conduicte desdictes eaues les feront conduire par canaulx ou aultrement ainsy qu'il plaira à Sa Majesté, lesquels canaulx ou acqueducs pourront estre continuez passans par le derriere du faulxbourg, qui seront assis sur une masse de maçonnerie fondée, deuement faicte de cyment et bricque comme les autres acqueducs dans les grands canaulx, recouverts de tablettes de pierre dure avec ung cyment par dessus, lesdictes tablettes assises sur cyment pour esviter que les folles eaues passantes au travers des terres ne dessendent dans lesdicts canaulx. Au bout desquels canaulx sur la contrescarpe du fossé de la Ville, sera faict ung reservoir de cappacité suffisante pour recevoir les eaues destinées pour ladicte Ville et les distribuer selon qu'il sera advisé par les Prevost des Marchans et Eschevins de ladicte Ville.

[XIII.] «Faire et fournir par les entrepreneurs detouttes matieres à ce necessaires, soit pierre, blocaille, bricque, bris de thuilleau faict de thuille du grand mousle de Paris et mousle bastard qui sera trouvé bon et de terre forte, carreau de terre cuicte, bris et pouldre de potterie de grez pour faire cyment avec bonne chaux vive, pillotis, platte forme, huisserie et fermeture des regards, lesquels buys seront faicts de gros eschantillon, bois de quartier de deulx poulces et demy corroyé, bois de chesne secq, lesdictz huys ferrez de bandes flamandes avec boullons rivez, serrures et fermetures bonnes et suffisantes pour tenir tous lesdictz lieux en seureté, et generallement touttes autres matieres à ce necessaires, mesme le plomb qu'il conviendra pour le canal ou acqueducq traversant d'une montagne à l'autre, robinets de cuivre et testes de descharges aux endroits où besoing sera, fournir les mousles de cuivre pour les eschantillons de la distribution et separation des eaues aux susdictz regards, des formes, longueurs et grandeurs qu'il sera jugé necessaire par les commissaires deputtez à l'execution dudict devis, comme aussi seront tenuz les entrepreneurs faire garnir les pierres des glassis des couvertures desdictz regards ou canaulx, avec crampons de fer scellez en plomb, chacun crampon de douze à treize poulces de long entre deulx retours, lesquels retours auront deux poulces de long. Seront aussi tenus de recouvrir de terre tous lesdictz canaulx d'espoisseur suffisante, pillés, battues et dressez en pante vers le vallon; et le surplus desdictes terres sera applany et mis en telle sorte qu'il ne puisse nuyre; seront tenuz lesdictz entrepreneurs de fournir en touttes saisons de l'eaue en telle quantité que les trente cinq [3] poulces portez par le present devis y puissent estre en touttes saisons, et le surplus desdictes eaues, lesdicts trente cinq poulces fournis, si surplus y a, sera à l'entrepreneur pour en disposer ainsy que bon luy semblera.

[XIIII.] «Sera aussi tenu ledict entrepreneur de touttes les rescompenses qui seront adjugées aux proprietaires des heritaiges qui seront trouvés recevoir dommage pour l'execution du present devis [4], comme mouslin, terres, prez, vignes et maisons qui

---

[1] Le bail ajoute ici : «Seront faites les vannes et descharges necessaires pour vuider les eaues lorsqu'il conviendra nettoyer ou travailler aux acqueducs ez endroits où il sera advisé pour le mieulx».

[2] Cet article n'a pas passé dans le bail.

[3] Le bail ne porte que trente, la Ville ne devant plus recevoir que douze pouces au lieu de dix-sept.

[4] Dès 1611 les registres du Chapitre Notre-Dame contiennent quelques mentions relatives aux terres qui devaient servir au passage de l'aqueduc : «Commissi sunt rogati domini archidiaconus Parisiensis et Belot agere et convenire cum eis qui prætendunt jus in terra fossata apud Rungiacum pro aquæductu et terram ad Dominos emere et de pretio tractare.» (Arch. nat., LL 169, p. 437, 21 mars 1611.) Dix jours auparavant le Chapitre avait pris la décision suivante (10 mars 1611): «Permittitur firmario de Rungiaco laborari facere et seminare quæ voluerit pro ejus commodo in loco designato pro aquæductu et terris ad dominos spectantibus » (Ibid., p. 433.)

seront prises et dans lesquelles passera le canal, ensemble le reject des terres que touttes autres choses quelconques, mesmes de restablir les chemins qui auront esté rompus[1].

«Faict et arresté au Bureau de la Ville, de l'ordonnance de Nosseigneurs du Conseil, par nous, Prevost des Marchans et Eschevins de ladicte Ville, en presence de Monsieur de Fourcy, conseiller du Roy en son Conseil d'Estat et privé et superintendant des bastimens de Sadicte Majesté, et de Monsieur Le Febvre aussi conseiller de Sadicte Majesté, tresorier de France et general des finances en la generalité de Paris, apres avoir eu sur ce l'advis et concerté avec le sieur Metezeau, architecte des bastimens de Sadicte Majesté, Pierre Guillain, Maistre des œuvres de maçonnerye de ladicte Ville, Remy Collin, juré du Roy ès œuvres de maçonnerie, Jehan de Lintheair, maistre de la pompe du Roy, Jehan Coing, Martin Boulle, Jonas Robelin, Jehan Gobelin, et Sebastien Jacquet, tous maistres maçons, pour ce mandez au Bureau d'icelle Ville, le meccredy troisiesme jour d'Octobre mil six cens douze.»

CXCV. — REQUESTE AU PARLEMENT
TOUCHANT LE BAC DES TUILLERIES.

Octobre 1612. (Fol. 40.)

A Nosseigneurs de la Chambre des vaccations.

«Supplyent humblement les Prevost des Marchans et Eschevins de la ville de Paris, comme de tout temps et antienneté ils ayent tousjours jouy du bacq des Thuilleryes lequel ils baillent à ferme au proffit du domaine de ladicte Ville[2], neantmoings ilz sont troublés en la jouissance d'iceluy par maistre Nicolas Magnac, receveur de l'abbaye de Sainct Germain des Prez, qu'il a faict saisir sur Jehan Soyer, serviteur de la communauté des maistres passeurs d'eaue qui en ont le bail de ladicte Ville[3], auquel Soyer a esté donné assignation par devant le bailly dudict Sainct Germain pour apporter lettres et exploicts en vertu desquelz il jouist dudict bacq, ce qui est au prejudice des droicts de ladicte Ville. Ce consideré, nosdicts seigneurs, il vous plaise ordonner que ledict Magnac sera appellé par devant vous, et ce pendant que main levée sera faiete dudict bacq pour servir à l'usage et commodité du public. Et vous ferez bien[4]. »

CXCVI. — ARREST DU CONSEIL
PAR LEQUEL LES SIEURS BARBINS SONT DECHARGEZ
DU CAUTIONNEMENT
FAICT POUR LE SIEUR DE GONDY.

4 octobre 1612. (Fol. 40 v°.)

Extraict des Registres du Conseil d'Estat.

«Sur ce qui a esté remonstré par Maistres Claude et Dreux Barbin qu'ayans esté associez et caultions de Maistre Thomas Robin en la ferme generalle des gabelles, seroit survenu plusieurs difficultez en l'execution de leur contract, et sur les offres respectivement faictes au Conseil de sa Majesté, celles

---

[1] Le bail ajoute des dispositions relatives aux héritages que l'entrepreneur aurait achetés et qui n'auraient pas été utilisés pour les travaux, et à l'obligation pour lui d'entretenir les ouvrages pendant les douze ans qui suivront leur réception.

[2] Comme l'a montré Berty (*Région du Louvre et des Tuileries*, tome II, p. 7, et *Région du faubourg Saint-Germain*, p. 45), ce bac, dont le souvenir s'est perpétué jusqu'à nous par le nom de la rue qui y aboutissait, était contemporain du château des Tuileries et avait été «ordonné et mis au devant du lieu des Thuilleries pour y passer et rapasser toutes les pierres, materiaulx et aultres choses necessaires pour ledict bastiment»; le premier bail en avait été fait le 14 mai 1564.

[3] Le bail du «bacq seiz sur la riviere viz à viz les Thuilleries» avait été renouvelé aux maîtres passeurs d'eau de la Ville par contrat du 18 juillet 1612 pour une période de douze ans à partir du 1" janvier 1613, moyennant une redevance annuelle de 36 livres «à la charge par eulx d'entretenir ledict bacq à leurs despens bien et deuement et de fournir de cordes et autres ustancilles ad ce necessaires, et deffences à eulx de prendre plus grandz sallaires pour le passage des personnes, coches, chevaulx, charrettes et marchandises que ce qui s'ensuit : asscavoir, pour chacun homme de pied, quatre deniers tournoys; pour homme de cheval, huict deniers; pour chacun cheval de somme chargé, huict deniers; pour chacune charrette chargée de vin, grain, bois, pierres et autres marchandises, dix-huict deniers; pour chacune charrette vuide, ung solz; pour beuf, vache et cheval vuidde, quatre deniers tournois, et pour chacun mouton, porcq et aultres bestiaulx, à raison de deux solz pour douzaine, et sans qu'ilz puissent rien prendre pour passer et repasser toutes et chacuns les pierres, materiaulx, chevaux ou charrettes servans tant au bastiment des Thuilleries, chasteau du Louvre, que pour la fortification et affaires publicques de ladicte Ville, et laisser passer franchement et quietement les conducteurs desdictz materiaulx. Lesquelz maistres passeurs d'eaue seront tenuz faire l'exercice dudict bacq l'un apres l'aultre, pour lesquelz ladicte communaulté respondra des accidens qui pourroient arriver et seront tenuz garder les reglemens faictz sur la riviere, assavoir de ne passer aulcunes personnes devant le soleil levant et apres le soleil couchant, et oultre de garrer par chacun jour ledict bacq bien et deuement avec chesnes et cadenatz, qu'ilz seront tenuz fournir». (Arch. nat., Q¹ᵉ 1099²⁰, fol. 223.).

[4] La Chambre des vacations accueillit favorablement cette requête, comme le montre l'arrêt du 19 octobre 1612 qui «ordonne que les supplians auront commission pour faire appeller en la Cour ledict receveur [de l'abbaye] et autres qu'il appartiendra aux fins de la requeste ; cependant que le fermier des supplians jouira, et deffences de le troubler, neantmoings les deniers demeureront en ses mains jusques à ce qu'aultrement en soit ordonné pour les delivrer à qui il appartiendra». (Arch. nat., X¹ᴬ 1847.)

dudict Robin auroient esté acceptées et les supplians deschargez tant de l'association que du cautionnement en laquelle ils estoient entrez pour luy. Ce qu'ayans representé aux Prevosts des Marchans et Eschevins de ceste ville de Paris, affin d'estre deschargez des submissions qu'ils avoient faictes pour ledict Robin en ladicte Ville, lesdictz Prevost des Marchans et Eschevins les auroient debouttez de leur requeste; requerans à ceste cause et que n'ayans aucun interest en ladicte ferme, il ne seroit raisonnable qu'ils demeurassent obligez, veu mesme que ledict Robin a donné d'autres cautions et pour plus grande somme que les supplians n'estoient obligez, il pleust à Sa Majesté ordonner qu'ils demeureront deschargez desdictes submissions et cautionnement par eulx faicts en ladicte Ville pour ledict Robin, comme faictes en consequence de leur association. Veu l'arrest du Conseil du treiziesme jour de Mars dernier[1], par lequel, entre autres choses, les supplians ont esté receuz à se desister et departir des partz et portions qu'ils avoient audict bail general des Gabelles au proffict dudict Robin aux conditions declarées par ledict arrest, aultre arrest dudict Conseil du deuxiesme jour d'Aoust ensuivant par lequel les cautions y desnommées presentées par ledict Robin pour la somme de six vingtz mil livres faisant le parfaict de trois cens mil livres, ont esté receues, et en ce faisant les supplians deschargez du cautionnement qu'ils avoyent faict pour ledict Robin : le Roy en son Conseil, apres avoir ouy lesdicts Prevost des Marchans et Eschevins, et en consequence dudict arrest du deuxiesme Aoust dernier, a ordonné et ordonne que lesdicts Claude et Dreux Barbin demeureront deschargez des submissions et cautionnement par eulx faicts en ladicte ville de Paris pour ledict Robin, sauf au Procureur de Sa Majesté en ladicte Ville à faire appeller tant ledict Robin et ses cautions données au lieu desdicts Barbin, Philippes de Gondy, chargé du payement des rentes dudict Hostel de Ville assignées sur le sel, et ses cautions, ensemble les soubsfermiers des generalités de Picardye, Champagne et Soissons et leurs cautions, pour faire les submissions au lieu desdictz Barbin.

«Faict au Conseil d'Estat du Roy tenu à Paris, le quatriesme[2] jour d'octobre mil six cens douze.»

«Le douziesme Jour d'Octobre mil six cens douze, l'original de l'arrest dont copie est cy dessus transcripte a esté, à la requeste desdicts Barbin y desnommés, monstré et signiffié à Messieurs les Prevost des Marchans, Procureur du Roy et Eschevins de la ville de Paris aux fins y contenues, parlant à leurs personnes en leur bureau de l'Hostel de Paris ad ce qu'ils n'en pretendent cy apres cause d'ignorance, par moy huissier du Conseil d'Estat soubssigné : Valetz.

«Lesquels sieurs ont faict responce que sur l'advis qu'ils ont eu que lesdictz Barbin poursuivoient leur descharge, ilz ont presenté requeste au Roy et à nosdictz seigneurs du Conseil et icelle mise es mains de monsieur d'Atticby pour la rapporter, tendant affin d'estre receuz opposants à la descharge requise par lesdictz Barbin, et que pour faire droict sur leur opposition, ils feussent renvoyez en la cour de Parlement en laquelle ils ont leurs causes commises en premiere instance; que l'on n'a peu rien ordonner au prejudice de ladicte requeste et sans y faire droict, partant protestent que ledict arrest ne leur puisse nuyre ne prejudicier et de se pourvoir par les voyes de droict, ainsy qu'ils verront estre à faire.

«Faict par moy huissier susdict : Valetz.»

CXCVII. — Touchant la levée de xv solz pour minot de sel.

5 octobre 1612. (Fol. 40 v°.)

«Les Prevost des Marchans et Eschevins de la ville de Paris qui ont veu la requeste presentée à Messieurs les President et Tresoriers generaulx de France en la generalité de Paris, par les chevallier, lieutenans, guydon et autres officiers du Guet de cestedicte Ville, affin d'entherinement des lettres par eulx obtenues le xv° may dernier pour la continuation de la levée de l'octroy des quinze solz pour minot de sel affecté à partie du payement des gaiges desdicts officiers, ordonnées leur estre communiquées,

«Declarent qu'ils n'empeschent la verification et entherinement desdictes lettres et que sur les deniers de ladicte levée lesdictz officiers du Guet soient payez de la somme de dix mil quatre cens six livres quinze solz, pour le payement de leurs gaiges ainsy qu'il est accoustumé; et le surplus d'icelle levée es

---

[1] Cet arrêt du Conseil du 13 mars 1612 ainsi que celui du 2 août 1612, qui est mentionné ci-après, figurent dans le carton Z¹ᴴ 381 à côté d'une requête adressée au Bureau par Claude et Dreux Barbin, au mois de septembre 1612.
[2] Cet arrêt du Conseil du 4 octobre 1612, dont la minute figure au folio 4 du volume E 38ᴬ aux Archives nationales, porte par erreur, dans le registre de la Ville, la date du 14 octobre.

mains du Receveur du domaine, dons et octroys de ladicte Ville pour estre employez à ce dont ils sont destinez au desir et conformement ausdictes lettres.

«Faict au Bureau de ladicte Ville, le cinquiesme Octobre mil six cens douze.»

CXCVIII. — Reiglement pour la vente et distribution du bois et cuarson.

16 octobre 1612. (Fol. 42.)

De par les Prevost des Marchans et Eschevins de la ville de Paris [1].

«Sur les plainctes qui nous sont journellement faictes au Bureau de la Ville que, combien que par nostre reiglement dernier publié le premier Decembre dernier passé, contenant l'ordre de la vente et distribution du bois et charbon, le prix d'iceulx, sallaires des officiers et chartiers, desbardeurs et crocheteurs, neantmoings contrevenans par les marchands à noz ordonnances, ilz vendent ledict bois à plus hault prix qu'il n'est taxé à l'arrivage qu'ilz font de leurs denrées. Et si font arriver en ceste Ville leur bois basteau à basteau et à la file, pour avoir plus de presse et confusion, afin de vendre à discretion, par la connivence ou peu de diligence des officiers de ladicte Ville, qui est occasion que les chartiers, desbardeurs et crocheteurs, soubs ceste nonchalance, exigent et se font payer beaucoup plus qu'il ne leur est taxé, rançonnant les bourgeois lesquels ilz contraignent bailler ce qu'ilz veulent; pour à quoy remedier avons par maniere de provision, sur ce ouy et ce consentant le Procureur du Roy et de ladicte Ville, faict le reglement qui ensuit:

«Premierement avons tres expressement enjoinct et enjoignons à tous marchands de bois tant de ceste Ville que forains, ayans bois et charbon aux champs, dans les ventes et sur les ports et bordages des rivieres, de promptement, en touttes dilligences et sans discontinuation, aller faire charger leursdictes marchandises et l'amener en ceste Ville pour la provision et fourniture d'icelle; à faute de ce faire, sera envoyé sur les lieux à leurs fraiz et despens, risques, perils et fortunes pour les faire venir, et eulx adjournez par devant nous pour voir ordonner qu'elle sera forfaicte et confisquée, sans que les marchands facent aucuns monopolles et association entre eulx sur peine de punition et d'amande arbitraire.

«Lesquels marchands seront teunz faire descharger de leurs basteaux à terre leur gros bois et la corde, sans que les bourgeois soient teunz en payer aucune chose pour ledict deschargeage.

«Ausquels marchands enjoignons, aussitost de l'arrivée de leurdicte marchandise en ceste Ville, venir à l'arrivage au Bureau de ladicte Ville pour prendre le prix, leur faisant tres estroictes inhibitions et deffences vendre leur bois et charbon à plus hault prix qu'il leur sera taxé lors de l'arrivage, à peine de confiscation desdictes marchandises et d'amande arbitraire [2].

«Sera payé aux jurez mosleurs de bois, pour chacune voye de gros bois, cotterests ou fagots, deux sols tournois, moictié par l'achepteur et moictié par le vendeur.

«Comme aussi leur sera payé pour chacune voye de bois de corde quatre sols tournois, moictié aussi par le vendeur et l'autre moictié par l'achepteur, à la charge de corder ledict bois actuellement, faisant deffences ausdicts jurez mosleurs de permettre qu'il soit enlevé aucunes voyes de bois sur les ports que, au prealable, elles ne soient comptées ou cordées par eulx [3].

---

[1] Un exemplaire imprimé de ce règlement (in-12 de 16 p.) figure aux Archives nationales dans le carton AD ✠ 153.

[2] Le prix fixé «à l'arrivage» pouvait être modifié si l'on constatait que le bois n'avait pas la qualité requise, comme le montre l'extrait suivant du registre des audiences à la date du 22 octobre 1612 (Arch. nat,. Z1" 114): «Sur ce que nous avons esté advertiz que le bois de Nicollas Pagot est deffectueulx et que nous sommes transportez sur les lieux où nous avons veu et recongneu ladicte deffectuosité de bois, avons faict et faisons deffence audict Paget de vendre sondict boys de corde plus de 6 l. t. la voye au lieu de 6 l. 10 s. dont il a esté mis à l'arrivage, à peine de confiscation».

[3] L'extrait suivant du registre des audiences montre que les mouleurs de bois ne se prêtèrent pas toujours à l'exécution fidèle de ce règlement: «Du vendredi 26 octobre 1612. Sur la plainte à nous faicte au Bureau de la Ville par M⁰ Hector Le Normant, commissaire et examinateur au Chastellet, que, ayant ce matin envoyé son clerc sur le port de Grève pour avoir une voie de bois, sondict clerc luy a rapporté que lad. voye de bois luy a esté baillée sans corder, n'y ayant aucun mosleur sur ledict port, et encores l'on luy a faict payer neuf solz de fraiz, ce que voyant il c'est à l'instant transporté sur led. port, où n'ayant trouvé aucun mosleur il luy a esté monstré leur chambre, en laquelle se transportant il a trouvé Pierre Quatif, l'ung desd. mosleurs, auquel faisant plaincte de ce que dessus, ledict Quetif luy a dict qu'il ne le congnoissoit point et qu'il n'avoit non plus à faire de luy que le bourreau de luy, qu'il ne le craingnoit poinct et qu'il ne luy feroit que la moue, avec plusieurs autres parolles, amassant plusieurs de ses compagnons qui l'ont aussy offencé de parolles. Et enquis led. Quetif s'il est pas vray qu'il a dict lesdictes injures cy dessus audict Le Normant? a dict que icelluy Le Normant s'estant addressé à luy tout en collere et l'ayant, et ses compagnons, appellé monopolleurs, à la verité il luy a dict qu'il ne le congnoissoit poinct et n'avait non plus à faire de luy que du bourreau de la Ville, à cause que ledict

«Aux chargeurs de bois en charrettes leur sera payé par l'achepteur deulx sols tournois pour chascune voye de gros bois, corde, fagots, cotterests ou bourées.

«Sera payé aulx crochepteurs desbardeurs par le marchand vendeur quatre sols pour descharger du basteau à terre chacune voye de gros bois ou corde, sans que pour ce il soit payé aucune chose par l'achepteur, lequel pourra prendre tel crocheteur ou autre personne que bon luy semblera pour desbarder ou porter sondict bois.

«Semblablement sera payé ausdicts crocheteurs desbardeurs par l'achepteur quatre sols pour le deschargeage du basteau à terre de deux cens de cotterests ou fagots, sans que le marchand vendeur soit tenu en payer aucune chose, ausquels crocheteurs inhibition et deffences sont faictes d'entrer dans les basteaulx sans estre assistez de bourgeois ou de leurs serviteurs.

«Sera payé aulx chartiers pour la voicture du gros bois, corde ou menue danrée es lieux circonvoisins des ports, dix solz tournois, es lieux plus esloignez desdictz ports, douze solz, au plus loing dans l'enceinte de la Ville, seize solz, et aux faulxbourgs, dix-huit solz, et ce par provision seullement à cause de la cherté presente tant du foing que de l'avoyne; ausquels chartiers faisons tres expresses deffences de charger aucun bois dans leur charettes, ny en faire la voicture sans estre assistez du bourgeois achepteur ou de son domestique, ny charger aucun bois dans la riviere, ains leur est enjoinct de se retirer avec leurs charettes à six thoises loing du bord de la riviere sans charger par rang ny user d'aucun monopolle, estant à la liberté du bourgeois de se servir de tels charretiers que bon luy semblera, et deffences à tous basteliers d'approcher avec flettes proche des basteaulx pour enlever du bois, à peine de confiscation tant de la flette que du bois qui se trouvera dans icelle.

«Sera payé aux jurez mesureurs de charbon, pour le mesurage de chacun minot de charbon, six deniers : sçavoir trois deniers par l'achepteur et trois autres par le vendeur.

«Sera payé aux jurez porteurs de charbon pour le port de chacune mine de charbon, es environs des ports, trois sols, plus loing desdictz ports comme au milieu de la Ville, quatre sols, et au plus loing desdictz ports, mesmes aux faulxbourgs, cinq solz tournois.

«Faisant inhibitions et deffences à tous les dessusdicts de contrevenir au present reiglement ny prendre, demander ou exiger plus de sallaires que ce qui leur est ordonné cy dessus, à peine contre les officiers de privation de leurs offices et de prison, et ausdicts chartiers, crocheteurs et desbardeurs, d'estre mis au carcan, battus et fustigez nuds de verges et bannis desdictz ports.

«Enjoignant auxdicts jurez mosleurs de bois, mesureurs et porteurs de charbon, tenir la main à ce que la taxe ne soit aucunement excedée; à ceste fin advertir les bourgeois ou leurs domesticques du prix du bois et charbon, sans attendre qu'ils en soient requis; auxquels jurez leur sera baillé par escript le prix lors dudict arrivage : et en cas de contravention, soit de la part de l'achepteur ou du vendeur, seront tenus les mosleurs et mesureurs de charbon venir le denoncer au Procureur du Roy et de la Ville, ou en son absence le venir declarer au Bureau : et neantmoing ceulx qui auront achepté du bois à prix excessif seront deschargez desdictes confiscations et amande, pourveu que, dans vingt quatre heures apres l'achapt ils viennent faire plaincte au Bureau de la Ville.

«Et à ce que aucun ne puisse ignorer le prix tant du bois de mousle, corde, cotterests, fagots, que charbon selon la qualité et bonté d'iceulx, sera mis et apposé à chascun basteau venu à l'arrivage une banderolle portant en grosses lettres le prix de la marchandise; laquelle banderolle sera baillée aux jurez mosleurs, pour estre apposée audict basteau, laissée tous les jours et retirée le soir par lesdidz mosleurs qui les reprendront.

«Et d'autant que nous sommes advertis que les marchands exposent longtemps avant le jour leurs danrées et les envoyent où bon leur semble à pris excessifs, avons faict expresses inhibitions et deffences à tous marchands d'ouvrir leurs basteaulx et debiter leurs marchandises qu'il ne soit : sçavoir, depuis le premier Octobre jusques au dernier jour de Febvrier, sept heures au matin, et depuis le premier

---

Le Normant luy a dict plusieurs injures et l'a grandement offencé. Enquis aussy par serment Jehan de Senlis, chargeur de bois andict port de Greve, qui a cordé lad. voie de bois? a dit ce a esté luy et icelle voie est bonne. Enquis quelz mousleurs y estoient? a dict qu'il n'y en avoit poinct. Nous apres oÿ le Procureur du Roy et de la Ville en ses conclusions et pour la faulte commise par led. Quetif et insollance pay luy faicte envers led. Le Normant, l'avons condampné et condampnons en quatre livres parisis d'amende envers les pauvres, condampné led. de Senlis à rendre neuf solz andict Le Normant qui ont esté payez par son clerc.» (Arch. nat., 1ᵉ 114.)

Mars jusques au dernier Septembre, qu'il ne soit cinq heures aussi du matin; sans que, le jour finy, ils puissent en quelque sorte et maniere que ce soit faire descharger et transporter ledict bois.

«Tout lequel present reiglement ordonnons qu'il sera leu et publié à son de trompe et cry public sur les ports et places publiques de ceste ville de Paris, affiché et mis en des tableaux à chacun desdicts ports aux potteaulx destinez, lesquels tableaux seront aussi mis es mains desdicts jurez mosleurs de bois pour par eulx, ou leur sepmainier de chacun desdicts ports, l'oster le soir dudict potteau et le remettre le lendemain du grand matin auparavant que de commancer à vendre, auquel sera mis une chesne et un cadenas, duquel lesdicts mosleurs auront la clef, dont ils seront responsables en leurs propres et privez noms. Et en outre, sera le present reiglement imprimé aulx depens de la Ville et publié aux prosnes des paroisses de ceste ville et faulxbourgs de Paris, et envoyé nombre de coppies collationnées sur l'original par le Greffier à tous les Quartiniers, pour estre par eulx baillées et delivrées à leurs cinquanteniers et dizainiers et par iceulx estre amplement notiffié à tous bourgeois et habitans de ceste Ville, aux maisons desquels ils se transporteront, et advertiront leur Quartenier des contraventions qu'ils sçauront avoir esté faictes audict reiglement, pour par iceulx estre porté proces verbaux en l'Hostel de la Ville et estre par nous pourveu, suivant les rigueurs y contenues. Et sera par nous donné pouvoir à certaines personnes qui recognoistront par la Ville et faulxbourgs les contraventions qui seront faictes à ce present reiglement et en viendront faire plaincte andict Hostel de Ville, lesquels seront sallariez sur les amandes ainsy que de raison.

«Faict et ordonné au Bureau de la Ville, le seiziesme jour d'Octobre mil six cent douze.»
Signé : «Clement».

«Et le mercredy dix septiesme jour dudict moys et an, l'ordonnance dont coppie est cy dessus escripte a esté par moy Symon Leduc, crieur juré du Roy en la ville, prevosté et viconté de Paris soubzsigné, leue, publiée à son de trompe et cry publicq, en la place de Greve, sur les ports de la riviere et autres lieux à Paris, et en ce faisant ay faict à touttes personnes les deffences y mentionnées sur les peines y contenues. Et à ce faire estois accompagné de Claude Poutteau et de Mathurin Noyret, jurez trompettes dudict seigneur esdicts lieux, et d'ung autre trompette [commis] de Pierre Gillebert aussy juré trompette[1]. Ce que je certiffie vray.»
Signé : «Le Duc».

De par les Prevost des Marchands et Eschevins de la ville de Paris.

«Monsieur le curé de...

«Nous vous prions faire publier demain, au prosne de votre parroisse, le reiglement que nous vous envoyons concernant la vente et distribution de bois.

«Faict au Bureau de ladicte Ville, le samedy vingtiesme jour du moys d'Octobre mil six cent douze.»

CXCIX. — Mandement a Jodelet touchant le bac des Thuilleries.

16 octobre 1612. (Fol. 45 v°.)

De par les Prevost des Marchans et Eschevins de la ville de Paris.

«Maistre Jehan Jodelet, procureur des causes de la Ville en la cour de Parlement, nous vous mandons presenter par devant le bailly de Sainct Germain des Prez à l'assignation donnée à Jehan Soyer, serviteur de la communauté des maistres passeurs d'eaue [2], à la requeste de maistre Nicolas Maignac, receveur de l'abbaye de Sainct Germain des Prez, qui a faict saisir le bacq des Thuilleries. Remonstrez que ledict bacq est des appartenances et deppendances des droictz du domaine de ladicte Ville, laquelle a ses causes commises en premiere

---

[1] Un document consigné dans les registres du Bureau des Finances (*Arch. nat.*, Z¹ᵛ 157, fol. 25) indique à quelle somme pouvaient monter les émoluments annuels du crieur et des trompettes: on voit en effet que, le 24 janvier 1612, à Simon Leduc, crieur juré, et à Claude Poutean, Pierre Gilbert et Mathurin Noyret, trompettes, 320 livres «sont taxées par le Lieutenant civil et le procureur du Roi au Châtelet pour publications par eux faictes l'année derniere en ladicte Ville, prevosté et vicomté».

[2] A propos des passeurs, il est intéressant de signaler un extrait du Registre des audiences de la Ville où l'on voit raconté de façon pittoresque un des menus incidents auxquels pouvait donner naissance l'usage quotidien des bateaux pour traverser la Seine : «Sur la plaincte faicte au Bureau de la Ville par Estienne Bouchet, controleur des impositions à la porte S¹ Honnoré, que presentement ayant passé l'eaue du port de la Tournelle au port S¹ Paul, voullant bailler ung sold au passeur tant pour luy que pour ung honneste homme qui estoit dans le mesme basteau, led. passeur a reffuzé led. argent et luy a dict plusieurs injures, mesmes l'a pris au collet et luy a deschiré son manteau en plusieurs endroictz, disant qu'il voulloit ung sold pour homme et aussi tost a poussé son basteau pour retourner aud. port de la Tournelle. Lequel passeur il ne congnoist, mais le recongnoistra luy estant representé... Sur quay... avons permis aud. Bouchet de faire informer.» (*Arch. nat.*, Z¹ᴴ 114, 11 mai 1613).

instance par devant Nosseigneurs de la cour de Parlement et partant requerez le renvoy de ladicte cause par devant nosdicts seigneurs de ladicte Cour. Et en cas de desny appellez comme de juge incompetant[1].

«Faict au Bureau de ladicte Ville, le seiziesme jour d'Octobre mil six cent douze.»

CC. — Autre mandement audict Jodelet touchant des places de scelles a laver lessives.

17 octobre 1612. (Fol. 45 v°.)

De par les Prevost des Marchans et Eschevins de la ville de Paris.

«Maistre Jehan Jodelet, procureur des causes de la Ville en la cour de Parlement, nous vous mandons vous presenter par devant le bailly de Sainct Germain des Prez à l'assignation donnée à Jacques Jacquemain, Helaine Baschemon et autres tenans places à laver lessives sur le bord de la riviere, à la requeste de Maistre Nicolas Magnac, recepveur de Sainct Germain des Prez[2]. Prenez, au nom de la Ville, le falet et cause pour lesdictz Jacquemain et autres adjournez pour semblable faict, remonstrez qu'il est question des droictz de ladicte Ville dont la cognoissance appartient à Messieurs de la cour de Parlement où ladicte Ville a ses causes commises en premiere instance, et partant requerez le renvoy de ladicte cause par devant nosdictz seigneurs de la cour de Parlement, et en cas de desny, en appellez comme de juge incompetant.

«Faict au Bureau de ladicte Ville, le dix septiesme Octobre mil six cens douze.»

CCI. — Mandement aux Quartiniers pour visiter les chesnes.

17 octobre 1612. (Fol. 46.)

De par les Prevost des Marchans et Eschevins de la ville de Paris.

«Sire Jehan Le Conte, Quartinier, nous vous mandons faire la visitation de touttes les chesnes estans en vostre quartier pour recognoistre en quel estat elles sont, et, s'il y en a de rompues, en faire ung proces verbal et nous l'envoyer au premier jour, et enjoindre à vos diziniers de faire trousser lesdictes chesnes et les attacher aux crochetz sans les laisser tresner par les rues. Et outre apportez nous dedans trois jours les roolles de tous les bourgeois et habitans estans demeurans en vostredict quartier, lesquels roolles seront faicts par vosdictz diziniers. Sy n'y faictes faulte.

«Faict au Bureau de la Ville, le dix septiesme jour d'Octobre mil six cens douze.»

Pareil mandement envoyé à chacun des sieurs Quartiniers.

CCII. — Commission a Pierre de La Salle pour aller sur les ports, aux champs, visiter le bois, avec lettre de faveur adressante aux juges des lieux.

22 octobre 1612. (Fol. 46 v°.)

«Gaston de Grieu, seigneur de Sainct Aubin, conseiller du Roy nostre sire en sa cour de Parlement, Prevost des Marchans, et les Eschevins de la ville de Paris, salut à Pierre de La Salle, bourgeois de Paris. Desirans pour la commodité et utilité du publicq sçavoir les bois qui sont proche ou esloignez des rivieres de Vanne, Aulbe et Seyne, ensemble les ruisseaux qui entrent dans lesdictes rivieres, et en attendant que nous nous transporterons sur les lieux, suivant les lettres pattentes du Roy du sixiesme jour du present moys, vous avons commis et deputé, commettons et deputtons par ces presentes pour vous transporter sur et le long desdictes rivieres cy dessus pour recognoistre les bois qui sont proches desdictes rivieres à deux ou trois lieues, s'enquerir du pris qu'ils vallent à present sur lesdictz lieulx et ce qu'ils pourront conster à les façonner et charroyer jusques sur le bord de la riviere. Et prendrez sur lesdicts lieux tels experts qu'adviserez pour se transporter avec vous, affin de prendre leur advis, lesquels vous paierez de leurs sallaires raisonnables, et de tout ferez bon proces verbal que nous apporterez au Bureau de ladicte Ville. De ce faire vous donnons pouvoir et mandons à tous ceulx qu'il appartiendra que à vous en ce faisant soit obey.

«Donné au Bureau de ladicte Ville, le lundy xxii° jour d'Octobre mil six cent douze.»

«Messieurs..... Pour prevoir à la disette et penurie du bois en ceste ville de Paris, et affin de

---
[1] Nous avons relaté, p. 191, l'arrêt qui fut donné trois jours plus tard par la Chambre des vacations au sujet de cette affaire.
[2] Voir plus loin, à la date du 6 mars 1613 une difficulté de même genre soulevée par le prévôt de l'abbaye Saint-Magloire.

recognoistre d'où nous en pouvons tirer pour la provision de cestedicte Ville, nous envoyons le sieur Pierre de La Salle, par nous à ceste fin commis, pour se transporter sur et le long des rivieres de Vannes, Aube et Seyne, pour recognoistre les bois qui sont proches desdictes rivieres et des ruisseaux dessendans en icelles, à deux ou trois lieues, s'enquerir du pris qu'ils vallent à present sur lesdicts lieulx, et ce qu'ils pourront couster à les faconner et charroyer jusques sur le bord de la riviere; c'est pourquoy nous vous prions de favoriser ledict de La Salle en ce qu'il aura besoing de voz autoritez pour l'execution de sa commission, luy voulloir donner addresses et advis de ce qu'il aura affaire. Dont la Ville vous demeurera obligée et nous en nos particuliers demeurerons,

«Messieurs,

«Vos affectionnez à vous servir les Prevost des Marchans et Eschevins de la ville de Paris.

«De l'Hostel de ladicte Ville, le xxii° octobre 1612.»

Pareilles lettres ont esté envoyées à Messieurs les Lieutenans generaulx et procureur du Roy de Troyes, Sens et Bar-sur-Aube.

CCIII. — Aultres causes d'opposition
A LA VERIFFICATION DE LA COMMISSION DUDICT FILLACIER TOUCHANT LESDICTES RENTES RACHEPTÉES.

22 octobre 1612. (Fol. 47 v°.)

«Les Prevost des Marchans et Eschevins de la ville de Paris ayans eu communication des lettres de commission données à Paris le vingtiesme Mars dernier passé, signées : «Par le Roy en son Conseil, Mallier», par lesquelles Sa Majesté a commis Maistre Jehan Fillassier pour faire recepte des deniers provenaus des arreraiges de rentes non deues ny demandées, escheues à Sa Majesté au moyen des rachapts qui en ont esté faicts à son proffict et de ses predecesseurs, droicts d'aubeyne, desherances, forfaictures ou autrement,

«Dient par devant vous, Nosseigneurs de la Chambre des Comptes [1], ...

«Par ses raisons et autres qu'il plaira à la Chambre suppleer par sa prudence et justice, concluent lesdictz Prevost des Marchans et Eschevins à ce que, faisant droict sur leur opposition, l'impetrant desdictes lettres soit debouté de l'effect et entherinement d'icelles, tant pour ce qui concerne les rentes de la Ville reservées par lesdictes lettres de commission, que pour toutes les aultres rentes des aultres villes et plat pays, le tout à plain mentionné au don de ce faict pour six ans à la Royne par le deffunct Roy, et par elle à ladicte Ville, comme aussi pour ce qui touche lesdictes rentes apres lesdictes six années.

«Faict au Bureau de la Ville, le vingt-deuxiesme Octobre mil six cent douze.»

CCIV — Deffences de faire amas
ET MAGASINS DE BOIS.

27 octobre 1612. (Fol. 50 v°.)

De par les Prevost des Marchans et Eschevins de la Ville de Paris [2].

«Deffences sont faictes à toutes personnes, de quelque qualité et condition qu'ilz soient, de faire aucuns amas ny magazins de bois en ceste Ville, fauxbourgs ou lieux circonvoisins, pour revendre, à peine de confiscation d'iceluy et d'amande arbitraire, sans au prealable en prendre la permission au Bureau de ladicte Ville, qui se bailera avec cognoissance de cause. Enjoint à tous ceulx qui en ont faict amas ou magazins plus qu'il ne leur fault pour leur provision, et notamment aux cabaretiers, hostelliers, maistres de jeux de paulme, chandelliers et aultres, de le venir declarer au Bureau de ladicte Ville, pour estre enregistré dans huitaine, à peine aussi de confiscation.

«Deffences ausdicts cabaretiers, hostelliers, maistres de jeux de paulme et chandelliers, de plus enlever du bois de dessus lesdictz ports sans permission de nous. Ce qui sera publié à son de trompe sur les ports, et aux prosnes des paroisses, à ce que personne n'en pretende cause d'ignorance.

«Faict au Bureau de ladicte Ville, le samedy vingt septiesme jour d'Octobre mil six cent douze.»

Signé : «Clement».

---

[1] Le texte de ces «causes d'opposition» est exactement le même que celui du long mémoire qui a été publié plus haut sous le même titre, à l'exception du dernier alinéa qui offre une rédaction un peu différente. Nous nous contentons donc ici de donner le début de l'acte et ce dernier alinéa, renvoyant, pour le reste, au texte imprimé ci-dessus, p. 178-180.

[2] Le texte imprimé de cette ordonnance figure dans les minutes du Bureau (Arch. nat., H 1890).

«Et le lundy vingt neufiesme jour dudict mois et an, l'ordonnance escripte au blanc de l'aultre part a esté par moy, Simon Le Duc, crieur juré du Roy en la ville, prevosté et vicomté de Paris, soubzsigné, leue, publiée à son de trompe et cry publicq en la place de Greve et sur les ports de la riviere à Paris, et en ce faisant ay à touttes personnes faict les inhibitions et deffenses y mentionnées, ce que je certifie vray; et à ce faire estois accompagné de Claude Poutteau, et Mathurin Noyret, jurez trompettes dudict seigneur esdicts lieux, et d'un aultre trompette, commis de Pierre Gilbert, aussi juré trompette.»

Signé : «Le Duc».

CCV. — Signiffication faicte ausdicts sieurs Bardins.

31 octobre 1612. (Fol. 51.)

«A la requeste des Prevost des Marchans et Eschevins de la ville de Paris, en continuant les protestations par eulx cy devant faictes, soit signiffié à Maistres Claude et Dreulx Barbin, coobligez au party du sel avec les sieurs Robin et de Goudy, que nonobstant les descharges par eulx pretendues, ilz entendent se pourvoir contre eulx pour l'execution et entretenement du bail dudict party, suivant les submissions par eulx faictes au greffe de ladicte Ville le unziesme febvrier mil six cens douze, ad ce qu'ilz n'en pretendent cause d'ignorance et qu'ilz ayent, sy bon leur semble, à veiller et prendre garde à la conduicte et manquement des affaires dudict party.»

Signé : «Clement».

«Faict et signiffié le contenu cy dessus, par moy, sergent au Chastellet de Paris soubzsigné, parlant à leurs personnes au domicile dudict sieur Claude Barbin le trente ungiesme et dernier jour d'Octobre devant midy. Lesquels ensemblement ont faict responce qu'ilz ne peulvent et n'entendent se mesler des affaires du sel n'y ayant plus d'interest et en ayant esté deschargez par Nosseigneurs du Conseil sur de nouvelles propositions faictes par Maistre Thomas Robin, lequel Robin a donné nouvelles cautions, et pour plus grande somme que l'on avoit accoustumé donner pour la ferme du sel, ce que lesdictz sieurs Prevost des Marchans et Eschevins ne peulvent ignorer, attendu que l'arrest donné de Nosseigneurs du Conseil, portant la descharge desdictz Barbins, a esté donné eulx ouys, et que leur a esté encore signiffié du depuis, partant que lesdictz sieurs et Procureur du Roy ayent à faire, si bon leur semble, appeller les cautions tant dudict Robin que des auctres fermiers et du sieur de Gondy, chargé du payement des rentes, pour faire les submissions requises ainsy qu'il est porté par les arrests de descharge. Auxquels j'ay laissé coppie es presences de Jehan Begat, Simon Melle et autres tesmoings.»

Signé : «Barbin» et «Meingaud».

CCVI. — La fontaine de Monsieur le Premier President restablie.

5 novembre 1612. (Fol. 51 v°.)

De par les Prevost des Marchans et Echevins de la Ville de Paris.

«Il est ordonné que la fontaine estant en la maison où est à present demeurant Monsieur le Premier President, rue des Mauvaises paroles, sera restablye pour fluer en ladicte maison, pendant que ledict sieur Premier President y sera demeurant seulement, lequel restablissement sera faict promptement par Pierre Guillain, Maistre des oeuvres de ladicte Ville, en la presence de l'un de nous.

«Faict au Bureau de ladicte Ville, le cinquiesme jour de Novembre mil six cens douze.»

CCVII. — Opposition par la Ville aux lettres demandées et poursuivies par les religieulx de Sainct Victor touchant le fossé de la porte Sainct Victor, et les raisons et remonstrances de la Ville.

5 novembre 1612. (Fol. 52.)

«Les Prevost des Marchans et Eschevins de la Ville de Paris ayant eu communication des lettres presentées au sceau par les religieux, abbé, prieur et couvent de l'abbaye de Saluct Victor lez ladicte Ville de Paris, au mois d'Octobre dernier passé, auxquelles sont attachées autres lettres en forme de chartre à eulx octroyées par le Roy Charles sixiesme le dixiesme Febvrier mil quatre cens unze, signées : «par le Roy en son Conseil, de la Tillaye», et scellées en cire verte[1], supplient tres humblement

---

[1] Les lettres du 10 février 1412 (n. st.) ont été connues par l'abbé Lebeuf qui les analyse d'après les registres du Trésor des chartes (éd. Cocheris, t. III, p. 582). Après avoir rappelé la donation faite par Louis le Gros d'une terre dont l'abbaye avait tiré grand profit, et qu'on appelait la terre Aales, «qui se commence depuis les murs de lad. eglise et dure jusques aux murs de la Ville et cité de Paris», ces lettres ajoutent :

«Et de present soit grant partie d'icelles maisons et terre couverte en deux paires de fossez servans à la closture et fermeté de

Monseigneur le Chancellier refuser lesdictes lettres comme incivilles et desraisonnables et prejudiciables aux droicts de ladicte Ville.

«D'autant que est' une chose certaine, qui ne peut estre revocquée en doubte, que les murs, portes, fossez, arriere fossez et remparts de touttes villes sont de droict publicq hors le commerce des hommes, et dont personne ne peut pretendre la proprieté, sinon le Roy ou le corps des villes où sont lesdictz murs et fossez; et si cela a lieu aux plus petites villes du Royaume, à plus forte raison à celle de Paris qui est la Ville capitalle et dont la conservation et seureté est de tres grande importance pour le service du Roy et bien du Royaume.

«Et partant on ne peut pas revocquer en doubte que ledict fossez Sainct Victor n'ayt esté faict chose publicque encores qu'auparavant la terre sur laquelle il a esté pris eust appartenu ausdictz Religieulx, dont neanmoings lesdictz Prevost des Marchans et Eschevins ne demeurent pas d'accord.

«Or il est certain qu'en tout fossé petit ou grand, soit qu'il soit mis pour faire separation d'heritaiges voisins, ou pour seureté des villes, il y a quelque terre par dela qui ne peut estre aucunement separée de la proprieté dudict fossé, ny appartenir à autres qu'à celuy à qui le fossé appartient, tellement que c'est une consequence necessaire que quiconque a le fossé a aussi quelque espace de terre par dela, selon la proportion de la largeur dudict fossé.

«Aux champs, un voisin ne peut faire ung fossé en son heritage s'il ne laisse entre ledict fossé et l'heritage de son voisin... [1] encores que le fossé n'ayt que deux ou trois pieds d'ouverture, et suffit, pour prouver la proprieté dudict..... de terre, prouver que l'on est seigneur dudict fossé.

«Et partant il suffit ausdictz Prevost des Marchans et Eschevins de prouver qu'ilz sont seigneurs du fossé pour prouver aussy qu'ilz sont seigneurs de quelque quantité de terre par dela qui ne peult estre moindre de trois thoises eu esgard à la grand largeur qu'ont les fossez des villes et particulierement lesdictz fossez Sainct Victor.

«Ne sert de dire par lesdictz religieux qu'ilz ont esté proprietaires de la terre en laquelle ledict fossé a esté faict, n'est besoing d'entrer en connoissance de cause s'ils l'ont esté ou non, mais bien s'ilz le sont à present, ce qu'ilz ne peuvent estre, la chose estant faicte publicque et ne pouvant plus appartenir qu'à ceulx qui representent le publicq [2].

«Ce qui sert de responce au tiltre de l'an mil quatre cens unze pretendu par lesdictz religieux, par lequel il apparoist qu'ilz ont esté autrefois proprietaires; mais ainsi par le mesme tiltre il apparoit qu'ilz ne le sont plus.

«Car s'ilz estoient demeurez proprietaires, ilz n'auroient pas eu droict d'en demander recompence au Roy, et par la recompense qu'ilz ont prise, ilz ont quicté tout le droict de proprieté qu'ilz pourroient pretendre ausdictz fossez et parconsequent ausdictes trois thoises inseparables d'avec lesdictz fossez.

«Et ne sert de dire que la recompence ne soit pas suffisante, car il suffit qu'ilz s'en sont contantez; c'est une convention faicte entre le Roy et eulx de bonne foy, contre laquelle ilz ne se sont jamais pourveuz et ne sont recepvables à se pourvoir.

«Lesdictz religieulx l'ont ainsy recognu eulx mesmes parce que par cy devant, ayant intenté une pareille action que celle qu'ilz projettent maintenant, ilz s'en sont desistez.

---

ladite Ville de Paris, laquelle chose a esté faite sans le congié et licence desdits religieux et sans leur en faire aucune recompensation, qui est en leur tres grant dommage... Pourquoy nous, ces choses considerées, avec les autres pertes et dommages qu'ilz ont soufferz et souffrent de jour en jour pour le fait des guerres et autrement... voulans lesd. religieux recompenser en partie de ce que dit est, à iceulx religieux en faveur de l'esglise avons octroyé et octroyons de grace especial... que d'oresenavant ilz aient et à eulx appartiengne la pesche desdiz fossez et qu'ilz puissent prendre et pescher ou faire prendre et pescher à leur prouffit toutes et quantes foiz que bon leur semblera tous les poissons qui sont et seront esd. fossez estans et faiz comme dit est en leurd. esglise...» (Arch. nat., JJ 166, fol. 10 v°, n° 11.)

[1] La minute laisse ici un blanc, de même que deux lignes plus loin, après les mots «proprieté dudict».

[2] Il semble qu'au commencement du xv° siècle ce fût le Roi qui était regardé comme proprietaire des fossés, puisque c'était lui qui percevait le produit de la location du droit de pêche, comme le montre le passage suivant du registre du Parlement à la date du 6 février 1405 (n. st.) : «Cedict jour, Pierre Le Nourrissier et Colin Tucbenf, poissonniers et bourgeois de Paris et fermiers du fossé devers S. Victor les Paris, ont consigné et deposé devers la Court la somme de x l. p. qu'ilz debvoient au recevoir de Paris pour le Roy nostre sire pour le terme de la Chandeleur derrain passé pour ce qu'ilz ont esté contrains à payer lad. somme par Jaques de Buymont, huissier, par vertu de certain arrest et executoire d'icelluy, donné au prouffit de Pierre Marquier contre les Prevost et procureur de la Marchandise de Paris.» (Arch. nat., X¹ᵃ 4787, fol. 61ᵇⁱˢ.) D'ailleurs la donation que Charles VI fit à Saint-Victor de ce droit de pêche par les lettres de 1412, qui sont discutées ici, suppose forcément que ce droit appartenait au Roi.

«Et par les lettres desquelles à present est question ilz pretendent un droict semblable à celuy que les religieulx de Sainct Germain ont sur les douves des portes de Sainct Germain et Bussy; or lesdictz religieux de Sainct Germain n'entendent rien sur lesdictes douves et ont souffert sans aulcun empeschement que lesdictz Prevot des Marchans et Eschevins ayent basty ou disposé des places ainsy que bon leur a semblé.

«Bref, lesdictz religieulx n'ont aultre fondement de leur pretention que ledict tiltre de l'an mil quatre cenz unze, qui est ung tiltre prescript par plus de deux cens ans et dont l'adresse estoit à la cour de Parlement et Chambre des Comptes auxquelles il n'a esté enregistré ny seullement presenté, et partant de nul effet et valleur.

«Par ces moyens et autres qu'il plaira à mondict seigneur le Chancellier suppleer, lesdictz Prevost des Marchans et Eschevins le supplient tres humblement ne sceller lesdictes lettres comme deraisonnables et incivilles.

«Faict au Bureau de la Ville, le cinquiesme jour de Novembre mil six cens douze.»

CCVIII. — DEFENSES
A TOUS VOITURIERS ET AUTRES DE NE CHARGER AUCUN BOIS EN FLETTES OU NACELLES.

6 novembre 1612. (Fol. 53 v°.)

De par les Prevost des Marchans et Eschevins de la ville de Paris.

«Deffences sont faictes à tous voituriers, basteliers passeurs d'eaue, crochepteurs et touttes autres personnes, de charger aucun bois en flettes ou nacelles, à peine de confiscation du bois desdictes flettes et nasselles, et de prison aux proprietaires d'icelles, cropcheteurs et autres, et du fouet, enjoignant aux sergens et archers de ladicte Ville, où ilz trouveront desdictes flettes et nasselles chargées, de les saisir, et emprisonner les conducteurs d'icelles.

«Faict au Bureau de la Ville, le sixiesme Novembre mil six cent douze[1].»

CCIX. — REQUESTE AU PARLEMENT
POUR LES MAGASINS DE BOIS.

Novembre 1612. (Fol. 54.)

A Nosseigneurs de la Cour de Parlement.

«Supplient humblement les Prevost des Marchans et Eschevins de la ville de Paris, disans qu'ilz ont esté advertiz qu'il y a plusieurs personnes de ceste Ville qui font des magasins de bois et principallement de cotterets et fagots pour les revendre l'yvert à pris excessif, et entre autres que au grenier à sel de ceste Ville, quelques particuliers ont faict serrer la quantité de quarante milliers de cottrets ou environ que lesdictz supplians ont fait saisir pour faire distribuer au peuple à prix raisonnable, et sceller la porte du magazin. Depuis laquelle saisye et scellé, le Lieutenant civil a aussy faict proceder par voye de scellé sur ledict magazin, ce qui empesche que lesdictz supplians n'en peuvent faire faire l'ouverture pour le faire distribuer comme dessus. Et d'aultant que la police du bois et charbon appartient aux supplians en quelque lieu qu'ilz soient, dont ilz sont en possession immemorial et en icelle maintenuz par vos arrestz. Ce considéré, nosdictz sieurs, il vous plaise ordonner que ledict scellé dudict Lieutenant civil sera levé pour estre par apres procedé à la levée du scellé apposé[2] de l'ordonnance desdictz supplians et distribuer ledict bois au peuple avec deffences audict sieur Lieutenant civil, commissaire du Chastellet et autres, de s'entremettre en quelque façon que ce soit de ladicte police du bois et charbon et maintenir lesdictz supplians en icelles. Et vous ferez bien.»

CCX. — REQUESTE À LA COUR DES MONNOYES
POUR LA FABRICATION DE DOUBLES ET DENIERS.

Novembre 1612. (Fol. 54 v°.)

A Messieurs de la Cour des Monnoyes.

«Supplient humblement les Prevost des Marchans et Eschevins de la ville de Paris, disans qu'ilz ont présenté requeste au Roy et à Nosseigneurs de son Conseil ad ce que, pour la facilité du commerce et commodité publicque, il luy pleust ordonner qu'il

---

[1] Le registre manuscrit reproduit ici une seconde fois la requête adressée à la Chambre des Comptes afin d'obtenir délai pour fournir les causes d'opposition à la commission de Jean Filassier. Ce doit être par suite d'une erreur que cette pièce a été enregistrée de nouveau à cette place, puisque le texte qui en a déjà été donné plus haut (p. 178) est accompagné d'une ordonnance de la Chambre montrant que cette requête fut présentée le 31 août 1612, et que les causes d'opposition furent développées devant la Chambre dès le 26 septembre.

[2] La minute et le registre donnent tous deux la forme *opposé* qui doit être mise par erreur pour *apposé*.

seroit fabricqué en sa monnoye de Paris pour trente mil livres de doubles, sur le mesme pied que ceulx qui ont esté cy devaht faicts et fabricquez, laquelle requeste par arrest de Nosseigneurs du Conseil du dixiesme du present moys vous a esté renvoyée pour en donner advis. Ce consideré, mesdictz sieurs, il vous plaise donner vostre advis à Sadicte Majesté et à nosdictz sieurs du Conseil, de ladicte fabrication de doubles. Et vous ferez bien[1]. »

CCXI. — REQUESTE AU PARLEMENT
CONTRE M° FRANÇOIS DE CASTILLE, RECEVEUR GENERAL
DU CLERGÉ.
Novembre 1612. (Fol. 54 v°.)

A Nosseigneurs de Parlement.

«Supplyent humblement les Prevost des Marchans et Eschevins de la ville de Paris disans que par plusieurs contractz et mesme par celuy du vingt deuxiesme Mars mil six cens six, les deputez du Clergé de France se sont obligez d'imposer sur tous les dioceses du Royaume jusqu'à la somme de treize cens mil livres par chacun an, pour satisfaire au payement de douze cens six mil trois cens vingt deux livres douze solz six deniers de rente, deubs à l'Hostel de ladicte ville de Paris, y compris quatre mil deux cens livres deubz à l'Hostel de la ville de Thoulouze, et outre de payer quatre cens quarante neuf mil six cens trente trois livres neuf solz six deniers à quoy les arreraiges du passé auroient esté moderés; et neantmoings Maistre François de Castille, commis pour recevoir lesdictz deniers et les paier au Receveur de ladicte Ville, faict estat de payer seullement vingt mil francz par sepmaine revenant à un million quarante mil livres par an : tellement par chacune année il y a faulte de payement de huiet vingtz tant de mil livres qui reviendroit pendant lesdictes dix années de leur contract à la somme de seize cens mil livres sans lesdictz quatre cens quarante neuf mil livres deue de vieil, revenant ensemble à plus de deux millions de livres, et ce afin qu'au bout desdictes dix années, voyant une si grande quantité d'arreraiges deubz, lesdictz sieurs du Clergé puissent plus aysement obtenir ung rabais comme ilz ont faiet en ladicte année mil six cens six au prejudice de tant de pauvres miserables personnes desquels tout le bien conciste esdictes rentes. Ce consideré, nosdictz seigneurs, il vous plaise ordonner que ledict Castille sera appellé pour se veoir comdamné, conformement audict contract de l'an mil six cens six, payer au Receveur dudict Hostel de Ville, par chacun an, la somme de douze cens deux mil cent vingt deux livres douze solz sixdeniers à deux termes esgaulx, et outre ladicte somme de quatre cens quarante neuf mil six cens trente trois livres neuf solz cinq deniers, sans prejudice d'autres arreraiges precedents pour lesquels les supplians protestent se pourvoir par les voyes de droict. Et vous ferez bien[2]. »

CCXII. — ORDONNANCE TOUCHANT LE REIGLEMENT
ET LA POLLICE DU BOIS.
12 novembre 1612. (Fol. 55.)

*De par les Prevost des Marchans et Eschevins
de la ville de Paris*[3]. »

«Sur ce qui nous a esté remonstré par les marchands frequentants la riviere de Seyne et Oyse, qu'il leur estoit impossible de bailler leur bois au prix par nous taxé, tant à cause que cy devant ilz ont reglé leurs achaptz sur le prix qu'ilz ont veu vendre les denrées aux ports de ceste Ville, que pour les grandes pertes qu'ils ont souffertes pour la multitude du peuple entrant à foule dans leurs basteaulx, et gardes des princes et seigneurs qui y sont entrez, de sorte que ne pouvant prendre garde à

---

[1] La Cour des Monnaies, par arrêt du 16 novembre 1612, déclara qu'elle ne donnerait son avis qu'après l'examen et le jugement des boîtes de l'ouvrage de doubles et petits deniers de cuivre fabriqués dans les moulins établis en diverses villes du Royaume. Mais la Ville ayant obtenu des lettres de jussion prescrivant à la Cour de donner cet avis «toutes choses cessantes», Messieurs des Monnaies cédèrent tout en protestant en faveur d'un avis favorable, «pour la facilité du menu commerce et commodité des villes et villages proche de ceste ville de Paris». (13 décembre 1612.) Le Conseil du Roi rendit en conséquence, le 7 février 1613, un arrêt qui autorisait la fabrication pour 30,000 livres de doubles deniers de cuivre fin, et qui fut enregistré à la Cour des Monnaies le 12 février suivant, «à la charge que ladicte fabrication se fera publiquement et que l'ung des conseillers de lad. Cour assistera au poidz dead. doubles deniers auparavant qu'ilz soient monnoyez et aux delivrances qui seront faictes apres led. monnoiage ad ce que lad. quantité ne soict excedéo, et assey de faire lad. fabricquation dans dix huiet mois à compter du jour de la premiere delivrance». (*Arch. nat.*, Z¹ᵇ 77, fol. 74 v° et 109.)

[2] Conformément à cette requête, le receveur du Clergé fut assigné au Parlement pour se voir condamné à payer les sommes susdites, mais les agents du Clergé jugèrent cette procédure contraire aux usages et s'adressèrent au Conseil du Roi pour se plaindre de ce que l'affaire ait été portée au Parlement, bien que «de tout temps les differendz d'entre le general du Clergé et les Prevost des Marchans et Eschevins de la ville de Paris pour le paiement de ce que ledict Clergé a promis de fournir en l'acquit du Roy à ladicte Ville ayent accoustumé d'estre traictez au Conseil de Sa Majesté qui en retient la congnoissance». Le Conseil ordonna de communiquer cette requête à la Ville et «ce pendant fit deffense au Parlement de connoistre du differend des parties jusqu'à ce qu'autrement en ait esté ordonné». (*Arch. nat.*, E 38ᵃ, fol. 131, arrêt du 13 décembre 1612.)

[3] Un exemplaire imprimé de cette ordonnance est joint à la minute, avec certificat de la publication (*Arch. nat.*, H 1890).

debiter à tant de gens à la fois, partie de leur marchandise a esté enlevée sans payer; et aussi, que pour les grandes eaues, ilz ne peuvent arriver en ceste Ville en remontant qu'avec grands fraiz, joinct la charté de touttes sortes d'ouvrier, et mesme des compagnons de riviere, et ouy le Procureur du Roy et de la Ville : Nous pour inviter les marchands à amener promptement leur marchandise, leur avons permis de vendre leur marchandise qu'ils feront venir par la riviere d'Oyse ou en remontant par la riviere de Seyne, jusques au dernier jour de Febvrier par maniere de provision, au prix qui ensuit : la voye de gros bois de mousle de longueur et grosseur requise, de charme, chesne et hestre, sept livres dix sols [1] ; le bois de traverse, sept livres; la corde de bois de pareille nature, treize livres; la corde de bois meslé, douze livres tournois; le cent de cottretz de quartier de pareille nature, quatre livres cinq solz; le cent de cottretz de branchage de mesme qualité, quatre livres; le cent de cottrets procedant de bois taillis ou bois blanc et meslé, soixante et quinze solz; le cent de fagots, soixante et cinq solz; le charbon, vingt deux solz; et depuis le premier jour de Mars prochainement venant jusques au quinziesme Avril, la voye du gros bois de ladicte qualité, sept livres cinq solz; le bois de traverse, six livres quinze solz ; la corde de bois de ladicte qualité, douze livres dix sols; la corde de bois de moindre qualité, douze livres; et depuis le quinziesme Avril proschainement venant, jusques au quinziesme Avril mil six cent quatorze, la voye de gros bois, sept livres; le bois de traverse six livres dix solz; la corde de bois douze livres; le cent de cottretz de quartier comme dessus, soixante et quinze solz; ceulx de branchage, soixante et dix solz; ceulx de bois blanc ou meslé, soixante et cinq solz; les fagots, soixante solz; le charbon, vingt solz. Et pour le regard du bois qui arrive es autres ports, permis par maniere de provision de vendre le voye de gros bois et traverse au mesme prix porté cy dessus; le cent de cottrets de branchage, soixante et quinze solz jusques au premier jours de Mars, soixante et dix solz jusques au quinziesme Avril, et apres ledict temps, à soixante et cinq solz; les fagots à soixante et cinq solz jusques au quinziesme Avril, et apres le quinziesme Avril, à soixante solz; le charbon d'Yonne, vingt deux solz la mine jusques au quinziesme Avril et apres ledit temps, vingt solz; le charbon de Marne, vingt solz usques au quinziesme Avril et apres le quinziesme

Avril, dix huit solz. Deffences à tous marchands d'exceder ledict prix, sur peine de trois cent livres parisis d'amande, dont le tiers sera adjugé au denouciateur, et de prison, encore que volontairement on leur en offrist d'avantage. Enjoint aux jurez d'y tenir la main et d'advertir des contraventions promptement avant que les bourgeois viennent aux plainctes, à peine de respondre en leurs propres et privez noms des dommages et interetz de ceulx qui auront achepté à plus hault prix [2]. Enjoint aux ouvriers qui travaillent aux bois de faire des denrées de longueur et de grosseur requises par les ordonnances à peine d'amande arbitraire et de prison, et aulx marchands ventiers d'y tenir la main à peine d'amande arbitraire et de confiscation de leur marchandise s'il y eschet. Et afin que personne n'en pretende cause d'ignorance, sera le present reiglement publié sur les ports tant de ceste Ville que autres ports desdictes rivieres, et signifié ausdictz marchands tant de ceste Ville que forains.

«Faict au Bureau de ladicte Ville, le lundy douziesme jour de Novembre mil six cens douze.»

Signé : «CLEMENT».

«L'an mil six cens douze le lundy dixiesme Decembre, l'ordonnance dessus escripte et à la requeste de monsieur le Procureur du Roy de la Ville a esté par moy, Symon Le Duc, crieur juré du Roy en la ville, prevosté et vicomté de Paris soubzsigné, leue, publiée à son de trompe et cry publicq sur les ports de la riviere en ceste ville de Paris, ad ce que du contenu en icelle lesdictz marchans tant forains que autres n'en pretendent cause d'ignorance et qu'ilz ayent à satisfaire au contenu d'icelle, sur les peynes y portées, et à ce faire estois accompagné de Claude Poutteau et de Mathurin Noyret, jurez trompettes, et d'ung autre trompette commis de Pierre Gilbert. Ce que je certiffie vray et par moy avoir esté ainsi faict.»

Signé : «LE DUC».

CCXIII. — [ORDONNANCE DU ROY PORTANT] DEFFENCES AUX ARCHERS DES GARDES DU ROY ET DU GRAND PREVOST
DE SE TROUVER SUR LES PORTS
POUR LA DISTRIBUTION DU BOIS ET CHARBON.

17 novembre 1612 (Fol. 56 v°.)

«Sur la plaincte faicte au Roy, en la presence de la Royne regente sa mere, par les Prevost des Mar-

---

[1] Le 24 janvier 1613, Pierre Clercellier fut condamné à 40 livres d'amende pour avoir vendu douze voies de bois d'andelle à 8 l. la voie (Arch. nat., Z¹ʜ, 114).

[2] La minute ajoutait d'abord : «et de suspension de leur office pour la premiere fois et privation pour la seconde», mais la sanction fut trouvée trop rigoureuse et cet article fut supprimé, comme le montre la mention portée en marge : «Ceste ligne et demye rayée de l'ordonnance du Bureau».

chans et Eschevins de sa bonne ville de Paris, des abuz et desordres qui se commettent en l'achapt et debit du boys es portz de ladicte Ville, à cause que la plus part des archers des gardes du corps de Sa Majesté, tant François, Escossois que Suisses, ceulx de ladicte dame Royne regente et de la Prevosté de son Hostel s'y trouvent pour en faire delivrer par force à ceulx qui bon leur semble, et empeschent la liberté tant des marchans pour en faire la vente et distribution, que des bourgeois et habitans de la Ville d'en achepter, à leur grand prejudice et interest du publicq, Sa Majesté a tres expressement inhibé et deffendu à tous lesdictz archers, tant de sa garde et de ladicte dame Royne sa mere que de ladicte Prevosté de son Hostel, de se trouver sur lesdictz portz pour y commettre telz abuz, sur peine de privation de leur charges et de cent livres d'amande. Enjoinct Sadicte Majesté ausdictz Prevost des Marchans et Eschevins de tenir la main à ce qu'il y ayt ung bon ordre en l'achapt et debit dudict boys, et que le peuple en soit secouru ne sa necessité, sans aucun abus ny malversation, et que, à cette fin, les presentes deffenses soient leues et publiées à son de trompe et cry publicq sur lesdictz portz et autres lieux que besoing sera, à ce que nul n'en pretende cause d'ignorance.

«Faict à Paris, le dix septiesme jour de Novembre mil six cens douze.»

Signé : «LOUIS», et plus bas : «DE LOMENIE».

«L'an mil six cens douze, le vingt deuxiesme jour de Novembre, le mandement du Roy et deffences y contenues, escriptes au blanc de l'aultre part, ont esté par moy Simon Le Duc, crieur juré et ordinaire du Roy en la ville, prevosté et viconté de Paris soubzsigné, leues et publiées à son de trompe et cry publicq sur les ports de ceste ville de Paris et autres lieux, ad ce que du contenu audict mandement et deffence nuls n'en pretendent cause d'ignorance. Et estois accompagné de Mathurin Noyret, juré trompette et de deux autres trompettes, ce que je certiffie vray et par moy avoir esté ainsy faict.»

Signé : «LE DUC».

CCXIV — Ordonnance au sieur de Gondy de payer les rentes du sel.
26 novembre 1612. (Fol. 57 v°.)

De par les Prevost des Marchans et Eschevins de la ville de Paris.

«Sur le rapport qui nous a esté faict au Bureau de ladicte Ville par le sieur Desprez, l'ung de nous Eschevins, que ce jourd'huy l'on ne payoit les rentes du sel en la maison de Maistre Philippe de Gondy, commis au payement desdictes rentes du sel, ainsy qu'il est accoustumé, s'y estant transporté et dont il a receu plaincte de plusieurs rentiers y estans, mesme que les commis dudict de Gondy refusent de prendre et payer les quitances pour le premier quartier de l'année mil six cens neuf, encores qu'il soit eschu et qu'il ayt esté signiffié audict de Gondy de le payer; et sur ce oÿ le Procureur du Roy de la Ville, avons ordonné que presentement l'ung des sergens de la Ville se transportera en la maison dudict de Gondy auquel il fera commandement de payer ceste apres disnée aux particuliers rentiers leursdictes rentes; declarera au peuple qu'il trouvera en ladicte maison que ceste apres disnée l'on payera; et à faulte de ce faire par ledict de Gondy, ordonnons qu'il sera envoyé garnison en sa maison, et auquel de Gondy et à son principal commis ordonnons eulx transporter au Bureau de ladicte Ville, ce jourdhuy trois heures de relevée, pour respondre sur ce qui luy sera proposé.

«Faict au Bureau de la Ville, le lundy vingt sixiesme Novembre mil six cens douze.»

CCXV. — Assemblée de bourgeois et voicturiers sur le subject de la construction d'un pont sur la riviere vers le port Sainct Paul.
1" décembre 1612. (Fol. 58.)

Du samedy premier jour de Decembre mil six cens douze.

Ledict jour ont esté mandez au Bureau de la Ville messieurs Portail et Chevalier, conseillers du Roy nostre sire en sa cour de Parlement, les sieurs d'Orleans, de Plaix, du Buisson, Petit, Le Mée, Le Maire, Dasueau, Naudé, et de La Salle, bourgeois de ceste ville de Paris, Pierre Guillain, Maistre des œuvres de maçonnerie de ladicte Ville, Pharon Le Gros, René Le Roy, Pierre Le Gros, Denis Rolland et Pierre Le Redde, voicturiers par eaue, demeurans en ceste Ville, ausquels nous avons faict entendre l'entreprise de Christophe Marie pour la construction d'ung pont sur la riviere, vers ou es environs du port Sainct Paul, pour traverser vers la Tournelle, duquel pont les pilles seront de pierres; c'est pourquoy ils ont esté mandez pour nous donner leur advis sur la commodité ou incommodité dudict pont. Et apres leur avoir faict entendre les deux visitations qui ont esté cy devant faictes esdicts lieux, la requeste par ledict Marie depuis presentée au Roy et à Nosseigneurs de son

26.

Conseil par laquelle il offre faire de pierre les pilles dudit pont, à nous renvoyée pour en donner advis à Sa Majesté; comme aussi leur a esté communicqué les desseings et plant pour la construction dudict pont : ont tous unanimement dict qu'il ne se seroit[1] faire ung oeuvre plus publicque et plus necessaire pour la commodité de tout le peuple et bien de la Ville, que de faire ledict pont au lieu et endroict qu'il sera jugé pour le mieulx. Et sont d'advis qu'il soit basty et construict pourveu que les pilles soient de pierre et bonnes estoffes. Et ont tous les susnommez cy dessus signé la minutte des presentes.

CCXVI. — [Mandement
AU PREMIER SERGENT DE LA VILLE
DE SAISIR LE BOIS AMASSÉ DANS LES MAGASINS
DONT LA LISTE EST DONNÉE CI-DESSOUS.]

1ᵉʳ décembre 1612. (H 1890 [2].)

«Au molin de Coppeau[3], faulxbourg Sainct Victor, proche M. Voisin, cotteretz et fagotz.. xxxᵐ.
«A l'Escu de France, faulxbourg Sainct Marcel, chez ung nommé Thevenin, cotteretz..... xvᵐ.
«Au petit Navarre derriere le College de Boncourt[4], ung nommé Guillaume dict Deux Liarez, cotteretz........................ vɪᵐ.
«Ung chandellier demourant au coing de la rue des Fossez Sainct Germain, cotteretz et fagotz. xɪɪᵐ.

«Rue Sainct Honoré :
«André du Gué demourant au coing de la rue des Prouvelles[5], cotteretz............. vɪᵐ.
«Claude Dieu, mesme rue............ vɪᵐ.
«Dame Martine, fruictiere........... ɪɪɪɪᵐ.
«Godean, chandellier................ vɪᵐ.

«Rue des Petitz Champs :
«Ung nommé René Houssoye......... ɪɪɪᵐ.
«Jehan Prudhomme, fruictier......... ɪɪɪɪᵐ.

«Rue des Vieilz Augustins :
«Nicollas Richer, chargeur de bois...... ɪɪɪɪᵐ.

«Rue au Maire :
«Jehan Lesgu, gaigne deniers de foing, cotteretz.... .... ɪɪᵐ.

«Rue des Gravilliers :
«Philippes Martin, fruictier, cotteretz... ɪɪɪᵐ.
«Michel Belleville, aussy fruictier...... ɪɪɪᵐ.
«Gilles Sabart, crochepteur.......... vɪᶜ.
«Claude Mair, mᵉ boutonnier......... xvɪᶜ.

«Grenier à sel[6], cotteretz............ xxxᵐ.

«Au Roulle :
«Ung nommé Le Roy, plastrier, gros bois, cent cinquante voyes, cy.................. cʟʳᵒʸᵉˢ.

«Au port de Neuilly :
«Au logis du mᵉ du pont et ung nommé Griard, cotteretz et fagots.................. xxxᵐ.

«Rue Sainct Denis :
«Rolland Quiedeville, crochepteur demourant au dessus du Roy Françoys proche le Ponceau.. ɪɪɪɪᵐ.

*De par les Prevost des Marchans et Eschevins
de la ville de Paris.*

«Il est ordonné au premier des sergens de la Ville de se transporter par toutes les maisons mentionnez au present roolle et illecq saisir tout le bois estant en leursdictes maisons et magazins, sceller les portes desdicz lieux et magazins où est ledict bois et donner assignation par devant nous aux proprietaires d'iceulx bois pour eulx veoir encourir aux peines portées par nostre reglement du [vingt septiesme jour d'Octobre][7] dernier, publié tant à son de trompe que aux prosnes des paroisses.

---

[1] Ainsi écrit au registre et à la minute, sans doute pour «saurait».
[2] Ce mandement n'a pas été transcrit dans le registre de la Ville et ne se retrouve que dans les minutes. Il parait utile de le faire figurer parmi les actes du Bureau, puisque le registre renferme une ordonnance municipale et deux requêtes au Parlement (p. 197, 200 et 207) se rapportant à cette saisie du bois que des particuliers avaient mis en réserve «pour le revendre l'hiver à des prix excessifs».
[3] Sur l'emplacement de la butte, du moulin et du territoire de Coupeaux, où fut établi le Jardin des Plantes, on peut consulter Jaillot, *Quartier de la place Maubert*, p. 29, 71 et 72.
[4] Le collège de Boncourt n'était séparé de celui de Navarre que par la rue Clopin, il est donc naturel qu'une maison voisine ait reçu le nom de «petit Navarre».
[5] Rue des Prouvaires, qui allait de la rue Saint-Honoré à la rue Trainée, le long de Saint-Eustache.
[6] Le Grenier à sel était situé rue Saint-Germain-l'Auxerrois, un peu au-dessus de la place des Trois-Maries qui aboutissait au Pont-Neuf; on voit, par le plan de Gomboust, que ses bâtiments s'étendaient des deux côtés de la rue. Cf. Jaillot, *Quartier Sainte-Opportune*, p. 25.
[7] La minute du mandement porte ici ces mots : «par nostre reglement du..... jour de novembre dernier». Il s'agit en réalité du règlement du 27 octobre, et nous avons rétabli la véritable leçon dans le texte.

«Falet au Bureau de ladicte Ville, le samedy premier jour de Decembre mil six cens douze.»

CCXVII. — Commission [donnée aux Trésoriers de France] touchant la direction des fontaines de Rongis.

4 décembre 1612. (Fol. 58 v°.)

«LOUIS, par la grace de Dieu Roy de France et de Navarre, à nos amez et feaulx conseillers les Presidents Tresoriers generaulx de France à Paris, salut. Le feu Roy notre tres honoré seigneur et pere, que Dieu absolve, ayant toujours recherché et faict curieusement travailler à ce qu'il a jugé pouvoir embellir ses maisons royalles et particulierement ceste ville de Paris, pour laisser à la posterité en toutes choses les marques de sa grandeur, des l'année mil six cens neuf au il advis qu'il luy fut donné qu'au lieu de Rongis il se pouvoit faire ung grand amas d'eaue de source, resolut des lors de les faire conduire en ceste ville de Paris[1]. Et pour cest effect vous estant transportez sur les lieux, et sur le proces verbal qui fut par vous faict de ce qui estoit necessaire pour faire l'amas desdictes eaues en ung seul reservoir, les allignemens en feurent prins en voz presences, les places et heritages acheptez en nostre nom et de noz deniers, ensemble les ouvriers payez suivant voz ordonnances pour rendre le lieu en l'estat qu'il est à present. Et voulant maintenant faire reussir à perfection ce qui a esté si bien commancé par nostredict seigneur et pere, et ne laisser ung tel ouvrage imparfaict, nous aurions faict faire les devis de ce qui estoit necessaire pour la conduitte desdictes eaues en cestedicte Ville, et de tout faict faire affiches et proclamation, pour les bailler au rabais. Sur quoy, apres diverses propositions et plusieurs offres faictes, en fin bail en auroit esté expedié en nostre Conseil le vingt septiesme jour d'Octobre dernier à nostre bien aimé Jehan Coing[2], et à vous addressé pour faire jouir ledict entrepreneur et le faire executer. Mais d'aultant que ce qui doit estre par vous faict en execution dudict bail et qui depend de la fonction de voz charges n'y est à plain specifié: à ces causes vous mandons et ordonnons que vous ayez à prendre garde que lesdictz ouvrages soient bien et deument faicts suivant les devis, clauses et conditions dudict bail[3]; que ledict entrepreneur et ses ouvriers y

---

[1] Un arrêt du Conseil du 15 décembre 1611 (Arch. nat., E 38ᵃ, fol. 183) fournit les noms de deux bourgeois de Paris qui, sous le règne de Henri IV, étudièrent la question de l'adduction des eaux de Rungis et les moyens pratiques de réaliser cette importante opération. Le Conseil émet en effet l'avis que sur la ferme de 30 s. pour muid de vin entrant à Paris, 3,000 l. soient données à François Rousselet et Nicolas Carel, bourgeois de Paris, «en consideration de leurs frais et industrie» et en récompense de ce que «par longtemps et de tous temps du feu Roy ilz ont aveucq soin particullier travaillé à la recherche de belles inventions pour decorer de plus en plus la ville de Paris et specialement d'y pouvoir faire venir les eaues des sources et fontaines de Rongy et de trouver les moiens justes et raisonnables pour subvenir à la despence d'une telle entreprise».

[2] Ce bail est conservé parmi les minutes du Conseil (Arch. nat., E 38ᵃ, fol. 288-295) et a été, comme nous l'avons dit plus haut, publié par Félibien au tome III de ses Preuves, p. 806-811. «Pour caultions de la somme de sept vingtz dix mille livres tournois pour asseurement de l'accomplissement, perfection et entretenement dudict bail», Jean Coing avait présenté Jehan Gobelin, maître maçon demeurant rue et devant l'église Sᵗ Paul, Etienne de Fer, mᵉ charpentier rue Sᵗ Antoine, Martin Roullet, mᵉ maçon, rue Chapon, et Jonas Robelin, mᵉ maçon, rue des Gravilliers. (22 novembre 1612, Arch. nat., H 1890.)

[3] Les présentes lettres de commission qui restreignaient, comme le porte la suite de leur texte, l'effet des lettres du même genre adressées précédemment à la Ville, devaient inévitablement soulever un violent conflit entre ces deux corps administratifs, le Bureau de la Ville et le Bureau des Finances, que nous avons déjà vu maintes fois si jaloux de leur independance respective. Les registres du Bureau des Finances mentionnent avec complaisance l'incident et racontent en détail les démarches faites à l'Hôtel de Ville à ce propos:

(10 décembre 1612.) «Il a esté ordonné à Mᵉ Claude Hardoyn, greffier de ce bureau, de se transporter en l'Hostel de cestedicte ville de Paris et de la part de la compagnie monstrer aux sieurs Prevost des Marchans et Eschevins de ceste Ville la commission de Sa Majesté à nous addressée pour l'entiere execution du bail au rabais faict au Conseil de Sadicte Majesté à Jehan Going pour la conduitte des eaues des fontaines du faulxbourg Sᵗ Jacques de ceste Ville et les advertir et prier de nostre part qu'ils se trouvent demain dix heures du matin en nostre bureau pour adviser et resouldre à ce qui est à faire pour ladicte execution et conduitte d'eane, à laquelle heure ont esté assignez ledict Going et ses associez entrepreneurs et autres. Et à ceste fin sera laissé coppie de ladicte commission collationnée par ledict greffier ausdictz sieurs Prevost des Marchans et Eschevins. — Du mardy unziesme jour dudict moys... Mᵉ Claude Hardoyn, greffier de ce bureau, nous a representé que suivant la charge et commandement qu'il a receu de la compagnie, il se transporta le jour d'hier en l'Hostel de ceste ville de Paris. Estant endict Hostel de Ville suroit monstré au sieur Prevost des Marchans la commission du Roy addressée en ce bureau pour l'execution du bail au rabais faict à Jehan Coing pour la conduitte des eaues des fontaines de Rungy en rested. Ville, de la part de la compagnie, se trouver demain dix heures du matin au Bureau pour adviser et resouldre de ladicte execution. Sur quoy apres avoir esté par ledict sieur Prevost des Marchans et Eschevins d'icelle Ville faict lecture de ladicte commission de mot apres aultre et icelle considéré et retenu la coppie d'icelle, il auroit dict audict greffier que leur compagnie n'estoit assemblée, qu'il estoit seul avec le sieur Desprez, l'un desdictz Eschevins, et que lorsque les autres Eschevins seroyent venuz ilz resouldroient sur le contenu de ladicte commission et en feroient rendre response dans ledict jour d'hier au logis dudict Hardoyn, greffier, dont il n'auroit eu aucune responce.

«Sont comparus à ladicte heure de dix heures Jean Going, entrepreneur, Martin Boullet, Jean de Fer,.... Collo. Jonas Robelin,

travaillent incessamment et sans discontinuation, en sorte que ledict ouvrage soit achevé dans le temps qu'il est obligé, porté par ledict bail; faire donner aux ouvriers de l'alignement necessaire par les Maistres de noz œuvres en voz presences, tenir la main à ce que ledict entrepreneur soit payé par le fermier de la ferme des xxx sols pour muid de vin entrans en nostredicte Ville et faulxbourgs, de quartier en quartier, selon qu'il sera contenu par les mandemens qu'il obtiendra des tresoriers de nostre Espargne, faire faire les prisées et estimation des terres et heritaiges qu'il conviendra achepter, par gens experts à ce cognoissans, en voz presences et ledict entrepreneur appellé, en passer les contractz en nostre nom, pour estre portez en nostre Chambre des Comptes affin d'y avoir recours quand besoing sera; faire mettre au greffe de vostre bureau l'acte de caution baillé par ledict entrepreneur, et en cas qu'il feust besoing de les faire renforcer et renouveller, nous en donner advis, et generallement faire, pour la conduicte desdictes eaues, ouvrages et touttes autres choses qui depend de l'accomplissement et execution dudict bail et tout ce que vous verrez estre requis et necessaire pour le bien de nostre service et du publicq. Et d'aultant que sur les remonstrances desdicts Prevost des Marchans et Eschevins de ladicte Ville nous leur aurions cy devant addressé noz lettres de commission pour avoir soing de la conduicte desdictes eaues afin que l'interest qu'a nostre dicte Ville pour les douze poulces desdictes eaues que nous leur avons octroyé pour le publicq feust conservé, nous voulons qu'en proceddant par vous ausdicts allignemens lesdictz Prevost des Marchans et Eschevins y soient presens et appellez, comme aussi lors qu'il surviendra quelque cas au faict de ladicte conduicte et ouvrage qui soit d'importance, pour en tout conserver ledict interest de nostredicte Ville. De ce faire vous avons donné et donnons plain pouvoir,

puissance, auctorité et mandement special. Car tel es nostre plaisir. Nonobstant nozdictes lettres de commission adressés ausdicts Prevost des Marchans et Eschevins lesquelles ne voulons nuyre ne prejudicier au faict et exercice de vozdictes charges.

«Donné à Paris le quatriesme jour de Decembre, l'an de grace mil six cens douze et de nostre regne le troisiesme.» Signé : «Par le Roy en son Conseil, DE FLECELLES», et scellées du grand scel de cire jaulne sur simple queue. Au bas est escript ce qui s'ensuit :

«Collationné à l'original par moy, greffier du Bureau des Finances à Paris soubsigné.»

Signé : «HARDOYN».

CCXVIII. — [COMMISSION DONNÉE AU SIEUR DE FOURCY
POUR LA SURVEILLANCE
DES TRAVAUX DES FONTAINES DE RUNGIS.]

7 décembre 1612. (Fol. 59 v°.)

LOUIS, par la grace de Dieu roy de France et de Navarre, à nostre amé et feal conseiller en nostre Conseil d'Estat et intendant de noz bastimens, le sieur de Fourcy [1], salut. Le desir que nous avons que l'entreprise des ouvrages et conduicte des eaux des fontaines du lieu de Rongis soit rendu à sa perfection, tant pour l'achevement desdicts ouvrages que affin qu'ilz soient bien et deuement faictz et que, comme il est necessaire à ung œuvre publicq, ilz puissent durer à longues années, nous a faict rechercher tous moyens pour exciter ceulx qui par le deub de leur charge sont tenuz et obligez d'y vacquer soigneusement comme sont noz amez et feaulx conseillers les Presidents et Tresoriers generaulx de France à Paris et les Prevost des Marchans et Eschevins de nostredicte Ville, auxquels, pour ce qui peut competer et appartenir à chacun d'eulx au faict desdictz ouvrages, nous avons addressé

ses associez, lesquelz pour satisfaire à l'assignation à eulx donnée de nostre ordonnance, ont déclaré qu'ilz sont prestz de recepvoir de nous les allignemens requis pour la conduitte desdictes eaues, ensemble tout ce qui sera necessaire pour l'entiere execution dudict bail, nous requerans qu'il nous plaise [leur donner] assignation pour se transporter sur les lieux; protestant que la commission à nous expediyée par Sa Majesté ne puisse nuire ne prejudicier aux articles contenuz au bail à eulx faict desdictz ouvrages.

«Sur quey, attendu que lesdicts sieurs Prevost des Marchans et Eschevins ne se sont trouvez ne presentez audict bureau à ladicte heure, il est ordonné que assignation sera donnée à [Louis] Metheziau, architecte du Roy, Thomas Franchine, conducteur des fontaines de Sa Majesté, Hugues Gosnier, architecte, Louis Marchant, m⁰ des œuvres des bastimens de Sa Majesté, et Simon Arniet, commis du m⁰ des œuvres de charpenterye desd. bastimens, ensemble audict Coing, entrepreneur,... Collot, Boulet, de Fer, Robelin et aultres leurs associez, pour se trouver ce jourd'huy deux heures en l'hostel du sieur Le Conte, president en ce bureau, pour resouldre et adviser ce qui sera à faire pour l'execution entiere dudict bail.» (Arch. nat., Z¹ᵉ, 157, fol. 241-242.)

[1] La charge d'intendant des bâtiments donnait au sieur de Fourcy le privilège de surveiller tous les travaux entrepris par le Roi, comme le montre le brevet suivant par lequel le Roi déclare que si, après avoir acquis de MM. de Guise et de Mayenne la seigneurie et château de Montargis, il a continué au sieur Deshayes, son conseiller et maître ordinaire en son hôtel, bailli et gouverneur de Montargis, les charges que celui-ci avait en ladite ville et château sous lesdits sieurs durs, même celle d'intendant des bâtiments dudit château, il n'a entendu préjudicier à la charge dudit sieur de Fourcy, intendant de ses bâtiments, et n'a continué à Deshayes la charge d'intendant des bâtiments du château de Montargis que comme maison par lui nouvellement acquise; voulant que, si sa volonté est de faire par ci-après audit Montargis quelque entreprise de bâtiment neuf, les plans et dessins en soient visés et arrêtés par le sieur de Fourcy avec ledit sieur Deshayes. (Arch. nat., O¹ 217, fol. 11, 14 juillet 1612.)

nos lettres pattentes pour soigneusement y vacquer, et pour ce aussi que vous avez une particuliere cognoissance de nostre intention sur le faict desdictz ouvrages pour avoir esté, de l'ordonnance de nostredict Conseil, voir et visité ledict lieu de Rongis, ensemble lesdictes sources d'eanes, faict votre rapport et esté present lorsque les desseings et devis en ont esté résolus en nostredict Conseil, sur lesquelz bail a esté faict à notre bien amé Jehan Coing de l'entreprinse desdicts ouvrages et conduictes d'eanes, le vingt septiesme jour d'Octobre dernier : Nous, à ces causes, de l'advis de nostredict Conseil, vous avons commis et deputé, commettons et deputtons par ces presentes, pour, de fois à autre, vous transporter sur les lieux avec lesdictz Tresoriers de France, Prevost des Marchans et Eschevins, aulcuns d'entre eux ou sans enix, voir et visiter lesdictz ouvrages, recognoistre s'ilz se font bien et duement et sont bien fondez selon lesdictz lieux, et comme l'entrepreneur y est obligé par son bail, mesme estre present et assister, lors que les allignemens luy seront donnez et à ses ouvriers. Et au cas que jugiez y avoir aulcunes desdictes choses ou autres concernans le faict desdictz ouvrages à reformer, vous nous le representiez et en nostre Conseil, pour y pourvoir selon qu'il appartiendra. De ce faire vous donnons pouvoir, autorité, commission et mandement special. Car tel est notre plaisir[1].

«Donné à Paris, le septiesme jour de Decembre, l'an de grace mil six cens douze et de nostre regne le troisiesme.»

Ainsy signé : « Par le Roy en son Conseil : DE FLECELLES», et scellé sur simple queue du grand seel de cire jaulne.

CCXIX. — REQUESTE AU PARLEMENT
TOUCHANT LE MAGAZIN DE BOIS.
Décembre 1612. (Fol. 60 v°.)

A Nosseigneurs du Parlement.

«Supplyent humblement les Prevost des Marchans et Eschevins de la ville de Paris, disans qu'ils vous auroyent cy devant presenté requeste[2] tendant ad ce que le scellé apposé par le Lieutenant civil au magasin du grenier à sel où y a du bois fendant [fust] levé et osté, pour estre procedé par les supplians-à la levée du scellé qu'ils y avoyent auparavant faict mettre, laquelle requeste a esté communicquée audict Lieutenant civil, et d'aultant que l'huissier qui luy a signiffié ne luy a donné aulcun jour, ce considéré et attendu que lesdictes parties ont ja communicqué au parquet, il vous plaise de voz graces ordonner que le Lieutenant civil viendra à tel jour qu'il vous plaira ordonner, pour respondre sur le contenu en ladite requeste des supplians. Et vous ferez bien.»

CCXX. — ORDONNANCE À L'ENTREPRENEUR
DES FONTAINES DE RONGIS ET À DES EXPERTZ
D'ALLER SUR LES LIEUX
POUR PLANTER LES PICQUETS.
10 décembre 1612. (Folio 60 v°.)

De par les Prevost des Marchans et Echevins de la ville de Paris.

«Il est ordonné a Jehan Coing, entrepreneur des ouvrages et conduicte des eanes des fontaines de Rongis en ceste Ville, et à ses assotiez, à Pierre Guillain, Maistre des oeuvres de ladicte Ville, et aux sieurs Franchines, Metheizeau et Cosnier, eulx trouver demain six à sept heures du matin en l'Hostel de la Ville, pour avec nous se transporter audict Rongis et autres lieux[3], pour planter les picquetz, prendre les allignemens et faire les aultres choses necessaires qu'il conviendra pour commancer à travailler ausdicts ouvrages et conduicte desdictes eanes, au desir et suivant le bail et adjudication faicte audict Coing, et[4] la commission à nous decernée par le Roy du XXII° de Novembre dernier pour la direction desdictz ouvrages.

«Faict au Bureau de la Ville, le lundy dixiesme jour de Decembre mil six cens douze.»

---

[1] C'est sans doute dans le but de calmer le conflit dont nous venons de parler entre les membres du Bureau de la Ville et le Tresoriers de France qu'il est fait appel ici à une troisième autorité pour la surveillance des travaux de Rungis. Mais on peut se demander si, en réalité, cette mesure n'était pas plutôt de nature à compliquer encore les choses. On verra ci-dessous à quel expédient il fallut recourir pour apaiser les compétitions.
[2] Voir ci-dessus, p. 200.
[3] Nous avons vu, dans la relation du Bureau des Finances, reproduite plus haut (p.205, note 3), que les architectes et les entrepreneurs avaient également été assignés devant les Tresoriers de France, ce même jour, à 10 heures. S'ils se sont rendus à la convocation du Bureau de la Ville, ils n'ont, en tout cas, pas été à Rungis, puisque dans la même matinée, à 10 heures, ils comparaissaient au Bureau des Finances. On trouve là une preuve évidente des difficultés insolubles qu'amenait le conflit soulevé entre le Bureau de la Ville et celui des Finances.
[4] La minute et le registre portent ici le mot *à*, qui paraît avoir été écrit par erreur.

CCXXI. — Ordonnance à M° Denis Feydeau d'apporter à la Ville le double de ses comptes.
10 décembre 1612. (Fol. 61.)

De par les Prevost des Marchans et Eschevins de la ville de Paris.

«Il est ordonné que dedans huitaine maistre Denis Feydeau, nagueres fermier general des aydes de France et payeur des rentes de ladicte Ville assignées sur les dictes aydes, fera apporter au Bureau de ladicte Ville les doubles des comptes par luy renduz à ladicte Chambre des Comptes, à cause du payement desdictes rentes, pour les quatre premieres années de sondict party, et pour les deux dernieres dans ung mois; comme aussi dans ledict temps de huitaine, nous apportera l'estat au vray, signé et certiffié de luy, des debetz de quictances qui luy restent à present en ses mains et qui luy sont passez en despence par ces comptes, avec ung aultre estat aussi signé de luy des rentes rachepteées et admorties et dont les arreraiges tiennent aussi lieu de despence dans sesdicts comptes, dont ledict Feydeau s'en pretend attribuer la propriété, au prejudice des rentiers, le tout à peine de trois cens livres parisis et de plus grande peine en cas de delay ou refus.

«Faict au Bureau de ladicte Ville, le dixiesme jour de Decembre mil six cens douze.»

CCXXII. — Requeste présentée au Roi touchant les fontaines de Rongis.
Décembre 1612. (Fol. 61.)

Au Roy
et à Nosseigneurs de son Conseil.

Sire,

«Les Prevost des Marchans et Eschevins de vostre bonne ville de Paris vous remonstrent tres humblement, disans que des le vingt deuxiesme Novembre dernier, Vostre Majesté leur auroit adressé vostre commission pour avoir le soing et direction des ouvrages qui sont à faire pour la conduite des eaues des fontaines de Rongis en vostre Ville [1], tant pour servir aux maisons royalles que pour l'usage de ladicte Ville, et prendre garde exactement que les ntrepreneurs et les ouvriers travaillent fidellement et bien, et avec dilligence, les faire venir en leur bureau et par devant eulx pour rendre raison de leursdictz ouvrages, eulx transporter sur les lieux affin de voir et cognoistre l'estat d'iceulx de fois à autre, mesme donner advis à Vostre Majesté du bon debvoir qu'ilz rendront à ladicte entreprise, et pour icelle commancer, appeller avec eulx les sieurs Francines, Methezeau et Cosnier, se transporter au premier jour sur les lieux pour planter les picquetz, prendre les allignemens et faire touttes choses necessaires pour commancer et advancer lesdictz ouvrages. Ce que voullans faire et ayans lesdictz supplians donné jour ausdicts entrepreneurs, leur a esté communicqué, de la part des sieurs Tresoriers generaulx de France, et baillé coppie d'autre commission du quatriesme de ce moys par lesquelles Votre Majesté auroit donné le mesme pouvoir ausdictz sieurs Tresoriers de France et mandé qu'en proceddant par eulx aulx allignemens, lesdictz supplians soient appelez, et ce nonobstant ladicte commission adressée par Vostredicte Majesté ausdictz supplians : qui seroit en effet revocquer entierement ladicte commission et en oster toute la cognoissance ausdictz supplians contre l'ordre que Vostre Majesté a trouvé bon de garder jusques à ce jourd'huy, d'aultant que touttes les assemblées qui ont esté faictes concernant le faict desdictes fontaines ont esté faictes de l'ordonnance de Vostredicte Majesté et renvoy de Nosseigneurs du Conseil au Bureau de la Ville, et lesdictz sieurs Tresoriers de France, intendans et controlleurs de leurs bastimens, ont esté appellez par lesdictz supplians conformement a ce qui a esté de tout temps pratiqué et observé en telles affaires, ayant esté la direction et conduicte des fontaines tant dedans que dehors la Ville tousjours laissée auxdicts Prevost des Marchans et Eschevins. sans que jamais lesdictz sieurs Tresoriers generaulx de France s'en soient entremis, joinct que les deniers destinez aux ouvrages desdictes fontaines sont deniers qui se levent sur la Ville et dont il a plu à Vostre Majesté en faire don et remise à la Ville, tellement que lesdictz deniers appartiennent à ladicte Ville par vostre liberalité et que par assemblée du Conseil de la Ville, sur la proposition faicte d'employer à la conduicte desdictes fontaines les sept sols six deniers faisans partie des xxx solz sur chacun muid de vin que Vostre Majesté avoit remis en faveur et à la descharge de vostre peuple, il a esté consenty d'employer les deniers de ladicte remise ausdictz ouvrages.

---

[1] Il est étonnant que le registre du Bureau n'ait pas donné le texte de cette commission que nous ne connaissons que par la présente mention et par l'allusion qui y est faite dans la commission adressée aux Trésoriers de France, le 4 décembre, et dans le mandement du 10 décembre publié ci-dessus.

à la charge expresse que lesdictz supplians et leurs successeurs es dictes charges auroient la conducite desdictz ouvrages, selon qu'il a esté de tout temps observé; laquelle condition venant maintenant à leur estre ostée, emporteroit une revocation dudict consentement. A ces causes, Sire, supplient tres humblement Vostre Majesté voulloir ordonner qu'ilz jouiront de l'effect contenu en ladicte commission à eulx octroyée par Vostredicte Majesté, sans que autres s'en puissent entremettre, selon que leur a tousjours esté promis en plain Conseil et pour eviter la confusion et le retardement de l'ouvrage, que la pluralité et diversité des intendances pourroient apporter. Et les supplians continueront leurs prieres à Dieu pour la prosperité et santé de Vostredicte Majesté [1]. »

CCXXIII. — Arrest du Conseil
portant main levée
du bois destiné pour la provision de Paris, saisi par ceulx de Rouen.
13 décembre 1612. (Fol. 62.)

Extraict des registres du Conseil d'Estat.

«Veu par le Roy, en son Conseil, l'arrest donné en icelluy, le seiziesme jour d'Octobre dernier, par lequel Sa Majesté auroit entre autres choses ordonné que son Procureur general en la cour de Parlement de Rouen envoyeroit dans quinzaine audict Conseil les motifs des arrestz donnez par ladicte Cour les treiziesme Juin et vingt sixiesme septembre preceddans, et cependant que les marchans adjudicataires des bois et forestz, mesme Jehan Patin et Christophle Regnauld, marchans, demeurans à Mante, feroient mener leur bois en tel lieu que bon leur sembleroit pour la vente et debit d'icelluy, nonobstant la signification de l'arrest de ladicte Cour et assignation à eulx donnée en la Chambre des vaccations d'icelle, dont Sa Majesté les auroit deschargez et faict deffence à tous huissiers et sergens de mettre aucuns arrestz à execution au prejudice de la liberté du commerce et des arrestz dudict Conseil, lesdictz arrestz donnez par ladicte cour de Parlement les XIIII° May et XX° Septembre derniers, par le dernier desquelz est faict commandement aux marchans adjudicataires des ventes des bois faictes es forestz de Lihons et Caudebec, de faire apporter dans quinzaine sur les quaiz de ladicte ville de Rouen les bois estans en leurs ventes pour y estre venduz, à peine de cens cinquante livres d'amande; exploict de Depistre, huissier en ladicte Cour, du dix huitiesme jour dudict mois d'Octobre contenant la signification par luy faicte de l'arrest de ladicte Cour dudict jour vingt sixiesme Septembre à Jacques Jugourt, marchant de bois, et commandement de satisfaire au contenu d'icelluy et, en son reffus, assignation à ladicte Cour ou Chambre des vaccations à quinzaine et pareille signification, commandement et assignation faicte le XXIII° dudict moys à Nicolas Appoil, marchant de bois, demeurant à Mante; aultre exploict de signification dudict arrest faicte par ... Le Carpentier, huissier en ladicte Cour, le deuxiesme jour du present moys audict Jacques Jugourt et assignation au lundy ensuivant en ladicte Cour, pour se voir condamner à apporter les contractz et adjudications des bois qu'il a usez et deffense de faire enlever ledict bois en aultre lieu que pour apporter en ladicte ville de Rouen, contenant aussi saisie de tout le bois estant sur le quay de la Vacherie, et encores le nombre de trante grandz milliers de cotteretz de chesne et hestre trouvez dans la cour de l'Hostel Dieu.

«Le Roy, en son Conseil, sans avoir esgard aux arrestz donnez par ladicte cour de Parlement de Rouen, exploict de saisie et assignations baillées auxdicts Patin, Regnauld, Jugourt et Appoil à comparoir en la Chambre des vaccations de ladicte Cour, dont Sa Majesté les a deschargez et descharge, leur a faict main levée des saisyes faictes sur leurs basteaulx et bois, enjoinct auxdicts marchans et tous aultres faire incontinant et sans delay amener et conduire ledict bois sur les quais de cestedicte Ville, à peine de confiscation d'icelluy, faict deffences à tous huissiers et sergens, officiers et subjectz, de quelque qualité et condition qu'ils soient, de donner aucun trouble ny empeschement à ladicte conduicte et voicture, à peine de privation de leurs offices, et de respondre en leur propre et privé nom de tous les despens, dommages et interests; ordonne que ledict Le Carpentier, huissier, qui a faict la saisye dudict bois appartenant audict Jugourt sera adjourné à comparoir en personne audict Conseil à quinzaine pour estre ouy.»

«Faict au Conseil d'Estat du Roy tenu à Paris, le treiziesme Decembre mil six cens douze.»

«Collationné sur ledict registre par moy commis de Messieurs les secretaires du Conseil d'Estat.»

Signé : «Le Conte»[2].

---

[1] C'est évidemment à la suite de ces remontrances que le Roi délivra, le 29 décembre, une nouvelle commission adressée cette fois, conjointement aux Prévôt des Marchands et Échevins et aux Trésoriers de France, et les chargeant de prendre en commun les mesures nécessaires pour la direction des travaux. On en trouvera le texte plus loin.

[2] Cette copie collationnée, qui avait été jointe aux minutes du Bureau de la Ville, se trouve aujourd'hui aux Archives nationales dans le carton K 2382, n° 49. La minute originale figure dans le volume E 38*, fol. 147.

CCXXIV. — Requeste présentée au Roi
pour descharger les officiers de la Ville de Paris
d'aucuns droicts de confirmation.

Décembre 1612. (Fol. 63.)

Au Roy
et à Nosseigneurs de son Conseil.

Sire,

«Les Prevost des Marchans et Eschevins de vostre bonne ville de Paris vous remonstrent tres humblement que, sur la remonstrance qu'ilz feirent à Vostre Majesté, en son Conseil, le troisiesme May dernier, qu'encores que leurs officiers n'eussent jamais payé aulcuns droictz de confirmation aux advenemens des Roys à la couronne, touttesfois par le roolle des officiers de Vostre Majesté et des arts et mestiers, l'on y avoit, par inadvertence, compris les xxiiij crieurs de corps et de vins de ladicte Ville et iceulx taxez à chacun LVI l. t. dont ils estoient poursuivis par Maistre François Gervaise, commis à la recepte des deniers desdictes confirmations, par arrest donné en vostredict Conseil, ledict jour troisiesme may dernier, cy attaché, Vostredicte Majesté auroit deschargé lesdicts crieurs de corps et de vins de ladicte Ville desdictes taxes et ordonné qu'ilz seroient rayez du roolle comme n'estans officiers royaux, ains desdictz supplians seullement, ce qui a esté faict, et combien que ledict arrest doibve servir pour tous les aultres officiers de ladicte Ville, neantmoings ledict Gervaise a faict faire commandemens à Pierre Perrot, Procureur en ladicte Ville, et aux deux maistres des ponts d'icelle, de payer, sçavoir ledict Perrot, CL l. t. et lesdicts maistres des ponts, LXX l. t., à quoy il pretend estre taxez et compris dans les roolles pour lesdictes confirmations, ce qui seroit contrevenir aux previlleges de ladicte Ville. A ces causes, Sire, et qu'il ne se trouvera que jamais les officiers d'icelle Ville ayent payé aulcuns droicts de confirmation, joinct que lesdicts Perrot et maistres des ponts sont officiers de ladicte Ville et n'ont aultres provisions que d'icelle Ville, mesme iceluy Procureur est esleu par assemblée generalle, il plaise à Vostre Majesté ordonner qu'ils

seront deschargez desdictes taxes et rayez dudict roolle, ensemble tous les aultres officiers de ladicte Ville qui y pourroient avoir esté mis. Et les supplians continueront leurs prieres à Dieu pour la prosperité et santé de Vostredicte Majesté.»

CCXXV. — Ordonnance touschant les coches
de Melun.

15 décembre 1612. (Fol. 63 v°.)

*De par les Prevost des Marchans et Eschevins
de la Ville de Paris.*

«Il est ordonné que dedans huict jours les maistres et conducteurs des basteaulx appeliez coches de Melun nous apporteront au Bureau de ladicte Ville les provisions, lettres et permissions en vertu desquelles ils font la voiture et conducte desdictz basteaulx, ensemble la taxe à eulx faicte pour les personnes et marchandises qu'ils conduisent de Melun en ceste Ville et de cestedicte Ville à Melun[1], à peine, ledict temps passé, de cens livres parisis d'amande à chacun.

«Faict au Bureau de la Ville, le samedy quinziesme jour de Decembre mil six cens douze.»

CCXXVI. — Assemblée touchant le don
de la Royne à cause des rentes admorties,
ensemble sur le subject
de la construction d'ung pont au port Sainct Paul
et de l'ouverture de plusieurs rivieres.

18 décembre 1612. (Fol. 64.)

«Monsieur..., plaise vous trouver demain, deux à trois heures de relevée, au Bureau de la Ville, pour deliberer sur les payemens des rentes de ladicte Ville, ensemble sur une declaration de la Royne touchant le don par elle faict à ladicte Ville, comme aussy pour deliberer sur la construction d'ung pont que l'on desire faire en cestedicte Ville vers le port Sainct Paul. Vous priant n'y voulloir faillir.

---

[1] L'industrie des coches sur la Seine se développait à cette époque, et l'on trouve mention du projet d'établissement de plusieurs bateaux de ce genre. C'est ainsi qu'Abraham de La Garde, horloger et valet de chambre du Roi, présenta un placet pour obtenir l'autorisation d'installer un service de bateaux entre Paris et Villeneuve-Saint-Georges et Châtillon (commune de Viry-Châtillon, Seine-et-Oise). Cette demande fut renvoyée par le Conseil du Roi aux Prévôt des Marchands et Échevins, le 20 octobre 1611 (Arch. nat., E 33ᴬ, fol. 71); le bureau des Finances, consulté également, donna un avis favorable et proposa un tarif et un horaire (Arch. nat., Z¹ᵛ 156, fol. 112). Un placet de même nature proposant l'établissement d'un bateau par semaine de Héricy (Seine-et-Marne, arrondissement de Melun, canton du Châtelet) à Paris, pour l'utilité de Fontainebleau, Champagne, Samois et autres lieux circonvoisins, au profit du sieur de Gié, fut également renvoyé à la municipalité par arrêt du Conseil du 10 novembre 1611 (Arch. nat., E 33ᴬ, fol. 285).

«Faict au Bureau de la Ville, le lundy dix septiesme Decembre mil six cens douze.

«Les Prevost des Marchans et Eschevins de la ville de Paris, tous vostres.»

Du mardy dix huictiesme jour de Decembre mil six cens douze.

En l'assemblée de Messieurs les Prevost des Marchans, Eschevins et Conseillers de ladicte Ville, ledict jour tenue au Bureau d'icelle pour deliberer sur la declaration de la Royne touchant le don par elle faict à ladicte Ville, et propositions faictes par plusieurs personnes touchant ledict don, comme aussy pour deliberer sur la construction d'ung pont que l'on desire faire en cettedicte Ville vers le port Sainct Paul,

Sont comparuz :

Monsieur de Grieux, sieur de Sainct Aubin, conseiller en la Cour, Prevost des Marchans, Monsieur Poussepin, Monsieur Fontaine, Monsieur Desprez, Eschevins.

Monsieur le President Aubry, Monsieur Marescot, maistre des Requestes, Monsieur Boucher, conseiller, Monsieur de Livry, conseiller, Monsieur Le Prestre, conseiller, Monsieur Amelot, maistre des Comptes, Monsieur Aubry, sieur d'Auvillier, Monsieur Abelly, Monsieur Lamy, secretaire, Monsieur de Sainct-Germain, sieur de Ravines, Monsieur Sainctot, Conseillers de la Ville.

La compagnie estant assemblée, mondict sieur le Prevost des Marchans a proposé que la Royne avoit cy devant eu don, du deffunct Roy d'heureuse memoire, des arreraiges des rentes constituées tant sur l'Hostel de ladicte Ville que sur les receptes des autres provinces et laissez en fonds pour estre lesdictes rentes admorties, supposées, doublement employées en divers comptes ou escheues à Sadicte Majesté par desherances, forfaictures, induement receues ou autrement, et ce pour six années escheues depuis le premier jour de Janvier mil six cens quatre jusques au dernier Decembre mil six cens neuf, et que sur les tres humbles remonstrances qui luy avoient esté faictes par Monsieur de Livry, lors Prevost des Marchans, et Messieurs les Eschevins qui estoient lors en charge, elle auroit remis et quicté ledict don à ladicte Ville, sans neantmoings en avoir baillé aulcune declaration par escript, sinon qu'elle remit entre les mains desdicts sieurs Prevost des Marchans et Eschevins le brevet, lettres de don et autres expeditions à elle faictes par le deffunct Roy. Mais depuis, ladicte dame Royne auroit declaré que au don qu'elle avoit faict à ladicte Ville elle n'avoit entendu comprendre les arreraiges des rentes constituées sur les receptes des autres villes et provinces, mais seullement les arreraiges des rentes constituées sur ledict Hostel de Ville[1] et auroit faict don à Madame la marquise d'Ancre[2] des arreraiges des rentes constituées sur les autres villes et receptes; que pour recevoir lesdictz deniers des autres receptes il y avoit eu commission expediée à Maistre Jehan Fillacier dont il avoit poursuivy la verification à la Chambre des Comptes, à laquelle lesdictz sieurs Prevost des Marchans et Eschevins s'estoient opposez; que voyant l'evenement de ceste affaire estre douteux, ilz seroient entrez en traicté avec ladicte dame marquise, laquelle pretendant que lesdictz arreraiges montoient à plus de cinquante mil escuz, neanlmoings que pour gratiffier la Ville elle offroit de remettre ledict don au proffict d'icelle, moyennant trente mil escuz. Et apres plusieurs allées et venues, elle s'est restraincte à vingt mil escuz vallant soixante mil livres, et n'y a poinct d'esperance qu'elle se restraigne à moindre somme. C'est pourquoy ils avoyent prié la compagnie de se trouver à ce Bureau pour donner adviz s'il estoit expedient de poursuivre ladicte opposition ou d'entrer en ladicte composition avec ladicte dame marquise. Et d'autant qu'il s'estoit presenté plusieurs personnes qui avoyent faict diverses offres sur la recepte desdictz arreraiges constituez tant sur la Ville que ailleurs, sçavoir : Maistre Philippes Habert et Quentin Guillot, qui avoient proposé de faire la recherche tant des rentes racheptées que autrement admorties constituées sur l'Hostel de ladicte Ville seullement, moyennant le seiziesme denier pour tous sallaires et frais de commission, de façon que les quinze seiziesmes reviendroient francs et quictes audict Hostel de Ville; laquelle proposition avoit esté acceptée par lesdictz sieurs de

---

[1] Cette déclaration figure dans les lettres de la Reine datées du 10 novembre 1612 et contresignées par Phelipeaux, secrétaire de ses commandements et finances, qui nous ont été conservées dans une copie du XVIIIe siècle (Arch. nat., A D ✝ 153). Après avoir rappelé le don fait ainsi à la Ville, la Régente ajoute : «Pour l'éclaircissement de laquelle remise et à ce qu'elle ne puisse être entendue au delà de ce qui touche ladite Maison de Ville de Paris; nous declarons avoir entendu, comme encore nous entendons, remettre seulement aux Prevost des Marchands et Echevins de ladite Ville de Paris ce qui nous appartenoit lesdites six années desdits deniers sur les rentes par eux constituées sur l'Hôtel de ladite Ville assignées sur les recettes generales, aides, Clergé et gabelles de France, dont le payement a accoutumé de se faire par les receveurs et payeurs des rentes de ladite Ville, nous étans reservé le surplus de ce qui doit provenir desdits deniers et autres endroits de ce royaume pour fournir aux grandes depenses de notredite maison.»

[2] Leonora Dori ou Galigaï, venue en France à la suite de Marie de Médicis, fut nommée sa dame d'atour et épousa au mois de juillet 1601 Concino Concini, qui fut créé en 1610 marquis d'Ancre.

27.

Livry, lors Prevost, et Eschevins et qui en ont delivré acte ausdictz Habert et Guillot[1]. Et que depuis trois mois lesdictz Habert et Guillot estans venuz au Bureau, leurs auroient esté remonstré qu'il estoit besoing qu'ils s'expliquassent de quelles rentes ilz entendoient avoir le seiziesme, et s'ilz esperoient l'avoir de touttes rentes racheptées, encore qu'elles ne fussent mises en despence aux comptes, ou bien de celles qui estoient mises en ladicte despence et tirées à ject[2]; et apres qu'ilz eurent declaré qu'ilz entendoient avoir le seiziesme seullement sur les rentes couchées en la despence des comptes et tirées à ject, on commencea à examiner leurs memoires par eulx proposez desdictes rentes racheptées, et se trouva par les coppies des comptes estans andict Hostel de Ville que de sept ou huict articles des rentes qu'ils cotterent comme racheptées, il ne s'en trouva aulcnnes couchées en despence ny tirées à ject, et depuis ne s'estoient representez à la Ville sinon que depuis quinze jours en çà, tellement que l'on avoit creu qu'ils s'estoient desistez de leur proposition; qui auroit esté cause d'entendre à deulx autres propositions qui ont esté faictes, l'une par ledict Fillassier, qui est de faire la recepte de touttes lesdictes rentes racheptées et admorties constituées tant sur l'Hostel de cestedicte Ville que ailleurs, moyennant la quatriesme partye de ce qui proviendroit des rentes constituées ailleurs que sur l'Hostel de la Ville, dont les trois quartz reviendroient nettement et sans aulcuns fraiz à ladicte Ville, et ung seiziesme des rentes constituées sur ledict Hostel de Ville pour tous sallaires, vaccations et fraiz, lesquels deniers seroient apportez dans les coffres dudict Hostel de Ville; et oultre, offroit d'avancer vingt mil livres. L'autre est Maistre Sanson Dujac, qui a proposé de faire la mesme recepte à deux conditions dont il bailloit le choix à ladicte Ville : l'une est de faire ladicte recepte tant dedans que dehors, à la charge d'avoir le quart pour ses sallaires, et en ce faisant s'obliger et bailler bonne et suffisante caution que les trois quartz vauldroient à la Ville trois cens mille livres, et l'autre par laquelle il se contente de la sixieme partye pour ses sallaires et tous aultres fraiz tant pour le dedans comme dehors, et que au lieu de ladicte sixiesme partye, il transporteroit à la Ville pareille quantité d'arreraiges de rentes escheues pendant les troubles que se monteroit ladicte sixiesme partye; mais en ce cas il n'entendoit obliger à faire valloir ladicte somme de trois cens mil livres, et neanlmoings en l'un et l'autre cas, il entendoit faire valloir ce qui est du dehors quatre vingtz dix mil livres. Doncques si on juge expedient d'entrer en traicté avec ladicte dame marquise, il falloit considerer laquelle desdictes offres seroit plus utile à la Ville : ou de Filassier, qui ne demande qu'un seiziesme du dedans et ne s'oblige poinct à faire valloir ce qui reviendroit de bon à la Ville, ny mesme d'asseurer les quatre vingtz dix mil livres pour le dehors, offrant neanlmoings advancer vingt mil livres; ou bien la proposition de Dujac qui demande ung quart du total, et asseure tant pour le dedans que pour le dehors de cent mil escuz ; ou l'autre proposition d'iceluy Dujac qui demande ung quart et offre faire valloir le tout cent mil escuz, ou ung sixieme, sans s'obliger aus dictz cent mil escuz, et en l'ung et l'autre cas, offre faire valloir le dehors iiii[xx] [x] mil livres. Requerant sur le tout en voulloir deliberer.

Et apres que la compagnie a esté advertye que lesdictz Habert et Guillot estoient au grand Bureau et desiroient estre oïz en ladicte assemblée, ont esté mandez en icelle, et par enlx represeuté la convention qu'ilz avoyent avec ladicte Ville, laquelle ilz desiroient executer et monstrer et justiffier plus de quarante cinq mil livres de rentes de ladicte Ville mal receues et dont la repetition estoit prompte. De l'adviz de la compagnie, mondict sieur le Prevost des Marchans a demandé s'ilz entendent comprendre par leurs memoires et adviz les trente six mil livres de rente du Clergé qui ont esté racheptez[3]? Ont dict que non et qu'ils n'entendent nullement comprendre en leursdictz memoires lesdictz xxxvj*l. t. de rentes racheptez dudict Clergé, tant pour le passé que pour l'advenir. Et s'estans lesdictz Habert et Guillot retirez, et l'affaire mise en deliberation, a esté arresté que lesdictz Fillacier et Dujac s'expliqueront et declareront precisement quelle sorte de natures de rentes ilz entendent par leurs memoires, et s'il y compreignent lesdictz xxxvj*l. t. de rentes du Clergé qui ont esté racheptées ; à ceste fin que la presente assemblée est remise à samedy prochain pour en deliberer et où lesdictz Habert, Guillot, Fillacier et Dujac se trouveront.

Ce faict, mondict sieur le Prevost des Marchans a remonstré que cy devant Maistre Christophle Marie avoit presenté requeste au Roy ad ce que luy fust permis de faire faire et construire ung pont de bois sur la riviere vers le port Sainct Paul, pour traverser à la Tournelle, laquelle requeste fut renvoyée tant à ladicte Ville que à Messieurs les Tresoriers

---

[1] Ci-dessus, p. 141.
[2] Tirer à jet = calculer. Expression qui a son origine dans l'usage qu'on faisait des jetons pour le calcul.
[3] Il s'agit du rachat qui était l'objet du parti accordé à Denyele. (*Registres du Bureau*, t. XIV, p. 340-341, 365-366, etc.)

generaulx de France pour donner advis à Sa Majesté sur la commodité ou incommodité dudict pont et suivant ce avoit esté faictes deulx visitations; et d'autant qu'iceluy pont debvoit estre de bois, les expertz ne furent nullement d'advis de ladicte construction. C'est pourquoy ledict Marie prenant courage c'est resolu de faire faire de pierre les pilles dudict pont; et, sur ses nouvelles offres, Sadicte Majesté les auroit derechef renvoyées à ladicte Ville, et ausdictz Tresoriers generaulx de France, lesquelz sieurs Tresoriers auroient faict, dressé et expedié leur advis à Sa Majesté pour la construction d'iceluy pont aux charges portées par leurdict advis[1]. Mais auparavant que d'en donner advis au Roy et ladicte Ville, il a, le premier jour de Decembre dernier, faict assembler à ce Bureau plusieurs notables bourgeois de ceste Ville, Maistres des oeuvres d'icelle et des voicturiers, le tout jusques au nombre de vingt, auxquels ayant faict entendre l'entreprise dudict Marie, à eulx communiqué les devis, plantz et desseings pour la construction, les articles par lui demandez, où entre autre choses les deux isles Nostre Dame sont comprises pour y faire maisons, ensemble en faire sur ledict pont, et d'iceulx pris le serment en tel cas accoustumé pour estre oïz sur la commodité dudict pont, ont tous unanimement esté d'advis de ladicte construction du pont[2]. C'est pourquoi ceste compagnie est assemblée, requerant en voulloir deliberer.

Sur quoy, apres que lesdictz plants, devis et desseings ont esté veux en ladicte assemblée et l'affaire mise en deliberation, a esté arresté et conclud que ladicte Ville baillera advis au Roy et à Nosseigneurs de son Conseil de la construction dudict pont, comme ne se pouvant faire ung oeuvre plus publicque et plus necessaire pour la commodité de cestedicte Ville, pourvu que lesdictes pilles soient de pierre et non autrement, et qu'il soit faict des quais suffisans pour servir de portz et à la descharge des marchandises, et que l'alignement dudict pont soit faict en la presence desdictz Prevost des Marchans et Eschevins et expertz qu'ilz appelleront pour estre iceluy pont basty et construict en lieu le plus commode et moings prejudiciable pour la navigation.

Ce faict, mondict sieur le Prevost des Marchans a encore remonstré à ladicte compagnie que la necessité, cherté et penurie du bois qui est en ceste Ville, provient en party de ce que les bois qui sont à coupper et abattre sont esloignez du bordage des rivieres, qui est cause qu'il recherche tous moyens de rendre plusieurs rivieres navigables et entre aultres la riviere de Chaulny et aultres des environs[3], comme aussy les rivieres de Vannes et Aube, ce qui apportera une grande commodité à ceste Ville; mais pour y parvenir il convient coupper, trancher et fouiller beaucoup de terres et heritages; que tout son soing est de faire en sorte que Paris ne mancque de provision; que plusieurs personnes se sont addressez à luy qui offrent de rendre lesdictes rivieres navigables en leur permettant des levées, impositions, pendant trente ans, sur les marchandises qui passeront par lesdictes rivieres et qui en recevront commodité; que aulcuns desdictz entrepreneurs c'estoient pourveuz pardevant le Roy et nosdictz sieurs du Conseil pour lesdictes entreprises, lesquels avoyent esté renvoyez à ladicte Ville. Semblablement aulcuns ont proposé de faire faire ung canal au dessus de l'Arsenac pour faire entrer la riviere et la faire tournoyer depuis la porte Sainct Anthoine jusques à la porte Neufve[4]. Dont de tout il a bien voulu advertir la compagnie, laquelle l'a remercié du soing qu'il a de cestedicte Ville et des provisions d'icelle, et iceluy prié de continuer, ad ce que son labeur ne soit inutil et qu'il en reussisse quelque fruict aux meilleures conditions, avec les entrepreneurs, que faire se pourra.

CCXXVII. — Anltre assemblée à mesme fin que devant.

22 décembre 1612. (F. 67 v°.)

Du samedy vingt deuxiesme jour de Decembre mil six cens douze.

En l'assemblée de Messieurs les Prevost des Mar-

---

[1] Cet avis est transcrit dans le registre du Bureau des Finances (Arch. nat., Z¹ʳ 157, fol. 181 v°-183), à la date du 28 septembre 1612.

[2] Ci-dessus, p. 203-204.

[3] L'Oise, qui devient navigable à partir de Chauny, et probablement son affluent de gauche, la Serre, qu'elle reçoit un peu au-dessus de la Fère. Quelques mois plus tard, le 21 mars 1613, nous verrons le Conseil renvoyer aux Prevôt des Marchands et Échevins les propositions relatives à la navigation de l'Oise. Un autre arrêt du 30 mars 1613 prononça le même renvoi pour un projet concernant la navigation de la Seine de Nogent à Châtillon. (Arch. nat., E 39ᵃ, fol. 314.)

[4] C'est le projet de Gosnier qui avait proposé, en 1611, «de rendre les fossez de Paris navigables, de dix thoises de large et cinq pieds d'eau de profond, mesmes aux plus grandes secheresses, depuis le bout du fossé de l'Arsenal en Seyne jusques à la porte S. Denis et de lad. porte jusques au dessoubz des Thuilleries, suivant la moderne fortification, enfermant les faubourgs de Montmartre et S. Honoré, en sorte que les plus grands bateaux y pourront commodement naviger.» (Félibien, Preuves, t. III, p. 804-806, où est publié l'ensemble du projet.)

chans, Eschevins et Conseillers de ladicte Ville ledict jour tenue au Bureau d'icelle pour deliberer sur les propositions faictes en pareille assemblée le dixhuictiesme de ce moys, touchant le don faict à ladicte Ville par la Royne des deniers des rentes racheptées, desherances, aubeynes, forfaictures et autres deniers mentionnez au brevet qu'elle en avoit du deffunct Roy, ensemble pour oyr ceulx qui font des ouvertures et partiz desdicts deniers suivant la resolution de ladicte assemblée dudict jour xviii° de ce moys, sont comparuz :

Monsieur de Grien, sieur de Sainct Aubin, conseiller en la Cour, Prevost des Marchans, Monsieur Poussepin, Monsieur Fontaine, Monsieur Desprez, Monsieur Merault, Eschevins.

Monsieur le President Aubry; Monsieur Marescot, maistre des Requestes, Monsieur de Livry, conseiller, Monsieur Palluau, conseiller, Monsieur Le Prestre, Monsieur Amelot, maistre des Comptes, Monsieur Abelly, Monsieur de Sainct Germain, Monsieur Sainctot, Conseillers de la Ville.

Mondict sieur le Prevost des Marchans a remonstré à ladicte compagnie qu'il n'estoit point besoing de repeter les articles et propositions faictes sur lesdicts deniers par Maistres Philippes Habert et [Quentin] Guillot, Maistre Jehan Filassier et Maistre Sanson Dujac et au long specifiés par ladicte assemblée du xviii° de ce moys, et ne restoit que à les oÿr par leurs bouches. Et à ceste fin les avoit advertis de se trouver, sur quoy la compagnie a trouvé bon de les faire entrer l'un apres l'autre.

Et à l'instant ont esté mandez en ladicte assemblée lesdicts Habert et Guillot et iceulx interpellez de dire quels sortes de deniers ils entendent comprendre en leurs offres, et s'ils entendent toucher aux xxxvj ᵐ l. de rentes qui ont esté racheptées sur le Clergé.

Ont dict qu'ils n'entendent parler que des rentes qui ont esté racheptées depuis l'année mil v° IIII^xx quinze, lesquels l'on ne laisse de recevoir, comme aussi des deniers des aubeynes, forfaictures, desherances et autres deniers indument et injustement receuz, sans toucher ausdictz trente six mil livres de rente racheptez, et ne demandent aucuns sallaires sinon que le seiziesme denier des deniers qu'ils feront actuellement toucher à ladicte Ville, suivant l'accord par eulx faict avec ladicte Ville et sans qu'ils demandent aulcune autre garantie à ladicte Ville.

Et s'estans retirez a esté mandé ledict Maistre Jehan Filassier et iceluy interpellé de dire quelle est son intention et de quelles sortes de nature de rentes il entend comprendre dans ses offres et memoires? A dict qu'il entend les rentes racheptées, admorties, induement receues tant dedans ceste Ville que dehors, le tout mentionné au don que la Royne en a faict en ladicte Ville. Interpellé s'il entend y comprendre les xxxvj ᵐ livres de rente du Clergé qui ont esté racheptez, a dict que ouy pour les deux années qui restent à expirer qui sont mil vi° huit et mil vi° neuf, et n'entend avoir part sinon que sur ce qu'il fera toucher actuellement à ladicte Ville; et que, sur son sallaire qui luy sera attribué, offre faire les fraiz pour ce qui concerne l'encloz de ceste Ville, et pour ce qui est du dehors, desire avoir le quatriesme denier et pour monstrer qu'il desire effectuer ce qu'il promet à la Ville, offre advancer en argent comptant à ladicte Ville la somme de vingt mil livres. De tous lesquels deniers mentionnez par ledict don il entend faire la recepte.

Interpellé s'il se veult obliger de faire valoir ce qui est du dehors, ou cent mil livres, ou IIII^xx mil livres plus ou moings? a dict que non, et qu'il n'entend estre que commissionnaire et non partisan. Enquis dans quel temps il peut faire venir lesdictz deniers? a dict que aussi tost qu'il aura sa commission bien veriffiée il y travaillera, mais ne peult asseurer du temps. Enquis dans quel temps il peut bailler à ladicte Ville l'estat des rentes racheptées et admorties? a dict, dans six moys, et quant aux rentes de forfaictures, desherances, aubeinnes de l'encloz de cestedicte Ville, en baillera l'estat dans un an, et dans deux ans pour ce qui est du dehors.

Et s'estant retiré, a esté mandé ledict Maistre Sanson Dujac et icelluy interpellé de dire s'il entend comprendre en ses offres et au party qu'il entend faire avec la ville les xxxvi ᵐ l. t. du Clergé qui ont esté racheptez? a dict que ouy et qu'il entend comprendre et recevoir lesdictz xxxvj ᵐ livres tournois tant pour le passé que pour l'advenir. Luy a esté remonstré que ce qui avoit esté reçu pour le passé desdicts xxxvj ᵐ livres estoit bien difficille à recouvrer, et que s'il ne s'en recevoit rien, s'il entendoit desduire sur les cent mil escus mentionnez par ses offres? A dict que ouy. Aussy luy a esté remonstré qu'il y a des rentes sur les aydes qui ont esté racheptées, que Maistres Denis et Anthoine Feideau, fermiers generaulx desdictes Aydes, pretendent leur appartenir et estre confuz dans leur party; partant l'on sera contrainct de plaider contre eulx, et au cas que lesdictz Feydeau gaignent ledict proces que lesdictes rentes racheptées leur demeurent, s'il entend que la Ville luy en soit garante et qu'il luy soit aultant rabattu sur lesdictz cent mil escus? A dict que ouy et aussi tost s'est retiré.

Et seroit entré en ladicte assemblée Maistre Claude Lestourneau, Receveur du domaine, dons, et octroys de la Ville, qui a supplyé la compagnie de le conserver en son office et ne permettre que aultre que luy face la recepte et despence desdictz deniers, et qu'il sçavoit autant de ce qui estoit desdictes affaires que tous ceulx qui c'estoient presentez, et nous justiffieroit pour plus de quarente mil livres de rentes racheptées, admortyes, desherances, aubeynes, forfaictures au autrement, dont il nous fournira l'estat dans six moys, pourveu qu'il pleust à ladicte compagnie luy en faire faire la recepte et n'en point faire de party.

Sur quoy, s'estant ledict Lestourneau retiré, a esté proposé par quelques ungs de la compagnie, que, sans faire party desdictz deniers, ladicte Ville pouvoit travailler à la recherche d'iceulx deniers; mais à cause qu'il estoit tard a esté remis à en deliberer apres ses festes, et sur ce, la compagnie s'est levée.

CCXXVIII. — Monsieur de La Martiniere réintégré en sa fontaine.
22 décembre 1612. (Fol. 71.)

De par les Prevost des Marchans et Eschevins de la ville de Paris.

«Il est ordonné que le sieur de La Martiniere sera reintegré et remis en la possession de sa fontaine et cours d'eane dans sa maison[1], ainsy qu'il en a jouy cy devant, suivant sa concession, lequel restablissement sera faict par Maistre Pierre Guillain, Maistre des oeuvres de ladicte Ville, en la presence de l'ung de nous.

«Faict au Bureau de ladicte Ville, le samedy xxii° jour de Decembre mil six cent douze.»

CCXXIX. — Mandement à Jodelet contre M. de Nevers.
29 décembre 1612. (Fol. 71.)

De par les Prevost des Marchans et Eschevins de la ville de Paris.

«Maistre Jehan Jodelet, procureur des causes de ladicte Ville en la cour de Parlement, nous vous mandons vous presenter à l'assignation donnée en ladicte Cour au Procureur du Roy et d'icelle Ville, à la requeste de monsieur le duc de Nevers appellant d'une sentence de nous donnée le xxiij° Novembre dernier[2]; prenez au nom de ladicte Ville le faict et cause pour ledict Procureur du Roy, pour remonstrez que ladicte sentence cy dessus dattée est juridicque et que aucuns massons ny autrès ouvriers n'ont peu ny deub bastir sur le mur et bord du fossé de la Ville au derriere de la rue Dauphine, pour appartenir à ladicte Ville et non audict sieur duc de Nevers ny à autres, et partant, requerez que ladicte sentence sorte effect, et que defences soient faictes à touttes personnes, massons ou autres ouvriers, de bastir ny travailler sur ledict mur et bord du fossé de la Ville.

«Faict au Bureau de ladicte Ville, le xxix° Decembre mil six cent douze.»

CCXXX. — [Lettres de Commission adressées conjointement aux Trésoriers de France et aux Prévôt des Marchands et Echevins pour la direction des travaux des fontaines de Rungis.]
29 décembre 1612. (H 1890[3].)

«LOUYS, par la grace de Dieu Roy de France et de Navarre, à nos amez et feaux conseillers les Presidens et tresoriers generaux de France, noz chers et bien amez les Prevost des Marchans et

---

[1] Il a été déjà parlé au tome XIV (p. 71) de cette fontaine appartenant à Charles Le Conte de La Martinière en sa maison de la rue Neuve-Saint-Leu. La présente décision fut rendue à la suite d'une requête où le sieur de La Martinière faisoit valoir l'ancienneté de cette fontaine et alléguait qu'au moment de la suppression générale des fontaines particulières en 1609, Henri IV avait déclaré «qu'il n'entendait la comprendre andict retranchement général, estant deuement adverti de sa longue possession». (Arch. nat., H 1890.)

[2] Par cette sentence, le Bureau, après avoir «donné acte de l'intervention dudict seigneur duc de Nevers et sans avoir egard à icelle», avait fait «expresses inhibitions et deffences aux massons et ouvriers deffendeurs de travailler andict hastiment sciz sur le bord et mur du fossé de la Ville derriere la rue Dauphine, sinon à trois thoises de distance dudict mur et fossé, sauf, sy led. seigneur duc de Nevers pretend droit sur ledict mur et bord de fossé, de se pourvoir par les voyes de droict ainsy qu'il verra bon estre». (Arch. nat., Z¹ᵉ 114, 23 novembre 1612.)

[3] Ces lettres n'ont pas été transcrites au registre et ne sont conservées que dans les minutes du Bureau. Il est nécessaire de les reproduire ici pour qu'elles prennent place à côté de la commission du 4 décembre, qu'elles complètent, et de la requête au Roi et au Conseil qui les a provoquées. (Voir ci-dessus, p. 205 et 208.) Elles ont été transcrites au registre d'enregistrement du Bureau des finances. (Arch. nat., Z¹ᶠ 560, fol. 151 v°.)

Eschevins de nostre bonne ville de Paris, salut. Desirans avec affection que l'entreprinse des ouvraiges et conduicte des eaues des fontaines du lieu de Rongis en nostredicte ville de Paris, qui est tres utille et necessaire au publicq, arrive à sa perfection dans le temps des quatre années portées par le bail au rabaiz que nous en avons faict en nostre Conseil le xxvii° jour d'Octobre dernier à nostre cher et bien amé Jehan Coing, aussy que nostredicte Ville jouisse de la grace des douze poulces desdictes eaues que nous luy avons accordée pour la commodité des habitans d'icelle, à prendre en la quantitté de trante poulces d'eaue que ledict Coing doibt fournir et amener par le moien desdictz ouvraiges, encores que par le bail que nous avons addressé à vous, dictz tresoriers de France, vous soiez obligez d'office à le faire executter et entretenir par ledict adjudicataire et ces associez, et que vous, dictz Prevost des Marchans et Eschevins, pour l'intherest qu'a nostredicte Ville, tant accause de ladicte quantitté d'eaue que nous y avons octroyée que pour le bien du publicq et autrement, debvez pareillement avoir soing que lesdictz ouvraiges soient bien et deuement faictz, neantmoings nous avons estimé que, vous ordonnant de vacquer ensemble au faict desdites ouvraiges et conduicte, les entrepreneurs travailleroient avec plus de fidellité et dilligence, nous, à ces causes, de l'advis de la Royne regente nostre tres honnorée dame et mere et de nostre Conseil, nous voullons, vous mandons et ordonnons que vous aiez incontinant et sans delay à vous transporter aux lieux et endroitz que besoing sera, pour, appellé avec vous le controlleur de noz bastimens, ainsy qu'il est accoustumé, Thomas Franchines, maistre conducteur de noz fontaines, Louys Metezeau, architecte de nos bastimens, Hugues Cosnier et les Maistres des oeuvres et bastimens tant de nous que de ladicte Ville, faire prendre par ledict entrepreneur les allignemens necessaires et qu'il convient pour commencer à travailler ausdictz ouvraiges et iceux faire et parfaire, et, ce faict, prendre soigneusement garde que lesdictz ouvraiges soient bien et deuement faictz suivant les devis, clauses et conditions dudict bail, que ledict entrepreneur et ses ouvriers y travaillent sans discontinuation, en sorte qu'ilz soient achevez dans ledict temps de quatre années, et ladicte quantitté de trante poulces d'eaue aux plus basses et moindres eaues fournies et admenées dans le grand regard qui se doibt construire et eedifier par ledict entrepreneur à la faulce porte des faulxbourgs Saint-Jacques pour estre deppartie et distribuée ainsy qu'il est porté par ledict bail. De ce faire vous avons, en tant que besoing est ou seroit, donné et donnons par ces presentes tout pouvoir, aucthorité, commission et mendement special, mandons et commendons à tous noz officiers et subjectz qu'à vous en ce faisant soict obey. Car tel est nostre plaisir.

«Donné à Paris, le xxix° jour de Decembre l'an de grace mil six cens douze et de nostre reigne le troisiesme.»

Ainsy signé : «Par le Roy en son Conseil : DE FLECELLES», et sceellée sur simple queue de cire jaulne.

CCXXXI. — [CONVOCATION À UNE ASSEMBLÉE DU CONSEIL DE VILLE.]

31 décembre 1612. (Fol. 69 v°.)

«Monsieur de Versigny, plaise vous trouver mercredy prochain deux heures de relevée au Bureau de la Ville pour deliberer et resouldre sur les propositions faictes es deulx precedentes assemblées, touschant le don faict à ladicte Ville par la Royne concernant les rentes. Vous priant n'y voulloir faillir.

«Faict au Bureau de ladicte Ville, le lundy dernier jour de decembre mil six cens douze.

«Les Prevost des Marchans et les Eschevins de la ville de Paris, tous vostres.»

1613.

CCXXXII. — AULTRE ASSEMBLÉE
TOUCHANT LESDICTES RENTES ADMORTIES.

2 janvier 1613. (Fol. 70.)

Du mecredy deuxiesme jour de Janvier mil six cent treize.

En l'assemblée de Messieurs les Prevost des Marchans, Eschevins et Conseillers de ladicte Ville ledict jour tenue au Bureau d'icelle pour deliberer et resouldre sur les propositions faictes es deux precedentes assemblées touchant le don faict à ladicte Ville concernant les rentes,

Sont comparuz :

Monsieur de Grieu, sieur de Sainct Aubin, conseiller en Parlement, Prevost des Marchans, Monsieur Poussepin, Monsieur Fontaine, Monsieur Desprez, Monsieur Merault.

Monsieur de Versigny, Monsieur de Saint-Cir, Monsieur le President Aubry, Monsieur Marescot, Monsieur Amelot, Monsieur Aubry, sieur d'Auvilliers, Monsieur Abelly, Monsieur Lamy, Monsieur de Sainct-Germain, sieur de Ravynes.

La compagnie estant assemblée, mondict sieur le Prevost a remonstré que, suivant les propositions faictes es deulx dernieres assemblées dont il a derechef faict le recit, il ne restoit qu'à deliberer sy, sur l'opposition par ladicte Ville formée, à la Chambre des Comptes, à la verification de la commission obtenue par Maistre Jehan Fillacier, l'on se desisteroit de ladicte opposition pour ce qui concerne les rentes des autres villes et plat pays, et dont Madame la marquise d'Ancre pretend avoir le don, ou s'y l'on en composera avec ladicte dame marquise, ou bien sy l'on persistera en ladicte opposition et soustenir que ladicte Royne l'a donné à la Ville, comme au semblable deliberer si pour ce qui concerne les quatre natures de rentes de ladicte Ville et dont ladicte dame Royne en a faict le don, la Ville rentrera en quelque party avec ledict Fillacier ou Maistre Sanson Dujac, suivant ce qui est contenu en leurs memoires dont est faict mention par lesdictes propositions. Requerant la compagnie en vouUoir deliberer.

Sur quoy, l'affaire mise en deliberation, a esté arresté et conclud que ladicte Ville se desistera de son opposition pour ce qui concerne les rentes du dehors ceste Ville, et que pour ce qui est des quatre natures des rentes de ladicte Ville dont elle ale don de la Royne, que ladicte Ville travaillera à l'esclaircissement desdictes rentes et de ceulx qui les ont receues ou reçoipvent indeuement, sans en faire par icelle Ville aulcun party, et que aulcuns de mesdictz sieurs les Conseillers de ladicte Ville seront commis et deputez pour y travailler avec mesdictz sieurs les Prevost des Marchans et Eschevins.

CCXXXIII. — Injonction
à Maistre Philippes de Gondy de payer
les rentes du sel.
4 janvier 1613. (Fol. 71 v°.)

De par les Prevost des Marchans et Eschevins de la ville de Paris.

«Il est ordonné que Maistre Philippes de Gondy, commis au payement des rentes de ladicte Ville assignées sur le sel, payera indifferemment tous les particulliers rentiers de leursdictes rentes du sel pour le quartier qui est ouvert, qui est le premier quartier de l'année mil six cens neuf, en sorte que dedans le dernier jour du present moys de Janvier ledict quartier soit entierement payé. Aultrement et à faulte de ce faire et ledict temps passé, ordonnons qu'il sera par nous delivré executoire allencontre dudict sieur de Gondy à tous ceulx qui se viendront plaindre.

«Faict au Bureau de ladicte Ville, le quatriesme jour de Janvier mil six cens treize.»

CCXXXIV. — Reiglement pour le paiement
des rentes des quatre natures.
4 janvier 1613. (Fol. 71 v°.)

Reglement faict et arresté de par les Prevost des Marchans et Eschevins de la ville de Paris pour le payement des rentes de ladicte Ville, assignées tant sur le sel, Clergé, Aydes que Receptes generalles, arresté en la chambre du Conseil de ladicte Ville[1].

«Premierement que Maistre Philippes de Gondy, commis au payement desdictes rentes du sel, six sepmaines apres chacun quartier escheu, ouvrira son bureau et payera sans discontinuation, tous les jours ouvrables, lesdictes rentes assignées sur le sel, sans user d'aucunes remises, retenir ou garder les quictances, ains les payer sur le champ à mesure qu'elles luy seront baillées ou à ses commis, et faire en sorte que, dans trois sepmaines apres lesdictes six sepmaines, le quartier soit entierement payé. Et à la faulte de ce faire, apres lesdictes trois sepmaines passées, sera delivré executoire à ceulx qui se plaindrout, et ce à commancer au quinziesme jour de Febvrier prochain, auquel jour il fera l'ouverture de son Bureau pour le payement du quartier d'Avril, May et Juin mil six cens neuf, ainsy continuer de quartier en quartier.

«Pour les rentes du Clergé, les receveurs et payeurs d'icelles seront tenus de payer et distribuer aux rentiers en l'Hostel de la Ville, par chacune sepmaine, aux jours accoustumez, tous et ung chacun les deniers qui leur seront fournis par le Receveur general dudict Clergé, et nous apporter au Bureau, à la fin de chacune sepmaine, l'estat des deniers qu'ils auront receuz et payez; le tout jusques à ce que autrement en ayt esté ordonné par lesdictz

---

[1] Ce titre est celui de la plaquette imprimée (Paris, P. Mettayer, 1613, in-12 de 8 pages) où est reproduit le texte de ce règlement (*Arch. nat.*, AD ✚ 154).

Prevost des Marchans et Eschevins pour le recouvrement des assignations entieres.

« Pour le regard des rentes assignées sur les Aydes, incontinant apres les six sepmaines expirées de chacun quartier qui doit estre payé à compter quatre moys pour quartier, Maistre Anthoine Feideau, commis au payement desdictes rentes, sera tenu ouvrir son bureau andict Hostel de la Ville et payer sans discontinuation, tous les Jours ouvrables, les arreraiges desdictes rentes sur le champ et à mesure que lesdictes quictances seront apportées, sans les garder ny user d'aucunes remises, et faire en sorte que dans trois sepmaines apres lesdictes six sepmaines escheues, ledict quartier soit entierement payé, et ce à commancer au quinziesme de Mars prochainement venant, pour payer le dernier quartier de l'année mil six cens cinq. Et à faulte de ce faire, ledict temps passé, sera delivré executoire allencontre de luy ausdictz rentiers qui en feront plaincte au Bureau de la Ville.

« Et pour ce qui est des rentes des receptes generalles, le receveur et payeur d'icelles sera tenu, aussi tost qu'il aura receu le fonds de ses assignations par chacune demye année, et six sepmaines apres chacune d'icelle expirée, ouvrir son bureau et payer tous les jours, sans discontinuation, le quartier qu'il conviendra payer, sans faire aulcune fueille, ny user d'aucunes remises, en sorte que par année il paye deulx quartiers entiers desdictes rentes. Et à faute de ce faire par ledict Receveur, sera delivré executoire à l'encontre de luy, aux rentiers qui se plaindront.

« Et à ce que personne ne pretende cause d'ignorance du present reiglement, ordonnons qu'il sera imprimé et affiché, tant audict Hostel de la Ville, maisons des receveurs que autres lieux.

« Faict audict Hostel de la Ville, le vendredy quatriesme jour de Janvier mil six cens treize. »

CCXXXV. — Monsieur de Jambeville
REINTEGRÉ EN SA FONTAINE.
4 janvier 1613. (Fol. 72 v°.)

De par les Prevost des Marchans et Eschevins de la ville de Paris.

« Il est ordonné que Monsieur le President de Jambeville[1] sera reintegré et remis en la possession de sa fontaine et cours d'eau, dans sa maison, ainsy qu'il en a jouy cy-devant suivant sa concession, lequel restablissement sera faict par Pierre Guillain, Maistre des oeuvres de ladicte Ville, en la presence de l'ung de nous.

« Faict au Bureau de ladicte Ville, le vendredy quatriesme jour de Janvier mil six cens treize. »

CCXXXVI. — Arrest du Conseil d'Estat
PAR LEQUEL LES OFFICIERS DE LA VILLE
SONT EXEMPTS DE PAIER AUCUNS DROICTS DE CONFIRMATION AUX ADVENEMENS DES ROYS À LA COURONNE.
5 janvier 1613. (Fol. 73.)

Extraict des Registres du Conseil d'Estat[2].

« Sur ce qui a esté remonstré au Roy en son Conseil par les Prevost des Marchans et Eschevins de la ville de Paris qu'encores que, par arrest dudict Conseil du troisiesme May dernier, les vingt quatre crieurs de corps et de vins de ladicte Ville ayent esté deschargez de la somme de cinquante six livres chacun pour le droict de confirmation qui leur estoit demandé et dont ils estoient poursuivis par Maistre François Gervaise, commis à la recepte des deniers desdictes confirmations, en consideration qu'ils ne sont officiers du Roy, ains prennent leurs provisions desdictz Prevost des Marchans et Eschevins de ladicte Ville, neanmoings ledit Gervaise ne laisse de poursuivre Maistre Pierre Perrot, Procureur en l'Hostel de la ville de Paris, et les deux maistres des ponts d'icelle Ville pour le payement dudict droict de confirmation: assavoir, ledict Perrot pour la somme de cent cinquante livres et lesdictz maistres des ponts soixante et quinze livres chacun, bien qu'ilz soient officiers de ladicte Ville, requerant qu'il plaise à Sa Majesté, en ceste consideration, les descharger desdictes sommes de cent cinquante livres et LXXV livres, et ordonner qu'ilz en seront deschargez et rayez du roolle, ensemble tous les autres officiers de ladicte Ville qui y pourroient avoir esté mis. Veu l'arrest du Conseil du troisiesme May dernier, les exploitz de commandement faicts à la requeste dudict Gervaise audict Perrot et maistres desdictz ponts, le Roy en son Conseil a deschargé et descharge lesdictz Maistre Pierre Perrot, Procureur en l'Hostel de ladicte ville de Paris, et les deulx maistres des ponts d'icelle Ville desdictes sommes de cent cinquante livres d'une part et soixante et quinze livres d'autre, pour ledict droict de confirmation. Ordonne Sa Majesté qu'ils

---

[1] Antoine Le Camus, s' de Jambeville, président à mortier. On trouvera au tome XIII (p. 458-459) des renseignements sur ce personnage et sur la concession d'eau qui était affectée à sa maison de la rue Vieille-du-Temple.

[2] L'original de cet arrêt figure dans les minutes des arrêts du Conseil (*Arch. nat.*, E 39ᵃ, fol. 1).

seront raiez du roolle des taxes desdictes confirmations, et tous les autres officiers de ladicte ville de Paris qui y pourroient avoir esté compris.

« Faict au Conseil d'Estat du Roy tenu à Paris, le cinquiesme jour de Janvier mil six cens treize. » Signé : « Mallier ».

CCXXXVII. — Advis au Roy
POUR LA CONSTRUCTION D'UNG PONT SUR LA RIVIERE VERS LE PORT SAINCT-PAUL.

7 janvier 1613. (Fol. 73 v°.)

« Les Prevost des Marchans et Eschevins de la ville de Paris, avec le Conseil de ladicte Ville pour ce assemblé, qui ont veu les articles presentés au Roy et à Nosseigneurs de son Conseil par Christophle Marie, ayant contracté avec sa Majesté pour la construction des ponts à faire en ce Royaume, contenant la proposition par luy faicte de construire et edifier à ses despens ung pont de bois au travers de la riviere de Seyne pour passer du quartier Sainct-Paul au quay de la Tournelle, en lui accordant par Sa Majesté l'octroy franc du pris de la premiere vente des deux isles de Nostre Dame pour en jouir par luy à perpetuité, les siens et ayans cause, luy permettre de faire bastir sur ledict pont et dans lesdictes isles des maisons et edifices[1], construire six moulins sur pieulx, luy donner la maistrize du pont, ensemble pouvoir mettre deux guydeaulx pour servir à la pesche, ainsy qu'il est plus au long contenu ausdictz articles à nous et aux Tresoriers generaulx de France à Paris renvoyez par ordonnance du Conseil du neufviesme Novembre mil six cens unze pour nous estre communiquez, et appellez avec nous des experts et gens à ce cognoissans, et donner advis à Sadicte Majesté de la commodité ou incommodité dudict pont; veu aussy le proces verbal et rapport de la visitation faicte desdicts lieux, en noz presences et desdicts sieurs Tresoriers generaulx de France, par les Maistres des oeuvres tant de Sadicte Majesté que de ladicte Ville, marchans et voicturiers expertz, et autres gens à ce cognoissans, les dix-neufviesme et vingtiesme Decembre mil six cens unze, par lesquels apres leur avoir esté communiqué le plan, deviz et desseings pour ladicte construction, aucuns desdicts expertz ont esté d'advis de ladicte construction dudict pont et les autres non; la requeste à nous presentée par ledict Marye, le trantiesme Janvier mil six cens douze, à ce que pour les causes et considerations y contenues, nouvelle visitation fut faicte desdicts lieux, ce que nous aurions ordonné; le rapport de ladicte seconde visitation faicte en noz presences le douziesme Mars dernier par dix notables bourgeois de ceste Ville par nous pris et nommez d'office, par lequel, pour les raisons y mentionnées, ils n'ont peu estre d'advis qu'il feust basty un pont de bois audict endroict; aultre requeste à nous presentée par ledict Marye, par laquelle, pour oster toutes les objections et difficultez, il offriroit de faire faire de pierre les pilles dudict pont et rendre les arches de telle largeur necessaire pour faire passer toutes sortes de basteaulx pour la liberté et seureté de la navigation; sur laquelle requeste aurions ordonné, auparavant que de donner advis à Sa Majesté, que ledict Marie se retireroit par devers elle et Nosseigneurs de son Conseil sur lesdictes nouvelles offres[2]; l'advis desdictz sieurs Tresoriers generaulx de France à Sadicte Majesté du vingt huictiesme Septembre dernier pour la construction dudict pont aux charges y contenues[3]; la requeste presentée au Roy et à nosdictz seigneurs de son Conseil par ledict Marye à ce qu'attendu que depuis la presentation desdicts articles, il a esté nécessité d'offrir de faire de pierre les pilles dudict pont au lieu de bois, dont la despence sera six fois autant plus grande, il pleust à Sadicte Majesté luy accorder le contenu en sesdicts articles sans y apporter aucun retranschement ny moderation, et ordonner que les deniers destinez par chacun an pour le parachevement des quaiz de l'isle du Pallais, iceulx prealablement faicts en leur perfection, luy seront mis entre ses mains durant six années consecutives et que toutes lettres et expeditions necessaires luy en seront delivrées, icelle requeste à nous renvoyée par arrest donné audict Conseil le septiesme Octobre dernier, pour donner advis à Sadicte Majesté; l'information par nous faicte d'office au Bureau de

---

[1] Le projet proposé par Christophe Marie fut combattu par le chapitre Notre-Dame qui était propriétaire de l'île Notre-Dame et les registres capitulaires portent, à la date du 27 juillet 1612, la mention suivante : « Rogati sunt domini Camerarius et Garnier loqui domino de Pontcarré et scire qui sunt commissarii deputati pro negotio conficiendi pontes et domorum adificandarum in insula Beatae Mariae et sese opponere pro interesse ecclesiae hujusmodi edificiis faciendis, cum consilio. » (Arch. nat., LL 307, fol. 67 v°). L'année suivante, les chanoines se contentent de réclamer des indemnités pour les dommages que les travaux de construction du pont pourraient causer à leurs propriétés : « Rogati sunt domini Decanus et Camerarius agere pro prudentia cum Nicolao Paye pro indemnitate domus Insulae casu quo eveniat aliquod damnum per machinas quas praetendit Rex construi facere in dicta Insula, et tradendo indemnitatem de damnis faciendis in dicta domo, domini permiserunt eidem Nicolao Paye facere et construere, dictas machinas de mandato domini Regis. » (Arch. nat., LL 170, p. 128, 21 août 1613.)

[2] Les différentes pièces indiquées ici ont été publiées ci-dessus, p. 150-154, n° CLXVI.

[3] Cet avis a été indiqué plus haut (p. 213, note 1).

ladicte Ville le premier jour de Decembre dernier[1] de notables bourgeois marchans et voicturiers de ceste Ville sur la commodité ou incommodité dudict pont, auxquels apres avoir faict entendre l'entreprise dudict Marye, à eulx communicqué les desseings et plan pour la construction dudict pont, lesquelz tous unanimement ont esté d'advis de ladicte construction dudict pont, comme ne se pouvant faire oeuvre publicque plus utille et necessaire pour la commodité de tout le peuple et bien de ladicte Ville, pourveu que lesdictes pilles dudict pont fussent de pierre et de bonnes estoffes; la requeste à nous presentée par ledict Marye, aux fins de nostre advis à Sadicte Majesté :

«Nostre advis est, soubz le bon plaisir du Roy et de nosdicts seigneurs de son Conseil, que, pour estre ledict pont tres utille et tres necessaire à la Ville pour la commodité publicque, Sadicte Majesté peut permettre andict Marie ladicte construction de pont, soit à l'opposite de la rue des Nonnains d'Ierre, ou à celle de la rue Geoffroy Lasnier ou ailleurs, selon que par nouvelle descente qui y sera faicte en noz presences, où nous appellerons des marchans, bourgeois, voicturiers et expertz, qu'il sera trouvé plus à propos et commode; les pilles duquel pont seront de pierre et de bonnes estoffes dont les allignemens, assiette, largeur et haulteur des arches seront donnez par les Maistres des oeuvres et des pontz, voicturiers et expertz qui seront par nous nommez en noz presences, pour la seureté du chemyn de la navigation.

«Sera l'entrepreneur tenu de faire, à ses fraiz et despens, quaiz et abbrevoirs es environs desdictes isles, selon le devis qui en sera faict lors de ladicte dessente sur les lieulx.

«Qu'il ne pourra estre basty ny construict aucuns moulins sur ladicte riviere, qu'au prealable visitation n'ayt esté faicte en noz presences par lesdictz maistres des ponts, marchans, voicturiers et experts pour voir s'ils empescheroient la navigation ou non.

«Qu'il ne sera mis aucuns guydeaulx soubs les arches dudict pont, sans la permission de ladicte Ville.

«Qu'il ne sera creé ny establly aucun maistre audict pont et, en cas qu'il feust jugé necessaire, y sera pourveu par ladicte Ville suivant les ordonnances.

«Que ledict pont estant ainsy faict apportera une grande utillité et facilité à tout le peuple tant à cause de la conferance de l'Université avecq la Ville, descharge des autres ponts, que pour la conservation des basteaux qui viennent journellement chargez de marchandise, lesquels au temps des grandes glaces seront garrés et à couvert entre ledict pont et celuy de Nostre Dame, ainsy garantis des blessures, ruptures et entrainemens d'iceulx, que la furye des glaces faict lors que la riviere charrye, d'autant que la poincte des pilles du pont brisera le premier chocq, et ainsy les autres ponts d'audessoubs ne seront endommagez. Lequel pont apportera encores une grande commodité pour les ports qui ne sont à present suffisans pour la quantité de marchandise qui vient à Paris, en faisant des quaiz des deulx costez de l'isle, sans que ny le pont ny les quaiz revestuz puissent endommager l'isle Notre Dame, par ce que jamais l'eaue, quelque grande qu'elle puisse estre, ne s'enfle à son destroict, mais s'estend au vuyde du dessus, comme à la campagne, qui sera une facilité pour le canal que l'on desire faire, et d'ailleurs que tous les basteaux chargez de denrées qui arrivent à Paris du costé d'amont, viennent en avallant sans fraiz pour la Ville, lesquelz, bien qu'il n'y ayt à present aucun pont, descendent bellement et non affract en cajollant[2] avec leurs cordes jusques au port; ainsy il n'y aura aucun changement à la navigation.

«Faict au Bureau de la Ville, le septiesme jour de Janvier mil six cens treize.»

CCXXXVIII. — Mandement aux Quartiniers pour avoir le roolle des cappitaines de leurs quartiers.

7 janvier 1613 (Fol. 74.)

De par les Prevost des Marchans et Eschevins de la ville de Paris.

«Sire Jehan Le Conte, Quartinier, d'autant que depuis deux ans et demy que l'establissement des Cappitaines a esté faict en ceste Ville[3], il y a quelque changement soit par mort ou d'autres qui ont changé de quartier, nous vous mandons nous apporter, dans demain, les noms des Capitaines, Lieutenants et En-

---

[1] Voir ci-dessus, n° CCXV.
[2] C'est-à-dire en descendant avec le courant.
[3] Voir le rôle de la milice des 9-11 juillet 1610, p. 1-14.

seignes qui sont à present en vostre quartier, et les noms de ceulx qui sont decedez ou qui ont changé de quartier, pour y en estre mis d'autres en leurs places. Sy n'y faictes faulte.

«Faict au Bureau de la Ville, le lundy septiesme jour de Janvier mil six cens treize.»

CCXXXIX. — Arrest du Conseil du Roy contre ceulx de Rouen sur le subject des provisions de bois de la ville de Paris.

12 janvier 1613. (Fol. 76 v°.)

Extraict des Registres du Conseil d'Estat [1].

«Sur les plainctes et remonstrances qui ont esté faictes au Roy en son Conseil par les Prevost des Marchans et Eschevins de la ville de Paris qu'à l'occasion de l'empeschement que l'on donnoit aux marchandz adjudicataires des ventes des forests de Normandye proche de la riviere de Seyne de transporter le bois hors la province et le voicturer en ladicte ville de Paris, combien que le commerce en deust estre libre, ladicte Ville en estoit grandement incommodée; à quoy desirans pourvoir et que ses subjects tant de ladicte ville de Paris que de celle de Rouen en feussent raisonnablement secourus, apres avoir entendu leurs raisons et remonstrance tant d'une part que d'autre, le Roy en son Conseil a ordonné et ordonne que le bois provenant des quatre forests de la vicomté dudict Rouen, Rouvray[2], Roumare[3], La Londe[4] et Longboel[5], sera entierement affecté et reservé pour ladicte Ville, sans que les marchandz le puissent mener ailleurs; celuy des forests d'au-dessoubs dudict Rouen, Browne[6] et Caudebec[7], la moictié en sera apporté audict Rouen, et de l'autre moictié le commerce en sera libre pour le secours des villes prochaines et maritimes. Quant à celles du dessus, comme le Pont de l'Arche[8] et celuy qui se flotte de la forest de Lyons[9], la moictié en sera pareillement apportée audict Rouen, et l'autre moictié à Paris; et pour les forest d'Andely[10] et Vernon[11], le commerce en sera entierement libre pour le mener aussy audict Paris.

«Faict au Conseil d'Estat du Roy tenu à Paris, le douziesme jour de Janvier mil six cens treize.»
Signé : «Malier».

CCXL. — Mémoires et propositions de Pierre Bizet pour le rachapt des rentes et aultres grandes œuvres publiques.

15 janvier 1613. (Fol. 77.)

«S'il plaist à Messieurs de la ville de Paris avoir agreable la proposition qui leur est faicte par Pierre Bizet[12], secretaire de la Chambre du Roy, il leur sera par luy faiot ouverture juste et tollerable pour parvenir au rachapt absolu des rentes constituées par Sa Majesté sur les receptes generalles et Aydes, mesme à la closture des faulxbourgs de ladicte Ville et confection d'un pont neuf de pierre de taille de diverse structure que celuy des Augustins, autrement dict Pont neuf, à prendre du port Sainct-Paul jusques à la Tournelle, qui sera surnommé le pont Sainct Louys, à la charge que l'isle Nostre Dame et celle des Vaches demeureront en la disposition de

---

[1] Arch. nat., E 39⁴, fol. 35.
[2] La forêt domaniale de Rouvray, située dans une presqu'île formée par la Seine en face de Rouen, contient aujourd'hui 3,239 hectares.
[3] Forêt domaniale, d'une contenance de 4,057 hectares, située sur la rive droite de la Seine, dans la première boucle que forme le fleuve au-dessous de Rouen. — M. Michel Prévost a publié, en 1904, une *Étude sur la forêt de Roumare* (Rouen et Paris, in-8°, 462 pages).
[4] La forêt de la Londe, située au sud de la précédente, sur la rive gauche de la Seine, est également forêt domaniale; sa contenance est de 2,154 hectares.
[5] Longboel est le nom d'une forêt particulière située dans le département de l'Eure, sur les confins de la Seine-Inférieure. Elle couvre les pentes de la rive droite de la vallée de l'Andelle depuis Fleury-sur-Andelle jusqu'au confluent de cette rivière avec la Seine.
[6] Grande forêt domaniale sise sur la rive gauche de la Seine dans une boucle formée par le fleuve au-dessous de Caudebec. Elle s'étend sur 6,758 hectares.
[7] Le texte doit désigner sous ce nom les bois situés au nord de Caudebec.
[8] La forêt domaniale de Pont-de-l'Arche ou de Bord couvre, dans le département de l'Eure, une superficie de 3,500 hectares.
[9] Grande forêt domaniale qui s'étend dans l'arrondissement des Andelys (Eure) et dans celui de Neufchâtel (Seine-Inférieure), sur une superficie de 10,608 hectares, dont le centre est occupé par le bourg de Lyons-la-Forêt.
[10] La forêt des Andelys prend naissance à 3 ou 4 kilomètres au sud des Andelys et couvre environ 1,600 hectares.
[11] Forêt particulière du département de l'Eure, sur la rive droite de la Seine, renfermant environ 2,500 hectares.
[12] Nous manquons de renseignements sur ce Pierre Bizet, auteur du projet bizarre qu'on va lire et qu'on est étonné de voir prendre au sérieux par la Ville. Il faut sans doute y reconnaître l'auteur de l'*Avis au Roi sur la réunion générale de ses domaines aliénés* paru sous ce nom en 1607 (in-4°, 44 pages), et c'est probablement lui qui, quelques mois plus tard fut reçu par la Chambre des Comptes en l'office de receveur et payeur des exploit et amendes du Grand Conseil. (Arch. nat., P 2671, fol. 135 v°.)

ladicte Ville, suivant la concession qui leur en sera faicte par Sa Majesté, pour y estre fondé une chappelle telle et semblable que la Saincte Chapelle du Pallais à Paris en son honneur et à la memoire de saluct Louys, ayeul de Sadicte Majesté, et en crouppe d'icelle, une maison ou seminaire academicque duquel les prestres de la congregation de l'Oratoire[1] auront la direction, où seront entretenus deux cens jeunes hommes escoliers qui seront parvenuz au degré de la philosophie, dont moictié seront Parisiens naturels et les autres de quelque province de ce Royaulme que ce soit et tirez des colleges de ceste université et de tous autres de cedict Royaume sans exception; laquelle maison sera de semblable structure que celle qui se faict pour les professeurs du Roy au college de Cambray[2], et neantmoings accreue des deulx tiers d'autant que celle la, auquel lieu seront entretenuz professeurs publicqz aux gaiges de trois mil livres pour chacun d'eux, qui enseigneront publiquement la philosophie et les langues grecques, hebraïcques, ciriacques, caldeïques, arabesques, turquesques et indiennes, et les mathematicques; pour subvenir auquel entretenement il sera faict fonds jusques à deux cens mil livres de revenu.

«Que pour faire recognoistre à touttes les nations de la terre que la seulle France est l'œil du monde et Paris la prunelle de cest œil, il sera faict autre fondz de quatre vingtz mil livres de revenu, tant pour subvenir à la nourriture des pauvres enfermez qu'à l'entretenement de tous les ministres de la Chrestienté qui se vouldront retirer de leur erreur et recognoistre de bonne foy qu'en l'Eglise catholicque, apostolicque et romaine est la seulle foy, n'y ayant hors icelle aucun salut; qui demeureront, en ce faisant, initiez et immatriculez en ladicte congregation, sans que, où ilz viendroient à estre relaps, ilz y puissent plus estre admis ny receuz pour quelque cause que ce soit, et seront ceulx qui se trouveront mariez suspenduz suivant ce qui sera ordonné.

«Que pour exercer par lesdictz bons peres les voeuz tres utilles dont ils feront profession pour de plus en plus exciter toutes sortes de personnes à la vertu et au service du Tres Hault, il sera faict autres fondz jusques à quarante mil livres de revenu pour estre par eulx distribuez en leurs loyaultez et consciences par chacun an, à deux cens pauvres filles à marier, à raison de deux cens livres pour chacune d'icelles, et à deux cens pauvres enfans qui seront jugez cappables pour parvenir aux bonnes lettres et qui seront tirez des hospitaulx de la Trinité, Sainct-Esprit et Enfans rouges, autres deux cens livres pour leur subvenir à leur nourriture et entretenement es dictz colleges.

«Que pour stimuler toutes personnes indifferamment à demander et rechercher lesdictes filles par mariage, mesme les pauvres compagnons artisans et gens de metier, il sera precisement ordonné que, outre lesdictes deux cens livres, en faisant par eulx apparoir des actes de leurs apprentissaiges et d'autres actes de certification comme ilz auront bien et fidellement servy les maistres des mestiers dont ils seront trois ou quatre années suivantes consecutifves plus ou moings, lesdictz compagnons seront receuz et admis à la maistrise des artz et mestiers dont ilz feront profession, sans pour ce paier aucune chose ny faire aucun chef d'œuvre, dont leur seront expediées lettres au cas requises.

«Qu'au lieu que ledict Bizet cottera es dictes isles il sera faict edifier une imprimerie qui appartien-

---

[1] La congrégation de l'Oratoire venait d'être fondée à Paris en 1611 par M. de Bérulle, dans une maison du faubourg Saint-Jacques appelée l'Hôtel de Valois ou du Petit-Bourbon, sur le futur emplacement du Val-de-Grâce. Le pape Paul V devait, le 10 mai de cette même année 1613, approuver la congrégation nouvelle qui se destinait à la prédication, à l'enseignement de la jeunesse dans les collèges et à la formation des clercs dans les séminaires. Le *Mercure françois* (t. III, p. 286-292) donne des détails sur les débuts de la nouvelle congrégation et décrit ainsi la manière de vivre et le costume de ses membres : «Ils vivent en commun comme religieux ; la plupart du jour ils sont en prières et méditations. Ils portent la soustane comme les prestres romains et un long manteau, le collet abbatu et non pas haussé comme celuy des Jesuites.»

[2] Le Roi venait de faire l'acquisition du collège de Cambrai, le 18 avril 1612, pour y construire le collège royal, dont les bâtiments projetés n'avaient pas encore pu être élevés et dont les professeurs n'avaient à leur disposition pour faire leurs cours que les salles de Cambrai et des collèges voisins (Jaillot, *Quartier Saint-Benoît*, p. 181 et 182). C'est pour l'exécution du plan d'ensemble qui avait été dressé à l'occasion de la construction du collège royal que fut pris alors à l'église Saint-Benoît son ancien cimetière qui était limitrophe du collège de Cambrai (*Topographie du Vieux Paris, Région Centrale de l'Université*, p. 45-47), et qu'en compensation fut donnée à la paroisse Saint-Benoît «une place entourée de murs proche la porte Saint-Michel, contenant 9 toises et demie de long sur 3 toises 1 pied de large», qui appartenait aux Jacobins. Ceux-ci reçurent en échange 1,500 livres d'indemnité, plus une «somme de trois cens livres pour estre employée en l'achapt d'un benoistier d'argent de la valleur d'icelle, auquel seront mis les armes de Sa Majesté» (*Arch. nat.*, E 37ᵇ, fol. 40 : arrêt du Conseil du 4 septembre 1612). Cet échange fut complété par l'attribution qui fut faite à la paroisse Saint-Benoît d'une portion de terrain de cinquante toises prise sur le jardin du collège des Dix-Huit, afin d'y établir son nouveau cimetière, moyennant l'obligation d'indemniser le collège des Dix-Huit sur la somme que la paroisse avait reçue du Roi et à la condition que les «marguilliers et paroissiens dud. Sᵗ Benoist feront faire à leurs despens sur iesd. deniers une muraille de haulteur raisonnable et suffisante pour empescher la vene des convois et enterrementz qui seront faictz ausdictz lieux.» (*Arch. nat.*, F 41ᵃ, fol. 408, 27 juillet 1613.)

dra à ladicte maison : seulle et sans discontinuation travaille suivant ce qui sera ordonné à celui auquel l'on en commettra la charge, mesme à l'impression d'une saincte bible en toutes lesdictes langues latine, grecque, hebraïcque, ciriacque, caldcïque, arabesque, turquesque, indienne, pour estre transportée par tout le monde universel à l'ediffication du prochain et à la gloire et honneur de Dieu.

«Et à ce que Messieurs de la Ville reçoivent plus de contantement de ce dessein en son execution, il sera faict fondz par preference de ce qui proviendra des deniers destinez pour cest effet jusques à la somme d'ung million de livres pour estre employez en l'acquisition des maisons qui sont appuyées contre ledict Hostel de Ville du costé de l'eaue et jusques à la rue dicte du Poisson[1], toutes lesquelles seront payées sur le prix de l'estimation qui en sera faicte, ladicte Maison de Ville accrue d'aultant, et ung pavillon eslevé de pareille structure que les deux qui y sont de present, et la cimetrie et architecture gardée entre celuy qui sera faict de nouveau et le pavillon contre lequel sont de present appuyées lesdictes maisons et lieux. Au dedans du frontonicque qui sera au dessus de l'escallier dudict ediffice et entrée de ladicte Maison de Ville vers l'eaue, le Roy à present regnant sera representé seant en son lict de justice, et de ceste sorte regardé par le Roy Henry le Grand son pere, et au lieu de la monstre d'horloge qui est de l'aultre part, sera apposée une autre monstre de pareille grandeur, dans laquelle seront representez les jours, moys, années et saisons, avec les mouvemens de la lune et eclipses du soleil, et au-dessus ceste dame Lutesse donnant aux figures qui seront representées pour les quatre parties du monde, Europe, Asye, Affricque et Americque, la loy de Dieu escripte, à laquelle, sur ceste consideration, ils feront hommage; à costé de laquelle monstre les deux bons genies de la France, Michel et Gabriel, seront relevés en bosse, et au-dessus une cloche moictié fonte, moictié argent, de pareille grosseur que celle de l'orloge, laquelle sera tintée des le matin lorsqu'aucunes assemblées generalles de Ville seront resolues d'estre faictes et tenues pour le bien des affaires d'icelle, et celuy du service de Sadicte Majesté. Et sera la dicte Maison de Ville entierement continuée suivant son desseing, et la place de Greve relevée de haulteur competante et les maisons d'alentour abbattues pour estre reediffiées de mesme structure que la place Royalle.

«Qu'il sera decerné acte audict Bizet de la presente proposition, laquelle sera enregistrée és régistres de ladicte Ville pour y avoir recours; et des à present accordé en sa faveur que Maistre Jehan Desnotz, nottaire, soit nommé par eulx à Sadicte Majesté pour faire la recepte actuelle, levée, maniement et distribution des deniers qu'il proposera de recevoir, aux taxations de deulx solz pour livre, à la charge qu'il sera tenu des frais qu'il conviendra et sera necessaire de faire pour parvenir à l'execution des choses dessusdictes, et Maistre Chrestien Comperot, le controolle de ladicte recepte aux taxations de six deniers pour livre. Lequel acte sera signé desdicts sieurs Prevost des Marchans et Eschevins et du Greffier de ladicte Ville, qu'ils feront emologuer par le general d'icelle, avant que ses memoires, ouvertures et moyens ayent esté veus, deliberez et resoluz.

«Aussy luy sera accordé ung sol pour livre de toutte la recepte actuelle qui sera faicte pour l'execution de ceste affaire, qu'il voue à Dieu, pour estre employez à la confection du portail et autres ediffices entrepris par les bons peres Fueillantins et Minimes, et en œuvre pies en sa memoire, et qu'à sadicte nomination Maistre Anthoine Biet soit commis pour greffier soubs Messieurs les commissaires qui seront deputez pour l'execution de cest affaire, avec pouvoir de subdeleguer en toutes les commissions qui en deppendent par les provinces et generalitez de cedict Royaulme, les commis duquel en toutes lesdictes subdelegations seront tenus de rapporter en ses mains les proces verbaulx et pieces justificatives qui concerneront l'effect desdictes subdelegations affin de donner raison à qui il appartiendra de tout ce qui aura esté faict en icelle.

«Et que pour luy servir, et aux siens, de perpetuelle memoire des signalez et recommandables services qu'il aura rendus à Sa Majesté et au public, mesme aux particuliers de ladicte ville de Paris, dont il est originaire, il luy sera loisible d'adopter deux de ses nepveux, tels qu'il les vouldra cheoisir, qui demeureront pour jamais Conseillers nez de ladicte Ville ou, quoy que soit, les premiers de leurs enfans ou ceulx qui leur succederont en cas de mort, soit que ceste affaire se poursuive selon son desseing ou en partye, les enfans desquels et leurs successeurs seront preferez à tous ceulx qui seront introduictz en ladicte maison ou seminaire academicque.»

---

[1] La rue des Poissons allait de la rue du Martroi à la rue de la Mortellerie et se prolongeait jusqu'au quai de la Grève. Elle porta aussi le nom de rue des Trois-Poissons et celui de rue Pernelle, sous lequel elle figure dans le plan de Gomboust. Au XVIII° siècle elle s'appelait rue de la Levrette. (Jaillot, *Quartier de la Grève*. p. 3o.)

«Les Prevost des Marchans et Eschevins de la ville de Paris, veu au Bureau de ladicte Ville la proposition cy dessus transcripte presentée par Maistre Pierre Bizet, avons donné acte à icelluy Bizet de la presentation d'icelle proposition laquelle sera enregistrée au Greffe de ladicte Ville pour y avoir recours comme estant tres utile et proffitable au service du Roy, decoration de ladicte Ville et du public, et que apres qu'il aura proposé les moyens pour effectuer le contenu en ladicte proposition, s'ilz sont trouvez justes, raisonnables et faisables, nous promettons l'assister pour supplier le Roy et Nosseigneurs de son Conseil de luy accorder deulx sols six deniers pour livre tant pour droict de recepte que controlle de tous les deniers qui pourront provenir de ses ouvertures et moyens, soit que l'affaire se poursuive pour estre entierement effectuée suivant le desseing susescript ou en partye, avec faculté de nommer au greffe de la commission, le tout en consideration desdictes ouvertures, advis et moyens, et faire la proposition de la demande des deulx estats de Conseillers pour les deux nepveux dudict Bizet en assemblée generalle, à la charge que, s'il se trouvoit à propos de ne faire aucuns des edifices y mentionnez, les fonds destinez à ce faire seront convertis et employez en autres bastiments qui luy seront ordonnez pour la commodité et ornement de ladicte Ville.

«Faict audict Bureau de la Ville, le mardy quinziesme jour de Janvier mil six cent treize.»

CCXLI. — ASSEMBLÉE SUR LES PROPOSITIONS DES NOMMEZ LA POINCTE ET POURCELET A CAUSE DES RENTES DU CLERGÉ, PLUS SUR LE SUBJECT DES RENTES DU SEL ET SUR LA COMMISSION DE MAISTRE JEHAN FILACIER.

18 janvier 1613. (Fol. 80.)

«Monsieur, ... plaise vous trouver demain deux heures de relevée, au Bureau de la Ville, pour deliberer sur une requeste presentée par les sieurs de La Poincte et Pourcelet touchant les rentes du Clergé et aussy pour adviser touchant le don faict par la Royne à icelle Ville. Vous priant n'y voulloir faillir.

«Faict au Bureau de ladicte Ville, le jeudy dix septiesme Janvier mil six cens treize.

«Les Prevost des Marchans et Eschevins de la ville de Paris, tous vostres.»

Du vendredy xviii° jour de Janvier mil six cens treize.

En l'assemblée de Messieurs les Prevost des Marchans, Eschevins et Conseillers de ladicte Ville ledict jour tenue au Bureau d'icelle pour deliberer sur une requeste presentée par les sieurs de La Poincte et Pourcelet et touchant les rentes du Clergé, et aussy pour adviser touchant le don faict par la Royne à icelle Ville,

Sont comparuz :

Monsieur de Grieu, sieur de Sainct Aubin, Conseiller en la cour de Parlement, Prevost des Marchans, Monsieur Poussepin, Monsieur Fontaine, Monsieur Desprez, Monsieur Merault, Eschevins.

Monsieur de Versigny, Monsieur le President Aubry, Monsieur Marescot, Monsieur Boucher, Monsieur Palluau, Monsieur Le Prestre, Monsieur de Sainct Germain, Conseillers de ladicte Ville.

La compagnie estant assemblée, mondict sieur le Prevost a remonstré que cy devant et des le douziesme Juin mil six cens, sur l'advertissement qui fut donné à ladicte Ville que les receveurs des decimes des dioceses d'Autun, Chaallons sur Saulne, Langre, Auxerre, Mascon et diocese de Bezançon[1] avoient en leurs mains plusieurs grandes sommes de deniers qu'ils avoient mal levez et retenuz par eulx sans en avoir rendu compte, offrans en donner leurs advis, fut des lors arresté par ladicte Ville la dixiesme partie à Maistre François Reverdy des deniers actuellement revenans bons à la Ville qui proviendroient desdictes recherches[2]; depuis lequel temps a esté faict quelques poursuites, mesmes par ordonnance du Bureau de la Ville du septiesme Decembre mil six cens quatre, sur la requeste presentée par les sieurs Guerin, sieur de La Poincte, et Pourcelet, leur fut accordé la huictiesme partye desdictz deniers ainsy recellez, suivant l'arrest du Conseil du vingt ungiesme Aoust audict an mil six cens quatre[3], en vertu desquels ayant encommancé quelque poursuittes à la Cour des Aydes allencontre desdictz Receveurs, y auroit esté obtenu quelques arrestz, pour empescher l'effect desquels, les agents du Clergé avoyent practiqué ung arrest du Conseil d'Estat contenant interdiction à ladicte Cour des Aydes et assignation donnée à ladicte Ville audict Conseil où l'instance est encore pendante et indecise par faulte de commissaire. En quoy lesdictz Guerin et Pourcelet ont faict de grands fraiz, lesquelz ont nouvellement presenté

---

[1] Il ne peut s'agir ici que des quelques paroisses de ce diocèse qui se trouvaient sur territoire français en Bourgogne et en Champagne. La presque totalité du diocèse de Besançon était alors située hors de France, et naturellement dans les comptes de décimes du commencement du xvii° siècle son nom ne figure pas à côté de ceux des autres archevêchés et évêchés.
[2] *Registres du Bureau*, t. XII, p. 320.
[3] *Registres du Bureau*, t. XIII, p. 390-391.

requeste à ladicte Ville ad ce qu'il lui pleust, suivant lesdictes deliberations precedentes, ordonner que tant pour le passé que à l'advenir lesdicts Guerin, Pourcelet et leurs associez feront les poursuittes et solicitations par devant tels juges qu'il sera ordonné, pour le payement et acceleration de tout ce qui est deub des rentes constituées sur ledict Hostel de Ville et assignées sur les deniers desdicts decimes. C'est pourquy il avoit faict assembler ceste compagnie, requerant en voulloir deliberer.

Sur quoy, lecture faicte desdictes poursuittes, arrestz et requestes, a esté arresté de poursuivre audict Conseil du Roy lesdictes poursuittes encommancées et assister lesdicts La Poincte et Pourcelet pour le recouvrement desdictz deniers ainsy mal receuz et retenuz, dont lesdicts La Poincte et Pourcelet auront la huictiesme partye des deniers qui reviendront actuellement bons dans les coffres de la Ville à la charge par eulx d'en faire les fraiz.

Sur la proposition faicte par mondict sieur le Prevost des Marchans affin d'adviser aux moyens pour le mieulx faire payer les rentes du sel que on faict à present Maistre Philippes de Gondy, auquel voullant faire obeyr aux reiglemens faicts par ladicte Ville, il s'excuse de ce que les deniers de ses assignations destinez pour le payement des rentes sont portez à l'Espargne par la negligence ou faulte de payement par Maistre Thomas Robin, ce qui donne craincte au peuple. Requerant en voulloir deliberer.

Sur quoy, l'affaire mise en deliberation, a esté arresté qu'il sera signiffié audict de Gondy qu'il ayt à doresnavant recevoir ses assignations par les mains des recepveurs à ce commis, pour le payement des rentes assignées sur le sel, sans permettre que lesdictz deniers passent par l'Espargne, luy declarant que en quelque façon que ce soit, encore que sesdictes assignations soient portez à l'Espargne, que ladicte Ville ne laissera de le contraindre au payement de ce qu'il est tenu payer pour lesdictes rentes.

Ce faict, mondict sieur le Prevost a encores remonstré que, par la resolution d'assemblée du deuxiesme du present moys de Janvier, fust arresté que ladicte Ville se desisteroit de l'opposition par elle formée à la Chambre des Comptes à la verifiication des lettres obtenues par Maistre Jehan Filassier pour ce qui concerne les rentes du dehors, et que pour ce qui est des quatre natures des rentes de ladicte Ville dont icelle Ville a le don de la Royne, que ladicte Ville travailleroit à l'esclaircissement desdictes rentes et de ceulx qui les ont receues ou reçoipvent indeuement, sans en faire par icelle Ville

aulcun party, et que aulcuns desdictz sieurs Conseillers de la Ville seroient commis et deputez pour y travailler avec luy et Messieurs les Eschevins; que, quelque peu auparavant ladicte resolution d'assemblée, aulcuns seigneurs qui ont le don de la Royne pour lesdictes rentes du dehors avoient porté parolle de donner dix ou douze mil livres à ladicte Ville pour se desister de son opposition pour lesdictes rentes du dehors, mais à present ils n'y voulloient entendre ny donner aucune chose. C'est pourquoy il pryoit ladicte compagnie d'adviser si l'on percistera à ladicte opposition ou si l'on s'en desistera.

Sur quoy, lecture faicte de ladicte resolution d'assemblée dudict deuxiesme de ce moys et l'affaire mise en deliberation, a esté arresté et conclud se tenir à ladicte resolution d'assemblée dudict deuxiesme de ce moys laquelle sera executée, et que pour travailler à l'esclaircissement des quatre natures de rentes de ladicte Ville il sera faict deux bureaux, l'un pour les receptes generalles et l'autre du Clergé, à chacun desquels seront commis deulx de Messieurs les Eschevins et trois de Messieurs les Conseillers de la Ville, qui s'assembleront troys jours la sepmaine, les lundy, mardy et vendredy à commancer à travailler des une heure de relevée jusques à cinq heures; et en l'absence les ung des autres, ceulx qui s'y trouveront ne laisseront de travailler, et auxquels jours et heures les recepveurs desdictes natures de rentes seront tenuz se trouver. Et apres que lesdictes rentes du Clergé et recepte generalle seront eclaircies, l'on travaillera aux rentes qui sont en party, qui sont celles du sel et Aydes.

Nota que, apres ladicte resolution, la compagnie s'est levée sans commettre, deputer ny nommer de mesdicts sieurs les Conseillers de la Ville pour travailler ausdictes rentes; et lesdicts sieurs estans levez, aucuns desdicts sieurs les Conseillers de la Ville s'en estans allez, Messieurs les President Aubry, Marescot, Le Prestre et Sainct Germain ont dict qu'ils viendroient travailler ausdictes rentes, et d'aultant qu'ils n'ont esté nommez par toutte l'assemblée, je ne les ay enregistrez au bas de ladicte resolution d'assemblée.

CCXLII. — MANDEMENT À JODELET
CONCERNANT LES TONNELIERS DESCHARGEURS DE VINS.
18 janvier 1613. (Fol. 82.)

De par les Prevost des Marchans et Eschevins de la ville de Paris.

«Maistre Jehan Jodelet, procureur des causes de la Ville en la cour de Parlement, estans advertiz que la communaulté des maistres tonnelliers deschargeurs de vins de ladicte Ville poursuivoyent en ladicte Cour la verifification de certaines lettres par eulx obtenues du Roy, contenant reiglement de l'exercice desdictes charges de deschargeurs de vins, où nous avons interestz, nous vous mandons, au nom de ladicte Ville, presenter requeste à ladicte Cour affin d'avoir communicquation desdictes lettres, et outre apportez nous demain neuf heures du matin, au Bureau de ladicte Ville, la requeste presentée à ladicte Cour au moys de Febvrier dernier, touchant la maison de feu Monsieur Le Voys[1] pour prendre instruction de nous de ce que vous aurez à respondre contre les deffenses à vous signiffiées par les religieux des Chartreux à cause de ladicte maison.

«Faict au Bureau de ladicte Ville, le vendredy dix-huictiesme jour de Janvier mil six cens treize.»

CCXLIII. — INJONCTION À M. DENIS FEIDEAU
D'APPORTER À LA VILLE LE DOUBLE
DE SES COMPTES.

23 janvier 1613. (Fol. 82.)

De par les Prevost des Marchans et Eschevins de la ville de Paris.

«Il est ordonné que dedans trois jours pour toutes prefictions et delaiz, Maistre Denis Feideau, naguerres fermier general des aydes de France et payeur des rentes desdictes aydes, satisfera à nostre ordonnance du dixiesme jour de Decembre dernier[2], et à luy signiffiée le douziesme dudict moys; ce faisant fera apporter en l'Hostel de ladicte Ville les doubles des comptes par luy renduz à la Chambre des Comptes à cause du payement desdictes rentes pour les quatre premieres années de sondict party, et pour les deux dernieres, dans ung moys, l'estat au vray signé et certiffié de luy des debetz de quictances qui lui restent en ses mains et qui luy sont passez en despence par ces comptes, avec ung autre estat aussy signé de luy des rentes rachептées et admorties et dont les arreraiges tiennent aussy lieu de despence dans lesdictz comptes, dont ledict Feideau s'en pretend attribuer la proprieté au prejudice des rentiers. Aultrement et à faulte de ce faire, et ledict temps cy dessus passé, des à present l'avons

declaré avoir encouru la peine de trois cens livres parisis portée par ladicte ordonnance, pour laquelle somme il sera contrainct par touttes voyes deues et raisonnables, sans qu'il soyt besoing d'autre ordonnance, jugement ny signification de ces presentes.

«Faict au Bureau de ladicte Ville, le meccredy vingt troisiesme jour de Janvier mil six cens treize.»

CCXLIV. — MARCHÉ
FAIT POUR LE RESTE DES BATIMENS
DE LA PORTE St BERNARD.

29 janvier 1613. (Fol. 83.)

Du mardy vingt neufiesme Janvier mil six cens treize.

Ledict jour a esté faict marché par Messieurs avecq Pierre Judon, maistre masson, tailleur de pierre à Paris, demourant rue des Juifs, parroisse Saint Gervais, à ce present et acceptant, pour tous les ouvrages de maçonnerie tant par lui faictz que ceulx qui restent à faire au bastiment du portail de la porte Sainct Bernard pour iceluy rendre logeable, et faire les marches des deux pottoiers de pierre de taille, les deux encougnures des courcelles et une huisserie à l'une d'icelle aussy de pierre de taille, trois marches à chacune montée soubs les noyaulx, et deux au devant de chacunes des deux portes soubz le portail, deux seuls aux deux petittes portes, ung arc de pierre à chacune cave, trois assises de pierre à chacune de deulx chausses à privé, et le surplus de potterye recouvert de plastre; et faire tout le reste des autres ouvrages qu'il reste à faire audict portail selon la destination encommancée, ensemble les persemens des murs pour les huisseries et fenestres pour l'aisance de la viz et privé, le tout deuement, au dire du Maistre des oeuvres de ladicte Ville et autres gens ad ce cognoissant[3]; de tous lesquels ouvrages tant faictz que à faire ledict Judon sera payé par le Receveur de ladicte Ville au feur qu'il y travaillera, à raison de sept livres dix sols tournois pour chacune thoise desdictz ouvrages thoisez suivant la coustume de Paris, et outre moyennant la somme de soixante livres tournois qui luy a esté accordée pour la pierre de taille par luy employée et celle qu'il y employera comme il dict cy dessus, apres avoir eu l'advis de Pierre Guillain, Maistre des oeuvres de ladicte Ville.

---

[1] Voir plus haut, n° CXLI, p. 132.
[2] Voir plus haut, n° CCXXI, p. 208.
[3] Ces indications sur les travaux à faire à la porte Saint-Bernard sont complétées par un marché passé six mois plus tard, le 27 juin 1613, avec Nicolas Muidebled, menuisier, pour «faire quatre meurtrieres de bois de chesne à la porte de la Tournelle, et ung plancher pour le grenier contenant six thoises de long et quatre thoises de large, de bon bois loial et marchant, moyennant à sçavoir : lesd. meurtrieres neuf livres t. pour chacune et ledict plancher six livres tournois pour thoise.» (Minutes du Bureau, *Arch. nat.*, H 1891.)

CCXLV. — Messieurs de la Ville sont allez au Conseil, pour ce mandez sur le subjet des payements des rentes de la Ville.

29 janvier-4 février 1613. (Fol. 83 v°.)

Du mardy vingt neufiesme jour de Janvier mil six cens treize.

Ledict jour, Monsieur le Prevost des Marchans ayant esté mandé par Messieurs du Conseil du Roy lors estans au Louvre, s'y seroit transporté avec Monsieur Poussepin, l'ung des Eschevins, et le Greffier de ladicte Ville, où estans en la presence de Monseigneur le Prince de Condé et de plusieurs autres seigneurs du Conseil, mondict seigneur le Chancellier a dict audict sieur Prevost des Marchans qu'il estoit bien adverty que, par touttes les compagnies, mesme entre le peuple, il disoit que l'on retenoit à l'Espargne les deniers des rentes de la Ville; que cela n'estoit poinct, et qu'il avoit tort. A quoy mondict sieur le Prevost des Marchans a dict que, voyant les grandes plainctes qu'il recepvoit journellement du peuple du mauvais payement que faisoit Maistre Philippes de Gondy, partisant du sel ayant la charge du payement des rentes assignées sur ledict sel, il se seroit efforcé de contraindre ledict de Condy pour mieulx payer, lequel se seroit excusé disant que l'on luy retenoit ses deniers à l'Espargne, comme de faict il luy en estoit deub lors plus de six vingts mil francz; que le principal soing de sa charge de Prevost des Marchans estoit de bien faire payer les rentes de ladicte Ville, qu'il supplioit nosdictz seigneurs du Conseil de laisser les assignations audict de Gondy pour y oster toutes excuses, affin de mieulx payer. A quoy mondict seigneur le Chancellier a fait responce que, pour s'asseurer par le Roy des grandes sommes de deniers deubz à Sa Majesté par Maistre Thomas Robin, fermier general desdictes gabelles, l'on a saisy les deniers des generalitez dudict Robin, lesquelz l'on apporte journellement à l'Espargne, sur lesquelles generalitez de Robin ledict de Gondy a assignation de quelques sommes pour le payement des rentes, lesquelles sommes ledict de Gondy reçoit par les mains du Tresorier de l'Espargne. Et sur ce, mondict sieur le Prevost a prié nosdicts seigneurs du Conseil de donner assignation audict de Gondy des deniers qui luy sont deubs par ledict Robin sur quelques unes des generalitez dudict Robin, pour par luy recevoir les deniers des commis des greniers sans passer par l'Espargne, affin d'oster toutte excuse

andict de Gondy : ce que lesdits sieurs du Conseil ont jugé estre raisonnable et qu'ilz y adviseroient et en donneroient arrestz.

Ce fait, mondict sieur le Prevost a encore remonstré que, au lieu par Messieurs du Clergé de payer par chacun an à ladicte Ville la somme de douze cens six mil livres pour le payement des rentes dudict Clergé, ils ne payent qu'un million quarante mil livres par an, de maniere qu'il estoit par eulx deub de grandes sommes à ladicte Ville depuis le renouvellement du contract de l'année mil six cens six, pour avoir payement desquels par Maistre François de Castille, leur Receveur, il s'estoit pourvu par devant Messieurs de la cour de Parlement où il avoit presenté sa requeste et où la Ville a ses causes commises en premiere instance; lesquelles poursuittes ont esté evocquées audict Conseil [1], ce qui empesche les contrainctes qu'il desire faire faire allencontre dudict de Castille, requerant qu'il pleust audict Conseil renvoyer lesdictes partyes au Parlement. Sur quoy mondict sieur le [Chancelier] [2] a dict que le Conseil avoit commis aulcuns seigneurs d'icelluy pour commissaires en ceste cause, pour ouyr les demandes et deffences et en faire rapport audict Conseil, lesquels commissaires estoyent Messieurs de Chasteauneuf, de Thou, Janyn, de Bethune, de Vic, de Norroy et Dollé. Et les alloit faire advertir de enlx assembler lundy du matin en la maison dudict sieur de Chasteauneuf pour entendre lesdictes partyes.

Et le lundy quatriesme jour de Febvrier mil six cens treize, mesdits sieurs les Prevosts des Marchans et Eschevins, avec le Procureur du Roy et Greffier de ladicte Ville, se sont transportez en la maison dudict sieur de Chasteauneuf, où estoit assemblé lesdicts sieurs commissaires et où seroit aussy tost arrivé Monsieur l'evesque de Rieulx et Monsieur de la Vernusse, agent, où chacuns ayant pris place, mondict sieur le Prevost des Marchans a representé ausdictz sieurs commissaires tout ce qui estoit du merite de la cause de la Ville, les grandes sommes qui estoient deubz par ledict dé Castille, le tout sans prejudice au renvoy par luy requis.

Comme aussy lesdictz sieurs du Clergé ont dict leurs defences et raisons.

Et sur ce, iceulx sieurs commissaires ont dict qu'ils representeroient au Conseil ce qui s'estoit passé.

---

[1] Ci-dessus, p. 201 (note 2), Arrêt du Conseil du 13 décembre 1612.
[2] La minute et le registre portent ici par erreur « le Prevost ».

CCXLVI. — Arrest de la Cour
touchant le reiglement du payement des rentes, et deffences à la ville de se pourvoir ailleurs.

29 janvier 1613. (Fol. 85.)

Extraict des Registres de Parlement.

«Sur la plaincte faicte à la Cour par le Procureur general du Roy de l'entreprise contre l'auctorité d'icelle faicte par ung reiglement qui luy appartient sur le payement des rentes de ceste Ville, le Prevost des Marchans sur ce mandé, la Cour a ordonné et ordonne qu'elle verra les eedictz et reiglemens pour en deliberer au premier jour, et cependant deffences aux Prevost des Marchands et Eschevins se pourvoir et proceder ailleur.

«Faict en Parlement, le vingt neufiesme jour de Janvier mil six cens treize[1].» (Signé :) «Voisin.»

CCXLVII. — Advis pour maistre Jacques Martin, professeur.

30 janvier 1613. (Fol. 85.)

«Les Prevost des Marchans et Eschevins de la ville de Paris, qui ont veu la requeste presentée à Nosseigneurs de la cour de Parlement par Maistre Jacques Martin, professeur es mathematiques en l'Université de Paris, en la lecture fondée par feu Maistre Pierre de La Ramée, tendant ad ce que, en consequence des lettres de declaration du Roy[2] dont coppie est cy attachée à ladicte requeste, il pleust à la Cour ordonner que les payeurs et receveurs des rentes de ladicte Ville seront contrainctz par corps de luy payer la somme de cent vingt-cinq livres pour le quartier eschen au cinquiesme Decembre dernier, avec injonction tres expresse ausdicts receveurs de luy payer à l'advenir, de quartier en quartier, pareille somme à cause des rentes mentionnées par lesdictes lettres[3]; icelle requeste ordonnée nous estre communicquée par arrest de nosdicts seigneurs de la Cour du vingt neufiesme de ce moys;

«Remonstrent tres humblement à nosdictz sieurs que les fermiers generaulx des gabelles et des aydes ayant pris leurs fermes sans estre chargez desdictes rentes demandées, il n'est raisonnable qu'ils soient contrainctz au paiement d'icelles; mais suyvant l'arrest de Messieurs des Comptes intervenu sur la verifification desdictes lettres, Sa Majesté sera tres humblement supplyée de permettre que lesdictz adjudicataires du sel et des Aydes puissent retenir des deniers qu'ils doibvent payer à l'Espargne le fond suffisant pour payer doresnavant lesdictes rentes audict Martin, assignées sur lesdictes natures. Et quant à la rente de cinquante livres assignées sur le Clergé, consentent qu'il en soit payé tant du passé que pour l'advenir et par preference sur les deniers des rentes admortyes[4].

«Faict au Bureau de ladicte Ville, le trantiesme jour du present moys de Janvier l'an mil six cens treize.»

CCXLVIII. — Mandement a Jodelet
pour soustenir les diziniers exempts de tutelle.

30 janvier 1613. (Fol. 86.)

De par les Prevost des Marchans et Eschevins de la ville de Paris.

«Maistre Jehan Jodelet, procureur des causes de la Ville en la cour de Parlement, nous vous mandons intervenir pour ladicte Ville en la cause pendante en la grande chambre de la cour de Parlement entre Nicolas de Vailly, appellant, contre Pasquier Le Roy, l'ung des diziniers de ceste Ville

---

[1] Cet arrêt figure au Registre du Conseil du Parlement X¹ᵃ 1849.

[2] Ces lettres avaient dû être expédiées d'après l'arrêt du Conseil du 25 septembre 1612 (*Arch. nat.*, E 37ᵇ, fol. 257).

[3] D'après son testament daté du 1ᵉʳ août 1568, dont le texte a été publié, avec une reproduction en fac-similé de l'original, au tome VII, p. 35-36, des *Registres du Bureau*, Pierre de La Ramée, professeur au Collège de France, avait légué cinq cents livres de rente sur l'Hôtel de Ville, «in stipendium mathematici professoris, qui triennio mathematicam, musicam, geometriam, opticam, mechanicam, astrologiam, geographiam, non ad hominum opinionem sed ad logicam veritatem, in regia cathedra doceat». Après avoir réglé les conditions qui devaient présider au choix du professeur chargé de ce cours, le testateur ajoutait : «Praefectum Mercatorum et Ædiles in quorum custodia Basilica Urbis posita est oro ut in perpetuam Parisiensis Academiae gratiam, vectigas illud perpetuum esse velint; ut, si forte redimatur, pecunia in alium reditum collocetur.» On a conservé (*Bibl. nat.*, Moreau 1070, fol. 160) le programme du cours de mathématique qui était professé dans cette chaire en 1682 : «Deo juvante, Johannes Josephus La Montre, inatheseos professor Ramus, mæchanicam hydro-pneumaticam universalem, hoc est omnis generis machinas hydraulicas, pneumaticas et mixtas, tum utiles, tum curiosas, ad hanc usque diem publici juris factas mæchanicis naturæ legibus demonstrabit. Jucundæ ac utilis hujus scientiæ fundamenta scriptis tradet die martis novembris vigesimaquarta hora post meridiem secunda 1682, in regio Galliarum Collegio.»

[4] Le 11 avril 1613, Christophe Martin, receveur et payeur des rentes assignées sur le Clergé, fut condamné à payer à Jacques Martin, «professeur es mathematiques en l'Université de Paris en la chaire de Ramus, les arrerages de la rente de 500 l. contenus en sa demande, sauf si dedans 24 heures ledict deffendeur ne vient dire causes vallables pour ce empescher.» (*Arch. nat.*, Z¹ᴴ 114A)

au quartier de Sire Jacques Beroul, Quartinier, et vous joignez avec ledict Le Roy[1]. Soustenez que à cause de sadicte charge de dizinier, qui est publicque, il doibt estre exempt de la tutelle des cuffans de feu François Le Roy, en laquelle il a esté esleu, et deschargé par sentence du Chastellet.

«Faict au Bureau de ladicte Ville, le trantiesme jour de Janvier mil six cens treize.»

CCXLIX. — Mandement audict Jodelet
pour se joindre avec un maistre des ponts de dehors
pour soustenir
qu'il doibt estre exempt de la charge
de collecteur des tailles.

5 février 1613. (Fol. 86.)

De par les Prevost des Marchans et Eschevins de la ville de Paris.

«Maistre Jehan Jodelet, procureur des causes de la Ville en la cour de Parlement, nous vous mandons intervenir et vous joindre pour ladicte Ville avecq Mathieu Blanchard, maistre des Ponts de Montereau fault Yonne, en l'instance d'appel pendante par devant Messieurs de la Cour des Aydes à Paris entre les Eschevins dudict Montereau appellans d'une sentence donnée au proffict dudict Blanchard, d'une part, et ledict Blanchard, d'aultre. Soustenez avec iceluy Blanchard qu'il doit estre entierement deschargé de la charge d'asseeur et collecteur des tailles dudict Montereau à laquelle il a esté esleu par les habitans dudict lieu, attendu l'assiduité requise audict estat de maistre des ponts, le peril esminant qui en peult arriver pour son absence aux basteaulx et marchandises qui ont à passer et repasser soubz lesdicts ponts, et que sy ledict Blanchard estoit contraint d'exercer ladicte assiette et collecte, cela apporteroit une grande incommodité au public, attendu que ladicte charge de maistre des ponts est personnelle, joinct qu'il a esté jugé en cas semblable pour le maistre du pont de Ponthoise par arrest de ladicte Cour des Aydes du xi° Mars mil v° iiii°° xviii, et depuis peu, au proffict du maistre du pont de Poissy par arrest du vingt neufiesme Apvril mil vi° unze.

«Faict au Bureau de la Ville, le cinquiesme jour de Febvrier mil vi° treize[2].»

CCL. — Le Greffier de la Ville
chargé du buffet d'argent.

9 février 1613. (Fol. 86 v°.)

«Sur ce que Maistre Claude Lestourneau, Receveur du domaine, dons et octroys de l'Hostel de la ville de Paris, nous a remonstré au Bureau d'icelle que sur la requeste par nous presentée à Nosseigneurs de la Chambre des Comptes tendant ad ce qu'il pleust à ladicte Chambre ordonner les souffrances mises sur le compte par luy rendu en icelle à cause de l'entrée de la Royne, l'une montant dix sept mil quatre cens vingt neuf livres dix sept solz six deniers, soubz le nom de Jehan de la Haye, orphevre du Roy, et l'autre soubz le nom de François Passavant, gaignier, de la somme de six cens vingt livres, pour le buffet d'argent destiné pour estre presenté à ladicte dame Royne et que Sadicte Majesté auroit donné à ladicte Ville, feussent levées, deschargées et restablies audict compte, et ordonner que ledict buffet d'argent demeureroit à ladicte Ville en meuble inallienable dont maistre Guillaume Clement, Greffier et conciergie dudict Hostel de Ville, estoit chargé, conformement à la deliberation de ladicte Ville du quatorziesme Febvrier mil six cens douze; sur laquelle requeste seroit intervenu arrest de ladicte Chambre, du sixiesme Juin mil six cens douze[3], par lequel ladicte Chambre auroit ordonné que ledict buffet d'argent demeureroit audict Hostel de Ville, comme meuble precieux et alienable, sans qu'il puisse estre vendu ny allienné en tout ny en partye, pour quelque cause ny occasion que ce soit, sinon de l'auctorité de ladicte Chambre; et pour la conservation d'icelluy, seroit mis ung coffre fort fermant à trois diverses clefz dont l'une seroit baillée au Prevost des Marchans qui estoit ou seroit en charge, l'autre au Procureur du Roy de la Ville, et l'autre audict Greffier d'icelle, desquelles ils se chargeroient au

---

[1] La minute (H 1891) porte cette mention : «Je promets de faire les fraiz à mes despens et non la Ville.» (Signé :) «Le Roy.»
[2] Les minutes du Bureau renferment ici, sous la date du 6 février 1613, une attestation délivrée au Bureau par le superintendant des Bâtiments au sujet d'un travail à exécuter pour une maison dont le maréchal d'Ancre avait la jouissance : «Nous, Jehan de Fourcy, sieur de Chessy, conseiller du Roy en son Conseil d'Estat, superintendant et ordonnateur des bastimens de Sa Majesté, certiffions à Messieurs les Prevost des Marchans et Eschevins de la ville de Paris que nous avons receu commandement de la Royne de faire faire une petite muraille de la baulteur de neuf ou dix piedz, le long et devant le logis faict de neuf au bout du jardin du Louvre sur le quay de la rivière, pour empescher les ordures que l'on faisoit le long de ladicte maison qui la rendoient infaicte et puante. Ce que nous avons depuis commandé à Nicolas Huau, m° maçon. Si est ladicte maison celle de laquelle Sa Majesté a donné la jouissance à Monsieur le marquis d'Ancre.
«An tesmoing de quoy nous avons signé la presente. A Paris, le sixiesme febvrier mil vi° treize.» (Signé :) «Fourcy.»
[3] Voir ci-dessus, p. 131, où est reproduit le texte de la requeste avec, en note, l'arrêt de la Chambre. Ici et quelques lignes plus bas, le scribe du registre a, par erreur, écrit *quatriesme* au lieu de *quatorziesme*.

Greffe de ladicte Chambre, et ce faisant, lesdictes souffrances deschargées et restablies; lequel arrest il auroit presenté à Monsieur de Livry estant encore en charge de Prevost des Marchans, lequel lors et ledict Procureur du Roy de la Ville s'excuserent de faire lesdictes submissions à la Chambre ny s'en charger, attendu qu'il estoit en seureté en l'une des chambres dudict Hostel de Ville, et en la possession dudict Clement, Greffier et Concierge, qui en estoit bien chargé et responsable par deulx actes, l'ung du treiziesme de May mil six cens dix [1] et l'autre du quatorziesme Febvrier mil six cens douze, qui ont esté portez en ladicte Chambre; qui est cause que depuis ledict temps il n'a peu faire descharger lesdictes souffrances, lequel arrest il nous presentoit de rechef pour parvenir à l'execution d'iceluy. Sur quoy nous avons donné acte audict Lestourneau de ce qu'il a presenté ledict arrest, et apres avoir veu les actes cy dessus dactez par lequel ledict Clement est chargé dudict buffet, lequel il a en sa possession audict Hostel de Ville où il est demeurant, et est bien enfermé et en seureté, et qu'il ne seroit raisonnable que nous, Prevost des Marchans et ledict Procureur du Roy de la Ville, qui ne l'avons en noz possessions en feussent chargez : supplions nosdictz seigneurs de ladicte Chambre des Comptes descharger nous dict Prevost des Marchans et ledict Procureur du Roy de faire lesdictes submissions pour ledict buffet, attendu que, comme dict est, il est en seureté et dont les deux offices de Greffier et Concierge en sont responsables; et si besoing est, ledict Clement, Greffier, s'en chargera et fera nouvelles submissions au greffe de ladicte Chambre, dont il plaira à ladicte Chambre se contenter et, en ce faisant, descharger ledict compte et restablir lesdictes souffrances.

«Faict au Bureau de ladicte Ville, le neufiesme jour de Febvrier mil six cens treize.»

CCLI. — Mandement a Jodelet
CONTRE LES TONNELLIERS DESCHARGEURS DE VINS.

13 février 1613. (Fol. 87 v°.)

De par les Prevost des Marchans et les Eschevins de la ville de Paris.

«Maistre Jehan Jodelet, procureur des causes de la Ville en la cour de Parlement, nous vous mandons intervenir pour ladicte Ville en l'instance pendante en ladicte Cour entre les maistres tonnelliers deschargeurs de vins à Paris, demandeurs à l'entherinement de certaines lettres pattentes du Roy par eulx obtenues, d'une part, et les jurez courtiers de vins de ladicte Ville, d'aultre. Et vous joignez avec lesdictz courtiers. Remonstrez que tant lesdicts courtiers que deschargeurs de vins sont officiers de ladicte Ville, que par les ordonnances d'icelle et arreztz de ladicte Cour lesdictes charges, fonctions et exercice d'icelles sont distinctes et separées, lesdicts deschargeurs de vins pour descharger les vins du basteau à terre et l'avaller aux caves, et aussy marquer les vins quand ilz sont venduz sur la vente, estappe et aultres lieux publicqs, et lesdicts courtiers pour gouster lesdicts vins, les picquer, percer et bailler à taster aux achepteurs, que lesdictes lettres obtenues par lesdicts tonnelliers deschargeurs sont directement contre lesdictes ordonnances et arreztz de la Cour et exercice de la charge desdicts courtiers; que si icelles lettres avoient lieu, seroit ruyner entierement lesdictz courtiers. Et partant requerez que lesdictz tonnelliers deschargeurs de vins soient deboutez de l'effect et entherinement desdictes lettres.

«Faict au Bureau de la Ville, le treiziesme jour de Febvrier mil six cens treize.»

CCLII. — Rapport des Maistre des œuvres
ET AUTRES EXPERTZ
SUR LE BASTIMENT DE L'HOSTEL DE LA VILLE ET MARCHÉ
POUR LA CHARPENTERIE
DU COMBLE DE L'HOSTEL DE LA VILLE.

19 janvier-13 février 1613. (Fol. 88.)

«De l'ordonnance de nosseigneurs les Prevost des Marchans et Eschevins de la ville de Paris en datte du dix septiesme jour des presens moys et an [2], nous, Pierre Guillain, Maistre des oeuvres de maçonnerye de ladicte Ville, Jehan Desfosses, et Gilles Le Redde, jurez du Roy en l'office de charpenterye, sommes transportez dans le comble de charpenterye au dessus de la grande salle de l'Hostel de ladicte Ville, pour voir, visiter et recognoistre ce qui est necessaire à faire à cause du pesant faictz dudict comble, et donner advis sur le rapport de visitation faict par Jullien Pourat, Maistre des oeuvres de charpenterie de ladicte Ville, et ce que pourroit couster ce qu'il conviendra faire. Où estant, en la

---
[1] *Registres du Bureau*, t. XIV, p. 466.
[2] Les minutes du Bureau (Arch. nat., H 1891) donnent le texte de cette ordonnance inscrite à la suite du rapport de Julien Pourat sur les consolidations à faire à la charpente de la tour, rapport qu'il avait rédigé après s'être rendu sur place «là où est à present la cloche, au dessus de la grand salle, pour voier et visiter ce qu'il convient faire à ladicte charpenterie à cause du pesant fardeau qui est à ladicte tour, c'est de la cloche ou plomberie qui est au dessus».

presence de Monsieur Fontayne, l'ung de Messieurs les Eschevins, et dudict Pourrat, veu et visité les lieulx, et avons [recogneu] que pour la seureté d'iceulx, il est necessaire de faire ce qui ensuit :

«Premierement que le grand comble est garny de six maistresses fermes, chacune d'icelles garnye de deux forces et ung poinsson, et pour asseurer icelles fermes et empescher la poussée des chevrons qui poussent le mur, avons trouvé qu'il est necessaire en chacune ferme de mettre ung cours de moises doubles faictes de trois pieces dont les premieres moises du costé de la cour auront quinze piedz de long et quinze poulces de large chacune et d'ung pied de hault; et les aultres tant du mitan que du costé de la Greve auront pareille longueur de quinze piedz de long, quinze poulces de large, et de sept à huit poulces de hault; icelles moises entaillées aux poinssons et forces et clavetées avecq boullons de fer et clavettes; et sur le bout des premieres moises du costé de la cour, sera mis un rang de sablieres servant de platte forme, contenant quinze thoises de long et d'ung pied en carré, et sur icelles sera mis trente six jambettes du costé de la cour, pour empescher le deversement du mur, evasement et ouverture des fermes, qui, à faulte de ce, se pourroyent entreouvrir, qui seroit à l'advenir la ruyne du comble et de la lanterne, lesdictes jambes de sept à huict piedz de long et de cinq à sept poulces de gros, mises à tenon et mortoises par le pied et revestuz par en hault en abouttit, et chevillées avec chevilles de fer, lesquels ouvrages estans ainsy faicts, sera la conservation dudict comble et empeschera que le mur vienne se à deverser et ruyner; tous lesquels ouvrages cy dessus, tant bois que fer, peynes d'ouvriers et autres choses necessaires pour rendre lesdictz ouvrages cy dessus parfaictz bien et deuement, ayant aussy esgard à la grande haulteur qu'il convient mettre ladicte charpenterye, pourront couster la somme de seize cens cinquante livres au moings. Et tout ce que dessus certiffions estre vray, tesmoing mon seing cy mis le dix neufiesme jour du moys de Janvier mil six cens treize.»

Signé : «Guillain, Desfosses» et «Le Redde».

«Ce jourdhuy, Messieurs les Prevost des Marchans et Eschevins de la Ville de Paris ont faict marché avec Jullien Pourrat, Maistre des œuvres de charpenterie de ladicte Ville, à la somme de unze cens livres tournois, pour faire par icelluy Pourrat toutes et unes chacunes les ouvraiges de charpenterie qu'il convient faire dans le grand comble dudict Hostel de Ville et mentionnée par le rapport cy devant transcript, lesquels ouvrages iceluy Pourrat a promis ausdicts sieurs de la Ville de les faire bien et deuement, conformement audict rapport et au dire de gens ad ce cognoissans, dans le jour de Pasques prochainement venant, moyennant ladicte somme de unze cens livres tournois qui seront paiez andiot Pourrat par Maistre Claude Lestourneau, Receveur de ladicte Ville, des deniers à ce destinez et suivant l'ordonnance de mesdicts sieurs les Prevost des Marchans et Eschevins.

«Faict au Bureau de ladicte Ville, le treiziesme jour de Febvrier mil six cens treize.»

Et a ledict Pourrat signé la minutte des presentes.

CCLIII. — Mandement au sieur Mareschal
pour se joindre au Conseil
avec les espiciers contre les fermiers
des cinq grosses fermes.
21 février 1613. (Fol. 89.)

*De par les Prevost des Marchans et Eschevins
de la ville de Paris.*

«Maistre Jacques Mareschal, advocat des causes de la Ville au Conseil du Roy, nous vous mandons d'intervenir pour ladicte Ville en la cause pendante andict Conseil entre les maistres et gardes du corps de l'Espicerie et Apoticquairerie de ceste Ville de Paris, d'une part, et les fermiers des cinq grosses fermes, d'autre, pour raison d'un bureau que lesdictz fermiers vueillent establir en ceste Ville contre la liberté publicque, n'y ayant jamais esté mis, et vous joignez avec lesdictz Espiciers et Apoticquaires, requerez pour le publicq l'abolition dudict pretendu bureau en ceste Ville, et que lesdictz ermiers ou leurs commis ayent à eulx retirer si bon leur semble aux bureaux establis par Sa Majesté qui sont sur les frontieres pour y percevoir leurs droictz d'entrée de France, avec deffences auxdictz ermiers ou leurs commis de plus troubler les marchans dans cestedicte ville de Paris à la descharge de leurs marchandises.

«Faict au Bureau de la Ville, le vingt ungiesme Febvrier mil six cens treize.»

CCLIV. — Advis au Parlement
sur la contention des marchands de vins, d'une part,
et les vendeurs de vins, d'aultre.
21 février 1613. (Fol. 89 v°.)

«Les Prevost des Marchans et les Eschevins de la ville de Paris qui ont veu les lettres pattentes du Roy en forme d'eedit données à Paris au mois de decembre dernier, signées : «Loys», et sur le reply : «Par le Roy, la Royne regente sa mere presente

DE LOMENYE», et scellées sur double queue en lacqs de soye de cire verte, obtenues par les hostelliers et cabaretiers de ceste Ville et faulxbourgs, addressante à Nosseigneurs de la cour de Parlement, par lesquelles Sa Majesté, pour les causes, raisons et moyens mentionnez par lesdictes lettres, a permis et permet ausdicts hostelliers, cabarattiers et tous autres faisans trafficq de vins pour le revendre soit en gros ou en detail, d'aller faire leurs achapts aux champs au dela des vingt lieues limittées par les arrestz de ladicte Cour; et en tant que besoing est ou seroit, Sadicte Majesté leur a renouvellé et confirmé la liberté qui leur a esté accordée par l'eedict de leur establissement attaché ausdictes lettres, tant pour ce qui est de ladicte marchandise de vin que de toute autre marchandise non prohibée ny deffendue; veu aussy deux arrestz de nosdicts seigneurs de la Cour des neufiesme Avril soixante et cinq et quatriesme Juillet lxxvii attachez ausdictes lettres, contenant la verification des lettres de la creation et establissement desdicts hostelliers et cabaretiers, avec permission de faire marchandise; la requeste presentée à nosdicts seigneurs de la Cour, le quatriesme Janvier dernier, par lesdictz hostelliers et cabarettiers tendant à la verification et enregistrement desdictes lettres ordonnée leur estre communicquée avec lesdictes lettres par arrest d'icelle Cour dudict jour; la requeste à nous presentée au Bureau de la Ville par lesdictz hostelliers et cabarettiers affin de donner leur advis à nosdicts seigneurs de ladicte Cour, sur laquelle aurions ordonné icelles lettres estre communicquées aux jurez vendeurs et controlleurs de vins, et aux maistres et gardes de ladicte marchandise; les deffences fournies par lesdicts jurez vendeurs et controlleurs de vins pour empescher l'effect desdictes lettres; la responce fournye par lesdictz hostelliers et cabarettiers contre lesdictes deffences; le consentement baillé par lesdictz maistres et gardes de ladicte marchandise de vins pour l'entherinement desdictes lettres:

«Declarent qu'ils se rapportent à nosdictz seigneurs de la cour de Parlement d'ordonner sur la verification et entherinement desdictes lettres ce qu'ils verront estre à faire par raison.

« Faict au Bureau de la Ville, le vingt ungiesme jour de Febvrier mil six cens treize.»

CCLV. — MANDEMENT À JODELLET
POUR SE JOINDRE AVEC DES PARTICULIERS TENANS
PLACES DE SCELLES À LAVER LESSIVE
CONTRE LES RELIGIEULX DE SAINCT MAGLOIRE.

6 mars 1613. (Fol. 90.)

De par les Prevost des Marchans et Eschevins de la ville de Paris.

«M° Jehan Jodelet, procureur des causes de la Ville en la cour de Parlement, nous vous mandons vous presenter pour ladicte Ville aux assignations données par devant Messieurs des Requestes du Pallais à Paris, à Pierre Richer, Denys Tezeau, Gilles Toussainct, Martine Desfroy, Denise Lezouart, Jehan Camus, Rollin Leheusle, Jehan Hutin[1], tenans chacun des places à laver lessive sur le bord de la riviere, appartenant à ladicte Ville, scizes sur le bord de la riviere, à la requeste de Frere Anthoine Boudin, religieux et prevost de l'abbaye Sainct Magloire et des religieux, prieur et couvent de ladicte abbaye, joincts avec ledict Boudin. Prenez le fait et cause pour lesdictz Richer et aultres cy dessus nommez, remonstrez qu'il est question des droicts du domaine de ladicte Ville dont la cognoissance appartient en premiere instance à Messieurs de la grand chambre de la cour de Parlement où par previllege special la Ville a ses causes commises; requerez le renvoy de ladicte cause pardevant nosdicts seigneurs de la Cour, et en cas de desny en appellez comme de juges incompetans.

«Faict au Bureau de ladicte Ville, le meccredy sixiesme jour de Mars mil six cens treize.»

CCLVI. — ARREST DU CONSEIL
POUR RENDRE LA RIVIERE D'ARMANSSON NAVIGABLE,
ENTREPRIS PAR LOUIS D'ABANCOURT,
AVEC LES ASSEMBLÉES DE LA VILLE SUR CE SUBJECT
ET LA PANCARTE DE L'IMPOSITION,
AVEC LES SUBMISSIONS DUDICT D'ABANCOURT.

7 février-9 mars 1613. (Fol. 90 v°.)

Extraict des Registres du Conseil d'Estat[2].

«Veu par le Roy en son Conseil, les offres faictes par Louys d'Abancourt[3], sieur de Ravenne, conte-

---

[1] On a vu au tome XIV, p. 256, que la Ville était en usage d'accorder gratuitement «par charité» les emplacements destinés aux «selles à laver» sur le bord de la Seine. Les minutes de concession de ce genre (Arch. nat., Q¹ 1115) mentionnent la cession de plusieurs places à laver faite à Jean Hutin, avec approbation de la Ville, le 30 mars 1609 et le 16 juin 1612.
[2] Arch. nat., E 39ª, fol. 275.
[3] Ce personnage est peut-être le père d'un Louis d'Abancourt, lieutenant du roi au gouvernement de Saint-Quentin, dont la fille, du nom de Michelle, épousa en 1682 François-Annibal de Merle, s' du Blancbuisson (*Histoire généalogique*, tome VI, p. 646).

nant que, s'il plaist à Sa Majesté luy accorder et à ceulx qui s'associeront avecq luy, la permission de rendre navigable la riviere d'Armansson[1], à commancer depuis Montbart jusque à Cheny emboucheure d'Yonne[2], qui apportera à Paris beaucoup de commodité, aux charges et conditions qui ensuivent : assavoir de faire les fraiz et despences à ce necessaires et de donner à ladicte riviere sept thoises de large et de trois à quatre piedz d'eaue en toute saison, faire les levées, marchepieds, escluses et autres choses qu'il conviendra faire, desdommager les proprietaires des heritaiges qu'il conviendra prendre pour la largeur de ladicte riviere, de gré à gré ou au dire des commissaires à ce deputez; et jouyra durant trente années de l'imposition qui se levera sur les marchandises et autres choses qui passeront sur icelle, suivant la taxe raisonnable qui en sera faicte au Conseil de Sa Majesté, et rendre le tout faict et parfaict dans deux ans à commancer du jour que lesdictes conditions luy auront esté accordées et que les expeditions luy auront esté delivrées, bien et duement veriffiées par tout où il appartiendra; qu'il pourra aussy s'associer et traicter avec toutes personnes et communautés qui vouldront entrer en ladicte entreprise; que les materiaux necessaires ne seront subjectz à aucun peage; que les bois convenables pour estre employez en ladicte entreprise luy seront delivrez par les officiers de Sadicte Majesté, de ses forestz les plus prochaines, sans en rien payer jusques à la quantité de douze arpens de haulte fustaye; et, en consideration de ladicte entreprise et des grandz deniers qu'il conviendra employer, luy accorder l'annoblissement de trois personnes qu'il nommera à Sadicte Majesté, avecq exemption du payement de toutes tailles et subcides, qui auront leurs causes commises aux Requestes du Pallais à Paris pour ce qui sera de leur particulier, et que s'il arrivoit quelques proces et differendz en execution de ladicte entreprise, que Sa Majesté en retiendra la cognoissance à elle et à son Conseil; qu'il sera permis à luy troisiesme de porter arquebuse et pistolletz durant le temps de ladicte entreprise pour la deffence de leurs personnes.

«Le Roy en son Conseil a accordé et accorde audict d'Abancourt qu'il puisse avec ses associez faire travailler à rendre ladicte riviere d'Armansson navigable aulx charges et conditions qui ensuivent : assavoir qu'il rendra le canal de ladicte riviere navigable depuis Monbart jusque à Cheny emboucheure d'Yonne, et donnera à ladicte riviere sept thoises de large avec trois à quatre piedz d'eaue en toute saison, qu'il fera les levées, marche-piedz[3] et escluzes necessaires et desdommagera les proprietaires des moulins et heritaiges qu'il prendra, soit de gré à gré ou au dire des commissaires qui seront deputtez par Sa Majesté pour l'execution du present arrest; ce qu'il sera tenu faire avant que prendre lesdictz moullins et heritaiges, le tout à ses fraiz et despens; qu'il sera tenu rendre ladicte riviere en sa perfection dans deulx ans à compter du jour que les expeditions necessaires luy auroient esté delivrées. Et pour donner moyen audict d'Abancourt d'executer ceste entreprise et se rembourser avecq le temps des grandz frais qu'il y aura faictz, Sa Majesté luy a aussy accordé qu'il jouirra, et sesdictz assotiez, durant trente années, de l'imposition qui se levera sur les batteaulx qui passeront sur ladicte riviere d'Armansson, suivant le reiglement qui en sera faict en son Conseil, à commancer du jour qu'il la rendra navigable et que le premier batteau y passera; qu'il luy sera delivré par le grand Maistre des eaues et forests de (en blanc) ou Maistre des eaues et forests de la plus prochaine forest, es endroictz qui luy seront les plus commodes et moings dommageables à Sa Majesté, jusques à la quantité de douze arpens de bois, assavoir six arpens de fustaye et six arpens de taillis, sans en payer aucune chose, pour employer ausdictz ouvrages et non ailleurs; que les materiaux qui luy seront necessaires ne seront subjectz à payer aucun peage et que ledict

---

[1] L'Armançon prend naissance à 5 kilomètres de Pouilly-en-Auxois, à la source de Tugny (Côte-d'Or) et se jette dans l'Yonne près de Cheny, un peu avant La Roche. La portion que l'on comptait rendre navigable se trouve comprise aujourd'hui dans le département de l'Yonne et pour une faible partie dans celui de la Côte-d'Or. Le problème agité en 1613 pour la navigation de cette rivière a été résolu, mais non pas dans le sens prévu au xvii° siècle. La construction du canal de Bourgogne, commencé en 1773 et achevé en 1832 pour réunir le bassin du Rhône à celui de la Seine, a permis en effet aux produits de la région que baigne l'Armançon d'être transportés en bateau jusqu'à l'Yonne pour descendre de là dans la Seine, puisque ce canal côtoie l'Armançon dans toute l'étendue de son cours à travers le département de l'Yonne, et, après l'avoir abandonné quelque temps pour emprunter la vallée d'un de ses affluents, la Brenne, le longe de nouveau à partir des environs de Gissey-le-Vieil jusqu'à sa source.

[2] Le 23 avril 1613, un arrêt du Conseil ordonna qu'il serait payé 780 livres à Bernard Preudhomme, sieur de Freschiver, conseiller grand-maître enquêteur et général réformateur des eaux et forêts de France au pays et duché de Bourgogne, et 310 livres à son greffier, qui leur ont été taxées pour le «temps employé en la visitte et vene des ouvrages et reparations pour le restablissement et navigation de la riviere d'Armanson depuis l'emboucheure d'Yonne jusques en la ville de Monbar pour la rendre navigable et capable de porter batteaux».

[3] Chemin, moins large que le chemin de halage, qu'on doit réserver de l'autre côté de la rivière. Le Dictionnaire de Littré cite des textes qui donnent à ce sujet toutes les explications nécessaires.

d'Abancourt et ung de ses associez seullement jouirront des privilleges de nôblesse, pourveu qu'ilz ne facent aucun acte desrogeant à icelle; que ledict d'Abancourt pourra s'associer pour ladicte entreprise avecq telles personnes, communautez et aultres qui y vouldront entrer, sans pour ce desroger à leurs privilleges, à la charge que ledict d'Abancourt delaissera ladicte riviere d'Armansson, en fin dudict temps de trente années, navigable et libre au proffict de Sadicte Majesté, et que pour l'execution du present arrest touttes expeditions necessaires luy seront delivrées.

«Faict au Conseil d'Estat du Roy tenu à Paris, le septiesme jour de Febvrier mil six cens treize.»

Signé : «Mallier».

Extraict des Registres du Conseil d'Estat[1].

«Sur la requeste presentée par Louys d'Abancourt, sieur de Ravenne, à ce qu'attendu que les offres qu'il a faictes au Conseil du Roy de rendre à ses despens la riviere d'Armanson navigable ont esté receues par arrest dudict Conseil du septiesme de ce moys, par lequel il luy a esté accordé entre autres choses qu'il jouira, durant trente années, de l'imposition qui se levera sur les basteaulx qui passeront sur ladicte riviere d'Armansson, suivant le reiglement qui en sera faict, à commancer du jour qu'il la rendra navigable et que le premier basteau y passera, il plaise au Roy commettre tel des sieurs dudict Conseil qu'il plaira à Sadicte Majesté pour procedder au reglement des taxes à faire de ladicte imposition pour, ce fait, estre iceluy vallidé et auctorisé par Sadicte Majesté en sondict Conseil, et les deniers qui en proviendront receuz par le suppliant pour subvenir aux fraiz qu'il est obligé faire pour rendre ladicte riviere navigable. Veu ledict arrest et ladicte requeste, le Roy en Conseil a renvoyé et renvoye ledict suppliant par devant le Prevost des Marchans et Eschevins de la ville de Paris pour donner advis à Sa Majesté quelle imposition se peult prendre sur les marchandises qui se voictureront par ladicte riviere d'Armanson, en dresser leur proces verbal pour, icelluy rapporté et veu, estre ordonné ce que de raison.

«Faict au Conseil d'Estat du Roy tenu à Paris, le seiziesme Febvrier mil six cens treize.»

Ainsi signé : «Mallier».

[1] Arch. nat., E 39⁴, fol. 403.

«LOUYS, par grace de Dieu Roy de France et de Navarre aux Prevost des Marchans et Eschevins de nostre ville de Paris, salut. Ensuivant l'arrest dont l'extraict est cy attaché soubz le contrescel de nostre Chancellerie, ce jourdhuy donné en nostre Conseil d'Estat, sur la requeste à nous presentée par notre bien amé Louys d'Abancourt, sieur de Ravenne, nous vous avons renvoyé et renvoyons ledict suppliant et vous mandons et enjoignons par ces presentes que vous ayez à nous donner et envoyer vostre advis quelle imposition se peult prendre sur les marchandises qui se voictureront par la riviere d'Armansson, en dresser vostre proces verbal, pour, icelluy rapporté et veu en nostredict Conseil, estre par nous ordonné ce que de raison. De ce faire vous donnons pouvoir, authorité et mandement special. Car tel est notre plaisir.

«Donné à Paris, le seiziesme Febvrier l'an de grace mil six cens treize et de notre regne le troisiesme.»

Ainsy signé : «Par le Roy en son Conseil, Mallier», et scellé sur simple queue de cire jaulne.

[*Assemblées de la Ville tenues pour délibérer sur ce tarif.*]

«Monsieur..., plaise vous trouver demain, trois heures de rellevée, au Bureau de la Ville pour deliberer sur l'imposition que le sieur d'Abancourt desire pour faire l'ouverture de la riviere d'Armansson et la rendre navigable, suivant l'arrest de Nosseigneurs du Conseil envoyé à ladicte Ville. Vous priant n'y voulloir faillir.

«Faict au Bureau de ladicte Ville, le lundi quatriesme Mars mil six cens treize.

«Les Prevost des Marchans et Eschevins de la Ville de Paris, tous vostres.»

Du mardy cinquiesme jour de Mars mil six cens treize. En l'Assemblée de Messieurs les Prevost des Marchans et Eschevins et Conseillers de ladicte Ville ledict jour tenue au Bureau d'icelle pour deliberer sur les propositions faictes par plusieurs particuliers pour l'ouverture des rivieres d'Oise, Aube, Armansson et Seyne pres Troies, pour les rendre navigables, à la charge d'y faire des impositions sur les marchandises passans par lesdictes rivieres,

Sont comparuz :

Monsieur de Grieu, Prevost des Marchans, Monsieur Poussepin, Monsieur Fontaine, Monsieur Merault, Eschevins.

Monsieur de Versigny, Monsieur Le Prestre, Monsieur Amelot, Monsieur de Sainct Germain, sieur de Ravennes.

Remise en plus grande assemblée, et à ceste fin que mandemens seront expediez à Messieurs les Conseillers de la Ville pour eulx trouver vendredy, trois heures de rellevée[1].

«Monsieur..., plaise vous trouver vendredy prochain, trois heures de rellevée, au Bureau de la Ville pour deliberer sur les propositions faictes pour l'ouverture des rivieres d'Oyse, Aube, Armansson, Seyne et autres pour les rendre navigables. Vous priant n'y voulloir faillir, l'affaire estant de grande consequence, et remise andict jour pour vostre absence.

«Faict au Bureau de ladicte Ville, le mardy vme de Mars mil v^e treize.

«Les Prevost des Marchans et Eschevins de la ville de Paris, tous vostres.»

Du vendredy huictiesme jour de Mars mil six cens treize.

En l'assemblée de Messieurs les Prevost des Marchans et Eschevins et Conseillers de ladicte Ville, ledict jour tenue au Bureau d'icelle pour deliberer sur les propositions faictes par alncuns particuliers sur l'ouverture des rivieres d'Oyse, Vannes et Armansson pour les rendre navigable moyennant une certaine imposition sur toutes sortes de marchandises passans par lesdictes rivieres,

Sont comparuz :

Monsieur de Grieu, sieur de Sainct Aubin, conseiller en Parlement, Prevost des Marchans;

Monsieur Fontayne, Monsieur Desprez, Monsieur Merault, Eschevins.

Monsieur le President Aubry, Monsieur Le Prestre, Monsieur Amelot, Monsieur Aubry, sieur d'Auvillier, Monsieur Lamy, Monsieur de Sainct Germain, sieur de Ravynes, Conseillers de la Ville.

Monsieur le Prevost a remonstré la disette et necessité du bois en ceste Ville et la peine que l'on a eu depuis deux ou trois ans pour faire ses provisions et principallement depuis six moys, laquelle eust esté bien plus grande sy l'hyver eust esté rude;

que c'estoit une des principalles affaires à quoi il falloit songer que la prevoyance à l'advenir d'avoir disette de bois en cestedicte Ville; et pour cest effect, depuis qu'il estoit en la charge, il avoit envoyé homme expres vers les rivieres de Vannes, Armanson, Aube et aultres pour voir et recognoistre sy en les rendant navigables, l'on en pourroit tirer secours de bois; et par le rapport qui en a esté faict il est tout certain, si l'ouverture desdictes rivieres estoit, qu'il en viendroit si grande quantité que sans doubte l'on n'en n'auroit plus de nécessité, qui seroit une grande commodité pour cestedicte Ville; qu'il a recherché tous moyens possibles pour y parvenir, mesme a conferé avec certaines personnes qui vueillent entreprendre de faire à leurs fraiz et despens l'ouverture desdictes rivieres et les rendre navigables dans deux ans, en leur accordant pour leur remboursement certaine imposition sur touttes sortes de marchandises; que le sieur d'Abancourt en ayant conferé avec ladicte Ville s'estoit pourvu au Roi et à Nosseigneurs de son Conseil, où il auroit offert de rendre ladicte riviere d'Armansson navigable dans deux ans, en luy accordant imposition sur touttes sortes de marchandises pendant trente ans, lesquelles offres ont esté receues par arrest dudict Conseil du septiesme Febvrier dernier; et par aultre arrest du seiziesme dudict moys de Febvrier, Sa Majesté a renvoyé ledict d'Abencourt par devers les Prevost des Marchans et Eschevins, pour donner advis à Sadicte Majesté quelles impositions se peuvent prendre sur les marchandises qui se voictureront par ladicte riviere d'Armansson, en dresser le proces verbal. Suivant lequel avoyent esté mandez à ce Bureau plusieurs marchans et voicturiers pour adviser avec enix quelles marchandises l'on pourroit imposer et quelle somme; dont en avoit esté dressé une pencarte dans laquelle est compris les grains, vins, fer, fil, sallines, et aultres sortes de marchandises; mais auparavant que de l'arrester a faict assembler ceste compagnie, requerant en voulloir deliberer.

Sur quoy, apres avoir ouy en ladicte assemblée les sieurs Dujac, d'Abencourt et autres sur l'ouverture desdictes rivieres, lecture faicte desdicts arrestz et l'affaire mise en deliberation a esté arresté et concluud de donner advis par ladicte Ville à Sa Majesté et nosdictz seigneurs du Conseil, pour la levée et imposition sur touttes sortes de marchandises passans par lesdictes rivieres qui seront rendues navigables, suivant la pencarte qui en a esté faicte, à la reserve du bled froment, metail et seigle dont ladicte Ville ne

---

[1] Le procès-verbal de cette première assemblée et le mandement qui la convoquait ne figurent que dans les minutes du Bureau (*Arch. nat.*, H 1891). Ils n'ont pas été transcrits dans le registre.

peult donner advis qu'il soit mis aucune imposition, et que ce qui se prendroit sur ledict bled soit plustost rejecté et imposé sur touttes les autres marchandises.

[*Avis donné au Roi au sujet du tarif d'imposition qu'on peut accorder au sieur d'Abancourt sur les bateaux passant par l'Armançon.*]

« Les Prevost des Marchans et Eschevins de la ville de Paris, avec le Conseil d'icelle pour ce assemblé, qui ont veu l'arrest de Nosseigneurs du Conseil d'Estat du septiesme Febvrier dernier, contenant les offres faictes au Roy par Louis d'Abancourt, sieur de Ravenne, pour rendre la riviere d'Armansson navigable, à commancer depuis Monbart jusques à Cheny emboucheure d'Yonne, et par lequel arrest Sa Majesté a accordé audict sieur d'Abancourt qu'il puisse avec ses assotiez faire travailler à rendre ladicte riviere d'Armansson navigable, de sept thoises de large et de trois à quatre piedz d'eaue en toute saison, aux charges et conditions portées par ledict arrest, et entre autres que iceluy d'Abancourt et sesdictz associez jouyront pendant trente années de l'imposition qui se levera sur les basteaulx qui passeront sur ladicte riviere d'Armansson; aultre arrest de nosdictz seigneurs du Conseil du seiziesme dudict moys de Febvrier, par lequel Sadicte Majesté a renvoyé ledict d'Abancourt à ladicte Ville pour donner advis à Sadicte Majesté quelle imposition se peult prendre sur les marchandises qui se voictureront par ladicte riviere d'Armansson. Et apres avoir mandez au Bureau de ladicte Ville plusieurs marchans et voicturiers hentans les rivieres, pour lesdictes levées et impositions, supplient tres humblement Sadicte Majesté et nosdicts seigneurs du Conseil trouver bon que pendant lesdictes trente années il soit levé par forme de peage les sommes de deniers sur chacune espece de marchandise cy apres declarées, sans y comprendre le bled froment, metail et seigle, et Sadicte Majesté et nosdicts seigneurs du Conseil suppliez ne permettre qu'il y soit pris ny imposé aulcune chose, ains laisser ceste marchandise franche comme elle a esté de tout temps; et oultre plaira à Sadicte Majesté de decerner ses lettres pattentes pour la suppression de ladicte levée et peage à la fin desdictes trente années, portant commission des à present au Prevost des Marchans et Eschevins, pour la faire cesser et esteindre au bout dudict temps. A quoy lesdictz Prevost des Marchans et Eschevins, qui seront lors, seront tenuz à peine d'en respondre en leurs propres et privez noms et d'en advertir et certiffier Messieurs des courtz de Parlement, Chambre des Comptes et Cour des Aydes. »

Ensuit les sommes qui se leveront, soubz le bon plaisir du Roy, sur les marchandises, à commancer à l'embocheure de ladicte riviere dessendant en Yonne remontant jusques audict Monbart.

Premierement

AA

Avoyne, le muid mesure de Paris, payera vingt cinq solz, cy........................ xxv s.

BB

Beurres de touttes sortes, le cent pesant payera dix solz, cy.......................... x s.
Bois de corde, tant en basteau qu'en trains, payera six solz pour corde, cy........... vi s.
Bois de cotteretz, le millier payera quinze solz, cy................................ xv s.
Bois de fagotz, le millier, quinze solz, cy.. xv s.
Bois de ciage, le cent, au pris du marchant, soixante solz, cy...................... lx s.
Bois en planche à faire basteaulx, nasselles et autres chose, pour la thoise sera payé six deniers, cy................................ vi d.
Bois merrien à faire tonneaulx, le millier fourny payera trente solz, cy............... xxx s.
Bois d'eschallats de chesne, le millier de bottes, cinquante solz, cy.................. l s.
Bois d'eschallatz de taillis, vingt cinq solz, cy................................ xxv s.
Bois en cerceaulx, le millier, quarante solz, cy................................ xl s.

CC

Chanvre de touttes sortes, le cent pesant, vingt solz, cy........................... xx s.
Cuivre ou airain ouvré ou non ouvré, le cent de livre pesant, trente solz, cy......... xxx s.
Cuivre de touttes sortes, le cent pesant, trente solz, cy........................... xxx s.

DD

Draps de soye de touttes sortes, le cent pesant, soixante solz, cy.................. lx s.
Draps de laynes de touttes sortes, le cent pesant, vingt solz, cy................... xx s.

EE

Estain ouvré ou non ouvré, le cent pesant, vingt solz, cy.......................... xx s.

FF

Fer ouvré ou non ouvré, le cent pesant d'ouvré, vingt solz, et celuy non ouvré, trois solz, cy....................... xx s. pour fer ouvré
et..................... iii s. pour non ouvré.

Fil de touttes sortes, le cent pesant payera, sçavoir le fin, vingt solz, et le commung, dix solz, cy........................... xx s. le fil fin
et....................... x s. le fil commun.

Febves et pois, le muid mesure de Paris, vingt cinq solz, cy...................... xxv s.

Foing, le millier de bottes, trente solz, cy. xxx s.

HH

Huilles de touttes sortes, le cent pesant, dix solz, cy................................. x s.

Hareng de touttes sortes, le caque de mesure payera dix solz, cy................... x s.

LL

Lin de toutes sortes, le cent pesant, dix solz, cy................................ x s.

Lard, le cent pesant, dix solz, cy........ x s.

Legume de touttes sortes, pour le muid mesure de Paris, vingt cinq solz, cy............ xxv s.

MM

Meulle, grande de six à sept piedz de diametre, quarante solz, cy..................... xl s.

Meulle de quatre à cinq piedz de diametre, vingt cinq solz, et à proportion des autres, cy... xxv s.

Morue, le caque, dix solz, cy.......... x s.

Morue de touttes sortes, le millier en pille, quarante solz, cy...................... xl s.

Mercerie meslée de toutes sortes, le cent pesant, vingt solz, cy....................... xx s.

NN

Noix, le muid ou le poinsson, cinq solz, cy. v s.

OO

Orge, le muid mesure de Paris, vingt cinq solz, cy................................ xxv s.

PP

Pappier blanc pour escrire, le cent pesant, vingt solz, cy........................... xx s.

Plomb ouvré vingt solz, le cent pesant et pour celuy non ouvré, trois solz, cy.... xx s. pour l'ouvré
et..................... iii s. pour non ouvré.

QQ
RR
SS

Sel, le muid, quatre livres, au lieu de trente, quarante ou cinquante livres qu'il couste pour le voicturer par terre, cy.................. iiii l.

Saulmon, pour le caque, dix solz, cy..... x s.

Seiches, pour le millier, vingt solz, cy... xx s.

TT

Toilles de touttes sortes, vingt solz pour le cent pesant de la fine, et dix solz pour la commune, cy......................... xx s. pour la fine
et..................... x s. pour la commune.

VV

Vin, le muid, seize solz, cy.......... xvi s.

Et pour les especes des denrées, espiceries, drogueries et marchandises qui passeront sur ladicte riviere et qui sont malaisées à declarer et exprimer entierement et qui ne seront cy dessus declarées en sera payé, pour cent pesant, trente solz, cy. xxx s.

« Faict et aresté au Bureau de ladicte Ville le vendredy huictiesme jour de Mars, mil six cens treize [1]. »

Du neufiesme jour desdicts moys et an.

---

[1] Ce tarif fut homologué par le Conseil, sauf en ce qui concernait les blés, qui, malgré l'avis formel de la municipalité, furent frappés d'un droit de 30 sols par muid, d'après l'arrêt du 30 mars 1613 : « Le Roy en son Conseil, suivant et conformement audict advis, tarif et pancarte desdicts Prevost des Marchans et Eschevins de ladicte ville de Paris, a accordé et accorde audict d'Abancourt que pendant ledict temps de trente ans il puisse prendre et lever sur les marchandises qui se voictureront sur lad. riviere d'Armansson les sommes de deniers mentionnées andict advis, tarif et pancarte, et oultre trente solz sur chacun muy de bled froment, metail et seigle pour vingt années seullement, sy mieux n'ayment les marchands convenir de gré a gré avecq ledict d'Abancourt pour faire conduire lesdictz bledz sur ladicte riviere. Laquelle pancarte ils seront tenuz faire mettre et apposer aux lieulx et endroictz que le besoing sera, affin qu'il n'y soit commis aucun abus, à peyne d'en respondre par ledict d'Abancourt et ses associez en leurs propres et privez noms. » (Arch. nat., E 39ᵃ, fol. 320.)

Ledict jour est comparu au Bureau de la Ville Louys d'Abancourt, sieur de Ravennes, entrepreneur de l'ouverture de la riviere d'Armansson pour la rendre navigable, lequel a promis et promet à Messieurs les Prevost des Marchans et Eschevins de ladicte Ville de mettre des ouvriers pour commancer à travailler ausdictz ouvraiges pour l'execution de son party, dedans deulx moys, et rendre la besogne bien et deuement faicte avec entiere liberté de la navigation dedans deux ans, à compter du jour de l'arrest qui sera donné par le Roy en son Conseil pour auctoriser la presente levée; comme aussy, à la fin desdictes trente années, promet à ladicte Ville de rendre ladicte riviere bien navigable et en bon estat, au dire d'expertz et gens ad ce cognoissans, qui seront lors pris et nommez par ladicte Ville. Lesquels sieurs Prevost des Marchans et Eschevins se transporteront, s'il leur plaist, sur lesdictz lieulx dans quinze moys, pour voir ladicte besogne, dont il promet faire et payer les frais de leur voyage à ses despens. Consent en oultre que où il sera faict quelques ponts sur ladicte riviere d'Armansson et qu'il y conviene mettre et establir des chableurs ou maistres des ponts, qu'ilz soient pourveuz et receus par ladicte Ville, à la nomination dudict d'Abancourt pour la premiere fois seulement. Se soubzmect en oultre et promect ne s'adresser à aultres juges que par devant lesdictz sieurs de la Ville pour les differendz qui pourroyent naistre tant à cause de ladicte levée, reccompense d'heritaiges, que autrement, comme estants les vrays juges de tout ce qui concerne la navigation et les rivieres, s'il ne plaist ausdictz sieurs, en certains differendz, subdeleguer les juges des lieux, pour raison desdictes recompenses seullement. Et à tout ce que dessus ledict d'Abancourt s'est obligé et oblige par ces presentes et promis y satisfaire, et a faict les submissions accoustumées et a signé à la minutte des presentes.

CCLVII. — Le sieur Almeras
REINTEGRÉ EN SA FONTAINE.
11 mars 1613. (Fol. 97 v°.)

De par les Prevost des Marchans et Eschevins de la ville de Paris.

«Il est ordonné que le sieur Almeras sera reintegré et remis en la possession de sa fontaine et cours d'eaue dans sa maison, scize rue des Francs bourgeois, ainsy qu'il en a jouy cy devant suivant sa concession [1]. Lequel restablissement sera faict par Pierre Guillain, Maistre des oeuvres de ladicte Ville, en la presence de l'ung de nous.

«Faict au Bureau d'icelle Ville, le lundy unziesme jour de Mars mil vi° treize.»

CCLVIII. — [Le sieur Puget
REINTEGRÉ EN SA FONTAINE.]
11 mars 1613. (Fol. 97 v°.)

De par les Prevost des Marchans et Eschevins de la ville de Paris.

«Il est ordonné que monsieur Puget [2], tresorier de l'Espargne, sera reintegré et remis en la possession de sa fontaine et cours d'eaue dans sa maison ainsy qu'il en a jouy cy devant suivant sa concession. Lequel restablissement sera faict par Pierre Guillain, Maistre des oeuvres de ladicte Ville, en la presence de l'ung de nous.

«Faict au Bureau de ladicte Ville, le lundy unziesme jour de Mars mil six cens treize.»

CCLIX. — Le sieur Lescaloppier
REINTEGRÉ EN SA FONTAINE.
16 mars 1613. (Fol. 98.)

De par les Prevost des Marchans et Eschevins de la ville de Paris.

«Il est ordonné que monsieur Lescaloppier, abbé de Ham [3], sera restably et reintegré en la possession de sa fontaine et cours d'eaue dans sa maison scize rue des Cinq diamants, pour en jouir comme il a faict cy devant, au desir des concessions de ladicte fontaine des quinziesme juillet mil quatre cens soixante et dix neuf et treiziesme Aoust mil v° quatre vingtz dix sept [4]. Lequel restablissement sera faict par Pierre Guillain, Maistre des oeuvres de ladicte Ville, en la presence de l'ung de nous Eschevins.

«Faict au Bureau de la Ville, le samedy seiziesme jour de Mars mil six cens treize.»

---

[1] Cette concession, faite en 1599 au sieur de Fourcy, avait été continuée par acte du 17 mars 1603 en faveur du sieur Almeras qui lui avait succédé dans sa maison de la rue des Francs-Bourgeois (t. XIII, p. 84).
[2] Étienne Puget. Voir tome XII, p. 32. — Il a été parlé au tome XIII, p. 470, note 4, de la concession d'eau dont jouissait la maison de la rue Vieille-du-Temple qu'il avait acquise d'Anne d'Aquaviva, comtesse de Châteauvillain.
[3] Le scribe a écrit par erreur *Hans*. Il s'agit en réalité de l'abbaye Notre-Dame de Ham, de l'ordre des Augustins, au diocèse de Noyon, dont Nicolas Lescalopier, référendaire apostolique, fut abbé de 1605 à 1627 (*Gallia christiana*, t. IX, col. 1125).
[4] Les registres du Bureau ne renferment pas le texte de cette concession, mais la fontaine de M. Lescalopier figure dans les

CCLX. — Mandement à Jodelet
contre les tonnelliers deschargeurs de vins.
21 mars 1613. (Fol. 99 v°.)

*De par les Prevost des Marchans et Eschevins
de la ville de Paris.*

«M° Jehan Jodelet, procureur des causes de la Ville en la Cour de Parlement. Ayant veu l'arrest de Nosseigneurs de ladicte Cour, du xxv°° Febvrier dernier[1], donné entre Martin Pinsson, Jacques Bonce et Hubert Barre, maistres tonnelliers deschargeurs de vins à Paris, appellans de plusieurs sentences données par Monsieur le Lieutenant civil, d'une part, et Jehan du Mesnil, maistre tonnellier deschargeur de vins, anssy appellant de plusieurs sentences de nous données pour satisfaire audict arrest et pour la conservation de la jurisdiction de ladicte Ville seullement, nous vous mandons intervenir pour ladicte Ville en l'instance pendante en ladicte Cour entre lesdicts Pinsson, Bonce et Barre, d'une part, contre ledict du Mesnil, d'autre. Remonstrez que ledict du Menil, en qualité de maistre de la communaulté des deschargeurs de vins, pretendant avoir obtenu quelques lettres royaulx au nom de ladicte communaulté contre les jurez courretiers de vins, pour son pretendu remboursement des deniers par luy advancez, auroit, en vertu d'ung rolle et taxe par luy faicte, faict contraindre aucuns desdicts maistres deschargeurs au payement chacun de la somme de neuf livres tournois pour leur part, et voyant que lesdicts Pinsson, Bonce et Barre ne le voulloyent payer, il les avoit faict assigner au Chastellet dont ils auroient decliné la jurisdiction, et faict appeller ledict du Mesnil par devant nous pour luy voir faire deffences de les poursuivre ailleurs. Et estant ledict du Mesnil comparu, luy aurions faict ses deffences, ny mesme de lever aucuns deniers sur lesdictz deschargeurs sans autres lettres du Prince, à peine de concussion et autres peynes portées par le jugement de ce intervenu. Nonobstant lesquelles deffences, ledict du Mesnil n'auroit laissé de poursuivre lesdictz Pinsson et consors audict Chastellet encores qu'il en ayt esté desadvoué par les autres maistres de la communaulté. Et sur ce, seroit intervenu plusieurs sentences, tant de nous que dudict Lieutenant civil, portant deffences de poursuivre, et condamnations d'amandes reciproques, dont est appel; que mal et sans raison ledict du Mesnil a poursuivy lesdictz Pinsson et consors audict Chastellet, et contre le serment par luy faict, tant lors qu'il a esté receu maistre deschargeur que lors de son eslection en ladicte charge de procureur de communaulté, d'autant que lesdictz deschargeurs de vins sont pourveuz et receuz par ladicte Ville et non par ledict Lieutenant civil, ny autres couchez dans l'ordonnance d'icelle, au huictiesme chappitre. Laquelle ordonnance[2] est deuement verifiée par touttes les Cours, et par consequent lesdictz deschargeurs justiciables de ladicte Ville tant pour ce qui concerne l'exercice desdictes charges, que pour les differendz qui surviennent à cause d'icelles; que lesdictes pretenduz lettres ayant esté obtenues au nom desdictz deschargeurs contre lesdictz courretiers, avec lesquelz ils n'ont differends, qu'en ceste qualité, et non en qualité de tonnelliers, ledict du Mesnil ne se debvoit pouvoir audict Chastellet, ains devant nous, ainsy que de tout temps avoyent faict ceulx qui avoyent esté en charge de procureur, comme ledict du Mesnil, des differends qu'ilz avoyent eus contre aulcuns de leur communaulté, et comme mesme a faict ledict du Mesnil pendant qu'il a esté en ladicte charge. Et partant, soustenez que la cognoissance du faict dont est question appartient à ladicte Ville, et requerez que les partyes y soient renvoyées avec deffences audict du Mesnil et autres deschargeurs de vins de plus se pourvoir, pour chose qui concernera lesdictes charges, ailleurs que pardevant nous.

«Faict au Bureau de ladicte Ville, le vingt ungiesme jour de Mars mil six cens treize.»

CCLXI. — Procession generale
à cause de la reduction.
22 mars 1613. (Fol. 98.)

*De par les Prevost des Marchans et Eschevins
de la ville de Paris.*

«Sire Jehan Le Conte, Quartenier, trouvez vous avecq deulx notables bourgeois de vostre quartier à cheval et en housse, vendredy proschain vingt deuxiesme jour du present mois, sept heures du matin, en l'Hostel de la Ville pour nous accompagner à aller à la procession generale qui se fera ledict jour

---

états de distribution d'eau dressés en 1598 et en 1603 (t. XI, p. 511 et XIII, p. 139). Elle devait être alimentée par le même tuyau que le réservoir public placé au coin de la rue Trousse-Vache et de celle des Cinq-Diamants, car, d'après les listes que nous venons de citer, ces deux fontaines paraissaient justaposées.

[1] *Arch. nat.*, X¹ª 5343.

[2] Le texte manuscrit porte *ordonnons* aussi bien dans la minute que dans le registre, mais la minute paraît ensuite avoir corrigé en *est* la leçon *estre* transcrite dans le registre. La lecture que nous proposons donne seule un sens satisfaisant.

pour rendre graces à Dieu de l'heureuse reduction de ceste Ville en l'obeissance du Roy. Sy n'y faictes faulte.

«Faict au Bureau de ladicte Ville, le mardy dix neufiesme jour de Mars mil six cens treize.»

Pareil envoyé à chacun des Quartiniers.

«Monsieur de Versigny, plaise vous trouver vendredy prochain vingt deuxiesme jour du present moys sept heures du matin, à cheval et en housse en l'Hostel de la Ville pour nous accompagner à aller à la procession generalle qui se fera ledict jour pour rendre graces à Dieu de l'heureuse reduction de ceste Ville en l'obeissance du Roy. Vous priant n'y voulloir faillir.

«Faict au Bureau de la Ville, le mardy dix neufiesme jour de Mars mil six cens treize.

«Les Prevost des Marchans et Eschevins de la ville de Paris, tous vostres.»

Pareil envoyé a chacun de messieurs les Conseillers.

De par les Prevost des Marchans et Eschevins de la ville de Paris.

«Cappitaine Norry, trouvez vous, avec tous ceulx de vostre compagnie garniz de leurs casacques neufves et hallebardes, vendredy prochain vingt deuxiesme jour du present moys, six heures du matin, en l'Hostel de la Ville pour nous assister à la procession generalle qui se fera ledict jour pour rendre graces à Dieu de l'heureuse reduction de ceste Ville en l'obeissance du Roy. Si n'y faictes faucte.

«Faict au Bureau de la Ville, le mardy dix-neufiesme jour de Mars mil six cens treize.»

Et ledict jour de vendredy vingt deuxiesme Mars mil vi⁵ treize, suivant la coustume, mesdictz sieurs de la Ville sont partis dudict Hostel de la Ville, sur les huict heures du matin, pour aller à ladicte procession generalle en l'ordre qui ensuit :

Premierement marchans les trois compagnies d'archers de la Ville, vestuz de leurs bocquetons et ayans leurs hallebardes.

Apres, les dix sergens de la Ville à pied, vestuz de leurs robes my parties.

Après, le Greffier de la Ville, seul, à cheval, vestu de sa robe mipartye.

Apres, messieurs les Prevost des Marchans et Eschevins et Procureur du Roy, aussy vestuz de leurs robes de livrées.

Apres, le Receveur de la Ville et les Quartiniers et bourgeois mandez.

Et en cest ordre sont allez à Nostre Dame où estants venuz Messieurs des Courts souveraines, toutte la compagnie sont allez aux Augustins où la messe a esté dicte. Ce faict, Messieurs de la Ville sont revenuz à Nostre Dame avec le clergé, et apres sont retournez audict Hostel de Ville en pareil ordre qu'ilz en estoyent partiz.

CCLXII. — DeVis et marché
POUR L'UNE DES CHEMINÉES
DE LA GRANDE SALLE DE LA VILLE.

26 mars 1613. (Fol. 100 v°.)

Devis des ouvrages de maçonnerye, pierre de taille et sculpture qu'il y convient faire pour la construction d'ung grand manteau de chemynée dans la grand salle de l'Hostel de ceste ville de Paris.

«Premierement la platte bande, jambages et sommiers, de pierre de liers des carrieres de Paris. Y seront taillées les moullures, termes et ornemens de moullure comme il est marqué sur le modelle et desseing. Plus au milieu de la platte bande, il sera appliqué une table de marbre noir, et à costé de la table de marbre noir deux tables de marbre lucarnadin et blanc meslé.

«Plus, au dessus de la platte bande jusques au plancher sera ladicte cheminée remplye pour son principal corps de pierre de Troussy, la plus belle que se pourra treuver.

«Sur la platte bande, il y aura deux enroullemens pour le frontispice où il sera posé deux fleuves et au milieu ung navire tout de pierre de Tonnerre, ensemble les enroullements du fronton couppez, garniz chacun de piece de marbre broquatel ou affricquain.

«Au dessus des fleuves et à costé du quadre seront posez deux colonnes de marbre noir, d'ordre composite, avec ses chappiteaulx et bazes de bronze de haulteur de huict piedz ou plus.

«A costé des colonnes, une figure de six pieds de haulteur de pierre de Tonnerre, telle qu'il plaira à Messieurs les Prevost des Marchans et Eschevins et derriere lesdictes figures, des tables de marbre rouge et ung petit feston au dessus, aussy de pierre de Tonnerre.

«Dessus les collonnes il sera posé corniche, frize et arquitrave avec son frontispice orné de ses moullures et ornements propres et convenables au desseing, le tout de pierre de Tonnerre; et dedans la frize y aura du marbre vert affricquain.

«Au millieu du frontispice seront mises les armes de France et de Navarre avec une grande targe à double cuir avec les couronnes au dessus; le tout de pierre de Tonnerre.

«A costé du frontispice et au dessus des collonnes et corniches seront posées deux figures de Victoire, une de chascun costé, de grandeur competante, assizes et estendues le long dudict frontispice, tenans d'une main ladicte targe et de l'autre une palme ou autres choses decentes, selon qu'il sera advisé pour le mieulx; le tout aussy de pierre de Tonnerre.

«Au dessus desdictes corniches et fronton, sera faicte une elevation en forme d'aticque orné de moullures et marbres, comme il est porté par le dessein, lequel sera pour cest effect paraphé par Messieurs; ladicte elevation faicte aussy de pierre de Tonnerre.

«Seront tenuz les entrepreneurs rendre l'ouvrage faicte et parfaicte dans le dernier jour de Juillet prochain venant, orné et enrichy selon ledict dessein et ainsy qu'il est declaré cy dessus par le menu, avec les changemens y contenus et specifiiez; et, pour cest effect, fourniront lesdictz entrepreneurs de touttes matieres à leurs despens, soit pierre de lierre, pierre de Tonnerre, marbres, cuivres et touttes autres choses à ce necessaires, non compris le fer qui sera fourny par la Ville, peynes d'ouvriers et generallement tout ce qui sera besoing pour rendre l'oeuvre bien et deuement faicte et parfaicte, au dire de gens ad ce cognoissans, et rendre place nette dans ledict temps, moyennant la somme de trois mil livres tournois qui sera payée par le Receveur de ladicte Ville, selon les ordonnances de Messieurs les Prevost des Marchans et Eschevins de la ville de Paris, au feur et a mesure qu'ilz travailleront es dictz ouvrages. Et a esté expressement accordé que lesdictz ouvrages estants bien et deuement faictz et parfaictz, ils seront veus et visitez par telz expertz que lesdictz sieurs Prevost des Marchans et Eschevins vouldront à ce nommer et commettre, mesmes prisez et estimez à leur juste valleur. Et au cas que par ladicte prisée il se trouvast que lesdictz ouvraiges feussent de moindre valleur que le prix porté par le present marché, ne pourront lesdictz entrepreneurs pretendre et ne leur sera payé que ladicte somme telle qu'elle aura esté diminuée; et au cas que par la dicte prisée il se trouvast le contenu au present devis monter à plus hault pris que ladicte somme de III mil livres tournois portée par ledict marché, ne pourront aussy iceulx entrepreneurs pareillement pretendre payement de ladicte plus grande somme, ains leur sera seullement payé icelle somme de III mil livres tournois portée par ledict marché.»

Du meccredy vingt septiesme jour de Mars mil six cens treize.

Ledict jour a esté faict marché par messieurs les Prevost des Marchans et Eschevins avec David de Villiers et Pierre Byard[1], sculpteurs[2], de faire ladicte cheminée de la grande salle cy devant declarée, de la forme, structure, enrichissement, estoffes et matieres portées par le devis cy devant transcript, moyennant le prix et aux charges, clauses et conditions portées par ledict devis, duquel lecture leur a esté faicte, sur lequel pris leur sera payé et advancé la somme de six cens livres dont sera delivré mandement, et rendre l'ouvrage faict au temps y mentionné. A quoi lesdictz David et Biard se sont solidairement obligez et obligent par ces presentes et ont lesdictz David et Biard signé en la minutte des presentes[3].

---

[1] Fils du Pierre Biard qu'on a vu, au tome précédent, faire différentes sculptures pour l'Hôtel de Ville (*Dictionnaire critique* de Jal).

[2] Ce texte a été publié par Leroux de Lincy, *Histoire de l'Hôtel de Ville*, 2ᵉ partie, p. 75-77. — C'est contre ce marché fait de gré à gré, sans adjudication, que protesta Marin de La Vallée, entrepreneur des bâtiments de l'Hôtel de Ville, comme on le verra plus loin, p. 262. Cette protestation parait peu justifiée, puisque, d'après les détails du devis, cette œuvre ne semblait pas être du domaine de la simple maçonnerie, mais requérait l'intervention d'un sculpteur de profession.

[3] Le greffier n'a pas jugé à propos de charger le registre d'un long mémoire qui se trouve à cette date dans la série chronologique des minutes du Bureau (*Arch. nat.*, H 1891), auquel le Conseil l'avait renvoyé le 30 mars 1613. François Dunoyer, écuyer, sieur de Saint-Martin, y expose les «moyens justes, clairs et faciles pour entretenir quatre cens vaisseaux, cent galleres et plus pour faire un traffic et negoce, avecq tout l'equipage, hommes et munitions necessaires», et en outre les moyens de «retirer le domaine de la couronne engagé à tiltre de rachapt et d'admortir toutes les rentes constituées sur les tailles, aydes, greniers à sel et Clergé, plus d'augmenter les gaiges des officiers de judicatures en telle sorte qu'ilz ne prendront plus d'espices ny taxations

CCLXIII. — Messe de la reduction
à Nostre Dame.

12 avril 1613. (Fol. 102 v°.)

De par les Prevost des Marchans et Eschevins de la ville de Paris.

«Sire François Bonnard, Quartinier, trouvez vous avec deulx notables bourgeois de vostre quartier, à cheval et en housse, vendredy prochain douziesme jour du present moys, sept heures du matin, en l'Hostel de la Ville pour nous accompagner à aller à la messe qui se dira en l'eglise Nostre Dame pour rendre graces à Dieu de l'heureuse reduction de ceste Ville. Sy n'y faictes faulte.

«Faict au Bureau de ladicte Ville, le meccredy dixiesme jour d'Apvril mil six cens treize.»

Pareil envoyé à chacun desdicts Quartiniers.

«Monsieur..., plaise vous trouver vendredy prochain douziesme jour du present moys, sept heures du matin, à cheval et en housse, en l'Hostel de la Ville pour nous accompagner à aller à la messe qui se dira en l'eglise Nostre Dame, pour rendre graces à Dieu de l'heureuse reduction de ceste Ville. Vous priant n'y voulloir faillir.

«Faict au Bureau de la Ville, le meccredy dixiesme jour d'Apvril mil six cens treize.

«Les Prevost des Marchans et Eschevins de la ville de Paris, tous vostres.»

Pareil envoyé a chacun de Messieurs les Conseillers de la Ville.

De par les Prevost des Marchans et Eschevins de la ville de Paris.

«Capitaine Norry, trouvez vous, avec tous ceulx de vostre compagnie, garniz de leurs casacques neufves et hallebardes, vendredy prochain douziesme jour du present moys, six heures du matin, à l'Hostel de Ville pour nous assister à aller à la messe qui se dira en l'eglise Nostre Dame, pour rendre graces à Dieu de l'heureuse reduction de ceste Ville. Sy ny faictes faulte.

«Faict au Bureau de la Ville, le meccredy dixiesme jour d'Apvril mil six cens treize.»

Pareil envoyé à chacun des trois cappitaines des archers.

Et ledict jour de vendredy douziesme Apvril mil six cens treize, sur les neuf heures du matin, Messieurs de la Ville sont partiz dudict Hostel de la Ville pour aller à Nostre Dame à la messe de la reduction, en l'ordre qui ensuit :

Premierement marchoient les trois cens archers de la Ville.

Apres, les dix sergens vestuz de leurs robes mipartyes. Monsieur Le Greffier de la Ville, seul, à cheval, vestu de sa robe mipartye.

Monsieur le Prevost des Marchans, Eschevins, Procureur du Roy, aussy vestuz de leurs robes mipartyes.

Apres eulx, aucuns de Messieurs les Conseillers, Quartiniers et bourgeois.

Et estant arivez à Nostre Dame, se sont mis en leurs places ordinaires, dans la nef sur les bancqz estantz à main gauche.

Et Messieurs de la cour de Parlement et Chambre des Comptes estants venuz, se sont mis sur les bancs estants à main droicte; et a esté celebré la messe, laquelle dicte, mesdictz sieurs de la Ville sont revenuz andict Hostel de la Ville en pareil ordre qu'ils y estoient allez.

CCLXIV. — Le sieur de Rusticy
entrepreneur de l'ouverture de la riviere d'Oyse
en Picardye, avec la pancarte,
subjections et submissions dudict Rusticy.

16-18 avril 1613. (Fol. 103 v°.)

«Les Prevost des Marchans et Eschevins de la ville de Paris qui ont veu les offres falotes au Roy et à Nosseigneurs de son Conseil par Cezard Arnault de Rusticy, escuyer, pour rendre la riviere d'Oyse navigable depuis la ville de Chaulny jusques à Arloy[1] en Picardye, et la faire porter basteaulx

---

faisans rendre la justice gratis au peuple... Offre aussy de trouver fonts et moyens pour achever le Louvre, bastir le logis de la Royne, etc..., moyennant la superintendance generalle, conduicte et maniement de l'execution desdictes affaires...» — Sur les instances de Dunoyer, le Prévôt des Marchands soumit ses propositions à une assemblée du Conseil de Ville dont on trouvera plus loin le compte rendu, sous la date du 29 août 1614.

[1] Erloy, Aisne, arr. de Vervins, cant. de la Chapelle.

depuis ledict Chaulny jusques à Guyse, de cinq à six cens muids pesans, où il y a dix lieues par terre et trente par eaue, et depuis Guyse jusques audict Arloy, où il y a quatre lieues par terre, et sept lieues par eaues, basteaulx de deux cens muids poisans, et rendre icelle riviere navigable dans quatre années, et à cest effect fournir et advancer tous les fraiz et despens qui seront necessaires, et desdommager tous les interessez, en luy accordant par Sadicte Majesté, et à ses assotiez, leurs hoirs et ayans cause, la jouissance pour cinquante années entieres et consecutives de tous les droicts qui se leveront sur touttes sortes de denrées et marchandises qui navigueront sur ladicte riviere, tant en montant qu'en descendant, selon la taxe qui en sera faicte audict Conseil, ou par lesdicts Prevost des Marchans et Eschevins et aux aultres conditions portées par lesdictes offres, à nous renvoyées par arrest donné audict Conseil le xxı° jour de Mars dernier[1], pour donner advis à Sadicte Majesté et à nosdictz sieurs du Conseil sur le contenu es dictes offres. Et apres avoir mandez au Bureau de ladicte Ville plusieurs marchans et voicturiers hentans et frequentans les rivieres, et eu sur ce leurs advis sur la commodité de l'ouverture de ladicte riviere et sur la levée desdictes impositions,

«Supplyent tres humblement Sadicte Majesté et nosdictz seigneurs de son Conseil de recepvoir lesdictes offres comme estans utilles et necessaires au publicq, et trouver bon que pendant trente années consecutifves il soit levé, par forme de peage, les sommes de deniers sur chacune espece de marchandise cy apres declarées, sans y comprendre le bled froment, metail et seigle, et Sadicte Majesté et nosdicts seigneurs du Conseil suppliez ne permettre qu'il y soit pris ny imposé aulcune chose, ains laisser ceste marchandise franche comme elle a esté de tout temps. Comme aussy ladicte riviere estant navigable, qu'il soit permis à tous voicturiers et basteliers de voicturer sur ladicte riviere, sans aulcune permission dudict de Rusticy ou sesdicts assotiez, et laisser la liberté de ladicte navigation, en payant seullement par les proprietaires des marchandises les peages cy apres transcripts. Et oultre, plaira à Sadicte Majesté de decerner ses lettres pattentes pour la suppression de ladicte levée et peage à la fin desdictes trente années, portant commission des à present au Prevost des Marchans et Eschevins pour la faire cesser et esteindre au bout dudict temps. A quoy lesdicts Prevost des Marchans et Eschevins, qui seront lors, seront tenuz à peine d'en respondre en leurs propres et privez noms, et d'en advertir et certiffier Messieurs des Cours souveraines.»

Ensuit les sommes qui se leveront, soubz le bon plaisir du Roy, sur les marchandises passans sur ladicte riviere d'Oyse, lors qu'elle sera rendue navigable; le tout par alphabet.

A A

Anchois, le baril payera vingt cinq solz, cy.............................. xxv s.
Ardoyse, le millier, huit solz, cy...... vııı s.
Amandes, le cent de livres pesant, quinze solz, cy.............................. xv s.
Avelines, le cent de livres pesant, quinze solz, cy.............................. xv s.
Avoyne, le muid mesure de Paris, vingt cinq solz, cy.............................. xxv s.
Allun de glace ou roche, le cent pesant, dix solz, cy.............................. x s.

B B

Bierre ou citre, le muid, dix solz, cy... x s.
Beurre de toutte sorte, le cent de livres pesant, quinze solz, cy..................... xv s.
Bois de cottrets, le millier, quinze solz, cy. xv s.
Bois de fagots, le millier, quinze solz, cy.. xv s.
Bois de ciage carré, le cent au pris du marchant, soixante solz, cy..................... lx s.
Bois en planche à faire basteaulx et nacelles, la thoise, six deniers, cy............... vı d.
Bois merrien à faire tonneaulx, le millier fourny, trente solz, cy..................... xxx s.
Bois d'eschallatz de chesne, le millier de bottes, cinquante solz, cy................. l s.
Bois d'eschallatz de taillis, le millier vingt cinq solz, cy.......................... xxv s.
Bois en cerceaulx, le millier, quarante solz, cy.............................. xl s.
Bois de corde, pour la corde qui font deux voyes mesure de Paris, six solz, cy............ vı s.
Bois à faire poultres et sommiers, le cent au compte des marchans, vingt solz, cy....... xx s.
Bois à faire essieulx, gentes et autres bois de charronnage, le cent de pieces, six solz, cy. vı s.
Broderye d'or et d'argent sur soye ou peau, le cent pesant de livres, dix huit livres, cy.. xvııı lt.
Bricques et thuilles, le millier, dix solz, cy. x s.
Bois de moulle ou traverse, la voie, trois solz, cy.............................. ııı s.

---

[1] *Arch. nat.*, E 39¹, fol. 204 : Renvoi au Bureau de la Ville des propositions faites pour rendre navigables «les rivieres qui tombent en celle de Seine depuis Chauny jusqu'à Erloy en Picardie».

CC

Cuirs de toutes sortes, le cent pesant, trente solz, cy................................. xxx s.
Cendres, le tonneau, qui sont trois muidz de Paris, vingt solz, cy.................. xx s.
Cappes[1], le cent de livres pesant, quinze solz, cy................................... xv s.
Charbon de terre, le muid, seize solz, cy.. xvi s.
Chanvre de touttes sortes, le cent pesant, vingt solz, cy......................... xx s.
Cuivre ou ayrain de touttes sortes, ouvré et non ouvré, le cent de livres pesant, trente solz, cy. xxx s.
Charbon, le muid, dix solz, cy........ x s.
Cotton, le cent de livres, quinze solz, cy. xv s.
Cire, le cent de livre pesant, quinze solz. cy................................. xv s.
Colle forte, le cent de livre pesant, vingt solz, cy................................... xx s.
Cercles, pour le millier, vingt cinq solz, cy................................. xxv s.
Clinquant d'or ou d'argent, le cent pesant de livre, dix huict livres, cy............. xviii tt
Chaulx, le muid, huict solz, cy...... viii s.

DD

Draps de soye de touttes sortes, le cent pesant, soixante solz, cy..................... lx s.
Draps de laynes de touttes sortes, le cent pesant, vingt sols, cy..................... xx s.
Drogues d'appoticaires de touttes sortes, le cent pesant, huict livres, cy............. viii tt

EE

Estaing ouvré et non ouvré, le cent pesant, vingt solz, cy...................... xx s.
Espiceries de toutes sortes, le cent de livres pesant, cinquante solz, cy............ l s.
Escorce de bois pour taincture, le cent de bottes, vingt cinq sols, cy................. xxv s.

FF

Fromage de touttes sortes, le cent pesant de livres, dix sols, cy.................. x s.
Fer ouvré, le cent pesant, vingt solz, cy. xx s.
Fer non ouvré, le cent pesant, trois solz, cy................................ iii s.
Fil fin de touttes sortes, le cent pesant, vingt solz, cy...................... xx s.

Fil commung, le cent pesant, dix solz, cy. x s.
Febves et pois,. le muid mesure de Paris, vingt cinq solz, cy.................. xxv s.
Foing, le millier de bottes, trente solz, cy. xxx s.
Fruictages de touttes sortes, le muid, cinq solz, cy................................. v s.
qui est pour le tonneau, qui sont trois muids, quinze solz........................ xv s.
Fer blanc de touttes sortes, le cent pesant, quinze solz, cy..................... xv s.
Figues, le cent pesant de livres, quinze solz, cy................................. xv s.

GG

Grenades, le cent conté, cinq solz, cy . v s.

HH

Huille d'olive, le cent de livres pesant, vingt solz, cy................................. xx s.
Huille commune, le cent de livres, douze solz, cy.............................. xii s.
Harencz de toutes sortes, le cacque de mesure, dix solz, cy........................ x s.

LL

Lins de touttes sortes, le cent pesant, dix solz, cy................................. x s.
Lard, le cent pesant, dix solz, cy..... x s.
Legumes de touttes sortes, le muid mesure de Paris, vingt cinq solz, cy............. xxv s.
Laines de touttes sortes, le cent pesant, ving solz, cy............................ xx s.

MM

Meulles grandes de six à sept piedz de diametre. quarente solz, cy................... xl s.
Meulles de quatre, cinq, à six piedz de diametre, trente solz, cy...................... xxx s.
Morue, le cacque, dix solz, cy....... x s.
Muids ou fustailles vuides, la piece, huict deniers, cy................................ viii d.
Morue de touttes sortes, le cent pesant, vingt solz, cy................................ xx s.
Mercerie meslée de touttes sortes, le cent pesant, vingt solz, cy.................... xx s.
Miel, le cent de livre pesant, ving cinq solz, cy................................. xxv s.
Marrons et chastaigne, le cent pesant, quinze solz. cy................................ xv s.

---

[1] Câpres, mot qu'on rencontre quelquefois sous la forme donnée ici (*Dictionnaire* de Trévoux).

N N

Noix, le muid ou poinsson, cinq solz, cy.   v s.

O O

Olives, le cent pesant de livres, douze solz, cy............................... xii s.
Orge, le muid mesure de Paris, vingt cinq solz, cy............................... xxv s.
Oranges, citrons et ponsils [1], le cent pesant de livres, dix solz, cy.................. x s.
Oeufs, le millier, six solz, cy........ vi s.

P P

Papier blanc à escripre, le cent pesant, vingt solz, cy............................... xx s.
Papier gris, le cent pesant, vingt solz, cy.   xx s.
Plomb ouvré, le cent pesant, vingt solz, cy............................... xx s.
Plomb non ouvré, le cent pesant, trois solz, cy............................... iii s.
Pouldre à canon à aultre, non au Roy, le cent pesant de livres, vingt cinq solz, cy..... xxv s.
Pierre de taille, pour tonneau [2], trois solz, cy............................... iii s.
Paille, le millier de bottes, vingt solz, cy............................... xx s.
Plumes, le cent pesant, quinze solz, cy.   xv s.
Poix raisine et autres poix, le cent pesant, dix solz, cy...................... x s.
Poissons en bouticles, quatre livres, cy.   iiii lt.
Parchemins, le cent de peaulx, dix solz, cy............................... x s.
Pelles de bois, le cent conté, cinq solz, cy.   v s.
Peaulx de chamois et buffles accomodez, le cent pesant, trente solz, cy............... xxx s.
Peaulx en poil, le cent pesant, dix solz, cy.   x s.
Peaulx de touttes sortes couroyées, le cent pesant, quinze solz, cy.................... xv s.
Pignon [3], le cent de livres pesant, vingt solz, cy............................... xx s.
Prunes seiches, le cent pesant, cinq solz, cy.   v s.
Plastre, le muid, cinq solz, cy........   v s.

R R

Ris, le cent pesant de livres, quinze solz, cy............................... xv s.

---

[1] Poncire ou poncile, variété de citron.
[2] Voici ce que le *Dictionnaire* de Trévoux dit de cette mesure : « On appelle tonneau de pierre de Saint-Leu, ou d'autre pierre tendre, la quantité de 14 pieds cubes. Le tonneau de pierre de Saint-Leu peut peser environ un millier ou dix quintaux. »
[3] Laine grossière, résidu du peignage de la laine.

Raisins de pouse en quaisse et en cabas, le cent pesant, quinze solz, cy............... xv s.

S S

Saffran, le cent pesant, dix huict livres, cy............................... xviii lt.
Sel, le muid, quatre livres, cy....... iiii lt.
Sucre, le cent de livres pesant, trente solz, cy............................... xxx s.
Salpestre, le cent pesant, quinze solz, cy.   xv s.
Souffre, le cent pesant, dix solz, cy...   x s.
Saulmon, pour le cacque, dix solz, cy.   x s.
Savon fin, le cent pesant, dix solz, cy..   x s.
Savon commun, cinq solz, cy........   v s.

T T

Toilles de touttes sortes fines, le cent pesant, vingt solz, cy...................... xx s.
Tolles communes, dix solz, cy....... x s.
Tappisserie fine, le cent pesant de livres, vingt cinq solz, cy.................. xxv s.
Tappisserie commune, quinze solz, cy.   xv s.

V V

Vin, le muid, seize solz, cy......... xvi s.
Vistres de verre, le cent pesant, dix solz, cy.   x s.
Veaulx, piece, deux solz, cy.......... ii s.
Vieulx drappeaulx à faire papier, le cent pesant, cinq deniers, cy .... v d.
Vin muscat, le tonneau, soixante solz, cy..   lx s.
Vin de malvoisye, le tonneau, soixante solz, cy............................... lx s.
Vinaigre et verjus, le muid, cinq sols, cy.   v s.

Et pour touttes autres especes de marchandises qui passeront sur ladicte riviere et qui sont mal aisées à declarer et exprimer, et qui ne seront cy dessus declarées, en sera payé, pour le cent pesant, trente solz, cy...................... xxx s.

« Faict et arresté au Bureau de la Ville, le mardy seiziesme jour d'Apvril mil six cens treize. »

Du dix-huictiesme jour d'Apvril mil six cens treize.

Ledict jour est comparu au Bureau de la Ville Cezard Arnault de Rusticy, escuyer, entrepreneur de l'ouverture de la riviere d'Oyse pour la rendre navigable, lequel a promis et promet à Messieurs les Prevost des Marchans et Eschevins de la ville de Paris de mettre des ouvriers pour commancer à travailler ausdicts ouvrages pour l'execution de son party, dedans deux moys prochainement venant, et rendre la besongne bien et deuement faicte, avec entiere liberté de la navigation, dedans quatre ans à compter du jour de l'arrest qui sera donné par le Roy en son Conseil pour auctoriser la presente levée; comme aussy à la fin desdictes trante années promet à ladicte Ville de rendre ladicte riviere bien navigable et en bon estat au dire d'expertz et gens ad ce cognoissans qui seront lors pris et nommez par ladicte Ville, lesquelz sieurs Prevost des Marchans et Eschevins se transporteront, sy leur plaist, sur lesdicts lieulx dans quinze moys, pour voir ladicte besongne, dont il promet faire et payer les fraiz de leur voyage à ses despens. Consent en oultre que, où il sera faict quelques ponts sur ladicte riviere d'Oyse et qu'il y convienne mettre et establir des chableurs ou maistres des ponts, qu'ils soyent pourveuz et receuz par ladicte Ville, à la nomination dudict de Rusticy pour la premiere fois seullement. Se submet en oultre et promet ne s'adresser à aultres juges que pardevant lesdictz sieurs de la Ville, pour les differendz qui pourroient naistre tant à cause de ladicte levée, recompense d'heritaiges que autrement, comme estans les vrays juges de tout ce qui concerne la navigation et les rivieres, s'il ne plaist ausdictz sieurs, en certains differends, subdeleguer les juges des lieux pour raison desdictes recompenses seullement. Et à tout ce que dessus ledict de Rusticy s'est obligé et oblige par ces presentes et a faict les submissions accoustumées. Et a ledict sieur de Rustici signé en la minutte des presentes[1].

CCLXV. — Messieurs sont allez au Conseil
sur le subject de la cause
d'entre la Ville et Messieurs du Clergé
à cause du payement des rentes.

19 avril 1613. (Fol. 108 v°.)

Du samedy dixneufiesme jour d'Apvril mil six cens treize[2].

Ledict jour messieurs les Prevost des Marchans et Eschevins ont esté advertis que monsieur le Chancellier et aucuns de Messieurs du Conseil debvoient s'assembler ledict jour de relevée en la maison de mondict seigneur le Chancellier, par le commandement de la Royne, pour entendre ce qui est de la cause d'entre la Ville et mesdictz sieurs du Clergé, et qu'ils eussent à eulx y trouver. Et suivant ce, ledict jour, sur les deux heures de relevée, mesdictz sieurs les Prevost des Marchans, Eschevins, Procureur du Roy et Greffier de ladicte Ville se sont transportez en la maison de mondict seigneur le Chancellier où estoient Messieurs de Chasteau-neuf, de Thou, Janin, de Vic, de Norroy et Dollé, comme aussi y estoient Monsieur l'evesque de Rieulx, Monsieur de la Vernusse, agent, et Maistre François de Castille, recepveur general dudict Clergé. Et ayans par mesdictz sieurs du Conseil pris leurs places, mondict seigneur le Chancellier a dict à mesdictz sieurs de la Ville qu'ils eussent à plaider leur cause contre ledict Clergé. Et suivant ce, mondict sieur le Prevost des Marchans a représenté tout ce qui estoit du merite de la cause, et justiffié comme depuis le renouvellement du contract, qui fut en Mars mil six cens six, il estoit deub à ladicte Ville par lesdictz sieurs du Clergé plus de dix neuf cens mil livres; qu'ils faisoient à desseing lesdictes debtes, affin que quand ce viendra au renouvellement dudict contract qui sera en six cens quinze, ils obtiennent encore des descharges et vienne aux mesmes desordres qui fut faict en six cens six, comme chacun sçait; et que ladicte debte provenoit de ce que, au lieu de douze cens six mil livres par an, ils ne payoient qu'un million quarante mil livres, outre qu'ils estoient toujours en reste d'une année entiere.

Comme au semblable, lesdictz sieurs du Clergé ont représenté leurs deffences et excuses et les charges qu'ils avoyent, ensemble, ce que la Ville doit porter; que tout compté et rabbattu, ils payent entierement et que jamais lesdictes rentes ne furent si bien payées.

Et ayants repliqué par mondict sieur le Prevost des Marchans que de la façon qu'ils voulloient compter ils trouveroient leur compte, mais soustenoit que ce n'estoit point à la Ville à porter les

---

[1] Au mois de décembre 1613, les mariniers de la rivière d'Oise ayant adressé une requête au Bureau pour qu'on fit disparaître les obstacles à la navigation entre Chauny et le pont de «Sainct Pigny» [Sempigny, Oise], Rustici présenta de nouvelles propositions pour se charger de cet ouvrage (Arch. nat., Z¹ᴮ 381).

[2] A la date du 17 et du 18 avril, les minutes du Bureau (Arch. nat., H 1891) renferment le mandement de convocation et le commencement du procès-verbal d'une assemblée du Conseil tenue «pour entendre les volontés de la Royne touschant l'eslection de la miaoust», dont le Registre n'offre pas de trace. Après la mention du but de cette assemblée et l'énumération des membres du Bureau et des Conseillers de la Ville qui y auraient assisté, ce procès-verbal est interrompu, sans que rien n'indique la cause pour laquelle il n'a pas été achevé. On ne saurait donc dire si cette assemblée a été vraiment tenue et doit être comptée au nombre des réunions du Conseil de la Ville.

descharges de Messieurs les Cardinaulx et autres beneficiers qui en ont, et les non-valleurs qu'ils pretendent, ensemble rabattre les trente six mil livres de rente racheptées; que lesdictes non-valleurs et descharges se doibvent prendre sur les quatre vingtz quatorze mil livres que le Clergé leve par chacun an, oultre les douze cens six mil livres tournois pour le payement desdictes rentes.

Et apres plusieurs contestations de part et d'autre, mondict seigneur le Chancellier a dict qu'il avoit fort bien entendu ce qui estoit dudict differend, qu'il en advertiroit et feroit entendre à la Royne tout ce qui en estoit. Et sur ce ont pris congé [1].

CCLXVI. — Requeste presentée au Roy sur le deffault du payement des rentes des recettes generales.

Avril 1613. (Fol. 109 v°.)

`Au Roy

et à Nosseigneurs de son Conseil.

Sire,

«Les Prevost des Marchans et Eschevins de vostre bonne ville de Paris vous remonstrent tres humblement que, combien que l'intention de Vostre Majesté soit de laisser fonds à la Ville pour le payement d'une demye année des rentes assignées sur vos receptes generalles, neanlmoings par l'estat qui a esté faict en vostre Conseil, l'on a retranché et diminué le fonds d'icelle demie année de la somme de trente cinq mil neuf cens quarante quatre livres dix solz dix deniers, ainsy qu'il appert par l'estat baillé aux suppliants par le receveur, et attaché. Ce qui est au grand prejudice desdictz suppliants et des particuliers ayans rentes sur lesdictes receptes generalles, lesquelz sont de pire condition que les autres rentiers du Clergé, sel et aydes, n'estans payez que d'une demye année par an, ce qui ne se pourroit encore faire si ladicte somme cy dessus estoit retranchée. Ce cousideré, Sire, il plaira à Vostredicte Majesté ordonner que ladicte somme de xxxv mil ix° xliiii l. t. x s. x d. ainsy retranchée et qui mancque pour le payement d'une demie année sera restablye et que le fonds entier pour le payement d'icelle demie année sera payé audict receveur des rentes de la Ville pour employer au faict de sa charge, en attendant qu'il plaise à Vostre Majesté donner le fonds pour le payement de l'année entiere. Et les suppliants continueront leurs prieres à Dieu pour la prosperité et santé de Vostredicte Majesté.»

CCLXVII. — Le sieur Gelin receu Conseiller de la Ville à la survivance de Monsieur de Boullancourt.

3 mai 1613. (Fol. 110.)

«Monsieur le President de Marly, plaise vous trouver demain, deux heures de relevée, au Bureau de la Ville pour deliberer sur la resignation à survivance que Monsieur le President de Boullancourt, l'ung de Messieurs les Conseillers de la Ville, entend faire de sondict office de Conseiller de Ville pour, au nom et au prouffict de M° Mathurin Gelin, conseiller du Roy et auditeur en sa Chambre des Comptes. Vous priant n'y voulloir faillir.

«Faict au Bureau de la Ville, le jeudi deuxiesme jour de May mil six cens treize [2].

«Les Prevost des Marchans et Eschevins de la ville de Paris, tous vostres.»

Du vendredy troisiesme jour de May mil six cens treize.

En l'assemblée de Messieurs les Prevost des Marchans, Eschevins et Conseillers de la Ville, ledict jour tenue au Bureau d'icelle pour deliberer sur la

---

[1] Nous donnons ici le texte d'un mandement que, ce même jour 19 avril 1613, le Bureau adressa à Jean Jodelet pour le charger d'intervenir pour ladicte Ville en l'instance d'appel pendante en ladicte Court entre les jurez verriers, couvreurs de flacons et bouteilles à Paris, appellans d'une sentence donnée par le Lieutenant civil, d'une part, et Jehan Mareschal, m° de la verrerie des faulxbourgs Sainct Germain des Prez lez Paris, inthimé, d'aultre. Joignez vous avecq lesdictz verriers et remonstrez que l'establissement des verreries en ceste ville de Paris est prejudiciable au publicq à cause de la grande quantité de bois qui se consomme en icelles, et seroit plus expediant que lesdictes verreries feussent establyes aux lieux où il y a grande quantité de bois et esloignez des rivieres, d'aultant que le port du verre est de beaucoup moindres fraiz que le bois. Et en tout cas, s'il plaist à la Court d'en disposer aultrement, remonstrez que par l'establissement desdictes verreries les verriers sont teuuz bailler le verre à quinze francs le cent, et neantmoins les vendent vingt francs. Et le previllege qui luy a esté accordé de vendre seul lesdictz verres estant conditionné de les vendre au pris qu'ilz valloient lors, qui estoit ladicte somme de quinze livres, ne peult estre estendu à ung plus hault pris sy ce n'est en mectant la liberté accoustumée d'en vendre par toutes sortes de personnes. Et partans requerez qu'il plaise à la Court ordonner de se retirer aulx lieux où sont les bois, ou remectre la liberté publicque telle qu'elle estoit auparavant. Faict au Bureau de ladicte Ville, le vendredy xix° jour d'Avril mil vi° treize». (*Arch. nat.*, H 1891.)

[2] La convocation avait d'abord été faite pour le 30 avril, comme le montre la minute d'un mandement du 29 avril qui s'est conservée avec la minute du présent mandement et celle du procès-verbal de l'assemblée. (*Arch. nat.*, K 983, n°° 145 à 147.)

resignation à survivance que Monsieur le President de Boullancourt, l'ung de Messieurs les Conseillers de la Ville, entend faire de sondict office de Conseiller de Ville, au proffict de Maistre Mathurin Gelin, conseiller du Roy et auditeur en sa Chambre des Comptes, sont comparuz :

Monsieur de Grieu, seigneur de Sainct Aubin, conseiller au Parlement, Prevost des Marchans.

Monsieur Fontaine, Monsieur Desprez, Monsieur Merault, Eschevins.

Messieurs les Conseillers de la Ville :

Monsieur le President Aubry,
Monsieur Boucher, conseiller,
Monsieur de Livry, conseiller,
Monsieur Amelot, maistre des Comptes,
Monsieur Sanguyn, secretaire,
Monsieur de Sainct Germain, sieur de Ravynes,
Monsieur Abelly,
Monsieur Sainctot.

La compagnye estant assemblée, s'est presenté ledict sieur de Boullancourt qui a requis icelle vouloir admettre la resignation qu'il faisoit de sondict office de Conseiller de Ville au proffict dudict sieur Gelin[1], à condition de survivance et non autrement, estant icelle resignation favorable et ayant plus de trente ans qu'il exerceoit ledict office[2]; et outre en avoit ce jourd'huy passé procuration par devant Charlet et Herbin, notaires au Chastellet de Paris; et sur ce, ledict sieur de Boullancourt s'est retiré.

Et apres que lecture a esté faicte de ladicte procuration[3], ensemble de la resolution de l'assemblée du Conseil de ladicte Ville du quatriesme jour de Mars mil six cens cinq, et l'affaire mise en deliberation, et attendu qu'il y a trente ans que ledict sieur de Boullancourt exerce ledict office, et aussy en consideration de ses merites et des services par luy faicts à ladicte Ville, a esté arresté admettre, comme de faict ladicte compagnie a admis et admect ladicte resignation à survivance, et en ce faisant que ledict sieur Gelin sera presentement reçu audict office, à ladicte condition de survivance. Et outre, a esté arresté que en la premiere assemblée du Conseil de ladicte Ville qui se fera à l'eslection de la my Aoust prochaine, l'on mettra en deliberations sy l'on persistera à ladicte resolution d'assemblée dudict jour quatriesme Mars mil six cens cinq, pour les resignations à survivance à ceulx qui ne sont poinct pourveus ny des qualitez portées par ladicte resolution, encores qu'ils ayent servy vingt ans audict office, et aussy sy à l'advenir l'on en recepvra poinct s'ils ne sont natifs de ceste Ville[4].

Et à l'instant a esté mandé en ladicte assemblée ledict sieur Gelin, auquel a esté faict entendre la resolution de ladicte compagnie, et de luy a esté pris et receu le serment en tel cas requis et accoustumé ; mesme a esté mis et installé en possession dudict office, le tout à ladicte condition de survivance.

Mais auparavant que faire faire le serment andiot sieur Gelin, suivant l'advis de ladicte compagnie, mondict sieur Prevost des Marchans luy a dict que cy devant il a presenté au Roy et à Nosseigneurs de son Conseil quelques memoires concernans les dehtes et partye du rachapt des rentes de ladicte Ville, c'est pourquoy la compagnie desireroit sçavoir de luy si en cela il ne se submectoit pas au jugement du Conseil de ladicte Ville, et ne faire aucune proposition concernant lesdictes rentes ny n'en rien poursuivre jamais sy au prealable le Conseil de ladicte Ville ne le trouve bon.

A dict que ouy et qu'il n'a autre desseing, et qu'il n'en fera jamais aulcunes propositions ni poursuittes que, au prealable, il n'en ayt communicqué au Conseil de ladicte Ville et qu'il ne l'ayt trouvé bon, juste et raisonnable[5].

---

[1] Mathurin Geslain, que nous avons vu ci-dessus, p. 2, mentionné comme lieutenant de la milice, au quartier Saint-Martin.

[2] Nicolas Luillier, sieur de Boulancourt, président des Comptes, exerçait en effet l'office de Conseiller depuis 1582, époque de a mort de son père, Nicolas Luillier, sieur de Saint-Mesmin, à la survivance duquel il avait été reçu le 16 août 1581, comme nous l'avons dit plus haut, p. 72, note.

[3] Cette procuration est jointe à la minute du procès-verbal de l'assemblée du Conseil (Arch. nat., K 983, n° 148). Nicolas Luillier y est qualifié de seigneur de Boulancourt et d'Angerville-la-Rivière, habitant rue de Braque, paroisse Saint-Nicolas-des-Champs.

[4] Cette décision, prise à l'occasion de la résignation à survivance faite par J.-B. de Courlay au profit de Guillaume Lamy, porte que «doresnavant les resignations de survivance des offices de Conseillers de la Ville ne seront receues, sy elles ne sont faictes de pere à filz ou gendre, de frere à frere ou de l'oncle au nepveu, sy ce n'est que celluy qui vouldra resigner à survivance ayt faict service à ladicte Ville vingt ans durant audict office, auquel cas il pourra resigner à survivance sondict office à telle personne cappable que bon luy semblera, soit qu'il soit son parent ou non». (Registres du Bureau, t. XIII, p. 406.) Le projet du Conseil de Ville ne fut pas mis à exécution, et l'on ne trouve pas de délibération sur ce point au moment des élections de 1613.

[5] On verra plus loin par le procès-verbal des assemblées des 19 et 26 novembre 1613 que les propositions de Geslain pour le rachat des rentes furent repoussées par le Conseil de Ville, après l'intervention d'Antoine Feydeau et des receveurs et payeurs des rentes de la Ville sur le Clergé et recettes générales, qui apprécièrent très sévèrement son rôle en cette occasion, étant donné

CCLXVIII. — Requeste au Roy
POUR FAIRE MAINTENIR DES AVOES PAR LA VILLE POURVEUS AU PONT DE L'ARCHE.

Mai 1613. (Fol. 112.)

Au Roy

et à Nosseigneurs de son Conseil.

Sire,

«Les Prevost des Marchans et Eschevins de vostre bonne ville de Paris vous remonstrent tres humblement que de tout temps et antienneté eulx et leurs predecesseurs, Prevost des Marchans et Eschevins, ont toujours pourveu et commis des voicturiers et experts à la navigation pour servir d'aydes aux ports estants sur les rivieres pour le soullagement des marchans et voicturiers et commodité du trafficq et navigation, dont ils sont paiez de leurs sallaires par lesdictz marchans et voicturiers, selon la taxe qu'il leur est faicte par les supplians; que depuis peu de temps, à la supplication et requeste desdictz marchans et voicturiers, ils ont pourveu et commis Estienne Langlois, Jehan Le Comte et Jehan Denis, certiffiez solvables, pour estre aydes au Pont de l'Arche pour emerger les cordes, ausquels du consentement desdictz marchans et voicturiers a esté taxé pour leurs sallaires quatre solz tournois pour chacune courbe de chevaulx. Et voullans par lesdictz Langlois, Le Comte et Denis eulx mettre en possession desdictes charges pour les exercer, ils y ont esté troublez et empeschez sans aucune raison par maistre Geoffroy Deutan, chanoine demeurant à Rouen, pretendant estre pourvu de l'estat de maistre dudict Pont de l'Arche, encores que lesdictes charges d'aydes soient du tout distinctes et separées d'avec ledict estat de maistre du pont. Lequel Dantan poursuit lesdictz aydes, ensemble Jehan Le Guerchois, huissier audiencier en vostre cour de Parlement de Rouen, pour faire revocquer lesdictes commissions d'aydes. Ce qui est au prejudice desdictz supplians et des droictz et pouvoirs de vostre bonne ville de Paris, laquelle est fondée en ordonnance de pourveoir à la maistrise des pontz estantz sur les rivieres, mesme celuy dudict Pont de l'Arche, comme le contient le quarentiesme chappitre desdictes ordonnances. Ce consideré, Sire, et que les aydes qui sont commis tant à Poissy, Ponthoise, Sainct Cloud, Pont Sainct Mexance, sont pourveuz par les supplians et leurs predecesseurs et non par autres; que, à la priere et requeste des marchans et voicturiers, et pour l'utillité du public et facilité de la navigation, ils ont commis lesdictz Langlois, Le Comte et Denis, aydes audict Pont de l'Arche, il plaise à Vostre Majesté evocquer à elle et à son Conseil l'instance pendante en vostredict Parlement de Rouen, avec deffence d'en cognoistre et que ledict Dantan sera assigné en vostredict Conseil pour voir ordonner que nonobstant son empeschement, lesdictz Langlois, Le Comte et Denis seront maintenus et conservez en leursdictes charges et commissions d'aydes, lesquelles ils exerceront conformement à leurs lettres. Et les supplians continueront à faire prieres à Dieu pour la prosperité et santé de Vostredicte Majesté[1].»

CCLXIX. — Assemblée sur le subject des rentes du Clergé
ET PROTESTATIONS FAICTES CONTRE MESSIEURS DU CLERGÉ.

15 mai 1613. (Fol. 112 v°.)

«Monsieur....., plaise vous trouver, meccredy prochain, une heure precise de rellevé, au Bureau de la Ville pour deliberer sur les affaires concernant les rentes du Clergé. Vous priant n'y voulloir faillir.

«Faict au Bureau de la Ville, le lundy treiziesme jour de May mil six cens treize.

«Les Prevost des Marchans et Eschevins de la ville de Paris, tous vostres.»

Du meccredy quinziesme jour de May mil six cens treize.

En l'assemblée de Messieurs les Prevost des Marchans, Eschevins et Conseillers de la Ville, ledict jour tenue au Bureau d'icelle, pour deliberer sur les affaires concernant les rentes du Clergé, sont comparuz :

Monsieur de Grieu, seigneur de Sainct Aubin, conseiller au Parlement, Prevost des Marchans.

Monsieur Poussepin, Monsieur Fontaine, Monsieur Desprez, Eschevins.

---

surtout qu'il avait «l'honneur d'estre recen Conseiller de Ville à survivance et obligé par consequent à la conservation de l'interest des particuliers».

[1] Il est bon de signaler ici un mandement qui se retrouve dans les minutes du Bureau (*Arch. nat.*, H 1891) à la date du 9 mai 1613, et qui n'a pas été inséré dans le registre. Par cet acte, le Bureau de la Ville mande au premier sergent de la Ville de donner assignation à Henri de Briy qui «fait fouiller et creuser des terres autour du rempart estant au bout du jardin des Thuilleries, lequel rempart appartient à la Ville».

xv.

32

IMPRIMERIE NATIONALE.

Messieurs les Conseillers de la Ville :

Monsieur le President de Boullancourt ;
Monsieur de Versigny ;
Monsieur de Sainct Cir ;
Monsieur Arnault ;
Monsieur Potier, sieur d'Equevilly.

La compagnye estant assemblée, mondict sieur le Prevost des Marchans a remonstré que lors qu'il est entré en ladicte charge, il a recherché tous moyens à luy possibles pour s'instruire du faict des rentes de ladicte Ville et entre autres de celles du Clergé, où ayant recogneu que au lieu de douze cens six mil livres que lesdictz sieurs du Clergé sont teunz et obligez de payer par chacun an pour le payement desdictes rentes, ils ne payoient qu'un million quarante mil livres, de maniere que ledict Clergé estoit en reste par chacun an à ladicte Ville de cent soixante mil livres, au prejudice de tous les particuliers rentiers. Et encores année par année ils n'avoyent pas payé entierement ledict million quarante mil livres, et en estoit encores en reste d'une grande somme ; et outre, estoit toujours en reste d'une année entiere, de maniere que depuis le renouvellement du dernier contract qui fut le xxij° Mars mil vi° six [1], il estoit deub par ledict Clergé à ladicte Ville, du moings la somme de . . . . Ce que voyant, auroit avec Messieurs les Eschevins presenté sa requeste à Messieurs de la cour de Parlement qui sont les vrais juges de ceste cause, estant question de l'execution des contractz et où ladicte Ville a ses causes commises en premiere instance, et par icelle requeste, conclud allencontre de Maistre François de Castille, recepveur general dudict Clergé, ad ce qu'il seroit condamné par corps à payer à ladicte Ville lesdictes sommes cy dessus, et que pour l'advenir il soit tenu payer par chacun an lesdictz douze cens six mil livres. Sur laquelle requeste ayant esté ledict de Castille assigné en ladicte Cour, et les partyes oÿes au parquet [2], seroit aussytost survenu un arrest de Nosseigneurs du Conseil obtenu par Messieurs les Agens dudict Clergé prenant la cause pour ledict de Castille, par lequel le Roy auroit evocqué ladicte cause audict Conseil et faict deffences à la Cour d'en cognoistre et ladicte Ville assignée en icelluy Conseil pour y procedder [3]. Où s'estant presentez, auroit requis le renvoy de ladicte cause au Parlement pour les raisons par luy representées, joinct` que la Ville estoit fondée en privilege special d'y plaider et non ailleurs. Sur quoy auroit esté donné arrest audict Conseil par lequel Messieurs de Chasteau-neuf, de Thou, Jeannyn, de Bethune, de Vic, de Norroy et Dollet, tous Conseillers d'Estat, auroient esté nommez commissaires pour ouyr lesdictes partyes ; lesquels sieurs commissaires s'estans assemblez en la maison dudict sieur de Chasteau-neuf, y auroient esté appellez tant ladicte Ville que lesdictz sieurs du Clergé qui seroient comparuz par Monsieur l'evesque de Rieulx, le sieur de la Vernusse, agent, et ledict de Castille [4]. Où ayans seullement playdé et representé par ladicte Ville touttes les raisons pour estre renvoyées au Parlement, sans entrer au fonds, et lesdictz sieurs du Clergé aussy representez leurs raisons pour estre la cause retenue au Conseil, en fin iceulx sieurs commissaires avoient ordonné que l'on desduiroit au fonds et par devant eulx les raisons et moyens, demandes et deffences, et merites de ladicte cause, pour voir et recognoistre s'il y auroit lieu de renvoy, ou sy ledict Conseil en retiendroit la cognoissance. A quoi obeissans et sans approuver leur jurisdiction, incistans tousjours audict renvoy, auroient plaidé au fondz et representé tous les raisons et moyens portez par le factum qui en a esté dressé et a esté imprimé [5], et tout nottoire à ung chacun. Lesquelz sieurs du Clergé se seroient deffenduz et soustenu que sur ladicte somme de douze cens six mil livres, il falloit deffalquer et rabattre par chacun an, premierement traute six mil livres de rente racheptée, quarante mil livres pour les gaiges des tresoriers generaulx provinciaulx, quarante sept mil

---

[1] La minute et le registre portent par erreur «mil vi° dix».

[2] Le 16 mars précédent, les membres du Bureau s'étaient adressés au Parlement et avaient réclamé son assistance pour que l'affaire ne fût pas portée au Conseil du Roi :

«Ce jour, la Cour, apres avoir ouÿ le Prevost des Marchans et Eschevins, presens les gens du Roy, sur la complainte de la poursuitte contre eulx faitte au Conseil privé par le Clergé pour empescher celle qui est par eulx faicte contre le receveur Castille pour le paiement des rentes dont par les ordonnances et ordre du Royaulme et privilege particullier de la Ville la cognoissance appartient à la Cour : eulx retirez, la matiere mise en deliberation, a esté arresté que les gens du Roy se requerant adviseront entre eux sur la remonstrance et le feront entendre au Conseil du Roy à ce qu'il se demette de la cognoissance, aultrement que la Cour y pourveoiroit.» (Arch. nat., X¹ᵃ 1851, 16 mars 1613).

[3] Voir ci-dessus, p. 201.

[4] Voir ci-dessus, p. 227.

[5] La Bibliothèque nationale (Catalogue des Factums, t. IV, p. 117) en possède deux exemplaires in-4°, dont l'un porte la mention manuscrite suivante : «Donné par M° Gaston de Grieu, conseiller en Parlement et Prevost des Marchans de Paris, avril 1613». Il a pour titre : «Raisons et moyens des Prevost des Marchands et Eschevins de la ville de Paris, demandeurs..., contre M° François de Castille, défendeur...»

livres pour les descharges de Messieurs les Cardinaulx et autres prelatz, et plus de trente mil livres pour les descharges des petits beneficiers curez de Daulphiné deschargez par arrest du parlement de Grenoble; que, touttes lesdictes sommes desdnictes et rabattues, ils payoient entierement ce qu'ils devoyent, qui estoit ledict million quarante mil livres; que pour ce qui concernoit l'année entiere que l'on pretendoit estre deue, il estoit tout certain que ledict Clergé ne pouvoit payer année pour année, d'autant que lors du renouvellement du contract, les commissions pour imposer sur tout ledict Clergé ne furent expediées que environ un an apres, de maniere que des deniers de la levée de l'année mil vi° sept, l'on a payé six cens six, et ainsi continué d'année en année jusques a present, que des deniers mil six cens douze l'on paye six cent treize; mais que à la fin des années du contract l'on compteroit entierement sur lesdictes dix années, et partant que la Ville n'avoit aulcun subjet de se plaindre d'eulx, et qu'ils payoient mieulx qu'ilz n'avoient jamais faict.

A quoy feust respondu par ladicte Ville qu'il ny avoit rien à rabattre desdictz douze cens six mille livres, que trente deux ou trente mille livres seullement pour le payement des tresoriers provinciaulx; que pour le regard desdictz trente six mil livres, que sy la Ville estoit entierement payée de tout ce qu'il luy est deub elle n'y avoit poinct d'interest; que pour ce qui estoit des descharges de Messieurs les Cardinaulx et aultres, que ce n'estoit à ladicte Ville à les porter, ains se devoient prendre sur les quatre vingts quatorze mil livres qui se levent sur ledict Clergé oultre lesdictz douze cens six mil, deniers proprement destinez tant pour lesdictes descharges, non valleurs et remises; quant ad ce qui estoit de la descharge des curez du Daulphiné tenans cures au dessoubz de cent livres, qu'ils ne peulvent monter plus de six mil livres au plus, doibvent estre encores portez sur lesdictz quatre vingts quatorze mil, et que le but où visoient Messieurs du Clergé, tant[1] par le recullement d'une année entiere que mancque de payement par chacun an de cent soixante mil livres, estoit d'accumuller et se rendre reliquataire, en fin desdictes dix années, de grandes et nottables sommes, pour parvenir à des descharges et en user comme il fut faict en l'année mil six cent six.

Et apres plusieurs aultres contestations de part et d'aultres, incistant tousjours par ladicte Ville audict renvoy, mesdicts sieurs les commissaires auroient dict qu'ils advertiroient Messieurs du Conseil de tout ce qui s'estoit passé.

Depuis, l'on s'estoit encores assemblé par deux aultres fois par devant iceulx sieurs commissaires, et voyans qu'il ne pouvoit avoir la raison d'une cause si juste et equitable, s'en seroit plainct a la Royne à laquelle ayant faict entendre le tort que Messieurs du Clergé faisoient au publicq, où il y alloit de son service, et que pour le deub de sa charge il estoit contrainct de faire assembler les chambres du Parlement pour l'advertir de ce que dessus, Sa Majesté luy auroit falot responce qu'elle voulloit que lesdicts sieurs du Clergé se missent à la raison, qu'elle en communicqueroit à monsieur le Chancelier et luy feroit rendre justice; mais qu'elle ne voulloit pas qu'il feist assembler les chambres du Parlement. Et quelque temps apres, auroit esté adverty que mondict sieur le Chancellier desiroit avec aulcuns de Messieurs du Conseil entendre la contestation desdictes partyes et le merite de ladicte cause, et de faict le dixneufiesme jour d'Avril dernier, tant ladicte Ville que lesdicts sieurs du Clergé fussent mandez en la maison dudict sieur le Chancellier, où estoient Messieurs de Chasteau-neuf, de Thou, Jeannyn, de Pont-carré, de Champigny et Dollé, en la presence desquelz et de mondict seigneur le Chancellier, ladicte cause et moyens susdictz auroient esté de rechef representez tant par luy, et Messieurs les Eschevins, que par les ditz sieurs de Rieulx, la Vernusse et Castille. Et apres avoir par mondict seigneur le Chancellier entierement ouy ce qui estoit du merite de ladicte cause, auroit dict tout hault qu'il falloit que lesdicts sieurs du Clergé se missent à la raison et que de tout ce qui s'estoit passé il en advertiroit la Royne. Depuis lequel temps ils n'ont perdu une heure à la poursuitte de ceste cause, qu'il a tousjours incisté en son renvoy; mais a esté adverty par la Royne mesme qu'il avoit esté arresté, par maniere de provision et jusques ad ce que l'affaire eust esté esclaircye et les comptes venz, que ledict de Castille payeroit par chacune sepmaine à ladicte Ville la somme de cinq cens livres tournois d'augmentation outre les vingt mil livres, et qu'elle voulloit qu'il eust communicquation des comptes dudict Clergé; qu'ayant representé à ladicte dame Royne que la Ville ne se pouvoit contenter desdictz cinq cens livres, veu les grandes sommes qui estoient denes, ladicte dame luy auroit faict responce qu'il avoit esté ainsy arresté en sondict

---

[1] Dans le texte manuscrit, « tant » est précédé des mots « voulloient faire », qui rendent la phrase inintelligible, mais dont la présence s'explique par la rédaction primitive du texte : l'auteur aura oublié de les rayer quand il a apporté les corrections dont la minute a gardé la trace. (Arch. nat., H 1891.)

Conseil et qu'il falloit tousjours prendre lesdictz cinq cens livres. Et ayant encores dict à ladicte dame qu'il craignoit que lesdictz sieurs du Clergé ne luy voulussent bailler leursdicts comptes, icelle dame luy auroit replicqué qu'elle le voulloit. Et suivant ce avoit poursuivy le sieur Desportes Baudouyn pour avoir l'arrest, lequel luy ayant dict n'en n'avoir encores aucune charge, en auroit parlé à mondict sieur le Chancellier, qu'il luy auroit dict que mesdicts sieurs de Chasteau-neuf et Jeannin avoient charge de dresser l'arrest, mais qu'il ne seroit point signé qu'en plein Conseil à Fontainebleau. Et depuis a pris qu'il n'auroit communicquation desdicts comptes du Clergé que par les mains dudict sieur de Chasteauneuf [1], ce qui seroit contre la volonté de ladicte dame Royne. C'est pourquoy il a faict assembler ceste compagnie pour entendre tout ce qui s'estoit passé pour lesdictes rentes du Clergé et adviser à ce qui estoit necessaire de faire. Sur quoy, apres que mondict sieur le Prevost des Marchans a esté remercié par toutte la compagnie du grand labeur, soing et diligence qu'il a faicte, avec Messieurs les Eschevins, en la poursuitte de ceste cause, et l'affaire mise en deliberation :

A esté arresté que les registres de ladicte Ville seront chargez en forme de protestation que ladicte Ville ne se peut contenter des cinq cens livres offertz oultre les vingt mil livres par sepmaine; aussy que l'on [n']a poinct entendu approuver la jurisdiction de Messieurs du Conseil, et que ce que la Ville en a poursuivy la Royne et qu'elle a incisté envers elle, ça esté pour conserver les droictz d'icelle Ville et du publicq; qu'il sera commis et député quelques ungs de Messieurs du Bureau pour aller à Fontainebleau affin de poursuivre ledict arrest et incister seullement pour avoir par ladicte Ville communicquation desdicts comptes du Clergé. Et sera Sa Majesté suppliée de donner des commissaires à la Ville aultres que ceulx qui ont intherest pour ladicte cause du Clergé; et cependant que sy ledict de Castille baille par chacune sepmaine à ladicte Ville lesdicts cinq cens livres d'augmentation, que icelle Ville les recoipve pour distribuer au peuple avec lesdictz vingt mil livres, et oultre que ladicte Ville proteste de se pourvoir pour la repetition desdictz deniers du Clergé contre ceulx qui les recevroient indeuement et qui favoriseront l'interversion desdicts deniers.

Dont seront advertis Messieurs les Prevost des Marchans et Eschevins qui entreront doresnavant en charge, et principallement en l'année mil vi^e quinze lors que le renouvellement du contract se fera.

CCLXX. — LE SIEUR DUJAC.
ENTREPRENEUR DE L'OUVERTURE DE LA RIVIERE DE VANNE,
AVEC LES PENCARTES,
CHARGES ET SUBMISSIONS FAICTES PAR LEDICT DUJAC.

16 avril-17 mai 1613 (Fol. 116 v°.)

«Les Prevost des Marchans et Eschevins de la ville de Paris qui ont veu les offres faictes au Roy, et à Nosseigneurs de son Conseil par Maistre Sanson Dujac, conseiller et maistre des requestes de Sa Majesté en sa maison de Navarre, pour rendre la riviere de Vannes navigable, depuis Sens jusques à Sainct Lyebault [2] distant de douze lieues, et la faire porter basteaulx de deux cens muidz, le tout dans quatre ans prochainement venant, et à cest effect fournir et advancer tous les fraiz et despens qui seront necessaires, et desdommager tous les interessez, en luy accordant par Sa Majesté et à ses associés, leurs hoirs et ayans cause, la jouissance pour cinquante années entieres et consecutifves de tous les droicts qui se leveront sur touttes sortes de denrées et marchandises qui navigeront sur ladicte riviere, tant en montant que descendant, selon la taxe qui en sera faicte audict Conseil ou par lesdicts Prevost des Marchans et Eschevins, et aux conditions portées par lesdictes offres, à nous renvoyées par arrest donné audict Conseil le vingt ungiesme Mars dernier [3] pour donner advis à Sadicte Majesté sur lesdictes offres; et apres avoir mandez au Bureau de ladicte Ville plusieurs marchans et voicturiers hentans et frequentans les rivieres, et eu sur ce leur advis sur la commodité de l'ouverture de ladicte riviere et sur la levée desdictes impositions :

«Supplyent tres humblement Sadicte Majesté et nosdicts seigneurs de son Conseil de recepvoir lesdictes offres comme estans utiles et necessaires au publicq, et trouver bon que pendant trente années consecutives, il soit levé par forme de peage les sommes de deniers sur chacune espece de marchandises ci apres declarées sans y comprendre le bled,

---

[1] La minute ajoute ici «et clergé», ce qui est peu clair. Il semble que la leçon du registre soit préférable.

[2] Aujourd'hui Estissac, chef-lieu de canton du département de l'Aube, arr. de Troyes. Cette localité a reçu ce nouveau nom en 1737, lors de son érection en duché en faveur de Louis-François-Armand de La Rochefoucauld-Roye, qui possédait en Périgord la seigneurie d'Estissac, hameau de la Dordogne où se voit l'ancien château, siège de ce fief. Le vocable de Saint-Liébault sert encore à désigner le groupe d'habitations qui se trouve à Estissac autour de l'église, et il continue à figurer sur la carte publiée par le Ministère de l'Intérieur. — La Vanne prend sa source à 5 kilomètres d'Estissac.

[3] Arch. nat., E 39^a, fol. 172.

froment, meteil et seigle; et Sadicte Majesté et nosdicts seigneurs du Conseil, suppliez ne permettre qu'il y soit pris ny imposé aucune chose, ains laisser ceste marchandise franche comme elle a esté de tout temps; comme aussy ladicte riviere estant navigable, qu'il soit permis à tous voicturiers et basteliers de voicturer sur icelle sans aulcune permission dudict Dujac ou ses dictz associez et laisser la liberté de la dicte navigation, en payant seullement par les proprietaires des marchandises les peages cy apres transcriptes. Et oultre, plaira à Sadicte Majesté de decerner ses lettres pattentes pour la suppression de ladicte levée et peage à la fin desdictes trante années, portant commission des à present au Prevost des Marchans et Eschevins pour la faire cesser et esteindre au bout dudict temps, à quoy lesdictz Prevost des Marchans et Eschevins qui seront lors seront teunz à peine d'en respondre en leur propres et privez noms, et d'en advertir et certiffier Messieurs des Cours souveraines."

Ensuit les sommes qui se leveront, soubz le bon plaisir du roy, sur les marchandises passans sur ladicte riviere de Vanne, lors qu'elle sera rendue navigable, le tout par alphabet :

AA

Anchois, le baril payera vingt cinq solz, cy.................................... XXV s.
Ardoise, le millier, huict solz, cy...... VIII s.
Amandes, le cent de livres pesant, quinze solz, cy.................................... XV s.
Avelines, le cent de livres pezant, quinze solz, cy.................................... XV s.
Avoynes, le muid mesure de Paris, vingt cinq solz, cy.................................... XXV s.
Allun de glace ou roche, le cent pezant, dix solz, cy.................................... X s.

BB

Biere ou citre, le muid, dix solz, cy..... X s.
Beurre de toute sorte, le cent de livres pesant, quinze solz, cy.................................... XV s.
Bois de cotteretz, le millier, quinze solz, cy XV s.
Bois de fagotz, le millier, quinze solz, cy. XV s.
Bois de ciage carré, le cent au pris du marchand, la somme de soixante solz, cy............... lx s.
Bois en planche à faire basteaulx et nacelles, la thoise, six deniers, cy................ VI d.
Bois merrien à faire tonneaulx, le millier fourny, traute solz, cy..................... XXX s.
Bois d'eschallatz de chesne, le millier de bottes, cinquante solz, cy............. .... L s.

Bois d'eschallatz de taillis, le millier, vingt-cinq solz, cy.......................... XXV s.
Bois en cerceaulx, le millier, quarante solz, cy................................. XL s.
Bois de corde, pour la corde qui font deux voyes mesure de Paris, six solz, cy............ VI s.
Bois à faire poultres et sommiers, le cent au compte des marchans, vingt solz, cy...... XX s.
Bois à faire essieux, gentes et autres bois de charronnage, le cent de pieces, six sols, cy.. VI s.
Broderies d'or et d'argent sur soye ou peau, le cent pesant de livres, dix huict livres, cy .. XVIII tt
Bricques et thuilles, le millier, dix solz, cy. X s.
'Bois de mousle ou traverse, la voye, trois solz, cy................................. III s.

CC

Cuirs de touttes sortes, le cent pesant, traute solz, cy........................ XXX s.
Cendres, le tonneau qui sont trois muids de Paris, vingt solz, cy................. XX s.
Cappes, le cent de livres pesant, quinze solz, cy................................. XV s.
Charbon de terre, le muid, seize solz, cy XVI s.
Chanvres de touttes sortes, le cent pesant, vingt solz, cy............................ XX s.
Cuivre ou airain de touttes sortes, ouvré et non ouvré, le cent de livres pesant, traute solz, cy................................. XXX s.
Charbon, le muid, dix solz, cy......... X s.
Cotton, le cent de livres pesant, quinze solz, cy................................. XV s.
Cire, le cent de livres pesant, quinze solz, cy................................. XV s.
Colle forte, le cent de livres pesant, vingt solz, cy................................. XX s.
Cercles, pour le millier, vingt cinq solz, cy. XXV s.
Clincquant d'or ou d'argent, le cent pesant de livres, dix-huict livres, cy .... XVIII tt
Chaulx, le muid, huit solz, cy....... VIII s.

DD

Draps de soye de touttes sortes, le cent pesant, soixante solz, cy..................... LX s.
Draps de laynes de touttes sortes, le cent pesant, vingt solz, cy..................... XX s.
Drogues d'appoticquaires de touttes sortes, le cent pesant, huict livres, cy .... VIII tt

EE

Estaing ouvré et non ouvré, le cent pesant, vingt solz, cy..................... XX s.

Espiceries de touttes sortes, le cent pesant de livres, cinquantes solz, cy .... l s.
Escorce de bois pour tainctures, le cent de bottes, vingt cinq solz, cy .... xxv s.

FF

Fromages de touttes sortes, le cent pesant de livres, dix solz, cy .... x s.
Fer ouvré, le cent pezant, vingt solz, cy. xx s.
Fer non ouvré, le cent pesant, trois solz, cy. iii s.
Fil de touttes sortes fin, le cent pesant, vingt solz, cy .... xx s.
Fil commun, le cent pesant, dix solz, cy. x s.
Febves et pois, le muid mesure de Paris, vingt cinq solz, cy .... xxv s.
Foing, le millier de bottes, trante solz, cy. xxx s.
Fruictages de touttes sortes, le muid, cinq solz, cy.......................... v s. pour muid
ou quinze sols le tonneau qui sont trois muids, cy .... xv s. pour tonneau
Fer blanc de toutte sortes, le cent pesant, quinze solz, cy .... xv s.
Figues, le cent pesant de livres, quinze solz, cy .... xv s.

GG

Grenades, le cent compté, cinq solz, cy .. v s.

HH

Huille d'olive, le cent de livres pesant, vingt solz, cy .... xx s.
Auctre huille, le cent de livres pesant, douze solz, cy .... xii s.
Harencz de touttes sortes, le caque de mesure, dix solz, cy. .... x s.

LL

Lins de touttes sortes, le cent pesant, dix solz, cy .... x s.
Lard, le cent pesant, dix solz, cy .... x s.
Legumes de touttes sortes, le muid mesure de Paris, vingt cinq solz, cy............. xxv s.
Laines de touttes sortes, le cent pesant, vingt solz, cy .... xx s.

MM

Meulles grandes de six à sept pieds de diametre, quarante solz, cy .... xl s.
Meulles de quatre, cinq à six pieds de diametre, trante solz, cy...................... xxx s.

Morue de caque, dix solz, cy .... x s.
Muids ou fustailles vuides, la piece, huict deniers, cy .... viii d.
Mollues de touttes sortes, le cent pesant, vingt solz, cy .... xx s.
Miel, le cent de livres pesant, vingt cinq solz, cy .... xxv s.
Merceries meslée de touttes sortes, le cent pesant, vingt solz, cy....................... xx s.
Marrons et chastaignes, le cent pesant, quinze solz, cy .... xv s.

NN

Noix, le muid ou poinson, cinq solz, cy .. v s.

OO

Ollives, le cent pesant de livres, douze solz, cy .... xii s.
Orge, le muid mesure de Paris, vingt cinq solz, cy .... xxv s.
Oranges, citrons et ponssilz, le cent pesant de livres, dix solz, cy................... x s.
Oeufs, le millier, six solz, cy............ vi s.

PP

Papier blanc à escripre, le cent pesant, vingt solz, cy .... xx s.
Papier gris, le cent pesant, vingt solz, cy.............................. xx s.
Plomb ouvré, le cent pesant, vingt solz, cy............................... xx s.
Plomb non ouvré, trois solz, cy........ iii s.
Pouldre à canon à aultre, non au Roy, le cent pesant de livres, vingt cinq solz, cy...... xxv s.
Pierre de taille, pour tonneau, trois solz, cy. iii s.
Pailles, le millier de bottes, vingt solz, cy. xx s.
Plumes, le cent pesant, quinze solz, cy.. xv s.
Poix raizine et aultre poix, le cent pesent, dix solz, cy .... x s.
Poissons en bouticles, quatre livres, cy... iiii tt
Parchemins, le cent de peaulx, dix solz, cy............................. x s.
Pelles de bois, le cent compté, cinq sols, cy .... v s.
Peaux de chamois et buffes accommodez, le cent pesant, trente solz, cy .... xxx s.
Peaux en poil, le cent pesant, dix solz, cy............................... x s.
Peaux de touttes sortes courroyées, le cent pesant, quinze solz, cy .... xv s.
Pignon, le cent de livres pesant, vingt solz, cy .... xx s.

Prunes seiches, le cent pesant, cinq solz, cy. v s.
Plastre, le muid, cinq solz, cy......... v s.

QQ

RR

Ris, le cent pesant de livres, quinze solz, cy................................. xv s.
Raizins de pousse en quaisse et en cabaz, le cent pesant, quinze solz, cy................ xv s.

SS

Saffran, le cent pesant, dix huict livres, cy................................. xviii lt
Sel, le muid, quatre livres, cy........ iiii lt
Sucre, le cent de livres pesant, trante solz, cy................................. xxx s.
Salpestre, le cent pesant, quinze solz, cy. xv s.
Souffre, le cent pesant dix solz, cy .... x s.
Saulmon, pour le caque, dix solz, cy..... x s.
Savon fin, le cent de livres pesant, dix solz, cy................................. x s.
Savon commun, cinq solz, cy .... v s.

TT

Toilles de touttes sortes fines, le cent pesant, vingt solz, cy....................... xx s.
Toilles communes, diz solz, cy......... x s.
Tapisserie fines, le cent pesant de livres, vingt cinq solz, cy....................... xxv s.
Tappisserie communes, quinze solz, cy. xv s.

VV

Vin, le muid, seize sols, cy .... xvi s.
Vitres de verre, le cent pesant, dix solz, cy................................. x s.
Vieux drappeaulx à faire papier, le cent pesant, cinq deniers, cy .... v d.
Vin muscat, le tonneau, soixante solz, cy. lx s.
Vin de malvoisye, le tonneau, soixante solz, cy................................. lx s.
Vinaigre et verjus, le muid, cinq sols, cy. v s.

Et pour toutes aultres especes de marchandises qui passeront sur ladicte riviere et qui sont malaisécs à declarer et exprimer et qui ne seront cy dessus declarées, en sera payé, pour le cent pesant, trante sols, cy..................... xxx s.

« Faict et arresté au Bureau de la Ville, le mardy seiziesme jour d'Apvril mil six cens treize. »

Du vendredy dixseptiesme jour de May audict an mil six cens treize.

Ledict jour est comparu au Bureau de la Ville ledict Maistre Samson Dujac, entrepreneur de l'ouverture de la riviere de Vannes pour la rendre navigable, lequel a promis et promect à Messieurs les Prevost des Marchans et Eschevins de la ville de Paris de mettre des ouvriers pour commancer à travailler ausdictz ouvrages pour l'execution de son party, dedans deulx moys, et rendre la besongne bien et deuement faicte avec entiere liberté de la navigation, dedans quatre ans, au contenu de ses offres, à compter du jour de l'arrest qui sera donné par le Roy en son Conseil pour auctoriser la presente levée; comme aussy à la fin desdictes trentes années promect à ladicte Ville de rendre ladicte riviere bien navigable et en bon estat au dire d'experz et gens ad ce cognoissans qui seront lors pris et nommez par ladicte Ville; lesquels sieurs Prevost des Marchans et Eschevins se transporteront, s'il leur plaist, sur lesdictz lieulx vers la fin desdictes quatre années pour voir ladicte besongne, dont il promect faire et payer les fraiz de leurs voyages à ses despens. Consent en oultre que, où il sera faict quelque port sur ladicte riviere de Vannes et qu'il y conviendra mettre et establir des chableurs ou maistres des ports, qu'ils soient pourveuz et receuz par ladicte Ville à la nomination dudict Dujao pour la premiere fois seullement. Se soubmet en oultre et promect ne s'adresser à aultres juges que par devant lesdictz sieurs de la Ville pour les differendz qui pourroient naistre tant à cause de ladicte levée, recompense d'heritaiges que autrement, comme estans les vrays juges de tout ce qui concerne la navigation et les rivieres, s'il ne plaist ausdicts sieurs en certains differendz subdeleguer les juges des lieulx pour raison desdictes recompenses seullement. Et à tout ce que dessus ledict Dujac s'est obligé et s'oblige par ces presentes et promet y satisfaire et a falct les submissions accoutusmées. Et a ledict Dujac signé la minutte des presentes.

CCLXXI. — Advis au Parlement
sur les lettres du sieur de Lanssac
pour le fournissement de Paris du bois et charbon.

18 mai 1613. (Fol. 121 v°.)

Les Prevost des Marchans et Eschevins de la ville de Paris qui ont veu les lettres pattentes du Roy données à Paris le vingt cinquieme jour de Mars dernier, signées : « LOUYS », et sur le reply : « Par le Roy, la Royne regente sa mere presente, de Lomenye », et scellées sur double queue du grand sceau de cire jaulne, addressantes à Nosseigneurs des courtz de Parlement et Aydes de Paris et Rouen, obtenues par Messire Guy de Lusignan de Sainct Gelais, chevallier, sieur de Lanssac[1], par lesquelles et pour les causes et considerations y contenues, Sa Majesté a permis, concedé et octroyé audict sieur de Lanssac, ses heritiers, successeurs, associez et autres qui seront par luy nommez et auctorisez, de faire apporter des royaulmes et pays estrangers et fournir ladicte ville de Paris, par la commodité de la riviere de Seyne, pendant vingt années paisibles et consecutives commenceant le premier jour de Janvier proschain, le nombre et quantité de quatre cens mille voyes ou charetées de bois, et trois cens mil mines de charbon, dont lny sera payé comptant pour chacune voye, de l'eschantillon, nombre et calibre portée par lesdictes lettres, six livres dix solz tournois, et pour le charbon au prix ordinaire et accoustumé, sans estre tenu de payer aulcun droict de composition ny peage; et que advenant qu'il feust necessaire, durant lesdictes vingt années, pour le faict et exercice de ladicte negociation, creer et establir aulcuns officiers, la nomination d'iceulx en appartiendra audict sieur de Lanssac, sesdictz heritiers, ainsi qu'il est plus au long contenu esdictes lettres ordonnées nous estre communiquées par arrest de Nosseigneurs de la Cour du quinziesme du present moys :

Declarent que ladicte entreprise et fourniture de bois et charbon ne peut apporter que de la commodité à cestedicte Ville et au publicq, et se rapportent à nosdictz seigneurs de la Cour d'ordonner sur la verification et entherinement d'icelles lettres ce qu'ils verront estre à faire par raison, à la reserve touttesfois de la clause portée par icelles lettres, qui est de creer et establir des officiers, s'il est besoing, pour le faict et exercice de ladicte negotiation à la nomination dudict sieur de Lanssac, et supplient tres humblement nosdictz seigneurs de la Cour, en proceddant à la verification desdictes lettres, excepter et n'y vouloir comprendre ladicte clause, ad ce qu'il ne soit créé n'y estably de nouveau aulcuns officiers en cestedicte Ville ny sur les ports d'icelle.

"Faict au Bureau de ladicte Ville, le samedy dix huictiesme jour de May mil six cens treize."

CCLXXII. — Arrest du Conseil d'Estat pour paier par le sieur de Castille [xx^m] v^c livres par sepmaine.

23 mai 1613. (Fol. 122 v°.)

Extraict des registres du Conseil d'Estat.

"Veu par le Roy en son Conseil la requeste presentée en la cour de Parlement de Paris le premier Decembre mil six cens douze par le Prevost des Marchans et Eschevins de ladicte Ville, tendant ad ce que, pour les causes y contenues, il pleust à ladicte Cour ordonner que, conformement au contract passé entre lesdicts Prevost des Marchans et Eschevins et les deputez generaulx du Clergé de France le vingt deuxiesme Mars mil vi^c six, il soit payé es mains du Recepveur des rentes dudict Hostel de Ville assignées sur ledict Clergé la somme de douze cens sox mille cent vingt deux livres douze sols, par chacun an, pour le courant des arreraiges deubz par ledict Clergé et quatre cens quarante neuf mil six cens trante trois livres neuf sols six deniers à quoy feussent lors moderez les arreraiges du passé, de touttes lesquelles sommes Maistre François de Castille, commis à la recepte des deniers du Clergé, ne faict estat de leur payer que vingt mil livres par sepmaine, qui ne reviendra qu'à ung million quarante mil livres, tellement qu'il y auroit faulte de payement de huit vingts mil livres et plus, qui reviendroient durant les dix années de leur contract à plus de seize cens mil livres; qu'à ceste fin, ledict de Castille feust assigné en ladicte Cour pour se voir condamner à payer lesdictes sommes sans prejudice d'autres arreraiges preceddans; assignation donnée audict de Castille en ladicte Cour le troisiesme dudict moys de Decembre; arrest donné au Conseil le treiziesme desdicts moys et an, sur la requeste presentée en iceluy par les agents generaulx dudict Clergé, à ce qu'attendu que de tout temps les differendz d'entre le general dudict Clergé et lesdictz Prevost des Marchans et Eschevins pour le payement de ce que ledict Clergé a promis payer en l'acquit de Sa Majesté à ladicte Ville ont accoustumé estre traictez audict Conseil qui en a retenu la cognoissance, encores qu'il ne leur soit deub aulcunes chose desdictz quatre cens quarante neuf mil six cens trente trois livres neuf solz six deniers, neanlmoings ladicte assignation auroit esté donnée audict de Castille en ladicte

---

[1] Gui de Saint-Gelais, seigneur de Lansac, appartenait à une famille qui prétendait se rattacher à l'ancienne maison des Lusignan. Connu d'abord sous le nom de jeune Lansac parce qu'il avait été employé dans les affaires publiques, par Catherine de Médicis, en même temps que son père Louis de Saint-Gelais, il fut ambassadeur en Pologne et prit une part active à l'élection du duc d'Anjou au trône de ce pays. Il épousa Antoinette, fille et héritière de François Rafia, seigneur d'Azay-le-Rideau, et mourut en 1622, à un âge très avancé. Les articles qui lui furent accordés par le Conseil du Roi pour le parti de l'amenage de bois à brûler à Paris sont transcrits dans les minutes du Conseil à la date du 12 mars 1613. (*Arch. nat.*, E 39', fol. 114-115.)

Cour, il pleust à Sa Majesté faire deffences ausdictz Prevost des Marchans et Eschevins d'y continuer ladicte poursuitte et à ladicte Cour d'en prendre cognoissance, sauf à eulx à se pourvoir audict Conseil ou par devant les commissaires ordonnés par Sa Majesté pour la cognoissance des affaires dudict Clergé; par lequel auroit esté ordonné que ladicte requeste seroit communicquée ausdictz Prevost des Marchans et Eschevins, et faict deffences à ladicte Cour d'en prendre cognoissance et à eulx se pourvoir ailleurs qu'audict Conseil, jusques ad ce que aultrement en ayt esté ordonné; signification dudict arrest et assignation donnée ausdictz Prevost des Marchans et Eschevins le quatorziesme jour dudict mois pour estre ouys au premier jour suivant audict Conseil. Et apres que lesdicts Prevost des Marchans et Eschevins ont persisté en leur demande et requis communicquation des comptes dudict Clergé, et lesdicts agens deffendu au contraire, et sur ce esté ouys andict Conseil en la presence de Sa Majesté et de la Royne regente sa mere : Le Roy estant en son conseil, la Royne regente presente, a ordonné et ordonne que ledict de Castille payera la somme de vingt six mil livres par chacun an, aux quatre quartiers durant la presente année xvi' treize et les années mil six cens quatorze et quinze, ausdicts recepveurs des rentes de l'Hostel de Ville oultre et par dessus la somme de quarante mil livres qu'il paye par chacun an. Et pour le regard de la communicquation desdictz comptes demandée par lesdictz Prevost des Marchans et Eschevins, Sa Majesté a ordonné et ordonne que lesdictz comptes seront mis par devers les commissaires qui à ceste fin seront nommez par Sa Majesté, pour iceulx comptes veuz et leur rapport faict, en estre ordonné par Sadicte Majesté ainsy que de raison.

«Faict au Conseil d'Estat du Roy tenu à Fontainebleau, le vingt troisiesme jour de May mil six cens treize [1]. »

Ainsy signé : «DE LOMENYE».

CCLXXIII. — MANDEMENT AUX QUARTINIERS POUR FAIRE RECHERCHES EN CESTE VILLE.

29 mai 1613. (Fol. 123 v°.)

De par les Prevost des Marchans et Eschevins de la ville de Paris.

«Sire..., Quartenier, nous vous mandons faire faire par vos diziniers une exacte recherche de tous les bourgeois de vostre quartier, tant de ceulx estans proprietaires ou principaux locataires des maisons, que soubz locataires tenants chambres locantes, dont vous nous apporterez les roolles au Bureau, qui contiendront les noms et qualitez. Sy n'y faictes faulte.

«Faict au Bureau de la Ville, le vingt neufiesme jour de May mil vi' treize. »

CCLXXIV. — EMPESCHEMENT PAR LA VILLE À L'ESTABLISSEMENT DES CHARGES DE VISITATIONS ET GARDES DES CLEFS DES FONTAINES.

15 juin 1613. (Fol. 123 v°.)

«Les Prevost des Marchans et Eschevins de la ville de Paris qui ont veu le placet presenté au Roy par Nicolas Ranté, l'ung des valetz de pied de la Royne, tendant ad ce qu'il pleust à Sa Majesté luy faire don des deulx offices de visiteurs et gardes des clefs des regardz et fontaines de Paris et Rongis, pour en jouir au lieu et place et aux mesmes gaiges que celuy qui y est de present estably par commission de nous,

«Remonstrent tres humblement à Sadicte Majesté que les offices demandées par ledict Ranté sont imaginaires, et n'en a jamais esté creé comme n'en estant de besoing; d'autant que pour ce qui concerne les fontaines publiques de ladicte Ville, le soing et la garde des clez deppend de la charge du Maistre des oeuvres de ladicte Ville, lequel, soubz lesdictz Prevost des Marchans et Eschevins, a la charge, faict et conduicte des eaues desdictes fontaines. Et quand aux nouvelles fontaines de Rongis, Vostredicte Majesté en accorde l'intendance ausdictz Prevosts des Marchans et Eschevins, lesquels neantmoings n'ont besoing d'avoir aucuns officierz, par ce que lesdictes fontaines ne doibvent estre faictes que de quatre années, et les entrepreneurs d'icelles les doibvent entretenir douze autres années apres. Partant n'y a aulcunes charges à y pourvoir. Et supplient tres humblement Sadicte Majesté de rejecter ledict placet comme chose qui ne se peult accorder.

«Faict au Bureau de ladicte Ville, le samedy quinziesme jour de Juin mil six cens treize. »

CCLXXV. — DEVIS ET MARCHÉ AU RABAIS FAICT À LA VALLÉE POUR LA CONTINUATION DU BASTIMENT DE LA VILLE.

11 avril-5 juillet 1613. (Fol. 124.)

Devis des ouvrages de maçonnerie et pierre de taille qui sont à faire pour Messieurs les Prevost des Marchans et Eschevins de la ville de Paris au paraschevement et continuation des logis restant à continuer en l'Hostel de la Ville le long de l'eglise du Sainct Esprit.

«Et premierement, fault faire et fouiller les tranchées des terres pour la fondation d'un mur sur et le

---

[1] Cet arrêt ne figure pas dans la collection des minutes du Conseil du Roi.

long de la cour, pour sur iceluy porter les colonnes de l'antien bastiment delaissé jusques au bastiment neuf, icelle tranchée enfoncer jusques à bon fondz et suffisant pour porter tel ouvrage, remplir les tranchées de maçonnerie d'un mur de cinq pieds ung quart d'espoisse, compris les empattemens; iceluy eslever jusques à la haulteur des autres fondations cy devant faictes andict pan de mur; iceluy garnir d'une assize de libaige au fondz de la fondation et une aultre à la haulteur dudict empastement, continuer le retour de ladicte fondation, ou retour pour la voulte sur la tour ronde, de la forme et espoisseur de l'autre voulte à l'autre costé de la court.

«Item, au dessus de ladicte fondation fault asseoir le mur de l'eslevation des caves ou seliers, qui sera falot de pierre de taille dure, tous quartiers de trois, quatre et cinq pieds de long à parement des deulx costez en liaison les nngs sur les autres, comme le mur du pan du fonds de ladicte court; iceluy eslever jusques à la haulteur de l'assize d'embassement soubz les piedz d'estaulx des colonnes, garder les arrachemens des voultes; le tout de pareille qualité, estoffe, structure, matiere et façon que le mur qui porte les colonnes au fondz de la court. Et pareillemant le mur en retour qui porte l'arceau sur la tour ronde de pareilles espoisse, structure, forme et façon que le mur à l'aultre costé d'icelle court, et de pareille haulteur.

«Item, au dessus desdictes deulx eslevations fault continuer l'eslevation de l'estage des colonnes et estages au dessus, jusques et compris l'entablement, des formes, espoisses, structures, matieres et façons que ledict mur de la cour à l'opposite, iceluy eslever jusques à l'entablement.

«Item, faire touttes les voultes qui sont à faire soubz ledict logis, de pareilles matieres, espoisse, et façon que les autres voultes et selon qu'il sera commandé.

«Item, au derriere dudict mur, fault faire les fondations du petit mur qui porte les deulx voultes et separant l'allée et gallerie de telles espoisses, forme, qualité de matiere, structure et architecture et façon que l'autre mur à l'opposite separant les sceliers et offices qui sont sur la rue Saint Jehan, iceluy eslevé jusque à la haulteur du res de la salle, lequel mur se continuera à l'estage des galleries jusques à telle longueur qu'il appartiendra, selon les allignemens qui seront baillez à l'entrepreneur par le Maistre des oeuvres de ladicte Ville; conserver en iceulx murs touttes les ordres d'architec-

ture, arceaulx, voultes, bayes, huisseries, croisées et fenestres, comme il sera commandé.

«Item, en faisant l'eslevation d'iceulx deux murs fault esligir les petits arceaulx, forme de doubleaux, à l'endroict des pillastres comme il a esté disposé et executé ausdictz autres murs.

«Item, au dessus desdictz murs fault faire les platfondz de pierre de liaiz à parquetaiges de pareille forme, structure et façon des aultres galleries.

«Item, et au dessus desdictz platfondz de pierre de liaiz soit faict l'araze de maçonnerie de moillon sur laquelle sera le plancher des chambres.

«Item, faire trois murs de reffend au travers du logis, des espoisses pareilles que les autres murs de reffend des autres logis à l'opposite, iceulx eslevez jusques sur la couverture dans lesquels seront enclavez les thuiaulx des cheminées, s'il plaist à mesdicts sieurs; le tout de pareille forme que lesdictz autres murs de reffend servans à pareil effect.

«Item, le mur de l'escalier et mur au derriere d'iceluy, de pareille espoisse que le mur de l'autre escalier et que les murs en esquierre de la vis carrée enclavez du costé du Sainct Esprit, comme au semblable le mur et contremur de la vis ronde à deux noyaulx qui est encommancée à l'encogneure de la grande salle neufve et joignant audict escallier. Et auront lesdictz murs de ladicte vis et mur de l'escallier neuf sur la courcelle vingt poulces d'espoisse, le tout de pierre parpaine entre deux une, et parement de pierre de taille des deulx costez, garnir ladicte vis de marches de pierre de liais desgauchies par dessoubs.

«Faire les arazemens sur les voultes, pavé de liaiz desdictes allées, logis, pailliers et marches des escalliers et viz à deux noyaux comme il appartient, ensemble les voultes de l'escallier qui seront faictes à parquetz avecq bossages pour cy apres y faire sculpture par ladicte Ville, quand il luy plaira. Sera aussy ledict noyau d'escallier faict d'espoisse de trois piedz, le tout à parement de pierre des deux costez, avecq boutisses de Saint Leu depuis le dessus de la mouslure rempante en amont.

«Sera aussy tenu de tous les ouvraiges de pierre de taille des murs, voultes, platfondz, de la forme, structure et façons telles et semblables que le logis à l'opposite, sans y adjouster ou diminuer pour le mur sur la cour, et sans galleries au second estage des chambres; comme aussy de suivre la disposition du bastiment et murs qui luy seront commandez et sans exceder les espoisses des separations qui seront reiglées à l'ouvrier telles que les murs declarez au devis, selon le changement que sera advisé par mesdictz sieurs, pourveu que lesdictz murs n'excedent trois piedz d'espoisse, et sans en ce comprendre les ouvraiges de plastre des planchers, cloisons, enduicts, renformis et autres de pareille qualité, et sans qu'il soit aucune chose compté, thoisé ny esvalué pour les avant corps, arrieres corps, mouslures ny saillyes des cornisches ou entablemens, lesquels neantmoings l'entrepreneur sera tenu les faire telles et semblables aux aultres logis, et mesme la poincte du pignon sur l'escallier avec les mouslures et crestes.

«Obeyront au commandement du Maistre des oeuvres de maçonnerye de la Ville en ce qui gist de sa charge pour l'execution du present marché.

«N'entreprendront de faire ny faire faire aucuns ouvrages sinon les contenuz au devis et marché, et où ils outrepasseront le contenu ci dessus ne leur en sera payé aucune chose.

«Le tout conformement aux aultres pans des murs des logis au bout de la cour.

«Tous lesquels ouvrages de maçonnerye et pierre de taille seront faictz et parfaictz deuement, au dire de gens ad ce cognoissans, et seront thoisez suivant la coustume de Paris, sans neanlmoings qu'il soit aucune chose compté, thoisé ny esvalué pour les mouslures et saillies, ny mesme des entablemens ny autres corps saillans comme il est cy dessus dict, et neantmoings sera tenu l'ouvrier entrepreneur faire, garder et conserver toute l'architecture et mouslure comme et semblables aux autres murs et platfondz, fournir toutes matieres à ce necessaire, soit pierre de taille, libage, moueslon, chaux, sable, plastre, chables, angins, et generallement toutes autres choses à ce necessaires, et rendre place nette.

«Sera l'entrepreneur tenu faire faire les enrichissement des platfondz, des galleries, mousleures d'iceulx, comme aussy des mouslures desdictz pans de murs comme aux autres murs sans qu'il soit aucune chose thoisé.

«Sera aussy tenu l'entrepreneur des abbatages, desmolitions; mener et vuider les gravois desdictes desmolitions, et icelles mener aux champs sans qu'il puisse pretendre aucune chose au bois, fer, plomb, thuille, et autres matieres qui se trouveront avoir esté abbattues, lesquelles demeureront au profflict de ladicte Ville pour en disposer comme Messieurs verront bon estre. Et ne pourra pretendre que la pierre, moueslon et plastras des demolitions qu'il aura faictes et qui luy seront commandées, et dont memoire luy sera baillé par escript avant que de commancer; sauf que les figures, sculptures, targes, escussons et timbre qui sont au pignon de la vieille salle par dedans oeuvre, qui demeureront au profflict de la Ville, et lesquelles l'entrepreneur sera tenu desmolir et descendre proprement et les faire porter en lieu de seureté tel qu'il sera dict par ladicte Ville.

«Demeurera aussy au profflict de la Ville la totalité du perron au devant de la grande salle vieille et autres matieres attenant iceluy, hors les gros murs du pignon de ladicte salle.

«Et pour le regard du mur qu'il conviendra abattre et relever du costé de l'eglise et hospital du Sainct Esprit, servant audict logis, ne pourra l'entrepreneur y faire aucune desmolition, sinon qu'il luy soit baillé par escript, à peine de pure perte et restablir à ses despens, comme aussy ce que y sera de faict sera payé et compris au thoisé et pris du marché, à la charge de rendre place nette et mener les gravois aux champs, sans en delaisser aucuns ny vuidanges sur les lieux. »

Et a ledict Guillain signé en la minutte des presentes.

De par les Prevost des Marchans et Eschevins de la ville de Paris.

«On faict assavoir que les ouvrages de maçonnerye estans à faire en l'Hostel de ladicte Ville et mentionnez par le devis cy devant transcript seront baillez à faire au rabaiz et moings disant, à l'extinction de la chandelle, lundy proschain, cinq heures de relevée, au grand Bureau de la Ville; et seront touttes personnes receues à y mettre rabaiz, à la charge par l'entrepreneur et adjudicataire desdictz ouvrages de bailler bonne et suffisante caution tant des deniers qu'il recepvra que de rendre ladicte besogne bien et deuement faicte, au dire du Maistre des oeuvres de ladicte Ville et aultres gens ad ce cognoissans.

«Faict au Bureau d'icelle, le jeudy xi° jour d'Avril mil six cens treize. »

Publyée le lundy quinziesme jour d'Avril mil six cens treize, et à faulte de massons et ouvriers remise au vendredy dix neufiesme dudict moys, cinq heures de relevée, et affiches nouvelles mises.

Publyée ledict jour de vendredy dix neufiesme Apvril mil vi⁰ treize, en presence desdictz sieurs Prevost des Marchans et Eschevins et du Procureur du Roy et de la Ville. Et à l'instant s'est presenté Pierre Judon, maistre masson, demeurant rue des Juifs, qui a offert faire lesdictz ouvrages, suivant ledict devis, moyennant soixante et cinq livres tournois la thoise. Et à faulte d'entrepreneurs, remise au mardy Vingt troisiesme jour dudict moys d'Avril, cinq heures de relevée.

Du mardy vingt troisiesme jour dudict moys d'Avril.

Ledict jour, lesdictz ouvraiges ont esté republiez estre à faire au rabaiz et moings disant; et s'est presenté Anthoine Amelot, maistre maçon, demenrant rue Au Maire, proche le Coing de Rome, qui a entrepris de faire lesdictz ouvrages moyennant la somme de soixante et deux livres tournois la thoise, cy.............................. lxij ᵗᵗ
Par Maistre Anthoine Noel, procureur à l'Hostel de la Ville, à soixante livres la thoise, cy . .   Lx ᴴ
Par Maistre Marin de la Vallée, juré du Roy en l'office de maçonnerie, à cinquante huict livres, cy............................. LVIII ᵗᵗ
Par ledict Noel, à LVII¹ xˢ, cy........ LVII ᵗᵗ x s.
Par ledict Pierre Judon, à cinquante sept livres t. la thoise, cy........... LVII ᵗᵗ

Et à l'instant a esté allumé la chandelle et declaré aux assistans le rabaiz estre de vingt sols tournois sur thoise, laquelle chandelle esteincte, en a esté allumé une seconde, puis une troiziesme :

Rabais par Guillaume du Montier, maistre masson demourant rue Sainct Anthoine proche la Trinité.............................. xx s.
Rabais par ledict Noel.............. xx s.
Rabais par Jacques Boullet, maistre masson demourant rue Chappon................ xx s.
Rabais par ledict Noel.............. xx s.
Rabais par ledict Boullet............ xx s.
Rabais par ledict Noel.............. xx s.

Et à l'instant ledict La Vallée a mis ladicte besogne a cinquante livre la thoise, cy..... L ᵗᵗ
Par ledict Judon, à................... xLIx ᵗᵗ
Par ledict La Vallée, à.............. xLVIII ᵗᵗ

Ce faict, a esté encores allumé la chandelle et declaré aux assistans que l'on alloit proceddefr] à l'adjudication desdictz ouvrages. Et pour ce que au par dessoubz ledict de La Vallée ne s'est presenté aucunes personnes pour mettre rabais et que touttes les solempnitez à ce requises et necessaires ont esté gardées et observées, avons, en la presence du Procureur du Roy de la Ville, adjugé et adjugeons lesdictz ouvrages audict Marin de La Vallée, moyennant la somme de quarante huict livres tournois la thoise, à la charge par luy de faire bien et deuement lesdictz ouvrages, au desir et conformement au devis cy devant transcript, et de commancer à y travailler dedans lundy proschain. Laquelle besogne luy sera payée par maistre Claude Lestourneau, Receveur du domaine, dons et octroy de ladicte Ville, au fur et à mesure qu'il travaillera et selon les ordonnances de mesdictz sieurs les Prevost des Marchans et Eschevins, et à la charge par iceluy La Vallée de bailler bonne et suffisante caultion, tant des deniers qu'il recevra que de rendre ladicte besongne bien et deuement falote conformement audict devis.

Et le meccredy vingt quatriesme jour dudict mois d'Apvril oudict an se seroit presenté au Bureau Maistre Arnoul Deshayes, qui auroit derechef mis rabaiz de vingt solz pour thoise sur ladicte besongne, dont luy auroit esté donné acte [1] et assignation donnée à Marin de La Vallée, entrepreneur, au vendredy vingt sixiesme du present mois, dix heures du matin. Auquel jour et heure seroit comparu Jacques Boullet, maistre maçon demourant à Paris rue Chappon, lequel en la presence dudict de La Vallée auroit advoué ledict Deshayes du rabaiz par luy mis, et d'habondant auroit encores mis ung aultre rabais de vingt solz sur ladicte besogne, tellement qu'il auroit entrepris de la faire au pris de quarante six livres la thoise, dont auroit esté donné acte audict Boullet. Et nonobstant l'empeschement dudict de La Vallée, ordonné que nouvelles affiches seroient, mises pour estre de nouveau ladicte besongne publyée estre à faire et bailler au rabaiz sur ledict pris de quarante six livres tournois la thoise, et où touttes personnes seroient receues à y mettre rabaiz. Et en seroit ladicte adjudication remise au lundy prochain, cinq heures de relevée, au grand Bureau de ladicte Ville.

Advenu lequel jour de lundy vingt neufiesme dudict moys d'avril mil vi⁰ treize, suivant les affiches mises à ceste fin, lesdictz ouvrages de maçonnerie mentionnez au devis cy devant transcript ont esté

---

[1] Cette surenchère fut consignée sur le registre d'audiences qui, à la suite de la mention inscrite par le Greffier, porte la signature de Deshaix lui-même (Arch. nat., Z¹ᴴ 114).

de rechef publyés estre à faire et baillez au rabaiz et moings disant, à l'extinction de la chandelle, sur ledict pris de quarante six livres t. la thoise, où se seroit presenté Estienne Tartaise, maistre masson, demourant à Paris rue des Jardins, parroisse Sainct Paul, qui a mis rabais de vingt solz sur thoise desdictz ouvraiges, et en ce faisant entrepris de les faire bien et deuement au desir du devis, au pris de quarante cinq livres la thoise. Ce faict, a esté allumé une chandelle et declaré aux assistans le rabaiz estre de vingt solz sur thoise, et que l'on alloit procedder à l'adjudication sans autre remise, laquelle chandelle esteincte, en a esté allumé une seconde, puis une troisiesme. Et pour ce qu'il ne s'est presenté aulcune aultre personne pour mettre rabais au dessoubz dudict Tartaise, ny faire la condition de la Ville meilleure que luy, et que toutes les solempnitez à ce requises ont esté gardées et observées, avons, en la presence du Procureur du Roy et de la Ville, andict Estienne Tartaise adjugé et adjugeons lesdictz ouvrages audict pris de quarante cinq livres tournois la thoise qui lui seront paiez par le Receveur de ladicte Ville des deniers à ce destinez au feur et à mesure qu'il travaillera et suivant noz ordonnances et mandements, à la charge par iceluy Tartaise de faire iceulx ouvrages bien et deuement, au desir et conformement audict devis, et de satisfaire entierement aulx clauses et conditions portées par iceluy, mesme de bailler bonne et suffisante caution, tant des deniers qu'il recevra que de rendre ladicte besongne bien et deuement faicte.

« Et le samedy quatriesme jour de May mil six cent treize avons mandé au Bureau de la Ville ledict Tartaise, affin de fournir de cautions suivant son adjudication, qui auroit requis delay jusques au lundy ensuivant du matin. A quoy ne satisfaisant, auroit esté assigné à la requeste du Procureur du Roy de la Ville, à laquelle assignation il se seroit presenté avec Marin de La Vallée, juré du Roy en l'office de maçonnerye, lequel La Vallée auroit dict avoir transport dudict Tartaize de son marché [1] et adjudication et offroit de bailler ses caultions. Et suivant ce, auroit mis en nos mains tant sondict transport que memoire de la caution qu'il entendoit bailler, dont il se seroit contanté, sans que depuis le XIII⁰ dudict mois de May jusques à present il ayt poursuivy la reception de sa caultion, ny pris l'ordre de nous sur ce qui estoit à faire. Ce que voyant par Jacque Roullet, maistre maçon à Paris, auroit offert de prendre le marché dudict Tartaise et de satisfaire au contenu d'iceluy, au moyen de quoy et attendu la negligence et demeure dudict de La Vallée, et qu'il y a plus de six sepmaines que ledict marché et adjudication a esté faict audict Tartaise sans qu'il y en ayt rien d'effectué, joinct que la belle saison propre et commode pour travailler se passe, et aussy que des ledict jour treiziesme May ledict Tartaise a declaré n'avoir les moyens ny le pouvoir de travailler ausdictz ouvrages, et sur ce oÿ ledict Procureur du Roy de la Ville, avons ledict Tartaise deschargé et deschargeons par ces presentes de sondict marché et adjudication, et ledict Jacques Roullet, à ce present et acceptant, subrogé et subrogeons en son lieu et place et, entend que besoing est ou seroit, de nouveau baillons et adjugeons par ces presentes à iceluy Roullet lesdictz ouvrages audict prix de quarente cinq livres tournois la thoise, qui luy seront payez par le Receveur de ladicte Ville au feur et à mesure qu'il travaillera et selon nos ordonnances et mandemens, à la charge par ledict Roullet de faire iceulx ouvrages bien et deuement, au desir et conformement audict devis cy devant transcript, et de satisfaire entierement aux clauses et conditions portées par iceluy, mesme de bailler bonne et suffisante caution tant des deniers qu'il recevra que de rendre ladicte besongne bien et deuement faicte comme dessus.

« Faict au Bureau de ladicte Ville, le mardy dix huictiesme Juin mil six cens treize. »

« Et le jeudy vingtiesme jour dudict moys de Juin ou dict an est comparu au Bureau de la Ville ledict Jacques Roullet, entrepreneur des ouvrages mentionnées par le devis cy devant transcript, lequel a presenté pour caution, tant des deniers qu'il recevra que de rendre ladicte besongne bien et deuement faicte au desir de sondict marché, Martin Roullet, son pere, aussy maistre masson demourant à Paris rue Chappon, parroisse Sainct Nicolas des Champs, lequel à ce present a pleigé et caultionné ledict Jacques Boullet, son fils, pour ce que dessus, et a faict les submissions accoustumées; lequel Roullet pere a declaré luy appartenir une maison neufve où il est demourant, tenant d'une part à Madamoiselle Thierssault, et d'autre à Monsieur Chauvet, plus une autre maison neufve scise dans les marets du Temple, tenant d'une part au sieur Margonne, d'autre à Macé Herault. Nous avons lesdictes cautions receues et les recepvons par ces presentes, en la presence et avec le Procureur du Roy de la Ville. »

Et ont lesdicts Boulletz pere et fils signé en la minutte des presentes.

---

[1] Mention de cette cession fut portée sur le registre d'audiences (Arch. nat. Z¹ⁿ 114).

Du mardy deuxiesme jour de Juillet mil six cens treize.

Ledict jour est venu au Bureau de la Ville ledict Jacques Boullet qui a requis que, suivant le marché qu'il a faict avec nous, il nous pleust faire mettre des ouvriers pour descouvrir la vieille grande salle de l'Hostel de la Ville, affin de mettre les ouvriers en besongne pour travailler au desir de sondict marché; auquel Boullet avons remonstré que, depuis le marché par nous faict avec luy, Marin de la Vallée, qui a le transport d'Estienne Tartaise auquel lesdictz ouvrages avoyent esté adjugez, faict des poursuittes au Conseil du Roy [1] affin d'estre maintenu et conservé en son adjudication, et dont Monsieur de Roissy est rapporteur; que jusques à ce que ledict proces soit jugé, nous ne luy pouvions permettre de travailler. Lequel Boullet a dict que, pour esviter à tous proces, il mectoit encores dix sols de rabaiz sur thoise de ladicte besongne et partant promectoit de faire lesdictz ouvrages à quarente quatre livres x s. la thoise.

Sur quoy aurions mandé audict Bureau ledict de La Vallée, auquel aurions faict entendre le rabaiz de dix sols sur thoise faict par ledict Boullet, qui seront quarente quatre livres dix sols pour thoise, et interpellé de dire s'il entendoit faire rabais au dessoubz dudict Boullet. Lequel La Vallée a dict qu'il entreprenoit de faire lesdictz ouvrages mentionnez audict devis et conformement à iceluy, au pris de quarente livres tournois la thoise.

Et a ledict de La Vallée signé en la minutte des presentes.

Ce qu'ayant entendu par ledict Boullet, a dict qu'il s'en retiroit et ne voulloit y mettre rabaiz au dessoubs dudict de La Vallée, en luy remboursant les fraiz qu'il a faict tant de l'achapt de la pierre qu'il a faict amener en la place de Greve que de la chaulx, ensemble pour ses peynes et journées à quoy il a vacqué, et aux preparatifs, esperant faire lesdicz ouvrages. Lequel La Vallée a offert de prendre la pierre qu'il a faict apporter et l'en rembourser.

«Nous, attendu ledict rabais faict par ledict La Vallée et que ledict Roullet s'est volontairement

---

[1] Les minutes du Bureau (H 1891) renferment un mémoire de Marin de la Vallée où il expose au Conseil du Roi l'objet de ses revendications. Nous donnons ici le texte de ce mémoire qui montre que La Vallée se faisait un point d'honneur de mettre lui-même la dernière main au bâtiment nouveau de l'Hôtel de Ville auquel il avait été seul à travailler jusque-là : «*Au Roy et à Nosseigneurs de son Conseil.* Marin de la Vallée, m[e] juré du Roy au faict de la massonnerie et entrepreneur des bastimens de la Maison de ceste ville de Paris, vous remonstre tres humblement que tous les bastimens qui ont esté faictz en ladicte maison, depuis que le feu Roy est entré en ceste Ville, ont esté par luy construictz au contentement des sieurs Prevost des Marchandz et Eschevins de ladicte Ville, neanlmoings estant resté quelques oeuvres à parachever qui n'estoyent des marchez faictz au suppliant, lesdictes oeuvres auroyent esté publiées pour estre baillées au moins disant tellement que le suppliant desireux d'apporter la derniere main à ses ouvrages et qu'un autre ouvrier ne ostast l'honneur qu'il avoyt receu en servant la Ville et parachevast lesd. ouvrages, auroyt mis les choses à tel prix qu'il s'est trouvé apres plusieurs remises faire la condition de la Ville meilleure, de sorte qu'apres toutes formalitez observées, la chandelle extainte, l'adjudication luy auroyt esté faicte de deux cens soixante toises qui restent à faire pour mectre ledict Hostel à sa perfection, et ce en presence desdictz sieurs Prevost des Marchandz, Eschevins, Conseillers de Ville, et entre autres des sieurs Aubry, Le Prestre, Amelot, m[e] des Requestes, conseiller et maistre des Comptes, et de plus de trente à quarente massons qui ont mis la chose à rabais tant qu'ils ont peu, neanlmoings apres ladicte adjudication il y auroyt eu quelcun suscitté par ses ennemys qui auroyt presenté sa requeste et requis estre receu à diminuer chacune toize de vingt solz, qui est sur le total diminution de deux cens soixante livres; et bien qu'apres une adjudication faicte avec les formalitez requises l'on ne soyt receu à de simples encheres, neanlmoings lesdictz sieurs Prevost et Eschevins l'auroyent receu, mais il seroyt arrivé depuis que le suppliant, tant pour le desir qu'il avoyt de parachever son ouvrage que pour ce que celluy auquel ladicte massonnerye avoyt esté adjugée et sentant de la perte luy auroyt cedé son droict et prié de prendre son bail et son adjudication, depuis le suppliant auroyt apris que lesdictz sieurs Prevost des Marchandz et Eschevins avoyent, sans publication aulcune, ordonné que les nommez de Villiers et Biard feroyent une cheminée en la grand salle de ladicte Maison de Ville moyennant la somme de troys mil livres suyvant leur desseing et marché. Dont adverty le suppliant auroyt presenté requeste et par icelle auroyt offert de faire ladicte cheminée pour deux mil cent livres et faire la condition de la Ville meilleure de neuf cens livres, et bien que ses offres soyent grandes et advantageuses pour la Ville et qu'elles se puissent facillement recepvoir veu qu'il n'y a eu aulcune adjudication judiciaire faicte ausdictz de Villiers et Biard, neanlmoings lesdictz Prevost et Eschevins ne luy ont encore respondu sa requeste ny adjugé ledict ouvrage. Et ne peult avoir la raison de ce, veu qu'il n'y ayt ung seul des Prevost, Eschevins et Conseillers de Ville qui ne recongnoissent le suppliant pouvoir faire cest ouvrage plus commodement, mieux à propos et travailler plus fidellement qu'aucung autre, comme sa besoigne qu'il a faicte depuis dix ans en ladicte maison le peult tesmoigner, sy ce n'est qu'il y [a] l'ung desdictz Eschevins qui veult advancer son parant qui est sculpteur au prejudice du suppliant auquel l'on ne peut legitimement reffuzer ses offres, car sy pour deux cens soixante livres d'encheres l'on a cassé une adjudication qui luy a esté faicte, à plus forte raison l'on peult revocquer non une adjudication mais une simple ordonnance ou sentence par laquelle ilz donnent à parachever ladicte cheminée ausdictz de Villiers et Biard pour troys mille livres, veu que le suppliant offre neuf cens livres de diminution sur troys mille livres et parachever ledict ouvrage par luy encommencé plus fidellement et mieux que les autres. A ces causes, Sire, il plaira à Vostre Majesté recepvoir l'offre du suppliant et ordonner qu'il parachevera ledict manteau de cheminée, qui n'est que de pierre de son ouvrage, pour le prix de deux mil cens livres qui est comme une espese de tiercement qu'il faict, et faire deffences audictz Villiers et Biard d'y travailler, ou en tous cas ordonner que ledict ouvrage sera publié comme ont esté les autres ouvrages de ladicte Ville et qu'il sera delivré à celluy qui fera la [condition de la] Ville meilleure.» Signé : «De la Vallée». (Communiqué à la Ville par arrêt du Conseil du 7 mai 1613.)

desisté de son adjudication, avons iceluy Boullet, de son consentement, deschargé et deschargeons de son adjudication, et de nouveau avons andict de La Vallée adjugé et adjugeons lesdictz ouvraiges mentionnez par ledict devis cy devant transcript, au prix de quarante livres tournois la thoise, à la charge par ledict de La Vallée de mettre des ouvriers en besongne dedans demain[1], et de la rendre faicte et parfaicte dedans ung an prochain venant, desquels ouvrages ledict de La Vallée sera payé au feur et à mesure qu'il travaillera et selon nos ordonnances et mandemens, mesme baillera caution tant des deniers qu'il recepvra que de rendre ladicte besongne bien et deuement faicte, au desir dudict devis; et sera tenu ledict de La Vallée prendre la pierre dudict Boullet qu'il a faict apporter à la Greve et la payer et le rembourser d'icelle, ensemble de sa voicture.

«Faict les jours et an que dessus.»

Et a ledict de La Vallée signé en la minutte des presentes.

Du vendredy, cinquiesme Juillet mil six cens treize.

«Ledict jour est comparu au Bureau de la Ville Marin de La Vallée, juré du Roy en l'office de maçonnerie et entrepreneur des bastimens qu'il convient faire audict Hostel de la Ville, lequel, suivant son marché et adjudication, a presenté pour caution, tant des deniers qu'il recepvra que de rendre ladicte besongne bien et deuement faicte suivant le devis dans ung an, Jehan Poussart, maistre masson à Paris demeurant rue du Temple, parroisse Sainct Nicolas des Champs, lequel à ce present a pleigé et cautionné ledict de La Vallée pour ce que dessus, et a faict les submissions accoustumées. Lequel de La Vallée a declaré luy appartenir la maison où il est demourant, scize rue Beaubourg au cul de sacq, plus une autre maison joignant celle cy dessus, plus deux autres maisons scizes rue Bodroirie[2]; comme aussy ledict Poussart a declaré luy appartenir une maison scize rue des Juifs, bastie de neuf. Nous avons ladicte caution receue et la recevons par ses presentes, en la presence et du consentement du Procureur du Roy de la Ville.»

Et ont lesdicts Poussart et de La Vallée signé en la minutte des presentes.

CCLXXVI. — Rapport
DE CE QU'IL CONVIENT FAIRE AUX FONTAINES, AVEC MANDEMENT AU SIEUR GUILLAIN D'Y FAIRE TRAVAILLER.

3-6 juillet 1613. (Fol. 135.)

Bref estat et memoire de ce qui s'est trouvé à faire pour les fontaines de la ville de Paris et augmentation des eaues d'icelle à la commodité publicque.

«Et premierement,

«Est besoing faire une petite tranchée pour faire escouler les eaues qui paroissent sur terre au hault de la montagne de Belleville sur Sablon, proche le bois des Rigolles, et icelles conduire avec les folles eanes descendans de ladicte montagne[3].

«Item, mettre gens et ouvriers à la journée de la Ville pour commancer à descouvrir les vieilles pierrées, icelles desmollir pour descouvrir et pouvoir recongnoistre les fillieres des eaues dans la montagne jusques à telle profondeur que l'on verra à l'oeil les veines de la terre rendre l'eaue, ce qui ne se peut prejuger jusques à ce que l'on voye lesdictes eaues fluer et coulier en bonne pente, tout le long des tranchées vieilles et antiennes pierrées, sinon faire recherche de nouvelles tranchées selon que le lieu se trouvera le requerir.

«Item, faire entasser la pierre de caillou qui est sur les lieux pour, apres le compte par mesure faict et redigé par escript, en estre falot droict au marchand fournissant, à ce que à la necessité, estans lesdictes tranchées ou aucunes d'icelles descouvertes jusques aux testes dans la montagne, estre employées selon la destination, comme l'on jugera le plus expediant.

---

[1] Les travaux de La Vallée devaient être encore retardés par de nouvelles difficultés venant cette fois de la part des gouverneurs de l'Hôpital du Saint-Esprit, comme nous l'apprend un mandement daté du 13 août 1613, où le Bureau charge Geoffroy Le Secq de se «presenter à l'assignation à nous donnée en sommation à la requeste de Marin de La Vallée. Et auparavant requerez communication de l'exploit d'assignation donné audict de La Vallée à la requeste des maistre et gouverneur de l'hospital du Sainct Esprit». (Arch. nat., H 1891.)

[2] Rue de la Baudroirie autrement dite du Poirier, actuellement rue Brisemiche. Des renseignements plus détaillés sur les maisons de Marin de La Vallée et de Poussart sont énoncés dans l'adjudication du 4 août 1605. (T. XIII, p. 467 et notes.)

[3] Un mandement du 15 juillet 1613, conservé dans les minutes du Bureau (Arch. nat., H 1891) sans avoir pris place dans le registre, se rapporte également à un travail à exécuter aux fontaines de Belleville. C'est l'ordre donné «à Jehan Langer, serrurier de la Ville, de faire promptement ung appuy ou garde fol de fer pour mectre et poser en l'escallier de pierre du grand regard des fontaynes de Belleville sur Sablon et à ceste fin aller presentement prendre les mesures pour faire lesdicts appuys».

«Seront les ouvriers qui auront travaillé ausdictes fontaines paiez par chascune sepmaine par le Receveur de ladicte Ville, selon les roolles qui en seront expediez en la maniere accoustumée.

«Quand aux autres recherches et ramas des eaues qui se perdent en divers lieux, y sera cy apres pourveu et les lieux disposez selon qu'il sera jugé se pouvoir commodement faire, avec l'advis du Maistre des oeuvres de maçonnerye de ladicte Ville qui a la principalle charge et garde des fontaines d'icelle, soubz l'auctorité des sieurs Prevost des Marchans et Eschevins de ladicte Ville.

«La visitation des ouvrages cy dessus a esté faicte le meccredy troisiesme jour de Juillet mil six cens treize, par moy Pierre Guillain, Maistre des oeuvres de maçonnerye de ladicte Ville, ayant ladicte charge des fontaines, en la presence de messieurs Poussepin, Fontaine, Desprez et Merault, Eschevins d'icelle Ville, et de noble homme Pierre Perrot, Procureur du Roy et de ladicte Ville. Et tout ce certiffie estre vray.»
Signé: «GUILLAIN».

De par les Prevost des Marchans et Eschevins de la Ville de Paris.

«Veu par nous le rapport et proces verbal cy dessus, il est ordonné que le contenu en icelui sera executé; et, à ceste fin, ledict Guillain employera ung masson limosin avec son ayde pour entasser et enthoiser la pierre de cailloux fourny sur le lieu par ...., marchand carrier, et ce faict, en estre faict le thoisé pour en ordonner par nous. Et aussy ledict Guillain emploiera jusques au nombre de douze hommes pionniers, ou autres qu'il jugera cappables, pour travailler à faire les ouvertures des terres pour donner cours aux eaues de la montaigne des Rigolles à costé du village de Belleville sur Sablon, pour icelles conduire et joindre avec les autres dans les grands canaulx des fontaines de la Ville. Lesquels ouvriers ainsy employez par ledict Guillain seront payez par chascune sepmaine des journées qu'ilz auront vacqué, et ce par le Receveur de ladicte Ville et selon les roolles qui en seront expediez en la maniere accoustumée.

«Faict au Bureau de ladicte Ville, le samedy sixiesme jour de Juillet mil six cens treize.»

De par les Prevost des Marchans et Eschevins de la ville de Paris.

«Maistre Pierre Guillain, Maistre des oeuvres de maçonnerye de ladicte Ville, ayant soubs notre auctorité la principalle charge, choix des ouvriers, ouvrages, faict et conduicte des eaues des fontaines de ladicte Ville, nous vous mandons que vous ayez à choisir ouvriers tels qu'il appartiendra pour l'execution du rapport par vous cy devant faict au Bureau de ladicte Ville, et iceulx employer tant à la recherche des eanes desdictes fontaines qu'à la construction des pierrées aulx lieulx et endroits que jugerez estre necessaire pour la commodité publicque, faire trancher les terres et lieux qu'il appartiendra pour la conduicte desdictes eaues dans les grands canaulx d'icelles, lesquels vous ferez descouvrir et rechercher le plus exactement que faire se pourra, pour y estre cy apres et selon qu'il sera par nous ordonné [faict] faire le regard et venes necessaires. Et pour reigler l'ordinaire des affaires nous avons commis le sieur Merault, l'ung de nous, Eschevins, qui se transportera souvent sur les lieux pour recongnoistre ce qui sera besoing. Et de tous lesquels ouvrages et autres occurrances en sera par chacune sepmaine faict rapport au Bureau d'icelle Ville, pour y estre pourveu selon qu'advisé sera ; et à l'execution desquelles tranchées, recherches et conduittes vous travaillerez nonobstant oppositions ou appellations quelconques et sans prejudice d'icelle, sans differer, attendu que c'est affaire publicque.

«Faict audict Bureau de la Ville, le samedy sixiesme jour de Juillet mil six cens treize.»

CCLXXVII. — VENTE DE PARTIE DES DESMOLITIONS DU VIEIL BASTIMENT DE LA VILLE.

3-10 Juillet. (Fol. 134.)

De par les Prevost des Marchans et Eschevins de la ville de Paris.

«On faict assavoir que les vieilles desmolitions de ce qui reste à abattre de la vieille salle de l'Hostel de la Ville, où il convient bastir de neuf, sont à vendre au plus offrant et dernier enchérisseur à l'extinction de la chandelle, samedy prochain sixiesme jour du present mois de Juillet, quatre heures de relevée. Et y seront toutes personnes receues à y mettre enchere.

«Faict au Bureau de la Ville, le meccredy troisiesme jour de Juillet mil six cens treize.»

«Ledict jour de samedy sixiesme de Ju'llet, lesdictes vieilles desmolitions de la vieille salle dudict Hostel de la Ville, à la reserve de la pierre qui demourera au masson pour la desmolition d'icelle, ont esté publiez à vendre au plus offrant et dernier encherisseur à la charge de faire les fraiz de l'abbatage, où s'est presenté Pierre de La Salle qui en a offert la somme de deux cens livres tournois, cy............................. IIᶜ ᵗᵗ

« Par Pierre Judon, à deux cens vingt livres, cy............................. IIᶜ xx ᵗᵗ

« Et pour ce qu'il ne s'est presenté aultres personnes, avons remis ladicte publication et adjudication à mardy proschain neufiesme dudict moys et ordonné nouvelles affiches estre mises, ce qui a esté faict.

« Advenu lequel jour de mardy neufiesme jour de Juillet, quatre heures de relevée, lesdictes desmolitions ont derechef esté publyées estre à vendre au plus offrant et dernier encherisseur, à la charge de faire les fraiz des descouvertures et abbattages, où s'est presenté Nicolas de La Pierre qui en a offert deux cens trente livres, cy............ IIᶜ xxx ᵗᵗ

« Par ledict Judon deux cens soixante et dix livres, cy....................... IIᶜ LXX ᵗᵗ

« Et par ledict Pierre de La Salle à trois cens livres, cy........................ IIIᶜ ᵗᵗ

« Et pour ce que au par dessus ledict de La Salle aulcunes personnes n'ont voulu encherir ny faire la condition de la Ville meilleure que luy, avons audict de La Salle, ad ce present et acceptant, adjugé, vendu et delivré touttes lesdictes desmolitions, moyennant ladicte somme de trois cens livres tournois, qu'il sera tenu payer comptant à Maistre Claude Lestourneau, Receveur du domayne, dons et octroy de ladicte Ville, qui en fera recepte en son compte dudict domayne.

« Faict au Bureau de la Ville, les jour et an que dessus. »

« Receu dudict de La Salle les trois cens livres mentionnez en l'adjudication cy dessus escripte.

« Faict ce dixiesme jour de Juillet mil six cens treize. »

Signé : « LESTOURNEAU ».

CCLXXVIII. — DEVIS ET MARCHÉ
FAICT AU RABAIS
POUR LE BASTIMENT DE LA PORTE SAINCT-MARTIN.

6-13 juillet 1613. (Fol. 131 v°.)

Devis des ouvrages de maçonnerie et pierre de taille qu'il convient faire pour rebastir de neuf le corps de logis du portail de la porte Sainct Martin de ceste ville de Paris.

« Et premierement fault abbattre et desmolir le vieil corps de logis, depuis les murs du portail du pont levis, mettre touttes les bonnes matieres à sauveté, pour d'icelles faire resservir les meilleures aux lieux où il sera commandé à l'entrepreneur par le Maistre des oeuvres de maçonnerie et bastimens d'icelle Ville.

« Item, faire la vuydange des terres des rigolles et tranchées des murs en trois sens, lesquels murs seront fondez sur fondation suffisante pour porter tel ouvraige; les murs vers la Ville seront faicts et construictz de deux piedz et demy d'espoisse en fondation, garniz d'une assize de pierre de libage à l'assiette d'icelle fondation, et une aultre assize joinctisse aussy à l'empattement au rez de chaussée, et le residu maçonné de bon moeslon dur avec bon mortier de chaux et sable, comme au semblable les deux fondations des pignons.

« Item, au dessus desdictes fondations seront eslevez sçavoir le pan de mur vers la Ville, qui sera de deux piedz d'espoisse au rez de chaussée, garny de deux encongneures falotes de grands quartiers de pierre dure de clicart de quatre et cinq piedz de long chascun, portant le parpaln des murs tant de costé que d'aultre continué de ladicte pierre parpanne jusques soubz les imposles du portail avec quatre retraictes aux quatre premieres assizes, de demy poulce de retraicte chacune assize, garny d'huisseries et fenestres au desir du dessein. Seront anasy les deux encongneures portant les jouées du portail faictes de grandz quartiers de pierre portant tableau tant d'ung costé que d'aultre pour les huisseries y destinées, le tout pierre dure, et continuer lesdictes encongnures de quartiers en forme de boutisses dans les murs de reffend. Lequel portail sera eslevé de la haulteur qu'advisé sera pour le mieulx. Et sera aussy la voussure faicte de quartiers de pierre dure portant parpain, l'engraissement continué jusques aux plainctes, la clef portant dix hpit poulces de haucteur jusques soubz la plaincte. Le residu d'iceluy mur faict, jusques andict plainte et iceluy compris, de ladicte pierre dure, et le residu au dessus sera continué garny d'encongneures, chesnes et croisées de pierre de Saint Leu, portant parpain; les pierres desquelles croisées seront de pierre de deux et ung pied de long pour les liaisons, et le residu sera massonné de moislon, chaulx et sable, les plainctes et entablemens de pierre portant parpain, toutes lesdictes pierres d'encongneures, chesnes, esjouls des croisées, porteront des tables relevées en forme de diamant, et le residu du parement sera faict de bricque mis en coulleur meslées garnie de bricque entre les chesnes deuement faictes.

« Les deux murs des deulx pignons seront eslevez

de pareille espoisse et matieres que la fondation dudict grand pan, et continuez au dessus, garnis chascun de quatre assizes de ladicte pierre dure et pareille retraictes et espoisses, et chascun d'une chesne de pierre perpaine à double parement et double liaison; lesdictes chesnes eslevées jusques à l'entablement.

«Item, andict logis seront falots deux souches de cheminées aux lieulx et endroicts qu'il sera advisé, garnies chascune de deulx thuyaulx de cheminée faictz de bricques garniz par voye de plainctes de pierre de Sainct Leu cramponnées de fer et conronnées d'une corniche de pierre, de l'ordonnance qu'il sera baillée par ledict Maistre des oeuvres de maçonnerye de ladicte Ville; les manteaulx desquelles seront faictz de plastre sans aucune mouslure, sinon une plaincte au hault et une autre au bas.»

Signé : «GUILLAIN».

De par les Prevost des Marchans et Eschevins de la ville de Paris.

«On faict assavoir que les ouvrages de maçonnerie mentionnées au devis cy devant transcript seront baillez à faire au rabaiz et moings disant à l'extinction de la chandelle lundy prochain, quatre heures de relevée, au grand Bureau de l'Hostel de la Ville, à la charge par l'entrepreneur et adjudicataire de faire lesdictz ouvraiges bien et deuement, conformément andict devis et au dire du Maistre des oeuvres de maçonnerie de ladicte Ville et autres gens ad ce congnoissans, et de bailler bonne caultion tant des deniers qu'il recepvra que de rendre ladicte besongne bien faicte comme dessus.

«Faict au Bureau de la Ville, le samedy sixiesme jour de Juillet mil six cens treize.»

«Publiez le lundy huitiesme jour de Juillet mil six cent treize et mise à prix par....., maistre maçon, à seize livres tournois la thoize, aux charges portées par ledict devis, et remise, faulte de personne pour mettre rabaiz, à meccredy prochain dixiesme jour dudict moys, quatre heures de relevée.

«Republiez ledict jour de meccredy dixiesme jour de Juillet mil six cens treize. Et apres que lecture a esté faicte aux assistans dudict devis et que aucunes personnes n'ont voulu mettre rabaiz, a esté allumé la chandelle et declaré auxdicts assistans le rabaiz estre de dix solz sur thoise. Laquelle chandelle esteincte, en a esté allumée une seconde, puis une troisiesme, à l'extinction de laquelle s'est présenté Pierre Judon, maistre masson à Paris, demourant rue des Juifs, paroisse Sainct Gervais, qui a mis rabaiz de dix solz pour thoise, et partant a entrepris de faire lesdictz ouvraiges au prix de quinze livres dix solz la thoise, au moyen dequoy et que aucune personne n'a voulu faire la condition de la Ville meilleure que ledict Judon, et que les solempnitez à ce requises ont esté gardées et observées, avons, en la presence du Procureur du Roy et de la Ville, andict Pierre Judon, à ce present et acceptant, adjugé et adjugeons lesdicts ouvraiges de maçonnerie mentionnées par ledict devis cy devant transcript, pour ledict prix de quinze livres dix solz la thoise, qui luy seront payez par le Receveur de la Ville, des deniers à ce destinez, au feur et à mesure qu'il travaillera et selon nos ordonnances et mandemens, à la charge par luy de faire lesdictz ouvrages bien et deuement au desir et conformement andict devis et d'y mettre des ouvriers en besongne dans lundy, mesme de bailler bonne et suffisante caution, tant des deniers qu'il recepvra que de rendre ladicte besongne bien et deuement faicte suivant ledict devis.»

Et a ledict Judon signé en la minutte des presentes.

Du samedy, treiziesme jour de Juillet mil six cens treize.

«Ledict jour est comparu au Bureau de ladicte Ville ledict Pierre Judon, maistre maçon à Paris et entrepreneur des ouvraiges de maçonnerye qu'il convient faire à la porte Sainct Martin, suivant le devis cy devant transcript, lequel, suivant son adjudication, a présenté pour caution, tant des deniers qu'il recepvra que de rendre sa besongne bien et deuement faicte, François Bouin, marchant plastrier et laboureur, demeurant es faulxbourgs Sainct Martin pres Sainct Laurens, lequel à ce present a pleigé et caultionné ledict Judon pour ce que dessus et a faict les submissions accoustumées; et a déclaré luy appartenir une grande maison scize esdicts faulxbourgs en laquelle est demeurant, où est pour enseigne le Nom de Jesus, consistant en ung corps d'hostel, court, grange, plastriere, estables et aultres aysances et appartenances; item cinq arpens de terre en carriere sciz pres le Gibet[1] tenant au grand chemin

---

[1] Montfaucon, éminence qui était située au delà du faubourg Saint-Martin et où s'élevait le gibet dont Sauval nous a conservé une ancienne description, que Piganiol de La Force a reproduite après lui. (Éd. 1742, t. III, p. 432-435. Voir aussi à ce sujet l'*Architecture civile et militaire*, de M. Eulart, p. 332-334.)

de Meaulx, et dix sept arpens de terre sciz entre la Villette et la Chapelle Sainct Denis. Nous avons ladicte caultion receue et la recepvons par ces presentes, du consentement du Procureur du Roy de la Ville.»

Et ont lesdicts Judon et Bouin signé en la minutte des presentes.

CCLXXIX. — Le Roy a mis la premiere pierre aux fontaines de Rongis.

11-17 juillet 1613. (Fol. 136 v°.)

Le jeudy unziesme jour de Juillet m vi° treize [1], Monsieur de Liancourt, Gouverneur de ceste Ville, est venu en l'Hostel d'icelle advertir Messieurs les Prevost des Marchans et Eschevins que le Roy desiroit aller samedy prochain voir les sources des fontaines de Rongis, ad ce que mesdictz sieurs eussent à donner ordre aux preparatifz necessaires. De quoy mesdicts sieurs, se rejouissants de l'honneur que Sa Majesté feroit à ladicte Ville, ont anssy tost envoyé querir Marcial Coiffier, cuisinier ordinaire de la Ville, et le sieur Mainvillier, tappissier, tant pour faire le festin, que pour preparer de meubles precieulx où Sa Majesté prendra son disner. Et suivant ce, le lendemain vendredy douziesme dudict moys, mesdictz sieurs les Prevost des Marchans et Eschevins feurent au Louvre prier Sa Majesté d'aller ausdictes fontaines et sy elle avoit agreable de prendre son disner au chasteau de Cachan [2]. Ce qu'ayant promis par Sadicte Majesté, mesdictz sieurs de la Ville ayans donné ordre à tout ce qui estoit necessaire, tant pour le disner, meubles que tout aultre chose, partirent de ceste Ville le samedy treiziesme dudict moys, du matin, avec Messieurs les Procureur du Roy, Greffier et Recepveur de ladicte Ville et allerent jusques à la Saussaye [3] attendre Sadicte Majesté, laquelle vint incontinant suivye de Monsieur le duc de Montbazon, mondict sieur le Gouverneur, monsieur de Souvré [4] et autres seigneurs, avec aussy sa compagnie de chevaulx legers; à laquelle mesdictz sieurs feirent la reverence. Ce faict, poursuivirent leur chemin jusques ausdictes fontaines de Rongis, où estans, Sa Majesté mit pied à terre pour voir les sources desdictes fontaines, où il y avoit cinq ou six cens ouvriers qui travailloient à faire les tranchées et autres ouvrages pour la conduicte desdictes eaues, dont Sa Majesté receust ung fort grand contentement, disant que son peuple en recepvroit bien de la commodité. Ce faict, mesdictz sieurs de la Ville supplierent Sadicte Majesté de prendre son chemyn vers ledict Cachant où se faisoit les preparatifz du disner, ce qui leur accorda. Et en y allant, feit quelque exercice de la chasse. Et arrivez andict Cachan, mesdictz sieurs de la Ville feirent mettre sur table, où il y avoit quatre tables et quatre platz preparez pour ledict festin, et estoient les chambres, salles et cabinets du chasteau fort bien parez de meubles tant de tappisseryes d'or et d'argent, comme les haultz daiz et le lict où devoit reposer le Roy, aussy d'or et d'argent. Sa Majesté se meist à table, où pendant son disner mesdictz sieurs de la Ville feurent autour de ladicte table pour entretenir Sadicte Majesté. Pendant lequel temps les seigneurs qui estoient à la suitte de Sadicte Majesté se misrent aussy à table dans une autre salle à part, où ilz estoient plus de quatrevingtz ou cent seigneurs à table, le tout aux frais et despens de ladicte Ville. Et ayant Sadicte Majesté disné, alla prendre son plaisir de la chasse dans le parc du chasteau de Cachan [5], où ayant pris congé par mesdictz sieurs les Prevost des Marchans et Eschevins, Sadicte Majesté les remercya et leur demanda quant l'on neroit l'assiette de la premiere pierre, qu'elle entendoit et desiroit y estre presente. A quoy mesdicts sieurs de la Ville feirent responce que s'estoit trop d'honneur qu'elle recepvoit de Sadicte Majesté. Et ayant faict appeller les ouvriers et entrepreneurs desdictes fontaines pour sçavoir en quel temps on commanceroit à poser la premiere pierre du grand regard, feirent responce qu'ils estoient prest quand il plairoit à Sadicte Majesté, et au plus tard dedans cinq ou six jours affin de ne retarder leur besongne. Et lors

---

[1] La minute de cette relation est conservée aujourd'hui, aux Archives nationales, dans le carton K 1025, n° 105. Elle a été publiée par Félibien au tome III des *Preuves*, p. 517-519, et Lebeuf l'a citée d'après cette édition dans son *Histoire du diocèse de Paris*, t. IV, p. 47-48.

[2] L'abbé Lebeuf (*ibid.*, p. 21-22) parle de ce château qui avait été autrefois résidence royale.

[3] Commune de Chevilly, canton de Villejuif (Seine). La Saussaie était primitivement une léproserie destinée à recueillir les femmes de la maison du Roi qui seraient atteintes de la lèpre. Mais, au xvii° siècle, elle était depuis longtemps transformée en un monastère de religieuses. (Abbé Lebeuf, t. IV, p. 36-39.)

[4] Il a été parlé d'Hercule de Rohan, duc de Montbazon, et de Gilles de Souvré au tome précédent, p. 192 et 194.

[5] Héroard, dans son *Journal* (t. II, p. 172), donne le récit de cette journée : «13 juillet 1613. A huit heures il entre en carrosse, va à Roungy pour les sources de la fontaine et le travail par où on la conduit à Paris, de là à Cachan, où il a dîné en la maison de M. le prince de Conty; monté à cheval, il va au parc, y court une biche, brosse hardiment, se jette en l'eau, bien avant; la biche prise, il lui donne la vie, disant : «On la courra une autre fois.» Il va à Arcueil chez M°° de Moisse où il a soupé.»

34.

mesdictz sieurs les Prevost des Marchans et Eschevins prirent derechef congé de Sadicte Majesté pour s'en revenir en ceste Ville, où estans, attendu que Sadicte Majesté desiroit mettre la premiere pierre ausdictes fontaines, feirent aussy tost faire de grandes medalles d'or et d'argent pour mettre et poser soubs ladicte premierre pierre, où Sadicte Majesté estoit representé d'ung costé, et de l'aultre costé la Royne regente sa mere, sur ung arc en ciel signifiant sa regence [1].

Et le lundy quinziesme jour dudict moys de Juillet mil six cens treize, mesdictz sieurs les Prevost des Marchans et Eschevins furent encores advertiz par mondict sieur le Gouverneur que le Roy et la Royne regente sa mere desiroient aller ausdictes fontaines de Rongis pour asseoir la premiere pierre, le meccredy ensuivant, ad ce que toutes choses feussent prestes pour cest effect. Et suivant ce feurent au Louvre prier Leurs Majestez de faire l'honneur à ladicte Ville de poser ladicte premiere pierre et de prendre leur disné audict chasteau de Cachan, ou en tel aultre lieu qu'il leur plaira. Lequel sieur Roy feit responce qu'il iroit encores disner andict Cachan, et apres le disner qu'il iroit poser la premiere pierre. Et ladicte dame Royne, s'excusant du disner, dist qu'elle se trouveroit ausdictes fontaines de Rongis l'apres disner. Dont mesdictz sieurs de la Ville remercierent tres humblement Leursdictes Majestez. Et estans mesdictz sieurs de la Ville revenuz audict Hostel de la Ville, adviserent entre eulx à tous les preparatifz necessaires, tant pour les festins necessaires, meubles precieulx, collations, tantes, truelle d'argent, trompettes, tambours, medalles, vin pour deffoncer en signe de rejouissance et largesse, que tout aultre chose requise, que mendant audict Coiffier de preparer quatre beaux platz des viandes les plus exquises, et à Joachin Dupont, espicier de la Ville, d'avoir et preparer les plus belles et exquises confitures qu'il soit possible de trouver pour faire lesdictes collations.

Advenu lequel jour de mecrredy dixseptiesme dudict moys de Juillet, du matin, mesdictz sieurs de la Ville estans advertyz que le Roy estoit ja party pour aller audict Cachant et se donner le plaisir de la chasse en chemyn, partyrent dudict Hostel de la Ville avec lesdictz sieurs Procureur du Roy, Greffier de la Ville et Receveur et plusieurs autres officiers pour le service d'icelle, et allerent audict Cachan, où ayans trouvé Sadicte Majesté luy feirent la reverence, le remerciant de tant de peyne qu'elle prenoit et de l'honneur qu'elle faisoit à ladicte Ville. Et ayant par mesdictz sieurs prist garde si tout estoit bien preparé, l'heure estant venue pour disner, mesdictz sieurs supplierent Sa Majesté de voulloir se mettre à table, ce qu'elle feist. Pendant lequel temps, mesdictz sieurs de la Ville furent au tour de la table, l'entretenant pendant son disner, tant du subjet desdictes fontaines que de plusieurs autres beaux discours, pendant lequel les seigneurs et autres gentilshommes qui estoient de la suitte de Sadicte Majesté, jusques au nombre de plus de cent, disnerent dans un aultre salle à part, le tout aux fraiz et despens de ladicte Ville. Apres lequel disner tant Sadicte Majesté que mesdictz sieurs de la Ville prirent leur chemin pour aller ausdictes fontaines de Rongis, où estans mesdictz sieurs de la Ville recognurent que tout ce qu'ils avoient commandé estoit bien preparé, entre autres deux tantes pour mettre Leurs Majestez à couvert crainte du soleil, meublées, garnyes de chaises de velours brodées d'or et d'argent, et où estoit dressé une fort belle collation de toutes fort belles confitures exquises et en grande quantité. Comme aussy les ouvriers et entrepreneurs desdictes fontaines estoient preparez pour faire asseoir ladicte premiere pierre. Et environ les trois heures de relevée ariva ausdictes fontaines de Rongis la Royne regente, suivye de Monsieur le duc de Guyse, de Monsieur de Jainville, de Monsieur de Rains [2], de Monsieur le duc de Montbazon et autres seigneurs et gentilshommes, princesses, dames et damoiselles, au devant de laquelle dame Royne mesdictz sieurs de la Ville feurent et la remercierent de tant de peyne qu'elle prenoit pour ladicte Ville. Et aussy tost les trompettes estans en grand nombre avec des tambours commancerent à sonner; mesme fut defoncé trois muids de vin que mesdictz sieurs de la Ville avoient faict preparer, qui feurent dispersez tant aux manoeuvres et aux ouvriers desdictes fontaines estans en nombre de plus de six cens qu'à plusieurs autres personnes; le tout en signe de res-

---

[1] Un exemplaire en bronze, coulé postérieurement, figure au Cabinet des médailles (n° 377) avec cette légende : *Ludovicus Dei gratia Francorum et Navarræ rex christianissimus*, et au revers : *Dat paccatum omnibus æther 1613*. Le seul exemplaire frappé que possède le Cabinet des médailles est en argent (n° 381), mais au lieu de l'effigie du Roi il porte celle de la Reine avec ces mots : *Maria Augusta Med. Fr. reg. moderatrix*. Le revers est le même que celui de l'exemplaire précédent et répond exactement à la description donnée par le registre : la Reine, avec le paon, attribut de Junon, sur un arc-en-ciel qui domine des ondes où flotte le vaisseau de la Ville. — Cf. les *Médailles de l'ancienne collection royale* de la Monnaie (1900, in-4°, pl. IV).

[2] Charles de Lorraine, duc de Guise, et Claude de Lorraine, prince de Joinville, qui venait d'être créé duc de Chevreuse (t. XIV, p. 323 et 529). — L'archevêque de Reims était Louis de Lorraine, cardinal de Guise, qui occupa ce siège archiépiscopal de 1605 au 21 juin 1621.

[1613] DE LA VILLE DE PARIS. 269

jouissance d'ung si bel oeuvre pour le public que lesdictes fontaines. Et à l'instant mondict sieur le Prevost des Marchans, snivy de mesdictz sieurs les Eschevins, Procureur du Roy, Greffier et Recepveur, presenta au Roy une truelle d'argent. Et aussy tost, lesdictes trompettes sonnans, ledict seigneur Roy a esté conduict à l'endroict où se commance le grand regard de la prise des eanes desdictes fontaines, où estans, en la presence de ladicte dame Royne et de tous les princes et seigneurs cy dessus, Sadicte Majesté a assis et posé ladicte premiere pierre sur laquelle a esté mis par Sadicte Majesté cinq desdictes medailles cy dessus, l'une d'or et quatre d'argent, baillées par lesdictz sieurs Prevost des Marchans et Eschevins, lesquelles ont esté couvertes d'une autre pierre qui ont esté liées ensemble par Sadicte Majesté, laquelle, pour se faire, avec ladicte truelle d'argent a pris du mortier dans ung bassin d'argent qui estoit à ceste fin preparé. Et à l'instant lesdictes trompettes et tambours ont recommancé à sonner avec grande acclamation de joye et cris de «Vive le Roy» par tout le peuple. Ce faict, mesdictz sieurs de la Ville ont presenté au Roy et à ladicte dame Royne, à chacun une desdictes medailles d'or fort belles et pesantes, et à mondict seigneur le Gouverneur et autres princes et seigneurs leur en a esté baillé d'argent. De quoy Leursdictes Majestés ont esté fort aises et comptans des liberalitez de ladicte Ville. Ce faict, leur a esté presenté la collation qui leur avoit esté preparée desdictes exquises et excellentes confitures que Leursdictes Majestez ont trouvé fort belles; et de tout ont remercyé mesdictz sieurs les Prevost des Marchans et Eschevins. Et ayans pris congé de Leursdictes Majestez chacun s'est retiré, et sont mesdictz sieurs de la Ville revenuz en ceste Ville [1].

CCLXXX. — Touchant
LES CHEUTTE ET DESMOLITION D'UNE PARTIE DE LA HALLE
DU MEILLIEU DU MARCHÉ NEUF.

18 juillet 1613. (Fol. 139.)

«Memoire à Monsieur Jodelet, procureur en Parlement, de comparoir demain vendredy dix neufiesme de ce moys de Juillet, par devant Monsieur Buisson [2], conseiller en la Cour, suivant l'assignation donnée aux sieurs Prevost des Marchans et Eschevins, de l'ordonnance dudict sieur Buisson, qui sera au lieu du Marché neuf à dix heures du matin, et là remonstrer que lesdictz Prevost des Marchans et Eschevins ne sont poinct parties en ladicte instance, et que de leur ordonnance la visitation des lieux a esté faicte à l'instant avec le principal locataire qui est leur partie, par le proces verbal de laquelle il apparoistra que la ruyne est arryvée à cause que ledict locataire avoit mis neuf ou dix milliers de cottrets en ung seul endroict du grenier, qui est sur la poultre qui se trouve rompue, qui ne peisent pas moings de cent cinquante muids de vin. Et n'y a travée si forte dans Paris qui puisse porter tel fardeau. Et de faict, ledict endroict estoit plein jusque au dessus des antrais, comme le porte le proces verbal; veu lequel proces verbal, lesdictz Prevost des Marchans et Eschevins ont donné sentence contre Marie, principal locataire [3], et de son consentement, par laquelle il est condamné à reparer lesdictz lieux et les remettre en bon et suffisant estat, et partant lesdictz Prevost des Marchans et Eschevins n'y ont plus d'interest et protestent que la visitation que lesdictes partyes pourront faire faire collusoirement ne leur puisse nuyre ny prejudicier.

---

[1] La relation de la Ville ne parle pas d'une violente pluie qui vint troubler la cérémonie. On en trouve mention dans le *Journal* d'Héroard et dans une lettre écrite par Malherbe à Peiresc le 21 juillet suivant, qui fournissent quelques détails complémentaires : «Le 17 mercredi, il va en carrosse aux fontaines de Roungy, où arrive la Reine. Le roi mit la premiere pierre à l'embouchure de l'aquedac et cinq médailles d'or et d'argent, de sa face, avec cette lettre : *Ludovicus XIII Francorum et Navarræ rex christianissimus*, et au revers étoit un arc-en-ciel, la figure d'une femme assise en dessous, représentant la Reine régente, sa mère, avec cette lettre : *Dat peccatum omnibus æther.* (Voir ci-dessus, p. 268, la légende exacte.) Il pleuvoit fort et c'étoit sur les trois heures. Soupé à Gentilly, chez M. le président Chevalier.» (*Journal* d'Héroard, t. II, p. 172.) — «Leurs Majestés furent mecredi à Rongy, entre Villejuifve et Juvisy, sur la main droite en allant à Fontainebleau, voir cent pouces d'eau qui y ont été découverts et que l'on est apres de faire venir en ceste ville. Le marché en est fait par 460 mille livres jusques à l'entrée du faubourg Saint-Jacques. Le Roi dès le matin étoit allé dîner à Cachan. La Reine partit d'ici environ deux heures après midi et tous deux se trouvèrent là sur les quatre heures; mais la pluie qui survint en même temps qu'ils arrivèrent fut cause que la Reine ne sortit point de son carrosse. Il fut présenté au Roi 5 médailles d'argent pour mettre sur la premiere pierre de l'aqueduc; il offrit cet honneur à la Reine, laquelle le lui ayant remis, il sortit de carrosse, descendit dans la tranchée par quelques degrés et mit les cinq médailles d'argent en cinq places qui étoient marquées pour cet effet sur la première pierre. Cela fait, cette pierre fut couverte d'une grande table de cuivre où étoit l'inscription et l'inscription renversée du côté de la pierre pour être mieux conservée; puis on présenta au Roi une truelle d'argent et un petit marteau d'acier; de la truelle il prit du mortier qui lui fut présenté en un bassin d'argent et en mit aux quatre coins de la pierre, et du marteau frappa deux ou trois coups dessus. Il a rapporté la truelle et le marteau et une médaille d'or qui lui fut présentée, semblable à celles d'argent.» (*Lettres* de Malherbe, t. III, p. 320.)

[2] Jacques Buisson, conseiller au Parlement depuis le 28 mars 1601.

[3] Le bail des halles du Marché Neuf avait été fait à Antoine Marie et Jeanne Le Blanc, sa femme, pour six ans, moyennant un loyer annuel de 3,410 livres, le 18 juillet 1612 (*Arch. nat.*, Q¹* 1099 bis, fol. 221 v°).

«Faict ce jeudy dixhuictiesme de Juillet mil six cens treize.»

CCLXXXI. — Assemblée sur le subject des rentes.
19 juillet 1613. (Fol. 140.)

«Monsieur....., plaise vous trouver demain, cinq heures de rellevée, au Bureau de la Ville pour adviser au faict des rentes de ladicte Ville.

«Faict au Bureau d'icelle Ville, le jeudy dix huictiesme jour de Juillet mil six cens treize.

«Les Prevost des Marchans et Eschevins de la ville de Paris, tous vostres.»

Du vendredy dixneufiesme jour de Juillet mil six cens treize.

En l'assemblée de Messieurs les Prevost des Marchans, Eschevins et Conseillers de ladicte Ville, ledict jour tenue au Bureau d'icelle pour deliberer sur le faict des rentes de ladicte Ville,

Sont comparuz :

Monsieur de Grieu, sieur de Sainct Aubin, conseiller en la Cour de Parlement, Prevost des Marchans;

Monsieur Poussepin, Monsieur Fontaine, Monsieur Desprez, Monsieur Merault, Eschevins;

Monsieur le President Aubry, Monsieur Marescot, maistre des Requestes, Monsieur Prevost, sieur de Mallassize, conseiller en la Cour, Monsieur Amelot, maistre des Comptes, Monsieur de Saint-Germain, sieur de Ravynes, Monsieur Potier, sieur d'Equevilly, Conseillers de la Ville.

La compagnie estant assemblée, mondict sieur le Prevost des Marchans a remonstré que, depuis qu'il est à la charge, son plus grand soin a esté de veiller, avec Messieurs les Eschevins, à bien faire payer les rentes de ladicte Ville, mesmes fut faict ung reiglement à ce Bureau, le quatriesme jour de Janvier dernier, qui a depuis esté confirmé par Messieurs de la Cour le treiziesme Febvrier ensuivant [1]; et quelque diligence et poursuitte qu'il ayt peu faire avec lesdictz sieurs Eschevins, il n'a pas esté possible de remedier aux plainctes des particulliers rentiers, pour les longueurs, remises et recullemens que leur font lesdictz recepveurs, qui est tout nottoire à ung chacun, dont en fin il en arrivera du desordre s'il n'y est pourveu. Et principallement pour les rentes du sel, aydes, et receptes generalles, lesquels, au lieu par les recepveurs de payer comptant sans faire des fueilles ny garder les quictances comme porte ledict reiglement, ils preignent et gardent lesdictes quictances et sans les payer de plus de ung, deulx ou troys moys apres, ce qui travaille grandement lesdictz rentiers, car tel qui a à recepvoir seullement soixante francs, il faict plus de vingt voyages avant que de les avoir. Et ne se passe journée qu'il n'en recoipve infinies plainctes; à quoy est besoing de pourvoir. Et pour son regard a recherché tous les moyens pour faire en sorte que lesdictz rentiers ne viennent qu'une fois pour recepvoir leur argent, ce qui se peut faire si chacun particulier rentier sçavoit le jour de son payement. Et pour ce faire, avoit trois moyens à proposer à la compagnie : le premier, si lesdictz recepveurs payoient par constitution, qui est comme par exemple le Clergé commancé en l'an MV° LXIII, que ceulx qui ont des rentes de ce temps là soient payez les premiers à tel jour qu'il sera dict; ainsy à la suitte, selon la datte desdictes constitutions, en sorte que chacun rentier sçaura le jour qu'il debvra estre payé, comme au semblable le recepveur sçaura, par jour ou sepmaine, ce qu'il aura à payer et à quels rentiers. Par ce moyen il ne se presentera aulcun rentier sinon le jour qu'il debvra estre payé selon la datte de sa constitution; ce qui empeschera le desordre. Le second, si l'on payeroit par alphabet, qui est à dire que tous ceulx à qui leur nom commanceroit par ung A seroient payez les premiers et ainsy à la suitte. Le troisiesme, si l'on commançoit à payer les plus petittes rentes, qui est à dire, que pendant ung certain temps se payeroient les rentes de vingt livres et au dessoubs; apres, les rentes de cinquante livres et au dessoubs, et ainsy à la suitte jusques au plus grosses parties qui seroient payées les dernieres. Que en ce faisant à l'une et à l'autre desdictes trois propositions, chacun rentier sçauroit le jour certain pour recepvoir son argent, dont il seroit payé comptant en baillant sa quictance sans aucune remise. Que sy la compagnie sçavoit quelque aultre moyen et expedient, il la pryoit de la proposer et deliberer sur le tout.

Sur quoy lecture faicte dudict reiglement du quatriesme Janvier dernier, et de l'arrest de Nosseigneurs de la Cour du treiziesme Fevrier [2] ensuivant, et l'affaire mise en deliberation, chacun aiant donné son advis, la compagnie s'est levée à cause qu'il estoit tard sans faire lecture des advis par où il passoit,

---

[1] Arch. nat., X¹ᵃ 1850, fol. 228 v°.
[2] Il existe un exemplaire imprimé de cet arrêt (Paris, Claude Hulpeau, 1617, in-12 de 7 pages), intitulé «Arrest de la Cour contenant le reiglement du payement des rentes de l'Hostel de la Ville de Paris». (Arch. nat., AD ✠ 154.)

encores que par la pluralité desdictz advis il passoit que ledict reiglement dudict quatriesme Janvier et arrest intervenu seroient executez. Au moyen de quoy mondict sieur le Prevost qui n'auroit peu retenir ladicte compagnie auroit dict qu'il n'y auroit poinct de resolution de la presente assemblée et feroit reassembler ladicte compagnie à ung autre jour pour en deliberer.

CCLXXXII. — Ordonnance au sieur Feideau pour paier les rentes des avoes comptans et sur le champ, sans faire des fueilles.

19 juillet 1613. (Fol. 141 v°.)

De par les Prevost des Marchans et Eschevins de la ville de Paris.

«Il est ordonné à Maistre Anthoine Feydeau, commis au payement des rentes assignées sur les Aydes, d'ouvrir demain son bureau pour payer indifferamment tous les particuliers rentiers desdictes rentes des Aydes du premier quartier de l'année mil six cens six, et continuer à payer tous les jours audict Hostel de Ville, le matin et apres disné, et comptant, sans faire aucunes fueilles ny retenir les quictances, en sorte que dedans le quinziesme jour d'Aoust prochain venant ledict quartier soit entierement payé. Et à faulte de ce faire, sera delivré executoire allencontre de luy, apres ledict temps cy dessus passé, à tous ceulx qui se viendront plaindre. Le tout au desir des arrestz et reiglements qui ont esté cy devant faictz.

«Faict en l'assemblée tenue audict Hostel de Ville, le vendredy dixneufiesme jour de Juillet mil six cens treize.»

CCLXXXIII. — Grandes eaux au mois de juillet qui auroient faict de grandes ruynes. Ung Eschevyn, le Procureur du Roy et Greffier de la Ville sont allez en Bourgongne sur ce subject.

20 juillet 1613. (Fol. 139 v°.)

Est à remarquer que pendant et durant les moys de May, Juin et Juillet de ceste année mil six cens treize[1], il feist de sy grandes et continuelles pluyes, avecq gresles de fois à aultre, que les eaues furent continuellement fort haultes, et tellement que andict moys de Juillet la riviere estoit fort avant dans la place de Greve, et peu s'en falloit qu'elle ne feust toutte desbordée. Lesquelles pluyes et gresles fourent fort contraires et dommageables aux biens et fruits de la terre qui estoient auparavant en fort belle apparance. Et aussy feust ladicte creue d'eaue sy soudaine que, n'ayant peu estre prevene pour la saison, elle emmena grande quantité de trains et pilles de bois qui estoient sur les portz de ceste Ville, ce qui feust neanlmoing peu de chose, au regard du grand desastre et perte de bois flotté advenu sur les portz de Cravant, Vermanton[2] et autres lieux du pays d'amont où se foict le trafficq dudict bois, par le moyen de ladicte creue d'eaue qui y fut si grande que les rivieres de Cure et Yonne[3] se joignirent ensemble, la viollance desquelles emporta non seullement le bois à plus de vingt lieues de distance desdictz ports dans les bledz, vignes et autres heritaiges, mais aussy enleva et entraisna plusieurs maisons au lieu de Semur en l'Auxois[4], où plusieurs personnes feurent perdues

---

[1] L'hiver précédent avait également été signalé par le mauvais temps et les inondations : ainsi une requête des marchands de bois Philippe et Guillaume de Villaines signale, le 4 décembre 1612, une crue subite de l'Yonne «de cinq à six piedz» (*Arch. nat.*, Z^{1h} 381), et le 11 février 1613 un ouragan violent provoqua le naufrage de deux bateaux en Seine, d'après le récit des sieurs Dofé et Le Noble, voituriers d'eau victimes de cet accident, qui est consigné en ces termes, le 12 février, dans le registre des audiences (*Arch. nat*,. Z^{1h} 114) : « ...Ilz se seroient mis en chemin avec leurs basteaulx pour les amener et voiturer en ceste Ville, laquelle voiture ilz auroient bien et deuement faicte sans aucun sejour jusques au jour d'hier environ les quatre heures de rellevée, estans lesdictz basteaulx fort proche de ceste Ville, un peu au dessus du lieu appellé la Rapée, suivant le chemin ordinaire de la navigation, il seroit survenu une grande pluye avecq ung tourbillon de vent et autres injures du temps, à quoy ilz ne pouvoient prevoir, lequel vent et tempeste auroit tellement faict eslaver les vagues en la riviere qu'ilz n'avoyent peu estre les maistres desdictz basteaux et nonobstant tout devoir et effort qu'ilz auroient peu faire, les vagues seroient entrées dans iceulx basteaux et aussi tost auroient esté comblés d'eaue et seroient allez au fond d'icelle.»

[2] Vermenton, Yonne, arr. d'Auxerre, chef-lieu de canton. — Cravant, commune de ce canton.

[3] La violence de la crue de l'Yonne à Sens a été notée dans les *Mémoires* de Bertin qui portent la mention suivante pour l'année 1613 : «Ledit an, le jour Saint Arnoul 18 juillet, la riviere d'Yonne deborda plus que l'on n'a veue depuis, car l'eau estoit jusque sur la pierre qui est derrière l'église Saint-Maurice au faubourg d'Yonne». (*Bulletin de la Société archéologique de Sens*, t. XXV [1910], p. 77). Voir aussi Étienne Clouzot, *Les inondations à Paris du VIe au XIe siècle*, extrait de la *Géographie* (15 février 1911), p. 99.

[4] Semur-en-Auxois, Côte-d'Or, chef-lieu d'arrondissement. — C'est le 17 juillet que se produisit le désastre, comme le montre la «requeste presentée au Roy en son Conseil par les habitans de la ville de Semur en Auxois, païs de Bourgongne, contenant que le XVIIe jour de juillet dernier la riviere d'Armançon qui circuit les trois partz de ladicte ville seroit tellement creue par une grande innondation et ravine d'eaue venue tout à ung instant qu'elle auroit abattu et ruiné une grande partye des maisons de la partye basse de ladicte ville, et plusieurs habitans d'icelle qui y furent surpris furent submergez, ensemble tous les mestiers et oustilz

et noyées. Et fut le desastre amplement veu et rapporté par l'ung de Messieurs les Eschevins, avecq Messieurs les Procureur du Roy et Greffier de la Ville, qui se transporteront sur les lieux pour pourvoir à ce qu'il estoit necessaire de faire à cause de la perte dudict bois.

[COMMISSION DÉLIVRÉE À L'ÉCHEVIN DESPREZ, AU PROCUREUR DU ROI DE LA VILLE ET AU GREFFIER POUR SE RENDRE DANS LA VALLÉE DE L'YONNE ET Y FAIRE PROCÉDER À LA RECHERCHE DU BOIS DISPERSÉ PAR L'INONDATION [1].]

«A tous ceux qui ces presentes lettres verront, Gaston de Grien, seigneur de Saint Aulbin, conseiller du Roy nostre sire en sa court du Parlement, Prevost des Marchans, et les Eschevins de la Ville de Paris, salut. Sçavoir faisons que aujourd'huy datte des presentes, veu la requeste à nous faicte et presentée par Guillaume de Villaines et Guillaume Philippes, marchans de bois, bourgeois de Paris, contenant que pour la continuation de leur trafficq ilz ont faict achaptz de grande quantittez de bois aux païs de Morvant et Nivernois, lequel avecq grandes risques, perilz et fortunes ilz font journellement admener et voicturer par trains en cested. Ville pour la provision et forniture d'icelle, mesmes la presente année que les eaux sont propres et commoddes pour lesd. voictures ilz se sont efforcez de faire arriver et empiller sur lesditz portz de Cravant, Vermanton et autres la plus grande quantitté de leurdit bois qu'il leur a esté possible, esperant, comme dict est, les faire admener en ceste Ville, de quoy ilz sont frustrez ou de la plus grande partie, d'aultant que à cause des grandes pluyes qu'il a falot depuis quelque temps en çà les rivieres de Cure et Yonne sont tellement grossyes qu'elles se sont joinctes ensemble, et par le moien dudit desbordement des rivieres tous leursdit bois, ou du moings la plus grande partie qui estoict empillé sur lesditz portz a esté despillé et entresné aval i'eane, de maniere qu'il se penit dire que lesdites rivieres jusques à Montereau, mesmes à Meilun, sont couvertes de leurdit bois, lequel est à la pillerye d'ung chacun, et principallement des païsans et autres personnes des villaiges estans proches et le long desdites rivieres, lesquelz l'emportent, retiennent et recellent ou pretendent des dommages et interestz à cause de leurs bledz, prez ou aultres heritaiges où lesd. eanes ont jecté led. bois, qui est à leur totalle et esvidante ruyne. Requerant leur vouloir pourveoir et à ceste fin qu'il nous pleust commectre l'ung de nous Eschevins, avec les Procureur du Roy et Greffier de ladite Ville, pour eux transporter sur lesditz portz et aultres lieux, le long desdites rivieres pour veoir et recongnoistre la perte desditz bois, faire les reiglemens necessaires, juger et decidder les differendz et pourveoir à tout ce qui sera de besoing à cause de ce. Consideré le contenu en laquelle requeste, avons

---

servans aux manufactures et ouvrages des tainturiers, batteurs d'escorses, foulons de draps, tanneries à tanner et apprester les cuirs, drapperies, bouchers, tanneurs, drappiers, fouleurs, texiers, tondeurs de draps, parcheminiers et autres artisans qui avoient leurs maisons sur les deux bordz de ladicte riviere et autres biens desdicts habitans ont esté entierement ruinez et perduz, et par ladicte impetuosité ladicte riviere auroit laissé son cours ordinaire et depavé les rues de ladicte ville et icelles creuzé en quelques endroictz de trois toises de profond, de sorte qu'elles sont à present inaccessibles, et auroit desmoly et emporté les quais et murailles qui deffendoient les rues et maisons scises sur les bordz d'icelle, emporté les arbres et closture de plusieurs jardins et vergers avec tout ce qui avoit esté cultivé et semé aux environs de ladicte riviere et par tout le finage dudict Semur». (Arch. nat., E 41°, fol. 83 : Arrêt du Conseil du 7 septembre 1613, leur accordant exemption de tailles pendant six ans, «affin qu'ilz puissent restablir le commerce avec leurs voisins et estrangers pour la restauration des advenues de ladicte ville, rues et pavez d'icelles, quais et murailles qui contiennent le canal de ladicte riviere».)

[1] Ces lettres n'ont pas été transcrites dans les registres du Bureau, mais leur texte a été reproduit dans la relation du voyage de Desprez et de ses compagnons, qui figure parmi les minutes (*Arch. nat.*, H 1891). Après l'insertion des lettres de commission, cette relation, qui porte la signature des trois commissaires, débute ainsi : «Sommes en la compagnie de Mᵉ Pierre Perrot, Procureur du Roy et de la Ville, de Mᵉ Guillaume Clement, Greffier d'icelle, et assistez de Ollivier de Gonest, sergent de lad. Ville et dud. Guillaume de Villaines, partiz de ceste Ville ledict jour vingt deuxiesme jour de Juillet sur les dix à unze heures du matin pour nous acheminer sur lesd. portz de Vermanton, Cravant et autres lieux. Et le mardy xxiiiᵉ desd. mois et an estans arrivez à Villeneufve la Guiard, y seroit arrivé quelques desd. marchans qui nous auroient dict que jamais il ne s'estoit veu ung tel desastre qu'il y avoit eu sur tous iesd. portz et que par le moien dudict desbordement de riviere tout le bois estoit aval l'eaue, mesmes y en avoit grande quantité tant à Montereau que ès environs dud. Villeneufve la Guiart, duquel bois ung chacun s'approprioit...» Et le récit continue, constatant partout les mêmes ravages faits par l'inondation et indiquant les mesures prises par Desprez pour recouvrer le bois que les eaux avaient entrainé dans la campagne. Le lendemain mercredi 24 juillet, ils partent par Villemanoche, vont à Pont-sur-Yonne, puis à Sens où ils descendent à l'hôtellerie de la *Levrette*, et arrivent le soir à Joigny. Ils en repartent le jeudi 25 pour Auxerre et, après s'être arrétés dans cette ville, vont coucher à Cravant en passant par le moulin de Marcilly. Le 26 ils quittent Cravant, vont à Vermenton, où ils s'arrètent à l'hôtellerie de *Saint-Hubert*, et gagnent Châtel-Censoir. Le 27 ils poussent jusqu'à Clamecy, puis reviennent par Coulanges coucher à Cravant. Ils en repartent le 28 pour retourner à Auxerre, où ils descendent à la *Madeleine*, et le même jour arrivent à Bassou. Le lendemain 29 juillet ils visitent le moulin de Bassou, se rendent à Villeneuve-le-Roi et vont coucher à Sens. Ils quittent cette ville le 30, ayant terminé leur mission, «et nous sommes acheminez, disent-ils, pour nous en retourner en la ville de Paris où nous sommes arrivez le mercredi xxxi et dernier jour du mois de juillet».

commis et commectons par ces presentes le sieur Desprez l'ung de nous Eschevins, avecq le Procureur du Roy et Greffier de la Ville, qui se feront assister de Ollivier de Gonest, sergent d'icelle, pour eux transporter jusques sur lesditz portz de Cravant, Vermanton, Auxerre et aultres lieux, le long desdites rivieres, pour veoir et recongnoistre la perte desditz bois, permectre ausditz de Villaines et Philippes le faire repescher et empescher les larcins qui s'y font, se transporter aussi par tous les villaiges, maisons et lieux où aura esté porté dudit bois, pesché ou desrobbé, le faire reprendre par lesditz Philippes et de Villaines, leurs gens ou serviteurs, les faire mectre en trains ou en basteaux pour l'admener en ceste Ville pour la provision d'icelle, nonobstant toutes saisies arrestz, oppositions et appellations quelconques faites ou à faire, et à la charge d'icelles, conformement aux eeditz et ordonnances du Roy et de la Ville et arrestz de Nosseigneurs de la court du Parlement, et oultre juger sur le champ et sur lesditz lieux les differendz qui seront ou pourront naistre accause du peschage ou des larcins dudit bois, faire prendre des basteaux partout où ilz en pourront trouver pour charger ledit bois, sauf le loier et sallaires raisonnables, et où aulcuns seront reffuzans de faire ouverture des lieux où y aura dudit bois, en faire faire ouverture pour reprendre icelluy bois, et sera tant le present jugement que ce qui sera jugé et ordonné par lesd. sieurs Desprez sur lesditz lieux executté nonobstant oppositions ou appellations quelconques, faites ou à faire. En tesmoing de ce nous avons mis à ces presentes le scel de ladite Prevosté des Marchans.

« Ce fut fait et donné au Bureau de ladite Ville, le sapmedy vingtiesme jour de Juillet mil six cens treize. »

CCLXXXIV. — Mandement
ET REQUESTE À LA COUR À CAUSE DE LADICTE CHEUTTE DE LA HALLE DU MARCHÉ NEUF.

2 août 1613. (Fol. 141 v°.)

De par les Prevost des Marchans et Eschevins de la ville de Paris.

«Maistre Jehan Jodelet, procureur des causes de la Ville en la cour de Parlement, nous vous mandons vous presenter pour ladicte Ville et pour le substitut de Monsieur le Procureur general en ladicte Ville, à l'assignation donnée en ladicte Court à la requeste d'Anthoine Marie, adjudicataire des boucheries, eschoppes, halle et autres places du Marché neuf, appartenant à ladicte Ville. Remonstrez que ayans esté advertis que le plancher de ladicte boucherie du Marché neuf estoit tombé, ledict substitut de mondict sieur le Procureur general a poursnivy par devant nous ledict Marie, pour faire restablir les lieux suivant son bail. Lequel Marie recognoissant en estre tenu, comme ayant le bail de ladicte Ville et sauf son recours, aurions donné sentence allencontre de luy et de son consentement, qu'il a mesme signée sur le registre de l'audiance [1], par laquelle il est condampné à faire refaire, reparer et restablir lesdictz lieux et en oster le peril esminant, sauf son recours; de laquelle sentence ledict Marie est non recepvable en sondict appel, et dont nous vous envoyons coppie. Et partant requerez estre envoyez absoubz et que icelle sentence soit executée allencontre d'iceluy Marie.

«Faict au Bureau de ladicte Ville, le deuxiesme jour d'Aoust mil six cens treize.»

A Nosseigneurs de la Court de Parlement.

«Supplyent humblement les Prevost des Marchans et les Eschevins de la ville de Paris, disans que le plancher de la boucherie du Marché neuf appartenant à ladicte Ville estant tombé, le substitut de Monsieur le Procureur general en l'Hostel de ladicte Ville a poursuivy par devant les supplians Anthoine Marie, fermier tant de ladicte boucherie que autres places dudict Marché neuf, à faire restablir les lieulx et en oster le peril esminant, comme y estant tenu et obligé par son bail, où seroit intervenu sentence du cinquiesme Juillet dernier, par laquelle iceluy Marie, de son consentement, auroit esté condampné à oster ledict peril esminant et faire refaire et restablir lesdictz lieux bien et deuement, sauf son recours contre qu'il verroit bon estre. De laquelle sentence ledict Marie se seroit porté appellant et faict intimer en ladicte Cour tant lesdictz supplians que ledict substitut de mondict sieur le Procureur general. Ce consideré, nosdictz seigneurs, et attendu que ledict Marie n'est recepvable en sondict appel,

---

[1] «Du vendredy cinquiesme jour de juillet, entre le Procureur du Roy de la Ville, demandeur, et Anthoine Marie, fermier des boucheries, halles et places du Marché neuf... Avons condampné et condampnons led. deffendeur a oster et faire oster promptement et en toute diligence le peril esminant estant au bastiment de la boucherie dud. Marché neuf en sorte qu'il n'en arrive aucun inconvenient, à payne de toutes pertes, despens, dommages et interestz. Et oultre le condampnons à faire reparer et restablir les lieux en bon et suffisant estat au desir du rapport du M° des oeuvres de la Ville, dont luy a esté baillé coppie, ainsy qu'il est tenu par son bail. Ce que led. Marye a promis faire sauf ses actions et son recours contre qui il verra bon estre. [Signé :] A. Marie.» *(Arch. nat., Z¹ᵐ 115.)*

pour estre ladicte sentence donnée de son consentement, en suitte de ce qu'il est tenu par son bail, joinct le grand peril esminent qui est encores à present ausdictz lieux, et que c'est ung lieu publicq où afflue continuellement grand nombre de peuple, dont la reparation pour ceste raison ne peut sans grand peril estre retardée, il vous plaise ordonner que ledict Marie sera tenu faire oster ledict peril esminent, à faire reffaire et restablir ledict plancher et ce qui a esté desmoly à cause de la cheutte d'iceluy. Et vous ferez bien. »

CCLXXXV. — Plaincte au Conseil
sur le mauvais payement des rentes du sel.
2 août 1613. (Fol. 142 v°.)

Le vendredy deuxiesme jour d'Aoust mil six cens treize, Messieurs les Prevost des Marchans et Eschevins de ladicte Ville sont allez au logis de Monsieur le Chancelier avec lequel estoient Messieurs le President de Thou, Janyn, de Pontcarré, Meaupou et Dollet et autres Messieurs du Conseil auxquelz mesdictz sieurs de la Ville ont remonstré qu'ils ne peuvent plus supporter les plainctes qu'ils reçoipvent journellement et continuellement en leur Bureau du mauvais payement que faict le sieur de Gondy des rentes du sel; que c'est ung impossible de tirer de l'argent de luy; que au quinziesme du present moys d'Aoust il doit payer les rentiers du dernier quartier de l'année mil six cens neuf, et touttesfois croyent asseurement qu'il n'a pas payé ung quart du troiziesme quartier. Anssy chacun vient au Bureau de la Ville demander des contrainctes et executoires allencontre dudict de Gondy [1], et, quelques diligences, sommations et commandemens qui luy sont faicts, l'on n'en peut tirer de l'argent. A quoy est besoing de remedier promptement pour esviter les crieries du peuple, dont il peut arriver quelque scandale. Supplians mondict sieur le Chancellier et nosdictz sieurs du Conseil d'y voulloir pourvoir promptement.

Sur quoy nosdictz seigneurs ont dict qu'ilz estoient sur les termes de faire quelque rabaiz audict de Gondy et veilloient et prenoient garde de bien pres à ses affaires et que dedans mardy au plus tard l'on y pourvoiroit [2].

CCLXXXVI. — Ordonnance du Conseil
pour saisir les deniers du sel.
3 août 1613. (Fol. 143 v°.)

« Il est ordonné au premier huissier ou sergent sur ce requis de se transporter en diligence en tous les greniers à sel de la generalité et y saisir et mettre en la main du Roy tous les deniers deubz tant de la gabelle, droict d'emboucheure, que pris du marchand du sel vendu et qui se vendra cy apres dedans lesdictz greniers jusques au dernier jour de Septembre prochain, ou anltre temps que Sa Majesté ordonnera, faisant deffence au commis à la recepte desdictz deniers pour Maistre Philippes de Gondy de luy plus fournir ny payer aucune chose, ny divertir les deniers à quelque chose que ce soit, mais les payer entierement es mains de Maistre Nicolas Bigot, secretaire du Roy, filz, que Sa Majesté a commis à cest effect[3], ou ainsy qu'il leur sera par luy mandé et ordonné; et leur sera faict commandement d'apporter ou envoyer incontinant et sans delay es mains dudict Bigot tout ce qu'ils doibvent de leur recepte tant du quartier d'Apvril dernier que du present moys de Juillet, et de rapporter l'estat au vray de leur recepte et despence, leur declarant qu'en cas d'obmission de recepte, faulx employ ou aultre divertissement, il sera procedé contre eulx selon la rigueur des ordonnances et fera la mesme saisye commandement et deffence à.....
Le Vasseur, soubz fermier du grenier à sel de Dreux, ... de Billy, soubz-fermier du grenier à sel de Compiegne, et Gabriel du Croc, soubz fermier des greniers de Sens, Joigny, Tonnerre et Vezelay. Et est chargé ledict Bigot de poursuivre l'execution de la presente ordonnance à peyne d'en respondre.

---

[1] On trouve en effet, dans le registre d'audience, plusieurs poursuites de ce genre. (*Arch. nat.*, Z¹ᴱ 115.)

[2] Dès le lendemain le Conseil, «sur les plainctes faictes au Roy en son Conseil tant par le Prevost des Marchans et Eschevins de ceste ville de Paris que par plusieurs particuliers habitans de ladicte Ville, de ce qu'ils ne peuvent estre payez de ce qui leur est deub de leurs rentes assignées sur le sel par Mᵉ Phillippes de Goudy, fermier des gabelles de la generalité de Paris», rendit un arrêt par lequel il était ordonné «que la ferme de la generalité de Paris sera publiée et proclamée au deschet dud. de Gondy au xɪᵉ jour du present mois d'aoust pour estre adjugée au Conseil de Sa Majesté... et pour seureté de ce qui peult estre deub desd. arreraiges que, suivant l'arrest du Conseil du xxɪɪɪᵉ jour de juillet dernier, ledict de Gondy demeurera arresté en la garde de Georges Le Cirier, huissier du Conseil, et tous les deniers deubz aud. de Goudy qui proviendront de la vente du sel en chacun des greniers de sa soubz ferme, tant pour la gabelle que pris du marchant, ensemble ce qui luy est et sera deub par les soubz fermiers jusques au dernier jour de septembre prochain, seront saisis et mis en la main de Sa Majesté pour estre employés sans discontinuation ny remise au payement de ce qui est deub desdictes rentes... Faict à Paris le ɪɪɪ aoust 1613». (*Arch. nat.*, E 41² fol. 87.)

[3] Cette commission lui est donnée par l'arrêt du 3 août 1613, dont nous avons cité plusieurs passages dans la note précédente et en exécution duquel a été expédiée la présente ordonnance.

[1613] DE LA VILLE DE PARIS. 275

«Faict au Conseil d'Estat du Roy, le troisiesme jour d'Aoust mil six cens treize.»
Signé : «Fayet».

CCLXXXVII. — Arrest du Conseil du Roy
pour la jurisdiction de la Ville
à cause du ravage
des bois provenuz des grandes eaux,
avec les lettres pattentes sur ce subject.

5 août 1613. (Fol. 144.)

Extraict des Registres du privé Conseil du Roy.

«Sur la requeste presentée au Roy en son Conseil par les marchandz de bois flotté tant de la ville de Paris que forains, tendant affin qu'il leur soit permis de ramasser le bois qu'ilz avoyent faict entasser sur les portz, tant de la riviere de Cure que d'Yonne, pour iceluy envoyer en la ville de Paris où il auroit esté destiné pour la provision et fourniture de ladicte Ville, lequel bois pour la grande quantité d'eaues et desbordements desdictes rivieres a esté enlevé et respeudu dans les bledz, prez et heritaiges de plusieurs particuliers, sans estre subjectz de payer ausdictz proprietaires aucuns depens, dommages et interestz, attendu que c'est un accident et ung coup du ciel qui ne procedde de leur faulte, et ne le pouvant esviter, et que s'ils estoient abstraincts à recompenser lesdictz particuliers, ce seroit les ruyner entierement, tant pour la grande quantité de leursdictz bois qu'ils ont perdu à l'occasion desdictz ravages, que pour les larrecins et exactions qui s'exercent journellement sur eux pour le passage et conduicte desdictz bois; et que tous et chacun les proces et differendz qui pourroient naistre, tant pour raison dudict bois ainsy enlevé et respandu que pour lesdictz larrecins et exactions, soient renvoyez par devant le Prevost des Marchandz et Eschevins de ladicte ville de Paris, juges de tels differendz, pour estre pourveu ausdictz supplians, et que deffence soient faictes à tous autres juges d'en cognoistre, et à touttes personnes d'en faire aucune poursuitte ailleurs que par devant ledict Prevost des Marchands et Eschevins de la ville de Paris, à peyne de nullité, despens, dhommages et interestz : le Roy en son Conseil ayant esgard à ladicte requeste a evocqué à soy et à sondict Conseil tous les proces et differendz concernans la poursuitte et recousse dudict bois flotté, dommage et interestz pretendus par les proprietaires des heritaiges proches desdictes rivieres de Cure et Yonne, exactions et larcins, circonstances et deppendances, et a iceulx renvoyez par devant le Prevost des Marchans et Eschevins de la ville de Paris en premiere instance, et par appel en la cour de Parlement, auquel Prevost et Eschevins Sa Majesté en attribue toutte cour, jurisdiction et cognoissance, faict deffences à tous autres juges d'en cognoistre et à toutes personnes d'en faire poursuitte ailleurs, à peine de nullité, cassation de procedures, tous despens, dommages et interestz desdictz marchandz de bois.

«Faict au Conseil privé du Roy tenu à Paris, le cinquiesme jour d'Aoust mil six cens treize[1].»
Signé : «Moreau».

«LOUYS, par la grace de Dieu, roy de France et de Navarre, à nos amez et feaulx conseillers les gens tenans nostre cour de Parlement de Paris, Prevost des Marchandz et Eschevins de nostredicte ville, salut.

«Par arrest de nostre Conseil cy attaché soubz nostre contresel, ce jourd'huy donné sur la requeste à nous presentée par les marchandz de bois flotté tant de nostredicte ville de Paris que forains, nous avons evocqué à nous et à nostre Conseil tous et chacun les proces et differendz concernans le faict mentionné audict arrest, et iceulx avecq leurs circonstances et deppendances renvoyez et renvoyons par devant ledict Prevost des Marchandz et Eschevins en premiere instance, et par appel par devant vous, dictz conseillers, tenans nostredicte Cour de Parlement, vous en attribuant, andict cas d'appel, et audict Prevost toutte cour, jurisdiction et cognoissance, et icelle interdisons et deffendons à tous autres nos juges. Mandons et commandons à nostre huissier ou sergent sur ce premier requis signifier nostredict arrest à tous qu'il appartiendra, à ce qu'il n'en pretende cause d'ignorance, leur faisant de par nous inhibitions et deffences de faire aucune poursuitte desdictz proces et differendz ailleurs que par devant ledict Prevost des Marchandz, à peine de nullité, cassation de procedures, despens, dommages et interestz, et faire au surplus pour l'execution de nostredict arrest et des presentes, à la requeste desdicts marchandz, touttes autres actes et exploicts requis et necessaires, sans pour ce demander aucun congé ny *pareatis*. Car tel est notre plaisir.

«Donné à Paris le cinquiesme jour d'Aoust, l'an de grace mil six cens treize, et de nostre regne le quatriesme.»
Signé : «Par le Roy en son Conseil, Moreau», et scellée du grand scel en cire jaune.

---

[1] Le mois d'août 1613 n'est pas représenté dans les minutes du Conseil privé qui sont conservées aux Archives nationales dans la série V⁶; quant à celles de la série E, elles offrent une lacune entre le 3 et le 20 août.

Et au dessoubs est escript : « Collationné à l'original par moy notaire et secretaire du Roy, le quatorziesme jour d'Aoust mil six cens treize. »
Signé : « POLLALION », avec paraphe.

CCLXXXVIII. — [Vente des vielles démolitions de la Porte Saint-Martin.]

1ᵉʳ-6 août 1613. (Fol. 143.)

De par les Prevost des Marchans et les Eschevins de la ville de Paris.

« On faict assavoir que les vieilles desmolitions du bastiment de la porte Sainct Martin, lequel il convient abattre pour rebastir de neuf, sont à vendre au plus offrant et dernier encherisseur samedy prochain troiziesme jour du present moys d'Aoust, quatre heures de relevée, au grand Bureau de la Ville et y seront touttes personnes receues à y mettre enchere.

« Faict au Bureau de la Ville, le jeudy premier jour d'Aoust mil six cens treize. »

Ledict jour de samedy troisiesme dudict moys d'Aoust de rellevée, toutes lesdictes vieilles desmolitions de ladicte porte Sainct Martin, à la reserve de la pierre qui demeurera au moulle pour les desmolitions d'icelle, ont esté publiez à vendre au plus offrant et dernier encherisseur, à la charge de faire les fraiz des desmolitions et abattages. Où s'est presenté Pierre Perrin, portier de ladicte porte qui en a offert cinquante livres tournois, cy......... Lᵗᵗ
Par Pierre Judon, maistre masson à Paris, à. LXᵗᵗ

Et pour ce qu'il ne s'est presenté autres personnes, avons remis ladicte publication et adjudication à mardy prochain sixiesme dudict moys d'Aoust, et ordonné nouvelles affiches estre mises. Ce qui a esté faict.

Advenu lequel jour de mardy sixiesme d'Aoust mil six cens treize, quatre heures de relevée, lesdictes demolitions ont de rechef esté publiez au plus offrant et dernier encherisseur, à la charge de faire les frais des descouvertures et abbatages. Où s'est presenté Pierre de La Salle demeurant en ceste Ville pres le port Sainct Paul, qui a offert desdictes desmolitions la somme de quatre vingt livres, cy....................... IIIIˣˣ ᵗᵗ

Par ledict Pierre Judon, à......... IIIIˣˣ xᵗᵗ
Et par ledict Pierre Perrin, à....... cᵗᵗ.

« Et pour ce qu'il ne s'est presenté autres personnes pour encherir par dessus ledict Perin ny faire la condition de la Ville meilleure que luy, avons audict Perrin ad ce present et acceptant adjugé, vendu, baillé et delivré touttes lesdictes desmolitions, moyennant ladicte somme de cent livres tournois qu'il sera tenu payer comptant à Maistre Claude Lestourneau, Receveur du domaine, dons et octroys de ladicte Ville, qui en fera recepte en son compte dudict domaine.

« Faict au Bureau de la Ville, les an et jour que dessus. »

CCLXXXIX. — Mandement à Jodellet,
À CAUSE D'UNE PLACE
SCIZE PROCHE ET HORS LA PORTE SAINCT HONORÉ.

6 août 1613. (Fol. 145 v°.)

De par les Prevost des Marchans et Eschevins de la ville de Paris.

« Maistre Jehan Jodellet, procureur des causes de la Ville en la cour de Parlement, nous vous mandons vous presenter pour ladicte Ville à l'assignation à elle donnée à ladicte Cour en sommation, à la requeste de Jehan Despotz, maistre serrurier. Remonstrez que le vingt deuxiesme May mil six cens quatre nos predecesseurs firent bail aux nommés Cannoy et Barbe d'une place scize proche et hors la porte Sainct Honoré[1], dans laquelle a esté basty et construict trois petites maisons dont ledict Depost a le droict de partye d'icelles[2] et des lors fut faict bail par ceulx qui feirent bastir lesdictes maisons, d'aultant qu'ils ne prirent lors l'allignement du Maistre des oeuvres de ladicte Ville, encores qu'il feust expressement porté par le bail. Et d'aultant que proche lesdictz lieux y avoit encores une place vuide et vague appartenant à ladicte Ville et à sa libre disposition, contenant seullement douze piedz de large ou environ du costé du fossé, qui n'est et ne doit estre nullement comprise au bail desdictz Cannoy et Barbe, laquelle si elle en eust esté, ilz y eussent commancé leur bastiment. De laquelle place qui a esté vuidde depuis ledict temps, qui est neuf années, ladicte Ville en a disposé et faict bail au proffict d'icelle Ville à ung nommé Martin, depuis ung an

---

[1] Ce bail fut passé moyennant 12 l. t. par an à Claude Cannoy, menuisier, et Charles Barbe, maistre faiseur d'estenfs. (*Arch. nat.*, Q¹* 1099ᵇⁱˢ, fol. 359 v°.)

[2] De ces trois maisons, celle du milieu fut baillée en 1605 par Cannoy à Roch Bourcier, rôtisseur. Celui-ci en transporta la jouissance, pour la période qui restait à courir, à Nicolas Bardot, corroyeur, par acte du 13 août 1613 auquel la Ville donna son approbation le 2 septembre suivant. (*Arch. nat.*, Q¹* 1099ᵇⁱˢ, fol. 275 v°.)

ou environ[1], qui y a faict bastir et eslever une petite maison. Et n'a ledict Depost parlé d'icelle place que quand il y a veü bastir, en laquelle il n'a aucun droict. Et partant requerez estre envoyez absoubz de ladicte assignation avec despens[2].

«Faict au Bureau de ladicte Ville, le sixiesme jour d'Aoust mil six cens treize.»

CCXC. — Advis de Messieurs de la Ville sur le subject d'une resignation d'ung office de vendeur de vins.
13 août 1613. (Fol. 146.)

«Les Prevost des Marchans et Eschevins de la ville de Paris qui ont eu communicquation de la requeste presentée à Monsieur le Prevost de Paris par Jehan de Maisonnette, le vingt neufiesme Juillet dernier, et de la sentence intervenue sur icelle, donnée entre ledict Maisonnette, demandeur, d'une part, et Jehan Foressier, juré vendeur et controlleur de vins de ladicte ville de Paris, deffendeur, d'autre, et ce par les mains du sieur Le Bret, conseiller du Roy au Chastellet, commissaire en ceste partie, lequel à ceste fin est venu audict Hostel de la Ville,

«Declarent que le dixneufiesme jour de Mars dernier, ayans esté advertiz qu'il y avoit ung nommé Jehan Foressier, juré vendeur et controlleur de vins de ladicte Ville, qui estoit au pied de la montée dudict Hostel de la Ville pour resigner sondict office, le sieur Merault, l'ung de nous Eschevins, fut par nous commis avec les Procureur du Roy et Greffier de ladicte Ville pour recevoir ladicte resignation. Lequel sieur Merault nous auroit rapporté au Bureau que ledict Foressier estoit tellement malade et à l'article de la mort et sans sentiment qu'il ne parloit plus, encores qu'il lui eust demandé par infinies fois à qui il entendoit resigner sondict office. Et voullant revenir au Bureau, plusieurs des autres vendeurs et amis dudict malade luy dirent qu'il attendist encores et qu'ils l'alloient faire parler. Et lors luy mirent du vin dans la bouche et luy levant la teste qu'il avoit toutte baissée et penchée comme un homme mort, aucuns de ses dictz amys luy meirent la main soubz son menton, lui tirans la barbe et luy cryans aux oreilles, luy demandoient s'il resignoit pas sondict office à son neppveu. Lequel malade lors feit quelque petit murmure entre ses dents, sans qu'il parlast jamais de resignation, ne à qui il resignoit, ny qu'il proferast aucune parole distincte ny articulée. Au moyen de quoy ledict sieur Merault s'estoit retiré; et sur son rapport, l'affaire mise en deliberation, fut resolu qu'il n'y avoit lieu de resignation, attendu l'estat auquel estoit ledict Foressier. Et le lendemain, sur les poursuittes que tant ledict Maisonnette que Foressier le jeune nous faisoient d'admettre ladicte pretendue resignation, disant que ledict malade estoit encore en vye et qu'il paroit, fut encores ledict sieur Merault depputé pour se transporter en sa maison, où ayant esté, ledict sieur Merault nous auroit rapporté que s'estant transporté en la chambre où ledict Foressier gisoit au lict malade, en la presence d'ung bon nombre de ses parens et amys, l'auroit trouvé sans aucun sentyment ny parolle, l'ayant plusieurs fois interpellé de declarer sa volonté, lequel n'auroit sceu parler ny entendre. Ce que ayant remonstré aux parens là presens, se seroit retiré. Sur lequel rapport, l'affaire derechef mise en deliberation, auroit esté resolu que l'estat estoit vacquant, et neantmoings ayans esté priez par lesdictz Maisonnette et Foressier et autres heritiers de voulloir avoir pitié d'eulx, qu'ils n'avoient pour tous biens que ledict office, nous prians de leur faire grace et ne les traicter par la rigueur, dont ilz nous auroient faict prier par personne de qualité et d'honneur. Et l'affaire mise en deliberation, en consideration desdictes recommandations et pour user de charité envers lesdictz heritiers, auroit esté resolu de leur remettre ledict office moyennant douze cens livres tournois, combien que l'on en eust peu tirer jusques à six mille livres. Et pour faciliter la reception de celuy qui leur estoit presenté, accorderent auxdictz heritiers que la provision en feust faicte sur ladicte pretendue resignation et non par mort, bien qu'en effet il feust vacquant. Ce qui fut faict en consideration de tous lesdictz heritiers ensemble et à leur commung profflict. Et quelques jours apres fut ladicte somme de XIIᵉ l. payée en la presence dudict Jehan Foressier par les mains dudict Maisonnette.

---

[1] Ce bail, passé le 8 août 1612 à Jean Martin, épicier, moyennant un loyer de 6 l. t. par an, portait sur une petite place en dedans du fossé, du côté de la porte Montmartre, au bout du pont dormant de la porte Saint-Honoré. (Arch. nat., Q¹* 1099ᵐ, fol. 226 v°.)

[2] On peut rapprocher de cet acte un mandement délivré par le Bureau, le 30 avril 1613, à propos d'une autre maison bâtie près de la porte Saint-Honoré, et qui n'a pas été transcrit au registre. (Minutes du Bureau, Arch. nat., H 1891.) Aux termes de cet acte, Mᵉ Robert Moisant, substitut du Procureur du roi de la Ville, est chargé de se présenter devant le bailli du For-l'Évêque «à l'assignation donnée à Jehan Le Saige, maistre boucher, et Elizabeth du Plessis sa femme, à la requeste de Anthoine Le Mercier, maistre masson et voier de M. l'Evesque de Paris, pour raison d'une maison que ledict Le Saige et sa femme font bastir entre les deux portes Sainct Honnoré, dans le boullever et soubz les arches de ladicte porte», et il doit demander le renvoi de la cause au Parlement, comme intéressant les droits du domaine de la Ville.

«Faict au Bureau de la Ville, le mardy treiziesme jour d'Aoust mil six cens treize.»

CCXCI. — Mandement et assemblée de l'eslection.
13-16 août 1613. (Fol. 147.)

De par les Prevost des Marchans et Eschevins de la ville de Paris [1].

«Sire François Bonnard, Quartinier, appelez vos cinquanteniers et dizeniers avec huict personnes des plus apparentes de vostredict quartier, tant officiers du Roy, s'il s'en trouve andict quartier, que des bourgeois et notables marchans non mechanicques, lesquels seront tenuz de comparoir sur peine d'estre privez de leurs previlleges de bourgeoisie, franchises et libertez suivant l'eedict du Roy, et feront le serment es mains du plus notable des dictz huict de eslire quatre personnes d'iceulx huict. Auxquels esleuz dictes et enjoignez qu'ilz se tiennent en leurs maisons, vendredy proschain seiziesme jour du present moys, jusques apres neuf heures du matin, que manderons deulx d'iceulx venir en l'Hostel de la Ville, affin de procedder à l'eslection de deux Eschevins nouveaulx, au lieu de ceulx qui ont faict leur temps. Et nous apportez ledict jour, à sept heures du matin, vostre proces verbal cloz et scellé, lequel sera signé de vous et de celuy qui aura présidé en vostredicte assemblée. Si n'y faictes faulte.

«Faict au Bureau de la Ville, le mardy treiziesme jour d'Aoust mil six cens treize.»

«Monsieur de Versigny, plaise vous trouver vendredy proschain seiziesme jour du present moys, sept heures du matin, en l'Hostel de la Ville, affin de procedder à l'eslection de deux Eschevins nouveaulx, au lieu de ceulx qui ont faict leur temps. Vous priant ny voulloir faillir.

«Faict au Bureau de la Ville, le mardy treiziesme jour d'Aoust mil six cens treize.

«Les Prevost des Marchans et Eschevins de la ville de Paris, tous vostres.»

Pareils mandementz ont esté envoyez tant à Messieurs les Conseillers de ladicte Ville que Quarteniers d'icelle.

Du vendredy seiziesme jour d'Aoust mil six cens treize.

En l'assemblée generalle ledict jour tenue en la grande salle de l'Hostel de cette Ville de Paris, suivant les mandemens pour ce expediez et envoyez, affin de procedder à l'eslection de deux Eschevins nouveaulx au lieu de ceulx qui ont faict leur temps, sont comparuz :

Messieurs

De Grieu, seigneur de Sainct Aubin, conseiller en la Cour, Prevost des Marchans.

Poussepin, Fontaine, Desprez et Merault, Eschevins.

Messieurs les Conseillers de la Ville.

Monsieur de Versigny;
Monsieur le President de Boullancourt;
Monsieur Prevost, sieur de Mallascyse, conseiller en la Cour;
Monsieur Sanguin, sieur de Livry, conseiller en la Cour;
Monsieur Palluau, conseiller en la Cour;
Monsieur Boucher, conseiller en la Cour;
Monsieur Le Prestre, conseiller en la Cour;
Monsieur Amelot, maistre des Comptes;
Monsieur Arnauld, advocat;
Monsieur de Sainct Cir, maistre des Requetes;
Monsieur Perrot, conseiller en la Cour;
Monsieur le President de Marly;
Monsieur Violle, sieur de Rocquemont;
Monsieur le President de Bragelongne;
Monsieur Abelly, bourgeois;
Monsieur le President Aubry;
Monsieur Lamy;
Monsieur Sangnyn, secretaire;
Monsieur Le Clerc, conseiller en la Cour;
Monsieur Le Tonnellier;
Monsieur de Sainct Germain, sieur de Ravynes;
Monsieur Sainctot;
Monsieur Pottier, sieur d'Equevilly;
Monsieur Aubry, sieur d'Auvillier;
Monsieur Marescot, maistre des Requestes.

Quarteniers de ladicte Ville.

Sire François Bonnard;
Sire Nicolas Bourlon;
Maistre Jacques Huot;
Maistre Guillaume du Tertre;
Sire Jacques Beronl;

---

[1] La minute de ce mandement ainsi que celle du procès-verbal de l'assemblée et du scrutin sont conservées aujourd'hui aux Archives nationales, dans le carton K 983, n°ˢ 149 à 151.

Sire Michel Passart;
Sire Anthoine Andrenas;
Maistre Robert Danès;
Sire Simon Marces;
Sire Jacques de Creil;
Sire Jacque de Monthers;
Sire Jehan Le Clerc;
Sire Denis de Sainct Genis,
Maistre François de Fontenu;
Sire Pierre Parfaict [1];
Sire Ascanius Guillemeau [2].

Et environ les sept heures du matin, Messieurs les Prevost des Marchans, Eschevins et Greffier, vestuz de leurs robes miparties, assistez d'aucun desdictz sieurs Conseillers et Quarteniers sont allez en l'eglise de l'hospital du Sainct Esprit, où a esté celebré à haulte voix une messe du Sainct Esprit, laquelle dicte, lesdictz sieurs Prevost des Marchans, Eschevins, Greffier, Conseillers et Quarteniers sont retournez andict Hostel de la Ville. Et estans au grand Bureau, lesdictz sieurs Quarteniers ont presenté ausdictz sieurs Prevost des Marchans et Eschevins les scrutins et proces verbaulx des assemblées par eulx chacun particulierement faictes en leur quartier, clos et scellez, desquels a esté faict ouverture par lesdictz sieurs Prevost des Marchans, Eschevins, et Conseillers. Et ainsy que lesdictz scrutins et proces verbaulx ont esté venz, a esté faict quatre bultins en papier, où ont esté redigez par escript les noms des desnommez et retenuz esdictz proces verbaulx de chacun quartier. Et lesdictz bultins mis dans le chappeau miparty, a esté tiré au sort d'iceulx, et faict enregistrer les noms des desnommez aux deux premiers bultins tirez dudict chappeau apres le nom du Quartinier, et continué de quartier en quartier. Et à l'instant a esté enjoinct aux sergens de ladicte Ville de les aller advertir de se trouver à ladicte eslection. Et estant la plus grande partye arrivée, la compagnie est entrée dans ladicte grande salle pour proceder à ladicte eslection.

Ensuit les noms desdicts Quarteniers et bourgeois de chacun quartier mandez :

Sire François Bonnard :
Monsieur Le Sueur, tresorier de Monsieur de Vendosme;
Monsieur Deschamps, bourgeois.

Sire Nicolas Bourlon :
Monsieur du Four, conseiller en la Cour;
Monsieur Martin, bourgeois.

Maistre Jacques Huot :
Monsieur Legrand, conseiller;
Monsieur le Lieutenant particulier [3].

Maistre Guillaume du Tertre :
Monsieur Hemeret [4], maistre des Comptes;
Monsieur de Mesme, Lieutenant civil [5].

Sire Jacques Beroul :
Monsieur Frizon, bourgeois;
Monsieur Passart, bourgeois.

Sire Michel Passart :
Monsieur le President Myron;
Monsieur Du Gué, tresorier de France.

Sire Anthoine Andrenas :
Monsieur Poncet, conseiller en la Cour des Aydes;
Monsieur Cousin l'aisné, advocat.

Maistre Robert Danès :
Monsieur de La Brunetiere, commissaire des guerres;
Monsieur Giroult, advocat.

Sire Simon Marces :
Monsieur Perrot, antien Eschevin;
Monsieur Mallaquain.

---

[1] Pierre Parfaict est sans doute un parent de Claude Parfaict que nous avons vu Quartinier du quartier Saint-Antoine dès l'année 1588 et qui, pour la première fois depuis cette époque, ne figure plus sur la liste des Quartiniers. En tout cas, on peut affirmer que c'est bien au quartier Saint-Antoine que le nouveau Quartinier était préposé, car les deux bourgeois délégués par sa circonscription, Messieurs de Saint-Germain-le-Grand, maître des Comptes, et Petit, secrétaire du Roi, étaient, l'un, capitaine, et l'autre, enseigne au quartier Saint-Antoine.

[2] Ce nouveau titulaire prend sur la liste des Quartiniers la place qu'occupait Jean Le Conte depuis 1562. L'identité entre la circonscription à laquelle était préposé Ascanius Guillemeau et le quartier Saint-Martin qu'administrait Jean Le Conte est clairement établie par le rôle de la milice du quartier de Guillemeau en 1620 (Arch. nat., H 1799, fol. 502 v°), où l'on retrouve une grande partie des officiers qui commandaient dans le quartier Saint-Martin en 1610.

[3] Antoine Ferrand, dont il a été parlé au tome XIV, p. 286 (note).

[4] Paul Aymeret, reçu maître des Comptes le 20 octobre 1598, resta en exercice jusqu'en 1620.

[5] Henri de Mesmes, seigneur de Roissy, avait été reçu en la charge de Lieutenant civil, le 23 janvier 1613 (Arch. nat., X¹ᵃ 1849) en remplacement de Nicolas Le Jay, nommé président au Parlement. Il fut Prévôt des Marchands de 1618 à 1622, président à mortier en 1627, et mourut le 29 décembre 1650. On peut consulter sur lui la notice que lui a consacrée A. de Boislisle (*Mémoires de Saint-Simon*, t. XVII, p. 99, note 5).

Sire Jacques de Creil :

Monsieur Lamoignon, conseiller en la Cour;
Monsieur Sainglain, bourgeois.

Sire Jacques de Monthers :

Monsieur Vion, maistre des Comptes;
Monsieur Lestourneau, Receveur de la Ville.

Sire Jehan Le Clerc[1] :

Monsieur Pasquier, sieur de Bucy, auditeur;
Monsieur du Chesne, conseiller au Tresor.

Sire Denis de Sainct Genis :

Monsieur Scaron, conseiller en Parlement :
Monsieur Damours, conseiller au Chastelet.

M* François de Fontenu :

Monsieur des Hayes, maistre d'hostel du Roy[2];
Monsieur Lambert, correcteur.

Sire Pierre Parfaict :

Monsieur de Saint Germain le Grand, maistre des Comptes;
Monsieur Petit, secretaire.

Sire Ascanius Guillemeau :

Monsieur Leroux, conseiller au Chastelet;
Monsieur Lambert[3], antien Eschevin.

Chacun ayans pris place et sceance, mondict sieur le Prevost des Marchans a remonstré que ayant lesdictz sieurs Poussepin et Fontaine faict leur temps, il avoit faict expedier les mandemens pour faire assembler ceste compagnie afin de proceder à l'eslection d'autres en leurs places.

Et à l'instant a esté faict lecture des ordonnances sur le faict de ladicte eslection par le Greffier de ladicte Ville, et anssy faict lecture de tous ceulx qui doibvent assister à ladicte assemblée, pour sçavoir s'ils estoient venuz.

Ce faict, lesdictz sieurs Poussepin et Fontaine ont remercyé la compagnie de l'honneur qu'elle leur avoit faict de les avoir esleuz et appeliez esdictes charges, et prié de les excuser si elle n'avoit reçu le contentement qu'elle en esperoit et remettre plustost la faulte sur leur insuffisance, que faulte de bonne volonté.

Et sur ce, ledict sieur Prevost des Marchans a dict que l'on a de coustume d'eslire quatre scrutateurs, assavoir l'ung pour officier du Roy, un aultre pour Conseiller de Ville, ung aultre pour Quartenier, et l'aultre pour bourgeois; priant la compagnie vouloir proceder à l'eslection desdictz quatre scrutateurs; et pour ce faire, a pris le serment de toutte l'assistance de bien et fidellement eslire quatre personnes des qualitez susdictes pour tenir le scrutin de ladicte eslection.

Et par la pluralité des voix ont esté esleuz scrutateurs

Assavoir :

Monsieur le President Aubry, pour officier du Roy,

Monsieur Arnauld, advocat, pour Conseiller de Ville,

Sire François Bonnard, pour Quartenier,

Et Monsieur Pasquier, sieur de Bucy, auditeur des Comptes, pour bourgeois.

Et a esté l'eslection desdictz sieurs scrutateurs faicte de vive voix en commenceant par mesdictz sieurs les Conseillers de la Ville selon leurs sceances, et apres Messieurs les Quarteniers conjoinctement

---

[1] A propos du quartier Sainte-Geneviève, administré par Le Clerc, il est intéressant de reproduire la requête suivante, adressée aux Prévôt des Marchands et Échevins. On y voit qu'en principe les cinquanteniers devaient habiter le quartier où ils exerçaient leurs fonctions, et cette pièce nous apprend en même temps que c'était la rue Saint-Jacques qui faisait la limite du quartier Sainte-Geneviève et du quartier Saint-Séverin.

«Supplie humblement Nicolas Buhon, marchant libraire et l'un des cinquanteniers de ceste Ville au quartier de sire Jehan Le Clerc, Quartinier, disant que lorsqu'il fut, par vous, pourveu de ladicte charge de cinquantinier, il estoit demeurant au mont Sainct Hillaire deppendant dudict quartier, mais depuis peu de temps, pour la commodité de ses affaires et de son trafficq, il est demeurant dans la rue Sainct Jacques, du costé de Sainct Benoist, estant du quartier de M* Jacques Huot, Quartinier, proche neantmoings du quartier dudict Le Clerc, n'y ayant que la largeur de ladicte rue Sainct Jacques de distance; ce qui n'empeschera qu'il n'execute promptement les mandemens qui luy seront envoiez tant par vous, Messieurs, que ledict sieur Le Clerc. Mais il doupte ne le pouvoir faire sans y estre troublé par lesdictz Huot ou Le Clerc, s'il n'a permission de vous. Ce consideré, mesdictz sieurs, et attendu le peu de distance du lieu où ledict suppliant demeure au quartier d'icelluy Le Clerc, et le desir et l'affection qu'il a de vous servir en ladicte charge, il vous plaise permettre audict suppliant d'exercer sadicte charge de cinquantinier, encores qu'il ne soit demeurant dans icelluy quartier sans qu'il y puisse estre troublé. Et il continuera le service qu'il vous doibt et à ladicte Ville.» L'autorisation demandée fut accordée après audition des deux Quartiniers et du Procureur du Roi de la Ville. (23 février 1613. Arch. nat., Z¹ᵉ 381.)

[2] Antoine des Hayes, l'ami de saint François de Sales, dont il a été parlé au tome XIV, p. 413.

[3] Jean Lambert, élu Échevin en 1608.

avec leurs mandez, et Messieurs les Prevost des Marchans et Eschevins les derniers.

Lesquelz quatre sieurs scrutateurs ont faict ensemble le serment es mains desdictz sieurs Prevost des Marchans et Eschevins, sur le tableau de ladicte Ville.

Ce faict, iceulx sieurs Prevost des Marchans et Eschevins se sont levez de leurs places et ont pris sceance au dessus desdictz sieurs Conseillers de la Ville, et en leurs places se sont assis lesdictz sieurs scrutateurs, ledict sieur Aubry tenant en ses mains ledict tableau et ledict sieur Arnault, le chappeau miparty pour recevoir les voix et les suffrages. Et aussytost tous lesdictz assistans ont été appellez, sçavoir lesdictz sieurs Prevost des Marchans les premiers, lesdictz sieurs Conseillers de la Ville selon l'ordre de leurs receptions, et lesdictz sieurs Quarteniers et bourgeois mandez, pour bailler leursdictes voix et suffrages qui ont esté recenz par lesdictz sieurs scrutateurs, lesquelz aussy tost se sont, avec le Greffier de ladicte Ville, transportez au petit Bureau où ils ont faict le scrutin de ladicte eslection.

Et d'autant que le Roy et la Royne regente sa mere n'estoient lors en ceste Ville [1] et ne debvoient arriver que le lundy qu mardy ensuivant, ainsy que monsieur le Gouverneur l'avoit mandé à mesdictz sieurs de la Ville, et que quand leursdictes Majestez seroient arrivez l'on leur presenteroit le scrutin, mesdictz sieurs de la Ville prierent lesdictz sieurs scrutateurs de ne eulx departir cestedicte Ville pour aller aux champs jusques ad ce que Leursdictes Majestez feussent venuz.

Et le meccredy vingt ungiesme jour desdictz moys et an, Leursdictes Majestez estans en ceste Ville ont faict sçavoir à mesdictz sieurs de la Ville de leur porter le scrutin de ladicte eslection. Et suivant ce mesdictz sieurs de la Ville ont envoyé prier lesdictz sieurs scrutateurs d'eux trouver ledict jour, à dix heures, audict Hostel de Ville pour aller au Louvre, comme aussy ont faict sçavoir à Messieurs Desneulx et Clapisson, qui avoyent les voix, d'eulx trouver au Louvre.

Et environ les unze heures mesdictz sieurs les Prevost des Marchans, Eschevins et Greffier vestuz de leurs robbes miparties, le Procureur du Roy, de sa robbe d'escarlatte, et lesdictz sieurs scrutateurs sont partiz en carrosse dudict Hostel de Ville, pour aller au Louvre, marchant devant eulx les sergens d'icelle, vestuz de leurs robbes miparties, et environ vingt cinq ou trente archers vestuz de leurs casacques ayans leurs hallebardes. Où estans arrivez, se seroient arrestez avec mondict sieur le Gouverneur qui les attendoit, et de compagnie seroient entrez dans le Louvre. Et aussi tost mondict sieur le Gouverneur en auroit adverty Leursdictes Majestez qui les auroit faict entrer, le Roy estant assiz dans sa chaise, la Royne regente proche Sa Majesté, Monseigneur le Chancellier, Monsieur de Lomenye, secretaire d'Estat, et beaucoup de seigneurs. Et approchans de Leursdictes Majestez, mesdictz sieurs les Prevost des Marchans et Eschevins se seroient presentez au Roy, et s'estans mis à genoulx, mondict sieur le Prevost des Marchans portant la parolle luy auroit dict que vendredy dernier, suivant les antiennes coustumes, l'on avoit faict assemblée en l'Hostel de la Ville pour l'eslection de deux Eschevins nouveaulx, et que Messieurs les scrutateurs feroient entendre à Sadicte Majesté plus particulierement ce qui s'estoit passé en ladicte assemblée. Et aussy tost mesdictz sieurs de la Ville se seroient mis un peu à quartier pour faire place aus dictz sieurs scrutateurs, lesquels s'estans approchez et mis à genoulx, mondict sieur le president Aubry, portant la parolle, luy auroit dict que en ensuivant les previlleges et libertez donnez par ses predecesseurs Roys à ladicte Ville, l'on a faict assemblée en l'Hostel de ladicte Ville, vendredy prochain, pour l'eslection de deulx Eschevins nouveaulx, dont a esté faict ledict scrutin de ladicte eslection, suppliant Sadicte Majesté d'avoir agreable et confirmer ladicte eslection. Et aussy tost a presenté à Sadicte Majesté ledict scrutin, lequel il a presenté à ladicte dame Royne regente sa mere, laquelle l'a ouvert et baillé ledict sieur de Lomenye pour en faire lecture. Et par la pluralité des voix, s'est trouvé les sieurs Desneux, grenetier, et Clapisson, conseiller au Chastelet, avoir le plus de voix. Au moyen de quoy Leurs Majestés les ont faict approcher, où ils ont faict le serment es mains de Sadicte Majesté sur le tableau juratoire de ladicte Ville, qui a esté presenté à Sadicte Majesté par ledict Greffier de la Ville, lequel serment a esté leu par ledict sieur de Lomenye. Ce faict, lesdictz sieurs Poussepin et Fontaine ont tres humblement remercyé Leursdictes Majestez, lesquels ont esté loués d'avoir bien faict en leurs charges par ladicte dame Royne, disant qu'ils estoient bonnes gens et avoyent bien servy [2]. Et sur ce,

---

[1] Ils étaient alors au château de Montceaux; le Roi en partit le 19 août (*Mémoires* de Phelypeaux de Pontchartrain, p. 327, et *Journal* de Jean Héroard, t. II, p. 124).

[2] Déjà au cours de l'échevinage de Nicolas Poussepin, le Roi avait eu l'occasion de lui donner une preuve de satisfaction en lui

toutte la compagnie a pris congé et sont revenuz audict Hostel de Ville, où lesdictz sieurs Desneulx et Clapisson ont esté mis en possession desdictes charges.

Ensuit la teneur dudict scrutin.

Au Roy.

Sire,

«Nous, Robert Aubry, Conseiller de Vostre Majesté, maistre des Requestes ordinaires de vostre hostel et President en vostre grand Conseil, esleu scrutateur pour voz officiers, Anthoine Arnauld, advocat en vostre Parlement, esleu scrutateur pour les Conseillers de la Ville, François Bonnard, esleu scrutateur pour les Quarteniers, et Guy Pasquier, sieur de Bucy, aussy conseiller de Vostre Majesté et auditeur en vostre Chambre des Comptes, esleu scrutateur pour les bourgeois, certiffions à Vostredicte Majesté que, proceddant à l'ouverture du scrutin de ceulx qui ont esté esleuz pour Eschevins de ladicte Ville, en la maniere accoustumée, suivant les antieus statuz et previlleges d'icelle, nous avons trouvé que

«Me Israel Desneux, grenetier, a de voix soixante et ung.................... LXI

«Me Charles Clappisson, conseiller au Chastelet, a de voix................ LIIII

«Le sieur Frizon................ IX

«Maistre Guy Pasquier, sieur de Bucy... VII

«Maistre Huot................... IIII

«Le sieur Passart................ III

«Le sieur de Morennes [1]......... II

«Et les sieurs Le Prestre [2], auditeur, Savary, Gosnier, Le Bret, Talon, Targer, Yvert, Bonnard, Hotman, Navarrot, Lamy et Parfaict, à chacun une voix, cy................ XII

«Faict en l'Hostel de ladicte Ville, le vendredy seiziesme jour d'Aoust mil six cens treize.»

Et ont lesdictz Aubery, Arnauld, Bonnart et Pasquier signé en la minutte des presentes.

«Aujourd'huy, vingt ungiesme jour d'Aoust mil six cens treize, le Roy estant en son chasteau du Louvre à Paris, assisté de la Royne regente, sa mere, les sieurs Desneux, grenetier de Paris, et Clapisson, conseiller au Chastelet, ont faict et presté entre les mains de Sadicte Majesté le serment qu'ils estoient tenuz à cause des charges d'Eschevins de ladicte Ville, auxquelles charges ils ont esté esleuz et nommez, assavoir ledict Desneux pour premier Eschevin, et Clapisson pour second, de l'eslection faicte vendredy dernier seiziesme du present mois. Moy, Conseiller secretaire d'Estat et des commandements de Sadicte Majesté, present.»

Signé : «DE LOMENIE».

CCXCII. — Ordonnance du Conseil
POUR PAYER
LES RENTES DU SEL EN PRESENCE D'UN ESCHEVIN
OU DU GREFFIER DE LA VILLE.

17 août 1613. (Fol. 154.)

«Il est ordonné à Maistre... Ragois, commis a la recepte du grenier à sel de Paris, de payer et mettre es mains de Maistre Philippes de Gondy les deniers qu'il a en ses mains provenanz de la vente et debit du sel faict audict grenier jusques à ce jour, pour estre lesdictz deniers employez par ledict de Gondy au payement des particuliers rentiers, et ce en presence de l'ung des Eschevins de ladicte Ville ou du Greffier d'icelle, sans aucun divertissement, nonobstant les deffences faictes andict Ragois de vuider ses mains desdictz deniers, lesquelles tiendront pour l'advenir jusques à ce qu'autrement par le Roy en ayt esté ordonné.

«Faict au Conseil d'Estat du Roy, tenu à Paris le dix septiesme jour d'Aoust mil six cens treize.»

Signé : «FAYET».

CCXCIII. — Ordonnance contre les sieurs Barbin,
CAUTIONS DU SIEUR DE GONDY.

21 août 1613. (Fol. 153 v°.)

*De par les Prevost des Marchans et Eschevins
de la ville de Paris.*

«Il est ordonné à Maistres Claude et Dreulx Barbin, caultions de Maistre Philippes de Goudy, commis au payement des rentes de ladicte Ville assignées sur le sel, de promptement et en touttes diligences payer ou faire payer par ledict de Gondy

---

faisant remise des droits de lods et ventes qu'il aurait dû payer pour l'acquisition des trois quarts d'une maison rue Geoffroy-l'Asnier; et ce, disent les lettres du 14 février 1612 qui portent cette faveur, «pour recongnoistre les bons et agreables services à nous faictz». (*Arch. nat.*, Z¹ʳ 560, fol. 49, et P 2670, fol. 394 v°.)

[1] Conseiller au Châtelet dont la candidature avait déjà été posée, avec même résultat, aux élections de 1606 (t. XIV, p. 115 et 118).

[2] Jean Le Prestre, reçu auditeur des Comptes le 19 novembre 1594, office qu'il exerça jusqu'en 1624.

aux particuliers rentiers tous et ung chacun les deniers qui leur sont deubz pour le parachevement des arrerages du troisiesme quartier de l'année mil six cens neuf et autres quartiers precedens, ensemble faire ouverture dans lundy prochain du bureau pour payer indifferemment à touttes personnes le dernier quartier de ladicte année mil six cens neuf desdictes rentes du sel. Et à faulte de ce faire par lesdictz Barbin, ordonnons qu'ils y seront contraincts par toutes voyes deues et raisonnables, comme pour les propres deniers et affaires du Roy.

«Faict au Bureau de ladicte Ville, le meccredy vingt ungiesme jour d'Aoust mil six cens treize.»

CCXCIV. — Arrest du Conseil
par lequel les sieurs Barbins sont deschargez dudict caultionnement.
22 août 1613. (Fol. 154.)

Extraict des Registres du Conseil d'Estat.

«Sur la requeste presentée au Roy en son Conseil par Maistres Claude et Dreulx Barbin, contenant qu'ayant esté cy devant associez avec Maistre Thomas Robin, fermier general des gabelles, sur certaines offres qui furent faictes par ledict Robin et ses soubs fermiers, lesdictz Barbin furent deschargez tant de ladicte association que des caultionnemens, esquelz ils estoient entrez en consequence, ce qui auroit esté ordonné au Conseil par arrestz des deuxiesme Aoust et quatriesme Octobre mil six cens douze, apres avoir ouy les Prevost des Marchans et Eschevins. Ce qui leur auroit d'abondant esté signiffié, et neantmoings lesdictz sieurs Prevost des Marchans et Eschevins, au mespris desdictz arrestz de descharge, auroient par leur ordonnance du vingt ungiesme Aoust present moys, enjoinct auxdictz Barbins de payer et faire payer incessamment par Philippes de Gondy aux particuliers rentiers tous et chacun les deniers qui leur sont deubz, et qu'à ceste fin ils y seroient contraincts comme pour les propres deniers et affaires de Sa Majesté, et pour aultres causes portées par ladicte requeste, requerans lesdictz supplians Sa Majesté, attendu lesdictz arrestz, faire tres expresses inhibitions et deffences ausdictz Prevost des Marchans et Eschevins de decerner aucune contraincte ny faire aucunes poursuictes allencontre desdictz supplians pour raison de ladicte ferme, à peyne d'en respondre en leurs propres et privez noms et de tous despens dommages et interretz, et à tous huissiers et sergens de mettre à execution les ordonnances desdictz Prevost des Marchans et Eschevins, sur les mesmes peines et de mil livres d'amande payable sans deport. Veu ladicte requeste, les susdictz arretz du Conseil et signiffication faicte ausdicts Prevost des Marchans, Procureur du Roy et Eschevins, et leur dicte ordonnance, le Roy en son Conseil, sans avoir esgard à ladicte ordonnance desdictz Prevost des Marchans et Eschevins du vingt ungiesme du present moys, leur a faict et faict tres expresses inhibitions et deffences de faire aucune poursuitte ny de faire mettre à execution ladicte ordonnance, et à tous huissiers et sergens de mettre à execution aucunes ordonnances ny contrainctes desdictz Prevost des Marchans allencontre desdictz Barbin pour raison de ce [1].

«Faict au Conseil d'Estat du Roy tenu à Paris, le vingt deuxiesme jour d'Aoust mil six cens treize.»

Signé : «Fayet».

«Le vingt troisiesme jour d'Aoust mil six cens treize, à la requeste de Maistres Claude et Dreux Barbin, desnommez en l'arrest dont coppie est cy dessus transcripte, ledict arrest a esté monstré, signiffié et deuement faict assavoir à Messieurs les Prevost des Marchans et Eschevins de la ville de Paris, à ce que du contenu ilz n'en pretendent cause d'ignorance, et à eulx faict les deffences y mentionnées en parlant à Monsieur Maistre Gaston de Grieulx, conseiller du Roy en ses Conseils d'Estat et privé et conseiller en la cour de Parlement, et Prevost des Marchans de l'Hostel de Ville de Paris, Maistres Robert Desprez, Claude Merault, Israel Desneux et Pierre Clapisson, Eschevins de ladicte Ville, par moy, premier huissier ordinaire du Roy en sa chancellerie de finances soubssigné, lesquelz ont faict responce qu'ils persistent aux sommations et protestations cy devant par eulx faictes, et protestent de nouveau que lesdictz Barbins leurs sont tousjours demeurez obligez, en temps et lieu faire telles poursuittes qu'ils adviseront et ce pourvoir contre les arretz de leur pretendue descharge par les voyes de droict.»

Ainsy signé : «Flamen».

CCXCV. — Ordonnance contre ledict de Gondy.
23 août 1613. (Fol. 155 v°.)

De par les Prevost des Marchans et Eschevins de la ville de Paris.

«Il est ordonné que pour seureté des sommes de deniers qui sont deubz à ladicte Ville par Maistre Philippes de Gondy à cause du payement des rentes

---

[1] La minute de cet arrêt figure parmi les minutes du Conseil du Roi. (Arch. nat., E. 41², fol. 186.)

de ladicte Ville assignées sur le sel, tous et ungs chacuns les deniers qui sont deubz audict de Gondy par les sieurs Pierre Robin et... Briant, fournissans l'argenterie, seront saisiz et iceulx Robin et Briant adjournez au premier jour par devant nous au Bureau de ladicte Ville, pour faire foy et serment.

«Faict au Bureau de ladicte Ville, le vingt troisiesme jour d'Aoust mil six cens treize.»

CCXCVI. — Autre ordonnance contre icelluy de Gondy.

26 août 1613. (Fol. 155 v°.)

De par les Prevost des Marchans et Eschevins de la ville de Paris.

«Il est ordonné au premier sergent de ladicte Ville de saisir et arrester tous et chacuns les deniers qui sont et peuvent estre deubz à Maistre Philippes de Gondy, payeur des rentes assignées sur le sel, entre les mains de ceulx qui les doibvent, pour seureté de ce que doit ledict de Gondy à cause des arreraiges des dictes rentes du sel, et donner assignation par devant nous aux debiteurs, à la requeste du Procureur du Roy et de la Ville, pour faire foy et serment et voir ordonner qu'ils vuidderont leurs mains de ce qu'ils doibvent, pour estre les deniers emploiez au payement desdictz arreraiges.

«Faict au Bureau de la Ville, le lundy vingt sixiesme jour d'Aoust mil vi° treize.»

CCXCVII. — [Autre ordonnance pour semblable saisie entre les mains du receveur des consignations.]

6 septembre 1613. (Fol. 156.)

De par les Prevost des Marchans et Eschevins de la ville de Paris.

«Il est ordonné que pour asseurance des deniers doubs à ladicte Ville et aux particuliers rentiers d'icelle par Maistre Philippes de Gondy, commis au payement des rentes du sel, pour le quartier Octobre, Novembre et Decembre mil six cens neuf, montant à la somme de trois cens dix mil sept cens cinquante livres, que pour le reste des quartiers precedans, seront saisiz et arrestez entre les mains de Maistre Claude Gallard, receveur des consignations, tous les deniers adjugez ou qui seront cy apres adjugez audict de Gondy, et pour lesquelz il sera distribué et mis en ordre sur les biens de feu Jheronime de Gondy[1] et ses heritiers. Et luy soit faict deffence d'en vuider ses mains, jusques à ce que autrement en ayt esté ordonné.

«Faict au Bureau de ladicte Ville, le vendredy sixiesme jour de Septembre mil six cens treize.»

CCXCVIII. — [Ordonnance prescrivant aux porteurs de quittances pour les rentes du sel de les apporter a l'Hôtel de Ville.]

6 septembre 1613. (Fol. 156.)

De par les Prevost des Marchans et Eschevins de la ville de Paris.

«On faict assavoir à toutes personnes qui ont des quictances deschargées à cause des rentes du sel, pour la troisiesme quartier de l'année mil six cens neuf et autres quartiers precedans, qu'ils ayent à les apporter dans mercredy proschain unziesme du present mois, pour tous delaiz, en l'Hostel de la Ville, pour en faire une liste par Maistre Guillaume Clement, Greffier d'icelle Ville, et leur estre aussytost rendues. Leur declarant qu'à faulte de les apporter dans ledict temps, seront lesdictes quictances reputées payées.

«Faict au Bureau de ladicte Ville, le vendredy sixiesme jour de Septembre mil six cens treize.»

CCXCIX. — [Ordonnance à Philippe de Gondi d'apporter à l'Hôtel de Ville l'inventaire des quittances qu'il a payées sur le sel.]

7 septembre 1613. (Fol. 156 v°.)

De par les Prevost des Marchans et Eschevins de la ville de Paris.

«Il est ordonné à Maistre Philippes de Gondy, commis au payement des rentes assignées sur le sel, de nous apporter ce jourd'huy, deux heures de relevée precisement, en l'Hostel de ladicte Ville, les inventaires de toutes les quictances qu'il a payées et acquictées sur ledict sel, pour estre par nous

---

[1] La *Généalogie de la famille de Gondi* ne fournit pas d'éléments qui permettent d'identifier ce personnage. Cette constatation est de nature à jeter quelque doute sur l'exactitude de l'hypothèse d'après laquelle nous avons rattaché Philippe de Gondi à cette famille.

paraphées et à l'instant rendues et remises entre ses mains.

«Faict au Bureau de ladicte Ville, le samedy septiesme jour de Septembre mil six cens treize.»

CCC. — ORDONNANCE CONTRE LES CONDUCTEURS
DES COCHES DE MELUN
POUR PRENDRE PROVISIONS DE LA VILLE.

9 septembre 1913. (Fol. 156 v°.)

*De par les Prevost des Marchans et Eschevins
de la ville de Paris.*

«Il est ordonné que dedans huictaine pour touttes prefictions et delaiz, Louys Chasserat et Jehan Cadot, voicturiers par eaue, demeurans à Melun, prendront nouvelles lettres de provisions et permissions de nous pour la voicture et conduicte des basteaux appelés coches depuis ceste Ville audict Melun et dudict Melun en cestedicte Ville, sans qu'ils se puissent ayder ny servir d'aultre permission. Et à faulte de ce faire et ledict temps passé, des à present leur faisons expresses inhibitions et deffences de s'immiscer ny entremettre à la conduicte desdictz basteaulx appellez coches, à peine contre chacun de deux cens livres parisis d'amande [1]. Et à ce que le trafficq de la marchandise et voicture des personnes ne soit retardé, des à present, ladicte huictaine passée, à faulte par lesdictz Chasserat et Cadot de satisfaire ad ce que dessus, enjoignons à Nicolas Bourguillot, maistre des ponts de ceste Ville, de faire la voicture des personnes et marchandises, aux jours et heures qu'il est accoustumé. Le tout jusques ad ce que autrement en ayt esté par nous ordonné.

«Faict au Bureau de la Ville, le lundy neufiesme Septembre mil six cens treize.»

CCCI. — ORDONNANCE CONTRE LEDICT DE GONDY.

10 septembre 1613. (Fol. 157.)

*De par les Prevost des Marchans et Eschevins
de la ville de Paris.*

«Il est ordonné à Maistre Philippes de Gondy, commis au payement des rentes du sel, de se tenir demain, sept à huict heures du matin, en sa maison où se trouveront deux de nous Eschevins, ausquels ledict de Gondy sera tenu representer touttes les inventaires des quictances par luy payées et acquictées, et aussy pour lever le scellé du tirouer où sont les quictances des particuliers qui ne sont payées.

«Faict à Paris, au Bureau de ladicte Ville, le mardy dixiesme jour de Septembre mil six cens treize.»

CCCII. — ORDONNANCE
POUR SAISIR LES BASTEAUX ET COCHES DE MELEUN.

16 septembre 1613 (Fol. 157 v°.)

*De par les Prevost des Marchans et Eschevins
de la ville de Paris.*

«Il est ordonné que les basteaulx appellez coches de Melun, ensemble les chevaulx qui servent à tirer lesdictz basteaulx, seront saisiz à faulte d'avoir satisfaict par Louys Chasserat et Jehan Cadot, conducteurs desdictz basteaulx, à nostre ordonnance du neufviesme jour du present moys de Septembre.

«Faict au Bureau de la Ville, le seiziesme jour de Septembre mil six cens treize.»

CCCIII. — LETTRES PATTANTES POUR ALLOUER
DANS LES COMPTES LA DESPENSE FAICTE
AUX FONTAINES DE RONGIS.

16 septembre 1613. (Fol. 157 v°.)

«LOUIS, par la grace de Dieu roy de France et de Navarre, à nos amez et feaulx les gens de noz comptes à Paris, salut. Ayant tousjours et depuis l'advenement à la couronne ung singulier desseing, à l'exemple du feu Roy Henry le Grand, nostre tres honnoré seigneur et pere que Dieu absolve, de bonifier et decorer nostre bonne ville de Paris, capitale de tout nostre Royaulme, apres l'ouverture faicte des eaues de la fontaine de Rongis pres Villejuifve pour les faire dessendre par canaulx et regardz dans ladicte ville de Paris, il auroit esté advisé par les expertz bastir le premier regard sur le lieu des eaues de ladicte fontaine, et sur ce noz tres chers et bien amez les Prevost des Marchans et Eschevins de nostredicte bonne ville de Paris nous auroient tres humblement supplyé et requis avoir agreable poser la premiere pierre de ladicte fondation, et soubz icelle mettre les medalles d'or et d'argent expressement faictes pour cé subject pour servir de memoire à la posterité; desquelles medalles, ilz auroient faict present tant à nous,

---

[1] Pareille ordonnance avait déjà été adressée aux conducteurs des coches de Melun, le 15 décembre 1612 (ci-dessus, n° CCXXV).

nostre tres honnorée dame et mere, noz tres chers freres et sœurs, que autres princes, seigneurs et gentilzhommes qui nous auroient accompagné, dont les frais montent à quinze cens quatre vingtz quatorze livres sept solz, tant pour l'or, argent, graveure que façon des coings, et ce oultre plusieurs grand fraiz faictz par ladicte Ville à deux voyages par nous faictz aux jours que nous avions mandé par le sieur de Liancourt, nostre lieutenant au Gouvernement de nostre dicte Ville, tant à poser ladicte premiere pierre que à ung aultre voyage au precedent pour visiter et recognoistre lesdictes eaues, comme à la despence de bouche pour les deulx festins faictz à Cachan aux princes et seigneurs de nostre suitte, et collation à nous faicte et à nostre tres honnorée dame et mere, princes et princesses, andict lieu desdictes fontaines de Rongis lors de la premiere pierre posée, et aussy pour les tapisseries, tantes, pavillons, tambours, trompettes et aultres despences[1], se montans lesdictz fraiz desdictz deux voyages par parties, mandements et acquictz representez, à la somme de quatre mil quatre cens trante neuf livres quatre solz, et tous les fraiz ensemblement à la somme de six mil trante trois livres unze solz, laquelle ilz ont prise des deniers provenans des dons et octroys appartenans à ladicte Ville. Mais ils craignent qu'au compte qui se rendra en ladicte Chambre par le Recepveur desdictz dons et octroys, soubz pretexte que la nature desdictz deniers est destinée à autres effects, ladicte partye estre par vous rayée. A ces causes, bien informez de la verité de tout ce qui s'est passé es dictz deux voyages, du prudent advis et conseil de la Royne regente nostre tres honnorée dame et mere, avons tous et chacuns lesdictz fraiz et despences faictz par lesdictz Prevost des Marchans et Eschevins de nostredicte bonne ville de Paris, jusques à ladicte somme de six mil trante trois livres unze sols, validé et auctorisé, et de noz certaine science, plaine puissance et auctorité royalle validons et auctorisons, voulons et nous plaist estre couchée et employée es comptes qui seront renduz, en lndicte Chambre, des deniers provenans desdictz dons et octroys, et icelle estre passée et allouée en la despence de ses comptes, sans faire aulcune difficulté, en rapportant les partyes, mandements et quictances des partyes prenantes, encores que les deniers desdictz dons et octroys soient ailleurs et à autre effect destinez, que ne voulons leur nuyre ne prejudicier, dont nous les dispensons pour ceste fois, attendu que le tout a esté faict par nostre tres expres commandement. Car tel est nostre plaisir.

Nonobstant touttes autres lettres, arrestz et autres choses à ce contraires auxquelles nous avons desrogé et desrogeons par ces presentes signées de nostre main.

«Données à Paris le seiziesme Jour de Septembre, l'an de grace mil six cens treize et de nostre regne le quatriesme.»

Ainsi sigué : «LOUYS», et plus bas : «par le Roy, la Royne regente sa mere presente : DE LOMENYE», et scellé du grand sceau sur simple queue de cire jaulne. Et au bas de ladicte coppie est escript ce qui ensuit : «Collationné à l'original par moy Greffier de l'Hostel de la ville de Paris soubsigné.»

CCCIV. — REMONSTRANCES ET CAUSES D'OPPOSITION FAICTES À LA CHAMBRE
À L'EEDICT DE CREATION DES OFFICES DE RECEVEURS ET PAYEURS DES RENTES DU SEL
[AVEC LE TEXTE DE L'ÉDIT ET LES ASSEMBLÉES DU CONSEIL DE VILLE SUR CE SUJET].

Août-23 septembre 1613. (Fol. 159.)

Secondes remontrances faictes à Messieurs des Comptes par les Prevost des Marchans et Eschevins, le lundy vingt troisiesme Septembre mil six cens treize [2], *contenant les causes d'opposition à la verification de l'eedict de deulx receveurs et payeurs des rentes du sel.*

«Messieurs, mardy dernier, il vous pleust nous envoyer les lettres de jussion qui vous ont esté adressées pour la verification de l'eedict de creation en tiltre d'office de deux receveurs et payeurs des rentes constituées à l'Hostel de la Ville, assignées sur les gabelles et greniers à sel pour vous y donner nostre advis.

«Des le lendemain nous assemblasme le Conseil de la Ville, par l'advis duquel il fut arresté tout d'une voix de persister en l'opposition que nous avons cy devant formée à la verification de l'eedit, non poinct par maniere d'acquict, mais avec resolution d'y demeurer ferme sans nous en departir. Et n'estoit qu'en ce temps chacun est pressé d'aller aux champs pour pourvoir aux affaires que la saison apporte, la plus grande partye du Conseil de la Ville nous eust accompagné pour vous tesmoigner par leur presence avec combien d'affection ils vous supplient de faire droict sur leur opposition.

---

[1] Voir plus haut, p. 267-269, la relation des réjouissances faites à l'occasion de la pose de cette première pierre.
[2] Le dépôt de ces remontrances est consigné au Plumitif de « Chambre (*Arch. nat.*, P 2671, fol. 121 v°).

« Nous vous dirons, Messieurs, que l'oppinion commune de toutte nostre assemblée a esté que cest eedict est le commencement et la semence de la ruyne des rentes du sel. Et de faict, il nous a esté certiffié que depuis la presentation de l'eedict, les rentes du sel, qui par cy devant estoient remises en credit, commanceoient à entrer en commerce et estre vendues leur juste valleur sans aulcune stipulation de garantye extraordinaire, sont grandement diminuées de prix.

« Nous pensons que ceste apprehension, encores qu'elle fust vayne et mal fondée, n'estoit pas pourtant à negliger et n'estimons pas qu'il soit du service du Roy de veriffier ung eedict qui apporte ung tel ombrage à ses subjets, qu'il cherit comme pere commun et que nous croyons qu'il veult garantir aussy bien de la frayeur que du mal mesmes.

« Nous ne voulons poinct entrer en cognoissance des affaires plus avant qu'il nous est permis. Nous vous dirons seullement que sans une grande necessité on ne doit pas aisement ouvrir la porte aux nouvelles creations, que nous verrons croistre sans borne et sans mesure, quand une fois on aura commancé.

« Et quant la necessité des affaires seroit telle que les moyens ordinaires ne fussent suffisantz pour fournir à la despence, c'est de votre prudence, Messieurs, de considerer s'il est plus à propos d'augmenter la recepte par inventions nouvelles dont on ne trouve jamais la fin, que d'adviser s'il y a quelque moyen de retrancher la despence, qui ne se fera qu'une fois pour toujours.

« Il ne se faict guere de nouvelles propositions qui n'aillent à la charge des finances. Celle dont est question les chargera de trente mil livres de rente ou environ. Or il est certain, sy ceste année il n'y a fondz pour porter les charges, que, l'année qui vient, il y aura encores trente mil francz moings que ceste année, et partant fauldra encores trouver des inventions non seullement autant que ceste année, mais pour traute mil francs d'avantage ; et ainsy le mal croissant d'an en an, il n'y aura que desordre et confusion aux finances qui est le nerf de l'Estat ; et le nerf estant affoibly, l'Estat se trouvera sans force et exposé à l'injure de ses ennemis.

« Nous ne nous arresterons poinct d'avantage à ses considerations qui vont au general et au bien de l'Estat, d'autant que vous les sçavez mieulx que nous ne vous les sçaurions representer. Nous viendrons à ce qui est de nostre interest particulier, et sans repeter ce que nous vous remonstrasmes la derniere fois, nous parlerons seullement du prejudice que cest eedict peut apporter à la seureté des rentes.

« Messieurs, nous avons quatre natures de rentes : deux qui sont en party, deux qui sont en recepte. Des deux qui sont en party les payements en ont toujours esté bien faictz selon les reglements qu'il a pleu au Roy d'y establir. Les partisans ont satisfaict à ce qui est de leurs contractz : ceulx du sel ont payé quatre quartiers, ceulx des Aydes trois qui est ce à quoy ils sont obligez. Aux deux qui sont en recepte, il n'y a que desordre et confusion.

« Car pour le regard du Clergé, encor que le Roy ayt assigné ung fond certain, suffisant pour payer quatre quartiers, que les deniers s'en levent tous les ans, et partant qu'il n'y ait aucune apparance qu'il y puisse avoir faute de fonds, neantmoings on n'en paye que trois quartiers et demy ; il en demeure une partye entre les mains du receveur general du Clergé, et de ce qui vient entre les mains de noz receveurs, il y a bien à dire que tout soit employé au courant. Les receveurs comptables trouvent tousjours moyen de faire entrer en la despence quelque partye extraordinaire au prejudice du courant.

« Quant aux receptes generalles, le Roy et Messieurs du Conseil entendent que nous recevions demye année entiere, et disent qu'ils nous en laissent les fondz entiers ; neantmoings nous ne le recevons pas : les receveurs soustiennent qu'il y a faulte de fondz de trente six mil livres par an ; ils nous en ont baillé ung estat. Il y a ung an que nous poursuivons pour le faire veriffier ; nous ne l'avons encores peu faire, quelque diligence que nous y ayons apporté. Ce pendant les années s'escoulent avec ce mancquement, tellement que quand nous l'aurions faict veriffier, le mieulx que nous puissions esperer est que l'on y pourvoye pour l'advenir, sans que l'on nous face aucun remplacement pour ce qui manque des années passées.

« Vous voyez, Messieurs, la difference qu'il y a entre ce qui est en party et ce qui est en recepte. Tout ce qui est en party est bien payé, avec ordre et reigle, et suivant les conventions faictes avec les partizans. Tout ce qui est recepte, mal payé, avec desordre et confusion. Jugez doncq, Messieurs, sy nous n'avons pas grande raison d'incister que les rentes du sel demeurent en l'estat qui se conduit avec l'ordre et la reigle, et empescher, tant que nous pouvons, que l'on les mette en ung autre plein de desordre et confusion.

«Et combien l'experience doive servir de guide en toultes les actions humaines et principallement aux choses de police, neantmoings on nous veut faire croire par discours et subtilité de raisons que ce changement est sans peril et que les receveurs payeront aussy bien que les fermiers.

« Car on dict que l'on laissera fondz aux receveurs non seullement pour le payement des rentes, mais aussy pour tous les fraiz tant des espices, gaiges des receveurs, façons et reddition de comptes, et que les receveurs ne pourront rien coucher en despence pour sallaire de leur commis, ny pour le port et voicture de deniers.

« Mais je demanderois volontiers sy la somme qu'il fault pour les espices, gaiges, façons et reddition de comptes est certaine et limittée, ou sy elle ne l'est pas. Si elle est certaine, pourquoy n'est elle exprimée par l'eedict affin que ceulx qui achepteront les offices sachent à quelles conditions on entend leur bailler, et qu'ils ne soient poinct recepvables à en demander davantage. Sy elle ne l'est poinct, il fault du temps pour l'esclaircir, pendant lequel les receveurs ne laisseront d'entrer en exercice, et ne se soucieront pas de poursuivre leur assignation pour lesdictz fraiz d'aultant qu'ils les prendront sur les premiers deniers et seront bien ayses par ce moyen de n'avoir pas le fondz entier pour le payement des rentes, car se sera lors qu'ils feront mieulx leurs affaires.

« Voyons comment on en a usé aux receptes generalles, et croyons que l'on en usera de mesme au sel, sy ce n'est que l'on allegue quelque raison de différence.

« Le Roy a reiglé le payement des receptes generalles à demie année, comme on reigle celle du sel à quatre quartiers. Qui eust demandé à Messieurs du Conseil s'ils entendoient que, sur les fonds de ceste demye année, on payast les gages, façons et redditions de compte, fraiz de commis, port et voicture de deniers, je crois qu'ils eussent dict que non, et qu'ils entendoient faire fondz à part pour lesdictz fraiz. Je ne doubte pas aussy qu'ils ne nous disent qu'ils entendent faire fondz à tous lesdictz fraiz pour la recepte des rentes du sel, oultre le fondz necessaire pour les quatre quartiers. Mais qu'ont ils faict aux receptes generalles? Ils ont laissé fonds pour le payement de demye année ou à peu près et rien du tout pour le payement de tous lesdictz fraiz, et, à mesure qu'on rachepte des rentes, ils ont retranché nostre fondz sans laisser ce qui revenoit des rachapts pour le remplacement de ce qui mancquoit. Et de faict, à present, ilz ne laissent que deux cens quatre vingtz trois mil tant de livres, encores qu'il soit deu pour demye année IIe IIII^{xx} XI mil livres, tellement que, sur ceste somme qui n'est suffisante pour payer demie année, ils font encore porter XXXVI mil livres qui couste tous les ans pour lesdictz fraiz. Pourquoy croirons nous qu'on face aultrement pour le sel? Que l'on nous allegue une raison de différence.

« Messieurs du Conseil ont ils plus de volonté de nous faire payer quatre quartiers du sel que demye année de receptes generalles?

« Le fondz du sel est il plus suffisant pour payer quatre quartiers que celuy des receptes generalles pour payer demye année?

« Les receveurs nouveaulx du sel apporteront ils plus de diligence pour avoir leur fondz que le receveur des receptes generalles pour avoir le sien?

« Et quand à nous, pourrons nous apporter plus de soing pour faire bailler le fondz pour les fraiz des rentes du sel que nous n'avons faict pour [1] les receptes generalles que nous poursuivons, il y a ung an entier, sans en avoir peu avoir la raison, et sans avoir peu obtenir ung jour seullement pour verifiier sy la faulte du fondz que nous allegons est veritable?

« Mais posons le cas que, des le commancement, Messieurs du Conseil laissent une certaine somme limittée pour le payement desdictz fraiz : il y a grande apparence qu'ilz se reigleront sur les derniers comptes renduz. Or il est certain que les fraiz des comptes monteront quatre fois d'avantage entre les mains des receveurs qu'ilz ne font entre les mains des partisans. Les partisans, qui sont chargez desdictz fraiz, les font les moindres qu'ils peuvent. Les receveurs à qui on taxe quinze solz pour fueillet, sur quoy ils gaignent la moictié ou les deux tiers, les font les plus grands qu'ilz peuvent. Et quant à present on estimeroit lesdictz fraiz des comptes au prix qu'un receveur les peut faire valloir et que l'on en laisseroit le fondz entier, ce ne seroit pas remedier au mal.

« Car l'on ne sçauroit empescher qu'un receveur n'augmente sa despence tous les jours, à cause des divisions des rentes qui se font entre coheritiers ou autrement. Et de faict, les fraiz des comptes du

---

[1] La minute et le registre portent *par*.

.Clergé qui n'estoient, il y a quelque temps, qu'à huit mil livres, sont aujourd'huy à plus de dix mil, d'autant qu'une rente estant divisée, il faut autant de parchemin pour escrire le payement de chacune partie, comme il falloit au paravant la division pour escrire le payement du total. Dont si tost qu'une rente sera divisée, il y aura mancque de fondz, petit ou grand, cela n'importe. Quant il ne mancqueroit qu'un escu, il est certain que le receveur ne le payera pas du sien, il ne payera donc pas à tous les quartiers entiers. Il ne le paiera donc à pas ung, car il ne doibt pas et luy est deffendu de gratifier l'ung plus que l'aultre. Il ne diminuera pas à chacun, au prorata, cela ne se peut faire et jamais n'a encore esté faict. Que fera il doncq? Il payera à tous trois quartiers ou, au meilleur ordre que l'on y puisse apporter, trois quartiers et demy; et le reste il l'employera au payement de vieulx arrerages qu'il achептera à huict pour cent, comme on faict tous les jours sur la place.

«On dira, peut estre, pour remedier à ce des or dre, que vous poyrrez, Messieurs, par vos modifications limiter les frais à une certaine somme que les receveurs ne pourront exceder pour quelque cause ou pretexte que ce soit; que l'on fera recepte et despence separée pour les rentes, et recepte et despence separée pour les frais, sans que l'un puisse avoir rien de commun avec l'autre, ny la despence de l'ung estre prise sur le fonds de l'autre; que deffenses seront faictes aux receveurs, à peine du quadruple, d'employer aucune chose dans leurs comptes, soit pour vieulx arrerages ou autrement, au prejudice du courant; que les receveurs feront les submissions de tout ce que dessus, et mesme de payer les quatre quartiers, tant par devant vous, Messieurs, qu'à l'Hostel de la Ville. Messieurs, touttes ces modifications pourroient apporter quelque esperance de seureté, mais n'estant poinct specifiées dans l'eedit, on les peut oster en ung traict de plume. Nous en avons un exemple bien certain en ce mesme subject.

«Quand on erigea en tiltre d'officeles six receveurs, vousordonnastes, Messieurs, que les recepveurs ne prendroient leurs gaiges que au prorata de ce qu'ilz payeroient. C'estoit une fort bonne caution pour les rendre diligens à faire venir les deniers. Peu de jours apres, lectres par lesquelles ces modifications ont esté levées, tellement que, nonobstant icelles, ilz se font payer de leurs gaiges entiers quant ilz ne recevroient rien du tout. Et de faict, en ung des comptes de l'an 1596 il n'y a que mil escus de recepte actuelle, et ilz n'ont laissé de recevoir leur gaiges entiers.

«On a mis en avant ung aultre moyen de pourvoir à nostre asseurance. C'est de faire prendre les deulx offices à celuy qui a pris le party du sel, et par ce moyen l'on dict que l'on pourroit aussy bien asseurer les rentes du sel, confondant les deux qualitez de partisan et de receveur, comme on a faict celles des Aydes. Mais vous voyez, Messieurs, par la lecture de l'eedict que ce n'est l'intention de ceulx qui l'ont dressé; car, au contraire, tout le pretexte de l'eedict est fondé sur ce que le partisan, à cause des grandes affaires de son party, ne peut vacquer au payement des rentes, tellement que ce qui pourroit plus asseurer nostre payement est osté par cest eedict.

«Il y une aultre consideration, Messieurs, que nous pensons vous debvoir estre representée. Il est bien certain que si le sieur de Condy, qui estoit chargé du payement des rentes, n'a fondz suffisantz pour le payement, que le Roy le doibt remplacer, et on ne nous revocque poinct cela en doubte. On luy a accordé cent mil francs de diminution sur les deux années de sa ferme, que le Roy s'est chargé de nous payer en son acquict. Il se trouvera peut estre qu'outre ladicte somme, il debvra encore plus de cinquante mille francz apres avoir discuté tous ses biens. Ce sont doncq cent cinquante mil livres qui nous seront deubz par le Roy. Ne seroit il pas raisonnable que les deniers provennants de ces deulx receveurs nous feussent affectez pour seureté desdictes sommes? Nous peut on bailler ung fondz plus prompt, plus à nostre bienseance que cestuy là? Car si on dict que les deniers sont destinez à d'aultres, il est aysé de changer les assignations et nous donner celle cy qui est à nostre main et qui procedde de chose nostre, et bailler aux aultres les assignations que l'on nous vent destiner. Mais on ne parle poinct de cela, Messieurs, qui nous faict entrer en soupçon et une deffiance de toutte ceste affaire.

«D'avantaige, Messieurs, comment pourrions-nous estre sans apprehension de voir que l'on achepte le droict de manier notre bien ung prix sy excessif, et que l'on en offre trois cens trente mil livres, pour avoir treize mil livres de gaiges, et encores à la charge de l'entretenement des commis sans aucune taxation? Personne ne faict marché ou il vueille perdre; il n'y a poinct de proportion entre treize mil livres de rente, et trois cens trente mil livres d'achept; ce n'est donc pas seullement ses gaiges que l'on achepte sy cher, mais le droict de prendre sur nous et divertir noz deniers.

«Au commancement que les rentes furent constituées, on nous en bailloit le fondz pour en jouir par noz mains; c'est nostre bien, elles nous appartiennent, comme à vous, Messieurs, appartiennent voz maisons, voz terres, voz rentes sur particuliers. Representez vous, Messieurs, combien vous auriez juste subject de vous plaindre sy le Roy creoit en tiltre d'office des receveurs pour recevoir vostre revenu et puis vous le payer, et que vous vissiez vendre tels offices au denier vingt-cinq ou trente. Ne croiriez vous pas que cela ne se pourroit faire sans une grande diminution de voz biens ?

«Permettez-nous, Messieurs, d'avoir la mesme craincte, qui faict que nous vous supplions de toute nostre affection faire droict sur nostre opposition, et, ce faisant, declarer que vous ne pouvez procedder à la verifiication de ces lettres. C'est tout ce que nous pouvons apporter de nostre part; nous n'avons autre moyen d'empescher le mal que nous prevoyons indubitable que par noz tres humbles supplications. Vous estes les maistres, Messieurs, et pouvez en ordonner ce que bon vous semble. Et, sy apres y avoir apporté tout ce que nous avons peu, l'eedict est verifiié, nous vous supplions, Messieurs, de vous souvenir avecq combien d'instance nous avons persisté en nostre opposition, laquelle au moings nous servira de descharge et empeschera que l'on ne nous puisse rien imputer des desordres qui pourront ensuivre par l'establissement de ces offices de receveurs.»

[*Les lettres d'eedict de creation desdictz deux offices.*]

«LOUIS, par la grace de Dieu roy de France et de Navarre, à tous presens et advenir salut. Ce que nous avons en plus de recommandation est que le maniement et distribution de noz deniers et finances soit faict selon l'ordre porté par noz ordonnances et reiglements; et pour y parvenir avec plus de facilité, lorsque le cas y eschet, de nous ayder des moyens qui sont en usage et establis par les Roys noz predecesseurs, lesquels voyant qu'entre les charges ordinaires de l'Estat les rentes constituées à l'Hostel de nostre bonne ville de Paris, assignées sur nosdictes finances, tenoient ung grand lieu, que le payement d'icelles estoit d'importance et que pour dignement s'en acquitter à leur decharge et au contantement du publicq, ung travail assidu avec ung soing continuel y estoit requis, ont tousjours voulu que ceulx qui en ont esté chargez s'y soient emploiez sans s'occupper à autres affaires, et, en ung temps, donné ceste charge par commission et, en d'autres, pour plus grande seureté des deniers et obliger d'avantaige les particuliers qui en auroient le manyement à l'observation de nosdictes ordonnances, créé et mis en tiltre d'office ledict payement. Et ce dernier ordre n'a changé, sinon pour les rentes assignées sur nos gabelles, lors qu'elles ont esté affermées à ung seul comme, depuis nostre advenement à la couronne, il a esté faict au renouvellement du bail de ladicte ferme adjugée à Maistre Thomas Robin. Mais l'experience nous faisant cognoistre que ce changement nous est prejudiciable et à noz subjects, estant difficile qu'un fermier qui est occuppé au fournissement des greniers et en l'administration des autres choses deppendans de sa ferme pour la faire valloir, et seullement chargé pour peu de temps dudict payement, y puisse garder ledict ordre comme il est requis; l'occasion aussy s'offrant que nous y pouvons donner remede sans que ledict Robin ny aultres ayent subject de plainctes, puisque sondict bail n'a plus de lieu, ayant esté contraincts, pour faire jouir nos dictz subjects de la diminution du prix du sel portée par iceluy, de bailler les generalités y comprises à des particuliers separement, dont mesme celle de Paris, où se faict le plus grand debit, ne se trouve assez forte pour porter seulle avec ses charges ordinaires le fondz du payement desdictes rentes, nous estimons estre necessaire, tant pour la seureté de noz deniers et conservation de noz droictz, que pour la facilité dudict payement et empescher les longueurs et remises dont l'on use en iceluy apres les termes escheuz, de reprendre l'ordre desdictz offices, nonobstant que nosdictes gabelles viennent cy apres estre affermées à ung seul, et faire observer à l'advenir et pour tousjours, audict payement, la mesme forme qui se praticquoit en l'an M V^c IIII^{xx} XV, que les tresoriers generaulx de nosdictes gabelles estoient establiz, et comme il se faict à present en celuy des rentes constituées audict Hostel de Ville, assignées sur nos aydes, receptes generalles et decymes, du tout conforme à nosdictz reiglements. Sçavoir faisons que, de l'advis de la Royne regente nostre tres honnorée dame et mere, des princes de nostre sang et gens de nostre Conseil, avons de nostre plaine puissance et auctorité royalle, par cestuy nostre present eedict perpetuel et irrevocable, creé et erigé, creons et erigeons en tiltre d'office formé deulx offices de noz conseillers receveurs et payeurs des rentes constituées à l'Hostel de nostre ville de Paris assignées sur le revenu de noz gabelles et greniers à sel, pour jouir et user desdictz offices par les pourveuz aux mesmes bonneurs, auctoritez, prerogatives, preeminances, franchises, libertez, exemptions, droictz et previlleges dont jouissent et qui sont attribuées aux receveurs et payeurs des autres rentes constituées audict Hostel de la Ville et assignées sur nos aydes, receptes generalles et decimes par l'eedict de leur creation, et aux gaiges, sçavoir, en année d'exercice, de viii mil livres et, hors icelle, de v mil livres sans qu'ilz puissent pretendre aucune taxation, soit pour l'entretenement de leur commis ou autrement, n'estants subjectz à aucuns fraiz pour le recouvrement ny port et voicture de deniers, pour ce que les fermiers de nos gabelles sont obligez de payer le prix de leur ferme en cestedicte Ville; à prendre lesdictz gaiges sur les deniers de nosdictes gabelles, dont nous ferons delivrer par chacun an le fondz es mains de celuy desdictz payeurs qui sera en exercice, et sans que, pour raison desdictz gaiges, il soit aulcune chose diminué du fondz desdictes rentes dont le payement commancera à estre faict par celuy desdictz recepveurs et payeurs qui entrera andict exercice au premier jour d'Octobre prochain. Et à ceste fin recepvront les deniers affectez ausdictes rentes aux termes accoustumez par les mains desdictz fermiers de nosdictes gabelles sur lesquels le fondz est assigné, et continueront ledict payement de quartier en quartier sur les registres des constitutions qui leur seront pour ce baillez par les Prevost des Marchans et Eschevins de nostre bonne ville de Paris et suivant l'ordre prescript par les reiglemens sur ce faictz pour la seureté et facilité dudict payement au contantement du public; à la charge aussy de rendre compte du manyement de leur charge par chacun an en nostredicte Chambre des Comptes en la maniere accoustumée; leur permettant de faire et dresser leursdictz comptes ainsy que les aultres payeurs desdictes rentes, pour les espices, façon et reddition desquelz comptes sera faict et laissé fondz ausdictz receveurs dedans l'estat de nosdictes gabelles, ainsi que pour lesdictes rentes et leursdictz gaiges, et seront tenus, auparavant que d'entrer en exercice, bailler bonne et suffisante caution jusques à la somme de xx mil livres. Si donnons en mandement à noz amez et feaulx conseillers les gens de noz Comptes à Paris que cestuy nostre present eedict ils facent lire, publier et enregistrer, et du contenu en icelluy jouir et user les pourveuz ausdictz offices, plainement et paisiblement, cessans et faisant cesser tous troubles et empeschemens au contraire. Mandons en oultre à noz chers et bien amez les Prevost des Marchans et Eschevins de nostre bonne ville de Paris qu'ils facent pareillement enregistrer au greffe de ladicte Ville cesdictes presentes, et le contenu en icelles garder et observer de poinct en poinct, selon leur forme et teneur, contraignant à ce faire, souffrir et obeyr tous ceulx qui pour ce seront à contraindre. Car tel est nostre plaisir. Et affin que ce soit chose ferme et stable à tousjours, nous avons faict mettre notre scel à cesdictes presentes.

«Donné à Paris, au moys d'Aoust, l'an de grace mil six cens treize, et de nostre regne le quatriesme.»

Signé: «LOUYS», et sur le reply: «par le Roy estant en son Conseil, la Royne Regente sa mere presente, DE LOMENYE». Et à costé: «Visa». Et scellé du grand sceau de cire verte en lacqs de soye rouge et verte.

[*Arrest de la Chambre pour la communicquation à la Ville dudict eedict.*]

«Sur les lettres pattentes du Roy en forme d'eedict, données à Paris au present moys d'Aoust, signées: «LOUYS» et sur le reply: «par le Roy estant en son Conseil, la Royne regente sa mere presente, DE LOMENYE», par lesquelles et pour les causes y contenues, Sa Majesté a créé et érigé en tiltre d'office formé deux offices de conseillers recepveurs et payeurs des rentes contituées à l'Hostel de Ville de Paris assignées sur le revenu general de ses gabelles et greniers à sel, aux honneurs, auctoritéz, preeminances et exemptions dont jouissent les receveurs et payeurs des autres rentes constituées au dict Hostel de Ville et aux gaiges, sçavoir, en année d'exercice, de viii mil livres, et, hors iceluy, de v mil livres, et sans aucunes taxations, ainsy qu'il est plus au long contenu par lesdictes lettres. Veu lesquelles par la Chambre, conclusions du Procureur general du Roy, et tout considéré, la Chambre a ordonné et ordonne lesdictes lettres d'eedict estre communicquées aux Prevost des Marchans et Eschevins de ceste ville de Paris pour donner advis à ladicte Chambre de la commodité et incommodité de ladicte creation, pour, ce faict, estre procedé sur lesdictes lettres ainsy que de raison.

«Faict le treiziesme jour d'Aoust mil six cens treize.»

Et plus bas est escript: «Extraict des registres de la Chambre des Comptes.»
Signé: «BERTHELIN».

[*Assemblée de la Ville sur le subject dudict eedict de creation.*]

Du jeudi vingt deuziesme jour d'Aoust mil six cens treize.

En l'assemblée de Messieurs les Prevost des Marchans, Eschevins et Conseillers de ladicte Ville ledict jour tenue au Bureau d'icelle pour deliberer sur l'eedict de la creation et erection de deux offices de receveurs et payeurs des rentes de ladicte Ville assignées sur le sel, envoyé à ladicte Ville par

37.

Nosseigneurs de la Chambre des Comptes, sont comparus :

Monsieur de Grieu, sieur de Sainct Aubin, conseiller en Parlement, Prevost des Marchans,

Monsieur Desprez, Monsieur Merault, Monsieur Desneulx, Monsieur Clapisson, Eschevins;

Monsieur de Marle, sieur de Versigny;
Monsieur le President Aubry;
Monsieur Prevost, sieur de Mallassize;
Monsieur Sanguin, sieur de Livry, conseiller en la Cour;
Monsieur Le Prestre, conseiller en la Cour;
Monsieur Le Clerc, conseiller en la Cour;
Monsieur Amelot, maistre des Comptes;
Monsieur Arnault, advocat;
Monsieur Abelly;
Monsieur Lamy;
Monsieur Potier, sieur d'Ecquevilly;
Monsieur de Sainct Germain;
Monsieur Sainctot, Conseillers de ladicte Ville.

La compagnie estant assemblée, mondict sieur le Prevost des Marchans a remonstré que le Roy par son eedict du present moys d'Aoust, pour les causes et considerations y contenues, a créé et erigé deux offices de receveurs et payeurs des rentes de ladicte Ville assignées sur le sel, qui est adressant tant à Nosseigneurs de la Chambre des Comptes que à ladicte Ville, lequel ayant esté porté à ladicte Chambre, par arrest d'icelle du treiziesme de ce moys elle a ordonné qu'il nous seroit communicqué pour en donner advis à icelle Chambre; c'est pourquoy il a faict assembler ceste compagnie, requerant en voulloir deliberer.

Sur quoy, lecture faicte desdictes lettres d'eedict données à Paris aumoys d'Aoust an present mil six cens treize, signé : «LOUYS», et sur le reply : «par le Roy, la Royne regente sa mere presente, DE LOMENVE», et ouy le Procureur du Roy de ladicte Ville, l'affaire mise en deliberation, a esté arresté et conclud de s'opposer par ladicte Ville, par devant nos seigneurs de la Chambre des Comptes, à la verification desdictes lettres d'eedict, et empescher la creation desdictz offices pour les causes, raisons et moyens qui seront representées tant de vive voix que par escript.

[*Aultre assemblée de la Ville sur des lettres de jussion pour le mesme subject.*]

«Monsieur..., plaise vous trouver demain, quatre heures de relevée, au Bureau de la Ville pour deliberer sur les lettres de jussion pour la verification de l'eedict de creation de deux offices de receveurs et payeurs des rentes assignées sur le sel, à nous envoyées par Nosseigneurs de la Chambre des Comptes. Vous priant n'y voulloir faillir.

«Faict au Bureau de la Ville, le mardy dixseptiesme jour de Septembre mil six cens treize.

«Les Prevost des Marchans et Eschevins de la ville de Paris, tous vostres.»

Pareil mandement envoyé à chacun de Messieurs les Conseillers de Ville.

Du meccredy dix huictiesme jour de Septembre mil six cens treize.

En l'assemblée de Messieurs les Prevost des Marchans, Eschevins et Conseillers de ladicte Ville ledict jour tenue au Bureau d'icelle pour deliberer sur les lettres pattentes du Roy en forme de jussion, addressantes à Nosseigneurs de la Chambre des Comptes pour verifiier l'eedict de la creation de deux offices de receveurs et payeurs des rentes assignées sur le sel, ordonnées nous estre communicquées par arrest de Nosseigneurs des Comptes du dixseptiesme jour du present moys, sont comparuz :

Monsieur de Grieu, sieur de Sainct Aubin, conseiller en Parlement, Prevost des Marchans;

Monsieur Desprez, Monsieur Merault, Monsieur Desneux, Monsieur Clapisson, Eschevins;

Monsieur le President de Boullancourt, Monsieur le President Aubry, Monsieur Marescot, maistre des Requestes, Monsieur Sanguyn, sieur de Livry, conseiller en la Cour, Monsieur Le Prestre, conseiller en la Cour, Monsieur Amelot, maistre des Comptes, Monsieur de Sainct Germain, Monsieur Sainctot, Conseillers de la Ville.

Lecture faicte desdictes lettres de jussion données à Paris, le seiziesme du present moys, signées : «LOUYS», et plus bas : «par le Roy, la Royne regente sa mere presente, DE LOMENYE», et scellées sur simple queue de cire jaulne, ensemble des causes d'opposition formées par ladicte Ville à la veriffication dudict eedict dattées du sixiesme dudict present moys, et l'affaire mise en deliberation, a esté arresté de percister par ladicte Ville ausdictes causes d'opposition, et, à ceste fin, que mesdictz sieurs les Prevost des Marchans et Eschevins et aulcuns desdictz sieurs Conseillers de la Ville se transporteront en ladicte Chambre des Comptes pour le faire entendre ausdictz sieurs des Comptes, tant de vive voix que par escript, pour empescher la veriffication desdictes lettres.

Et le lundy vingt troisiesme jour dudict mois de Septembre mil six cens treize, de relevée, mesdictz sieurs les Prevost des Marchans, Eschevins, Procureur du Roy et Greffier de ladicte Ville sont allez en ladicte Chambre des Comptes où ils ont percisté en leurs causes d'opposition à la veriffication dudict eedict, mesmes mondict sieur le Prevost des Marchans a faict remonstrance fort ample à mesdictz sieurs des Comptes, contenant les moyens de ladicte Ville pour empescher que ledict eedict n'ayt lieu, et particulierement cotté le grand interest d'icelle Ville et desdictz particuliers rentiers s'il avoit lieu, et oultre a esté laissé par escript l'arresté de ladicte assemblée :

«Les Prevost des Marchans et Eschevins de Paris qui ont veu, avec le Conseil de ladicte Ville assemblé, les lettres pattentes du Roy en forme de jussion données à Paris le seiziesme jour du present moys de Septembre signées : «LOUYS», et au dessoubs, «par le Roy, la Royne regente sa mere presente, DE LOMENYE», et scellées du grand scel de cire jaulne addressantes à Nosseigneurs de la Chambre des Comptes pour veriffier l'eedict de la creation de deulx offices de receveurs et payeurs des rentes de ladicte Ville assignées sur le sel, ordonnées leur estre communicquées par arrest de nosdictz seigneurs des Comptes du dixseptiesme dudict present moys,

«Declarent qu'ils percistent aux causes d'opposition par eulx formées le seiziesme dudict present moys à la veriffication dudict eedict, et supplient nosdictz seigneurs de la Chambre des Comptes ne voulloir entrer en la veriffication et entherinement d'icelluy eedict, pour les causes, raisons et moyens portés par leursdictes causes d'opposition et autres qui seront representées de bouche ausdictz sieurs par ladicte Ville.

«Faict au Bureau de ladicte Ville, le meccredy dix huictiesme jour de Septembre mil six cens treize.»

CCCV. — Arrest de la Chambre
sur ledict subject.
1ᵉʳ octobre 1613. (Fol. 168 v°.)

«Sur les lettres patentes du Roy données à Fontainebleau le vingt sixiesme jour de Septembre dernier, signées : «LOUYS», et plus bas : «par le Roy estant en son Conseil, la Royne regente sa mere presente, DE LOMENYE», par lesquelles Sa Majesté apres avoir faict voir en sondict Conseil l'arrest de ladicte Chambre du vingt cinquiesme dudict moys de Septembre, par lequel elle auroit ordonné qu'oultre son arrest du seiziesme dudict moys intervenu sur l'eedict de creation des deulx offices de conseillers receveurs et payeurs des rentes constituées à l'Hostel de ceste ville de Paris, assignées sur le revenu des gabelles, du moys d'Aoust dernier, portant refuz de le veriffier, tiendroit, mande, ordonne, et enjoinct tres expressement à ladicte Chambre que, sans s'arrester audict arrest, et nonobstant les remontrances et oppositions des Prevost des Marchans et Eschevins ausquelles Sadicte Majesté ne veult ladicte Chambre avoir aucun esgard, comme faictes contre son service et le bien et utilité de ses subjects interessez au payement desdictes rentes, elle ayt à proceder à la veriffication et enregistrement dudict eedict, tous affaires cessans et postposez, selon sa forme et teneur, sans attendre de Sadicte Majesté ny de ladicte dame Royne aultre plus expres commandement; enjoignant à son Procureur general de poursuivre incessamment et sans discontinuation l'entherinement desdictes lettres, ainsy qu'il est plus au long contenu par icelles. Veu lesquelles, ledict eedict, arrest et jussion sur icelluy, le tout y attaché soubs le contrescel, causes d'opposition et remonstrances desdictz Prevost des Marchans, lettres de cachet du Roy dudict jour vingt sixiesme Septembre dernier, conclusions du Procureur general du Roy, et tout consideré, la Chambre, avant proceder à la veriffication dudict eedict, a ordonné et ordonne que lesdictz Prevost des Marchans et Eschevins se retireront par devers le Roy et la Royne regente sa mere, pour estre ouys en leurs tres humbles remonstrances, et pourveu sur leur opposition.

«Faict le premier jour d'Octobre mil six cens treize.»

«Extraict des registres de la Chambre des Comptes.»
Signé : «BOURLON».

CCCVI. — Lettres de cachet du Roy
addressantes à Messieurs de la Ville pour aller
trouver Sa Majesté à Fontainebleau
sur le subject dudict eedict de création.
2 octobre 1613. (Fol. 169 v°.)

De par le Roy.

«Noz chers et bien amez. Les gens de noz Comptes vous ayant renvoyé vers nous par leur arrest du premier jour de ce moys, pour vous oyr et pourveoir sur les remonstrances et opposition que leur avez faictes contre la creation des deux payeurs des rentes assignées sur les deniers de noz gabelles, ordonnez par nostre eedict du moys d'Aoust dernier, et pour ce que la verification dudict eedict est necessaire et pressée, affin de promptement donner ordre que le payement desdictes rentes soit faict au bien et contantement du publicq et seureté de noz deniers. A ces causes, nous voullons que trois d'entre vous seullement nous viennent trouver en ce lieu, dans lundy prochain, pour nous faire entendre et à la Royne regente, nostre tres honnorée dame et mere, vosdictes remonstrances et causes d'opposition, affin de vous y pourvoir ainsy que verrons raisonnable, ce que debvez attendre de nous comme ayant ung esgal soing d'asseurer noz deniers et faire que noz subjectz sont payez de leursdictes rentes apres les quartiers expirez, sans remise ny divertissement. Et où, soubz pretexte de quelques considerations, vous differeriez de nous venir trouver dans ledict jour, nous serons contraincts, veu l'importance de cest affaire, de mander ausdictz gens de noz Comptes de proceder à la verifification de cest eedict sans s'arrester à leurdict arrest, ou autrement y pourvoir, ainsy que nous verrons la necessité de nos affaires et bien de nos subjects le requerir. Et pourtant n'y faictes faulte. Car tel est nostre plaisir.

« Donné à Fontainebleau, ce deuxiesme jour d'Octobre mil six cens treize. »

Signé : « LOUYS », et plus bas : « DE LOMENIE ».

Et sur l'inscription est escript : « A noz tres chers et bien amez les Prevost des Marchans et Eschevins de nostre bonne ville de Paris. »

Et cacheptée de cire rouge.

CCCVII. — ASSEMBLÉE SUR LESDICTES LETTRES.

5 octobre 1613. (Fol. 170.)

« Monsieur..., plaise vous trouver demain, deux heures de relevée, au Bureau de la Ville pour entendre la lecture des lettres missives à nous envoyées par le Roy touchant l'eedict de creation de deulx offices de recepveurs et payeurs des rentes du sel, et pour adviser ad ce qui est à faire sur ce subject. Vous priant n'y voulloir faillir.

« Faict au Bureau de la Ville, le vendredy quatriesme Octobre mil six cens treize.

Les Prevost des Marchans et Eschevins de la ville de Paris, tous vostres. »

Pareil envoyé à chacun de Messieurs les Conseillers de ladicte Ville.

Du samedy cinquiesme jour d'Octobre mil six cens treize.

En l'assemblée de Messieurs les Prevost des Marchans, Eschevins et Conseillers de ladicte Ville, ledict jour tenue au Bureau d'icelle pour entendre la lecture des lettres de cachet à nous envoyées par le Roy touchant l'eedict de creation de deux offices de receveurs et payeurs des rentes du sel, et pour adviser à ce qui est à faire sur ce subject, sont comparuz :

Monsieur de Grieu, sieur de Sainct Aubin, conseiller en Parlement, Prevost des Marchans;

Monsieur Desprez, Monsieur Merault, Monsieur Desneux, Monsieur Clapisson, Eschevins ;

Monsieur Prevost, sieur de Mallassize, conseiller en Parlement, Monsieur Amelot, maistre des Comptes, Monsieur Pothier, sieur de Quevilly, conseillers de ladicte Ville.

Et voulant par mondict sieur le Prevost des Marchans representer à la compagnie les causes de ladicte assemblée, lesdictz sieurs Conseillers de la Ville ont dict qu'ils ne pouvoient opiner d'autant qu'ils n'estoient nombre suffisant et qu'il falloit du moings estre le tiers.

Sur quoy mondict sieur le Prevost des Marchans leur a remonstré qu'il estoit besoing leur faire entendre la lecture des lettres de cachet que le Roy avoit envoyées, pour, ce falct, adviser ad ce que l'on auroit à faire. Et sur ce, mondict sieur le Prevost a remonstré à ladicte compagnie que à la verification de l'eedict de la creation de deux offices de recepveurs et payeurs des rentes assignées sur le sel la Ville s'est opposée à la Chambre des Comptes et fourny leurs causes d'opposition au moyen desquelles nosdictz sieurs des Comptes n'ont verifiié iceluy. Depuis, Sa Majesté a envoyé ses lettres de jussion à ladicte Chambre pour ladicte verifification, lesquelles ont esté communicquées à ladicte Ville, de l'ordonnance de ladicte Chambre. Sur lesquelles ayant assemblé le Conseil de ladicte Ville, auroit esté arresté de persister auxdictes causes d'opposition et que ladicte Ville yroit en ladicte Chambre y faire remonstrance, tant de vive voix que par escript. Ce qui avoit esté faict. Sur lesquelles lettres nosdictz sieurs des Comptes auroient encore ordonné ne pouvoir entrer en la verification dudict eedict.

De quoy Sa Majesté advertye, a derechef envoyé à ladicte Chambre d'autres lettres de jussion, sur lesquelles iceulx sieurs des Comptes auroyent ordonné, avant que procedder à la verification dudict eedict, que lesdictz Prevost des Marchans et Eschevins se retireroient par devers le Roy et la Royne regente sa mere, pour estre oïz en leurs tres humbles remonstrances et pourveu sur leur opposition.

Dont Sa Majesté estant advertye, a envoyé ses lettres de cachet à ladicte Ville, portant commandement à trois de nous pour l'aller trouver en cour à Fontainebleau, lundy prochain, pour faire lesdictes remonstrances et les faire entendre à la Royne regente sa mere. C'est pourquoy il avoit anssy tost faict expedier mandement à tous messieurs les Conseillers de ladicte Ville pour se trouver en la presente assemblée, requerant voulloir adviser à ce qui est à faire sur ce subject et en donner advis.

Sur quoy, lecture faicte desdictes lettres de cachet données à Fontainebleau le deuxiesme du present moys, signées : «LOUYS», et au dessoubs : «DE LOMENYE»; et ayant par mondict sieur le Prevost des Marchans mis l'affaire en deliberation, lesdictz sieurs de Mallassize et Amelot auroient percisté en ce qu'ils auroient dict cy dessus et qu'ils ne pouvoient oppiner, estant trop petit nombre de Conseillers.

Et par le surplus de la compagnie a esté resolu de percister aux causes d'opposition par la Ville cy devant formée, et que pour icelles faire entendre à Sadicte Majesté et suivant lesdictes lettres de cachet trois desdictz sieurs de la Ville seroient deputez pour aller en cour à Fontainebleau trouver leurs Majestez, pour leur faire tres humbles remonstrances sur leurs causes d'opposition et leur representer le grand et notable interrest que la Ville et les particuliers rentiers auroient si ledict eedict avoit lieu, et supplier Leursdictes Majestez de le voulloir revocquer.

Apres laquelle deliberation, se sont lesdictz sieurs Conseillers de la Ville retirez, et à l'instant mondict sieur le Prevost des Marchans et messieurs Desprez et Desneux, Eschevins, ont esté priez de prendre la peine d'aller en court trouver Leursdictes Majestez pour l'effect que dessus.

CCCVIII. — ADVIS POUR LE SIEUR DE LOMENYE TOUSCHANT LE BASTEAU DE JOIGNY [AVEC L']ARREST DU CONSEIL AU PROFFICT DE MAISTRE JEHAN DE BIEZ POUR L'ESTABLISSEMENT D'UNG BASTEAU VIVANDIER À JOIGNY [ET LES] LETTRES DU ROY SUR L'ESTABLISSEMENT DUDICT BASTEAU.

5 octobre 1613. (Fol. 171 v°.)

Extraict des Registres du Conseil d'Estat:

«Sur la requeste presentée au Roy en son Conseil par le sieur de Lomenye, conseiller et controleur de la maison de Monsieur le Daulphin, subrogé au lieu de Maistre Jehan de Biez, tendant ad ce que suivant et conformement à l'advis des Prevost des Marchans et Eschevins de la ville de Paris, donné à Sa Majesté suivant l'arrest du Conseil du dixneufiesme Juillet dernier, il pleust à Sadicte Majesté permettre audict suppliant de faire establir, pour la commodité et usage du publicq, ung coche ou basteau de voicture en la ville de Joigny sur Yonne, pour descendre certain jour la sepmaine en la ville de Paris et remonter de mesme audict Joigny, chargé de touttes sortes de marchandises, à l'instar de ceulx de Melun et Corbeil. Veu ladicte requeste; le placet presenté au Roy par ledict de Biez ad ce que pour la commodité publicque il fenst estably ung basteau ou coche de voicture de la ville de Joigny à Paris, du dernier Octobre mil six cens sept, renvoyé par Sa Majesté à son Conseil pour luy donner advis; arrest du Conseil du dixneufiesme Juillet mil vi° huict, par lequel auroit esté ordonné que ledict placet sera communicqué au Prevost des Marchans et Eschevins, lesquelz leur donneront et envoyeront leur advis sur le contenu en iceluy, et rapporté au Conseil estre ordonné sur l'establissement dudict basteau ce qu'il appartiendra; l'advis desdictz Prevost des Marchans et Eschevins contenant qu'ils sont d'advis, soubs le bon plaisir de Sa Majesté, que ledict basteau ou coche soit establty de moyenne grandeur, pour mener et voicturer indifferemment touttes sortes de personnes et marchandises de Paris à Joigny et de Joigny à Paris, tant en hiver qu'en esté, à certain jour de la sepmaine, du xxiiii° Juillet dernier; la subrogation dudict de Biez, du trantiesme jour desdictz moys et an : le Roy en son Conseil a ordonné qu'il pourra estre estably ung basteau de voicture audict Joigny aux conditions portées par l'advis des Prevost des Marchans et Eschevins de ceste ville de Paris.

«Faict au Conseil d'Estat du Roy tenu à Paris, le dixseptiesme jour de Septembre mil six cens neuf[1].»

Ainsy signé : «FAYET».

«LOUIS, par la grace de Dieu Roy de France et de Navarre, à noz tres chers et bien amez les Prevost des Marchans et Eschevins de nostre bonne ville de Paris et au Prevost d'Auxerre ou son Lieutenant, ou au plus proche juge royal de Joigny sur ce premier requis, salut. Jehan de Biez ayant cy devant proposé au feu Roy, nostre tres honnoré seigneur et pere que Dieu absolve, pour la commodité publicque, l'establissement d'ung coche ou basteau de voicture en la ville de Joigny sur Yonne pour descendre certain jour de la sepmaine en nostredicte ville de Paris et remonter audict Joigny, chargé de toutes sortes de personnes et marchandises, il en auroit renvoyé le placet en son Conseil, auquel par arrest du dixneufiesme Juillet mil vi° huict, auroit esté ordonné que ledict placet seroit communicqué à vous, Prevost des Marchans et Eschevins, pour avoir sur iceluy vostre advis. A quoy vous auriez satisfaict par acte du xxiiii° Juillet mil vi° neuf; et en suitte de ce, par aultre arrest de nostredict Conseil du xvii° Septembre ensuivant, auroit esté ordonné qu'il pouvoit estre estably ung basteau de voicture audict Joigny, aux conditions portées par votre advis, cy avec les susdictz arrests et autres pieces attachées soubs le contrescel de nostre Chancellerie. A ceste cause, voullans contribuer tout ce qu'il nous sera possible à ce qui est de la commodité de noz subjects et du bien publicq, et desirant par mesme moyen gratifier et favorablement traicter nostre amé et feal conseiller et secretaire Maistre Charles de Lomenye, subrogé et ayant les droictz ceddez dudict de Biez, ainsy qu'il nous est apparu par l'acte aussy cy attaché, en consideration des bons et fidels services qu'il nous a cy devant renduz et qu'il continue chacun jour : Nous conformement à vosdictz advis et aux susdictz arrests de notre Conseil, et de l'advis de la Royne regente nostre tres honnorée dame et mere, luy avons permis et permettons par ces presentes signées de nostre main d'establir audict Joigny ung basteau ou coche de grandeur convenable pour en iceluy faire mener et voicturer indifferemment toutes personnes et marchandises, de Paris à Joigny et dudict Joigny à Paris, en tout temps, soit hiver ou esté, lequel partira le vendredy à neuf heures du matin dudict Joigny, et arrivera à Paris le lundy ensuivant à cinq heures du soir, pour en repartir le meccredy à neuf heures du matin et ariver audict Joigny à pareille heure le lundy ensuivant, ou à tels autres jours et heures que vous prescrirez et trouverez plus propres et convenables. Et pour cest effect, le voicturier sera tenu d'avoir deux basteaulx qui feront le voyage de sepmaine en sepmaine, l'ung apres l'aultre, sans qu'ils puissent partir ensemblement, ains en demeurera tousjours ung audict Joigny pour partir quant l'autre arrivera. Pour quoy faire il pourra faire prendre et luy avons attribué assavoir, pour chacune personne venant dudict Joigny à Paris vingt cinq solz, et vingt sept solz six deniers pour remonter de Paris à Joigny, vingt cinq solz tournois pour la voicture de chacun muid de vin ou verjus, vingt solz pour chacun baril de salines, vingt cinq solz tournois pour la voicture de chacun cent de molues en pille, et quarante sols tournois pour chacun cent pesant de valises, bardes, argent ou pacquets, et de toutes autres choses et marchandises à l'equipollent, sans en ce comprendre les hardes que les personnes auront lesquelles seront portées franchement jusques au poids de quatre livres pour chacun. Et affin que les deniers et autres choses precieuses puissent estre en seureté, le voicturier sera tenu d'avoir dans ses basteaulx de bons coffres fortz et de bailler bonne et suffisante caution par devant vous, pour l'asseurance desdictz deniers et marchandises qui luy seront baillés à voicturer, à peyne de tous despens, dommages et interrestz. Comme aussy, à ce qu'il ne puisse estre innové auculne chose en ce qui est prescript cy dessus, nous voullons qu'il en soit mis ung tableau ou pancarte au lieu le plus esminent du port dudict Joigny. A la charge touttefois que le present establissement de basteau ne pourra oster ny empescher la liberté aux mariniers et tous autres qui vouldront charger et voicturer, sinon aux veilles et jours que ledict basteau debvra partir dudict Joigny et apres icelluy desmarré et les chevaulx au traict, à condition aussy que le voicturier d'iceluy sera tenu de partir et arriver aux jours et heures dessusdictes, chargé ou non chargé, à peyne de tous despens, dommages et interrests[2]. Pour d'iceluy basteau et des revenus et esmolumens qui en proviendront jouir et user par ledict de Lomenye, ses hoirs, successeurs et ayans causes; et ce pendant et durant le temps de quarente années suivantes et consecutives, à commancer du jour dudict establissement pour apres estre renny et incorporé à l'augmentation de nostre domayne. Sy vous mandons et à chacun de vous endroict soy tres

---

[1] Cet arrêt, dont la minute est conservée au folio 160 du volume E 23ᴬ des Archives nationales, a déjà été signalé au tome XIV, p. 371, note 4, à propos de l'avis du Bureau du 24 juillet 1609, inséré à cette date dans les registres de la Ville.

[2] Ces conditions sont celles qui avaient été fixées pour le bail du coche d'eau de Sens en 1607 (t. XIV, p. 194-195).

expressement enjoignons que vous ayez à proceder à l'establissement dudict basteau, conformement audict advis, et de tout le contenu cy dessus faire jouir ledict de Lomenye, ou ceulx qui de luy auront droict et pouvoir en ce, sans permettre qu'il y soit mis ou donné anloun trouble ou empeschement, nonobstant oppositions ou appellations quelconques, desquelles nous avons retenu et reservé à nous et à nostre Conseil la cognoissance, et icelle interdicte et deffendue à tous autres juges quelconques. Car tel est notre plaisir.

«Donné à Paris le dernier jour d'Aoust, l'an de grace mil six cens treize et de nostre regne le quatriesme.»

Ainsy signé : «LOUYS. Par le Roy, la Royne regente sa mere presente, PHELIPPEAULX.» Et scellée du grand scel de cire jaulne.

«Les Prevost des Marchans et Eschevins de la ville de Paris qui ont veu les lettres pattentes du Roy données à Paris le dernier jour d'Aoust dernier, signées : «LOUIS», et au dessoubs : «par le Roy, la Royne regente sa mere presente, PHELIPPEAULX», et scellée sur simple queue de cire jaulne, obtenues par Maistre Charles de Lomenye, conseiller et secretaire de Sa Majesté, subrogé et ayant les droicts ceddez de Jehan de Biez, à nous adressantes, par lesquelles Sa Majesté, pour les causes et considérations y contenues, a permis audict sieur de Lomenye d'establir à Joigny ung basteau ou coche de grandeur convenable, pour en iceluy faire mener et voicturer indifferemment touttes personnes et marchandises de Paris à Joigny et dudict Joigny à Paris, en tout temps, soit hiver ou esté, lequel partira le vendredy à neuf heures du matin dudict Joigny et arivera à Paris le lundy ensuivant à cinq heures du soir, pour en repartir le meccredy à neuf heures du matin, et ariver audict Joigny à pareille heure le lundy ensuivant, ou à tels autres jours et heures qu'il sera par nous prescript. Et pour cest effect, le voicturier sera tenu avoir deux basteaulx qui feroient le voyage de sepmaine en sepmaine l'ung après l'autre, ains qu'ils puissent partir ensemblement, ains en demeurera toujours un audict Joigny pour partir quant l'autre arrivera. Pour quoy faire il pourra prendre, et luy a Sa Majesté attribué, pour chacune personne venant dudict Joigny à Paris vingt cinq solz, et vingt sept solz six deniers pour remonter de Paris audict Joigny, XXV s. pour la voicture de chacun muid de vin ou verjus, vingt sols pour chacun baril de saline, vingt cinq solz pour chacun cent de mouslue en pille, et quarante solz pour chacun cent pesant de vallizes, hardes, argent ou pacquets, et de touttes autres choses et marchandises à l'esquipollent, sans en ce comprendre les hardes que les personnes auront, lesquelles seront portées franchement jusques au poids de quatre livres pour chacune. Lequel voicturier sera tenu avoir dans ses basteaulx de bons coffres fortz et de bailler bonne et suffisante caution par devant nous pour l'asseurance desdictz deniers et marchandises ainsi que plus au long le contiennent lesdictes lettres; veu aussy l'advis donné à Sa Majesté par noz predecesseurs Prevost des Marchans et Eschevins de ladicte Ville, le vingt quatriesme jour de Juillet mil six cens neuf, pour l'establissement dudict basteau, par lequel entre autres choses Sa Majesté est supplyée tres humblement renvoyer ledict de Biez par devers eulx pour prendre lettres de provision, bailler caution et autres charges necessaires pour ledict establissement, attendu qu'il est question de navigation dont la cognoissance nous appartient; arrest de Nosseigneurs du Conseil du dix septiesme Septembre audict an mil six cens neuf intervenu sur ledict advis, par lequel Sa Majesté ordonne qu'il pourra estre estably ung basteau de voicture audict Joigny, aux conditions portées par ledict advis; la requeste à nous presentée par ledict sieur de Lomenye, le vingtiesme Septembre dernier, tendant ad ce qu'il nous pleust ordonner lesdictes lettres estres registrées au greffe de ladicte Ville, pour jouir par luy du contenu en icelles et proceder à l'establissement dudict basteau, dont celuy qu'il commettoit pour en faire la voicture bailleroit par devant nous bonne et suffisante caution; conclusions du Procureur du Roy de ladicte Ville, auquel le tout a esté communicqué, et tout considéré :

«Declarent qu'ils ne peuvent procedder à l'enregistrement desdictes lettres et neantmoings ordonné que, se pourvoyant par ledict sieur de Lomenye suivant ledict advis de noz predecesseurs ledict jour vingt quatriesme Juillet mil six cens neuf et arrest de Nosseigneurs du Conseil du dixseptiesme Septembre ensuivant, luy sera pourveu [1].

«Faict au Bureau de ladicte Ville, le samedy cinquiesme jour d'Octobre mil six cens treize.»

---

[1] Si le Bureau ne voulut point enregistrer les lettres du Roi obtenues par Charles de Loménie, c'est évidemment parce qu'il les considérait comme contraires aux droits de la Ville. Dans l'avis donné le 24 juillet 1609, les membres du Bureau avaient comme ils le rappellent ici, supplié le Roi de renvoyer le solliciteur «pardevers eulx pour prendre lettres de provision, bailler caution et autres charges necessaires pour ledict establissement, attendu qu'il est question de navigation dont la cognoissance nous appartient». Ils se refusèrent donc à admettre un acte où le Roi donnait en son nom ces provisions et spécifiait qu'à l'expiration de la concession

CCCIX. — Ordonnance touchant les fontaines
de Rongis.

11 octobre 1613. (Fol. 174 v°.)

*De par les Prevost des Marchans et Eschevins
de la ville de Paris.*

«Il est ordonné que dedans trois jours Jehan Coing, maistre maçon à Paris et entrepreneur des bastimens et ouvraiges des fontaines de Rongis, nous presentera au Bureau de ladicte Ville homme suffisant et solvable pour estre caution pour luy au lieu de feu Jonas Robelin qui est decedé, et qui s'estoit obligé avec autres pour ledict Coing de la somme de sept vingtz dix mil livres tournois. Autrement et à faulte de ce faire et lesdictz trois jours passez, y sera pourveu.

«Faict au Bureau de ladicte Ville, le vendredy unziesme jour d'Octobre mil six cens treize.»

CCCX. — Deffence d'aller
audevant des marchants de cidres
pour les achepter.

12 octobre 1613. (Fol. 175.)

«Sur la remonstrance à nous faicte au Bureau de la Ville par le Procureur du Roy d'icelle que, combien que par les ordonnances il soit expressement deffendu à touttes personnes tant marchans que autres, quand ils auront chargé des marchandises, vivres et daurées pour amener en ceste Ville, de les vendre ny descharger en chemyn, ains les amener directement vendre aux places publicques et accoustumées, à peine de forfaicture, ce neantmoings il a recen plusieurs plainctes de ce que, au lieu par les marchans de citres d'amener vendre leur citre à la Greve, ils s'arrestent es faulxbourgs de cestedicte Ville ou en autres lieux, où ils le vendent à des regrattiers qui vont au devant d'eulx, à quoy est besoing pourvoir, requerant deffences estre faictes de vendre ny achepter dudict citre ailleurs que es dites places publicques, à peine de confiscation, d'amande arbitraire et de prison. Nous, faisant droict sur le requisitoire dudict Procureur du Roy de ladicte Ville, avons enjoinct et enjoignons à tous marchans roulliers ou autres personnes ayant chargé des citres dans leurs charrettes pour les amener vendre en cestedicte Ville, de venir directement à la place de Greve pour les vendre, ainsy qu'il est accoustumé, sans s'arrester par les chemins ny les vendre es faulxbourgs ou autres lieux, sinon en ladicte place de Greve, à peyne de confiscation desdictz citres; comme aussy faisons deffences à touttes personnes, regrattiers et autres, d'aller au devant desdictz citres pour en achepter, soit ausdicts faulxbourgs ou par les chemins, à peine d'amande arbitraire et de prison. Et ad ce que personne n'en pretende cause d'ignorance, ordonnons que le present jugement sera affiché es portz, portes et places publicques.

«Faict au Bureau de la Ville, le douziesme jour d'Octobre mil six cens treize.»

CCCXI. — Arrest du Conseil portant reiglement
en la charge de receveur
des rentes des receptes generalles.

15 octobre 1613. (Fol. 175 v°.)

Extraict des Registres du Conseil d'Estat [1].

«Sur ce qui a esté remonstré par les Prevost des Marchans et Eschevins de la ville de Paris que le feu Roy dernier decedé que Dieu absolve, ayant faict estat, ainsy que Sa Majesté heureusement regnant faict encores à present, que les rentes constituées sur l'Hostel de ladicte Ville assignées sur les receptes generalles des finances seroyent payées d'une demye année par an, attendant que la commodité de ses affaires peust permettre d'en payer d'avantage, fondz auroit esté laissé dans les estatz de ses finances qui s'expedient par année pour les generalitez de Paris, Amyens, Soissons, Chaalons, Orleans, Tours, Poitiers, Thoulouze et Rouen, de la somme de deux cens quatre vingtz trois mil six cens vingt huict livres unze sols huict deniers, tant pour ladicte demye année desdictes rentes que pour l'année entiere des gages des receveurs et payeurs et le total des espices, fraiz et façon de leurs comptes et autres fraiz pour leurs bureaulx, dechet d'especes, tarre de sacqs et port de deniers de leurs maisons audict Hostel de Ville, neantmoings que ledict fondz est moindre de plus de quarente mil livres qu'il ne fault, et par ce moyen que lesdictes rentes ne sont payées qu'à raison d'ung quartier et demy par année; ce qu'ils ont recogneu procedder tant de ce que le fonds necessaire pour lesdictes espices et frais n'avoit esté laissé que pour les retranchements qui ont esté faictz à diverses fois, depuis l'année mil cinq

---

ce bateau serait incorporé à son domaine. On dut faire droit à cette opposition de la Ville, car, ainsi qu'il a été dit au tome XIV, p. 371 (note 4), celle-ci concéda, en 1616, à Charles de Loménie le bail du bateau de Joigny moyennant une redevance annuelle de 60 s. t.

[1] La minute de cet arrêt est conservée aux Archives nationales dans le volume E 42ᴬ, fol. 213. Cf. ci-dessous, n° cccxxxvii.

cens quatre vingtz dix sept, du fonds qui auparavant estoit laissé par lesdictz estatz à cause des rentes que l'on a estimé avoir esté racheptées et amorties, et entre autres par Maistre Louys Feret qui avoit faict party de rachepter trente six mil livres tournois de rentes annuelles constituées sur lesdictes receptes generalles, moyennant la disposition des offices des recepveurs et payeurs des rentes constituées par les generalitez, dont le susdict fondz auroit esté diminué en l'année mil vi° dix pour faire celui des gaiges desdictz officiers, et neantmoings ledict Feret ne laisse de jouir des arreraiges desdictes rentes par luy amortyes, lesquels doibvent servir pour lesdictz gaiges, aultrement Sa Majesté se trouveroit lezée audict party et le publicq grandement interessé; suppliant Sadicte Majesté leur pourvoir pour ladicte faulte de fondz, tant du passé que pour l'advenir : Le Roy, en son Conseil, a ordonné et ordonne que, dans huict jours, le receveur et payeur desdictes rentes presentera audict Conseil un bref estat contenant au vray et par chappitres separez la recepte et despence qu'il doit faire chacune année à cause de sadicte charge, lequel sera certiffié par lesditz Prevost des Marchans et Eschevins, et ung aultre estat des partyes de rentes qu'ils estimeront debvoir estre rejectées dudict estat pour avoir esté racheptées ou aultrement esteinctes au proffict de Sadicte Majesté et de ladicte Ville, pour sur lesdictz estats reigler le fonds qu'il conviendra pour le payement de la demye année entiere desdictes rentes et des charges ordinaires des gaiges d'officiers, espices et façon des comptes, fraiz de bureau, dechet d'especes, et l'employer es estats des finances de Sa Majesté qui s'expedieront pour l'année prochaine.

«Faict au Conseil d'Estat du Roy, tenu à Fontainebleau le quinziesme jour d'Octobre mil vi° treize.»

Et au dessoubs, signé : «DE FLECELLE»; et collationné.

CCCXII. — ARREST DU CONSEIL TOUCHANT LES RENTES DU CLERGÉ.

15 octobre 1613. (Fol. 176 v°.)

Extraict des Registres du Conseil d'Estat [1].

«Sur ce qui a esté remonstré par les Prevost des Marchans et Eschevins de la Ville de Paris que, pour faire cognoistre d'ou procedde la faulte de fondz qui se trouve au payement des quatre quartiers des rentes constituées audict Hostel de Ville assignées sur le Clergé, qui se convertit et employe, au prejudice du publicq et sans que Sa Majesté en reçoive aulcune utilité, en payement des partyes extraordinaires ausquelles Sa Majesté n'est tenue ny pareillement ledict Clergé, ilz ont cy devant et long temps a supplié Sadicte Majesté de faire representer par Maistre François de Castille, receveur general du Clergé, les comptes par luy renduz audiot Clergé depuis l'année mil vi° sept, pour en avoir communication, sans neantmoings avoir aucune intention de faire rejecter aucune des partyes y employées ny autrement procedder contre ledict de Castille; sur quoy Sadicte Majesté auroit commis et deputé aucuns des sieurs de son Conseil pour voir lesdictz comptes, et à ceste fin ordonné que ledict de Castille les mettroit entre leurs mains, ce qu'il n'a encore faict, en quoy le publicq reçoit beaucoup de prejudice. Requeroient pour ce Sadicte Majesté voulloir ordonner que, dans huict jours pour tous delaiz, ledict de Castille representera lesdictz comptes es mains desdictz sieurs commissaires et qu'ils en donneront communication aux supplians pour verifier la justice de leurs remonstrances : Le Roy en son Conseil, ayant esgard à ladicte remonstrance a ordonné et ordonne que ledict de Castille, receveur general du Clergé de France, representera et mettra dans ung moys es mains desdictz sieurs commissaires les comptes qu'il a renduz au Clergé pour raison de sadicte charge, depuis ladicte année mil vi° sept, et que lesdictz Prevost des Marchans et Eschevins en prendront communication en presence desdictz commissaires à telle fin que de raison.

«Faict au Conseil d'Estat du Roy, tenu à Fontainebleau le quinziesme jour d'Octobre mil six cens treize.»

Et au dessoubs, signé : «DE FLECELLE»; et collationné.

CCCXIII. — ARREST DU CONSEIL TOUCHANT LES RACHAPTS DES RENTES.

15 octobre 1613. (Fol. 177.)

Extraict des Registres du Conseil d'Estat [2].

«Sur ce qui a esté remonstré par les Prevost des Marchans et Eschevins de la Ville de Paris que de tout temps et antienneté le soing de faire payer les rentes constituées par les Roys à l'Hostel de ladicte

---

[1] La minute de cet arrêt figure dans le volume E 42ᴬ, fol. 206.
[2] Arch. nat., E 42ᴬ, fol. 207.

Ville leur ayant esté donné affin de recognoistre les particuliers à qui elles sont denes, ils ont toujours esté nommez et deputtez pour, au nom de Sa Majesté, constituer lesdictes rentes et en faire passer les contracts avec les acquereurs; et à mesure qu'il s'en est faict rachapt, les contractz des constitutions et autres pieces qui chargeoient Sadicte Majesté et lesdictz supplians leur ont esté rendues, neantmoing depuis les derniers troubles qu'il s'est rachepté desdictes rentes, tant des deniers provenuz de la vente du parisis, greffes, clercs et tabellionnages que de la revente du domayne et autres moyens qu'il a pleu au feu Roy et à Sadicte Majesté à present regnant destiner pour ledict rachapt, cest ordre n'a esté observé, ce qui est cause que plusieurs dont les rentes sont admorties en reçoivent indirectement les arreraiges, ausquels les receveurs ne font difficulté d'en faire payement ni lesdictz supplians de le souffrir, pour n'avoir aucune cognoissance desdictz rachaptz, requerans pour ce Sadicte Majesté voulloir ordonner que les contracts et autres tiltres desdictes rentes racheptées seront mis en leurs mains, comme il a esté faict par le passé, affin qu'ils puissent descharger leurs registres et empescher que les arreraiges n'en soient payez à l'advenir: Le Roy, en son Conseil, a ordonné et ordonne que, pour les rachapts desdictes rentes employez es comptes renduz à la Chambre des Comptes par les commis à la recepte des deniers dudict parisis et revente dudict domaine, seront faictz extraictz sur lesdictz comptes des partyes y employées pour lesdictz rachapts à la diligence de son procureur general en ladicte Chambre, auquel Sa Majesté enjoinct d'en requerir et poursuivre l'expedition sans discontinuation, et les delivrer auxdictz Prevost des Marchans et Eschevins. Et pour les rentes dont plusieurs particuliers ont faict party et sont obligez d'en faire rachapt dans certaines années, lesquelz sont tenuz de presenter par chacun an audict Conseil ung estat des rachapts par eulx faictz au courant de l'année, pour estre veu et verifié, Sa Majesté ordonne qu'apres ladicte verifification il leur sera delivré par les obligez ausdictz rachapts autant desdicts estatz deuement certiffiez, le tout pour servir en temps et lieu ce que de raison.

«Faict au Conseil d'Estat du Roy tenu à Fontainebleau, le quinziesme jour d'Octobre mil six cens treize.»

Signé: «DE FLECELLES», et collationné.

CCCXIV. — ABREST DU CONSEIL TOUCHANT LES RENTES DU SEL.
15 octobre 1613. (Fol. 177 v°.)

Extraict des Registres du Conseil d'Estat [1].

«Sur ce que les Prevost des Marchans et Eschevins de la Ville de Paris ont remonstré que, pour satisfaire au payement des rentes qui doibvent estre acquictées du fondz des quartiers de Janvier, Avril et Juillet dernier dont ils sont journellement poursuiviz avec de grandes instances par les particuliers possesseurs desdictes rentes, faulte d'avoir esté payées par Maistre Philippe de Gondy, comme il estoit tenu, il leur est necessaire d'avoir des contrainctes contre les commis à la recepte des deniers des gabelles des generalitez de Tours et Champaigne, pour ce qu'ils doibvent desdictz quartiers d'Avril et Juillet, et de reste des quartiers preceddants, et les soubz fermiers des greniers à sel de Sens, Joigny, Tonnerre, Vezelay, Dreux et Compiegne, pour ce qu'ils doibvent desdictz quartiers, ensemble contre les pleiges, cautions et certifficateurs dudict Gondy, et aultrement leur pourvoir, en sorte qu'il leur puisse estre payé jusques à la somme de huict cens quatre vingtz dix mil livres qui est deue pour lesdictes rentes, tant pour le reste du quartier de Juillet mil six cens neuf que du total des quartiers d'Octobre et Janvier ensuivant, payables du fondz desdictz quartiers de Janvier, Avril et Juillet de la presente année: Le Roy, en son Conseil, a ordonné et ordonne qu'il sera faict et dressé estat en son Conseil des deniers destinez et affectez au payement de ce qui reste deub par ledict de Gondy desdictz quartiers de Juillet et Octobre mil six cens neuf, et Janvier mil vi⁰ dix [2], lequel sera mis es mains du payeur des rentes qui doit entrer en exercice au present quartier d'Octobre, pour faire le recouvrement desdictz deniers et en payer lesdictes rentes deues desdictz quartiers, selon l'ordre qui luy sera baillé par lesdictz Prevost des Marchans et Eschevins. Et affin que ledict recouvrement soit faict en bref temps, seront delivrées audict receveur touttes les contrainctes qui seront necessaires.

«Faict au Conseil d'Estat du Roy tenu à Fontainebleau, le quinziesme jour d'Octobre mil six cens treize.»

Signé: «DE FLECELLES», et collationné.

---

[1] Arch. nat., E 42ᴬ, fol. 212.
[2] Cet état fut dressé le 16 octobre (Arch. nat., E 42ᴬ, fol. 223); on en trouvera ci-dessous, p. 305, le texte qui a été inséré dans le registre du Bureau.

CCCXV. — Arrest du Conseil contenant
reiglement de la charge et fonction
des deux receveurs
des rentes du sel nouvellement erigez
et comme ils doibvent obeyr
à la Ville et compter par estat pardevant eulx.

15 octobre 1613. (Fol. 178 v°.)

Extraict des Registres du Conseil d'Estat [1].

«Sur les remonstrances faictes au Roy, la Roine regente sa mere presente, par les Prevost des Marchans et Eschevins de la Ville de Paris, des causes de leur opposition et remonstrances, en la Chambre des Comptes, à la verification de l'eedict du moys d'Aoust dernier portant creation de deux offices de receveurs et payeurs des rentes constituées à l'Hostel de ladicte Ville assignées sur les deniers des gabelles, pour lesquelles ils ont esté renvoyez vers Sa Majesté par arrest de ladicte Chambre du premier jour du present moys, Sa Majesté, de l'advis de ladicte dame, a ordonné et ordonne qu'il sera faict fonds entier par chacun an pour le payement desdictes rentes, gaiges desdictz receveurs, espices et façon des comptes, fraiz de l'etablissement de leurs bureaux, dechet d'especes et tare des sacqs, et le tout reduict à certaine somme moderée qui ne pourra estre augmentée, en telle sorte que le fondz desdictes rentes n'en puisse estre aulcunement diminué. Pour raison de quoy lesdictz receveurs feront les submissions requises lors de leur reception et installation audict Hostel de Ville, et dudict fondz lesdicts receveurs seront, chacun en l'année de leur exercice, assignez sur les fermiers des gabelles des generalitez de Paris, Tours et Champaigne pour recevoir les deniers desdictz fermiers en ladicte Ville de Paris par leur simple quictance, six sepmaines apres chacun quartier expiré, selon qu'il sera porté par l'estat qui en sera arresté au Conseil de Sa Majesté, auquel lesdictes rentes, gaiges, espices des comptes, façon d'iceulx et autres fraiz susdictz seront employez par acticles separez. Et leur sera ledict estat delivré pour servir à leursdictes charges pendant les quatre années restans à expirer du bail general des gabelles faict au nom de Maistre Thomas Robin, qui finiront au dernier Septembre mil six cens dix sept; en fin de chacune desquelles et des autres suivantes, et quatre moys apres icelle expirée, lesdictz receveurs compteront par estat de leur manyement par devant lesdictz Prevost et Eschevins, suivant l'ordre contenu audict estat de Sa Majesté et auparavant que de presenter leurs comptes à la Chambre, auxquels ils ne pourront employer aulcune partye au prejudice des rentes du courant de l'année dont ils compteront, ny faire aucun divertissement pour quelque cause et occasion que ce soit, à peyne d'en respondre en leur propre et privé nom. Apres lesdictz comptes renduz, en sera delivré ung double audict Hostel de Ville, comme il est accoustumé, pour y servir ce que de raison ; et pour plus grande seureté du manyement desdictz deniers, lesdictz receveurs bailleront caution de la somme de vingt mil livres, ordonnée par ledict eedict de creation, pardevant lesdictz Prevost des Marchans et Eschevins, avant que d'entrer en exercice, comme aussy lesdictz fermiers du quart de la somme qu'il leur sera ordonné de fournir par chacun an pour le payement desdictes rentes, dont ils seront chargez par leurs baulx. Enjoinct Sadicte Majesté ausdictz Prevost des Marchans et Eschevins d'avoir l'œil que les particuliers proprietaires desdictes rentes soyent payez sans discontinuation six sepmaines apres chacun quartier expiré ; et pour esviter aux longueurs et incommodités du passé, prescrire auxdictz receveurs l'ordre qu'ilz auront à tenir en faisant ledict payement.

«Faict au Conseil d'Estat du Roy tenu à Fontainebleau, le quinziesme jour d'Octobre mil six cens treize.»

Signé : «de Flecelles», et collationné.

CCCXVI. — Lettres missives
à Monsieur le Chancellier [sur la hausse
des monnoies].

21 octobre 1613. (Fol. 179 v°.)

«Monseigneur,

«Suivant le commandement qu'il vous a pleu nous faire en partant de Fontainebleau, nous avons communiqué avec Monsieur le Procureur general et recherché tous les advis et moyens qu'il est possible pour esclaircir d'où provient le desordre du rehaulsement des monnoyes, et quels moyens il y aura d'y remedier [2]. Mais cependant nous avons pensé vous devoir

---

[1] *Arch. nat.*, E 42ᵃ, fol. 195.
[2] L'attention du Chancelier avait été attirée, sur cette question de la hausse des monnaies, par la lettre suivante que lui avait adressée G. Leclerc, premier Président de la Cour des Monnaies :
«Monseigneur, c'est de mon debvoir de vous tenir adverty que jeudy dernier 111ᵉ du present les rentiers ont esté payez à l'Hostel de la Ville en escus sol à lxxvi s., en pistolles à vii l. viii s., en jacobins à xi l. v s., non sans le murmure de beaucoup de bourgeois, aucuns desquelz estans venuz allinstant chez moy, qui n'estois pour lors en ville, y seroient retournez et m'auroient faict leurs

advertir que ce matin les sieurs de Moisset et de Castille se sont trouvez au Bureau de la Ville, et comme nous parlions audct de Moisset d'ouvrir son bureau pour demain payer les rentes du sel, il nous a dict qu'il avoit recen les pistolles à sept livres huict solz et l'escu sol à soixante et seize solz, et qu'il n'estoit raisonnable qu'il perdist deux solz sur chacune pistolle et ung solz sur escu, nous priant de trouver bon qu'il les exposast audict pris. Ledict sieur de Castille nous en a dict de mesme et que ceulx qui luy debvoient apporter de l'argent de la part des receveurs provinciaulx ne luy voulloient poinct bailler, sinon à ladicte raison de vii^{tt} viii^s et lxxvi^s; et sur le refuz qu'il a faict de les prendre audict prix, ne luy ont poinct voulu bailler de l'argent, de sorte qu'il seroit contrainct de les recevoir audict pris et de les y exposer, ou de retarder le payement pour quelque temps, ce qui seroit de grande consequence. Nous croyons bien que le peuple ne refuseroit pas de les prendre à ce pris la, par ce que l'on commance à les mettre par tout audict pris; mais nous craignons que, sy cela est auctorisé par ung mesme payeur publicq, face tort au desseing que vous avés d'empescher ce rehaulsement. Nous avons prié lesdictz sieurs de Moisset et de Castille, pour le premier payement, de le faire en monnoye ou aultre espece, en attendant qu'il vous eust pleu nous mander vostre volonté. Nous croyons qu'il n'y a poinct plus beau remede que de faire publier des deffences d'exposer ni recevoir lesdictes especes audict pris, mais nous ne pouvons pas faire telles publications par la Ville sans commandement expres du Roy. Nous vous supplions tres humblement de nous faire entendre vostre volonté et l'ordre qu'il vous plaira que l'on tienne pour l'executer. Sy vous l'aviez agreable, nous yrions à la Chambre des vaccations demander des deffences par provision, en attendant qu'avec plus grande cognoissance de cause vous en ayez ordonné. Ce sera ung grand bien que ferez à tous les subjectz du Roy, et particulierement à ceste Ville qui vous a infiniz obligations, et nous en noz particuliers demeurerons,

«Monseigneur,

«Voz humbles et affectionnez serviteurs, les Prevost des Marchans et Eschevins de la Ville de Paris.

«De l'Hostel de la Ville de Paris, le xxie Octobre mil vi^c treize.»

Pareille envoiée à Monseigneur le Chancellier.

CCCXVII. — Maistre François de Castille mandé au Bureau pour le faict de sa charge.

21 octobre 1613. (Fol. 182 v°.)

Du lundy vingt ungniesme jour d'Octobre mil six cens treize.

Ledict jour a esté mandé au Bureau de la Ville Maistre François de Castille [1], receveur general du Clergé de France, auquel a esté dict par mondict sieur le Prevost des Marchans que par arrest du

---

plainctes avec parolles attroces contre les receveurs et paieurs. A quoy je n'ay peu pourveoir, le mal y estant inveteré et au veu et au sceu de la justice passé par coustume, qui a forcé l'ordonnance, allaquelle de reduire l'or à present seroit interesser le Roy, le public et les particuliers. C'est ce que j'ay pencé vous debvoir estre referé, Monseigneur, affin qu'il vous plaise y faire donner le reiglement que vostre prudence jugera, sans attendre le bruict que telz desordres ordinairement produisent. Lesquelz, il semble, vauldroict mieux prevenir par telle ordonnance qu'il vous plaira que, les laissans plus long temps à l'abandon des vollontez d'un chacun, voir croistre le mal par l'usaige et s'auctoriser aux paiemens des deniers publicqz, ce qui fera naistre par tous les ordres ung ressentiment de perte fort sensible en leurs biens et particulierement du peuple qui souffre miserablement tant pres que loing les accez violens de tous les autres desordres qui sont aujourd'huy aux monnoies. Qui est, Monseigneur, ce que ma charge m'oblige à vous dire et vostre bonté le recepvoir de bonne part et de celuy qui est, Monseigneur, vostre tres humble et tres affectionné serviteur, G. Leclerc. A Paris ce ix octobre mvi^c xiii.»

Le Chancelier répondit le lendemain, de Fontainebleau, qu'il avait fait assembler en divers lieux «les plus nottables marchans et negotians avec les principaux officiers pour considerer le mal et les remedes convenables et envoyer leurs advis à Leurs Majestez. — J'espere, ajoutait-il, que dans peu de jours nous aurons leurs responces et en confererons avec vous pour prendre une bonne resolution. Nous pourions faire la mesme assemblée à Paris pour empescher que les desordres ne passent plus avant.» (Arch. nat., Z^{1b} 77, fol. 151 et 152.)

[1] François de Castille faisait, à cette époque, construire une somptueuse maison sur le quai conduisant de l'Arsenal à la Grève, comme nous l'apprend une ordonnance du Bureau des Finances du 1er juillet 1614 autorisant la construction d'un balcon compris dans le plan d'achèvement de cet édifice qui avait été commencé sous Henri IV (Arch. nat., Z^{1v} 160, fol. 103 v°) : «Veu le rapport de visitation faict en vertu de nostre ordonnance, en la presence de l'ung de nous à ce commis, par Jehan Fonteine et Lois Marchant, M^{res} des œuvres des bastimens du Roy, et Isidore Guyot, commis du voier de ceste Ville, le xiiiie jour de Juing dernier de la maison appartenant à Me François de Castille, receveur general du Clergé de France, size sur le quay allant de l'Arsenal à la Greve prez le Chantier du Roy, pour veoir la commodité ou incommodité de permettre aud. sieur de Castille de faire parachever le bastiment par luy encommancé en lad. maison et en icelle faire eriger un balcon en saillie, de mesme statue que celuy qu'il en a faict faire du vivant du feu roy Henry le Grand, suivant le desseing qui luy en fut lors donné par M. le duc de Sully, pair et grand voyer de France, et ce pour rendre led. quay de belle ordonnance, par lequel rapport lesd. M^{rs} sont d'advis qu'il peut estre

Conseil d'Estat donné à Fontainebleau le quinziesme jour du present moys[1] il a esté ordonné que, dedans ung mois, il mettroit es mains de Messieurs les commissaires deputtez par le Roy les comptes par luy renduz audict Clergé depuis l'année mil six cens sept, pour en prendre par ladicte Ville communicquation; duquel arrest a esté baillé coppie audict sieur de Castille qui servira de signification. Lequel sieur de Castille a dict qu'il en advertira mesdictz sieurs du Clergé et principallement les agents, et que c'estoit à eux à qui il se falloit adresser, et a emporté ladicte coppie d'arrest.

CCCXVIII. — Assemblée de la Ville pour entendre ce qui s'estoit passé à Fontainebleau sur la creation desdictz receveurs du sel.

22 octobre 1913. (Fol. 180.)

«Monsieur, plaise vous trouver, mardy prochain, deulx heures de relevée, au Bureau de la Ville pour vous faire entendre ce qui s'est passé en court, à Fontainebleau, touschant les rentes de ladicte Ville, tant du sel que des autres natures. Vous priant n'y voulloir faillir.

«Faict au Bureau de ladicte Ville, le samedy dix neufiesme d'Octobre mil six cens treize.

«Les Prevost des Marchans et Eschevins de la Ville de Paris, tous vostres.»

Pareil envoié a chacun de messieurs les Conseillers de la Ville.

Du mardy XXII° jour d'Octobre mil six cens treize.

En l'assemblée de Messieurs les Prevost des Marchans, Eschevins et Conseillers de ladicte Ville, ledict jour tenue au Bureau d'icelle pour entendre ce qui s'est passé en cour, à Fontainebleau, touchant les rentes du sel et autres natures, sont comparuz :

Monsieur de Grieu, sieur de Sainct Aubin, conseiller au Parlement, Prevost des Marchans;

Monsieur Desprez, Monsieur Merault, Monsieur Desneux, Monsieur Clapisson, Eschevins.

Monsieur de Versigny, Conseiller de ladicte Ville.

En laquelle assemblée ne s'est trouvé que ledict sieur de Versigny, auquel mondict sieur le Prevost a falot entendre comme sur l'eedict de creation de deux offices de receveurs et payeurs du sel, envoyé par le Roy à la Chambre des Comptes, ladicte Chambre l'ayant envoyé à ladicte Ville pour en avoir communicquation, elle se seroit opposée et fourny leurs causes d'opposition, sur lesquelles l'eedict ayant esté rejecté, Sa Majesté auroit envoyé trois lettres de jussion l'une apres l'autre. Lesquelles ayans encores esté communicquées à ladicte Ville elle auroit persisté en ses causes d'opposition, et que remonstrances seroient faictes en ladicte Chambre tant de vive voix que par escript; en fin Messieurs des Comptes auroient ordonné que sur lesdictes causes d'opposition et remonstrances nous nous pourvoirions par devers le Roy. Et y ayant lors en cour, andiot Fontainebleau, trois Eschevins pour plusieurs affaires de ladicte Ville, iceulx sieurs Eschevins feurent renvoyez en cestedicte Ville sans estre expediez, leur ayant esté dict par Messieurs du Conseil que au moyen de ladicte opposition les affaires du Roy retardoient et qu'il falloit retourner audict Fontainebleau incontinant pour estre oïz par le Roy en noz remonstrances. Et à ceste fin Sa Majesté envoya lettres de cachet à nous adressantes pour se transporter, trois de nous, audict Fontainebleau pour faire lesdictes remonstrances. Et aussi tost que lesdictes lettres furent receues il feict assembler le Conseil de ladicte Ville pour adviser à ce qui seroit à faire, où ne se trouverent que Messieurs de Mallassize, Amelot et Potier, lesquels sieurs de Mallassize et Amelot ne voulurent opiner d'autant que l'on estoit pas nombre; et ledict sieur Potier fut d'advis de percister aux remonstrances et causes d'opposition. Au moyen de quoy, pour satisfaire à la volonté du Roy portée par ses lettres, tant luy que Messieurs Desprez et Desneux allerent à Fontainebleau, où estans feirent leurs remonstrances à la Royne regente en presence de plusieurs princes et seigneurs, de mondict sieur le Chancellier et aultres de Messieurs du Conseil et persisterent aux causes d'opposition, ayans cotté particulierement les poincts et le tort que recevroit ladicte Ville et tout le publicq sy ledict eedict avoit lieu. Apres lesquelles remonstrances Sa Majesté dist qu'elle les avoit bien entendues, et qu'elle en adviseroit avec le Conseil. Et neantmoings touttes les poursuittes et diligences par eulx falotes pour empescher icelluy, ont esté expediées lettres de jussion à ladicte Chambre par lesquelles, sans avoir

---

permis audict sieur de Castille de continuer sondict bastiment et faire ung pavillon semblable à celuy qui est ja faict et en icelluy faire un balleccon de mesme façon et haulteur que le premier faict, ce qui ne pourra incommoder la vene publicque, ains que ce sera l'embellissement des lieux et du passage... » (Ordonnance conforme.)

Ci-dessus, p. 299.

esgard ausdictes causes d'opposition et remonstrances, Sadicte Majesté mande à nosdictz sieurs des Comptes de veriffier ledict eedict, et oultre a esté donné arrest contenant plusieurs modifications et poinctz concernans ladicte Ville en l'execution du dict eedict. Semblablement ont faict touttes les poursuittes qu'il a esté possible pour accelerer le payement des restes deubz par Maistre Philippes de Condy desdictes rentes du sel, mesme a esté faict et dressé au Conseil ung estat des debtes et effetz dudict de Gondy, pour en faire le recouvrement par Maistre Jehan de Moisset, commis par Sadicte Majesté pour faire le payement desdictz restes; ensemble a esté donné arrest contre ses cautions. Semblablement ilz ont obtenu ung autre arrest par lequel il est ordonné que Maistre François de Castille, receveur du Clergé, mettra es mains de Messieurs les commissaires deputez par le Roy ses comptes dudict Clergé renduz depuis l'année mil six cens sept, pour en prendre par ladicte Ville communication; comme aussy ont obtenu ung aultre arrest concernant les rentes des receptes generalles pour avoir d'oresnavant par chacun an le fond entier d'une demye année; et ayans demandé ung arrest portant contraincte alleucontre de ceulx qui ont faict des partiz avec le Roy en vertu desquelz ilz ont racheptè des rentes de ladicte Ville, pour faire apporter leurs racheptz à l'Hostel de la Ville, comme il a esté faict en cas semblable pour le party des sieurs Fauré et Champin, mesdictz sieurs du Conseil ne l'ont voulu accorder, ains ont donné arrest par lequel il est ordonné que, à la diligence de Monsieur le Procureur general de la Chambre des Comptés, extraicts seront faicts desdictz racheptz sur les comptes qui en ont esté rendus. Tous lesquels arrestz et pieces cy dessus ont été representez audict sieur de Versigny. Et ensuitte de la commission expediée audict sieur de Moisset, il a commancé ce jourdhuy à payer audict Hostel de Ville ce qui est deub de reste desdictes rentes du sel pour le troisiesme quartier de ladicte année mil six cens neuf et autres precedens. Et sur ce, ledict sieur de Versigny a dict qu'il voyoit bien la peyne qui avoit esté prise pour le bien desdictes rentes.

CCCXIX. — Maistre Flamin Fanuche
mandé au Bureau pour le faict de sa charge.

22 octobre 1613. (Fol. 182 v°.)

Du mardy vingt deuxiesme jour d'Octobre mil six cens treize.

Ledict jour a esté mandé au Bureau de la Ville [Maistre] Flamyn Fanuche, conseiller du Roy receveur general et payeur des rentes de ladicte Ville assignées sur les receptes generalles, auquel Monsieur le Prevost des Marchans a dict que, par arrest du Conseil d'Estat donné à Fontainebleau le quinziesme du present mois [1], il representera audict Conseil ung bref estat contenant au vray et par chappitres separez la recepte et despence qu'il doibt faire chacune année à cause de sadicte charge, lequel sera certiffié par nous, et ung auctre estat des partyes des rentes qu'ilz estimeront debvoir estre rejectées dudict estat pour avoir esté racheptées ou aultrement esteinctes au proffict de Sadicte Majesté et de ladicte Ville; pour sur lesdictz estats reigler le fondz qu'il conviendra pour le payement de la demye année entiere desdictes rentes et de charges ordinaires des gaiges d'officiers, espices et façon des comptes, fraiz de bureaux, decbet d'especes, et l'employer es estats de finances de Sa Majesté qui s'expedieront pour l'année prochaine; auquel sieur Fanuche a esté ordonné de promptement satisfaire au contenu dudict arrest, duquel luy a esté baillé coppie collationnée par le Grellier de ladicte Ville, qui luy servira de signification. Lequel sieur Faunche a dict qu'il obeira à ce que dessus.

CCCXX. — Commission du Roy
à Maistre Jehan de Moisset pour payer les rentes du sel
au lieu du sieur de Gondy [et divers actes se rapportant à l'exercice de cette commission].

7-23 octobre 1613. (Fol. 183.)

«LOUIS, par la grace de Dieu, Roy de France et de Navarre, à nostre amé et feal conseiller et secretaire Maistre Jehan de Moisset, cy devant adjudicataire general des greniers à sel de France, salut. Estant necessaire de pourvoir au payement des arrerajges des rentes deues par Maistre Philippes de Goudy, cy devant adjudicataire de la generalité de Paris et commis au payement d'icelles, et pour l'acquictement desdictes rentes faire mettre en main de personne intelligeant, receant et solvable, tant les deniers saisiz es mains de ses commis en ladicte generalité, que de ses soubz fermiers, cautions et autres, à luy deubz en quelque sorte que ce soit, jusques à l'entier payement de ce qu'il doit de reste desdictes rentes; vous ayant jugé cappable du payement d'icelles, pour la longue experience que vous

---
[1] Arch. nat., E 42ᴬ, fol. 213. — Le texte de cet arrêt est donné plus haut, p. 298-299.

avez eu l'exercice de ceste charge [1], à ces causes, de l'advis de nostre Conseil, vous avons commis et deputé, commettons et deputtons par ces presentes, pour recepvoir tant de Maistre Anthoine Delalain, à present fermier de ladicte generalité de Paris, la somme de cent mil livres qu'il est obligé d'advancer sur le corps du sel restant audict de Gondy en ladicte generalité au premier jour du present mois d'Octobre et le surplus à quoy se trouvera monter le scel de ladicte generalité sur la licquidation qui luy en sera faicte, que tous autres deniers qui seront deubz audict de Gondy, soit pour assignation du payement desdictes rentes, ses soubz fermiers et aultres, à quelque tiltre qu'ils luy puissent estre deubz, jusques à la concurrance de ce qu'il doit au payement desdictes rentes depuis le premier Octobre mil six cens unze jusques au dernier jour de Septembre dernier qu'il a demeuré fermier, et où ils ne suffiroient, contraindre ses pleiges et cautions au payement des sommes auxquelles ils se sont obligez pour luy comme pour noz propres deniers et affaires. De ce faire vous donnons pouvoir et commission, mandons à noz chers et bien amez les Prevost des Marchans et Eschevins de nostre bonne ville de Paris vous prescrire l'ordre que vous aurez à tenir pour faire le payement desdictz arreraiges et donner la forme des acquits d'iceulx, pour servir à la descharge des comptes dudict de Gondy, pour la façon et reddition desquels vous retiendrez par voz mains le fondz necessaire, voullant que toutte la recepte et despence qui sera par vous ainsy faicte soit controllée par celluy de noz controlleurs generaulx des gabelles qui est en exercice. Car tel est nostre plaisir. Nonobstant la commission qui pour mesme effect auroit esté cy devant expediée à Maistre Nicolas Bigot fils, aussy l'ung de nos conseillers et secretaires, que nous avons revocquée et l'en deschargeons par ces presentes.

«Donné à Fontainebleau le VII jour d'Octobre, l'an de grace mil six cens treize et de nostre regne le quatriesme.»

Ainsy signé : «Par le Roy en son Conseil, DE LOMÉNYE», et scellée du grand sceau sur simple queue de cire jaulne.

«Registrée en l'Hostel de la Ville pour jouir par ledict sieur de Moisset du contenu en icelle aux charges et conditions portées par l'acte.

«Donné au Bureau de ladicte Ville, le vingt ungiesme jour d'Octobre mil six cens treize.»

Estat des deniers à recouvrer par le receveur et payeur des rentes constituées à l'Hostel de la ville de Paris assignées sur les gabelles, qui entre en exercice au present quartier d'Octobre, pour employer, suivant l'arrest du Conseil du quinziesme jour du present mois, au payement des arreraiges desdictes rentes qui restent deues par Maistre Philippes de Gondy, cy devant commis audict payement et fermier des gabelles de la generalité de Paris, pour les quartiers de Juillet et Octobre mil six cens neufz Janvier mil six cens dix et autres quartiers precedens, lequel payement devoit estre faict par ledict de Gondy tant des deniers desdictez fermes de la generalité de Paris que de ceulx dont il a esté assigné sur les aultres fermiers des generallitez de Tours et Champaigne [2].

«Premierement.

«De Maistre Anthoine Lalain, fermier des gabelles de la generalité de Paris, la somme de cent mil livres tournois qu'il estoit tenu payer dans huict jours apres le dixiesme jour de Septembre, que l'adjudication luy a esté faicte de ladicte ferme, et ce sur et tant moings du pris du sel demeuré aux greniers de ladicte generalité au premier jour du present mois. Cy.................... c^m#

«Dudict Lalain, par estimation, la somme de quatre vingtz mil livres, dans la fin du present mois, pour le reste du payement dudict sel estant ausdictz greniers, dont la liquidation sera faicte dedans huict jours et ledict pris arresté suivant l'evaluation qui fut faicte de celluy de Maistre Jehan de Moisset en fin de son bail. Cy, par estimation, attendant ladicte licquidation,.................. IIII^{xx}#

«Dudict Lalain, aussy par estimation, dans le quinziesme jour du mois de Janvier prochain, la somme de XXIIII^m# pour le payement du droict d'emboucheure dont ledict de Gondy doit estre remboursé par ledict Lalain, suivant son bail, à cause de la

---

[1] Comme il a été dit au tome XIII, p. 180, dans la longue note biographique consacrée par Paul Guérin à Jean Moisset, la situation de ce célèbre partisan avait été, l'année précédente, gravement compromise et on avait ouvert contre lui une procédure criminelle sur des pratiques magiques dans lesquelles il était accusé d'avoir engagé le duc de Bellegarde pour combattre la faveur de Concini. Il fut emprisonné et les scellés mis à son logis par la Chambre des Comptes et le Bureau de la Ville (Arch. nat., P 2670, fol. 490 et 493 v°, septembre 1612); mais les poursuites furent abandonnées (Mémoires de Richelieu, t. I, p. 202-204) et la commission qu'on lui donne ici montre qu'en 1613 il avait retrouvé son crédit.

[2] La minute de cet état figure dans la collection des arrêts du Conseil du Roi, E 42ᵃ, fol. 223.

vente et debit du sel qui se fera durant le present quartier d'Octobre es greniers de ladicte generalité à raison de xxx^lt xvi^s pour muid. Cy par estimation, attendant que ledict quartier soit finy.... xxiiii^m ^lt

«Du soubz fermier des greniers à sel de Sens, Joigny, Tonnerre et Vezelay⁽¹⁾, la somme de soixante et douze mil livres qu'il doit payer pour le pris de sa ferme des quartiers d'Avril et Juillet derniers. Cy............................ lxxii^m ^lt

«Du soubz fermier du grenier à sel de Dreux⁽²⁾, la somme de xiii mil livres, pour le prix de sa ferme du quartier de Juillet dernier. Cy....... xiii^m ^lt

«Du soubz fermier du grenier à sel de Compiegne⁽³⁾, la somme de viii^m ^lt pour le pris de la ferme dudict quartier de Juillet. Cy....... viii^m ^lt

«Des commis par ledict de Gondy à la recepte des deniers des ventes qui se font es greniers du ressort de ladicte generalité de Paris, non soubz fermiers, par estimation, la somme de lxxii^m ^lt à cause de la vente du sel faicte esdicts greniers durant ledict quartier de Juillet. Cy.......... lxxii^m ^lt

«Du fermier des gabelles de la generalité de Champaigne, la somme de vingt neuf mil iii^c lxix^lt vii^s iii^d qu'il doit payer des deniers de sa ferme du quartier d'Avril dernier pour employer ausdictes rentes. Cy............ xxix^m iii^c lxix^lt vii^s iii^d

«Dudict fermier, pareille somme de vingt neuf mil trois cens soixante neuf livres sept sols trois deniers qu'il doit aussy payer pour le quartier de Juillet dernier passé de l'assignation desdictes rentes. Cy................... xxix^m iii^c lxix^lt vii^s iii^d

«Du commis à la recepte generalle des gabelles de la generalité de Tours, la somme de quatre vingtz neuf mil deux cens deux livres, des deniers de sadicte recepte du quartier d'Avril dernier, à cause de pareille somme assignée par chacun quartier sur les deniers des gabelles de ladicte generalité, pour employer au payement desdictes rentes. Cy. iiii^xx ix^m ii^c ii^lt

«Dudict commis, pareille somme de quatre vingtz neuf mil deux cens deux livres, des deniers des ventes faictes en ladicte generalité durant le quartier de Juillet dernier, aussy affectée au payement desdictes rentes. Cy........ iiii^xx, ix^m, ii^c, ii^lt.

«Des pleiges, cautions et certificateurs dudict de Gondy, la somme de sept vingts dix mil livres tournois, dont ils ont caultionné ledict de Gondy à cause de sadicte ferme, au payement de laquelle ils seront contrainctz, chacun seullement pour la somme dont il est entré audict caultionnement et portée par les actes et brevetz qu'ils en ont passez. Cy............................ vii^xx x^m ^lt

«De Maistre Estienne Puget, Conseiller du Roy en son Conseil d'Estat et Tresorier de son Espargne, la somme de cent mil livres qu'il payera audict receveur et payeur desdictes rentes par sa quitance dans huict jours apres la verification de l'eedict de creation des offices de payeurs desdictes rentes, du mois d'Aoust dernier. Cy............... c^m ^lt.

«Somme totale du present estat............. .... viii^c lvii^m cxlii^lt xiii^s vi^d.

«Faict au Conseil d'Estat du Roy, tenu à Fontainebleau le seiziesme jour d'Octobre mil vi^c treize.

Signé : «De Flexelles», et plus bas : «Collationné par moy, Greffier de l'Hostel de la ville de Paris, soubzsigné à l'original.»
Signé : «Clement.»

Reiglement faict par nous, Prevost des Marchans et Eschevins de la ville de Paris, contenant l'ordre donné à Maistre Jehan de Moisset, conseiller et secretaire du Roy, pour l'execution de sa commission du septiesme du present mois, pour faire la recepte des debtes et effects de Maistre Philippes de Gondy, et despence à cause du payement des rentes du sel pour le dernier quartier de l'année mil six cens neuf, premier quartier de l'année mil six cens dix et autres quartiers precedens, le tout au desir de ladicte commission.

«Premierement ledict sieur de Moisset fera le recouvrement de tous les deniers deubz audict de Gondy tant par ses soubz fermiers que commis, mesme de ce que ses caultions sont obligez pour luy. Et à cest effect a esté mis en ses mains la coppie collationnée par le Greffier de ladicte Ville de l'estat du Roy baillé pour le recouvrement desdictz deniers, faict au Conseil de Sa Majesté, le seiziesme du present moys d'Octobre. Et certifiera le Bureau, de quinzaine en quinzaine, des diligences qu'il aura faictes et des deniers qu'il aura receuz.

«Paiera audict Hostel de Ville trois jours la sepmaine, sçavoir les mardy, jeudy et samedy de

---

⁽¹⁾ Gabriel du Croc. — ⁽²⁾ Le sieur Le Vasseur — ⁽³⁾ Le sieur de Billy.

chacune sepmaine; et où ausdictz jours il sera feste, payera le lendemain les arreraiges des rentes du sel et qui restent deubz par ledict de Gondy du troisiesme quartier de mil six cens neuf et autres preceddens eschenz pendant la ferme dudict de Gondy, en sorte que le total desdictz restes cy dessus soit achevé de payer au jeudy vingt ungiesme jour de Novembre prochainement venant. Pour faire lesquels payements appellera les rentiers selon l'ordre de l'alphabet sur la feuille à luy mise en main, sans en passer ny en obmectre aucun. Et à mesure qu'il les appellera, les paiera sans faire lecture separée du payement ny sincopper les grosses partyes, sinon de gré à gré. Et pour le regard de ceulx qui ne se trouveront poinct quant l'on les appellera, attendront jusques ad ce que la feuille soit achevée.

«Quant aux quictances qui seront apportées doresnavant et depuis la feuille baillée andict sieur de Moisset, il en sera faict une feuille nouvelle par le Greffier de ladicte Ville, pour estre payée apres la premiere fueille et ainsy qu'il sera par nous ordonné; lesquelles fueilles seront paraphées par ledict Greffier de la Ville.

«Ouvrira le bureau, pour le payement du dernier quartier mil six cens neuf, le mardy vingt sixiesme jour dudict moys de Novembre, et paraschevera de payer ledict quartier au lundy seiziesme jour de Janvier ensuivant. Lesquelz payements seront faicts audict Hostel de Ville aux jours susdictz et sur des fueilles qui seront appellées par l'ordre de l'alphabet. Et à ceste fin les decharges des quictances seront faictes audict Hostel de Ville sur les registres dudict de Goudy et par ses commis, lesquelles quictances ainsy deschargées serviront d'acquict vallable andict sieur de Moisset.

«Faict et arresté au Bureau de ladicte Ville, le samedy dix neufiesme jour d'Octobre mil six cens treize.»

«Veu les lettres pattentes du Roy données à Fontainebleau le septiesme jour des presens mois et an, signées : «Par le Roy en son Conseil, DE LOMENYE»; et scellées sur simple queue de cire jaulne, par lesquelles Sa Majesté a commis Maistre Jehan de Moisset, conseiller et secretaire de Sadicte Majesté, pour recepvoir de Maistre Anthoine Lalain, à present fermier des gabelles de la generalité de Paris, la somme de cent mil livres tournois qu'il est tenu advancer par son bail, ensemble les deniers deubz à Maistre Philippes de Gondy, naguere fermier desdictes gabelles de ladicte generalité de Paris et commis au payement des rentes assignées sur lesdictes gabelles, soit par assignation du payement desdictes rentes, les soubz fermiers et autres, à quelque tiltre qu'ilz luy puissent estre deubz, jusques à la concurrance de ce qu'il doibt au payement desdictes rentes depuis le premier Octobre mil six cens unze jusques au dernier Septembre dernier qu'il a demeuré fermier, et où ils ne suffiroient, contraindre ses pleiges et caultions au payement des sommes auxquelles ils se sont obligez pour luy, comme pour les propres deniers et affaires du Roy, pour, desdictz deniers et effects dudict de Goudy, payer lesdictes rentes du sel deubz par iceluy de Gondy; nous mandant de prescrire andict de Moisset l'ordre qu'il aura à tenir pour faire le payement desdictz arreraiges, revocquant la commission qui, pour mesme effect, avoit cy devant esté expediée à Maistre Nicolas Bigot fils, ainsy qu'il est au long contenu par lesdictes lettres; veu aussy la requeste à nous faicte et presentée par ledict sieur de Moisset, tendant à ce qu'il nous pleust ordonner ladicte commission estre enregistrée au greffe de la Ville pour par luy jouir de l'effect et contenu en icelle; conclusions du Procureur du Roy de ladicte Ville auquel le tout a esté communicqué, nous avons ordonné que lesdictes lettres de commission seront registrées au greffe de ladicte Ville pour jouir par ledict sieur de Moisset du contenu en icelle, et en ce faisant recepvoir audict Maistre Anthoine de Lalain ladicte somme de cent mil livres, ensemble tous les deniers deubz audict de Gondy et mentionnez par l'estat de ses effects faict et arresté au Conseil d'Estat du Roy, donné à Fontainebleau le seiziesme du present moys, et payer lesdicts arreraiges des rentes deues par iceluy de Goudy, à commancer du jour de demain, à la charge par ledict de Moisset de faire promptement le recouvrement de tous lesdictz deniers cy dessus et mentionnez dans ledict estat, duquel luy sera baillé coppie, et nous certifier, de quinzaine en quinzaine, des diligences qu'il aura faictes. Obeyra aux commandements de ladicte Ville en ce qui concernera sadicte commission, viendra rendre raison d'icelle au Bureau touttesfois et quantes qu'il en sera requis, comptera par estat par devant nous de la recepte et despence d'icelle commission, et baillera caution par devant nous, dedans trois jours, de la somme de trente mil livres, pour asseurance du manyement d'icelle commission, et dudict manyement rendra compte à la Chambre, et nous fournira le double de son compte. Et à tout ce que dessus ledict de Moisset s'obligera et fera les submissions andict greffe.

«Faict au Bureau de ladicte Ville, le lundy vingt ungiesme jour d'Octobre mil six cens treize.»

Nota qu'il y a minutte signée de Messieurs et des parties, à la liace des eedictz.

Du mardy vingt deuxiesme jour dudict mois d'Octobre.

Ledict jour est comparu au Greffe de ladicte Ville Maistre Jehan de Moisset, conseiller et secretaire du Roy, et commis par Sa Majesté pour recevoir les debtes et effects de Maistre Philippes de Gondy et payer les arreraiges des rentes du sel par luy deubz. Lequel a promis et s'est obligé et oblige par ces presentes d'obeyr et satisfaire entierement à touttes les clauses, charges et conditions mentionnées par l'acte de reception en sadicte charge donné par Messieurs les Prevost des Marchans et Eschevins de ladicte Ville le vingt ungiesme jour du present moys et cy devant transcript. Et a faict les submissions accoustumées.

Du mecredy vingt troisiesme jour dudict moys d'Octobre mil vi⁰ treize.

[*Acte de caution baillée par ledict sieur de Moisset.*]

Ledict jour est comparu au Bureau de la Ville Maistre Jehan de Moisset, commis à recepvoir les debtes et effectz de Maistre Philippes de Gondy et payer les arreraiges des rentes du sel par luy deub, lequel, suivant l'acte de sa reception par nous en ladicte charge, du xxi⁰ du present moys, a presenté pour caution de la somme de xxx mil livres tournois Maistre Pierre Payen, aussy conseiller secretaire de Sadicte Majesté, demourant rue Sainct Thomas du Louvre, lequel, à ce present, a pleigé et caultionné ledict sieur de Moisset pour ladicte somme de trante mil livres tournois, et a faict les submissions accoustumées. Et à cest effect, tant ledict sieur de Moisset que Payen ont obligé et ypothecqué tous et ungs chacuns leurs biens meubles presens et advenir.

«Nous avons ladicte caultion receue et la recepvons par ces presentes en la presence et avec le Procureur du Roy de ladicte Ville.»

[*Acte comme ledict sieur de Gondy, ou son commis, assistera ausditz payemens.*]

«Veu la requeste à nous faicte et presentée par Maistre Philippes de Gondy, naguere fermier des gabelles de la generalité de Paris et commis au payement des rentes assignées sur le sel, contenant qu'il est adverty que Maistre Jehan de Moisset, conseiller secretaire du Roy, est commis par Sa Majesté pour recepvoir ses effects et faire les payements au peuple desdictes rentes du sel, pour le dernier quartier de l'année mil six cens neuf, premier quartier de vi⁰ dix et ce qui reste à payer des quartiers precedens, à quoy il a ung notable interest, requerant qu'il nous pleust avoir pour agreable que Maistre Martin Triboust, son commis, qu'il nous nommoit à ceste fin, feist le controlle desdictz payements de rente. Consideré le contenu en laquelle requeste, et sur ce oÿ le Procureur du Roy de ladicte Ville, avons ordonné que ledict Triboust assistera audict payement des rentes pour en tenir le controolle pour l'interest dudict de Gondy.

«Faict au Bureau de ladicte Ville, le lundy xxi⁰ jour d'Octobre mil six cens treize.»

Du mardy vingt deuxiesme jour d'Octobre mil six cens treize.

[*Contestation entre les controlleurs des rentes pour controller lesdictz deniers du sel.*]

Ledict jour est comparu au Bureau de la Ville Maistre Nicolas Bigot, controlleur general des gabelles, qui nous a remonstré que, par la commission expediée à Maistre Jehan de Moisset pour recevoir les debtes et effects de Maistre Philippes de Goudy et payer les arreraiges des rentes par luy deubs sur le sel, il est expressement porté que toutte la recepte et despence sera par luy controllée; que en suitte et en execution de ladicte commission, ledict sieur de Moisset avoit commancé de ce jourd'huy à payer audict Hostel de la Ville lesdictes rentes du sel. C'est pourquoy il nous supplioit de trouver bon, suivant ladicte commission, qu'il feist le controlle desdictz payements. Et ouy Maistre Louis le Noir, controoleur des rentes assignées sur ledict Hostel de Ville, qui a dict que cy devant il a mis es mains de l'ung de nous sa requeste affin de faire le controlle du payement desdictes rentes du sel, suivant et au desir de l'eedict de creation de son office et de ses lettres de provision, lesquelz il nous avoit mises en main, que ledict s⁰ Bigot estoit controlleur general des gabelles et non controlleur du payement des rentes, qui estoit la fonction de sa charge; et suivant icelle, aussy tost que le payement a esté ouvert, ce jourd'huy matin, il en a faict le controlle, requerant estre maintenu en l'exercice de son office.

«Sur quoy, apres avoir veu les lettres de commission dudict sieur de Moisset, du xvi du present moys, ensemble l'eedict de creation de deux offices de controolleurs des rentes de ladicte Ville du mois d'Avril mil v⁰ soixante et seize et les lettres de provision dudict Le Noir, et sur ce ouy le Procureur du Roy de ladicte Ville, avons ordonné que lesdictz sieurs Bigot et Le Noir se pourvoiront par devers le Roy et Nosseigneurs de son Conseil pour estre reglez sur ledict controlle. Et ce pendant, par provision et jusques ad ce que autrement en ayt esté ordonné par Sadicte Majesté, ordonnons que ledict Le Noir exercera sondict office et fera le controlle desdicts payements.»

CCCXXI. — Lettres missives à la Ville, de Monsieur le Chancellier, pour le faict des monnoies.

23 octobre 1613. (Fol. 189 v°.)

«Messieurs, j'ay faict entendre à la Royne ce que vous m'avez escript par vostre lettre du xxi⁰ᵉ de ce moys. J'ai eu soing de representer et faict estimer l'affection que vous avez de faire cesser le desordre qui se trouve en l'exposition des monnoyes, à quoy je recognois qu'il est du tout necessaire de pourvoir, comme il sera faict sy tost que Leurs Majestez seront par delà. Ce pendant il semble moings de mal de dissimuler et laisser courir les payements pour esviter les inconveniens qui seroient à craindre si lesdictz payements estoient retardez par le moyen des deffences que vous proposez. Il n'est besoing de rien ordonner par escript pour n'approuver ny authoriser le desordre. Et sur ce je prie Dieu, Messieurs, vous tenir en sa saincte garde.

«A Fontainebleau ce xxiii⁰ Octobre 1613.»

Et au bas est escript : «Vostre tres affectionné serviteur, Bavaliat, Chancellier de France.»

Et sur l'inscription est escript : «A Messieurs les Prevost des Marchans et Eschevins de la ville de Paris.»

CCCXXII. — Assemblée à la Ville sur le faict des monnoies.

25 octobre 1613. (Fol. 190.)

De par les Prevost des Marchans et Eschevins de la ville de Paris.

«Monsieur..., nous vous prions vous trouver vendredy prochain, deulx heures de relevée, au Bureau de la Ville pour nous donner advis sur le faict du rehaulsement des monnoyes.

«Faict au Bureau de la Ville, le meccredy vingt troisiesme jour d'Octobre mil six cens treize.»

Du vendredy vingt cinquiesme jour d'Octobre mil six cens treize.

Ledict jour, Messieurs les Prevost, des Marchans et Eschevins de la ville de Paris, suivant la volonté du Roy et commandement verbal qu'ilz en ont receu à Fontainebleau, ont mandé au Bureau de la Ville jusques au nombre de vingt cinq des notables marchans et bourgeois de cestedicte Ville trafficquans es pays estrangers, pour avoir advis d'où provient l'exces du rehaulsement des monnoyes et les moyens d'y remedier,

Où seroient comparuz :

Le sieur Henriot,
Le sieur Magdelaine,
Le sieur Lamy,
Le sieur Boucher,
Le sieur Rodrigue,
Le sieur Sonyns,
Le sieur Labbé,
Le sieur Le Conte,
Le sieur Hachette,
et le sieur Thurin,

Tous marchans bourgeois de cestedicte Ville.

Et quand aux autres qui estoient mandez, ne sont en ceste Ville.

Auxquels mondict sieur le Prevost des Marchans a remonstré avoir receu commandement du Roy de les assembler pour sçavoir d'où provenoit l'exces du rehaulsement des monnoyes, et avoir leur advis pour y remedier, d'aultant que depuis peu de temps l'on faict courir entre le peuple les pistolles à sept livres huict solz, et l'escu d'or à soixante et seize solz, de maniere que si l'on n'y remedie ilz monteront encores d'avantage ; qui est cause que l'on transporte hors de France tous nos bons quartz d'escus ; les supplians d'en donner leur advis.

Sur quoy, apres plusieurs raisons par eux alleguées, ont tous dict que pour esviter le desordre dudict rehaulsement des monnoyes qui prend son origine es foires de la Guibray[1], Francque-

---

[1] Guibray, agglomération de 2,500 habitants, sur le territoire de la commune de Falaise (Calvados), est le siège d'une foire

fort[1] et autres, seroit besoing de faire expresses deffences sur les lieulx, lors desdictes foires, d'augmenter le pris des monnoyes, ny les exposer à plus hault pris que l'ordinaire, à peine d'estre pendu et estranglé.

Qu'il soit faict deffences aux marchans de negotier par lettres de change de Lyon à Plaisance ny Bezanson, à peine de confiscation des deniers, suivant qu'il a esté praticqué du temps du roy Henry troisiesme.

Que deffences soient faictes de transporter or ny argent de la France, ny mesme de Lyon à Marseille pour le moing, sans estre enregistré en ung bureau qui sera establiy andict Lyon pour sçavoir ce qu'il deviendra et s'il s'employe en marchandise ou autrement.

Que ce qui ruyne le change et trafficq de la ville de Lyon sont les foires de Plaisance et Bezanson, où il ne se vend ny debite aulcune marchandise, ains ne s'i faict trafficq que d'argent; et partant seroit besoing de deffendre lesdictes foires de Plaisance et Bezanson.

Sont d'advis que les pistolles ayent cours à sept livres six solz seullement, et l'escu d'or à soixante et quinze solz et ce par tollerance, et faire descrier toultes les pieces d'argent qui sont estrangeres, et neanlmoings que pour le reste de l'année elles auront cours.

Plus, aucuns d'eulx ont esté d'advis d'augmenter le pris de la monnoye blanche de France, et mectre pris certain à toultes lesdictes pieces d'argent estrangeres, d'aultant que l'on tire les quartz d'escus de la France, que l'on transporte en Flandre et autres lieulx où ils ont cours à dix sept solz et jusques à dix huict solz.

Mesmes est besoing d'oster les monnoyes qui sont à Sedan, Charleville et Chasteau Regnault, auxquels lieux l'on porte vendre les quartz d'escos à seize sols six deniers et à dix sept solz, et aussy tost ilz les mectent à la fonte et, au lieu desdictz quartz d'escuz, forgent d'autres pieces où ilz mettent de certain metail; et par ce moyen l'on tirera à la fin tous les quartz d'escuz de la France.

CCCXXIII. — LETTRES À MONSIEUR LE CHANCELLIER SUR LE FAICT DESDICTES MONNOIES.

25 octobre 1613. (Fol. 191 v°.)

Lettre à Monseigneur le Chancelier.

«Monseigneur, suivant le commandement que nous avons recen de vous, nous avons ce jourd'huy faict faire assemblée en l'Hostel de la Ville des principaulx marchands qui trafficquent es pays estrangers, pour avoir advis d'où provient le desordre du rehaulsement des monnoyes et les moyens d'y remedier. Où nous avons apris que l'exceds dudict rehaulsement vient ordinairement des foires de Francquefort et autres. Nous avons recueilly particulierement les moyens pour l'empescher et ce qu'il semble estre necessaire pour ce subjet, lesquelz nous vous ferons entendre aussy tost de vostre arrivée en ceste Ville. Et ce pendant nous faisons courir ung brulct soubz main que incontinant apres la Sainct Martin, il se fera le descry des monnoyes, affin d'empescher s'il est possible que les pistolles ne se mectent à plus de sept livres six solz, et l'escu à soixante et quinze solz[2]. A ceste Toussaincts, il se

---

[1] ... très importante dont l'établissement remonte à Guillaume le Conquérant. Cette foire célèbre se tient tous les ans du 10 au 25 août, il s'y fait un commerce considérable de bestiaux et surtout de chevaux normands.

[1] Il se tenait à Francfort-sur-le-Mein deux foires internationales, l'une au printemps, l'autre en automne. Le commerce de livres y était particulièrement développé.

[2] Le 14 décembre suivant, la Cour des monnaies, consultée sur les moyens à employer pour combattre la hausse des monnaies qui troublait la vie économique du pays, conseilla en effet de décrier les monnaies étrangères : «...Pour à quoy remedier convient premierement descryer les monnoyes estrangeres sans aucunes excepter, qui toutes s'exposent à plus hault prix qu'elles ne vallent, descryer aussy les monnoyes rongnées et legeres qui sont cause en partie de l'inegalité qui est au pris de l'or plus qu'en l'argent; finallement faire une fabrication nouvelle d'especes effectuelles de livres pour rendre le compte d'icelles, introduict par l'ordonnance de vi° deux, solide, comme estoit celluy de l'escu par l'ordonnance LXXVII, et en ce faisant fabricquer especes de livres d'argent, avec les diminutions comme demyz, quartz et huicticsme, sur le prix du marc d'argent porté par l'ordonnance vi° deux; faire aussy des pieces de deux, quatre et huict livres d'or du tiltre qui sera advisé convenable suivant aussy et en raison de la reduction qui sera faicte du prix de l'or. Et moyennant ceste fabrication d'especes de livres tant d'or que d'argent, interdire la fabrication des escus sol, des pieces de xvi et viii s., aussy des pieces de x s. viii d. et v s. iiii d. Tout ce que dessus bien observé, le transport de noz monnoyes tant redoubté ne nous pourra nuire. Faict et arresté au bureau de la Cour des monnoyes le xiiii° decembre xvi° treize.» (*Arch. nat.*, Z¹ᵇ 77, fol. 158 v°.)

Malgré cet avis, la question ne reçut pas une solution immédiate. Un an plus tard, au mois de novembre 1614, on trouvera dans le tome XVI, p. 137-143, une série de pièces se rapportant à la même affaire : ordonnance du Bureau concernant le décri des monnaies (12 novembre), convocation d'une assemblée particulière composée de spécialistes (16 novembre), et enfin une assemblée générale de la Ville (22 novembre) où seront préconisées les mêmes mesures en même temps qu'on proposera la frappe d'espèces nouvelles.

faict une foire à Rouen. S'il vous plaisoit d'y faire escripre pour empescher quel 'on n'y expose les pistolles et escus, sinon au prix susdicts, cela y feroit ung grand effort pour le cours commun. Nous vous remercions humblement des lettres qu'il vous a pleu nous escrire pour ce subject. Nous sçavons que vous avez de vostre grace une particuliere affection à ceste Ville, dont elle vous est perpetuellement obligée, et nous en noz particuliers demeurerons.

« Monseigneur,

« Vos tres humbles et tres obeissantz serviteurs, les Prevost des Marchans et Eschevins de ceste ville de Paris.

« De l'Hostel de la Ville, ce xxv° Octobre 1613. »

Pareille envoyée à Monseigneur le Chancellier à Fontainebleau.

CCCXXIV. — Ordonnance
CONTRE LES SOUBZ FERMIERS DUDICT SIEUR DE GONDY.

29 octobre 1613. (Fol. 192.)

De par les Prevost des Marchans et Eschevins de la ville de Paris.

« Il est enjoinct à tous les soubz fermiers et commis de Maistre Philippes de Gondy, nagueres adjudicataire des greniers à sel de la generalité de Paris, d'apporter dans trois jours au Bureau de ladicte Ville l'estat de leur recepte et despence de ce qu'ilz doibvent audict de Goudy jusques au dernier jour de Septembre dernier passé, avec les pieces justificatives dudict estat, pour estre arresté avec ledict de Gondy, ou luy appellé; ce faict et à l'instant mettre par eulx les deniers qu'ils devront de reste audict de Gondy es mains de Maistre Jehan de Moisset, conseiller nottaire et secretaire du Roy, commis par Sa Majesté à la recepte et payement des debetz dudict de Gondy. Et en oultre est enjoinct aux officiers des greniers à sel de ladicte generalité de delivrer leurs certifications du sel que ledict de Gondy a fait descendre dans les greniers à sel de ladicte generalité, de la vente qui en a été faicte jusques au dernier Septembre dernier passé, et de ce qui est resté audict de Gondy, ou à ses soubz fermiers depuis le premier jour du present moys d'Octobre. Et quand aulx caultions dudict de Gondy, leur est enjoinct pareillement de mettre es mains dudict de Moisset les deniers qu'ils doibvent chacun pour leur caultionnement; et à faulte de ce faire seront les dessus dictz contraincts, comme pour les propres deniers et affaires du Roy, à satisfaire à la presente ordonnance. Le tout suivant le pouvoir qui en a esté donné par Sa Majesté à ladicte Ville. Et sera ce que dessus signiffié et mis à execution, à la poursuitte et diligence dudict de Moisset, par le premier huissier ou sergent royal sur ce requis, nonobstant oppositions ou appellations quelconques.

« Faict au Bureau de la Ville, le vingt neufiesme jour d'Octobre mil six cens treize. »

CCCXXV. — Proces verbal
POUR LA CONSTRUCTION D'UNG PONT SUR LA RIVIERE
À GOURNAY, AVEC LE RAPPORT DES EXPERTZ.

5 novembre 1613. (Fol. 192 v°.)

« L'an mil six cens treize, le mardy cinquiesme jour de Novembre, nous Robert Desprez, advocat en la cour de Parlement, l'ung des Eschevins de la ville de Paris, commissaire en ceste partye, sommes en la compagnie de Maistre Pierre Perrot, Procureur du Roy de ladicte Ville, de Guillaume Clement, Greffier d'icelo, de Maistre Christophle Marie, entrepreneur de la construction d'ung pont de bois sur la riviere à Gournay[1], et assistez de Olivier de Gonest, sergent d'icello Ville, et de Nicolas Bourguillot, l'ung des maistres des ponts, transportez audict Gournay pour donner l'allignement audict Marie pour fischer et planter dans la riviere les paslées de pieulx et l'endroit où sera la grande arche avallante et l'arche montante pour la seureté du chemyn de la navigation, au desir du rapport de la visitation faicte desdictz lieux, le troisiesme Novembre mil vi° douze, où estans arrivez y aurions trouvé Jehan Nouaille, commis au buissonnage de la riviere de Marne, Denis Rolland, Pierre Le Gros, voicturiers par eaue demourant à Paris, Anthoine Savarrin, voicturier par eau demourant à Chaalons, Jehan Hardelot et Claude Lambert, voicturiers par eaue demourant à Lagny, tous hentans et frequentans ladicte riviere de Marne, par nous nommez pour assister audict allignement, et auxquels nous aurions faict donner assignation pour eulx trouver audict Gournay pour l'effect que dessus[2]. Lequel Marie nous a requis

---
[1] Gournay-sur-Marne (Seine-et-Oise), arr. de Pontoise, canton du Raincy, sur la rive gauche de la Marne.
[2] Cette enquête avait été réclamée par Jean Nouaille et par plusieurs voituriers par eau de la rivière de Marne, comme le montrent les extraits suivants du registre des audiences du Bureau de la Ville (Arch. nat., Z1H 115) : Jeudi 10 octobre 1613. «Est comparu au Bureau de la Ville Jehan Nouaille, commis au buissonnage de la riviere de Marne, qui a faict plaincte que, encores que

voulloir faire procedder audict allignement, ce que luy aurions octroyé et, à ceste fin, avons ausdictz Bourguillot, Nouaille, Rolland, Le Gros, Savarrin, Hardelot et Lambert faict faire le serment de bien et fidellement en leurs consciences faire la visitation et donner advis des lieux et endroictz où seront plantez les pieulx de la grande arche avallante et les autres arches, et quelle largeur l'on leur donnera pour la seureté du chemyn de la navigation. Et apres avoir par iceulx expertz susnommez, en noz presences, desdictz Procureur du Roy et Greffier de la Ville et dudict Marie, veu et visité lesdictz lieux, recogneu le cours de ladicte riviere et l'ancienne assiette des paslées du vieil pont[1], orbillons et cullées de pierre des deux costez estans en icelle riviere restans dudict vieil pont, ont tous esté d'advis que l'arche montante soit au lieu où du temps et antienneté elle a esté, qui est aupres de la culiée du costé de la France[2], laquelle aura vingt cinq piedz et demy de largeur dans œuvre, qui est ung pied et demy ou environ plus qu'elle ne soulloit avoir, pour servir à la commodité et aysance des basteaulx montans. La grande arche avallante aura trente piedz de large dans œuvre, et sera la paslée dudict costé de la France plantée et assize à douze thoises moings trois poulces de distance de ladicte cullée du costé de la France, à prendre à la teste de ladicte paslée d'amont l'eaue, respondant au bout de ladicte cullée d'amont l'eaue, et du costé d'aval l'oane à prendre au mitan du dernier pieu de ladicte paslée rospondant à l'endroict de la cullée qui a esté marqué d'une croix gravée dans la pierre avec le cizeau, dudict costé d'aval l'eaue sera de onze thoises trois piedz huict poulces de distance; et l'arche suivante de ladicte grande arche, du costé de la Brye, sera aussy de trente piedz de largeur dans oeuvre; et seront les paslées desdictes arches cy dessus enliernées par le hault, environ à six piedz soubz le jour et ce tant par dedans que par dehors; oultre lesquelles pourra l'entrepreneur mettre autres liernes par le dehors desdictes arches à telle baulteur qu'il jugera necessaire pour la conservation dudict pont, enclavé de boulons de fer dans les pieulx, affin que rien ne deraze. En quoy faisant le chemin de la navigation sera libre, en arrachant neantmoing par l'entrepreneur les orbillons et restes des vieulx pieux qui se voyent et paroissent entre les arches dudict pont[3]. Et pour le regard des trois arches et paslées de pieulx qui sont faictes et eslevées dudict costé de la Brye, apres qu'elles ont esté veues et visitées par lesdictz expertz, ont icelles trouvées bien et deuement faictes, conformement au desseing et devis cy devant

---

[1] par la derniere visittation qui a esté faicte du pont de Gournay il feust enjoinct à M° Chistofle Marye d'appeller des voicturiers par eaue hentans et frequentans ladicte riviere pour leur estre conferé et communiqué le plan des paslées du pont dudict Gournay et prendre sur ce leur advis pour la scureté de la navigation, ce neantmoings ledict Marye a ja faict fischer quatre ou cinq paslées de pieulx dudict pont sans appeller aucuns voicturiers, d'aultant qu'il est prest à fischer les pieulx de la maistresse arche, il est à craindre qu'il ne suive ledict plan, requerant, attendu la consequance de l'affaire, y voulloir pourveoir» (marque de Nouaille). — 21 octobre 1613. «Sur la plaincte à nous faicte au Bureau de la Ville [par] Hubert Vivier, Jehan Huguet, Jehan Denis, Jehan Berneau et Jehan Couru, voicturiers par eaue hentans et frequentans la riviere de Marne, de ce que si l'on continue les fiches et paslées de pieulx que l'on faict à present pour faire ung pont sur la riviere à l'endroict de Gornay, le trafficq, negoce et chemin de la navigation sera grandement empesché, d'aultant que l'entrepreneur dudict pont ne faict pas la grande arche avallant au lieu où elle doibt estre, ce qui sera la perte et ruyne des basteaulx et marchandises, requerans y voulloir pourveoir : sur quoy avons interpellé lesdictz voicturiers si l'on ne faict pas ladicte grande arche au lieu mesme où elle estoit cy devant auparavant que ledict pont feust rompu? ont dict que ouy, mais depuis ledict temps le cours de ladicte riviere est changé à cause d'ung atterry estant au dessous, et besoing de faire ladicte grande arche du costé de Chelles et non du costé du prieuré. Nous sur ce oy le Procureur du Roy de la Ville, avons ordonné que Nicolas Bourguillot, l'un des maistres des ponts de ceste Ville, se transportera audict pont de Gournay pour visiter le lieu où l'on pretend faire ladicte grande arche et nous faire rapport du lieu où elle doibt estre pour seureté de la navigation.»

[1] L'abbé Lebeuf (*Diocèse de Paris*, nouv. éd., t. IV, p. 618-620) parle avec assez de détails de l'ancien pont de Gournay, dont il a trouvé mention dans un texte de 1494 et qui fut reconstruit en 1495 et 1496 d'après un compte qu'il a eu entre les mains. Il ajoute que ce pont s'appelait quelquefois le pont Saint-Arnou, et il cite un dicton qui avait cours à Paris en parlant d'une femme de mauvaise vie : *Elle a passé le pont de Gournay, elle a n'a honte huc.* De son temps le pont de bois, de la construction duquel il s'agit ici, avait disparu, détruit par un incendie, mais on en voyait encore l'emplacement ; il avait été remplacé par un bac, dont parle également le Dictionnaire d'Oudiette.

[2] C'est-à-dire vers la rive droite. On sait que le nom de *France* ou *Ile de France* s'appliquait spécialement à la région délimitée par la Marne, la Seine, l'Oise et la Thève. En face, sur la rive gauche, commençait la Brie.

[3] Ces «orbillons» et restes de pieux étaient en effet dangereux pour la navigation, comme le montre un rapport fait aux audiences du Bureau, le 19 novembre 1613, par Jean Corau, voiturier par eau, qui expose qu'ayant fait partir du pont de Noisiel un basteau de cotterets et fagotz sous la conduite de cinq bons et expertz compagnons de riviere, «et estant icelluy basteau ung peu audessus du lieu de Gournay, pour evitter aux accidens qui arrivent fort souvent aux basteaux à cause de plusieurs orbillons et boutz de vieilz pieulx de l'ancien pont qui sont en riviere ausdictz endroictz, lesquelz orbillons sont à present couvertz et cachez par la grande creue d'eane, ledict basteau auroit esté dressé en ung lieu et viré affin de passer le long de la paslée du pieulx nouvellement faicte au chemin de la navigation, et estant pres de ladicte paslée, la force et viollance de la riviere qui est audict endroict tant par le renflement et boullonnement que fouct icelle paslée et orbillons que à cause de ladicte creue, auroict poussé led. basteau contre lad. paslée de telle force que les fagotz du bord s'estans accrochez contre les pieulx, icelluy basteau se seroit abanqué, renversé et rompu et aussitost allé au fond». (*Arch. nat.*, Z¹ᴴ 115.)

baillé, et sans qu'elles puissent donner aulcun empeschement à la navigation[1]; et outre sont d'advis, pour rendre le chemyn de la navigation plus facille, il seroit besoing de gravoier et oster quantité de pierre qui se voyent en ladicte arche montante. Et tout ce que dessus ont certiffié estre vray.

«Faict les jours et an que dessus.»

Signé: «Denis ROLLAND, Pierre LE GROS, Anthoine SAVAAIN», et les marques de BOURGUILLOT, NOUAILLE, HARDELOT et LAMBERT.

Ensuit la teneur dudict rapport de visitation faicte desdictz lieux ledict jour du troisiesme Novembre mil VIe douze.

«L'an mil six cens douze, le samedy troisiesme jour de Novembre, sur les sept heures du matin, de l'ordonnance de Messieurs les Prevost des Marchans et Eschevins de la ville de Paris en datte du... jour d'Octobre dernier, nous Nicolas Poussepin, conseiller au Chastellet, et l'ung desdictz Eschevins, commissaire en ceste partye, sommes, en la compagnie des Procureur du Roy et Greffier de la Ville et assistez de Pierre Guillain, Maistre des œuvres de maçonnerie, Augustin Guillain aussy Maistre des œuvres de maçonnerie à survivance, et Nicolas Bourguillot, maistre des ponts de ladicte Ville, partiz de ladicte Ville et transportez au lieu de Gournay sur la riviere de Marne, distant de troys à quatre lieues de ceste Ville, pour, suivant ladicte ordonnance, voir et visiter le lieu et endroict de ladicte riviere où Maistre Christophle Marie entend faire faire, dresser et construire ung pont de bois pour le service du publicq, et en donner advis au Roy suivant l'ordonnance estant au bas de la requeste presentée à Sadicte Majesté et à Nosseigneurs de son Conseil par ledict Marie, dattée du seiziesme dudict moys d'Octobre. Où estans, aurions trouvé ledict Marie, lequel nous a dict qu'il entendoit faire faire ledict pont au mesme lieu et endroict où y en souloit avoir ung, et duquel restoit encore quelques paslées de pieulx fichez apparans en la riviere. Et nous a requis voulloir proceder au faict de ladicte visitation, ce que luy aurions accordé. Et à ceste fin avons ausdictz Guillain et Bourguillot faict faire le serment en tel cas requis et accoustomé; et apres avoir par iceulx Guillain et Bourguillot, en nos presences, dudict Procureur du Roy et de la Ville et dudict Marie, amplement et exac-tement veu, visité et consideré lesdictz lieux, mesme recognu l'antienne assiette des paslées et disposition des arches par les pieulx, orbillons et cullées de pierre des deux costez estans en ladicte riviere, restant du vieil pont, ont esté d'advis que sans nuyre, empescher, ny incommoder la navigation, il peut estre basty, ediffié et construict ung pont de bois sur ladicte riviere de Marne, andict lieu de Gournay et au mesme endroict qu'il estoit antiennement, lequel pont aura huict paslées, chacune d'icelle de huict pieulx, dont la maistresse arche qui sera celle avallante pour le passage des basteaulx et chemin de la navigation, sera la cinquiesme à prendre et compter du costé dudict Gournay, et aura cinq thoises de largeur dans oeuvre et de pareille haulteur que la maistresse arche du pont de Lagny. L'arche montante, qui sera la premiere du costé de Chelles, aura quatre thoises de large aussy dans oeuvre, dont la cullée de pierre servira de paslée; et à ceste fin sera ladicte cullée restablye comme il appartiendra et y sera mis des anneaulx de fer pour servir à monter les basteaulx, et autres arches seront de largeur competante. Seront lesdictz pieulx fichez suivant les antiens allignements et selon les fiches de pieulx estans sur lesdictz lieulx, chascune paslée ayant ung jour au dessus et ung cours de moises des longueurs qu'il appartiendra, avec le plancher au dessus de poultres et solives joinctisses; en quoy faisant n'y aura aucune incommodité ny empeschement à ladicte navigation. Et neanlmoings lors des fisches de pieulx ledict Marye ou aultre entrepreneur sera tenu appeller tant ledict Bourguillot que six aultres voicturiers frequentans ladicte riviere pour luy dessiner et marquer ladicte maistresse arche avallante, pour la facilité d'icelle navigation. Ce que certiffions veritable. Ce faict, sommes revenuz en ladicte ville de Paris.

«Faict les an et jour que dessus.»

Signé: «POUSSEPIN, GUILLAIN pere» et «GUILLAIN filz», et marque dudict BOURGUILLOT.

CCCXXVI. — DEFFENSE D'EXPOSER EN VENTE DU VIN REMPLY D'EAU.
12 novembre 1613. (Fol. 195.)

De par les Prevost des Marchans et Eschevins de la ville de Paris.

«Sur le requisitoire du Procureur du Roy et de la Ville, deffences sont faictes à toutes personnes,

---

[1] Les travaux du pont de Gournay furent terminés dans le cours de l'année 1614, comme le montre le payement fait à Christophe Marie, le 14 octobre 1614, de 1,128 livres lui restant dues «de 2,228 l. à quoy se sont trouvez monter les ouvrages par luy faictz au pont de Gournay sur Marne, suivant la reception d'iceulx». (*Arch. nat.*, Z1r 160, fol. 164 v°.)

xv.   40 tant marchans forains, vignerons, que aultres, d'amener en ceste Ville, ny exposer en vente au publicq, aucun vin remply et meslangé d'eaue[1], à peyne de confiscation dudict vin et d'amande arbitraire. Ce qui sera publié à son de trompe et cry publicq, tant sur le port de la vente que estappe au vin en Greve, ad ce que personne n'en pretende cause d'ignorance.

«Faict au Bureau de la Ville, le mardy douziesme jour de Novembre mil six cens treize.»

«L'an mil six cens treize, le treiziesme jour de Novembre, l'ordonnance et deffences y mentionnées, à la requeste de Monsieur le Procureur du Roy de la ville de Paris, a esté par moy, Symon Le Duc, cryeur juré du Roy soubzsigné, leue et publiée à son de trompe et cry publicq sur les ports le long de la riviere, à Paris, et en la place de Greve au devant de l'Hostel de Ville, ad ce que du contenu en icelle nuls n'en pretendent cause d'ignorance, et sur les peines y contenues. Et à ce faire estois accompagné de Claude Poutteau et de Mathurin Noir et, jurez trompette, et d'un autre trompette, comme de Pierre Gillebert, aussy juré trompette.»

Signé : «LE Duc».

CCCXXVII. — DEVIS ET MARCHÉ POUR LE PARACHEVEMENT DU BASTIMENT DE LA PORTE SAINCT MARTIN.

16 novembre 1613. (Fol. 195 v°.)

Devis des ouvrages de maçonnerie et pierre de taille lesquelz sont necessaires à faire pour la continuation du bastiment de la porte Sainct Martin [2].

«Et premierement,

«Fault parachever d'abattre le mur au derriere de celuy qui est à present eslevé et qui regarde le pont levis de ladicte porte, ensemble les deux murs separant les passages de ladicte porte et logement du portier.

«Item, fault fouiller la fondation dudict pan de mur qui regarde ledict pont levis jusque à la bonne fondation et aussy bas que ceulx qui sont eslevez de pareille espoisse et icelle remplir de mesmes matieres que celuy de devant.

«Item, au dessus convient iceluy eslever et garnir de quatre assizes de pierre dure portant retraicte de mesme que les aultres et de pareille espoisse que celuy de dedans la Ville; mesme en icelluy faire une grande porte de pareille grandeur que celle qui est ja faicte, et de pareils quartiers de pierre, lesquels porteront ung tableau renfoncé de six poulces au moings; comme aussy planter au dessus les quatre assizes quelque pierre de taille pour porter les tableaux pieds droictz d'une fenestre faicte et fermée de pierre de taille de telle grandeur et en tel lieu qu'il sera advisé pour le mieulx.

«Item, continuer le residu dudict mur de bon moislon, avec mortier de chaulx et sable jusques à l'entablement, les plainctes, entablements, croisées, demies croisées et lucarnes, de pierre de taille de telle ordonnance et grandeur qui luy sera commandé par le Maistre des oeuvres de ladicte Ville.

«Item, fault fouiller la fondation de deux murs separant les passages et logement du portier en ce qui reste à faire, de pareille espoisse et matieres que ce qui est encommancé desdicts murs de reffend.

«Item, au dessus de ladicte fondation, convient iceulx eslever et garnir de quatre assizes de pierre de taille portant vingt poulces d'espoisses et parpain entre deux une et au dessus d'icelle continuer en chacun une jambe soubz poultre de pierre dure à double liaizon, jusques à telle haulteur qu'il sera advisé; le residu desdictz murs de bon moislon avec mortier, chaulx et sable.»

Signé : «GUILLAIN».

Du samedy seiziesme jour de Novembre mil six cens treize.

Ledict jour Messieurs les Prevost des Marchans et Eschevins de la ville de Paris ont faict marché

---

[1] Le 16 septembre 1613, Jean Lambert, laboureur, ayant été surpris pendant qu'il remplissait d'eau rougie des tonneaux de vin, fut condamné à être exposé pendant une heure au carcan de la place de Grève et à payer 20 livres d'amende. (Registre d'audiences du Bureau, *Arch. nat.*, Z$^{1\text{H}}$ 115.) Le 11 décembre suivant, on trouve trace de nouvelles poursuites intentées pour le même motif. (*Ibid.*).

[2] En raison des ouvrages entrepris à la porte Saint-Martin, Pierre Perrin, portier de cette porte, présenta requête, le 24 septembre 1613, afin d'être déchargé du loyer qu'il payait pour les lieux dépendant de ladicte porte, pendant la durée des travaux de restauration. Le Procureur du Roi donna un avis favorable conçu en ces termes : «Veue la presente et la notorieté du faict de l'abattis de la susdicte porte pour en construire une neuve, je consens le rabais des loyers par luy requis, tant et si longuement que l'on travaillera audict bastiment.» Quelques jours plus tard, le 27 septembre 1613, Guillaume Du Bourg, fermier des chaussées des portes Saint-Denis et Saint-Martin, obtint un rabais de 30 l. t. sur le prix de sa ferme en raison de la fermeture de la porte Saint-Martin occasionnée par les travaux qui s'y exécutaient. (*Arch. nat.*, Z$^{1\text{H}}$ 381.)

avec Pierre Judon, maistre maçon à Paris, pour faire bien et deuement et au dire du Maistre des oeuvres de ladicte Ville les ouvrages de maçonnerye et pierre de taille mentionnées au present devis, et fournir par luy de touttes choses necessaires, peines d'ouvriers, et rendre place nette, moyennant le pris et somme de quinze livres dix solz tournois la thoise, qui est le mesme pris porté par l'adjudication des ouvrages par luy encommancez à faire à ladicte porte, en datte du .... jour de .... dernier, et auquel devis et adjudication l'on a esté contrainct de changer de dessein. Lesquels ouvrages cy dessus seront payez audict Judon, à ladicte raison de quinze livres dix solz la thoise par le Receveur de ladicte Ville, au feur et à mesure qu'il travaillera et selon les ordonnances et mandemens desdictz seigneurs.

«Faict au Bureau de ladicte Ville, les jour et an que dessus.»

CCCXXVIII. — Articles et propositions du sieur Gelin touchant les debetz des rentes rachetées et aultres, [et] Assemblée sur ce subject, avec l'empeschement des receveurs des rentes.

28 mars-19 novembre 1613. (Fol. 196 v°.)

Articles accordez par le Roy en son Conseil à Maistre Mathurin Geslain, auditeur en la Chambre des Comptes à Paris, pour le rachapt et admortissement de cinq cens mil livres de rentes revenans en principal à six millions de livres tournois constituées sur les receptes generalles et particulieres de Sa Majesté, Hostel de ville de Paris et aultres de son Royaulme.

«Premierement.

«Sa Majesté a commis et commet ledict Geslain pour recevoir, de quartier en quartier, ou autrement selon que les payements sont reiglez, tous et chacuna les deniers des arreraiges des rentes constituées tant sur touttes les tresoreriees, receptes generales et particulieres, domaines, tailles, taillon, aydes, decimes, gabelles, traictes foraines et domanialles et fermes que sur la maison et Hostel de Ville de Paris et autres de ce Royaume, dont le fond se faict par Sa Majesté, lesquelles sont racheptées, esteinctes et admorties, supposées ou escheues à Sadicte Majesté et qui luy doivent revenir par quelque moyen et pour quelque cause que ce soit; à commancer la recepte desdictz arreraiges de rentes non deubz du premier jour de Janvier mil six cens jusque en fin des douze années cy apres declarées.

«Pour recevoir aussy les deniers deubz et affectez aux particuliers tant pour arreraiges de rentes que aultres parties qui sont à present saisyes entre les mains des comptables desdictes rentes, fermiers, commissaires et aultres qui en font le manyement, lesquelz deniers ne sont compris au party de Maistre Louis Massuau; et seront tenus lesdictz comptables d'en vuider leurs mains en celles dudict Geslain à l'instant de la demande qui leur en sera faicte.

«Pareillement, recevra ledict Geslain tous les deniers deubz ausdictz particuliers, non saisiz, employez en debetz de quictances, et ceulx consignez pour faciliter les descharges des comptes et aultres quelzconques demourez es mains desdictz comptables par les estatz de Sa Majesté et les comptes renduz: Assavoir pour arreraiges de rentes negligées à commancer du premier jour de Janvier mil six cens quatre, qui finit le temps donné andict Massuau pour en faire le recouvrement, et pour les deniers deubz ausdictz particuliers pour aultres causes que pour lesdictz arreraiges de rentes, du premier jour de Janvier mil six cens ung, que finit aussy ledict temps dudict Massuau. Et pour ledict fondz revenant bon par la fin desdictz comptes qui sera es mains desdictz comptables autre que celuy qui doit tomber en la recepte generalle des restes tout ce qui en est et sera deub cy apres jusques en fin desdictes douze années.

«Comme aussy recevra ledict Geslain tous les deniers des natures declarées par les deux articles precedens qui seront cy apres saisiz ou demoureront es mains des comptables par negligence ou aultrement, pendant douze années qui commanceront pour les deniers et comptables duressort de chacune chambre six moys apres la verification faicte en icelle de la declaration et commission qui seront delivrées audict Geslain, en execution des presens articles. Et seront tenuz lesdictz comptables de vuider leurs mains desdictz deniers en celles dudict Geslain, six moys apres l'année de leur exercice expiré, à peyne d'y estre contrainct comme il est accoustumé pour les deniers et affaires de Sa Majesté.

«Et affin que les particuliers ne reçoivent aucune perte, dommage ni prejudice à cause du depost qui sera faict es mains dudict Geslain des deniers susdictz, il sera tenu de les payer sans fraiz ne retardation à ceulx à qui ilz appartiendront, si tost qu'il sera par eulx demandé, et pour les saisyes en luy delivrant les mains levées ou selon que par justice sera ordonné durant lesdictes douze années, en fin desquelles sera tenu de laisser le fondz desdictes parties saisies qui restera en ses mains, du moings pour les trois dernieres années de sa jouissance, dans les coffres cy apres declarez pour satisfaire aux particuliers, auxquels sy ledict fondz n'estoit suffisant pour leur payement Sa Majesté leur pourvoyra de fondz.

« Plus recevra les deux tiers des deniers provenants des debetz de quictances desdictes rentes constituées sur lesdictes recettes et Hostel de Ville, dont l'autre tiers a esté accordé andict Massuau, assavoir dudict Massuau ce qu'il en aura receu en execution de son traicté, et des comptables les deux tiers que ledict Massuau n'a encores recen, pour estre lesdictz deux tiers payez et delivrez comme dessus, sans fraiz, aux particuliers à qui ilz appartiennent si tost qu'il sera par enlx demandé.

« Et outre recevra des à present tous les deniers desdictes natures cy dessus qui ne sont comprins au party dudict Massuau.

« Sa Majesté a aussy delaissé andict Geslain les deniers qui reviendront de bon du fondz laissé pour les fraiz qui sont à present payez par Sadicte Majesté pour la reddition des comptes desdictes rentes, qui diminueront par le moyen desdictz rachaptz, apres que mention en aura esté faicte sur lesdictz comptes.

« Le fondz qui est à present laissé dans les estatz de Sa Majesté pour le payement des rentes et fraiz dessus dicts, ne pourra estre diminué, diverty ne reculé pour les années susdictes, au prejudice de ce qui devra tomber entre les mains dudict Geslain pour l'admortissement desdictes rentes; mais au contraire, sy à l'advenir Sadicte Majesté faict plus grand fondz qu'elle n'a faict es dictes années passées pour le payement desdictes rentes ou d'aucune nature d'icelles ledict Geslain sera payé ainsy et à proportion que les possesseurs des autres rentes.

« Tous lesquelz deniers seront receus et le remboursement et rachapt des rentes faict suivant l'ordre contenu en la declaration de Sadicte Majesté et par les ordonnances des commissaires qui seront par elle deputez, en sorte que Sadicte Majesté en demeure vallablement deschargée.

« Sera tenu ledict Geslain, tant pour la commodité des comptables des provinces que particuliers qui auront à recepvoir les deniers dont il fera le recouvrement es dictes provinces, d'establir des commis en chacune ville de ce Royaulme où les bureaulx des recettes generalles sont establiz, lesquels seront tenuz de bailler caution par devant les Tresoriers generaulx de France des lieux, de la somme qu'il sera ordonné eu esgard à leur manyement. Et en rapportera l'acte au Conseil trois mois apres leur establissement.

« Et d'autant qu'il est necessaire pour la descharge de Sa Majesté envers lesdictz particuliers que leurs quictances et acquicts servans pour ladicte descharge soient mis en ses Chambres des Comptes, sera tenu ledict Geslain de mettre aux greffes desdictes Chambres les acquits des payements qui seront par luy faictz, de trois ans en trois ans, avec ung inventaire d'iceulx signé et certiffié de luy, pour, à la diligence des procureurs generaulx de Sa Majesté, en estre les descharges faictes sur les comptes ainsy qu'il appartiendra, le tout sans fraiz.

« De tout lequel fonds susdict qui est eschen et qui escherra cy apres pendant lesdictes douze années accordées audict Geslain, et dont sera par luy ou sesdicts commis faicte recepte, ensemble des arreraiges des rentes qui seront par luy racheptées et dont les payements se feront pendant ledict temps, ledict Geslain a promis et promect et s'oblige de rachepter et admortir lesdictes rentes constituées sur lesdictes receptes et hostel de ville du moings cinq cens mil livres de rente revenans à six millions de livres en principal, dont Sadicte Majesté et lesdicts hostelz de villes sont chargez, et ce par esgalle portion pendant lesdictes douze années, qui est quarante ung mil six cens soixante six livres treize sols quatre deniers tournois de rente par an. Et ce qui en sera rachepté de plus demeurera pareillement au proffict de Sa Majesté. Et encores que lesdictes rentes soient racheptées et admorties à cause des descharges qui en seront faictes sur les minuttes des contractz et constitutions et par les quictances des proprietaires, neantmoings le fondz des arreraiges d'icelles sera employé dans les comptes, affin que ledict Geslain puisse prendre et recevoir ledict fondz durant lesdictes douze années.

« De toutte laquelle recepte et despence ledict Geslain comptera de six moys en six moys par estat par devant les commissaires qu'il plaira à Sa Majesté ordonner, et d'année en année au Conseil de Sa Majesté, et en fin desdictes douze années aulx Chambres des Comptes où il escherra.

« Pour seureté des deniers de ladicte recepte, sera tenu ledict Geslain les mettre en des coffres forts fermantz à double serrures, qui seront mis pour Paris en l'Hostel de ladicte Ville, pour les autres lieux es maisons de ses commis scizes eu la ville où le bureau de la generalité est establye, apres que sesdictz commis auront baillé caution, comme dict est. Duquel coffre l'ung desdictz commissaires aura une clef, le Prevost des Marchans une autre, et ledict Geslain l'autre.

«En consideration de ce que dessus, Sadicte Majesté a accordé audict Geslain deulx solz pour livre de tous les deniers qu'il employera actuellement au remboursement desdictes rentes, moyennant lesquelz deulx solz pour livres ledict Geslain fera ses diligences, recherches, contraincte, fraiz de commissaires et de commis, recepte et port et voicture, sauf pour les comptes qui seront rendus es Chambres des Comptes, à la fin desdictes douze années, les espices et fraiz desquels seront payez aux despens de Sadicte Majesté.

«Ne pourra ledict Geslain estre depossedé de ladicte recepte et commission, en consideration du temps, peyne et travail par luy employé par le commandement de Sa Majesté pour l'eclaircissement du contenu aux presens articles.

«Toutes declarations et lettres de Sadicte Majesté que besoing sera seront delivrées audict Geslain pour l'execution desdictz articles, lesquelz Sadicte Majesté fera veriffier sans que ledict Geslain soit tenu d'aucuns fraiz.»

«Il est ordonné que les presentes articles seront communicquées au Prevost des Marchans et Eschevins de la ville de Paris, pour, leur responce vene, estre ordonné ce qu'il appartiendra par raison.

«Faict au Conseil d'Estat du Roy tenu à Paris le vingt huictiesme jour de Mars mil six cens treize.»
Signé : «Malien».

«Soit monstré au Procureur du Roy et de la Ville.

«Faict le dix septiesme Septembre mil vi° treize.»
Signé : «de Grieux».

«Veu les presentes articles, je requiers qu'elles soient communicquées aux receveurs et payeurs desdictes rentes et aux fermiers generaulx des Aydes et du sel pour, veu leur responce, faire ce que de raison.

«Faict le dix huictiesme Septembre mil six cens treize.»
Signé : «Perrot».

«Soit faict ainsy qu'il est requis par ledict Procureur du Roy de ladicte Ville.

«Faict au Bureau d'icelle, le dix neufiesme jour de Septembre mil six cens treize.»

[*Assemblée sur les articles et propositions du sieur Geslain.*]

«Monsieur..., plaise vous trouver demain, deux heures de relevée, au Bureau de la Ville pour deliberer sur les propositions et articles presentez au Roy et à Nosseigneurs de son Conseil par le sieur Geslain, auditeur des Comptes, concernant les rentes de ladicte Ville. Vous priant n'y voulloir faillir.

«Faict au Bureau de ladicte Ville, le lundy dix huictiesme jour de Novembre mil six cens treize.»

«Les Prevost des Marchans et Eschevins de la ville de Paris, tous vostres.»

Du mardy dixneufiesme jour de Novembre mil six cens treize.

En l'assemblée de Messieurs les Prevost des Marchans, Eschevins et Conseillers de ladicte Ville, ledict jour tenue au Bureau d'icelle pour deliberer sur les articles et propositions faictes au Roy et à Nosseigneurs de son Conseil par le sieur Geslain, auditeur des Comptes, touchant les rentes de ladicte Ville, sont comparuz :

Monsieur de Grieu, sieur de Sainct Aulbin, conseiller au Parlement, Prevost des Marchans;

Monsieur Desprez, Monsieur Merault, Monsieur Desneux, Monsieur Clapisson, Eschevins;

Monsieur de Versigny, Monsieur le President de Marly, Monsieur le President Aubry, Monsieur Boucher, Monsieur Le Prestre, Monsieur Amelot, Monsieur Sainctot, Monsieur Abelly, Conseillers de ladicte Ville.

La compagnie estant assemblée, mondict sieur le Prevost des Marchans a remonstré que ledict Geslain a cy devant presenté au Roy et à Nosseigneurs de son Conseil des articles et propositions concernans tant les rentes de ladicte Ville que celles des receptes du Roy des aultres generalitez, par lesquelles, moyennant la jouissance de ce qu'il demande, promet rachepter cinq cens mil livres de rentes faisant six millions en principal; lesquels articles ont esté renvoyez à ladicte Ville par nosdictz seigneurs, estant au bas d'iceulx articles en datte du [vingthuictiesme] jour de Mars [mil six cens treize]. C'est pourquoy il auroit faict assembler ceste compagnie, requerant en voulloir deliberer, ayant faict bailler communication d'iceulx aux receveurs et payeurs des rentes de ladicte Ville, comme y ayans interest, lesquels y ont faict response.

Lecture faicte desdictz articles et propositions, ensemble de la responce et moyens baillez contre eulx par lesdictz receveurs, a esté mandé en ladicte assemblée ledict Geslain, et icelluy interpellé de s'esclaircir sur ce qu'il entend rachepter cinq cens mil livres de rente, et comme sa recepte est de toutes sortes de deniers tant sur la Ville que plat pays, sy ses rachaptz seront tant des rentes de ladicte Ville que de celles du plat pays, et qu'il ayt à dire precisement combien il entend rachepter des rentes de ladicte Ville, et combien de rentes sur le plat pays?

A dict que son intention est que des deniers qui seront receuz des quatre natures des rentes constituées sur l'Hostel de Ville, de les employer en rachapt des rentes sur lesdictes quatre natures;

Interpellé de dire s'il entend toucher quelque chose des rachaptz qui sont faicts sur le Clergé, comme aussy s'il entend toucher aux deniers des rentes des autres natures et qui ont acoustumé d'estre payez par chacun an, et qui pourroyent revenir de bon lesdictes rentes payées?

A dict qu'il n'entend en fasson quelconque toucher ny alterer le fondz laissé pour le payement des rentes constituées sur lesdictes quatre natures, assavoir pour l'année entiere des rentes constituées sur les gabelles, sur le fondz laissé pour le payement des rentes constituées sur le Clergé, les trois quartiers qui sont laissez pour le payement des rentes constituées sur les aydes, et le fond qui est laissé pour le payement d'une demye année sur les receptes generalles; et que, lesdictes rentes payées comme dessus, s'il y a du fondz de reste, il entend le prendre pour employer audict raschapt.

Interpellé de dire quelle caution il entend bailler?

A dict qu'il n'entend poinct bailler de caution, d'autant que pour ce qui concerne l'Hostel de la Ville, les deniers seront mis dans les coffres de la Ville dont Monsieur le Prevost des Marchans, Messieurs les commissaires et luy auront une clef.

Et entend faire les fraiz des commissaires et tous autres frais qu'il conviendra, sur les deulx solz pour livres à luy attribuez; et oultre a dict qu'il n'entendoit pas prendre ung denier de ses deux solz pour livre, jusques à ce qu'il ayt du moings faict pour cent mil livres de rachapt de rente de ladicte Ville.

Et s'estant ledict Geslain retiré, l'affaire mise en deliberation, a esté remis à la resouldre à la huictayne, et cependant que la compagnie s'instruira plus amplement desdictz articles, lesquelz seront encores communicquez à Maistre Jehan de Moisset, à present commis au payement des rentes desdictes gabelles.

[*Empeschement des receveurs des rentes.*]

«Maistre Anthoine Feydeau, adjudicataire de la ferme generalle des aydes de France, apres avoir veu les articles presentées au Roy par Maistre Mathurin Geslain, conseiller du Roy auditeur de ses Comptes, le vingt huictiesme Mars mil six cens treize, à luy communicquées par ordonnance de Messieurs les Prevost des Marchans et Eschevins de cesteville de Paris du dix neufiesme Septembre mil vi^e treize,

«Dict qu'il n'a aultre interest auxdictz articles, synon pour ce qui regarde les rentes et aultres partyes assignées sur les deniers des aydes, pour lesquelles il s'oppose auxdictz articles, d'autant que par le bail general desdictes aydes, à luy faict par Sa Majesté, il en doibt faire le payement ainsy et en la mesme forme qu'il se faisoit avant iceluy; en quoy il reçoit de la commodité en ce que la pluspart desdictes rentes et charges ne se demandent que long-temps apres les années expirées, et que les deniers de celles qui sont saisies luy servent pour subvenir aux aultres en attendant que le recouvrement des deniers desdictes fermes (qui est fort tardif) s'en face; sans laquelle commodité ledict Feydeau ne fust entré en ladicte ferme.

«Quand aux rentes esteinctes et admortyes et aultres acquises au Roy par droict d'aubeyne, confiscation, desherance ou aultrement, ledict Feydeau n'en est poinct chargé par son bail, et les deniers luy en reviennent de bon pour satisfaire au pris de sadicte ferme generalle, suivant les arrest intervenuz en interpretation de sondict bail, au moyen de quoy Sa Majesté n'a plus de droict sur icelle pour le temps des baulx de sadicte ferme generalle et arreraiges desdictes rentes qui seront payées et se payeront pendant iceulx; lesquels arreraiges commancent pour les rentes de ladicte Ville au premier

Octobre mil v⁰ IIII^xx XIX, et pour celles des rentes particulieres au premier Octobre mil vi^e quatre.

« Partant soustient ledict Feydeau que lesdictz articles ne peuvent avoir lieu, en ce qui regarde lesdictes rentes et charges assignées sur lesdictes aydes, que pour les arreraiges desdictes rentes de la Ville denes et escheues au dernier Septembre mil v^e IIII^xx XIX, et pour les autres rentes et charges pour les années escheues au dernier Septembre mil vi^e quatre, pour lesquelles il se rapporte à ladicte Ville d'en consentir ou empescher l'entherinement, ainsy qu'il advisera bon estre à faire par raison. Et pour le regard des aultres arreraiges depuys eschenz et dont le payement s'est faict et continué pendant le temps de son bail general, empesche ledict Feydeau l'entherinement d'iceulx pour les raisons cy dessus. »

Signé : « FEYDEAU ».

« Les recepveurs et payeurs des rentes de la ville de Paris assignez sur le Clergé, sur la communicquation qu'il a pleu à Messieurs les Prevost des Marchans et Eschevins de leur donner des articles presentées au Roy par Maistre Mathurin Geslain, auditeur des Comptes, et à eulx renvoyées par Messieurs du Conseil, portant offre de rachepter, des deniers du peuple et affectez au payement des arreraiges de leurs rentes, la somme de cinq cens mil livres en principal, ont representé audict sieur Prevost des Marchans et Eschevins ce qui s'ensuit :

« Lesdictz recepveurs dient que ledict Geslain, pour parvenir à l'effect de sa proposition, veut s'ayder de deux moyens, le premier du fondz qu'il s'est imaginé estre faict des rentes racheptées, le second de tous les deniers qui sont ès mains des comptables soyt saisiz, negligez ou aultrement en quelque façon que ce soit, y comprenant mesme les deux tiers des deniers qu'a touchez Massuau, indifferemment de tous autres, pour faire recepte de tous les dictz deniers durant douze années, moyennant deux solz pour livre, en vertu de la commission qu'il entend luy en estre expediée.

« Pour le premier moyen duquel il se promet son principal secours pour parvenir à son rachapt, qui est le fond des rentes racheptées et notamment de celles de la Ville, pour monstrer qu'il a basty sa proposition sur un faulx fondement, il n'est question que de sçavoir sy le fondz de ces rentes racheptées est laissé ou non. Il est certain, et fault que ledict Geslain en demeure d'accord, qu'il n'en est laissé aulcun : Premierement pour celles qui sont sur le sel et sur les aydes, chacun sçait que Sa Majesté a faict party de ses fermes et par iceluy n'a obligé ses fermiers qu'à payer les rentes actuellement deues aux particuliers, pour ce que, moings montent les charges qui leur sont baillées à acquicter, plus est augmentée la somme qui revient à Sadicte Majesté, à qui seulle doncq, s'il y a des rentes racheptées sur les deux natures, tourne le benefice de ce rachapt. Pour les rentes assignées sur les receptes generalles il n'est que trop notoire à ung chacun que Sa Majesté ne faict pas seullement le fond d'une demye année par an des rentes nettement denes. Pour celles qui sont assignées sur le Clergé, il est vray que du fondz qui en est baillé par an, il ne s'en peut acquicter une année. Par ce que dessus, il se cognoist evidemment comme ledict Geslain a peu entendu ce qu'il demandoit, et que, s'il a une aussy maulvaise science de ses autres moyens, combien il est esloigné de parvenir à son rachapt. Duquel aussy il n'entend donner aulcune caution, jugeant bien qu'il ne trouveroit aulcun qui le secondast en son oppinion : il s'est seullement proposé une bonne commission avec deux solz pour livres et à touscher deniers de tous costez, sans approfondir l'evenement de ce grand divertissement.

« Pour le second moyen qui est le fonds des rentes racheptées, saisyes, negligées, bons d'estats et tous aultres qui sont sur la Ville, recepte generalle et particulieres de ce Royaulme, encore qu'une partye ne soit de la particuliere cognoissance desdictz recepveurs, neantmoings quand cella luy seroit accordé, ce qui ne peut estre qu'à la ruyne du particulier soit rentier ou aultre, il n'est pas à juger qu'il en puisse faire ce rachapt, n'y ayant que trois jours que Massuau a tiré des mains des comptables une partye des deniers de ces natures quelques unes exceptées. A la verité, il n'a rien obmis pour composer ceste grande commission ; il a laissé en arriere l'interest particulier d'ung chacun et a estimé soubs ce specieulx rachapt mettre la main dans ce manyement, sans considerer aux despens ny au detriment de qui il seroit faict. Car en effect c'est rembourser un particulier de son principal, du fondz destiné au payement de ses arreraiges, et quoy qu'il dye qu'il ne delaissera payer aux particuliers leur courant, sy est ce qu'il est hors du sens commun de pouvoir croire qu'il puisse et payer les particuliers et faire ses rachapts d'ung mesme fond. Il pourroit bien pour ung temps, si ce divertissement luy estoit permis, s'ayder des deniers saisiz et des arreraiges estants en debetz, et de faire d'une main l'aultre. Mais sur le champ il doibt faire voir quel moyen il a de remplacer ce divertissement, car aultrement il ne seroit raisonnable de le souffrir. Et ledict Geslain n'en ayant aulcun, il conclud anssy que sy les deniers qui luy resteront en ses mains, à la fin de ses douze années, ne sont suffisans pour remplacer ce qu'il aura diverty, que Sa Majesté pourvoyra de fondz, comme s'il estoit juste que les particuliers s'allassent rendre supplians de ce qu'il leur auroit esté pris et destourné par ledict Geslain, et que à leurs despens et de leurs deniers on eut remboursé leur principal. Cela est si esloigné de la justice, et ceste proposition si erronée que ledict Geslain en devroit estre blasmé, luy principallement qui a l'honneur d'estre receu Conseiller de Ville à survivance, et obligé par consequent à la conservation de l'interest des particuliers.

« Et pour monstrer que les deniers des debetz ne sont en si grand nombre ny de tel secours qu'il se promect, et qu'il succomberoit en sa proposition, il ne fault que l'exemple du party de Massuau des debetz de quictances, qu'il fist en l'année mil vi⁵ huict. Les receveurs de la Ville furent depossedés à la fin de l'année mil six cens trois : sy des ce temps ledict Massuau eust faict son party, il eust trouvé, es mains de feu Maistre Nicolas Martin qui avoit exercé plusieurs années la charge du Clergé, plus de soixante mille livres de debetz, desquelz, sy ledict Massuau se feust servy, il eust esté contrainct en l'année 1608 d'emprunter pres de cinquante mil livres, d'aultant qu'alors il ne se trouva plus, es mains dudict Martin, que treize mil livres. De cela l'extraict des partisans en faict foy. Donc sy ledict Geslain s'ayde aujourd'huy des deniers saisiz il tombera au mesme inconvenient; il ne pourveoyt à cela que par le seul remede de dire qu'il fauldra que le peuple aye recours au Roy pour luy pourvoyr de fondz. Et se peut dire, quand bien il luy seroit permis de s'ayder de tous lesdictz deniers, qu'il luy seroit impossible d'executer la dixiesme partye de ce qu'il promet.

«Pour ce qu'il est du particulier desdictz receveurs, ils representent qu'ils sont creez et establiz officiers pour recepvoir les deniers et les payer aux particuliers, et non commis dudict Geslain; que quand il se feroit des rachapts sur leurs charges, que ce doit estre par leurs mains; que les particuliers en doibvent recepvoir les deniers conformement aux contracts d'engaigements; qu'il n'est raisonnable d'establir, à leur confusion et à leur ruyne, ung commissionnaire pour leur oster la fonction de leurs charges et au lieu d'ung officier y en establir deux; qu'il ne s'est poinct encore praticqué contre aulcun officier de faire faire partye de sa charge par ung commissionnaire. Quand Massuau a faict son party des debetz en l'année vi⁵ huict, il a demandé le passé et non l'advenir, et praticqué sur les receveurs qu'il y avoit six ans qui estoient hors de charges et non sur ceulx qui exerceoient lors, qui en furent deschargez par arrest du Conseil.

«Ledict Geslain demande que, six moys apres l'année de l'exercice expiré, les receveurs mettent en ses mains les debetz : cela faict, sur qui est ce par apres que les particuliers feront leurs arretz? Les faisant chez les receveurs, comme il arrivera indubitablement, par quelle voye ledict Geslain en auroit il cognoissance? S'il payoit au prejudice d'iceulx, sur qui en viendra le dommage? Quel remede aux plainctes et proces qui en naistroient? Quel remede pour soullager les particuliers des plainctes qu'ils rendroient, que tantost ils seront renvoyez par Geslain sur les recepveurs, et par les recepveurs sur Geslain? Ce seroit alors que l'importance de ceste proposition se recognoistroit, oultre les grands fraiz qu'il conviendroit faire à la foulle des rentiers, pour la reddition de plusieurs comptes pour ung, sans quantité d'autres inconveniens qui ne se peuvent prevoir qu'en l'execution.

« De plus chacun sçayt combien il est chatouilleux de mettre les deniers du publicq entreles mains d'ung partisan, les facilitez qu'il y a de les tirer de ses mains, et quoy qu'il soit obligé à une chose, il est fort ayse de sen descharger. Il en ouvriroit luy mesme les moyens affin de faire ses affaires. Quand ledict Geslain auroit les deniers et qu'il seroit recogneu qu'il en usast mal, sy Messieurs les Prevost des Marchans et Eschevins en voulloient prendre cognoissance, elle leur seroit interdicte, au lieu qu'à present sur les receveurs ilz ont tout pouvoir sur eulx : les particuliers sont asseurez de leur payement, et ne se peut distraire aucuns deniers et partant touttes choses en asseurances.

« C'est pour ces raisons que lesdictz sieurs receveurs supplient tres humblement lesdictz sieurs Prevost des Marchans et Eschevins de voulloir rejecter telle proposition et les maintenir en l'exercice de leurs offices. »

CCCXXIX. — Autre assemblée sur le mesme subject.

26 novembre 1613. (Fol. 205 v°.)

« Monsieur..., plaise vous trouver demain, deux heures de rellevée, au Bureau de la Ville pour deliberer sur la proposition et articles presentez au Roy et à Nosseigneurs de son Conseil par le sieur Geslain, touchant les rentes de ladicte Ville.

« Faict en l'Hostel d'icelle, le lundy vingt cinquiesme jour de Novembre mil vi⁵ treize.

« Les Prevost des Marchans et Eschevins de la ville de Paris, tous vostres. »

Du Mardy vingt sixiesme Novembre mil vi° treize.

En l'assemblée de Messieurs les Prevost des Marchans, Eschevins et Conseillers de ladicte Ville, ledict jour tenue au Bureau d'icelle pour deliberer sur les propositions et articles presentées au Roy et à Nosseigneurs de son Conseil par Maistre Mathurin Geslain, auditeur des Comptes, touchant les rentes de ladicte Ville, renvoyées à icelle par Nosseigneurs de son Conseil, sont comparuz :

Monsieur de Grieu, sieur de Sainct Aubin, conseiller en la Cour, Prevost des Marchans,

Monsieur Desprez, Monsieur Merault, Monsieur Desneux, Monsieur Clapisson, Eschevins.

Monsieur de Boullancourt, Monsieur de Versigny, Monsieur le President Aubry, Monsieur Boucher, Monsieur Le Prestre, Monsieur Perrot, Monsieur Amelot, Monsieur Sanguin, Monsieur Pothier, Monsieur Lamy, Monsieur Abelly, Monsieur Sainctot, Monsieur de Sainct Germain, Conseillers de Ville.

La compagnie estant assemblée, Monsieur le Prevost des Marchans a remonstré que ayant par le sieur Geslain faict une proposition et presenté au Roy et à nos Nosseigneurs de son Conseil des articles concernans les rentes constituées tant sur l'Hostel de la Ville que du plat pays par lesquelles entre aultres choses il doit rachepter en douze années cinq cent mil livres de rentes, qui sont six millions de livres en principal, moyennant la jouissance de ce qu'il demande portez par lesdictz articles ordonnées estre communicquées à ladicte Ville par arrest de Nosseigneurs du Conseil du xxviii° jour de Mars dernier, c'est pourquoy il a faict assembler la compagnie, requerant en voulloir deliberer, ayant ledict sieur Geslain esté ouy en pareille assemblée, qui fut faicte le xix° du present moys, sur l'interpretation d'aucuns desdictz articles.

Et sur ce, se sont presentez en ladicte assemblée plusieurs bourgeois de cestedicte Ville, et entre aultres les nommez Drouyn, Monbaudiat et Richer, qui ont dict avoir entendu que ledict Geslain poursuivoit quelques articles concernans le rachapt des rentes, à quoy ilz avoient ung notable interest et supplioient humblement la compagnie ne permettre qu'il soit rien innové ny remué ausdictes rentes.

Sur quoy, mondict sieur le Prevost des Marchans leur a faict responce qu'il ne se feroit rien en ladicte assemblée à leur prejudice, ny du publicq, et lors se sont retirez.

Sur quoy, lecture faicte desdictz articles et propositions dudict Geslain, les moyens et responces au contraire pour l'empescher baillez par les receveurs et paieurs des rentes de ladicte Ville assignées sur le Clergé et receptes generalles, et par Maistre Anthoine Feydeau, fermier general des aydes et payeur des rentes assignées sur icelles, et l'affaire mise en deliberation, a esté arresté, deliberé et concluld que Sadicte Majesté et nosdictz seigneurs de son Conseil seront tres humblement supplié de rejecter lesdictes propositions et articles dudict Geslain, pour ce qui concerne les quatre natures des rentes de ladicte Ville, comme estans grandement prejudiciables à ladicte Ville et ausdictz particuliers rentiers.

CCCXXX. — Estat des cautions du sieur de Gondy, avec mandement au sieur de Moisset de les contraindre [signifiés aux sieurs Barrin].

9-29 novembre 1613. (Fol. 207.)

Estat des cautions fournies par Philippes de Gondy, à cause de la ferme des gabelles de la generalité de Paris.

« Et premierement.

« Le sieur Thiret, pour la somme de..	xl^m ₶.
« Le sieur Vannelly, pour la somme de.	x^m ₶.
« Le sieur Le Ragois, pour la somme de.	xxxv^m ₶.
« Le sieur de Billy, pour la somme de..	xii^m ₶.
« Le sieur de Vauhardy, pour la somme de...............	x^m ₶.
« Le sieur Le Vassor, de Dreux, pour la somme de...............	xii^m ₶.
« Le sieur Bruslart, de Creil, pour la somme de...............	v^m ₶.
« Et le sieur Gabriel du Crocq, pour la somme de...............	xxvi^m ₶.

« Somme cl^m ₶.

« dont les actes et obligations sont es mains de Monseigneur le President Jeannyn et Monsieur de Meaupeou.

« Je certiffie ce que dessus estre vray.

« Faict ce neufiesme jour de Novembre mil vi° treize. »

Signé : « DE GONDY ».

*De par les Prevost des Marchans et Eschevins
de la ville de Paris.*

«Il est ordonné que, sans prejudicier à l'obligation et acte de caultionnement faict envers ladicte Ville par Maistres Dreux et Claude Barbin, pour les sieurs Robin et de Gondy, de la somme de trois cens soixante mil livres tournois, pour asseurance du payment des rentes du sel, ny sans aucunement se departir par ladicte Ville de ladicte obligation, que Maistre Jehan de Moisset, à present commis au payement desdictes rentes du sel, fera, au peril et fortune desdictz Barbin, touttes diligences et contraintes pour le recouvrement de la somme de cent cinquante mil livres, et des personnes selon et ainsy qu'il est porté par l'estat cy devant transcript, et pour les sommes chacune particulierement y contenues, pour estre lesdictz cent cinquante mil livres, ou autre somme qui sera receue desdictz susnommez, precompté et desduicte auxdictz Barbin sur la dicte somme de III^c LX^M livres tournois dont ils sont obligez envers icelle Ville.

«Faict au Bureau d'icelle, le samedy neufiesme Novembre mil VI^c treize.»

*De par les Prevost des Marchans et Eschevins
de la ville de Paris.*

«Il est enjoint au premier sergent de ladicte Ville de signiffier nostre ordonnance cy devant transcripte à Maistres Dreux et Claude Barbin, à ce qu'ils n'en pretendent cause d'ignorance, et qu'ils ayent à comparoir au Bureau de ladicte Ville lundy prochain, à dix heures du matin, pour y estre ouys sur le contenu de ladicte ordonnance.

«Faict au Bureau de ladicte Ville, le vendredy vingt neufiesme jour de Novembre mil six cens treize.»

«L'an mil VI^c treize, le vingt neufiesme jour de Novembre, l'estat et ordonnance cy devant transcripte ont esté par moy, sergent en l'Hostel de la ville de Paris soubzsigné, monstré et signiffié et d'icelle baillé coppie à Maistres Dreux et Claude Barbin y desnommez, en parlant à Henry Bourgoing, commis dudict Maistre Dreulx Barbin, en son domicille, tant pour luy que pour ledict Maistre Claude Barbin, ad ce qu'ils n'en pretendent cause d'ignorance; et oultre, parlant comme dessus, je leur ay donné assignation à estre et comparoir lundy prochain, dix heures du matin, par devant Messieurs les Prevost des Marchans et Eschevins de ladicte Ville au Bureau d'icelle, pour respondre sur le contenu de ladicte ordonnance.

«Faict es presences de Jehan Danguy, sergent, Nicolas Yard et aultres temoings.»

CCCXXXI. — Reiglement pour la Vente du bois [et du charbon].

2 décembre 1613. (Fol. 209.)

*De par les Prevost des Marchans et Eschevins
de la ville de Paris.*

«Sur la remonstrance à nous faicte au Bureau de la Ville par le Procureur du Roy d'icelle que, combien que par noz ordonnances des vingt neufiesme Novembre mil six cens unze, seiziesme octobre et douziesme Novembre mil VI^c douze, contenant le faict, vente et distribution du bois de chauffage et charbon en cestedicte Ville, deffences ayent esté faictes à tous marchans de vendre leurdict bois et charbon à plus hault pris que ce qui leur est par nous taxé lors de l'arrivage, à peine de confiscation dudict bois et d'amande arbitraire, neantmoings contrevenant par lesdictz marchans ausdictes ordonnances, ils survendent journellement et à pris excessif leurdict bois et charbon, surpassant la taxe qui leur est donnée; requerant y voulloir pourvoir. Nous apres avoir veu nosdictes ordonnances cy dessus dattées, avons par maniere de provision ordonné que d'oresnavant les marchans ne pourront vendre leurs denrées et marchandises qu'aux prix cy apres declarez :

«Assavoir, aux ports de l'Escolle, Malacquestz et des Augustins :

«Le plus beau bois de mousle, la voye..........................	VII^{lt} x s.
«Le plus beau bois de traverse, la voye..........................	VI^{lt} xv s.
«Le bois d'andelle, la voye	VI^{lt} v s.
«Le bois de corde, la vuye........	VI^{lt}.
«Les cotterets de hestre et chesne [1], le cent........................	LXXV s.

---

[1] D'après une mention portée au registre des audiences du Bureau, il semble que le présent tarif n'ait pas été applique immédiatement et que l'on ait accordé aux marchands de bois la faculté d'user, pendant l'hiver 1613-1614, des prix fixés pour l'hiver 1612-1613 par l'ordonnance du 12 novembre 1612 (ci-dessus, p. 202). Le 14 janvier 1614, en effet, on les convoqua au Bureau (*Arch. nat.*, Z^{1H} 115) pour leur rappeler que «la liberté qu'il leur avoit esté laissée de vendre leurs cotteretz quatre livres et III l. v s. le cent n'estoit que durant ceste hyver et jusques au dernier jour de février prochain seullement, apres lequel temps ilz ne es pourront vendre que LXXV s. qu'ils seront taxez»

"Ceulx de branchage, le cent......	LXX s.
"Ceulx de bois blanc, le cent......	LXV s.
"Les fagots, le cent.............	LX s.
"Le charbon, la myne...........	XX s.

"La Greve et aultres portz :

"Le plus beau bois de mousle, la voye.............................	VII ℔ X s.
"Le bois de traverse, la voye......	VI ℔ XV s.
"Le bois de corde du meilleur, la voye............................	VI ℔.
"Le bois blanc de corde, la voye meslée........................	V ℔ X s.
"Les cottrets, le cent............	LXV s.
"Les fagots, le cent.............	LX s.
"Le charbon d'Yonne, la myne....	XX s.
"Le charbon de Marne, la myne...	XVIII s.

"Faisons expresse inhibitions et deffences à tous marchans, tant de ceste Ville que forains, de doresnavant vendre leur bois et charbon à plus hault pris que dessus, à peyne de confiscation de leursdictes marchandise, dont le tiers sera adjugé au denonciateur. Enjoignons aux jurez mosleur de bois et mesureurs de charbon d'y tenir la main et d'advertir le Bureau des contraventions promptement, avant que les bourgeois viennent aux plainctes, à peyne d'en respondre en leurs propres et privez noms.

"Faisons aussy deffence auxdictz jurez mousleurs[1] et chargeurs de bois, mesureurs et porteurs de charbon de prendre ny exiger plus de deniers pour leurs sallaires que ce qui leur est ordonné, à peyne d'amande arbitraire, et aux crochepteurs desbardeurs de ne prendre n'y exiger aucuns deniers des bourgeois pour le gros bois et bois de corde qu'ils dechargeront du basteau; ains s'en feront payer par le marchand vendeur, ny mesme prendre, demander, ny exiger desdictz bourgeois plus de deniers que ce qu'il leur est taxé pour la descharge des fagotz et cottretz, à peyne d'estre mis au carcan.

"Et ad ce que personne n'en pretende cause d'ignorance, ordonnent que le present reglement sera leu et publyé à son de trompe sur les ports et places accoustumés, et affiché en ung tableau qui sera mis et attaché aux potteaulx estans plantez sur lesdicts ports, lesquelz tableaulx y seront attachez à une chesne, et y seront mis le matin et ostez le soir par lesdicts jurez mosleurs de bois.

"Faict au Bureau de la Ville, le lundy deuxiesme jour de Decembre mil six cens treize."

CCCXXXII. — Ordonnance pour saisir les deniers deubz audict de Gondy.

6 décembre 1613. (Fol. 208 v°.)

De par les Prevost des Marchans et Eschevins de la ville de Paris.

"Il est ordonné que pour asseurance des deniers deuhz à ladicte Ville et aux particuliers rentiers d'icelle par Maistre Philippes de Goudy, commis au payement des rentes du sel pour le quartier d'Octobre, Novembre, et Decembre MVI° neuf montant à la somme de trois cens dix mil sept cens cinquante livres que pour le reste des quartiers precedens, seront saisiz et arrestez entre les mains de Maistre Claude Gallard, recepveur des consignations, tous les deniers adjugez ou qui seront cy apres adjugez audict de Goudy et pour lesquelz il sera distribué et mis en ordre sur les biens de feu Hierosme de Gondy et ses heritiers, et luy sera faict deffence d'en voider ses mains, jusques ad ce que autrement en ayt esté ordonné.

"Faict au Bureau de ladicte Ville, le vendredy sixiesme Decembre mil VI° treize."

CCCXXXIII. — Requeste au Roy touchant ung quay vers Suresne.

12 décembre 1613 (Fol. 210.)

Au Roy

Et à Nosseigneurs de son Conseil.

Sire,

"Les Prevost des Marchans et Eschevins de vostre bonne ville de Paris vous remonstrent tres humble-

---

[1] Une sentence rendue à l'audience du Bureau le 4 septembre 1613 (Arch. nat., Z¹ʰ 115) témoigne de la négligence que les mouleurs de bois apportaient souvent dans l'exercice de leur charge :

"Entre Guillaume Barbier, contrôleur des bois et charbon, et la communauté des jurés mouleurs de bois,

"... Avons ordonné... que led. Barbier administrera temoings aud. Procureur du Roy et de la Ville pour verifier que le jourd'hui au matin il n'y avoit aucuns mosleurs au port de l'Escolle exerçans leurs offices et que les chargeurs de bois comptoient le bois et faisoient la charge desd. mosleurs, enjoignant ausd. mousleurs de faire et exercer leurs offices en personnes et faire actuelle residence sur les portz pour le service du publicq, nous faire rapport au Bureau de la deffectuosité qu'ilz recongnoistront estre au bois, tant en la longueur que grosseur d'icelluy, et des marchans qui excederont le pris de l'arivage; comme aussi enjoinct audict Barbier de se maintenir en sa charge, et neantmoings nous poura rapporter et aud. Procureur du Roy et de la Ville la deffec-

41.

ment que, sur la requeste qui auroit esté presentée en vostre Conseil par les marchans et voicturiers par eaue hentans et frequentans la riviere de Seyne le premier jour de Mars mil vi° douze et advis des presidens et Tresoriers generaulx de France à Paris, il auroit esté ordonné qu'il seroit faict et construict ung quay sur la riviere de Seyne, à l'endroict du bourg de Suresne, en ung chemyn inaccessible contre et attenant les murs du jardin des religieulx de Sainct Germain des Prez[1] et aultres particuliers, pour la commodité tant du publicq que de la navigation, et l'execution dudict arrest renvoyé auxdicts Tresoriers de France, lesquelz avec les solempnitez en tel cas requises, gardées et observées, auroient adjugé l'ouvrage dudict quay à Claude Monnard, maistre masson à Paris et y demeurant, pour le prix et somme de trante trois livres dix solz la thoise cubbe de maçonnerye, et de pareille somme pour les pillotis, ainsy que le contient le bail et adjudication à luy faicte le xxix° decembre mil vi° douze[2], à laquelle adjudication Marin Parmentier et André Messier, maistres maçons à Paris, se seroient opposez et offert faire lesdicts ouvrages pour le prix de xxx ᵗᵗ x s. la thoise; dont il auroient esté deboutez attendu que l'adjudication avoit esté faicte legitimement audict Monnard. Depuys, lesdictz Parmentier et Messier auroient presenté requeste en vostredict Conseil, sur laquelle, les parties ouyes, mesmes lesdicts Tresoriers generaux de France, auroit esté ordonné[3], attendu le rabais faict de lx s. pour chacune thoise, qu'il seroit procédé à nouvelle adjudication sur l'offre desdicts Parmentier et Messier, et le tout renvoyé par devers lesdicts sieurs Presidens et Tresoriers de France, lesquels auroient adjugé les ouvrages dudict quay ausdictz Parmentier et Messier, pour le prix de xxx ᵗᵗ x s. la thoise, par bail d'adjudication du [vingt troisiesme] jour d'[avril][4]. Depuys lequel temps iceulx Parmentier et Messier n'auroyent faict ny commancé aulcuns ouvrages audict quay, combien que le temps eust été fort propre et commode à cause des basses eaues qui ont esté ce dernier autonne, ce qui auroit esté cause que le chemyn seroit deterioré de beaucoup, qui fera croistre la despence dudict quay, d'aultant que le vieil quay qui est sur ledict chemyn, n'estant appuyé, se desmolit journellement, soit par le heurt des grands basteaulx chargez de marchandises qui se ferment contre icelluy et y jectent l'ancre jusques ad ce que les chevaulx qui tirent lesdictz basteaulx ayent passé le chemyn plus dangereulx, soit par la cheutte de l'eaue qui, au lieu de couler le long dudict quay, tombe en flanc contre iceluy. Pour à quoy remedier il est necessaire d'y travailler promptement et faire dans l'année prochaine la moictyé dudict quay et plus pour garantir les voicturiers et leurs marchandises du danger auquel ils s'exposent journellement, ce qui ne se peult faire sans que l'entrepreneur dudict quay face de grandes advances outre les assignations destinées pour ledict ouvrage. Et d'aultant que lesdictz Parmentier et Messier n'auroyent voulu faire jusques à present aulcune advance, ains s'attendent de travailler audict quay à mesure que l'on leur fournyra des deniers des assignations, les supplians, recognoissans la necessité du publicq, auroient cherché et trouvé ung nommé Pasquier de L'Isle, maistre maçon de vostredicte bonne ville, qui auroit offert de faire les ouvrages dudict quay pour le mesme pris de xxx ᵗᵗ x s. la thoise, et y commancer aussy tost que les eaues seront retirées, et y faire, dans la fin de l'année prochaine mil six cens quatorze, pour huict mil livres d'ouvrages et plus, s'il est trouvé necessaire pour garantyr les voicturiers et marchans du danger de la navigation, à la charge que les assignations qui y ont esté ordonnées pour ceste année luy seront payées et advancées dans le moys de Janvier prochain, pour faire les provisions necessaires de pierre, chaulx et ciment, et que du surplus il en sera payé et remboursé des assignations qui seront ordonnées pour cest effect en l'année prochaine mil six cens quatorze et aultres subsequentes. A ces causes, Sire, attendu qu'il est necessaire de travailler promptement audict quay et d'y employer pour ung coup une bonne somme de deniers pour garantir les marchans, voicturiers et leurs marchandises du danger, et que l'offre faicte par ledict Pasquier de L'Isle [est] grandement utille et advantageuse pour le publicq, il plaise à Vostre Majesté, sans avoir esgard à l'adjudication faicte ausdictz Parmentier et Messier, ordonner que les ouvrages dudict quay seront adjugez audict de L'Isle sur ses offres et conditions cy dessus specifiées, ou bien qu'il sera procedé à nouvelle publication et adjudication sur lesdictes offres. Et lesdictz supplians continueront

---

tuosité qu'il trouvera estre au bois. Et ne poura ledict Barbier prendre autre quallité que celle portée par ses lettres de provision desquelles il baillera coppye ausdictz mousieurs; laquelle quallité est de charge et commission au controlle du bois de chauffage.»

[1] Sur le plan dressé en 1676 par frère Hilarion de Chalant dans le luxueux recueil où sont réunis les plans des seigneuries appartenant à Saint-Germain-des-Prés (*Arch. nat.*, N⁴ Seine 29), ce chemin est appelé «Chemin de Saint-Cloud à Suresnes, autrement de la Marchandise», et il longe en effet les murs de l'enclos de la «maison seigneuriale dite la Prévôté» où se trouvait, d'après la notice explicative du plan, «une belle chapelle construite en lieu sequestré et décend où l'on dit la sainte messe pour la commodité et dévotion des religieux».

[2] *Arch. nat.*, Z¹ᶠ 157, fol. 259.
[3] *Arch. nat.*, E 39ᵇ, fol. 96, arrêt du Conseil du 12 mars 1613.
[4] *Arch. nat.*, Z¹ᶠ 158, fol. 61.

à prier Dieu pour la prosperité et santé de Vostre Majesté[1]. »

Le douziesme Decembre mil six cens treize aultant de la presente requeste a esté baillée à Monsieur Aubry l'aisné, maistre des Requestes.

CCCXXXIV. — Dix estats contenant par le menu les rachapts et admortissements de plusieurs aentes, envoyés à la Ville par Monsieur de Maupeou.
14 décembre 1613. (Fol. 210 v°.)

Du samedy quatorziesme jour de Decembre mil six cens treize.

Ledict jour, Monsieur Maupeou, Conseiller du Roy en ses Conseils d'Estat et privé et intendant des finances de Sa Majesté, a envoyé au Bureau de la Ville dix estatz contenant par le menu les rachapts et admortissementz faictz tant sur les rentes de ladicte Ville que sur aultres receptes par quelques particuliers, en consequence des articles et traictez arrestez au Conseil du Roy depuis le troisiesme May mil six cens huict jusques à present.

Assavoir, l'estat des rachapts et admortissements faictz par Jacques Feret, suyvant les articles arrestez au Conseil, le troisiesme May mil six cens huict, montans iceulx rachaptz en principal desdictes rentes à la somme de quatre cens cinq mil sept cens cinquante deux livres dix sept sols, cy.................... IIII^c v^m vII^c LII ^{lt} xvII s.

L'estat des admortissemens faictz par Anthoine Billard ou maistre Jehan de Moisset, son subrogé, suyvant le traicté et contrat arresté au Conseil le vingt troisiesme Septembre mil vI^c huict montans en principal................. cxvIII^m III^c Lt ^{lt}.

L'estat des admortissements faictz par Maistre Pierre Tiraqueau, suyvant les articles accordez au Conseil le xvIII^e Decembre mil vI^c huict montans en principal la somme de...... IIII^{xx} IIII^m LxxI ^{lt} xIII s.

L'estat des admortissemens faictz par Maistre Jehan Baudu, suyvant les articles arrestez audict Conseil le xxI^e Febvrier mil vI^c neuf, montans en principal à la somme de.... Ix^{xx} xvIII^m xxxv ^{lt} xI s.

L'estat des rachaptz et admortissemens faictz par Jehan Didier, suyvant les articles arrestez audict Conseil le xxIIII^e Mars mil six cens neuf, montans en principal.............. xLIx^m Ix^c IIII^{xx} v ^{lt} III s.

L'estat des rachaptz et admortissemens faictz par Maistre Laurent Ficquet, suyvant les articles accordez audict Conseil, le xvI^e May mil vI^c neuf, montans en principal à la somme de.... xxI^m Ix^c xLI ^{lt} xvI s.

L'estat des rachaptz faictz par Louis de Nyelle, suyvant les articles arrestez au Conseil le xxxe Juin mil vI^c neuf, montans en principal à la somme de......................... xxI^m vIII^{c lt}.

L'estat des rachaptz faictz par Maistre Jehan de Moulceau, suyvant le traicté arresté audict Conseil, le xxxe Juing mil sis cens neuf, montans en principal................... III^c xvII^m cLx ^{lt} xI s.

Aultre estat des rachaptz et admortissemens faictz par ledict Maistre Jehan de Moulceau, suyvant aultre traicté dudict jour xxxe Juin mil vI^c neuf, montans en principal cinq cens quarente quatre mil neuf cens Lxx ^{lt} IIII s. vI d., cy. v^c xLIIII^m Ix^c Lxx ^{lt} IIII s. vI d.

Et l'estat des rachaptz faictz par Maistre Auguste Prevost, adjudicataire du domayne, montans à la somme de............ Lxxv^m LxIII ^{lt} xvI s. vI d.

Baillé autant des presentes à Monsieur Maupeou.

Nota que lesdictz estatz sont enregistrez tout au long dans le registre de la commission des rentes.

CCCXXXV. — Ordonnance aux recepveurs du Clergé de presenter leurs estats et rouania ledas douales de comptes.
18 décembre 1613. (Fol. 211 v°.)

De par les Prevost des Marchans et Eschevins de la ville de Paris.

«Il est ordonné à Maistre Christophle Martin et Paul de La Barre, conseillers du Roy recepveurs et

---

[1] Le Conseil d'État rendit le 27 février 1614 (Arch. nat., E 43^A, fol. 471) un arrêt par lequel il renvoyait les parties pardevant les Trésoriers de France «pour estre faict droit sur la requeste du Prevost des Marchans et Eschevins et offres dudict de L'Isle ainsy qu'ils verront estre à faire par raison». Ceux-ci ordonnèrent qu'affiches seraient mises pour être procédé à une nouvelle adjudication prenant pour base les offres de Pasquier de L'Isle, «à la charge que lesdictz Parmentier et Messier seront dedoumagez des matteriaux estans sur les lieux, à eux appartenans, ensemble des frais par eux faictz et payez à Gilles Monard, precedent adjudicataire desd. ouvrages, et ce suivant la prisée et estimation qui en sera faicte». (Arch. nat., Z^{1f} 160, fol. 58 et 77). Le 13 mai suivant (Ibid., fol. 82), après l'extinction de trois feux, les ouvrages furent adjugés à Pasquier de L'Isle «sur le prix de xxx l. la thoise de maçonnerie et pareille somme pour les pilotis».

payeurs des rentes du Clergé, d'eulx trouver vendredy prochain, deulx heures de relevée, au Bureau de la Ville et nous apporter leurs estatz de recepte et despence depuis qu'ilz sont en charge, tant des comptes qu'ilz ont renduz que de ceulx qu'ilz ont à rendre, ensemble pour nous declarer dedans quel temps ilz nous fourniront leurs doubles de comptes.

«Faict au Bureau de ladicte Ville, le xviii° Decembre mil six cens treize.»

CCCXXXVI. — Ordonnance à Gabriel du Crocq de venir compter avec le sieur de Gondy.

18 décembre 1613. (Fol. 212).

De par les Prevost des Marchans et Eschevins de la ville de Paris.

«Il est ordonné que, dedans ung moys, Maistre Gabriel du Crocq, naguere soubz fermier des greniers de Sens, Joigny, Tonnerre et Vezelay, viendra en ceste Ville pour compter par devant nous, au Bureau de la Ville, avec Maistre Philippes de Gondy, de ce qu'il peult debvoir à cause de sa soubz ferme, pendant lequel temps d'ung moys nous donnons plaine liberté et sauf conduict audict du Crocq sans qu'il puisse estre pris ny arresté prisonnier pour ce qui concerne les affaires qu'il a eues avec ledict de Gondy, à cause de sa soubz ferme, caultionnement, ny pour aultre occasion que ce soit concernant ladicte ferme[1].

«Faict au Bureau de la Ville, le xviii° jour de Decembre 1613.»

CCCXXXVII. — Arrest du Conseil du Roy portant deffence aux receveurs des rentes de plus paier les arrerages des rentes admorties par M° Jacques Feret.

19 décembre 1613. (Fol. 212.)

Extraict des Registres du Conseil d'Estat[2].

«Sur ce qui a esté representé au Roy en son Conseil par les Prevost des Marchans et Eschevins de la ville de Paris que depuis quelques années il se trouve mancque de fondz pour le payement des rentes de ladicte Ville assignées sur les receptes generalles au moyen de certaines rentes qui ont esté admorties par Maistre Jacques Feret à cause de la creation des offices de receveurs provinciaulx et payeurs des rentes constituées sur les receptes generalles et particulieres; veu le traicté dudict Feret, du troisiesme jour de May mil vi° huict, par lequel il s'oblige de rachepter, au proffict de Sa Majesté, pour et au lieu de vingt quatre mil livres de fonds des gaiges des dix huict offices de receveurs et payeurs desdictes rentes que Sa Majesté desiroit creer, pour quarante huict mil livres de rentes constituées sur lesdictes receptes generalles, du rachapt et admortissement desquelles ledict Feret promect fournir et rendre à Sa Majesté, six moys apres la verification qui sera faicte de l'edict pour ladicte creation desdictz officez, les contractz originaulx desdictes constitutions, es mains de qui elle ordonnera; mais d'autant que l'edict pour la creation desdictz offices n'a esté verifié qu'en la Chambre des Comptes de Paris, et qu'au lieu de dix huict offices que l'on devoit creer en touttes les Chambres des Comptes il n'y en a que treize d'establiz es generallitez qui ressortissent en celle de Paris, ledict Feret n'auroit admorty, pour le principal desdictes rentes de la nature susdicte, que pour xxxiii^m viii^c xii ♯ xiiii s. ix d., ainsy qu'il apert par l'estat qui en a esté verifié au Conseil, sans faire aucune mention de l'admortissement pour les arreraiges d'icelles et dont Sa Majesté entendoit estre deschargée entierement par ledict traicté, en quoy se recognoist une manifeste surprise, attendu qu'il ne reste plus de fonds entre les mains des receveurs et payeurs des rentes de l'Hostel de Ville de Paris pour l'acquict desdictes rentes. Ainsy que dict est admortyes : Sa Majesté, en sondict Conseil, la Royne Regente sa mere presente, a faict et faict tres expresses inhibitions et deffences aux receveurs et payeurs des rentes de ladicte ville de Paris et aultres assignées sur lesdictes receptes generalles des finances de plus payer à l'advenir aucuns arreraiges desdictz xxxiii^m viii^c xii ♯ xiiii s. ix d. tournois de rentes qui ont esté racheptées et admorties par ledict Feret moyennant le remboursement par luy faict de iiii^c v^x vii^c lii ♯ xvii s. aux proprietaires d'icelles en

---

[1] Gabriel du Crocq se refusa sans doute à cette comparution, car on voit que, le 4 janvier suivant, Philippe de Gondi dut à son tour lui accorder un sauf-conduit, pour deux mois, «promettant andict du Crocq ne faire aucune poursuite à l'encontre de luy pour les affaires que nous avons ensemble à cause de ladicte sous ferme». Bien que le Bureau de la Ville ait ajouté sa garantie à celle de Gondi en ordonnant «que ledict du Crocq viendra et se representera au Bureau de la Ville en toute seureté pendant le temps de deux mois», le sous-fermier de Sens ne put échapper au sort qu'il redoutait, car, dès la fin du mois de janvier, on voit qu'il était enfermé à la Conciergerie, puisque le Bureau délivre, à la date du 31 janvier 1614, l'ordre au concierge des prisons de la Conciergerie d'envoyer à l'Hôtel de Ville, sous la garde d'un guichetier et de trois sergents de la Ville, pour le faire compter avec Philippe de Gondi, Gabriel du Crocq, prisonnier èsdites prisons (Arch. nat., H 1891).

[2] La minute de cet arrêt est conservée dans le volume E 42^a, fol. 300. — Voir, sur ce sujet, le n° cccxi.

consequence du traicté faict avec Sadicte Majesté à cause de la composition desdictz offices de receveurs provinciaulx et payeurs desdictes rentes, à peyne de payer deux fois et d'en respondre en leurs propres et privez noms, sauf aux particuliers qui pretendront quelque droict pour lesdictz arreraiges de rentes se pourvoir contre ledict Feret, ainsy qu'ils verront bon estre.

«Faict au Conseil d'Estat du Roy tenu à Paris, le dixneufiesme jour de Decembre mil six cens treize.»

Ainsy signé : «DE FLECELLES», et collationné.

CCCXXXVIII. — ARREST DU CONSEIL POUR CONTRAINDRE LE SIEUR DE GONDY AU PAYEMENT DE CE QU'IL DOIBT DES RENTES DU SEL.

19 décembre 1613. (Fol. 213.)

Extraict des Registres du Conseil d'Estat [1].

«Sur ce qui a esté remonstré par les Prevost des Marchans et Eschevins de la ville de Paris par le compte faict avec Maistre Philippes de Gondy, commis au payement des rentes constituées à l'Hostel de ladicte Ville assignées sur les gabelles, des assignations qui luy ont esté données pour employer au payement desdictes rentes pour deux années commenceant au premier jour d'Apvril mil vi° huict et finissant au dernier jour de Mars mil vi° dix, il est demeuré redevable de la somme de deux cens quatre vingtz treize mil livres, y compris cent mil livres de rabais qu'il pretend luy avoir esté accordez par Sa Majesté sur le prix de sa ferme des gabelles de la generalité de Paris, dont il a pleu à Sa Majesté ordonner le remplacement des deniers de son Espargne: de sorte qu'il leur resteroit encores à recouvrer la somme de IX^{xx} XIII mil livres pour achever le payement de ce qui reste deub desdictes rentes desdictes deux années, requerant pour ce Sa Majesté leur pourvoir pour ledict payement. Ouy Maistre Martin Triboust, commis de Gondy, qui est demeuré d'accord dudict debet, le Roy en son Conseil a ordonné et ordonne que ledict de Gondy sera contrainct au payement de ladicte somme de IX^{xx} XIII ^{ll}, à la diligence desdictz Prevost des Marchans et Eschevins, ainsy qu'il est accoustumé pour les deniers et affaires de Sa Majesté, ensemble ses cautions et certificateurs dudict de Gondy chacun pour la somme à laquelle ils sont obligez par leurs brevetz ce caution.

[1] Arch. nat., E 42 a, fol 302, minute de cet arrêt.

«Faict au Conseil d'Estat du Roy, tenu à Paris le dix neufiesme jour de Decembre mil vi° treize.»

Signé : DE FLECELLES », et collationné.

CCCXXXIX. — REMONSTRANCES AU ROY SUR LE FAICT DUDICT DE GONDY.

19 décembre 1613. (Fol. 213 v°.)

«Les Prevost des Marchans et Eschevins de la ville de Paris qui ont veu la requeste presentee au Roy et à Nosseigneurs de son Conseil par Maistre Philippes de Gondy, naguiere adjudicataire des greniers à sels de la generalité de Paris et chargé du payement des rentes assignées sur les gabelles, prisonnier es prisons de l'Hostel de la Ville, de l'ordonnance de Nosseigneurs du Conseil, tendant à ce [que], et en attendant que ses effectz par luy baillez pour satisfaire à ce qu'il doibt de reste du payement des rentes soient recogneuz bons et veritables, il pleust à Sa Majesté ordonner qu'il seroit eslargy desdictes prisons, à sa caution juratoire; sur laquelle requeste par arrest d'iceulx seigneurs du Conseil en datte du xvii° de ce moys auroit esté ordonné qu'elle leur seroit signiffié pour y respondre dans trois jours, et à eulx signiffié ce jourd'huy :

«Remonstrent à Sadicte Majesté et à Nosseigneurs de son Conseil que le Roy a le principal interest en cest affaire, d'aultant que ledict de Gondy n'est point debiteur desdictes rentes, synon entend qu'il a esté chargé du payement d'icelles par Sa Majesté, laquelle est toujours demeurée debitrice du payement d'icelles rentes, et que le payement qu'en a faict ledict de Gondy et qu'il a esté chargé de faire, a esté à la descharge de Sadicte Majesté et qui en est demeuré deschargé jusques à la concurrance de ce que ledict de Gondy a actuellement payé et de ce qui se pourra recouvrer par le moyen de ses effectz; et quand au surplus de ce qui ne se poura recouvrer par ledict de Gondy, Sa Majesté en demeurera tousjours chargée tant par ce qu'elle s'y est obligée par les contratz de constitutions que par ce que les cautions, qui sont obligées à la Ville jusques à la concurrance de la somme de III° LX mil livres, pretendent avoir esté deschargez par Sadicte Majesté et Messeigneurs de son Conseil, nonobstant l'empeschement desdictz Prevost des Marchans et Eschevins, et sy lesdictes cautions estoient encore obligées comme lesdictz Prevost des Marchans et Eschevins pretendent qu'elles le sont, l'on pourra recouvrer sur elle la somme de deux cens dix mil livres oultre et par dessus la somme de cent cinquante mil livres à laquelle l'on pretend que les nouvelles cautions sont seullement obligées, laquelle somme de deux cens dix mil livres seroit plus que suffisante pour parachever et parfournir ce qui mancque des effects dudict de Gondy, et partant supplient tres humblement Sa Majesté leur donner assignation de ce qui restera deub par ledict de Gondy, ses effects pris, en quoy faisant ils n'ont aulcun interest à son eslargissement. Protestant neantmoings de ce pourvoir contre lesdictes cautions pretendues deschargées ainsy qu'ils verront estre à faire.

« Faict au Bureau de la Ville, le jeudy xix° Decembre mil vi° treize. »

1614.

CCCXL. — [Signification aux receveurs des rentes de l'arrêt du Conseil du Roi relatif aux rentes amorties par Jean Feret.]
10 janvier 1614. (Fol. 215 v°.)

Le dixiesme jour de janvier mil six cens quatorze l'arrest transcript au blanc de l'autre part[1] a esté monstré, signiffié et baillé coppie à Maistre [Flamin] Fanuche, recepveur et payeur des rentes de l'Hostel de Ville de Paris, à ce qu'il n'en pretende cause d'ignorance, et à luy faict les inhibitions et deffences portées par ledict arrest, sur les peynes y contenues, en parlant à Jehan Bardelle, son homme de chambre, trouvé en son domicille à Paris, par moy premier huissier ordinaire du Roy en ses chancelleries de France soubzsigné. »

Signé : « Flamen ».

« Les susdicts jour et an ledict arrest a esté pareillement monstré, signiffié et baillé coppie aux fins susdictes à Maistre Christophle Martin et Paul Delabarre, aussy receveurs et payeurs desdictes rentes de ladicte ville de Paris, à ce qu'ils ayent à obeyr et satisfaire au contenu d'icelluy sur les peynes y portées, en parlant à Maistre Nicolas Louvet, leur commis trouvé au domicille dudict Delabarre, par moy huissier susdict, soubzsigné. »

Signé : « Flamen ».

« Collationné à l'original par moy, conseiller secretaire du Roy et de ses finances ».

Signé : « Causse ».

CCCXLI. — Ordonnance au Maistre des oeuvres pour faire travailler aux fontaines.
15 janvier 1614. (Fol. 216.)

« Sur la remonstrance à nous faicte, au Bureau de la Ville, par Augustin Guillain, juré du Roy en l'office de maçonnerie et Maistre des œuvres dudict Hostel de Ville à la survivance de Pierre Guillain son pere, ayant la charge principalle soubz nous des ouvriers, ouvrages, faict et conduicte des fontaines, faisant l'exercice de la charge à present pour son indisposition de maladye, de ce que le jour d'hier il se seroit transporté aux fontaines de ladicte Ville proche le village de Belleville sur Sablon, au lieu dict les Rigolles, à l'endroict de la pierrée nouvellement faicte, pour voir l'estat et disposition d'icelle, ensemble de sa descharge, lesquelles il auroit trouvées presque du tout engorgées, mesmes que les eaues qui se deschargent d'icelles ne sont en leurs cours ordinaires, ce qui peut causer la ruyne de maçonneries aux acqueducz et canaulx desdictes fontaynes, nous requerant luy voulloir ordonner et permettre d'employer telle quantité d'ouvriers qu'il jugera necessaire pour iceluy desgorgement : avons ordonné audict Guillain fils d'employer la quantité de six hommes pour faire icelluy nettoyement, lesquelz seront payez en la forme et maniere que les autres qui ont travaillé à la construction de ladicte pierrée. »

« Faict au Bureau de la Ville, le quinziesme Janvier mil six cens quatorze. »

CCCXLII. — [Acte donné à Claude Lestourneau de la présentation de l'arrêt de la Chambre des Comptes relatif au buffet d'argent.]
17 janvier 1614. (Fol. 216 v°.)

A Messieurs les Prevost des Marchans et Eschevins de ladicte Ville.

« Vous remonstre Claude Lestourneau, Receveur de ladicte Ville, que, par arrest de Messieurs de la Chambre des Comptes du dixiesme Decembre mil

---
[1] Le registre manuscrit donne ici à nouveau le texte de l'arrêt du 19 décembre 1613, qui a déjà été publié plus haut sous le n° CCCXXXVII. Il suffit de renvoyer à ce document sans le reproduire une seconde fois.

vi° treize, donné sur requeste par luy presentée pour faire lever la souffrance apposée au compte par luy rendu pour la despence de l'entrée qui se devoit faire à la Royne, sur la partye du buffet d'argent, il luy est ordonné vous signiffier le contenu en l'arrest de ladicte Chambre du vi° jour de Juin mil six cens douze, cy attaché, coppie duquel est cy apres transcript. Ce consideré il vous plaise donner acte audict Lestourneau de la presentation dudict arrest[1]."

Signé : "Lestourneau".

"Sur la requeste presentée à la Chambre par les Prevost des Marchans et Eschevins de ceste ville de Paris[2], contenant que, l'entrée de la Royne ayant esté preparée pour estre faicte en ladicte Ville le xvi° May mil vi° dix, ils auroient faict achapt d'ung buffet d'argent pour estre presenté à ladicte dame, lors de ladicte entrée, dont la despence se trouvoit monter et revenir à la somme de xviii^{m}xlix^{ll}xii^{s}vi^d, laquelle avoit esté employée au compte qui avoit esté rendu en ladicte Chambre par Maistre Claude Lestourneau, receveur des deniers destinez pour ladicte entrée, cloz le xxii° Decembre andict an mil vi° dix, en deux parties, l'une de xvii^{ct}iiii^{xx}xix^{ll}xvii^{s}vi^d soubz le nom de Jehan de la Haye, orphevre, et l'autre soubs le nom de François Passavant, gaignier, montant vi° xx^{ll}, lesquelles estoient tenues en souffrance six mois, d'autant qu'il apparoissoit que ladicte dame n'avoit voulu accepter ledict buffet d'argent et qu'elle l'avoit remis à ladicte Ville, pendant lequel temps ledict Receveur feroit apparoir comme ledict present avoit esté employé en l'acquict des debtes de ladicte Ville ou en aultre nécessité d'icelle. A quoy ils remonstroient que, pour honnorer la memoire de ladicte dame Royne et pour se souvenir de sa liberalité et grattification dont elle avoit usé à l'endroict de ladicte Ville au don et present qu'elle luy avoit faict de ladicte vaisselle d'argent, ilz avoient resolu et advisé de le garder pour demeurer audict Hostel de Ville et s'en servir aux assemblées et aultres occasions qui s'offriroient; et à ceste fin en auroient chargé le Greffier de ladicte Ville, tant sur le registre que par acte attaché à ladicte requeste; requeroient qu'il pleust à ladicte Chambre ordonner ladicte souffrance estre deschargée et restablie audict compte, et icelle demeurer à ladicte Ville pour memoire perpetuelle et meuble inalienable, ainsy que le contient ladicte requeste. Veu laquelle; ledict acte dessus mentionné du cinquiesme Avril mil vi° dix; sentence desdicts Prevost des Marchans et Eschevins de ladicte Ville du quatorziesme Febvrier dernier intervenue sur la remonstrance faicte par ledict Lestourneau, par laquelle ilz auroient ordonné que ledict buffet d'argent demeureroit en meuble à ladicte Ville pour y servir aux occasions qui se presenteront, et dont le Greffier et concierge, et garde des meubles d'icelle demeureroit chargé, sans que à l'advenir il peust estre vendu, engagé ny destourné pour quelque cause et occasion que ce fust, et qu'à ceste fin qu'il seroit presenté requeste à ladicte Chambre, affin qu'elle eust agreable ladicte deliberation, laquelle seroit registrée en ladicte Chambre; conclusions du procureur general du Roy, et tout consideré, la Chambre a ordonné et ordonne que ledict buffet d'argent demeurera audict Hostel de Ville comme meuble precieulx et inalienable, sans qu'il puisse estre vendu ny alièné en tout ny en partye pour quelque cause et occasion que ce soit, sinon de l'auctorité de ladicte Chambre; et pour la conservation d'iceluy sera mis en ung coffre fort fermant à trois diverses clefs dont l'une sera baillée au Prevost des Marchans qui est et sera en charge, l'autre au Procureur du Roy, et la troisiesme au Greffier de ladicte Ville, desquelles ils se chargeront au greffe de ladicte Chambre. Et ce faisant les souffrances estans sur ledict compte des deniers destinez pour ladicte entrée seront deschargez et restablis par le conseiller auditeur rapporteur d'icelluy compte.

"Faict le vi° Juin mil six cens douze."

Signé : "Berthelin".

Sur la requeste cy devant transcripte, Messieurs ont ordonné ce qui ensuit :

"Acte au suppliant de ce qu'il nous a presenté l'original dudict arrest et dont il nous a laissé coppie, pour auquel satisfaire seront Nosseigneurs des Comptes suppliez d'avoir agreable que la garde dudict buffet soit laissée à Maistre Guillaume Clement, Greffier de ladicte Ville, concierge et garde des meubles d'icelle, qui s'est chargé d'icelluy au Bureau de ladicte Ville par inventaire, comme des autres meubles d'icelle, à la charge par ledict Clement de faire les submissions au Greffe de ladicte Chambre lors qu'il plaira ausdictz sieurs.

"Faict au Bureau de ladicte Ville, le vendredy xvii° jour de Janvier mil vi° quatorze."

---

[1] On a vu, par la délibération du 9 février 1613 (publiée sous le n° CCL), que le Receveur de la Ville avait déjà, à deux reprises différentes, présenté aux Prévôt des Marchands et Échevins cet arrêt du 6 juin 1612, et que ceux-ci s'étaient excusés de faire les soumissions prescrites par la Chambre des Comptes.

[2] Requête dont le texte a été publié ci-dessus, p. 131, à la suite de la délibération du Bureau du 14 février 1612 portant que le buffet d'argent serait conservé perpétuellement parmi les meubles de la Ville. Un extrait du présent arrêt de la Chambre des Comptes a été, à ce propos, cité en note.

Nota que mesdictz sieurs ont signé la minutte mise es mains de Maistre Lestourneau, Receveur.

CCCXLIII. — Requeste presentée au Roy touchant les decimes au diocese de Chartres.

Janvier 1614. (Fol. 218.)

Au Roy

Et à Nosseigneurs de son Conseil.

Sire,

« Les Prevost des Marchans et Eschevins de vostre bonne ville de Paris vous remonstrent tres humblement disans qu'ils ont esté advertiz qu'il y a instance pendante en vostre Conseil, entre les deputez du diocese de Chartres d'une part, et le curé de Saint-Hilaire [1] et autres particuliers eclesiasticques dudict diocese, d'aultre; en laquelle entre aultres choses il s'agist de plusieurs faultes reprises que l'on pretend avoir esté faictes au compte rendu par le receveur dudict diocese ou ses commis aux deputtez dudict Clergé pour les années mil v^c iiii^{xx} neuf, dix, onze et douze [2]. Et d'autant que les deniers provenans desdictes faulces reprises appartiennent ausdictz supplians par ce que, en vertu desdictes reprises, ils sont d'autant demeurez quictes des deniers destinez au payement des rentes constituées sur l'Hostel de ladicte ville de Paris, et partant ont notable interrest d'intervenir en ladicte instance. A ces causes, Sire, plaise à Vostre Majesté recepvoir les supplians partyes intervenantes audict proces et ordonner qu'ils auront communication d'icelluy pour y desduire leurs moyens. Et lesdictz supplians continueront leurs prieres à Dieu pour la prosperité et santé de Vostredicte Majesté. »

CCCXLIV. — Ordonnance pour aller sceller en la maison de feu Jehan Coing, entrepreneur des fontaines de Rongis, avec le proces verbal du scellé.

22 janvier 1614. (Fol. 218.)

Du meccredy vingt deuxiesme jour de Janvier mil vi^c quatorze.

« Sur ce que nous avons estez advertiz, au Bureau de la Ville, du deceds de Jehan Coing, entrepreneur des fontaynes de Rongis [3], avons, sur ce oÿ le Procureur du Roy de la Ville et pour la seureté de ce que ledict feu Going estoit tenu et obligé par son adjudication, ordonné qu'il sera scellé en ladicte maison, en la presence des sieurs Desprez et Merault, Eschevins, et des Procureur du Roy et Greffier de ladicte Ville. »

« L'an mil six cens quatorze, le meccredy xxiie jour de Janvier, trois heures de relevée, en execution de ladicte ordonnance cy-dessus, nous, Robert Desprez, advocat en Parlement, et Claude Merault, conseiller du Roy et auditeur en sa Chambre des Comptes, Eschevins de la Ville, commissaires en ceste partye, sommes, en la compagnie du Procureur du Roy de la Ville et Greffier d'icelle, transportez en la maison de feu Jehan Coing, vivant entrepreneur des fontaines de Rongis, scize rue Sainct Anthoine, pres l'eglise Sainct Paul, où estans y aurions trouvé Catherine Chanterelle, veufve dudict deffunct, laquelle, apres serment par elle faict, l'avons enquise où est l'endroict où ledict deffunct mettoit les deniers, papiers, quictances et aultres affaires concernans l'entreprise desdictes fontaines de Rongis? A dict que lesdictz deniers, quictances et papiers estoient dans le cabinet dudict deffunct, estant à costé de sa chambre, mais qu'à present elle n'en avoit la clef, ains estoit entre les mains de Jehan Gobelin, son gendre, qui n'estoit lors en ladicte maison. En laquelle chambre elle nous a conduict, qui est la premiere de ladicte maison regardant sur le jardin, et nous a monstré la porte dudict cabinet, à costé de la cheminée du costé dudict jardin; à la serrure de la porte duquel cabinet nous avons faict apposer le sceau de ladicte Ville. Ce faict nous a ladicte Chanterelle declaré que dans le buffect qui est en la salle de ladicte maison il y peut encores avoir quelques papiers concernans lesdictes fontaines; à la serrure duquel pareillement nous avons faict apposer ledict sceau. Semblablement nous avons pris le serment de Charlotte Coing, fille dudict deffunct et femme dudict Gobelin, son gendre, et icelle enquise, ensemble ladicte Chanterelle, s'ils savent qu'il y ayt des papiers ou deniers concernans

---

[1] Saint-Hilaire était une des paroisses de la ville de Chartres.

[2] Au compte des décimes pour les années 1589 à 1592 (*Arch. nat.*, G^{8*} 22, fol. 559 v°), le chapitre des *deniers renduz et non receuz* porte, pour le diocèse de Chartres, la mention suivante : « Pour la somme de 18,730 escuz 30 s. 6 d. obole pite restant de la somme de 46,565 escuz 32 s. dont recepte est cy devant faicte... de laquelle somme de 18,730 escuz 30 s. 6 d. ob. pite n'a esté aucune chose receu par led. de Castille, pour estre deue par plusieurs beneficiers dudict diocese pour leurs decymes desdictes années mil cinq cens quatre vingtz neuf, diz, unze et douze, ou partie d'icelles, dont Me René Grenet, commis à lad. recepte, a declaré n'avoir aucune chose receu tant à l'occasion des troubles et de l'incommodité des gens de guerre qui ont esté et sejourné es environs de la ville dudict Chartres pendant lesdictes années iiii^{xx}ix, x, xi et xii que au moyen des surceances accordées par le Roy ausdictz beneficiers dudict diocese, lesquelles S. M. a depuis converties en descharges..., en vertu de laquelle remise et descharge est cy faict reprinse de ladicte somme. »

[3] Un arrêt du Conseil du Roi du 10 décembre 1613 avait décidé que Jean Coing et ses associés n'ayant assignation pour

lesdictes fontaines ailleurs que dans lesdictz cabinet et buffet? Ont dict que non. Au moyen de quoy avons ausdictes veuve Coing et à ladicte Charlotte Coing baillez en garde lesdictz scellez, lesquelles ont promis le representer sain et entier touttesfois et quantes qu'il sera ordonné et ont faict les submissions accoustumez. Lesquelles ont declaré ne sçavoir escripre ne signer.»

CCCXLV. — Arrest du Conseil
par lequel Jehan Gobelin
a esté asceu pour entrepreneur desdictes fontaines
au lieu dudict Coing,
avec la main levée dudict scellé.

25-29 janvier 1614. (Fol. 219.)

Extraict des Registres du Conseil d'Estat [1].

« Sur ce qui a esté remonstré par Catherine Chanterelle, veufve de feu Jehan Going, vivant maistre masson à Paris et entrepreneur des ouvraiges de massonneries et conduicte des eaues des fontaines de Rongis audict Paris, que ledict Coing estant decedé depuis peu de jours, elle auroit apprehendé la communaulté, ensuitte de quoy, il luy est besoing, pour l'asseurance et entretenement du bail desdictz ouvraiges, de presenter à Sa Majesté en son lieu et place ung homme suffisant et cappable, tant pour la conduicte, construction et parachevement desdictz ouvrages, que pour la recepte des deniers et distribution d'iceulx aux ouvriers qui y seront employez, requerant qu'il plaise au Roy agreer, au lieu et place dudict deffunct, Jehan Gobelin, maistre masson à Paris, son gendre, et l'ung desdictz associez ausdictz ouvrages, recogneu suffisant et cappable par les autres ses associez : Veu le consentement des associez dudict feu Coing [2], passé par devant notaires à Paris le vingt deuxiesme du present moys, le Roy en son Conseil a receu et reçoit ledict Gobelin au lieu et place dudict deffunct Coing, tant pour la conduicte et parachevement desdictz ouvrages que pour la recepte des deniers, a ordonné et ordonne que tous les payemens luy seront faictz et les sommes mises es mains par ses quictances passées par devant nottaires, ainsi que faisoit ledict deffunct Coing [3].

« Faict au Conseil d'Estat du Roy, tenu à Paris le vingt cinquiesme jour de Janvier mil six cens quatorze. »

Signé : « Mallier ».

A Messieurs les Prevost des Marchans et Eschevins de la ville de Paris.

« Supplye humblement Catherine Chanterel, veufve de feu Jehan Coing, vivant maistre masson à Paris, entrepreneur des ouvrages de massounneries et conduicte des eaues des fontaines de Rongis à Paris, disant que ledict Coing seroit decedé depuis peu de jours ença, et en son lieu et place auroit presenté au Roy la personne de Jehan Gobelin, maistre masson, son gendre, du consentement de tous les aultres associez, lequel auroit esté receu. Et d'aultant que depuis ledict consentement et presentation dudict Gobelin, vous auriez faict mettre et apposer vostre scellé en la maison dudict deffunct, qui est cause que la suppliante ny lesdicts associez ne peuvent avoir aucuns papiers ny deniers pour payer les ouvriers qui sont journellement employez ausdictz ouvrages, ce qu'il leur porte ung grand prejudice : ce consideré, mesdicts sieurs, il vous plaise de voz graces ordonner main levée à ladicte Chanterel dudict scellé, lequel sera levé par le premier de voz huissiers, ou tel autre qu'il vous plaira deputer. Et vous ferez bien. »

« Veu l'arrest de Nosseigneurs du Conseil du vingt cinquiesme jour du present moys, par lequel ledict Jehan Gobelin a esté receu au lieu et place dudict deffunct Coing, tant pour la conduicte et parachevement desdictz ouvrages, et sur ce oy le Procureur du Roy de la Ville, avons faict et faisons main levée pure et simple à

---

l'année 1613 que de 103,000 livres, au lieu de 115,000 auxquelles monte le quart du prix total de leur adjudication, ils recevront en l'année 1614 les douze mille livres restantes, plus cent quinze mille livres, et 115,000 livres chacune des années suivantes, «attendu que la despence qu'ils sont contraincts faire se montera deux fois aultant que celle de la presente année à cause des arches, arquades et acqueducz de la vallée d'Arcueuil qu'il leur convient faire l'année prochaine». (*Arch. nat.*, E 49ᵃ, fol. 1 à 2 et 144.)

[1] *Arch. nat.*, E 43ᴬ, fol. 165, minute de cet arrêt.

[2] Le 15 mai 1614 les entrepreneurs des ouvrages des fontaines de Rungis passèrent au profit de Thomas Francine, ingénieur des eaux du Roi, un acte par lequel ils s'engageaient à le prendre pour associé et à lui aseurer la même part qu'à eux-mêmes dans les profits qu'ils espéraient tirer de l'entreprise, après avoir fourni la quantité d'eau fixée par leur bail, et ce «en consideration et recompence de l'advis et assistance qu'iceluy de Francine nous a jà faicte et donnée pour trouver plus grande quantité d'eaue que nous ne sommes tenus de fournir par nostre bail et aussi de qu'il nous a promis nous en faire trouver le plus qu'il luy sera possible». (*Arch. nat.*, H 1891.)

[3] Le 30 janvier 1614, le Bureau des finances, sur le vu de cet arrêt du Conseil, rendit une ordonnance portant que «Jehan Gobelin demeurera subrogé tant pour la conduitte et parachevement desd. ouvrages que pour faire la recette desd. deniers à mesure qu'il y travaillera, suivant les ordonnances qui en seront par nous delivrées». (*Arch. nat.*, Z¹ᶠ 160, fol. 28 vº.)

42.

ladicte Chanterel dudict scellé dont les gardiens demeureront deschargez, et sera ledict arrest cy dessus dacté, ensemble le contract de consentement faict entre les associez desdictes fontaines en datte du... jour du present moys[1], enregistrez au greffe de ladicte Ville, et y fera ledict Gobelin, comme preneur, les submissions accoustumées. Comme au semblable ordonnons que ladicte veufve Jehan Going et la veufve de Jonas Robelin, qui estoit assotié ausdictes fontaines et caution dudict Coing, s'obligeront audict greffe de la Ville pour asseurance de la somme de cent cinquante mil livres, et y feront les submissions accoustumées.

«Faict au Bureau de ladicte Ville, le meccredy vingt neufiesme Janvier mil vi⁴ quatorze.»

CCCXLVI. — Advis au Roy
TOUCHANT UNG NOMMÉ BRUSLAR,
CAUTION DU SIEUR DE GONDY.

28 janvier 1614. (Fol. 220.)

«Les Prevost des Marchans et Eschevins de la ville de Paris qui ont veu la requeste presentée au Roy et à Nosseigneurs de son Conseil par Maistre Pierre Bruslart, receveur du domaine de Sa Majesté à Creil, par laquelle il remonstre à Sa Majesté qu'en contractant avec Maistre Philippes de Gondy, adjudicataire des greniers à sel de la generalité de Paris, pour la fourniture du grenier à sel de Creil, il s'estoit obligé fournir suffisamment ledict grenier et payer de quartier en quartier ce qu'il recevpvroit de la vente du sel, jusques au nombre de quarante trois muids, et pour l'accomplissement de ces promesses, qu'il bailleroit caution de la somme de cinq mil livres; et combien qu'il eust fonrny ledict grenier et payé de quartier en quartier, neanlmoings il estoit poursuivy en vertu de la contraincte de nous, Prevost des Marchans et Eschevins, pour ladicte somme de cinq mil livres, comme s'il n'avoit satisfaict à ses promesses ou qu'il se feust obligé pour ledict de Gondy et rendu caution pour luy, chose du tout desraisonnable et contraire à son contract, par lequel il ne se trouvera poinct ledict Brulart ny ses cautions estre obligez payer cinq mil livres pour ledict de Gondy, lesquelles ont simplement respondu pour ledict Brulart de la susdicte fourniture et payement de quartier en quartier; requeroit qu'il pleust à Sa Majesté le descharger et ses cautions de ladicte contraincte et de touttes aultres qui pourroyent avoir esté contre eulx decernées pour raison desdictz cinq mil livres, ains deffences à tous huissiers ou sergens de le poursuivre ou contraindre au payement d'icelle somme. Ladicte requeste ordonnée leur estre communicquée par arrest de Nosseigneurs du Conseil estant au bas d'icelle, du xxviii⁴ jour de Novembre dernier, signé : «DE FLECELLES».

«Remonstrent tres humblement à Sadicte Majesté et à nosdictz seigneurs du Conseil que ladicte somme de cinq mil livres tournois faict partye de la somme de sept vingtz dix mil livres de caultions et mentionnez en l'estat faict par Sadicte Majesté et nosdictz seigneurs du Conseil, à Fontainebleau, le seiziesme jour d'Octobre dernier, contenans les effects dudict de Gondy, baillé et delivré ausdicts Prevost des Marchans et Eschevins pour faire le recouvrement des sommes y contenues; qu'ils n'ont aucun interest à la descharge requise par ledict Brulart, d'autant que Sadicte Majesté demeure debitrice de ce qui sera deub par ledict de Gondy aux rentes de ladicte Ville, tous ses effects pris, comme s'y estant obligé, et mesmes qu'elle a deschargé les caultions dudict de Gondy qui estoient obligez à ladicte Ville de la somme de III^c LX^{m ₶} pour asseurance des payements desdictes rentes; et au lieu d'icelle l'on a baillé à recouvrer seulement pour VII^{xx}X^{m ₶} d'autres caultions dont ledict Brulart faict partye. Supplient tres humblement Sadicte Majesté et nosdictz seigneurs de son Conseil de leur donner assignation et pourvoir au payement de ce qui sera deub par icelluy de Condy, sesdictz effects pris, en quoy faisant, comme dict est, ils n'ont aulcun interest à la descharge requise par ledict Bruslart et se rapportent à Sadicte Majesté et nosdictz seigneurs du Conseil d'en ordonner ainsy qu'ils verront bon estre.»

---

[1] En même temps qu'ils étaient responsables de l'exécution des ouvrages et du maniement des fonds, Jean Gobelin et ses associés prenaient à leur charge, conformément aux clauses du bail primitif, le payement des indemnités dues aux particuliers pour les dommages apportés aux propriétés sises sur le cours de l'aqueduc en construction, et c'est à eux qu'étaient adressées les réclamations de ce genre, comme le montre l'extrait suivant des registres du Bureau des Finances (*Arch. nat.*, Z^{1F} 160, fol. 71 v°, 10 avril 1614) : «En l'assignation donnée à la requeste de Martin Gallet, maistre barbier et chirurgien à Paris, à Jehan Gobelin et ses associez, entrepreneurs des fontaines de Rungis, est comparu ledict Gallet en personne, qui a persisté aux fins de sa requeste et soustenu qu'il doit avoir recompense de l'incommodité qu'il luy sera faicte jusques à la perfection et restablissement des lieux à luy appartenant.

«Est anssy comparu M⁴ Anthoine Collo, l'un des associez dud. Gobelin, lequel dict que le lieu où il fouille est l'endroict où l'antien acqueduc a passé, lequel appartient au Roy et par consequent à eulx, suivant et conformement à leur contract, et qu'ilz ne seront tenuz d'aucune recompense que s'ilz prennent et occupent d'avantage de terre ou de l'heritage appartenant andict Callé : offre de le recompenser suivant l'estimation qui en sera faite: comme aussy s'ilz demolissent quelque chose des bastimens dudict Gallé, offre pareillement le restablir bien et deuement.»

«Faict au Bureau de ladicte Ville, le vingt huictiesme jour de Janvier mil six cens quatorze.»

CCCXLVII. — Reiglement pour faciliter la naVigation sur la riviere d'Armansson, Yonne et Cure.

29 janvier 1614. (Fol. 221.)

Reiglement faict par Messieurs les Prevost des Marchans et Eschevins de la ville de Paris pour faciliter la navigation tant pour les basteaulx que flottes et bois en trains qui passeront sur la riviere d'Armansson, Yonne et Cure, et à quoy seront tenuz les musniers des moulins estans sur lesdictes rivieres, pour avoir lieu par provision jusques à ce que autrement en ayt esté ordonné.

«Premierement,

«Que les musniers qui sont sur lesdictes rivieres entretiendront bien et deuement leurs escluses, vannes et perthuis et feront ouverture de leursdictz perthuis et vannes touttesfois et quantes qu'ils en seront requis, pour passer et repasser tous basteaulx indifferemment chargez et vuides, flottes et trains de bois; et auront pour leur sallaires, à chacune onverture pour le passage d'ung ou plusieurs basteaulx ensemble, cinq solz tournois; et seront teunz d'avoir à leursdictz perthuis des esguilles de bois de ciage de trois doigts en carré.

«Pour le passage de chacune voicture de bois en train n'excedant dix trains, cinq solz tournois.

«Pour esclusée d'eaue qui sera necessaire aux marchans et voicturiers d'avoir pour avaller basteaulx et trains de bois et pour remonter aulcuns desdictz basteaulx, en sera par lesdictz musniers baillé et fourny à la premiere demande qui leur en sera faicte, moyennant huict solz tournois pour chacune d'icelles.

«Ordonnons qu'il sera en la liberté aux marchans et voicturiers de passer lesdictz jours de festes ou dimanches en payant par eulx, à chacun passage, à la principalle eglise dudict lieu pour les pauvres, sçavoir, pour chacun basteau, deulx solz, et pour chacune voicture de bois en trains, cinq solz.

«Pareillement seront tenuz les musniers desdictes rivieres d'Yonne, Cure et d'Armansson de faire ouverture de leur perthuis tous les festes et dimanches, à la reserve des quatre bonnes festes solempnelles de l'année, affin de faire passage aulx basteaulx ordinaires de ladicte riviere d'Armansson appellés coches de Brinon l'Archevesque, en payant seullement, à chacun passage et pour chacun desdicts coches, deulx solz tournois applicables aux pauvres comme dessus.

«Deffences sont faictes à touttes personnes de saisir et arrester, ny faire saisir et arrester lesdictz basteaulx appellez coches, ny les chevaulx conduisans iceulx, cordages ny ustancilles, pour quelque cause ou pretexte que ce soit, affin de ne les retarder au prejudice du publicq. Mais les interessez se pourvoirront par devant nous par action allencontre des conducteurs ou proprietaires d'iceulx basteaulx et chevaulx, pour en estre ordonné ce que de raison.

«Que si pour l'execution du present reiglement il survient quelque differend, seront tenuz lesdictes parties, soit en demandant, ou deffendant de se pourvoir par devant nous au Bureau de ladicte Ville, avec deffence à eulx de se pourvoir ailleurs, à peine de cent livres parisis d'amande.

«Enjoignons ausdictz musniers et touttes autres personnes de garder et observer le present reiglement de poinct en poinct selon sa forme et teneur, avec deffence d'y contrevenir, aussy à peine de cent livres parisis d'amande.

«Et à ce que personne ne pretende cause d'ignorance du present reiglement, ordonnons qu'il sera publié et affiché sur les lieux et aultres endroicts qu'il appartiendra, à la diligence des marchans, par le premier sergent sur ce requis.

«Faict au Bureau de la Ville, le meccredy vingtneufiesme jour de Janvier mil six cens quatorze.»

CCCXLVIII. — Anvis au Roy pour les Pères de l'Oratoire à cause de leur logement.

30 janvier 1614. (Fol. 221 v°.)

«Les Prevost des Marchans et Eschevins de la ville de Paris qui ont veu les lettres pattentes du Roy données à Paris le quinziesme jour de Febvrier mil six cens treize, signées: «LOUIS», et plus bas «par la Royne regente sa mere, presente, Bruslart», portant la concession de la maison et place de la Monnoye, faicte par Sa Majesté aux presbtres de la Congregation [1], ensemble les lettres de jussion

---

[1] L'Hôtel de la Monnaie était situé entre la rue qui en a encore aujourd'hui gardé le nom et la rue Thibaud-aux-Dés, actuel-

données à Paris le vingt sixiesme jour d'Avril ensuivant, le tout adressant à la Cour des Monnoyes,

«Disent qu'ils percistent en l'opposition par eulx cy devant formée à l'entherinement desdictes lettres; declarent neanlmoings que, s'il plaist à Sa Majesté accorder et faire don de ladicte place de la Monnoye ausdictz presbtres de la Congregation, à la charge expresse qu'auparavant que s'i loger et establir, ou y changer et desmolir aucune chose, il sera construict une aultre maison propre et commode pour ce faire dans l'encloz de ladicte Ville, à la diligence desdicts presbtres de la Congregation, sans que, jusques à ce que la fabrication de ladicte monnoye y soit actuellement establie, ne se pourra faire aucune translation, et qu'il y ayt clause expresse portant ladicte condition, lesdictz Prevost des Marchans et Eschevins n'entendent empescher l'entherinement desdictes lettres.

«Faict au Bureau de ladicte Ville, le jeudy trentiesme jour de Janvier mil six cens quatorze.»

CCCXLIX. — REQUESTE AU ROY POUR EMPESCHER UN CERTAIN TRIBUT QUE L'ON VOULLOIT LEVER SUR LE PIED FOURCHÉ.

Janvier 1614. (Fol. 223.)

Au Roy

et à Nosseigneurs de son Conseil d'Estat.

SIRE,

«Les Prevost des Marchans et Eschevins de vostre ville de Paris vous remonstrent tres humblement que depuis peu de temps ils ont eu advis d'un proces et differend pendant en vostre Conseil entre les maistres jurez bouchers de ladicte Ville et faulxbourgs, d'une part, la veuve Gervais Pradines, Raoul Lestourny et Louis de la Grange, d'aultre, auquel il est question d'un impost qu'ils s'esforcent lever aux portes de ladicte Ville sur le pied fourché, et en toutes les villes et bourgs dependans de ladicte prevosté et viconté, assavoir dix huict deniers pour chacun bœuf, vache et aumale [1], deux deniers sur chacun porc, de la Toussainct jusques à Caresme, et depuis Caresme jusques à la Toussainct, ung denier, et sur chacun mouton, veau ou chevre, une obolle, se fondans sur un pretendu extrait qu'ils disent avoir tiré d'ung vieil registre estant au greffe du Tresor, qui est en langage fort corrompu et peu intelligible, ce qui doibt faire croire que ledict impost a esté supprimé et aboly, n'ayant esté levé qu'à l'occasion de la guerre qu'il estoit lors, selon qu'il est expressement porté par iceluy; et d'ailleurs que ce mesme droict se leve journellement sur les ponts d'icelle Ville, sur lequel Monsieur l'evesque de Paris prend le tiers, ainsy qu'eux mesme en demeurent d'accord; d'ailleurs la procedure sur ce faicte au Tresor, communicquée aux supplians, est si extraordinaire que rien plus, ayant esté oÿ trois tesmoings seullement à la requisition des parties, au lieu de se pourvoir par devant le juge ordinaire et y faire assigner lesdictz suppliants, comme il est ordinaire en telles matieres, mesmement quand il est question de l'interest desdictz habitans en general et d'un impost publicq, pour lequel lesdictz supplians ont juste occasion d'intervenir en ladicte instance pour empescher telle augmentation de subcides que lesdictz Pradines et consors qualifient droict domanial, pour lequel en tout cas il se faudroit pourvoir en vostre cour de Parlement de Paris, seulle juge naturelle d'iceluy. A ceste cause, Sire, et que l'intention de Vostre Majesté a tousjours [esté], selon vostre bonté naturelle envers tous vos subjectz, de retrancher telles inventions et praticques qui tournent au detriment du publicq, il vous plaise recevoir lesdictz supplians parties andict proces, et attendu que lesdicts de Pradines et consors qualifient ledict pretendu droict domanial, renvoyer iceluy en vostre cour de Parlement de Paris pour y estre jugé par les voyes ordinaires, suivant voz ordonnances; et en cas qu'il pleust à Vostre Majesté en retenir la cognoissance, declarer lesdictz de Pradines et consors non recevables eu leurs pretentions comme choses qui sont hors d'usage et reduictes à aultres droictz qui se payent journellement, sans permettre plus grande augmentation sur ledict pied fourché. Et lesdictz

---

lement rue des Bourdonnais. D'après Piganiol de la Force (éd. 1742, t. II, p. 82-83), la partie des bâtiments située le long de cette dernière rue remontait au temps de Philippe le Bel. On tint compte de l'opposition de la Ville, car le *Mercure françois* (t. III, p. 291-292), qui parle de ces lettres de don de l'hôtel de la Monnaie aux Oratoriens, ajoute qu'elles ne purent avoir leur effet «pour les interests de ceux qui estoient logez dans la Monnoie», et le projet de transférer la Monnaie à l'hôtel de Lyon, rue Saint-André-des-Arts, fut abandonné (Jaillot, *Quartier du Louvre*, p. 42-44). Les Pères de l'Oratoire restèrent donc encore quelque temps au lieu primitif de leur fondation, c'est-à-dire à l'hôtel du Petit-Bourbon (ci-dessus, p. 222). C'est seulement en 1616 que M. de Berulle acheta, rue Saint-Honoré, l'hôtel du Bouchage pour y transporter le siège de sa congrégation. (Piganiol, t. II, p. 178 et suiv.)

[1] Aumaille, nom qui désignait, dans la langue du moyen âge, les animaux de l'espèce bovine. Ce terme, qui est encore employé dans certaines contrées, devait être d'un usage peu courant dans la région parisienne, dès l'époque qui nous occupe, car le scribe chargé de la confection du registre n'a pas su le lire et a transformé en *animale* la leçon *aumale* donnée par la minute.

supplians prieront Dieu pour vostre prosperité et santé[1]. »

CCCL. — Advis au Roy pour Messieurs
les beneficiers
au diocese de Perigueulx.

4 février 1614. (Fol. 224.)

Messieurs les vicaires generaulx, scindicqz et deputez du diocese de Perigueulx ont presentez requeste au Roy et à Nosseigneurs de son Conseil, tendant ad ce qu'il pleust à Sa Majesté leur accorder descharge entiere de pareille somme à celle que monte le mancque de fondz [2] qui provient de ce que les deniers des decimes des années MVI^c XII et XIII ont esté prins par celluy qui avoit presté la somme attermoyée pour son remboursement du principal et payement d'interest, et ordonner pour les deniers de non valleur que les benefices qui sont à present de non valleur ou deschargés par lesdictz arrests de la Chambre ecclesiastique establie à Bourdeaulx [3] seront doresnavant rayez du roolle et departement desdictz decimes, ce pendant que le Clergé demeurera quicte et deschargé pour les impositions du passé de la somme de douze mil livres.

Laquelle requeste par arrest du Conseil estant au bas d'icelle, du dernier Janvier mil vi^c quatorze, a esté ordonné qu'elle seroit communicquée aux agentz generaulx du Clergé de France et à Messieurs les Prevost des Marchans et Eschevins.

Suivant lequel arrest, Messieurs de la Ville ont eu communication et ont faict leur responce au bas de ladicte requeste, signée du Greffier de ladicte Ville seullement, de laquelle responce la teneur ensuit. Ce qui a esté faict pour memoire.

«Les Prevost des Marchans et Eschevins de la ville de Paris qui ont veu la presente requeste et pieces attachées à icelle, ordonnez leur estre communicquez par le Roy et Nosseigneurs de son Conseil, remonstrent tres humblement à Sadicte Majesté et à nosdictz sieurs du Conseil qu'ils ne peuvent donner advis à Sadicte Majesté sur le contenu de ladicte requeste jusques à ce que l'on leur ayt communicqué la despence qui a esté faicte des deniers qui ont esté receuz en vertu de l'attermoiement donné par leurs predecesseurs à Messieurs les ecclesiasticques dudict diocese de Perigueulx le VIIe Aoust mil vi^c trois attaché à ladicte requeste.

«Faict au Bureau de ladicte Ville, le quatriesme jour de Febvrier mil vi^c quatorze. »

CCCLI. — Les quartiniers mandez
pour les advertir de ne point respondre
à Monsieur le Lieutenant civil
pour ce qui concerne la seureté de ladicte Ville

18 février 1614. (Fol. 224 v°.)

Du mardy dixhuictiesme jour de Febvrier mil six cens quatorze.

Ledict jour Messieurs les Prevost des Marchans et Eschevins estans assemblez au Bureau avec Messieurs les Conseillers de la Ville pour les affaires d'icelle, sur l'advertissement qu'ils ont eu que ung commissaire du Chastellet avoit esté en la maison de sire Pierre Parfaict, Quartinier, s'enquerir des noms des capitaines et dizeniers de son quartier, qui estoit une entreprise sur l'authorité de ladicte Ville, ledict Parfaict a esté mandé au Bureau, et iceluy, interpellé de ce que dessus, a dict que à la verité le commissaire Canto luy est venu demander les noms du dizinier et capitaine de la place Royalle, auquel il ne l'a voulu dire; et sur ce qu'il a encore esté dict et rapporté que d'autres commissaires s'estoient entremis de visiter les rouetz et chesnes des coings des rues, et l'affaire mise en deliberation, a esté arresté que les Quartiniers de ladicte Ville seront mandez pour les advertir de ne poinct respondre pour ce qui est du faict de leurs charges, de la seureté de ladicte Ville et garde des portes, tant à Monsieur le Lieutenant civil que à ses commissaires du Chastellet, et en advertir leurs cinquanteniers et dizeniers.

---

[1] Cette intervention de la Ville fut faite à la demande de la communauté des bouchers, qui s'engagea à faire les frais de l'instance et à garantir la Ville de tous risques, comme le constate une contre-lettre signée par Le Juge, juré de la communauté. (Arch. nat., H 1891.)

[2] Le compte des décimes de 1614 (Arch. nat., G** 37, fol. 244 et 269) porte cette mention : «Deniers renduz et non receuz à cause des sommes qui sont encore deues par les dioceses et beneficiers cy apres declairés... Par le diocese de Perigeulx la somme de 13,580 l. 2 s.»

[3] Les chambres ecclésiastiques avaient pour mission de juger les différends qui arrivaient sur la levée des décimes. Elles étaient présidées par l'archevêque et composées des évêques du ressort, des députés des dioceses et de trois conseillers du Parlement ou du présidial. Établies en 1580, elles furent d'abord érigées à Paris, Rouen, Lyon, Tours, Toulouse, Bordeaux et Aix; plus tard, leur nombre fut porté à neuf.

CCCLII. — Assemblée de la Ville pour le faict des rentes du sel.
18 février 1614. (Fol. 225.)

«Monsieur..., plaise vous trouver demain, deux heures de relevée, au Bureau de la Ville pour adviser au faict des rentes assignées sur le sel. Vous priant n'y voulloir faillir.

«Faict au Bureau de la Ville; le lundy xvii° Fevrier 1614.

«Les Prevost des Marchans et Eschevins de la ville de Paris, tous vostres.»

Pareil envoyé à chacun de Messieurs les Conseillers de la Ville.

Du mardy dixhuictiesme jour de Febvrier mil vi° quatorze.

En l'assemblée de Messieurs les Prevost des Marchans, Eschevins et Conseillers de ladicte Ville, ledict jour tenue au Bureau d'icelle pour adviser au faict des rentes du scel, sont comparuz :

Monsieur de Grieu, sieur de Saint Aubin, conseiller au Parlement, Prevost des Marchans.

Monsieur Desprez, Monsieur Merault, Monsieur Desneux, Monsieur Clapisson, Eschevins;

Monsieur de Saint-Cir, Monsieur le President Aubry, monsieur Marescot, Monsieur Palluau, Monsieur Le Prestre, Monsieur Amelot, Monsieur de Saint Germain, sieur de Ravynes, Monsieur Sainctot, Conseillers de la Ville.

La compagnie estant assemblée, Monsieur le Prevost des Marchans luy a amplement faict entendre l'estat des affaires pour le payement du premier quartier de l'année mil six cens dix et le manque de fonds qu'il avoit de la somme de deux cens trois mil livres pour le payement entier dudict quartier, que depuis trois moys luy et Messieurs les Eschevins avoient fort poursuivy Monsieur le Chancellier et Messieurs du Conseil du Roy pour avoir ledict manque de fonds, lesquels l'ont toujours promis, mais ce ne sont que parolles sur lesquelles ladicte Ville ne veut s'asseurer; que jeudy prochain ilz ont promis d'en faire une fin, mais d'autant que le mal presse et que oultre ledict premier quartier de six cens dix il est deub et eschen le deuxiesme quartier de ladicte année; que de faire faire ouverture dudict second quartier sans avoir asseurance du premier, le peuple, avec juste raison, croira que ledict premier quartier sera perdu, et aussy de differer l'ouverture dudict quartier, est à craindre l'impatience des rentiers. C'est pourquoy il les auroit faict assembler pour y adviser.

Sur quoy, l'affaire mise en deliberation, a esté arresté de poursuivre par ladicte Ville mondict sieur le Chancellier et mesdictz sieurs du Conseil de donner le fondz et assignation promptement à ladicte Ville de ce qui mancque pour le payement dudict premier quartier mil vi° dix, et leur faire entendre l'importance de l'affaire et le mescontantement du peuple s'il n'est entierement payé, et sur la responce qu'ils feront, jeudy passé, l'on s'assemblera de nouveau pour adviser à ce qui sera à faire.

CCCLIII. — Arrest du Conseil contre ledict de Gondy pour lesdictes rentes du sel.
22 février 1614. (Fol. 226 v°.)
Extrait des registres du Conseil d'Estat [1].

«Sur ce que les Prevost des Marchans et Eschevins de la ville de Paris ont remonstré au Roy en son Conseil qu'entre les facultés et moyens proposez par Maistre Philippes de Gondy, cy devant fermier des gabelles de la generalité de Paris et chargé du payement des rentes deues à ladicte Ville sur les greniers à sel, pour le parfaict payement de ce qu'il doit desdictes rentes, pour deux années escheues le dernier jour de Mars mil vi° dix, il se trouvoit de non valleurs la somme de deux cens trois mil neuf cens soixante trois livres, sans y comprendre la despence necessaire pour le recouvrement des deniers, fraiz de commis et reddition de comptes, et que d'ailleurs ils ne pouvoient esperer aultre payement dudict de Gondy, de longtemps prisonnier et nottoirement insolvable; partant qu'il pleust à Sa Majesté, continuant les effects de sa bonne volonté envers les habitans de ladicte Ville ses tres humbles subjects, leur faire fonds de la somme qui mancque sur les deniers de la ferme des gabelles de la presente année : veu l'estat de recouvrement à faire tant sur ledict de Gondy que ses soubz fermiers, commis et cautions, expedié au Conseil de Sa Majesté le seiziesme Octobre mil vi° treize et delivré ausditz Prevost des Marchans et Eschevins; l'estat de la recepte et despence des deniers provenuz desdictz effectz faicte par Maistre Jehan de Moisset, commis au payement des rentes deubs par ledict de

---
[1] La minute de cet arrêt est conservée dans le volume E 43ᴬ, fol. 466.

Gondy; aultre estat des facultez de nouveau proposées par ledict de Gondy; ouy le rapport des commissaires deputez pour l'examen desdictz estatz; tout considéré, le Roy en son Conseil ayant esgard à la remonstrance desdictz Prevost des Marchans et Eschevins a ordonné et ordonne que discution plus ample et exacte sera faicte des facultez et effects dudict Gondy et, pour ce faire, qu'il sera mené et conduict es prisons de la Conciergerie du Pallais, sans retardation touttesfois de l'ouverture du payement de ce qui est deub de reste desdictz arreraiges, mesmes du quartier de Janvier mil six cens dix que Sa Majesté enjoinct audict de Moisset ouvrir au premier jour, et affin que la longueur de telle recherche ne donne occasion de cesser ou faire cesser, ou aucunement retarder lesdictz payements, ordonne Sa Majesté au tresorier de son Espargne, Maistre Vincent Bouhier[1], que, des deniers dudict Espargne, il paye audict de Moisset la somme de huict vingt mil livres, et l'assigne par ses mandemens portant quictance, assavoir de cinquante mil livres sur Maistre Paul Fieubet, des deniers qu'il doit fournir dans six mois pour la finance de l'augmentation de gaiges attribuée aux officiers des greniers du ressort de la Chambre des Comptes de Paris, et cens dix mil livres sur Maistre Nicolas Servien[2], tresorier des parties casuelles des deniers du droict annuel, qu'il commencera à recepvoir au vingtiesme Decembre pour l'année proschaine mil vi° quinze. Veut Sa Majesté que dès à present lesdictz Servien et Fieubet se chargent desdictz mandemens et en facent leurs promesses audict de Moisset.

«Faict au Conseil d'Estat du Roy, tenu à Paris le vingt deuxiesme jour de Febvrier mil six cens quatorze.»

Signé : «Mallier.»

CCCLIV. — Mandement à Le Secq
pour requerir au Chastellet
le renvoi d'une cause au Parlement.
26 février 1614. (Fol. 227 v°.)

De par les Prevost des Marchans et Eschevins de la ville de Paris.

«M° Geoffroy Le Secq, procureur des causes de la Ville au Chastellet de Paris, nous vous mandons vous presenter à l'assignation donnée andict Chastellet à Maistre Pierre Perrot, Procureur du Roy de la Ville, à la requeste de Louis de Vesins et Jacque le Babier es noms qu'ils procedent. Prenez le faict et cause pour ledict Perrot, remonstrez qu'il est question des droictz deppendans du domaine de ladicte Ville dont la cognoissance appartient à Nosseigneurs de la cour de Parlement où ladicte Ville a ses causes commises en premiere instance. Requerez le renvoy de ladicte cause par devant nosdictz sieurs de la Cour et, en cas de desny, en appelez comme de juge incompetant.

«Faict au Bureau de ladicte Ville, le vingt sixiesme Febvrier mil six cens quatorze.»

CCCLV. — Ordonnance pour contraindre
les sieurs Robin et Milon,
soubz fermiens d'aucuns greniers à sel,
de bailler caution à la Ville.

26 février 1614. (Fol. 227 v°.)

De par les Prevost des Marchans et Eschevins de la ville de Paris.

«Il est ordonné que, suivant l'arrest de Nosseigneurs du Conseil du Roy donné à Fontainebleau le quinziesme jour d'Octobre dernier et autre arrest de Nosseigneurs de la Chambre des Comptes du treiziesme jour de Novembre ensuivant, Maistre Thomas Robin et Nicolas Milon, fermiers des gabelles de la generalité de Thouraine, viendront s'obliger par devant nous, au Bureau de ladicte Ville, au payement des sommes, assavoir ledict Robin de deux cent trente quatre mil cent vingt huict livres dix sept sols quatre deniers, et ledict Milon, de la somme de trois cent sept mil six cent trente quatre livres, qu'ils doibvent fournir par chacun an aux receveurs generaulx et payeurs des rentes de ladicte Ville assignées sur les gabelles, suivant l'estat du Roy, et ce, sur ce qu'ils doibvent à cause des baux desdictes gabelles de la dicte generalité de Thouraine. Et oultre, nous presenteront et feront recevoir par devant nous, audict Bureau de la Ville, dedans trois jours, bonnes et suffisantes cautions, resceantes, solvables et domiciliez en cestedicte Ville, qui s'obligeront envers ladicte

---

[1] Vincent Bouhier de Beaumarchais, d'une famille d'armateurs du port des Sables, avait debuté modestement comme receveur du domaine de Talmond, puis greffier civil des appeaux de la sénéchaussée de Riom; après avoir rempli diverses charges de finance, il devint trésorier de l'Épargne, intendant des ordres, comte de Châteauvillain et amassa une immense fortune. Il eut deux filles, dont l'une épousa Louis de la Tremoille, marquis de Noirmoutiers, et se remaria en 1617 avec le maréchal de Vitry; la seconde se maria avec Charles de la Vieuville, grand fauconnier de France, qui devait devenir plus tard duc à brevet et sur-intendant des finances. (A. de Boislisle, *Mémoires de Saint-Simon*, t. XIII, p. 65, note 6 et XIX, p. 343 et 344.)

[2] Nicolas Servien avait d'abord été trésorier de France en la généralité de Rouen. De son mariage avec Marie Groulart de la

Ville du quart desdictes sommes cy dessus. Et à faulte de ce faire et ledict temps passé, y seront contraincts par touttes voyes denes et raisonnables, comme pour deniers royaulx.

«Faiot au Bureau de ladicte Ville, le meccredy, vingt sixiesme jour de Febvrier mil six cens quatorze. »

CCCLVI. — Arrest du Conseil touchant les debetz de quictances [et] ordonnance de M. de Maupeou, intendant, signiffiée au Greffier de la Ville pour luy porter n les registres du sel.

31 décembre 1613-1ᵉʳ mars 1614. (Fol. 228.)

Extraict des registres du Conseil d'Estat [1].

«Sur ce qui a esté representé au Roy en son Conseil qu'encores que par les estats generaulx qui s'expedient chacun an tant pour la valleur et distribution de ses finances de chacune recepte generalle de ce Royaulme des fermes de ses aydes et gabelles il soit laissé fondz suffisant pour le payement les rentes constituées à l'Hostel de Ville de Paris assignées sur lesdictz deniers et que, par le moyen de plusieurs rachaptz qui ont esté faictz desdites rentes, il deust avoir des deniers revenans bons dudict fondz, neanlmoings les Prevost des Marchans et Eschevins de ladicte Ville ont plusieurs fois remonstré que ledict fonds employé esdictz estats n'est suffisant pour le payement entier de ce que Sa Majesté veut et entend estre payé par année pour les arrerages desdictes rentes, en quoy il apparoist d'un abbuz manifeste qui ne se peut corriger qu'auparavant il ne soit faict une verification exacte et entiere de touttes les constitutions et rachapts desdictes rentes. A quoy pour pourvoir, le Roy en son Conseil a ordonné et ordonne aux recepveurs et payeurs des rents constituées audict Hostel de Ville assignées sur lesdictz deniers de ses receptes generalles, aydes, gabelles et Clergé, de representer en sondict Conseil leurs registres et doubles de comptes des années qui leur sera ordonné, et à Maistre Robert de Louvigny, subrogé à Maistre Louis Massuau qui avoit faict party pour le recouvrement des debetz de quictances, de representer les extraicts, tirez de la Chambre des Comptes, de touttes les parties desdictes rentes racheptées, estainctes et admorties au profict de Sa Majesté, pour sur le tout estre verifié par le sieur de Maupeou, conseiller audict Conseil et intendant de ses finances, à quelles sommes lesdictes constitutions montent et reviennent et si elles ont esté entierement remplies, ensemble les rachaptz et admortissement faictz desdictes rentes, tant en consequence des contracts de la ferme desdictes gabelles, vente du domaine de Sa Majesté, parisis des greffes qu'aultrement, et les charges necessaires et accoustumées pour raison dudict payement desdictes rentes; pour, sur le rapport dudict sieur Meaupeou, estre ordonné ce que de raison.

«Faict au Conseil d'Estat du Roy, tenu à Paris le dernier jour de Decembre mil vi° treize.»

Signé : «De Flecelles».

«De l'ordonnance de nous, Gilles Maupeou, conseiller du Roy en son Conseil d'Estat et intendant de ses finances, commissaire eu ceste partye suivant l'arrest du Conseil du dernier jour de Decembre dernier, soit par le premier huissier du Conseil ou aultre sur ce requis signiffié ledict arrest au Greffier de l'Hostel de ville de Paris, et à luy faict commandement de porter ou envoyer en noz mains les registres du payement des arreraiges des rentes constituées à ladicte Ville sur les gabelles et greniers à sel, tenus par Philippes de Gondy pendant les deux années qu'il a eu charge du payement desdictes rentes, pour en vertu d'icelle proceder à l'execution dudict arrest et aultrement comme de raison.

«Faict à Paris, le vingt septiesme jour de Febvrier mil vi° quatorze.»

Signé : «G. Maupeon».

«Le premier jour de Mars mil vi° quatorze l'arrest et ordonnance dont coppie sont cy dessus transcriptes ont esté monstrez, signiffiez et deuement faict assavoir à Maistre Guillaume Clement, Greffier de l'Hostel de la ville de Paris, à ce qu'il n'en pretende cause d'ignorance, et à luy enjoinct de par le Roy d'obeyr et satisfaire au contenu de ladicte ordonnance en parlant à sa personne, en son domicille, par moy, huissier soubzsigné.»

Signé : «Flamen».

Cour, il eut un fils, Ennemond, qui ne prit point d'alliance et se consacra à des œuvres de charité, et trois filles, dont parle Saint-Simon dans une notice publiée en appendice du tome XVI de la nouvelle édition des *Mémoires*, p. 517 et 518. Il était cousin germain d'Abel Servien, qui devint secrétaire d'État et surintendant des finances.

[1] Arch. nat., E 42ᵃ, fol. 410.

CCCLVII. — Ordonnance contre les commis dudict de Gondy.

1ᵉʳ mars 1614. (Fol. 229 v°.)

De par les Prevost des Marchans et Eschevins de la ville de Paris.

«Il est ordonné au premier sergent de ladicte Ville, ou aultre huissier ou sergent sur ce requis, faire commandement à tous les commis de Maistre Philippes de Gondy aux greniers à sel de la generalité de Paris d'apporter dans huictaine au Bureau de ladicte Ville les acquitz des payements qu'ils ont faictz andict de Condy des deniers des gabelles de ladicte generalité, ou les comptes qu'ils pretendent avoir renduz andict de Gondy; venir affirmer iceulx s'ils ont esté renduz sans fraulde et si la despence est veritable; apporter les certifficatz de la vente qui a esté faicte en chacun de leurs greniers pendant le quartier de Juillet, Aoust et Septembre; et que par lesdictz certifficats soit faict mention du sel vendu par chacun de leurs greniers depuis ledict premier jour de Juillet dernier jusques au jour des saisies et arrestz qui ont esté faictz en leurs mains sur ce qu'ils doibvent audict de Condy, et de la vente qui a esté faicte depuis le jour desdictes saisies et arrests jusques au dernier jour de Septembre dernier passé. Et à faulte de ce faire dans ladicte huictaine, et icelle passée, ils y seront contraincts comme pour les propres deniers et affaires du Roy et tenuz des fraiz des huissiers ou sergens qui y seront renvoyez.

«Faict au Bureau de la Ville, le premier jour de Mars mil vɪᶜ quatorze.»

CCCLVIII. — Assemblée du Conseil de la Ville pour entendre ce qui s'estoit passé au Conseil du Roy touchant les rentes du sel et adviser l'ordre du payement desdictes rentes.

1ᵉʳ mars 1614. (Fol. 230.)

«Monsieur..., plaise vous trouver demain, deux heures de rellevée, au Bureau de la Ville pour entendre ce qui s'est passé touchant les rentes du sel, et adviser à l'ordre du payement desdictes rentes. Vous priant n'y voulloir faillir.

«Faict au Bureau de la Ville, le vendredy vingt huictiesme et dernier jour de Febvrier mil six cens quatorze.

«Les Prevost des Marchans et Eschevins de la Ville de Paris, tous vostres.»

Pareil mandement envoyé à chacun de Messieurs les Conseillers de Ville.

Du samedy, premier jour de Mars mil six cens quatorze.

En l'assemblée de Messieurs les Prevost des Marchans, Eschevins et Conseillers de la Ville, ledict jour tenue au Bureau d'icelle pour entendre ce qui s'est passé au Conseil du Roy touchant les rentes assignées sur le sel et adviser à l'ordre du payement desdictes rentes, sont comparuz :

Monsieur de Grieu, sieur de Sainct Aubin, conseiller en la Cour, Prevost des Marchans;

Monsieur Desprez, Monsieur Merault, Monsieur Desneux, Monsieur Clapisson, Eschevins.

Messieurs les Conseillers de la Ville :

Monsieur le President Aubry;
Monsieur Marescot, maistre des Requestes;
Monsieur Amelot, maistre des Comptes;
Monsieur Aubry, sieur d'Auvillier;
Monsieur de Saint-Germain, sieur de Ravines.

La compagnie estant assemblée, mondict sieur le Prevost des Marchans luy a faict entendre les grandes poursuittes que Messieurs les Eschevins et luy ont faict au Roy et à Nosseigneurs de son Conseil pour le recouvrement de la somme de deux cens trois mil tant de livres deubz par Maistre Philippes de Gondy et qui mancque de fondz pour le payement desdictes rentes du premier quartier de l'année mil vɪᶜ dix. Enfin seroit intervenu arrest de Nosseigneurs du Conseil, du vingt deuxieme Febvrier dernier, par lequel Sa Majesté auroit assigné ladicte Ville de la somme de cent soixante mil livres, et que pour le surplus seroit faict discussion plus ample et exacte des effects et facultez dudict de Gondy, de laquelle somme de cʟxᵐ l'on ne pouvoit faire estat comptant que de cinquante mil livres tournois. Pour les cent dix mil livres restans, l'on ne pouvoit en recevoir l'argent que au moys de Decembre prochain; et, par ce moyen, s'estoit ung impossible à Maistre Jehan de Moisset, commis à recevoir les restes dudict de Gondy, d'ouvrir son bureau pour payer ledict quartier au peuple, n'en ayant le fondz comptant.

Qu'il se faisoit deux propositions, l'une d'ouvrir le Bureau pour en payer ung demy quartier, et pour

43.

l'aultre seroit baillé billet pour le recevoir à la fin de l'année lorsque les assignations seront receues; et ce pendant que Maistre Pierre Payen, à present receveur et payeur des rentes du sel, ouvriroit à present son bureau pour payer le deuxiesme quartier de l'année mil vi^e dix et continuer de trois moys en trois moys pendant son année.

L'autre, que si ledict Payen se veut obliger de payer cinq-quartiers au peuple dedans le quinziesme Febvrier mil six cens quinze, par termes, assavoir à present le premier quartier de six cens dix, pour estre achevé de payer au dernier jour d'Avril prochain, auquel jour il ouvriroit son bureau pour le payement du deuxiesme quartier, pour estre payé au quinziesme Juillet, auquel jour il commanceroit le payement du troisiesme quartier, pour estre payé dans le dernier jour de Septembre, auquel jour il ouvriroit semblablement le payement du quatriesme quartier d'icelle année mil vi^e dix, pour estre achevé de payer le quinziesme Decembre, auquel jour il ouvriroit son bureau pour le payement du premier quartier de l'année mil vi^e unze, pour estre achevé de payer au quinziesme Febvrier mil vi^e quinze.

Il semble qu'il ny a poinct d'autres moyens que l'une desdictes deux propositions cy dessus. C'est pourquoy il avoit faict faire la presente assemblée, suppliant la compagnie en vouloir deliberer, ensemble du lieu et endroict et comment l'on fera ledict payement, sy l'on payera comptant ou par fueillets.

Et oy en ladicte assemblée ledict Maistre Pierre Payen sur l'ouverture desdictz payements, qui a dict que de s'obliger en son nom pour le payement desdictz cinq quartiers, que c'estoit chose qu'il ne pouvoit faire. Bien estoit vray qu'il trouvoit la proposition fort bonne de payer lesdictz cinq quartiers aux formes susdictes; qu'il croyoit les assignations données par le Roy à la Ville fort bonnes, mais que ce n'estoit à luy à faire le payement du quartier de Janvier mil vi^e dix, deub par ledict de Gondy, ains à Maistre Jehan de Moisset qui a esté commis à ce faire au lieu dudict de Gondy, et que, selon l'ordre qui a esté tenu jusques à present pour le payement desdictes rentes, il doibt ouvrir son bureau pour le quartier d'Avril, May et Juin ondict an mil vi^e dix des deniers des gabelles dont il est assigné du quartier d'Octobre dernier, et continuer de quartier en quartier pendant l'année de son exercice, de sorte que si ladicte Ville veut faire quelque reiglement pour faciliter le payement dudict quartier de Janvier, lequel par arrest de Nosseigneurs du Conseil a esté ordonné que ledict de Moisset ouvriroit au premier jour, et qu'attendu la longueur notoire qui sera au recouvrement des assignations données audict de Moisset pour en recevoir les deniers et à la poursuitte et discution des biens et effects dudict de Gondy, il feust ordonné que luy, Payen, mettroit des deniers de sa charge es mains dudict de Moisset, il supplioit la compagnie luy en donner bonne descharge, ad ce qu'il ne luy soit imputé d'avoir faict aucun divertissement des deniers de sa charge sinon pour faciliter l'ouverture dudict quartier de Janvier et que le tout soit approuvé par le Roy et Nosseigneurs de son Conseil et veriffié à la Chambre.

Aussy se sont presentez à ladicte assemblée les sieurs de Bray, Le Goix, Boucher, Le Court, Garrault, Contesse, La Macque, Le Charron et aultres en grand nombre bourgeois de ceste Ville ayans rentes sur ledict sel, qui ont supplié la compagnie de les vouloir faire payer de leursdictes rentes tant du premier que du second quartier de ladicte année mvi^e dix, ausquels ayant representé les difficultez qu'il y avoit pour le payement dudict premier quartier de six cens dix, leur ayant les deux propositions cy devant declarées, aucuns d'eux auroyent esté d'advis de l'une et les aultres de l'autre, mais que sur tout supplyoient la compagnie que lesdictz payemens se feissent en l'Hostel de la Ville et sur des fueilles comme il a esté depuis quelque temps practiqué.

Et s'estant lesdicts bourgeois retirez, lecture faicte de l'arrest donné au Conseil de Sa Majesté le xxiie dudict moys de Febvrier dernier [1], signé « MALLIER », pour le recouvrement desdictes assignations, et l'affaire mise en deliberation, a esté arresté que, dedans le quinziesme jour du mois de Febvrier mil vi^e quinze, sera payé aux particuliers rentiers cinq quartiers desdictes rentes du sel, et à ceste fin que, mardy prochain, se fera l'ouverture pour le payement du premier quartier d'icelle année mil vi^e dix, pour estre achevé de payer au premier jour de May, auquel jour ledict Payen ouvrira son bureau pour payer le deuxiesme quartier dans le quinziesme jour de Juillet ensuivant; et ledict jour ouvrira aussi son bureau pour le payement du troisiesme quartier dans le dernier jour de Septembre; auquel jour il fera pareille ouverture de sondict Bureau pour le payement du quatriesme quartier de ladicte année mil vi^e dix pour estre achevé de payer au quinziesme Decembre; et aussy tost fera aussy l'ouverture de sondict bureau pour le payement du premier quartier de l'année mil vi^e unze pour estre achevé de payer au quinziesme Febvrier ensuivant; auquel

---

[1] Ci-dessus, n° CCCLIII.

temps celuy qui entrera en exercice de paieur desdictes rentes continuera les payements de trois mois en trois mois sans aulcun reculement ny divertissement. Tous lesquels payemens se feront trois jours la sepmaine, le mardy, jeudy et vendredy de chacune d'icelle, et sur des fueilles, en la maniere accoustumée. Lequel Payen fera les submissions de payer lesdictz cinq quartiers cy dessus dans ledict quinziesme Febvrier mil vi{e} quinze, et à ceste fin fera touttes les diligences à ce requises et necessaires pour le recouvrement desdictes assignations, effects et facultez dudict de Gondy. Et où pendant ledict temps il ne pourra recevoir aucunes desdictes assignations sera tenu en advertir ladicte Ville pour les poursuivre et y pourvoir.

Ce faict, ledict Maistre Pierre Payen a remonstré à la compagnie qui luy mancquoit dez fonds du quartier d'Octobre dernier la somme de dix huict mil sept cens cinquante livres qui sont des deniers de sa charge pour employer aux payements des rentes: supplioit mesdictz sieurs de la Ville de poursuivre Messieurs du Conseil pour luy faire bailler ladicte somme; comme aussy par l'estat du Roy l'on luy avoit assigné plusieurs deniers à prendre sur les fermiers des gabelles des generalitez de Paris, Tours et Champaigne, contre lesquels il n'a aulcunes contrainctes, ce qu'il est besoin d'avoir, affin de poursuivre lesdictz fermiers lors des termes expirez, declarant qu'il ne peut faire aucunes submissions.

Sur quoy, l'affaire mise en deliberation, a esté arresté de poursuivre et supplier nosdictz seigneurs du Conseil pour faire bailler audict Payen ladicte somme de xviii vii L qui manoque des fonds dudict quartier d'Octobre, pour estre employez au faict de sa charge; et oultre requerir nosdictz seigneurs de faire expedier à la Ville des contrainctes allencontre des fermiers des gabelles, sur lesquels ladicte Ville est assignée par l'estat du Roy pour le payement desdictes rentes du sel, affin de faire payer et contraindre lesdictz fermiers aux termes selon et ainsy qu'ils y sont tenuz.

CCCLIX. — Ordonnance touchant le payement des rentes du sel.
5 mars 1614. (Fol. 233 v°.)

De par les Prevost des Marchans et Eschevins de la ville de Paris.

«Il est ordonné aux fermiers des gabelles, sur lesquels la Ville est assignée pour le payement des rentes de ladicte Ville assignées sur le sel, de doresnavant payer et mettre es mains de Maistre Pierre Payen, conseiller du Roy receveur general et payeur desdictes rentes assignées sur le sel, les deniers qu'ilz sont tennz payer par l'estat du Roy et dont la Ville est assignée sur iceulx, pour la presente année commancée au premier jour d'Octobre dernier; pour estre iceulx deniers employez par ledict sieur Payen à l'effect de sa charge.

«Faict au Bureau de la Ville, le cinquiesme jour de Mars mil six cens quatorze.»

CCCLX. — Moyens d'intervention contre aucuns beneficiers de Chartres.
5 mars 1614. (Fol. 234.)

Moyens d'intervention que mettent et baillent par devant le Roy nostre Sire et Nosseigneurs de son Conseil les Prevost des Marchans et Eschevins de la ville de Paris, demandeurs en ladicte intervention, contre Maistre Jacques Blanchard, curé de Sainct-Hilaire, et consors, et les receveurs et commis en la recepte du diocese de Chartres es années mil v{c} iiii{xx} neuf, dix, unze, et douze, deffendeurs [1].

«Lesdictz demandeurs pretendent que lesdictz receveurs ou leurs commis, en rendant les comptes desdictes années mil v{c} iiii{xx} neuf, dix, unze, douze et suivantes, ont faict plusieurs faulces reprises, couchant en deniers comptés et non receuz plusieurs sommes que les beneficiers leur avoyent actuellement payées, montans à trente mil escus ou environ, lesquelles leur ont esté allouées en leurs comptes par les deputtez dudict diocese. Et partant, concluent ad ce que lesdictz receveurs ou leurs commis soient condamnez leur payer ladicte somme de traute mil escus.

«Les demandeurs verifieront lesdictes foulces reprises, tant par escript que par tesmoings. Et encores qu'il ne se trouvast preuve entiere de la faulce reprise de chacun des articles couchez au chappitre de deniers comptez et non receuz, les demandeurs soustiennent que lesdictes partyes ayant esté allouées sans aulcune verification, et ayant preuve par escript d'une partye d'icelle, ilz doibvent condamnation du total de la somme.

«Lesdictz deffendeurs ne peuvent revocquer en doubte que ceste action n'appartienne ausdictz demandeurs, d'autant que ce sont deniers des decimes destinez et affectez au payement des rentes consti-

---
[1] Voir plus haut, n° CCCXLIII.

tuées sur le Clergé, et par tous les contractz faicts avec le Clergé, et particulierement par celuy de l'an mil v^e iiii^{xx} xvi, lesdictz sieurs du Clergé sont obligez de lever sur eulx treize cens mil livres par chacun an, pour estre emploiez au payement de xiie vi^e tant de livres de rente constituées sur les Hostels de ville de Paris et de Thoulouze, sans que lesdictz deniers ou aucune partie d'iceulx puissent estre divertiz ny emploiez à aultre usage, si ce n'est qu'apres lesdictz douze cens six mil livres paiez il reste quelque chose; auquel cas ce qui reste doibt estre employé en rachapt de rentes et non au proffict ny des particuliers, ny du diocese. Or il est certain que pendant lesdictes années m v^e iiii^{xx} neuf, dix, unze, douze et suivantes les xiie vi^e livres n'ont esté payez par le Clergé de France, et que le dioceze de Chartres n'a payé sa part entiere de ladicte somme, dont il est sans doubte que ladicte somme, qui faict part des xiie vi^e livres, doit estre employée au payement desdictes rentes sans que lesdictz sieurs du Clergé y puissent pretendre aucune chose.

«Ces faulces reprises ne peuvent estre couvertes par les contractz de l'an mil v^e iiii^{xx} xvi et vi^e vi, d'autant que par le contract de l'an m v^e iiii^{xx} xvi la remise est faicte en termes expres de ce qui reste deub et non pas de ce qui avoit esté payé, et le contract de l'an mil vi^e six specifie par le menu toutes les sommes que Sa Majesté a entendu remectre, dans lesquelles ne se trouvera comprise la faulce reprise dont est question.

«D'avantage les remises faictes en l'an m v^e iiii^{xx} xvi sont entendues estre faictes à chacun beneficier particulier de ce qu'il debvoit. De sorte que de deulx ecclesiastiques dont l'ung avoit payé sa cotte entiere, l'aultre n'avoit rien payé du tout, l'ung a jouy de la remise, l'aultre n'en a point jouy, soit que Sa Majesté ayt sceu que ceulx qui n'auroyent payé eussent esté contraincts de payer ailleurs par la viollance du temps, ou qu'ils ayent esté tellement ruynez que la necessité les ayt dispencez du payement. Quoy qu'il en soit, il est certain que la remise s'etend seullement sur ceulx qui n'avoyent payé.

«Mais quand ladicte remise emporteroit droict de repetition au profict de ceulx qui avoyent payé, ce qui ne peut estre, cela n'empescheroit pas l'action des demandeurs contre lesquels receveurs, mesmes au prejudice de Messieurs du Clergé de Chartres.

«En ce cas, ce seroit une action qui appartiendroit aux particuliers beneficiers qui auroient payé, ou à leurs heritiers, et non au diocese; et lequel beneficier particulier, ne leurs heritiers, ne se plaignent poinct. Ilz ne demandent rien aux recepveurs, dont ceste interpretation, que l'on vouldroit apporter, de remise ne pourroit empescher les conclusions des demandeurs.

«Et cela sert de responce à ce qui fut dict par Messieurs les deputes du diocese de Chartres, en l'assemblée qui fut faicte chez Monsieur de Chasteauneuf, que par le moyen desdictes faulces reprises les receveurs se trouveroyent redevables au diocese pour lesdictes années mil v^e iiii^{xx} ix, x, xi, xii, mais que par les comptes des années suivantes le diocese se trouveroit redevable ausdictz recepveurs, et qu'il estoit raisonnable de compenser l'ung avec l'aultre. Car puisque la remise ou repetition concurre chacun particulier et non le diocese, la compensation se debvroit faire de ce qui auroit esté payé pour un benefice à ce qui se trouveroit deub pour le mesme benefice, ce qui est à present impossible à cause de la mutation depuis advenue quasi en tous les benefices, et que ceste pretendue repetition seroit acquise aux heritiers et non aux successeurs du benefice comme dict est.

«Joinct que chacune année doibt porter ses charges; et d'imputer ce qui est deub des années m v^e iiii^{xx}, ix, x, xi et douze sur les années suivantes, ce seroit, en effect, faire une remise des années suivantes. Ce qui ne se pourroit faire, sinon par l'anctorité du Roy et par les formes ordinaires, et non à la volonté des deputez dudict diocese.

«Aussy l'action desdictz Prevost des Marchans et Eschevins n'est contre le Clergé de France, ny contre le diocese, ny contre aulcun beneficier d'icelluy, mais contre les receveurs ou leurs commis, desquelz les deputtez dudict diocese ne doibvent prendre la protection, si eulx ou leurs predecesseurs ont bien versé, à l'examen desdictz comptes, comme lesdictz Prevost des Marchans et Eschevins croyent qu'ils ont faict.

«Faict au Bureau de la Ville, le cinquiesme Mars mil six cens quatorze.»

CCCLXI. — Ordonnance concernant
les commis à la voirie
[à propos d'une maison du pont Nostre Dame].

7 mars 1614. (Fol. 236.)

De par les Prevost des Marchans et Eschevins de la ville de Paris.

«Me Geoffroy Le Secq, procureur des causes de la Ville au Chastellet de Paris, nous vous mandons vous presenter à l'assignation donnée, au Chastellet de Paris, à Jehan Massieu, locataire de l'une des maisons scizes sur le pont Nostre Dame[1], à la requeste de Ysidoire Guyot, commis à la voirie de ceste Ville. Prenez, pour ladicte Ville, le faict et cause dudict Massieu, remonstrez qu'il est question des droicts deppendans du domaine de ladicte Ville, dont la cognoissance appartient en premiere instance à Nosseigneurs de la Cour de Parlement, où ladicte Ville a ses causes commises en premiere instance; et, partant, requerez le renvoy de ladicte cause par devant nosdictz seigneurs de la Cour. Et en cas de desny, appelez comme de juges incompetans.

«Faict au Bureau de la Ville le vendredy septiesme jour de Mars mil vi° quatorze.»

CCCLXII. — Anvis au Parlement
POUR L'INVENTION DE CIER AYSEMENT DES AIZ ET PIECES DE BOIS PAR UNG SEUL HOMME.

7 mars 1614. (Fol. 236.)

«Les Prevost des Marchans et Eschevins de la ville de Paris qui ont vou les lettres pattentes du Roy, données à Paris le douziesme jour de Mars mil vi° treize, signées «LOUYS», et sur le reply, «par le Roy, la Royne regente sa mere presente, DE LOMENYE», et scellées sur double queue de cire jaulne, obtenues par Maistre Leon Meubec, conseiller du Roy et son medecin ordinaire, par lesquelles et pour les causes et considerations y contenues Sa Majesté a permis et permet audict Maubec de mettre en usage l'invention qu'il a de cier plusieurs aiz et pieces de bois par ung seul homme et faire tourner mouslins à huille et à tan, sans que oultre que luy puisse s'entremettre de ce faire pendant douze années, aux peines y contenues, ainsy que plus au long le contiennent lesdictes lettres; aultres lettres de Sadicte Majesté, du dix huictiesme Decembre dernier, addressantes à nosdictz seigneurs de la cour de Parlement pour verifier les susdictes lettres, ordonnées leur estre communicquées par arrest de nosdictz seigneurs de la Cour du dixhuictiesme Janvier dernier,

«Sont d'advis, soubz le bon plaisir de nosdictz seigneurs de la Cour, de l'entherinement et verification desdictes lettres, pour jouir par ledict Meubec de l'effect et contenu en icelles, selon leur forme et teneur, sans touttesfois que ledict privilege puisse prejudicier à la liberté de ceulx qui vouldront travailler ou faire travailler au cyage du bois selon l'usage accoustumé et ce servir de mouslins à huille et à tan comme l'on a faict par le passé et ce faict encore à present.

«Faict au Bureau de la Ville, le vendredy septiesme jour de Mars mil vi° quatorze.»

CCCLXIII. — [Enregistrement
PAR LA CHAMBRE DES COMPTES DE L']ARREST DU CONSEIL PORTANT ASSIGNATION À LA VILLE DE CE QUI LUY ESTOIT DEUB PAR LE SIEUR DE GONDY POUR EMPLOYER AU PAYEMENT DES RENTES DU SEL.

7 mars 1614. (Fol. 236 v°.)

Extraict des registres du Conseil d'Estat.

«Sur ce que les Prevost des Marchans et Eschevins de la ville de Paris ont remonstré au Roy en son Conseil, etc...[2]. Faict au Conseil d'Estat du Roy tenu à Paris le vingt deuxiesme jour de Febvrier mil six cens quatorze.»

Signé : «MALLIER.» Et à costé est escript : «Registrées en la Chambre des Comptes, ouy le Procureur general du Roy, suivant l'arrest de ce faict le septiesme jour de Mars mil six cens quatorze.»

Signé : «BOURLON».

CCCLXIV. — Aultre arrest du Conseil
POUR L'OUVERTURE DU PAYEMENT DU QUARTIER QUI ESTOIT DEUB PAR MAISTRE DE GONDY, [AVEC LES] LETTRES ADDRESSANTES À LA CHAMBRE DES COMPTES SUR CE SUBJECT [ET L'ENREGISTREMENT DUDIT ARRÊT].

4-7 mars 1614. (Fol. 237 v°.)

«LOUIS, par la grace de Dieu roy de France et de Navarre, à nos amez et feaulx conseillers les gens de nos Comptes, à Paris, salut. Nous avons par arrest, dont l'extraict est cy attaché soubz le contrescel de nostre Chancellerye, ce jourd'huy donné en nostre Conseil d'Estat sur la remonstrance à nous faicte par nostre bien amé Maistre Pierre Payen, receveur general et payeur des rentes de nostre bonne ville de

---

[1] D'après le renouvellement du bail des maisons du pont Notre-Dame, qui fut passé le 8 août 1614 (*Arch. nat.*, Q¹ˢ 1099³⁰⁰, fol. 313), Jean Massieu, marchand mercier, était locataire de la 26° maison du pont.

[2] Le texte de cet arrêt ayant été publié plus haut (n° CCCLIII), il n'y a pas d'intérêt à le reproduire une seconde foi et nous nous contentons de donner la mention d'enregistrement à la Chambre des comptes.

Paris assignées sur noz gabelles, ordonné de l'ordre qu'il doit estre observé, la presente année, pour le payement desdictes rentes, tant de ce qui est deub de reste des deux années denes par Philippes de Gondy, de ce que doibt payer maistre Jehan de Moisset, comme commissionnaire dudict de Gondy, pour le quartier de Janvier M VI^c dix, que de ce que doit payer ledict Payen pour les aultres quartiers suivants mentionnez en nostredict arrest. A ces causes, vous mandons et ordonnons par ces presentes qu'yceluy nostredict arrest vous ayez à faire registrer au greffe de nostredicte Chambre des Comptes et iceluy faire garder et observer de poinct en poinct, selon sa forme et teneur, sans permettre qu'il y soit contrevenu en aucune sorte ny pour quelque occasion que ce soit. Car tel est nostre plaisir.

«Donné à Paris le quatriesme de Mars M VI^c XIIII et de nostre regne le quatriesme».

Signé : «Par le Roy en son Conseil, MALLIER». Et à costé est escript : «Registrées en la Chambre des Comptes, ouy le Procureur general du Roy, suivant l'arrest de ce faict le septiesme jour de Mars mil VI^c quatorze».
Signé : «BOURLON».

Extraict des registres du Conseil d'Estat [1].

«Sur ce qui a esté remonstré au Roy en son Conseil par Maistre Pierre Payen, conseiller de Sa Majesté, receveur general et payeur des rentes de la ville de Paris assignées sur les gabelles, que, dedans le quinziesme jour de Febvrier M VI^c quinze, il doit estre payé aux particuliers rentiers cinq quartiers desdictes rentes du sel à commancer au premier quartier de l'année mil VI^c dix ; que luy, comme receveur, doit commancer à payer le deuxiesme quartier de ladicte année mil VI^c dix, et Maistre Jehan de Moisset, comme commissionnaire, doit payer ledict premier quartier deub par Maistre Philippes de Gondy ; mais à cause qu'il n'a à present le fondz entier pour le payement dudict premier quartier, et que les assignations données par le Roy à ladicte Ville pour le payement dudict quartier, de cinquante mil livres sur maistre Paul de Fieubet et cent dix mil livres sur les deniers du droict annuel de mil VI^c quinze, suivant l'arrest dudict Conseil du vingt deuxiesme Febvrier dernier, ne peuvent estre receues que dedans la fin du moys de Decembre prochain, et partant que pour payer ledict premier quartier par ledict de Moisset, il faudroit que ledict Payen luy baillast les deniers de sa charge destinez pour le payement dudict second quartier, à les reprendre sur les effects et facultez dudict de Gondy et sur lesdictes assignations données par le Roy à ladicte Ville, dont en ce faisant seroit faire ung divertissement des deniers de sadicte charge, ce qu'il ne pouvoit faire s'il n'estoit ordonné par Sadicte Majesté, requerant y voulloir pourvoir. Le Roy en son Conseil, apres avoir ouy les Prevost des Marchans et Eschevins de ladicte ville de Paris, ensemble lesdictz de Moisset et Payen, a ordonné et enjoinct audict de Moisset de faire touttes diligences à luy possibles pour le recouvrement de ce qui est deub audict de Gondy, tant par sesdictz commis, pleiges, cautions et sur ses biens et facultez, ensemble desdictes sommes de cinquante mil livres et cent dix mil livres ordonnées par ledict arrest, pour estre lesdictz deniers employez au payement de ce qui est deub de reste des deux années d'arreraiges denes par ledict de Gondy ; et ce pendant, que des a present ledict de Moisset fera l'ouverture dudict quartier de Janvier mil VI^c dix. Et pour ce faire y employera tant les deniers qu'il peut avoir en ses mains, que ceulx qu'il pourra recevoir. Et affin qu'il n'y ayt aucun retardement du payement dudict quartier de Janvier et qu'il puisse estre faict dans deux moys, est enjoinct audict Payen que, des deniers de sa charge, il mette es mains dudict de Moisset le surplus des deniers qu'il conviendra pour achever le payement dudict premier quartier, dont ledict de Moisset luy fournira de quictance comptable servant à sa deschurge. En quoy faisant ledict Payen ne fera l'ouverture du second quartier de l'année mil six cens dix, qui est le premier de son exercice, que au premier jour de May prochain, et pour les trois quartiers suivans, les quinziesme Juillet, premier Octobre, et quinziesme Decembre de la presente année, pour estre le total du payement desdictz cinq quartiers achevé au quinziesme jour de Fevrier mil VI^c quinze, auquel Payen à ceste fin sera remplacé par ledict de Moisset, des deniers qu'il aura receus et recepvra, des assignations susdictes, pareille somme que celle qui aura esté mise en ses mains par ledict Payen.

«Faict au Conseil d'Estat du Roy tenu à Paris, le quatriesme jour de Mars mil VI^c quatorze.»

Signé : «MALLIER». Et à costé : «Registrées en la Chambre des Comptes, ouy le procureur general du Roy, suivant l'arrest de ce faict, le septiesme jour de Mars mil VI^c quatorze.»
Signé : «BOURLON».

«Veu par la Chambre les lettres pattentes du Roy données à Paris le quatriesme jour de ce present

---
[1] *Arch. nat.*, E 43¹, fol. 91.

moys, signées: «Par le Roy en son Conseil, Mallier», par lesquelles, et pour les causes y contenues Sa Majesté mande à ladicte Chambre faire registrer l'arrest donné en sondict Conseil ledict jour, contenant l'ordre que Sa Majesté veut estre observé, la presente année, pour le payement des rentes de la ville de Paris constituées sur les gabelles, tant de ce qui est deub de reste des deux années denes par Philippes de Gondy, que de ce que doit payer Maistre Jehan de Moisset, comme commissionnaire dudict de Gondy, pour le quartier de Janvier m vi° dix, que de ce que doit payer Maistre Pierre Payen, receveur general et payeur desdictes rentes, pour les autres quartiers suivans mentionnez audict arrest, ainsy que le contiennent lesdictes lettres; veu aussy ledict arrest du Conseil du quatriesme de ce moys, et aultre du vingt deuxiesme Febvrier dernier, attachez ausdictes lettres soubs le contrescel; requeste presentée par lesdictz Prevost des Marchans et Eschevins de ladicte ville de Paris aux fins de registrement desdictes lettres et arrestz; conclusions du Procureur general du Roy, et tout considéré, la Chambre a ordonné et ordonne lesdictes lettres et arrestz estre registrées, à la charge que les Prevost des Marchans et Eschevins seront teunz de continuer les poursuittes commancées et faire toutes aultres diligences requises et necessaires, tant contre ledict de Gondy que ses cautions et certifficateurs, et sans que, par le moyen desdictes lettres, arrestz et assignations portées par iceulx, ledict de Gondy, ses cautions et certifficateurs puissent pretendre en estre aulcunement deschargez.

«Faict le septiesme jour de Mars mil six cens quatorze.»

Et plus bas: «Extraict des registres de la Chambre des Comptes.»
Signé: «Bourlon».

«Collationné aux originaulx par moy, conseiller nottaire et secreteré du Roy et de ses finances.»
Signé: «Payen».

CCCLXV. — Mandement aux Quartiniers
POUR APPPORTER LES ROOLLES
DES CAPPITAINES, LIEUTENANS ET ENSEIGNES
DE LEURS QUARTIERS.

10 mars 1614. (Fol. 239 v°.)

De par les Prevost des Marchans et Eschevins de la ville de Paris.

«Sire..., Quartenier, nous vous mandons nous apporter dedans demain au Bureau de la Ville le roolle contenant les noms des cappitaines, lieutenans et enseignes de vostre quartier.

«Faict au Bureau de la Ville, le lundy dixiesme jour de Mars mil vi° quatorze.»

CCCLXVI. — Ordonnance pour mettre es mains DU SIEUR DE MOISSET
LES DENIERS QUI ESTOIENT DEUBZ À CAUSE DES GABELLES.

11 mars 1614. (Fol. 240.)

De par les Prevost des Marchans et Eschevins de la ville de Paris.

«Il est ordonné que, dedans trois jours pour tous delaiz, Maistre Sebastien L'Empereur, cydevant commis ou ayant charge du sieur Chartier, mettra es mains de Maistre Jehan de Moisset, commis par le Roy pour recepvoir les effects et facultez de Maistre Philippes de Gondy, la somme de huict mil livres tournois qu'il doit de reste audit de Gondy du quartier de Janvier, Febvrier et Mars mil vi° douze, à cause de l'assignation que ledict de Gondy avoit à prendre sur les gabelles de la generalité de Thourayne, pour estre ladicte somme de huict mil livres tournois employée par ledict de Moisset à partye du payement des rentes du sel du premier quartier de mil six cens dix, deub par ledict de Gondy. Et à faulte de ce faire et lesdictz trois jours passez, y sera ledict L'Empereur contraint comme pour les propres deniers et affaires de Sa Majesté.

«Faict au Bureau de ladicte Ville, le mardy onziesme jour de Mars mil vi° quatorze.»

CCCLXVII. — Ordonnance pour contraindre LES SIEURS ROBIN ET MILON,
ADJUDICATAIRES D'AUCUNS GRENIERS À SEL,
DE BAILLER CAUTION À LA VILLE.

11 mars 1614. (Fol. 240.)

De par les Prevost des Marchans et Eschevins de la ville de Paris.

«Il est ordonné que, dedans demain pour touttes prefixions et delaiz, Maistre Thomas Robin et Nicolas Milon, fermiers des gabelles de la generalité de Thourayne, satisferont à nostre ordonnance du xxvi° Febvrier à eulx ledict jour signiffiée, et en ce faisant viendront s'obliger par devant nous au Bureau de la Ville au payement des sommes, assavoir ledict Robin de ii° xxxiiii° cxxviii^{lt} xvii^s iiii^d, et ledict Milon de la somme de iii° vii° vi° xxxiiii livres qu'ils debvoient fournir par chacun an aux receveurs generaulx et payeurs des rentes de ladicte Ville assignées sur les gabelles, suivant l'estat du Roy, et ce sur ce qu'ils doibvent à cause des baulx desdictes gabelles de la generalité de Thouraine; et oultre nous presenteront et feront recepvoir audict Bureau, dedans ledict temps, bonnes et suffisantes cautions, resceantes, solvables et domicilliez en cestedicte Ville, qui s'obligeront envers ladicte Ville du quart desdictes sommes cy dessus; le tout suivant l'arrest de Nosseigneurs du Conseil donné à Fontainebleau le quinziesme jour d'Octobre dernier et aultre arrest de Nosseigneurs de la Chambre des Comptes du xiii° Novembre ensuivant, desquelz leur sera baillé coppie. Autrement et à faulte de ce faire par eulx dedans demain, et icelluy passé, ordonnons qu'ils y seront contraincts par emprisonnement de leurs personnes, comme pour deniers royaulx, sans aultre ordonnance ni signification que ces presentes.

«Faict au Bureau de ladicte Ville, le mardy unziesme jour de Mars mil six cens quatorze.»

CCCLXVIII. — Ordonnance
à Maistre François de Fontenu, quartinier,
de presenter ung portier à la porte Sainct Honoré,
au lieu de Guillaume Fleury.

17 mars 1614. (Fol. 240 v°.)

*De par les Prevost des Marchans et Eschevins
de la ville de Paris.*

«Il est ordonné à Maistre François de Fontenu, l'ung des Quartiniers de ceste Ville, de nous presenter dans huictayne pour tous delaiz, au Bureau de ladicte Ville, homme suffisant et solvable pour estre par nous pourveu et receu en la charge de portier et garde des clefz de la porte Sainct Honoré au lieu de Guillaume Fleury, lequel, pour son insolence, temerité et desobeissance à noz commandemens, nous avons cassé et desmis par ces presentes de ladicte charge. Et attendu que ledict Fleury nous est suspect, nous ordonnons audict de Fontenu de luy oster les clefz de ladicte porte, avec le soing de faire faire l'ouverture et fermeture d'icelle, en attendant qu'il y ayt esté pourveu comme dict est [1].

«Faict au Bureau de ladicte Ville, le lundy xvii° jour de Mars mil vi° quatorze.»

CCCLXIX. — Requeste presentée au Roy
par ledict Milon
pour estre deschargé de bailler caution,
[communiquée à Messieurs de la Ville].

18 mars 1614. (Fol. 241.)

Au Roy et à Nosseigneurs du Conseil.

Sire,

«Nicolas Milon, fermier des gabelles de dix huict greniers de la generalité de Tours, remonstre tres humblement à Vostre Majesté que, par arrest de ratification de son contract de soubz ferme donné en vostredict Conseil le xiii° Mars mil vi° treize, il est obligé de bailler caution de la somme de quarante cinq mil livres, et les faire recepvoir par devant les tresoriers de France ou esleuz en l'eslection de Tours; à quoy il a satisfaict comme il parroist par acte recen par devant lesdictz esleuz, le trantiesme

---

[1] Le Quartinier se heurta à une vive résistance de la part du portier évincé, comme le montre le passage suivant du registre des audiences de la Ville à la date du 3 avril 1614 (*Arch. nat.*, Z¹ᵉ 116):
«Ce jourdhuy est comparu au Bureau de ladicte Ville et l'audience tenant, M° François de Fontenu, l'ung des Quartiniers de lad. Ville, qui nous a remonstré que pour satisfaire à nostre ordonnance du xvii° jour de Mars dernier, donnée allencontre de Guillaume Fleury, portier de la porte Saint Honnoré, il a faict commandement aud. Fleury de luy mectre entre ses mains les clefz de ladicte porte et de sortir des lieux et habitation d'icelle sans plus faire l'exercice de portier comme estant desmis de ladicte charge par ladicte ordonnance, ledict Fleury luy a faict refluz de satisfaire à ce que dessus, disant qu'il estoit appellant de ladicte ordonnance, c'est pourquoy il l'avoit amené par devant nous, requerant en vouiloir ordonner. Et oy ledict Fleury qui a dict que s'il avoit failly il estoit prest de souffrir punition et que n'ayant peu faillir l'on ne le pouvoit deppocceder de sa charge, joinct les services qu'il y avoit renduz; mesmes qu'il estoit sur les termes de quelque accord avec le sieur de la Massuere auquel a esté loué partie du logement de ladicte porte, et partant ne pouvoit satisfaire au commandement à luy faict par ledict de Fontenu. Sur quoy, apres avoir oy le Procureur du Roy et de la Ville en ses conclusions, avons ordonné que sans prejudice de l'appel interjecté par ledict Fleury de ladicte ordonnance cy dessus dattée, ny autres oppositions ou appellations quelzconques faictes ou à faire, icelle ordonnance sera executée selon sa forme et teneur, et en ce faisant sera tenu ledict Fleury bailler les clefz de ladicte porte audict Fontenu et vuidder des lieux d'icelle dedans demain. A quoy faire il sera contrainct tant par saisye de ses biens que par emprisonnement de sa personne.» Fleury ne se soumit pas davantage, et quand Nicolas Lelong, qui avait été nommé en sa place, se présenta pour remplir ses nouvelles fonctions, l'ancien titulaire refusa de lui bailler les clefs. Lelong adressa alors, le 14 avril, au Bureau une requête où il exposait cette résistance et ce refus de former les clefs, «ce qui, disait-il, tire à grand consequence».
Le Procureur du Roi de la Ville appuya la plainte de Nicolas Lelong, en requérant «que les sentences données au Bureau de la Ville soient executées selon leur forme et teneur, ce faisant que ledict Fleury soit contrainct par emprisonnement de sa personne à vuidder et sortir avec sa famille et biens hors de lad. porte Saint Honnoré et à bailler les clefz de lad. porte aud. suppliant pour faire l'exercice de sa charge», et le Bureau de la Ville rendit une ordonnance conforme à ces conclusions. (*Arch. nat.*, Z¹ᵉ 381.)

dudict moys de Mars, fourniz et mis au greffe de vostre Conseil. Et combien qu'il ne soit obligé pour l'execution et entretènement de son bail qu'à Vostre Majesté seulle, neanlmoings les sieurs Prevost des Marchans et Eschevins de la ville de Paris par leur ordonnance du xxvi° Febvrier dernier, luy [ont] enjoinct de s'aller obliger par devant eulx, au Bureau de ladicte Ville, au payement de la somme de III° VII°° VI° XXXIIII livres qu'ils disent le suppliant debvoir fournir, par chacun an, au payeur des rentes assignées sur lesdictes gabelles, et oultre de presenter et faire recepvoir par devant eulx, dedans trois jours, bonnes et suffisantes cautions, resceantes, solvables et domicilliés, qui s'obligent envers ladicte Ville du quart de ladicte somme, et à faulte de ce faire, ledict temps passé, qu'il y sera contrainct comme pour les deniers de Vostre Majesté: conditions si extraordinaires et inouyes qu'il seroit bien plus tollerable au suppliant de renoncer à ladicte ferme et la quicter. Et d'aultant que lesdictz sieurs Prevost des Marchans et Eschevins pourroient passer oultre à l'execution de leurdicte ordonnance et par ce moyen faire perdre au suppliant, avec le credit, tout moyen de continuer à faire valloir ladicte ferme, à ceste cause ledict Milon supplie tres humblement Vostre Majesté ordonner qu'il sera et demeurera à pur et à plain deschargé des poursuittes et demandes desdictz sieurs Prevost des Marchans et Eschevins; que leur ordonnance demeurera nulle, avec deffences à eulx d'entreprendre, ordonner ny disposer en aucune façon sur ce qui est de la ferme dudict suppliant, leurs actions reservées par les voyes ordinaires et comme il est accoustumé faire pour le recouvrement des assignations levées sur voz fermiers. Et il continuera de prier Dieu pour la prosperité et santé de Vostre Majesté."

Signé: "SCAMPLE, pour ledict Milon".

"La presente requeste sera communicquée au Prevost des Marchans et Eschevins de la ville de Paris pour, eulx onyz et leur responce veue, estre ordonné ce que de raison.

"Faict au Conseil d'Estat du Roy, tenu à Paris le quinziesme Mars mil vi° quatorze."
Signé: "MALLIER".

"Le dix huictiesme jour de Mars mil vi° quatorze, l'original de la requeste dont coppie est devant transcripte a esté montré et signifié aux fins y contenues à Messieurs les Prevost des Marchans et Eschevins de ceste ville de Paris parlant ausdictz sieurs de la Ville trouvez dans leur Bureau de l'Hostel de ladicte Ville, à ce qu'ils n'en pretendent cause d'ignorance.

"Faict par moy, premier huissier ordinaire du Roy en ses Conseils d'Estat et privé soubzsigné."
Signé: "MAUROY".

CCCLXX. — MANDEMENT À JODELET
[POUR SE PRÉSENTER À L'ASSIGNATION DONNÉE PAR G. DE VERSOIGNE.]
18 mars 1614. (Fol. 243.)

De par les Prevost des Marchans des Eschevins de la ville de Paris.

"Maistre Jehan Jodelet, procureur des causes de la Ville en la cour de Parlement, nous vous mandons vous presenter à l'assignation à nous donnée en ladicte Cour, à la requeste de Gervais de Versongne à cause de Adriane Henry, sa femme et auparavant veufve de deffunct Nicolas Lebateux dict Petit Cousin, Guillaume Fermant, Nicolas Creton, Nicolas Gourdin, Alexandre Maleheu, et Mahiet Marouars, tous es noms qu'ils proceddent, qui pretendent leur estre deub par ladicte Ville les sommes de IIII° VIII°° XXXIII livres d'une part, trois mille quatre cens quarante quatre livres et aultre plus grande somme, pour fourniture de chevaulx d'artillerye et solde d'iceulx fourniz pendant l'année MV° IIII°° neuf, pour lesquelles sommes ils ont, en vertu d'ung arrest qu'ils pretendent avoir obtenu en ladicte Cour le septiesme Decembre mil V° IIII°° X, faict saisir les loyers des maisons du pont Nostre Dame, laquelle saisye ils n'ont peu ny deub faire. Et pour deffence, remonstrez que la Ville ne doibt aucune chose ausdictz de Versongne et consors, et n'est tenue desdictz chevaulx, ny de la solde d'iceulx; que les Prevost des Marchans et Eschevins, qui estoient lors de la Ligue, n'ont peu obliger icelle Ville à ladicte pretendue debte. Aussy lesdictz demandeurs recognoissant qu'ils estoient mal fondez en leur pretendue debte ont esté vingt quatre ans sans en parler ny en faire demande à ladicte Ville; que sur pareille demande faicte à la Ville par [Jacques] Collas, capitaine du charroy de l'artillerye, de la somme de neuf mil livres, pour fourniture de chevaulx qu'il pretendoit avoir fournis pendant la Ligue, par arrest de la Cour des Aydes du [quatriesme Juillet mil cinq cens quatre vingt dix neuf] il en a esté debouté et les parties mises hors de cour et de proces; aussy que depuis la reduction de cestedicte Ville, tous ceulx qui pretendoient leur estre deub par icelle Ville des deniers du temps des troubles, tant pour reparation des portes, pavez, plomb, fer, bledz, pretenduz avoir esté prins pour la nourriture des gens de guerre de la garnison de Paris, rescompenses de maisons abbattues et aultres pretendues dehtes, s'estant pourveuz par devant divers juges pour en avoir payement, tous lesdictz proces et differends auroient esté evocquez au Conseil du Roy, où touttes les parties ayant produict de part et d'aultre, auroit esté donné arrest du xxix° jour de Mars mil vi° sept par lequel ceulx auxquels estoit deub des sommes de deniers pour marchandises livrées et applicquées à l'utilité et proffict de ladicte Ville, tant es portes de ladicte Ville que ouvrages publicqs, ladicte Ville auroit été condamné leur faire payer, des deniers des dons et octroys. Et quand aux aultres qui pretendoient leur estre deub pour lesdictz bledz, recompense de maisons, fraiz et mises hors de proces, ladicte Ville en auroit esté deschargée et les parties mises hors de cour et de proces, faisant Sa Majesté deffences ausdictz Prevost des Marchans et Eschevins de plus payer aulcunes debtes de pareille qualité. Et par ses moyens, soustenez lesdictz Versogne et consors mal fondez en leur demande et requerez en estre envoyez absoubz et que la saisye faicte à leur requeste sur les deniers du domaine de ladicte Ville qui sont destinez à aultre effect, tant au payement des rentes constituées sur ledict domaine que aultres necessitez publicques d'icelle, doit estre declarée tortionnaire et abusifve, que main levée pure et simple en doibt estre faicte avec tous despens, dommages et interets. Et oultre presentez vous pour lesdictz locataires du pont Nostre Dame entre les mains desquelz l'on a saisy les loyers, et nommez par l'exploict de saisye que nous vous envoyons, et empeschez pour les raisons que dessus qu'il ne soit faict aulcunes procedure contre eulx.

«Faict au Bureau de la Ville, le mardy dix huictiesme jour de Mars mil vi° quatorze.»

CCCLXXI. — Procession generale
A CAUSE DE LA REDUCTION.
22 mars 1614. (Fol. 244 v°.)
De par les Prevost des Marchans et Eschevins de la ville de Paris.

«Sire...., Quartenier, trouvez vous avec deux notables bourgeois de vostre quartier, à cheval et en housse, samedy prochain vingt deuxiesme jour du present mois, sept heures du matin, en l'Hostel de la Ville, pour nous accompagner à aller à la procession generalle qui se fera pour rendre graces à Dieu de l'heureuse reduction de ceste Ville en l'obeissance du Roy. Si n'y faictes faulte.

«Faict au Bureau de ladicte Ville, le xviii° jour de Mars mil vi° quatorze.»

Pareil envoyé à chacun de Messieurs les Quartiniers.

«Monsieur..., plaise vous trouver samedy prochain, xxii°° jour du present moys, sept heures du matin, à cheval et en housse en l'Hostel de la Ville, pour nous accompagner à aller à la procession generalle qui se fera pour rendre graces à Dieu de l'heureuse reduction de ceste Villa en l'obeissance du Roy. Vous priant n'y voulloir faillir.

«Faict au Bureau de ladicte Ville, le dix huictiesme jour de Mars mil vi° quatorze.»

«Les Prevost des Marchans et Eschevins de la ville de Paris, tous vostres.»

Pareil mandement envoyé à chacun de Messieurs les Conseillers de ladicte Ville.

De par les Prevost des Marchans et Eschevins de la ville de Paris.

«Cappitaine Norry, trouvez vous, avec tous ceulx de vostre compagnie garniz de leurs hocquetons et hallebardes, samedy proschain vingt deuxiesme jour du present moys, six heures du matin, en l'Hostel de la Ville, pour nous assister à la procession generalle qui se fera pour rendre graces à Dieu de l'heureuse reduction de ceste Ville en l'obeissance du Roy. Sy n'y faictes faulte.

«Faict au Bureau de la Ville, le xviii° jour de Mars mil vi° quatorze.»

Pareil mandement envoyé à chacun de Messieurs les capitaines des trois Nombres des archers.

Suivant lesquels mandements ladicte procession generalle a esté faicte en l'eglise des Augustins, où la Ville a assisté en robbes rouges et en pareil rang ainsy qu'il est au long enregistré es années preceddantes.

CCCLXXII. — Ordonnance pour reintegrer
LA FONTAINE DE M. DE BORDEAUX.
24 mars 1614. (Fol. 250.)
De par les Prevost des Marchans et Eschevins de la ville de Paris.

«Il est ordonné que Maistre Jehan de Bordeaulx, receveur et payeur des gaiges et droicts de Messieurs de la cour de Parlement, sera remis et rein-

[1614] — DE LA VILLE DE PARIS. 349

tegré en la possession de sa fontaine et cours d'eaue dans sa maison, scize au coing de la rue des Quatre fils, ainsy que luy où ses predecesseurs proprietaires de ladicte maison en ont jouy cy devant, suivant la concession et aux charges et conditions portées par l'acte donné au Bureau de ladicte Ville par nos predecesseurs le quiuziesme jour de mars mil vi^c trois[1]; lequel restablissement sera faict par Augustin Guillain, Maistre des œuvres de ladicte Ville, en la presence de l'ung de nous Escheuins.

«Faict au Bureau de la Ville. le lundy vingt quatriesme jour du moys de Mars mil six cens quatorze.»

CCCLXXIII. — Messe de la reduction des Anglois.
4 avril 1614. (Fol. 245.)

«Monsieur le President Aubry, plaise vous trouver vendredy prochain, sept heures du matin, à cheval et en housse, en l'Hostel de la Ville, pour nous accompagner à aller à la messe qui se dira ledict jour en l'eglise Nostre Dame pour rendre graces à Dieu de l'heureuse reduction de ceste Ville. Vous priant n'y voulloir faillir.

«Faict au Bureau de la Ville, le mecredy deuxiesme jour d'Apvril mil six cens quatorze.

«Les Prevost des Marchans et les Eschevins de la ville de Paris, tous vostres.»

Pareil envoyé à chacun de Messieurs les Conseillers de Ville, et aux Quartiniers et archers, pour mesme subject.

Et ledict jour de vendredy mesdictz sieurs de la Ville en robbes rouges feurent en l'ordre accoustumé en ladicte eglise Nostre-Dame où fut celebré la messe; et sont revenuz en pareil ordre qu'ilz estoient venuz et comme il est au long mentionné es registres des precedentes années.

CCCLXXIV. — Monsieur Prevost, sieur de Malassize, Conseiller de la Ville, s'est desisté de l'exercice de sondict office au proffict de Monsieur d'Herbelay[2], son fils, à la condition de survivance.
4 avril 1614. (Fol. 245 v°.)

Du vendredy quatriesme jour d'Apvril mil six cens quatorze.

Ledict jour, Messieurs les Prevost des Marchans et Eschevins et Messieurs le President Aubry, Marescot, Boucher. Sangnyn, sieur de Livry, Amelot et Abelly, Conseillers de ladicte Ville, estans assemblez au Bureau pour les affaires d'icelle Ville, s'y est presenté Monsieur Prevost, sieur de Malassize, et l'ung des Conseillers de ladicte Ville, qui a remonstré que des le seiziesme jour d'Aoust mil six cens sept[3], il resigna son office de Conseiller de Ville à Maistre Jacques Le Prevost, advocat en Parlement, son fils, à condition de survivance, laquelle resignation fut lors admise, et sondict fils receu au serment accoustumé et mis en possession d'iceluy. A present il desire delaisser l'exercice dudict office à son fils à la mesme condition de survivance, requerant la compagnie l'avoir agreable, y ayant plus de vingt sept ans qu'il exerce iceluy. Et ont lesdictz Prevost pere et fils signé la minutte des presentes.

Sur quoy s'estans lesdictz sieurs Prevost pere et fils retirez, et l'affaire mise en deliberation, a esté arresté que doresnavant ledict sieur Prevost fils exercera ledict office de Conseiller de ladicte Ville au lieu dudict sieur de Mallassize son pere, à la mesme condition de survivance, sans que par le deceds du premier mourant desdictz sieurs Prevost pere et fils, ledict office puisse estre declaré vacquant et impetrable, ains demeurera au survivant d'eulx deux.

---

[1] Cet acte est en réalité du 25 janvier 1603 (*Registres du Bureau*, t. XIII, p. 73). La maison dont il s'agit, anciennement appelée «maison de l'Hermitage», était située rue du Grand-Chantier. Elle appartenait en 1603 à Louis Beauclerc qui la vendit depuis à Jean de Bordeaux, «avec ledict droict de fontaine», comme l'expose la requête adressée au Bureau de la Ville pour obtenir le rétablissement de cette concession d'eau. (*Arch. nat.*, H 1891.)

[2] Jacques Le Prevost, sieur d'Herblay, fils de Charles Le Prevost et de Madeleine Allegrain, dame d'Herblay, fut reçu conseiller au Parlement le 11 février 1617 et nommé maître des Requêtes le 28 septembre 1624 (*Continuation manuscrite de Chassebras*).
La seigneurie d'Herblay (Seine-et-Oise, arrond^t de Versailles, canton d'Argenteuil), qui appartenait au xvie siècle à la famille Allegrain (Lebeuf, *Histoire du diocèse de Paris*, nouv. édit., t. II, p. 84-85), passa aux Prevost par ce mariage de Madeleine Allegrain avec Charles Le Prevost, et c'est par erreur qu'au tome XIV, p. 205 (note), nous avons désigné Madeleine Allegrain comme la mère et non la femme de Charles. Une autre fille d'Eustache Allegrain, sieur d'Herblay, Marie Allegrain, sœur de Madeleine, avait épousé Dreux Budé auquel Charles Le Prevost succéda comme Conseiller de Ville. (Blanchard, *Les Maîtres des Requêtes*, p. 167, et notre tome IX, p. 35).

[3] T. XIV, p. 204-205.

CCCLXXV. — Requestes au Parlement contre les nommez de Versoigne [et consors].

5 avril 1614 [1]. (Fol. 242.)

A Nosseigneurs de la Cour de Parlement.

«Supplient humblement les Prevost des Marchans et Eschevins de la Ville, disants que pretendans par Gervais de Versogne, à cause de Adrienne Henry, sa femme et auparavant veuve de deffunct Nicolas Lebateux dict le Petit cousin, Guillaume Fermant, Nicolas Creston, Nicolas Gourdin, Alexandre Malheu et Mahuet Marouars es noms qu'ils proceddent, leur estre deub par ladicte Ville les sommes de iiii$^\text{xx}$ viii$^\text{c}$ xxxiii $^\text{tt}$ d'une part, iii$^\text{x}$ iiii$^\text{c}$ xliiii $^\text{tt}$ d'aultre, et aultre plus grande somme pour fourniture de chevaulx d'artillerye et solde d'iceulx fourniz pendant l'année mil v$^\text{c}$ iiii$^\text{xx}$ ix, pour lesquelles sommes, en vertu d'ung arrest de ladicte Cour qu'ils pretendent avoir obtenu le vii$^\text{e}$ Decembre mil v$^\text{c}$ iiii$^\text{xx}$ x, ilz ont, depuis deux ou trois jours en çà, faict saisir les loyers des maisons du Pont Nostre Dame, deppendans du domaine de ladicte Ville, ce qu'ils n'ont peu ni deub faire, d'autant que ladicte Ville ne leur doit aucune chose, et n'est nullement tenue desdictz chevaulx, ny de la solde d'iceulx, n'ayans peu lesdictz Prevost des Marchans et Eschevins qui estoient lors, pendant la Ligue, obliger ladicte Ville à ladicte pretendue debte. Aussy lesdictz deffunct Lesbateux et aultres ont tellement recogñu estre mal fondez en leurdicte pretendue debte, qu'ils ont esté vingt quatre ans sans en parler ny demander; que sur pareille demande faicte à ladicte Ville par [Jacques] Collas, cappitaine du charroy de l'artillerye, de la somme de neuf mil livres pour fourniture de chevaulx qu'il pretendoit avoir baillez pendant les troubles, par arrest de la Cour des Aydes du [quatriesme Juillet mil cinq cens quatre vingt dix neuf] il en a esté debboutté [2], et les partyes mises hors de Cour et de proces; aussy que, depuis la reduction de cestedicte Ville, tous ceulx qui pretendoyent leur estre deub par icelle Ville des sommes de deniers dudict temps des troubles, tant pour reparations des portes, pavez, plomb, fer, bledz pretenduz avoir esté pris pour la nourriture des gens de guerre de la garnison de Paris, rescompenses de maisons abbattues, qu'autres pretendues debtes, s'estans pourveuz par devers divers juges pour en avoir condampnations, tous lesdictz proces et differends auroient esté evocquez au Conseil d'Estat du Roy, où touttes les partyes ayant produict de part et d'aultre, auroit esté donné arrest le xxix$^\text{e}$ jour de Mars mil vi$^\text{c}$ sept [3], par lequel à ceulx auxquels estoit deub des deniers pour marchandises livrées et appliquées à l'utillité et proffict de ladicte Ville tant es portes de cestedicte Ville que ouvrages publicqs, les predecesseurs desdictz supplians auroient esté condamnez les faire payer des deniers des dons et octroys de ladicte Ville; et quand aux aultres, qui pretendoient leur estre deub pour lesdictz bledz, recompenses des maisons, fraiz et mises de proces, ladicte Ville en auroit esté deschargée et les parties mises hors de cour et de proces; et par le mesme arrest Sadicte Majesté a faict deffences ausdictz supplians de payer aulcunes debtes de pareille qualité. Ce consideré, nosdictz seigneurs, et qu'il vous appert desdicts arrests cy dessus dattez, il vous plaise ordonner que lesdictz supplians seront envoiez quictes et absoulz des sommes à eulx demandées par lesdictz de Versogñe et consors; ce faisant, que la saisie faicte à leur requeste sur les deniers du domayne de ladicte Ville qui sont destinez à aultre effect, tant pour le payement des rentes constituées sur ledict domaine que aultres necessitez et affaires publicques d'icelle, soit declarée tortionnaire et abusive, et que main levée pure et simple leur en soit faicte, avec tous despens, dommages et interrestz. Et vous ferez bien.»

CCCLXXVI. — Devis et Marché pour peindre et dorer la cheminée de la Grande Salle.

10 avril 1614. (Fol. 246.)

Devis des ouvrages de dorures et peinctures et enrichissemens, qu'il convient faire en la cheminée de la grande salle neufve de l'Hostel de la Ville [4].

«Premierement,

«Les jambages de ladicte cheminée seront dorez sur les ornemens de sculpture qui y sont sculptez et qui font le cintre tant de la corniche de la platte bande que desdictz jambages, ensemble l'ornement qui va au-dessus.

«Plus, aux Termes desdictz jambages sera doré les linges ou drapperies qui pendent sur le devant des-

---

[1] Cette requête, qui ne porte pas de date, a été transcrite au registre au milieu des actes du mois de mars, mais l'arrêt du Parlement qui fut rendu en cette affaire le 30 avril (ci-dessous, p. 358) lui assigne la date du 5 avril.
[2] Voir t. XIV, p. 3, où ledit capitaine de l'artillerie est appelé Jacques Collard, et où il est dit que sa réclamation s'élevait à deux mille tant d'écus «pour pretendue fourniture et nourriture de chevaulx en l'année de la bataille d'Ivry».
[3] Voir t. XIV, p. 5 et 162 (notes).
[4] Texte publié par Le Roux de Lincy dans l*Histoire de l'Hôtel de Ville*, 2$^\text{e}$ partie, p. 77.

dictz Termes avec les coussins qui portent la corniche de ladicte cheminée, ensemble les revers de l'ornement et les chappeletś de rozes qui sont et qui dependent de l'ornement desdictz Termes.

« Plus, le cadre de ladicte cheminée sera doré tout à plat avec ses fillets et le tout renfondré de coulleur brune avec les ornemens appelez oves, et celuy qui va au dessus dudict cadre dorez comme ledict cadre.

« Item, sera le vaisseau et navire de la Ville enrichy, doré et relevé de coulleurs aux lieux où il sera necessaire.

« Item, sera les drapperies et affullemens de teste. avec les corps d'abondance, des figures couchées près ledict navire enrichiz d'or tout à plat.

« Item, seront les revers d'habits et instrumens des mains, que tiennent en main les figures debout, dorez à plat.

« Item, seront les armes de France et de Navarre enrichies et dorées comme il sera raisonnable.

« Item, seront les aisles et trompettes des Renommées dorées, et aussy les revers de leurs linges.

« Item, seront dorez tous les fillets de ladicte cheminée.

« Item, aux costez d'icelle cheminée, aux lieux necessaires, seront peincts des marbres de coulleurs.

« Item, seront feincts des ornemens sur les corps d'architecture qui n'ont esté sculptez, et lesdictz ornemens seront dorez [1]. »

« Ce jourd'hui, Messieurs les Prevost des Marchans et Eschevins de la ville de Paris ont faict marché avec Anthoine Bornat, maistre peinctre à Paris, de faire par luy touttes et unes chacunes les ouvrages de peinctures et dorures et enrichissemens mentionnez au devis cy devant transcript, et fournir par luy touttes choses à ce necessaires pour faire lesdictz ouvraiges, et le tout rendre bien et deuement faict et parfaict, au dire du Maistre des œuvres de la Ville et aultres gens ad ce cognoissans, au desir et suivant ledict devis, dedans le jour de la Pentecoste prochainement venant. Le tout moyennant le prix et somme de deux cens livres tournois, qui seront payez audict Bornat par Maistre Claude Lestoûrneau, Receveur du domaine de ladicte Ville, au feur et à mesure qu'il travaillera et selon noz ordonnances et mandemens.

« Faict au Bureau de la Ville, le jeudy dixiesme jour d'Avril mil vi^e quatorze. »

CCCLXXVII. — LES QUINQUALLIERS ET ARMURIERS MANDEZ AU BUREAU
ET À EULX FAICT DEFFENCE DE VENDRE AUCUNES ARMES
SANS PERMISSION.
12 avril 1614. (Fol. 247 v°.)

Du samedy douziesme jour d'Avril mil six cens quatorze.

Ledict jour avons mandé au Bureau de la Ville Jehan Petit, Mathurin Beroul, Claude Benicourt, Jehan François, Gabriel Cortel, Jehan Petit le jeune, Pierre Benicourt, Richard Poignant et Laurens Naudin, tous marchans quinqualliers et vendeurs des armes en ceste Ville, auxquels nous avons faict et faisons tres expresses deffences doresnavant vendre en gros ou en detail aucunes armes à quelques personnes que ce soit, sans permission de Monsieur le Gouverneur de ceste Ville et de nous, à peine de confiscation et d'amande arbitraire, ny de delivrer aucunes armes par permission de qui que ce soit, fors desdictz sieur Gouverneur et de nous.

CCCLXXVIII. — ENTREPRISE
DE MONSIEUR LE LIEUTENANT CIVIL
POUR CONGNOISTRE DU FAICT DES ARMES.
PLAINCTE SUR CE SUBJECT À MONSIEUR LE CHANCELLIER.
12-14 avril 1614. (Fol. 247.)

« Sur l'advis donné au Bureau de la Ville, le jour d'hier, que deffences avoient esté faictes et publiées

---

[1] Ces ornements aient encadrer un tableau commandé par le Bureau pour décorer cette cheminée monumentale, comme le montre l'acte suivant conservé dans les minutes du Bureau (Arch. nat., H 1891): « De par les Prevost des Marchans et Eschevins de la Ville de Paris. Il est ordonné au premier sergent de la Ville de faire commandement au sieur Pourbus, pinctre, de luy delivrer presentement, pour apporter en l'Hostel de Ville, le tableau qu'il a faict pour ladicte Ville et destiné pour estre mis dans le manteau de cheminée de la grande salle neufve dudict Hostel, auquel Pourbus sera offert en argent à descouvert la somme de quatre cens livres tournois restans à paier de la somme de huict cens livres à laquelle somme l'on a convenu avec luy pour le pris dudict tableau. Et à faulte de delivrer presentement ledict tableau, ordonnons qu'il sera saisy et apporté en seuretté audict Hostel de Ville, sauf à ladicte Ville à le paier selon et ainsy qu'il sera ordonné. Et sera la presente ordonnance executée nonobstant oppositions ou appellations quelconques faictes ou à faire et sans prejudice d'icelle[s]. Faict au Bureau de ladicte Ville le mardy vingt neufiesme jour d'avril mil six cens quatorze. »

en ceste Ville, de l'ordonnance de Monsieur le Prevost de Paris ou son Lieutenant civil à tous armuriers, quinqualliers et aultres faisant trafficq de vendre des armes, d'en vendre et debiter à aulcunes personnes de quelque qualité et condition qu'ils feussent, sans sa permission, contre l'autorité et pouvoir de Monsieur le Gouverneur de ceste Ville et de nous, ausquels seuls, par la volonté et concession des Roys, les reiglemens concernans le faict des armes, garde et seureté de ladicte Ville a toujours esté remise, sans que ledict Prevost de Paris ou son lieutenant s'en soient entremis, auroit été advisé d'aller trouver la Royne Regente pour luy en faire plaincte. Mais d'autant que les affaires de la Ville ne nous auroient permis d'y aller à l'heure que ledict advis nous auroit esté donné, aurions remis à ce jourd'huy. Et estans pres de nous transporter vers Sadicte Majesté, ledict sieur Gouverneur nous auroit faict sçavoir, par ung des siens envoyé à la Ville expres, qu'il avoit entendu lesdictes deffences avoir esté faictes par ledict Prevost de Paris ou sondict Lieutenant civil, à quoy il estimoit estre besoing de donner ordre. Et à l'instant le serions allé trouver, et avec luy nous serions transportez vers la Royne, à la Majesté de laquelle lesdictz sieurs Gouverneur et Prevost des Marchans et Eschevins auroyent representé lesdictes deffences, et se seroient plaincts de l'entreprise faicte par le moyen d'icelles sur le pouvoir et auctorité en laquelle ils s'estoient toujours maintenuz par le voulloir des Roys et de Sa Majesté mesme; et luy auroit ledict Prevost des Marchans representé que de longtemps l'on avoit proposé au Bureau de ladicte Ville de faire lesdictes deffences, mais que luy et lesdictz sieurs Eschevins avoient esté retenuz par le commandement que Sa Majesté leur avoit faict auparavant de ne rien esmouvoir et tenir touttes choses paisibles et en repos, sans donner subject au peuple de s'esmouvoir ny entrer en apprehension et qu'ils la supplioient de donner ordre que la prevention dudict Prevost de Paris n'apportast poinct de prejudice à ce qui estoit des droictz et prerogatives du Corps de ladicte Ville. Sur quoy Sadicte Majesté, en la presence de Monsieur de Villeroy qui l'auroit assurée que la cognoissance du faict des armes et de tout ce qui deppend de la garde et seureté de ladicte Ville appartient ausdictz Prevost des Marchans et Eschevins, a déclaré qu'elle a bien donné commandement de faire faire lesdictes deffences [1], mais qu'elle a entendu que ce fust par l'ordonnance dudict sieur Gouverneur et Prevost des Marchans et Eschevins, et nous auroit commandé de faire faire lesdictes deffences en la forme et selon que cy devant il a esté faict, n'entendant pour ce regard auctoriser celles que ledict sieur Prevost de Paris ou Lieutenant civil avoit faict par son ordonnance. Et oultre nous auroit enjoinct par Sadicte Majesté faire pareilles deffences pour les chèvaulx, d'autant qu'elle avoit entendu qu'il s'en estoit enlevé quantité depuis peu de jours des escuries des marchans, que l'on a mené hors de cestedicte Ville. Pour satisfaire auquel commandement, estans retournez au Bureau de ladicte Ville, nous aurions faict l'ordonnance cy apres transcripte.

«Faict le samedy, douziesme jour d'Avril mil six cens quatorze.»

DE PAR LE ROY.

Monsieur le Gouverneur
et les Prevost des Marchans et Eschevins
de la ville de Paris.

«Deffences tres expresses sont faictes à tous quinquailliers, armuriers et aultres faisant trafficq d'armes en ceste Ville et faulxbourgs, d'en vendre en gros ou en detail à quelque personne que ce soit, sans la permission de Sa Majesté, dudict sieur le Gouverneur ou Prevost des Marchans et Eschevins, à peine de mil livres parisis d'amande; comme aussi faisons deffences à touttes personnes de transporter desdictes armes hors cestedicte Ville, aussy sans permission de Sadicte Majesté, dudict sieur Gouverneur ou de nous, à peine de confiscation d'icelles; le tout nonobstant quelques permissions qui leur pourroient estre baillées par aultre que de Sadicte Majesté, les sieurs Gouverneur, Prevost des Marchans et Eschevins. Et ad ce que personne n'en pretende cause d'ignorance, ordonnons que ces presentes seront publyées à son de trompe et cry public, par les carrefours et places publicques de cestedicte Ville.

«Faict au Bureau d'icelle, le samedy douziesme jour d'Avril mil six cens quatorze.»

DE PAR LE ROY.

Monsieur le Gouverneur
et les Prevost des Marchans et Eschevins
de la ville de Paris.

«Deffences sont faictes à tous marchans, courtiers et maquignons de chevaulx de vendre ou faire

---

[1] Ces défenses étaient évidemment motivées par les inquiétudes que donnait au gouvernement de la Régente l'attitude des princes et des principaux seigneurs qui menaçaient de se révolter contre l'autorité royale (*Mémoires* de Richelieu, t. I, p. 263, 279, etc.).

[1614] DE LA VILLE DE PARIS. 353

vendre aucuns chevaulx, de quelque taille qu'ils soient, sans le congé et permission desdictz sieurs Gouverneur, Prevost des Marchans et Eschevins, à peine de cinq cens livres d'amande, confiscation des chevaulx, et de pugnition corporelle s'il y echet. Et ad ce que personne n'en pretende cause d'ignorance, ordonnons que la presente ordonnance sera publiée à son de trompe et cry publicq, tant au Marché aux chevaulx, carrefours de ceste Ville que aultres lieux accoustumez.

«Faict au Bureau de l'Hostel de la Ville, le samedy douziesme jour d'Avril mil six cens quatorze.»

Et le lendemain dimanche treiziesme jour dudict moys d'Apvril, sur les sept heures du matin, ayans esté advertiz que Monsieur le Lieutenant civil avoit faict emprisonner ung nommé Le Duc, juré crieur, qui avoit publié, tant au Marché aux chevaulx que aultres endroicts de ceste Ville, deux de nos ordonnances pour les deffences tant de vendre des armes que des chevaulx, nous nous serions assemblez au Bureau de la Ville pour adviser à ce qui seroit à faire[1]. Et aussy tost, avec le Procureur du Roy et Greffier de ladicte Ville, nous nous serions transportez en la maison de Monsieur le Gouverneur auquel nous aurions faict entendre l'injure que ledict Lieutenant civil luy avoit faicte et à ladicte Ville d'avoir faict emprisonner ledict crieur, lequel, environ une heure après ledict emprisonnement, il l'avoit faict eslargyr. Lequel sieur Gouverneur et nous serions ensemblement transportez en la maison de Monsieur de Lomenye, Secretaire d'Estat, auquel ledict sieur Gouverneur et nous serions plainctz de ce qu'il avoit addressé l'ordonnance pour la deffence de vendre des armes audict Lieutenant civil, au lieu de la nous adresser à ladicte Ville. Lequel a faict responce que c'estoit par inadvertence. Et luy ayant faict entendre tout ce qui s'estoit passé auparavant, mesme de ce que la Royne, en la presence de Monsieur de Villeroy, avoit commandé que l'on feist une aultre ordonnance à mesme fin, adressante tant audict sieur Gouverneur que à ladicte Ville, c'est pourquoy ils le venoient trouver pour la faire expedier. Lequel sieur de Lomenye a faict response qu'il alloit faire faire promptement ladicte ordonnance et l'envoyroit audict sieur Gouverneur.

Ce faict, nous nous serions transportez en la maison de Monsieur le Chancelier pour luy faire plaincte de ce que dessus, et de trouver bon que la Ville feist emprisonner le sergent qui avoit emprisonné ledict crieur. Mais ledict sieur Chancellier estoit indisposé, et ne parloit personne à luy. Au

---

[1] Les minutes du Bureau (*Arch. nat.*, H 1891) renferment le procès-verbal de cette réunion qui fut consacrée à l'audition de Leduc et où fut prise la résolution d'user de représailles en faisant emprisonner le sergent qui avait procédé à l'arrestation du crieur juré. Voilà le texte de ce procès-verbal :

«L'an mil six cens quatorze, le dimanche xiiiᵉ jour d'Avril sur les sept heures du matin, nous, Gaston de Grieu, conseiller du Roy en sa court de Parlement et Prevost des Marchans de ceste Ville, ayans eu advertissement que de l'ordonnance de M. le Lieutenant civil ung nommé Le Duc, juré crieur en ceste Ville, avoit esté emprisonné pour avoir publié un ordonnance par nous et Messieurs les Eschevins donnée, aurions faict assembler à heure presente avec nous au Bureau de ladicte Ville lesdictz sieurs Eschevins et Procureur du Roy de la Ville pour adviser à ce qui seroit à faire, où estans, apres avoir faict entendre ausdictz sieurs Eschevins le subject de ladicte assemblée, aurions mandé par devant nous audict Bureau de la Ville ledict crieur, lequel aurions oy et interrogé selon et ainsy qu'il ensuict :

«Simon Le Duc, sergent à verge et juré crieur en la Ville, prevosté et vicomté de Paris, lequel apres serment par luy faict de dire verité, enquis à quelle heure il a faict les publications de nos ordonnances à luy baillées le jour d'hier? A dict que la premiere fut par luy publiée au Marché aux chevaulx sur les quatre heures et demye de rellevée, et aussitost il revint prendre de nous une seconde ordonnance, laquelle ordonnance avec la premiere il alla publier en plusieurs endroictz et commença à la Greve, au coing Saint-Paul et à l'Arsenal, mais ne fut point au Chastelet d'aultant qu'il ne l'avoit demandé à M. le Lieutenant civil. Enquis de quelle ordonnance il fut constitué prisonnier le jour d'hier? A dict que sur les six à sept heures du soir, estant en sa maison, ung nommé Crampon, sergent, luy vint dire que Monsieur le Lieutenant civil le demandoit, et aussy tost il prit son manteau pour y aller, et sortant de sa maison ledict Crampon luy dist qu'il avoit chargé de M. le Lieutenant civil de l'amener prisonnier pour avoir publié une ordonnance, et ayant faict responce qu'il estoit prest d'y aller, icelluy Crampon luy dist qu'il allast avec luy chez ledict sieur Lieutenant civil et que possible sa collere seroit appaisée, où ils feurent ensemblement. Où estans, l'on alla dire audict sieur que luy respondant y estoit. Et lors envoya dire audict Crampon qu'il feist sa charge: lequel le mena prisonnier au Chastelet, dont fut faict escroue sur une feuille de pappier et non sur le registre. — Enquis si ledict Crampon avoit ordonnance par escript dudict sieur Lieutenant? A dict qu'il n'en vit poinct. — S'il parla audict Lieutenant? A dict que non. — Enquis comment il a esté eslargy? A dict que ayant esté environ une heure dans la prison, y vint le commissaire Baudelot qui luy demanda s'il estoit le crieur qui estoit prisonnier, et ayant faict responce que ouy, icelluy Baudelot dist au geollier qu'il avoit charge dudict sieur Lieutenant civil de luy dire qu'il eslargist luy respondant. A quoy obeissant par ledict geollier, fut aussytost eslargy. (Signé:) Le Duc.

«Veu le present interrogatoire et sur ce oy le Procureur du Roy de la Ville, avons ordonné que ledict Crampon, sergent, sera pris et apprehendé au corps et amené prisonnier es prisons de l'Hostel de la Ville pour estre interrogé et respondre sur ce qu'il luy sera proposé. Faict au Bureau de la dicte Ville ledict jour de dimanche xiiiᵉ avril mil six cens quatorze. (Signé:) DE GRIEU, DESPREZ, MIRAULT, CLAPPISSON.» (*Arch. nat.*, H 1891.)

moyen de quoy aurions prié Monsieur de Berny[1], frere de mondict sieur le Chancellier, pour luy faire entendre la plaincte de ladicte Ville. Semblablement nous nous serions transportez en la maison de Monsieur de Villeroy. Mais il estoit allé à Conflans[2]. Au moyen de quoy aurions remis au lendemain pour en faire plaincte à la Royne.

De par les Prevost des Marchans et Eschevins de la ville de Paris.

«Il est enjoinct au crieur juré de ceste Ville de publier promptement, par tous les carrefours et places tant ordinaires qu'extraordinaires de ceste Ville, noz ordonnances à luy delivrées le douziesme du present mois pour la deffence d'achepter des armes et chevaulx, et d'en rapporter au Bureau de la Ville son proces verbal en la maniere accoustumée.

«Faict audict Bureau de la Ville, le lundy quatorziesme jour d'Avril mil vi^c quatorze.»

DE PAR LE ROY

«Il est tres expressement inhibé et deffendu à tous ouvriers arquebusiers, quinqualliers et aultres faisant trafficq d'armes, de quelque sorte et qualité qu'elles soient, en ceste ville et faulxbourg de Paris, d'en vendre ny distribuer à qui ny pour quelque cause, occasion ou consideration que ce soit, sans permission expresse de Sa Majesté. Pareilles deffences sont faictes de transporter aulcunes desdictes armes hors cestedicte Ville; le tout sur peine de cinq cens livres d'amande et de confiscation d'icelles armes. Enjoinct Sadicte Majesté au sieur de Liancourt, Gouverneur de ladicte Ville, et aux Prevost des Marchans et Eschevins d'icelle de faire publier les presentes deffences, ad ce que nul n'en pretende cause d'ignorance, et icelles executer, garder et observer de poinct en poinct, selon leur forme et teneur.

«Faict à Paris, le neufiesme jour d'Avril mil six cens quatorze.»

Signé : «LOUIS», et plus bas : «DE LOMENYE».

Nota que, encores que la presente ordonnance soit dattée du neufiesme Avril, elle n'a esté apportée à l'Hostel de ladicte Ville que le quatorziesme dudict mois et apres que les publications pour ce subject ont esté faictes.

CCCLXXIX. — MANDEMENT AUX QUARTINIERS POUR APORTER LE ROOLLE DES PRINCIPAULX BOURGEOIS DE LEURS QUARTIERS OÙ IL N'Y AUROIT POINCT DE CAPPITAINES, LIEUTENANS ET ENSEIGNES, AFFIN D'EN CHOISIR.

15 avril 1614. (Fol. 251.)

De par les Prevost des Marchans et Eschevins de la ville de Paris.

«Sire..., Quartinier, nous vous mandons nous aporter au Bureau de la Ville ung roolle des principaulx bourgeois et habitans de chacune dizaine de vostre quartier où il mancque des cappitaines, lieutenans et enseignes, affin de choisir ceulx qui seront propres esdictes charges.

«Faict au Bureau de la Ville, le mardy quinziesme Apvril mil six cens quatorze.»

Pareil envoyé à chacun desdictz Quartiniers.

CCCLXXX. — ADVIS AU PARLEMENT SUR L'INVENTION DE FAIRE DES OUVRAGES COMPOSEZ D'ARGILLE.

16 avril 1614. (Fol. 251.)

«Les Prevost des Marchands et Eschevins de la ville de Paris, qui ont veu les lettres pattentes du Roy données à Paris le douziesme Febvrier mil six cens douze, signées : «LOUIS», et plus bas : «la Royne regente sa mere presente, BRUSLART», et scellées du grand scel de cire jaulne, par lesquelles et pour les causes et considerations y contenues Sa Majesté permet et accorde à Mathieu Burghe et Jehan Andecot, marchans anglois, de faire ouvrer et façonner certains ouvraiges de leur invention, composées d'argilles et aultres materiaulx propres à faire thuilles, canaulx, gouthieres, collonnes, pilliers decouleur de marbre et porphire, par tout

---

[1] «Mathieu Brulart, seigneur de Berny, neuviesme enfant de Pierre Brulart et de Marie Cauchon, dame de Sillery et de Puisieux. La seigneurie de Berny était entrée dans la maison de Brulart par le mariage de Pierre Brulart, grand père du Chancelier et de Mathieu, avec Ambroise Reynault, dame de Berny.» (*Dictionnaire* de Moreri et Lebeuf, *Histoire du diocèse de Paris*, t. IV p. 46.)

[2] Dans l'intéressante étude qu'il a consacrée à l'histoire de Conflans (*Mémoires de la Société de l'histoire de Paris*, t. XXXV, 1908, p. 71-90), M. P. Hartmann a donné de nombreux détails sur le séjour à Conflans de Nicolas IV de Neuville, sieur de Villeroy, et sur les importants travaux qu'il fit exécuter au château dont la propriété avait été acquise par son père, Nicolas III, en 1568.

ce Royaume, durant quinze années, sans qu'il soit permis à aucunes personnes que ce soit d'en faire manufacturer ny d'en faire apporter d'ailleurs pendant ledict temps, avec quelques previlleges et exemptions accordez aux susnommez, ainsy que plus au long le contiennent lesdictes lettres; aultres lettres en forme de surannation, du sixiesme Decembre mil vi° xiii, attachées ausdictes lettres, ordonnées leur estre communicquées par arrest de Nosseigneurs de la cour de Parlement, du dix-huictiesme Janvier dernier, pour donner advis sur le contenu d'icelles, et apres avoir mandez au Bureau de ladicte Ville plusieurs notables bourgeois, jurez maçons, sculteurs, thuilliers et couvreurs, auxquels a esté representé par lesdictz Burghe et Andecot cinq ou six pieces en forme d'ovalles par eulx faictes et façonnées en marbre et jaspe de leur invention, et oïz iceulx bourgeois et aultres susdictz sur la commodité ou incommodité desdictz ouvrages:

« Sont d'advis, soubz le bon plaisir du Roy et de nosdictz seigneurs de la cour de Parlement, de l'entherinement desdictes lettres pour dix ans seullement, et pour avoir lieu entre les volontaires; que deffenses soyent faictes de vendre ny exposer en vente de leur ouvrage pour des marbres, ad ce que les achepteurs ne soient trompez, et que lesdictz entrepreneurs ne puissent mettre en œuvre ny en place de leursdictz ouvrages; qu'ils soient tenus lors dudict establissement en ceste Ville prendre et tenir douze apprentils pour introduire ladicte mannfacture en France.

« Faict au Bureau de ladicte Ville, le seiziesme jour d'Apvril mil vi° quatorze. »

CCCLXXXI. — Arrest du Conseil
POUR LE PAICT DE L'ASSIGNEMENT DE CE QUI ESTOIT DEUB PAR DE CONDY À CAUSE DES RENTES DE SEL.

17 avril 1614 (Fol. 251 v°.)

Extraict des Registres du Conseil d'Estat [1].

« Sur ce qui a esté remonstré au Roy en son Conseil que par arrest donné en icelluy le xxii° jour de Febvrier dernier passé, il a esté faict fonds de la somme de huict vingts mil livres sur les deniers de l'Espargne de la presente année, à l'instante poursuitte du Prevost des Marchans et Eschevins de la ville de Paris pour suppleer le deffault qui se trouve au payement du quartier de Janvier, Febvrier et Mars mil vi° dix des arrerages des rentes constituées sur le sel à ladicte Ville, et deub par Philippe de Gondy qui avoit pris à soubz ferme la gabelle de la generalité de Paris et estoit particulierement chargé du payement desdictes rentes; que depuis la depossession dudict de Gondy l'on s'estoit confié aux poursuittes et diligences que lesdictz Prevost des Marchans et Eschevins s'estoient chargez de faire allencontre dudict de Gondy, ses cautions, certifficateurs et commis; que neantmoings il ne paroissoit d'aucun esclaircissement qu'ils y eussent donné, et estoit à craindre que se voyans asseurez d'ailleurs ils ne negligeassent tout à faict ceste poursuitte; que jusques à ceste heure l'on ne pouvoit dire au vray de quelle somme ledict de Gondy estoit redevable, parce que les quictances des payements qu'il a faictz ne sont encores inventoriées et n'y a aucun qui s'en soit chargé; qu'il se trouvoit une difference et diversité notable entre l'estat que Maistre Nicolas Bigot, controlleur general des gabelles, en a cy devant rapporté, de l'ordonnance du Conseil, avec ce qui en paroist aujourd'huy, qui donne ung juste soubçon d'abus et malversation; que pour ce qui se peut recognoistre de l'estat qui a esté dressé du maniement dudict de Gondy, il en estoit en reste, lors de sa depossession, de la somme de ix° lviii" viii° xxvi^{tt} xiiii° trois deniers; que sur ceste somme, Maistre Jehan de Moisset, commis au payement du reste dudict de Gondy, a receu de ses effects la somme de vii°liii" ix° lxvi^{tt} xi° vii d., en ce compris ce que l'on peut esperer de ses cautions, et mesmes la somme de cent mil livres de laquelle il a pleu au Roy faire remise audict de Gondy. Tellement qu'il reste encore par luy deub la somme de ii° iii" viii° lx^{tt} ii° viii d., pour le payement de laquelle il proposoit quelques facultez et moyens, la pluspart desquels sont de longue et difficille discution; qu'il est necessaire de les recognoistre et en poursuivre le payement avec soing et dilligence, autrement la perte seroit inevitable et sans ressource, toutes les cautions dudict de Gondy ayant esté discutées. Sur quoy, veu ledict arrest du xxii° jour de Febvrier par lequel est ordonné que plus ample perquisition sera faicte des facultez et moyens dudict de Gondy, et que, pour ce faire, il sera mené et conduict aux prisons de la conciergerie du Pallais; l'estat de la recepte et despence faicte par ledict de Gondy; les inventaires et estats du payement des arrerages desdictes rentes tels qu'ils ont esté representez de la part dudict de Gondy, montans à la somme de xv° xlviii" iii° lxxii^{tt} ix° ii d., et ceulx dudict controlleur general des gabelles, qui, avec les payemens faictz depuis le xvii° Juillet

---

[1] La minute de cet arrêt est conservée dans le volume E 43^a, fol. 272.

jusques à la cessation d'iceulx, [montent] à la somme de xvii^c xxxiii^{tt} xlviii^{tt} viii^s v d., qui seroit ix^{xx} iiii^v vi^c lxxv^{tt} xix^s iiii d., de difference; veu aussy certain memoire presenté de la part dudict de Gondy, contenant les facultez et moyens qu'il propose pour le payement de ladicte somme de ii^c iii^{v}viii^{c}lx^{tt} ii^s viii d.; tout consideré : le Roy en son Conseil a ordonné et ordonne que la procedure encommancée sur la diversité des inventaires des payemens faicts par ledict de Gondy, supposition et soubstraction d'iceulx seront parachevées, et pour ce faire a commis et commet les sieurs Maupeou et Dolé, Conseillers en sondict Conseil et intendans de ses finances, par devers lesquels seront lesdictz inventaires mis, ensemble les interrogatoires sur ce faictz andict de Gondy et à ses commis par lesdictz Prevost et Eschevins; feront faire lesdictz commissaires la verification et calcul certain et au vray, par personnes qu'ils subdelegueront, de touttes les quitances qui aujourd'huy se retrouvent des payemens faicts par ledict de Gondy; se feront aussy representer tous les registres, comptes et comptereaulx necessaires pour parachever l'instruction de ladicte instance et la mettre en l'estat de juger; feront compter tous les commis dudict de Gondy de tout leur maniement, mesmement depuis la saisie faicte en leurs mains. Et pour le regard des facultez proposées par ledict de Gondy, ordonne Sa Majesté que la rente de deux mil livres constituée sur les gabelles du Languedoc sera esteincte et admortye, pour tenir lieu de payement de la somme de trente mil livres sur ce qui est deub par ledict de Gondy, et seront à ceste fin retirées de luy touttes les declarations, cessions et transports necessaires; que celles de viii^c xxi^{tt} xiii^s iiii d., d'une part, constituées sur les aydes de Paris, et vi^c lxvi^{tt} xiii^s iiii d. t., d'autre, sur les gabelles et receptes generalles de province, seront rejectées, attendu qu'il y a pretention d'aubeyne; que ce qui reste deub à icelluy de Gondy de la somme de quatre vingt mil quatre cens soixante dix sept livres transportée par Jehan Baptiste de Goudy à prendre sur les cinq grosses fermes et aultres assignations contenues par ledict transport, sera licquidé par lesdictz commissaires et, à leur rapport, jugé ce qui pourra tenir lieu de payement; que des promesses et obligations de Thomas et Pierre Robin et René Briant, l'une de xi^v c iiii^{xz} xiiii^{tt}, et l'autre de xvi^v vii^c lxxix^{tt} v^s, celles de Maistre Jullien Robert, conseiller en Parlement, et Nicolas Boursier, de la somme de dix mil livres, deux de la dame de Mancy de la somme de vii^c cxxxii^{tt}, et celle du sieur de Boullancourt Lhuillier, de la somme de viii^{xtt}, transport en sera faict par ledict de Gondy au profict de Sa Majesté avecq promesse de garantye. Touttes lesquelles obligations et promesses seront mises es mains dudict de Moisset pour en poursuivre le payement au nom de Sadicte Majesté à la charge d'en tenir compte au tresorier de l'Espargne. Et pour le regard de la partye de xl^v ix^c iiii^{xtt} employée audict memoire soubz le nom de Gabriel du Crocq[1], qui tenoit à soubz ferme dudict de Gondy les greniers de Sens, Joigny, Tonnerre et Vezelay, qu'apres que le compte que ledict du Crocq a presenté aura esté jugé, liquidé et arresté par les susdictz commissaires sur les debatz dudict de Gondy, s'il se trouve redevable de ladicte somme, qu'il sera procedé contre luy comme coulpable du crime de peculat. Et pour l'instruction de son proces, a Sa Majesté commis les sieurs Mangot et Barentin, maistres des Requestes ordinaires de son hostel, remectant à juger la pretention dudict de Gondy pour le droict d'emboucheure du sel qui est resté dedans les greniers de ladicte generalité de Paris, le premier jour de Janvier dernier, apres que la liquidation entiere de touttes les parties cy dessus aura esté parachevée.

«Faict au Conseil d'Estat du Roy, tenu à Paris, le xviie jour d'Apvril mil vi^c quatorze.»

Signé : «Baudouyn».

Collationné à l'original par moy conseiller et secretaire du Roy. Signé : «De Billy».

CCCLXXXII. — Ordonnance du Roy pour les bacqs estans sur les rivieres.

21 avril 1614. (Fol. 254.)

De par le Roy,

«Ayant esté nagueres ordonné par Sa Majesté que tous les bacqs et batteaulx platz qui sont sur les rivieres de Seyne et Marne seroient retirez et menez pres des villes plus prochaines esquelles y a des ponts, à l'occasion dequoy l'on pourroit retenir et arrester les autres basteaux qui servent à la marchandise, Sadicte Majesté, pour y pourvoir, a ordonné et ordonne aux gouverneurs, maires, eschevins et habitans desdictes villes qui sont le long desdictes rivieres de Seyne et Marne, de laisser monter et descendre les basteaulx qui vont chargez ou pour estre chargez de marchandise; l'usage desquels Sadicte Majesté veut et ordonne estre

---

[1] Voir ci-dessus, n° CCCXXXVI.

libre et n'a entendu et n'entend les commandements qu'elle a faict faire estre pour aultre que pour lesdictz bacqs et grands batteaulx plats servant à passer d'ung bord de l'eaue à aultre sur lesdictes rivieres.

«Faict à Paris, la Royne regente mere de Sadicte Majesté presente, le xxi° jour d'Apvril mil vi° et quatorze.»

Signé : «LOUIS», et plus bas : «POTIER».

CCCLXXXIII. — REQUESTE AU PARLEMENT CONTRE UNG NOMMÉ DE VERSOIGNE.

23 avril 1614 [1]. (Fol. 250 v°.)

A Nosseigneurs du Parlement.

«Supplient humblement les Prevost des Marchans et Eschevins de la ville de Paris, disants qu'ils sont poursuivis par devant vous, Nosseigneurs, à la requeste de Maistre Gervais de Versongne et consors, pour avoir paiement de la somme de IIII^{xx} VIII^c XXXIII^{lt} d'une part, III^c IIII^{xx} XLIIII ^{lt}, d'aultre, et aultres sommes que lesdictz de Versongne et consors pretendent leur estre deubz pour fourniture de chevaulx d'artillerie et solde d'iceulx, fourniz pendant l'année mil v^c IIII^{xx} IX contre le service du Roy; pour lesquelles sommes ils pretendent avoir obtenu arrest le VII° Decembre mil vi^c IIII^{xx} X contre les pretendus Prevost des Marchans et Eschevins qui estoient lors. En vertu duquel ilz auroient faict procceder par saisye sur les loiers des maisons du pont Nostre Dame, encores qu'ils ne l'ayent peu faire en vertu dudict arrest, attendu qu'il est donné pendant les troubles et qu'il ne peut estre executé contre les supplians qui sont à present en charge, qui ne sont successeurs desdictz pretendus Prevost des Marchans et Eschevins qui estoient lors establiz contre le service du Roy, et que rien n'a esté employé [au bien] et utilité de la Ville, mais au contraire contre le bien de l'Estat par ceux qui lors occupoient ladicte Ville; et que, sy cela avoit lieu, ce seroit la ruyne entiere de ladicte Ville parce que pendant les troubles l'on a créé infinies debtes de pareille cause. Ce consideré, nosdictz seigneurs, il vous plaise [declarer] toutes lesdictes procedures et arrestz donné pendant lesdictz troubles, nuls, avec deffences audict de Versongne et consors de s'en ayder, et ce faisant faire main levée auxdictz supplians de ladicte saisye. Et vous ferez bien.»

CCCLXXXIV. — MANDEMENT POUR LA MONSTRE DES ARCHERS.

26 avril 1614. (Fol. 254.)

De par le Prevost des Marchans et les Eschevins de la ville de Paris.

«Capitaine Norry, trouvez vous avec tous ceulx de vostre compagnie, à cheval et au meilleur esquipage que faire se pourra, jeudy prochain premier jour de May, du matin, en la court du Temple, pour, en noz presences, faire les monstres en la maniere accoustumée.

«Faict au Bureau de ladicte Ville, le samedy xxvi° Avril mil vi° quatorze.»

CCCLXXXV. — [ORDRE] DU ROY POUR RENDRE UNG CHARRIOT PLAIN D'ARMES.

26 avril 1614. (Fol. 254 v°.)

«Le Roy, en la presence et de l'advis de la Royne regente sa mere, a ordonné et commandé aux Prevost des Marchans et Eschevins de sa ville de Paris de delivrer et mettre es mains de Hieremye Murier, concierge de l'hostel de Buillon, le charriot chargé d'armes par eulx arresté et mené en l'Hostel de ladicte Ville, faisant Sa Majesté tres expresses inhibitions et deffeuces andict Murier de faire transporter lediot charriot et armes ailleurs que dans ledict hostel de Buillon, sur peyne de pugnition exemplaire.

«Faict à Paris, le vingt sixiesme jour d'Avril 1614.»

Signé : «LOUIS», et plus bas : «DE LOMENIE».

CCCLXXXVI. — [MANDEMENT POUR L'EXÉCUTION DE L'ORDRE QUI PRÉCÈDE.]

28 avril 1614. (Fol. 254 v°.)

De par les Prevost des Marchans et Eschevins de la ville de Paris.

«Il est ordonné que, suivant la volonté du Roy, les cent soixante et unze mousquets, avec les fourchettes, saisiz le dixneufiesme du present moys et

---

[1] De même que la première requête sur cet objet, que nous avons rencontrée ci-dessus (p. 350), cet acte n'est pas daté, mais l'arrêt du Parlement du 30 avril montre qu'elle a été présentée à la Cour le 23 avril.

baillez en garde à François Barbier, hostellier demeurant rue du Bourg l'abbé, à l'enseigne du Lyon d'argent, seront rendus, baillez et delivrez audict Hieremye Meurier et portez en l'hostel de Bouillon. En quoy faisant ledict Barbier en demeurera vallablement deschargé et l'en deschargeons par ces presentes.

«Faict au Bureau de ladicte Ville, le lundy vingt huictiesme jour d'Avril mil vi° quatorze.»

CCCLXXXVII. — Arrest de la Cour
au proffict de la Ville
contre ung nommé Gervais de Versoigne.

30 avril 1614. (Fol. 254 v°.)

Extraict des Registres du Parlement[1].

«Entre Gervais de Versongne, marchant, bourgeois de Paris, à cause de Adrienne Henry, sa femme, auparavant veufve de feu Nicolas Lesbatoux, et Guillaume Formaln, marchant demeurant à Rouen, à cause de sa femme, Nicolas Creton, laboureur, demeurant à Maison, à cause de Marie Gourdin, sa femme, Nicolas Gourdin, laboureur, demeurant à Creteil, Alexandre Maheu, plastrier, demourant a la Croix Faulbin, à cause de Barbe Maurouart, sa femme et Mahyet Maurouart, aussy plastrier, demourant audict lieu de la Croix Faulbin, lesdictz de Versongne et sa femme à cause de la communaulté que ladicte Henry a eu avec ledict feu Lesbateux et lesdictz Forman, Creton, Gourdin, Maheu, Maurouart, et leurs femmes, comme heritiers dudict deffunct Lesbateux, et comme ayant les droictz ceddez de deffunct Lazare Martin, demandeurs en saisye et arrests faictz es mains des locataires des maisons du pont Nostre Dame, en vertu d'un arrest de la Cour du septiesme jour du mois de Decembre mil cinq cens quatre vingts dix [2], pour la somme de iiii^m viii^c xxxiii^{tt} d'une part et iii^m iiii^c xliiii^{tt} d'aultre, pour la solde pretendue de plusieurs chevaulx d'artillerie fourniz en l'année mil v°iiii^{xx}ix et payement de la solde de lieutenant conducteur de l'artillerye et chevaulx en ladicte année, selon le contenu es exploictz de Bernard, sergent, des xvii° et xix° Mars mil six cens quatorze dernier, et deffendeurs à l'entherinement de deux requestes presentées à ladicte Cour les cinq et vingt troisiesme du present moys d'Avril, la premiere à ce que lesdictes saisies soient declarées tortionnaires et de main levées d'icelles, l'aultre à ce que touttes les poursuittes faictes es années cinq cens quatre vingtz neuf, dix, et onze pour raison desdictes sommes, et ledict arrest sur icelles intervenu soyent cassez et annulez et la ville de Paris deschargée purement et simplement desdictes sommes, d'une part, et les Prevost des Marchans et Eschevins de ceste ville de Paris, deffendeurs esdictes saisyes et arrestz et demandeurs à l'entherinement desdictes requestes, d'aultre, sans que les qualitez puissent nuyre ne prejudicier aux partyes; apres que Talon, pour les demandeurs, et de Lamet, pour les deffendeurs, ont esté ouys sur la requeste affin de cassation des proceddures faictes pendant les troubles et main levée requise par les demandeurs de la saisye faicte à la requeste des deffendeurs, la Cour ayant esgard à la requeste, a cassé et annullé les proceddures faictes pendant les troubles, es années quatre vingts dix et onze, contre les Prevost des Marchans et Eschevins de ceste ville de Paris, a remis et remet les parties en tel estat qu'elles estoient auparavant et en consequence de ce, faisant droict sur ladicte requeste, leur a faict et faict main levée des saisies, a deschargé et descharge lesdictz Prevost des Marchans et Eschevins et leurs successeurs de la deble dont est question, sans despens, sauf aux deffendeurs se pourveoyr ainsy qu'ilz verront bon estre.

«Faict en Parlement, le trentiesme Avril mil six cens quatorze.»

Ainsy signé : «Du Tillet», et collationné : «Feste», et plus bas : «Jodelet».

CCCLXXXVIII. — Mandement à Jodelet
pour intervenir en une cause au Parlement
contre Guillaume Fleury.

3 mai 1614. (Fol. 255 v°.)

De par les Prevost des Marchans et Eschevins de la ville de Paris.

«Maistre Jehan Jodelet, procureur des causes de la Ville en la cour de Parlement, nous vous man-

---

[1] Arch. nat., X¹ᴬ 5357, arrêt rendu le 30 avril 1614 «du matin, » huis clox».

[2] Voici le dispositif de cet arrêt rendu entre Nicolas Le Basteux et Lazare Martin, voituriers par terre, et les Prévôt des Marchands et Echevins de Paris : «La Cour a ordonné que lesdictz Prevost des Marchandz et Eschevins de ceste ville de Paris feront diligences de payer ou fairepayer les dictz [demandeurs] dans le lendemain de la Chandelleur prochainement [venant] des sommes à eux deues par les contractz des troisiesme et vingtneufiesme mars mil cinq cens quatre vingts neuf; aultrement, à faulte de ce faire dans ledict temps et icelluy passé, sera pourveu ausdictz demandeurs ainsy que de raison. Et a condamné lesdictz Prevostz des Marchands et Eschevins es despens de ladicte instance.» (Arch. nat., X¹ᴬ 1790, fol. 41.)

dons intervenir, pour ladicte Ville, en l'instance pendante par devant Nosseigneurs de la cour de Parlement entre Guillaume Fleury, appellant, et Gille Le Maistre, sieur de la Massuere, inthimé. Prenez le faict et cause pour ledict de la Massuere, et soustenez allencontre dudict Fleury que les sentences et actes dont est appel ont esté bien et juridicquement donnez. Requerez la confirmation d'icelles et que ledict Fleury soit condamné en l'amande et es despens [1].

«Faict au Bureau de la Ville, le troisiesme May mil six cens quatorze [2].»

CCCLXXXIX. — Ordonnance contre les sieurs Robin et Milon pour les contraindre à faulte de bailler caution.
12 mai 1614. (Fol. 256.)

De par les Prevost des Marchans et Eschevins de la ville de Paris.

«Il est ordonné qu'à faulte d'avoir par Maistres Thomas Robin et Nicolas Milon, fermiers des gabelles de la generallité de Touraine, satisfaict à noz ordonnances des xxvi° Febvrier et unziesme Mars, à eulx signiffiées, se faisant s'estre venuz obliger par devant nous, au Bureau de la Ville, au payement des sommes, assavoir ledict Robin, de deux cens trente quatre mil cent vingt huict livres dix sept solz quatre deniers, qu'ils doibvent fournir par chacun an aux recepveurs generaulx et payeurs des rentes de ladicte Ville assignées sur les gabelles, suivant l'estat du Roy, et sur ce qu'ils doibvent à cause des baulx desdictes gabelles de ladicte generallité de Thouraine; et oultre d'avoir presenté et faict recevoir aussy par devant nous de bonnes et suffisantes caultions, resseantes et solvables et domiciliez en cestedicte Ville, pour s'obliger envers ladicte Ville du quart desdictes sommes cy dessus, suivant l'arrest de Nosseigneurs du Conseil d'Estat du xv° Octobre dernier et aultre arrest de Nosseigneurs des Comptes du treiziesme ensuivant, que lesdicts Robin et Milon seront pris au corps et amenez prisonniers es prisons de la Conciergerie du Pallais pour seureté du contenu cy dessus, sauf cy dedans meccredy prochain, pour tous delaiz, les dictz Robin et Milon ne satisfont pas à ce que dessus.

«Faict au Bureau de ladicte Ville, le lundy douziesme jour de May mil six cens quatorze.»

CCCXC. — Devis et marché de la charpenterye du bastiment de la Porte Saint-Martin.
12 mai 1614. (Fol. 256 v°.)

Devis des ouvraiges de charpenterie qu'il convient faire de neufs au pavillon neufs de la porte Sainct Martin appartenant à ladicte Ville.

«Et premierement,

«La charpenterie du premier plancher au dessus du rez de chaussée garnie de deux poultres, une de chacun costé du passage de la porte, de trois thoises de long chacune, et de seize à dix sept poulces de grosseur, quatre sablieres le long des murs, de pareille longueur et de sept à huict poulces de grosseur, au dessus desquelles poultres et sablieres sera peuplé de quatre travées de planches, chacune travée garnye de seize sollives de dix pieds de long chacune et de cinq à sept poulces de grosseur, peuplée au dessus de quinze aiz d'entremont, chacune travée de pareille longueur et de neuf poulces de large, ung poulce d'espoisseur, et eriger des enchevestrieres où il en sera de besoing, tant pour les cheminées que pour les montées.

«Une travée de planches au dessus du passage de la porte, garnie de deux sablieres au long des murs, chacune de vingt ung piedz de long, sept à huict poulces de grosseur, au dessus desquelles sablieres sera peuplé de vingt sollives espassée de cinq poulces d'entremont l'une de l'autre, de douze piedz de long chacune et de cinq à sept poulces de gros, et eriger des enchevestrieres en icelles travées s'il en

---

[1] Le Fleury dont il s'agit ici est ce portier de la porte Saint-Honoré que nous venons de voir (ci-dessus, n° CCCLXVIII) résister aux ordres du Bureau qui l'avait destitué de ses fonctions. Un des motifs qu'il invoquait pour refuser de quitter la garde de la porte Saint-Honoré était précisément, comme l'indique le texte cité plus haut, la contestation qu'il avait avec le sieur de la Massuere au sujet d'un des logements dépendant de la porte Saint-Honoré. On trouvera au tome XVI, p. 136 et 137, des explications détaillées sur cette affaire, avec la mention de l'arrêt rendu par le Parlement le 9 mai. Tout en donnant raison à Gilles Le Maistre, sieur de la Massuere, contre G. Fleuri, cet arrêt maintenait celui-ci dans ses prétentions de garder l'office de portier, et le Bureau protesta contre cette partie de la décision de la Cour dans une requête du 7 novembre, qui sera reproduite au tome XVI, aux pages que nous venons de citer.

[2] «Ce jour [3 mai] furent convoqués au Conseil où estoient le Roi, la Reine, les princes et plusieurs officiers de la Couronne, trois présidents de la cour de Parlement, le Président Rebours de la Cour des Aides, le Prévôt des Marchands et plusieurs conseillers, auquel Conseil fut arrêté pour le bien de la paix que la ville et château d'Amboise seroient delivrés à Monsieur le Prince.» (*Arch. nat.*, P 2671, fol. 52 v°. Cf. *Mémoires* de Richelieu, t. I, p. 284.)

est de besoing pour faire des cheminées dans les cabinets, au dessus desquelles sollives sera peuplé de dix neuf aiz d'entremont, de pareille longueur, de neuf poulces de large et d'ung poulce d'espoisseur.

« Il sera faict la charpenterie du deuxiesme plancher au dessus du rez de chaussée, garnye de poultres et sablieres au long des murs, sollives et aiz d'entremont, tout ainsy et de mesme que celuy cy devant declaré.

« Item sera faict la charpenterie du troisiesme plancher garny de poultres, sablieres au long des murs. solives et aiz d'entremont, tout ainsy que ceulx cy devant declarez.

« Item sera faict la charpenterie des cloisons faisant separation des chambres et montées et garderobbes à chacun estage, bien et deuement ainsy qu'il appartiendra, garnie de sablieres par bas, des longueurs qui seront necessaires, quatre et cinq poulces de grosseur, au dessus desquelles sera peuplé des posteaulx d'ung pied de distance l'ung de l'aultre, et de longueur qu'il conviendra, suivant la haulteur des estages, et de quatre et six poulces de gros.

« Item sera faict la charpenterie des montées, chacune montée garnye de deux noyaulx des longueurs et grosseurs qui seront necessaires, garniz de sumelles, limons, appuis, balustres, marches et palliers, ainsy qu'il appartiendra.

« Item sera faict la charpenterie du comble dudict logis, couvert en pavillon, garny de sablieres d'entablement sur les murs de vingt quatre thoises de long au pourtour, à double rang, assemblé avec entretoises de sept poulces de grosseur, au dessus desquelles sablieres sera posé le comble dudict pavillon peuplé de quatre maistresses fermeures par voye, chacune garnye de deux chevrons de vingt six pieds de long chacun, sept à huict poulces de grosseur, deux entrets, l'ung de quatorze pieds de long, et l'autre de sept pieds, et de sept poulces de grosseur; deux aissellieres, quatre jambelettes de pareille grosseur et de longueur qui sera necessaire, ung poinsson de quinze pieds et demy de long, neuf poulces de grosseur compris les bossages.

« Item sera peuplé, entre icelles maistresses fermeures, de douze fermeures communes, chacune fermure garnye de deux chevrons de vingt six pieds de long chascun, six et sept poulces de grosseur, deux entrets, l'ung de quatorze pieds de long et l'autre de sept pieds et de pareille grosseur que les chevrons, deux aisselieres, quatre jambettes, deux blechets, des longueurs qu'il conviendra et de pareille grosseur.

« Item sera faict la charpenterie des deux crouppes, chacune crouppe garnye de deux herestrieres de vingt sept piedz et demy de long, ung pied de large, neuf poulces d'espoisseur, garnye de deux entrets couverts, l'ung de huict pieds de long et l'autre de cinq pieds, de sept à huict poulces de grosseur; ung grand aissellier de six pieds de longueur, neuf et dix poulces, deux jambettes des longueur et grosseur qui seront necessaires, ung bloschet de trois pieds de long, ung pied de large, neuf poulces d'espoisseur. Chacun herestrier sera garny de neuf empennons, tant du costé du pant qué du costé de la crouppe, de quatorze pieds de long chacun ou environ l'ung portant l'aultre, et de six et sept poulces de grosseur. Chacun empennon sera garny d'embranchements, aissellieres, jambettes ainsy qu'il appartiendra, ung chevron de crouppe de vingt cinq pieds et demy de long, six et sept poulces de grosseur, garny de deux entrets l'ung de six piedz et demy de long et l'autre de quatre piedz, de six et sept poulces de grosseur, deux gousseetz de quatre pieds et demy de long chacun, de huict et dix poulces de grosseur.

« Item sera faict la charpenterie d'ung corps de lierne trainée sur le bout des entrets de la premiere entreuvre, contenant dix sept thoises de long au pourtour, de cinq et sept poulces de grosseur.

« Item sera faict la charpenterie d'un rang de lierne trainée sur le bout des entretz de la deuxième entreuvre, de quatorze thoises de long au pourtour, de cinq et sept poulces de grosseur.

« Item sera faict la charpenterie du festage garny d'une lierne trainée sur le millieu des entrets de la premiere entreuvre, de cinq thoises de long, huict et neuf poulces de grosseur, ung feste et soubz feste de pareille longueur, de six et sept poulces de grosseur, garnis de liens croix sainct André des longueurs qu'il conviendra, six poulces de gros.

« Item sera faict la charpenterie d'une petite lanterne sur le millieu du pavillon de la porte de la Ville, de six pieds dans oeuvre, faicte à six pans garnis de six maistres potteaulx, de quatre thoises de long chacun ou environ, et de huict à neuf poulces de gros, qui porteront jusques au dessus de la premiere entreuvre garniz de entrethoises par voye, crois saint André et sabliere d'entablement, ainsy qu'il appartiendra. Et sera faict une petite ballustrade hors du festage dudict pavillon.

« Item sera faict la charpenterye du comble de ladicte lanterne couverte en dosme garny de courbes, carrée et herrestres, ainsy qu'il appartiendra. »

Du douziesme jour de May mil vi⁰ quatorze.

Ledict jour a esté par nous faict marché avec Jullien Pourat, Maistre des œuvres de charpenterie de ladicte Ville, de fournir et faire bien et deuement tous les ouvrages de charpenterye qui sont à faire au bastiment de la porte Sainct-Martin, mentionnez par le devis cy devant transcript, des qualitez, longueurs et grosseurs portées par ledict devis, moyennant le prix et somme de trois cens vingt cinq livres tournois, pour chacun cent de pieces dudict bois au compte des marchans, dont ledict Pourat sera payé par le Receveur de ladicte Ville selon noz ordonnances et mandement. Et estans lesdictz ouvrages faictz et livrez, seront venz et visitez et comptez par expertz et gens ad ce cognoissant qui seront pris et nommez tant par ladicte Ville que par icelluy Pourrat.

CCCXCI. — Remonstrances au Roy et empeschement par la Ville à l'erection de certains officiers nouveaux sur le bois, demandez par des Vallets de pied.

12 mai 1614. (Fol. 258 v°.)

« Les Prevost des Marchans et Eschevins de la ville de Paris, qui ont veu le placet presenté à la Royne regente mere du Roy par Guillain de Nostaing dict Fueillemorte, et Jehan Sornet dict Vuivellot, grands valletz de pied du Roy, tendant ad ce qu'il pleust à Sa Majesté leur accorder de faire l'exercice et charge de controlleur pour prendre garde aux marchandises de gros bois, cottretz et fagots qui arriveront sur les ports des rivieres d'Aisne, grande et petite Oyse, depuis Chaulny et Pontavers⁽¹⁾ jusques à Beaumont sur Oyse, affin que ladicte marchandise soit de la qualité, grosseur et longueur portée par les ordonnances et reiglements, et par ce moyen faire cesser les abbus et malversations qui se sont commis et commettent journellement par les marchans de bois et aultres, au tres grand prejudice et interestz du public, sans touttesfois que pour raison de ce, il leur soit attribué aucuns droictz ny esmolluments, mais seullement pourront avoir et prendre à leur proffict les deux tiers de toutes les amandes et confiscations qui seront adjugées contre les contrevenans ausdictes ordonnances et reiglements, l'aultre tiers demourant au proffict de Sa Majesté; iceluy placet renvoyé par le Roy à Messieurs de son Conseil pour faire gratifier les supplians du contenu en iceluy; la requeste presentée à Sadicte Majesté et à nosdictz seigneurs de son Conseil par les dessusdictz nommez à mesme fin, ordonnée avec ledict placet nous estre communicquée par arrest du douziesme Apvril dernier, signé : « Baudouyn » :

« Remonstrent tres humblement à Sadicte Majesté et à nosdictz seigneurs de son Conseil, qu'il n'est, soubs correction, raisonnable d'accorder ausdictz Nostaing et Sornet ce qu'ils demandent, d'autant que ce seroit proprement faire la charge des quarante jurez mosleurs, compteurs et visiteur de bois de ladicte Ville, qui portent les chesnes et les mesures de la longueur et grosseur que doibt avoir le bois qui se vend en ceste Ville. Et de faict, aussy tost qu'il arrive en ceste Ville ung basteau chargé de bois, l'ung desdictz jurez mosleurs en prend ung eschantillon, le faict apporter par devant nous au Bureau de ladicte Ville, où il est mesuré en noz presences par ledict mosleur, avec la chesne et mesure qu'il a en main. Et selon la qualité du bois nous y mectons le prix. Aussy, de temps en temps, nous faisons deffenses aux marchans ventiers de faire faire leurs denrées et marchandises de bois sinon des longueurs et grosseurs de l'ordonnance; ce qui se publie dans les ventes, forests et ports des rivieres, à la diligence desdictz jurez mosleurs de bois. Que les charges que demandent lesdictz de Nostaing et Sornet ne serviroient qu'à vexer et travailler les marchans, qui pourroit empescher et discontinuer le trafficq de la marchandises de bois, dont cestedicte Ville recepvroit grande incommodité. Et qu'encores qu'ils ne demandent aulcuns sallaires que ce qui viendra des amandes et confiscations, sans doubte, à la longue, l'on y attribueroit des droits et sallaires à la surcharge de ladicte marchandise de bois et du publicq; qu'il n'est nullement necessaire de faire de nouveaulx officiers sur ladicte marchandise de bois qui n'est que trop chargé d'imposts, cherté des façons des bois et voictures, et payemens des sallaire des officiers qui y sont establis de longue main; que l'on sçayt bien que lesdictz de Nostaing et Sornet ne sont poinct tant affectionnez au publicq que l'esperance qu'ils ont d'y profficter; qu'il seroit mieulx expedient de retrancher des officiers qui sont sur ladicte marchandise de bois que d'en creer et eriger de nouveaulx, qui ne seroit que, comme dict est, qu'à la foulle et surcharge de ladicte marchandise et du

---

⁽¹⁾ Pontavert (Aisne, arr. de Laon, cant. de Neufchâtel).

publicq. Et partant supplient tres humblement le Roy et nosdictz seigneurs de son Conseil rejecter lesdictz placet et requeste et ne voulloir accorder ausdictz Nostaing et Sornet le contenu en icelle.

«Faict au Bureau de la Ville, le lundy douziesme jour de May mil six cens quatorze.»

CCCXCII. — ARREST DU CONSEIL DU ROY POUR FAIRE INVENTAIRE DES QUICTANCES DES RENTES PAYÉES PAR LEDICT DE GONDY EN PRESENCE DE MESSIEURS DE LA VILLE ET DE LEUR GREFFIER, [AVEC LE] PROCES VERBAL DU LEVÉ DU SCELLÉ QUI ESTOIT SUR LESDICTES QUICTANCES.

10-28 mai 1614. (Fol. 259 v°.)

Extraict des Registres du Conseil d'Estat[1]*.*

«Ouy le rapport faict au Conseil par les commissaires à ce deputez, des poursuittes qui ont été faictes contre Phelippes de Gondy, cy devant commis à faire le payement des arreraiges des rentes constituées sur les greniers à sel, et ses commis, sur la verification des payements par luy faicts desdictes rentes, durant le temps de son manyement, et veue ses responces : le Roy, en sondict Conseil, a ordonné et ordonne que touttes les quictances des payements faicts par ledict de Goudy pour les arreraiges des quartiers d'Avril, Juillet et Octobre mil vi° huict et Janvier mil vi° neuf seront representées par Jacques Guillot, commis dudict de Goudy, et par luy fournies et mises es mains de Maistre Thobie Le Gauffre, procureur en la Chambre des Comptes et procureur dudict de Gondy, pour les rapporter et faire deschareger sur le compte rendu pour le payement desdictz quatre quartiers ; et en rapportera sa certification portant promesse de rendre le double du compte deschargé desdictz payements. Et pour le regard des quittances des payements faictz par ledict de Gondy, pour les quartiers d'Avril, Juillet et Octobre de ladicte année mil vi° neuf, et Janvier mil vi° dix, qu'elles seront par ledict Guillot mises es mains de Maistre Jehan de Moisset, commis au payement des restes dudict de Condy, qui s'en chargera par inventaire pour servir à la reddition du compte de la deuxiesme année du manyement dudict de Goudy. Et pour faciliter davantage la descharge desdictz comptes, ordonne Sa Majesté que ledict de Moisset mettra es mains dudict Le Gauffre toutes les quictances des payemens qu'il a faictz pour lesdictz quatre premiers quartiers, et que la somme à laquelle se trouveront monter lesdictes quictances sera compensée, desduicte et rabbattue sur les inventaires des quictances qui luy seront fournyes par ledict Guillot. Et pour l'execution de ce que dessus, sera le scellé de la maison de Ville, mis sur lesdictes quictances, levé et lesdictz inventaires faictz en presence du Prevost des Marchans et Eschevins de ladicte Ville, ou de leur Greffier en leur absence, et de l'ung des controlleurs generaulx des gabelles et par eulx paraphez. Mandant Sadicte Majesté à celuy desdictz controlleurs generaulx des gabelles qui y assistera de faire en toute diligence verifiier et arrester bien exactement et au vray le contenu desdictes quictances, et en rapporter l'estat aux commissaires deputez pour la liquidation des facultez et moyens dudict de Gondy.

«Faict au Conseil d'Estat du Roy tenu à Paris, le dixiesme jour de May mil six cens quatorze.»

Signé : «BAUDOUYN», et collationné.

L'an mil six cens quatorze, le meccredy vingt huictiesme jour de May, sur les huict à neuf heures du matin, en presence de nous Claude Merault, conseiller du Roy et auditeur en sa Chambre des Comptes, Paul Ardiere, aussy conseiller de Sa Majesté et controlleur general de ses gabelles, et suivant l'arrest de Nosseigneurs du Conseil du dixiesme du present moys, a esté par Maistre Guillaume Clement, Greffier dudict Hostel de Ville, et Maistre Jacques Guillot, commis de Maistre Philippes de Gondy, levé et osté le scellé apposé sur les quictances des payemens faictz par ledict de Goudy des arreraiges des rentes assignées sur lesdictes gabelles, estans dans l'une des chambres dudict Hostel de Ville et dont ledict Guillot est chargé. Lequel scellé c'est trouvé sain et antier. Ce faict, a esté procédé, en nosdictes presences, desdictz Clement, Greffier, Guillot, et de Maistre Thobie Le Gauffre, procureur en la Chambre des Comptes, à faire les inventaires au vray desdictz acquicts, pour estre baillez par ledict Guillot, assavoir ceulx de la premiere année du maniement dudict de Gondy, finie au dernier Mars mil six cens neuf, audict Le Gauffre, pour les rapporter et faire descharger sur le compte de ladicte année ; et ceulx de l'année suivante finie au dernier Mars mil vi° dix, à Maistre Jehan de Moisset, commis à faire les payements des restes dudict de Gondy, pour servir à la reddition du compte de la deuxiesme année dudict de Gondy. Lesquels inventaires ont esté signez de nous et dudict Clement au feur et à mesure qu'ils ont été faicts.

---

[1] *Arch. nat.*, E 44, fol. 166, minute de cet arrêt.

CCCXCIII. — Ordonnance
contre Maistre Nicolas Milon,
pour payer les deniers du sel à Maistre Payen.
31 mai 1614. (Fol. 261.)

*De par les Prevost des Marchans et Eschevins
de la ville de Paris.*

«Il est ordonné au premier sergent de ladicte Ville, ou aultre huissier ou sergent sur ce requis, de faire commandement à Maistre Nicolas Millon, fermier particulier des greniers à sel de Loudun, Saulmur, Beaufort, Angers, Ingrande, Sainct-Florent, Quandé, Craon, Pouencé, Chasteau-Gonthier, La Fleche, Le Ludde, Beaugé, Laval, La Gravelle, Mayenne, Erenée et Chasteau du Loir, deppendans de la generalité de Tours[1], de payer comptant à Maistre Pierre Payen, conseiller du Roy recepveur general et payeur des rentes assignées sur le sel, la somme de soixante et dix sept mil quatre cens trente livres cinq solz pour le quartier de Janvier, Febvrier, et Mars dernier, sauf à desduire ce qu'il monstrera avoir sur ce payé; de laquelle somme, pour ledict quartier, ledict Payen est assigné sur ledict Millon pour le payement desdictes rentes, suivant l'estat du Roy du dix neufiesme Decembre dernier; et à faulte de ce faire, y sera ledict Millon contrainct tant par saisye et vente prompte de ses biens que par emprisonnement de sa personne comme pour les propres deniers et affaires de Sa Majesté; comme aussy seront contraincts par les mesmes voyes que dessus Maistres Charles Chartier, s[r] des Couldretz, et Joseph Le Cocq, sieur de Villiers, aux payements de la somme de quarente cinq mil livres tournois, de laquelle ilz sont cautions pour ledict Millon.

«Faict au Bureau de la Ville, le trente ungiesme et dernier jour de May mil six cens quatorze.»

CCCXCIV. — Pareille ordonnance
contre le sieur Robin.
31 mai 1614. (Fol. 261 v°.)

*De par les Prevost des Marchans et Eschevins
de la ville de Paris.*

«Il est ordonné au premier sergent de ladicte Ville, ou aultre huissier ou sergent sur ce requis, de faire commandement à Maistre Thomas Robin, fermier particulier des greniers à sel de Tours, Amboise, Montrichart, Loches, Chinon, Le Mans, La Ferté-Bernard, Chollet[2], et chambres[3] qui en deppendent, de payer comptant à Maistre Pierre Payen, conseiller du Roy recepveur et payeur des rentes de ladicte Ville assignées sur le sel, la somme de soixante ung mil cinq cens quatre vingtz douze livres tournois, qu'il doit pour le quartier de Janvier, Febvrier et Mars dernier; de laquelle somme, pour ledict quartier, ledict Payen est assigné sur ledict Robin pour le payement desdictes rentes, suivant l'estat du Roy du dix neufiesme Decembre dernier. Et à faulte de ce faire, y sera ledict Robin contrainct tant par saisye et vente prompte de ses biens, que par emprisonnement de sa personne, comme pour les propres deniers et affaires de Sa Majesté. Comme aussy, sera contrainct par les mesmes voyes que dessus Pierre Robin, marchant fournissant l'argenterie, au payement de la somme de trente mil livres tournois, de laquelle il est caution pour ledict Maistre Thomas Robin.

«Faict au Bureau de la Ville, le trente ungiesme et dernier jour de May mil six cens quatorze.»

CCCXCV. — Ordonnance pour reintegrer
la fontaine de Monsieur Lescuyer.
31 mai 1614. (Fol. 261 v°.)

*De par les Prevost des Marchans et Eschevins
de la ville de Paris.*

«Il est ordonné que Monsieur L'Escuyer, conseiller du Roy et maistre ordinaire en sa Chambre des Comptes, sera restably et reintegré en la possession de sa fontaine et cours d'onne dans sa maison, seize rue des Prouvelles, pour en jouir comme il a faict cy devant au desir de sa concession du douziesme Aoust mil six cens six[4], lequel restablissement sera faict par Augustin Guillain, Maistre des œuvres de ladicte Ville, en la presence du sieur Merault, l'ung de nous Eschevins.

«Faict au Bureau de ladicte Ville, le samedy trente ungiesme et dernier jour de May mil vi[e] quatorze.»

---

[1] Dans les départements actuels de la Vienne : Loudun; de Maine-et-Loire : Saumur, Beaufort-en-Vallée, Angers, Ingrande, Saint-Florent-le-Vieil, Pouancé, Candé, Baugé; de la Mayenne : Craon, Château-Gontier, Laval, la Gravelle, Mayenne, Ernée; et enfin de la Sarthe : la Flèche, le Lude, Château-du-Loir. — Dans l'énumération fournie par ce texte, nous avons donné sous la forme «Pouencé» le nom qui, dans la minute aussi bien que dans le registre, est écrit «Prouence» et qu'on serait tout d'abord tenté de lire «Prouvence». Cette région ne paraît en effet renfermer aucune localité dont le nom se rapproche de cette dernière forme, tandis qu'en admettant que c'est par erreur que le scribe a intercalé un r entre les deux premières lettres du mot, on peut facilement l'identifier avec Pouancé, petite ville qui, d'après le *Dictionnaire* d'Expilly, possédait un grenier à sel.

[2] Dans les départements d'Indre-et-Loire : Tours, Amboise, Loches, Chinon; de Loir-et-Cher : Montrichard; de la Sarthe : le Mans, la Ferté-Bernard; et de Maine-et-Loire : Cholet.

[3] «Chambres à sel établies dans les lieux dont les greniers sont éloignés», dit le *Dictionnaire* de Trévoux.

[4] Cette concession d'eau en la maison de Jean Lescuyer, rue des Prouvaires, a été publiée au tome XIV, p. 111-112.

CCCXCVI. — Mandement à Jodelet
POUR INTERVENIR AU PROCES DES MESUREURS DE GRAINS.

17 juin 1614. (Fol. 262.)

*De par les Prevost des Marchans et Eschevins
de la ville de Paris.*

«Maistre Jehan Jodelet, procureur des causes de la Ville en la cour de Parlement, nous vous mandons intervenir, pour la Ville, au proces pendant en ladicte Cour entre la communaulté des jurez mesureurs de grains de ladicte Ville, d'une part, et les greiniers demeurant en cestedicte Ville, d'autre. Joignez vous avec lesdictz jurez mesureurs de grains, et soustenez qu'à eux seuls et non ausdictz greiniers appartient la visitation des grains qui sont venduz es ports et places publicques de ceste Ville pour voir et recognoistre si la marchandise est bonne, loyalle et marchande, et qu'ils ont faict de tout temps et antienneté, comme chose deppendant de l'exercice de leurs offices. Et partant requerez que deffenses soient faictes ausdictz greiniers d'entreprendre sur l'office desdictz mesureurs, ny s'entremettre de visiter les grains qui seront exposez en vente es ports et places publicques de cestedicte Ville.

«Faict au Bureau d'icelle, le mardy dix septiesme Juing mil VI⁰ quatorze.»

CCCXCVII. — Commancement des Estatz generaulx tenuz en ceste Ville.

Juin 1614. (Fol. 262 v°.)

POUR LES ESTATS GENERAULX.

Est à notter que l'on a commencé à parler des Estatz generaulx au mois de Juing mil six cens quatorze [1]. *Mais affin de cognoistre la suitte de tout ce qui s'y est passé, le tout est enregistré au registre suivant et vers le mois de febvrier que ont finy lesdictz Estatz* [2].

CCCXCVIII. — Ordonnance
POUR VISITER LES MAISONS DU PONT NOSTRE DAME, AUPARAVANT LE RENOUVELLEMENT DES BAULX.

2 juillet 1614. (Fol. 262 v°.)

Du meccredy deuxiesme de Juillet mil six cens quatorze.

«Sur ce que le Procureur du Roy et de la Ville a remonstré que le neufiesme jour d'Aoust mil VI⁰ neuf, noz predecesseurs firent bail pour six ans aux locataires des maisons du pont Nostre Dame, moyennant le prix et somme de deux cens soixante et deux livres dix sols de loyer par an, pour chacune d'icelles, à la charge de faire faire les reparations et aultres charges portées par ledict bail, lequel doibt expirer au jour Sainct Jehan Baptiste prochainement venant; mais auparavant que de proceder au renouvellement desdictz baulx [3] et pour cognoistre sy lesdictes maisons sont en bon estat de touttes reparations, requeroit qu'elles fussent veues et visittées : Nous, faisant droict sur le requisitoire dudict Procureur du Roy et de la Ville avons ordonné que lesdictes maisons du pont Nostre Dame seront veues et visitées [4] par le Maistre des œuvres de maçonnerye de ladicte Ville, en la presence de l'ung de nous Eschevins, dudict Procureur du Roy et Greffier de ladicte Ville, pour, ce faict et veu les proces verbaulx desdictes visitations, estre par nous procedé au renouvellement des baulx desdictes maisons ainsy que de raison.»

---

[1] A la date du 16 juin 1614 figure, dans les minutes du Bureau de la Ville, un mandement de convocation adressé pour le lendemain aux Conseillers de Ville, afin d'«entendre la lecture des lettres de cachet du Roy à nous envoiées par S. M. touschant l'assemblée generalle des Estatz de ce royaume.» (*Arch. nat.*, H 1891.)

[2] Les textes relatifs à la convocation des États généraux, recueillis dans le registre dont il est ici parlé, comprennent les procès-verbaux des assemblées particulières de la Ville pour l'élection des députés et la préparation du cahier, ainsi que la rédaction définitive de ce cahier. On trouvera dans le tome XVI des *Registres du Bureau*, aux pages 28-98, le texte des procès-verbaux de ces assemblées particulières.

[3] Le bail des soixante-huit maisons du pont Notre-Dame fut passé le 8 août 1614, et personne n'ayant voulu «faire la condition de la Ville meilleure que les locataires qui sont à present demeurans esdictes maisons, lesquelz ont offert deux cens soixante et dix livres de loier par an pour chacune d'icelles», la Ville renouvela les baux de chacun des précédents preneurs pour ce loyer annuel de 270 livres et moyennant certaines conditions énumérées dans l'acte, parmi lesquelles se remarque notamment l'obligation de «faire jecter par chacun jour, six heures du matin, six sceaux d'eaue et autres six sceaux sur les deux heures apres midy, et ce despuis le premier jour de May jusques à la my Septembre, pour esvitter aux cheuttes et accidens qui pourroient arriver à ceux qui passeront à cheval par dessus ledict pont»; par une autre clause, les membres du Bureau stipulaient que le preneur, «au cas où il adviendra pendant led. temps entrée de Roy ou de Roine ou autres solemnitez et triomphes, sera tenu bailler la premiere chambre de ladicte maison à nous ou à ceux que nous y vouldrons envoier en noz places pour veoir iesd. sollempnitez, sans en paier aucune chose.» (*Arch. nat.*, Q¹ᵉ 1099²⁰, fol. 313.)

[4] Le 13 juin précédent, Pierre Guillain avait procédé en bateau à la visite des piles du pont Notre-Dame (*Arch. nat.*, H 1891).

CCCXCIX. — Mandement à Messieurs les collonnelz pour resister, à leurs quartiers, aux viollances et esportz.

7 juillet 1614. (Fol. 263.)

De par les Prevost des Marchans et Eschevins de la ville de Paris.

«Monsieur le President du Blanc mesnil, collonnel, suivant la resolution prise en l'assemblée de Messieurs les collonnels de ceste Ville, du mecredy deuxiesme jour du present moys[1] pour adviser aux moyens d'empescher que les efforts et viollances avec assemblée et port d'armes, attentez depuis quelque temps contre les bourgeois de ceste Ville et aultres[2], ne continuent à l'advenir et maintenir chacun en seureté soubz l'obeissance du Roy, nous vous prions advertir les capitaines de vostre collonnelle qu'ils y enjoindre à tous les bourgeois de leurs compagnies d'avoir en leurs boutiques, salles, et aux lieux plus proches de leurs portes, chacun des hallebardes et aultres armes de main, les advertir que quant il y aura rhumeur en leurs quartiers soit pour querelles, ravissemens ou enlevemens de filles, femmes et aultres personnes ou quelques aultres exceds et violances, qu'ils ayent à sortir anssy tost de leursdictes maisons avec leursdictes hallebardes en main, se rendre pres de leurs chefs, affin de s'opposer contre tous ceulx qui feront lesdicts exceds et violances, se rendre les plus forts et faire obeyr le Roy et justice, mesme aussy tost faire tendre les chesnes pour empescher de passer les executeurs de telles viollances.

«Faict au Bureau de la Ville, le lundy septiesme jour de Juillet mil six cens quatorze[3].»

CCCC. — Advis et propositions d'ung nommé Guillaume Boullanger.

11 juillet 1614. (Fol. 263 v°.)

«Les Prevost des Marchans et Eschevins de la ville de Paris, qui ont veu le memoire presenté au Bureau par Guillaume Boullanger, sieur d'Inville, gendarme de la compagnie de Monsieur le duc de Longueville, contenant que, pour le bien et affaires de la Ville, payement des rentes d'icelle, institution de grandes charitéz, et pour le bien generallement de tous de quelque qualité qu'ils soient, il a un bon et grand advis, lequel il desire nous communicquer pour le mettre en lumiere et le faire executer, en luy accordant le centiesme denier de ce qui proviendra de sondict advis, pendant le temps de vingt ans, pour en jouir, ses assotiez et heritiers, et oultre lny accorder la somme de quinze mil livres payables comptant et trois moys apres l'establissement dudict advis : Nous, soubz le bon plaisir du Roy, avons accordé audict Boullanger le centiesme denier de ce qui proviendra de son advis, et oultre la somme de quinze mil livres tournois dans trois moys apres l'establissement d'icelluy advis et des mesmes deniers qui en proviendront et non autrement, pourveu qu'il y ait asseurance qu'il se recevra du moings dudict advis

---

[1] Les minutes du Bureau de la Ville (Arch. nat., H 1891) renferment le mandement du 2 juillet qui invite les colonels à se réunir au Bureau de la Ville «ce jourd'huy, quatre attendant cinq heures de relevée, pour entendre ce que nous avons à vous dire et proposer pour le bien et seureté de ceste Ville».

[2] Des détails circonstanciés sur l'événement qui provoqua ce mandement sont donnés au tome suivant (p. 44-46), dans les notes qui accompagnent les procès-verbaux des séances de la commission chargée de la rédaction des cahiers de doléances à présenter aux États généraux (30 juin 1614). La première de ces séances s'ouvre en effet par une délibération invitant le Prévôt des Marchands et les Échevins Desprez et Merault à aller trouver la Reine «pour luy faire plaincte de l'entreprise faicte par aulcuns seigneurs de la court sur l'enlevement de la fille du sieur Barré, depuis quatre jours en ça et autres exceds et viollences», et l'on trouvera là des extraits des registres du Parlement relatifs à ce crime.

[3] Les registres du Bureau des finances ont gardé trace d'opérations relatives aux travaux de Rungis, auxquelles les membres du Bureau de la Ville durent prendre part, à cette époque, avec les Trésoriers de France : le 8 juillet 1614, le trésorier de France Lefebvre, chargé d'un rapport «pour congnoistre si le desseing des fontaines de Rungis estoit bien faict et s'il y avoit moien, au lieu de 11 piedz de haulteur de les mettre à dix», expose qu'il «auroit esté trouver le president Jeanain en sa maison de Chaliot où estoient Messieurs le Chancelier et de Villeroy assemblez, lesquels ayant veu ledict desseing auroient resolu qu'il estoit besoing se transporter de nouveau ausdictes fontaines de Rungis pour faire nouveau desseing... Sur quoy a esté ordonné que l'on se transporteroit sur les lieux avec les sieurs Prevost des Marchans et Eschevins et assignation prise à demain de relevée» (Arch. nat., Z¹ᵉ 160, fol. 107 v°). Cette visite eut lieu le lendemain 9 juillet, car un arrêt du Conseil du 20 novembre suivant, visant les procès-verbaux de visite des 2 juin et 9 juillet 1614, fait droit à une requête où Jean Gobelin et ses associés exposaient que «depuis quelque temps en ça les trésoriers généraux de France, les Prévôt des Marchands et Échevins, les architectes «Franchigny» et Methezeau, Claude Velfaux et autres experts s'étant transportés sur les lieux, avaient reconnu que l'on ne pouvait bâtir sur les «anciennes fondations du vieulx acqueducz d'Arcueil qui «n'estoient suffisantes pour porter l'edifice», et qu'il était nécessaire de «continuer le rehaussement de la voulte et acqueduc pour la conduicte des eaux depuis la descharge de Fresne». Le Conseil leur permet, en conséquence, d'abandonner le plan primitif et de suivre le «plan et desseing qui en a esté dressé par led. Franchigny», et leur accorde une augmentation de prix évaluée par les experts à la somme de 99,600 ", dont 31,000 " leur seront payées comptant, et le reste au fur et à mesure des travaux. (Arch. nat., E 47*, fol. 112.)

la somme de trois cens mil livres tournois, à la charge que dedans lundy prochain ledict Boullanger nous baillera par escript son advis et proposition et les moyens de parvenir à l'execution, pourveu qu'il soit trouvé bon, juste et non prejudiciable au publicq ny à la foule du peuple.

« Faict au Bureau de la Ville, le vendredy unziesme Juillet mil vi⁰ quatorze. »

CCCCI. — Mandement à Messieurs les collonnels pour faire visitation et recherches en ceste Ville.

11 juillet 1614. (Fol. 264.)

De par les Prevost des Marchans et Eschevins de la ville de Paris.

« Monsieur....., collonnel, nous vous prions de faire et faire faire par les capitaines, lieutenans et enseignes de vostre collonnelle, demain de grand matin, une exacte recherche par les maisons des hostelleries, chambres garnyes et loquantes, et s'informer soigneusement de ceulx qui y sont logez et y sont arrivez depuis trois jours, et nous en rapporter le proces verbal dedans ledict jour de demain.

« Faict au Bureau de la Ville, le vendredy unziesme Juillet mil vi⁰ quatorze. »

Pareil envoyé à chacun de Messieurs les collonnels de ceste Ville.

CCCCII. — Assemblée sur le subject d'aulcunes rentes negligées et non demandées pour employer au rachat d'autres petittes rentes.

15 juillet 1614. (Fol. 264.)

« Monsieur....., plaise vous trouver demain, deux heures de relevée, au Bureau de la Ville, pour adviser à ce qui sera à faire d'aucunes rentes qui se trouvent negligées depuis quelque temps ença, selon qu'il vous sera plus particulierement faict entendre.

« Faict au Bureau de la Ville, le lundi quatorziesme jour de Juillet mil vi⁰ quatorze.

« Les Prévost des Marchans et Eschevins de la ville de Paris, tous vostres. »

Du mardy quinziesme jour de Juillet mil vi⁰ quatorze.

En l'assemblée de Messieurs les Prevost des Marchans, Eschevins et Conseillers de la Ville, ledict jour tenue au Bureau d'icelle pour adviser à ce qui sera à faire d'aucunes rentes qui se trouvent negligées depuis quelque temps ença, selon que sera particulierement faict entendre, sont comparuz :

Monsieur de Grieu, sieur de Sainct Aubin, Prevost des Marchans;

Monsieur Desprez, Monsieur Merault, Monsieur Desneux, Monsieur Clapisson, Eschevins;

Monsieur Le Prestre, conseiller en la cour de Parlement;

Monsieur Le Tonnellier, conseiller en la Cour des Aydes;

Monsieur Arnauld, advocat;

Monsieur de Sainct Germain, sieur de Ravynes, Conseillers de la ville.

La compagnie estant assemblée, mondict sieur Le Prevost des Marchans a remonstré que, depuis qu'il est entré en ladicte charge, il a faict la recherche des rentes du Clergé qui sont negligées ny demandées depuis la reduction de ceste Ville, entre lesquelles il y a infinies petittes parties de xx⁸, xxx⁸, lx⁸, et de plus et moings, dont il a faict ung estat particulier à environ trois mil livres par an. Lesquelles rentes sont tirées en debets dans les comptes des recepveurs, qui en faict augmenter la despence, et sont lesdictz deniers inutilz es mains desdictz receveurs depuis le premier jour de Janvier mil vi⁰ quatre jusques à present. Et quand à ceulx d'auparavant ont été payés à Maistre Louis Massuau, suivant le party qu'il a faict avec le Roy des debets des quictances depuis l'année mil v⁰ lxx jusques au dernier Decembre mil vi⁰ trois. Et estoit à adviser ce que l'on feroit desdictes rentes ainsy negligées, de craincte que quelque aultre partisan ne vienne mettre la main. C'est pourquoy il auroit faict assembler ceste compagnie, requerant en voulloir deliberer.

Nous, apres avoir mandé en ladicte assemblée Maistres Christophe Martin, et Paul de la Barre, receveurs et paieurs desdictes rentes du Clergé, qui ont dict qu'ilz estoient prest à vuider leurs mains des deniers desdictes rentes negligées et non demandées, en le faisant dire par arrestz de Messieurs du Conseil du Roy, veriffié en la Chambre des Comptes, pour leur descharge.

Sur quoy, eulx estans retirez et l'affaire mise en deliberation, a esté conclud et arresté qu'il sera faict ung estat au vray desdictes rentes negligées et non demandées depuis la reduction de cestedicte Ville, et seront les deniers estans entre les mains des receveurs et payeurs desdictes rentes, depuis ledict premier jour de Janvier mil vi^c quatre jusques à present, qui pourront monter à vingt ou vingt quatre mil livres, employez au rachapt des petites rentes sur ladicte nature du Clergé et jusques à vingt cinq livres et au dessoubz, lesquels rachapts seront faicts aux particuliers, selon la datte et priorité de leurs contracts de constitution. Et pour l'advenir lesdictz recepveurs employeront tousjours lesdictes rentes ainsy negligées et non demandées dans leursdictz comptes, et en tireront les parties à ject; et neanlmoings par chacun an, ils en retiendront le fondz à part pour employer comme dessus au rachapt d'icelles petites rentes. Et pour l'execution de ce que dessus, ladicte Ville obtiendra arrestz de nosdictz seigneurs du Conseil du Roy et lettres sur iceluy aux fins que dessus, lesquelles seront bien et deuement veriffiées en la Chambre des Comptes.

CCCCIII. — Dix archers de la Ville par chacun jour et tour à tour à l'Hostel de la Ville, pour servir aux occasions.
17 juillet 1614. (Fol. 265 v°.)

De par les Prevost des Marchans et Eschevins de la ville de Paris.

«Il est ordonné aux capitaines des arquebusiers, archers et arbalestriers de ladicte Ville, d'envoyer d'oresnavant et l'ong apres l'autre, par chacun jour, dix hommes de leurs compagnies, vestuz de leurs hocquetons et armez, assavoir six avec hallebardes, et les quatre aultres avec harquebuses, pour y demeurer depuis sept heures du matin jusques à sept heures du soir, pour se servir desdictz archers aux occasions qui se presenteront et selon qu'il leur sera par nous ordonné. Et commanceront à entrer en garde demain les dix de la compagnie desdictz arquebusiers, le lendemain les dix de la compagnie des archers, et l'aultre jour d'apres, ceulx de la compagnie desdictz arbalestriers et ainsy continuer consecutivement, l'ung apres l'autre, jusques à ce que autrement en ayt esté ordonné.

«Faict au Bureau de ladicte Ville, le jeudy xviie Juillet 1614.»

CCCCIV. — Mandement aux collonels pour empescher les emotions et tumultes.
17 juillet 1614. (Fol. 266.)

De par les Prevost des Marchans et Eschevins de la ville de Paris.

«Monsieur le President de Blancmesnil, collonnel, nous vous avons cy devant envoyé mandement pour donner ordre et advertir les bourgeois de vostre collonnelle de tenir en leurs boutiques, salles, allées ou aultres lieux plus commodes de leurs maisons, des hallebardes et aultres armes de main, affin d'empescher les emotions, tumultes, forces et viollances qui pourroient survenir, et se rendre avec lesdictes armes pres de leurs chefs pour faire ce qui leur seroit par eulx ordonné. Ce que, encores qui ayt esté par vous executé selon nosdictz mandements et intention, neanlmoings en quelques occasions qui s'en sont presentées depuis nosdictz mandements, lesdictz bourgeois ne se sont trouvez prestz ny promptz à executer ce qui leur a esté ordonné de nostre part et de la vostre, qui nous a donné subject de vous prier derechef de les advertir et faire advertir par les capitaines, lieutenants et enseignes de vostre collonnelle, de tenir leurs dictes armes prestes selon qui leur a esté enjoinct, et satisfaire en tout à nostredict mandement precedent. Et pour nous asseurer de la diligence qui en aura esté faicte, nous vous prions de faire et faire faire par vosdictz capitaines une reveue par les maisons de leurs compagnies pour recognoistre s'ilz y auront satisfaict, pour nous en donner advis.

«Faict au Bureau de la Ville, le jeudy xviie Juillet mil vi^c quatorze [1].»

Pareil mandement envoyé à chacun de mesdictz sieurs les collonnels.

---

[1] Il nous semble interessant de reproduire ici la relation par les Échevins Desprez et Clappisson d'une manifestation tumultueuse de la populace qui se produisit en place de Grève, le 19 juillet 1614, à propos d'une execution. On y voit le rôle de pacificateurs que les Échevins avaient à jouer en pareilles circonstances:
«L'an mil vi^c quatorze, le samedy xixe jour de Juillet, nous, Robert Desprez, advocat en Parlement, Ysrael Desneux, grenetier de ceste ville de Paris, et Pierre Clappisson, conseiller du Roy en son Chastellet, Eschevins de ladicte ville de Paris, estans au Bureau de ladicte Ville pour l'expedition des affaires d'icelle, aurions esté advertis environ les deux heures de relevée qu'il se devoit faire une execution en la place de Greve d'un orfevre que l'on disoit estre de la religion pretendue reformée, qui nous auroit faict resoudre de ne sortir dudict Hostel de Ville jusques à ce que ladicte execution fust faicte, afin de tenir la main qu'il n'advint aucun desordre et esmotion comme il estoit advenu quelques jours auparavant en pareille execution. Et peu de temps apres, environ les trois, aurions veu arriver en ladicte place de Greve ung patiant en la charrette de l'executeur de la haute justice, assisté d'un homme d'eglise duquel il auroit esté consolé jusques à l'execution, qui a esté faict paisiblement et en assemblée de peuple asses mediocre. Et apres, environ les cinq heures, auroient aussi esté amenez en ceste place deux aultres condamnez, l'un estant dedans la charrette

CCCCV. — Affiches pour publier les maisons du pont Nostre-Dame estre à bailler.

26 juillet 1614. (Fol. 266 v°.)

De par les Prevost des Marchans et Eschevins de la ville de Paris.

«On faict assavoir que les maisons du Pont Nostre-Dame appartenant à ladicte Ville seront baillées à loyer au plus offrant et dernier encherisseur, mecredy prochain, deux heures de relevée, au Bureau de la Ville, pour six années commanceans au jour Sainct Jehan Baptiste que l'on comptera mil vi^c quinze. Et seront toutes personnes receues à y mettre encheres, à la reserve toutttes fois de trois desdictes maisons dont les baulx particuliers ne sont expirez.

«Faict au Bureau de la Ville, le samedy vingt sixiesme jour de Juillet mil vi^c quatorze.»

CCCCVI. — La fontaine de Monsieur le President Gayant restablye.

1er août 1614. (Fol. 266 v°.)

De par les Prevost des Marchans et Eschevins de la ville de Paris.

«Il est ordonné que Monsieur le President Gayant sera restably et reintegré en la possession de sa fontaine et cours d'eau dans sa maison scize rue des Prouvelles, pour en jouir comme il a faict cy devant, au desir des lettres de sa concession dattées des trentiesme jour d'Aoust mil cinq cens cinquante neuf, vingt et ungiesme Mars mil v^c lxvi et quatriesme jour d'Octobre mil vi^c cinq [1]; lequel restablissement sera faict par Augustin Guillain, Maistre des oeuvres de ladicte Ville, en la presence du sieur Merault, l'ung de nous Eschevins.

«Faict au Bureau de ladicte Ville, le vendredy premier jour d'Aoust mil vi^c quatorze [2].»

CCCCVII. — Assemblée pour entendre la volonté de la Royne sur le subject de l'Eslection.

2 août 1614. (Fol. 267.)

«Monsieur......, plaise vous trouver ce jourd'huy, quatre heures de relevée, en l'Hostel de la Ville, pour entendre la volonté de la Royne, portée par ses lettres à nous envoyées sur le subject de l'election. Vous priant n'y voulloir faillir.

«Faict au Bureau de la Ville, le samedy deuxiesme jour d'Aoust mil six cens quatorze.

«Les Prevost des Marchans et Eschevins de la ville de Paris, tous vostres.»

dudict executeur, assis et seul, et l'autre attaché au cul et derriere d'icelle, nud de la sinture en hault, conduitz par M. Croyet, conseiller en Chastellet, accompagné de bon nombre d'archers à cheval et de sergens à pied, qui avec grand peine sont arrivez à la potance aprestée pour ladicte execution à cause de l'affluance du peuple qui estoit venu et arivoit de toutes pars et dont la place estoit entierement remplie. Peu apres laquelle arrivée et la lecture et publication faicte du jugement et condamnation, celluy des condannez qui estoit dans ladicte charrette en auroit esté tiré et conduict à la potance par l'executeur où il auroit esté executé à mort sans aucun bruict, commotion ou tumulte du peuple. Et ce faict, celluy qui estoit attaché nud au derrierre de laditte charrette auroit esté mené et conduict au pied de laditte potance et fustigé suivant le jugement. Et lors se seroient eslevées soudainement plusieurs voix d'entre le peuple crians : «Foitte, foitte, foitte fort.» Et l'execution parrachevée se seroient lesdictz sieur Croyer, archers et sergens dont il estoit accompagné retirez et ledict patiant qui avoit esté fustigé se seroit rengé pres de la charrette où il estoit auparavant attaché pour reprendre les habitz qui y estoient, ce qu'il auroit faict. Et se voulant retirer auroit esté saisi par aucuns d'entre le peuple le poussans et tirans d'un costé et d'austre, quelques-uns l'offenceans de coups de pieds et de poing, et s'entendoient quelques voix confuses, crians : «*Huguenot*», prenans en ce tumulte, comme il sembloit, le chemin vers la riviere. Et lors pour remedier à ce desordre et empescher qu'il n'en advint de plus grand, nous, Desprez et Clapisson susdictz, ser[i]ons hastivement descendus dudict Bureau, où nous aurions tousjours esté pendant laditte execution, et nous faisans accompagner des archers estans à la porte dudict Hostel de Ville où ilz se rendent journellement en nombre de douze suivant l'ordonnance de Monsieur le Gouverneur et de ladicte Ville pour obvier à tous inconveniens pendant l'absence du Roy, nous serrions en haste transportez au lieu où se faisoit ledict tumulte à travers la presse du peuple qui y courroit de toutes parts. Et y estans parvenus se seroient promptement evadez ceux qui tenaient ledict fustigé, qui seroit demeuré entre nous et nosdictz archers, sans que nous ayons peu recongnoistre aucun de ceux qui luy avoient faict lesdictz outrages et violances, pour ce qu'à nostre arrivée ilz se seroient promptement glissez et meslez parmy le peuple qui nous en a osté la congnoissance; et en ayans saisis aucuns de ceux qui estoient plus proches, aurions esté accertainés par autres là presens et par ledict fustigé mesme qu'il n'avoit receu aucun outrage de ceux que nous tenions et qu'au contraire ilz s'estoient mis en effort de le garentir et sauver, au moyen de quoy nous serions retirez audict Hostel de Ville, où nous aurions pareillement faict entrer ledict fustigé et donné ordre pour faire retirer le peuple promptement et paisiblement. Et aurions esté advertis par aucunes personnes d'honneur que lorsque les armes de nosdictz archers parurent en la place, plusieurs d'entre le peuple s'enfuyans disaient que s'estoient les huguenotz qui avoient prins les armes. Et tout ce que dessus certifions estre vray. (Signé: Desprez, Clapisson.» (*Arch. nat.*, H 1891.)

[1] Voir *Registres du Bureau*, t. XIV, p. 13.

[2] Le même jour, ordre fut donné par le Bureau de rechercher d'où provenait le manque d'eau constaté à la fontaine Troussevache et à la fontaine particulière existant dans la maison du sieur de Lescalopier (*Arch. nat.*, H 1891).

Du samedy deuxiesme jour d'Aoust mil vi.e quatorze.

En l'assemblée de Messieurs les Prevost des Marchans, Eschevins et Conseillers de ladicte Ville, ledict jour tenue au Bureau d'icelle, pour entendre la volonté de la Royne, portée par ses lettres à nous envoyées sur le subject de l'eslection.

Sont comparuz :

Monsieur de Crieux, sieur de Sainct Aubin, conseiller du Roy en sa cour de Parlement, Prevost des Marchans.

Monsieur Desprez, Monsieur Desneux, Monsieur Clapisson, Eschevins;

Monsieur de Versigny, Monsieur Violle, sieur de Roquemont, Monsieur Le Prestre, Monsieur Perrot, Monsieur Amelot, Monsieur Aubry, sieur d'Auvillier, Monsieur Le Tonnellier, Monsieur Prevost, sieur d'Herbelay, Monsieur Lamy, Monsieur Pothier, sieur de Quevilly, Monsieur Abelly, Monsieur Sainctot, Conseillers de Ville.

La compagnie estant assemblée, Monsieur le Prevost des Marchans a remonstré que la Royne regente luy a envoyé des lettres missives, escriptes de Poictiers le xxix.e Juillet dernier[1], par lesquelles Sa Majesté desire que l'eslection du Prevost des Marchans et Eschevins soit differée jusques à son retour en ceste Ville, qui sera à la fin du present moys. C'est pourquoy il a faict assembler la compagnie pour luy communicquer lesdictes lectres et entendre la volonté de Sadicte Majesté; requerant la compagnie en vouloir deliberer.

Sur quoy, lecture faicte desdictes lectres de cachet données à Poitiers le vingt neufiesme jour dudict moys de Juillet, signées : «MARIE», et au dessoubz «DE LOMENYE»; ouy sur ce ledict Procureur du Roy et de ladicte Ville et l'affaire mise en deliberation :

A esté arresté que Monsieur le Prevost des Marchans fera responce à la Royne à laquelle il fera entendre avoir communiqué ses lettres au Conseil de ladicte Ville, et apres les avoir mises en deliberation, qu'il n'a poinct esté jugé par la compagnie estre de son service de differer le jour de l'eslection, ains la supplier d'avoir agreable qu'il soit proceddé à ladicte eslection selon et au jour qu'il est accoustumé suivant les previlleges de ladicte Ville.

CCCCVIII. — Lettre missive à la Royne, mere du Roy.

3 août 1614. (Fol. 268.)

Lettre à la Royne.

Madame,

«Monsieur le Prevost des Marchans ayant, le premier jour d'Aoust au soir, recen lettres de Vostre Majesté du xxix.e de Juillet, par lesquelles, pour les affaires qui luy estoient survenues, elle luy faisoit entendre qu'elle ne pourroit estre de retour en ceste Ville qu'à la fin du present mois, et desiroit l'eslection des Prevost des Marchans et Eschevins estre differée jusques à ce temps, il nous les a communiqué le lendemain, et nous estions disposez à y satisfaire et à y obeyr en tout et partout, comme nous ferons toujours en tout ce qu'il plaira à Vostre Majesté nous commander, croyans que chacun y deust apporter une anssy prompte volonté. Mais estans obligez, selon que l'on a accoustumé d'en user en telles affaires, d'en communiquer au Conseil de la Ville, nous l'avons des le mesme jour assemblé, où lecture ayant esté faicte desdictes lettres auroit esté resolu à la pluralité des voix, contre nostre esperance, que Vostre Majesté seroit tres humblement suppliée de trouver bon que l'on procedast à l'eslection au jour accoustumé, et que ladicte remise n'estoit le bien de vostre service. Ce que nous avons estimé estre necessaire de faire entendre à Vostre Majesté, affin qu'il luy plaise nous commander ce qui sera de sa volonté, à laquelle nous sommes tellement disposez de satisfaire qu'aussy tost qu'il luy aura pleu la nous faire entendre, elle se peut asseurer d'estre entierement obeye, sans qu'il s'y trouve aulcune difficulté ou empeschement, pour ce que nous la supplions de croire que, soubz l'auctorité de ses commandements, nous disposerons toujours le peuple à faire ce que vous jugerez estre du service de Voz Majestez, sans entrer en doubte que aucun y puisse apporter de l'empeschement, dont aussy nous ne croyons pas que personne ayt la volonté. Et sur ce prions Dieu,

---

[1] Le 5 juillet 1614, le Roi et la Reine étaient partis de Paris pour aller rétablir en Poitou et en Bretagne l'autorité royale compromise dans ces provinces par les menées du prince de Condé et du duc de Vendôme (*Mémoires* de Richelieu, t. I.er, p. 293. *Arch. nat.*, X.1A 1864, fol. 340, et P 2671, fol. 97, relation des paroles adressées par la Reine à Messieurs du Parlement et de la Chambre des Comptes quand ils vinrent prendre congé d'elle le 4 juillet). Louis XIII et Marie de Médicis firent leur entrée à Poitiers le 28 juillet (*Mémoires* de Pontchartrain, édit. Michaud, p. 333) et y «furent reçus, disent les *Mémoires* de Richelieu, avec applaudissement de tout le peuple».

«Madame,

«Qu'il luy plaise conserver Vosdictes Majestez en prosperité et santé avecq accroissement de gloire et de felicitez.

«Vos tres humbles et tres obeissants subjects les Prevost des Marchans et Eschevins de la ville de Paris[1].

«Du Bureau de la Ville, le III° Aoust 1614.»

Pareille envoyée à la Royne, mere du Roy, regente de France.

CCCCIX. — [Visitation du pont levis de la porte Saint-Jacques et marché pour y travailler].

1ᵉʳ-5 août 1614. (Fol. 268 v°.)

«De l'ordonnance verballe de Messieurs les Prevost des Marchans et Eschevins de ceste ville de Paris, je, Jullien Pourrat, Maistre des oeuvres de charpenterie de ladicte Ville, me suis transporté à la porte Sainct Jacques pour voir et visiter ce qu'il convient faire de charpenterie au pont levis de ladicte porte; et ayant veu et visité dessus et dessoubs ledict pont, ay trouvé qu'il est de besoing et necessaire de faire le pont levis tout neuf, garny de deux chevesseux de unze pieds de long chascun, onze poulces de grosseur, entre lesquels seront assemblées six sollives de quatorzé pieds de long chacune, six à sept poulces de grosseur, deux contrefiches assemblées entre lesdictes sollives et chevesseux d'embas dudict pont, de cinq pieds de long chacune, six poulces de grosseur, au dessus desquelles sollives et chevesseux sera peuplé d'ais joinctives de quatorze pieds de long, sur dix pieds et demy de large et de deux poulces d'espoisseur. Faire aussi la basculle et tappecul dudict pont levis garny de deux fleiches de cinq thoises et demye de long ou environ chacune, de quatorze poulces de grosseur, deux entretoises de dix pieds de long chacune et de pareille grosseur, deux croix Sainct André de quinze pieds de long chacune, dix poulces d'espoisseur, et quatorze poulces de large, et mettre aussi des barrieres d'assemblaiges à l'ung des costez dudict pont levis, garnis de trois barrieres, l'une au dessus et l'aultre de dix pieds de long chacune, six poulces de grosseur; deux potteaulx assemblez entre lesdictes barrieres de quatre pieds et demy de long, six poulces de grosseur, et faire anssy une fleiche à la planchette d'icelle porte de cinq thoises et demie de long, quinze poulces de grosseur.

«Item faire aussy une barriere à l'un des costez de ladicte planchette, garnis de trois barrieres de douze piedz de long et deux potteaulx de quatre pieds de long; le tout assemblé l'ung avec l'aultre. Et le tout ce que dessus certiffie estre vray, tesmoing mon seing cy mis, le premier jour d'Aoust mil vi° quatorze.»

Signé : «Jullien Pourrat».

Du cinquiesme jour d'Aoust mil vi° quatorze.

«Ledict jour Messieurs les Prevost des Marchans et Eschevins de la ville de Paris ont faict marché avec Jullien Pourrat, Maistre des oeuvres de charpenterie de ladicte Ville, de faire bien et deuement par ledict Pourrat les ouvrages de charpenterie mentionnés au rapport cy devant transcript pour la refection du pont levis de la porte Sainct Jacques, et fournir le bois, peines d'ouvriers et toutes choses à ce necessaires et en place, et le rendre le tout faict et parfaict dans trois sepmaines prochain venant, moyennant le pris et somme de trois cens quarante livres pour chacun cent de bois au compte des marchans. Laquelle somme luy sera payée par Maistre Claude Lestourneau, Receveur du domaine, dons et octroys de ladicte Ville, des deniers desdictz dons et octroys au feur et à mesure qu'il travaillera et selon noz ordonnances et mandements.

«Faict au Bureau de ladicte Ville, les an et jour que dessus.»

CCCCX. — Devis et marché des figures et scultures du bastiment de la porte Sainct Martin.

6 août 1614. (Fol. 269 v°.)

Devis de ce qu'il convient faire et sculpter au bastiment de la porte Sainct Martin en trois armoyries et trois tables de marbre qui seront posées en plusieurs endroicts, et ce pour Messieurs les Prevost des Marchans et Eschevins de l'Hostel de ceste ville de Paris.

«Premierement,

«Convient sculpter dans la bosse de pierre de

---

[1] La minute portait *serviteurs* au lieu de *subjectz*, et on y avait rayé la mention «Prevost des Marchands et», en ajoutant celle-ci : «et Conseillers». On ne saurait déterminer avec certitude si la lettre a été expédiée suivant la formule donnée par la minute ou suivant celle qui a été conservée par le registre. En tout cas, il serait étonnant que le Prévôt n'eût pas signé, puisque c'était à lui que l'assemblée avait donné mission spéciale d'écrire à la Reine. Peut-être se refusa-t-il à combattre les désirs de la souveraine?

Sainct Leu qui sera faicte et laissée par l'entrepreneur dudict bastiment du costé dans la Ville, au millieu d'iceluy et à l'endroict de l'entablement, une grande armoirie de France et de Navarre couronnée et accompagnée de deux grandes figures de huict à neuf piedz de hauteur, de demy bosse au moings, et dont la bosse generalle contiendra douze piedz de large et quinze pieds de hault, mesmes au bas de l'armoirie ung feston accompagné d'enroullemens.

«Item, convient du costé dans ladicte Ville insculper es bossages qui y sont de present, sçavoir l'ùng à droict et l'autre à gaulche, qui ont chacun cinq pieds en carré, les armoiries de la Royne regente d'ung costé, et de l'aultre celles de la Ville. Le tout et selon qu'iceulx bossages le permettront.

«Item, convient faire et fournir une table de marbre noir qui aura trois pieds et demy de longueur sur deux pieds de large, laquelle sera gravée de lettres romaines et icelles dorées suivant le memoire qui en sera baillé par iceulx sieurs; icelle rendue en place et ce soubs l'appuy de la croisée estant au dessus de la porte au premier estage.

«Plus, convient faire deux aultres tables de marbre de pareille grandeur ou environ, gravée et dorée suivant l'inscription qui en sera delivrée par mesdictz sieurs, l'une pour mettre et poser dans le bastiment neuf de la Ville, et l'aultre au premier regard de la fontaine de Rongis.

«Tous lesquels ouvrages seront bien et deuement faictes, au dire du Maistre des oeuvres de ladicte Ville ou aultres gens ad ce cognoissans qu'il plaira à ladicte Ville ad ce commettre.»

Du mecredy sixiesme jour d'Aoust mil vi[e] quatorze.

«Ledict jour Messieurs les Prevost des Marchans et Eschevins de la ville de Paris ont faict marché avec Pierre Bernard[1], maistre sculpteur en ceste Ville, de faire bien et deuement par ledict Bernard touttes et chacunes les ouvrages, sculptures, marbres, inscriptions et tout ce qui est mentionné par le devis de l'autre part, fournir de touttes choses à ce necessaire et les rendre faicts et parfaicts et en place bien et deuement, comme dict est, et au dire du Maistre des oeuvres de ladicte Ville et aultres gens à ce cognoissans dedans ung moys prochainement venant, moyennant le pris et somme de six cens cinquante livres tournois qui luy seront payez par Maistre Claude Lestourneau, Receveur du domaine, dons et octroys de ladicte Ville, des deniers destinez pour le bastiment de ladicte Ville, au feur et à mesure qu'il travaillera et selon nos ordonnances et mandements.

«Faict au Bureau de ladicte Ville, les an et jour que dessus.»

CCCCXI. — Mandement à Le Secq touchant la maison de la Marchandise.

9 août 1614. (Fol. 270 v°.)

De par les Prevost des Marchans et Eschevins de la ville de Paris.

«Maistre Geoffroy Le Secq, procureur des causes de la Ville au Chastellet de Paris, nous vous mandons intervenir, pour la Ville, en la cause pendante audict Chastellet entre Benigne Havart, femme autorisée par justice au reffus de maistre Christophe de Bury, demanderesse d'une part, et la veufve feu Robert Panyer, locataire d'une maison appartenant au domaine de ladicte Ville, scize à la Vallée de Miseres appellée la maison de la Marchandise[2], d'aultre : prenez le faict et cause pour ladicte venfve Panier, et remonstrez qu'il est question des droicts du domaine de ladicte Ville, dont la cognoissance appartient à Nosseigneurs de la cour de Parlement où ladicte Ville a ses causes commises en premiere instance; requerez le renvoy de ladicte cause par devant nosdictz seigneurs de la cour de Parlement et, en cas de desny, en appellez comme de juge incompetant.

«Faict au Bureau de ladicte Ville, le neufiesme jour d'Aoust mil six cens quatorze.»

CCCCXII. — Assemblée sur la resignation de l'office de Conseiller de la Ville de Monsieur Le Tonnellier au profict de Monsieur Berthelemy.

11 août 1614. (Fol. 271.)

«Monsieur de Versigny, plaise vous trouver lundy prochain, une heure precise de relevée, au Bureau

---

[1] On a déjà vu, au tome précédent, Pierre Bernard ou Besnard employé plusieurs fois par la Ville pour graver des inscriptions sur divers monuments.

[2] On trouve au tome XII des *Registres du Bureau* (p. 458, note 2) des renseignements détaillés sur cette maison qui avait été louée à Robert Panier le 7 août 1600.

de la Ville, pour deliberer sur la resignation que Monsieur Le Tonnellier, l'ung de Messieurs les Conseillers de ladicte Ville, entend faire de sondict office de Conseiller de la Ville, pour, au nom et au proffict de Monsieur Berthelemy, maistre des Comptes. Vous priant n'y voulloir faillir.

«Faict au Bureau de ladicte Ville, le samedy neufiesme jour d'Aoust mil six cens quatorze.

«Les Prevost des Marchans et Eschevins de la ville de Paris, tous vostres.»

«Par devant les nottaires et gardes nottes du Roy nostre sire au Chastellet de Paris soubsignez fut present en sa personne Monsieur Maistre Claude Le Tonnellier, sieur de Bretueil, conseiller du Roy general en sa Cour des Aydes, et Conseiller de la ville de Paris[1], demeurant rue du Grand Chantier, parroisse Sainct Nicolas des Champs, lequel a faict et constitué, faict et constitue son procureur..., auquel il a donné et donne pouvoir et puissance de, pour luy et en son nom, resigner et remettre purement et simplement es mains de Messieurs les Prevost des Marchans et Eschevins de ceste ville de Paris sondict estat et office de Conseiller de cestedicte Ville, pour en estre pourveu par lesdictz sieurs telle aultre personne que bon leur semblera. Et generallement, etc., promettant, etc., obligeant, etc.

«Faict et passé en la maison dudict sieur de Bretueil, le vendredy avant midy huictiesme jour d'Aoust mil six cens quatorze.»

Et a signé : «Le Tonnellier, Le Normant» et «Courtilier.»

«Par devant les nottaires et gardes nottes du Roy nostre sire en son Chastellet de Paris soubsignez, fut present Monsieur Maistre Claude Le Tonnelier, sieur de Bretueil, conseiller du Roy general en sa Cour des Aydes à Paris et Conseiller de la ville de Paris, demeurant rue du Chantier, paroisse Saint Nicolas des Champs, lequel a faict et constitué son procureur..., auquel il a donné pouvoir et puissance de, pour luy, en son nom, resigner et remettre es mains de Messieurs les Prevost des Marchans et Eschevins de cestedicte Ville sondict estat et office de Conseiller de ladicte Ville pour, au nom et au proffict de noble homme Maistre Anthoine Barthelemy, sieur d'Oynville, conseiller du Roy et maistre ordinaire en sa Chambre des Comptes à Paris[2], et non d'autres, requerir consentir et accorder, touttes lettres de provision luy estre expediées et generallement, etc., promettant, etc., obligeant, etc.

«Faict et passé en la maison dudict sieur de Bretueil cy devant declaré, le huictiesme jour d'Aoust mil six cens quatorze avant midy.»

Et a signé : «Le Tonnellier, Le Normant» et «Courtillier».

A Messieurs les Prevost des Marchans et Eschevins de la ville de Paris.

«Supplie humblement Anthoine Barthelemy, conseiller du Roy et maistre ordinaire en sa Chambre des Comptes à Paris, disant que Maistre Claude Le Tonnellier, sieur de Bretueil, conseiller dudict seigneur en sa cour des Aydes à Paris et Conseiller de ladicte Ville de Paris, luy auroit resigné son estat et office de Conseiller de ladicte Ville, comme il vous appert par les pieces cy attaschées. Ce considéré, mesdictz sieurs, il vous plaise ordonner que ledict suppliant sera receu au serment dudict office et vous ferez bien.»

Signé : «Barthelemy».

Du lundy unziesme jour d'Aoust mil vɪᶜ xɪɪɪɪ.

En l'assemblée de Messieurs les Prevost des Marchans, Eschevins et Conseillers de ladicte Ville, ledict jour tenue au Bureau d'icelle pour deliberer sur la resignation que Monsieur Le Tonnelier, Conseiller de ladicte Ville, entend faire de sondict office de Conseiller de la Ville pour, au nom et au proffict de Maistre Anthoine Berthelemy, conseiller du Roy et maistre ordinaire en sa Chambre des Comptes, sont comparuz :

Monsieur de Grieu, sieur de Sainct Aubin, conseiller du Roy au Parlement, Prevost des Marchans, Monsieur Desprez, Monsieur Merault, Monsieur Desneux, Monsieur Clapisson, Eschevins.

---

[1] Claude Le Tonnelier avait été reçu Conseiller de la Ville, à titre de survivance, sur la résignation de son père Claude, le 7 décembre 1600 (*Registres du Bureau*, t. XII, p. 364, où lui est consacrée une notice biographique). Il n'exerça personnellement cet office qu'à partir de la mort de son père, survenue le 2 septembre 1608, comme le montre la liste des Conseillers de l'assemblée électorale de 1609, où, contrairement à ce qui se constate dans les listes des années précédentes, le nom de Le Tonnelier est rejeté à la fin et ne précède que les noms des deux Conseillers ayant pris séance après le mois de septembre 1608. D'après l'abbé Lebeuf (*Diocèse de Paris*, t. V, p. 22), Claude Le Tonnelier possédait une maison de campagne à Mesly, hameau de Créteil (Seine).

[2] Antoine Barthélemy, sieur d'Oinville, d'abord auditeur des Comptes, venait d'être nommé conseiller maistre le 3 décembre précédent. Il resta en exercice jusqu'en 1642.

[1614] DE LA VILLE DE PARIS. 373

Monsieur le President de Boullancourt, Monsieur Le Clerc, conseiller, Monsieur Amelot, maistre des Comptes, Monsieur Aubry, sieur d'Auvillé, Monsieur Prevost, sieur de Herbelay, Monsieur Sainctot, Conseillers de la Ville.

La compagnie estant assemblée, mondict sieur le Prevost des Marchans a remonstré que le sieur Le Tonnellier a passé deux procurations pour la resignation de sondict office de Conseiller de la Ville, l'une pure et simple, et l'aultre en faveur dudict sieur Berthelemy, qui desire y estre receu; priant la compagnie en voulloir deliberer.

Sur quoy, lecture faicte desdictes deux procurations passées par devant Le Normant et Courtillier, notaires, le huictiesme jour du present moys, a esté deliberé, conclud et arresté admettre, comme de faict la compagnie a admis et admect la dicte resignation et ordonne que ledict sieur Berthelemy sera presentement receu audict office de Conseiller de ladicte Ville au lieu dudict sieur Le Tonnellier.

Et à l'instant, a esté mandé en ladicte assemblée ledict sieur Berthelemy, auquel a esté faict entendre la resolution de la compagnie; et d'iceluy a esté pris le serment en tel cas requis et accoustumé, mesmes a esté installé et mis en possession d'iceluy office.

CCCCXIII. — RAPPORT DU MAISTRE DES OEUVRES POUR LE PONT LEVIS DE LA PORTE SAINCT JACQUES, AVEC MANDEMENT POUR Y TRAVAILLER.

11 août 1614. (Fol. 273 v°.)

« De l'ordonnance verballe de Messeigneurs les Prevost des Marchans et Eschevins de l'Hostel de ceste ville de Paris, en datte du sixiesme Aoust mil six cens quatorze, je, Augustin Guillain, Maistre des oeuvres dudict Hostel de Ville, certifie m'estre transporté le unziesme desdictz moys et an au portail du pont levis de la porte Sainct Jacques, pour voir l'estat de la voussure et maçonnerie d'au dessus, auquel lieu et en la presence de Monsieur Desprez, l'ung de Messieurs les Eschevins à ce commis et deputez, j'ay trouvé icelle voussure et claveaulx descheuz de leur place, ensemble iceluy tasseau de maçonnerie deversé et en danger. C'est pourquoy je suis d'advis, soubz le bon plaisir de vous, mesdicts sieurs, qu'iceluy tasseau et vousseure soient abattues et demolies, pour estre la vousseure restablie des mesmes pierres, et en mettre d'autres au lieu de celles qui se trouveront deffectueuses; ensemble icelles estre continuées de nouveau jusques à la largeur de l'allée estant au derriere, comme aussy le susdict tasseau estre refaict de parpins et pierre de Sainct Leu, en laissant des bossages pour y estre insculpé ce qui sera advisé pour le mieulx, en laissant les ouvertures des fleches dudict pont levis plus large qu'ils ne sont de present, et ce pour donner de la force davantage pour la grande longueur d'icelles fleches. Et tout ce certiffie estre vray, tesmoing mon seing cy mis les an et jour susdictz [1]. »

Signé : « GUILLAIN ».

De par les Prevost des Marchans et Eschevins de la ville de Paris.

« Il est ordonné audict Guillain, Maistre des oeuvres de la Ville, de mettre des ouvriers en besongne pour faire les ouvrages cy dessus et faire executer le contenu audict rapport et tenir la main à ce que ladicte besongne soit promptement faicte.

« Faict au Bureau de ladicte Ville, le xi° jour d'Aoust 1614. »

CCCCXIV. — [MEMOIRE POUR L'ORDRE DU PAIEMENT DES RENTES.]

11 août 1614. (Fol. 273 v°.)

« Messieurs de la Chambre des Comptes seront tres humblement suppliez d'ordonner que pour l'advenir les receveurs employeront tout ce qu'ils recevront au payement du courant des rentes, sans en employé aucune chose au payement de vieulx arreraiges, soubz quelque pretexte que ce soit, à peine du quadruple contre les receveurs et du double contre les partyes prenantes.

« Que doresnavant les receveurs du Clergé compteront par année entiere, ou au moing qu'ils compteront une année pour trois quartiers de l'année suivante pour une année, jusques à ce que le prix soit suffisant pour payer deux années tout de suitte,

---

[1] A la date du 5 juillet précédent, les minutes du Bureau donnent un rapport de Julien Pourrat sur les réparations à faire au pont dormant de la porte Saint-Michel; et quelques mois auparavant, le 13 février 1614, le Bureau avait prescrit de faire à la porte Saint-Denis les réparations dont la nécessité avait été constatée par la visite à laquelle Augustin Guillain avait procédé, le 14 janvier, en présence de l'Échevin Mérault (*Arch. nat.*, H 1891).

« Que les gaiges des controlleurs seront imputez sur les quatre natures de rentes.

« Qu'il y a trois mille livres de rente ou environ dont on n'a rien payé depuis la reduction de la Ville; et partant il est à croire que ses parties ne sont plus deues, soient qu'elles soient tombées en deserance ou autrement. Partant mesdictz sieurs seront suppliez d'ordonner que doresnavant lesdictes parties seront rayées en la despence et employées au courant.

« Mesdictz sieurs seront suppliez de pourvoir à ce que les estats finaux soient mis es comptes le plus tost que faire se pourra, d'autant qu'estans mis dix ou douze ans apres, il est impossible aux Prevost des Marchans et Eschevins d'entendre la suitte des payements et de pourvoir à ce qui est necessaire [1].

« Faict au Bureau de ladicte Ville, le unziesme jour du moys d'Aoust mil six cens quatorze. »

CCCCXV. — Estat de la recepte et despence des receveurs du Clergé.

11 août 1614. (Fol. 274.)

Estat de la recepte et despence des receveurs du Clergé, depuis le vingt neufiesme Apvril mil six cens quatorze jusques au dernier Decembre mil six cens quinze.

« Par l'estat des receveurs il se void que, jusques audict jour xxixe Apvril, ils ont receu, sur l'année mil six cens quatorze, trois cens quarante mil livres, et, en un an, ils doibvent recevoir ung million soixante et six mil livres. Il reste doncq à recepvoir sept cent vingt six mil livres, cy...... vii^c xxvi^m

« Pendant l'année mil six cens quinze, ils recepvront ung million soixante et six mil livres, cy.......................... i^{Million} lxvi^m ^{tt}

« Somme : xviii^c iiii^{xx} xii^m ^{tt}.

« Sur laquelle somme sera pris, pour deux années des gaiges des receveurs et controlleurs, vingt six mil quatre cent livres................ xxvi^m iiii^c ^{tt}

« Pour deux années des espices, unze mil neuf cens vingt huict livres, cy............ xi^m ix^c xxviii ^{tt}

« Pour deux façons de comptes, y compris le sallaire du procureur, par estimation, vingt cinq mil livres, cy.......................... xxv^m ^{tt}

« Remboursement de frais, par estimation, trois mil livres, cy......................... iii^m ^{tt}

« Pour les façons des comptes de la Ville, six mil trois cens quatre vingts dix huict livres quatre sols, cy..................... vi^m iii^c iiii^{xx} xviii ^{tt} iiii^s

« Pour frais extraordinaires, par estimation, neuf cens livres tournois, cy................. ix^c ^{tt}

« Somme : lxxiii^m vi^c xxvi ^{tt} iiii^s.

« Laquelle desduicte de ladicte somme de dix sept cens quatre vingt douze mil livres, reste pour le payement des rentes dix sept cens dix huit mil trois cens soixante et treize livres seize solz, cy.................. xvii^c xviii^m iii^c lxxiii ^{tt} xvi^s

« Le payement des rentes pour une année monte unze cens vingt cinq mil six cens soixante et dix neuf livres quinze solz deux deniers, cy............. .... xi^c xxv^m vi^c lxxix ^{tt} xv^s ii^d

« Pour demye année. v^c lxii^m viii^c xxxix ^{tt} xviii^s x^d

« Somme pour une année et demye, sçavoir l'année

---

[1] Dès le 6 août, le Plumitif de la Chambre des Comptes porte trace des plaintes élevées par la municipalité contre la lenteur avec laquelle les auditeurs examinaient les comptes des receveurs et payeurs des rentes : « Ce jour M. le président de Marly est venu au Bureau qui a dit que ces jours passés, en l'assemblée des députés de la Ville pour voir les mémoires et dresser les cahiers et instructions pour la tenue des États generaux de ce royaume, que les Prevot des Marchands et Echevins avoient fait une grande plainte de ce que les receveurs et payeurs des rentes s'excusoient sur ce qu'ils ne pouvoient retirer les doubles des comptes et les mettre au greffe de la Ville au moyen de ce que les états finaux n'étoient assis sur leurs comptes depuis 1600, et que sur ce lesd. Prevôt des Marchands et Echevins étoient deliberés d'en faire une grande instance et de le publier pour leur décharge. Sur ce M. le President Bailly auroit pris la parole et dit qu'à la vérité la plainte était juste et qu'il étoit raisonnable d'y pourvoir : mais que l'on n'avoit pas attendu jusqu'à huy à le faire...» Ici le Président Bailly et le Procureur général exposent les démarches qui ont été tentées plusieurs fois près des auditeurs pour hâter la revision des comptes; et le Procureur ajoute « qu'il ne demeuroit d'accord que les états finaux fussent à mettre sur les comptes depuis 1600, mais bien qu'il y avoit de la négligence à quoi il étoit besoin de pourvoir..., qu'il feroit un memoire des noms desd. conseillers auditeurs qui se trouveroient chargés desd. comptes, qu'il apporteroit au premier jour au bureau avec sa requête pour y être pourvu; et cependant que led. sieur President de Marly avertiroit led. Prevôt des Marchands et Echevins de ce pour faire cesser les plaintes.» (*Arch. nat.*, P 2671, fol. 114 v°.)

entiere de mil six cens neuf et demye année de mil vi^c dix, seize cens quatre vingtz huict mil cinq cens dix neuf livres treize sols cinq deniers, cy............
.... xvi^c iiii^{xx} viii^m v^c xix ^{lt} xiii^s v^d

« Laquelle desduicte de ladicte somme de dix sept cens dix huict mil trois cens soixante et treize livres seize solz, reste de bon, l'année et demye payée, vingt neuf mil huict cens cinquante quatre livres deux solz vii^d, cy........ xxix^m viii^c liiii ^{lt} ii^s vii^d

« Par ce calcul, il se void qu'en vingt mois, ung million peult payer une année et demye qui sont dix huict moys, et qu'il y a du reste de bon; et partant en dix ans on peult payer neuf années et avoir quelque chose de reste.

« Faict au Bureau de la ville de Paris, le unziesme jour d'Aoust mil six cens quatorze. »

CCCCXVI. — LETTRES MISSIVES DU ROY ET DE LA ROYNE SA MERE SUR LE SUBJECT DE L'ESLECTION, [ET] LES RESPONSES DE LA VILLE À LEURS MAJESTEZ⁽¹⁾.

7-12 août 1614. (Fol. 274 v°.)

DE PAR LE ROY.

« Tres chers et bien amez. Vous apprendrez par celle de la Royne regente, nostre tres honorée dame et mere, ce qui est de nos volontez et intentions sur l'ellection des Prevost des Marchans et Eschevins qui doibvent entrer cette année en exercice en nostre bonne ville de Paris. A quoy nous nous asseurons que vous satisferez et nous donnerez tout contentement. Sy n'y faictes faulte, car tel est nostre plaisir.

« Donné à Saumur, le viie jour d'Aoust 1614. »

Signé : « LOUIS », et plus bas : « DE LOMENIE ».

Et sur l'inscription est escript : « A noz tres chers et bien amez les Prevost des Marchans et Eschevins de nostre bonne ville de Paris. »

« Messieurs, pour responce à voz lettres du quatriesme de ce moys, qui m'ont esté rendues ce matin en ceste Ville, par le sieur Rubentel, mon escuyer, lequel avoit porté les miennes, du xxixe du passé, au sieur de Grien, Prevost des Marchans, sur le desir que j'avois que l'on surcist jusques à la fin de ce moys ou nostre retour à Paris l'eslection du Prevost des Marchans et Eschevins de ladicte Ville pour entrer en charge, plus pour vostre contautement que le mien particulier, et sur la creance que j'avois que cela ne feroit aulcun prejudice à voz previlleges; mais puis que cest affaire ayant esté mis en deliberation parmy vous et la pluralité des voix s'est rencontrée à nous supplier de permettre qu'il y feust procedé aux jours et en la forme accoustumée, je vous diray que le Roy, Monsieur mon fils, et moy trouvons bon que vous faciez vostre convocation et eslection aux jours et en la forme accoustumée, sur l'asseurance que nous avons que vous procederez en cela avec toute la fidelité et affection que nous sçaurions desirer, faisant eslection de personnes cappables pour entrer en ces charges et desquels la fidelité et affection au service du Roy, mondict sieur mon fils, et au bien et repos de vostre Ville soit cognue. Dont vous nous envoyrez le scrutin ou le mettrez es mains du sieur de Liancourt, vostre Gouverneur, qui le nous fera tenir, pour, iceluy veu, vous faire entendre ce que vous aurez à faire pour le serment, au cas que nous ne soyons de retour à Paris. Continuez cependant voz fidelitez et affections au service du Roy, mondict sieur et fils, selon l'entiere confiance que luy et moy en avons en vous, et je prieray Dieu qu'il vous ayt, Messieurs, en sa saincte et digne garde.

« Escrit à Saumur, le viie jour d'Aoust 1614. »

Signé : « MARIE », et plus bas : « DE LOMENIE ».

Et sur l'inscription : « A Messieurs les Prevost des Marchans et Eschevins de la ville de Paris. »

AU ROY.

SIRE,

« Nous avons avec honneur et reverance et beaucoup de contantement receu le xie de ce mois les lettres qu'il a pleu à Vostre Majesté nous escrire, du viie du dict moys, et entendu, par celles que la Royne nous a aussi escriptes le mesme jour, que Vos Majestés voulloient estre faict touschant l'eslection des Prevost des Marchans et Eschevins de vostredicte bonne ville de Paris. A quoy nous esperons leur rendre une entiere obeissance et leur tesmoigner que nous ne respirons anitre chose que de leur rendre service tres humble et suivre de poinct en poinct en ceste occasion et en toutte aultre ce qui sera de leurs volontez. Priant Dieu,

---

⁽¹⁾ Les originaux des lettres du Roi et de la Reine et les minutes des réponses du Bureau de la Ville sont conservés aux Archives nationales sous la cote K 893, n°s 152 à 155.

«Sire,

«Qu'il luy plaise conserver Vostre Majesté en prosperité et santé, avec accroissement de tout bonheur et felicité.

«Du Bureau de l'Hostel de vostre bonne ville de Paris, le douziesme Aoust mil vi^c xiiii.

«Voz tres humbles, tres obeissans et tres fidelz serviteurs et subjectz, les Prevost des Marchans et Eschevins de vostre bonne ville de Paris.»

«Madame,

«Nous avons receu, le xie de ce mois, les lectres qu'il a pleu à Vostre Majesté nous escrire du septiesme d'iceluy, par lesquelles Vostre Majesté nous faict entendre sa volonté touchant l'eslection du Prevost des Marchans et Eschevins, et nous commande de luy envoyer le scrutin ou le mettre es mains de Monsieur le Gouverneur, à quoy nous avons intention de satisfaire entierement. Et apres en avoir communiqué audict sieur Gouverneur, avons advisé d'envoyer à Vostre Majesté le scrutin de ladicte eslection, la remerciant tres humblement de ce qu'il luy a pleu conserver les previlleges octroyez à ladicte Ville par les predecesseurs Roys, et trouver bon ladicte eslection estre faicte au lendemain de la my Aoust, en la maniere accoustumée. En laquelle, selon la confiance qu'il plaist à Vostre Majesté prendre de nostre fidelité, nous nous comporterons en telle sorte qu'elle recognoistra la devotion que nous avons au service du Roy et de Vostre Majesté, au bien et repos de vos subjectz. Sur laquelle asseurance nous prions Dieu,

«Madame,

«Qu'il luy plaise conserver Vosdictes Majestés en prosperité et santé avec accroissement de tout bonheur et felicité.

«A Paris, au Bureau de ladicte Ville, le xiie Aoust 1614.

«Vos tres humbles, tres obeissants et tres fideles serviteurs et subjectz, les Prevost des Marchans et Eschevins de la ville de Paris.»

CCCCXVII. — Mandement aux Quartiniers et à Messieurs les Conseillers pour l'eslection.

12 août 1614. (Fol. 276 v°.)

De par les Prevost des Marchans et Eschevins de la ville de Paris.

«Sire François Bonnard, Quartenier, appelliez voz cinquanteniers [1] et diziniers avec huict personnes des plus apparans de vostre quartier, tant officiers du Roy, s'il s'en trouve audict quartier, que de bourgeois et notables marchans non mechanicques, lesquels seront tenuz de comparoir, sur peine d'estre privez de leurs privileges de bourgeoisie, franchises et libertez, suivant l'eedict du Roy, et feront le serment, es mains du plus notable desdictz huict,

---

[1] La sentence suivante du Bureau fournit d'intéressants renseignements sur la nomination des cinquanteniers, sur l'obligation où ils étaient d'habiter dans les limites du quartier et sur les garanties qu'on exigea d'eux après l'entrée de Henri IV à Paris : «Sur la remonstrance à nous faicte au Bureau de la Ville par Jehan Tronsson, bourgeois de ceste Ville, que cy devant et les neufiesme juing dernier il nous auroit presenté requeste par laquelle il nous remonstroit qu'en l'année xv^c iiii^{xx} x il avoit esté pourveu de l'estat et charge de cinquantinier en ceste Ville soubz le quartier de sire Jacques de Creil, Quartenier, en laquelle charge il avoit servy la Ville et le public au contentement de tous les bourgeois du quartier, mais seroit advenu que, lorsque la Ville fut reduicte en l'obeissance du Roy Henry le Grand d'heureuse memoire, fut ordonné par feu Monsieur d'O, lors gouverneur d'icelle, pour s'asseurer de ceulx qui alors tenoient lesdictes charges de cinquanteniers et celles de diziniers, qu'ilz seroient certifficz par les Quartiniers soubz lesquelz ils estoient et d'aultant que lors sire Nicolas Lambert estans Quartinier ne voulut le certiffier à cause qu'il desiroit faire tomber ladicte charge entre les mains d'un autre par gratification ou pour quelque autre raison, il ne pensl estre continué en ladicte charge, de laquelle fut pourveu par ladicte Ville, à la nomination dudict Lambert, Robert Filleau, lequel l'auroit tenu et exercé quelque temps et apres luy François Filleau son filz, lequel n'est demeurant dans ledict quartier, c'est pourquoy il requeroit estre reintegré en sad. place pour exercer sad. charge au lieu dudict Filleau; sur laquelle requeste aurions ordonné qu'elle seroit communiquée andict de Creil, Quartinier, et ladict Filleau appellé. Ce qu'estant venu à la congnoissance desd. de Creil et Filleau, depuis lesd. poursuittes encommancées, icelluy Filleau, au deceu de luy Tronsson, auroit resigné sad. charge entre noz mains et en sa place faict pourveoir ung nommé Amelin en la presence et à la presentation dud. de Creil. C'est pourquoy il requeroit que, nonobstant ladicte pretendue reception dudict Amelin, il nous pleust ordonner qu'il sera remis et reintegré en sadicte charge de cinquantinier pour en jouir en la maniere accoustumée. Nous, apres avoir veu les lettres de provision dud. Jehan Tronsson, et sur ce, oÿ le Procureur du Roy de la Ville, avons ordonné que icelluy Tronsson sera remis et reintegré en sad. charge de cinquantinier pour en jouir et l'exercer ainsy que les autres cinquanteniers de cested. Ville, à la charge que quant vacquation adviendra de l'une des trois charges de cinquanteniers audict quartier, autrement que par resignation, elle demeurera exteincte et supprimée, affin de reduire le nombre à deulx cinquantiniers aud. quartier ainsy qu'il a esté de tout temps. Faict au Bureau de ladicte Ville le samedy neufiesme d'Aoust mil six cens quatorze.» (*Arch. nat.*, Z^{1H} 381, où figure également la requête originale de Jean Tronson à l'aide de laquelle ont peut rectifier une inexactitude sur la date de 1590, qui s'était glissée dans le texte de la sentence.)

de eslire quatre personnes d'iceulx huict, auxquelz esleus dictes et enjoingnez qu'ilz se tiennent en leurs maisons, samedy prochain seiziesme jour du present moys, jusques apres neuf heures du matin, que manderons deulx d'iceulx venir en l'Hostel de la Ville, affin de procedder à l'eslection d'ung Prevost des Marchans et de deulx Eschevins nouveaulx, au lieu de ceulx qui ont faict leur temps. Et nous apportez ledict jour, à sept heures du matin, vostre proces verbal cloz et scellé, lequel sera signé de vous et de celuy qui aura presidé en vostredicte assemblée. Sy n'y faictes faulte.

«Faict au Bureau de ladicte Ville, le mardy douziesme jour d'Aoust mil vi[e] quatorze.»

«Monsieur de Versigny, plaise vous trouver samedy prochain seiziesme jour du present moys, sept heures du matin, en l'Hostel de la Ville, affin de procedder à l'eslection d'ung Prevost des Marchans et de deux Eschevins nouveaulx, au lieu de ceulx qui ont faict leur temps. Vous priant n'y voulloir faillir.

«Faict au Bureau de la Ville, le mardy douziesme jour d'Aoust mil vi[e] quatorze.

«Les Prevost des Marchans et Eschevins de la ville de Paris, tous vostres.»

Nota que l'assemblée touchant l'eslection et ce qui s'est passé en suitte d'icelle, d'autant que les nouveaulx esleuz feurent à Nantes en Bretagne faire serment devant le Roy, est enregistré au registre suivant au sixiesme Septembre, jour que lesdictz nouveaulx esleuz feurent mis en possession.

CCCCXVIII. — RAPPORT DU MAISTRE DES OEUVRES A CAUSE DES PUTREFACTIONS ESTANT DANS LES FOSSEZ DE LA PORTE DE BUCY.

27 août 1614. (Fol. 277.)

«De l'ordonnance verballe de Messeigneurs les Prevost des Marchans et Eschevins de l'Hostel de ceste ville de Paris en datte du xxme jour d'Aoust mil vi[e] quatorze, je, Augustin Guillain, Maistre des oeuvres dudict Hostel de Ville, certiffie m'estre transporté, ce vingt septiesme des present mois et an, es fossez d'entre les portes Sainct Germain et de Bussy et Nesle, pour voir d'ou peult provenir la putrefaction et immondices estant en iceulx[1]. Auquel lieu et en la presence de Monsieur Desprez, l'ung desdictz Eschevins à ce commis et deputé, j'[ay] veu et recogneu l'estat d'iceulx. Et apres que j'ay exposé audict sieur avoir esté pourveu sur la putrefaction et escoullement d'icelle d'entre les portes Sainct Germain et de Bussy, en ce que l'on auroit faict bail de certaine place à l'endroict de chacune des maisons abbouttissant dans iceluy fossé, à la charge chacun en general et en particulier de faire en sorte que icelle soit conduitte jusques et au dela de la porte de Bussy; et pour le regard des eaues crouppies et arrestées au dela dudict pont jusques au boullevert de la porte de Nesle, lesquelles ne peuvent couller jusques en la riviere, au moyen de l'atterissement du fossé, ensemble à cause de l'esboullement des terres de maçonnerye du boullevert estant audict endroict, mesmes qu'il m'auroit commandé de donner advis quel remede l'on pouvoit apporter audict endroict, je suis d'advis, soubz le bon plaisir de vous, mesdictz sieurs, qu'il soit faict une rigolle et tranchée de six pieds de large, enfoncée de telle profondeur que la pente le pourra permettre, et ce depuis la riviere jusques et à l'endroict desdictes eaues crouppies, mesme qu'il soit faict ung petit mur de pierre seiche le long dudict boullevert, et ce pour soustenir les esboullemens qui pourroient arriver dans icelle le long d'icelluy, ensemble mis deux pierres de longueur et largeur competante pour servir de ponceau en forme de passage pour la navigation. Le tout que dessus, en attendant que iceluy fossé soit desseiché, pour estre icelle tranchée conduitte jusques et proche ledict pont de la porte de Bussy.

«Faict et delivré le present rapport, suivant l'ordonnance à moy delivrée ce vingt septiesme jour d'Aoust mil six cens quatorze, signé: «BOURRIER, par ordonnance de Messieurs».

[Signé:] «GUILLAIN.»

---

[1] Une allusion aux boues qui remplissaient le fossé vers la porte de Buci se rencontre dans le récit d'une sorte d'émeute soulevée le 15 novembre 1613 chez les ouvriers des faubourgs, irrités de trouver la porte fermée jusqu'à une heure trop tardive à leur gré: «Sur la plaincte à nous faicte au Bureau de la Ville par Pierre Parisot, portier de la porte de Bucy, que jourd'huy sur les trois heures du matin seroit (de)venu des faulxbourg à ladicte porte grand nombre de personnes, tant maçons, maneuvres que aultres, lesquelz auroient faict un grand bruit et heurté à lad. porte avec pierres et bastons, de fort grande viollance, appellans et crians que l'on leur ouvrist la porte, avec plusieurs injures, insollances et menasses de le battre et frapper, ce qu'ilz auroient continué depuis ladicte heure jusques sur les cinq heures, que, craingnant par luy qu'ilz n'endommagassent ou rompissent ladicte porte, encores qu'il ne feust l'heure qu'il luy est ordonné pour icelle ouvrir, auroyt envoyé l'ung des serviteurs pour le faire, lequel ayant ouvert ladicte porte, l'ung de ceulx qui est entré luy a donné un grand coup sur la teste et ensuitte plusieurs autres se sont jectez sur luy en criant: «Boutte, boutte! Touche, touche!» et luy ont donné plusieurs coups dont il a esté blessé, et non comptans de ce luy ont arraché les clefz de la porte qu'il tenoict en ses mains, d'icelles rompu la conroye et jecté lesdictes clefz dans les boues où elles [ont] esté long-

CCCXIX. — Allignement du pont Marie vers le port Sainct Paul.
14-27 août 1614. (Fol. 280.)

Allignement de Messieurs de la Ville pour le pont Marie.

«Les Prevost des Marchans et Eschevins de la ville de Paris et les Presidents Tresoriers de France, Generaux des finances en la charge et generalité d'oultre Seine et Yonne establie à Paris, commissaires deputez par Sa Majesté en ceste partie, sçavoir faisons que le quatorziesme jour d'Aoust MVI° XIIII sommes, assistez du Procureur du Roy d'icelle Ville, transportez sur le port Sainct Paul et le long du quay aux Ormes, pour, suivant nostre ordonnance du jourd'huy intervenue sur la requeste à nous presentée par Christophle Marie, entrepreneur de la construction d'ung pont de pierre au travers de la riviere de Seine pour passer du quartier Sainct Paul à celuy de la Tournelle, et en consequence du contract faict par Sa Majesté audict Marie, pour ladicte construction, et lectres pattentes y attachées à nous addressantes en datte du sixiesme jour de May dernier[1], luy designer le lieu et endroict pour mettre et poser ledict pont, soit en la rue Geoffroy l'Asnier, ou celle des Nonnains d'Yerre, selon qu'il seroit trouvé plus commode tant pour seureté de la navigation, decoration de ladicte Ville que commodité publicque, et en ce faisant luy donner l'alignement, le tout conformement audict contract et lettres pattentes. Où estans, assistez de M°° Jehan Fontaine, Maistre des oeuvres de charpenterie des bastimens du Roy, Augustin Guillain et Julien Pourrat, Maistres des oeuvres de maçonnerie et charpenterye de ladicte Ville, Nicolas Bourguillot et Nicolas Raince, maistres des ponts d'icelle Ville, pour ce par nous mandez, et es presences de Louis Lefebvre, Guillaume Josquin, Jehan Godart, Jacques Cathelin et plusieurs aultres marchands et voicturiers par eaue demourans en cestedicte Ville, et apres leur avoir faict entendre la cause de nostre acheminement sur ledict port et quay, et par nous enquis du lieu le plus propre et commode [pour] la situation dudict pont et construction d'iceluy, tant pour la seureté des marchandises et navigation que commodité publicque, descharge des marchandises, que decoration de ladicte Ville; apres avoir veu et consideré, en nos presences, le long dudict quay, et d'eulx pris et receu le serment en tel cas requis et accoustumé, mesme ouys d'office aucuns notables bourgeois dudict quartier, nous auroient, assavoir lesdictz bourgeois et voicturiers susdictz par nous ouys chacun en particulier comme dict est, dict et rapporté que la scituation dudict pont ne pouvoit estre en lieu plus propre et commode qu'à l'endroict et vis à vis d'une petitte ruelle estant proche et au dessoubs de ladicte rue des Nonnains d'Yerre, à l'endroict desquelles y a une gargouille descendant dans la riviere, et où y a une place vuide attenant la maison appartenant aux religieuses de l'Hospital Sainct-Gervais. Et par lesdictz Maistres des oeuvres nous auroit esté dict et remonstré auparavant que, [pour] pouvoir seurement desiguer le lieu de ladicte scituation, ils desiroient revoir et considerer derechef lesdictz lieux en particulier, ensemble le cours de l'eaue, pour, ce faict, en dresser leur rapport par escript, ce que leur avons enjoinct.

«Et le samedy, XXIII°° jour dudict moys, estans de rechef assemblez en l'Hostel de ladicte ville de Paris, heure de neuf heures du matin, pour l'effect que dessus, et sur les remonstrances et difficultez qui nous auroyent esté faictes et proposées par plusieurs notables bourgeois et aultres voicturiers et marchans demourans en cestedicte ville de Paris que ledict pont seroit mieulx assis et situé à l'endroict de la rue des Nonnains d'Yerre qu'en la rue cy devant designée, ny mesme qu'en celle de Geoffroy l'Asnier, d'autant que la rue des Nonnains d'Yerre estant toutte faicte et allant rendre en celle de Jouy, il ne sera besoing d'abbattre aucunes maisons pour faire l'advenue dudict pont jusques à ladicte rue de Jouy, et de plus ladicte rue de Jouy à celle de Sainct Anthoine, ains seullement retrancher partye de deux ou trois maisons dont la recompence sera peu de despence; au lieu que faisant ledict pont à l'endroict

---

temps perdues. Et a l'un desdictz massons presenté la poincte d'un compas audict serviteur pour l'en offencer, et ayant par sondict serviteur saisy au corps l'ung de ceux qui l'avoient frappé, plusieurs autres l'ont retiré. Ce que voians, par plusieurs autres massons, qui travaillent proche ladicte porte, ont dict tout hault que s'estoit bien faict de ce que le portier avoit esté battu, à cause qu'il n'ouvroit pas la porte assez matin. Ne congnoist ceulx qui ont faict lesdictz excedz, mais croit que lesd. massons qui travaillent proche ladicte porte les congnoissent et savent bien quelz ilz sont. Requerant luy vouloir pourveoir.» (*Arch. nat.*, Z¹ᴴ 115, 15 novembre 1613.)

[1] Nous possédons un exemplaire imprimé de ce contrat passé le 19 avril 1614 et des lettres du 6 mai (*Arch. nat.*, Q¹ 1242), sous le titre suivant :

«Contract faict par le Roy à Christofle Marie, entrepreneur general des ponts de France, portant pouvoir audict Marie de faire construire et bastir à ses despens un pont de pierre sur la riviere de Seine à Paris pour passer du quartier Sainct Paul à celuy de la Tournelle, moyennant le delaissement en fonds et proprieté, à perpetuité, que luy faict Sa Majesté, des deux isles appellées de Nostre Dame, avec les lettres de ratification d'iceluy...» (Paris, Claude Hulpeau, 1616, petit in-4°, 17 p.)

de ladicte petitte ruelle, il conviendroit abbattre et desmolir grande quantité de maisons pour tirer à ladicte rue Sainct Anthoine, ce qui apporteroit beaucoup de despence à Sa Majesté pour recompenser les proprietaires d'icelles; d'ailleurs qu'en ce faisant, il ne seroit faict aucun prejudice à la navigation pour le peu de distance qu'il y a d'un lieu à aultre. Sur quoy nous aurions ordonné que derechef nous nous transporterions sur les lieux pour informer de nouveau de la commodité ou incommodité de ladicte scituation soit vis à vis de ladicte petitte ruelle cy devant designée, ou de celle des Nonnains d'Yere et Geoffroy l'Asnier; à laquelle descente seroient presens lesdictz Maistres des oeuvres des bastimens du Roy et de la Ville et maistres des ponts; et pour ce faire continué l'assignation au xxvii° du present moys.

«Auquel jour et à l'heure de dix heures du matin, Nous, Prevost des Marchans et Eschevins de ladicte ville de Paris et Tresoriers generaulx de France, de rechef assemblez en l'Hostel d'icelle, serions transportez sur ledict quay du port Sainct Paul, et passé en l'isle Notre Dame sur la riviere; où estans, apres avoir veu et consideré exactement et faict voir et considerer par lesdictz Maistres des oeuvres et maistres des ponts, le cours de l'eane pour recognoistre le lieu le plus commode pour asseoir ledict pont, et faict venir devant nous plusieurs voicturiers et mariniers hantans et frequentans ordinairement sur ladicte riviere, et aultres personnes menans et conduisans les batteaux appellez coches de Melun et corbillac que nous aurions trouvez en leurs basteaulx; lesquelz, apres serment par eulx faict, et par nous particulierement enquis, et leur dire et deppositions faict mectre et rediger par escript tant pour la scituation dudict pont, commodité publicque, seureté de la navigation et descharges des marchandises; et veu leursdictes deppositions, par lesquelles ils demourent tous d'accord que iceluy pont ne pouvoir estre mieulx assis ne scitué qu'à l'endroict et vis à vis de ladicte rue des Nonnains d'Yerre, d'autant que estant scitué andict lieu, il y aura assez d'eschappée depuis le tournant de l'eane qui est au bout de l'isle jusques au pont, et que les basteaulx et marchandises venant du pays d'amont pourront aysement et avec de la facilité se redresser au port Sainct Paul et dudict port baisser soubz ledict pont sans aucun peril ny danger, attendu que l'eaue est calme en cest endroict plus qu'en nul aultre lieu; et que pour l'advenue dudict pont, qu'il est tres certain et aysé à cognoistre qu'il n'y avoit de retranchement à faire jusques eñ la grand rue Sainct Anthoine, que de deux ou trois maisons, estant icelle rue des Nonnains d'Yerre desja toutte percée jusques en la rue de Jouy et ne seroit besoing que de l'eslargir en d'aucuns endroicts, au lieu qu'il fauldroit entierement abbattre et desmolir les maisons qui sont depuis ladicte petite ruelle, à l'endroict de laquelle l'on avoit proposé de scituer ledict pont, jusques en ladicte rue Sainct Anthoine, qui seroit une despence extremement grande au regard de l'autre. Et quand à la rue de Geoffroy l'Asnier, qu'il n'y avoit nulle apparence de mettre ledict pont en cest endroict, d'autant qu'il seroit trop proche du pont Nostre Dame, et advenant qu'il eschappast quelques basteaux entre lesdictz deux ponts, il n'y auroit nul moyen de les sauver; aussy que l'eaue estoit trop basse en ces lieux là, à cause de quoy les basteaux ne pourroient qu'avec grand peine arriver à leur port. Sur quoy ayant esgard à ce que dessus, et veu aussy le rapport et visitation faict par lesdictz Maistres des oeuvres des bastimens du Roy et de ladicte Ville, contenant leurs advis que ledict pont peut estre basty audict endroict et vis à vis de ladicte rue des Nonnains d'Yerre sans aucune incommodité, et pour les raisons cy dessus desduictes, avons ordonné qu'iceluy pont sera basty et construict audict lieu et endroict et vis à vis de ladicte rue des Nonnains d'Yerre, pour aller de droict allignement au travers de la riviere sur ledict quay de la Tournelle à l'oposite d'un orme estant devant la maison de...... et pour cest effect, que à cedict jour, deux heures de relevée, seroient, en nos presence, par lesdictz Maistres des œuvres pris les mesures dudict pont.

«Et ledict jour, à ladicte heure de deux heures, Nous, Prevost des Marchans et Eschevins de ladicte ville de Paris et Presidens Tresoriers generaulx de France, assemblez comme dessus, sommes de rechef transportez sur ledict quay du port Sainct Paul, assistez desdictz Maistres des oeuvres du Roy et de ladicte Ville, où estans nous aurions par lesdictz Maistres, en presence dudict Marye, faict mettre et planter la borne à l'endroict de ladicte rue des Nonnains d'Yerre, et continuant au travers des isles aux Vaches[1], et de là au travers du bras d'eaue

[1] Le territoire qui constitue aujourd'hui l'île Saint-Louis n'était pas autrefois d'un seul tenant, mais se trouvait partagé en deux iles distinctes, d'inégale grandeur, par un petit bras de la rivière qui passait vers l'endroit où a été construite l'église Saint-Louis. (Cf. Piganiol, t. I, p. 330.) L'îlot ainsi formé en amont s'appelait l'île aux Vaches, tandis que le nom de Notre-Dame s'appliquait spécialement à l'île de plus grande étendue sise en aval. Cette disposition est nettement marquée sur le plan de Mérian (1615), qui indique en même temps les travaux de construction du pont. Le plan de Tavernier montre encore ce canal de séparation en 1630 et témoigne de l'avancement des travaux du pont, dont la partie qui s'appuie sur la rive droite est représentée comme bâtie. Mais

du costé de la Tournelle, avec des cordages pour prendre de droict allignement le fil de l'eaue pour n'incommoder ladicte navigation, et traversant sur le quay de la Tournelle, vis à vis d'une maison blanche proche d'ung jeu de paulme appartenant au sieur de Machault, conseiller du Roy et Maistre ordinaire en sa Chambre des Comptes[1], auquel lieu ledict pont aboutira de droicte ligne. Lequel pont en ce faisant aura de longueur du costé de la Tournelle à soixante thoises et cinq pilles entre deux cullées, et du costé de l'Arcenal y aura quatre pilles entre deux culiées et de longueur de quarante sept thoises jusques ausdictes isles, et aura ledict pont quatre thoises de rue pour servir de chemin, et quatre thoises de chacun costé pour y faire des maisons, suivant le contract de ce faict, et lesdictes maisons basties d'une mesme cimetrye.

«Et sur les remonstrances faictes par ledict Christophe Marye[2] que, audict pont du costé de la rue Geoffroy l'Asnier, il n'y a point de descharge pour l'advenue dudict pont proche de ladicte rue des Nonnains d'Yerre, pour la commodité des harnois, qu'une ruelle appellée la ruelle des Ormes, laquelle ruelle pourroit servir de descharge à la rue de la Mortellerye, à la rencontre de deux harnois pour gaigner le quay et entrée dudict pont, et dudict pont gaigner ladicte rue, et que pour la commodité publicque il seroit necessaire eslargir icelle, ce qui seroit fort facille, n'y ayant qu'une musure ja plus de la moictié abbattue, se retirera ledict Marye par devers le Roy et Nosseigneurs de son Conseil pour sur ce luy estre pourveu et ordonner ce que de raison. Et cependant avons faict et faisons deffences au proprietaire de ladicte masure de rebastir icelle.

«Et tout ce que dessus certiffions estre vray et avoir esté alusy par nous faict les an et Jour dessus dicts.»

CCCCXX. — Mandement au Maistre des oeuvres
de faire travailler
[au fossé de la porte de Nesle].

29 août 1614. (Fol. 278.)

De par les Prevost des Marchans et Eschevins de la ville de Paris.

«Il est ordonné audict Augustin Guillain, Maistre des oeuvres de ladicte Ville, de mettre des ouvriers en besongne pour travailler promptement et sans discontinuation à la rigolle et tranchée dans le fossé de la porte de Nesle, de la largeur de six pieds et de telle profondeur qu'il jugera estre necessaire pour l'escoullement des eaues qui tombent et sont à present dans ledict fossé, ensemble pour faire le mur le long du boullevert et mettre les pierres qu'il conviendra pour servir de ponceau et passage. Le tout au desir de son rapport cy devant transcript et conformement à iceluy. Lesquels ouvrages seront payez par le Receveur de ladicte Ville.

«Faict au Bureau d'icelle, le vingt neufiesme jour d'Aoust mil vi° quatorze.»

CCCCXXI. — Assemblée sur les propositions
de Dunoyer pour l'establissement de la navigation
[tant en Affrique qu'aux Indes].

29 août 1614. (Fol. 278.)

«Monsieur..., plaise vous trouver demain, une heure de relevée, au Bureau de la Ville pour deliberer sur la proposition du sieur du Noyer pour l'establissement de la navigation tant en Affrique qu'aux Indes. Vous priant n'y voulloir faillir.

«Faict au Bureau de la Ville, le vingt huictiesme Aoust mil six cens quatorze.

«Les Prevost des Marchans et Eschevins de la ville de Paris, tous vostres.»

Du vendredy vingt neufiesme jour d'Aoust mil six cens quatorze.

En l'assemblée de Messieurs les Prevost des Marchans, Eschevins et Conseillers de ladicte Ville, ledict jour tenue au Bureau d'icelle pour deliberer sur la proposition du sieur du Noyer pour l'establissement de la navigation tant en Affrique qu'aux Indes, sont comparuz :

Monsieur de Grieux, sieur de Sainct Aubin, conseiller au Parlement, Prevost des Marchans;

Monsieur Desprez, Monsieur Clapisson, Eschevins;

---

on ne trouve plus trace de l'ancien état de choses sur les plans de Gomboust (1652) et de Boisseau (1654), où le bras de Seine divisant les deux îles a disparu et où les deux ponts sont figurés comme achevés.

[1] Louis de Machault, sieur de Boutigny, reçu maître des Comptes le 25 février 1586, resta en exercice jusqu'en 1618 et mourut en 1638.

[2] Christophe Marie dut commencer les travaux aussitôt que l'alignement lui eut été donné, car, dès le 1ᵉʳ septembre, Pierre Le Brun, adjudicataire de l'entretènement du pavé de Paris, présenta au Bureau des finances une requête «affin d'ordonner que

Messieurs les Conseillers de Ville :

Monsieur le President de Marly;
Monsieur le President Aubry;
Monsieur Arnauld, advocat;
Monsieur Prevost, advocat.

La compagnie estant assemblée, mondict sieur le Prevost des Marchans a remonstré qu'il a cy devant esté faict plusieurs assemblées en ce Bureau à mesme fin que la presente, où auroit esté repeté au long les propositions et moyens dudict du Noyer pour ledict establissement de la navigation et aultres affaires de la mer, ensemble pour l'ouverture des mines et miniéres de France, sans en avoir esté resoult aucune chose[1], lesquels moyens et propositions ledict du Noyer avoit du depuis redigées en deux livres qu'il avoit faict imprimer[2], qui se vendoient publicquement, qui estoit cause qu'il ne recitoit lesdictes propositions; et que sur les continuelles poursuittes à luy faictes par icelluy du Noyer de donner par la Ville son advis sur lesdictes propositions, il avoit faict assembler ceste compagnie, priant icelle en voulloir deliberer.

Et à l'instant a esté mandé en ladicte assemblée ledict du Noyer, qui a verballement proposé ses desseings et allegué plusieurs moiens pour l'effect et execution d'iceulx. Et s'estant icelluy retiré, l'affaire mise en deliberation :

A esté ladicte proposition pour l'establissement de la navigation et ouverture des mynes de France, trouvée bonne, utille et desirable pour le bien du Royaume et du peuple d'icelluy, et comme telle, arresté qu'elle sera receue et ses memoires mis au greffe pour y avoir recours quand besoing sera; et neanlmoings que ledict du Noyer sera remis à l'assemblée generalle des Estats, et ce pendant qu'il sera particulierement oÿ et examiné sur les moyens de ses propositions par personnes cappables qui seront pour ce faire commises, et qu'il sera donné advis aux villes de Rouen, Sainct Mallo, La Rochelle, Bordeaux, Bayonne et aultres villes maritimes, desdictes propositions, icelles pryées d'y entendre de leur part[3], et de commectre personnes intelligens et de cappacité aux affaires et negoces de la mer, pour venir en ladicte assemblée des Estats, où l'ouverture desdictes propositions sera faicte à Sa Majesté, qui sera suppliée de les recevoir et de

---

le pavé qui a esté osté à l'entrée de la riviere, à l'endroit où Christophe Marye *commence à faire son pont*, luy sera baillé et delivré par led. Marie, lequel le veult appliquer à son proffict». (*Arch. nat.*, Z¹ʳ 160, fol. 138.) Le Bureau des finances fit droit à la requête, sauf à dédommager Marie de ses frais d'extraction. (*Ibid.*, fol. 151.) La première pierre du pont fut posée solennellement par le Roi le 11 octobre suivant. (Relation publiée par Félibien, t. III des *Preuves*, p. 525-526.)

[1] Nous avons déjà signalé plus haut (p. 241, note 3) le dépôt fait à l'Hôtel de Ville par François du Noyer de Saint-Martin d'un long mémoire manuscrit sur le développement de la navigation et l'exploitation des mines. Les assemblées du Bureau auxquelles G. de Crieux fait ici allusion n'ont pas laissé de trace dans les registres de la Ville, mais il en est parlé au début du premier des deux mémoires imprimés qui vont être cités ci-dessous, et on trouve dans les minutes du Bureau (*Arch. nat.*, H 1891) un mandement adressé à diverses personnes, le 23 janvier 1614, afin de se «trouver samedy prochain, deux heures de rellevée, au Bureau de la Ville pour conferer avec nous du subject de la navigation des Indes Orientalles.» — «Pareil envoyé à Messieurs Le Bossu, Le Magne, Doucies, Pietrocy, Blain, La Magdellaine et Le Camus.» L'énumération des destinataires de ce mandement montre qu'il ne s'agissait pas là d'une réunion ordinaire du Conseil de Ville, mais d'une de ces assemblées particulières qui étaient tenues parfois à l'Hôtel de Ville pour l'étude de questions spéciales. (Sur F. du Noyer, voir M. de la Roncière, *Hist. de la marine française*, t. IV, p. 481.)

[2] Ces deux livres, conservés à la Bibliothèque nationale sous la cote R 7338 et 7337, sont intitulés : *Propositions, avis et moyens de François du Noyer*, etc. (Paris, 1614, in-4°) et *Ce sont icy partie des moyens que François du Noyer... propose à Leurs Majestés*, etc. (Paris, 1615, in-4°). Dans le second, l'auteur demande au Roi que le Prévôt des Marchands, Gaston de Crieux, et les Échevins actuellement en charge soient continués dans leurs fonctions en raison de la connaissance qu'ils ont déjà des projets de Du Noyer et qui leur permettrait de mieux seconder ses vues.

[3] Quelques mois plus tard, Du Noyer publia un troisième mémoire (Bibl. nat., Réserve R 1346³) intitulé : *Ce sont icy autres parties de plusieurs autres moyens, avis et raisons que François du Noyer, escuyer, sieur de Sainct-Martin, propose et presente de nouveau à Leurs Majestés et à Messieurs de son Conseil qu'au corps géneral de toute la France et aux estrangers, par le moyen desquelz aussi on peut remettre et faire florir l'estat d'icelle...* (Paris, vefve Jean Regnoul, 1614, in-4° 99 p.). Ce nouveau volume débute par une épître adressée «au Roy, à la Royne et à Messieurs les Deputez des Estats», et datée du 25 octobre 1614, où François du Noyer demande que «la lettre que les sieurs de Grieux, cy devant Prevost, Desprez, Marault et Clapisson, Eschevins, et Conseil de vostre Ville de Paris ont escrite et signée pour envoyer aux principales villes de vostre Royaume, afin de se joindre avec eux à l'establissement de la navigation que j'entends de faire soubs vos authoritez es pays du Levant, Midy et Septentrion avec toutes sortes de manufactures es arts, metiers, etc....., leur soit envoyée, si faict n'a estén. A la suite se trouve reproduit le texte de cette lettre «aux villes maritimes» dont le canevas était probablement l'œuvre de Du Noyer lui-même, et qui n'a sans doute jamais été expédiée :

Coppie de la lettre escrite par Messieurs les Prevost et Eschevins de la ville de Paris aux villes maritimes et autres de ce royaume : «Messieurs,... Entre les propositions qui nous ont esté faictes pour estre presentées en l'assemblée des Estats generaux de ce royaume, nous avons trouvé celle qui tend à l'establissement du commerce et de la navigation aux pays du Levant, Midy et provinces plus esloignées, de tres grand poix et consideration; mesmes celles de François du Noyer, escuyer, sieur de Sainct Martin, comme chose de laquelle depend en partie la richesse, abondance et commodité de la France, voire encores sa grandeur et seureté. Nous voyons combien les Estats voisins se sont accreus par ce moyen en puissance et reputation et que d'un costé les

donner les moyens pour l'establissement de la navigation, commerce et amenagement.

Et le deuxiesme jour de Septembre ensuivant, ledict sieur du Noyer a, pour satisfaire à la resolution d'assemblée cy dessus escripte, a apporté audict greffe les memoires contenants les moyens de son entreprise, en trois cahiers, dont deux imprimez et reliez, et l'autre escript à la main, lesquels ont esté par luy signez et par nous, Greffier, pour y avoir recours ainsy que dict est, sy besoing est.

CCCCXXII. — Mandement à Le Secq
TOUCHANT LES FERONNIERS DE LA VALLÉE DE MISERE.

1*er* septembre 1614. (Fol. 279 v°.)

De par les Prevost des Marchans et Eschevins de la ville de Paris.

«Maistre Geoffroy Le Secq, procureur des causes de la Ville au Chastellet de Paris, nous vous mandons comparoir à l'assignation donnée ce jourd'huy à la Police au Chastellet, par le commissaire de La Vigne, à Rigault Le Maire et aultres feronniers tenans des places de la Ville le long du quay de la Megisserie. Prenez au nom de ladicte Ville le faict et cause pour lesdictz feronniers; remonstrez qu'il est question des droictz du domaine d'icelle Ville, dont la cognoissance appartient à Nosseigneurs de la grande Chambre de la cour de Parlement, où la Ville a ses causes commises en premiere instance. Et partant requerez le renvoy de ladicte cause en ladicte Cour et, en cas de desny, appellez comme de juge incompetant.

«Faict au Bureau de ladicte Ville, le premier jour de Septembre mil six cens quatorze.»

CCCCXXIII. — Mandement au Maistre
DES OEUVRES DE LA VILLE
DE FAIRE TRAVAILLER À LA BIGOLLE ET TRANCHÉE
DANS LES FOSSEZ DES PORTES DE NEESLE ET BUCY.

3 septembre 1614. (Fol. 279 v°.)

De par les Prevost des Marchans et Eschevins de la ville de Paris.

«Il est ordonné à Augustin Guillain, Maistre des oeuvres de ladicte Ville, de faire promptement et sans delay travailler à la tranchée necessaire pour l'escoullement des eaues crouppissantes dans le fossé des portes de Nesle et de Bussy, pour esviter les inconveniens que les exalations desdictes eaues puantes et corrompues pourroyent apporter aux bourgeois et habitans dudict quartier et à toutte la Ville. En consequence, et pour ce faire, y mettra des ce jourd'huy tel nombre d'hommes et maneuvres qu'il jugera necessaire, et commancer icelle tranchée du costé et au bord de la riviere, selon qu'il est porté par son proces verbal de visitation et luy a esté cy devant ordonné de faire; lesquels ouvriers seront payez par chacune sepmaine par Maistre Claude Lestourneau, Receveur de ladicte Ville, en la presence de l'ung de nous, en la maniere accous-

---

Espagnols, anciennement si foibles, pour s'estre hasardez aux entreprises de la mer, ont non seulement asseuré leur Estat mais ont faict de telles conquestes qu'ils peuvent maintenant mesurer la grandeur de leur empire aux plus grands de ceux qui sont à present et aux plus redoutables de l'antiquité; et d'autre part les Hollandois, pour avoir suivy à mesme train, ont rendu ce coin de terre qu'ils habitent, jadis incogneu et à demy perdu dans les flots de l'Ocean, tres cogneu et tres habité et tant abondant en richesses et commoditez qu'il passe de beaucoup les plus estimées provinces de l'Europe; mais d'autant que cela les accommode, nous en sommes incommodez, d'autant qu'ils en sont relevez, nous en sommes rabaissez, et d'autant qu'ils affermissent leur puissance et auctorité, celle de la France semble d'autant esbranlée et diminuée. Car les richesses et commoditez qui se tirent des pays etrangers, nous n'en avons rien qui ne passe par leurs mains, et n'y avons autre part que celle qu'ils nous en veulent faire. Ils prennent à cause de la puissance qu'ils ont sur la mer tant d'auctorité et d'advantage sur nous qu'ils croyent avoir droict de s'en dire les maistres et que nous n'y pouvons aller quer avec leur permission, et si nous n'advisons à y apporter quelque ordre, il est à craindre qu'ils tiennent dans peu de temps la France comme investie et que l'entrée et issue de nos ports dependent entierement de leur volonté. Et ce qui nous doibt plus vivement toucher est que la France mesme leur administre les instruments de leur grandeur, leurs vaisseaux n'estans pour la pluspart faicts et equipez que des matieres qu'ils tirent de nous, ny conduits que par nos hommes. Ce qui nous fait embrasser avec affection les propositions qui tendent à les imiter en ses louables desseins où ils ne se sont jettez qu'à nostre reffus : mais nous mettant à ceste entreprise maintenant que les autres y sont desjà puissamment establis, nous jugeons qu'il ne le faut pas faire avec de foibles moyens et avons creu qu'il estoit à propos et necessaire que les principales villes de la France s'unissent et se joignissent ensemble sous le bon plaisir et auctorité du Roy, pour y contribuer chacune de sa part ce qui sera advisé. Et d'autant que la conclusion d'une affaire si importante à tous ne se peut faire avec plus d'esperance de bon succez qu'en l'assemblée generale des Estats, pour l'asseurance et reputation que la presence et auctorité du Roy et le consentement universel de tous les ordres du Royaume y apportera, nous avons estimé à propos de vous supplier, comme nous faisons les autres bonnes et grandes villes de cet Estat, de vouloir avec nous considerer l'importance de ceste entreprise, vous vouloir resoudre à y entendre et y entrer comme nous y sommes resolus de nostre part, pourveu que le Roy l'aye aggreable, et donner charge et pouvoir à ceux qui seront par vous deputtez pour ladicte assemblée, ainsi nous ferons aux nostres, de faire sur ce subject et soubs le bon plaisir et auctorité de Leurs Majestez une entiere resolution, de laquelle nous esperons autant de biens pour toute la France comme nous vous en souhaitons en particulier.»

tumée. Et oultre, pour esviter que à l'advenir les immondices et boues des quartiers voisins desdicts fossez n'y soient poussez et availez par les boueurs pour s'exempter par lesdictz boueurs du transport d'icelles, comme ils ont faict par le passé, ordonnons audict Guillain faire faire, par le serrurier de la Ville, des grilles et barreaulx de fer à maille de la largeur qu'il sera jugé par luy necessaire, icelle faire mettre aux troux et ouvertures par lesquels les esgoutz et eaues pluvialles entrent dans ledict fossé, et ce faire en la plus grande diligence que faire se pourra.

«Faict au Bureau de ladicte Ville, le troiziesme Septembre mil vi^e quatorze.»

Ordonnance particuliere sera envoyée audict serrurier pour faire lesdictes grilles de fer promptement.

FIN DE CE PRESENT REGISTRE.

(Signé :) «CLEMENT[1].»

---

[1] Dans les *Jetons de l'Échevinage parisien*, p. 174, d'Affry de la Monnoie a reproduit un jeton daté de 1613 portant au droit la légende suivante : «Me G. Clement, Greffier de la Ville», entourant un écu armorié dans une couronne de laurier. D'azur, à la bande d'argent chargée d'une clef de sable et côtoyée, en chef, d'une étoile d'or et d'un oiseau d'argent, en pointe, d'une étoile d'or.

Au revers se voit une représentation de la Vigilance, sous les traits d'une femme vêtue à l'antique, tenant de la main droite une palme, un bouquet et un serpent, et de la main gauche un coq; autour on lit : «Vigilantibus. Omnia. Fausta. 1613.»

TABLE ALPHABÉTIQUE

DES MATIÈRES,

DES NOMS DE PERSONNES ET DE LIEUX.

A

Aales (La terre), donnée à Saint-Victor par Louis le Gros, 198 (note).

Abancourt (Louis d'), sieur de Ravenne. Entreprise pour rendre navigable la rivière d'Armançon, 232-238. — Renvoyé au Bureau de la Ville pour la proposition du tarif applicable aux marchandises qui seront transportées sur la rivière d'Armançon, 234, 235. — Soumissions qu'il fait en acceptant le tarif imposé par la Ville, 238.

Abancourt (Louis d'), lieutenant du roi au gouvernement de Saint-Quentin, 232 (note).

Abancourt (Michelle d'), femme de François-Annibal de Merle, 232 (note).

Abbayes. Voir Ham (Notre-Dame de), Saint-Antoine-des-Champs, Saint-Corneille, Saint-Denis, Saint-Germain-des-Prés, Sainte-Geneviève, Saint-Victor.

Abbeville (Somme), 67.

Abdenay. Voir Fossard.

Abelly (Charles), sergent de la Ville. Condamné à l'amende pour négligence dans son service, 176 (note).

Abelly (Louis), Conseiller de Ville. Capitaine de la milice bourgeoise au quartier Saint-Martin, 2. — Présent aux élections municipales, 20, 91, 167, 278; — à des assemblées du Conseil de la Ville, 52, 54, 69, 156, 181, 211, 214, 217, 248, 292, 317, 321, 369; — à des assemblées générales de la Ville, 56, 146; — à une réunion du Bureau, 349. — Démarche auprès du Conseil du Roi au sujet des eaux de Rungis, 176.

Abigot (Le sieur), chirurgien. Délégué des bourgeois de son quartier à une assemblée générale de la Ville, 56.

Abreuvoir devant la petite porte du Palais, 127, 128. — Christophe Marie devra construire des abreuvoirs aux Iles Notre-Dame, 220.

Adam (André), marchand de vin. Emprisonné pour désobéissance envers les officiers de la milice, 59 (note).

Adam (Denis). Dizenier au faubourg Saint-Victor, 14.

Adenet (Le s'). Dizenier au quartier Saint-Eustache, 12.

Admamaned (Le sieur). Candidat à l'Échevinage, 95.

Affry de La Monnoye (A. d'). *Les jetons de l'Échevinage parisien*, ouvrage cité, 94 (note), 383 (note).

Aаen (Évêque d'). Voir Gélas (Claude de).

Agents généraux du Clergé. Tirage au sort employé pour décider du résultat d'une élection incertaine entre deux compétiteurs à ces fonctions, 162 (note). — Réclament la juridiction du Conseil d'État pour la question des rentes, 201 (note). — Obtiennent un arrêt du Conseil interdisant à la Cour des Aides la connaissance de poursuites intentées contre les receveurs des décimes, 224. — Interviennent dans les poursuites intentées contre François de Castille, 250. — Réclament la juridiction du Conseil du Roi pour la question des rentes, 256. — François de Castille les avertira qu'on lui réclame communication de ses comptes, 303. — Reçoivent communication de la requête en décharge présentée par les syndics et députés du diocèse de Périgueux, 335. — Agents en exercice. Voir Behety (Pierre), Forget (Jean), Racines (Martin de), Rocheroat (Le sieur de).

Aides. Voir Ferme générale des Aides, Rentes de l'Hôtel de Ville.

Aides de la Ville. La rente constituée sur elles, proposée en payement par Ph. de Gondi, sera rejetée, 356.

Aides (Cour des), 69 (note). — Messieurs de la Cour assistent au *Te Deum* chanté à Notre-Dame à l'occasion du sacre, 39; — semonce leur est faite pour le service funèbre de la reine d'Espagne, 119; — leur rang, 121. — Leur rang à la procession de la châsse de sainte Geneviève, 85. — La Cour décharge le maltre du pont de Pontoise de la charge de collecteur des tailles, 62, 229; — même exemption réclamée de la Cour par le maltre du pont de Poissy, 62 et note 229. — Lettres patentes qui sont adressées à la Cour des Aides pour la suspension des droits de douane, 82. — Poursuites qui y sont exercées contre les receveurs des décimes pour recel de deniers, 224. — Procès entre les échevins et le maltre des ponts de Montereau au sujet de la charge de collecteur des tailles, 229. —

xv.   49

Le Bureau de la Ville, au bout de trente ans, sera tenu de l'avertir de la suppression des droits de navigation, 236, 243. — Les lettres du Roi en faveur du sieur de Lansac lui sont adressées, 256. — Arrêt déboutant Jacques Collas d'une réclamation faite à la Ville en payement de chevaux fournis pendant la Ligue, 347. — Premier président. Voir Chevalier (Nicolas). — Président. Voir Loisel (Claude). — Avocat du roi, Voir Le Bret (Cardin). — Conseillers. Voir Anappier, Creil, Du Gastel, Le Tonnellier, Poncet. — Voir Cours souveraines.

Aides aux maîtres des ponts (Commissions d'). Classées parmi les commissions en commun, 165. — Voir Pont-de-l'Arche, Pont-Sainte-Maxence.

Aigue (Forêt de l'). Vente de coupes de bois, 75, 76. — Épuisement de ses bois, 142.

Aisne (L'), rivière. Bois vendus par des seigneurs proche de la rivière, 76. — Opposition par le Bureau de la Ville au placet par lequel Guillain de Nostaing et Jean Sornet demandent la création à leur profit d'une charge de contrôleur des marchandises de bois sur les ports de cette rivière, 361, 362.

Aix-en-Provence (Bouches-du-Rhône). Chambre ecclésiastique, 335 (note).

Alfonse, infant d'Espagne, 117 (note).

Alleaume (Le sieur), ingénieur et architecte. Consulté pour la rédaction du devis de l'aqueduc des eaux de Rungis, 175, 176.

Allegrain (Eustache), sieur d'Herblay, 349 (note).

Allegrain (Catherine), femme de Jean Le Grand, 6 (note).

Allegrain (Madeleine), dame d'Herblay, femme de Charles Le Prévost, 349 (note).

Allegrain (Marie), femme de Dreux Budé, 349 (note).

Allemagne. Importation de faux en France, 160.

Allongny (Antoine d'), sieur de Rochefort, 32 (note).

Allongny (Marguerite d'). Épouse Louis Largentier, 32 (note).

Almeras (Le sieur), trésorier de France. Commis pour informer sur la construction de maisons le long des quais qui partent du Pont Neuf, 96.

Almeras (Le sieur). Rétablissement de fontaine en sa maison, rue des Francs-Bourgeois, 238.

Alon. Tarif du droit de péage sur l'Oise, 243; — sur la Vanne, 253.

Amandes. Tarif du droit de péage sur l'Oise, 243; — sur la Vanne, 253.

Amaulry (Le sieur), receveur du domaine. Enseigne de la milice bourgeoise au quartier Saint-Gervais, 11, 146 (note).

Amaulry (Le sieur), commissaire du Guet. Enseigne de la milice bourgeoise au quartier Saint-Jean, 3.

Amaury (Le sieur). Lieutenant de la milice bourgeoise au quartier Saint-Martin, 2.

Amaury (Le sieur), commissaire des guerres. Représentant des bourgeois de son quartier à une assemblée générale de la Ville, 146.

Ambassadeurs. Leur rang au service funèbre de la reine d'Espagne, 120, 121; — jettent de l'eau bénite, 121.

Amblard (Antoine), marchand de bois. Voir Poinetz (Esmée).

Amblard (Côme), marchand de bois. Mandé au Bureau de la Ville, 142.

Amboise (Indre-et-Loire). Séance du Conseil du Roi où l'on décide sa reddition à Monsieur le Prince, 359 (note). — Grenier à sel, 363.

Ambouville (François), sergent à verge au Châtelet. Signification à Christophe Martin d'une requête de François de Castille, 16.

Amelin (Le sieur). Reçu cinquantenier au quartier de Jacques de Creil, 376 (note).

Amelin, s' de la Cour, général des Monnaies. Capitaine de la milice bourgeoise au faubourg Saint-Jacques, 10.

Amelot (Le sieur). Lieutenant de la milice bourgeoise au quartier Saint-Martin, 3.

Amelot (Le sieur), procureur en Parlement. Enseigne de la milice bourgeoise au quartier Saint-Martin, 3.

Amelot (Le sieur). Candidat à l'Échevinage, 95.

Amelot (Antoine), maître maçon. Enchères pour l'adjudication des travaux de l'Hôtel de Ville, 260.

Amelot (Charles), maître des Comptes, Conseiller de la Ville. Capitaine de la milice bourgeoise au quartier Saint-Martin, 2 et note. — Présent aux élections municipales, 20, 91, 167, 278; — à des assemblées du Conseil de la Ville, 24, 40, 47, 52, 54, 69, 86, 87, 143, 156, 176, 183, 211, 214, 217, 235, 248, 270, 292, 294, 303, 317, 321, 336, 339, 369, 373; — à des assemblées générales de la Ville, 56, 113, 146; — à une réunion du Bureau, 349. — Fait partie de la députation qui porte à la Reine les remerciements de la Ville pour la révocation de la commission de Jean Filacier, 115. — Élu scrutateur pour Conseiller de Ville, à l'assemblée électorale, 170, 171; — tient le chapeau mi-parti pour recueillir les votes, 170. — Assiste à l'adjudication des travaux de l'Hôtel de Ville, 262 (note). — Refuse d'opiner à une assemblée du Conseil de la Ville parce que les Conseillers ne sont pas en nombre, 295, 303.

Amendes et confiscations adjugées à l'Hôtel de Ville. Refus par Guillaume Clément d'en délivrer des extraits, ces amendes appartenant par moitié à la Ville et au Roi, 149; — mention des lettres du Roi faisant don de la moitié de ces amendes à la Ville, 149.

Amiens (Généralité d'), 298.

Amiral (Monsieur l'). Voir Montmorency (Charles de).

Amirauté (Juridiction de l'). Voir Table de marbre.

Amortissement des rentes. Propositions de Mathurin Geslain. Voir Rentes.

Amouy (Daniel). Dizenier au faubourg Saint-Germain-des-Prés, 9.

Amy. Voir Lamy.

Anappier (Le sieur), conseiller aux Aides. Député des bourgeois de son quartier aux élections municipales, 93.

Anchois. Tarif du droit de péage sur l'Oise, 243; — sur la Vanne, 253.

Ancre (Maréchal d'), 182 (note). — Voir Concini.

Ancre (Marquise d'). Voir Galigaï (Leonora).

Andecot (Jean), marchand anglais. Privilège qu'il obtient pour la fabrication d'ouvrages d'argile imitant le marbre, 354-355.

ANDELLE (L'), rivière, 221 (note).
ANDELYS (Forêt des). Commerce du bois, 221.
ANDRENAS (Antoine), Quartenier du quartier des Innocents. Liste des officiers de la milice de son quartier, 7.
— Présent aux élections municipales, 20, 21, 91, 93, 168, 169, 279; — à des assemblées générales de la Ville, 56, 114, 146. — Candidat à l'Échevinage, 171.
ANGENOUST (Jérôme), ancien Procureur du Roi de la Ville. Difficultés au sujet de la formule de sa résignation de cet office en faveur de Louis Dumoulin, 147 (note).
ANGERS (Maine-et-Loire). Les voituriers qui en viennent suivent habituellement la rue de l'Hôtel-de-Condé, 43 (note). — Grenier à sel, 363.
ANGERS (Évêque d'). Voir MIRON (Charles).
ANGERVILLE-LA-RIVIÈRE (Eure). Seigneur. Voir LUILLIER (Nicolas), sieur de Boulancourt.
ANGLAIS. Voir RÉDUCTION (Messe de la).
ANJOU (Le duc d'). Voir Henri III.
ANJOU-DAUPHINE (Rue d'). Travaux pour l'écoulement des eaux, 78 et notes.
ANNE D'AUTRICHE, reine de France. Voir ANNE-MARIE-MAURICETTE.
ANNE-MARIE-MAURICETTE, infante d'Espagne, fiancée à Louis XIII, 117 (note). — Réjouissances à propos de son futur mariage, 136-139.
ANQUETIN-LE-FAUCHEUR (Rue), 46 (note).
ANSELME (Le P.). *Histoire généalogique*, citée, 99 (note), 232 (note).
ANTINORI (Nannine), femme de J.-B. de Gondi, 124 (note).
APPOIL (Nicolas), marchand de bois. Assigné devant le Parlement de Rouen, 209.
APPORT PARIS (L'), 7 (note).
AQUAVIVA (Anne D'), comtesse de Châteauvillain, 238 (note).
AQUEDUC de Belleville, 64 (note).
AQUEDUC des eaux de Rungis. Devis pour sa construction, 172-175, 176; — autre devis, 187-191. Voir RUNGIS.
AQUEDUCS de la rive droite, 65 (note).
ARBALÉTRIERS-PISTOLIERS de la Ville (Compagnie des Cent). Ordonnance du Bureau portant que Hugues Le Febvre sera reçu capitaine de la compagnie, à la mort de Charles Marchant qui était capitaine unique des trois Nombres, 30, 31. — Officiers de la compagnie, 31 (note). — Leur rang dans le cortège qui va au-devant du Roi, à son retour du sacre, 41. — Capitaines. Voir LE FEBVRE (Hugues), LOTTIN (Nicolas). — Voir NOMBRES (Les trois) de la Ville.
ARBRE-SEC (Rue de l'). Travaux pour amener au Louvre les eaux des fontaines de la Ville, 16.
ARCHAL (Fil d'). Lettres de privilège obtenues par les sieurs de Galles pour des forges destinées à sa fabrication, 159. — Villes où il s'en fabrique en France, 160.
ARCHE (Voute de l'), à l'Hôtel de Ville, 109.
ARCHERS de la Ville (Compagnie des cent). Ordonnance du Bureau confirmant l'élection de Claude de Norroy à la charge de capitaine des archers de la Ville, à la mort de Charles Marchant qui était capitaine unique des trois Nombres, 31-32; — lieu de l'élection, 31 (note). — Quelques-uns accompagnent au Louvre les membres du Bureau qui vont présenter au Roi le scrutin de l'Élection, 22, 94, 170, 281; — on refuse de leur laisser franchir la porte du Louvre, 94, 170; — le Roi commande de les faire entrer, 170. — Marchent en tête du cortège municipal se rendant au *Te Deum* chanté pour le sacre, 39. — Ne figurent pas au cortège qui va au-devant de la Reine, au retour du sacre, parce qu'ils se préparent pour aller au-devant du Roi, 41. — Leur rang dans le cortège qui va au-devant du Roi, à son retour du sacre, 41. — Vingt d'entre eux sont requis pour accompagner les membres du Bureau qui vont assister à la distribution du bois sur les ports, 46 (note). — Assistent à la messe de la Réduction, 71; — leur rang dans le cortège qui s'y rend, 249. — Montre au Temple, 73-74 et note; — convocation à la montre qui doit se faire dans la cour du Temple, 357. — Une trentaine sont envoyés à Messieurs des Cours souveraines pour les conduire à l'abbaye Sainte-Geneviève, pour la procession de la châsse; — rang des archers à cette procession, 84, 85. — Quelques-uns escortent Messieurs de la Ville dans la visite rendue à la duchesse de Lorraine, 109 (note). — Rang et costume au service funèbre de la reine d'Espagne, 118. — Injuriés par Claude Micquart au service funèbre de la reine d'Espagne, 118 (note). — Assistent à la procession de la Réduction, 134; — quelques-uns servent d'escorte à Messieurs des Cours souveraines, 134; — leur rang à la procession de la Réduction, 249. — Quelques-uns accompagnent les Échevins qui vont inviter le Parlement et la Chambre des Comptes à la messe de la Réduction, 140. — Précèdent Messieurs de la Ville rendant visite à l'ambassadeur d'Espagne, 164. — Ont ordre de saisir les flettes chargées de bois, 200. — Capitaine. Voir NORROY (Claude DE). — Voir NOMBRES (Les trois) de la Ville.
ARCHIDIACRE de Paris. Chargé par le Chapitre Notre-Dame de traiter avec ceux qui prétendent droit sur les terres fouillées pour l'aqueduc de Rungis, 190 (note).
ARCUEIL (Seine). Passage de l'aqueduc de Rungis, 155 (note), 173-174, 188-189, 331 (note). — Le Roi y soupe chez Madame de Moisse, 267 (note). — Ancien aqueduc, 332 (note); — ses fondations ne peuvent servir aux travaux nouveaux, 365 (note).
ARDIÈRE (Paul), contrôleur général des gabelles. Assiste à la levée des scellés mis sur les quittances des payements faits par P. de Gondi sur les rentes du sel et à l'inventaire qui en est dressé, 362.
ARDOISES. Tarif du droit de péage sur l'Oise, 243; — sur la Vanne, 253.
ARGENT (Trafic de l') aux foires de Plaisance et de Besançon, 310.
ARLOY. Voir ERLOY.
ARMANÇON (L'), rivière. Entreprise pour rendre cette rivière navigable; arrêt du Conseil du Roi, délibérations du Conseil de Ville, tarif des droits de navigation et soumissions de l'entrepreneur, Louis d'Abancourt, 232-238. — Le Prévôt des Marchands fait étudier l'influence qu'aurait pour l'approvisionnement du bois son ouverture à la navigation, 235. — Inondation à Semur-en-Auxois, 271 (note). — Règlement pour la

49.

navigation, 333. — Droits d'éclusage, applicables aux pauvres, payés les dimanches et fêtes par les coches de Brinon-l'Archevêque, 333.

ARMES. Armes offensives et défensives, que doivent posséder les bourgeois. Les colonels reçoivent mandement du Bureau pour en faire faire l'inspection, 17, 19. — Les colonels doivent en envoyer le rôle au Bureau, 24. — Arnoul Mestayer est exempté de la visite des armes comme lieutenant des arquebusiers, 42. — Revue des armes des bourgeois, 122 —; les bourgeois doivent en avoir dans leurs maisons pour résister aux violences qui peuvent se commettre dans leurs quartiers, 365, 367. — Surveillance exercée sur le débarquement d'un bateau chargé d'armes, 122 (note). — La vente des armes est interdite sans permission du Gouverneur ou du Bureau, 351. — Conflit entre le Lieutenant civil et le Bureau de la Ville au sujet de cette interdiction, 351-354. — Ordonnance du Roi en interdisant la vente sans autorisation, 354. — Ordre du Roi pour la délivrance au concierge de l'hôtel de Bouillon d'un chariot chargé d'armes qui avait été saisi, 357-358.

ARMES DE FRANCE et de Navarre. Projet de les placer sur la porte Saint-Honoré, 133. — Sculptées au milieu de la cheminée de la grande salle de l'Hôtel de Ville, 241; — leur dorure, 351. — Sculptées sur la porte Saint-Martin, 371.

ARMES DE MARIE DE MÉDICIS, sculptées sur la porte Saint-Martin, 371.

ARMES DE LA VILLE. Projet de les placer sur la porte Saint-Honoré, 133. — Sculptées sur la porte Saint-Martin, 371. — Voir NAVIRE.

ARMOIRIES placées sur les tentures pour le service funèbre de la reine d'Espagne, 119.

ARMURIERS. Défense leur est faite de vendre des armes sans permission du Gouverneur et du Bureau, 351-354. — Le Lieutenant civil leur en interdit la vente sans son autorisation, 352.

ARNAULD (Antoine), avocat au Parlement, Conseiller de la Ville. Présent aux élections municipales, 20, 91, 167, 278; — à des assemblées du Conseil de Ville, 69, 88, 89, 143, 183, 250, 292, 366, 381; — à une assemblée générale de la Ville, 146. — Plaidoirie pour Charles Marchant, 30 (note). — On lui notifie qu'une assemblée du Conseil de la Ville est contremandée, 114 (note). — Choisi comme scrutateur pour Conseiller de Ville aux élections municipales, 280; — tient le chapeau mi-parti pour recueillir les suffrages des électeurs, 281; — signe le procès-verbal de scrutin, 282.

ARNAULD alias ARNAULT (Isaac), Conseiller d'État, intendant des finances. Commis pour examiner les plaintes de la Ville contre le Clergé, 29, 30. — Commissaire à propos du bail des gabelles, 32, 33. — Assiste à une audience donnée par le Chancelier aux membres du Bureau de la Ville, 80. — Commissaire du Conseil pour examiner les causes d'opposition de la Ville à la commission de Filacier, 99, 100.

ARNOUL (Pierre), sergent de la Ville. Condamné à l'amende pour négligence dans son service, 176 (note).

ARONDEAU (Charles), marchand. Enseigne de la milice bourgeoise au quartier du Sépulcre, 13.

ARQUEBUSIERS de la Ville (Compagnie des cent). Ordonnance du Bureau portant que Germain Nourry sera reçu capitaine de la compagnie, à la mort de Charles Marchant qui était capitaine unique des trois Nombres, 30-31. — Leur rang dans le cortège qui va au-devant du Roi, au retour du sacre, 41. — Capitaine. Voir NOURRY (Germain). — Lieutenant. Voir MESTATER (Arnoul). — Voir NOMBRES (Les trois) de la Ville.

ARRIVAGE du bois. Formalités auxquelles sont assujettis les marchands de bois pour faire déterminer par le Bureau le prix du bois qu'ils apportent dans la Ville, 105, 112, 193 et note, 194, 361. — Registre de l'arrivage tenu pour la fixation de ce prix, 72. — Marchand négligeant l'accomplissement de ces formalités, 105 (note).

ARSENAL du Roi (L'), 380. — Projet d'un canal qui devait en partir pour suivre les fossés de la Ville, 213 et note. — Quai conduisant de l'Arsenal à la Grève : maison de François de Castille, 302 (note). — Ordonnance du Bureau publiée devant l'Arsenal, 353 (note).

ARSON (Le sieur D'). Voir BOUTILLAC (Jean DE).

ARTILLERIE de la Ville. Salves tirées en réjouissance des mariages espagnols, 138.

ARTISANS (Compagnons). Privilèges proposés pour ceux qui épouseront les filles dotées sur la fondation projetée par Pierre Bizet, 222.

ASSADES (Claude), hôtelier. Condamné à l'amende par le Lieutenant civil pour avoir remis au capitaine de sa dizaine les noms de ses hôtes, 73; — recours qu'il exerce contre le capitaine, 73.

ASSEMBLÉE de bourgeois et de voituriers par eau, tenue au Bureau de la Ville pour délibérer sur le projet de pont au port Saint-Paul, 203-204, 213, 219-220.

ASSEMBLÉE DES COLONELS tenue au Bureau pour aviser à la sûreté de la Ville, 61.

ASSEMBLÉES DE L'ÉLECTION. Voir ÉLECTIONS MUNICIPALES.

ASSEMBLÉES DU CLERGÉ. Assemblée tenue en 1610 pour l'audition des comptes, 24, 25 (note). — Visites du Bureau de la Ville à l'assemblée pour présenter des réclamations sur le défaut de payement des rentes, 24-26, 27-28, 29. — Assemblée tenue en 1612 pour l'audition des comptes, 149 (note). — Plaintes apportées par Messieurs de la Ville sur l'insuffisance du payement des rentes, 149-150, 157-158. — Le Clergé est accusé d'employer le fonds destiné à l'acquittement des arrérages en rachat de rentes à vil prix, 158. — L'assemblée donne communication au Bureau de la Ville des comptes de François de Castille, 161-162. — Voir CLERGÉ.

ASSEMBLÉES ÉLECTORALES. Voir ÉLECTIONS MUNICIPALES.

ASSEMBLÉES GÉNÉRALES de la Ville. Pour la prise de possession par François Clément de l'office de Greffier de la Ville, en survivance de son père, 55-58. — Pour entendre ce qui s'est passé au sujet de la commission de Jean Filacier et de la révocation de cette commission par la Reine, 113-117. — Pour délibérer sur la résignation à survivance que Pierre Perrot entend faire de son office de Procureur du Roi de la Ville en faveur d'Étienne Charlet, sieur d'Esbly, son gendre, 145-147.

Assemblées-ordinaires de la Ville. Voir Conseil de la Ville.

Assemblées pour la préparation des États généraux. Assemblées pour l'élection des députés aux États généraux et la rédaction du cahier, 364 (note), 365 (note). — Plaintes qui y sont formulées contre la lenteur avec laquelle les états finaux sont mis par la Chambre des Comptes sur les comptes des receveurs des rentes, 374 (note).

Assemblées particulières de la Ville. Assemblée où sont convoqués des marchands et bourgeois de la Ville pour donner leur avis sur les causes de la hausse des monnaies, 309-310. — Assemblées tenues pour étudier les propositions de Fr. du Noyer sur la navigation des Indes, 381 (note).

Assemblées de quartiers pour la préparation de l'assemblée électorale. Voir Élections municipales.

Atticby (J. d'), Conseiller d'État. Séance au Conseil, 99. — Don que lui fait la Reine, 99 (note). — Commissaire du Conseil pour examiner les causes d'opposition de la Ville à la commission de Filacier, 99. — Commis par le Conseil du Roi pour examiner les propositions de Germain Gillet, 186. — Le Bureau de la Ville lui remet une requête au Conseil pour s'opposer à la décharge de cautionnement requise par les sieurs Barbin, 192.

Atticuy (Octavian d'). Voir Docy d'Atticby.

Aube (L'), rivière. Commission délivrée à Pierre de la Salle pour s'informer du bois qui existe à proximité de cette rivière, 196-197. — Délibération du Conseil de Ville sur les propositions faites pour la rendre navigable, 234-236. — Le Prévôt des Marchands fait étudier l'influence qu'aurait sur l'approvisionnement du bois son ouverture à la navigation, 235.

Aubert (Le sieur), avocat. Enseigne de la milice bourgeoise au quartier Saint-Martin, 2.

Acasay (Claude), père du suivant, 39 (note).

Aubery alias Ausry (Claude), sieur d'Auvilliers, maître des Comptes, Conseiller de la Ville, 20 (note). — Résigne, pour cause de maladie, son office de Conseiller de la Ville en faveur de Jean Aubery, son frère, 39-40; — avait été reçu à cet office sur la résignation de Pierre de Croisettes, son beau-frère, 39 (note); — est de nouveau reçu Conseiller de la Ville sur la résignation de son frère Jean, 88; — prête serment, 88; — prend rang avant Gui Loisel, 89. — Présent aux élections municipales, 20, 91, 168, 278; — à des assemblées du Conseil de Ville, 156, 211, 217, 235, 339, 369, 373; — Assiste à l'adjudication des travaux de l'Hôtel de Ville, 262 (note).

Aubery alias Ausry (Jean), maître des Requêtes, Conseiller de la Ville, 20 (note). — Reçu Conseiller de la Ville sur la résignation de son frère Claude, 39-40; — prête serment, 40. — Présent à une assemblée du Conseil de Ville, 87. — Résigne son office de Conseiller de la Ville à son frère Claude, qui le lui avait cédé naguère, 88. — Orthographe du nom, 88 (note). — Délégué des bourgeois de son quartier à l'assemblée électorale, 168. — Requête du Bureau de la Ville qui lui est remise, 325.

Aubery alias Ausry (Robert), sieur de Brévannes, Conseiller de la Ville, maître des Requêtes, puis président du Grand Conseil, plus tard marquis de Vatan, 4 (note), 20 (note), 39 (note). — Capitaine au quartier Saint-Jean, 4 et note. — Reçu Conseiller de Ville sur la résignation de Gaston de Grieu, 171 (note). — Présent aux élections municipales, 20, 91, 167, 278; — à des assemblées du Conseil de Ville, 24, 47, 52, 54, 69, 87, 143, 156, 176, 181, 183, 211, 214, 217, 224, 235, 248, 270, 292, 317, 321, 339, 381; — à une assemblée générale de la Ville, 113; — à une réunion du Bureau, 349. — Fait partie de la députation qui porte à la Reine les remerciements de la Ville pour la révocation de la commission de Jean Filacier, 115. — Président au Grand Conseil, 167 (note). — S'offre pour travailler à l'éclaircissement des rentes amorties, 225. — Élu scrutateur pour officier du Roi aux élections municipales, 280; — tient le tableau juratoire pour le serment des électeurs, 281; — présente le scrutin au Roi, 281; — signe le procès-verbal, 282. — Convoqué à la messe célébrée en souvenir de la réduction de Paris sur les Anglais, 349.

Aubery (Renée-Julie), femme de Louis de la Trémoïlle, 39 (note).

Aubespine (Guillaume de l'). Voir Châteauneuf.

Aubri-le-Boucher (Rue), au quartier du Sépulcre, 10 (note).

Aubry (Jean). Capitaine de la milice bourgeoise au faubourg Saint-Denis, 13.

Aubry (Joseph). Délibération du Conseil de Ville sur ses offres pour amener les eaux de Rungis, 155-157; — texte de ces offres, 156.

Aubry. Voir Aubery.

Auch (Province ecclésiastique d'). Élit Pierre Behety comme agent général du Clergé, 162 (note).

Augard (Mathieu), mouleur de bois. Rixe avec un chargeur de bois, 79 (note).

Augustins (Couvent des Grands). Voir Grands Augustins.

Augustins (Pont des). Voir Pont Neuf.

Augustins (Port des). Tarif du prix du bois, 321.

Aulx. Voir Mesureurs.

Aumaille, animal de l'espèce bovine, 334 et note.

Au Maire (Rue), 260. — Saisie de bois amassé dans un magasin, 204.

Autriche (Charles d'), archiduc de Gratz, 117 (note).

Autriche (Rue d'). Travaux pour amener au Louvre l'eau de la fontaine de la Croix-du-Tiroir, 16 et note.

Autruche (Rue de l'). Voir Autriche (Rue d').

Autun (Diocèse d'). Le receveur des décimes est accusé de retenir indûment des deniers dont il n'a pas rendu compte, 224.

Auvergne (Province d'). Pauvreté des bénéficiers ecclésiastiques, 51.

Auvilliers (Le sieur d'). Voir Aubery (Claude).

Auxerre (Yonne). Hôtellerie de la Madeleine, 272 (note). — Lettres du Roi adressées au prévôt d'Auxerre pour l'établissement d'un coche d'eau entre Joigny et Paris, 296-297.

Auxerre (Diocèse d'). Le receveur des décimes est accusé de retenir des deniers dont il n'a pas rendu compte, 224.
Avaugour (Marquis d'). Voir Raetagne (Louis de).
Avelines. Tarif du droit de péage sur l'Oise, 243; — sur la Vanne, 253.
Ave Maria (Couvent de l'), 11 (note). — Église, 70 (note).
Averdouin (Le sieur d'), procureur. Délégué des bourgeois de son quartier à l'assemblée de l'Élection, 169.
Avignon (Vaucluse), 124 (note).

Avoine. Sa cherté présente, 194. — Tarif du droit de péage sur l'Armançon, 236; — sur l'Oise, 243; — sur la Vanne, 253.
Avolle (Le sieur). Dizenier au quartier Saint-Eustache, 12.
Avril (Jacques), avocat au bailliage de la ville d'En. Rente due par ses héritiers envers Jean Legay, 67.
Aymeret *alias* Hemeret (Paul), maître des Comptes. Délégué des bourgeois de son quartier à l'assemblée électorale, 279.

B

Bac (Rue du). Origine du nom, 191 (note).
Bac des Tuileries. Requête adressée par le Bureau de la Ville au Parlement à propos de la saisie de ce bac, 191, 195. — Son établissement et bail passé pour son exploitation, 191 (notes).
Bachelier (Claude). Reçu à la survivance de l'office de Greffier possédé par son père, 53.
Bachelier (Regnault), ancien Greffier de la Ville. Résignation à survivance au profit de son fils Claude; — avait fait la même résignation au profit de son fils Regnault, 53 (note).
Bachelier (Regnault) fils. Son père lui résigne à survivance l'office de Greffier de la Ville, 53 (note).
Bacs. Ordonnance de retirer et mener près des villes voisines les bacs étant sur les rivières de Seine et de Marne, 356-357.
Bague (Courses de) au carrousel de la Place royale, 138.
Baillet (Le sieur), boucher. Enseigne de la milice bourgeoise au quartier Saint-Jacques-la-Boucherie, 8.
Bailleul (Le sieur de). Voir Le Bailleul.
Bailly (Charles), sieur du Séjour, président des Comptes. Siège à la Chambre, 110; — répond aux remontrances de la Ville, 110. — Loue les membres du Bureau de leur démarche au sujet de la commission de Filacier, 181. — Signale la négligence des auditeurs des Comptes pour la mise des états finaux sur les comptes des receveurs, 374 (note).
Balsac (Louise de), seconde femme de Louis de Bretagne, comte de Vertus, 72 (note).
Balsac (Henri de), comte de Clermont d'Entraigues, 72 (note).
Balzac (Charles de), évêque de Noyon. Son rang au service funèbre de la reine d'Espagne, 120.
Banderole de fer placée sur les bateaux de bois ou de charbon pour indiquer le prix de la marchandise, 78 (note), 194.
Baptiste (Le sieur). Lieutenant de la milice bourgeoise au faubourg Saint-Germain-des-Prés, 9.
Barat (Le sieur). Dizenier au quartier Saint-Gervais, 11 et note.
Barat (Le sieur), maître pâtissier, 45-46.
Barat (Simon). On lui renouvelle l'autorisation d'entretenir un plant d'arbres dans les fossés de la Ville, 74 (note).
Basse (Charles), maître faiseur d'esteufs. Prend à bail une place sise hors la porte Saint-Honoré, 276 et note.

Barberonville (Sieur de). Voir Le Voys (Jean).
Barbier (Le sieur), marchand. Lieutenant de la milice bourgeoise au quartier Saint-Jacques-la-Boucherie, 7 et note.
Barbier (François), hôtelier du Lion d'Argent, rue Bourg-l'Abbé. Déchargé de la garde d'un chariot plein d'armes qui avait été saisi et lui avait été confié, 358.
Barbier (Guillaume), contrôleur des bois et charbon. Procès contre les mouleurs de bois; titre qu'il a droit de prendre, 323 (note). Voir Contrôleur des bois et charbon.
Barbin (Claude). Notice biographique, 182 (note). — Requête présentée par le Bureau et démarche auprès du Conseil du Roi pour s'opposer à ce que Claude et Dreux Barbin soient déchargés de la caution qu'ils ont prêtée pour Thomas Robin, 182-183, 192. — Discussion au Conseil de Ville à ce sujet, 183-184. — Arrêt du Conseil les déchargeant de la caution prêtée pour Thomas Robin, 182, 184. — Requête présentée au Bureau de la Ville et nouvelle requête au Conseil pour obtenir confirmation de cette décharge, 184. — Arrêts du Conseil du Roi les déchargeant de leur cautionnement pour Thomas Robin, 191-192. — Requête qu'ils avaient adressée au Bureau de la Ville pour obtenir cette décharge, 192 et note. — Signification que leur fait le Bureau de son intention de poursuivre contre eux l'exécution du bail du parti du sel auquel ils sont coobligés, 198. — Ordonnance du Bureau portant que, comme cautions de Philippe de Gondi, ils seront contraints à payer ou tous faire payer par ledit de Gondi les arrérages des rentes du sel pour l'année 1609, 282-283; — arrêt du Conseil du Roi défendant au Bureau de mettre cette ordonnance à exécution, lesdits Barbin ayant été déclarés déchargés de leur cautionnement, 283; — ils le font signifier au Bureau, 283. — Déchargés de leur association avec Thomas Robin, fermier des gabelles, et de leur cautionnement pour les rentes du sel par arrêts des 2 août et 4 octobre 1612, 283. — Signification leur est faite d'une ordonnance du Bureau enjoignant à Jean de Moisset d'exercer des contraintes contre les cautions de Philippe de Gondi jusqu'à concurrence de 150,000 livres qui seront déduites du cautionnement de 360,000 livres prêté par Claude et Dreux Barbin, et assignation leur est donnée au Bureau, 321-322. — Le Roi les ayant déchargés de leur cautionnement pour P. de Gondi, demeure respon-

sable de l'entier payement des rentes sur le sel, 327-328.

Barbin (Dreux). Voir Barbin (Claude).

Bardault (Le s'), Dizenier au faubourg Saint-Honoré, 14.

Bardelle (Jean), serviteur de Flamin Fanuche. Signification faite à sa personne d'un arrêt du Conseil du Roi concernant les receveurs et payeurs des rentes, 328.

Bardot (Nicolas), corroyeur. Reprend la fin du bail d'une maison bâtie sur une place sise hors la porte Saint-Honoré, 276 (note).

Barentin (Le sieur), maître des Requêtes. Nommé commissaire pour l'instruction du procès de Gabriel du Crocq, 356.

Basen (Le sieur), passementier. Enseigne de la milice bourgeoise au quartier Saint-Jacques-la-Boucherie, 8.

Baron (Pierre), conseiller au Parlement. Capitaine de la milice bourgeoise au quartier Saint-Séverin, 8.

Rarré (Antoine). Protestations contre l'enlèvement de sa fille, 365 (note).

Barre (Hubert), maître tonnelier déchargeur de vins. Procès contre Jean du Mesnil, maître de la communauté des déchargeurs de vins, 239.

Barre-du-Bec (Rue). Fontaine particulière au logis de Nicolas Le Feron, 67 (note). — Maison de Jacques Sanguin, 161.

Barthelemy (Antoine), sieur d'Oinville, conseiller maître à la Chambre des Comptes. Reçu Conseiller de Ville sur la résignation de Claude Le Tonnellier, 371-373; — requête qu'il avait adressée au Bureau pour cette réception, 372.

Baschelier (Le sieur). Dizenier au quartier du Sépulcre, 13.

Baschelier (Le sieur), apothicaire. Enseigne de la milice bourgeoise au quartier Saint-Honoré, 13.

Baschemon (Hélène), occupante d'une selle à laver. Assignée devant le bailli de Saint-Germain-des-Prés, 196.

Bassou-sur-Yonne (Yonne), 272 (note).

Bateau vivandier. Voir Coche d'eau.

Bateaux. Mandement du Bureau pour leur garage à cause des glaces, 122-123. — Ceux qui sont chargés de marchandises doivent circuler librement et ne sont pas compris dans l'ordonnance sur les bois, 356.

Bateliers. Défense leur est faite de charger bois en flettes ou nacelles, 200.

Baudard. Dizenier au quartier Saint-Martin, 2 et note.

Baudelot, commissaire au Châtelet. Fait élargir le crieur Le Duc qui avait été emprisonné au Châtelet, 353 (note).

Baudichon (Le sieur). Représentant des bourgeois de son quartier à une assemblée générale de la Ville, 146.

Baudin (Le sieur). Dizenier au faubourg Saint-Jacques, 10.

Baudouin (Le sieur), notaire. Enseigne de la milice bourgeoise au quartier Saint-Antoine, 5.

Baudouyn. Signature d'arrêt du Conseil, 356, 361, 362.

Baudroirie, *Bodroirie* (Rue de la), autrement dite du Poirier, actuellement rue Brisemiche, 263 et note.

Baudu (Jean). État des amortissements de rentes faits par lui, 325.

Baugé (Maine-et-Loire). Grenier à sel, 363.

Baulery (Le sieur). Dizenier au quartier Saint-Jean, 4.

Baussan (Le sieur), avocat. Enseigne de la milice bourgeoise au quartier Saint-Séverin, 8.

Bauteur (F.), arquebusier de la Ville. Assigné pour défaut de comparution à la montre des trois Nombres, 74 (note).

Bautry. Voir Boutrays.

Bayonne (Basses-Pyrénées). Lettre que le Bureau de la Ville doit lui écrire pour lui donner avis des propositions de F. du Noyer sur la navigation des Indes et l'engager à députer aux États généraux des personnes compétentes en ce qui concerne les affaires de la mer, 381.

Bazille (Le sieur). Lieutenant de la milice bourgeoise au quartier Sainte-Geneviève, 4.

Bazouin (Le sieur). Dizenier au quartier Saint-Antoine, 5 et note.

Beaubourg (Le sieur), bourgeois. Délégué des bourgeois de son quartier aux élections municipales, 21.

Beaubourg (Rue), 263.

Beauclerc (Louis). Vend à Jean de Bordeaux la maison de l'Ermitage, 349 (note).

Beaufils (Arche), sur le quai aux Ormes, 142 (note). — Emplacement proposé pour le pont Marie, 153.

Beaufort (Le sieur de). Voir Boucher (Arnoul).

Beaufort-en-Vallée (Maine-et-Loire). Grenier à sel, 363.

Beaujolais. Lettres de privilège obtenues par Jean Bietrix pour la fabrication des faux dans cette province, 160.

Beaumanoir (Jean de), marquis de Lavardin, maréchal de France. Séance au Conseil du Roi, 29 et note.

Beaumont-sur-Oise (Seine-et-Oise). Un sergent y est envoyé pour hâter la venue des bateaux de bois, 80.

Beaurepaire (Le sieur de). Voir Langlois (Martin).

Beausemblant (Laffemas de), *Beausanblant*, avocat. Enseigne de la milice bourgeoise au quartier Saint-Martin, 2 et note.

Beausseault (Jacques). Dizenier au quartier Saint-Martin, 3. — Représentant des bourgeois de son quartier à une assemblée générale de la Ville, 146.

Beausse (Mathurin de), ancien Quartenier du quartier du Sépulcre, 12 (note).

Beauvais (Pierre de), substitut du Procureur général. Lieutenant de la milice bourgeoise au quartier Saint-Antoine, 5. — Délégué des bourgeois de son quartier à l'assemblée de l'Élection, 168 et note.

Beauvais (Évêque de). Voir Potier (René).

Beauveau. Voir Beauvoir-sur-Niort.

Beauvoir-sur-Niort (Deux-Sèvres). Fabriques de faux, 160 et note.

Becquet (Robert), général des Monnaies. Lieutenant de la milice bourgeoise au quartier du Temple, 6 et note.

Bedard. Voir Baudard.

Begat (Jean), 198.

Beuety (Pierre), grand archidiacre de Conserans, agent général du Clergé. Communique aux membres du Bureau de la Ville les comptes de François de Castille, 162. — Sa nomination par la province d'Auch comme agent du Clergé; compétition avec le sieur de Rochefort, 162 (note).

Belair (Le sieur de). Voir Poussepin (Nicolas) et Robin (Thomas).

BELIN (Le sieur). Capitaine de la milice bourgeoise au quartier Saint-Jacques-de-l'Hôpital, 10.

BELIN (Le sieur), *alias* DE BELIN l'aîné, délégué des bourgeois de son quartier aux élections municipales, 21.

BELIN (Le sieur), marchand de bois. Convoqué au Bureau pour rendre raison du prix excessif du bois, 75.

BELIN (Charles DE). Nommé d'office pour procéder à une enquête sur la commodité ou incommodité du pont Marie, 152-153.

BELLALIER. Voir LALLIER (Michel).

BELLASSIZE (Le sieur DE). Délégué des bourgeois de son quartier aux élections municipales, 21.

BELLE (Louis), receveur général du taillon. Opposition à la vente de sa maison du quai aux Ormes chargée d'une rente envers la Ville à cause de la permission qui lui a été donnée d'avancer cette maison sur le quai, 142.

BELLEGARDE (Duc de). On prétend que Jean Moisset l'a entraîné à des pratiques magiques contre Concini, 305 (note).

BELLEJAMBE (Le sieur DE). Voir LEMAISTRE.

BELLEVILLE (Michel), fruitier. Saisie de bois emmagasiné chez lui, 204.

BELLEVILLE-SUR-SABLON, localité réunie à Paris. Eaux qui en proviennent, 64, 65. — Aqueduc, 64 (note). — Moulin, 65. — Fourniture de pierre et caillou pour les fontaines, 158. — Travaux à faire aux fontaines, 263 et note, 264. — Travaux aux fontaines, 328. Voir TOUR (Regard de la).

BELLIÈRES (Sieur DE). Voir BUISSE.

BELLIÈVRE (Catherine DE), première femme de Jean Aubery, 39 (note).

BELOT, chanoine de Notre-Dame. Chargé par le Chapitre de s'entendre avec ceux qui prétendent droit sur les terres fouillées pour l'aqueduc de Rungis, 190 (note).

BENARD DE REZAY (Guillaume), conseiller au Parlement. Député des bourgeois de son quartier aux élections municipales, 93 et note.

BENARD DE REZAY (Pierre), conseiller au Parlement. Capitaine de la milice bourgeoise au quartier des Innocents, 7.

BÉNÉFICES ECCLÉSIASTIQUES détenus par des laïques. Leurs possesseurs payent mal les deniers levés sur le Clergé, 51.

BÉNÉFICIERS. Décharges accordées par le Clergé, 247, 251.

BÉNÉVENT (Le sieur DE), neveu de Pierre de l'Estoile, 69 (note).

BENICOURT (Claude et Pierre), quincailliers. Reçoivent défense de vendre des armes sans autorisation, 351.

BENOISE (Le sieur). Lieutenant de la milice bourgeoise au quartier Saint-Jacques-la-Boucherie, 8.

BENOISE (Jean), ancien Procureur du Roi de la Ville. Résigne cet office en faveur de Léonard Poart, son gendre, 147 (note).

BENOIST (Le sieur), bourgeois. Plaintes sur le mauvais payement des rentes, 44.

BENOIST (Le sieur), orfèvre. Délégué des bourgeois de son quartier à une assemblée générale de la Ville, 57.

BENOISTE (Le sire). Délégué des bourgeois de son quartier à une assemblée générale de la Ville, 146.

BERCY (Sieur DE). Voir MALOU (Charles).

BERGEON (Le sieur), secrétaire. Délégué des bourgeois de son quartier aux élections municipales, 21.

BESGEON, notaire au Châtelet, 88.

BESGES (Le sieur), bourgeois. Député des bourgeois de son quartier aux élections municipales, 92.

BERGERON (Le sieur DE), notaire et secrétaire du Roi. Enseigne de la milice bourgeoise au quartier Saint-Jean, 4.

BERJONVILLE (Jacques) *dit* Marquelet. Lieutenant de la milice bourgeoise au quartier Saint-Martin, 3.

BERNARD, sergent, 358.

BERNARD (Jacques). Lieutenant de la milice bourgeoise au quartier Saint-Martin, 3.

BERNARD *alias* BESNARD (Pierre), sculpteur. Marché passé avec la Ville pour les travaux de sculpture de la porte Saint-Martin et pour la gravure de diverses inscriptions, 371 et note.

BERNARDINS (Église du collège des). Sépulture de Gaston de Grieux, 171 (note).

BERNARDINS (Porte des). Proposition d'y faire aboutir le pont Marie, 153.

BERNEAU (Jean), voiturier par eau. Réclamation au sujet de l'alignement du pont de Gournay, 312 (note).

BERNY, commune d'Antony (Seine), 354 (note). — Seigneur. Voir BAULART (MATHIEU) et REYNAULT (Ambroise).

BEROUL (Jacques), Quartenier du quartier Notre-Dame. Rôle des officiers de la milice bourgeoise de son quartier, 9-10. — Présent aux élections municipales, 20, 21, 91, 92, 168, 278, 279; — à des assemblées générales de la Ville, 56, 114, 146. — Revendique la dizaine créée sur le pont Marchant, 8 (note), 45. — Candidat à l'Échevinage, 95. — Dizenier de son quartier. Voir LE ROY (Pasquier).

BEROUL (Mathurin), quincaillier. Reçoit défense de vendre des armes sans autorisation, 351.

BERTHÉLEMY. Voir BARTHÉLEMY (Antoine).

BERTHELIN. Signature d'arrêt de la Chambre des Comptes, 291, 329.

BERTIER (Jean) ou DE BERTIER, évêque de Rieux. Son rang au service funèbre de la reine d'Espagne, 120. — Sa maison, au cloître Notre-Dame, sert à la communication des comptes de François de Castille faite au Bureau de la Ville par le Clergé de France, 161-162; — concession que le Chapitre lui avait faite de cette maison canoniale, 162 (note). — Défend le Clergé contre la Ville devant une commission du Conseil, 227, 250. — Assiste à une séance du Conseil du Roi où se discute le payement des rentes du Clergé, 251.

BERTIN. *Mémoires*, cités, 271 (note).

BERTRAND (Le sieur). Dizenier au quartier Sainte-Geneviève, 5.

BERTRAND (Le sieur). Dizenier au quartier Notre-Dame, 10.

BERTRAND (Mathurin). Voir CLIGNET (Marie).

BERTY. Voir TOPOGRAPHIE HISTORIQUE DU VIEUX PARIS.

BÉRULLE (M. DE), fondateur de l'Oratoire, 222 (note). — Achète l'hôtel du Bouchage pour l'Oratoire, 334 (note).

Besançon (Le sieur). Enseigne de la milice bourgeoise au quartier Saint-Séverin, 8.

Besançon (Doubs). Proposition d'interdire les lettres de change tirées de Lyon sur cette place. Foire qui s'y tient pour le trafic de l'argent, 310.

Besançon (Diocèse de). Le receveur des décimes est accusé de retenir des deniers dont il n'a pas rendu compte, 224 et note.

Besnard (Pierre). Voir Bernard.

Béthisi (Rue de), 16 (note).

Béthune (Maximilien de), duc de Sully, Grand Voyer, superintendant des finances. Chargé de faire un rapport sur le pavage de la rue de l'Hôtel de Condé, 43 (note). — Plainte que lui adressent les bourgeois à propos du mauvais payement des rentes, 45. — Contrat passé pour le Roi avec Jean Lintlaër pour la pompe de la Samaritaine, 129 (note). — Tranchées qu'il a fait faire pour recueillir les eaux de Rungis, 187. — Autorisation de construction donnée à François de Castille, 302 (note). — Son lieutenant, comme Grand Voyer. Voir Le Gras.

Béthune (Philippe de), conseiller d'État. Commissaire du Conseil dans l'affaire de la Ville contre le Clergé, 227, 250.

Beurres. Tarif du droit de péage sur l'Armançon, 236; — sur l'Oise, 243; — sur la Vanne, 253.

Béziers (Évêque de). Voir Bonsy (Jean de).

Biard (Pierre) fils, sculpteur. Marché pour la cheminée de la grande salle de l'Hôtel de Ville, 241, 262 (note).

Bible polyglotte, dont l'impression est proposée par P. Bizet, 223.

Bière. Tarif du droit de péage sur l'Oise, 243; — sur la Vanne, 253.

Biet (Antoine). Proposé par Pierre Bizet comme greffier sous les commissaires chargés de l'exécution de ses plans, 223.

Bietrix (Jean). Avis du Bureau sur les lettres de privilège qu'il a obtenues pour la fabrication des faux, 159-161.

Biez (Jean de). Charles de Lomenie lui est subrogé pour l'établissement d'un coche d'eau entre Paris et Joigny, 295-296.

Bignon (Jean), maître du pont de Poissy. Fait appel devant la Cour des Aides d'une sentence lui imposant d'accepter la charge de collecteur des aides de Poissy, 62.

Bigot (Claude), sieur des Fontaines, maître des Requêtes. Délégué des bourgeois de son quartier aux élections municipales, 92 et note.

Bigot (Étienne), 207 (note).

Bigot (Nicolas), Contrôleur général des gabelles. Chargé de contrôler les payements faits par Jean de Moisset pour le compte de Philippe de Gondi, 305; — contestation à ce sujet avec Louis Le Noir, contrôleur des rentes assignées sur l'Hôtel de Ville, 308-309. — Différence entre l'état qu'il a dressé des payements faits par Philippe de Gondi et l'état présenté par celui-ci, 355-356.

Bigot (Nicolas) fils, secrétaire du Roi. Commis par le Conseil du Roi pour recevoir les deniers dus à Philippe de Gondi et procéder aux payements des arrérages de rente à acquitter sur ces deniers, 274. — Déchargé de cette commission, 305, 307.

Billard (Antoine). État des amortissements de rentes faits par lui ou par Jean de Moisset, son subrogé, 325.

Billard (Charles), président aux Enquêtes. Capitaine de la milice bourgeoise au quartier Saint-Honoré, 14 et note. — Député des bourgeois de son quartier aux élections municipales, 92 et note.

Billy (Le sieur de), sous-fermier du grenier à sel de Compiègne. Reçoit ordre de payer entre les mains de Nicolas Bigot ce qu'il doit à Philippe de Gondi, 274. — Sommes qu'il doit à Philippe de Gondi, 306 et note. — Caution de Philippe de Gondi, 321.

Billy (Nicaise de). Reçu notaire secrétaire du Roi à la place de Douy d'Attichy, 32 (note). — Collation d'un arrêt du Conseil, 356.

Bizet (Pierre), secrétaire de la Chambre du Roi. Propositions pour le rachat des rentes et autres grandes œuvres publiques, 221-224. — Avis au Roi sur la réunion de ses domaines, 221 (note). — Receveur et payeur des amendes du Grand Conseil, 221 (note).

Blain (Le sieur). Convoqué à une assemblée particulière au sujet de la navigation des Indes orientales, 381 (note).

Blancbuisson (Sieur du). Voir Merle (François-Annibal de).

Blanchard (François). *Conseillers au Parlement*, ouvrage cité, 5 (note), 10 (note), 11 (note), 21 (note). — *Généalogies des Maîtres des Requêtes*, citées, 349 (note).

Blanchard (Jacques), curé de Saint-Hilaire de Chartres, 330. — Moyens d'intervention baillés contre lui par le Bureau de la Ville, 341-342.

Blanchard (Mathieu), maître des ponts de Montereau. Prétend être exempté, en cette qualité, de la charge de collecteur des tailles, 229.

Blanchet (Pierre). Dizenier au faubourg Saint-Martin, 3.

Blancmesnil (Le président de). Voir Potier (Nicolas).

Blancs-Manteaux (Église des). Sépulture de J. de Hacqueville, 168 (note).

Blé. Le Conseil de la Ville demande qu'il soit exempt des droits de péage imposés sur l'Armançon, 235-236. — Le Conseil du Roi, sans tenir compte de cet avis, impose un droit de 30 sols par muid, 237 (note). — Même demande d'exemption de droits de péage sur l'Oise, 243; — sur la Vanne, 252-253.

Blondel (Le sieur), apothicaire. Lieutenant de la milice bourgeoise au quartier Saint-Honoré, 14.

Blondel (Claude). Exercice indû de la charge d'aide de maître du pont de Pout-Sainte-Maxence, 155.

Bocquet (Pierre). Exercice indû de la charge d'aide de maître du pont de Pont-Sainte-Maxence, 155.

Bodart (Innocent), maître plombier. Enchères pour l'adjudication de l'entretien des fontaines, 66.

Bodin (Thomas), enseigne de la milice bourgeoise au faubourg Montmartre, 12.

Boinville (Le sieur de). Voir Bouchet (Jacques).

Boinville (Le sieur de). Voir Hennequin (Oudard).

Bois. *Vente du bois* : Règlements pour la vente du bois et charbon, pour son prix maximum et pour le salaire dû aux officiers, 46, 78-79, 148, 193-195, 201-202, 322-323. — Défense de le vendre à un prix plus élevé que celui qui est porté par le registre de l'arrivage, 72-73. — Poursuites contre des marchands ayant vendu leur bois à un prix supérieur, 72 (note). — Les marchands sont mandés au Bureau pour rendre compte du prix excessif du bois, 75-76. — Ordonnance réglementant la vente du bois pour remédier au désordre qui s'y produit, 105. — Interdiction de monopoles et associations, et règles que les marchands doivent suivre pour l'amenage et la mise en vente du bois, 193. — Interdiction de procéder à la vente avant l'heure fixée, 194-195. — Défense d'en charger en flettes ou nacelles, 200. — Défense aux archers des gardes du corps du Roi et à ceux de la Reine et du Grand Prévôt de venir sur les ports entraver la liberté de la vente du bois, 202-203. — Les marchands de bois sont convoqués au Bureau pour l'application du tarif de vente, 322 (note). — Fixation par le Bureau de la Ville du prix à l'arrivage, 361. — Charges excessives en droits et impôts que supporte la marchandise de bois, 361. — *Approvisionnement de bois de la ville de Paris :* Les membres du Bureau vont sur le port assister à la distribution du bois, 46 (note). — Ordre donné à Mathieu Mascrier, maître des ponts, pour régler l'arrivage des bateaux chargés de bois, 46 (note). — Ordonnance au premier des sergents de la Ville pour se rendre sur les ports afin de hâter la venue des bateaux chargés de bois, 58, 63. — Ordres donnés au Bureau par le Parlement pour hâter la venue du bois, 63 (note). — Les marchands de bois et charbon reçoivent l'ordre de faire amener promptement leurs marchandises à Paris, 67. — Envoi d'un sergent sur les ports de la rivière d'Oise pour hâter la venue des bateaux chargés de bois, 79-80. — Permissions accordées à des particuliers pour faire prendre sur les ports leur provision de bois, 105 (note). — Recherche du bois étant sur les bords de la rivière de Marne, 142. — Les marchands de bois sont mandés au Bureau pour rendre compte des causes de la disette de bois, 142-143. — Commission délivrée à Pierre de la Salle pour s'informer de celui qui est à proximité des rivières de Vanne, Aube et Seine, 196-197. — Défense d'en faire amas et magasin dans la Ville sans permission, 197. — Requête du Bureau au Parlement au sujet des magasins de bois, 200, 207; — revendication de la police du bois et charbon, 200. — Mandement du Bureau prescrivant la saisie du bois amassé dans divers magasins, 204. — Arrêt du Conseil du Roi portant mainlevée du bois destiné à la provision de Paris, qui avait été saisi à Rouen, 209. — Arrêt du Conseil réglant l'approvisionnement des villes de Paris et de Rouen, 221. — Le Prévôt des Marchands expose au Conseil de la Ville l'utilité qu'il y aurait à rendre navigables les rivières de Vanne, Armançon, Aube et autres pour développer les arrivages de bois, 235. — Tarif du droit de péage sur l'Armançon, 236; — sur l'Oise; 243. — sur la Vanne, 253. — Avis du Bureau sur les lettres obtenues par le sieur de Lansac pour la fourniture du bois et charbon destinés à la Ville de Paris, 256. — Opposition au placet par lequel Guillain de Nostaing et Jean Sornel, grands valets de pied du Roi, demandent la création à leur profit d'une charge de contrôleur des marchandises de bois sur les ports de l'Aisne et de l'Oise, 361-362. — Mesures prises pour réparer les ravages des inondations qui ont dispersé les provisions de bois, 271-273. — Arrêt du Conseil privé attribuant au Bureau de la Ville la connaissance de tous les procès concernant la recherche du bois dispersé par les inondations de la Cure et de l'Yonne et les indemnités réclamées par les propriétaires des héritages où ce bois a été entraîné, 275. — Voir CHARGEURS, COMPTEURS, CONTRÔLEUR, MOULEURS, NORMANDIE.

Bois (Office de receveur général des) en la généralité de Paris. Opposition à la réception de Louis Massuau, 105-106, 107-108.

Bois (Tour du). Opposition du Bureau à l'entérinement des lettres du Roi accordant à la veuve de Robert Mesnard et à ses enfants le droit d'y loger, 148-149; — sa situation, étymologie de son nom, 148 (note).

BOISDAUPHIN (Urbain de Laval, maréchal DE). Séance au Conseil, 99 et note.

Bois FLOTTÉ. Propositions faites à la Ville pour sa fourniture, examinées au Conseil de Ville, 177, 181-182. — Désordre qui règne dans la vente de ce bois, 181. — Le Conseil de Ville est d'avis de laisser la liberté de ce commerce, sans se mettre en parti, en contraignant seulement les marchands à en fournir en abondance, 181.

BOISLISLE (Arthur DE). Voir SAINT-SIMON (*Mémoires* de).

BOISSEAU (Plan de), 380 (note).

BOISSISE (Jean de Thumery, sieur DE). Chargé d'un rapport au Conseil du Roi sur les plaintes du Bureau contre le Lieutenant civil, 61, 76. — Sa mission auprès de l'assemblée de Saumur, 61 (note).

BOISSONNADE (M.). *Note sur la culture du pastel ou guesde*, citée, 165 (note).

BOLOGNE (Italie), 69 (note).

BONCOURT (Collège de), 204.

BONCOURT (Nicolas DE), bourgeois de Paris. Avis sur ses offres pour la rupture des roches de Montereau et Samois, 144.

BONFONS (Le sieur). Dizenier au quartier Notre-Dame, 9 (note), 10.

BONNARD (François), Quartenier du quartier Saint-Eustache. Liste des officiers de la milice bourgeoise de son quartier, 12. — Présent aux élections municipales, 20, 21, 91, 92, 168, 278, 279; — à des assemblées générales de la Ville, 56, 114, 146; — élu scrutateur pour les élections municipales, 22, 23, 280; — signe le procès-verbal de scrutin, 23, 282. — Fait partie de la députation qui va remercier la Reine pour avoir révoqué la commission de Jean Filacier, 115. — Convoqué à la messe de la Réduction, 242. — Candidat à l'Échevinage, 282. — Mandement dressé à son nom pour les assemblées préparatoires à l'Élection, 278, 376-377.

BONNARD (François). Dizenier au quartier Saint-Eustache, 12.

BONNEFONS. Voir BONFONS.

BONNETTES (Port des), sur l'Oise. Un sergent y est envoyé pour hâter la venue des bateaux chargés de bois, 80.

BONNEUIL (René de Thou, sieur DE), introducteur des ambassadeurs. Chargé de convoquer ceux-ci au service funèbre de la reine d'Espagne, 120.

Bonsy (Jean de), évêque de Béziers, grand aumônier de la Reine. Dit la messe au service funèbre de la reine d'Espagne, 121; — donne l'absoute, 121.

Boran (Oise). Un sergent y est envoyé pour hâter la venue des bateaux chargés de bois, 80.

Bord (Forêt de). Voir Pont-de-l'Arche.

Bordeaux (Jean de), receveur et payeur des gages et droits de Messieurs du Parlement. Rétablissement de fontaine en sa maison au coin des rues des Quatre-Fils et du Grand-Chantier, 348-349 et note.

Bordeaux (Gironde). Lettres que doit lui écrire le Bureau pour lui donner avis des propositions de F. Du Noyer sur la navigation des Indes et l'engager à députer aux États généraux des personnes aptes à traiter les affaires de la mer, 381.

Bordeaux (Diocèse de). Receveur particulier, 50. — Chambre ecclésiastique. Décharges accordées pour certains bénéficiers du diocèse de Périgueux, 335.

Bornat (Antoine), maître peintre à Paris. Marché passé pour la peinture et décoration de la cheminée de la Grande salle de l'Hôtel de Ville, 351.

Borin (Le sieur de), rapporteur de l'affaire concernant la commission de Filacier, 179.

Botery (Rodolphe). Voir Boutrays (Raoul).

Boucher (Le sieur), bourgeois de Paris. Plaintes sur le mauvais payement des rentes, 44.

Boucher (Le sieur), marchand bourgeois de Paris. Assiste à une assemblée particulière de la Ville tenue au sujet de la hausse des monnaies, 309.

Boucher (Le sieur), bourgeois de Paris. Démarche auprès du Conseil de Ville pour le payement des rentes sur le sel, 340; — consulté sur l'ordre du payement, 340.

Boucher (Arnoul), sieur de Beaufort, conseiller au Parlement, Conseiller de la Ville. Mentionné comme absent aux élections municipales, 20; — présent auxdites élections, 91, 167, 278; — à des assemblées du Conseil de Ville, 40, 69, 176, 181, 211, 224, 248, 317, 321; — à une réunion du Bureau, 349. — Élu scrutateur pour les Conseillers de Ville à l'assemblée électorale, 93, 95. — Son élection comme Conseiller de Ville, 93 (note). Tient le chapeau mi-parti, pendant l'élection, 93; — signe le scrutin, 95.

Bouchera (Charles), sieur d'Orsay, 93 (note).

Boucher (Jean), marchand de bois. Mandé au Bureau de la Ville, 142.

Boucher (Nicolas), marchand boucher. Enseigne de la milice bourgeoise au quartier Sainte-Geneviève, 4, 146 (note).

Boueura (Nicolas). Dizenier au faubourg Saint-Germain-des-Prés, 9.

Bouchers de Paris. Procès au Conseil du Roi au sujet d'un droit sur le pied fourché, 334. — Obtiennent l'intervention de la Ville, 335 (note). Voir Le Jugr.

Boucault (Étienne), contrôleur des impositions à la porte Saint-Honoré. Altercation avec un passeur d'eau, 195 (note).

Boucaet (Gédéon). Enchères pour l'adjudication de l'entretien des fontaines, 66. — Déclaré adjudicataire, au profit de Jean Coulon, 66.

Bouchet (Jacques), sieur de Boinville, conseiller au Parlement. Lieutenant de la milice bourgeoise au quartier du Temple, 6 et note.

Boudin (Antoine), religieux et prévôt de l'abbaye Saint-Magloire. Fait assigner aux Requêtes du Palais des détenteurs de selles à laver, 232.

Boué (Le sieur). Dizenier au quartier des Innocents, 7 et notes.

Boué (Claude), marchand. Délégué des bourgeois de son quartier à une assemblée générale de la Ville, 56.

Boues et immondices dans les fossés entre les portes Saint-Germain, de Buci et de Nesle. Travaux pour leur écoulement, 377, 380, 382-383; — grilles à mettre aux ouvertures des égouts, 383.

Boues (Commis à nettoyer les). Commission classée parmi les commissions en commun, 165.

Bouette (Le sieur), conseiller en la Cour des Aides. Capitaine de la milice bourgeoise au quartier du Sépulcre, 13.

Borhier (Lucrèce). Épouse Louis de la Trémoille, puis le maréchal de Vitry, 337 (note).

Bouhier (Marie). Épouse Charles de la Vieuville, 337 (note).

Bouhier de Beaumarchais (Vincent), trésorier de l'Épargne. Reçoit ordre de fournir des deniers à Jean de Moisset pour le payement des rentes sur le sel, 337. — Notice biographique, 337 (note).

Bouillon (Le duc de). Voir La Tour (Henri de).

Bouillon (Hôtel de). Ordre du Roi pour faire délivrer au concierge de cet hôtel un chariot chargé d'armes qui avait été saisi, 357-358.

Bouin (François), plâtrier. Caution de Pierre Judon pour les travaux de la porte Saint-Martin, 266-267.

Boulancourt (Président de). Voir Luillier (Nicolas).

Boulancourt (Louise, dame de), épouse Henri de Balsac, 72 (note).

Boulancourt (Seine-et-Marne). Aveu rendu pour cette terre par Nicolas Luillier, 72 (note).

Boulay (Le sieur), procureur. Enseigne de la milice bourgeoise au quartier Sainte-Geneviève, 4, 146 (note).

Boulger (Sire Jean). Représentant des bourgeois de son quartier à une assemblée générale de la Ville, 146.

Boulingue (Nicolas). Lieutenant de la milice bourgeoise au quartier du Sépulcre, 13.

Boullancourt (Le sieur de). Séance au Conseil du Roi, 182. Voir Boulancourt.

Boullanger (Guillaume), sieur d'Inville, gendarme de la compagnie du duc de Longueville. Avis donné à la Ville pour lui procurer des ressources, 365-366.

Boullay (François), alias Boullet. Rabais mis après l'adjudication des travaux de la porte Saint-Honoré, 104. — Caution de Charles du Ry, 105.

Boulle (Le sieur). Capitaine de la milice bourgeoise au faubourg Saint-Marcel, 5.

Boullé (Martin), maître maçon. Voir Boullet (Martin).

Boullet (François). Voir Boullay.

Boullet (Jacques), maître maçon. Enchère pour l'adjudication des travaux de l'Hôtel de Ville, 260. — Subrogé

50.

aux lieu et place de Tartaise à qui l'entreprise avait été adjugée, 261; — baille caution, 261; — demande à commencer les travaux et propose un nouveau rabais, 262; — se désiste de son marché, devant le rabais proposé par Marin de la Vallée, 262-263.

BOULLET (Martin), maître maçon. Consulté pour la rédaction du devis de l'aqueduc des eaux de Rungis, 191. — Caution de Jean Coing pour l'entreprise de l'aqueduc des eaux de Rungis, 205 (note). — Assignations qui lui sont données par les Trésoriers de France au sujet de l'exécution de ces travaux, 205-206 (note). — Cautionne son fils Jacques pour les travaux de l'Hôtel de Ville, 261.

BOULOGNE (Évêque de). Voir DORMY (Claude).

BOURBON (Charles, cardinal DE). Son architecte, 29 (note).

BOURBON (Charles DE), comte de Soissons. Séance au Conseil du Roi, 29 et note, 80; — y répond au Prévôt des Marchands, 99. — Querelle avec le duc de Guise, 59 (note).

BOURBON (François DE). Voir CONTI.

BOURBON (Henri II DE). Voir CONDÉ.

BOURBON (Porte de) au Louvre, 94.

BOURBON (Hôtels du Petit). Voir PETIT-BOURBON.

BOURCIER (Le sieur). Candidat à l'Échevinage, 171.

BOURCIER (Roch), rôtisseur. Prend à bail une maison bâtie sur une place sise hors la porte Saint-Honoré, 276 (note).

BOURDET (Louise), femme de Nicolas Luillier, 72 (note).

BOURDONNAIS (Rue des). Voir THIBAUD-AUX-DÉS (Rue).

BOURGEOIS (Le sieur). Dizenier au quartier Sainte-Geneviève, 4.

BOURGEOIS (Simon), arbalétrier pistolier. Cassé pour inexactitude à se rendre aux convocations, 74 (note).

BOURGEOIS DE PARIS. Mandement adressé aux Quarteniers pour la réunion des assemblées préparatoires à l'assemblée électorale, 19, 91, 162-163, 278, 376-377. — Délégués de leurs quartiers à l'assemblée électorale, 21, 92-93, 168-169, 279-280. — Vote pour l'élection des scrutateurs à l'assemblée électorale, 22, 93, 170, 281; — Scrutateur choisi parmi eux pour les élections municipales. Voir DESNEULX, DESPREZ (Robert), LE GRAS (Simon), PASQUIER, sieur de Bucy. — Vote pour les candidats aux fonctions municipales, 22, 93, 170, 281. — Une délégation assiste au *Te Deum* chanté à Notre-Dame à l'occasion du sacre, 39. — Figurent dans le cortège qui va au-devant du Roi, à son retour du sacre, 42. — Plaintes portées au Roi et au Bureau de la Ville au sujet du mauvais payement des rentes, 44-45; — le Prévôt des Marchands les blâme, 45. — Quelques-uns réclament auprès du Chancelier le démembrement des offices de receveurs des rentes sur le Clergé et les recettes générales, 47. — Deux notables par quartier sont convoqués à des assemblées générales de la Ville, 56, 145, 146. — On leur fait prendre les armes dans les quartiers voisins du Louvre, 59 (note). — Deux notables bourgeois de chaque quartier sont convoqués à la procession de la Réduction, 68, 134, 240, 348; — à la messe de la Réduction, 71, 140, 242. — Poussent le Bureau de la Ville à réclamer le payement des quatre quartiers des rentes des aides, 80. — Demandent au Bureau de provoquer la procession de la châsse de sainte Geneviève pour obtenir la cessation de la sécheresse, 83; — un certain nombre d'entre eux assistent à la procession, 84, 85, 86. — Mandés au service funèbre de la reine d'Espagne, 118; — leur rang, 121. — Un grand nombre d'entre eux sollicitent du Bureau des démarches pour obtenir la suppression de l'imposition des 30 sols pour muid de vin entrant dans la Ville, 144. — Délégation de bourgeois qui se présentent au Conseil de Ville pour combattre le projet d'un bureau destiné au payement des rentes proposé par Germain Gillot, 184. — Leur rôle dressé dans chaque dizaine par les diziniers, 196. — Assemblée pour délibérer sur le projet de pont au port Saint-Paul, 203-204, 213, 219-220. — Démarche d'un grand nombre d'entre eux auprès du Conseil de Ville au sujet des rentes du sel, 340; — consultés sur l'ordre du payement, 340. — Plusieurs d'entre eux viennent à une assemblée du Conseil de la Ville protester contre les articles proposés par Mathurin Geslain pour le rachat des rentes, 321. — Listes dressées pour permettre de choisir les titulaires appelés à remplir les charges d'officiers de la milice qui sont vacantes, 354. — Plusieurs sont consultés par le Bureau sur un privilège pour la fabrication d'ouvrages d'argile imitant le marbre, 355. — Les colonels doivent veiller à ce qu'ils aient des armes prêtes pour résister aux violences qui pourraient se commettre dans leurs quartiers, 365, 367. Voir ARMES. — Bourgeois du quartier Saint-Paul dont on prend l'avis pour choisir l'emplacement du pont Marie, 378.

BOURGES (Cher). Receveur général. Voir GERVAISE.

BOURGES (Diocèse de), 98 (note), 162 (note).

BOURGET (Chaussée du). Voir HERBELIN (Claude).

BOURGIVAL (Le vicomte de). Vente de coupe de bois, 76.

BOURG-L'ABBÉ (Rue du). Hôtel du Lion d'argent, 358.

BOURGOING (Henri), commis de Dreux Barbin. Signification faite à sa personne d'une assignation donnée à Claude et Dreux Barbin, 322.

BOURGOGNE (Canal de), 233 (note).

BOURGUILLOT (Nicolas), maître des ponts. Ordre lui est donné de surveiller le débarquement d'un bateau chargé d'armes, 122-123 (note). — Assiste à l'information faite sur le projet de construire des maisons le long des quais qui partent du pont Neuf, 127, 128. — Conclusions de son expertise sur l'utilité et l'emplacement du pont Marie, 150, 151. — Sera chargé d'assurer provisoirement le service des coches de Melun si les conducteurs actuels se refusent à faire renouveler leurs lettres de provision, 285. — Assiste à deux visites de l'emplacement du pont de Gournay, 311-313; — expert commis pour en fixer l'alignement, 312 (note); — devait être appelé pour dessiner la maîtresse arche avalante, 313. — Expert nommé pour choisir l'emplacement du pont Marie, 378.

BOURLIER (Jean). Dizenier au quartier Saint-Martin, 2.

BOURLON (Le sieur). Chaîne qui doit être attachée à la maison de sa veuve, au coin de la rue de la Huchette, 94 (note).

BOURLON (Le sieur), trésorier. Représentant des bourgeois de son quartier à une assemblée générale de la Ville, 146.

Bourlon (Jean), greffier de la Chambre des Comptes. Représentant des bourgeois de son quartier à une assemblée générale de la Ville, 146. — Délégué des bourgeois de son quartier à l'assemblée de l'Élection, 168. — Extrait des registres de la Chambre des Comptes signé de lui, 47, 48. — Expéditions d'arrêts de la Chambre des Comptes signées de lui, 90, 293, 343-345.

Bourlon (Nicolas), Quartenier du quartier Saint-Jacques de l'Hôpital. Rôle de la milice de son quartier, 10-11. — Présent aux élections municipales, 20, 21, 91, 92, 168, 278, 279; — à des assemblées générales de la Ville, 56, 114, 146. — Fait partie de la députation qui va remercier la Reine pour avoir révoqué la commission de Jean Filacier, 115.

Bournonville (Le sieur de). Voir Du Bouchet (Henri).

Bourrier (Le sieur). Signature d'une ordonnance du Bureau, 377.

Boursier (Antoine), bourgeois de Paris. Proposé comme entrepreneur de l'aqueduc des eaux de Rungis, 177; — doit se trouver à Fontainebleau pour l'adjudication de ces travaux, 177.

Bourses pour l'éducation de pauvres enfants des hôpitaux de la Trinité, du Saint-Esprit ou des Enfants Rouges, 222.

Boursier (Nicolas). Promesse et obligation envers Philippe de Gondi, 356.

Boutiffard (Étienne), ancien conducteur des travaux de la Ville, 49 (note).

Boutigny (Sieur de). Voir Machault (Louis de).

Boutillac (Jean de), sieur d'Arson. Sa veuve, 20 (note).

Boutrays (Raoul), avocat au Grand Conseil. Offre au Bureau deux exemplaires de son poème de *Lutetia*, 58-59; — présents que la Ville lui fait remettre en remerciement, 59; — il en offre personnellement un exemplaire à chacun des membres du Bureau, 59. — Son ouvrage *De rebus in Gallia et toto pene orbe gestis*, 59 (note).

Bragelongne (Martin de), président aux Enquêtes du Parlement, Conseiller de la Ville. Capitaine de la milice bourgeoise au quartier Saint-Antoine, 6. — Présent aux élections municipales, 20, 91, 167, 278; — à des assemblées du Conseil de la Ville, 24, 40, 87; — à des assemblées générales de la Ville, 56, 146. — Séance au Conseil du Roi, 182.

Braque (Rue de), 248 (note).

Bray (Le sieur de), bourgeois. Démarche au Conseil de Ville pour le payement des rentes du sel, 340; — consulté sur l'ordre du paiement, 340.

Brede (Le sieur de). Enseigne de la milice bourgeoise au quartier du Temple, 6.

Bregeon (Claude), voiturier par can demeurant à Nogent-sur-Seine. Conclusions de son expertise sur l'utilité et l'emplacement du pont Marie, 150, 151.

Brenne (La), rivière, 233 (note).

Bresse (Province de). Lettres de privilège obtenues par Jean Bietrix pour la fabrication des faux dans cette province, 160.

Bret (Le sieur), conseiller au Parlement. Délégué des bourgeois de son quartier aux élections municipales, 21.

Bretagne (Louis de), marquis d'Avaugour, comte de Vertus, 72 (note).

Bretagne. Voyage du Roi et de la Reine, 369. — Le Roi y reçoit, à Nantes, le serment des nouveaux élus, 377.

Breteuil (Sieur de). Voir Le Tonnellier (Claude).

Brévannes (Le sieur de). Voir Auberi (Robert).

Briant (René), fournissant l'argenterie. Ordonnance du Bureau prescrivant la saisie des deniers qu'il doit à Philippe de Gondi et l'assignant au Bureau, 283-284. — Promesse et obligation envers Philippe de Gondi, 356.

Brichanteau (Benjamin de), abbé de Sainte-Geneviève, plus tard évêque de Laon. Son rang à la procession de la châsse de sainte Geneviève, 85 et note, 86; — dit l'*oremus* après le *Salve regina*, 85.

Briçonnet (François), maître des Comptes. Capitaine de la milice bourgeoise au quartier Saint-Germain-l'Auxerrois, 15 et note. — Délégué des bourgeois de son quartier aux élections municipales, 21.

Bricquet (Le sieur), notaire. Capitaine de la milice bourgeoise au quartier Saint-Honoré, 13. — Sa maison sert de refuge au marquis de Cœuvres, 13 (note).

Bricquet (Le sieur). Lieutenant de la milice bourgeoise au quartier Saint-Séverin, 9.

Brie (La). Limitée par la rive gauche de la Marne, 312 et note.

Brienon-sur-Armançon. Droits d'éclusage payables les dimanches et fêtes par les coches d'eau de cette ville, 333.

Brinon-l'Archevêque. Voir Brienon-sur-Armançon.

Brion (Le sieur), receveur des aides. Capitaine de la milice bourgeoise au quartier Saint-Eustache, 12 et note.

Briques. Tarif du droit de péage sur l'Oise, 243; — sur la Vanne, 253.

Brisemiche (Rue). Voir Baudroirie (Rue de la).

Briseurs de sel. Classés parmi les moyens offices de la Ville, 165.

Brissac (Le maréchal de). Séance au Conseil du Roi, 182.

Briy (Henri de). Assignation requise contre lui par le Bureau pour avoir fait fouiller des terres autour du rempart, au bout du jardin des Tuileries, 249 (note).

Brocard (Denis). Enseigne de la milice bourgeoise au faubourg Saint-Honoré, 14.

Broderies. Tarif du droit de péage sur l'Oise, 243; — sur la Vanne, 253.

Brotonne (Forêt de). Commerce du bois, 221.

Brottin (Le sieur), greffier du Châtelet. Enseigne de la milice bourgeoise au quartier Saint-Martin, 3.

Brou (Eure-et-Loir). Fabriques de faux, 160.

Brulart (Mathieu), seigneur de Berny. Chargé par le Bureau de transmettre à son frère, le Chancelier, les plaintes de la Ville contre le Lieutenant civil, 354.

Brulart (Nicolas), marquis de Sillery, Chancelier, 72 (note). Séance au Conseil du Roi; y répond aux remontrances du Prévôt des Marchands, 29-30. — Lettres que lui adresse le Bureau de la Ville pour revendiquer le privilège de procéder au curage des égouts et fossés, 34-35; — démarche faite auprès de lui, à Reims, à ce sujet, par l'Échevin Perrot et le Greffier de la Ville, 36. — Réclame l'avis du Prévôt des Marchands à propos du démembrement de l'office de receveur des rentes sur le Clergé et sur les recettes générales, 47. — Observations faites au Lieutenant civil à propos de son conflit avec le Bureau au sujet des recherches dans les maisons, 60; — donne ordre d'élargir de prison le lieutenant Cochery, 61; — sévères reproches qu'il adresse au Lieutenant civil, 61. — Démarche que le Bureau de la Ville fait auprès de lui au sujet du renouvellement du parti des aides, 80; — blâme l'intention où est le Bureau de porter ses remontrances au Conseil, 80; — répond à la demande présentée au Conseil malgré son avis, 81. — Donne ordre de laisser entrer les sergents avec Messieurs de la Ville dans le cabinet du Roi, 94. — Séance au Conseil, 99; — répond au Prévôt des Marchands, 99. — Lettre que lui adresse la Ville pour solliciter la suppression de l'imposition de 30 sols pour muid sur le vin entrant dans la Ville, 144-145; — rappel des promesses faites par le Chancelier à ce sujet, 145; — autre lettre pour le remercier de ses promesses, 150. — Assemblées du Conseil tenues chez lui, 156, 246, 251, 274. — Contreseing des lettres de Henri IV et de Louis XIII, 159, 333, 354. — Assiste au serment des Prévôt des Marchands et Échevins nouvellement élus, 170-171, 281. — Le Bureau lui remet le devis de l'aqueduc des eaux de Rungis pour faire procéder à l'adjudication des travaux, 176. — Séance au Conseil du Roi, 176, 177, 182. — Présent aux déclarations de la Reine sur la commission de Filacier, 179. — Expose au Conseil du Roi ce qui concerne le cautionnement de Messieurs Barbin par Thomas Robin, 182-183; — réponse faite au Prévôt des Marchands, 183. — Opposition que lui adresse le Bureau aux lettres présentées au sceau par l'abbaye Saint-Victor au sujet de la propriété des fossés de la Ville, 198-199. — Reproche au Prévôt des Marchands ses propos au sujet des deniers retenus à l'Épargne, 227. — Réponse audit Prévôt à propos du Clergé, 227. — Le Chancelier invite Messieurs de la Ville à formuler leurs réclamations contre le payement des rentes du Clergé, 246; — en rendra compte à la Reine, 247, 251. — Réponse au Prévôt des Marchands qui réclame l'arrêt promis contre le Clergé, 252. — Correspondance échangée avec le Bureau de la Ville au sujet de la hausse des monnaies, 301-302, 309-311; — lettre que lui adresse le premier Président de la Cour des Monnaies sur cet objet, 301-302 (note); — réponse du Chancelier, 302 (note). — Assiste à l'exposé des remontrances contre l'édit de création de deux receveurs et payeurs des rentes sur le sel, 303. — Démarches faites auprès de lui afin d'obtenir assignation du fonds qui manque pour le payement des rentes du sel, 336. — Étant indisposé, il ne peut recevoir les membres du Bureau qui viennent se plaindre de l'emprisonnement du juré crieur par le Lieutenant civil, 353; — son frère, M. de Berny, est chargé de lui transmettre leur plainte, 354. — Examen du plan des fontaines de Rungis, 365 (note).

BRULART (Pierre), grand-père du Chancelier. Épouse Ambroise Reynault, dame de Berny, 354 (note).

BAULART (Pierre), père du Chancelier, 354 (note).

BRUNET (Le sieur) l'aîné, marchand. Enseigne de la milice bourgeoise au quartier Notre-Dame, 10.

BRUNET (Le sieur). Enseigne de la milice bourgeoise au quartier du Saint-Esprit, 14.

BRUSLART (Pierre), receveur du grenier à sel de Creil. Caution de Philippe de Gondi, 321. — Avis donné au Roi par le Bureau de la Ville au sujet de sa requête en décharge de la contrainte délivrée contre lui comme caution de Philippe de Gondi, 332-333.

BRUSSEL (Pierre), conseiller au Parlement, 10 (note).

BRUXELLES (Le sieur DE), conseiller au Parlement. Lieutenant de la milice bourgeoise au quartier Notre-Dame, 10 et note.

BUCI (Porte de), 78. — Droit sur ses douves, 200. — Rapport sur les boues et immondices qui sont dans les fossés, 377; — ordre à Augustin Guillain de faire les travaux nécessaires pour leur écoulement, 382-383. — Émeute soulevée chez les ouvriers des faubourgs à cause de l'ouverture trop tardive de cette porte, 377 (note). — Ces ouvriers jettent dans la boue des fossés les clefs de la porte, 377 (note). — Portier. Voir PARISOT (Pierre).

BUCI (Rue de). Maison possédée par Claude Vellefaux, 9 (note).

BUCY (Le sieur DE). Voir PASQUIER (Guy).

BUDÉ (Dreux). Son beau-frère, Charles Le Prévost, lui succède comme Conseiller de Ville, 349 (note).

BUÉ (Pasquier), hôtelier demeurant proche la Grève. Condamné à une amende pour avoir baillé les noms de ses hôtes à son capitaine, 76, 77.

BUFFET D'ARGENT qui devait être offert à la Reine à l'occasion de son entrée. Ordonnance du Bureau portant qu'il sera gardé perpétuellement parmi les meubles de la Ville, 131. — Conservé par la Ville, 229-230. — Signification au Bureau d'un arrêt de la Chambre des Comptes relatif à sa garde, 328-329. — Acte donné à Claude Lestourneau par le Bureau de cette signification, 328-329.

BUNON (Nicolas), libraire, cinquantenier au quartier Sainte-Geneviève. Obtient l'autorisation de demeurer hors des limites de ce quartier, 280 (note).

BUISSE et DE BELLIÈRES (Sieurs DE LA). Voir GALLES (François et Louis DE).

BUISSON (Jacques), conseiller au Parlement. Commissaire de la Cour en l'instance relative à la chute de partie de la halle du Marché neuf, 269.

BUISSON (Pierre), commis du receveur du Temple, 44.

BUISSONNIER, garde de la navigation, 122 (note).

BULLION (Claude DE). Vend à Nicolas Le Jay sa charge de garde des sceaux de l'ordre du Saint-Esprit, 60 (note).

BUREAU DE LA VILLE, siège de l'ensemble des magistrats municipaux, Prévôt des Marchands, Échevins, Conseillers de Ville, etc., et par extension le Corps de Ville lui-même.

Sommation qui est adressée au Bureau par M. de Fonteny au nom de Nicolas Largentier, 26-27; — sa réponse, 72. — Raoul Boutrays offre au Bureau de la Ville deux exemplaires de son poème de *Lutetia*, 58-59; — dédie ce poème au Corps de Ville, 59 et note; — offre personnellement un exemplaire de son poème à chacun des membres du Bureau, 59. — Décharge accordée à

Séverin Pineau, chirurgien, constatant qu'il a rempli les obligations que comportait le contrat passé par lui avec la Ville pour enseigner à de jeunes chirurgiens l'opération de la pierre, 111. — Guillaume Clément remontre que c'est aux Prévôts des Marchands et Échevins qu'il faut s'adresser pour obtenir délivrance des extraits des amendes adjugées à l'Hôtel de Ville, et, se faisant fort pour eux, déclare que ces extraits ne peuvent être délivrés, 149. — Claude Mérault sert d'intermédiaire entre le Bureau de la Ville et la Chambre des Comptes, 171 (note). — Le Bureau réclame que les documents sur lesquels le Conseil de Ville est appelé à délibérer lui soient communiqués en original, 178 (note). — Enregistre les propositions faites par P. Bizet pour la décoration de la Ville et promet de les appuyer si elles sont reconnues praticables, 224. — Avis au Parlement sur la requête de Jacques Martin, professeur de mathématiques en la chaire fondée par Pierre de la Ramée, 228. — Opposition à l'entérinement par la Cour des Monnaies des lettres du Roi concédant aux religieux de l'Oratoire l'hôtel de la Monnaie, 333-334. — Déclaration relative à l'avis donné par Guillaume Boullanger, 365-366. — Proteste de sa soumission aux volontés de la Reine, 369.

Ordonnances, mandements, lettres et autres actes analogues émanés du Bureau, ou relations des démarches et opérations diverses faites par les membres du Corps de Ville, classés par ordre alphabétique de matières :

—— *Aides.* Démarches auprès du Chancelier et du Conseil du Roi au sujet du parti des aides, 80-81. — Les baux des fermes des aides doivent être faits en la présence d'un des membres du Bureau, 87. — Ordre à Denis Feydeau, naguère fermier général des aides et payeur des rentes sur les aides, d'apporter à l'Hôtel de Ville le double de ses comptes, 208, 226.

—— *Assemblées du Bureau.* Convocation des Conseillers de la Ville aux assemblées du Conseil, 39, 46, 52, 68, 86, 87, 88, 100, 143, 155, 175, 177, 181, 183, 210, 216, 224, 234, 235, 246 (note), 247, 249, 270, 292, 294, 303, 317, 320, 336, 339, 364 (note), 366, 369, 371, 380. — Le Bureau contremaude une assemblée du Conseil, 114 (note). — Pour les délibérations, voir l'article Conseil de la Ville.

—— *Assemblées générales* ou extraordinaires, composées du Corps de Ville, des Conseillers de la Ville, des Quarteniers et de délégués des bourgeois de chaque quartier. Mandements de convocation, 55, 113-114, 148. — Pour les procès-verbaux voir l'article Assemblées générales.

—— *Assemblées particulières.* Mandements de convocation, 309, 381 (note).

—— *Bois et charbon.* Règlement pour le prix du bois et charbon et le salaire des officiers, 46, 78-79, 111-113, 148, 193-195, 201-202, 322-323. — Mandement au capitaine Norry pour faire tenir prêts vingt archers chargés d'accompagner les membres du Bureau qui vont assister à la distribution du bois sur les ports, 46 (note). — Mandement à Mathieu Mascrier, maitre des ponts, pour régler l'arrivage des bateaux chargés de bois, 46 (note). — Mandements au premier des sergents de la Ville de se rendre hors de la Ville, sur les ports, pour hâter la descente des bateaux chargés de bois, 58, 63. — Le Parlement ordonne au Bureau de veiller à l'approvisionnement du bois, 63 (note). — Ordonnance enjoignant aux marchands de bois et charbon de faire amener promptement leurs marchandises en cette ville, 67. — Défense aux marchauds de vendre le bois à un prix plus élevé que celui qui est porté par le registre de l'arrivage, 72-73. — Les marchands de bois sont mandés au Bureau pour rendre raison du prix excessif du bois, 75-76. — Mandement à Olivier de Gouest, sergent de la Ville, de se transporter sur les ports de la rivière d'Oise pour hâter la venue des bateaux chargés de bois, 79-80. — Ordonnance sur la vente du bois, rendue pour remédier au désordre qui s'y produit, 105. — Les marchands de bois sont mandés au Bureau pour rendre compte de la disette de bois, 142-143. — Taxe qui se fait au Bureau du prix du bois à l'arrivage, 193. — Requête adressée aux curés des paroisses de Paris pour la publication au prône du règlement sur la vente du bois, 195. — Lettres de commission délivrées à Pierre de la Salle pour s'informer du bois qui existe à proximité des rivières de Vanne, Aube et Seine, et lettres adressées aux lieutenants généraux du Roi de Troyes, Sens et Bar-sur-Aube pour prêter assistance audit de la Salle dans cette mission, 196-197. — Défense de faire amas et magasin de bois en la Ville, sans permission, 197. — Défense de charger bois en flettes ou nacelles, 200. — Requête au Parlement au sujet des magasins de bois; le Bureau revendique la police du bois et charbon, 200, 207. — Le Bureau fait apposer son scellé sur un magasin de bois formé au grenier à sel, 200, 207. — Mandement adressé au premier sergent de la Ville pour saisir le bois amassé dans divers magasins, 204-205. — Arrêt du Conseil rendu à la requête du Bureau pour régler l'approvisionnement de bois des villes de Paris et de Rouen, 221. — Avis favorable donné au Parlement sur les lettres accordées au sieur de Lansac pour la fourniture de bois et charbon, 255-256. — Commission donnée à trois membres du Bureau pour aller en Bourgogne et prendre les mesures nécessitées par le ravage des inondations qui ont dispersé les provisions de bois, 271-273. — Arrêt du Conseil privé attribuant au Bureau la connaissance de tous les procès concernant la recherche du bois dispersé par les inondations de la Cure et de l'Yonne et les indemnités réclamées par les propriétaires des héritages où ce bois a été entraîné, 275 ; — lettres du Roi rendues en conformité de cet arrêt, 275. — Les marchands de bois sont convoqués au Bureau pour l'application du tarif de vente, 321. — Le Bureau doit être averti par les mouleurs de bois et mesureurs de charbon des infractions au tarif de vente, 323.

—— *Buffet d'argent de la Ville.* Voir *Entrée projetée de la Reine.*

—— *Censive de la Ville.* Mandement à Jean Jodelet pour présenter requête au Parlement au sujet de l'amortissement de la maison de Jean Le Voys, 132. — Mandement

à Jean Jodelet d'apporter au Bureau la requête présentée à la Cour au sujet de la maison de M. Le Voya, 225-226.
— *Cérémonies et Visites.* Mandement à l'épicier Dupont de fournir des torches pour l'enterrement du capitaine Marchant, 28. — Mandements de convocation adressés aux Conseillers, aux Quarteniers et aux capitaines des trois Nombres pour le *Te Deum* chanté à Notre-Dame à l'occasion du sacre, 38 ; — rang et costume des membres du Bureau à cette cérémonie, 39. — Mandements de convocation adressés aux Conseillers, aux Quarteniers et aux capitaines des trois Nombres pour l'entrée du Roi à Paris à son retour du sacre, 40. — Mess curs de la Ville vont au-devant du Roi à son retour du sacre, 40-42. — Messieurs de la Ville rendent visite au Premier Président du Parlement en son hôtel, après son installation, 71-72. — Mandements de convocation adressés pour la procession de la Réduction, 68, 134, 239-240, 348; — pour la messe de la Réduction, 70-71, 140, 242, 349; — rang et costume des membres du Bureau à ces cérémonies, 68, 71, 134, 140, 240, 242, 348, 349. — Messieurs de la Ville n'assistent pas à la procession des paroisses à Sainte-Geneviève, 83. — Messieurs de la Ville se rendent au parquet des gens du Roi pour se concerter au sujet de la procession de la châsse de sainte Geneviève, 83. — Mandements à Joachim Dupont de fournir des torches et des cierges pour la procession de la châsse 83. — Mandements de convocation pour la procession de la châsse de sainte Geneviève, 83-84 ; — rang et costume du Corps de Ville à cette cérémonie, 84-86. — Messieurs de la Ville vont saluer la duchesse de Lorraine et lui offrir les présents de la Ville, 109.
— Les jurés crieurs de corps et de vins font au grand Bureau la semonce pour le service funèbre de la reine d'Espagne, 117. — Mandement aux Conseillers de la Ville, aux Quarteniers et aux capitaines des trois Nombres pour le service funèbre de la reine d'Espagne, 118 ; — rang et costume de Messieurs de la Ville à ce service, 118, 121 ; — don reçu du Roi pour leurs robes de deuil à l'occasion du service funèbre de la reine d'Espagne, 118 (note). — Mandements adressés aux Quarteniers pour les réjouissances célébrées à l'occasion des mariages espagnols, 139. — Messieurs de la Ville vont offrir les présents de la Ville à l'ambassadeur d'Espagne, 163-164.
—— *Cinquanteniers et Dizeniers.* Ordonnance portant qu'il sera pourvu d'un dizenier pour le poste Marchant, 45. — Mandement à Jean Jodelet d'intervenir pour la Ville en la cause pendante au Parlement entre Nicolas de Vailly et Pasquier le Roy, au sujet de l'exemption de tutelle conférée par la charge de dizenier, 228-229.
— Sentence relative à la charge de cinquantenier possédée par Jean Trousson, 376 (note).
— *Clergé de France et rentes assignées sur lui.* Réponse à la communication qui a été faite au Bureau, par Christophe Martin, d'une requête de François de Castille, 16. — Visites à l'assemblée du Clergé, pour réclamer à propos du défaut de payement des rentes, 24-26, 27-28. — Remontrances au Conseil du Roi au sujet des rentes du Clergé, 29-30. — François de Castille est mandé au Bureau pour entendre les remontrances du Procureur du Roi de la Ville sur le mauvais payement des rentes du Clergé, 50-52, 54. — Les receveurs des rentes sur le Clergé sont mandés au Bureau pour régler l'ordre dans lequel ils doivent exercer leur charge, 62-63. — Mandement à François de Castille de bailler les deniers des décimes à Paul de la Barre, receveur et payeur des rentes sur le Clergé, pendant l'année de son exercice, 63. — Réponse à une sommation de François de Castille qui demande l'intervention du Bureau. 136. — Démarches auprès de l'assemblée du Clergé pour réclamer ce qui est dû à la Ville sur les rentes, 149-150, 157-158. — Les membres du Bureau reçoivent communication des comptes de François de Castille, dans la maison de l'évêque de Rieux, au cloître Nore-Dame, 161-162. — Les receveurs et payeurs des rentes sur le Clergé doivent apporter chaque semaine au Bureau l'état des payements hebdomadaires faits sur les deniers baillés par François de Castille, 185. — Requête au Parlement sur l'insuffisance des payements faits chaque semaine par François de Castille pour les arrérages des rentes du Clergé, 201. — Plaintes portées au Conseil du Roi sur le payement des rentes du Clergé, 246-247. — Les Prévôt des Marchands et Échevins, en entrant en charge, seront avertis de se pourvoir contre ceux qui recevraient indûment les deniers du Clergé destinés aux rentes, 252. — Requête au Parlement au sujet de l'insuffisance des payements du Clergé, 256. — Arrêt rendu au Conseil du Roi sur les réclamations portées contre le Clergé au sujet du payement des rentes. 256-257. — Arrêt du Conseil du Roi sur les remontrances faites au Roi par le Bureau, au sujet du payement des rentes du Clergé, portant que le Bureau de la Ville aura communication des comptes de Castille en présence des commissaires du Conseil, 299, 304. — François de Castille est mandé au Bureau pour s'entendre réclamer communication de ses comptes aux commissaires du Conseil, en exécution de l'arrêt du Conseil du Roi, 302-303. — Ordonnance prescrivant aux receveurs et payeurs des rentes sur le Clergé de présenter leurs états de recette et dépense et de fournir le double de leurs comptes, 325-326. — Atermoiement donné en 1603 aux ecclésiastiques du diocèse de Périgueux, 335. — Avis donné au Roi sur la requête en décharge présentée par les vicaires généraux, syndics et députés du diocèse de Périgueux, 335. — Requête au Roi pour être admis à intervenir au procès relatif aux décimes du diocèse de Chartres, 330. — Moyens d'intervention baillés par-devant le Conseil du Roi contre le curé de Saint-Hilaire de Chartres et les receveurs du diocèse de Chartres, 341-342. — Calcul des recettes et dépenses des receveurs des rentes du Clergé pour un an et demi, 374-375.
— *Commerce.* Avis donné au Parlement sur l'enregistrement de lettres de privilège obtenues par les sieurs de Galles et Bietrix pour la fabrication du fer-blanc. du fil d'archal et des faux, 159-161. — Défense aux marchauds de cidres de vendre leurs marchandises, sur le

chemin, à des regrattiers, 298. — Avis au Parlement pour brevet d'invention, 343. — Avis au Parlement sur l'enregistrement d'un privilège accordé à des marchauds anglais pour la fabrication d'ouvrages d'argile imitant le marbre, 354-355.

— *Conseillers de la Ville.* Assemblée du Bureau où se présente Charles Le Prevost, sieur de Malassise, pour délivrer à son fils l'exercice de la charge de Conseiller de Ville, 349. — Requête qu'Antoine Barthélemy, sieur d'Oinville, adresse au Bureau pour être reçu Conseiller de Ville sur la résignation de Claude Le Tonnellier, 372. — Voir l'article Conseillers de la Ville.

— *Domaine de la Ville.* Mandement à Geoffroi Le Secq pour s'opposer, aux criées d'une maison chargée d'une rente envers la Ville, 42-43. — Mandement à Geoffroi Le Secq de s'opposer à la vente de la maison du sieur Vergnette, 48 (note). — Mandement à Geoffroi Le Secq pour comparoir à l'assignation donnée à Jean Moreau, à propos d'une place sise sur l'emplacement de la fausse porte Saint-Denis, 59. — Opposition aux criées d'un moulin sur le boulevard de la porte Saint-Martin, 59 (note). — Mandement à Geoffroi Le Secq de s'opposer à la vente de la jouissance des arbres plantés dans les fossés de la Ville et de celle d'une casemate près de la porte Montmartre, que possédait feu Jean Martin, 74-75. — Mandement à Jean Jodelet de comparoir pour la Ville à une assignation au sujet d'une place hors la porte Saint-Honoré, 90-91. — Mandement à Robert Moysant de se présenter pour la Ville à une assignation au For-l'Évêque au sujet d'une place donnée à bail par la Ville, 106. — Mandement à Geoffroi Le Secq de s'opposer à la vente d'un jeu de paume, proche la porte Saint-Germain, 108. — Bail à François Thomas d'un jeu de paume et d'une place sise à côté, 108 (note). — Mandements à Jean Jodelet au sujet du rachat d'une rente constituée par la Ville au Grand Prieur, 123, 133. — Mandement à Jean Jodelet de s'opposer à la vente par décret d'une maison sur le quai aux Ormes, 142. — Permission qui avait été donnée à Louis Belle d'avancer sa maison sur le quai aux Ormes, en faisant clore les piliers qui la soutiennent, 142 (note). — Opposition à l'entérinement des lettres du Roi accordant à la veuve de Robert Mesnard et à ses enfants leur logement dans la tour du Bois, qui appartient à la Ville, 148-149. — Ordonnance pour le bail des halles du Marché neuf, 155. — Mandement à Jodelet de s'opposer à la vente de la moitié d'un jeu de paume à la porte aux Peintres, 158. — Requête adressée à la Chambre des vacations au sujet de la jouissance du bac des Tuileries, 191. — Mandement à Jean Jodelet de comparoir devant le bailli de Saint-Germain-des-Prés, à propos du bac des Tuileries, 195-196; — semblable mandement adressé audit Jodelet, au sujet des selles à laver, 196. — Attestation que délivre au Bureau le Surintendant des bâtiments au sujet d'un travail à exécuter devant une maison sise sur le quai et dont la jouissance a été concédée au maréchal d'Ancre, 229 (note). — Mandement à Jodelet de prendre fait et cause pour les titulaires de selles à laver, assignés aux requêtes du Palais, à la requête de Saint-Magloire, 232. — Mandement pour assigner Henri de Briy, qui fait fouiller des terres autour du rempart, au bout du jardin des Tuileries, 249 (note). — Sentence rendue contre Antoine Marie, locataire des halles du Marché neuf, à propos de la chute de partie de la halle du milieu, 269, 273 (note). — Ordre à Jodelet de comparoir pour la Ville par-devant monsieur Buisson, commissaire du Parlement, à propos de la chute de partie de la halle du Marché neuf, 269-170; — de comparoir au Parlement pour le même objet, 273. — Requête au Parlement à propos de la chute de la halle du Marché neuf, 273-274. — Baux d'une place sise hors la porte Saint-Honoré et appartenant à la Ville, 276. — Mandement à Jean Jodelet de comparoir pour la Ville en Parlement au sujet d'une place sise hors la porte Saint-Honoré, 276-277. — Mandement à Robert Moisant de se présenter pour la Ville à une assignation donnée devant le bailli du For-l'Évêque, pour raison d'une maison bâtie entre les deux portes Saint-Honoré, 277 (note). — Mandement à Geoffroi Le Secq de comparoir pour la Ville à l'assignation donnée à Jean Massieu, locataire d'une maison du pont Notre-Dame, 342-343. — Ordonnance relative à la visite des maisons du pont Notre-Dame, avant le renouvellement des baux de location, 364. — Clause du renouvellement des baux des maisons du pont Notre-Dame, réservant aux membres du Bureau des places gratuites pour assister aux entrées solennelles qui se pourraient célébrer, 364 (note). — Annonce de la prochaine adjudication pour la location des maisons du pont Notre-Dame, 368. — Mandement à Geoffroi Le Secq d'intervenir pour la Ville dans une instance relative à la maison de la Marchandise, 371. — Mandement à G. Le Secq de comparoir à l'assignation donnée aux ferronniers de la Vallée de Misère, 382.

— *Droits de douane et autres.* Déclaration au sujet des lettres du Roi portant sursis à la levée du droit de douane, 98. — Remontrances pour empêcher la levée de deux sols six deniers sur les draps, 123-124. — Avis sur la requête présentée par les officiers du Gnet, à fin d'entérinement des lettres par eux obtenues pour la continuation de la levée de 15 sols par muid de sel affectée à partie du payement de leurs gages, 192-193. — Requête au Roi pour protester contre un droit qu'on prétend lever sur le pied fourché, 334.

— *Eaux et fontaines.* Adjudication des travaux pour la construction d'une fontaine à l'usage du Roi, dans son château du Louvre, 16-17. — Ordonnance portant que le Grand Prieur de France, commandeur du Temple, et le prieur de Saint-Martin-des-Champs seront assignés devant la juridiction du Bureau, à raison du défaut d'entretien de leur fontaine commune, 43-44; — rappel des sentences antérieures portées contre eux à ce sujet, 43; — nouvelle sentence qui leur prescrit de procéder aux réparations, 44. — Adjudication de l'entretien des fontaines de la Ville, 64-67. — Ordonnances de payement pour l'entretien des fontaines, 65. — Mandement à Pierre Guillain pour le rétablissement d'une fontaine en la maison du Président de Boulancourt, 72 (note). — Mandement pour le rétablissement de la fontaine particulière du logis de Nicolas Le Feron, 67. — Ordre à Pierre Guillain de faire un regard au carrefour de la rue Saint-Honoré, pour la prise d'eau destinée au Louvre, 73. — Mandement pour le rétablissement de la fontaine de M. de Versigny, 121. — Adjudication de la fourniture de pierre et caillou pour les fontaines de la Ville, 158-159. — Concession d'eau accordée à Jacques Sanguin, pour sa maison de la rue Barre-du-Bec, 161. — Rétablissement de fontaine dans la maison de M. de Roissy, 162. — Mandements pour le rétablissement de fontaine en la maison du sieur de Boinville, et en celle du sieur de Bercy, 164. — Ordonnance pour travailler au regard de Belleville, 177. — Ordonnance portant rétablissement de fontaine en la maison du Premier Président, 198. — Le Bureau a toujours eu la direction et conduite des fontaines, 208. — Mandements pour le rétablissement d'une fontaine particulière dans la maison de Charles Le Conte, 215; — en la maison d'Antoine Le Camus, s' de Jambeville, 218; — en la maison du sieur Puget, 238; — du sieur Lescalopier, 238; — du sieur Almeras, 238. — Le Bureau s'oppose à la création d'offices de visiteurs et gardes des clefs des fontaines et regards, 257. — Mandement pour travaux à faire au regard des fontaines de Belleville, 263 (note). — Un rapport sera adressé chaque semaine au Bureau, sur les travaux qu'il a prescrits pour les fontaines, 264. — Ordonnance et mandement adressés à Pierre Guillain pour les travaux à faire aux fontaines, 264. — Ordonnance pour faire travailler aux fontaines de Belleville, 328. — Rétablissement de fontaine en la maison de Jean de Bordeaux, 348-349; — en la maison de Jean Lescuyer, 363; — en la maison du président Gayant, rue des Prouvaires, 368. — Ordre de rechercher d'où provient le manque d'eau à la fontaine Troussevache et à la fontaine établie dans la maison de M. de Lescalopier, 368 (note).

—— Aqueduc de Rungis : Le Conseil du Roi communique au Bureau les offres de Joseph Aubry pour amener à Paris les eaux de Rungis, 156-157. — Offres faites au Conseil du Roi par le Bureau pour amener à Paris les eaux de Rungis, 175-177. — Devis pour la construction de l'aqueduc de Rungis, 172-175, 176; — autre devis pour cet aqueduc, 187-191. — Les membres du Bureau se rendent au Conseil d'État pour demander que l'entreprise de l'aqueduc des eaux de Rungis soit réservée à la Ville, 176; — ils y retournent pour l'adjudication de ces travaux, 177. — sont convoqués à Fontainebleau pour la continuation de l'adjudication, 177. — Conflit avec le Bureau des Finances au sujet de la surveillance des travaux de l'aqueduc de Rungis, 205 (note); 207 (note), 208-209. — Commission qui est adressée aux Prévôt des Marchands et Échevins pour avoir soin de la conduite des eaux de Rungis, 206-208; — doivent être appelés aux alignements et opérations importantes qui concernent l'aqueduc des eaux de Rungis, 206. — Ordonnance portant que l'entrepreneur de l'aqueduc de Rungis, ainsi que ses associés et les architectes, se rendront à Rungis avec les membres du Bureau pour procéder aux alignements, 207. — Requête présentée au Roi et au Conseil pour se plaindre de la commission adressée aux Trésoriers de France, qui leur donne la surveillance des travaux de l'aqueduc de Rungis au préjudice de la commission précédemment adressée au Bureau de la Ville à ce sujet, 208-209. — Commission qui est dondée aux Prévôt des Marchands et Échevins, conjointement avec les Trésoriers généraux de France, pour la surveillance et conduite des travaux de l'aqueduc des eaux de Rungis, 209 (note), 215-216. — Préparatifs pour la visite que le Roi doit faire aux travaux des fontaines de Rungis, 267, 268. — Messieurs de la Ville vont au Louvre inviter le Roi à visiter les travaux des fontaines de Rungis et à dîner à Cachan, 267, 268; — vont au-devant du Roi jusqu'à la Saussaye, 267; — l'entretiennent pendant le festin, 267, 268. — Invitent le Roi à la pose de la première pierre du grand regard et font frapper une médaille commémorative, 267-268. — Messieurs de la Ville assistent à la pose de la première pierre du grand regard de Rungis, offrent une collation au Roi et à sa suite et présentent au Roi, à la Reine et aux princes et seigneurs des médailles commémoratives d'or et d'argent, 268-269. — Dépenses faites à l'occasion de la pose par le Roi de la première pierre des fontaines de Rungis, 285-286. — Ordonnance concernant la caution à bailler pour l'entreprise des eaux de Rungis, 298. — Ordonnance portant que les scellés seront apposés en la maison de Jean Coing, entrepreneur de ces travaux, 330. — Sur la requête de Catherine Chanterel, ordonnance pour la levée des scellés apposés chez Jean Going, 331-332. — Visite des travaux de Rungis par les membres du Bureau, 365 (note).

—— *Égouts*. Conflit avec les Trésoriers de France au sujet du curage des égouts, 33-37; — le Bureau revendique le droit exclusif de procéder à ce curage, 33-37; — met des ouvriers en besogne à cet effet, 34-36, 37 et noté; — le Roi l'autorise à continuer ce travail, 36, 37; — travaux que le Bureau avait fait faire précédemment pour cet objet, 37 (note); — arrêt du Conseil mettant fin au conflit, 37 (note). — Ordonnance municipale citée, annonçant la mise en adjudication des travaux de curage des égouts, 37 (note).

—— *Élections municipales*. Mandement adressé aux Conseillers de la Ville pour les convoquer à l'assemblée électorale, et aux Quarteniers pour la réunion des assemblées préparatoires à l'Élection, 19, 91, 162, 163; 278, 376-377. — Les membres du Bureau assistent à la messe du Saint-Esprit avant l'assemblée électorale, 20, 92, 168, 279. — Le tirage au sort, parmi les délégués des quartiers, des bourgeois qui doivent prendre part à l'élection se fait au Grand Bureau, 21, 92, 168, 279. — Les scrutateurs rédigent au Petit Bureau le scrutin de l'élection, 22, 93, 170, 281. — Les membres du Bureau portent au Roi le scrutin de l'élection, 22, 23, 93, 94, 170-171, 281; — leur costume, 22, 94, 170, 281; — les Prévôt des Marchauds et Échevins envoient le capitaine des archers de la Ville auprès du Gouverneur pour savoir quand on pourra porter le scrutin de l'élection au Roi, 93;— le Bureau fait demander à quel moment il pourra présenter au Roi le scrutin de l'élection, 170.

—— *Entrée projetée de la Reine.* Réponse à la réclamation de Pierre Guillain à propos de la somme qui lui a été taxée pour les préparatifs de l'entrée de la Reine, 55. — Ordonnance exemptant les Quarteniers, cinquanteniers et dizeniers de contribuer aux frais de l'entrée de la Reine imposés aux gens de métier, 67. — Ordonnance portant que le buffet d'argent qui avait été destiné à la Reine, à l'occasion de son entrée, serait gardé parmi les meubles de la Ville pour «mémoire perpétuelle de cette entrée», 131, 329; — requête adressée à la Chambre des Comptes pour qu'elle approuve cette résolution, 131. — Réponse à la requête de Claude Lestourneau au sujet du buffet d'argent de la Ville, 229-230. — Arrêt rendu sur la requête du Bureau par la Chambre des Comptes, au sujet du buffet d'argent de la Ville, 328-329. — Requête adressée par Claude Lestourneau pour obtenir acte de la signification qu'il a faite au Bureau de cet arrêt de la Chambre des Comptes, 328-329. — Acte à Lestourneau de cette signification, 329-330. — Le Bureau demandera à la Chambre des Comptes de consentir à ce que la garde du buffet d'argent de la Ville soit confiée à Guillaume Clement, 329.

—— *Fermes.* Les états du maniement des gabelles doivent être présentés au Bureau, par l'adjudicataire du bail général, à toute réquisition, 70. — Ordonnance prescrivant à Thomas Robin de bailler caution pour le bail général des gabelles, 124-125. — Mandement à Jacques Mareschal d'intervenir pour la Ville au Conseil du Roi, en la cause pendante entre les gardes du corps de l'Épicerie et Apothicairerie et les fermiers des cinq grosses fermes, 231.

—— *Fossés de la Ville.* Autorisation donnée à Jean de Saint-Paul de construire un mur pour soutenir les terres du fossé de la contrescarpe de la porte Saint-Michel, 43 et note. — Mandement à Pierre Guillain de faire les travaux nécessités par le percement du mur de la Ville pour [l'écoulement des eaux dans le fossé entre les portes de Nesle et de Buci, 78. — Opposition aux lettres présentées au sceau par l'abbaye de Saint-Victor, au sujet de la propriété des fossés de la Ville, 198-200.— Mandement à Jean Jodelet de comparoir pour la Ville à l'assignation donnée au Parlement par le duc de Nevers, à propos de travaux sur le mur du fossé, 215;— sentence du Bureau contre le duc de Nevers à ce sujet, 215 (note).— Ordre verbal donné à Augustin Guillain de faire un rapport sur les immondices qui sont dans les fossés entre les portes Saint-Germain, de Buci et de Nesle, 377.— Ordonnance relative au dépôt du rapport d'Augustin Guillain sur les boues des fossés, 377. — Mandement à Augustin Guillain de faire travailler aux fossés de la porte de Nesle et de la porte de Buci pour l'écoulement des boues, 380, 382-383.

—— *Greffier de la Ville.* François Clément est conduit au Grand Bureau et au Greffe pour prendre possession de l'office de Greffier en survivance, 57. — Lettres de provision de l'office de Greffier de la Ville en survivance

délivrées par les Prévôt des Marchands et Échevins à François Clément, 57-58.

—— *Hôtel de Ville (Travaux de l').* Ordre à Pierre Guillain de faire faire un siège de privé et une cheminée dans la prison de la Ville, 108-109; — ordre à Julien Pourrat d'y faire un plancher neuf, 109. — Annonce de la mise en adjudication de la fabrication de l'horloge de l'Hôtel de Ville, 117; — marchés pour le mouvement et pour le cadran de l'horloge de l'Hôtel de Ville, 129-130; — le modèle d'architecture pour l'encadrement de l'horloge de l'Hôtel de Ville est arrêté et signé au Bureau, 163. — mention de l'ordonnance rendue pour procéder à la réception de l'horloge de l'Hôtel de Ville, 154; — ordonnance concernant l'indemnité qui sera allouée au concierge de la Ville pour l'entretien de cette horloge, 163. — Mandement à Pierre Guillain de visiter les gros murs de la grande salle neuve de l'Hôtel de Ville pour en vérifier la solidité, 140-141. — Ordonnance prescrivant la visite de la charpente de l'Hôtel de Ville, 230 et note. — Devis et marché pour la cheminée de la grande salle de l'Hôtel de Ville, 240. — Devis et adjudication des travaux de l'Hôtel de Ville, 257-263. — Affiche pour annoncer l'adjudication des travaux de l'Hôtel de Ville, 259. — Les Prévôt des Marchands et Échevins assistent à l'adjudication des travaux de l'Hôtel de Ville, 262 (note). — Adjudication de la démolition de la vieille salle de l'Hôtel de Ville, 264-265. — Devis et marché pour la peinture et décoration de la cheminée de la grande salle de l'Hôtel de Ville, 350-351. — Mandement au premier sergent de la Ville de faire commandement au sieur Pourbus de livrer le tableau destiné à surmonter la cheminée de la grande salle de l'Hôtel de Ville, 351 (note).

—— *Juridiction de la Ville.* Ordonnance pour faire apposer les scellés en la maison de feu Nicolas Largentier, 32. — Mandement à Jean Jodelet d'intervenir en la cause pendante au Parlement entre Jean du Mesnil, maître de la communauté des déchargeurs de vins, et Martin Pinsson et consorts, au sujet de la juridiction de la Ville, 239.

—— *Lettres missives adressées par le Bureau.* Lettre au Pape pour le pardon de l'Hôtel-Dieu, 18. — Lettres adressées au Roi et à la Reine en réponse à celles que le Bureau en avait reçues, à l'occasion du curage des égouts, 33-34. — Lettres adressées au Chancelier pour revendiquer le privilège de procéder au curage des égouts et fossés de la Ville, 34-35; — lettre adressée à M. de Lomenie pour les assister dans cette revendication, 35-36. — Lettre adressée à la Reine régente en réponse à celle où elle notifiait au Bureau la suspension des droits de douane, 81-82. — Lettre aux Échevins de la ville de Chartres, au sujet de la part que les ecclésiastiques doivent prendre aux gardes de la Ville, 98. — Lettre au Chancelier pour solliciter la suppression ou la diminution de l'imposition de 30 sols pour muid sur le vin entrant dans la Ville, 144-145, 150. — Lettre adressée à la municipalité d'Orléans qui avait consulté le Bureau au sujet d'un différend avec les gens de la justice à propos des gardes de jour et de nuit, 159. — Lettres adressées au Chancelier au sujet de la hausse des monnaies, 301-302, 309-311. — Lettre en réponse à celle où la Reine régente manifestait le désir que les élections municipales fussent différées jusqu'à son retour, par laquelle le Bureau notifie à la Reine la délibération du Conseil de Ville décidant que S. M. sera suppliée de consentir à ce que les élections soient faites à la date accoutumée, 369-370. — Réponses aux lettres du Roi et de la Reine relatives à la date des élections, 375-376. — Lettres que le Bureau doit écrire aux villes maritimes pour leur donner avis des propositions de Fr. du Noyer sur la navigation des Indes, et les engager à députer aux États généraux des personnes compétentes en ce qui concerne les affaires de la mer, 381 et note.

—— *Lettres missives reçues par le Bureau.* Lettres du Roi et de la Reine régente adressées aux Conseillers de la Ville et aux Quarteniers, à l'occasion des élections municipales, pour leur ordonner de continuer dans leurs charges le Prévôt et les Échevins, 19, 20, 22; — autres lettres sur le même sujet, 19, 20, 22. — Lettres missives qui sont adressées au Bureau par le Roi et la Reine régente pour le curage des égouts, 33; — nouvelles lettres du Roi et de Reine à ce sujet, 37. — Lettre de M. de Lomenie en réponse à celle que le Bureau lui avait adressée au sujet des entreprises faites sur les prérogatives de la Ville, 36. — Lettre missive que le Roi lui adresse afin de faire dire un *Te Deum* à l'occasion du sacre, 37-38. — Lettre que lui adresse la Reine pour lui annoncer la suspension des droits de douane, 81; — lettre que lui adresse la Reine pour lui notifier les lettres patentes du Roi à ce sujet, 82. — Lettre du Roi invitant le Corps de Ville à aller saluer la duchesse de Lorraine et lui offrir les présents de la Ville, 109. — Lettre missive du Roi invitant Messieurs de la Ville au servive funèbre de la reine d'Espagne, 117-119. — Lettre du Roi au Bureau pour lui prescrire de faire procéder à l'élargissement de la porte de Nesle, 135. — Lettre que lui adresse le Roi pour prescrire des réjouissances publiques à l'occasion des futurs mariages convenus entre les princes et princesses des maisons de France et d'Espagne, 136-137. — Lettre de la municipalité d'Orléans consultant le Bureau de la Ville sur un différend avec les gens de justice au sujet des gardes de jour et de nuit, 159. — Lettre du Roi au Bureau pour l'inviter à offrir à l'ambassadeur d'Espagne les présents de la Ville, 163. — Lettre du Roi ordonnant à trois des membres du Bureau de venir à Fontainebleau présenter leurs causes d'opposition contre l'édit créant deux offices de receveurs et payeurs des rentes sur le sel, 293-294. — Lettre du Chancelier en réponse à celle qui lui avait écrite le Bureau de la Ville au sujet de la hausse des monnaies, 309. — Lettre de la Reine régente manifestant son désir que les élections municipales soient différées jusqu'à l'époque du retour du Roi et de la Reine à Paris, 369. — Lettres du Roi et de la Reine portant qu'ils acquiescent au désir manifesté par la Ville de ne pas voir retarder les élections, 375.

—— *Milice bourgeoise.* Mandement aux Quarteniers pour convoquer les officiers de la milice au Louvre, afin de prêter serment, 1. — Mandement de convocation adressé aux colonels pour se réunir au Bureau, 17. — Les colonels reçoivent ordre d'envoyer au Bureau les rôles de la milice bourgeoise, 19, 24. — Requêtes adressées au sujet de bourgeois emprisonnés pour rébellion contre les officiers de la milice, 60 (note). — Mandement aux colonels pour adresser le rôle des officiers de la milice qui sont morts ou ont changé de quartier, 87-88. — Mandement aux Quarteniers de fournir les noms des officiers de la milice bourgeoise qui sont morts ou ont changé de quartier, 220-221. — Mandement aux Quarteniers d'apporter au Bureau les rôles des officiers de la milice de leurs quartiers, 345. — Mandement aux Quarteniers d'apporter les rôles des principaux bourgeois de leur quartier, afin de désigner ceux qui pourraient combler les vides qui se sont produits dans le cadre des officiers de la milice, 354. — Voir dans cet article le paragraphe intitulé *Sûreté de la Ville.*

—— *Monnaies.* Requête au Roi pour demander la fabrication de doubles et deniers, 18-19. — Requête adressée à la Cour des Monnaies afin qu'elle donne son avis sur la fabrication de doubles deniers, 200-201. — Correspondance échangée avec le Chancelier au sujet de la hausse des monnaies, 301-302, 309-311; — convocation d'une assemblée particulière de la Ville à ce sujet, 309-310.

—— *Navigation.* Mandement pour le garage des bateaux à cause des glaces, 122-123. — Avis sur les offres faites par Nicolas de Boncourt pour la rupture des roches de Montereau et Samois qui entravent la navigation de la Seine, 144. — Ordonnance portant que les conducteurs des coches de Melun apporteront au Bureau les lettres en vertu desquelles ils exercent ce trafic, 210. — Renvois qui sont faits au Bureau de propositions pour la navigation de plusieurs rivières, 213 et note. — Lettres du Roi renvoyant au Bureau la requête de Louis d'Abancourt pour avoir son avis sur le tarif applicable aux marchandises qui seront transportées sur la rivière d'Armançon, 234; — avis donné à ce sujet, avec projet de tarif pour le péage des marchandises, 236-238. — Le Bureau sera tenu, au bout de trente ans, de faire cesser la levée des droits de péage sur l'Armançon et sur l'Oise et d'en avertir les Cours souveraines, 236, 243; — de même pour la Vanne, 253. — Le Bureau pourvoira les maîtres des ponts établis sur l'Armançon à la nomination de Louis d'Abancourt, 238; —. la connaissance de tous les différends relatifs aux droits de navigation sur l'Armançon lui sera réservée, 238. — Avis sur les propositions de César Arnaud de Rustici pour rendre la rivière d'Oise navigable entre Chauny et Erloy, avec proposition de tarif pour les droits de transport, 242-245. — Reconnaissance de la juridiction du Bureau en matière de navigation, 246, 255. — Avis favorable donné au Conseil du Roi sur les offres faites par Simon Dujac pour rendre la rivière de Vanne navigable, avec tarif des droits de péage, 252-255. — Ordonnance prescrivant à Louis Chasserat et Jean Cadot, voituriers par eau, de prendre nouvelles lettres de provision pour la conduite des bateaux appelés coches de Melun, 285; — prononciation de la saisie desdits coches, faute d'avoir par les conducteurs satisfait à l'ordonnance qui précède, 285. — Avis pour l'établissement d'un coche d'eau entre Paris et Joigny, 295-297. — La connaissance de la navigation de la Seine appartient au Bureau, 297. — Notification est faite au Bureau de la perte d'un bateau sur la Marne, 312 (note). — Règlement pour la navigation sur les rivières d'Armançon, d'Yonne et de Cure, 333. — Mandement adressé à diverses personnes pour une assemblée particulière où seront étudiées les propositions de François du Noyer sur la navigation des Indes orientales, 381 (note).

—— *Nombres de la Ville* (*Les trois*). Ordonnances rétablissant une charge distincte de capitaine pour chaque compagnie des trois nombres, 30-31. — Ordonnance confirmant l'élection de Claude de Norroy à la charge de capitaine des archers de la Ville, 31-32. — Exemption des gardes et guet et des visites d'armes en faveur d'Arnoul Mestayer, lieutenant de la compagnie des cent arquebusiers de la Ville, 42. — Convocation pour la montre des archers au Temple, 73-74, 357. — Les Prévôt des Marchands et Échevins assistent à la montre des trois Nombres, 74 (note). — Ordonnance portant que les trois Nombres fourniront chaque jour dix hommes de garde qui se tiendront à l'Hôtel de Ville à la disposition du Bureau, 367, 368 (note).

—— *Offices dépendant de la Ville*. Déclaration portant que les jurés crieurs de vins ne sont pas tenus au payement du droit de confirmation, 134-135. — Requête au Roi pour faire décider que les officiers de la Ville sont exempts du droit de confirmation, 139-140. — Comment se partagent entre les membres du Bureau les deniers provenant de la vente ou de la résignation des offices de la Ville, 165; — Ses membres se partagent les deniers provenant de la vente des offices en commun, 165. — Requête au Roi et au Conseil au sujet du droit de confirmation indûment réclamé des officiers de la Ville, 210, 218. — Mandement à Jean Jodelet de présenter requête au Parlement à propos des tonneliers déchargeurs de vins, 225-226; — d'intervenir pour la Ville dans la cause pendante entre les tonneliers déchargeurs de vins et les courtiers de vins, 230. — Avis sur la résignation d'un office de vendeur de vins, 277. — Composition avec les héritiers de Jean Forestier au sujet de son office de juré vendeur et contrôleur de vins qu'il n'avait pu résigner avant sa mort, 277.

—— *Offices divers*. Opposition présentée devant la Chambre des Comptes à la vérification de partis préjudiciables aux rentes et à la réception de Louis Massuau en l'office de receveur général des bois de l'Île de France et de Normandie, 47-48. — Remontrances présentées au Roi pour combattre le projet de créer quatorze offices de chargeurs et déchargeurs de marchandises au port du Guichet du Louvre, 101-102. — Le Bureau est mis en demeure de présenter ses causes d'opposition à la réception de Louis Massuau en l'office de receveur général des bois en la généralité de Paris, 105-106. — Causes d'opposition à la réception de Louis Massuau en cet office, 106-108. — Opposition à la création d'offices de visiteurs et gardes des clefs de fontaines et regards, 257. — Opposition au placet par lequel Guillain de Nostaing et Jean Sornet, grands valets de pied du Roi, demandent la création à leur profit d'une charge de contrôleur des marchandises de bois sur les ports de l'Aisne et de l'Oise, 361-362.

—— *Ponts*. Ordonnance interdisant l'exercice de la charge d'aide de maître du pont de Pont-Sainte-Maxence sans provisions de la Ville, 155. — Requête au Roi et au Conseil pour faire maintenir en fonctions des aides pourvus par la Ville au pont de Pont-de-l'Arche, 249. — Réclamations qui sont présentées au Bureau par les voituriers par eau au sujet de l'alignement du pont de Gournay, 311-312 (note). — Pont Notre-Dame. Voir dans cet article le paragraphe intitulé *Domaine de la Ville*.

—— Pont Marie. Ordonnance pour la visite de l'emplacement où Christophe Marie veut faire construire un pont au port Saint-Paul, 122, 150. — Rapport d'une partie des experts invitant le Bureau à s'opposer à la construction de ce pont, 151. — Requête de Christophe Marie invitant le Bureau à faire étudier la question par des personnes désintéressées, 151-152. — Rapport sur la nouvelle enquête faite dans ces conditions, en la présence des membres du Bureau, 152-153. — Autre requête de Christophe Marie proposant de construire en pierre les piles du pont projeté, 153. — Avis du Bureau renvoyant Christophe Marie devant le Conseil du Roi au sujet de ces nouvelles propositions, 153-154. — Avis concluant à la construction du pont Marie, 219-220. — Visites de l'emplacement proposé pour le pont Marie afin d'en donner l'alignement, 378-380.

—— *Portes de la Ville*. Ordonnance adressée à Julien Pourrat au sujet des réparations à faire aux portes Saint-Michel et Saint-Marcel et à la porte Neuve, 30. — Adjudication des travaux de reconstruction de la porte Saint-Honoré, 102-105. — Ordonnance concernant les travaux pour l'élargissement de la porte de Nesle, 132-133; — mandement à Julien Pourrat pour ces travaux, 133. — Ordonnance concernant les changements apportés au bâtiment de la porte Saint-Honoré, 133-134. — Ordonnance enjoignant à François de Fontenu de présenter un candidat pour la place de portier de la porte Saint-Honoré au lieu de Guillaume Fleury, 169 (note), 346 et note. — Marché pour l'achèvement de la porte Saint-Bernard, 226. — Adjudication des travaux de reconstruction de la porte Saint-Martin, 266. — Adjudication des démolitions de la porte Saint-Martin, 276. — Marché pour les travaux de la porte Saint-Martin, 314-315. — Requête au Parlement au sujet du maintien de Guillaume Fleury dans l'office de portier de la porte Saint-Honoré, 359 (note). — Marché passé avec Julien Pourrat pour l'exécution des travaux de charpenterie à faire au pont-levis de la porte Saint-Jacques, 370. — Devis des ouvrages de sculpture à faire à la porte Saint-Martin, et marché passé avec Pierre Bernard pour leur exécution, 370-371. — Ordonnance prescrivant de faire des réparations à la porte Saint-Denis, 373 (note). — Ordre donné à

Augustin Guillain de visiter la porte Saint-Jacques, puis mandement à lui adressé d'exécuter les travaux reconnus nécessaires, 373. — Plaintes portées au Bureau par le portier de la porte de Buci contre les violences auxquelles se sont livrés les ouvriers des faubourgs, 377 (note).
—— *Procès*. Mandement de comparution pour la Ville à l'assignation donnée devant les Trésoriers de France au fermier de la chaussée du Bourget, 27. — Mandement à Jean Jodelet d'intervenir pour Jean Bignon dans une cause d'appel portée devant la Cour des Aides, 62. — Mandement à Geoffroy Le Secq de comparoir à l'assignation donnée à la Ville à la requête de M° Martin Lefebvre, 71 (note). — Mandement à Jean Jodelet d'intervenir pour la Ville en la cause de Mathieu Blanchard, réclamant l'exemption de la charge de collecteur des tailles en sa qualité de maître des ponts de Montereau, 229. — Mandement à Jean Jodelet d'intervenir pour la Ville dans la cause pendante entre les jurés verriers et Jean Mareschal, maître de la verrerie du faubourg Saint-Germain, 247 (note). — Mandement à Geoffroi Le Secq de se présenter à l'assignation donnée à Marin de la Vallée par les maîtres de l'hôpital du Saint-Esprit, 263 (note). — Mandement à Geoffroi Le Secq de comparoir à l'assignation donnée à Pierre Perrot à la requête de Louis de Vesins et Jacques Le Rahier, 337. — Mandement à Jean Jodelet de comparoir pour la Ville en Parlement, à l'assignation donnée à la requête de Gervais de Versoigne et consorts, 347-348. — Requête au Parlement contre Gervais de Versoigne et consorts, 350, 357; — le Bureau obtient gain de cause devant la Cour, 358. — Mandement à Jodelet d'intervenir pour la Ville en la cause pendante entre Guillaume Fleury et Gilles de La Massuere, 358-359. — Mandement à Jodelet d'intervenir au procès pendant entre les mesureurs de grains et les grainiers de Paris, 364. — Voir les articles JODELET et LE SECQ.
—— *Procureur du Roi de la Ville.* Installation du Procureur du Roi de la Ville en survivance, faite au Grand et au Petit Bureau, 147. — Lettres de provision de Procureur du Roi de la Ville en survivance, délivrées à Étienne Charlot d'Esbly par les Prévôt des Marchands et Échevins, 148.
—— *Quais.* Les Prévôt des Marchands et Échevins sont commis pour informer sur la construction de maisons le long des quais qui partent du pont Neuf, 96. — Ordonnance, sur requête du président Jeannin, prescrivant une visite des lieux sera faite par les membres du Bureau pour donner avis sur la construction de maisons le long des quais qui partent du pont Neuf vers les ponts Marchant et Saint-Michel, 127; — procès-verbal de la visite et avis du Bureau, 127-129.
—— *Recherches dans les maisons.* Voir *Sûreté de la Ville.*
—— *Rentes de l'Hôtel de Ville.* Plainte qu'un certain nombre de bourgeois portent au Bureau au sujet du payement des rentes, 44-45. — Christophe Martin et Flamin Fanuche sont mandés pour régler l'ordre dans lequel ils exerceront leur office alternatif de receveur et payeur des rentes sur les recettes générales, 70. — Opposition faite par le Bureau de la Ville à la vérification de la commission délivrée le 22 février 1611 à Jean Filacier pour la perception des deniers provenant des rentes éteintes ou amorties par rachat ou autrement: remontrances et causes d'opposition adressées à la Chambre des Comptes au sujet de la vérification de cette commission dont la Chambre a donné communication à la Ville, 89, 90, 96, 97; — remontrances présentées au Conseil du Roi au sujet de cette commission, 98-101; — Messieurs de la Ville vont au Louvre puis chez le Chancelier, 99, 100; — le Bureau décide de présenter de nouveau à la Chambre des Comptes ses causes d'opposition contre l'enregistrement de la commission de Filacier, 109, 110; — remerciements portés à la Reine pour la révocation de la commission de Filacier, 115, 179; — le Bureau fait dresser un projet de lettres de révocation de la commission de Jean Filacier, que le Chancelier refuse de faire expédier et sceller, 116. — Les membres du Bureau sont mandés à la Chambre des Comptes au sujet des propositions faites par le partisan Levassor pour le payement du quatrième quartier des rentes sur les aides, 90 (note). — Convention faite avec Jacques Guillot et Philippe Habert pour la recherche des rentes rachetées ou amorties dont les arrérages sont indûment payés, 141. — Opposition faite par le Bureau à la vérification de la seconde commission délivrée le 20 mars 1612 à Jean Filacier pour la perception des deniers provenant des rentes éteintes ou amorties, constituées sur les autres villes ou recettes: requête adressée à la Chambre des Comptes et démarche auprès d'elle pour lui présenter les causes d'opposition à la vérification de cette commission, 178-181; — nouvelles causes d'opposition, 197, 211; — requête à la Chambre des Comptes afin d'obtenir délai pour fournir les causes d'opposition à l'enregistrement de la commission de Jean Filacier, 200 (note); — le Conseil de Ville décide que la Ville se désistera de cette opposition en ce qui concerne les rentes du dehors de la Ville, 217; — renonciation définitive à son opposition à la recherche des rentes amorties du dehors de la Ville, 225; — avantages que quelques seigneurs avaient promis faire à la Ville pour ce désistement, 225. — Règlement sur le mode de payement des arrérages des rentes de l'Hôtel de Ville, 217, 225, 270. — Le Parlement fait défense au Bureau de se pourvoir ailleurs au sujet du règlement sur le payement des rentes, 228. — Règlement sur le payement des rentes déféré au Parlement comme entreprise sur l'autorité de la Cour, 228. — Requête présentée au Roi et au Conseil pour obtenir que le fonds destiné au payement des rentes sur les recettes générales ne soit pas diminué, 247. — Ordonnance sur le payement des rentes sur les aides, 271. — Le Bureau doit certifier l'état des recettes et dépenses présenté par les receveurs des rentes sur les recettes générales, 299, 304. — Arrêt du Conseil du Roi portant que le Bureau aura communication des états des rentes rachetées, 299-300, 304. — Le Bureau mande Flamin Fanuche pour lui ordonner de représenter, en vertu de l'arrêt du Conseil, l'état au vrai des recettes et dépenses de sa charge, 304. — Le Conseil du Roi

communique au Bureau, pour avis, les propositions de Mathurin Geslain en vue de l'amortissement des rentes, 317. — Ordonnance portant que communication sera donnée aux receveurs et payeurs des rentes et aux fermiers généraux des aides et des gabelles des propositions de Mathurin Geslain pour l'amortissement des rentes, 317. — M. de Meaupou envoie les états de rachat et amortissement de plusieurs rentes, 325. — Requête au Conseil au sujet des rentes sur les recettes générales rachetées par Jacques Feret, 326. — Mémoire présenté à la Chambre des Comptes pour le règlement de l'ordre à suivre dans le payement des rentes, 373-374. — Plaintes contre la lenteur avec laquelle les états finaux sont mis par la Chambre des Comptes sur les comptes des receveurs des rentes, 374 (note). — Pour les rentes constituées sur le Clergé et sur les gabelles, voir, dans cet article, les paragraphes intitulés *Clergé de France* et *Rentes constituées sur le sel*.

—— *Rentes constituées sur le sel*. Mandement adressé à Jean de Moisset pour bailler au sieur de Gondi les registres concernant les rentes sur les gabelles, 124. — Requête au Roi et au Conseil pour s'opposer à la décharge de la caution prêtée par les sieurs Barbin pour Thomas Robin, 182, 192. — Démarche faite auprès du Conseil pour cet objet, 182-183. — Signification qui est faite au Bureau de l'arrêt du Conseil déchargeant les sieurs Barbin de leur cautionnement; réponse qu'il y donne, 192; — il repousse la requête des sieurs Barbin tendant à être déchargés de leur cautionnement pour Thomas Robin, 192; — signifie à Claude et Dreux Barbin son intention de poursuivre contre eux l'exécution du bail du parti du sel auquel ils sont coobligés, 198. — Caution que Thomas Robin baille au Bureau de la Ville pour le parti du sel, 183. — Ordonnance enjoignant à Philippe de Gondi de payer les rentes du sel, 203. — Philippe de Gondi convoqué au Bureau, 203. — Mandement prescrivant à Philippe de Gondi de payer le quartier échu des rentes du sel, 217. — Plainte portée au Conseil du Roi à propos du mauvais payement des rentes du sel, 274. — Ordonnance portant que Claude et Dreux Barbin, cautions de Philippe de Gondi, seront contraints de payer ou faire payer par ledit de Gondi les arrérages dus sur les rentes du sel pour l'année 1609, 282, 283; — arrêt du Conseil du Roi défendant au Bureau de mettre cette ordonnance à exécution, 283; — signification qui lui est faite dudit arrêt, 283. — Ordonnance prescrivant la saisie des deniers dus à Philippe de Gondi par Pierre Robin et Briant, 283-284; — autre ordonnance pour la saisie-arrêt de tous les deniers dus audit de Gondi, 284; — ordonnances portant saisie-arrêt, entre les mains de Claude Gallard, des deniers pour lesquels Philippe de Gondi sera distribué sur les biens de Jérôme de Gondi, 284, 323. — Pierre Robin et Briant sont assignés au Bureau au sujet des deniers qu'ils doivent à Philippe de Gondi, 283-284; — pareille assignation donnée à tous les débiteurs de Gondi, 284. — Ordonnance prescrivant aux porteurs de quittances déchargées à cause des rentes sur le sel de les apporter au Bureau, 284; — autre ordonnance enjoignant à Philippe de Gondi d'apporter au Bureau l'inventaire des quittances de ces rentes qu'il a payées, 284. — Ordonnance fixant à Philippe de Gondi un jour et une heure pour se tenir en sa maison où deux des Échevins viendront vérifier tous les inventaires des quittances par lui payées, et lever le scellé du tiroir où sont les quittances des particuliers qui ne sont pas payées, 285. — Remontrances faites à la Chambre des Comptes pour protester contre la création de deux offices de receveurs et payeurs des rentes du sel, 286-293, 303. — Le Roi mande au Bureau d'enregistrer l'édit de création d'offices de receveurs et payeurs des rentes sur le sel, 291. — Mission lui est donnée par le Conseil de la Ville de persister dans les causes d'opposition contre l'enregistrement de cet édit, 292, 293. — Trois de ses membres ont ordre du Roi d'aller à Fontainebleau lui présenter leurs causes d'opposition contre la création de deux offices de receveurs et payeurs des rentes sur le sel, 293-294, 295, 303. — Le Bureau baillera au receveur des rentes sur le sel l'ordre dans lequel il doit payer les arrérages sur les deniers dont il fera le recouvrement d'après l'état dressé au Conseil, 300. — Arrêt du Conseil, rendu à la suite des remontrances sur l'édit de création de receveurs des rentes sur le sel, pour l'exercice des fonctions de ces receveurs, 301, 304. — Les receveurs des rentes sur le sel compteront de leur maniement par-devant lui, 301. — Les receveurs des rentes sur le sel lui bailleront caution, 301. — Sera chargé de surveiller le payement des rentes par lesdits receveurs et de leur prescrire l'ordre à suivre pour ce payement, 301. — Le Bureau est chargé de prescrire l'ordre dans lequel Jean de Moisset doit payer ce qui reste dû par Philippe de Gondi sur les rentes du sel, 305, 307; — règlement fait à ce sujet, 306, 307. — Enregistrement de la commission délivrée à Jean de Moisset pour le payement des rentes sur le sel, 307, 308. — Le Bureau autorise Philippe de Gondi à faire faire par son commis le contrôle des payements des arrérages de rente exécutés par Jean de Moisset, 308. — Sentence par laquelle il renvoie devant le Conseil du Roi Nicolas Bigot, contrôleur général des gabelles, et Louis Le Noir, contrôleur des rentes de la Ville, pour la contestation qu'ils ont entre eux au sujet du contrôle des payements d'arrérages des rentes du sel effectués par Jean de Moisset, 308-309. — Ordonnance portant que les sous-fermiers et commis de Philippe de Gondi apporteront au Bureau l'état de ce qu'ils doivent audit de Gondi et verseront le montant de cette dette entre les mains de Jean de Moisset, et que les cautions de Ph. de Gondi remettront audit de Moisset le montant de leur cautionnement, 311. — Ordonnance portant que Jean de Moisset exercera des contraintes contre les cautions de Philippe de Gondi, 321-322. — Mandement au premier sergent de la Ville de signifier à Claude et Dreux Barbin l'ordonnance relative aux contraintes à exercer contre les cautions de Philippe de Gondi, 322. — Assignation de comparaître au Bureau donnée à Claude et Dreux Barbin, 322. — Ordonnance portant que Gabriel du Crocq, sous-fermier des greniers à sel de Sens, Joigny, Tonnerre et Vézelay, viendra compter au Bureau, et sauf-conduit à lui délivré pour un mois, 326. — Ordre au concierge des prisons de la Conciergerie d'envoyer, sous bonne garde, Gabriel du Crocq au Bureau pour compter avec Philippe de Gondi, 326 (note). — Remontrances au Conseil du Roi sur ce que Philippe de Gondi doit encore pour le payement des rentes sur le sel, 327. — Opposition à la décharge de leur cautionnement que le Roi a accordée aux sieurs Barbin, 327-328. — Remontrances adressées au Roi à propos de la demande de mise en liberté sous caution présentée par Philippe de Gondi, pour établir que S. M. demeure responsable du payement de ce qui est dû par Philippe sur les rentes du sel, 327-328. — Avis au Roi au sujet de la décharge requise par Pierre Bruslart, prétendu caution de Philippe de Gondi, 332-333. — Remontrances sur l'insuffisance des effets et facultés de Philippe de Gondi pour le payement des rentes sur le sel, 337. — Ordonnance portant que Thomas Robin et Nicolas Milon, fermiers des gabelles de la généralité de Touraine, s'obligeront, au Bureau de la Ville, à payer ce qu'ils doivent à cause des baux desdites gabelles et bailleront caution, 337; — ordonnance itérative sur le même objet, 345; — requête de Nicolas Milon au Roi pour être déchargé de l'exécution de cette ordonnance, 346-347. — Ordonnance portant que les commis de Philippe de Gondi aux greniers à sel de la généralité de Paris apporteront au Bureau leurs acquits de payement, leurs comptes et les certificats de la vente du sel, 339. — Ordonnance enjoignant aux fermiers des gabelles de mettre désormais entre les mains de Pierre Payen les deniers dont la Ville est assignée sur eux, 341. — Les membres du Bureau sont entendus par le Conseil du Roi au sujet des payements à faire sur les rentes du sel, 344. — Le Bureau sera tenu de continuer les poursuites et faire toutes diligences contre Philippe de Gondi et ses cautions pour le recouvrement de ce qu'il doit, 345. — Ordonnance portant que Sébastien L'Empereur mettra ès mains de Jean de Moisset ce qu'il doit à Philippe de Gondi sur les gabelles de la généralité de Touraine, 345. — Signification faite au Bureau d'une requête adressée au Roi par Nicolas Milon, 347. — Le Bureau de la Ville réclame assignation sur l'Épargne pour suppléer à l'insuffisance des payements de Philippe de Gondi, 355. — Les poursuites qu'il s'est chargé de faire contre Philippe de Gondi n'ont pas donné de résultat, 355. — Ordonnance portant que Thomas Robin et Nicolas Milon, fermiers de la généralité de Touraine, seront emprisonnés s'ils ne satisfont pas dans trois jours aux ordonnances leur prescrivant de s'engager au payement de ce qu'ils doivent sur les rentes du sel et de bailler caution, 359. — Arrêt du Conseil ordonnant que le Bureau procédera à la levée des scellés mis sur les quittances des payements faits par P. de Gondi sur les rentes du sel et assistera à leur inventaire, 362. — Ordre au premier sergent de la Ville sur ce requis de faire commandement à Nicolas Milon de payer à Pierre Payen ce qu'il doit pour trois quartiers des rentes du sel, 363; — ordre semblable à l'égard de Thomas Robin, 363.

—— *Sûreté de la Ville*. Les officiers de la milice bourgeoise prêtent serment d'obéir au Bureau et de lui révéler ce qui serait tramé contre le service du Roi, 15. — Mandement aux colonels pour faire faire la visite des maisons et l'inspection des armes et envoyer au Bureau les rôles des compagnies de la milice bourgeoise, 17, 19, 24. — Mandement aux Quarteniers pour faire faire la visite des chaînes des rues, 18. — Les Quarteniers doivent porter au Bureau le procès-verbal de la visite des chaînes des rues de leurs quartiers, 18. — Mandement aux Quarteniers pour faire la recherche des chaînes des rues, 24. — Mandement à Jacques Huot, Quartenier, à propos de la chaîne de la rue de la Huchette, 24 (note). — Mandement aux colonels de faire faire par les capitaines la revue de leurs compagnies, 59-60; — de faire faire une exacte recherche dans les maisons de leurs quartiers, 60. — Droit qu'a le Bureau de faire faire des recherches dans les maisons, 60-61. — Conflit avec le Lieutenant civil au sujet des recherches dans les maisons, 60-61. — Assemblée des colonels tenue pour aviser à la sûreté de la Ville, 61. — Mandement à Jean Jodelet d'intervenir pour la Ville en la cause d'appel interjeté par un des capitaines de la milice contre une sentence du Lieutenant civil, 73. — Requête au Roi contre le Lieutenant civil au sujet des recherches dans les maisons, 77-78. — Le Bureau envoie aux colonels et aux Quarteniers une copie imprimée de l'arrêt du Conseil consacrant le droit pour le Bureau de la Ville de faire faire des recherche sdans les maisons, 81 et note. — Mandement à Jean Jodelet d'intervenir au procès pendant en Parlement au sujet des recherches dans les maisons, 96. — Ordre de surveiller le débarquement d'un bateau chargé d'armes, 122 (note). — Mandement aux colonels pour faire faire la recherche des étrangers et la revue des armes des bourgeois, 122; — pour en remettre le procès-verbal, 123; — pour faire faire dorénavant cette recherche de huit en huit jours, 125. — Mandement aux Quarteniers pour faire recherches dans les maisons, 257. — Pierre Parfaict, Quartenier, est mandé au Bureau au sujet de la demande que le commissaire Canto lui a faite des noms du capitaine et du dizenier de la place Royale, 335. — Les Quarteniers y seront mandés afin de les avertir de ne pas répondre au Lieutenant civil et aux commissaires au Châtelet pour ce qui est du fait de leur charge, de la sûreté de la Ville et garde des portes, 335. — Conflit avec le Lieutenant civil au sujet de l'interdiction de vendre des armes, 351-354; — démarches à ce sujet, faites de concert avec le Gouverneur, auprès de la Reine et du Chancelier, 352-354. — Le Bureau convoque les quincailliers et armuriers pour leur défendre de vendre des armes sans permission du Gouverneur ou du Bureau, 351. — Ordonnances interdisant la vente des armes et celle des chevaux sans autorisation du Gouverneur ou du Bureau de la Ville, 352-353. — Assemblée du Bureau pour délibérer sur l'emprisonnement du crieur Le Duc qui a publié ces ordonnances, 353 et note; — décide de faire emprisonner par représailles le sergent Crampon, 353 (note). — Le Roi charge le Bureau de faire mettre à exécution l'ordonnance portant défense de vendre des armes sans autorisation, 354. — Ordre au crieur juré de publier les ordonnances relatives à la vente des armes et des chevaux, 354. — Ordonnance pour la mise à exécution de l'ordre du Roi qui prescrit de délivrer au concierge de l'hôtel de Bouillon un chariot chargé d'armes qui avait été saisi, 357-358. — Convocation des colonels à une assemblée tenue pour délibérer sur la sûreté de la Ville, 365 (note). — Mandement qui leur est adressé, en vertu des délibérations de cette assemblée, pour mettre les bourgeois en état de résister à main armée aux violences qui pourraient se commettre dans leurs quartiers, 365; — nouveau mandement sur le même objet, 367. — Mandement aux colonels pour faire faire des recherches dans les hôtelleries, 366.

—— *Travaux de la Ville.* Annonce d'adjudication de travaux, 17, 37 (note), 49. — Devis et adjudication des ouvrages de pavage sur le pont de la fortification de la Ville derrière le jardin des Tuileries, 48-49. — Requête au Roi et à son Conseil au sujet de l'adjudication des travaux du quai de Suresnes, 323-325. — Voir *Eaux*, *Hôtel de Ville*, *Ponts*, *Portes*.

—— *Vin.* Mandement à Geoffroi Le Secq de comparoir à l'assignation donnée à la police à David Paschal, marchand de vin muscat, 45-46. — C'est au Bureau qu'il appartient de fixer le prix de vente au détail du vin muscat et autres vins étrangers, 46 et note. — Accorde, suivant l'usage, exemption des droits d'entrée pour le premier vin nouveau apporté à Paris, 94 (note). — Lettres au Chancelier pour réclamer la suppression ou la diminution de l'imposition de trente sols par muid sur le vin entrant à Paris, 144-145, 150. — Avis donné au Parlement au sujet de l'enregistrement des lettres patentes obtenues par les hôteliers et cabaretiers pour leurs achats de vins, 231-232. — Défense de vendre du vin mélangé d'eau, 313-314.

Bureau des Finances. Voir Trésoriers généraux de France.

Bureaux établis sur les frontières pour la perception des droits, 231.

Bures (Le sieur de), marchand de vin. Enseigne de la milice bourgeoise au quartier Saint-Gervais, 11.

Burgne (Mathieu), marchand anglais. Privilège qu'il obtient pour la fabrication d'ouvrages d'argile imitant le marbre, 354-355.

Buar (Christophe de), 371.

Buvetier de la Ville. Charge classée parmi les offices en commun, 165.

Buymont (Jacques de), huissier, 199 (note).

C

Cabaretiers. Doivent déclarer les magasins de bois qu'ils ont faits, 197. — Voir Hôteliers.

Cachan, commune d'Arcueil (Seine). La municipalité de Paris offre à dîner au Roi dans le château du lieu, 267, 268, 269 (note), 286; — Louis XIII chasse dans le parc, 267.

Cadot (Le sieur), greffier des présentations. Enseigne de la milice bourgeoise au quartier Saint-Séverin, 8.

Cadot (Jean), voiturier par eau. Ordonnance du Bureau lui prescrivant de prendre nouvelles lettres de provision pour la conduite des coches de Melun, 285; — prononciation de la saisie desdits coches, faute par lui d'avoir satisfait à l'ordonnance qui précède, 285.

Caen, *alias* Camp (Guillaume de), correcteur des Comptes. Délégué des bourgeois de son quartier à l'assemblée de l'élection, 168 et note.

Cagnet (Le sire). Représentant des bourgeois de son quartier à une assemblée générale de la Ville, 146.

Cambrai (Le sieur de). Voir Lambert (Louis).

Gambrai (Collège de). Installation des professeurs du Collège de France dans ce collège, 222 et note.

Camp. Voir Caen.

Camus (Jean), tenant place à laver. Assigné à la requête de Saint-Magloire, 232.

Canal de l'Arsenal. Voir Arsenal.

Canaye (André). Quartenier du quartier Saint-Honoré. Rôle des officiers de la milice bourgeoise de son quartier. 13-14. — Présent aux élections municipales, 20, 21, 91, 92; — mentionné par erreur comme présent à ces élections, 168 et note. — Convoqué au Te Deum chanté à Notre-Dame à l'occasion du sacre, 38. — Présent à des assemblées générales de la Ville, 54, 146. — Remplacé par François de Fontenu comme Quartenier du quartier Saint-Honoré, 168 (note), 169 (note).

Candé (Maine-et-Loire). Grenier à sel, 363.

Cannoy (Claude), menuisier. Prend à bail une place sise hors la porte Saint-Honoré, 276 et note.

Canteleu (Sieur de). Voir Jubert (Jacques).

Canto, commissaire au Châtelet. Demande à Pierre Parfaict les noms du capitaine et du dizenier de la place Royale, 335.

Caperry (Pierre), enseigne de la milice bourgeoise au faubourg Saint-Denis, 13.

Capitaines de la milice bourgeoise. Convoqués au Louvre pour prêter serment, 1; — leur liste, 1-15. — Chargés de faire la revue de leurs compagnies, 59. — Difficultés de ce rôle, 59 (note). — Les hôteliers doivent leur remettre chaque jour le nom de leurs hôtes, 60, 73. — Registre des capitaines, 60 (note). — Le Lieutenant civil interdit aux hôteliers, sous peine d'amende, de remettre le nom de leurs hôtes aux capitaines, 76, 77. — Amende prononcée par le Lieutenant civil contre des bourgeois qui leur ont remis le rôle de leurs hôtes, 96. — Chargés de faire la revue des armes des bourgeois, 122. — Doivent prévenir les bourgeois d'avoir des armes prêtes pour résister aux auteurs des excès et violences qui pourraient se produire, 365, 367. — Revue qu'ils doivent faire dans les maisons pour s'assurer que ces instructions sont observées, 367. — Voir Milice bourgeoise.

CAPPONI (Lucrèce), femme de Philippe de Gondi, 124 (note).
CÂPRES, *cappes*. Tarif du droit de péage sur l'Oise, 244.
— sur la Vanne, 253.
CARCASSONNE (Évêque de). Voir L'ESTANG (Christophe DE).
CARDENAS (Inigo DE), ambassadeur d'Espagne en France. Son rang au service funèbre de la reine d'Espagne, 120-121; — en envoie une relation au roi d'Espagne; 120 (note).
CARDINAUX. Leurs exemptions pour la levée des décimes, 50. — Convoqués au service funèbre de la reine d'Espagne, 120. — Décharges qui leur sont accordées par le Clergé, 247, 251.
CASSE ou CARBEL (Nicolas), bourgeois de Paris. Présent à l'adjudication des travaux de l'aqueduc des eaux de Rungis, 177. — Indemnité qui lui est assignée pour ses études sur les moyens d'amener à Paris les eaux de Rungis, 205 (note).
CARREAUX (Port des), sur l'Oise. Un sergent y est envoyé pour hâter la venue des bateaux chargés de bois, 80.
CARREL (Côme et Jean). Anciens Quarteniers du quartier Sainte-Geneviève, 4 (note).
CARREL (Nicolas). Voir CARBEL.
CARROUSEL DE LA PLACE ROYALE, à l'occasion des futurs mariages entre les princes et princesses des maisons de France et d'Espagne, 136-139.
CARTIER (Le sieur). Dizenier au quartier Sainte-Geneviève, 4 et note.
CARTONS DES ROIS (La série des) aux Archives nationales, 163 (note).
CASTILLE (François DE), receveur général du Clergé de France. Signification à Christophe Martin d'une requête au sujet des quittances des sommes payées, au nom de Louis Denyele, en vertu du parti des rentes rachetées, 15-16; — sommes payées à Denyele, 26, 28, 29, 30, 51; — en poursuit le recouvrement, 51. — Plaintes de la Ville au Clergé sur l'insuffisance des payements qu'il fait par semaine, 25, 27; — mêmes plaintes au Conseil du Roi, 29, 30; — ses comptes, 25, 26, 28. — Menace de la Ville d'user de contrainte envers lui, 28. — Elle demande au Conseil du Roi qu'on décerne par corps contre lui, 29, 30. — État au vrai signé de lui, 29, 30. — Mandé au Bureau pour entendre les remontrances du Procureur du Roi de la Ville sur le mauvais payement des rentes du Clergé, 50-51, 54; — sa réponse, 51; — observations que lui fait le Prévôt des Marchands, 52. — Payements qu'il doit faire par semaine, 50-52, 55. — Accusé d'avoir passé contrat avec le Clergé pour l'emploi des excédents de recette du Clergé au lieu de les appliquer au payement des rentes, 51; — ce contrat est destiné à la suppression des décharges, 52. — Présente l'état de sa recette, 52. — Sommé de payer ce qui est dû sur les rentes du Clergé et de remettre dorénavant 23,500 livres par semaine au receveur des rentes, 54-55. — Reçoit mandement de payer à Paul de la Barre les deniers des décimes, pendant l'année de son exercice, 63. — La Chambre des Comptes ne lui alloue pas ce qu'il a payé à Denyele, 90, 101. — Arrêt du Conseil lui enjoignant de payer 300,000 livres promises au Roi par le Clergé, 135-136; — signification qui lui en est faite, 136; — il le notifie à son tour à Messieurs du Clergé et fait sommation au Bureau de la Ville d'intervenir pour lui, 136. — Plaintes portées par le Bureau de la Ville à l'assemblée du Clergé sur l'insuffisance de ses payements, 149-150, 157-158. — L'assemblée est en train d'ouïr ses comptes, 150. — Le Bureau demande communication desdits comptes, 157-158. — Communication de ses comptes est faite au Bureau de la Ville, 161-162. — Parties passées en ses comptes au préjudice de la Ville, touchant le parti de Denyele, 162. — Le Clergé refuse de lui allouer les deniers payés sur le parti des rentes de Denyele, 180. — Payement de 20,000 livres qu'il fait chaque semaine sur les rentes du Clergé, 185. — Insuffisance des payements qu'il fait chaque semaine sur les rentes du Clergé, 201. — Emploi des sommes fournies chaque semaine pour les arrérages des rentes, 217. — Sommes importantes qu'il doit sur les rentes, 227; — comparaît devant une commission du Conseil à ce sujet, 250. — Assiste à une séance du Conseil du Roi où se discute le payement des rentes du Clergé, 246. — Factum publié contre lui par le Prévôt des Marchands, 250 (note). — Poursuites faites contre lui au sujet du payement des rentes, 250, 256. — Assiste à une séance du Conseil du Roi au sujet des rentes du Clergé, 251. — Le Conseil décide qu'il payera 500 livres de plus par semaine, 251-252. — Arrêt du Conseil qui le condamne à payer chaque année 26,000 livres de plus pour les rentes, 256-257. — Arrêt du Conseil lui prescrivant de communiquer ses comptes aux commissaires du Conseil, 299, 303, 304. — Mandé au Bureau pour s'entendre ordonner de communiquer ses comptes aux commissaires du Conseil en exécution de l'arrêt du Conseil du Roi, 302-303. — Autorisé à faire élever un balcon sur la maison qu'il fait construire le long du quai allant de l'Arsenal à la Grève, 302 (note). — Prévient le Bureau de la Ville de la hausse des monnaies, 302 (note).
CASTILLE (Rois de). Lieu de leur sépulture, 117 (note).
CATALOGUE DE L'HISTOIRE DE FRANCE à la Bibliothèque nationale, cité, 38 (note), 163 (note).
CATHELIN (Jacques), voiturier par eau. Assiste à la visite des lieux pour choisir l'emplacement du pont Marie, 378.
CATHENOY (Jean). Exercice indû de la charge d'aide de maltre du pont de Pout-Sainte-Maxence, 155.
CATHERINE DE MÉDICIS, 41 (note).
CATTIN (Audebert), correcteur des Comptes, 132 (note).
CAUCHON (Marie), dame de Sillery et de Puisieux, femme de Pierre Brulart, 354 (note).
CAUDEBEC (Forêt de). Commerce du bois, 209, 221.
CAUMARTIN (Le sieur DE). Voir LE FÈVRE (Louis).
CAUSSE, secrétaire du Roi et de ses finances. Collation d'un arrêt du Conseil du Roi, 328.
CAVERNE (Le sieur), fripier. Capitaine de la milice bourgeoise au quartier Saint-Jacques de l'Hôpital, 11 et note, 61.
CÉLESTINS (Couvent des). Tombeau des Zamet, 41 (note).
CÉLESTINS (Quai des), 122 (note).

DE LA VILLE DE PARIS. 411

Cendres. Tarif du droit de péage sur l'Oise, 244; — sur la Vanne, 253.

Cerisier, *alias* Sensier Dizenier au quartier du Sépulcre, 12 (note), 13.

Cent-Suisses de la garde. Marchent devant le Roi à son entrée à Paris, au retour du sacre, 42.

Cercles. Tarif du droit de péage sur l'Oise, 244; — sur la Vanne, 253.

Cérémonies (Maître des). Voir Pot de Raodes.

Cerisaie (Rue de la). Hôtel Zamet, puis de Lesdiguières, 41 (note).

Cerisiers (Barnabé de), *alias* Cerisier, Serizier, maître des Comptes. Délégué des bourgeois de son quartier aux élections municipales, 21 et note, 93.

Chableurs. Voir Maîtres des ponts.

Chaillot, localité réunie à Paris. Maison du président Jeannin, 365 (note).

Caaillou (Élisabeth), femme d'Antoine de Saint-Yon, 93 (note).

Chailly (Le sieur de). Voir Jubert (Jean).

Chaines des rues. Les Quarteniers reçoivent ordre d'en faire faire la visite par les dizeniers, 18; — d'en faire faire une exacte recherche, 24. — Mandement adressé à Jacques Huot, Quartenier, de faire attacher une chaîne à la maison de la veuve Bourlon, au coin de la rue de la Huchette, 24 (note). — Mandement aux Quarteniers pour les visiter, 196. — Les dizeniers sont chargés de les faire trousser et attacher aux crochets, 196. — Doivent être tendues pour arrêter les auteurs des violences et excès qui pourraient se produire, 365. — Voir Rouets.

Chalant (Frère Hilarion de). Plan des seigneuries appartenant à Saint-Germain-des-Prés, 324 (note).

Chalon-sur-Saône (Diocèse de). Receveur des décimes. Accusé de retenir des deniers dont il n'a pas rendu compte, 224.

Châlons-sur-Marne, 311. — Généralité, 298.

Chalumeau. Dizenier au faubourg Saint-Germain-des-Prés, 9.

Chambiges (Pierre), architecte. Lieutenant de la milice bourgeoise au quartier Saint-Martin, 3 et note.

Chamsses à sel, 363 (note).

Caambres ecclésiastiques. Notice, 335 (note).

Chambrier du chapitre Notre-Dame. Reçoit mission de combattre les projets de Christophe Marie, 219 (note).

Champagne (Généralité de). Sous-fermier du sel, 192. — Contraintes à exercer contre les commis à la recette des deniers des gabelles, 300. — Assignation donnée sur les fermiers des gabelles aux receveurs des rentes sur le sel, 301, 305-306. — Demande de contraintes contre les fermiers des gabelles, 341. — Intendant de l'armée de Champagne. Voir Marescot (Guillaume).

Champigny (Jean Bochard de). Séance au Conseil, 251.

Champin (Le sieur). Parti pour le rachat des rentes, 304.

Champion (Thomas). Enseigne de la milice bourgeoise au faubourg Saint-Germain-des-Prés, 9 et note.

Champregnault (Le sieur de), marchand de grains. Enseigne de la milice bourgeoise au quartier Saint-Gervais, 11.

Champrond (Le président de), capitaine et colonel de la milice bourgeoise au quartier Saint-Gervais, 11 et note. — Assiste à une assemblée des colonels tenue pour aviser à la sûreté de la Ville, 61, 62 (note). — Délégué des bourgeois de son quartier à l'assemblée de l'Élection, 169.

Champrond le jeune (Le sieur), conseiller au Parlement. Délégué des bourgeois de son quartier aux élections municipales, 21.

Champs (Désir que chacun a d'aller aux) à la fin de l'été. Empêche les Conseillers de Ville de se joindre aux membres du Bureau pour porter à la Chambre des Comptes des remontrances contre l'édit de création de receveurs et payeurs des rentes sur le sel, 286.

Chancelier. Voir Baulart (Nicolas).

Chancellerie. Semonce y est faite pour le service funèbre de la reine d'Espagne, 120.

Chandelier (Le sieur). Enseigne de la milice bourgeoise au quartier Saint-Martin, 3.

Chandelier (Pierre), marchand de vin. Capitaine de la milice bourgeoise au quartier du Sépulcre, 12.

Chandeliers. Doivent déclarer les magasins de bois qu'ils ont faits, 197.

Change (Pont au), 7 (note), 9 (note).

Chanlatte (Le sieur), marchand de bois. Interrogé par le Bureau sur le prix excessif du bois, 75-76.

Chanrron. Voir Champrond.

Chanteclerc (Charles), sieur de Vaux, maître des Requêtes. Capitaine de la milice bourgeoise au faubourg Saint-Germain-des-Prés, 9 et note.

Chanterel, *alias* Chanterelle (Catherine), veuve de Jean Coing. Gardienne des scellés apposés chez son mari, 330-331. — Ne sait signer, 331. — Présente au Conseil du Roi Jean Gobelin, son gendre, comme successeur de Jean Coing pour l'entreprise des travaux des fontaines de Rungis, 331. — Requête adressée au Bureau pour obtenir main levée des scellés apposés chez son mari, 331. — Caution prêtée au Greffe de la Ville pour l'entreprise des travaux de Rungis, 332.

Chantier du Roi, 302 (note).

Chantilly (Forêt de). Fournissait autrefois du bois pour Paris, 76 et note.

Chanvre. Tarif du droit de péage sur l'Armançon, 236; — sur l'Oise, 244; — sur la Vanne, 253.

Chanvrerie (Rue de la), 66. — Hôtel du Premier Président, 72 (note).

Chapeau mi-parti. On y met les bulletins destinés à tirer au sort les noms des bourgeois délégués à l'assemblée électorale, 21, 92, 168, 279. — Sert à recueillir les bulletins de vote pour l'Élection, 22, 93, 170, 281.

Chapelle dédiée à saint Louis projetée dans l'Ile Notre-Dame, 222.

Chapelle (Regard de la). Voir Tour (Regard de la).

Chapelle ardente pour le service funèbre de la reine d'Espagne. La même que celle qui avait servi pour les obsèques de Henri IV, 119.

Chapelle-Saint-Denis (La), localité réunie à Paris, 267.

Chapitre Notre-Dame. Préparatifs de la procession de la Réduction, 68 (note). — Registres du Chapitre, cités, 68 (note); — la relation de la procession de la châsse ed

52.

sainte Geneviève n'y a pas été transcrite, 84 (note). — Rang des chanoines à la procession de la châsse de sainte Geneviève, 85, 86. — Les chanoines sont prévenus de préparer la chapelle ardente pour le service funèbre de la reine d'Espagne, 119. — Somme qui leur est fournie pour cela, 119 et note. — Délibérations relatives à l'aqueduc de Rungis, 190 (note). — Opposition aux projets de Christophe Marie relatifs au pont du port Saint-Paul et à l'île Notre-Dame, 219 (note). — Mission qui est donnée au doyen du chapitre Notre-Dame, au sujet des travaux entrepris dans l'île Notre-Dame 219 (note). — Chanoines. Voir BELOT, DU MESNIL (Arnoud), FOUYN, HUBERT, LABESSÉE, LOISEL (Guillaume), LE ROY (Jean). — Voir NOTRE-DAME (Cloître).

CAAPON ou CHAPPON (Rue), 105, 205 (note), 260, 261.

CHAPPELAIN (Le sieur), notaire. Capitaine de la milice bourgeoise au quartier Saint-Eustache, 12 et note.

CHAPPELAINE (Le baron DE). Voir LARGENTIER (Louis).

CHAPPERON (Marie), femme de Pierre Travers, marchand de bois. Comparaît pour son mari au Bureau de la Ville, 142.

CHARBON. Ordonnances de la Ville pour le prix du bois et charbon, 46, 148, 193-195, 202, 322-323. — Voir Bois. — Police du charbon revendiquée par le Bureau de la Ville, 200. — Tarif du droit de péage sur l'Oise, 244 ; — sur la Vanne, 253. — Voir MESUREURS, PORTEURS.

CHARBONNIERES (Le sieur), secrétaire de la Chambre du Roi. Enseigne de la milice bourgeoise au quartier Sainte-Geneviève, 4, 146 (note).

CHARENTON-LE-PONT (Seine). Papiers de l'asile, cités, 5 (note). — Seigneur. Voir LE BOSSU.

CHARGES MUNICIPALES. Leurs avantages pécuniaires, 164 (note), 165.

CHARGEURS DE BOIS en charrettes. Règlement pour leur salaire, 79, 112, 194. — Office classé parmi les offices en commun, 165.

CHARGEURS ET DÉCHARGEURS DE FARDEAUX et marchandises au port Saint-Paul. Office classé parmi les offices en commun, 165. — La Ville combat la proposition d'en créer quatorze offices au port du Guichet du Louvre, 101-102.

CHARGEURS ET PORTEURS DE CHAUX au port Saint-Paul. Office classé parmi les offices en commun, 165.

CAARLES, infant d'Espagne, 117 (note).

CAARLES VI, roi de France. Lettres relatives au droit de pêche de l'abbaye Saint-Victor dans les fossés de la porte Saint-Victor, 198 et note.

CAARLES IX, roi de France. Ordonne que les compagnies des trois Nombres seront toutes armées de l'arquebuse, 31 (note). — Entrée à Paris, en 1571, 55 et note. — Reconnaît au Bureau de la Ville le droit de faire faire des recherches dans les maisons, 61 (note).

CHARLET, notaire au Châtelet, 248.

CHARLET (Étienne), sieur d'Esbly, conseiller au Parlement. Député des bourgeois de son quartier aux élections municipales, 92 et note. — Notice biographique, 145 (note). — Résignation à survivance de l'office de Procureur du Roi de la Ville que lui fait Pierre Perrot, son beau-père, 145-148 ; — prête serment et est installé, 147, 148 ; — son entrée en exercice de cette charge en 1627 ; il la résigne la même année à Gabriel Payen, 147-148 (note). — Son éloge, 147.

CHARLET (François), conseiller au Parlement de Rennes et au Parlement de Paris, maître des Requêtes de l'Hôtel, 145 (note).

CHARLEVILLE (Ardennes). Transport qui s'y fait des quarts d'écus de France, 310.

CHARLY (Le sieur). Dizenier au quartier Saint-Gervais, 11 et note.

CHARMOLUE (Le sieur), marchand de bois à Compiègne, 76.

CHARRETIERS. Tarif de leurs émoluments pour voiturer le bois, 79, 112, 194.

CHARRIER (Guillaume). Enchères pour le bail des travaux de la porte Saint-Honoré, 104 ; — première adjudication qui lui est en faite, 104.

CHARRON (Alain), maître plombier. Enchères pour l'adjudication de l'entretien des fontaines, 66.

CHARTIES (Le sieur). Voir L'EMPEREUR (Sébastien).

CHARTIER (Charles), sieur des Couldretz. Caution de Nicolas Milon, 363.

CHARTRES (Eure-et-Loir). Réponse que le Bureau adresse aux Échevins de cette ville au sujet de la part que les ecclésiastiques doivent prendre aux gardes de la ville, 10 (note), 98. — Service des gardes que doit fournir la bourgeoisie de Chartres pendant l'assemblée de Saumur, 98 (note). — Curé de Saint-Hilaire, 330. Voir BLANCHARD (Jacques). — Vice-bailli. Voir FONTIS (Jean DE).

CHARTRES (Diocèse de). Procès entre les députés du diocèse et le curé de Saint-Hilaire à propos des décimes, 330. — Dommages supportés de la part des gens de guerre, 330. — Décharges que le Roi accorde aux bénéficiers pour les décimes, 330 (note). — Moyens d'intervention baillés par le Bureau contre les receveurs du diocèse, 341-342. — Assemblée des députés du diocèse chez M. de Châteauneuf, 342.

CHARTREUX (Religieux). Contestation avec la Ville au sujet du legs que le conseiller Le Voys leur a fait de sa maison, sise dans la censive de la Ville, 132 et note, 226. — Réservoir projeté auprès de leur couvent pour les eaux de l'aqueduc de Rungis destinées au Roi, 174, 189.

CHASSE DE SAINTE GENEVIÈVE (Procession de la), 83-86 ; — relations, 84 (note).

CHASSEBRAS DE BRÉAU. Continuation manuscrite des *Généalogies des Maîtres des Requêtes*, citée, 9 (note), 20 (note), 39 (note), 69 (note), 92 (note), 93 (note), 145 (note), 349 (note).

CHASSEBRAS (Le sieur). Dizenier au quartier Saint-Eustache, 12.

CHASSERAT (Louis), voiturier par eau. Ordonnance du Bureau qui lui prescrit de prendre de nouvelles lettres de provision pour la conduite des coches de Melun, 285. — Prononciation de la saisie desdits coches, faute par lui d'avoir satisfait à l'ordonnance qui précède, 285.

CHASTELLAIN (Le sieur). Lieutenant de la milice bourgeoise au quartier Saint-Antoine, 5.

CHÂTAIGNES. Voir MESUREURS.

CHÂTEAU DE MILAN (Le). Enseigne d'un jeu de paume installé autrefois à l'entrée du faubourg Saint-Germain, 108 (note).

CHÂTEAU-DU-LOIR (Sarthe). Grenier à sel, 363.

CHÂTEAU-GONTIER (Mayenne). Grenier à sel, 363.

CHÂTEAUNEUF (Guillaume de l'Aubespine, baron DE), conseiller d'État. Commis pour examiner les plaintes de la Ville contre le Clergé, 29, 30. — Séance au Conseil, 99, 182, 246, 251. — Commissaire du Conseil pour examiner les causes d'opposition de la Ville à la commission de Filacier, 99-100; — assemblée des commissaires en sa maison, 100 et note; — avis favorable à la Ville, 110. — Commissaire du Conseil pour étudier les plaintes de la Ville contre le Clergé, 227, 250; — assemblée des commissaires en sa maison, 227, 250. — Chargé de dresser l'arrêt du Conseil sur les réclamations de la Ville contre le Clergé, 252. — Doit communiquer au Bureau les comptes du Clergé, 252. — Assemblée des députés du diocèse de Chartres tenue chez lui, 342.

CHÂTEAUPOISSY (Le sieur DE), lieutenant de la milice bourgeoise au quartier Saint-Martin. Voir LE PELLETIER (Nicolas).

CHÂTEAU-REGNAULT (Ardennes). Transport qui s'y fait des quarts d'écus de France, 310.

CHÂTEAU-THIERRY (Aisne), 150.

CHÂTEAUVILLAIN (Comte DE). Voir BOUHIER (Vincent).

CHÂTEAUVILLAIN (Comtesse DE). Voir AQUAVIVA.

CHÂTEL-CENSOIR (Yonne), 272.

CHÂTELET (Le Grand), siège de la Prévôté de Paris et de l'Île de France. — Assignation à la police du Châtelet donnée à David Paschal, marchand de vin muscat, 45-46; — à Jean Moreau, 59. — Emprisonnement du lieutenant Cochery, 61; — du crieur Le Duc, 353 (note). — Assignation donnée à la Ville à la requête de Martin Lefebvre, 71 (note); — donnée à Pierre Perrot à la requête de Louis de Vesins et Jacques Le Rahier, 337; — donnée au locataire d'une maison du pont Notre-Dame, 342-343. — Criées d'un jeu de paume saisi sur François Thomas, 108. — Semonce y est faite pour le service funèbre de la reine d'Espagne, 120. — Sentence exemptant Pasquier Le Roy d'une tutelle, en qualité de dizenier, 229. — Le crieur Le Duc ne publie pas devant le Châtelet l'ordonnance relative à la vente des armes, 353 (note). — Procès relatif à la maison de la Marchandise, 371. — Lieutenant civil. Voir LE JAY (Nicolas) et MESMES (Henri DE). — Lieutenant criminel. Voir LALLEMANT (Gabriel). — Lieutenant criminel de robe courte. Voir FORTIS (Jean DE). — Lieutenant particulier. Voir FERRAND (Antoine). — Procureur des causes de la Ville au Châtelet. Voir LE SECQ (Geoffroi). — Voir COMMISSAIRES DU CHÂTELET, POLICE DU CHÂTELET.

CHÂTILLON, commune de Viry-Châtillon (Seine-et-Oise). Service de bateaux pour Paris, 210 (note).

CHÂTILLON-SUR-SEINE (Côte-d'Or), 213 (note).

CHATOU (Seine-et-Oise). Seigneur. Voir LE PILEUS. — Église, 6 (note).

CHAULDRON (Jean). Exercice indû de la charge d'aide de maître du pont de Pout-Sainte-Maxence, 155.

CHAUNY (Aisne). Entreprise pour l'ouverture de l'Oise à la navigation entre Chauny et Erloy, 242-246. — Travaux pour faire disparaître les obstacles à la navigation entre Chauny et Sempigny, 246 (note). — Mention, 361. — Sa rivière. Voir OISE.

CHAUVEAU (Le sieur), avocat. Lieutenant de la milice bourgeoise au quartier Saint-Séverin, 8.

CHAUVELIN (Le sieur), avocat et bailli de Sainte-Geneviève. Délégué des bourgeois de son quartier aux élections municipales, 21.

CHAUVET (Le sieur), 261.

CHAUVIN, notaire au Châtelet, 39, 40, 143, 144.

CHAUX. Tarif du droit de péage sur l'Oise, 244; — sur la Vanne, 253. — Voir CHARGEURS, MESUREURS.

CHAVENAS (Le sieur). Capitaine de la milice bourgeoise au quartier du Saint-Esprit, 14 et note.

CHAVENAUT (Le sieur). Voir CHAVENAS.

CHAVENNE (Le sieur), ancien dizenier au quartier Sainte-Geneviève, 4.

CHAVILLE (Le sieur DE). Voir TELLIER (Charles).

CHECY (Le sieur DE). Voir FOURCY (Jean de).

CAELLES (Seine-et-Marne), 312 (note), 313. — Maison possédée par Jean Coulon et Barbe Lequeulx, sa femme, 67.

CHEMINÉE de la grande salle. Voir HÔTEL DE VILLE.

CHENNEVIÈRES (Seine-et-Oise). Son port, 63 et note.

CHENY (Yonne), 233 et note, 236.

CHERMONT (Le sieur). Enseigne de la milice bourgeoise au quartier du Sépulcre, 13.

CHERON (Le sieur). Dizenier au quartier Notre-Dame, 10.

CHESNART (Le sieur), marchand. Délégué des bourgeois de son quartier à une assemblée générale de la Ville, 56. — Candidat à l'Échevinage, 171.

CHESNART (Le sieur DU). Voir PERROT (Jean).

CHESNEAU (Le sieur). Capitaine de la milice bourgeoise au quartier Saint-Martin, 3 et note. — Candidat à l'Échevinage, 95.

CHESSY (Le sieur DE). Voir FOURCY (Jean de).

CHEVALIER (Le sieur), conseiller au Parlement. Assiste à une assemblée tenue pour délibérer sur le projet de pont au port Saint-Paul, 203.

CHEVALIER (Nicolas), premier président à la Cour des Aides. Capitaine et colonel de la milice bourgeoise au quartier des Innocents, 7, 72 (note). — Assiste à une assemblée des colonels tenue pour aviser à la sûreté de la Ville, 61. — Le Roi soupe chez lui à Gentilly, 269 (note).

CHEVALIER DU GUET. Voir TESTU (Louis).

CHEVALLIER (Le sieur), conseiller. Délégué des bourgeois de son quartier aux élections municipales, 21.

CHEVAU-LÉGERS du Roi (Compagnie des). Marche devant le Roi à son entrée à Paris, au retour du sacre, 42.

CHEVAUX. Ordonnance du Bureau en interdisant la vente sans autorisation du Gouverneur ou du Bureau, 352, 353. — Fourniture de chevaux faite pendant la Ligue. Voir VERSOIGNE. — Voir COURTIERS.

CHEVILLY (Seine). Maison d'Antoine Loisel, 89 (note).

CHEVREUSE (Duc DE). Voir LORRAINE (Claude DE).

CHEVAY (Seigneur DE). Voir DURET.

CHICHEREY (Le sieur de). Voir POTIER.

CHIFFONS à faire papier. Tarif du droit de péage sur l'Oise, 245; — sur la Vanne, 255.
CAINON (Indre-et-Loire), 363.
CIRURGIENS. Instruits par Séverin Pineau dans l'art de l'opération de la pierre, 111. — Voir MÉDECINS ET CHIRURGIENS.
CHOULLY (Claude DE), ancien Quartenier du quartier Saint-Gervais, 11 (note).
CHOISEUL (Charles DE), marquis de Praslin, chevalier du Saint-Esprit. Son rang au service funèbre de la reine d'Espagne, 121 et note.
CHOISIN (Le sieur). Dizenier au quartier du Sépulcre, 13.
CHOLET (Maine-et-Loire). Grenier à sel, 363.
CHOMALUS (Étienne), procureur des Prévôt des Marchauds et Échevins de la Ville de Paris. Signification lui est faite de la réponse de Louis Massuau aux causes d'opposition de la Ville, 107-108.
CHOSNEAU (Le sieur). Voir CHESNEAU.
CIDRE. Tarif du droit de péage sur l'Oise, 243; — sur la Vanne, 253. — Défense est faite aux marchands de cidre de le vendre en chemin, avant de l'avoir apporté à la Grève, 298.
CINQ-DIAMANTS (Rue des), 69 (note). — Maison de Nicolas Lescalopier, 238, 239 (note).
CINQUANTENIERS ou Cinquantiniers. Chargés de convoquer les assemblées préparatoires à l'assemblée électorale, 19, 91, 162, 278, 376. — Figurent dans le cortège qui va au-devant du Roi à son retour du sacre, 42. — Exemptés de contribuer aux frais imposés aux gens de métier à l'occasion de l'entrée de la Reine, 67. — Recherches faites dans les maisons, 76. — Chargés de notifier aux bourgeois le règlement sur la vente du bois, 113, 195. — Doivent en principe habiter le quartier où ils remplissent leurs fonctions, 280 (note). — Doivent être avertis de ne pas répondre au Lieutenant civil et aux commissaires au Châtelet pour ce qui regarde la sûreté de la Ville, 335. — Renseignements sur leurs nomination, sur l'obligation où il sont d'habiter dans le quartier et sur les garanties exigées d'eux après l'entrée de Henri IV à Paris, 376 (note).
CIRE. Tarif du droit de péage sur l'Oise, 244; — sur la Vanne, 253.
CLAMART (Seine). Maison de Jean Perrot, 169 (note).
CLAMECY (Nièvre), 272 (note).
CLAPPISSON (Charles), conseiller au Châtelet, Échevin. Candidat à l'Échevinage, 23, 95, 171. — Élu Échevin, prête serment, 281, 282; — mis en possession de sa charge, 282. — Signification lui est faite d'un arrêt du Conseil (désigné là sous le prénom de Pierre), 283. — Présent à des assemblées du Conseil de la Ville, 292, 294, 303, 317, 321, 336, 339, 366, 369, 372, 380. — Assiste à une réunion du Bureau, 349. — Signe une ordonnance du Bureau, 353 (note). — Rapport sur une manifestation tumultueuse provoquée par une exécution en place de Grève, 367 (note), 368 (note).
CLAVIER, sergent de la Ville. Signification d'une sentence du Bureau de la Ville, 44.
CLÉMENT (Saint). Sa châsse portée en procession par les chanoines de Saint-Marcel, 83 (note).

CLÉMENT (François), étudiant en l'Université de Paris. Reçu à l'office de Greffier de la Ville, en survivance de son père Guillaume, 52-53. — Si son père mourait avant qu'il fût en âge d'exercer l'office, celui-ci serait confié à un commis provisoire, 53, 57, 58; — prête serment, 53; — assemblée générale de la Ville pour son installation, 55-58; — ses provisions, 57-58.
CLÉMENT (Guillaume). Greffier de la Ville et concierge de l'Hôtel de Ville. — Son rôle aux élections municipales : rédige les billets destinés à tirer au sort les bourgeois délégués à l'assemblée électorale, 21; — lit à l'assemblée électorale les ordonnances concernant l'élection, 22, 93, 169, 280; — rédige, avec les scrutateurs, le scrutin de l'élection, 170, 281; — porte au Louvre les ordonnances de la Ville pour la prestation de serment des nouveaux Prévôt des Marchauds et Échevins, 23, 95, 171; — tient le tableau juratoire sur les genoux du Roi pour le serment des nouveaux élus, 94, 171; — le lui présente, 281. — Signe la minute de la notification faite au Bureau de la sommation de Nicolas Largentier, 27. — Assiste le Prévôt des Marchands et les Échevins dans une démarche auprès du Conseil du Roi, 29. — Chargé d'accompagner l'Échevin Thevenot pour l'apposition des scellés chez Nicolas Largentier, 32. — Député à Reims auprès du Roi pour porter les plaintes du Bureau contre l'entreprise des Trésoriers de France au sujet du curage des égouts, 35-37; — visite au Chancelier et à M. de Lomenie, 36. — Son fils François est reçu à la survivance de son office de Greffier de la Ville, 52-53. — Requête qu'il présente au Conseil à ce sujet, 52-53, 57; — installation de son fils, 55-58. — Témoignage que lui rend Pierre Perrot sur la fidélité avec laquelle il exerce sa charge, 53. — Rang et costume à la procession de la Réduction, 68, 134, 240; — à la cérémonie de la messe de la Réduction, 71, 140, 242; — à la procession de la châsse de sainte Geneviève, 84; 85; — au service funèbre de la reine d'Espage, 118. — Collation de pièces, 96. — Accompagne Messieurs de la Ville au Conseil du Roi pour la présentation des remontrances, 99. — Député avec trois Échevins vers la Chambre des Comptes pour présenter les remontrances de la Ville contre l'enregistrement de la commission de Jean Filacier, 110. — Doit envoyer aux Quartiers des copies imprimées du règlement sur le bois, 113. — Chargé de collationner sur les anciens les nouveaux registres concernant le payement des rentes sur le sel, 124. — Assiste à l'information faite sur le projet de construire des maisons le long des quais qui partent du pont Neuf, 127. — Commis à la garde du buffet d'argent conservé à l'Hôtel de Ville, 131, 229-230, 329; — la Chambre des Comptes veut qu'il garde une des clefs du coffre-fort où sera conservé ce buffet, 131 (note), 329; — le Bureau demandera à la Chambre des Comptes que la garde du buffet d'argent lui soit confiée, 329; — il s'en est chargé par inventaire, 329. — Recherche du bois étant sur les ports de la Marne, 142. — Lit à l'assemblée générale la requête de Pierre Perrot demandant à résigner à survivance son office de Procureur du

Roi de la Ville, 146-147. — Déclaration par laquelle il refuse de délivrer à François Guérin et Antoine Hervé les extraits des amendes et confiscations adjugées à l'Hôtel de Ville et remontre, au nom des Prévôt des Marchands et Échevins, que le produit de ces amendes appartenant par moitié à la Ville et au Roi, personne n'y peut rien prétendre, 149. — Assiste à l'enquête sur la commodité ou incommodité du pont Marie, 152. — Signe et clôture le registre du Bureau de la Ville, 164, 383. — Mémoire sur les offices à la nomination de la Ville, 164-165. — Signe les offres de la Ville pour l'entreprise des ouvrages de l'aqueduc des eaux de Rungis, 177. — Signature d'une requête de la Ville, 178; — d'un règlement municipal, 195; — d'ordonnances du Bureau, 197, 202; — d'une signification du Bureau, 198. — Doit envoyer aux Quartiniers des copies collationnées du règlement sur le bois, 195. — Accompagne le Prévôt des Marchands au Conseil du Roi, 227. — Envoyé par le Bureau en Bourgogne afin de pourvoir aux désastres causés par une inondation, 271-273; — relation de ce voyage, 272 (note). — Doit assister, à défaut d'un Échevin, à la remise à Philippe de Gondi des deniers provenant de la vente du sel au grenier de Paris, 282. — Dressera la liste des quittances déchargées à cause des rentes sur le sel que les porteurs présenteront au Bureau, 284. — Collation de lettres patentes, 286; — d'une copie d'arrêt du Conseil, 304; — de la copie d'un état dressé au Conseil du Roi, 306. — Dressera une feuille pour le payement des quittances de rentes sur le sel présentées en retard 307. — Visite de l'emplacement du pont de Gournay pour en fixer l'alignement, 311-313. — Assiste à la visite de l'emplacement à choisir pour le pont de Gournay, 313. — Assiste à l'apposition des scellés en la maison de Jean Coing, 330. — Signe l'avis du Bureau inscrit sur la requête des syndics et députés du diocèse de Périgueux, 335. — Ordonnance de Gilles de Maupeou portant que lui sera communiqué l'arrêt du Conseil relatif à la représentation des registres des receveurs et payeurs des rentes, et lui faisant injonction de communiquer les registres de Philippe de Gondi, 338. — Signification lui est faite de cette ordonnance, 338. — Accompagne les membres du Bureau chez le Gouverneur, 353. — Procède à la levée des scellés mis sur les quittances des payements faits par P. de Gondi sur les rentes du sel et à leur inventaire, 362. — Assistera à la visite des maisons du pont Notre-Dame, 364. — Signe les mémoires présentés par François du Noyer sur la navigation des Indes, 382. — Son jeton comme Greffier de la Ville, 383 (note).

CLERCELLIER (Pierre), marchand de bois. Condamné à une amende, 202 (note).

CLERGÉ. Contrat passé avec le Roi pour les rentes assignées sur le Clergé, 25, 26, 28, 29, 50, 149, 201, 246, 250, 256, 342. — Dans les levées sur le Clergé les possesseurs laïques de bénéfices payent moins bien que les ecclésiastiques, 51. — Contrat passé avec Castille pour l'emploi des revenant bon de la levée sur le Clergé, 52. — Arrêt du Conseil prescrivant à François de Castille le payement de 300,000 livres que le Clergé s'est engagé à fournir au Roi, 135; — signification que François de Castille fait de cet arrêt à Messieurs du Clergé, 136. — Refuse d'allouer à Fr. de Castille les deniers payés sur le parti des rentes rachetées, 180. — Plainte sur l'insuffisance des deniers baillés pour le payement des rentes, 185. — Plainte du Prévôt des Marchands au Conseil sur le mauvais payement des rentes, 227, 250. — Ses délégués le défendent contre la Ville devant une commission du Conseil et discutent avec les Prévôt des Marchands et Échevins, 227, 250. — Une députation défend devant le Conseil du Roi la manière dont le Clergé paye les rentes, 246. — Plaintes portées au Conseil du Roi par Messieurs de la Ville au sujet du payement des rentes du Clergé, 246 (note). — Décharges accordées aux cardinaux et à des bénéficiers, 247, 251. — Le Prévôt des Marchands l'accuse de ne pas payer complètement les rentes chaque année dans l'espoir d'obtenir une décharge à la fin du contrat, 251. — La Ville proteste de se pourvoir contre ceux qui recevraient indûment les deniers du Clergé destinés au payement des rentes, 252. — Ses comptes doivent être communiqués au Bureau de la Ville, 252; — arrêt du Conseil portant qu'ils seront communiqués à des commissaires nommés par le Roi, 257. — Receveur général du Clergé. Voir CASTILLE. — Rentes rachetées. Voir DENYELE. — Voir AGENTS GÉNÉRAUX DU CLERGÉ, ASSEMBLÉES DU CLERGÉ, DÉCIMES, RENTES DE L'HÔTEL DE VILLE, TRÉSORIERS PROVINCIAUX.

CLERMONT D'ENTRAIGUES (Comte de). Voir BALSAC (Henri de).

CLÈVES ("Voyage" de). Rassemblement de gens de guerre en raison du projet de cette expédition, 28 (note).

CLIGNET (Marie), femme de Mathurin Bertrand, marchand de bois. Comparaît pour son mari au Bureau de la Ville, 142.

CLIGNET (Nicolas), marchand de bois. Mandé au Bureau de la Ville, 142.

CLINQUANT d'or ou d'argent. Tarif du droit de péage sur l'Oise, 244; — sur la Vanne, 253.

CLOCHETTES des jurés crieurs, 117, 119.

CLOPIN (Rue), 204 (note).

CLOUZOT (Étienne). *Les inondations à Paris du VIe au XIe siècle*, article cité, 271 (note).

COCHART (Le sieur). Candidat à l'Échevinage, 171.

COCHE D'EAU. Entre Joigny et Paris, 295-297, 298 (note). — De Melun et de Corbeil, 295. Voir CORBILLAC. — De Sens, 296 (note). — Développement de l'organisation des coches d'eau, 210 (note). — Voir BRIENON SUR-ARMANÇON, HÉRICY.

COCHERY (Nicolas). Lieutenant de la milice bourgeoise au quartier Saint-Jacques-de-l'Hôpital, 11. — Le Lieutenant civil veut le faire emprisonner, 11 (note).

COCHON (Jean). Dizenier au quartier Saint-Séverin, 8.

COCQUELAY (Le sieur). Député des bourgeois de son quartier aux élections municipales, 92.

COCQUET (Le sieur). Capitaine de la milice bourgeoise au quartier Saint-Eustache, 12.

CŒUVRES (François-Annibal d'Estrées, marquis DE). Victime d'un guet-apens, 13 (note).

Coffinet (Le citoyen), inspecteur des travaux de la Ville en l'an II, 177 (note).

Coiffies (Martial), cuisinier de la Ville. Chargé de préparer un festin pour la visite du Roi à Rungis, 267, 268.

Coing (Charlotte), femme de Jean Gobelin. Gardienne des scellés apposés chez son père, 330-331. — Ne sait signer, 331.

Coing (Jean), maître maçon. Prend à bail l'entreprise de l'aqueduc de Rungis, 187 (note), 205 et note, 207, 216. — Avait été consulté pour la rédaction du devis, 191. — Assignations qui lui sont données par les Trésoriers de France au sujet de l'exécution de ces travaux, 205-206 (note). — Convoqué par le Bureau pour procéder aux alignements, 207; — Caution qu'il doit bailler en remplacement de Jonas Robelin, 298. — Arrêt du Conseil relatif aux sommes qui lui sont assignées pour les travaux de Rungis, 330-331 (note). — Scellés mis en sa demeure après son décès, 330-331.

Coing de Rome (Le), enseigne de la rue Au Maire, 260.

Collard (Jacques), 350 (note). — Voir Collas.

Collas (Jacques), *alias* Collard, capitaine du charroi de l'artillerie. Débouté d'une réclamation faite à la Ville en payement de chevaux fournis pendant la Ligue, 347, 350.

Colle forte. Tarif du droit de péage sur l'Oise, 243; — sur la Vanne, 253.

Collecteur des tailles. Charge incompatible avec celle de maître de pont, 62. — Mathieu Blanchard prétend en être exempt en qualité de maître des ponts de Montercan, 229.

Collection des Procès-Verbaux du Clergé, citée, 25 (note), 149 (note), 162 (note).

Collège royal. Installation au collège de Cambrai, 222 et note. — Programme de l'enseignement dans la chaire de La Ramée, 228 (note).

Collèges. Voir Boncourt, Navarre.

Colletet (Jacques), religieux de Saint-Denis. Chargé de porter à Reims les ornements royaux pour le sacre, 38 (note).

Collin (Remi), juré du Roi en l'office de maçonnerie. Consulté pour la rédaction du devis de l'aqueduc des eaux de Rungis, 175, 176, 191.

Collo (Antoine), associé de Jean Coing pour l'aqueduc des eaux de Rungis. Assignations qui lui sont données au sujet de l'exécution de ces travaux, 205-206 (note). — Procès avec Martin Gallé au sujet des indemnités réclamées par celui-ci, 332 (note).

Collot (Étienne), Quartenier au quartier Saint-Gervais. Rôle de la milice bourgeoise de son quartier, 11-12. — Présent aux élections municipales, 20, 21, 91, 92; — à des assemblées générales de la Ville, 56, 114. — Remplacé comme Quartenier par Denis de Saint-Genis, 146 (note).

Colonels de la milice bourgeoise. Convoqués au Louvre pour prêter serment, 1; — leur rôle, 1-15. — Chargés de la visite des maisons, 1 (note). — Mandement qui leur est adressé par le Bureau pour faire faire la visite des maisons et l'inspection des armes et envoyer au Bureau les rôles des compagnies, 17, 19. — Convoqués au Bureau de la Ville, 17. — Reçoivent mandement d'envoyer au Bureau les rôles de leurs compagnies, 24. — Mandement qui leur est adressé pour faire faire par les capitaines une revue de leurs compagnies, 59-60. — Assemblée tenue au Bureau pour aviser à la sûreté de la Ville, 61-62; — félicités de la part de la Reine pour leur zèle, avec invitation à se tenir toujours sur leurs gardes, 62. — Copie leur est envoyée de l'arrêt du Conseil consacrant les droits de la Ville au sujet des recherches dans les maisons, 81. — Mandement leur est adressé d'envoyer les noms des officiers de la milice qui sont morts ou ont changé de quartier, 87-88. — Reçoivent mandement de faire faire la recherche des étrangers et la revue des armes des bourgeois, 122; — d'adresser le procès-verbal de cette recherche au Bureau, 123; — de faire faire dorénavant cette recherche tous les huit jours, 125. — Convoqués au Bureau pour délibérer au sujet de la sûreté de la Ville, 365 (note). — Mandement qui leur est adressé pour prendre les mesures décidées dans cette assemblée afin de mettre les bourgeois en état de résister à main armée aux violences qui pourraient se commettre dans leurs quartiers, 365; — nouveau mandement sur le même objet, 367. — Mandement qui leur est adressé pour faire faire des recherches dans les hôtelleries, 366. — Voir Champrond (Président de), Chevalier (Nicolas), Duret (Charles), Feuillet, Forget, Fournier, Grieux (Gaston de), La Guesle (Jacques de), Langlois (Martin), Le Rouillé, Miron, Pageot, Palluau, Perrot (Jean), Potier (Nicolas), Sanguin (Jacques).

Comartin (Le sieur de). Délégué des bourgeois de son quartier aux élections municipales, 21.

Cominges (Le sieur de), procureur. Enseigne de la milice bourgeoise au quartier Saint-Martin, 3.

Commissaires au Châtelet. Leur compétence pour les recherches à faire dans les maisons, 60, 61 (note). — Le Lieutenant civil ordonne que ce soit seulement à eux que les hôteliers remettent la liste de leurs hôtes, 76, 77 et note — Le Bureau réclame que défense leur soit faite de s'entremettre de la police du bois et charbon, 200, — Entreprises sur l'autorité de la Ville, 335. — Voir Canto, La Vigne, Le Normant (Hector).

Committimus aux Requêtes du Palais accordé aux Conseillers de la Ville, 23 (note).

Compan (Le sieur), drapier. Enseigne de la milice bourgeoise au quartier Saint-Jacques-la-Boucherie, 8.

Comperot (Chrétien). Proposé par Pierre Bizet pour le contrôle de la recette des deniers destinés aux fondations dont il donne le plan, 223.

Compiègne (Oise), 127. — Marchands de bois, 72 (note). — Forêt : vente des coupes de bois, 75-76; — épuisement de ses bois, 142. — Voir Cuise (Forêt de). — Prix du halage d'un bateau de Compiègne à Paris, 76. — Un sergent y est envoyé pour hâter la venue des bâteaux chargés de bois, 80. — Grenier à sel. Contraintes à exercer contre le sous-fermier, 300. Voir Billy (Le sieur de). — Voir Saint-Corneille. — Port. Voir Compteurs de bois.

Complainte du Facquin du Parc royal, citée, 138 (note).

COMPTES (Chambre des) de Paris. — Démarches faites auprès d'elle par N. Largentier au sujet du cautionnement de Jean de Moisset, 26. — N'a pas vérifié le parti accordé à Denyele pour amortissement de rentes, 26, 28, 51; — opposition qu'y fait la Ville, 30; — la Chambre refuse de le vérifier, 90, 101. — Messieurs de la Chambre assistent au *Te Deum* chanté à Notre-Dame à l'occasion du sacre, 39; — à la messe de la Réduction, 71, 140, 242; — ils y sont convoqués par deux des Échevins, 71, 140. — Opposition de la Ville à la vérification de partis préjudiciables aux rentes de la Ville, 47; — à la réception de Louis Massuau comme receveur général des bois de l'Ile de France, 47-48. — Plumitif, cité, 47 (note), 48 (note). — Vérification de la dépense de l'entrée de la Reine, 55. — Réception des titulaires à l'office de receveur et payeur des rentes sur le Clergé et recettes générales, 62 (note), 70 (note). — Communique au Bureau le bail général des gabelles, 68, 69; — avis que lui donne le Bureau, 70. — Le privilège des Conseillers de Ville pour l'exemption des droits de gabelle y est vérifié, 70. — Mémorial. Relation de la procession de la châsse de sainte Geneviève, 84 (note). — Rang de Messieurs de la Chambre à la procession de la châsse de sainte Geneviève, 85. — Communique à la Ville le nouveau bail général des aides, 86, 87 : — conditions que la Ville lui demande d'imposer pour la vérification de ce bail, 87. — Communique au Bureau de la Ville les lettres de commission accordées à Filacier pour recevoir les deniers provenant des rentes rachetées. 89-90. — Mande le Bureau de la Ville à propos des propositions du partisan Levassor pour le quatrième quartier des rentes sur les aides, 90 (note). — Oppositions qui lui sont présentées contre la vérification de la commission du 22 février 1611 obtenue par Jean Filacier pour la recette des deniers des rentes éteintes par rachat ou autrement, 96-97, 99 : — protestations de la Ville portées devant elle contre cette commission, 114; — la Chambre est sollicitée de la part de la Reine d'enregistrer ladite commission, 114; — la Reine fait appeler le premier Président pour lui notifier la révocation de la commission de Jean Filacier, 115 (note). — Communique les lettres du Roi portant suspension des droits de douane, 98. — Ordonnance rendue sur requête de Jean Massuau pour mettre le Bureau de la Ville en demeure de présenter ses causes d'opposition à la réception de Massuau en l'office de receveur général des bois en la généralité de Paris, 105-106. — Causes d'opposition présentées par la Ville et réponse de Massuau, 106-108. — Semonce faite à Messieurs de la Chambre des Comptes pour le service funèbre de la reine d'Espagne, 119; — leur rang, 121; — relation que le Cérémonial de la Chambre donne du service funèbre de la reine d'Espagne, 119 (note). — Vérification du bail général des gabelles, 125. — Refuse d'allouer à Claude Lestourneau, dans l'examen de son compte, les sommes consacrées à l'acquisition du buffet d'argent que la Ville devait offrir à la Reine, et ordonne que la valeur de ce présent serve à acquitter les dettes de la Ville, 131; — requête que lui adresse le Bureau de la Ville pour qu'elle approuve la résolution de le conserver à l'Hôtel de Ville, 131; — arrêt rendu sur cette requête de la Ville, 131-132 (note); — résumé de cet arrêt et efforts tentés par le Bureau pour le faire modifier, 229-230; — signification au Bureau de cet arrêt par les soins de Claude Lestourneau, 328-329. — conclusions du Procureur général de la Chambre au sujet du buffet d'argent de la Ville, 329. — Vacances pendant le temps des réjouissances célébrées à l'occasion des futurs mariages entre les princes et princesses des maisons de France et d'Espagne, 137 (note). — Opposition du Bureau de la Ville à l'entérinement des lettres du Roi accordant à la veuve de Robert Mesnard et à ses enfants le droit de loger dans la tour du Bois, 148-149. — Compte que le Receveur de la Ville lui rend, tous les deux ans, des amendes adjugées à l'Hôtel de Ville, 149. — Vérification d'un don fait par le Roi à Jacques Sanguin, 161 (note). — Claude Mérault sert d'intermédiaire entre elle et le Bureau de la Ville, 171 (note). — Causes d'opposition présentées par le Bureau contre la vérification des lettres de commission obtenues le 20 mars 1612 par Jean Filacier au sujet des rentes rachetées, avec arrêts rendus par la Chambre et requête à elle présentée par la Ville, 178-180, 197; — le Procureur général est d'avis que les documents communiqués à la Ville lui soient en original, 178 (note); — signification lui est faite d'une requête de la Ville, 178. — Ordonne que la commission de Jean Filacier soit communiquée à la Ville en original et non en copie, 178 (note); — ordonnance sur une requête présentée par le Bureau afin d'obtenir délai pour présenter ses causes d'opposition à l'enregistrement de la commission de Filacier, 200 (note); — opposition du Bureau à la vérification de la commission de Filacier, 211. — Titre sans valeur pour n'y avoir pas été enregistré, 200. — On y doit porter les contrats d'acquisition de terres achetées pour l'aqueduc des eaux de Rungis, 206. — Vérification des lettres du Roi relatives au payement du professeur occupant la chaire fondée par Pierre de La Ramée, 228. — Le Bureau de la Ville, au bout de trente ans, sera tenu de l'avertir de la suppression des droits de navigation, 236, 243. — Lettres patentes lui ordonnant d'allouer, dans les comptes des dons et octrois de la Ville, la dépense faite pour la pose par le Roi de la première pierre des fontaines de Rungis, 285-286. — Remontrances de la Ville contre la vérification de l'édit portant création de deux offices de receveurs et payeurs des rentes sur le sel, 286-290, 303; — arrêt par lequel la Chambre avait communiqué cet édit au Bureau, 291, 303; — lettres de jussion qui lui sont adressées pour l'enregistrement de cet édit, 292, 294, 295, 303-304; — arrêt rendu sur les lettres itératives de jussion que le Roi lui a adressées pour l'enregistrement de cet édit, 293, 295, 303; — arrêt renvoyant le Bureau devant le Roi pour les remontrances contre l'édit de création des receveurs des rentes du sel, 301. — Les receveurs et payeurs des rentes sur le sel lui rendront compte du maniement de leur charge, 290, 301. — A la diligence du Procureur général extrait sera fait des rachats de rentes portés dans les comptes des commis à la recette des deniers du parisis et revente du domaine, pour en être donné communication au Bureau de la Ville, 3oo, 3o4. — Apposition de scellés sur le logis de Jean de Moisset, 3o5 (note). — Jean de Moisset lui rendra compte de l'exécution de la commission pour le payement des rentes sur le sel, 3o7. — Vérification de l'édit de création d'offices de receveurs provinciaux et payeurs des rentes sur les recettes générales, 3a6. — Greniers à sel de son ressort, 337. — Arrêt pour les payements à faire par les fermiers des gabelles, 337, 346, 359. — Conclusions du Procureur général, 343, 344, 345. — Enregistrement de l'arrêt du Conseil du Roi donnant assignation à la Ville sur les deniers de l'Épargne, 343. — Enregistrement de l'arrêt du Conseil réglant l'ordre des payements à faire par Pierre Payen et Jean de Moisset sur les rentes du sel, et des lettres du Roi rendues conformément à cet arrêt, 343-345. — Les receveurs des rentes du Clergé se déclarent prêts à vider leurs mains des deniers provenant des rentes dont les arrérages sont négligés pourvu que cela soit prononcé par arrêt du Conseil vérifié en la Chambre des Comptes, 366, 367. — Députation vers le Roi et la Reine lors de leur départ pour le Poitou, 369 (note). — Plaintes formulées par le Bureau de la Ville et l'assemblée chargée de préparer le cahier des États généraux contre le retard apporté à l'apposition des états finaux sur les comptes des receveurs des rentes, 374 et note; — ce retard est imputable à la négligence des auditeurs, 374 (note); — mesures proposées par le Procureur général pour faire cesser la négligence que les auditeurs apportent à la revision des comptes des receveurs des rentes, 374 (note). — Plumitif : extrait, 374 (note). — Mémoire que lui présente le Bureau pour le règlement de l'ordre dans lequel doit être fait le payement des rentes, 373-374. — Premier Président. Voir Nicolaï (Jean de). — Présidents. Voir Bailly (Charles), Duret (Charles), L'Aubespine (Claude de), Lullier (Nicolas), Tambonneau (Michel). — Conseillers maîtres. Voir Amelot, Aubery (Claude), Barthélemy (Antoine), Briçonnet (François), Cerisiers, Gastines (Louis Le Bigot, sʳ de), Hesselin (Louis), La Martinière, Le Feron (Nicolas), Le Grand (Jean), Le Picart (Jean), Lescuyer (Jean), Machault (Louis), Martin (Guillaume), Phelippes (Henri), Rouillard (Nicolas), Vyon. — Correcteurs. Voir Caen (Guillaume de), Cattin, Lambert (Louis), Le Hodieq, Verton (Pierre de). — Auditeurs. Voir Fontaine (Sébastien), Geslain (Mathurin), Guillemin (Jean), La Haye (Hilaire de), Lamy (Antoine), Lebrun (Denis), Mérault, Paris (Nicolas de), Pasquier (Guy), Poncet, Tellier (Nicolas). — Procureur général. Voir Dreux. — Procureur du Roi. Voir L'Huillier (Jérôme). — Greffier. Voir Bourlon, Danès (Adrien et Robert). — Voir Cours souveraines.

Comptes (Chambres des) de province. Comptes que rendra devant elles Mathurin Geslain selon ses propositions pour le rachat de rentes, 316, 317. — Projet de création de receveurs provinciaux et payeurs des rentes sur les recettes générales, 326.

Compteurs de bois sur les ports de Compiègne et Joigny. Charge classée parmi les offices en commun, 165.

Concierge de l'Hôtel de Ville. Taxe qui lui est faite pour le gouvernement de l'horloge, 163. — L'office de concierge de l'Hôtel de ville et garde de l'étape au vin, classé parmi les offices en commun, 165. — Voir Clément (Guillaume).

Conciergerie (Prison de la). Du Croq y est prisonnier, 326 (note).

Concile (Le). Voir Trents (Concile de).

Concini (Concino). Créé marquis d'Ancre, 211 (note). — Muraille élevée devant une maison qui lui a été concédée, 229 (note). — Pratiques magiques attribuées au duc de Bellegarde contre lui, 3o5 (note).

Concini (Les). Mission de G. Marescot en Italie pour rechercher leur généalogie, 69 (note).

Condé (Henri II de Bourbon, prince de), 36. — Les bourgeois lui présentent une requête qu'ils adressent au Roi à propos du mauvais payement des rentes, 44. — Porte le grand deuil au service funèbre de la reine d'Espagne, 117 (note); — son rang, 121; — va à l'offrande, 121. — Séance au Conseil du Roi, 176, 177, 182, 227. — Le Prévôt des Marchands lui baille les offres de la Ville pour l'entreprise des travaux de l'aqueduc des eaux de Rungis, 177. — Réponse faite au Prévôt des Marchands au sujet du cautionnement des sieurs Barbin pour Thomas Robin, 183. — Séance du Conseil où il est décidé de lui délivrer Amboise, 359 (note). — Troubles suscités en Poitou et en Bretagne, 369 (note).

Conférence (Porte de la), 48 (note).

Confirmation (Droit de). N'est pas applicable aux jurés crieurs de vins, ni aux autres officiers de la Ville, 134-135, 139-140, 210, 218.

Confitures. Offertes en présent par la Ville à Raoul Boutrays, 59; — à l'ambassadeur d'Espagne, 163. — Voir Présents de la Ville.

Conflans, commune de Charenton-le-Pont (Seine). Château, 354 (note).

Congrégation (Prêtres de la). Voir Oratoire (Religieux de l').

Connétable (Le). Voir Montmorency (Henri duc de).

Connétablie (Juridiction de la). Voir Table de marbre.

Conserans (Grand archidiacre, vicaire général et official de). Voir Behety (Pierre).

Conseil d'État ou Conseil du Roi. *Arrêts dont le texte est reproduit dans les registres du Bureau* : (17 septembre 1609.) Arrêt autorisant Charles de Loménie à établir un coche d'eau entre Joigny et Paris, 295. — (30 avril 1611.) Arrêt autorisant la Municipalité à faire faire des recherches dans les maisons en ce qui touche la sûreté de la Ville, 61 (note), 77, 96; — copie en est envoyée aux colonels et aux Quarteniers, 81 et note; — le Bureau de la Ville en envoie le texte à la municipalité d'Orléans, 159. — (13-27 août 1611.) Arrêts concernant la commission délivrée à Filacier le 22 février 1611 pour les deniers des rentes éteintes par rachat ou autrement et évoquant au Conseil les causes d'opposition contre cette commission, 96-97; — remontrances que lui présente le Bureau de la Ville à ce sujet, 98-101. — (20 août 1611.) Ordonnance rendue sur la requête du président Jeannin pour faire informer sur la construction de maisons le long des quais qui partent du pont Neuf, 96. — (20 décembre 1611.) Autre ordonnance pour obtenir l'avis des Prévôt des Marchands et Échevins, 126-127.— (24 janvier 1612.) Arrêt décidant que pendant la suspension du droit de douane les marchandises des marchands grossiers, merciers et joailliers seront soumises à la visite des fermiers de la traite foraine au bureau desdits marchands, rue Quincampoix, 125-126. — (17 mars 1612.) Arrêt portant que François de Castille doit payer à l'Épargne, au nom du Clergé, la somme de trois cent mille livres, 135-136. — (5 juillet 1612.) Ordonnance pour communiquer au Bureau les offres de Joseph Aubry en vue de l'aqueduc des eaux de Rungis, 156, 157. — (4 octobre 1612.) Arrêt du Conseil déchargeant les sieurs Barbin du cautionnement qu'ils ont porté pour Thomas Robin, 191-192, 198. — (13 décembre 1612.) Arrêt portant mainlevée du bois destiné à la provision de Paris, saisi à Rouen, 209. — (5 janvier 1613.) Arrêt portant que le Procureur du Roi de la Ville et les maîtres des ponts ne sont pas soumis au droit de confirmation, 218-219. — (12 janvier 1613.) Arrêt portant règlement pour l'approvisionnement de bois des villes de Paris et de Rouen, 221. — (7 et 16 février 1613.) Arrêts relatifs à la navigation de l'Armançon, 232-234. — (23 mai 1613.) Arrêt portant que le receveur du Clergé payera à la Ville 26,000 livres de plus par an et que les comptes du Clergé seront communiqués à des commissaires nommés par le Roi, 256-257. — (3 août 1613.) Ordonnance prescrivant la saisie des deniers du sel dus à Philippe de Gondi, 274. — (5 août 1613.) Arrêt, rendu sur la requête des marchands de bois flotté, attribuant au Bureau de la Ville la connaissance de tous les procès concernant la recherche du bois dispersé par les inondations de la Cure et de l'Yonne et les indemnités réclamées par les propriétaires des héritages où ce boia a été entraîné, 275. — (17 août 1613.) Ordonnance prescrivant à M° Ragois, commis à la recette du grenier à sel de Paris, de mettre entre les mains de Philippe de Gondi les deniers provenant de la vente du sel, 282. — (22 août 1613.) Arrêt portant défense au Bureau de la Ville de mettre à exécution l'ordonnance par laquelle celui-ci prétend contraindre Claude et Dreux Barbin à faire payer par Philippe de Gondi les arrérages des rentes du sel pour l'année 1609, lesdits Barbin ayant été déchargés de leur cautionnement, 283. — (15 octobre 1613.) Arrêt concernant le payement des rentes sur les recettes générales, 298-299, 304. — (15 octobre 1613.) Arrêt portant que le receveur général du Clergé représentera ses comptes aux commissaires, 299, 303, 304. — (15 octobre 1613.) Arrêt portant que les états des rentes rachetées seront communiqués au Bureau de la Ville afin qu'il puisse veiller à ce que les arrérages n'en soient pas payés indûment, 299-

300, 304. — (15 octobre 1613.) Arrêt portant qu'il sera dressé un état des deniers affectés au payement de ce qui reste dû par Ph. de Gondi sur les rentes du sel, 300, 304, 337, 346, 359. — (15 octobre 1613.) Arrêt portant règlement pour la charge et fonction des receveurs des rentes sur le sel nouvellement créés, 301, 304. — (19 décembre 1613.) Arrêt portant défenses aux receveurs et payeurs des rentes sur les recettes générales de plus payer les arrérages des rentes rachetées par Jacques Féret, 326-327; — signification de cet arrêt à Flamin Fauche, 328. — (19 décembre 1613.) Arrêt portant que Philippe de Gondi et ses cautions seront contraints au payement de la somme de 193,000 livres qu'il doit sur les rentes du sel, 327. — (30 décembre 1613.) Arrêt portant que les receveurs des rentes des quatre natures représenteront au Conseil les doubles de leurs comptes et M° Robert de Louvigny, les parties des rentes rachetées et amorties, pour être le tout vérifié par Gilles Maupeou, 338; — notification de cet arrêt au Greffier de la Ville, 338. — (25 janvier 1614.) Arrêt recevant Jean Gobelin comme directeur de l'entreprise des travaux de Rungis à la place de feu Jean Coing, son beau-père, 331. — (22 février 1614.) Arrêt portant assignation sur les deniers de l'Épargne pour permettre de continuer le payement des rentes du sel, Philippe de Gondi étant insolvable, 336-337, 339, 340, 355; — son enregistrement à la Chambre des Comptes, 343. — (4 mars 1614.) Arrêt réglant l'ordre du payement à faire par Pierre Payen et Jean de Moisset de ce qui reste dû par Philippe de Gondi sur les rentes du sel, et son enregistrement à la Chambre des Comptes, 343-345. — (15 mars 1614.) Ordonnance portant que communication sera faite au Bureau de la Ville d'une requête présentée au Roi par Nicolas Milon, 347. — (17 avril 1614.) Arrêt portant que la procédure commencée sur la diversité des inventaires des payements faits par Philippe de Gondi sera poursuivie; qu'il sera fait plus ample discussion des facultés et moyens proposés par lui; que le compte de Gabriel Du Crocq sera liquidé et que, s'il est reconnu redevable de la somme de 40,980 livres, il sera procédé contre lui comme coupable de péculat, 355-356. — (10 mai 1614.) Arrêt prescrivant qu'il soit fait inventaire des quittances des payements faits par Philippe de Gondi sur les rentes du sel et qu'à cet effet le scellé mis par la Ville sur ces quittances sera levé, 362.

— *Arrêts dont il est simplement fait mention :* arrêt du 14 novembre 1609 sur le parti du rachat des rentes accordé à Denyele, 15-16. — Décharge accordée aux bénéficiers du diocèse de Laon, 98 (note). — Décision en faveur de Douy d'Attichy dans sa compétition avec Louis Largentier pour la charge de notaire secrétaire du Roi, 32 (note). — Confirmation de la subrogation de Marie Lemairat et Louis Largentier au cautionnement que Nicolas Largentier avait donné à Jean de Moisset pour le bail des gabelles, 33 (note). — Autorisation donnée à la ville de Reims de faire une levée pour subvenir aux dépenses du sacre, 36 (note). — Arrêt rendu sur le conflit entre le Bureau de la Ville et les Trésoriers de France au sujet du curage des égouts.

37 (note). — Arrêt pour le pavage de la rue de Vaugirard neuve, 43 (note). — Arrêt du 31 mai 1607 créant un receveur alternatif des rentes assignées sur le Clergé et les recettes générales, 47 (note). — Arrêt du 31 mars 1605 pour le payement des rentes des Aides, 87 et note. — Arrêts concernant les arrérages des rentes rachetées, 89. — Arrêt relatif au parti de Louis Massuau, 97. — Arrêts relatifs aux deniers des rentes, 99, 110. — Arrêt enjoignant à la Chambre des Comptes de procéder à l'enregistrement de la commission donnée à Jean Filacier au sujet des deniers des rentes amorties, 110. — Évocation des causes d'opposition présentées par la Ville à l'enregistrement de la commission de Jean Filacier, 110, 114; — arrêt repoussant les demandes de la Ville, 114. — Privilège accordé à Christophe Marie pour la construction des ponts de bois, 122 (note). — Arrêt pour le payement de ce qui est dû à Jean Lintlaër, 129 (note). — Arrêts déclarant que les officiers de la Ville ne sont pas soumis au payement du droit de confirmation, 135, 140 (note); — Maupeou est chargé du rapport de cette question, 140. — Communication au Bureau des offres pour la rupture des roches de Monterau et Samois, 144. — Arrêts concernant une somme que la Ville devait payer à l'Épargne et le bois venant de Normandie, 150. — Ordonnance prescrivant la visite du port Saint-Paul en vue de la construction d'un pont, 150. — Arrêts des 13 novembre 1585 et 12 août 1603 à propos des rentes, 179. — Arrêts déchargeant les sieurs Barbin du cautionnement qu'ils ont porté pour Thomas Robin, 182, 184. — Communication au Bureau de la Ville des articles proposés par Germain Gillot pour l'organisation d'un bureau destiné au payement des rentes, 182, 183, 184. — Ordre donné au Bureau de rédiger le devis de construction de l'aqueduc des eaux de Rungis, 191. — Arrêt relatif à la fabrication de doubles deniers, 201 (note). — Évocation de la plainte portée au Parlement par la Ville contre le Clergé, 201 (note), 227, 250, 256; — nomination de commissaires pour ouïr les parties, 250. — Arrêt réglant l'indemnité due à deux bourgeois de Paris qui ont étudié les moyens d'amener les eaux de Rungis à Paris, 205 (note). — Renvoi au Bureau de la Ville des demandes d'établissement de coches d'eau, 210 (note). — Renvoi au Bureau de propositions pour la navigation de l'Oise et de la Seine, 213 et note. — Renvoi aux Trésoriers généraux de France et au Bureau de la Ville des offres de Marie pour la construction d'un pont au port Saint-Paul, 219. — Arrêts relatifs au cimetière de l'église Saint-Benoît exproprié pour la construction du Collège royal, 222 (note). — Arrêts sur la recherche des deniers recélés par les receveurs des décimes, 224. — Arrêt relatif au payement du professeur occupant la chaire fondée par Pierre de la Ramée, 228 (note). — Communication au Bureau de la Ville des propositions de Louis d'Abancourt au sujet de la navigation de l'Armançon, 235, 236; — homologation du tarif proposé par la Ville, 237 (note). — Renvoi au Bureau de la Ville des propositions du sieur de Rustici pour rendre la rivière d'Oise navigable, 242-243. — Arrêt en faveur des habitants de Semur-en-Auxois éprouvés par une inondation, 272 (note). — Arrêt prescrivant l'arrestation de Philippe de Gondi et l'adjudication «à son déchet» de la ferme des gabelles de la généralité de Paris, 274 (note). — Arrêts déchargeant Claude et Dreux Barbin de leur association avec Thomas Robin, fermier des gabelles, et de leur cautionnement pour le payement des rentes du sel, 283. — Nomination de commissaires pour voir les comptes du receveur général du Clergé, 299, 303. — Renvoi pour avis au Bureau de la Ville des propositions de Mathurin Geslain sur l'amortissement des rentes, 317, 321. — Arrêt déchargeant les receveurs des rentes en exercice des recherches établies par le parti de Massuau, 320. — Arrêt ordonnant qu'il sera procédé à une nouvelle adjudication des travaux du quai de Suresnes, 324. — Arrêt renvoyant les membres du Bureau devant les Trésoriers de France à ce sujet, 325 (note). — Arrêt du Conseil relatif aux sommes qui sont assignées pour les travaux de Rungis, 330-331 (note). — Communication au Bureau d'une requête de Pierre Bruslart en décharge de la contrainte délivrée contre lui comme caution de P. de Gondi, 332. — Arrêt ordonnant communication aux agents du Clergé et au Bureau de la Ville de la requête en décharge présentée par les syndics et députés du diocèse de Périgueux, 335. — Ratification du contrat passé par Nicolas Milon pour la sous-ferme des gabelles de la généralité de Tours, 346. — Évocation des réclamations faites à la Ville pour dettes contractées pendant la Ligue et leur règlement définitif, 348, 350. — Arrêt de renvoi au Bureau de la Ville du placet de Guillain de Nostaing et Jean Sornet, 361. — Arrêt relatif aux modifications du plan des fontaines de Rungis, 365 (note).

—— *Requêtes présentées au Conseil et affaires traitées devant lui.* — Démarches faites par Nicolas Largentier au sujet du cautionnement de Jean de Moisset, 26. — Plaintes qui lui sont faites du défaut de payement des rentes du Clergé, 27, 28. — Remontrances du Bureau à ce sujet, 29-30. — Plaintes portées par le Bureau contre l'entreprise des Trésoriers de France au sujet du curage des égouts, 36. — Plaintes portées au chef du Conseil par les bourgeois au sujet du mauvais payement des rentes, 44 ; — remontrances portées au Conseil par le Prévôt des Marchands sur le même objet, 45. — Plaintes qui lui sont adressées sur le mauvais payement des rentes du Clergé, 50, 51 ; — Castille y poursuit le recouvrement des deniers payés à Denyele pour le parti du rachat des rentes, 51. — Décharges qui y sont poursuivies par les bénéficiers ecclésiastiques, 52. — Le Conseil désapprouve le parti de Denyele pour les rentes rachetées, 51. — Plaintes qu'y porte le Bureau sur les entreprises du Lieutenant civil au sujet des recherches dans les maisons, 60-61 ; — requête que la Ville lui adresse contre le Lieutenant civil à ce sujet, 76-77. — Réclamations qu'y présente le Bureau au sujet du renouvellement du parti des aides, 80-81. — On lui demandera expédition de lettres patentes pour le remplacement des fonds destinés aux rentes assignées sur la douane. 86. — Assemblée du Conseil de Ville tenue pour rendre compte de ce qui se passe au Conseil du Roi au sujet de la commission de Jean Filacier, 100, 114. — Contrat passé avec Séverin Pineau pour l'enseignement de l'art de l'opération de la pierre, 111; — récompense que lui octroie le Conseil, 111 (note). — Remontrances présentées par le Bureau contre le droit de deux sols et demi sur les draps sollicité par Morelly, 123-124. — Révocation de la commission de Filacier pour la recherche des rentes rachetées ou amorties, obtenue à la suite des poursuites faites au Conseil, 141. — L'Échevin Poussepin envoyé à Fontainebleau auprès du Conseil pour solliciter la suppression de l'imposition de 30 sols pour muid de vin entrant dans la Ville, 145, 156. — Adjudication qui doit se faire au Conseil de la ferme de cette imposition, 150, 156. — Mention des articles proposés par Christophe Marie pour la construction d'un pont au quartier Saint-Paul, 151, 153. — Le Bureau renvoie Christophe Marie par-devers lui sur les nouvelles offres qu'il fait de construire un pont en pierre, 154. — Les Prévôts des Marchands et Échevins y sont mandés pour discuter la question des eaux de Rungis, 156. — Le Prévôt des Marchands menace le Clergé d'y porter ses plaintes sur le payement défectueux des rentes, 158. — Plaintes que doit lui porter le Bureau de la Ville au sujet de parties passées à divers particuliers dans les comptes de Fr. de Castille au préjudice de la Ville, 162. — Offres faites par le Bureau de la Ville pour l'aqueduc des eaux de Rungis, 175-177. — Démarche du Bureau de la Ville et des Conseillers de Ville à ce sujet, 176. — Adjudication des travaux pour l'aqueduc des eaux de Rungis, 176, 177. — Requête au Roi et à son Conseil présentée par le Bureau de la Ville pour s'opposer à ce que les sieurs Barbin soient déchargés de la caution qu'ils ont portée pour Thomas Robin, 182, 192; — démarche du Bureau auprès du Conseil pour cet objet, 182-183. — Plaintes qui y seront portées sur l'insuffisance des deniers baillés par le Clergé pour le payement des rentes, 185. — Requête par laquelle le Bureau lui demande d'autoriser la fabrication de doubles deniers, 200-201. — Sa juridiction est revendiquée par les agents du Clergé pour la question des rentes, 201 (note). — Bail de l'entreprise de l'aqueduc des eaux de Rungis, 205 et note. — Requête adressée au Roi et au Conseil par le Bureau de la Ville pour se plaindre de la commission adressée aux Trésoriers de France qui leur donne la surveillance des travaux de l'aqueduc des eaux de Rungis, au préjudice de semblable commission précédemment délivrée au Bureau, 208-209. — Requête adressée par le Bureau au sujet du droit de confirmation qu'on voudrait faire payer indûment aux officiers de la Ville, 210, 218. — Le Prévôt des Marchands y est mandé à propos des rentes de la Ville, 227. — Instance pendante entre les maîtres et gardes de l'épicerie et apothicairerie et les fermiers des cinq grosses fermes, 231. — Messieurs de la Ville s'y plaignent du payement des rentes du Clergé, 246-247. — Requête présentée par le Bureau au Roi au Conseil pour obtenir la suppression d'une diminution apportée au fonds destiné au payement des rentes sur les recettes générales, 247. — Requête du Bureau pour faire maintenir en fonctions des aides pourvus par la Ville au pont de Pout-de-l'Arche, 249. — Remontrances que doivent lui présenter les gens du Roi au Parlement, pour que le Conseil se démette de la connaissance de la cause concernant les rentes du Clergé, 250 (note). — Le Conseil de Ville déclare que les démarches faites près de la Reine n'ont pas entraîné la reconnaissance de la compétence du Conseil à propos des rentes du Clergé, 252. — Le Conseil de Ville réclame pour la Ville des commissaires qui n'aient pas intérêt dans la cause du Clergé, 252. — Avis favorable que lui donne le Bureau de la Ville sur les propositions de Simon Dujac pour rendre la rivière de Vanne navigable, 252-255. — Les affaires des rentes du Clergé ont coutume d'y être traitées, 256. — Poursuites que Marin de la Vallée y intente contre la Ville pour être maintenu dans l'adjudication des travaux de l'Hôtel de Ville, 262 et note. — Le Bureau lui porte ses plaintes sur le mauvais payement des rentes du sel par Philippe de Gondi, 274. — Communication lui sera donnée par les partisans des états des rentes rachetées en vertu de leurs partis, 300. — Plusieurs de ses membres assistent à l'exposé des remontrances contre l'édit de création de deux receveurs et payeurs des rentes sur le sel, 303. — Le Bureau de la Ville renvoie par-devant lui Nicolas Bigot et Louis Le Noir pour régler leur contestation au sujet du contrôle des payements d'arrérages des rentes de la Ville effectués par Jean de Moisset, 308-309. — Articles arrêtés pour des rachats de rente, 325. — Procès qui est pendant au sujet des décimes du diocèse de Chartres, 330. — Procès pendant au sujet d'un droit sur le pied fourchu, 334. — Démarches faites auprès de lui afin d'obtenir assignation des sommes qui manquent pour le payement des rentes du sel, 336, 355. — Le Bureau de la Ville lui demandera de fournir à Pierre Payen les deniers qui lui manquent pour le payement du dernier quartier d'octobre des rentes du sel, 341. — Moyens d'intervention baillés par-devant lui par le Bureau de la Ville contre le curé de Saint-Hilaire de Chartres et les receveurs du diocèse, 341-342. — Convocation de divers magistrats, du Prévôt des Marchands et de plusieurs Conseillers à une séance solennelle du Conseil où fut décidé de délivrer Amboise à Monsieur le Prince, 359 (note). — Les receveurs des rentes du Clergé se déclarent prêts à vider leurs mains des deniers provenant des rentes dont les arrérages sont négligés, pourvu que cela soit prononcé par arrêt du Conseil, 366, 367. — Marie est renvoyé devant lui pour obtenir l'élargissement de la ruelle des Ormes, 380. — Requêtes au Roi et au Conseil. Voir Louis XIII. — Conseillers d'État. Voir Arnauld (Isaac), Atticdy, Béthune, Boullancourt, Bragelongne, Brissac, Châteauneuf, Dollé, Dormy, Fourcy (Jean de), Jeannin, Lefevre de Caumartin, Loménie, Maupeou, Norroy, Pontcarré. Roissy, Thou (président de), Vic.

Conseil de la Ville. Ses assemblées et délibérations : (16 août 1610.) Délibération sur la résignation à survivance de son office de Conseiller de la Ville faite par Denis Palluau à Jean Leschassier, 23-24. — (27 octobre 1610.) Délibération sur la résignation de son office de Conseiller de la Ville faite par Claude Aubery, sieur d'Auvilliers, au profit de son frère, Jean Aubery, maître des Requêtes, 39-40. — (7 décembre 1610.) Délibération sur le démembrement des offices de receveurs des rentes sur le Clergé et sur les Recettes générales, 46-47. — Les Conseillers y font des plaintes sur le mauvais payement des rentes, du Clergé, 50. — (20 décembre 1610.) Délibération sur la réception de François Clément à la survivance de l'office de Greffier de la Ville possédé par son père, 52-53, 57. — (20 décembre 1610.) Délibération sur la résignation à survivance de son office de Conseiller de la Ville faite par Jacques Danès, président de Marly, en faveur de Jacques Jubert, sieur du Thil, son gendre, 54. — (26 mars 1611.) Délibération sur la résignation de son office de Conseiller de la Ville faite par L. Le Lievre à Guillaume Marescot et sur le bail général des gabelles passé à Thomas Robin, 68-70. — (16 juin 1611.) Délibération sur les lettres patentes du Roi portant suspension des droits de douane, 86. — (27 juin 1611.) Assemblée tenue pour délibérer sur le renouvellement du bail général des aides, 86-87 ; — l'assemblée est remise pour insuffisance du nombre de Conseillers présents, 87. — (1" juillet 1611.) Nouvelle assemblée pour le même objet, 87. — (19 juillet 1611.) Assemblées tenues pour délibérer sur la résignation que Jean Aubery fait à son frère Claude, sieur d'Auvilliers, de son office de Conseiller de la Ville, 88 ; — sur celle de Guillaume Marescot au profit de Gui Loisel, 88-89. — (19 septembre 1611.) Assemblée qui avait été convoquée pour entendre le compte rendu de ce qui se passe au Conseil du Roi au sujet de la commission de Jean Filacier, et dont le procès-verbal n'est pas consigné au registre parce qu'il n'y assistait que deux Conseillers, 100. — (29 mai 1612.) Assemblée pour la réception de Guillaume Marescot comme Conseiller de Ville en remplacement de Gui Loisel, 143-144. — (6 juillet 1612.) Délibération sur les offres faites pour la conduite des eaux de Rungis, 155-157 ; — (10 septembre 1612) sur les mesures à prendre par la Ville au sujet de la prochaine adjudication des travaux pour les eaux de Rungis, 175-177. — Service que les sergents doivent fournir au Conseil, 176 (note). — (27 septembre 1612.) Assemblée tenue afin de délibérer sur les offres faites à la Ville pour la fourniture de bois flotté et sur les propositions de Germain Gillot touchant le payement des rentes de la Ville, 177, 181-182. — Les documents sur lesquels il est appelé à délibérer doivent lui être communiqués en original et non en copie, 178 (note). — Sera consulté sur la question du cautionnement de Thomas Robin, 183. — (2 octobre 1612.) Assemblée tenue pour délibérer sur la proposition faite par Germain Gillot de créer un bureau pour le payement des rentes : on y traite en même temps la question du cautionnement baillé par les sieurs Barbin pour Thomas Robin, 183-184. — Décide d'employer à la conduite des eaux de Rungis les sommes remises par le Roi sur la levée de 30 sols pour muid de vin, 208. — (18 décembre 1612.) Assemblée tenue pour délibérer sur le payement des rentes de la Ville, sur la déclaration de la Reine à propos du don de ses droits relativement aux rentes amorties, sur la construction du pont Marie et sur l'ouverture de diverses rivières à la navigation, 210-213. — (22 décembre 1612 et 2 janvier 1613.) Assemblées continuant la délibération sur les propositions relatives à la recherche des rentes amorties, 213-215, 216-217. — (18 janvier 1613.) Assemblée tenue pour délibérer sur les propositions des sieurs de la Pointe et Pourcelet relativement aux rentes du Clergé, sur les rentes du sel et sur la commission de Jean Filacier, 224-225. — Assemblées relatives aux propositions faites pour l'ouverture à la navigation des rivières d'Oise, Aube, Armançon et Seine près Troyes, ainsi que sur le tarif applicable aux marchandises qui y seront transportées : une première assemblée réunie le 5 mars est remise à cause du petit nombre des Conseillers présents ; une seconde assemblée a lieu le 8 mars, 234-237. — Procès-verbal inachevé d'une séance convoquée pour entendre les volontés de la Reine au sujet des prochaines élections municipales, 246 (note). — (3 mai 1613.) Assemblée tenue pour délibérer sur la résignation de son office de Conseiller de Ville faite par le Président de Boulancourt en faveur de Mathurin Geslain, 247-248. — (15 mai 1613.) Délibération au sujet des rentes du Clergé, 249-252.— (19 juillet 1613.) Délibération au sujet du règlement sur le payement des rentes : l'assemblée se sépare sans prendre de résolution, 270-271. — (22 août 1613.) Délibération sur l'édit de création de deux offices de receveurs et payeurs des rentes sur le sel, 291-292, 294. — (18 septembre 1613.) Délibération sur les lettres de jussion adressées à la Chambre des Comptes pour l'enregistrement dudit édit, 292-293, 303. — Les Conseillers disent que, pour opiner, le nombre des présents doit être au moins du tiers des Conseillers, 294. — (5 octobre 1613.) Assemblée tenue pour délibérer sur les lettres de cachet ordonnant à trois membres du Bureau d'aller à Fontainebleau présenter les remontrances au sujet de l'édit de création de deux offices de receveurs et payeurs des rentes sur le sel, 294-295, 303. — (22 octobre 1613.) Assemblée réunie pour entendre ce qui s'est passé à Fontainebleau au sujet de l'édit de création de deux offices de receveurs et payeurs des rentes du sel : un seul Conseiller est présent à cette assemblée, 303-304. — (19 novembre 1613.) Assemblée tenue pour délibérer sur les propositions de Mathurin Geslain relatives à l'amortissement des rentes, 317-320. — (26 novembre 1613.) Seconde assemblée à ce sujet, où les articles de Geslain sont repoussés, 321. — (18 février 1614.) Assemblée tenue pour aviser au fait des rentes assignées sur le sel, 336. — (1" mars 1614.) Assemblée tenue pour entendre ce qui s'est passé au Conseil du Roi sur les rentes du sel et régler l'ordre du payement de ces rentes, 339-341. — (4 avril 1614.) Assemblée où est approuvée la cession faite par M. Le Prevost, sieur de Malassise, à Jacques Le Prevost, sieur d'Herblay, son fils, de l'exercice de l'office de Conseiller de la Ville qu'il lui avait naguère résigné à condition de survivance, 349-350. — (15 juillet 1614.) Assemblée tenue pour délibérer sur l'emploi qu'on doit faire des deniers provenant de certaines rentes du Clergé dont les arrérages ne sont pas réclamés, 366-367. — Le Bureau est obligé de consulter le Conseil sur la lettre où la Reine exprime son désir que les élections soient différées jusqu'à son retour, 369. — (2 août 1614.) Assemblée tenue pour délibérer sur cette lettre : le Conseil décide que la Reine sera suppliée de trouver bon que les élections soient faites à la date accoutumée, 368-369, 375. — (11 août 1614.) Assemblée tenue pour délibérer sur la résignation de l'office de Conseiller de Ville de Claude Le Tonnelier en faveur d'Antoine Barthelemy, 371-373. — (29 août 1614.) Délibération sur la proposition du sieur du Noyer relative à l'établissement de la navigation tant en Afrique qu'aux Indes, 242 (note), 380-382.

CONSEILLERS DE LA VILLE. Lettres que leur adressent le Roi et la Reine régente pour leur ordonner de continuer en leurs charges le Prévôt des Marchands et les Échevins, 19, 20, 22. — Convoqués aux assemblées électorales, 19, 91, 163, 278, 376-377; — présents à ces assemblées, 20, 91, 167-168, 278; — assistent à la messe du Saint-Esprit avant l'assemblée électorale, 20, 92, 168, 279; — vote pour l'élection des scrutateurs à l'assemblée électorale. 22, 93, 170, 280; — pour les candidats aux élections municipales, 22, 93, 170, 281; — scrutateur choisi parmi eux pour les élections municipales. Voir AMELOT, ARNAULD, BOUCHER (Arnoul), DANÈS, président de Marly. — Résignations d'offices de Conseillers de la Ville : résignation à survivance faite par Denis Palluau au profit de Jean Leschassier, son neveu, 23-24; — résignation faite par Claude Aubery, sieur d'Auvilliers, en faveur de Jean Aubery, admise comme favorable et faite de frère à frère, 40; — résignation à survivance faite par Jacques Danès, président de Marly, à Jacques Jubert, sieur du Thil. admise comme favorable et étant faite de beau-père à gendre, 54; — Guillaume Marescot reçu Conseiller sur la résignation de L. Lelièvre, 68-69 — résignation de Jean Aubery en faveur de son frère Claude; — de Guillaume Marescot au profit de Gui Loisel, son beau-frère, 88-89; — réception de Guillaume Marescot sur la résignation de Gui Loisel, 143-144; — résignation du président de Boulancourt en faveur de Mathurin Geslain, 247-248; — avait été reçu autrefois Conseiller à la place de son père, 72 (note); 248 (note); — Charles Le Prévost, sieur de Malassise, délaisse à son fils Jacques, sieur d'Herblay, l'exercice de sa charge qu'il lui a déjà résignée à condition de survivance, 349; — résignation par Claude Le Tonnellier en faveur d'Antoine Barthelemy, sieur d'Oinville, 371-373. — Confirmation de leurs privilèges par Louis XIII, 23 (note). — Convoqués au *Te Deum* chanté à Notre-Dame à l'occasion du sacre du Roi, 38-39; — à l'entrée du Roi à Paris, à son retour du sacre, 40-42; — au service funèbre de la reine d'Espagne, 118; — à la procession de la Réduction, 68, 134, 240, 348; — à la messe de la Réduction, 71, 140, 242, 349; — à la procession de la châsse de sainte Geneviève, 83-84; — leur rang, 84-85; — à des cérémonies diverses, 134, 140. — Convoqués à des assemblées du Conseil, 39, 46, 52, 68, 86, 87, 88, 100, 143, 155, 175, 177, 181, 183, 210, 216, 224, 234, 235, 246 (note), 247, 249, 270, 292, 294, 303, 317, 320, 336, 339, 364 (note), 366, 369, 371, 380; — à des assemblées générales de la Ville, 55, 113, 145. — Formulent des plaintes en assemblée du Conseil sur le mauvais payement des rentes du Clergé, 50. — Leur privilège d'exemption des droits de gabelle, 70 et note. — Leurs offices sont classés parmi les offices en commun, 165. — Quelques-uns d'entre eux seront commis à travailler à la recherche des deniers provenant des rentes amorties, 217. — Pierre Bizet réclame que deux de ces offices soient réservés à ses neveux, en mémoire des services rendus à la Ville par les plans qu'il a conçus, 223, 224. — Trois d'entre eux seront commis à chacun des bureaux chargés de la recherche des rentes amorties; 225. — l'assemblée du Conseil se sépare avant de les avoir désignés, 225. — Leur petit nombre fait renvoyer une assemblée à une date ultérieure, 234-235. — Conditions auxquelles doivent être soumises les résignations à survivance de cet office, 248 et note. — Ne peuvent se joindre aux membres du Bureau pour porter à la Chambre des Comptes les remontrances contre l'édit de création de receveurs et payeurs des rentes sur le sel, parce que «chacun est pressé d'aller aux champs» à la fin de l'été, 286. — Certains Conseillers refusent d'opiner parce qu'ils ne sont pas en nombre suffisant, 294, 295. — D'après la minute, la lettre envoyée à la Reine à propos de la date des élections est écrite en leur nom et en celui des Échevins, 370 (note). — Anciens conseillers de la Ville. Voir BUDÉ (Dreux), COURLAY (J.-B. DE), DES CROISETTES (Pierre), LUILLIER (Nicolas), sieur de Saint-Mesmin. — Conseillers de la Ville en exercice. Voir ASELLY, AMELOT, ARNAULD, AUBERY (Claude), AUBERY (Jean), AUBERY (Robert), BOUCHER, BRAGELONGNE, DANÈS (Jacques), LAMY, LECLERC, LELIÈVRE, LE PRESTAS, LE PREVOST (Charles), sieur de Malassise, LE PREVOST (Jacques), sieur de Saint-Cyr, LE PREVOST, sieur d'Herblay, LE TONNELLIER, LOISEL (Gui), LUILLIER, sieur de Boulancourt, MARESCOT, PALLUAU, PERROT (Cyprien), POTIER, sieur d'Ecquevilly, SAINT-GERMAIN (M. DE), sieur de Ravines, SAINCTOT, SANGUIN, sieur de Livry, SANGUIN (Guillaume), VERSIGNY, VIOLLE, sieur de Rocquemont.

CONSTANT (Étienne). Dizenier au quartier Saint-Eustache, 12.

CONTESSE (Le sieur), bourgeois. Démarche auprès du Conseil de Ville pour le payement des rentes du sel, 340; — consulté sur l'ordre du payement, 340.

CONTI (François de Bourbon, prince DE). Séance au Conseil, 99. — Porte le grand deuil au service funèbre de la reine d'Espagne, 117 (note); — son rang, 121; — va à l'offrande, 121. — Le Roi dîne dans son château, à Cachan, 267 (note).

CONTRAT DU CLERGÉ. Voir CLERGÉ.
CONTRAVENTIONS au règlement sur la vente du bois. Indicateurs chargés de les dénoncer, 113.
CONTRÔLEUR DES BÂTIMENTS DU ROI. Doit être appelé quand seront donnés les alignements pour les travaux de Rungis, 216.
CONTRÔLEUR DES RENTES SUR L'HÔTEL DE VILLE. Voir LE NOIR (Louis). — Les gages des contrôleurs des rentes seront imputés sur les quatre natures de rente, 374.
CONTRÔLEUR DU BOIS de la Ville. Office classé parmi les offices en commun, 165. — Voir MOYRON.
CONTRÔLEUR GÉNÉRAL DES FINANCES. Voir BARBIN (Claude).
CONTRÔLEUR GÉNÉRAL DES GABELLES. Voir BIGOT (Nicolas).
COPIE (Documents communiqués au Bureau de la Ville en). Protestation du Bureau contre ce procédé, 178 (note).
COPPEAU, *alias* COUPEAUX (Moulin). Saisie du bois qui y est emmagasiné, 204.
CORBEAUX (Regards des grands et des petits), 65.
CORBEIL (Seine-et-Oise). Coche d'eau, 295. Voir CORBILLAC.
COSAENY (Aisne). Exemption d'impositions accordée aux habitants, 36 (note). — Voir SAINT-MARCOUL (Prieuré de).
CORBILLAC. Coche d'eau de Paris à Corbeil. Ses conducteurs sont consultés sur l'emplacement à donner au pont Marie, 379.
CORBINELLI. *Histoire des Gondi*, citée, 124 (note).
CORRON, *alias* COURRON. Dizenier au quartier Sainte-Geneviève, 4 et note.
CORDELIERS (Église des). Chaire que lui donne Philippe de Gondi, 124 (note).
CORDIER (Le sieur), avocat. Enseigne de la milice bourgeoise au quartier du Temple, 6.
CORNU, *alias* COCRU (Jean), voiturier par eau. Accident arrivé à son bateau sur la Marne, 312 (note). — Réclamation au sujet de l'alignement du pont de Gournay, 312 (note).
CORPS DE VILLE. Voir BUREAU DE LA VILLE.
CORTEL (Gabriel), quincaillier. Reçoit défense de vendre des armes sans autorisation, 351.
COSNARD (Le sieur), secrétaire. Député des bourgeois de son quartier aux élections municipales, 93.
COSNARD, *alias* COSNART (Le sieur). Enseigne de la milice bourgeoise au quartier Saint-Jean, 4. — Délégué des bourgeois de son quartier aux élections municipales, 21; — à une assemblée générale de la Ville, 57.
COSNIER (Hugues), architecte, conducteur des œuvres du canal de Loire. Consulté pour la rédaction du devis de l'aqueduc des eaux de Rungis, 175. — Assignation qui lui est donnée par les Trésoriers de France au sujet de l'exécution des travaux pour cet aqueduc, 206 (note). — Convoqué par le Bureau pour procéder aux alignements, 207; — ordre du Roi prescrivant cette convocation, 208, 216. — Projet du canal de l'Arsenal, 213 (note).
COSSART (Le sieur), auditeur. Délégué des bourgeois de son quartier aux élections municipales, 21; — à une assemblée générale de la Ville, 56.
COSTARD (Le sieur.) Dizenier au quartier Notre-Dame, 10.
COSTRE (Jacques DE), clerc du Procureur général de la Chambre des Comptes, 178.

COTAAD (Le sieur). Voir COUSTART.
COTEHAIRE (Macloud). Exercice indû de la charge d'aide de maître du pont de Pont-Sainte-Maxence, 155.
COTHEREAU, notaire au Châtelet, 126.
COTIGNAN (François DE), receveur du Temple, 44.
COTON. Tarif du droit de péage sur l'Oise, 244; — sur la Vanne, 253.
COUART (Martin). Nommé d'office pour procéder à une enquête sur la commodité ou incommodité du pont Marie, 152-153.
COUIN (Le sieur). Enseigne de la milice bourgeoise au quartier Saint-Martin, 3.
COULANGES-SUR-YONNE (Yonne), 272 (note).
COULDRETZ (Sieur DES). Voir GRARTIER (Charles).
COULLANGES (Le sieur). Lieutenant de la milice bourgeoise à la place Royale, 6.
COULLON (Michel). Exercice indû de la charge d'aide de maître du pont de Pont-Sainte-Maxence, 155.
COULON (Jean), plombier de la Ville. Adjudicataire de l'entretien des fontaines, 64-67; — signe le procès-verbal d'adjudication, 66; — baille caution, 66-67.
COULONGNES (Sieur DE). Voir ROBIN (Thomas).
COUPPÉ (Le sieur), trésorier des offrandes. Capitaine de la milice bourgeoise au quartier des Innocents, 7 et note.
COURBE de chevaux (terme de batellerie). Son prix, 76.
COURLAY (J.-B. DE). Résigne son office de Conseiller de Ville au profit de Guillaume Lamy, 248 (note).
COURONNES royales fabriquées à l'occasion du sacre, 38 (note).
COURS SOUVERAINES. La Ville menace de se plaindre auprès d'elles du défaut de payement des rentes du Clergé, 28. — Poussent le Bureau de la Ville à réclamer le payement des quatre quartiers des rentes des aides, 80. — Vérification des lettres de 1594 sur les rentes, 90. — Le Prévôt des Marchands menace le Clergé d'y porter ses plaintes sur le payement défectueux des rentes, 158. — Messieurs des Cours souveraines n'assistent pas à la procession des paroisses à l'abbaye Sainte-Geneviève, 83. — Des archers de la Ville les conduisent à l'abbaye pour la procession de la châsse, 84; — leur rang, 85; — se retirent après la messe, 86. — Assistent au service funèbre de la reine d'Espagne, 118. — Assistent à la procession de la Réduction, 134, 240; — retournent séparément dans leurs maisons après la célébration de la messe aux Augustins, 134.
COURTET (Le sieur), orfèvre. Enseigne de la milice bourgeoise au quartier Saint-Honoré, 14.
COURTIERS DE CHEVAUX de la marchandise de l'eau. Classés parmi les moyens offices de la Ville, 165.
COURTIERS DE LARDS ET GRAISSES. Classés parmi les petits offices de la Ville, 165.
COURTIERS DE SEL. Classés parmi les moyens offices de la Ville, 165.
COURTIERS DE VINS. Classés parmi les moyens offices de la Ville, 165. — Intervention de la Ville dans la cause pendante entre eux et les déchargeurs de vins, en raison de leurs attributions, 230. — Lettres royaux obtenues contre eux au nom de la communauté des déchargeurs de vins, 239.

COURTILLIER, notaire au Châtelet, 372, 373.
COURU (Jean), voiturier par eau. Voir CORNU (Jean).
COUSIN (Le sieur) l'aîné, avocat. Délégué des bourgeois de son quartier à l'assemblée électorale, 279.
COUSTANT D'YANVILLE. *La Chambre des Comptes*, citée, 3 (note).
COUSTART (Le sieur), drapier. Lieutenant de la milice bourgeoise au quartier Saint-Honoré, 13 et note.
COUSTURIER (Le sieur). Dizenier au quartier Saint-Jacques-la-Boucherie, 8.
COUTELLERIE (Rue de la), 14 (note).
COUVREURS. Plusieurs sont consultés par le Bureau sur un privilège accordé pour la fabrication d'ouvrages d'argile imitant le marbre, 355.
CAAMPON, sergent du Châtelet. Emprisonne le crieur Le Duc par ordre du Lieutenant civil, 353 (note). — Le Bureau décide par représailles de le faire emprisonner, 353 (note).
CRAON (Mayenne). Grenier à sel, 363.
CRAVANT (Yonne). Une inondation disperse le bois existant sur le port, 271-273.
CRÉCY-EN-BRIE (Seine-et-Marne), 142 (note).
CREIL (Le sieur DE), conseiller en la Cour des Aides. Capitaine de la milice bourgeoise au quartier Saint-Gervais, 11.
CREIL (Jacques DE), Quartenier du quartier du Sépulcre. Rôle des officiers de la milice bourgeoise de son quartier, 12-13. — Présent aux élections municipales, 20, 21, 92, 93, 168, 169, 279, 280; — à des assemblées générales de la Ville, 57, 114, 146. — Élu scrutateur pour les Quarteniers à l'assemblée électorale, 93, 95. — Jean Tronsson nommé cinquantenier dans son quartier, 376 (note).
CREIL (Oise). Un sergent y est envoyé pour hâter la venue des bateaux chargés de bois, 80. — Grenier à sel, 321. — Voir BRUSLART.
CRESPIN (Gérôme), conseiller au Parlement. Capitaine de la milice bourgeoise au quartier Saint-Jean, 4.
CRETEIL (Seine), 358.
CRETON, *alias* CRESTON (Nicolas). Assigne la Ville en payement d'une fourniture de chevaux faite pendant la Ligue, 347. — Requête du Bureau de la Ville contre lui, 350. — Le Parlement repousse sa réclamation, 358.
CRECSET (Émile). *Histoire seigneuriale de Saintry*, citée, 60 (note).
CREZIEUX (Louis), archer de la Ville. Injurié par Claude Micquart, 118.
CRIEUR JURÉ DU ROI. Émoluments pour la publication des ordonnances municipales, 195 (note). — Voir LE DUC.

CRIEURS DE CORPS ET DE VINS (Jurés). Semonce faite au Bureau de la Ville pour le service funèbre de la reine d'Espagne, 117, 120; — même semonce au Parlement, à la Chambre des Comptes et à la Cour des Aides, 119; — à la Table de marbre, à la Chancellerie, au Châtelet et autres lieux accoutumés, 120. — Leur rang au service funèbre de la reine d'Espagne, 121. — Ne doivent pas être soumis au droit de confirmation, 134-135, 135 (note), 139-140, 210, 218. — Classés parmi les grands offices de la Ville, 164.
CROCHETEURS DÉBARDEURS de bois. Règlement pour leur salaire, 79, 112, 194, 323. — Défenses leur sont faites d'acheter du bois et charbon pour le revendre et d'entrer dans les bateaux chargés de bois sans être assistés d'un bourgeois, 67. — Il leur est interdit d'enlever dans des flettes le bois apporté dans les bateaux, 105, 200.
CROISET (Le sieur). Enseigne de la milice bourgeoise au quartier Saint-Eustache, 12.
CROIX BLANCHE (Enseigne de la), rue Anquetin-le-Faucheur, 46 (note); — rue de Buci, 9 (note).
CROIX-DU-TIROIR (La), au quartier Saint-Honoré, 13 (note). — Fontaine, 65; — l'eau en est conduite au Louvre, 16 et note; — regard près du réservoir pour la prise d'eau du Louvre, 73.
CROIX-FAUBIN (La), au faubourg Saint-Antoine, 358.
CROIX-SAINT-OUEN (La), Oise. Un sergent y est envoyé pour hâter la venue des bateaux chargés de bois, 80.
CROMO (Recueil), de la Cour des Aides, cité, 69 (note).
GROYET, *alias* CROYER, conseiller au Châtelet. Conduit un prisonnier qui doit être fustigé en place de Grève, 368 (note).
CUIRS. Tarif du droit de péage sur l'Oise, 244; — sur la Vanne, 253.
CUISE (Forêt de), ancien nom de la forêt de Compiègne. Vente de coupes de bois, 75, 76.
CUIST (Le sieur DE), avocat au Conseil. Délégué des bourgeois de son quartier à l'assemblée de l'Élection, 168.
CUIVRE. Tarif du droit de navigation sur l'Armançon, 236; — sur la Vanne, 253.
CUJAS (Rue), 85 (note).
CURE (La), rivière. Crue subite, 271, 272; — disperse le bois amassé sur les ports, 275. — Règlement pour la navigation, 333.
CURÉS de la Ville. Publication au prône d'une ordonnance de la Ville, 64. — Requête que leur adresse le Bureau pour la publication du règlement sur la vente du bois, 195.
CUVILLIER (Louis). Dizenier au quartier Saint-Séverin, 9.

D

DALMET (Jacques). Capitaine de la milice bourgeoise au quartier du Temple, 7.
DAME-SAINTE (Cher), prieuré au diocèse de Bourges. Prieur. Voir LE ROY (Jean).
DAMOURS (Le sieur). Candidat à l'Échevinage, 95.
DAMOURS (Le sieur), conseiller au Châtelet. Délégué des bourgeois de son quartier à l'assemblée électorale, 280.

DAMVILLE (Duc DE). Voir MONTMORENCI (Charles DE).
DANCHIN (Le sieur). Sa maison rue du Temple, 162.
DANE (Jeanne), femme de Simon Marces, marchand de bois. Comparaît pour son mari au Bureau de la Ville, 142.
DANELÉ (Le sieur), drapier. Délégué des bourgeois de son quartier à une assemblée générale de la Ville, 56.

Danès (Adrien), ancien Quartenier du quartier du Saint-Esprit, 14 (note).

Danès (Jacques), sieur de Marly, président en la Chambre des Comptes, Conseiller de la Ville. Capitaine de la milice bourgeoise au quartier Saint-Eustache, 12 et (note). — Présent aux élections municipales, 20, 91, 167, 278; — à des assemblées du Conseil de la Ville, 23, 47, 52, 143, 175, 177, 181, 183, 317, 381; — à des assemblées générales de la Ville, 56, 146; — élu scrutateur pour les élections municipales, 22, 23; tient le chapeau mi-parti pour recevoir les bulletins de vote, 22. — Résignation à survivance de son office de Conseiller de la Ville en faveur de Jacques Jubert, sieur du Thil, son gendre, 54. — Assiste à une assemblée des colonels pour aviser à la sûreté de la Ville, 61, 62 (note). — Approuve les remontrances présentées au Conseil du Roi au sujet de la commission de Jean Filacier, 100. — Convocations à une assemblée générale de la Ville et à une assemblée du Conseil de la Ville dressées à son nom, 145, 247. — Avertit le Bureau de la Chambre des Comptes des plaintes qui ont été formulées, à l'assemblée préparatoire aux États généraux, contre le retard avec lequel les états finaux sont mis sur les comptes des receveurs des rentes, 374 (note).

Danès (Robert), ancien Quartenier du quartier du Saint-Esprit, 14 (note).

Danès (Robert), Quartenier du quartier du Saint-Esprit ou de la Grève. Rôle des officiers de la milice bourgeoise de son quartier, 14. — Présent aux élections municipales, 20, 21, 91, 93, 168, 169, 279. — Signalé comme absent lors d'une assemblée générale de la Ville, 56. — Présent à une assemblée générale de la Ville, 146.

Dangers (Le sieur). Dizenier au quartier Saint-Jean, 3 (note), 4.

Danguy (Jean), sergent de la Ville. Présent à une assignation donnée par la Ville, 322.

Dantan (Geoffroi), chanoine de Rouen, pourvu de l'état de maître du pont de Pont-de-l'Arche. S'oppose à l'entrée en fonctions des aides pourvus par la Ville au pont de Pont-de-l'Arche, 249.

Dasneau (Le sieur), bourgeois de Paris. Assiste à une assemblée tenue pour délibérer sur le projet de pont au port Saint-Paul, 203.

Dauphin. Mention de lettres contresignées « par le Roi daulphin » : Bruslart », 159.

Dauphine (Rue). Constructions élevées par le duc de Nevers derrière cette rue, sur le mur de la Ville, 215.

Dauphiné. Pauvreté des bénéficiers ecclésiastiques, 51. — Lettres de privilège obtenues par Jean Bietrix pour la fabrication des faux dans cette province, 159. — Décharges accordées aux bénéficiers de cette province, 251.

Debâcleurs des ports. Chargés de veiller au garage des bateaux à cause des glaces, 123. — Voir Plancheieurs.

Debets de quittance sur les comptes des receveurs et payeurs de la Ville, 366. — Louis Massuau qui en a le parti doit déposer les deniers en provenant à l'Hôtel de Ville, 48. — Parti pour leur recouvrement. Voir Louvigny (Robert de et Massuau (Louis).

Dechar (Pierre). Exercice indù de la charge d'aide de maître du pont de Pont-Sainte-Maxence, 155.

Déchargement du bois. Se fait aux frais des marchands, 112.

Décharges accordées à des bénéficiers du Clergé, 25, 26, 27, 28 et note, 30, 50. — Refusées en raison d'un contrat nouveau passé entre F. de Castille et le Clergé, 52.

Déchargeurs de plâtre et moellon. Office classé parmi les offices en commun, 165.

Déchargeurs de vins. Requête adressée au Parlement par le Bureau pour avoir communication des lettres concernant l'exercice de leur charge, 225-226. — Intervention de la Ville dans la cause pendante entre eux et les courtiers de vins, en raison de leurs attributions, 230. — Procès entre le maître et plusieurs membres de la communauté des déchargeurs de vins où est intéressée la juridiction de la Ville sur cette communauté, 239.

Décimes. Voir Chartres.

Décimes (Receveurs des). Plusieurs sont accusés de retenir des deniers dont ils n'ont pas rendu compte, 224.

Décoration de la Ville. Voir Saint-Honoré (Porte).

Degocest. Voir Gocest (Olivier de).

Degrés (Port des), 105 (note).

Delafosse. Voir La Fosse (le sieur de).

Delaire (Le sieur). Dizenier au faubourg Saint-Marcel, 5.

Delaistre (Le citoyen), inspecteur des fontaines en l'an II, 177 (note).

Delalain (Antoine). Voir Lalain (Antoine).

Delamare. Traité de la police, cité, 161 (note).

Denielle. Voir Denyele.

Denis (Jean), pourvu par la Ville de la charge d'aide au pont de Pont-de-l'Arche, 249.

Denis (Jean), voiturier par eau. Réclamation au sujet de l'alignement du pont de Gournay, 312 (note).

Denyele (Louis), alias Denielle. Transporte à Jean de Moisset le parti qui lui a été accordé pour le rachat des rentes, 15. — Somme due sur le Clergé pour son parti des rentes amorties, 25, 26, 27-28, 29. — Parti des rentes rachetées et amorties, 50, 51, 101, 180, 212 et note, 214. — Payement que lui fait François de Castille en vertu de ce parti, 51, 162. — La Chambre des Comptes refuse de vérifier son parti, 90. — État des amortissements de rentes faits par lui, 325.

Dentan. Voir Dantan.

Depistre, huissier, 209.

Des Carrières (André). Dizenier au quartier Saint-Martin, 3.

Descaamps (Le sieur). Capitaine de la milice bourgeoise au quartier Saint-Eustache, 12. — Délégué des bourgeois de son quartier à l'assemblée électorale, 279.

Deschamps (Le sieur). Lieutenant de la milice bourgeoise au quartier Sainte-Geneviève, 5 et note.

Des Croisettes (Pierre), conseiller au Parlement. Capitaine de la milice bourgeoise au quartier Saint-Martin, 2. — Avait résigné son office de Conseiller de la Ville à Claude Aubery, sieur d'Auvilliers, son beau-frère, 39 (note). — Délégué des bourgeois de son quartier à l'assemblée électorale, 92.

Desfosses (Jean), juré du Roi en l'office de charpenterie. Rapport sur les consolidations à faire à la charpente de l'Hôtel de Ville, 230-231.

Desfroy (Martine), tenant place à laver. Assignée à la requête de Saint-Magloire, 232.

Desfunctis. Voir Fontis (Jean de).

Deshaix, *alias* Deshayes (Arnoul). Enchère pour l'adjudication des travaux de l'Hôtel de Ville, 260 et note.

Des Hayes (Antoine), maître d'hôtel du Roi, gouverneur de Montargis. Candidat à l'Échevinage, 95. — Intendant des bâtiments du château de Montargis, 206 (note). — Délégué des bourgeois de son quartier à l'assemblée électorale, 280.

Desjardins (Le sieur), conseiller au Châtelet. Lieutenant de la milice bourgeoise au quartier Saint-Jean, 4.

Des Landes (Guillaume), conseiller au Parlement. Délégué des bourgeois de son quartier à l'assemblée de l'Élection, 21, 169.

Desneux ou Desneulx (Israël), grènetier au grenier à sel de Paris, Échevin. Délégué des bourgeois de son quartier à l'assemblée de l'Élection, 169. — Élu scrutateur pour bourgeois, 170, 171. — Candidat à l'Échevinage, 171. — Élu pour premier Échevin, prête serment, 281, 282; — mis en possession de sa charge, 282. — Signification lui est faite d'un arrêt du Conseil, 283. — Présent à des assemblées du Conseil de la Ville, 292, 294, 303, 317, 321, 336, 339, 366, 369, 372; — assiste à une réunion du Bureau, 349. — Député à Fontainebleau pour présenter remontrances contre l'édit de création de deux receveurs et payeurs des rentes sur le sel, 303. — Témoin d'une manifestation tumultueuse en place de Grève, 367 (note).

Desnotz (Jean), notaire au Châtelet, 89. — Proposé par Pierre Bizet pour faire la recette des deniers destinés aux fondations dont il donne le plan, 223.

Des Nevers (Le sieur), avocat et maître des requêtes de la Reine. Enseigne de la milice bourgeoise au quartier Saint-Martin, 2.

Desnoyers (Christophe). Dizenier au quartier Saint-Martin, 3.

Despinay (Le sieur). Lieutenant de la milice bourgeoise au faubourg Saint-Marcel, 5.

Desportes Baudouyn (Le sieur). Le Prévôt des Marchands poursuit auprès de lui l'obtention de l'arrêt du Conseil relatif au payement des rentes du Clergé, 259.

Desportes Bevilliers (Le sieur). Député des bourgeois de son quartier aux élections municipales, 92.

Despotz (Jean), maître serrurier. Assignation donnée à la Ville en Parlement au sujet d'une place sise hors la porte Saint-Honoré, 276-277.

Desprez (Robert), avocat au Parlement, Échevin, 205 (note). — Capitaine de la milice bourgeoise au quartier Sainte-Geneviève, 4, 146 (note). — Délégué des bourgeois de son quartier aux élections municipales, 21, 93; — élu scrutateur pour les élections municipales, 22, 23; — obtient six voix dans le vote pour le renouvellement des Échevins, 95. — Élu Échevin. Va au Louvre prêter serment au Roi, 170-172. — Mis en possession de sa charge, 171. — Présent à des assemblées du Conseil de Ville, 176, 181, 183, 211, 214, 217, 224, 235, 248, 249, 270, 292, 294, 303, 317, 321, 336, 339, 366, 369, 372, 380; — à la visite des fontaines de la Ville, 264; — aux élections municipales, 278; — à une réunion du Bureau, 349. — Chargé de surveiller le payement des rentes assignées sur le sel, 185. — Rapport au Bureau sur le défaut de payement des rentes du sel par Philippe de Gondi, 203. — Commis par le Bureau pour aller en Bourgogne afin de pourvoir aux désastres causés par une inondation, 271-273; — relation de ce voyage, 272 (note). — Signification lui est faite d'un arrêt du Conseil, 283. — Député à Fontainebleau pour présenter remontrances contre l'édit de création de deux receveurs et payeurs des rentes sur le sel, 303. — Procès-verbal de la visite de l'emplacement du pont de Gournay, pour en donner l'alignement, 311-313. — Apposition de scellés en la maison de Jean Coing, 330-331. — Signe une ordonnance du Bureau, 353 (note). — Invité à se rendre auprès de la Reine pour protester contre l'enlèvement de la fille du sieur Barré, 365 (note). — Rapport sur une manifestation tumultueuse provoquée par une exécution en place de Grève, 367 (note), 368 (note). — Assiste à la visite du pont-levis de la porte Saint-Jacques, 373. — Assiste à la visite des fossés entre les portes Saint-Germain, de Buci et de Nesle, 377.

Des Ruisseaulx (Le sieur). Capitaine de la milice bourgeoise au quartier Saint-Séverin, 9.

Desvignes (Alexis). Capitaine de la milice bourgeoise au faubourg Saint-Honoré, 14.

Deuil (Robes de). Don fait par le Roi aux Prévôt des Marchands et Échevins pour en acheter à l'occasion du service funèbre de la reine d'Espagne, 118 (note).

Deux-Liards. Voir Guillaume.

Devoulges (Le sieur). Dizenier au quartier Saint-Honoré, 14.

Didier (Jean). État des amortissements de rentes faits par lui, 325.

Dieu (Le sieur), maître horloger. Assiste à l'adjudication pour l'entreprise de l'horloge de l'Hôtel de Ville, 129.

Dieu (Claude). Saisie du bois emmaganisé chez lui, 204.

Discours sur la figure du Roy, par Laffemas de Beausemblant, à propos, 118 (note).

Dix-huit (Collège des). Une portion du jardin est donnée à l'église Saint-Benoît pour servir de cimetière, 222 (note).

Dizeniers ou Diziniers. Leur liste d'après le rôle des officiers de la milice bourgeoise, 2-15. — Rôle des officiers de la milice bourgeoise de leurs dizaines, 2-15. — Les Quarteniers reçoivent mandement de leur faire faire la visite des chaînes des rues, 18; — de leur faire faire une exacte recherche de ces chaînes, 24. — Chargés de convoquer les assemblées préparatoires à l'assemblée électorale, 19, 91, 162, 278, 376. — Figurent dans le cortège qui va au-devant du Roi à son retour du sacre, 42. — Ordonnance du Bureau portant qu'il sera pourvu d'un dizenier pour le pont Marchant, 45; — cette nouvelle dizaine est revendiquée par différents Quarteniers, 45. — Exemptés de contribuer

54.

aux frais imposés aux gens de métier à l'occasion de l'entrée de la Reine, 67. — Recherches faites dans les maisons, 76. — Chargés de notifier aux bourgeois le règlement sur la vente du bois, 113, 195. — Chargés de faire trousser les chaînes des rues et les attacher aux crochets, ainsi que d'établir le rôle des bourgeois de leurs dizaines, 196. — Exemption de la charge de tutelle conférée par cet office, 228-229. — Doivent être avertis de ne pas répondre au Lieutenant civil et aux commissaires au Châtelet pour ce qui regarde la sûreté de la Ville, 335. — Garanties qu'ils doivent fournir après l'entrée de Henri IV à Paris, 376 (note).

Dohin (Étienne), marchand de bois. Mandé au Bureau de la Ville, 142. — Nommé d'office pour procéder à une enquête sur la commodité ou incommodité du pont Marie, 152-153.

Dohin (Pierre). Nommé d'office pour procéder à une enquête sur la commodité ou incommodité du pont Marie, 152-153.

Dolé (Le sieur), procureur général de la Reine. Lieutenant de la milice bourgeoise au quartier Saint-Martin, 2.

Dolé, alias Dollé ou Dollet (Le sieur), conseiller du Roi en ses Conseils d'État et privé et intendant des finances. Guillaume Clément est assigné par-devant lui pour délivrer extraits des amendes et confiscations adjugées à l'Hôtel de Ville, 149. — Commissaire du Conseil pour étudier les plaintes de la Ville contre le Clergé, 227, 250. — Séance au Conseil, 246, 251, 274. — Commis par le Conseil pour terminer la procédure commencée sur la diversité des inventaires des payements faits par Philippe de Gondi, 356.

Dolet (Léon), avocat, ancien Échevin. Capitaine de la milice bourgeoise au quartier Sainte-Geneviève, 4 et note.

Domaine (Revente du). Emploi en rachats de rentes des deniers qui en proviennent, 300.

Doncies (Le sieur). Convoqué à une assemblée particulière au sujet de la navigation des Indes orientales, 381 (note).

Donjat (Le sieur). Dizenier au quartier Saint-Jacques-de-l'Hôpital, 11.

Donon (Jean), contrôleur général des bâtiments du Roi. Assiste à la rédaction du devis de l'aqueduc des eaux de Rungis, 175, 176.

Dordane (Jean). Dizenier au quartier Saint-Germain-l'Auxerrois, 15.

Dori (Leonora). Voir Galigaï.

Dorival (Jean). Nommé conducteur des travaux de la Ville sous la direction du Maître des œuvres, 49 (note).

Dormy (Claude), prieur de Saint-Martin-des-Champs, évêque de Boulogne. Défaut donné contre lui devant la juridiction du Bureau, 44; — signification lui en est faite, 44. — Cède son prieuré à Jean du Piat, 44 (note). — Son rang au service funèbre de la reine d'Espagne, 120.

Doron (Le sieur). Lieutenant de la milice bourgeoise au quartier Saint-Germain-l'Auxerrois, 15.

Dosny (Jacques), épicier. Enseigne de la milice bourgeoise au quartier Saint-Jacques-de-l'Hôpital, 11.

Dots pour de pauvres filles. Fondation proposée par Pierre Bizet, 222.

Douane. Suspension de la levée des droits de douane à l'entrée de la Ville, 81, 82, 124. — Époque de leur établissement, 81 (note), 124. — Leur tarif, 81 (note). — Remplacement de fonds pour les rentes assignées sur la douane, 82, 86. — Assemblée du Conseil de la Ville à ce sujet, 86. — Lettre et brevet de sursis des droits de douane. Déclaration de la Ville à leur sujet, 98. — Bureau où, pendant la suspension des droits de douane, les marchandises des marchands grossiers, merciers et joailliers seront soumises à la visite des fermiers de la traite foraine, 125-126.

Doubles et deniers (Fabrication de). Requête adressée au Roi par le Bureau pour obtenir l'autorisation d'y faire procéder, 18-19. — Requête adressée par le Bureau à la Cour des Monnaies afin qu'elle donne son avis sur leur fabrication, 200-201.

Doublet (Le sieur). Lieutenant de la milice bourgeoise au quartier du Sépulcre, 13.

Doublet (Jacques), religieux de Saint-Denis. Chargé de porter à Reims les ornements royaux pour le sacre, 38 (note).

Doulcet (Le sieur). Dizenier au quartier du Saint-Esprit, 14.

Doulcet (Jean). Exercice indû de la charge d'aide de maître du pont de Pont-Sainte-Maxence, 155.

Doulceur (David), libraire. Dizenier au quartier Sainte-Geneviève, 5. — Reconstruction de sa maison, rue Saint-Jacques, 5 (note).

Douy d'Atticny (Octavian). Reçu en la charge de notaire secrétaire du Roi, malgré l'opposition de Louis Largentier, 32 (note); — cède sa charge à Nicaise de Billy, 32 (note).

Dragées. Voir Présents de la Ville.

Dramard (Simon), archer de la Ville. Condamné à une amende pour n'avoir pas comparu à la montre des trois Nombres, 74 (note).

Drapeaux (Vieux). Voir Chiffons.

Draps. Remontrances du Bureau contre la levée d'un droit de 2 sols et demi sur les draps proposée par Morelly, 123. — Tarif du droit de navigation sur l'Armançon, 236; — sur l'Oise, 243; — sur la Vanne, 253.

Dreux, procureur général en la Chambre des Comptes, 9 (note).

Dreux (Élisabeth), femme de Jérôme L'Huillier, 9 (note).

Dreux (Eure-et-Loir), 321. — Grenier à sel. Contraintes à exercer contre le sous-fermier, 300. — Voir Le Vasseur.

Drogues d'apothicaires. Tarif du droit de péage sur l'Oise, 244; — sur la Vanne, 253.

Drouart (Le sieur). Fait partie des Enfants d'honneur du quartier Saint-Germain-l'Auxerrois, 14 (note).

Drouet (Le sieur). Représentant des bourgeois de son quartier à une assemblée générale de la Ville, 146.

Drouet (Jacques), épicier. Capitaine de la milice bourgeoise au quartier Saint-Jacques-la-Boucherie, 7 et note.

Dancet (Jacques) le jeune, maître paveur. Adjudicataire des travaux de pavage sur le pont des remparts derrière le jardin des Tuileries, 49, 50 (note).

Drocet (Jean). Dizenier au quartier Saint-Honoré, 14.
Drouin (Le sieur). Candidat à l'Échevinage, 171.
Drouyn (Le sieur), bourgeois. Vient à une assemblée du Conseil de la Ville protester contre les articles proposés par Mathurin Geslain pour le rachat des rentes, 321.
Drouyn (Le sieur), drapier. Lieutenant de la milice bourgeoise au quartier Notre-Dame, 10.
Daouyn (Le sieur). Dizenier au quartier des Innocents, 7.
Dubois (Le sieur), secrétaire. Délégué des bourgeois de son quartier à une assemblée générale de la Ville, 57.
Dubois (Le sire). Représentant des bourgeois de son quartier à une assemblée générale de la Ville, 146.
Du Bois (H.). Auteur d'une gravure représentant l'entrée du Roi à Paris, au retour du sacre, 42 (note).
Du Boucart (Henri), sieur de Bournonville, 93 (note).
Du Boullay (Le sieur), maréchal des logis. Lieutenant de la milice bourgeoise au quartier Saint-Honoré, 14.
Du Bourg (Guillaume), fermier des chaussées des portes Saint-Denis et Saint-Martin. Obtient un rabais sur sa ferme pour la durée des travaux de réfection de la porte Saint-Martin, 314 (note).
Du Breul (Jacques). *Le Théâtre des antiquités de Paris*, cité, 45 (note), 64 (note), 83 (note), 84 (note). — On y trouve de nombreuses citations du poème de *Lutetia*, 59 (note).
Dubuisson (Le sieur), apothicaire. Lieutenant de la milice bourgeoise au quartier Saint-Jean, 14 et note.
Dubuisson (Le sieur). Candidat à l'Échevinage, 171.
Du Buisson (Le sieur), bourgeois de Paris. Assiste à une assemblée tenue pour délibérer sur le projet de pont au port Saint-Paul, 203.
Du Buisson (Charles). Lieutenant de la milice bourgeoise au quartier Saint-Martin, 3.
Dubuisson (Pierre). Nommé d'office pour procéder à une enquête sur la commodité ou incommodité du pont Marie, 152-153.
Du Carnoy (Le sieur). Capitaine de la milice bourgeoise au quartier Saint-Honoré, 14.
Du Chesne (Le sieur), épicier. Lieutenant de la milice bourgeoise au quartier Saint-Jacques-de-l'Hôpital, 11.
Du Chesne (Le sieur), conseiller au Trésor. Délégué des bourgeois de son quartier à l'assemblée électorale, 280.
Ducloz (Le sire). Représentant des bourgeois de son quartier à une assemblée générale de la Ville, 146.
Du Croc (Gabriel), sous-fermier des greniers à sel de Sens, Joigny, Tonnerre et Vézelay. Reçoit ordre de payer entre les mains de Nicolas Bigot ce qu'il doit à Philippe de Gondi, 274. — Sommes dues à Philippe de Gondi, 306 et note. — Caution de Philippe de Gondi, 321. — Ordonnance du Bureau lui prescrivant de venir compter au Bureau à cause de sa sous-ferme et lui délivrant sauf-conduit pour un mois, 326. — Reçoit de Philippe de Gondi sauf-conduit pour deux mois, 326 (note). — Prisonnier à la Conciergerie, 326 (note). — Examen de son compte pour savoir s'il doit être poursuivi comme coupable de péculat ; nomination de commissaires pour l'instruction de son procès, 356.

Du Crocq (Jean). Exercice indû de la charge d'aide de maître du pont de Pont-Sainte-Maxence, 155.
Du Croisel (Le sieur). Voir Des Croisettes (Pierre).
Dufé (Le sieur), voiturier d'eau. Naufrage de son bateau, 271 (note).
Dufeu (Jacques). Acquéreur de coupes de bois dans les forêts de Cuise et de l'Aigue, 75.
Du Four (Jérôme), conseiller au Parlement. Colonel de la milice bourgeoise au quartier Saint-Jacques-de-l'Hôpital, en 1594, 10 (note).
Du Four (Michel), conseiller au Parlement. Capitaine de la milice bourgeoise au quartier Saint-Jacques-de-l'Hôpital, 10 et note. — Délégué des bourgeois de son quartier aux élections municipales, 21, 92, 168, 279.
Du Gastel (Le sieur), conseiller à la Cour des Aides. Capitaine de la milice bourgeoise au quartier Saint-Gervais, 11.
Du Gué (Le sieur), trésorier de France. Délégué des bourgeois de son quartier à l'assemblée électorale, 279.
Du Gué (André). Saisie de bois emmagasiné chez lui, 204.
Du Hamel (Le sieur). Lieutenant de la milice bourgeoise au faubourg Saint-Germain-des-Prés, 9.
Du Hamel (Le sieur), contrôleur de l'argenterie. Mesures prises pour le service funèbre de la reine d'Espagne, 119.
Dujac (Samson). Propositions pour la recherche des rentes amorties, 212, 214, 217. — Propositions pour l'ouverture de diverses rivières à la navigation, 235. — Avis favorable donné par le Bureau de la Ville sur ses propositions pour rendre la rivière de Vanne navigable, et soumissions faites par ledit Dujac au Bureau à ce sujet, 252-255.
Du Laurens (Honoré), archevêque d'Embrun. Oraison funèbre de la reine d'Espagne, 117 (note), 121.
Du Mesnil (Arnoud). Résigne son canonicat de Notre-Dame à Gui Loisel, 89 (note).
Du Mesnil (Jean), maître de la communauté des déchargeurs de vins. Procès contre divers membres de la communauté, au sujet d'une taxe qu'il réclame d'eux, 239.
Du Mesnil Taardieu (Le sieur), secrétaire du Roi. Lieutenant de la milice bourgeoise au quartier Saint-Séverin, 8.
Dumont (Jean), guidon de la compagnie des arbalétriers de la Ville, 31 (note).
Dumoulin (Louis), ancien Procureur du Roi de la Ville. Résignation en faveur de Claude Perrot, 147 (note).
Du Moulinet (Louis), maître d'hôtel de la reine Louise, 132 (note).
Du Moutier (Guillaume), maître maçon. Enchère pour l'adjudication des travaux de l'Hôtel de Ville, 260.
Du Noyer (François), sieur de Saint-Martin. Propositions faites pour développer la marine de la France et pour différentes réformes, 241-242 (note). — Assemblée du Conseil de Ville pour délibérer sur ses propositions relatives à l'établissement de la navigation et à l'exploitation des mines, 380-382. — Livres où il les développe, 381 et note. — Assemblées particulières où elles ont été étudiées, 381 et note. — Renvoyé aux

États généraux pour ces propositions, 381. — Mémoire remis au Bureau sur la navigation, 381 (note).
Du Person (Jacques Davi, cardinal), archevêque de Sens. Assiste à l'assemblée du Clergé de 1610, 25 et note. 28; — répond aux réclamations de Messieurs de la Ville, 28. — Son rang au service funèbre de la reine d'Espagne, 120.
Du Piat (Jean). Claude Dormy lui cède le prieuré de Saint-Martin-des-Champs, 44 (note).
Du Plessis (Élisabeth), femme de Jean Le Saige, 277 (note).
Dupont (Joachim), épicier de la Ville. Reçoit mandement de délivrer des torches pour l'enterrement du capitaine Marchant, 28. — Fourniture de torches et de cierges pour la procession de la châsse de sainte Geneviève, 83. — Confitures et flambeaux de cire fournis pour les présents de la Ville, 163. — Confitures exquises qui lui sont commandées pour la collation offerte à l'occasion de la pose de la première pierre du grand regard de Rungis, 268.
Dupré (Le sieur), papetier. Enseigne de la milice bourgeoise au quartier Sainte-Geneviève, 5, 146 (note). — Délégué des bourgeois de son quartier à une assemblée générale de la Ville, 57.
Dupuis (Le sieur), bourgeois. Député des bourgeois de son quartier aux élections municipales, 92.
Dupuis (Remi), entrepreneur des travaux pour le curage des égouts, 37 (note).
Durant (Le sieur). Dizenier au faubourg Saint-Marcel, 5.
Durant (Le sieur). Candidat à l'Échevinage, 171.
Durantel, ancien Quartenier du quartier Saint-Jacques-la-Boucherie, 7 (note).
Duret (Charles), sieur de Chevry, président des Comptes. Capitaine et colonel de la milice bourgeoise au quartier Saint-Antoine, 5. — Assiste à une assemblée des colonels tenue pour aviser à la sûreté de la Ville, 61, 62 (note). — Siège à la Chambre des Comptes, 110.
Duret (Charles François), sieur de Chevry, fils du précédent, 5 (note).
Duret (Louis), substitut du procureur général. Lieutenant de la milice bourgeoise au quartier Saint-Séverin, 8. — Sa réception comme substitut, 8 (note). — Délégué par le Procureur général de La Guesle à une assemblée des colonels tenue pour aviser à la sûreté de la Ville, 61.
Duret (Marie-Élisabeth), duchesse de Noirmoutier, 5 (note).
Du Ruble (Le sieur). Enseigne de la milice bourgeoise au quartier Saint-Jean, 3.
Du Ry (Charles), maître maçon. Rabais mis après l'adjudication des travaux de la porte Saint-Honoré, 104; — adjudication définitive lui en est faite, 104; — baille caution, 105. — Ordonnance du Bureau concernant les changements qu'il doit apporter au bâtiment de la porte Saint-Honoré, 133-134.
Du Sausoy (Le sieur). Enseigne de la milice bourgeoise au quartier des Innocents, 7.
Du Tertre (Guillaume), Quartenier du quartier du Temple. Liste des officiers de la milice de son quartier, 6. — Présent aux élections municipales, 20, 21, 91, 92, 168, 278, 279; — à des assemblées générales de la Ville, 56, 114, 146. — Candidat à l'Échevinage, 95.
Dutillet (Le sieur), 16.
Du Tillet (Le sieur). Signature d'un arrêt du Parlement, 358.
Du Vert (Le sieur). Voir Rentigny.
Du Vivier (Le sieur). Lieutenant de la milice bourgeoise au quartier Saint-Martin, 2 et note.
Dyonnet (Le sieur). Lieutenant de la milice bourgeoise au quartier Saint-Eustache, 12.

E

Eau (Concessions d'). Voir Fontaines. — Eaux de Rungis amenées à Paris. Voir Rungis.
Eaux et Forêts (Juridiction des). Voir Table de Marbre.
Ecclésiastiques. Lettre aux échevins de Chartres sur la part que les ecclésiastiques doivent prendre aux gardes de la Ville, 98; — sont compris au rôle des colonels et capitaines, 98.
Échevins. Leur élection. Voir Élections municipales. — Léon Dolet, choisi pour Échevin par le Roi, en 1603, quoique n'ayant pas la majorité des suffrages, 4 (note). — Lettres du Roi et de la Reine régente ordonnant aux Conseillers et Quarteniers de la Ville de continuer pendant un an les Échevins qui sont actuellement en charge, 19, 20, 22. — Votent pour l'élection des scrutateurs à l'assemblée électorale, 22, 93, 170, 281; — reçoivent le serment des scrutateurs, 22, 93, 170, 281; — leur cèdent leur place à l'assemblée, 22, 93, 170, 281; — votent pour l'élection, 22, 93, 170, 281. — Nicolas Largentier réclame que les deniers destinés au payement des rentes sur le sel soient déposés dans un coffre dont les Échevins aient la clef, 26. — Rang et costume à la procession de la Réduction, 68, 134, 240; — à la cérémonie de la messe de la Réduction, 71, 140, 242. — Le premier et le troisième Échevin vont convoquer Messieurs du Parlement et de la Chambre des Comptes à cette messe, 71, 140; — allocution prononcée par le premier Échevin à cette occasion, 71 (note), 140 (note). — Assistent à la montre des trois Nombres, 74 (note). — Deux d'entre eux vont demander à l'Évêque de Paris de faire faire la procession de la châsse de sainte Geneviève, 83. — Rang et costume à la procession de la châsse de Sainte-Geneviève, 84, 85, 86. — Deux d'entre eux font la recherche du bois étant sur les ports de la rivière de la Marne, 142. — Avantages pécuniaires qu'ils tirent de la nomination aux offices de la Ville, suivant leur rang, 164 (note). 165. — Deux d'entre eux seront commis à chacun des bureaux chargés de l'éclaircissement des rentes amorties, 225. — L'un d'eux veut avantager un de ses parents en lui faisant attribuer la sculpture de la cheminée de l'Hôtel de Ville, 262 (note). — Un d'eux doit assister à la remise à Philippe de Gondi des

deniers provenant de la vente du sel au grenier de Paris, 282. — Deux d'entre eux se rendront chez Philippe de Gondi pour vérifier ses inventaires de quittances payées et lever le scellé sur le tiroir où sont celles qui ne sont pas payées, 285. — L'un d'eux assistera à la visite des maisons du pont Notre-Dame, 364. — Leur rôle de pacification en cas de tumulte, 367 (note). — Fr. Du Noyer demande qu'ils soient continués en leur charge à cause de la connaissance qu'ils ont de la question de la navigation des Indes orientales, 381 (note). — Injures adressées à un Échevin. Voir Perset (Jean). — Anciens Échevins. Voir Choilly (Claude de), Dolet (Léon), Lambert (Jean), Le Conte (Jean), Lelièvre (Louis), Rouillé (Jean). — Échevins en exercice. Voir Clappisson (Pierre), Desneux (Israël), Desprez, Fontaine, Lambert (Jean), La Noue (Jean de), Merault, Perrot, Poussepin, Thevenot (Jean).

École Saint-Germain (Port de l'). Ordres donnés au débâcleur pour régler l'arrivage des bateaux chargés de bois, 46 (note). — Prix du bois, 46, 78, 322. — Rixe sur le port, 79 (note). — Désordre à la vente du bois, 105. — Négligence des mouleurs de bois sur ce port, 323 (note).

École Saint-Germain (Quai de l'), 128.

Écoles de Droit, 85 (note).

Écorces de bois pour teinture. Tarif du droit de péage sur l'Oise, 244; — sur la Vanne, 254.

Ecquevilly (Sieur d'). Voir Potier (Augustin).

Écu de France (Maison à l'), faubourg Saint-Marcel. Saisie du bois qui y est emmagasiné, 204.

Écus. Leur cours, 310; — transport des quarts d'écu en Flandre, 310.

Édits. Voir Louis XIII.

Égouts de la Ville. Conflit du Bureau avec les Trésoriers de France au sujet du curage des égouts et des ordres donnés par le Roi à ce sujet, 33-37; — solution du conflit, 37 (note). — Voir Boues.

Élections Municipales. Mandements de l'Élection pour la convocation des Conseillers de la Ville et des Quarteniers aux assemblées électorales et pour la réunion, par les Quarteniers, des assemblées de quartier préparatoires aux élections, 19, 91, 162-163, 278, 376-377. — Lettres adressées par le Roi et la Reine régente aux Conseillers et Quarteniers de la Ville pour leur ordonner de continuer dans leurs charges le Prévôt des Marchands et les Échevins, 19, 20, 22. — (1610.) Procès-verbal de l'assemblée pour la nomination d'un Prévôt des Marchands et de deux Échevins en remplacement de Jacques Sanguin, sieur de Livri, et de Lambert et Thévenot : continuation dudit Prévôt pour deux ans et desdits Échevins pour un an, conformément à la volonté exprimée par les lettres du Roi et de la Reine régente, 20-23. — (1611.) Procès-verbal de l'assemblée pour l'élection de deux Échevins nouveaux en remplacement des sieurs Lambert et Thévenot : élection de Nicolas Poussepin et Jean Fontaine, 91-95. — (1612.) Procès-verbal de l'élection d'un Prévôt des Marchands et de deux Échevins en remplacement de Jacques Sanguin, de Perrot et de La Noue : élection de Gaston de Crieux, pour Prévôt, et de Robert Desprez et Claude Merault, pour Échevins, 167-172. — (1613.) Procès-verbal de l'assemblée pour l'élection de deux Échevins nouveaux en remplacement des sieurs Poussepin et Fontaine : élection d'Israël Desneux et de Charles Clappisson, 278-282. — Le procès-verbal des élections de 1614 n'est enregistré au registre du Bureau qu'au 6 septembre, date de la mise en possession des nouveaux élus, 377. — Procès-verbal incomplet d'une séance du Conseil de la Ville tenue pour entendre les volontés de la Reine au sujet des prochaines élections, 246 (note). — Assemblée du Conseil tenue pour entendre la lettre où la Reine exprime le désir qu'elles soient différées jusqu'à son retour, 368-369. — Réponse du Bureau à la Reine pour l'avertir que le Conseil de Ville a décidé qu'elle serait suppliée de consentir à ce que les élections soient faites à la date accoutumée, 369-370. — Lettre du Roi et nouvelle lettre de la Reine à ce sujet, avec les réponses du Bureau, 375-376.

Élisabeth de France. — Réjouissances à propos de son futur mariage, 136-139.

Ellebrocq (Étienne), maître boulanger. Saisie sur ses héritiers d'une maison à la Porte aux peintres, 158.

Embouchure (Droit d') du sel, dont Antoine Lalain doit le remboursement à Ph. de Gondi, 305, 356.

Embrun (Archevêque d'). Voir Du Laurens.

Enceinte de Charles V, 148 (note).

Enfants de Francs. Médailles qui leur sont offertes à l'occasion de la pose de la première pierre des fontaines de Rungis, 286.

Enfants d'Honneur (Liste des) pour l'entrée de la Reine en 1610, 2-14 (notes).

Enfants Rouges (Hôpital des). Bourses pour l'éducation d'enfants qui en viennent, 222.

Enfants Trouvés (Hôpital des), 86 (note).

Enlart (Camille). *Architecture civile et militaire*, citée, 266 (note).

Enlèvements de filles. Précautions prises pour que les bourgeois puissent y résister à main armée, 365.

Enseignes de maisons. Voir Coing de Rome, Croix Blanche, Écu de France, Ermitage, Image Saint-Michel, Jugement de Salomon, Monstier, Nom de Jésus, Roi François, Saint-Christophe, Souche, Trinité.

Enseignes de la milice bourgeoise. Convoqués au Louvre pour prêter serment, 1; — leur rôle, 1-15.

Entrée de la Reine qui devait avoir lieu le 16 mai 1610. Exemption accordée aux Quarteniers, cinquanteniers et dizeniers de toute contribution aux frais imposés à cette occasion aux gens de métier, 67. — Bâtiment démoli à cette occasion sur l'emplacement de la fausse porte Saint-Denis, 59 (note). — Voir Buffet d'argent.

Entrées solennelles. Les baux de location des maisons du pont Notre-Dame contiennent une clause réservant aux membres du Bureau la jouissance de places gratuites pour voir les cortèges passant sur ce pont, 364 (note).

Épargne (L'). Les deniers provenant des rentes rachetées ou échues à S. M. par aubaine, forfaiture, etc., y doivent être versés, 89. — Payement de 300,000ᴸ que François de Castille doit y faire pour le Clergé, 135.

— Mention d'arrêt du Conseil concernant un versement dû par la Ville, 150. — Philippe de Gondi se plaint de ce que ses assignations destinées pour le payement des rentes sur le sel y soient portées, 225, 227. — Le Roi sera supplié d'autoriser les fermiers des gabelles et des aides à retenir sur les deniers dus à l'Épargne les fonds nécessaires pour payer Jacques Martin, professeur en la chaire fondée par Pierre de La Ramée, 228. — Les 100,000 livres que le Roi a remises à Philippe de Gondi sur les deniers de sa ferme seront remplacées des deniers de l'Épargne, 327. — Assignation donnée sur les deniers de l'Épargne pour continuer le payement des rentes sur le sel, 336-337. — Moisset doit tenir compte au trésorier du produit des créances de Gondi remises entre ses mains, 356. — Trésorier. Voir BOUBIER (Vincent).

ÉPICERIE ET APOTHICAIRERIE (Maîtres et gardes de l'). Procès contre les fermiers des cinq grosses fermes au sujet d'un bureau que ceux-ci veulent établir à Paris, 231.

ÉPICERIES. Tarif du droit de péage sur l'Oise, 244; — sur la Vanne, 254.

ÉPICIER DE LA VILLE. Charge classée parmi les offices en commun, 165. — Voir DUPONT (Joachim).

ÉQUEVILLY. Voir ECQUEVILLY.

ERLOY, *Arloy* (Aisne). Entreprise pour l'ouverture de l'Oise à la navigation entre Chauny et Erloy, 242-246.

ERMITAGE (Maison de l'), rue du Grand-Chantier, 349 (note).

ERNÉE (Mayenne). Grenier à sel, 363.

ESBLY (Seine-et-Marne). Seigneur. Voir CHARLET (Étienne). — Moulin dépendant de la seigneurie, 145 (note).

ESCOUYS (Le sieur D'). Dizenier au quartier Notre-Dame, 9 (note), 10.

ESGUILLON. Voir AIGUILLON.

ESLAIN (Nicolas), docteur en la Faculté de Médecine. Chargé par le Parlement de contrôler l'enseignement chirurgical de Pineau, 111 (note).

ESPAGNE. Réjouissances publiques à l'occasion des futurs mariages entre les princes et princesses des Maisons de France et d'Espagne, 136-139.

—— Espagne (Reine d'), 137 (note). Voir MARGUERITE d'Autriche.

—— Espagne (Roi d'). Voir PHILIPPE III.

—— Ambassadeur. Voir CARDENAS (Inigo DE), PASTRANA (Duc DE).

ESPAGNOLS (Les). Leur puissance est tirée des conquêtes maritimes, 382 (note).

ESRIVAULX (Le sieur D'). Voir HERIVAUX (Abbé d').

ESTIENNE (Guillaume). Lieutenant de la milice bourgeoise au faubourg Saint-Jacques, 10.

ESTISSAC (Aube), autrefois *Saint-Liébault*. Propositions faites par Simon Dujac pour rendre la rivière de Vanne navigable jusqu'à ce pays, 252. — Érection de Saint Liébault en duché sous le nom d'Estissac, 252 (note).

ESTISSAC, hameau de Saint-Jean-d'Estissac (Dordogne). Donne son nom au duché érigé à Saint-Liébault en faveur de Louis-François-Armand de La Rochefoucauld-Roye, 252 (note).

ÉTAIN. Tarif du droit de navigation sur l'Armançon, 236; — sur l'Oise, 244; — sur la Vanne, 253.

ÉTAPE AU VIN en Grève, 94 (note).

ÉTAT, dressé au Conseil du Roi, des deniers à recouvrer par le payeur des rentes sur le sel pour achever le payement des arrérages dus par Philippe de Gondi, 300, 304, 305-306, 307, 337, 341, 346, 359.

ÉTATS FINAUX des comptes. Le Bureau prie la Chambre des Comptes de ne pas apporter trop de retard à les mettre sur les comptes, 374 et note.

ÉTATS GÉNÉRAUX. Commencement des opérations relatives à la convocation, 364; — assemblées particulières de la Ville pour l'élection des députés, 364 (note). — Convocation des Conseillers de Ville à une réunion du Conseil pour entendre lecture des lettres du Roi relatives à la convocation, 364 (note). — Assemblées pour les cahiers, 374 (note). — Les propositions de François Du Noyer sur la navigation des Indes y sont renvoyées, 381. — Propositions de François Du Noyer au sujet de la navigation des Indes orientales, 381 (note).

ÉTRANGERS logés à Paris, 366. Voir RECHERCHES dans les maisons.

EU (Seine-Inférieure). Échevin. Voir VINCENT (Charles).

EURE (Département de l'), 221 (note).

EUSTACHE (Le sieur). Dizenier au quartier Saint-Jacques de l'Hôpital, 11.

EUSTACHE (Jean), voiturier par eau. Assiste à l'information faite sur le projet de construire des maisons le long des quais qui partent du pont Neuf, 127, 128.

ÉVÊCHÉ (Palais de l'). Rendez-vous des princes et des chevaliers du Saint-Esprit pour le service funèbre de la reine d'Espagne, 120. — Censive de l'Évêché, 5 (note). — Voir PARIS (Évêque de).

ÉVÊQUES. Convoqués au service funèbre de la reine d'Espagne, 120.

ÉVERARD (Le sieur). Conclusions de son expertise sur l'utilité et l'emplacement du pont Marie, 151.

EXÉCUTION en place de Grève, 367 (note).

EXPILLY. *Dictionnaire*, cité, 363 (note).

F

FACTUM publié par le Prévôt des Marchands contre François de Castille à propos des rentes du Clergé, 250 et note.

FALAISE (Calvados), 309 (note).

FANUCHE (Flamin), receveur et payeur des rentes assignées sur les recettes générales. Paul de La Barre lui résigne l'office de receveur et payeur alternatif des rentes sur les recettes générales, 62 (note). — Notice biographique, 70 (note). — Mandé au Bureau pour régler dans quel ordre il exercera son office, 70. — S'oppose à la création du bureau proposé par Germain Gillot pour le payement des rentes, 184. — Règlement qu'il doit suivre pour ce payement, 185 ; — notification lui en est faite, 185. — Mandé au Bureau où il lui est ordonné de représenter l'état au vrai des recettes et dépenses de sa charge, en vertu de l'arrêt du Conseil, 304. — Signification lui est faite de l'arrêt du Conseil du Roi interdisant aux receveurs et payeurs des rentes de payer les arrérages des rentes rachetées par Jacques Feret, 328.

Faquin (Lances rompues au), 138 et note.

Farce de Patelin (La), citée, 25 (note).

Faubourgs. Proposition pour leur clôture, 221.

Fauré (Le sieur). Parti pour le rachat des rentes, 304.

Faux. Avis du Bureau de la Ville sur les lettres de privilège obtenues par Jean Bietrix pour leur fabrication, 159-161. — Villes où il s'en fabrique en France, 160.

Favier (Nicolas). Enseigne de la milice bourgeoise au quartier du Saint-Esprit, 14.

Fayet (Nicolas), secrétaire du Conseil du Roi. Signature d'arrêts ou expéditions du Conseil, 69, 96, 97, 157, 275, 282, 283, 296.

Febvre (Le sieur). Enseigne de la milice bourgeoise au faubourg Saint-Germain-des-Prés, 9.

Félibien (Dom). *Histoire de la Ville de Paris*, citée, 84 (note), 187 (note), 205 (note), 213 (note), 267 (note), 381 (note).

Femmes. Prennent part à une démarche des bourgeois au sujet du mauvais payement des rentes, 44.

Fer (Étienne de), maître charpentier. Caution de Jean Coing pour l'entreprise de l'aqueduc des eaux de Rungis, 205 (note). — Assignations qui lui sont données par les Trésoriers de France au sujet de l'exécution de ces travaux, 205-206 (note).

Fer. Tarif du droit de péage sur l'Armançon, 237 ; — sur l'Oise, 244 ; — sur la Vanne, 254.

Fer blanc. Lettres de privilège obtenues par Louis et François de Galles pour des forges destinées à sa fabrication, 159.

Ferdinand, infant d'Espagne, 117 (note).

Fère (La), Aisne, 213 (note).

Feret (Louis, alias Jacques). Parti pour le rachat de rentes sur les recettes générales, à l'occasion de la création d'offices de receveurs et payeurs provinciaux des rentes sur les recettes générales, 299. — État des rachats et amortissement de rente faits par lui, 325. — Arrêt du Conseil portant défense aux receveurs et payeurs des rentes de payer les arrérages des rentes qu'il a rachetées, 326-327. — Signification de cet arrêt à Flamin Fanuche, 328.

Fermant, alias Formain (Guillaume). Assigne la Ville en payement d'une fourniture de chevaux faite pendant la Ligue, 347. — Requête du Bureau de la Ville au Parlement contre lui, 350. — Le Parlement repousse sa réclamation, 358.

Ferme générale des Aides. Le Bureau réclame que, dans le renouvellement du parti des aides, on exige le payement des quatre quartiers des rentes, 80-81. — Assemblée du Conseil de la Ville touchant le renouvellement du bail général, 86-87 ; — demande que ce soit à condition de payer les quatre quartiers des rentes, 87. — Proposition par Levassor de payer le quatrième quartier des rentes, 90 (note). — La Ville demande que le fermier général des aides soit contraint à payer les rentes assignées sur la douane, 98. — Les deniers baillés pour obtenir l'adjudication du parti des aides se partagent entre les membres du Bureau, 165. — On demande au Roi d'autoriser le fermier général à retenir sur les deniers dus à l'Épargne les fonds nécessaires pour payer Jacques Martin, professeur en la chaire fondée par La Ramée, 228. — Le Procureur du Roi de la Ville requiert que communication soit faite au fermier général des aides des articles proposés par Mathurin Geslain pour l'amortissement des rentes, 317. — Fermier général. Voir Feydeau (Antoine et Denis).

Ferme générale des Gabelles. Thomas Robin reçoit ordre de bailler caution pour les rentes assignées sur elles, 124-125. — Les deniers baillés pour obtenir l'adjudication du parti du sel se partagent entre les membres du Bureau de la Ville, 165. — On demande au Roi d'autoriser le fermier général des gabelles à retenir sur les deniers dus à l'Épargne les fonds nécessaires pour payer Jacques Martin, professeur en la chaire fondée par La Ramée, 228. — Le fermier général requiert que communication lui soit faite des articles proposés par Mathurin Geslain pour l'amortissement des rentes, 317. — Voir Gabelles. — Fermier général. Voir Moisset (Jean de), Bobin (Thomas).

Fermes (Grosses). Procès des fermiers contre les maîtres et gardes de l'Épicerie et Apothicairerie, au sujet d'un bureau qu'ils veulent établir en cette Ville, 231. — Somme à prendre sur elles, que J.-B. de Gondi a transportée à Philippe de Gondi, 356.

Feron alias Le Feron (Antoine), maître paveur. Adjudicataire des travaux de pavage du pont sur les remparts derrière le jardin des Tuileries, 49, 50 (note). — Enchères pour l'adjudication de l'entretien des fontaines, 65.

Ferrand (Antoine), Lieutenant particulier du Châtelet. Délégué des bourgeois de son quartier à l'assemblée électorale, 279.

Ferrand (Charles), notaire. Lieutenant de la milice bourgeoise au quartier des Innocents, 7 et note.

Ferrant (Le sieur). Enseigne de la milice bourgeoise au faubourg Saint-Germain-des-Prés, 9.

Ferrières (Le sieur), maître horloger. Assiste à l'adjudication pour l'entreprise de l'horloge de l'Hôtel de Ville, 129.

Ferrières (Sieur de), 5 (note).

Ferté-Bernard (La), Sarthe. Grenier à sel, 363.

Ferté-sous-Jouarre (La), Seine-et-Marne. Fabriques de faux, 160 et note.

Feste (Le sieur). Collation d'un arrêt du Parlement, 358.

Feuillants (Religieux). Somme que P. Bizet se propose d'employer à la construction de leur portail, 223.

Feuille morte. Voir Nostaing (Guillain de).

Feuillet (Le sieur). Capitaine et colonel de la milice bourgeoise au quartier du Saint-Esprit, 14 et note. — Assiste à une assemblée des colonels tenue pour aviser à la sûreté de la Ville, 61. — Hôtelier condamné à l'amende pour lui avoir baillé les noms de ses hôtes, 76.

FEUILLET (Le sieur), marchand. Délégué des bourgeois de son quartier à une assemblée générale de la Ville, 56.

FEUX DE JOIE, à l'occasion des futurs mariages entre les princes et princesses des Maisons de France et d'Espagne, 136-139.

FÈVES et POIS. Tarif du droit de péage sur l'Armançon, 237; — sur l'Oise, 244; — sur la Vanne, 254.

FEVRE (Rue au). Fait partie du quartier Saint-Jacques de l'Hôpital, 10 (note).

FEYDEAU (Antoine), fermier général des aides, 214. — Transport lui est fait du bail général des aides, 87 (note). — Déchargé du droit de douane, 124. — S'oppose à la création du bureau proposé par Germain Gillot pour le payement des rentes, 184. — Règlement qu'il devra suivre pour le payement des rentes, 185, 218; — signification qui lui en sera faite, 185. — Opposition aux articles proposés par Mathurin Geslain pour l'amortissement des rentes, 248-249 (note), 318-319, 321. — Ordonnance du Bureau concernant la manière dont il doit faire le payement des rentes sur les aides, 271.

FEYDEAU (Denis), fermier général des aides, 82, 214. — Renouvellement du bail général des aides, 86-87 et note; — transport de ce bail à son frère Antoine, 87 (note). — Opposition formée près de la Chambre des Comptes à la vérification de la commission obtenue par Filacier pour la recette des deniers des rentes éteintes par rachat ou autrement, 96, 97. — Ordonnance qui lui prescrit d'apporter au Bureau le double de ses comptes, 208, 226.

FICQUET (Laurent). État des amortissements de rentes faits par lui, 325.

FIEUBET (Paul). Assignation donnée à la Ville sur les deniers qu'il doit fournir à l'Épargne, 337, 344.

FIGUES. Tarif du droit de péage sur l'Oise, 244; — sur la Vanne, 254.

FIL. Tarif du droit de péage sur l'Armançon, 237; — sur l'Oise, 244; — sur la Vanne, 254.

FIL D'ARCHAL. Privilège pour sa fabrication, 159.

FILACIER ou FILASSIER (Jean), secrétaire de la Chambre du Roi. Opposition de la Ville à la commission à lui délivrée le 22 février 1611 pour la perception des deniers provenant des rentes éteintes ou amorties, 89-90. — Arrêts du Conseil obtenus à sa requête au sujet de cette commission, 96-97. — Remontrances de la Ville présentées au Conseil sur cet objet, 98-101. — Opposition nouvelle à l'enregistrement de la commission donnée à Jean Filacier, que le Conseil du Roi veut imposer à la Chambre des Comptes, 109-110. — Assemblée générale tenue pour annoncer à la Ville la révocation de sa commission par la Reine; détails sur cette révocation, 113-117, 141, 179. — Projet de lettres de révocation de sa commission, dressé par la Ville, mais qui n'a pas été scellé et expédié, 116-117. — Seconde commission obtenue par lui le 20 mars 1612 pour la perception des deniers provenant des rentes éteintes ou amorties constituées sur les autres villes ou recettes : Opposition faite par la Ville à la vérification de cette commission par la Chambre des Comptes, 178. 181, 197. — Doit communiquer sa commission en original, 178 (note). — Signification lui est faite d'une requête de la Ville, 178. — Requête du Bureau afin d'obtenir délai pour présenter ses causes d'opposition à l'enregistrement de cette commission, 200 (note). — Assemblées du Conseil de la Ville pour délibérer sur la recherche des deniers provenant des rentes éteintes ou amorties et sur la commission de Jean Filacier, 210-217. — Propositions faites à la Ville par Jean Filacier au sujet de cette recherche, 212, 214, 217. — La Ville se désiste de son opposition en ce qui concerne les rentes du dehors de la Ville, 217. — Nouvelle délibération du Conseil de la Ville à propos de la commission de Jean Filacier : la Ville renonce à son opposition, 224-225.

FILASSIER (Le sieur). Dizenier au quartier Saint-Jacques-la-Boucherie, 7 (note), 8.

FILLACIER ou FILLASSIER. Voir FILACIER.

FILLEAU (François). Reçu cinquantenier à la place de son père, 376 (note).

FILLEAU (Robert). Reçu cinquantenier au quartier de Lambert, 376 (note).

FILLES PÉNITENTES (Les), au quartier du Sépulcre, 12 (note).

FILZ (Le sieur). Dizenier au quartier Sainte-Geneviève, 4.

FINANCES, nerf de l'État, 287.

FINANCES (Bureau des). Voir TRÉSORIERS DE FRANCE.

FLAMBEAUX de cire musqués, offerts en présent par la Ville à l'ambassadeur d'Espagne, 163.

FLAMEN, huissier en la Chancellerie. Signification au Bureau de la Ville d'un arrêt du Conseil, 283, 328. — Signification à Guillaume Clément d'une ordonnance de Gilles Maupeou, 338.

FLANDRE. Les quarts d'écu de France y sont transportés pour les fondre, 310.

FLASCHE (Guillaume), juré crieur de corps et de vins. Réclamation qui lui est indûment faite du droit de confirmation, 134-135.

FLECELLE ou FLECELLES (Le sieur DE), secrétaire du Conseil du Roi. Signature d'arrêts ou d'expéditions du Conseil, 127, 128, 150, 206, 207, 216, 299, 300, 301, 306, 327, 332, 338.

FLÈCHE (LA), Sarthe. Grenier à sel, 363.

FLETTES ou NACELLES. Défense d'y charger bois, 105, 200.

FLEURY (Guillaume), portier de la porte Saint-Honoré. Signale le mauvais état de cette porte, 102 (note). — Ordonnance du Bureau le cassant de cette charge et portant que François de Fontenu présentera un candidat en sa place et lui enlèvera les clefs, 346. — Résistance à l'exécution de cette ordonnance, 346 (note). — Intervention de la Ville dans une instance pendante au Parlement entre lui et Gilles de La Massure, 358-359. — Maintenu par le Parlement dans ses prétentions de garder l'office de portier de la porte Saint-Honoré, 359 (note).

FLEURY (Jean). Emprisonné sur la plainte portée contre lui par un capitaine enseigne de la milice, 60 (note).

FLEURY-SUR-ANDELLE (Eure), 221 (note).

FLEXELLES (Françoise DE). Femme de Jean Vaillant de Guélis, puis de Jean Le Picart, 92 (note).

FLORENCE (Serge de), employée pour le deuil du service funèbre de la reine d'Espagne, 119.

FLORETTE (Guillaume), conseiller au Parlement. Capitaine de la milice bourgeoise au quartier du Temple, 7 et note.

FOIN. Sa cherté présente, 194. — Tarif du droit de péage sur l'Armançon, 237 : — sur l'Oise, 244 : — sur la Vanne, 254.

FOIN (Port au). Visite d'experts qui y est faite en vue de la construction du pont Marie, 150, 151, 152.

FOINEAU (Pierre). Rouet qui doit être mis à sa maison, au coin de la rue de la Huchette, 24 (note).

FONCEAU (Regard au), 65.

FONCETS (bateaux), 144 et note.

FONLEBON (Charlotte DE), seconde femme de Nicolas de Verdun, 72 (note).

FONTAINE (Le sieur). Lieutenant de la milice bourgeoise au quartier Saint-Gervais, 11.

FONTAINE (Jean), maître des œuvres de charpenterie des bâtiments du Roi, Échevin. Candidat à l'Échevinage, 23. — Élu second Échevin, 94, 95 ; — présenté au Roi, 94 ; — prête serment, 95 ; — mis en possession de sa charge, 95. — Signification lui est faite d'une ordonnance de la Chambre des Comptes, 106. — Député vers la Chambre des Comptes pour présenter les remontrances de la Ville contre l'enregistrement de la commission de Jean Filacier, 110. — Chargé de régler les travaux d'élargissement de la porte de Nesle, 132. — Avis sur le prix des travaux entrepris à la porte Saint-Honoré, 133, 134. — Présent à des assemblées du Conseil de Ville, 143, 156, 176, 181, 183, 211, 214, 217, 224, 235, 248, 249, 270; — à une assemblée générale de la Ville, 145 ; — aux élections municipales, 167, 278. — Commet l'exercice de sa charge de maître des œuvres à Simon Harnier, 150. — Chargé de surveiller le payement des rentes assignées sur les recettes générales, 185. — Assiste à la visite de la charpente de l'Hôtel de Ville, 231 : — à la visite des fontaines de la Ville, 264. — Assemblée électorale pour l'élection de son successeur, 278-282. — Remerciements faits à l'assemblée électorale à l'expiration de sa charge, 280 ; — puis au Roi et à la Reine, 281. — La Reine fait son éloge, 281. — Visite d'une maison que fait construire François de Castille, 302 (note). — Expert nommé pour choisir l'emplacement du pont Marie, 378.

FONTAINEBLEAU (Seine-et-Marne). Séance du Conseil du Roi, 77. — Lettres du Roi qui en sont datées, 82, 294, 295, 305, 307. — Séjour de la Cour en automne 1611, 109 (note). — Arrêts du Conseil qui en sont datés, 114, 257, 299, 300, 301, 303, 304, 306, 307, 337, 346. — L'Échevin Poussepin y est envoyé vers le Chancelier et le Conseil pour les affaires de la Ville, 145, 156. — Lettres qui y sont adressées au Chancelier, 145, 150. — La ville doit être desservie par le bateau de Héricy, 210 (note). — Des membres du Bureau de la Ville y seront députés pour obtenir du Conseil l'arrêt relatif aux rentes du Clergé, 252. — Trois des membres du Bureau doivent s'y rendre pour présenter au Roi leurs causes d'opposition contre la création de deux offices de receveurs et payeurs des rentes sur le sel, 293-294, 295, 303. — Assemblée du Conseil de Ville tenue pour entendre ce qui s'est passé dans cette ville au sujet des rentes du sel, 303-304. — Lettres du Chancelier qui en sont datées, 309. — Mentions, 269 (note), 301, 302 (note), 309, 311, 332. — Capitaine. Voir ZAMET (Sébastien).

FONTAINES (Sieur DES). Voir BIGOT (Claude).

FONTAINES. *Fontaines publiques de la ville.* Préjudice que leur cause le défaut d'entretien de la fontaine commune au Grand Prieuré du Temple et à Saint-Martin-des-Champs, 43, 44 ; — faute de procéder aux réparations, cette fontaine sera réunie aux fontaines publiques, 43, 44. — Adjudication de leur entretien, 64-67. — Adjudication de la fourniture de caillou pour les pierrées des fontaines, 158. — Leur direction et conduite appartient au Bureau de la Ville, 208. — Le Bureau s'oppose à la création de charges de visiteurs et gardes des clefs des fontaines et regards, 257. — Leur surveillance appartient au Maître des œuvres de maçonnerie de la Ville, 65, 257, 264. — Rapport de Guillain sur les travaux qui sont à y faire, 263-264. — Ordonnance et mandement du Bureau réglant l'exécution de ces travaux, 264 ; — un rapport sera adressé au Bureau chaque semaine sur ces ouvrages, 264. — Fontaines de Belleville. Travaux de réparation, 328. — Fontaines de Rungis. Voir RUNGIS. — Diverses fontaines publiques. Voir CROIX-DU-TIROIR, TROUSSEVACHE (Rue).

— *Fontaines particulières,* ou concessions d'eau faites par la Ville. Marché pour la construction d'une fontaine à l'usage du Roi au château du Louvre, 16-17. — Voir ALMÉRAS, BORDEAUX (Jean DE), FOURCY, GAYANT, HENNEQUIN, LE GAMUS (Antoine), LE CONTE (Charles), LE FERON, LESCALOPIER, LESCUYER, LUILLIER (Nicolas), MALOU, s' de Bercy, POGET, ROISSY, SAINT-MARTIN-DES-CHAMPS, SANGUIN (Jacques), TEMPLE (Grand prieuré du), VERDUN, VERSIGNY.

FONTAINES (Chemin des), venant du Pré-Saint-Gervais, 65.

FONTANON, *Édits et ordonnances,* cités, 55 (note).

FONTENU (Le sieur), associé de Germain Gillot. Comparaît avec lui au Conseil de Ville pour s'expliquer sur le projet d'un bureau destiné au payement des rentes, 184.

FONTENU (François DE). Quartenier du quartier Saint-Honoré. Présent aux élections municipales, 168 (note), 169, 279, 280. — Remplace André Canaye comme Quartenier du quartier Saint-Honoré, 169 (note). — Ordonnance du Bureau lui prescrivant de présenter un candidat pour la place de portier de la porte Saint-Honoré au lieu de Guillaume Fleury, 169 (note), 346. — Rapport fait au Bureau sur la résistance opposée par Fleury à l'accomplissement de cette ordonnance, 346 (note).

FONTENU (Sébastien), auditeur des Comptes. Enseigne de la milice bourgeoise au quartier Saint-Eustache, 12 et note.

FONTENY (Nicolas DE), commis de Nicolas Largentier. Sommation faite à la Ville au nom dudit Largentier, 26-27.

55.

Fontis (Jean de). Lieutenant criminel de robe courte au Châtelet. Son rang à la procession de la châsse de sainte Geneviève, 85. — Sa réception en sa charge, 85 (note).

For l'Évêque (Bailli du). Assignation donnée devant lui au sujet d'une place donnée à bail par la Ville, 106. — Assignation donnée devant lui au sujet d'une maison bâtie entre les deux portes Saint-Honoré, 277 (note).

Forbet (Le sieur). Dizenier au quartier Saint-Antoine, 5 et note.

Foressier (Jean), juré vendeur et contrôleur de vin. Efforts faits par ses héritiers pour lui faire, sur son lit de mort, manifester sa volonté de résigner son office à son neveu, 277.

Foressier (Jean) le jeune. Démarches au sujet de la résignation de l'office de juré vendeur et contrôleur de vin de son oncle Jean Foressier, 277.

Forez. Lettres de privilège obtenues par Jean Bietrix pour la fabrication des faux dans cette province, 160.

Forget (Jean), président aux Enquêtes du Parlement, puis président au mortier. Capitaine et colonel de la milice bourgeoise au quartier Saint-Eustache, 12 et note. — Sa mort, 62 (note), 168 (note).

Forget (Jean), agent général du Clergé. Signification que lui fait faire Castille d'un arrêt du Conseil du Roi, 136.

Formain (Guillaume). Voir Fermant (Guillaume).

Foscarini (Antonio), ambassadeur de Venise. Relation du sacre, 38 (note).

Fossard (Abdenay). Lieutenant de la milice bourgeoise au quartier du Temple, 7.

Fossés de la Ville. Conflit entre le Bureau et les Trésoriers de France à propos de leur curage, 33-37. — Chemin sur les fossés, de la porte Saint-Michel à la porte Saint-Germain, 43 (note). — Vente de la jouissance que possédait feu Jean Martin d'un plant d'arbres dans les fossés, 74 et note. — Travaux pour l'écoulement des eaux de la rue d'Anjou, 78 et note. — Prétentions de l'abbaye Saint-Victor sur les fossés de la porte Saint-Victor, 198-200. — Droits du Roi, 199 (note). — Projet de les rendre navigables par le canal de l'Arsenal, 213 (note). — Boues et immondices qui les remplissent entre les portes Saint-Germain, de Buci et de Nesle, 377. — Travaux pour l'écoulement des boues amoncelées dans les fossés des portes de Saint-Germain, de Nesle et de Buci, 377, 380, 382-383.

Fossés-Saint-Germain (Rue des). Saisie de bois amassé dans un magasin, 204.

Fossés-Saint-Germain-l'Auxerrois (Rue des). Travaux pour conduire les eaux des fontaines de la Ville au château du Louvre, 16 et note.

Foucault (Eusèbe), maire d'Orléans. Signe une lettre adressée par la Municipalité d'Orléans au Bureau de la Ville, 159.

Foucquet (Guillaume), conseiller au Parlement. Capitaine de la milice bourgeoise au quartier Saint-Jean, 4 et note. — Délégué des bourgeois de son quartier à l'assemblée de l'Élection, 169.

Foucquet (Robert). Enseigne de la milice bourgeoise au faubourg Saint-Marcel, 5.

Four (Rue du), au quartier Saint-Honoré, 13 (note).

Fourcy (Le sieur de). Concession de fontaine particulière en sa maison de la rue des Francs-Bourgeois, 238 (note).

Fourcy (Jean de), sieur de Checy, conseiller du Roi en son Conseil d'État et privé et superintendant des bâtiments de S. M. Passe contrat, pour le Roi, avec Jean Lintlaër au sujet de la pompe de la Samaritaine, 129 (note). — Candidat à la Prévôté des Marchands, 171. — Assiste à la rédaction du devis de l'aqueduc des eaux de Rungis, 175, 176, 191. — Chargé de diriger avec Deshayes les bâtiments neufs qui pourront se faire au château de Montargis, 206 (note). — Commission qui lui est donnée pour surveiller les travaux de l'aqueduc des eaux de Rungis, 206-207. — Études préparatoires qu'il avait faites pour ces travaux, 207. — Consulté pour le devis de Rungis, 207. — Attestation délivrée au Bureau de la Ville au sujet d'un travail à exécuter devant une maison sise sur le quai et dont la jouissance a été concédée au maréchal d'Ancre, 229 (note).

Fournier (Le sieur). Capitaine et colonel de la milice bourgeoise au quartier Saint-Honoré, 13. — Assiste à une assemblée des colonels tenue pour aviser à la sûreté de la Ville, 61.

Fournier (Gabriel), conseiller au Parlement. Délégué des bourgeois de son quartier aux élections municipales, 21 et note.

Fouyn (Le sieur), chanoine de Notre-Dame. Préparatifs de la procession de la Réduction, 68 (note).

Foyneau (Le sieur), mesureur de sel. Enseigne de la milice bourgeoise au quartier Saint-Séverin, 9.

Fraguier (Le sieur). Lieutenant de la milice bourgeoise au quartier Saint-Jean, 4.

France (La). Importance qu'il y a pour elle de développer sa puissance maritime, 382 (note).

France. Voir Île-de-France.

France (Armes de). Voir Armes.

France (Mesdames de). Voir Mesdames.

France (Reines de). Voir Catherine de Médicis, Louise, Marie de Médicis.

France (Rois de). Voir Charles VI, Charles IX, Henri III, Henri IV, Louis le Gros, Louis XIII.

Francfort-sur-le-Mein (Foire de), 309-310 et note.

Franchigny. Voir Francine.

Francine ou Franchine (Thomas), ingénieur, conducteur des fontaines et grottes du Roi. Consulté pour la rédaction du devis de l'aqueduc des eaux de Rungis, 175, 176. — Assignation qui lui est donnée par les Trésoriers de France au sujet de l'exécution des travaux pour l'aqueduc des eaux de Rungis, 206 (note). — Convoqué par le Bureau pour procéder aux alignements, 207; — ordre du Roi prescrivant cette convocation, 208, 216. — Admis à participer aux bénéfices de l'entreprise des eaux de Rungis, en raison des services qu'il a rendus aux associés, 331 (note). — Assiste à une visite des travaux de Rungis; nouveau plan présenté par lui, 365 (note).

François de Sales (Saint), 280 (note).

François (Jean), quincaillier. Reçoit défense de vendre des armes sans autorisation, 351.

Francs-Bourgeois (Rue des). Rétablissement de fontaine en la maisom du sieur Almeras, 238.

Frebautin (Jean), archèr de la Ville. Cassé pour inexactitude et parce qu'il habite aux champs, 74 (note).

Fresnes-lès-Rungis (Seine). Décharge pour l'aqueduc de Rungis, 365 (note).

Frezon (Le sieur). Candidat à l'échevinage, 171.

Friperie (Quartier de la). Désignation donnée à une partie du quartier Saint-Jacques de l'Hôpital, 11 (note). — Nom donné à la dizaine dont Caverne était capitaine, 61.

Frison ou Frizon (Le sieur), marchand. Capitaine de la milice bourgeoise au quartier Notre-Dame, 10. — Représentant des bourgeois de son quartier à une assemblée générale de la Ville, 146. — Délégué des bourgeois de son quartier à l'assemblée, électorale, 279. — Candidat à l'échevinage, 95, 282.

Fromageot (P.). *La Rue de Buci*, ouvrage cité, 9 (notes).

Fromages. Tarif du droit de péage sur l'Oise, 244; — sur la Vanne, 254.

Frontignan (Vin muscat de), 46 (note).

Frouville (Seine-et-Oise). Seigneur. Voir Testu (Louis).

Fruitage. Tarif du droit de péage sur l'Oise, 244; — sur la Vanne, 254.

Fueillet (Le sieur), marchand. Lieutenant de la milice bourgeoise au quartier du Sépulcre, 13.

Fueillet (Le sieur), bourgeois. Délégué des bourgeois de son quartier aux élections municipales, 21.

G

Gabelles. Ferme des gabelles de la généralité de Paris, mise en adjudication au déchet de Philippe de Gondi, 274 (note). — Contraintes à exercer contre les commis à la recette des deniers des gabelles des généralités de Tours et de Champagne, 300. — Caution à bailler au Bureau de la Ville par les fermiers, 301. — Ordonnance du Bureau enjoignant aux fermiers des gabelles de mettre entre les mains de Pierre Payen les deniers dont la Ville est assignée sur eux, 341. — La rente constituée sur les gabelles et recettes générales de province, proposée en payement par Ph. de Gondi, sera rejetée, 356. — Contrôleur. Voir Bigot (Nicolas). — Voir Ferme générale des gabelles, Rentes.

Gabriel (Saint). Statue projetée à l'Hôtel de Ville par P. Bizet, 223.

Gaignard (Le sieur). Enseigne de la milice bourgeoise au quartier des Innocents, 7. Voir Guignard.

Galigaï (Léonora Dori ou), marquise d'Ancre. Protège Claude Barbin, 182 (note). — Reçoit de la Reine le don des deniers à provenir de la recherche des arrérages des rentes amorties autres que celles de l'Hôtel de Ville; négociations avec la Ville à ce sujet, 211, 217.

Galland (Pierre). Dizenier au quartier Saint-Martin, 2.

Gallard (Claude), receveur des consignations. Ordonnances du Bureau portant saisie-arrêt, entre ses mains, des deniers adjugés à Philippe de Gondi sur les biens de feu Jérôme de Gondi, 284, 323.

Galles (Louis et François de). Avis du Bureau sur les lettres de privilège qu'ils ont obtenues pour des forges destinées à la fabrication du fer-blanc et du fil d'archal, 159-161.

Gallet, *alias* Gallé (Marlin), maître barbier et chirurgien. Réclame une indemnité pour le préjudice que lui causent les travaux des fontaines de Rungis, 332 (note).

Gallia Christiana, citée, 9 (note), 44 (note), 98 (note), 238 (note).

Gamard (Le sieur), apothicaire. Capitaine de la milice bourgeoise au quartier Sainte-Geneviève, 4, 146 (note).

Gambier, ancien Quartenier du quartier Saint-Eustache, 12 (note).

Gamin (Élisabeth), femme de Jérôme de Hacqueville, 168 (note).

Gardebled (Le sieur). Lieutenant de la milice bourgeoise au quartier Saint-Jacques-la-Boucherie, 8.

Garde de l'étape au vin. Voir Concierge de l'Hôtel de Ville.

Gardes de la Reine (Archers des). Défense leur est faite de venir sur les ports entraver la liberté de la vente du bois, 202-203.

Gardes de nuit des marchandises sur les ports; office classé parmi les offices en commun, 165.

Gardes du corps du Roi (Archers des). Défense leur est faite de se trouver sur les ports pour entraver la liberté de la vente du bois, 202-203.

Gardes et Guets. Arnoul Mestayer en est exempté, à cause de sa charge de lieutenant des arquebusiers, 42.

Garenger. Voir Haranger.

Garennes (Le sieur des). Voir Charlet (Étienne).

Garnier (Le sieur). Enseigne de la milice bourgeoise au quartier Saint-Jacques-la-Boucherie, 7.

Garnier (Le sieur), secrétaire du Roi. Lieutenant de la milice bourgeoise au quartier Saint-Martin, 3.

Garnier, chanoine de Notre-Dame. Reçoit mission de combattre les projets de Christophe Marie, 219 (note).

Garnier (François), conseiller au Parlement. Député des bourgeois de son quartier aux élections municipales, 92 et note.

Garrault (Le sieur), bourgeois. Démarche auprès du Conseil de Ville pour le payement des rentes du sel, 340; — consulté sur l'ordre du payement, 340.

Gastel. Voir Du Gastel.

Gastines (Louis Le Bigot, sieur de), maître des Comptes. Capitaine de la milice bourgeoise au quartier Saint-Gervais, 11 et note.

Gaulmont (Le sieur), receveur des tailles. Capitaine de la milice bourgeoise au quartier Saint-Jacques-de-la-Boucherie, 7 et note. — Délégué des bourgeois de son quartier aux élections municipales, 21.

Gavant (Le sieur). Lieutenant de la milice bourgeoise au faubourg Saint-Germain-des-Prés, 9.

Gayant (Président). Rétablissement d'une fontaine en sa maison de la rue des Prouvaires, 368.

Gélas (Claude de), évêque d'Agen. Son rang au service funèbre de la reine d'Espagne, 120.

GENAIS (Jean). Dizenier au quartier des Innocents, 7.
GENDRON (Le sieur), premier huissier à la Cour des Aides. Délégué des bourgeois de son quartier à l'assemblée de l'Élection, 169.
GÉNÉALOGIE DE LA FAMILLE DE GONDI, citée, 284 (note).
GENEVIÈVE (Sainte). Procession de la châsse, 83-86; — relations, 84 (note).
GENTILLY (Seine). Le Roi y soupe chez le président Chevalier, 269 (note).
GENTILLY (Forêt de). Voir CHANTILLY.
GENTILSHOMMES (Les six) qui suivent le Maître des Cérémonies aux semonces du service funèbre de la reine d'Espagne reçoivent une robe et un chaperon de deuil, 119.
GEOFFROY-L'ASNIER (Rue), 282 (note). — Projet de construire le pont Marie à l'opposite de cette rue, 220, 378-380.
GERMAIN (Jacques). Dizenier au quartier Saint-Eustache, 12 et note.
GERVAIS (Guillaume). marchand. Délégué des bourgeois de son quartier à une assemblée générale de la Ville, 56.
GERVAISE (Le sieur), receveur général de Bourges. Délégué des bourgeois de son quartier à l'assemblée électorale, 168.
GERVAISE (François), commis à la recette du droit de confirmation. Réclame indûment le payement de ce droit à un juré crieur de corps et de vins, 135, 139. — L'exige indûment de divers officiers de la Ville, 210, 218.
GESLAIN (Mathurin), auditeur des Comptes. Lieutenant de la milice bourgeoise au quartier Saint-Martin, 2. — Le président de Boulancourt lui résigne à survivance son office de Conseiller de Ville, 247-248. — Prend, avant d'être reçu en cet office, l'engagement de soumettre à l'assentiment du Conseil de Ville les propositions qu'il pourrait faire pour le rachat des rentes de la Ville, 248. — Appréciation sévère sur son rôle dans ces circonstances, 248 (note). — Articles proposés au Conseil du Roi pour le rachat et amortissement de 500 000 livres de rentes, moyennant la perception des arrérages des rentes amorties, saisies, négligées, etc., 315-317; — Assemblée du Conseil de la Ville pour donner son avis sur ces propositions, 317-320; — comparaît à cette assemblée, 318; — seconde assemblée où ses articles sont repoussés, 320-321. — Les receveurs des rentes sur le Clergé estiment qu'il devrait être blâmé, lui qui a l'honneur d'être Conseiller de Ville à survivance, d'avoir proposé pour l'amortissement des rentes des articles erronés et contraires à la justice, 320.
GIACOMINI (Philippe). Sa veuve, 124 (note).
GIBET (Le), 266 et note.
GILBERT (PIERRE), juré trompette, 198. — Ses émoluments, 195 (note). — Son commis assiste à la publication d'un règlement municipal, 195, 202. — Accompagne le crieur pour la publication d'une ordonnance, 314.
GILBERT (Robert). Dizenier au quartier Saint-Martin, 3.
GILLOT (Le sieur). Député des bourgeois de son quartier aux élections municipales, 92.

GILLOT (Germain). Assemblée du Conseil de Ville pour examiner ses propositions relatives à la création d'un bureau destiné au payement des rentes, 177, 181-182. — Mémoires imprimés exposant les détails de son projet, 182 (note); — leur texte, 185-187. — Autre assemblée du Conseil de Ville où ses propositions sont repoussées, 183-187. — Appelé au Conseil de Ville pour s'expliquer sur ses propositions, 184.
GILLOT (Jacques), conseiller au Parlement, 92 (note).
GIMARDES (Le sieur). Dizenier au quartier Saint-Honoré, 13.
GIRARD (René). Dizenier au faubourg Saint-Germain-des-Prés, 9.
GIROULT (Le sieur), avocat. Délégué des bourgeois de son quartier à l'assemblée électorale, 279.
GISORS (Eure), 21 (note).
GISSEY-LE-VIEIL (Côte-d'Or), 233 (note).
GIUSTINIAN (Giorgio), ambassadeur de Venise en France. Son rang au service funèbre de la reine d'Espagne, 120-121. — Relation de son ambassade, citée, 163 (note).
GLACES. Mandement du Bureau pour le garage des bateaux à leur occasion, 122-123.
GOBELIN (Le sieur), marchand drapier. Délégué des bourgeois de son quartier à une assemblée générale de la Ville, 56.
GOBELIN (Jean), maître maçon. Consulté pour la rédaction du devis de l'aqueduc des eaux de Rungis, 191. — Caution de Jean Coing, son beau-père, pour l'entreprise de l'aqueduc des eaux de Rungis, 205 (note). — Scellés mis après le décès de son beau-père, 330. — Arrêt du Conseil qui le reçoit comme successeur de son beau-père pour diriger l'entreprise, 331. — Fera les soumissions accoutumées au greffe de la Ville, 332. — Prend à sa charge, ainsi que ses associés, les indemnités dues aux particuliers pour les travaux de Rungis, 332 (note). — Requête au sujet des modifications à apporter au plan des travaux de Rungis, 365 (note).
GODARD (François), conseiller au Parlement. Lieutenant de la milice bourgeoise au quartier du Temple, 6.
GODARD (Jean), voiturier par eau. Assiste à la visite des lieux pour choisir l'emplacement du pont Marie, 378.
GODEAU (Le sieur), chandelier. Saisie de bois emmagasiné chez lui, 204.
GODEFROY (Henri), président trésorier de France. Assiste à la rédaction du devis de l'aqueduc des eaux de Rungis, 175, 176.
GODEFROY (Cérémonial de). Relations qu'il donne du service funèbre de la reine d'Espagne, 119 (note).
GODENOT (Le sieur). Capitaine de la milice bourgeoise au faubourg Saint-Germain-des-Prés, 9.
GODET (Jacques), trésorier général de France en la province de Champagne, 132 (note).
GODIN (Le sieur). Dizenier au faubourg Saint-Jacques, 10.
GODIN (Jean), cordonnier du Roi. Enseigne de la milice bourgeoise au quartier Saint-Honoré, 14.
GOGELIN (Pierre). Enseigne de la milice bourgeoise au faubourg Saint-Marcel, 5.

Gohory (Le sieur), conseiller au Châtelet. Député des bourgeois de son quartier aux élections municipales, 93.

Gohorry (Le sieur), auditeur. Enseigne de la milice bourgeoise au quartier du Temple, 6.

Gollier (Le sieur). Dizenier au faubourg Saint-Marcel, 5.

Gomboust (Plan de), cité, 16 (note), 204 (note), 223 (note), 380 (note).

Gomez de Silva, Mendoza et Cerda (Rodrigue). Voir Pastrana (Duc de).

Gomez de Silva (Ruy). Érection en sa faveur du duché de Pastrana, 163 (note).

Gondi (Henri, cardinal de), évêque de Paris. Deux des Échevins vont lui demander de faire faire la procession de la châsse de sainte Geneviève, 83; — il en fixe le jour, 83. — Rang et costume à la procession de la châsse de sainte Geneviève, 85, 86; — dit la messe. 85, — Assignation donnée à Isidore Guiot à propos d'une place hors la porte Saint-Honoré, 90-91; — le Bureau lui conteste le droit de bailler pour bâtir une place hors la porte Saint-Honoré qui est un carrefour public, 90-91. — Assignation donnée à sa requête à propos d'une place donnée à bail par la Ville, 106.

Gondi (Jean-Baptiste de), 124 (note). — Transport à Philippe de Gondi d'une somme à prendre sur les cinq grosses fermes, 356.

Gondi (Jérôme de). Saisie-arrêt des deniers adjugés à Philippe de Gondi sur sa succession, 284, 323.

Gondi (Philippe de), payeur des rentes de la Ville assignées sur les gabelles. Jean de Moisset lui doit remettre les registres concernant ces rentes, 124. — Notice biographique, 124 (note). — Caution que Claude et Dreux Barbin ont prêtée avec lui pour Thomas Robin. Opposition du Bureau à ce qu'ils en soient déchargés, 182-183, 191; — discussion à ce sujet, 183-184; — arrêt du Conseil qui décharge les sieurs Barbin, sauf au Procureur du Roi de la Ville à faire appeler Philippe de Gondi, 192. — S'oppose à la création du bureau proposé par Germain Gillot pour le payement des rentes, 184. — Règlement qu'il doit suivre pour ce payement, 185; — notification qui lui en est faite, 185. — Coobligé au partidu Sel, 198. — Convoqué au Bureau, 203. — Ordonnance du Bureau lui enjoignant de payer les rentes du sel, 203. — Ordre lui est donné de payer le quartier échu sur les rentes du sel, 217. — Règlement sur le mode de payement des arrérages, 217. — Plaintes contre lui pour le mauvais payement des rentes sur le sel, 225. — Ses assignations pour le payement des rentes sont portées à l'Épargne, 225, 227. — Plaintes portées au Conseil du Roi contre lui à cause du défaut de payement des rentes du sel, 274; — poursuites contre lui aux audiences du Bureau de la Ville, 274 (note). — Arrêt du Conseil ordonnant son arrestation et la mise en adjudication de sa ferme, 274 (note). — Ordonnance du Conseil relative à la saisie des deniers qui lui sont dus, 274. — Les deniers provenant de la vente du sel au grenier de Paris doivent lui être remis pour servir au payement des rentes, 282. — Ordonnance du Bureau pour la saisie des deniers qui lui sont dus par Pierre Robin et Briant, 283-284; — autre ordonnance pour la saisie-arrêt des deniers qui lui sont dus, 284. — Ordonnances du Bureau portant saisie arrêt, entre les mains de Claude Gallard, des deniers qui lui seront adjugés sur les biens de feu Jérôme de Gondi, 284, 323. — Ordonnance du Bureau lui prescrivant d'apporter à l'Hôtel de Ville l'inventaire des quittances qu'il a payées sur les rentes du sel, 284-285. — Jour et heure lui sont donnés pour attendre en sa maison deux des Échevins qui viendront vérifier ses inventaires de quittances payées et lever le scellé sur le tiroir où sont celles qui ne sont pas payées, 285. — N'a pas fonds suffisants pour le payement des rentes, 289. — Arrêt du Conseil portant qu'il sera dressé un état des deniers affectés au payement de ce qui reste dû par lui sur les rentes du sel, 300, 304. — Démarches des membres du Bureau pour accélérer le payement de ce qu'il doit sur les rentes du sel, 304. — État des dettes et effets dudit de Gondi dont le recouvrement est confié à Jean de Moisset, 304. — Commission délivrée à Jean de Moisset pour recouvrer les deniers qui restent dus à Philippe de Gondi et payer ce que celui-ci doit encore sur les rentes, 304-305, 307, 308, 340. — Règlement fait par le Bureau de la Ville pour l'exécution de cette commission, 306-307. — État des deniers à recouvrer par le payeur des rentes sur le sel pour achever le payement des arrérages dus par P. de Gondi, 305-306, 336, 355. — État de ce que lui doit Antoine Lalain pour le remboursement du droit d'embouchure, 305-306. — Sommes dues par ses cautions, 306. — Obtient du Bureau que son commis, Martin Triboust, fasse le contrôle des payements des arrérages de rente exécutés par Jean de Moisset en son lieu et place, 308. — Ordonnance portant que ses sous-fermiers et commis apporteront au Bureau l'état de ce qu'ils doivent audit de Gondi et verseront entre les mains de Jean de Moisset le montant de cette dette, et que ses cautions remettront audit de Moisset le montant de leur cautionnement, 311. — État de ses cautions certifié par lui, avec mandement du Bureau à Jean de Moisset d'exercer contrainte contre elles, 321-322, 332. — Gabriel du Crocq doit compter avec lui, 326. — Délivre sauf-conduit, pour deux mois, audit du Crocq, 326 (note). — Arrêt du Conseil portant qu'il sera contraint, ainsi que ses cautions, au payement de 193,000 livres qu'il doit sur les rentes du sel, 327. — A propos de sa demande de mise en liberté sous caution, le Bureau expose au Roi que celui-ci demeure responsable de l'entier payement des rentes du sel, malgré la faillite de Philippe de Gondi, 327-328. — Remontrances du Bureau de la Ville exposant que le Roi demeure débiteur de ce qui n'a pas été payé par P. de Gondi, 332. — Le Conseil du Roi ordonne qu'il soit mené aux prisons de la Conciergerie pour faire plus ample discussion de ses facultés et effets, 336-337, 355. — Arrêt du Conseil portant assignation à la Ville sur les deniers de l'Épargne, pour le payement de ce qui reste dû par Philippe de Gondi sur les rentes du sel, 336-337, 339, 355; — son enregistrement à la Chambre des Comptes, 343. — Nouvel état des facultés proposées par lui, 337. — Ordonnance de

Gilles de Maupeou prescrivant au Greffier de la Ville de lui communiquer les registres de P. de Gondi, 338. — Ordonnance du Bureau portant que ses commis aux greniers à sel de la généralité de Paris apporteront leurs acquits de payement, leurs comptes et les certificats de vente du sel, 339. — Arrêt du Conseil réglant l'ordre des payements à faire par Jean de Moisset de ce que P. de Gondi doit encore sur les rentes du sel et les avances que doit consentir à ce sujet Pierre Payen, 343-345; — ordre donné à Jean de Moisset par cet arrêt de faire toutes diligences pour le recouvrement de ce qui est dû à P. de Gondi, 344. — Le Bureau de la Ville est tenu de faire contre lui et ses cautions toutes diligences pour le recouvrement de ce qu'il doit, 345. — Sébastien L'Empereur doit verser entre les mains de Jean de Moisset ce qu'il doit à Ph. de Gondi, 345. — Les poursuites et diligences faites contre lui par le Bureau de la Ville n'ont pas donné de résultat, 355. — Remise que lui a faite le Roi, 355. — Difficulté où l'on est de déterminer l'état exact de ses dettes, 355. — Facultés et moyens qu'il propose encore, 355-356. — Arrêt du Conseil portant que la procédure commencée sur la diversité des inventaires des payements faits par lui sera poursuivie et que plus ample discussion sera faite des facultés et moyens qu'il a proposés, 355-356. — Réclame le droit d'embouchure du sel resté dans les greniers de la généralité de Paris, 356. — Transport à Philippe de Gondi, par J.-B. de Gondi, d'une somme à prendre sur les cinq grosses fermes, 356. — Ses commis compteront devant les sieurs Maupeou et Dolé, commissaires du Conseil, 356. — Transporte au profit du roi différentes créances, 356. — Arrêt du Conseil ordonnant qu'il soit fait inventaire des payements faits par lui sur les rentes du sel et procès-verbal de la levée des scellés qui avaient été mis sur ces quittances, 362. — Ses cautions. Voir BARBIN, BRULART (Pierre).

GONZAGUE (Charles DE), duc de Nevers. Séance au Conseil, 80. — Assigne la Ville au Parlement, à propos de constructions sur le mur de la Ville, 215.

GONZAGUE (Ferdinand, cardinal DE). Réception à Fontainebleau, 109 (note).

GONZAGUE (Louis DE), duc de Nevers. Construction de l'hôtel de Nevers, 78 (note).

GONZAGUE (Vincent I" DE), duc de Mantoue, 109 (note).

GONZAGUE (Marguerite DE), duchesse de Lorraine. Messieurs de la Ville vont la saluer et lui offrir les présents de la Ville, 109; — sa réception à Fontainebleau, 109 (note).

CORIN (Noël), cocher du Roi. Placet pour la création de quatorze offices de chargeurs et déchargeurs de marchandises au port du Guichet du Louvre, 101.

GOSNIER (Le sieur). Dizenier au quartier du Temple, 6.

GOSVIER (Le sieur). Candidat à l'Échevinage, 282.

GOSSELIN (Guillaume). Élève du chirurgien Pineau pour l'opération de la pierre, 111.

GOSSEREZ (Le sieur), sergent au Châtelet. Procès qu'il a en Parlement, au sujet de poursuites exercées en vertu d'une sentence du Lieutenant civil relative aux recherches dans les maisons, 96.

GOUCHET (Eustache). Dizenier et lieutenant de la milice bourgeoise au faubourg Saint-Victor, 14.

GOUEST (Olivier DE), sergent de la Ville. Reçoit ordre de se transporter sur les ports de la rivière d'Oise, pour hâter la venue de bateaux chargés de bois, 79-80. — Accompagne les commissaires du Bureau envoyés en Bourgogne, 272 (note), 273. — Assiste à la visite de l'emplacement du pont de Gournay, 311-313.

GOUFFÉ (Le sieur), substitut au Châtelet. Enseigne de la milice bourgeoise au quartier Notre-Dame, 10.

GOUJON (Sire), marchand. Délégué des bourgeois de son quartier à une assemblée générale de la Ville; mentionné comme absent, 146.

GOULAS (Marie), femme d'Antoine Loisel, 89 (note).

GOURDIN (Nicolas). Assigne la Ville en payement d'une fourniture de chevaux faite pendant la Ligue, 347. — Requête du Bureau de la Ville contre lui, 350. — Le Parlement repousse sa réclamation, 358.

GOURDIN (Marie), femme de Nicolas Creton, 358.

GOURNAY-SUR-MARNE (Seine-et-Oise). Visites destinées à choisir l'emplacement où doit être élevé le pont entrepris par Christophe Marie, et à en fixer l'alignement. 311-313; — achèvement du pont, 313 (note). — Prieuré, 312 (note). — Ancien pont ou pont Saint-Arnou, 312 (note). — Dicton à propos de ce pont. 312 (note). — Bac, 312 (note). — Perte d'un bateau à Gournay, 312 (note).

GOUSSAINVILLE (Le sieur DE). Voir NICOLAÏ (Jean DE).

GOUVERNEUR DE PARIS. Voir LIANCOURT.

GRAINIERS. Procès avec les jurés mesureurs de grains au sujet du droit de visiter les grains, 364.

GRAINS. Voir MESUREURS, PORTEURS.

GRAINS (Marchands de). Nombreux dans le quartier Saint-Gervais, 11.

GRAND (Robin), maître des Eaux et forêts. Délégué des bourgeois de son quartier aux élections municipales, 21.

GRAND-CHANTIER (Rue du). Fontaine en la maison de Jean de Bordeaux, 349 (note). — Demeure de Claude Le Tonnellier, 372.

GRAND CONSEIL. Président. Voir AUBERY (Robert). — Conseiller. Voir MIRAMION.

GRANDHOMME (Le sieur). Dizenier au quartier Saint-Jacques-la-Boucherie, 8.

GRAND MARRE (Le sieur DE), secrétaire. Lieutenant de la milice bourgeoise au quartier Saint-Germain-l'Auxerrois, 15.

GRAND-MORIN (Le), affluent de la Marne, 142 (note).

GRAND PRIEUR de France. Voir REGNIER DE GUERCHY (Georges).

GRAND-PRIEURÉ de France. Voir TEMPLE (Commanderie du).

GRAND VEYSA. Son lieutenant, 33. Voir LE GRAS. — Prétentions au sujet du curage des égouts, 37. — Son commis. Voir GUYOT (Isidore).

GRANDE SAUSSAIE (Regard de la), 65.

GRANDS AUGUSTINS (Couvent des). Tombeau de Jérôme L'Huillier, 9 (note). — Lieu de réunion de l'assemblée du Clergé, 24-26, 27, 28, 149-150, 157, 162. — Procession de la Réduction et messe qui y est célébrée 134, 240, 348.

GRANGIER (Jean), 5 (note).

GRANGIER (Timoléon), seigneur de Liverdy, président aux Enquêtes. Capitaine de la milice bourgeoise au quartier Saint-Antoine, 5; — Sa famille, 5 (note).

GRASSETEAU (Hugues), conseiller au Parlement. Délégué des bourgeois de son quartier à l'assemblée de l'Élection, 168.

GRASVILLE (Le sieur DE), *alias* GRAVALLE, GRAVELLE ou GRAVILLE. Voir LIGER (Jacques).

GRATZ (Archiduc de). Voir AUTRICHE (Charles d').

GRAVALLE (Le sieur DE), *alias* GRAVELLE, GRAVILLE ou GRASVILLE. Voir LIGER (Jacques).

GRAVELLE (La), Mayenne. Grenier à sel, 363.

GRAVILLE, *alias* GRASVILLE, GRAVALLE ou GRAVELLE (Le sieur DE). Voir LIGER (Jacques).

GRAVILLIERS (Rue des), 105, 205 (note). — Saisie de bois amassé dans divers magasins, 204.

GREFFE de l'Hôtel de Ville. François Clément y est conduit pour prendre possession de l'office de Greffier, 57.

GREFFIER DE LA VILLE. Réception de François Clément en cet office, à la survivance de son père Guillaume, 52-53; — précédents rappelés à ce sujet, 53; — assemblée générale de la Ville tenue pour son installation, 55-58. — Office classé parmi les offices en commun, 165. — Pour les démarches et cérémonies auxquelles il prend part avec le Corps de Ville, voir l'article BUREAU DE LA VILLE. — Greffier en exercice. Voir CLÉMENT (Guillaume). — Anciens Greffiers. Voir BACHELIER (Claude et Regnault).

GRÊLES et pluies de l'année 1613, 271.

GRENADES. Tarif du droit de péage sur l'Oise, 244; — sur la Vanne, 254.

GRENELLE (Rue de), au quartier Saint-Eustache, 12 (note).

GRENET (René), commis à la recette des décimes du diocèse de Chartres, 330 (note).

GRENIER A SEL de Paris. Saisie de bois qui y avait été emmagasiné, 200, 204, 207. — Commis à sa recette. Voir RAGOIS.

GRENIERS A SEL du ressort de la Chambre des Comptes, 337. — Greniers à sel de la généralité de Paris. Voir GONDI (Philippe de).

GRENOBLE (Évêque de). Voir LA GAOIX DE CHEVRIÈRES (Jean DE).

GRENOBLE (Parlement de). Décharge aux bénéfices du Dauphiné, 251.

GRENOUILLES (Regard des), 65.

GRÈS-EN-GÂTINAIS (Seine-et-Marne). Châtellenie, 72 (note).

GRÈVE (Place de), 41, 76, 231, 262, 263. — Feu d'artifice, 138. — Marché de la Grève, 153. — Publication y est faite d'un règlement municipal, 195; — d'une ordonnance sur le bois, 198; — d'une ordonnance du Bureau, 353 (note). — Projet d'en reconstruire les maisons sur le modèle de celles de la Place Royale, 223. — Inondation, 271. — Lieu de vente du cidre, 298. — Étape au vin, 314; — ordonnance qui y est publiée à propos de la vente du vin, 314. — Carcan, 314 (note). — Manifestation tumultueuse provoquée par la fustigation d'un huguenot en place de Grève, 367 (note). — Voir ARSENAL.

GRÈVE (Port de), 193 (note). — Prix du bois, 46, 78, 323.

GRÈVE (Quartier de la). Voir SAINT-ESPRIT (Quartier du).

GRIARD (Le sieur). Saisie de bois emmagasiné chez lui, 204.

GRIEUX ou GRIEU (Charles DE), fils de Gaston. Sa sépulture, 171 (note).

GRIEUX ou GRIEU (Gaston DE), sieur de Saint-Aubin, Conseiller au Parlement, Prévôt des Marchands. Capitaine et colonel de la milice bourgeoise au quartier Sainte-Geneviève, 4, 146 (note). — Assiste à une assemblée des colonels, tenue pour aviser à la sûreté de la Ville, 61. — Élu Prévôt des Marchands. Va au Louvre prêter serment au Roi, 170-172. — Mis en possession de sa charge, 171. — Sa réception en l'office de Conseiller de Ville et sa résignation, 171 (note). — Sa sépulture, 171 (note). — Présent à des assemblées du Conseil de la Ville, 176, 181, 183, 211, 214, 216, 224, 234, 235, 248, 249, 270, 292, 294, 303, 317, 321, 336, 339, 366, 369, 372, 380; — aux élections municipales, 278; — à une réunion du Bureau, 349. — Expose l'objet d'une assemblée du Conseil de Ville, 176, 181, 183-184, 211-213, 214, 217, 224, 225, 235, 250-252, 270, 292, 294, 303, 317-318, 321, 336, 339-340, 366, 369, 373, 381; — expose l'objet de l'assemblée électorale, 280. — Baille au prince de Condé les offres de la Ville pour l'entreprise des travaux de l'aqueduc des eaux de Rungis, 177. — Discussion au Conseil du Roi sur le cautionnement prêté par Messieurs Barbin pour Thomas Robin, 183. — Demande à Habert et à Gillot des explications sur leurs propositions pour la recherche des rentes amorties, 212. — Mandé au Conseil du Roi à propos du payement des rentes de la Ville, 227; — reproches que lui adresse le Chancelier sur ses propos au sujet des deniers retenus à l'Épargne, 227; — se défend et réclame que les deniers de Ph. de Gondi ne passent plus par l'Épargne, 227. — Se plaint au Conseil du Roi du mauvais payement des rentes du Clergé et réclame que cette cause soit renvoyée au Parlement, 227, 250. — Mandé au Parlement au sujet du règlement sur le payement des rentes, 228. — Expose au Conseil du Roi les griefs de la Ville au sujet du payement des rentes du Clergé, 246-247. — Demande à Mathurin Geslain, avant sa réception en l'office de Conseiller de Ville, s'il s'engage à se soumettre à l'avis du Conseil de Ville sur les propositions qu'il compte faire en vue du rachat des rentes, 248. — Factum publié contre François de Castille à propos des rentes du Clergé, 250 et note. — Le Conseil de Ville le remercie des soins qu'il a pris pour l'intérêt de la Ville au sujet des rentes du Clergé, 252. — Présente au Roi une truelle d'argent pour poser la première pierre du grand regard de Rungis, 269. — Signification lui est faite d'un arrêt du Conseil, 283. — Ordonne à François de Castille de communiquer ses comptes aux commissaires du Conseil en exécution de l'arrêt du Conseil du Roi, 302-303. — Député à Fontainebleau pour présenter remontrances à la Reine régente contre la création de deux receveurs et payeurs des rentes sur le sel, 303. — Invite les marchands bourgeois réunis en assemblée particulière à donner leur avis sur les causes de la hausse des monnaies, 309. — Signe une ordonnance de «Soit montré au Procureur du Roi de la Ville» sur les propositions de Mathurin Geslian relatives à l'amortissement des rentes, 317. — Répond aux bourgeois qui sont venus à une assemblée du Conseil de la Ville protester contre les articles proposés par Geslain pour le rachat des rentes, 321. — Expose à la Reine les plaintes du Bureau contre les entreprises du Lieutenant civil au sujet de la police des armes, 352. — Convoque les membres du Bureau pour. délibérer sur l'emprisonnement du crieur Le Duc par le Lieutenant civil, 353 (note); — signe l'ordonnance rendue par le Bureau, 353. — Convoqué à une séance du Conseil du Roi, 359 (note). — Invité à se rendre auprès de la Reine pour protester contre l'enlèvement de la fille du sieur Barré, 365 (note). — Lettre qu'il reçoit de la Reine à propos de la date des élections, 369, 375. — Chargé de répondre à la Reine qu'elle sera suppliée de trouver bon que les élections soient faites à la date accoutumée, 369, 370 (note); — son nom est rayé sur la minute de la réponse, mais figure sur le texte donné par le registre, 370 et note. — François Du Noyer demande qu'il soit continué en sa charge de Prévôt des Marchands à cause de la connaissance qu'il a de la question de la navigation des Indes orientales, 381 (note).

GRIGNON (Jean), juré mesureur de grains. Rixe avec un porteur de grains, 165 (note).

GRILLES mises à l'ouverture des égouts pour empêcher que les boues et immondices ne soient jetées dans les fossés, 383.

GRON (Madeleine), dame de Tilly et de la Maison Rouge. Femme de Nicolas Le Jay, 60 (note).

GROSSIERS, MERCIERS et JOAILLIERS (Marchands). Arrêt du Conseil portant que, pendant la suspension du droit de douane, leurs marchandises seront soumises à la visite des fermiers de la traite foraine au bureau desdits marchands, rue Quincampoix, 125-126. — Voir MERCIERS.

GROULART DE LA COUR (Marie). Épouse Nicolas Servien. 337 (note).

GRUYER (Le sieur), sergent. Enseigne de la milice bourgeoise au quartier Saint-Honoré, 13.

GUÈDES, 165 (note). Voir MESUREURS.

GUEFFIER, avocat du Roi au Châtelet. Lieutenant de la milice bourgeoise au quartier Saint-Séverin, 9.

GUENAULT (Le sieur), marchand de bois. Enseigne de la milice bourgeoise au quartier Saint-Antoine, 6.

GUÉNÉGAUD (Henri DE). Construction de son hôtel, 78 (note).

GUÉNÉGAUD (Rue de), 78 (note).

GUERCHY (REGNIER DE). Voir REGNIER.

GUÉRIN (Le sieur), marchand épicier. Délégué des bourgeois de son quartier à une assemblée générale de la Ville (absent), 56.

GUÉRIN (François), sieur de La Poincte, bourgeois de Paris. Réclame de Guillaume Clément délivrance des extraits des amendes et confiscations adjugées à l'Hôtel de Ville, 149. — Recherche de deniers recélés par les receveurs de décimes, 224-225.

GUÉRIN (Paul). Notice biographique sur Jean Moisset, citée, 305 (note).

GUEROU (Jean). Lieutenant de la milice bourgeoise au faubourg Saint-Marcel, 5.

GUEROULT (Le sieur), contrôleur des finances. Capitaine de la milice bourgeoise au quartier Saint-Martin, 3.

GUERREAU (Le sieur), notaire. Délégué des bourgeois de son quartier à une assemblée générale de la Ville, 56.

GUERRIER (Guillaume), ancien Quartenier du quartier Notre-Dame, 9 (note).

GUET (Officiers du). Requête adressée aux Trésoriers généraux de France à fin d'entérinement des lettres par eux obtenues pour la continuation de la levée de 15 sols par muid de sel affectée à partie du payement de leurs gages, 192. — Chevalier du guet. Voir TESTU.

GUIBRAY (Foire de), 309 et note.

GUICHET DU LOUVRE (Port du). Remontrances de la Ville contre le projet d'y créer des offices de chargeurs et déchargeurs, 101-102. — Genre habituel des marchandises qui s'y déchargent, 102.

GUIDEAU, filet de pêche tendu en travers d'une rivière. Voir NOTRE-DAME (Pont). — Il n'en pourra être mis au pont Marie sans la permission de la Ville, 290.

GUIGNARD (Le sieur), drapier. Enseigne de la milice bourgeoise au quartier des Innocents, 7 et note. Voir GAIGNARD.

GUIGNEBEUF. Voir QUICQUEBOEUF.

GUILLAIN (Augustin), Maître des œuvres de maçonnerie de la Ville, à survivance. Rapport présenté par lui à la suite de l'enquête qu'il a été chargé de faire, à la place de son père retenu par la maladie, sur la commodité et l'emplacement du pont Marie, 150-151. — Consulté pour la rédaction du devis de l'aqueduc des eaux de Rungis, 175. — Assiste à la visite de l'emplacement à choisir pour le pont de Gournay, 313. — A la suite de son rapport sur les travaux à faire aux fontaines, le Bureau rend une ordonnance qui le charge de l'exécution de ces travaux, 328. — Fait l'exercice de la charge de Maître des œuvres, à cause de la maladie de son père, 328. — Chargé de rétablir une fontaine particulière en la maison de Jean de Bordeaux, 349. — Chargé de recevoir les ouvrages de peinture et décoration de la cheminée de la Grande salle de l'Hôtel de Ville, 351. — Ordre lui est donné de rétablir une fontaine en la maison de Jean Lescuyer, 363. — Chargé de visiter les maisons du pont Notre-Dame avant le renouvellement des baux de location, 364. — Visite des piles du pont Notre-Dame, 364 (note). — Rétablissement de fontaine en la maison du président Gayant, 368. — Rapport sur les travaux de maçonnerie à faire à la porte Saint-Jacques et ordre qui lui est donné par le Bureau de les exécuter, 373. — Visite de la porte Saint-Denis, 373 (note). — Rapport sur la putréfaction et les immondices qui sont dans les fossés entre les portes Saint-Germain, de Buci et de Nesle, 377, 382. — Expert nommé pour choisir l'emplacement du pont Marie, 378. — Reçoit mandement de faire exécuter les travaux des fossés de la porte de Nesle et de la porte de Buci pour l'écoulement des boues, 380, 382. — GUILLAIN (Claude), jésuite. Fils du Maître des œuvres de maçonnerie, 127 (note). — GUILLAIN (Pierre), Maître des œuvres de maçonnerie de la Ville. Chargé de diriger les travaux de conduite d'eau au Louvre, 16, 17. — Devis des travaux à exécuter pour le curage des égouts, 37 (note). — Rapport sur la demande faite par Jean de Saint-Paul de construire un mur pour soutenir les terres de la contrescarpe de la porte Saint-Michel, 43 (note). — Rapport sur le défaut d'entretien de la fontaine commune aux religieux de Saint-Martin-des-Champs et au Grand-Prieur du Temple, 43; — commis à visiter les lieux à ce sujet, 44. — Avis sur un projet proposé pour la façon du chemin conduisant de la porte des remparts au jardin des Tuileries, 48, 49 (note); — rédige le devis pour le pavage du pont de cette porte, 48, 49. — Présente Jean Dorival comme conducteur des travaux de la Ville sous la direction du Maître des œuvres, 49 (note). — Réclamation au Bureau à propos de la somme qui lui a été taxée pour les préparatifs de l'entrée de la Reine, 55. — Assiste à l'adjudication de l'entretien des fontaines, 65. — Reçoit mandement de rétablir la fontaine particulière du logis de Nicolas Le Feron, 67. — Reçoit mandement de rétablir une fontaine en la maison du Président de Boulancourt, 72. — Reçoit ordre de faire un regard, au carrefour Saint-Honoré, pour la prise d'eau destinée au Louvre, 73. — Reçoit mandement de faire les travaux nécessités par le percement du mur de la Ville entre les portes de Nesle et de Buci pour l'écoulement des eaux, 78. — Appelé à l'information sur les maisons à construire le long des quais qui partent du pont Neuf, 96, 127, 128. — Visite des bâtiments de la porte Saint-Honoré, 102 (note). — Sa mauvaise écriture, 103 (note). — Reçoit ordre de faire faire un siège de privé et une cheminée dans la prison, 108, 109. — Reçoit mandement de rétablir la fontaine de M. de Versigny, 121. — Reçoit ordre de visiter l'emplacement proposé pour le pont Marie, 122. — Don fait aux jésuites en considération de son fils, religieux de la compagnie, 127 (note). — Chargé de diriger les travaux d'élargissement de la porte de Nesle, 133. — Avis sur le prix des travaux entrepris à la porte Saint-Honoré, 133, 134. — Reçoit mandement de visiter les murs de l'Hôtel de Ville pour en vérifier la solidité, 140-141. — Retenu par la maladie, il est remplacé par son fils pour l'enquête sur le projet du pont Marie, (19-20 décembre 1611), 150. — Nommé d'office pour procéder à une enquête sur la commodité ou incommodité du pont Marie (12 mars 1612), 152, 153. — Rapport sur la visite de l'horloge de l'Hôtel de Ville, 154. — Chargé de vérifier la fourniture de pierre pour les fontaines de la Ville, 159. — Chargé de faire exécuter la concession d'eau accordée à Jacques Sanguin, 161. — Chargé de faire rétablir la fontaine de la maison de M. de Roissy, 162. — Chargé de rétablir une fontaine dans la maison du sieur de Boinville et dans celle du sieur de Bercy, 164. — Consulté pour la rédaction du devis de l'aqueduc des eaux de Rungis, 175, 176, 191. — Reçoit ordre de faire des travaux au regard de la Tour, 177. — Chargé de rétablir une fontaine en la maison du Premier Président, 198. — Assiste à une assemblée tenue pour délibérer sur le projet de pont au port Saint-Paul, 203. — Convoqué par le Bureau pour procéder aux alignements des travaux de Rungis, 207. — Chargé de rétablir la fontaine de la maison de Charles Le Conte, 215. — Rétablissement de fontaine, 218. — Surveillance des travaux de la porte Saint-Bernard, 226. — Rapport sur les consolidations à faire à la charpente de l'Hôtel de Ville, 230, 231. — Chargé de rétablir la fontaine de la maison du sieur Almeras, 238; — du sieur Puget, 238; — du sieur Lescalopier, 238. — Signe le devis des travaux qui restent à faire à l'Hôtel de Ville, 259. — Visite des fontaines de la Ville et rapport sur les travaux à y faire, 263, 264; — ordonnance et mandement du Bureau le chargeant de les faire exécuter, 264. — Devis des travaux de reconstruction de la porte Saint-Martin, 265, 266. — Rapport au sujet de la chute de la halle du Marché Neuf, 273 (note). — Assiste à la visite de l'emplacement à choisir pour le pont de Gournay, 313. — Devis pour l'achèvement des travaux de la porte Saint-Martin, 314. — Par suite de sa maladie, son fils Augustin, Maître des œuvres à survivance, fait l'exercice de sa charge, 328.

GUILLAUME, dit DEUX LIARDS. Saisie du bois emmagasiné chez lui, 204.

GUILLAUME LE CONQUÉRANT. Établit la foire de Guibrai, 310 (note).

GUILLENEAU (Ascanius), Quartenier au quartier Saint-Martin. Présent aux élections municipales, 279, 280. — Remplace Jean Le Conte comme Quartenier du quartier Saint-Martin, 279 (note).

GUILLEMIN (Jean), auditeur des Comptes. Capitaine de la milice bourgeoise au quartier Saint-Séverin, 8 et note.

GUILLEMOT (Le sieur), marchand. Délégué des bourgeois de son quartier à une assemblée générale de la Ville, 56.

GUILLEMOT (Étienne). *Les forêts de Senlis*, ouvrage cité, 76 (note).

GUILLOIRE (François), épicier. Capitaine de la milice bourgeoise au quartier Saint-Séverin, 8.

GUILLOT (Jacques), bourgeois de Paris. Convention avec le Bureau pour la recherche des rentes rachetées ou amorties dont les arrérages sont indûment payés, 141. — Dit ailleurs Quentin Guillot. Voir ce nom.

GUILLOT (Jacques), commis de Philippe de Gondi. Chargé de représenter les quittances des payements faits par Philippe de Gondi sur les rentes du sel; il procède à la levée des scellés mis sur ces quittances et à leur inventaire, 362.

GUILLOT (Quentin). Représentations et propositions faites à la Ville pour la recherche des rentes rachetées et amorties, 211, 212, 214. — Voir GUILLOT (Jacques).

GUINARD (Pierre), déchargeur de fardeaux. Chargé de surveiller le débarquement d'un bateau chargé d'armes, 123 (note).

GUIOT (Isidore), maçon des bâtiments du Roi. Capitaine de la milice bourgeoise au quartier Saint-Martin, 3. —

Assignation à lui donnée à la requête de l'évêque de Paris à propos du bail d'une place pour la porte Saint-Honoré, 90, 91. — Voir Guyot (Isidore).
Guise (Cardinal de). Voir Lorraine (Louis de).
Grise (Chevalier de). Voir Lorraine (François-Alexandre-Paris de).
Guise (Duc de). Voir Lorraine (Charles de).
Guise (Aisne). Navigation de l'Oise, 243.
Guise (Forêt de). Voir Cuise (Forêt de).
Guybert (Le sieur). Capitaine de la milice bourgeoise au quartier Notre-Dame, 10 et note.
Guyenne. Pauvreté des diocèses de la province, 157.
Guyon (Ignace). Dizenier au quartier du Sépulcre, 13.

Guyot (Le sieur). Dizenier au quartier Notre-Dame, 10.
Guyot (Le sieur), marchand. Délégué des bourgeois de son quartier à l'assemblée de l'Élection, 169.
Guyot (Isidore), commis du Grand Voyer. Visite d'une maison que fait construire François de Castille, 302 (note). — Assignation donnée à sa requête au locataire d'une maison du pont Notre-Dame, 342, 343. — Voir Guiot (Isidore).
Guyot (J.), archer de la Ville. Condamné à une amende pour n'avoir pas comparu à la montre des trois Nombres, 74 (note).
Guzman (Léonora de), femme de Rodrigue Gomez de Silva, 163 (note).

H

Habbé. Voir Lasbé.
Habert (Philippe), bourgeois de Paris. Convention avec le Bureau pour la recherche des rentes rachetées ou amorties dont les arrérages sont indûment payés, 141, 211, 212. — Représentations et propositions faites à la Ville à ce sujet, 212, 214.
Habert (Pierre), abbé de la Roche. Assiste à la communication des comptes de François de Castille faite aux membres du Bureau de la Ville, 162 et note.
Habicot (Le sieur). Lieutenant de la milice bourgeoise au quartier Notre-Dame, 10.
Habits noirs portés par les Prévôt des Marchands, Échevins et Procureur du Roi à la cérémonie du *Te Deum* chanté à l'occasion du sacre, 39. — Portés par Messieurs de la Ville en allant au-devant de la Reine et du Roi, au retour du sacre, à cause du deuil de Henri IV, 41, 42.
Hachette (Le sieur), marchand bourgeois de Paris. Assiste à une assemblée particulière de la Ville tenue au sujet de la hausse des monnaies, 309.
Hacqueville (Jérôme de), sieur d'Ons-en-Bray, président au mortier. Délégué des bourgeois de son quartier à l'assemblée de l'Élection, 168 et note. — Premier président, en 1627, 168 (note). — Élu scrutateur pour officier du Roi, à l'assemblée électorale, 170, 171; — tient le tableau juratoire pendant l'élection, 170; — présente au Roi le procès-verbal du scrutin, 171.
Hacqueville (Marie de), femme de Claude Loisel. Son testament, 5 (note).
Halatte (Forêt d'). Fournissait autrefois du bois à Paris, 76 (note).
Hallastre. Voir Halatte (Forêt d').
Halles (Les), 10 (note). — Fontaine des Halles, 65.
Ham (Abbaye Notre-Dame de). Abbé. Voir Lescalopier (Nicolas).
Haniele (Pierre). Exercice indû de la charge d'aide de maître du pont de Pont-Sainte-Maxence, 155.
Haranger (Le sieur). Dizenier au quartier du Temple, 6 et note.
Hardelot (Jean), voiturier par eau. Expert commis pour fixer l'alignement du pont de Gournay, 311-313.
Hardoyn (Claude), greffier du Bureau des finances. Signifie au Bureau de la Ville la commission adressée aux Trésoriers de France pour surveiller les travaux de l'aqueduc des eaux de Rungis, 205 (note). — Copie collationnée par lui de cette commission, 206.
Harengs. Tarif du droit de péage sur l'Armançon, 237; — sur l'Oise, 244; — sur la Vanne, 254.
Harlay (Achille de), Premier Président au Parlement. Son remplacement par Nicolas de Verdun, 71 (note).
Harnier (Simon), Maître charpentier. Commis pour exercer la charge de maître des œuvres de charpenterie des bâtiments du Roi, pendant l'échevinage de Jean Fontaine, 94 (note). — Conclusions en cette qualité de son enquête sur l'utilité et l'emplacement du pont Marie, 150, 151.
Hartmann (P.), *Conflans près Paris*, ouvrage cité, 354 (note).
Hautbois (Le sieur), marchand. Enseigne de la milice bourgeoise au quartier Saint-Eustache, 12.
Hautdesens (Le sieur), notaire. Enseigne de la milice bourgeoise au quartier du Temple, 6.
Hautefeuille (Rue). Maison de Jean Le Voys, 132 (note).
Havart (Benigne), femme de Christophe de Bury. Cause pendante au Châtelet relativement à la maison de la Marchandise, 371.
Hazé (Le sieur). Enseigne de la milice bourgeoise au faubourg Saint-Germain-des-Prés, 9.
Hesaat (Le sieur), maître horloger. Assiste à l'adjudication pour l'entreprise de l'horloge de l'Hôtel de Ville, 129.
Heidelberg (Grand-duché de Bade). Marescot s'y réfugie, 69 (note).
Heliot, huissier des Comptes. Signifie au procureur du Prévôt des Marchands et Échevins la réponse de Massuau aux causes d'opposition de la Ville, 107, 108.
Hélye (Jean). Enseigne de la compagnie des arbalétriers de la Ville, 31 (note).
Henkret. Voir Aymeret.
Henault (P.), archer du guet. Signale une vente de bois faite la nuit, 105 (note).
Henaut (Pierre). Enseigne de la milice bourgeoise au quartier Saint Jacques-la-Boucherie, 8.
Hennequin (Dreux), prieur de Villenauxe. Assiste à la communication des comptes de François de Castille faite aux membres du Bureau de la Ville, 162.

Hennequin (Oudard), sieur de Boinville. Rétablissement de fontaine dans sa maison, 164.
Hennequin (Anne), femme de Jacques Danès, 54 (note).
Hennequin (Jeanne), femme de Henri de Mesmes, 162 (note).
Hennin (Estampes de la collection), citées, 38 (note), 42 (note), 137 (note).
Henri III, roi de France. Son entrée à Paris comme roi de Pologne, 55 et note. — Veut que les arrérage des rentes rachetées soient employés au manque de fonds des rentes, 179, 180. — Interdiction des lettres de change entre certaines places, 310.
Henri IV, roi de France. Entrée à Paris, 1 (note). — Reddition de Paris, 3 (note). Voir Réduction. — Choisit Léon Dolet comme Échevin, 4 (note). — Sollicitations au Pape pour le pardon de l'Hôtel-Dieu, 18. — Relations avec le duc de Mayenne, 29 (note). — Faveur en laquelle il tient le président Jeannin, 29 (note). — Nomme Charles Marchant capitaine unique des trois Nombres de la Ville, en raison de la part qu'il a prise à la réduction de Paris à son obéissance, 30, 31 et note. — Mention de l'édit de mai 1609 concernant les résignations de la charge de notaire secrétaire du Roi, 32 (note). — Faveur accordée à Sébastien Zamet, 41 (note); — va souvent dans sa maison, 41 (note). — En raison du deuil de Henri IV, Messieurs de la Ville portent des habits noirs à l'entrée du Roi à Paris, à son retour du sacre, 42. — Décision à propos du payement des rentes sur les recettes générales, 44, 298. — Sa figure en marbre sur le pont Marchant, 45 (note). — Édit de mars 1608 sur les receveurs des rentes, 47 (note). — Son assassinat, 55 (note). — Anoblissement de Michel Marescot, 69 (note). — Parti accordé à Denyele pour les rentes, 90. — Édit de novembre 1594 interdisant le détournement des deniers des rentes, 90, 100, 101, 107, 110, 180. — Arrêts au sujet des rentes, 99, 100. — Contrat passé avec Séverin Pineau pour l'enseignement de l'art et de l'opération de la pierre, 111. — Fait don à la Reine du produit de la recherche des deniers des rentes rachetées ou amorties, 115 (note), 116, 179, 197, 211, 214. — La chapelle ardente de ses obsèques utilisée pour le service funèbre de la reine d'Espagne, 119. — Érection en marquisat de la terre de Ragny, 121 (note). — Marché avec Jean Lintlaër pour la pompe de la Samaritaine, 129 (note). — Ordre qu'il avait donné de faire élargir la porte de Nesle, 135. — Engagement que le Clergé a pris envers lui de lui fournir 400,000 livres, 135. — Avis donné par le Bureau de la Ville sur l'enregistrement de lettres de privilège obtenues par les sieurs de Galles et Bietrix pour la fabrication du fer-blanc, du fil d'archal et des faux, 159, 161. — Création d'une manufacture de tapisseries à l'Hôtel des Tournelles, 161 (note). — Refuse, en 1603, de toucher aux arrérages des rentes rachetées, 179, 180. — Fait travailler au projet d'aqueduc des eaux de Rungis, 205 et note, 285. — Retranchement des fontaines particulières, 215 (note). — Statue à l'Hôtel de Ville, 223. — Propositions que lui avait faites Jean de Biez pour l'établissement du coche d'eau de Joigny, 296. — Garanties exigées des cinquanteniers après son entrée à Paris, 376 (note). — Mentions, 137 (note), 302 (note).

Henriot (Le sieur), marchand bourgeois de Paris. Assiste à une assemblée particulière de la Ville réunie au sujet de la hausse des monnaies, 309.
Henry (Adrienne), femme de Gervais de Versoigne, veuve de Nicolas Lebuteux, 347, 350, 358.
Henryot (Le sieur), marchand. Lieutenant de la milice bourgeoise au quartier du Sépulcre, 13 et note.
Hérault (Macé), 261.
Hérauts d'armes. Vêtements de deuil qui leur sont fournis pour le service funèbre de la reine d'Espagne, 119. — Accompagnent le Maître des Cérémonies qui fait les semonces aux Cours souveraines pour ce service, 119; — quatre d'entre eux se tiennent aux coins de la chapelle ardente, 120; — un d'eux tient un cierge pendant l'offrande, 121.
Herbelin (Claude), fermier de la chaussée du Bourget. Assigné devant les Trésoriers de France, 27.
Hesbin, notaire au Châtelet, 26, 27, 32, 33, 248.
Herblay (Seine-et-Oise). Seigneurie transportée de la famille Allegrain dans celle des Prévost par le mariage de Madeleine Allegrain, dame d'Herblay, avec Charles Le Prévost, 349 (note). — Seigneur. Voir Allegrain, (Eustache), Le Prévost (Jacques).
Here (Le sieur de), conseiller. Délégué des bourgeois de son quartier à l'assemblée de l'Élection, 168.
Héricy (Seine-et-Marne). Service de bateaux pour Paris, 210 (note).
Hérisson (Le sieur). Dizenier au faubourg Saint-Victor, 14.
Herivaux (Abbaye d'). Abbé. Voir Rouillé (Pierre et René).
Heroard, Journal, cité, 267 (note), 269 (note), 281 (note).
Heron (Pierre). Dizenier au quartier Saint-Jacques-la-Boucherie, 7 et note.
Herpin (Germain), jardinier. Lieutenant de la milice bourgeoise au faubourg Saint-Martin, 3.
Hersant (Le sieur), drapier. Délégué des bourgeois de son quartier à une assemblée générale de la Ville, 56, 146.
Hervé (Antoine), bourgeois de Paris. Réclame de Guillaume Clément délivrance des extraits des amendes et confiscations adjugées à l'Hôtel de Ville, 149.
Héry (Jeanne), femme de Claude Morel, 8 (note).
Hesselin (Louis), maître des Comptes. Capitaine de la milice bourgeoise au quartier Notre-Dame, 10 et note.
Heuslot (Le sieur). Dizenier au quartier Saint-Gervais, 11 et note.
Heurlot (Le sieur). Dizenier au quartier Saint-Germain l'Auxerrois, 14.
Hodicq (Le sieur de). Voir Le Hodicq.
Hollandais (Les). Leur puissance et leurs richesses sont tirées des conquêtes maritimes, 382 (note).
Hôpitaux. Voir Enfants Rouges, Hôtel-Dieu, Saint-Esprit, Trinité.
Horloge marquant les jours, les saisons, les phases de la lune et les éclipses, projetée par P. Bizet, 223.
Horloge de l'Hôtel de Ville. Annonce de la mise en adju-

dication de sa fabrication, 117. — Marchés pour son mouvement et pour son cadran, 129, 130. — Procès-verbal de sa réception et prisée du cadran, 154. — Taxe faite au concierge de l'Hôtel de Ville pour son gouvernement, 163.

Horloge du Palais. Modèle de celle de l'Hôtel de Ville, 129. — Son conducteur. Voir Martinot (Denis).

Horloge (Tour de l'). Voir Palais.

Hôtel de Condé (Rue de l'). Voir Vaugirard neuve (Rue de).

Hôtel de Ville. Assemblées qui s'y tiennent. Voir Assemblées générales de la Ville, Conseil de Ville, Élections municipales. — Prise de possession de leurs charges par les Prévôt des Marchands et Échevins nouvellement élus, 23, 95, 171, 282. — Nicolas Largentier réclame que les deniers dus par Jean de Moisset pour les arrérages des rentes sur le sel y soient déposés, 26. — Nicolas de Fonteny s'y transporte pour présenter une sommation au nom de Nicolas Largentier, 26, 27. — Convocations qui y sont faites pour des cérémonies, 38, 39, 40, 41, 68, 70-71, 84, 86, 118, 119, 134, 140, 239, 240, 242, 348, 349. — Le Bureau réclame que Louis Massuau y dépose les deniers provenant des débets de quittance, 48. — Prisons, 60 (note). — Le corps des marchands et merciers y est convoqué au sujet de la suspension des droits de douane, 81. — Fonds qui y sont apportés pour le payement des rentes, 87. — Les baux des fermes des aides y doivent être faits, 87. — Signification d'arrêt du Conseil, 97. — Les colonels y doivent envoyer le procès-verbal des recherches faites dans les maisons, 122. — Les registres concernant les rentes sur le sel y doivent être apportés par Jean de Moisset, 124. — Le buffet d'argent qui avait été offert à la Reine y sera conservé perpétuellement, 131, 229-230, 329. — Feu de joie dressé devant à l'occasion des futurs mariages entre les princes et princesses des Maisons de France et d'Espagne, 137, 138. — Pierre Guillain chargé de vérifier la solidité des gros murs de la grande salle neuve, 140, 141. — Greniers au-dessus de la grande salle, 154. — Payement des rentes sur les aides, 185. — Procès-verbaux apportés par les Quarteniers, 195. — Lettres des Prévôt des Marchands et Échevins qui en sont datées, 197. — Signification au Bureau, 205 (note). — Projets de Pierre Bizet pour son agrandissement, 223. — Denis Feydeau reçoit ordre d'y porter le double de ses comptes, 226. — Rapport d'experts sur les consolidations à faire à la charpente, et marché passé à ce sujet par le Bureau avec Julien Pourrat, 230-231. — Devis et marché pour la cheminée de la grande salle, 240-241, 262 (note). — Devis et adjudication des travaux qui restent à exécuter, 257-263. — Les sculptures et écussons qui sont au pignon de l'ancienne salle, ainsi que le perron, seront conservés pour la Ville au moment de la démolition, 259. — Adjudication de la démolition de la vieille salle, 264-265. — Payement des rentes sur les aides, 271. — Installation des receveurs des rentes sur le sel, 301. — Y sera déposé un double des comptes rendus à la Chambre des Comptes par les receveurs des rentes sur le sel, 301. — Payement des rentes, 301 (note), 304, 307. — Coffres que Mathurin Geslain propose d'y mettre afin de recevoir les deniers provenant du parti pour l'amortissement des rentes, 316, 317, 318. — Peinture et décoration de la cheminée de la grande salle neuve, 350-351; — tableau placé au-dessus, 351 (note). — Levée des scellés mis sur les quittances des payements faits par Philippe de Gondi sur les rentes du sel, 362. — Dix hommes de garde fournis à tour de rôle par les trois Nombres s'y tiendront chaque jour à la disposition du Bureau, 367, 368 (note). — Plusieurs Échevins s'y tiennent en prévision d'une manifestation tumultueuse, 367 (note). — Inscription sur table de marbre noir placée au bâtiment neuf, 371. — Mentions, 83, 110, 113, 116, 268, 277, 314. — Amendes et confiscations qui y sont adjugées. Voir Amendes. — Enregistrement à l'Hôtel de Ville. Voir Registres du Bureau. — Voir Arche (voûte de l'), Horloge, Prison, Saint-Esprit (Pavillon du).

Hôtel de Ville (Concierge de l'). Voir Clément (Guillaume).

Hôtel de Ville (Quai de l'), 122 (note).

Hôtel de Ville (Rentes sur l'). Voir Rentes.

Hôtel-Dieu de Paris. Lettre du Bureau adressée au Pape pour le pardon, 18. — Gouverneur. Voir Verdun (Nicolas de). — Receveur. Voir Jherosme.

Hôteliers. Doivent porter chaque jour à leur capitaine les noms des hôtes qu'ils logent, 60, 61 (note). — Tenus à remettre au capitaine de leur dizaine les noms de leurs hôtes, 73; — le Lieutenant civil le leur interdit, 76, 77. — Doivent déclarer des magasins de bois qu'ils ont faits, 197. — Avis donné par le Bureau au Parlement sur l'enregistrement des lettres patentes que les hôteliers et cabaretiers ont obtenues pour leurs achats de vins, 231, 232.

Hotin (Nicolas). Lieutenant de la milice bourgeoise au faubourg Montmartre, 14.

Hotman (Le sieur). Candidat à l'Échevinage, 282.

Houssoye (René). Saisie de bois emmagasiné chez lui, 204.

Huau (Nicolas), maître maçon. Travail exécuté devant une maison dont la jouissance a été concédée au maréchal d'Ancre, 229 (note).

Huault (Le sieur), ancien dizenier au quartier Sainte-Geneviève, 5 (note).

Hubardeau (Pierre), lieutenant de la compagnie des archers de la Ville. Assiste au serment prêté par Claude de Norroy en qualité de capitaine, 31-32.

Hubert (Le sieur), chanoine de Notre-Dame. Préparatifs de la procession de la Réduction, 68 (note).

Huchette (Rue de la). Chaîne et rouet rétablis au coin de cette rue, 24 (note).

Huguenots. Tumulte provoqué par la fustigation en place de Grève d'un orfèvre appartenant à la religion réformée, 367 (note), 368 (note). – Voir Ministres convertis.

Huguet (Jean), voiturier par eau. Réclamation au sujet de l'alignement du pont de Gournay, 312 (note).

Hugueville (Pierre). Capitaine de la milice bourgeoise au faubourg Saint-Victor, 14.

Huile. Tarif du droit de péage sur l'Armançon, 237; — sur l'Oise, 244; — sur la Vanne, 254.

Hulpeau (Claude), imprimeur et libraire, 270 (note), 378 (note).

Huot (Jacques), Quartenier du quartier Saint-Séverin. Liste des officiers de la milice bourgeoise de son quartier, 8-9. — Présent aux élections municipales, 20, 21, 91, 92, 168, 278, 279; — à des assemblées générales de la Ville, 56, 114, 146. — Reçoit mandement au sujet de la chaîne et du rouet au coin de la rue de la Huchette, 24 (note). — Consulté par le Bureau à propos d'une requête de Nicolas Bubon, 280 (note). — Candidat à l'Échevinage, 282.

Huot (Pierre), Quartenier du quartier Sainte-Geneviève. Présent à une assemblée générale de la Ville, 57; — aux élections municipales, 92, 93. — Remplacé par Jean Le Clerc comme Quartenier, 146 (note).

Hurlo. Voir Heurlot.

Hutin (Jean), tenant place à laver. Assigné à la requête de Saint-Magloire, 232; — concessions de places qui lui ont été faites par la Ville, 332 (note).

Hypocras. Voir Présents de la Ville.

I

Ider (Le sieur), marchand de bois à Compiègne, 76.

Île de France. Limitée par la rive droite de la Marne, 312 et note. — Receveur général des bois de l'Île de France et de Normandie : opposition de la Ville à la réception de Louis Masseau à cet office, 48 et note.

Illuminations prescrites à l'occasion des futurs mariages entre les princes et princesses des Maisons de France et d'Espagne, 137-139.

Image Saint-Michel (Maison à l'), devant le Palais, 67.

Imbault (Louis). Élève du chirurgien Pineau pour l'opération de la pierre, 111.

Imhof, Genealogiæ xx illustrium in Hispania familiarum, et Recherches historiques des Grands d'Espagne, citées, 163 (note).

Impression du règlement sur le bois, 113.

Imprimerie dont la fondation est proposée par Pierre Bizet dans l'île Notre-Dame, 222, 223.

Indes Orientales (Navigation des). Propositions de François du Noyer pour son établissement, 380, 382.

Indulgences. Interdiction de leur publication en dehors de l'ordinaire, 18 (note).

Ingrande (Maine-et-Loire). Grenier à sel, 363.

Innocents (Cimetière des). Épitaphe de Jacques Danès, président de Marly, 54 (note).

Innocents (Quartier des). Ses quarteniers, 7 (note). — Liste des officiers de la milice, 7. — Mention, 12 (note). — Colonel. Voir Chevalier (Nicolas). — Quarteniers. Voir Andrenas (Antoine), Bourgeois (Nicolas).

Inondations. L'Échevin Desprez, le Procureur du Roi de la Ville et le Greffier sont commis pour aller en Bourgogne et prendre les mesures nécessitées par les ravages des grandes eaux et la dispersion des provisions de bois, 271-273.

Inscriptions sur tables de marbre noir, placées à la porte Saint-Martin, au bâtiment neuf de l'Hôtel de Ville et au premier regard de la fontaine de Rungis, 371.

Intendant des bâtiments du Roi. Attributions de sa charge, 206 (note). Voir Fourey.

Intendants des Finances. Chargés par le Conseil du Roi de conférer avec Messieurs de la Ville au sujet de la commission de Jean Filacier, 99-100, 110.

Interville (Le sieur d'). Voir L'Huillier (Jérôme).

Inventaire des chartes et papiers de la Ville. On y fera mention des deux exemplaires de Lutetia offerts par Raoul Boutrays, 59.

Invention (Brevet d'). Avis du Parlement sur sa vérification, 343.

Inville (Sieur d'). Voir Boullanger (Guillaume).

Isabelle de France. Voir Élisabeth.

Italie. Marescot y est envoyé par la Reine pour rechercher la généalogie des Concini, 69 (note).

Ivry (Bataille d'), 349 (note).

J

Jacobins (Religieux). Indemnité qui leur est donnée pour une place qu'ils cèdent à l'église Saint-Benoît, 222 (note).

Jacquelin (Le sieur). Dizenier au quartier du Temple, 6 et note.

Jacquemain (Jacques), occupant d'une selle à laver. Assigné devant le bailli de Saint-Germain-des-Prés, 196.

Jacquet (Le sieur), receveur général du taillon. Enseigne de la milice bourgeoise au quartier Saint-Antoine, 5.

Jacquet (Le sieur). Enseigne de la milice bourgeoise au quartier du Temple, 7.

Jacquet, commissaire au Châtelet. Chargé d'emprisonner le sieur Cochery, lieutenant de la milice, 61.

Jacquet (Sébastien), maître maçon. Enchères pour l'adjudication de l'entretien des fontaines, 66. — Enchères pour le bail des travaux de la porte Saint-Honoré, 104. — Consulté pour la rédaction des devis de l'aqueduc des eaux de Rungis, 191.

Jadart (Henri). Émotion causée à Reims par la nouvelle de la mort du roi Henri IV, ouvrage cité, 36 (note), 98 (note).

Jaillot. Recherches sur Paris, citées, 12 (note), 41 (note), 45 (note), 48 (note), 86 (note), 122 (note), 157 (note), 204 (note), 222 (note), 223 (note), 334 (note).

Jambeville (Le président de). Voir Le Camus (Antoine).

Janin (Le Président). Voir Jeannin.

Janotin (Jean), commissaire au Châtelet. Opposition à la résignation de l'office de Procureur du Roi de la Ville faite par Antoine Poart en faveur de Jérôme Angenoust, 147 (note).

JARDIN DES PLANTES, 204 (note).
JARDINS (Rue des), 261.
JAUGEURS DE VINS. Office classé parmi les offices en commun, 165.
JEAN-DE-L'ÉPINE (Rue), au quartier du Saint-Esprit. 14 (note).
JEANNIN (Pierre), premier président au Parlement de Dijon. Commis pour examiner les plaintes de la Ville contre le Clergé, 29, 30. — Sa faveur auprès de Henri IV et de la Reine régente, 29 (note). — Assiste à une audience donnée par le Chancelier aux membres du Bureau de la Ville, 80. — Séance au Conseil, 81, 99, 182, 246, 251, 274. — Requête au Roi pour obtenir la nomination de commissaires chargés d'examiner la manière dont se peuvent construire les maisons que le président Jeannin a obtenu l'autorisation d'élever le long des deux quais qui partent du pont Neuf, 95-96. — Commissaire du Conseil pour examiner les causes d'opposition de la Ville à la commission de Filacier, 99-100; — avis favorable à la Ville, 110. — Autre requête au Roi et au Conseil pour que soit demandé l'avis des Prévôt des Marchands et Échevins, 126-127; — requête au Bureau de la Ville pour lui demander cet avis, 127. — Commis par le Conseil du Roi pour examiner les propositions de Germain Gillot, 186. — Commissaire du Conseil pour l'affaire entre la Ville et le Clergé, 227, 250. — Chargé de dresser l'arrêt du Conseil sur les réclamations de la Ville contre le Clergé, 252. — A entre les mains les obligations des cautions de Philippe de Gondi, 321. — On lui soumet le plan des fontaines de Rungis, 365 (note).
JÉSUITES. Maison professe, 5 (note). — Don que leur fait Pierre Guillain, 127 (note).
JÉSUS (Jean). Dizenier au quartier Saint-Séverin, 8.
JET (Tirer à), calculer, 212 et note.
JETON de Guillaume Clément, Greffier de la Ville, 383 (note).
JEU DE PAUME, proche la porte Saint-Germain. Vendu sur François Thomas, 108; — en avait remplacé un autre ruiné par l'invasion des gens de guerre, 108 (note).
JHEROSME (Le sieur), receveur de l'Hôtel-Dieu. Délégué des bourgeois de son quartier aux élections municipales, 21.
JOAILLIERS (Marchands). Voir GROSSIERS.
JOANNE. Dictionnaire géographique de la France, cité, 75 (note).
JOBERT (Jean), Quartenier du quartier Saint-Jean. Liste des officiers de la milice bourgeoise de son quartier, 3-4. — Présent aux élections municipales, 20, 21; — à une assemblée générale de la Ville, 57. — Remplacé par Jacques de Monthers comme Quartenier du quartier Saint-Jean, 92 (note).
JODELET (Jean), procureur des causes de la Ville en Parlement. Mandements qui lui sont adressés par le Bureau de comparoir pour la Ville par-devant les Trésoriers de France à l'assignation donnée au fermier de la chaussée du Bourget, 27; — d'intervenir pour Jean Bignon dans une cause d'appel portée devant la Cour des Aides, 62; — d'intervenir pour la Ville en la cause d'appel interjeté par un capitaine de la milice contre une sentence du Lieutenant civil, 73; — de comparoir pour la Ville à une assignation donnée à Isidore Guiot par l'évêque de Paris, au sujet d'une place hors la porte Saint-Honoré, 90-91; — d'intervenir à un procès pendant en Parlement au sujet des recherches dans les maisons, 96; — de comparoir aux Requêtes du Palais à propos du rachat d'une rente constituée par la Ville au Grand Prieur, 123, 133; — de s'opposer à la vente par décret d'une maison sur le quai aux Ormes, chargée de rente envers la Ville, 142; — de s'opposer à la vente de la moitié d'un jeu de paume à la porte aux Peintres, 158; — de comparoir devant le bailli de Saint-Germain-des-Prés à propos du bac des Tuileries, 195-196; — à propos des selles à laver, 196; — de comparoir au Parlement, à l'assignation donnée au Procureur du Roi de la Ville par le duc de Nevers, 215; — d'adresser requête au Parlement au sujet des tonneliers déchargeurs de vins et d'apporter au Bureau la requête qu'il a présentée à la Cour à propos de la maison de M. Le Voya, 225-226; — d'intervenir pour la Ville en la cause pendante en Parlement entre Nicolas de Vailly et Pasquier Le Roy, 228-229; — d'intervenir pour la Ville en la cause pendante devant la Cour des Aides entre les échevins de Montereau et le maître des ponts de cette ville, 229; — d'intervenir pour la Ville en l'instance pendante au Parlement entre les tonneliers déchargeurs de vins et les courtiers de vins, 230; — de prendre fait et cause pour les titulaires de selles à laver poursuivis devant les Requêtes du Palais par l'abbaye Saint-Magloire, 232; — d'intervenir en la cause pendante au Parlement entre Jean du Mesnil, maître de la communauté des déchargeurs de vins, et Martin Pinsson et consorts, au sujet de la juridiction de la Ville, 239; — d'intervenir pour la Ville en la cause pendante entre les jurés verriers et Jean Mareschal, maître de la verrerie du faubourg Saint-Germain, 247 (note); — de comparoir pour la Ville par-devant Jacques Buisson, commissaire du Parlement, à propos de la chute de partie de la halle du marché Neuf, 269-270, 273; — de comparoir au Parlement pour le même objet, 273; — de comparoir pour la Ville en Parlement au sujet d'une place sise hors la porte Saint-Honoré, 276, 277; — d'intervenir pour la Ville en la cause pendante entre Guillaume Fleury et Gilles de La Massuere, 358-359; — d'intervenir pour la Ville pendant en un procès entre les mesureurs de grains et les grainiers, 364. — Collation d'un arrêt du Parlement, 358.
JODOUYN (Le sieur). Dizenier au quartier Saint-Martin, 3.
JOIGNY (Yonne), 272 (note). — Coche d'eau entre cette ville et Paris, 295-297, 298 (note). — Affichage, sur le pont de Joigny, du tarif de ce coche d'eau, 296. — Grenier à sel. Contraintes à exercer contre le sous-fermiers, 300. Voir DU CROC (Gabriel). — Port. Voir COMPTEURS DE BOIS.
JOINVILLE (Prince DE). Voir LORRAINE (Claude DE).
JOLI (Gui). Opuscules tirez des Mémoires de M. Antoine Loisel, cités, 5 (note), 69 (note), 89 (note).

Jolly (Le sieur), commis de François de Castille, 16.

Jolly le jeune (Le sieur), avocat. Enseigne de la milice bourgeoise au quartier Saint-Jean, 4.

Jolly (Guillaume). Capitaine de la milice bourgeoise au quartier Saint-Martin, 3.

Joly (Jean). Sa veuve, 20 (note).

Josquin (Guillaume), voiturier par eau. Assiste à la visite des lieux pour choisir l'emplacement du pont Marie, 378.

Josse (Claude). Vente par décret de son office de receveur général des bois en la généralité de Paris, 106; — sa banqueroute, 106 (note).

Josset (Le sieur). Dizenier au quartier du Saint-Esprit, 14.

Joubert (Le sieur), apothicaire. Enseigne de la milice bourgeoise au quartier Saint-Honoré, 14.

Joussart (Pierre), bourgeois de Paris. Procès pendant au Parlement au sujet de l'amende à laquelle il a été condamné par le Lieutenant civil pour avoir remis les noms de ses hôtes à son capitaine, 96.

Jouy (Juste). Lieutenant de la compagnie des arbalétriers de la Ville, 31 (note).

Jouy (Rue de). Fait partie du quartier Saint-Gervais, 11 (note). — Mentions, 151, 378, 379.

Joyeuse (François, cardinal de), archevêque de Rouen. Assiste à l'assemblée du Clergé de 1610, 25, 27; — celle-ci tient sa première réunion dans sa maison, 25 (note). — Répond aux réclamations de Messieurs de la Ville, 28.

Jubert (Jacques), sieur du Thil, conseiller au Grand Conseil. Résignation à survivance de son office de Conseiller de la Ville que lui fait Jacques Danès, son beau-père, 54; — prête serment, 54.

Jubert (Jean), sieur de Chailly, conseiller au Grand Conseil, 54 (note).

Judicature (Officiers de). Propositions de du Noyer pour l'augmentation de leurs gages, 241 (note).

Judon (Pierre), maître maçon. Enchères pour l'adjudication de l'entretien des fontaines, 65. — Enchères pour le bail des travaux de la porte Saint-Honoré, 103, 104. — Marché pour l'achèvement de la porte Saint-Bernard, 226. — Enchères pour l'adjudication des travaux de l'Hôtel de Ville, 260; — pour l'adjudication de la démolition de la vieille salle de l'Hôtel de Ville, 265; — pour l'adjudication des travaux de reconstruction de la porte Saint-Martin, 266; — est reçu adjudicataire et baille caution, 266-267. — Enchères pour l'adjudication des démolitions de la porte Saint-Martin, 276. — Marché pour les travaux de la porte Saint-Martin, 314-315.

Jugement de Salomon (La maison du), rue de Buci, 9 (note).

Jugourt (Jacques), marchand de bois. Assigné devant le Parlement de Rouen, 209.

Juifs (Rue des), 226, 260, 263, 266.

Jullien (Jean), marchand de vin. Enseigne de la milice bourgeoise au quartier Saint-Martin, 3.

Jullien, ancien dizenier au quartier des Innocents, 7.

Junon (La déesse). Marie de Médicis est représentée avec ses attributs sur la médaille commémorative de la pose de la première pierre du grand regard de Rungis, 268 (note).

Jussienne (Rue de la), 104.

Juvenal des Ursins (François), marquis de Trainel, chevalier du Saint-Esprit. Son rang au service funèbre de la reine d'Espagne, 121 et note.

Juvisy (Seine-et-Oise), 269 (note).

K

Knobelsdorf (Eustache de). Sa description de Paris réimprimée à la suite de la *Lutetia* de Boutrays, 59 (note).

L

La Barre (Paul de), contrôleur de l'Écurie, receveur et payeur des rentes assignées sur le Clergé. Capitaine de la milice bourgeoise au quartier Sainte-Geneviève. 4, 146 (note). — Reçoit l'office de receveur alternatif et payeur des rentes sur le Clergé et les recettes générales, 62 (note); — il remet à Flamin Faunehe la partie de cet office se rapportant aux rentes sur les recettes générales, 62 (note), 70 (note). — Mandé au Bureau pour régler l'ordre de l'exercice de sa charge, 62-63. — S'oppose à la création du bureau proposé par Germain Gillot pour le payement des rentes, 184. — Règlement qu'il doit suivre pour ce payement, 185; — notification qui lui en est faite, 185. — Ordonnance du Bureau pour la présentation de ses états de recette et de dépense et la fourniture du double de ses comptes, 325-326. — Signification lui est faite de l'arrêt du Conseil interdisant de payer les arrérages des rentes rachetées par Jacques Feret, 328. — Consulté par le Conseil de Ville sur la question des rentes du Clergé dont les arrérages sont négligés, 366.

Labae (Le P.). *Sacrosancta Concilia*, cités, 18 (note).

Labbé (Le sieur). Dizenier au quartier Saint-Jean, 3 (note), 4.

Lassé (Le sieur), marchand bourgeois de Paris. Assiste à une assemblée particulière de la Ville tenue au sujet de la hausse des monnaies, 309.

Labussée (Charles de), chanoine de Notre-Dame. Résigne son canonicat, 98 (note).

La Boissière (Jean de), conseiller au Parlement. Délégué des bourgeois de son quartier aux élections municipales, 21 et note.

La Brunetière (Le sieur de), commissaire des guerres. Lieutenant de la milice bourgeoise au quartier Saint-Esprit, 14. — Délégué des bourgeois de son quartier à l'assemblée électorale, 279.

La Chapelle (Le sieur de). Voir Pajot (Antoine).

La Coulardière (Le sieur de). Délégué des bourgeois de son quartier à une assemblée générale de la Ville (absent), 56.

La Cour (Le sieur de). Voir Amelin.

La Croix de Chevrières (Jean de), évêque de Grenoble. Son rang au service funèbre de la reine d'Espagne, 120.

Ladehors (Le sieur). Dizenier au quartier du Temple, 6 et note.

Laffemas. Voir Beausemblant.

La Fontaine (Pierre de). Cède au Grand Prieur une rente qui lui avait été constituée par la Ville, 123 (note).

La Fontaine (Gillette de), femme de Pierre Guillain, 127 (note).

La Fontayne (Le sieur de). Délégué des bourgeois de son quartier aux élections municipales, 21.

La Forest (Le sieur de). Lieutenant de la milice bourgeoise au faubourg Saint-Germain-des-Prés, 9.

La Fosse (Le sieur de). Lieutenant de la milice bourgeoise au quartier Saint-Gervais, 11 (note), 12, 146 (note).

La Fossée (Le sieur de). Voir Merault (Claude).

La Gards (Abraham de), horloger du Roi. Demande à établir un coche d'eau entre Paris, Villeneuve-Saint-Georges et Châtillon, 210 (note).

Lagny (Seine-et-Marne), 311. — Fabriques de faux, 160. — Pont, 313. — Abbé de l'abbaye. Voir Rouillé (René).

La Gogue (Le sieur), marchand. Capitaine de la milice bourgeoise au quartier Notre-Dame, 10. — Délégué des bourgeois de son quartier à une assemblée générale de la Ville, 56.

La Goutte (Le sieur). Lieutenant de la milice bourgeoise au faubourg Saint-Denis, 13.

La Grange (Louis de). Prétend faire revivre un droit ancien sur le pied fourché, 334.

La Guesle (Jacques de), procureur général au Parlement. Capitaine et Colonel de la milice bourgeoise au quartier Saint-Séverin, 8 et note. — Délègue son substitut Duret à une assemblée des colonels, 61 (note).

La Haye (Le sieur de), audiencier. Capitaine de la milice bourgeoise au quartier Notre-Dame, 10. — Délégué des bourgeois de son quartier aux élections municipales, 21.

Lahaye (Christophe de). Lieutenant de la milice bourgeoise au quartier Saint-Jacques-la-Boucherie, 8.

La Haye (Hilaire de), auditeur des Comptes. Lieutenant de la milice bourgeoise au quartier du Temple, 6.

La Haye (Jean de), orfèvre. Fournit le buffet d'argent destiné à la Reine, 131, 229. — Quittance délivrée pour ce buffet, 329.

La Hocus (Le sieur). Dizenier au faubourg Saint-Jacques, 10.

Laicle (Orne). Fabriques de fil d'archal, 160.

Laigle ou Laigue (Forêt de). Voir Aigue (Forêt de l').

Lainé (Victor), serviteur de Jean Filacier, 178.

Laines. Tarif du droit de péage sur l'Oise, 244; — sur la Vanne, 254.

Laïques possesseurs de bénéfices ecclésiastiques. Payent mal leurs deniers levés sur le Clergé, 51.

Lalain ou de Lalain (Antoine), fermier des gabelles de la généralité de Paris. État de ce qu'il doit pour le sel étant dans les greniers de la généralité et pour le droit d'embouchure, 305-306. — Commission délivrée à Jean de Moisset pour recevoir de lui ce qu'il est tenu d'avancer sur son bail, 305, 307.

La Lane (Le sieur de). Candidat à l'Échevinage, 171.

Lallement (Gabriel). Lieutenant criminel au Châtelet. Chargé de faire nettoyer la place du parvis pour la procession de la Réduction, 68 (note). — Rang à la procession de la châsse de sainte Geneviève, 85, 86; — sa réception et ses provisions, 85 (note). — Délégué des bourgeois de son quartier à l'assemblée de l'Élection, 169.

Lallier (Michel), maître des Comptes. Son rôle lors de l'expulsion des Anglais, 140 (note).

La Macque, bourgeois. Démarche auprès du Conseil de Ville pour le payement des rentes du sel, 340; — consulté sur l'ordre du payement, 340.

La Magdelaine (Le sieur). Convoqué à une assemblée particulière au sujet de la navigation des Indes orientales, 381 (note).

La Magdeleine (François de), marquis de Ragny, chevalier du Saint-Esprit. Son rang au service funèbre de la reine d'Espagne, 121 et note.

La Marre (Denis de), chargeur de bois. Rixe avec des mouleurs de bois, 79 (note).

La Martinière (Sieur de). Voir Le Conte (Charles).

La Massuère (Gilles Le Maistre, sieur de). Locataire d'une partie du logement de la porte Saint-Honoré, 346 (note). — Intervention de la Ville dans l'instance pendante au Parlement entre lui et Guillaume Fleury, 358-359.

Lambeau (Lucien). *La Place royale*, ouvrage cité, 137 (note), 161 (note). — *Iconographie de la Place royale*, citée, 137 (note).

Lambert (Le sieur). Dizenier au quartier Saint-Gervais, 11.

Lambert (Claude), voiturier par eau. Expert commis pour fixer l'alignement du pont de Gournay, 311-313.

Lambert (François), arbalétrier pistolier. Cassé pour inexactitude aux convocations, 74 (note).

Lambert (Jean), Échevin. Assemblée électorale pour la prolongation de ses pouvoirs comme Échevin, d'après la volonté de la Reine, 20-23; — continué pour un an, 23; — prête serment entre les mains du Roi pour l'exercice de sa charge, 22, 23; — son éloge par la Reine, 23; — nouvelle prise de possession de sa charge d'Échevin, 23. — Présent à des assemblées du Conseil de la Ville, 23, 40, 47, 52, 54, 69, 87, 88, 89; — à une assemblée générale de la Ville, 56; — à une assemblée des colonels de la milice bourgeoise, 61. — Assemblée électorale pour son remplacement comme Échevin, 91-95; — trois voix se portent sur lui au scrutin; — remerciement qu'il fait à l'assemblée à sa sortie de charge, 93; — remerciement à Leurs Majestés, 95. — Délégué des bourgeois de son quartier à une assemblée électorale, 180.

Lambert (Jean), laboureur. Condamné au carcan pour avoir mélangé de l'eau au vin qu'il vendait, 314 (note).

LAMBERT (Jérôme). Dizenier au quartier Saint-Germain-l'Auxerrois, 15.

LAMBERT (Louis), sieur de Cambrai, correcteur des Comptes. Capitaine de la milice bourgeoise au quartier Saint-Honoré, 13. — Délégué des bourgeois de son quartier à une assemblée électorale, 280.

LAMBERT (Mathurin), huissier des ordres du Roi. Chargé de convoquer le Recteur de l'Université, les chevaliers de l'Ordre et les seigneurs de la cour pour le service funèbre de la reine d'Espagne, 120.

LAMBERT (Nicolas), ancien Quartenier du quartier du Sépulcre, 12 (note). — Ne veut pas se porter garant pour Jean Tronson, cinquantenier de son quartier, et en fait nommer un autre à sa place, 376 (note).

LAMET (Le sieur DE), avocat. Plaidoyer au Parlement, 358.

LAMOIGNON (Chrestien DE), conseiller au Parlement. Capitaine de la milice bourgeoise au quartier du Sépulcre, 13. — Député des bourgeois de son quartier aux élections municipales, 93, 280.

LA MONTRE (Jean-Joseph), professeur en la chaire fondée par Pierre de la Ramée. Programme de son enseignement, 228 (note).

LA MOTHE (Le sieur DE), conseiller au Châtelet. Lieutenant de la milice bourgeoise au quartier Saint-Antoine, 6.

LA MOTTE (Urbain DE), fermier des traites foraines. Arrêt par lequel le Conseil du Roi repousse la prétention qu'il avait élevée d'établir un bureau pour y faire descendre les marchandises des grossiers, merciers et joailliers, 125-126.

LAMY (Le sieur). Candidat à l'Échevinage, 171, 282.

LAMY (Le sieur), marchand bourgeois de Paris. Assiste à une assemblée particulière de la Ville réunie au sujet de la hausse des monnaies, 309.

LAMY (Antoine), auditeur des Comptes. Capitaine de la milice bourgeoise au quartier du Sépulcre, 13.

LAMY (Guillaume), secrétaire du Roi, Conseiller de la Ville. Présent aux élections municipales, 20, 91, 167, 278 ; — à des assemblées du Conseil de Ville, 24, 52, 69, 86, 87, 143, 176, 181, 211, 217, 235, 292, 321, 369 ; — à une assemblée générale de la Ville, 146. — J.-B. de Courlay résigne en sa faveur son office de Conseiller de Ville, 248 (note).

LAMYRAULT, trésorier de France à Orléans et capitaine volontaire en cette ville. Chargé de porter au Bureau de la Ville un message de la municipalité d'Orléans, 159.

LANGLOIS (Le sieur), épicier. Capitaine de la milice bourgeoise au quartier Saint-Jacques-la-Boucherie, 8.

LANGLOIS (Le sieur), tireur d'armes. Enseigne de la milice bourgeoise au quartier Notre-Dame, 10.

LANGLOIS (Étienne). Pourvu par la Ville de la charge d'aide au pont de Pont-de-l'Arche, 249.

LANGLOIS (Louis). Enseigne de la milice bourgeoise au quartier Saint-Germain-l'Auxerrois, 15.

LANGLOIS (Martin), sieur de Beaurepaire, maître des Requêtes. Capitaine et colonel de la milice bourgeoise au quartier Saint-Jean, 3 et note. — Assiste à une assemblée des colonels pour aviser à la sûreté de la Ville, 61.

LANGLOIS (Pierre), bourgeois. Caution de Jean Lintlaër, 130.

LANGRES (Diocèse de). Le receveur des décimes est accusé de retenir des deniers dont il n'a pas rendu compte, 224. — Évêque. Voir ZAMET (Sébastien).

LANGUEDOC. Pauvreté des diocèses de la province, 157. — Lettres de privilège obtenues par Jean Bietrix pour la fabrication des faux dans cette province, 159. — La rente de 2,000 livres constituée sur les gabelles du Languedoc sera amortie pour tenir lieu, vis-à-vis de P. de Gondi, du payement de 30,000 livres, 356.

LANGUERRAT (Le sieur), joaillier. Enseigne de la milice bourgeoise au quartier Saint-Germain-l'Auxerrois. 15.

LANGUES ORIENTALES (Enseignement des). Projet de fondation d'une école, 222.

LA NOUS (Le sieur DE). Dizenier au quartier Saint-Martin, 3.

LA NOUS (Le sieur DE), affineur. Lieutenant de la milice bourgeoise au quartier Saint-Jacques-la-Boucherie, 8.

LA NOUE (Le sieur DE), orfèvre. Lieutenant de la milice bourgeoise au quartier Notre-Dame, 10.

LA NOUE (Jean DE), ancien Quartenier du quartier Saint-Jean, Échevin, 3 (note). — Assiste aux élections municipales, 20, 91, 167 ; — à des assemblées du Conseil de Ville, 23, 40, 47, 52, 54, 69, 86, 87, 88, 89, 143 ; — à des assemblées générales de la Ville, 56, 113, 145 ; — à une assemblée des colonels de la milice bourgeoise, 61. — Signification lui est faite d'une ordonnance de la Chambre des Comptes, 106. — Assemblée électorale pour son remplacement comme Échevin, 167-172 ; — obtient une voix au scrutin, 171 ; — remerciements adressés à l'assemblée électorale à sa sortie de charge, 169-170 ; — remerciements qu'il adresse au Roi et à la Reine à sa sortie de charge et éloges qu'il en reçoit, 171.

LANSAC (Le sieur DE). Voir SAINT-GELAIS.

LANTERNE (Regard de la), 65 et note.

LAON (Diocèse de). Les bénéficiers obtiennent une décharge sur les décimes, en raison des pertes supportées de la part des gens de guerre, 28 (note). — Évêque. Voir BRICHANTEAU.

LA PIE (Le sieur). Dizenier au quartier Saint-Antoine, 6.

LA PIERRE (Nicolas DE). Enchère pour l'adjudication de la démolition de la vieille salle de l'Hôtel de Ville, 265.

LA PLACE (Louis DE). Enseigne de la milice bourgeoise au faubourg Saint-Martin, 3.

LA PLANCHE (Le sieur), drapier. Délégué des bourgeois de son quartier à une assemblée générale de la Ville, 57.

LA POINCTE (Le sieur DE). Voir GUÉRIN (François).

LAPORTE (Le sieur). Dizenier au quartier du Temple, 6.

LA POUSTOIRE, alias LA POTOIRE (Germain DE), conseiller en l'élection. Député des bourgeois de son quartier aux élections municipales, 93 et note.

LA RAMÉE (Pierre DE). Chaire qu'il a fondée, 228. — Extrait de son testament et programme de l'enseignement qui y était donné, 228 (note). — On prendra sur les deniers provenant des rentes amorties le payement du professeur occupant la chaire fondée par La Ramée, 228.

Larcher (Le sieur). Signe une ordonnance de la Chambre des Comptes, 106.

Larcher (Claude), conseiller au Parlement. Lieutenant de la milice bourgeoise au quartier du Temple, 7.

Lard, Tarif du droit de péage sur l'Armançon, 237; — sur l'Oise, 244; — sur la Vanne, 254.

Largentier (Louis), baron de Chappelaine. S'engage, avec sa mère, à continuer le cautionnement fourni par son père à Jean de Moisset, 32-33. — Ne peut profiter de la résignation que son père avait faite en sa faveur de la charge de notaire secrétaire du Roi, 32 (note). — Épouse Marguerite d'Allongny, 32 (note).

Largentier (Nicolas), sieur de Vaussemain, caution de Jean de Moisset pour le bail des gabelles. Sommation faite à la Ville au sujet de cette caution, 26-27. — Ordonnance du Bureau prescrivant l'apposition des scellés en sa maison, après son décès, 32. — Acte par lequel sa veuve et son fils s'engagent à continuer le cautionnement qu'il avait donné à Jean de Moisset, 32-33. — Résignation qu'il avait faite en faveur de son fils de la charge de notaire secrétaire du Roi, 32 (note).

La Roche (Le sieur de), mouleur de bois, 79 (note).

La Rochefoucauld-Roye (Louis-François-Armand de). Érection, en sa faveur, du duché d'Estissac, 252 (note).

La Roncière (Charles de). *Histoire de la marine française*, citée, 381 (note).

La Rue (Le sieur de), procureur. Enseigne de la milice bourgeoise au quartier Saint-Eustache, 12.

La Salle (Le sieur de), bourgeois de Paris. Assiste à une assemblée tenue pour délibérer sur le projet de pont au port Saint-Paul, 203.

La Salle (Pierre de), bourgeois de Paris. Commission qui lui est délivrée pour s'informer du bois qui existe à proximité des rivières de Vanne, Aube et Seine, 196-197. — Enchère pour l'adjudication de la démolition de la vieille salle de l'Hôtel de Ville, 264-265; — obtient l'adjudication, 265; — en paye le prix et reçoit quittance, 265. — Enchère pour l'adjudication des démolitions de la porte Saint-Martin, 276.

La Tillaye (Le sieur de). Contresigne des lettres de Charles VI, 198.

La Tour (Henri de), duc de Bouillon. Séance au Conseil du Roi, 29.

La Trémoïlle (Antoine-François de), duc de Noirmoutiers, 5 (note).

La Trémoïlle (Louis de), marquis de Noirmoutier. Épouse la fille de Vincent Bouhier, 337 (note).

La Trémoïlle (Louis de), duc de Noirmoutier, 39 (note).

L'Aubépine (Gabriel de), évêque d'Orléans. Son rang au service funèbre de la reine d'Espagne, 120.

L'Aubépine (Claude de), sieur de Verderonne, président des Comptes. Siège à la Chambre, 110.

L'Aubespine (Nicole de), femme de Nicolas de Verdun père, 72 (note).

Laucier (Jean), serrurier. Reçoit mandement de faire un garde-fou à l'escalier du regard des fontaines de Belleville, 263 (note).

Laugier (Honoré), sieur de Porchères. *Le camp de la place Royalle*, cité, 137 (note).

Launay (Aubin de). Lieutenant de la milice bourgeoise au faubourg Saint-Jacques, 10.

Launay (Simon de). Nommé d'office pour procéder à une enquête sur la commodité ou incommodité du pont Marie, 152-153.

Lauzières-Themines-Cardaillac (Pons de), marquis de Themines, chevalier du Saint-Esprit. Son rang au service funèbre de la reine d'Espagne, 121 et note.

Laval (Urbain de). Voir Boisdauphin (Maréchal de).

Laval (Mayenne). Grenier à sel, 363.

La Vallée (Marin de), juré du roi en l'office de maçonnerie. Enchère pour le bail des travaux de la porte Saint-Honoré, 104. — Il lui est adjugé une première fois, 104. — Marché passé pour les ouvages de maçonnerie et de sculpture destinés à l'encadrement de l'horloge de l'Hôtel de Ville, 130. — Proteste contre un marché fait sans adjudication pour la cheminée de la grande salle de l'Hôtel de Ville, 241 (note). — Obtient l'adjudication des travaux qui restent à exécuter à l'Hôtel de Ville, 257-263; — ses enchères, 260; — Étienne Tartaise, adjudicataire, lui cède son marché, 261; — néglige de bailler caution et de commencer les travaux, 261; — intente des poursuites contre la Ville pour être maintenu dans son adjudication, 262 et note; — propose un rabais important devant lequel Jacques Boullet, son compétiteur, se désiste, 262; — obtient l'adjudication définitive de l'entreprise et baille caution, 262-263. — Cherche à faire casser le marché passé pour la sculpture de la cheminée de l'Hôtel de Ville, 262 (note). — Assigné à la requête des maîtres de l'hôpital du Saint-Esprit au sujet des travaux de l'Hôtel de Ville, 263 (note).

Lavardin (Le maréchal de). Voir Beaumanoir (Jean de).

La Vergne (Le sieur de), mercier. Enseigne de la milice bourgeoise au quartier Saint-Jacques-de-l'Hôpital, 11 et note.

La Vieuville (Charles de), 337 (note).

Lavigne (Le sieur). Dizenier au quartier du Temple, 6.

La Vigne, commissaire au Châtelet. Assignation donnée aux ferronniers qui tiennent des places de la Ville sur le quai de la Mégisserie, 382.

Lavoy (Thomas). Enseigne de la milice bourgeoise au faubourg Saint-Victor, 14.

Le Bailleul ou de Bailleul (Le sieur), conseiller au Parlement. Capitaine de la milice bourgeoise au quartier Saint-Honoré, 13, 169 (note). — Délégué des bourgeois de son quartier à l'assemblée de l'Élection, 169.

Lebateux (Nicolas), dit Petit Cousin, 347, 350, 358. — Arrêt du Parlement obtenu par lui pendant la Ligue, 358 (note).

Le Bé (Le sieur). Dizenier au quartier Sainte-Geneviève, 4 et note. — Représentant des bourgeois de son quartier à une assemblée générale de la Ville; mentionné comme absent, 146.

Lebeau (Jean). Adjudicataire de la halle du milieu du marché Neuf, 155.

Lebel (Le sieur). Dizenier au quartier Saint-Antoine, 5.

Le Bel (Roland). Dizenier au quartier Saint-Honoré, 13 et note.

Le Beagce. Voir La Vergne.

DE LA VILLE DE PARIS. 453

Lessuf (Abbé). *Histoire du diocèse de Paris*, citée, 5 (note), 6 (note), 198 (note), 267 (note), 312 (note), 349 (note), 354 (note), 372 (note).

Le Bœuf (Philippe). Dizenier au quartier du Sépulcre, 13.

Le Bigot (Louis). Voir Gastines.

Le Blanc (Jeanne), femme d'Antoine Marie. Adjudicataire des halles du marché Neuf, 155 et note, 269 (note).

Le Bon (Jean). Dizenier au quartier Saint-Martin, 2.

Le Bossu (Le sieur), marchand de bois. Convoqué au Bureau pour rendre raison du prix excessif du bois, 75.

Le Bossu (Le sieur), Convoqué à une assemblée particulière au sujet de la navigation des Indes orientales, 381 (note).

Le Bossu (Jean), notaire et secrétaire du Roi, seigneur de Charenton. Capitaine de la milice bourgeoise au quartier Saint-Eustache, 12 et note.

Le Bret (Le sieur), marchand. Délégué des bourgeois de son quartier à une assemblée générale de la Ville, 57.

Le Bret (Le sieur). Candidat à l'Échevinage. 282.

Le Bret (Le sieur), conseiller au Châtelet. Consulte le Bureau de la Ville au sujet de la résignation d'un office de juré vendeur et contrôleur de vin, 277.

Le Bret (Cardin), avocat général au Parlement. Capitaine de la milice bourgeoise au quartier Saint-Martin, 2 et note. — Blâme infligé en sa présence au Lieutenant civil par le Chancelier, 61.

Le Breton (Pierre), receveur des amendes du Châtelet, 73.

Le Breton de Villandry (Françoise), seconde femme de Jean Aubery, 39 (note).

Le Brun (Denis), auditeur des Comptes. Délégué des bourgeois de son quartier aux élections municipales, 21 et note.

Le Brun (Pierre), adjudicataire de l'entretènement du pavé de Paris. Réclamation contre Christophe Marie, 380 (note).

Le Buteux (Louis). Enchères pour l'adjudication de l'entretien des fontaines, 65, 66.

Le Camus (Le sieur), bourgeois. Enseigne de la milice bourgeoise au quartier Saint-Martin, 3.

Le Camus (Le sieur). Convoqué à une assemblée particulière au sujet de la navigation des Indes orientales, 381 (note).

Le Camus (Antoine), s' de Jambeville, président au mortier. Capitaine de la milice bourgeoise au quartier du Temple, 6. — Rétablissement de fontaine en sa maison, 218.

Le Camus (Geoffroi), sieur de Pontcarré, conseiller d'État. — Séance au Conseil, 99, 251, 274. — Deux chanoines de Notre-Dame reçoivent mission de conférer avec lui, 219 (note).

Le Carpentier, huissier, 209.

Le Cerf (Jean). Lieutenant de la milice bourgeoise au faubourg Saint-Marcel, 5.

Le Charron (Le sieur), bourgeois. Démarche auprès du Conseil de Ville pour le payement des rentes du sel, 340; — consulté sur l'ordre du payement, 340.

Le Cirier (Georges), huissier du Conseil. Chargé de la garde de Philippe de Gondi, 274 (note).

Leclerc. Dizenier au quartier Saint-Séverin, 9.

Leclerc (G.), premier Président de la Cour des Monnaies. Lettre au Chancelier sur la hausse des Monnaies, 301-302 (note).

Leclerc (Jean), tapissier. Capitaine de la milice bourgeoise au quartier Saint-Séverin, 9 et note.

Le Clerc (Jean), Quartenier du quartier Sainte-Geneviève. Remplace Pierre Huot comme Quartenier, 146 (note). — Présent à une assemblée générale de la Ville, 146; — aux élections municipales, 168, 169, 279, 280. — Consulté par le Bureau à propos d'une requête d'un de ses cinquanteniers, 280 (note).

Leclerc (Nicolas), conseiller au Parlement, Conseiller de la Ville. Présent aux élections municipales, 20, 91, 167, 278; — à des assemblées du Conseil de Ville, 24, 87, 292, 373; — à une assemblée générale de la Ville, 146.

Le Cocq (Joseph), sieur de Villiers. Caution de Nicolas Milon, 363.

Le Coigneulx (Le sieur). Délégué des bourgeois de son quartier à l'assemblée de l'Élection, 168.

Le Coincte (Le sieur). Dizenier au quartier Saint-Honoré, 14.

Le Comte (Jean), pourvu par la Ville de la charge d'aide au pont de Pont-de-l'Arche, 249.

Le Comte, commis des Secrétaires du Conseil. Collation d'un arrêt du Conseil, 209.

Le Comte (Le sieur), marchand bourgeois de Paris. Assiste à une assemblée particulière de la Ville tenue au sujet de la hausse des monnaies, 309.

Le Comte (Charles), sieur de la Martinière, maître des Comptes. Capitaine de la milice bourgeoise au quartier Saint-Martin, 2. — Rétablissement de fontaine en sa maison, 215 et note.

Le Comte (Jacques), trésorier de France. Commis pour informer sur la construction des maisons concédées au président Jeannin le long des quais qui partent du pont Neuf, 96. — Réunion convoquée dans son hôtel au sujet de l'exécution des travaux de l'aqueduc des eaux de Rungis, 206 (note).

Le Comte (Jean), Quartenier du quartier Saint-Martin. Reçoit mandement de convoquer les officiers de la milice pour prêter serment, 1. — Liste des officiers de la milice bourgeoise de son quartier, 2-3. — Ancien Échevin, 2 (note). — Mandement qui lui est adressé par le Bureau pour faire faire la visite des chaînes des rues de son quartier, 18; — semblable mandement pour faire faire une exacte recherche de ces chaînes, 24. — Reçoit mandement du Bureau pour la réunion de l'assemblée des bourgeois de son quartier préparatoire à l'assemblée électorale, 19. — Présent aux élections municipales, 20, 21, 91, 92, 168. — Convocations qui lui sont adressées pour des assemblées générales de la Ville, 56, 145; — pour la procession de la Réduction, 68, 134, 239-240; — pour la messe de la Réduction, 71, 140; — pour la procession de la châsse sainte Geneviève, 84. — Présent à des assemblées générales de la Ville, 56, 114, 146. — Copie lui est envoyée de l'arrêt du Conseil consacrant les droits de la Ville au sujet des recherches dans les maisons, 81 (note).

— Fait partie de la députation qui porte à la Reine les remerciements de la Ville pour la révocation de la commission de Jean Filacier, 115. — Mandement qui lui est adressé pour les réjouissances célébrées à l'occasion des mariages espagnols, 139. — Mandement qui lui est adressé pour l'assemblée préparatoire aux élections municipales, 162-163. — Sa fille épouse Claude Mérault, 171 (note). — Reçoit mandement pour visiter les chaines des rues, 196. — Mandement qui lui est adressé pour envoyer les noms des officiers de la milice de son quartier et de ceux qui sont morts, 220-221. — Remplacé comme Quartenier par Ascanius Guillemeau, 279 (note).

Le Conte (Jeanne), femme de Claude Merault, 171 (note).

Le Coq (Louise), femme de J.-B. de Machault, 5 (note).

Le Court (Le sire), marchand. Représentant des bourgeois de son quartier à une assemblée générale de la Ville, 146; — à l'assemblée de l'Élection, 169.

Le Court (Le sieur), bourgeois. Plaintes sur le mauvais payement des rentes, 44. — Démarche auprès du Conseil de Ville pour le payement des rentes du sel 340; — consulté sur l'ordre du payement, 340.

Le Duc (Simon), crieur juré. Signe le procès-verbal de publication d'un règlement municipal, 195. — Ses émoluments, 195 (note). — Publication d'ordonnance, 198, 202, 203, 314. — Emprisonné par ordre du Lieutenant civil pour avoir publié une ordonnance municipale concernant la vente des armes, 353 et note.

Le Faulcheur (Philippe). Adjudicataire de la fourniture de pierre et caillou pour les fontaines de la Ville, 158-159.

Lefebvre (Le sieur), procureur au Châtelet. Enseigne de la milice bourgeoise au quartier Sainte-Geneviève, 5, 146 (note).

Lefebvre (Edme). Élève du chirurgien Pineau pour l'opération de la pierre, 111.

Lefebvre (François), trésorier de France. Commis pour informer sur la construction des maisons concédées au Président Jeannin le long des quais qui partent du pont Neuf, 96. — Assiste à la rédaction du devis de l'aqueduc des eaux de Rungis, 175, 176, 191. — Rapport sur le plan des fontaines de Rungis, 365 (note).

Lefebvre (Hugues), lieutenant puis capitaine de la compagnie des arbalétriers-pistoliers. Ordonnance du Bureau le recevant, sur sa requête, capitaine des arbalétriers, à la mort de Charles Marchant, qui jouissait, sa vie durant, de la charge unique de capitaine des trois Nombres, 30-31; — prête serment, 31. — Convoqué pour assister à l'entrée du Roi à Paris, au retour du sacre, 40; — son rang dans le cortège, 41. — Convocation à la procession de la Réduction, 68; — à la messe de la Réduction, 71; — à la montre des compagnies des trois Nombres, 74. — Convoqué à la procession de la châsse de sainte Geneviève, 84. — Meurt en 1612, 31 (note).

Lefebvre (Louis). Exercice indû de la charge d'aide de maitre du pont de Pont-Sainte-Maxence, 155.

Lefebvre (Louis), voiturier par eau. Assiste à la visite des lieux pour choisir l'emplacement du pont Marie, 378.

Lefebvre (Martin), chapelain de la chapelle de la Trinité en l'église Saint-Gervais, 71 (note).

Le Feigneulx (Le sieur), président en l'élection. Lieutenant de la milice bourgeoise au quartier Saint-Eustache, 12.

Le Feron. Voir Feron.

Le Feron (Nicolas), maitre des Comptes. Rétablissement d'une fontaine particulière en son logis, rue Barre-du-Bec, 67 et note.

Lefevre (Le sieur), avocat. Enseigne de la milice bourgeoise au quartier Saint-Germain-l'Auxerrois, 15.

Le Fèvre (Louis), s' de Caumartin. Séance au Conseil, 81.

Lefort (Le sieur). Lieutenant de la milice bourgeoise au faubourg Saint-Honoré, 14.

Le Front (Daniel), maître plombier. Enchères pour l'adjudication de l'entretien des fontaines, 66.

Le Gaigneur (Le sieur), sellier de la Reine. Enseigne de la milice bourgeoise au quartier Saint-Honoré, 14.

Le Gauffre (Tobie), procureur en la Chambre des Comptes. Chargé de rapporter les quittances des payements faits par P. de Gondi et de les faire décharger sur le compte rendu pour le payement de quatre quartiers des rentes du sel, 362.

Legay (Jean), sergent à cheval du Châtelet. Caution de Jean Coulon pour l'entretien des fontaines, 66, 67; — indication de ses biens, 67.

Le Gay (Mathurin). Enseigne de la milice bourgeoise au quartier Saint-Séverin, 9.

Legendre (Jean). Enseigne de la milice bourgeoise au faubourg Saint-Honoré, 14.

Le Goix (Le sieur), bourgeois. Démarche auprès du Conseil de Ville pour le payement des rentes sur le sel, 340; — consulté sur l'ordre du payement, 340.

Le Goix (Pierre), ancien Quartenier de Saint-Jean-en-Grève, 3 (note).

Le Gouls (Le sieur), bourgeois. Plaintes sur le mauvais payement des rentes, 44.

Le Grand (Le sieur), conseiller. Délégué des bourgeois de son quartier à l'assemblée électorale, 279.

Le Grand (Le citoyen), contrôleur des travaux de la Ville en l'an 11, 177 (note).

Le Grand (Alexandre), conseiller au Parlement. Capitaine de la milice bourgeoise au quartier Saint-Séverin, 9 et note.

Legrand (André). Dizenier au quartier Saint-Eustache, 12.

Le Grand (Jean), sieur de Saint-Germain-le-Grand, maitre des Comptes. Capitaine de la milice bourgeoise au quartier Saint-Antoine, 6 et note, 60 (note). — Délégué des bourgeois de son quartier à l'assemblée électorale, 279 (note), 280.

Le Gras (Simon), trésorier de France. Capitaine de la milice bourgeoise à la place Royale, 6. — Chargé par le Roi de faire nettoyer les égouts, 33-37; — manque à la promesse qu'il avait faite au Bureau de ne pas procéder à l'adjudication de ces travaux, et entreprend sur les droits de la Ville, 35-37. — Délégué des bourgeois de son quartier aux élections municipales, 92 et note. — Élu scrutateur pour les bourgeois à l'assemblée électorale, 93, 95.

Le Gros (Le sire). Représentant des bourgeois de son quartier à une assemblée générale de la Ville, 146.

Le Gros (Faron), voiturier par eau. Assiste à une assemblée tenue pour délibérer sur le projet de pont au port Saint-Paul, 203.

Le Gros (Pierre), voiturier par eau. Assiste à une assemblée tenue pour délibérer sur le projet de pont au port Saint-Paul, 203. — Expert commis pour fixer l'alignement du pont de Gournay, 311-313.

Le Gruel (Anne), veuve de Jean Joly. Épouse Robert Auberi, 20 (note).

Le Guay (Jean), marchand de draps de soie, 72 (note).

Le Guay (Charlotte), première femme de Nicolas de Verdun, 72 (note).

Le Guerchois (Jean), huissier audiencier en la Cour de Parlement de Rouen, 249.

Légumes. Tarif du droit de péage sur l'Armançon, 237; — sur l'Oise, 244; — sur la Vanne, 254.

Leheusle (Rollin), tenant place à laver. Assigné à la requête de Saint-Magloire, 232.

Le Hodicq (François), correcteur des Comptes. Lieutenant de la milice bourgeoise au quartier des Innocents, 7.

Le Houst (Le sieur). Capitaine de la milice bourgeoise au quartier Saint-Jacques-la-Boucherie, 8.

Le Jay (Mathurin). Voir Le Gay.

Le Jay (Nicolas) père, 59 (note).

Le Jay ou Le Gray (Nicolas), Lieutenant civil. Capitaine de la milice bourgeoise au quartier du Temple, 6. — Veut faire emprisonner le lieutenant Cochery, 11 (note). — Conflit avec le Bureau au sujet des recherches dans les maisons; blâme qu'il reçoit du Chancelier, 60-61. — Notice biographique, 61 (note). — Fait partie de ce qu'on appelle par plaisanterie la légende des «Saints (cinq) Nicolas», 72 (note). — Appel interjeté par Jacques Liger, capitaine de la milice, d'une sentence qu'il a rendue au sujet des recherches dans les maisons, 73; — fait emprisonner un lieutenant, 76. — Requête de Ville au Roi et au Conseil contre lui à propos du trouble qu'il apporte auxdites recherches, 76-77; — le Conseil lui maintient le droit de faire recherches en ce qui touche à la police, mais lui interdit de s'opposer à celles que fait faire le Bureau, 77. — Frappe d'amende Pasquier Bué pour avoir baillé les noms de ses hôtes à son capitaine, 76, 77. — Ordonnance sur la police, 77 (note). — Amende prononcée contre des bourgeois qui ont remis le rôle de leurs hôtes à leurs capitaines, 96. — Témoignage que doivent lui rendre les médecins commis par le Parlement pour contrôler l'enseignement chirurgical de Séverin Pineau sur l'opération de la pierre, 111 (note). — Conflit avec le Bureau de la Ville au sujet des recherches dans les maisons. La municipalité d'Orléans consulte le Bureau de la Ville sur la solution de ce conflit, 159. — Candidat à l'Échevinage, 171. — Fait apposer son scellé sur un magasin de bois fait au grenier à sel, 200, 207. — Le Bureau réclame que défense lui soit faite de s'entremettre de la police du bois et charbon, 200; — qu'un jour lui soit fixé par le Parlement pour répondre sur le contenu en la requête, 207. — Sentences rendues dans un procès entre le maltre de la communauté des déchargeurs de vin et les membres de cette communauté; le Bureau conteste sa compétence, 239. — Sentence rendue entre les jurés verriers et Jean Mareschal, 247 (note). — Remplacé comme Lieutenant civil par Henri de Mesmes, 279 (note).

Le Juge (Le sieur), boucher. Enseigne de la milice bourgeoise au quartier Sainte-Geneviève, 4. — Contre-lettre signée de lui, garantissant la Ville de tous risques pour son intervention dans un procès soutenu par la communauté des bouchers, 335 (note).

Le Juge (Le sire). Représentant des bourgeois de son quartier à une assemblée générale de la Ville, 146.

Lelievre (Louis), substitut, ancien Échevin. Conseiller de la Ville. Présent aux élections municipales, 20; — à des assemblées du Conseil de Ville, 24, 47, 52, 54; — à une assemblée générale de la Ville, 56. — Résigne son office de Conseiller de la Ville au profit de Guillaume Marescot, 68-69.

Leliepvre (E.). *L'ordre et cérémonie observée tant en la descente de la châsse de sainte Geneviefve..... qu'en la procession d'icelle*, cité, 84 (note).

Lelong (Nicolas), choisi pour remplacer Guillaume Fleury comme portier de la porte Saint-Honoré. L'ancien titulaire refuse de lui laisser la place, 346 (note).

Le Magne (Le sieur). Convoqué à une assemblée particulière au sujet de la navigation des Indes orientales, 381 (note).

Lemairat (Marie), veuve de Nicolas Largentier. S'engage, avec son fils, à continuer le cautionnement que Nicolas avait fourni à Jean de Moisset, 32-33. — Constitue à son fils une rente de 30,000 livres à l'occasion de son mariage, 32 (note).

Le Maire (Le sieur). Dizenier au quartier Saint-Antoine, 5 (note), 6.

Le Maire (Le sieur), trésorier. Lieutenant de la milice bourgeoise au quartier Saint-Gervais, 11.

Lemaire. *Histoire et antiquitez de la ville d'Orléans*, citée, 159 (note).

Le Maire (Le sieur), bourgeois de Paris. Assiste à une assemblée tenue pour délibérer sur le projet de pont au port Saint-Paul, 203.

Le Maire (Jean). Dizenier au faubourg Saint-Germain-des-Prés, 9.

Le Maire (Rigault), ferronnier sur le quai de la Mégisserie. Assignation qui lui est donnée à la Police du Châtelet, 382.

Le Maistre (Le sieur). Capitaine de la milice bourgeoise au quartier Saint-Martin, 3.

Lemaistre (Le sieur), avocat. Lieutenant de la milice bourgeoise au quartier Saint-Séverin, 8.

Lemaistre, sieur de Bellejambe. Délégué des bourgeois de son quartier aux élections municipales, 21.

Lemaistre (Chéron). Dizenier au quartier du Temple, 6.

Le Maistre (Gilles). Voir La Massuere.

Le Marié d'Aubigny (Collection), citée, 69 (note). — Relation de la procession de la châsse de sainte Geneviève, 84 (note).

Le Mée (Le sieur), bourgeois de Paris. Assiste à une

assemblée tenue pour délibérer sur le projet de pont au port Saint-Paul, 203.

Le Mercier l'aîné (Le sieur), orfèvre. Capitaine de la milice bourgeoise au quartier Saint-Jacques-la-Boucherie, 8.

Le Mercier (Antoine), maître maçon et voyer de l'Évêque de Paris. Assignation donnée à sa requête à propos d'une maison construite entre les deux portes Saint-Honoré, 277 (note).

Lemercier (Jean). Enseigne de la milice bourgeoise au quartier des Innocents, 7.

Lemille (Claude). Exercice indù de la charge d'aide de maître du pont de Pont-Sainte-Maxence, 155.

Le Moyne (Antoine). Dizenier au quartier Saint-Séverin, 8.

Le Moyne (Étienne), marchand. Délégué des bourgeois de son quartier à une assemblée générale de la Ville, 56.

Lempereur (Le sieur), marchand. Lieutenant de la milice bourgeoise au quartier Notre-Dame, 10.

L'Empereur (Sébastien), commis du sieur Chartier. Ordonnance du Bureau lui enjoignant de mettre ès mains de Jean de Moisset ce qu'il doit à Philippe de Gondi sur les gabelles de la généralité de Touraine, 345.

Le Myre (Le sieur), apothicaire. Lieutenant de la milice bourgeoise au quartier Saint-Honoré, 5.

Le Noble (Le sieur), voiturier par eau. Naufrage de son bateau, 271 (note).

Lenoir, notaire au Châtelet, 39, 40, 143, 144.

Le Noir (Louis), contrôleur des rentes sur l'Hôtel de Ville. Contestation avec Nicolas Bigot au sujet du contrôle des payements d'arrérages des rentes du sel effectués par Jean de Moisset, 308-309. — Mention de l'édit de création de l'office de contrôleur des rentes sur l'Hôtel de Ville, et des lettres de provision de Le Noir, 309.

Le Normant, notaire au Châtelet, 26, 27, 32, 33, 372, 373.

Le Normant (Hector), commissaire au Châtelet. Plaintes contre un mouleur de bois, 193 (note).

Le Nourricier (Pierre), poissonnier, 199 (note).

Le Peintre (Jean). Enseigne de la milice bourgeoise au faubourg Saint-Marcel, 5.

Le Pelletier (François), conseiller au Parlement. Capitaine de la milice bourgeoise au quartier Saint-Séverin, 8 et note.

Le Pelletier (Nicolas), sieur de Châteaupoissy, maître des Comptes. Lieutenant de la milice bourgeoise au quartier Saint-Martin, 2.

Lepeultre (Le sieur). Candidat à l'Échevinage, 23.

Le Picart (Jean), maître des Comptes. Député des bourgeois de son quartier aux élections municipales, 92 et note.

Le Picart (Barbe), veuve de François Charlet, 145 (note).

Le Pileur (Thomas), seigneur de Chatou, audiencier à la Chancellerie. Lieutenant de la milice bourgeoise au quartier Saint-Antoine, 6.

Lépinois (E. de). *Histoire de Chartres*, citée, 98 (note).

Leplat (Jacques). Dizenier au quartier Saint-Honoré, 13.

Le Prestre (Claude), conseiller au Parlement, Conseiller de la Ville. Présent aux élections municipales, 20, 91, 167, 270; — à des assemblées du Conseil de Ville, 24, 52, 54, 69, 88, 89, 143, 183, 211, 214, 224, 235, 292, 317, 321, 336, 366, 369; — à des assemblées générales de la Ville, 56, 113, 146. — Fait partie de la députation qui porte à la Reine les remerciements de la Ville pour la révocation de la commission de Jean Filacier, 115. — S'offre pour travailler à l'éclaircissement des rentes amorties, 225. — Assiste à l'adjudication des travaux de l'Hôtel de Ville, 262 (note).

Le Prestre (Jean), auditeur des Comptes. Candidat à l'Échevinage, 282.

Le Prevost (Charles), *alias* Prevost, s' de Malassise, Conseiller de la Ville. Présent aux élections municipales, 20, 91, 167, 278; — à des assemblées du Conseil de la Ville, 24, 47, 52, 54, 156, 181, 183, 270, 292, 294, 303. — Refuse d'opiner à une assemblée du Conseil de la Ville parce que les Conseillers ne sont pas en nombre suffisant, 295, 303. — Résigne à son fils Jacques Le Prévost, sieur d'Herblay, l'exercice de la charge de Conseiller de Ville qu'il lui avait déjà résignée à condition de survivance, 349.

Le Prevost (Jacques), *alias* Prevost, sieur d'Herblay, Conseiller de la Ville. Son père lui délaisse l'exercice de cet office qu'il lui avait déjà résigné à condition de survivance, 349. — Assiste à des assemblées du Conseil de Ville, 369, 373, 381.

Le Prevost (Jacques), sieur de Saint-Cyr, Conseiller de la Ville. Présent aux élections municipales, 20, 91, 167, 278; — à des assemblées du Conseil de la Ville, 24, 69, 183, 217, 250, 336.

Le Prieur (Le sieur), ancien dizenier au quartier Saint-Séverin, 8 (note).

Léproserie. Voir Saussaie (La).

Le Proust, 151.

Le Queulx (Barbe), plombière de la Ville. Enchères mises à l'adjudication des travaux de conduite d'eau au Louvre, 17. — Enchères pour l'adjudication de l'entretien des fontaines, 66. — Caution de son mari pour cet entretien, 66, 67.

Lequint (Le sieur), bourgeois. Plaintes sur le mauvais payement des rentes, 44.

Le Ragois (Le sieur). Caution de Philippe de Gondi, 321.

Le Rahier (Jacques). Assignation donnée à sa requête à Pierre Perrot, Procureur du Roi de la Ville, 337.

Le Rat (Le sieur), apothicaire. Enseigne de la milice bourgeoise au quartier Saint-Antoine, 5.

Le Bedde (Gilles), juré du Roi en l'office de charpenterie. Rapport sur les consolidations à faire à la charpente de l'Hôtel de Ville, 230-231.

Le Bedde (Pierre), voiturier par eau. Assiste à une assemblée tenue pour délibérer sur le projet de pont au port Saint-Paul, 203.

Le Regratier (Le sieur), payeur des Cent suisses. Enseigne de la milice bourgeoise au quartier Saint-Germain-l'Auxerrois, 15.

Le Rouillé. Voir Bouillé.

Leroux (Le sieur), conseiller au Châtelet. Délégué des bourgeois de son quartier à une assemblée électorale, 280.

DE LA VILLE DE PARIS. 457

Le Roux (Guillaume) ancien Quartenier du quartier Saint-Germain-l'Auxerrois, 14 (note).

Le Roux de Lincy. *Histoire de l'Hôtel de Ville*, citée, 129 (note), 241 (note), 349 (note).

Le Roy (Le sieur), plâtrier. Saisie de bois emmagasiné chez lui, 204.

Le Roy (François). Tutelle de ses enfants, 229.

Le Roy (Jean). Dizenier au quartier Saint-Martin, 2.

Le Roy (Jean), chanoine de Paris, prieur de Dame-Sainte, conseiller au Parlement. Capitaine de la milice bourgeoise au quartier Notre-Dame, 10, 98. — Sa réception au chapitre Notre-Dame, 98 (note). — Vend une maison canoniale à l'évêque de Rieux, 162 (note).

Le Roy (Pasquier). Dizenier au quartier Notre-Dame, 10. — Prétend être exempt, en cette qualité, de la tutelle des enfants de François Le Roy, 228-229. — S'engage à couvrir les frais de l'intervention de la Ville dans cette cause, 229 (note).

Le Roy (René), voiturier par eau. Assiste à une assemblée tenue pour délibérer sur le projet de pont au port Saint-Paul, 203.

Le Royer (Le sieur). Capitaine de la milice bourgeoise, en 1594, au quartier Notre-Dame, 10 (note).

Le Royer (Le sieur), procureur. Enseigne de la milice bourgeoise au quartier Notre-Dame, 10.

Le Royes (Le sieur), drapier. Lieutenant de la milice bourgeoise au quartier Saint-Honoré, 14.

Le Sage (Le sieur). Lieutenant de la milice bourgeoise au quartier Saint-Eustache, 12.

Lesaige (Jean), ancien Quartenier du quartier Saint-Eustache, 12 (note).

Le Saige (Jean), maître boucher. Assigné devant le bailli du For-l'Évêque, 277 (note).

Lesbateux (Nicolas). Voir Lebateux.

Lescalon (Le sieur). Dizenier au faubourg Saint-Marcel, 5.

Lescalopier (Nicolas), référendaire apostolique, abbé de Notre-Dame de Ham. Rétablissement de fontaine en sa maison, 238 et note. — Recherche de la cause du manque d'eau dans la fontaine de sa maison, 368 (note).

Leschassier (Le sieur), avocat au Parlement. Se met à la tête de bourgeois qui portent leurs plaintes au Roi et au Bureau de la Ville à propos du mauvais payement des rentes, 44, 45. — Reproches que lui fait le Prévôt des Marchands, 45. — Plaintes sur le mauvais payement des rentes du Clergé, 50.

Leschassier (Jean), conseiller au Châtelet. Conseiller de la Ville. Résignation à titre de survivance, que lui fait Denis Palluau, de son office de Conseiller de la Ville, 23-24; — prête serment, 24.

L'Escuyer (Le sieur). Dizenier au faubourg Saint-Honoré, 14.

Lescoyer (Jean), maître des Comptes. Lieutenant de la milice bourgeoise au quartier Saint-Eustache, 12 et note. — Rétablissement de fontaine en sa maison, rue des Prouvaires, 363.

Lescoyer (Robert). Dizenier au quartier Saint-Jacques-la-Boucherie, 8.

Lesdiguières (Hôtel de). Le tzar Pierre le Grand y loge, 41 (note).

Le Secq (Le sieur). Lieutenant de la milice bourgeoise au quartier Saint-Eustache, 12.

Le Secq (Le sieur), linger. Capitaine de la milice bourgeoise au quartier Saint-Honoré, 14.

Le Secq (Le sieur). Enseigne de la milice bourgeoise au quartier Saint-Jacques-de-l'Hôpital, 11.

Le Secq (Geoffroi), procureur des causes de la Ville au Châtelet. Mandements qui lui sont adressés par le Bureau pour s'opposer aux criées de la maison de Jean de Saint-Paul, sur laquelle il doit une rente à la Ville, 42, 43; — pour s'opposer à la vente de la maison du s' Vergnette, 48 (note); — pour comparoir à l'assignation donnée à la Ville à la requête de Martin Lefebvre, 71 (note); — pour s'opposer à la vente de la jouissance des arbres plantés dans les fossés de la Ville et de celle d'une casemate près de la porte Montmartre que possédait feu Jean Martin, 74, 75; — pour s'opposer à la vente d'un jeu de paume chargé d'une redevance envers la Ville, 108; — pour se présenter pour la Ville à l'assignation donnée à Marin de la Vallée par les maîtres de l'hôpital du Saint-Esprit, 263 (note); — pour comparoir à l'assignation donnée à Pierre Perrot à la requête de Louis de Vesins, 337; — pour comparoir à l'assignation donnée à Jean Massieu, locataire d'une maison du pont Notre-Dame, 342, 343; — pour comparoir à l'assignation donnée devant la Police du Châtelet aux ferronniers de la Vallée de Misère, 382; — pour intervenir au nom de la Ville dans une cause pendante au Châtelet relative à la maison de la Marchandise, 371.

Le Secq (Jean). Dizenier au quartier Saint-Eustache, 12.

Lescu (Jean), gagne denier de foin. Saisie de bois emmagasiné chez lui, 204.

Les Laniers (Le sieur). Dizenier au quartier Saint-Jacques-de-l'Hôpital, 11.

Lespicier (Le sieur). Dizenier au quartier Saint-Gervais, 11.

Lespicier (Le sieur), marchand. Délégué des bourgeois de son quartier à une assemblée générale de la Ville, 56.

Lespicier (Guillaume). Nommé d'office pour procéder à une enquête sur la commodité ou incommodité du pont Marie, 152, 153.

Lessive (Place à laver). Voir Selles à laver.

L'Estang (Christophe de), évêque de Carcassonne. Son rang au service funèbre de la reine d'Espagne, 120.

L'Estoile (François de). Son père Pierre cherche à le faire recevoir comme commis des partisans intéressés aux gabelles, 69 (note).

L'Estoile (Pierre de). Son appréciation sur Raoul Boutrays, 59 (note). — *Mémoires-journaux*, cités, 21 (note), 29 (note), 32 (note), 69 (notes), 70 (note), 71, 72 (notes), 92 (note).

L'Estoile (Famille de), 72 (note).

Lestourneau (Claude). Receveur du domaine, dons et octrois de la Ville. Fonds qu'il touche pour le payement des rentes, 45. — Chargé des payements pour la Ville, 49, 104, 129, 132, 159, 163, 226, 231, 241, 260, 264, 266, 315, 351, 361, 371, 380, 382. — Commis pour remplir les fonctions de Greffier

IV. 58

à l'assemblée du Conseil tenue pour délibérer sur la réception de François Clément à la survivance de son père en l'office de Greffier, 52, 53; — commis pour remplir les mêmes fonctions à l'assemblée générale tenue pour l'installation de F. Clément, 57, 58. — Chargé de payer pour la Ville l'entretien des fontaines, 65, 66. — Rang et costume à la procession de la Réduction, 68, 134, 240; — à la procession de la châsse de sainte Geneviève, 84, 85, 86. — La Chambre des Comptes refuse de lui allouer les frais d'acquisition du buffet d'argent qui devait être offert à la Reine, à l'occasion de son entrée, 131; — requête au sujet du buffet d'argent de la Ville, 229, 230; — sur requête, acte lui est donné par le Bureau de la signification d'un arrêt de la Chambre des Comptes relatif à la garde du buffet d'argent de la Ville, 328-330; — remontrances présentées au Bureau au sujet du buffet d'argent, dont la Chambre des Comptes n'admet pas la dépense, 329. — Payement de gages aux officiers de la Ville, 148. — Demande à être chargé de la recherche et recette des deniers provenant des rentes amorties, 215. — Donne quittance à Pierre de la Salle du prix porté par l'adjudication de la démolition de la vieille salle de l'Hôtel de Ville, 265. — Recette pour la Ville, 276. — Délégué des bourgeois de son quartier à l'assemblée électorale, 280. — Compte rendu à la Chambre des Comptes pour les dons et octrois de la Ville, 286.

Lestourny (Raoul). Prétend faire revivre un droit ancien sur le pied fourché, 334.

Lesueur (Le sieur), trésorier du duc de Vendôme. Délégué des bourgeois de son quartier à l'assemblée électorale, 279.

Le Tanneur (Le sieur), secrétaire du Roi. Lieutenant de la milice bourgeoise au quartier Saint-Martin, 3.

Le Tanneur (Le sieur). Dizenier au quartier Saint-Eustache, 12.

Le Tonnellier (Claude) père. Résignation à survivance de son office de Conseiller de Ville en faveur de Claude, son fils, 372 (note).

Le Tonnellier (Claude), sieur de Breteuil, conseiller à la Cour des Aides, Conseiller de la Ville. — Présent aux élections municipales, 20, 91, 107, 278; — à des assemblées du Conseil de Ville, 24, 40, 52, 54, 143, 176, 181, 366, 369; — à une assemblée générale de la Ville, 146. — Démarche auprès du Conseil du Roi au sujet des eaux de Rungis, 176. — Résignation de son office de Conseiller de Ville en faveur d'Antoine Barthelemy, sieur d'Oinville, 371-373.

Lettres de change. Réclamation pour l'interdiction de leur usage entre Lyon, Plaisance et Besançon, 310.

Le Vacher (Le sieur). Enseigne de la milice bourgeoise au quartier Saint-Antoine, 6.

Le Vacher (Jacques), moulleur de bois. Rixe avec un chargeur de bois, 79 (note).

Le Vasseur (Le sieur), sous-fermier du grenier à sel de Dreux. Reçoit ordre de payer entre les mains de Nicolas Bigot ce qu'il doit à Philippe de Gondi, 274. — Sommes qu'il doit à Philippe de Gondi, 306 et note.

Le Vasseur (François). Dizenier au quartier Saint-Martin, 2 et note.

Levasson (Le sieur). Propose, à propos du bail général des aides, de payer le quatrième quartier des rentes, 90 (note). — Caution de Philippe de Gondi, 321.

Léveville (Le sieur de). Voir Briçonnet (François).

Le Voys (Jean), conseiller au Parlement. Lègue sa maison, rue Hautefeuille et rue Serpente, aux Chartreux, 132 et note. — Requête adressée au Parlement par le Bureau à ce sujet, 226.

Levrette (Rue de la). Voir Poisson (Rue du).

Lezouart (Denise), tenant place à laver. Assignée à la requête de Saint-Magloire, 232.

Lhomedé (Le sieur), avocat. Capitaine de la milice bourgeoise au quartier Sainte-Geneviève, 5.

L'Hôpital (Anne de), sieur de Sainte-Mesme, 54 (note).

L'Hôpital (Marie de), femme de Jean Jubert, 54 (note).

Lhoste (Antoine). Enseigne de la milice bourgeoise au quartier Saint-Martin, 3.

Lhoste (Le sieur), marchand. Lieutenant de la milice bourgeoise au quartier Saint-Jacques-la-Boucherie, 8.

Lhostellier (Gabriel). Enseigne de la milice bourgeoise au quartier du Sépulcre, 13.

L'Huillier (Jérôme), sieur d'Interville, procureur du Roi en la Chambre des Comptes. Capitaine de la milice bourgeoise au quartier Saint-Séverin, 9 et note.

Lhuillier. Voir Luillier.

Liancourt (Charles du Plessis, seigneur de), gouverneur de Paris. Les officiers de la milice bourgeoise prêtent serment de lui obéir et de lui révéler ce qui serait tramé contre le service du Roi, 15. — Convocation des colonels à une assemblée au Bureau de la Ville où il doit se trouver, 17. — Assiste au *Te Deum* chanté à Notre-Dame à l'occasion du sacre, 39. — Va au-devant de la Reine et du Roi, avec ses pages, au retour du sacre, 41, 42; — marche côte à côte avec le Prévôt des Marchands, 41, 42. — Assiste à une assemblée des colonels, 61, 62; — y communique l'expression de la satisfaction que la Reine a de leur zèle, 62. — Les résultats des recherches dans les maisons faites par les officiers de la milice doivent lui être communiqués, 77. — Le capitaine des archers lui est envoyé pour savoir quand le scrutin de l'élection pourra être porté au Roi, 93. — Accompagne la députation de la Ville qui porte le scrutin au Roi, 94; — l'introduit auprès de la Reine et du Roi, 94. — Assiste à l'audience où une députation de la Ville remercie la Reine pour avoir révoqué la commission de Jean Filacier, 115. — Le Bureau lui fait demander quand le scrutin de l'élection pourra être présenté au Roi, 170; — il accompagne les membres du Bureau au Louvre, 170; — les y attend pour entrer avec eux, 281; — prévient le Bureau de la Ville que le Roi et la Reine devant prochainement rentrer à Paris, on attendra leur retour pour leur présenter le scrutin, 281. — Prévient le Bureau de la visite que le Roi doit faire aux fontaines de Rungis, 267, 286; — accompagne le Roi dans cette visite, 267; — assiste à la pose de la première pierre du grand regard de Rungis et reçoit une médaille commémorative en argent, 269. — Défense de vendre des armes sans sa permission, 351. — Sa permission requise pour la vente des armes et des chevaux, 351-354. — Se joint au Bureau de la Ville pour protester contre les entreprises du Lieutenant civil au sujet de la police des armes, 352, 353. — Chargé de faire exécuter l'ordonnance portant défense de vendre des armes sans autorisation, 354. — Ordonnance portant que douze hommes de garde fournis par les trois Nombres se tiendront chaque jour à l'Hôtel de Ville, à la disposition du Bureau, 368 (note). — Le scrutin lui sera remis après les élections afin de le faire tenir au Roi et à la Reine qui sont en voyage, 375, 376.

LIBAULT, notaire au Châtelet, 88.

LIBERTÉ DU COMMERCE. Protestation contre le projet de créer de nouveaux offices de chargeurs et déchargeurs, 102. — Le Conseil de Ville refuse de mettre le bois flotté en parti, 181. — La liberté du commerce est réclamée par le Bureau de la Ville, conformément à l'avis des maîtres et gardes de la marchandise de mercerie sur les lettres de privilège obtenues par les sieurs de Galles et par Jean Bietrix, 160, 161; — réclamée pour les verreries, 247 (note). — Arrêt du parlement de Rouen qui y est contraire, 209.

LIEUTENANT CIVIL au Châtelet. Voir LE JAY (Nicolas); MESMES (Henri DE).

LIEUTENANT CRIMINEL au Châtelet. Voir LALLEMENT (Gabriel). — Lieutenant criminel de robe courte. Voir FONTIS (Jean DE).

LIEUTENANTS de la milice bourgeoise. Convoqués au Louvre pour prêter serment, 1; — leur liste, 1-15. — Lieutenant de la milice emprisonné pour le fait de la recherche dans les maisons, 76. Voir MILICE BOURGEOISE.

LIGER (Jacques), sieur de Graville, *alias* Gravalle, Gravelle ou Grasville, conseiller notaire et secrétaire du Roi, capitaine de la milice bourgeoise. Capitaine au quartier Sainte-Geneviève, 5, 146 (note). — Assigne la Ville à intervenir en la cause d'appel qu'il a interjeté contre une sentence du Lieutenant civil, 73. — Recours exercé contre lui par un hôtelier condamné à l'amende pour lui avoir donné les noms de ses hôtes, 73.

LIGUE (La). Assignation donnée à la Ville en payement d'une fourniture faite à cette époque, 347; — la Ville obtient gain de cause, 358. — Dettes contractées par la municipalité ligueuse, 347, 350, 357, 358 (note); — leur règlement fait par le Conseil du Roi, 348.

LIHONS (Forêt de), 209.

LIMOUSIN. Pauvreté des diocèses de la province, 157.

LIN. Tarif du droit de péage sur l'Armançon, 237; — sur l'Oise, 244; — sur la Vanne, 254.

LINDO (Le sieur). Enseigne de la milice bourgeoise au quartier Notre-Dame, 10.

LINTLAËR (Jean), maître de la Pompe du Roi. Marché pour la confection du mouvement de l'horloge de l'Hôtel de Ville, 129, 130. — Notice sur lui, 129 (note). — Demande à ce qu'il soit procédé à la réception de l'horloge qu'il a construite pour l'Hôtel de Ville, 154. — Consulté pour la rédaction du devis de l'aqueduc des eaux de Rungis, 175, 176, 191.

LINTLAËR (Louis), filleul du Roi, 129 (note).

LION D'ARGENT (Hôtel du), rue Bourg-l'Abbé, 358.

LISIEUX (Collège de). Longé par la procession de la châsse de sainte Geneviève, 85 et note.

LISLE (Hilaire DE), marchand de bois. Mandé au Bureau de la Ville, 142.

L'ISLE (Pasquier DE), maçon. Propositions pour entreprendre les travaux du quai de Suresnes, 324, 325 (note). — Adjudication qui lui en est faite, 325 (note).

LITTRÉ. *Dictionnaire*, cité, 95 (note), 138 (note), 159 (note), 165 (note), 233 (note).

LIVERDY (Le président DE). Voir GRANGIER (Timoléon).

LIVRY (Le sieur DE). Voir SANGUIN (Jacques).

LOCHES (Indre-et-Loire). Grenier à sel, 363.

LOISEL (Antoine), avocat au Parlement, 5 (note), 69 (note). — Déférence de son fils Gui envers lui, 89 (note).

LOISEL (Antoine), conseiller au Parlement. Lieutenant de la milice bourgeoise au quartier Notre-Dame, 10.

LOISEL (Claude), lieutenant général de Senlis, puis président en la Cour des Aides. Capitaine de la milice bourgeoise au quartier Sainte-Geneviève, 5 et note.

LOISEL (Gui), chanoine de Notre-Dame, conseiller au Parlement, Conseiller de la Ville, 10 (note). — Reçu Conseiller de la Ville sur la résignation de Guillaume Marescot, son beau-frère, 88, 89; — prend rang après Claude Aubery, 88 (note); — prête serment, 89; — notice biographique, 89 (note). — Présent aux élections municipales, 91; — à une assemblée générale de la Ville, 113. — Approuve les remontrances présentées au Conseil du Roi par la commission de Jean Filacier, 100. — Résigne son office de Conseiller de Ville en faveur de Guillaume Marescot, son beau-frère, qui le lui avait précédemment cédé, 143, 144.

LOISEL (Philippe), 5 (note).

LOISEL (Valentine), femme de Guillaume Marescot, 69 (note), 89 (note).

LOMBARDS (Rue des), 7 (note). — Suivie par les chars du carrousel de la place Royale, 139.

LOMÉNIE (Antoine DE), conseiller d'État, secrétaire d'État et des commandements du Roi. Assiste à la prestation de serment des officiers de la milice bourgeoise, 15. — Contresigne des lettres de la Reine, 19, 81, 82; — des lettres ou brevets du Roi, 20, 33, 82, 98, 117, 135, 137, 148, 149, 159, 203, 232, 255, 286, 291-295, 305, 307, 343, 354, 357, 369, 375; — un arrêt du Conseil, 257. — Donne lecture du procès-verbal de scrutin des élections municipales, 22, 94, 281; — de la formule de serment des Prévôt des Marchands et Échevins, 23, 95, 281. — Signe le procès-verbal de serment des nouveaux élus, 23, 95, 282; — est invité de la part du Bureau à se trouver à l'ouverture du scrutin de l'élection, 93. — Lettre que lui adresse le Bureau de la Ville pour lui demander son assistance dans la revendication des privilèges de la Ville au sujet du curage des égouts, 35, 36; — sa réponse, 36; — démarche faite auprès de lui, à ce sujet, par l'Échevin Perrot et le Greffier de la Ville,

36. — Le Gouverneur et les membres du Bureau se plaignent auprès de lui que l'ordonnance portant défense de vendre des armes ait été adressée, pour la publier, au Lieutenant civil et non au Bureau de la Ville : il promet de réparer cette inadvertance, 353. — Adresse une nouvelle ordonnance au Bureau, 354.

Loménie (Charles de), contrôleur de la maison du Dauphin. Arrêt du Conseil du Roi sur sa requête adressée au Conseil pour obtenir l'autorisation d'établir un coche d'eau entre Paris et Joigny, en qualité de subrogé de Jean de Biez, 295. — Lettres du Roi pour l'établissement de ce bateau, 296, 297. — Avis du Bureau de la Ville sur sa requête, 297. — Obtient le bail de ce bateau, 298 (note).

Londe (Forêt de La). Réservée pour l'approvisionnement de bois de la ville de Rouen, 221.

Longboel (Forêt de). Réservée pour l'approvisionnement de bois de la ville de Rouen, 221.

Longpérier (Adrien de). Article sur l'*Inscription du regard de Belleville*, cité, 64 (note).

Longueville (Henri d'Orléans, duc de). Gendarme de sa compagnie. Voir Boullanger (Guillaume).

Loret (Le sieur). Dizenier au quartier Saint-Jacques-de-l'Hôpital, 10 (note), 11.

Lorraine (Charles IV, duc de), 109 (note).

Lorraine (Charles de), duc de Guise. Querelle avec le comte de Soissons, 59 (note). — Porte le grand deuil au service funèbre de la reine d'Espagne, 117 (note); — son rang, 121; — va à l'offrande, 121. — Sa compagnie au carrousel de la place Royale, 138. — Séance au Conseil d'État, 177. — Vente du château de Montargis, 206 (note). — Assiste à la pose de la première pierre du grand regard de Rungis, 268.

Lorraine (Charles de), duc de Mayenne. Séance au Conseil du Roi, 29, 80. — Ses relations avec Henri IV et la Reine, 29 (note). — Vente du château de Montargis, 206 (note).

Lorraine (Claude de), prince de Joinville. Sa compagnie au carrousel de la place Royale, 138. — Assiste à la pose de la première pierre du grand regard de Rungis, 268.

Lorraine (François-Alexandre-Paris de), chevalier de Guise. Attaque le marquis de Cœuvres, 13 (note).

Lorraine (Henri II, duc de). Sa femme, Marguerite de Gonzague, 109 (note).

Lorraine (Henri de), duc d'Aiguillon. Séance au Conseil du Roi, 29 (note).

Lorraine (Louis de), cardinal de Guise, archevêque de Reims. Assiste à l'assemblée du Clergé de 1610, 27. — Désigne, comme abbé de Saint-Denis, les religieux qui porteront à Reims les ornements pour le sacre, 38 (note). — Assiste à la pose de la première pierre du grand regard de Rungis, 268.

Lorraine (Duchesse de). Voir Gonzague (Marguerite de).

Lottin (Nicolas). Capitaine de la compagnie des arbalétriers de la Ville, 31 (note). Convoqué, avec sa compagnie à la messe de la Réduction, 242; — à la procession de la Réduction, 348.

Locans (Le sieur de). Lieutenant de la milice bourgeoise au quartier du Saint-Esprit, 14.

Loudun (Vienne). Grenier à sel, 363.

Louis le Gros, roi de France. Donation à Saint-Victor, 198 (note).

Louis (Saint), roi de France. Projet d'érection de chapelle en son honneur, 222.

Louis XIII, roi de France. Reçoit le serment des officiers de la milice bourgeoise, 1, 15. — Sollicitations au Pape pour le Pardon de l'Hôtel-Dieu, 18. — Requête qui lui est adressée par le Bureau pour qu'il soit procédé à la fabrication de doubles et deniers, 18, 19. — On lui rend compte du résultat des élections municipales, 22, 23, 94, 95, 170, 171, 281; — reçoit le serment des nouveaux élus, 22, 23, 94, 95, 171, 172, 281, 282; — fixation du jour où les résultats du scrutin lui seront soumis, 93, 170; — demande le nom des Échevins qui sortent de charge, 95; — paroles qu'il leur adresse, 171. — Plaintes qui lui sont faites sur le défaut de payement des rentes du Clergé, 27, 28. — Voyage à Reims pour le sacre, 33, 36 et note, 37, 38. — Retour à Paris; son entrée solennelle, 40-42; — la Reine dit qu'il est « desjà un demy homme », 41; — salue la Reine qui assiste à son passage, de l'hôtel de Zamet, 42 (note); — remercie le Prévôt des Marchands de sa harangue, 42. — Requête que lui adressent les bourgeois à propos du mauvais payement des rentes, 44, 45; — le Prévôt des Marchands promet de transmettre au Roi les plaintes des bourgeois, 45. — Prise d'eau pour son service, 73. — Requête que la Ville lui adresse contre le Lieutenant civil au sujet des recherches dans les maisons, 76, 77; — ordre qu'il a donné à la Ville de faire ces recherches, 76. — Des lettres lui seront demandées pour le remplacement des fonds destinés aux rentes assignées sur la douane; 86. — Requête présentée par Jean Filacier, 97. — Placet que lui présente Noël Gorin, son cocher, pour la création de quatorze offices de chargeurs et déchargeurs de marchandises au port du Guichet du Louvre, 101; — remontrances de la Ville contre ce projet, 101, 102. — Dangers qu'offre pour lui le mauvais état de la porte Saint-Honoré, 102 (note). — La députation de la Ville le salue en allant présenter ses remerciements à la Reine, 116. — Don fait aux Prévôt des Marchands et Échevins pour leurs robes de deuil au service funèbre de la reine d'Espagne, 118 (note). — Abonnement accordé à Christophe Marie pour le droit de passage du Roi et de sa suite au pont de Neuilly, 122 (note). — Placet que lui présente le sieur Morelly pour obtenir la levée d'un droit de deux sols et demi sur les draps, 123; — remontrances du Bureau à ce sujet, 123, 124. — Il lui est demandé de faire paver les abords de l'abreuvoir devant le Palais, 128. — Est parrain d'un des fils de Jean Lintlaër, 129 (note). — Fréquent usage qu'il fait de la porte Saint-Honoré, 133. — Remise faite au Clergé de 100,000 livres sur les 400,000 que celui-ci s'était engagé à payer au Roi, 135. — Réjouissances à l'occasion de son futur mariage avec Anne d'Autriche, 136-139. — Assiste au carrousel, 137, 138. — Requête à lui adressée par le Bureau pour obtenir que les officiers de la Ville soient exempts du droit de confirmation,

139, 140. — Avis que lui donnent les experts sur l'utilité et l'emplacement du pont Marie, 151 ; — sera prié de ne pas faire 'exécuter le pont ou au moins de le faire construire en pierre, 152. — Communique aux Trésoriers de France et au Bureau de la Ville les offres de Christophe Marie pour la construction d'un pont au port Saint-Paul, 151-153. — Le Bureau renvoie Christophe Marie par devers lui sur les nouvelles offres qu'il fait de construire un pont en pierre, 154. — Joseph Aubry propose d'amener les eaux de Rungis à Paris et de lui payer 200,000 livres par an s'il lui est fait abandon de la ferme des trente sols sur le vin entrant à Paris, 156. — Avis que lui donne le Bureau sur les offres de Joseph Aubry pour l'aqueduc des eaux de Rungis, 156. — Propositions qui lui sont faites pour le payement du produit ;de l'imposition sur le vin entrant à Paris, 156 ; — le Conseil de Ville demande qu'il diminue cette imposition, 156. — Don de 6.000 livres fait à Jacques Sanguin, 161 (note). — Conclusion de son traité de mariage, 163. — Réservoir pour l'eau de l'aqueduc de Rungis qui lui est destinée, 174, 189. — Abandonne pour la construction de l'aqueduc des eaux de Rungis une partie du produit de la ferme des 30 sols sur l'entrée du vin, 176. — Avis favorable que lui donnent les Trésoriers généraux de France et le Bureau de la Ville pour la construction du pont Marie, 213, 219, 220. — Constructions qu'il fait faire dans l'Ile Notre-Dame, 219 (note). — Avis au Roi sur la réunion de ses domaines, 221 (note). — Projet de statue de Louis XIII, dans l'agrandissement de l'Hôtel de Ville proposé par P. Bizet, 223. — Sera supplié d'autoriser les fermiers des gabelles et des aides à retenir sur les deniers dus à l'Épargne le fonds nécessaire pour payer Jacques Martin, professeur en la chaire fondée par La Ramée, 228. — Sera supplié de donner à la Ville des commissaires qui n'aient pas intérêt pour la cause du Clergé, 252. — Placet qui lui est présenté pour la création de deux offices de visiteurs et gardes des clefs des fontaines, 257. — Visite qu'il fait aux travaux des fontaines de Rungis et pose de la première pierre, 267-269 ; — dîne au château de Cachan et chasse dans le parc, 267, 268, 269 (note); — soupe à Arcueil chez Mme de Moisse, 267 (note); — pose la première pierre avec une truelle d'argent, après quoi Messieurs de la Ville lui offrent une médaille commémorative en or, 269, 285, 286 ; — soupe à Gentilly, 269 (note). — Est au château de Montceaux au moment des élections municipales; on attendra son retour pour lui présenter le scrutin, 281 et note. — Doit suppléer à l'insuffisance du fonds pour les rentes du sel, 289. — La Chambre des Comptes ordonne que le Prévôt des Marchands et Échevins portent devant le Roi et la Reine régente leurs causes d'opposition contre l'édit portant création de receveurs et payeurs des rentes sur le sel, 293, 295, 303. — Payement de parties extraordinaires auxquelles il n'est pas tenu sur le fonds des rentes du Clergé, 299. — Intéressé pour le parti des rentes rachetées sur les recettes générales, 299. — Sera chargé des épices et frais de reddition des comptes rendus par Mathurin Geslain pour le parti qu'il propose, 317. — Requête adressée par le Bureau au Roi et à son Conseil au sujet de l'adjudication des travaux du quai de Suresnes, 323-325. — Remet à Philippe de Gondi 100,000 livres sur sa ferme des gabelles de la généralité de Paris, et promet de les remplacer sur les deniers de l'Épargne, 327. — Remontrances présentées par le Bureau pour établir que le Roi demeure responsable de l'entier payement des rentes du sel, malgré la faillite de Philippe de Gondi, 327, 328. — Requête lui est présentée par le Bureau pour que la Ville soit admise à intervenir au procès relatif aux décimes du diocèse de Chartres, 330. — Remontrances du Bureau au sujet de la requête en décharge présentée par Pierre Bruslart, prétendu caution de P. de Gondi, portant prière au Roi de pourvoir au payement de ce qui reste dû par Gondi, 332. — Requête adressée par le Bureau de la Ville pour protester contre un droit qu'on prétend lever sur le pied fourché, 334. — Avis donné par le Bureau de la Ville sur la requête en décharge à lui communiquée, que les vicaires généraux, syndics et députés du diocèse de Périgueux ont présentée au Roi et à son Conseil, 335. — Requête que lui adresse Nicolas Milon, sous-fermier des gabelles de la généralité de Tours, pour protester contre une ordonnance du Bureau de la Ville, 346, 347. — Assiste à une séance du Conseil, 359 (note). — Remontrances que lui adresse le Bureau pour s'opposer au placet par lequel Guillain de Nostaing et Jean Sornet, grands valets de pied du Roi, demandent la création à leur profit d'une charge de contrôleur des marchandises de bois sur les rivières d'Aisne et d'Oise, 361, 362. — Voyage en Poitou et Bretagne, 369 (note), 375. — Reçoit à Nantes le serment des nouveaux élus, 377. — Ouverture lui sera faite, en l'assemblée des États généraux, des propositions de F. du Noyer sur la navigation des Indes, 381, 382 (note). — Remontrances présentées au Roi et au Conseil. Voir CONSEIL DU ROI. — Requêtes au Roi et au Conseil. Voir CONSEIL DU ROI.

— *Lettres missives*. Mention de la lettre adressée aux Conseillers et Quarteniers de la Ville le 24 juin, au sujet des élections municipales, pour leur ordonner de continuer dans leurs charges le Prévôt des Marchands et les Échevins, 19, 20, 22 ; — texte d'une seconde lettre sur le même sujet (14 août 1610), 20, 22. — Lettre à la municipalité pour l'inviter à assister le sieur Le Gras, chargé de faire nettoyer les égouts, 33 ; — autre lettre en réponse aux plaintes de la Ville à ce sujet, 37. — Lettre adressée au Bureau de la Ville pour faire dire un *Te Deum* à l'occasion du sacre, 37, 38. — Lettre à la municipalité pour l'inviter à aller saluer la duchesse de Lorraine et lui offrir les présents de la Ville, 109. — Mention d'une lettre aux religieux de Saint-Denis pour les obsèques de son frère le duc d'Orléans, 109 (note). — Lettre adressée au Bureau de la Ville pour l'inviter au service funèbre de la reine d'Espagne, 117, 119. — Lettre adressée au Bureau de la Ville pour lui prescrire de faire procéder à l'élargissement de la porte de Nesle, 135. — Lettre adressée au Bureau de la Ville pour prescrire des réjouissances publiques à l'occasion de son futur mariage avec Anne d'Autriche et de celui de sa sœur avec l'infant Philippe, 136, 137; — mention des lettres adressées à la Chambre des Comptes et au Parlement pour leur prescrire vacances à cette occasion, 137 (note). — Lettre au Bureau de la Ville pour l'inviter à offrir les présents de la Ville à l'ambassadeur d'Espagne, 163. — Lettre de cachet ordonnant à trois des membres du Bureau de venir à Fontainebleau présenter leurs causes d'opposition contre l'édit créant deux offices de receveurs et payeurs des rentes sur le sel, 293, 294, 303; — assemblée du Conseil de la Ville tenue pour délibérer sur ces lettres, 294, 295, 303. — Lettre au Bureau de la Ville au sujet de la date des élections, et réponse du Bureau, 375.

— *Édits, lettres, patentes, brevets.* 1° Actes dont le texte est transcrit au registre : — (30 avril 1611.) Lettres patentes notifiant à la Ville l'arrêt du Conseil du Roi concernant son droit de faire des recherches dans les maisons, 77. — (11 juin 1611.) Brevet et lettres patentes ordonnant la suspension pour six ans de la levée des droits de douane, 81, 82, 86, 98. — (20 août 1611.) Commission donnée à trois trésoriers de France et aux Prévôt des Marchands et Échevins, pour donner avis sur la manière dont se peuvent construire les maisons que le président Jeannin a obtenu l'autorisation d'élever le long des deux quais qui partent du pont Neuf, 96. — Projet de lettres de révocation de la commission de Jean Filacier, dressé par la Ville, mais que le Chancelier s'est refusé à sceller, 116, 117. — (17 novembre 1612.) Ordonnance interdisant aux archers des gardes du corps, à ceux de la Reine et de la Prévôté de l'Hôtel de venir sur les ports entraver la liberté de la vente du bois, 202, 203. — (4 décembre 1612.) Commission donnée aux Trésoriers de France pour la direction des fontaines de Rungis, 205, 206. — (7 décembre 1612.) Semblable commission donnée au sieur de Fourcy, 206, 207. — (29 décembre 1612). Commission adressée conjointement aux Prévôt des Marchands et Échevins et aux Trésoriers généraux de France pour la conduite et surveillance des travaux de l'aqueduc des eaux de Rungis, 209 (note), 215, 216. — (Août 1613.) Édit portant création de deux offices de receveurs et payeurs des rentes sur le sel, 290, 291; — remontrances à la Chambre des Comptes contre cet édit, 286-290; — assemblées du Conseil de la Ville tenues pour en délibérer, 291-293; — lettres de jussion à la Chambre des Comptes pour son enregistrement, 292-295, 303; — remontrances du Prévôt des Marchands et de deux Échevins présentées à la Régente, 303. — (5 août 1613.) Lettres patentes adressées au Parlement et au Bureau de la Ville en exécution de l'arrêt du Conseil privé qui leur attribue la connaissance des procès se rapportant aux suites des inondations, 275. — (31 août 1613.) Lettres pour l'établissement d'un coche d'eau entre Joigny et Paris, 296, 297. — (16 septembre 1613.) Lettres patentes ordonnant à la Chambre des Comptes d'allouer, dans l'examen des comptes des dons et octrois de la Ville, les dépenses faites à l'occasion de la pose par le Roi de la première pierre des fontaines de Rungis, bien que les deniers de ces octrois aient une autre destination, 285, 286. — (7 octobre 1613.) Lettres de commission délivrées à Jean de Moisset pour recouvrer les deniers qui restent dus à Philippe de Gondi et, au besoin, contraindre ses cautions à verser leur cautionnement afin de payer ce que ledit de Gondi doit encore sur les rentes du sel, 304, 305, 307, 308. — (4 mars 1614.) Lettres adressées à la Chambre des Comptes pour l'enregistrement de l'arrêt du Conseil réglant l'ordre des payements à faire par Pierre Payen et Jean de Moisset sur les rentes du sel, et leur enregistrement à la Chambre, 343-345. — (9 avril 1614.) Ordonnance portant défense de vendre des armes sans autorisation spéciale, 354. — (21 avril 1614.) Ordonnance prescrivant de retirer et mener près des villes voisines les bacs étant sur les rivières de Seine et de Marne, 356, 357. — (26 avril 1614.) Ordre adressé au Bureau de la Ville pour délivrer au concierge de l'hôtel de Bouillon un chariot chargé d'armes qui avait été saisi, 357; — ordonnance du Bureau pour l'exécution de cet ordre, 357, 358. — 2° Actes simplement mentionnés ou analysés : — (Juillet 1610.) Confirmation des privilèges accordés aux Conseillers de la Ville, 23 (note). — (30 septembre 1610.) Bail général des gabelles consenti à Thomas Robin, 69 (note). — (8 novembre 1610.) Confirmation des privilèges accordés à Corbeny en faveur du pèlerinage de Saint-Marcoul, 36 (note). — (22 février 1611.) Lettres de commission délivrées à Jean Filacier pour la recette des deniers provenant des rentes échues ou amorties, 89, 90. Voir FILACIER (Jean). — (20 octobre 1611.) Lettres par lesquelles le Roi accorde à la veuve de Robert Mesnard et à ses enfants le droit de loger dans la tour du Bois, et opposition du Bureau à leur entérinement, 148, 149. — (30 novembre 1611.) Lettres de don fait à la Ville de la moitié des amendes adjugées à l'Hôtel de Ville, 149. — (12 février 1612.) Lettres de privilège accordées à des marchands anglais pour la fabrication d'ouvrages d'argile imitant le marbre, 354, 355. — (14 février 1612.) Remise de droits accordée à Nicolas Poussepin, 281, 282 (note). — (20 mars 1612.) Lettres de commission données à Jean Filacier pour la perception des deniers provenant des rentes rachetées, 178, 197. — (14 juillet 1612.) Brevet relatif aux attributions de la charge d'intendant des bâtiments, 206 (note). — (6 octobre 1612.) Lettres prescrivant aux Prévôt des Marchands et Échevins une enquête sur le bois qui existe à proximité des rivières dans les bassins de la Vanne, de l'Aube et de la Seine, 196. — (22 novembre 1612.) Commission adressée aux Prévôt des Marchands et Échevins pour s'occuper des travaux de l'aqueduc des eaux de Rungis, 206-208. — Lettres concernant l'exercice de la charge des tonneliers déchargeurs de vins, 226, 230. — Lettres de déclaration relatives au payement du professeur occupant la chaire fondée par Pierre de la Ramée, 228. — (Décembre 1612.) Édit sur les achats de vin par les hôteliers et cabaretiers, 231, 232. — (8 janvier 1613.) Commission aux Trésoriers de France pour les expropriations nécessitées par la construction du palais du Luxembourg, 157 (note). — (15 février 1613.) Lettres concédant aux religieux de l'Oratoire l'hôtel de la Monnaie, à l'entérinement desquelles s'oppose le Bureau de la Ville, 333, 334. — (12 mars 1613.) Lettres de privilège accordées à Léon Maubec pour l'invention de scier plusieurs pièces de bois par un seul homme et de faire tourner moulins à huile et à tan, 343. — (25 mars 1613.) Lettres patentes accordées au sieur de Lansac pour la fourniture de bois et charbon, sur lesquelles le Bureau donne son avis, 255, 256. — (26 avril 1613.) Lettres de jussion à la Cour des Aides pour l'entérinement des lettres concédant aux religieux de l'Oratoire l'hôtel de la Monnaie. [333, 334. — (16 septembre 1613.) Lettres de jussion adressées à la Chambre des Comptes pour l'enregistrement de l'édit portant création de deux offices de receveurs et payeurs des rentes sur le sel, 292-294, 303. — (26 septembre 1613.) Lettres itératives de jussion adressées à la Chambre des Comptes pour l'enregistrement de l'édit de création de deux offices de receveurs et payeurs des rentes sur le sel, 293, 295, 303. — (6 mai 1614.) Lettres patentes sur le contrat passé avec Christophe Marie pour la construction d'un pont au port Saint-Paul, 378 et note. — Lettres de cachet relatives à la convocation des États généraux, 364 (note). — (16 mars 1619.) Brevet accordé à Jean Lintlaër pour conserver, après sa mort, à sa femme et à ses fils la conduite de la pompe de la Samaritaine, 129 (note).

Louise, reine de France, 132 (note).

Loupe (La), Eure-et-Loir. Fabriques de faux, 160.

Louvet (Nicolas), commis de Christophe Martin et de Paul de la Barre. Signification faite à sa personne d'un arrêt du Conseil du Roi qui leur est communiqué, 328.

Louvigny (Le sieur de). Enseigne de la milice bourgeoise au quartier Saint-Gervais, 11.

Louvigny (Robert de), subrogé à Louis Massuau pour le parti des débets de quittances. Arrêt du Conseil lui enjoignant de représenter les extraits de toutes les parties des rentes rachetées et amorties, 338.

Louvre (Château du). Les officiers de la milice y sont convoqués pour prêter serment, 1-15. — Marché passé par la Ville pour la construction d'une fontaine à l'usage du Roi, 16, 17; — travaux d'agrandissement de 1664, 16 (note). — Regard pour la prise d'eau qui y est destinée, 73. — Le scrutin de l'élection y est présenté au Roi, 22, 23, 94, 170, 281, 282; — ouverture des barrières du Louvre devant la délégation de la Ville, 94, 170. — Séance du Conseil du Roi, 29, 80, 99, 176. — Le Roi y est conduit aux flambeaux, à son retour du sacre, 42 (note). — On fait prendre les armes aux bourgeois des quartiers voisins, 59 (note). — La Ville va y saluer la duchesse de Lorraine, 109. — Une députation de la Ville y va porter des remerciements à la Reine, 114. — Mention, 138. — Grande galerie, 148. — Attribution proposée pour le palais du Louvre d'une partie des eaux de Rungis, 156, 157. — Passage des matériaux destinés à son entretien, 191 (note). — Maison sise au bout du jardin, sur le quai, dont la jouissance a été concédée au maréchal d'Ancre, 229 (suite). — Propositions de du Noyer pour son achèvement, 242 (note). — Messieurs de la Ville y vont inviter le Roi à visiter les travaux de Rungis, 267; — à poser la première pierre du grand regard, 268.

Louvre (Rue du). Nom donné à la rue d'Autriche, 16 (note).

Loeve (Maurice de). Élève du chirurgien Pineau pour l'opération de la pierre, 111.

Lucas (Jean), drapier. Lieutenant de la milice bourgeoise au quartier Saint-Eustache, 12.

Lucas (Pasquier). Capitaine de la milice bourgeoise au faubourg Saint-Marcel, 5.

Lucques (Italie), 41 (note).

Lude (Le), Sarthe, Grenier à sel, 363.

Luillier (Jean), sieur de Boulancourt, 67 (note).

Luillier (Nicolas), sieur de Saint-Mesmin. Résigne à son fils son office de Conseiller de Ville, puis lui en cède l'exercice, 72 (note), 248 (note).

Luillier (Nicolas), sieur de Boulancourt, président en la Chambre des Comptes, Conseiller de Ville. Capitaine de la milice bourgeoise au quartier du Temple, 6. — Présent aux élections municipales, 20, 91, 167, 278; — à des assemblées du Conseil de Ville, 23, 47, 52, 54, 69, 250, 292, 321, 373; — à des assemblées générales de la Ville, 113. — Convoqué à une assemblée du Conseil de Ville, 52. — Rétablissement de fontaine en sa maison, 72 et note. — Rend aveu pour la terre de Boulancourt, 72 (note). — Succède à son père comme Conseiller de Ville, 72 (note). — Résigne, à condition de survivance, son office de Conseiller de la Ville au profit de Mathurin Geslain, 247, 248. — Promesse et obligation envers Philippe de Gondi, 356.

Lutèce. Statue projetée à l'Hôtel de Ville par P. Bizet, 223.

Lutetia, poème latin sur Paris, offert au Bureau de la Ville par Raoul Boutrays, 58, 59.

Luxembourg (Palais du). Construit pour la Reine régente, 157 (note). — Attribution proposée de partie des eaux de Rungis, 157. — Propositions de du Noyer pour sa construction, 242 (note).

Lyon (Rhône), 124 (note). — Proposition d'interdire l'usage des lettres de change entre cette place et Plaisance et Besançon, 310; — d'y établir un bureau pour enregistrer les transports d'or et d'argent, 310. — Chambre ecclésiastique, 335 (note).

Lyon (Hôtel de). Projet d'y transférer la Monnaie, 334 (note).

Lyonnais. Lettres de privilège obtenues par Jean Bietrix pour la fabrication des faux dans cette province, 159.

Lyons (Forêt de). Commerce du bois, 221.

Lyons-la-Forêt (Eure), 221 (note).

M

Macé (Le sieur), marchand. Enseigne de la milice bourgeoise au quartier Sainte-Geneviève, 4.

Machault (Jean-Baptiste de), père du suivant, 5 (note).

Machault (Jean-Baptiste de), conseiller au Parlement. Capitaine de la milice bourgeoise au quartier Saint-Antoine, 5 et note.

Machault (Louis de), sieur de Boutigny, maltre des Comptes. Capitaine de la milice bourgeoise au quartier Saint-Martin, 3 et note. — Sa maison, 380.

Macon (Gustave). *Historique du domaine forestier de Chantilly*, cité, 76 (note).

Mâcon (Diocèse de). Le receveur des décimes est accusé de retenir des deniers dont il n'a pas rendu compte, 224.

Maçons. Plusieurs sont consultés par le Bureau sur un privilège accordé pour la fabrication d'ouvrages d'argile imitant le marbre, 355.

Madeleine (Église de la), 66.

Madrid (Espagne). Obsèques de la reine d'Espagne à Saint-Jérôme-le-Royal, 117 (note).

Magdelaine (Le sieur), marchand bourgeois de Paris. Assiste à une assemblée particulière de la Ville, réunie au sujet de la hausse des monnaies, 309.

Magnac (Nicolas), receveur de l'abbaye Saint-Germain-des-Prés. Fait saisir le bac des Tuileries, 191, 195. — Assigne devant le bailli de Saint-Germain-des-Prés les occupants de selles à laver, 196.

Mansu (Alexandre). Voir Malebeu.

Mabieu, notaire au Châtelet, 69, 89.

Mabieu (Guillaume), fondeur de la Ville. Enchères pour l'adjudication de l'entretien des fontaines, 65, 66.

Mahuet (Folle), écrivain juré. Rédige la table des registres H 1795 et 1796, 1 (note), 167 (note).

Maillart (Fourcy). Dizenier au quartier Saint-Martin, 2.

Maillet (Le sieur), avocat. Capitaine de la milice bourgeoise au quartier du Saint-Esprit, 14 et note. — Délégué des bourgeois de son quartier aux élections municipales, 21, 93, 169.—Candidat à l'Échevinage, 171.

Mailly (Le sieur). Lieutenant de la milice bourgeoise au quartier Saint-Eustache, 12 et note.

Mailly (Olivier). Enseigne de la milice bourgeoise au quartier Saint-Eustache, 12.

Maine (Le). Gouverneur. Voir Beaumanoir (Jean de).

Maingot (Pierre), horloger. Signe le procès-verbal de la réception de l'horloge de l'Hôtel de Ville et de la prisée du cadran, 154.

Mainvillier, tapissier. Chargé de préparer des meubles précieux pour le dîner du Roi lors de sa visite à Rungis, 267.

Mair (Claude), pontonnier. Saisie de bois emmagasiné chez lui, 204.

Maison du Roi. Les lépreuses qui y appartenaient étaient recueillies autrefois à la Saussaie, 267 (note).

Maisonnette (Jean de). Requête au Prévôt de Paris, et démarches auprès du Bureau de la Ville au sujet de la résignation de l'office de Jean Foressier, 377.

Maison rouge (Dame de la). Voir Gron (Madeleine).

Maisons, Les colonels reçoivent mandement d'en faire faire la visite par leurs officiers, 17, 19. — Voir Recherches. — Les experts sont d'avis qu'il n'en soit pas construit sur le pont Marie, 152.

Maisons-Alfort (Seine), 358.

Maître de l'Artillerie de la Ville. Office classé parmi les offices en commun, 165.

Maître d'hôtel et maréchal des logis de la Ville. Office classé parmi les offices en commun, 165.

Maîtres des œuvres des bâtiments du Roi. Appelés à l'information sur les maisons à construire le long des quais qui partent du Pont-Neuf, 96. — Doivent être appelés quand seront donnés les alignements pour les travaux des eaux de Rungis, 216. — Maître des œuvres de maçonnerie des bâtiments du Roi. Voir Marchant (Guillaume et Louis). — Maître des œuvres de charpenterie des bâtiments du Roi. Voir Fontaine (Jean).

Maîtres des œuvres des bâtiments de la Ville. Appelés à l'information faite par le Bureau de la Ville à la requête du président Jeannin, sur le projet de construction de maisons le long des quais qui partent du pont Neuf vers les ponts Marchant et Saint-Michel, 127-129. — Chargés de diriger les travaux d'élargissement de la porte de Nesle, 132. — Doivent être appelés quand seront donnés les alignements pour les travaux des eaux de Rungis, 216. — Donneront les alignements pour la construction du pont Marie, 220. — Chargés d'étudier l'emplacement à donner au pont Marie, 378, 379. — L'office de Maître des œuvres de charpenterie, celui de Maître des œuvres de maçonnerie et celui de Maître des œuvres de couverture de la Ville sont classés par les offices en commun, 165. — Maître des œuvres de charpenterie de la Ville. Voir Marchant (Charles), Pourrat (Julien). — Maître des œuvres de maçonnerie de la Ville. Voir Guillain (Augustin et Pierre). — Conducteur des travaux de la Ville sous la direction du Maltre des œuvres de maçonnerie, 49 (note). — Le Maltre des œuvres de maçonnerie a la surveillance des fontaines, 65, 257, 264. — Chargé de surveiller l'exécution des travaux de l'Hôtel de Ville, 259. — Maison construite sur une place appartenant à la Ville hors la porte Saint-Honoré, sans lui avoir demandé l'alignement, 276.— Chargé de recevoir les inscriptions destinées à divers édifices, 371.

Maîtres des ponts. Procès sur la question de savoir si cet office peut dispenser de la charge de collecteur des tailles, 62, 229.—Appelés à l'information sur les maisons à construire le long des quais qui partent du pont Neuf, 96. — Sont chargés de faire aborder les bateaux de bois, 105. — Reçoivent ordre de visiter l'emplacement proposé pour le pont Marie, 122. — Chargés de veiller au garage des bateaux à cause des glaces, 123. — L'office de maltres des ponts et chableurs est classé parmi les offices en commun, 165. — On leur réclame indûment le droit de confirmation, 210; — arrêt du Conseil qui les en décharge, 218-219. — Donneront les alignements pour la construction du pont Marie, 220. — Il n'en pourra être établi au pont Marie que par la Ville, 220. — Ceux qui seront établis sur l'Armançon seront pourvus par la Ville, à la nomination de Louis d'Abancourt, 233 ; — de même pour l'Oise, à la nomination de Rustici, 246 ; — pour la Vanne, 255. — Maitres des ponts de la Ville. Voir BOURGUILLOT (Nicolas), MASCRIER (Mathieu), RAINCE (Nicolas). — Maitres des ponts du dehors. Voir MONTEREAU-FAUT-YONNE, POISSY, PONTOISE, PONT-SAINTE-MAXENCE.

MALACQUIN (Le sieur). Lieutenant de la milice bourgeoise au quartier Saint-Jacques-la-Boucherie, 8.

MALAQUAIS, *alias* MALAQUEST (Port). Prix du bois, 46, 78, 322.

MALEHEU, *alias* MAHEU (Alexandre). Assigne la Ville en payement d'une fourniture de chevaux faite pendant la Ligue, 347. — Requête du Bureau de la Ville au Parlement contre lui, 350. — Le Parlement repousse sa réclamation, 358.

MALHERBE (François DE). *Les Sybilles*, pièce citée, 137 (note). — *Lettres*, citées, 269 (note).

MALIER (Le sieur). Voir MALLIER.

MALLAQUIN (Le sieur). Délégué des bourgeois de son quartier à l'assemblée électorale, 279.

MALLEBESTE (Thomas). Enseigne de la milice bourgeoise au faubourg Saint-Victor, 14.

MALLIER, *alias* MALIER (Le sieur). Signature d'arrêts du Conseil ou de lettres du Roi, 70, 126, 136, 178, 197, 219, 221, 234, 317, 331, 337, 340, 343, 344, 345, 347.

MALOU (Charles), sieur de Bercy. Rétablissement de fontaine dans sa maison, 164.

MANCY (Le sieur DE), conseiller au Parlement. Capitaine de la milice bourgeoise au quartier Saint-Jean, 3.

MANCY (Dame DE). Promesse et obligation envers Philippe de Gondy, 356.

MANESSIER (Le sieur). Dizenier au quartier Saint-Jacques-la-Boucherie, 7.

MANGOT (Le sieur), maître des Requêtes. Nommé commissaire pour l'instruction du procès de Gabriel Du Crocq, 356.

MANS (Le), Sarthe. Grenier à sel, 363.

MANTEAU À MANCUS, porté par le Receveur de la Ville, 94.

MANTES (Seine-et-Oise), 127, 209.

MANTOUE (Duc DE). Voir GONZAGUE (Vincent Iᵉʳ DE).

MARBRE (Ouvrages d'argile imitant le). Privilège pour leur fabrication, 354-355.

MARCEL (Saint). Sa châsse portée en procession avec celle de sainte Geneviève. 83-86 ; — sa description, 84 (note).

MARCELLET (Le sieur). Enseigne de la milice bourgeoise au quartier Saint-Jacques-de-l'Hôpital, 11 et note.

MARCELOT. Voir MARCELLET.

MARCES (Simon), Quartenier du quartier Saint-Jacques-la-Boucherie. Liste des officiers de la milice de son quartier, 7. — Revendique la dizaine créée sur le pont Marchant, 8 (note), 45. — Présent aux élections municipales, 20, 21, 92, 93, 168, 169, 279 ; — à des assemblées générales de la Ville, 57, 114, 146. — Mandement qui lui est adressé pour faire illuminer les rues à l'occasion des mariages espagnols, 139.

MARCES (Simon). Voir DANE (Jeanne).

MARCHANDISE (Maison de la). Intervention de la Ville dans une cause pendante au Châtelet au sujet de cette maison, 371.

MARCHANDISE (Chemin de la), à Suresnes, 324 (note).

MARCHANDS ET BOURGEOIS de Paris. — Demandent la suppression des droits de douane à l'entrée de la Ville, 81, 82. — Portent la châsse de saint Marcel à la procession de Sainte Geneviève, 85 ; — puis la châsse de sainte-Geneviève, 86. — Convoqués à une assemblée particulière de la Ville pour donner leur avis sur les causes de la hausse des monnaies, 309-310. — Corps des marchands et merciers. Voir MERCIERS.

MARCHANDS DE SOIE. Obtiennent suspension du droit de douane, 98.

MARCHANT (Le sieur). Enseigne de la milice bourgeois au quartier Saint-Antoine, 6.

MARCHANT (Charles), capitaine et colonel des trois Nombres de la Ville, Maître des œuvres de charpenterie de la Ville. Torches fournies pour son enterrement, 28. — Donation que lui fait sa mère, 29 (note). — Capitaine des arquebusiers, puis capitaine et colonel des trois Nombres, 29 (note). — Constructeur du pont Marchant, 29 (note), 45 (note). — Sa charge passe à Julien Pourrat, 30 (note). — A sa mort, la charge unique de capitaine des trois Nombres, qui lui avait été donnée en récompense de la part qu'il avait prise à ramener la Ville sous l'obéissance de Henri IV, est supprimée, 30-31 et notes.

MARCHANT (Guillaume), ancien Maître des œuvres du Roi en l'office de maçonnerie, 28 (note).

MARCHANT (Guillaume), architecte du cardinal de Bourbon, 29 (note).

MARCHANT (Louis), Maître des œuvres de maçonnerie des bâtiments du Roi. Conclusions de son expertise sur l'utilité et l'emplacement du pont Marie, 150, 151. — Assignation qui lui est donnée au sujet de l'exécution des travaux pour l'aqueduc des eaux de Rungis, 206 (note). — Visite d'une maison que fait construire François de Castille, 302 (note).

MARCHANT (Pierre), 29 (note).

MARCHANT (Pont), ou AUX MARCHANDS. Liste des officiers de la milice bourgeoise pour la dizaine formée avec ses habitants, 8 ; — ordonnance du Bureau portant qu'il sera pourvu par la Ville d'un dizenier pour cette dizaine, 45 ; — elle est revendiquée par différents Quarteniers, 8 (note) 45. — Mention, 9 (note). — Construction du pont ; sa destruction, 45 (note). — Maisons dont la construction a été concédée au Président Jeannin, le long du quai qui va du pont Neuf au pont Marchant, 95-96, 126-129.

MARCHÉ AUX CHEVAUX. On y publie l'ordonnance interdisant la vente des chevaux sans autorisation du Gouverneur ou du Bureau, 353 et note.

MARCHÉ NEUF. Ordonnance du Bureau pour le bail des halles de ce marché, 155. — Chute de partie de la halle du milieu, 269-270, 273. — Bail des halles du marché, 269 (note). — Commis à nettoyer les boues sur le Marché neuf. Voir BOUES.

MARCHÉS AU RABAIS pour les travaux de la Ville. Abus, 49 (note).

MARCILLY (Le moulin de), 272 (note).

MARÉCHAL DES LOGIS de la Ville. Voir MAÎTRE D'HÔTEL.

MARESCHAL (Jacques), avocat des causes de la Ville au Conseil du Roi. Reçoit mandement d'intervenir pour la Ville audit Conseil, en la cause pendante entre les maîtres et gardes de l'Épicerie et Apothicairerie et les fermiers des cinq grosses fermes, 231.

MARESCHAL (Jean), maître de la verrerie établie au faubourg Saint-Germain. Procès contre les jurés verriers; le Bureau s'oppose à son privilège de vente, 247 (note).

MARESCOT (Germain). Autorisé, ainsi que ses frères, à prendre les armes des sieurs Marescoti, de Bologne, 69 (note).

MARESCOT (Guillaume), avocat au Parlement, avocat général de la Reine, maître des Requêtes de l'hôtel, Conseiller de la Ville. Lieutenant de la milice bourgeoise au quartier du Temple, 6. — Nommé Conseiller de la Ville sur la résignation de Louis Lelièvre, 68-69; — prête serment, 69. — Notice biographique, 69 (note). — Sa réception comme maître des Requêtes, 69 (note). — Lettres qui l'autorisent à prendre les armoiries des sieurs Marescoti, de Bologne, 69 (note). — Résigne son office de Conseiller de la Ville à Gui Loisel, son beau-frère, 88-89. — Habite au cloître Saint-Merry, 89 (note). — Reçu de nouveau Conseiller de la Ville, en remplacement de Gui Loisel, 89 (note), 143-144. — Présent à des assemblées du Conseil de Ville, 156, 168, 176, 183, 211, 214, 217, 224, 270, 292, 336, 339; — aux élections mucipales, 168, 278; — à une réunion du Bureau, 349. — Démarche auprès du Conseil du Roi au sujet des eaux de Rungis, 176. — S'offre à travailler à l'éclaircissement des rentes amorties, 225.

MARESCOT (Michel), médecin ordinaire du Roi, 69 (note).

MARESCOT (Philippe). Autorisé, ainsi que ses frères, à prendre les armes des sieurs Marescoti, de Bologne, 69 (note).

MARESCOTI (Les sieurs), gentilshommes de Bologne. Consentent à ce que les sieurs Marescot prennent leurs armes, 69 (note).

MARESTZ (Gaston). Dizenier et capitaine de la milice hourgeoise au faubourg Montmartre, 12.

MARGONNE (Le sieur), 261.

MARGUENAT (Le sieur), drapier. Enseigne de la milice bourgeoise au quartier Saint-Séverin, 8.

MARGUERITE D'AUTRICHE, reine d'Espagne. Relation du service funèbre célébré pour elle, 117-121. — Ses enfants, 137 (note).

MARGUERITE DE VALOIS, reine de Navarre. Vente de bois en la forêt de l'Aigue, 75. — Assiste au carrousel de la place Royale, 138. — Son maître d'hôtel. Voir ROBIN (Thomas).

MARIAGES ESPAGNOLS, 136-139, 163 (note), 164.

MARIE (Antoine), locataire des halles du Marché neuf. Prend le bail de ces halles, 155 (note). — Sa responsabilité dans la chute d'une partie de la halle du milieu, 269 et note, 273-274. — Sentence de la Ville contre lui à ce sujet, 273 et note; — appel au Parlement, 273.

MARIE (Christophe). Propose de construire un pont pour relier l'île Notre-Dame au quartier Saint-Paul, 122. — Son privilège pour la construction des ponts de bois; sa construction du pont de Neuilly, 122 (note). — Requête adressée au Bureau de la Ville pour discuter le rapport des experts fait sur son projet de pont et demander qu'il soit procédé à une nouvelle visite des lieux, 151-153. — Procès-verbal de cette seconde enquête, 152-153. — Autre requête où il propose au Bureau de construire en pierre les piles de son pont, 153. — Assemblée de bourgeois et de voituriers par eau au sujet de son projet de pont, 203; — ses requêtes au Conseil, 203-204. — Délibération du Conseil de Ville sur son projet de pont, 212-213. — Proposition pour la construction de ce pont, 219-220. — Assiste aux visites de l'emplacement où il propose de construire le pont de Gournay, 311-313. — Réclamations faites par les voituriers par eau pour la fixation de l'alignement de ce pont, 312 (note). — Payement qui lui est fait pour l'achèvement du pont de Gournay, 313 (note). — Demande l'alignement pour la construction du pont au port Saint-Paul, 378; — assiste à la visite des lieux faite pour le déterminer, 379. — Contrat passé avec le Roi pour ce pont, 378 et note. — Réclame l'élargissement de la ruelle des Ormes, 380. — Commencement des travaux du pont, 380-381 (note).

MARIE (Pont), construit au port Saint-Paul. Visite de l'emplacement proposé, 122. — Rapports d'experts sur le projet de construction; requêtes et offres de Christophe Marie; avis donné par la Ville, 150-154. — Assemblée de bourgeois et de voituriers par eau pour délibérer sur le projet de pont, 203-204, 213, 219-220. — Délibération du Conseil de Ville concluant à son utilité, 213. — Visites de l'emplacement proposé, pour en donner l'alignement, 378-380. — Commencement des travaux et pose de la première pierre, 380-381 (note). — Voir MARIE (Christophe).

MARIE DE MÉDICIS, reine de France. Son chancelier Nicolas Potier, 2 (note). — Recommande Léon Dolet pour la charge d'Échevin, 4 (note). — Assiste à la prestation de serment des officiers de la milice bourgeoise, 15. — Mention d'une lettre adressée aux Conseillers et Quarteniers de la Ville au sujet de l'Élection (24 juin 1610), 19, 20, 22; — texte d'une seconde lettre sur le même sujet (14 août 1610), 19, 22. — On lui rend compte du résultat des élections municipales, 22, 94, 170-171, 281-282; — fait l'éloge des Prévôt des Marchands et Échevins qui viennent d'être continués en leurs charges, 23; — des Échevins sortants, 95, 281; — est absente de la Ville au moment des élections; on attendra son retour pour lui présenter le scrutin, 281. — Relations avec le duc de Mayenne, 29 (note). — Faveur en laquelle elle tient le président Jeannin, 29 (note). — Voyage à Reims pour le sacre, 33, 36-37. — Lettre au Bureau de la Ville pour l'inviter à assister le sieur Le Gras, chargé de faire faire le curage des égouts, 33; — autre lettre en réponse aux plaintes de la Ville à ce sujet, 37. — Messieurs de la Ville vont au-devant d'elle à la porte Saint-Antoine, quand le Roi revient de son sacre, 41. — Sa réponse à la harangue du Prévôt des Marchands, 41. — Elle dîne chez Zamet, 41; — assiste de là au passage du Roi, 42 (note). — Requête que lui adressent les bourgeois à propos du mauvais payement des rentes, 44, 45; — le Prévôt des Marchands promet de transmettre à la Reine les plaintes des bourgeois, 45. — Sa figure en marbre sur le pont Marchant, 45 (note). — Entrée qu'elle devait faire à Paris le 16 mai 1610, 55, 59 (note); — buffet d'argent qui devait lui être offert par la Ville à l'occasion de son entrée, 131; — arrêt de la Chambre des Comptes relatif à ce buffet d'argent, 328-329. Voir BUFFET D'ARGENT. — Son intervention apaise la querelle du comte de Soissons avec le duc de Guise, 59 (note). — Fait exprimer aux colonels, par le Gouverneur de Paris, la satisfaction qu'elle a de leur zèle, 62. — Prescrit au Bureau de faire faire des recherches dans les maisons, 77. — Assiste au Conseil où est jugé le différend entre la Ville et le Lieutenant civil au sujet des recherches dans les maisons, 77-78. — Le Chancelier lui présentera les requêtes de la Ville au sujet des rentes des aides, 81. — Lettre au Bureau de la Ville au sujet de la suspension des droits de douane, 81; — réponse que lui adresse le Bureau, 81-82. — A conseillé cette mesure au Roi, 82, — Lettre au Bureau pour lui notifier les lettres patentes du Roi à ce sujet, 82, 86. — Don à J. d'Attichy, 99 (note). — Placet qui lui est présenté pour la création de quatorze offices de chargeurs et déchargeurs de marchandises au port du Guichet du Louvre, 101. — Réception de la duchesse de Lorraine, 109 (note). — Révoque la commission donnée à Jean Filacier pour la perception des deniers des rentes éteintes par rachat ou autrement, dont le profit devait revenir à la Reine : Assemblée générale de la Ville à ce sujet et remerciements faits à S. M., 113-117, 141, 179. — Sa réponse à la harangue de remerciement du Prévôt des Marchands, 115. — Notifie au premier président de la Chambre des Comptes la révocation qu'elle a faite de la commission de Jean Filacier, 115 (note). — Refuse de donner des lettres de révocation, mais remet au Prévôt des Marchands l'original de la commission de Filacier et le brevet de don qu'elle avait fait du feu Roi, 116. — Elle se réserve le produit de la recherche des rentes sur les villes autres que Paris, 116 (note). — Avis sur la remise de 100,000 livres accordée au Clergé sur la somme promise au Roi, 135. — Prend part à la conclusion des mariages espagnols, 137. — Assiste au carrousel donné à cette occasion, 137-138; — ne permet pas l'attaque du château dressé sur la place Royale, 139. — Ordre donné pour célébrer des réjouissances à l'occasion de ces mariages, 139, — Le Conseil de Ville demande qu'on diminue le taux de l'imposition sur le vin entrant à Paris, 156. — Renonciation au don du Roi pour les rentes amorties, 197. — Déclaration au sujet du don qu'elle a fait à la Ville de ses droits sur les arrérages des rentes amorties, 211 et note, 214, 216, 217. — Délibération du Conseil de la Ville à propos du don qu'elle a fait à la Ville, 224-225. — Don qu'elle a fait à quelques seigneurs des deniers à provenir de la recherche des rentes amorties du dehors de la Ville, 225. — Travail qu'elle ordonne d'exécuter devant une maison dont la jouissance a été concédée au maréchal d'Ancre, 229 (note). — Commande aux membres du Bureau de se présenter au Conseil du Roi pour formuler leurs réclamations au sujet du payement des rentes du Clergé, 246. — Procès-verbal incomplet d'une séance du Conseil de Ville tenue pour entendre les volontés de la Reine au sujet des prochaines élections, 246 (note). — Le Prévôt des Marchands lui porte des plaintes sur le mauvais payement des rentes du Clergé, 251. — Le Chancelier lui rendra compte du différend entre le Clergé et le Bureau de la Ville au sujet du payement des rentes, 247, 251. — Avertit le Prévôt des Marchands qu'il a été décidé que François de Castille payerait 500 livres de plus par semaine, 251-252. — S'excuse d'accepter le dîner offert par la Ville au château de Cachan, 268. — Représentée avec les attributs de Junon sur la médaille commémorative de la pose de la première pierre du grand regard de Rungis, 268 et note, 269 (note); — se rend à Rungis pour la pose de cette première pierre; 268-269; — Messieurs de la Ville lui offrent une médaille en or, 269, 286. — Collation qui lui est offerte à l'occasion de la pose de cette première pierre, 286. — La Chambre des Comptes ordonne que les Prévôt des Marchands et Échevins lui présentent leurs causes d'opposition contre l'édit de création de deux offices de receveurs et payeurs des rentes sur le sel, 293; — même injonction est faite par des lettres de cachet du 2 octobre 1613, 293-294, 295. — Remontrances lui sont présentées à Fontainebleau par le Prévôt des Marchands et deux Échevins contre cet édit, 303. — Le Chancelier lui communique la lettre du Bureau de la Ville relative à la hausse des monnaies, 309. — Plaintes portées devant elle par le Gouverneur de Paris et le Bureau de la Ville contre l'entreprise du Lieutenant civil au sujet de la police des armes, 352. — Elle reconnaît la justesse de ces réclamations et ordonne au Bureau de publier la défense de vendre des armes et des chevaux sans autorisation, 352. — Protestation portée devant elle contre l'enlèvement de la fille du sieur Barré, 365 (note). — Assemblée du Conseil de Ville tenue pour entendre le Bureau lui manifeste sa volonté à propos de la date de l'Élection, 368; — analyse de cette lettre, 369. — Réponse du Bureau, 369-370. — Le Bureau proteste de sa soumission à ses volontés, 369. — Voyage en Poitou et en Bretagne, 369 (note), 375. Discours à son départ, 369 (note). — Nouvelle lettre au Bureau de la Ville au sujet de la date des élections, 375; — réponse du Bureau, 376. — Placet que lui présentent Guillain de Nostaing et Jean Sornet, grands valets de pied du Roi, pour obtenir la création à leur profit d'une charge de contrôleur des marchandises de bois sur les ports des rivières d'Aisne et d'Oise, 361. — Ses actes en qualité de régente : part qu'elle prend aux lettres du Roi, 231, 255, 286, 290-293, 296, 297, 333, 343, 357; — arrêts du Conseil rendus en sa présence, 257, 326; — assiste à une séance du Conseil, 359 (note). — Mentions, 202, 216. — Son avocat général. Voir MARESCOT (Guillaume). — Intendant et surintendant de sa maison. Voir BARBIN (Claude), ZAMET (Sébastien). — Son palais. Voir LUXEMBOURG. — Voir ARMES.

Marie-Louise, reine de Pologne. Vend l'hôtel de Nevers, 78 (note).
Marillac (Guillaume de), sieur de Ferrières, 5 (note).
Marin (Philippe), Quartenier du quartier Sainte-Geneviève. Liste des officiers de la milice de son quartier, 4-5. — Présent aux élections municipales, 20, 21. — Remplacé comme Quartenier par Pierre Huot, 57 (note), 146 (note).
Marine de la Frânes. Propositions de François Du Noyer pour son développement, 241-242 (note). — Voir Du Noyer (François).
Marle (Fontaine de), 65.
Marly (Le président de). Voir Danès (Jacques).
Marmousets (Rue des), 162 (note).
Marne (La), rivière. Ordre au premier des sergents de la Ville de se transporter sur les ports, le long de la rivière, pour hâter la venue du bois, 58. — Recherche du bois étant sur les ports de cette rivière, 142. — Visite de l'emplacement où doit être construit le pont de Gournay, 311-313. — Sépare l'Ile-de-France de la Brie, 312 (note). — Ordonnance du Roi sur les bacs, 356-357.
Marocars alias Maurouart (Mahiet ou Mahuet). Assigne la Ville en payement d'une fourniture de chevaux faite pendant la Ligue, 347. — Requête du Bureau de la Ville au Parlement contre lui, 350. — Le Parlement repousse sa réclamation, 358.
Marquelet. Voir Berjonville (Jacques).
Marquier (Pierre), 199 (note).
Marsons et châtaignes. Tarif du droit de péage sur l'Oise, 224; — sur la Vanne, 254.
Marseille (Bouches-du-Rhône).Transports d'or et d'argent de Lyon à Marseille, 310.
Martin (Le sieur). Délégué des bourgeois de son quartier à l'assemblée de l'Élection, 169.
Martin (Le sieur), bourgeois. Délégué des bourgeois de son quartier à l'assemblée électorale, 279.
Martin (Christophe), receveur et payeur alternatif des rentes sur le Clergé et les recettes générales. Signification lui est faite d'une requête de François de Castille au sujet des quittances des sommes payées à l'occasion des rentes rachetées comprises dans le parti de Denyele, 15-16. — Avis du Conseil de Ville sur les lettres qui démembrent son office de receveur des rentes sur le Clergé et les recettes générales, 46-47. — Mandé au Bureau pour régler l'ordre de l'exercice de sa charge. 62-63, 70. — S'oppose à la création du bureau proposé par Germain Gillot pour le payement des rentes, 184. — Règlement qu'il doit suivre pour ce payement, 185; — notification qui lui en est faite, 185. — Condamné à payer les arréages de rente dus au professeur occupant la chaire fondée par Pierre de La Ramée, 228 (note). — Ordonnance du Bureau pour la présentation de ses états de recette et de dépense et la fourniture du double de ses comptes, 325-326. — Signification lui est faite de l'arrêt du Conseil du Roi interdisant de payer les arrérages des rentes rachetées par Jacques Feret, 328. — Consulté par le Conseil de Ville sur la question des rentes du Clergé dont les arrérages sont négligés, 366.

Martin (Guillaume), maître des Comptes. Lieutenant de la milice bourgeoise au quartier Saint-Jean, 3 et note.
Martin (Jacques), professeur ès mathématiques en la chaire fondée par Pierre de La Ramée. Avis du Bureau sur la requête qu'il a présentée au Parlement pour le payement de ses honoraires, 228.
Martin (Jean), teinturier en laine, fil et soie. Autorisé à planter des arbres dans les fossés de la Ville; vente de ce privilège après sa mort, 74 et note.
Martin (Jean), épicier. Prend à bail une petite place appartenant à la Ville au bout du pont dormant de la porte Saint-Honoré, 276-277.
Martin (Lazare). Arrêt du Parlement obtenu par lui pendant la Ligue, 358 et note.
Martin (Nicolas), ancien receveur et payeur des rentes de l'Hôtel de Ville. Sommation qui lui avait été faite de la part de François de Castille, 15-16. — Mentions diverses, 15, 62 (note), 320.
Martin (Philippe), fruitier. Saisie de bois emmagasiné chez lui, 204.
Martine (Dame), fruitière. Saisie de bois emmagasiné chez elle, 204.
Martineau (Le sieur). Lieutenant de la milice bourgeoise au faubourg Saint-Germain-des-Prés, 9.
Martinot (Denis), maître horloger, conducteur de l'horloge du Palais. Assiste à l'adjudication pour l'entreprise de l'horloge de l'Hôtel de Ville, 129. — Signe le procès-verbal de la réception de l'horloge de l'Hôtel de Ville et de la prisée du cadran, 154.
Martroi (Rue du), 223 (note).
Marye (Antoine). Voir Marie (Antoine).
Mascrier (Mathieu), maître des ponts et débâcleur du port de l'École. Reçoit mandement du Bureau pour régler l'arrivage des bateaux chargés de bois, 46 (note).
Masparault (Pierre de), ancien Conseiller de la Ville, 54.
Massieu (Jean), locataire d'une maison du pont Notre-Dame. Assignation qui lui est donnée à la requête d'Isidore Guyot, commis à la voirie, 342-343.
Masson (Laurent-Gilles), commis à la voirie. Assignation donnée à sa requête à Jean Moreau, 59.
Massuau (Louis), partisan. Opposition de la Ville à sa réception comme receveur général des bois de l'Ile-de-France et de Normandie, 48 et note. — Requête qu'il adresse à la Chambre des Comptes pour que le Bureau soit mis en demeure de bailler ses causes d'opposition à la réception du suppliant en cet office, 105-106. — Causes d'opposition formulées par la Ville et réponse de Massuau, 106-108. — Parti qu'il a obtenu pour le recouvrement des deniers dus pour les arrérages de rentes saisies ou employés en débets de quittance, 97, 107,. 315, 316, 319, 320, 338, 366; — accusé par le Bureau d'avoir employé les deniers de ce parti à l'achat de l'office de receveur général des bois, 107-108.
Masures (Le sieur de). Voir Varade (Jean de).
Matériaux de démolition qui demeurent au profit de la Ville, 259.
Maubec (Léon), alias Meusec, médecin ordinaire du Roi. Lettres de privilège pour l'invention de scier plusieurs pièces de bois par un seul homme et faire tourner moulins à huile et à tan, 343.

MAUBERT (Place). Lieu de réunion de la milice du quartier Sainte-Geneviève, 4 (note). — La procession de la châsse de sainte Geneviève y passe au retour, 86. — Quartier de la place Maubert, 153.

MAUBERT (Port de la place). Prix du bois, 46; — des fagots, 78.

MAUPEOU (Gilles DE), conseiller d'État et intendant des finances. Commissaire du Conseil pour examiner les oppositions faites à la vérification de la commission de Jean Filacier, 97. 99, 100; — rapporteur de cette affaire, 100, 114. — Séance au Conseil, 99, 274. — Rapporteur de la requête adressée au Conseil du Roi pour l'exemption du droit de confirmation en faveur des officiers de la Ville, 140. — A entre les mains les obligations des cautions de Philippe de Gondi, 321. — Envoie au Bureau de la Ville plusieurs états de rachat et d'amortissement de rentes, 325. — Chargé par arrêt du Conseil de vérifier les extraits des débets de quittances, 338. — Ordonnance portant que l'arrêt du Conseil relatif aux débets-de quittances et à la communication des registres des payeurs des rentes sera communiqué au Greffier de la Ville, et celui-ci tenu de représenter les registres de Philippe de Gondi pour le payement des rentes du sel, 338. — Signification de cette ordonnance, 338. — Commis par le Conseil du Roi pour terminer la procédure commencée sur la diversité des inventaires des payements faits par Philippe de Gondi, 356.

MAUPEOU (Marie), femme de Flamin Faunche, 70 (note).

MAUROUART (Mahyet). Voir MAROUARS.

MAUROUART (Barbe), femme d'Alexandre Maheu, 358.

MAUROY, huissier du Conseil. Signification d'un arrêt du Conseil et d'une requête, 97. — Signification au Bureau de la Ville d'une requête présentée au Roi par Nicolas Milon, 347.

MAUROY (Le sieur DE), secrétaire. Délégué des bourgeois de son quartier aux élections municipales, 21.

MAUSSEINGS (Regard des), au Pré-Saint-Gervais, 173, 188.

MAUVAISES PAROLES (Rue des). Rétablissement de fontaine en la maison du Premier Président, 198.

MAYENNE (Mayenne). Grenier à sel, 363.

MAYENNE (Duc DE). Voir LORRAINE (Charles DE).

MAZARIN (Collège). Construit en partie sur l'emplacement de la porte et de la tour de Nesle, 135 (note).

MEAUX (Seine-et-Marne). Visite de moulins situés dans les environs de la Ville, 142.

MEAUX (Grand chemin de), 266-267.

MÉDAILLE commémorative de la pose de la première pierre du grand regard de Rungis, 268 et note, 269, 285.

MÉDECINS ET CHIRURGIENS. Certificats délivrés pour constater la suffisance des élèves de Séverin Pineau dans l'exercice de l'opération de la pierre, 111. — Commis par le Parlement pour contrôler l'enseignement chirurgical de Séverin Pineau sur l'opération de la pierre, 111 (note).

MÉDICIS (Éléonore DE), duchesse de Mantoue, 109 (note).

MÉDICIS (Marie DE). Voir MARIE.

MEFLE (Simon), 198.

MÉGISSERIE (Quai de la). Assignation donnée aux ferronniers qui y tiennent des places de la Ville pour comparaître devant la Police du Châtelet, 382.

MEINGAUD, sergent au Châtelet. Signification faite à la requête du Bureau de la Ville, 198.

MELLON (Gaspard), juré crieur. Semonce pour le service funèbre de la reine d'Espagne, 117, 119.

MELUN (Seine-et-Marne), 144, 272. — Coches d'eau entre cette ville et Paris, 295. — Les conducteurs doivent justifier des lettres qui les autorisent, 210. — Ordonnance du Bureau prescrivant à Louis Chasserat et Jean Cadot de prendre nouvelles lettres de provision pour la conduite de ces bateaux, 285. — Prononciation de la saisie desdits coches, à faute par les conducteurs d'avoir satisfait à l'ordonnance qui précède, 285. — Les conducteurs sont consultés sur l'emplacement à donner au pont Marie, 379. — Procureur du Roi. Voir BARRIN (Claude).

MENESTREL (Le sieur). Signe une requête de Louis Massuau, 106.

MENGEY (Le sieur). Dizenier au quartier du Saint-Esprit. 14.

MÉNILMONTANT. Voir MESNILMONTANT.

MERAULT (Le sieur), receveur des consignations. Capitaine de la milice bourgeoise au quartier du Sépulcre, 13.

MERAULT (Claude) sieur de la Fossée, auditeur des Comptes, Échevin. Délégué des bourgeois de son quartier aux élections municipales, 92. — Élu Échevin. Va au Louvre prêter serment au Roi, 92 (note), 170-172. — Mis en possession de sa charge, 171. — Sa sépulture, 171 (note). — Sert d'intermédiaire entre le Bureau de la Ville et la Chambre des Comptes, 171 (note). — Présent à des assemblées du Conseil de Ville, 176, 181, 183, 214, 217, 224, 235, 248, 270, 292, 294, 303, 317, 321, 336, 339, 366, 372; — aux élections municipales, 278; — à une réunion du Bureau, 349; — à la visite des fontaines de la Ville, 264. — Chargé de surveiller le payement des rentes assignées sur les aides, 185. — Commis pour surveiller les travaux des fontaines, 264. — Commis pour recevoir la résignation de l'office de juré vendeur et contrôleur de vin que les héritiers de Jean Foressier espèrent obtenir de leur avant sa mort, 277. — Signification lui est faite d'un arrêt du Conseil, 283. — Apposition de scellés en la maison de Jean Coing, 330. — Signe une ordonnance du Bureau, 353 (note). — Assiste à la levée des scellés mis sur les quittances des payements faits par P. de Gondi sur les rentes du sel et à l'inventaire qui en est dressé, 362. — Chargé d'assister au rétablissement d'une fontaine en la maison de Jean Lescuyer, 363. — Invité à se rendre auprès de la Reine pour protester contre l'enlèvement de la fille du sieur Barré, 365 (note). — Assiste au rétablissement d'une fontaine en la maison du président Gayant, 368. — Assiste à la visite de la porte Saint-Denis, 373 (note).

MERCERIE. Tarif du droit de péage sur l'Armançon, 237; — sur l'Oise, 244; — sur la Vanne, 254.

MERCIERS. Le corps des marchands et merciers est convoqué à l'Hôtel de Ville au sujet de la suspension des droits de douane, 81. — Avis donné par les maîtres et gardes de la marchandise de mercerie, grosserie et joaillerie sur les lettres de privilège obtenues par les sieurs de Galles et Jean Bietrix pour la fabrication du fer-blanc, du fil d'archal et des faux, 160-161. — Voir Grossiers.

Mercure françois (Le), cité, 29 (note), 38 (note), 59 (note), 61 (note), 109 (note), 137 (note), 222 (note), 334 (note).

Mérian (Plan de), cité, 379 (note).

Merle (François-Annibal de), sieur du Blancbuisson, 232 (note).

Mesdames de Faanez. Assistent au carrousel de la place Royale, 137-138.

Mesmes (Henri de), seigneur de Roissy, Lieutenant civil du Châtelet, 162 (note). — Délégué des bourgeois de son quartier à l'assemblée électorale, 279. — Prévôt des marchands en 1618, et président à mortier en 1627, 279 (note). — Entreprises sur l'autorité du Bureau au sujet de la sûreté de la Ville et de la garde des portes, 335. — Conflit avec le Bureau de la Ville au sujet de l'interdiction de vendre des armes, 351-354. — Désavoué par la Reine, 352. — Fait emprisonner le crieur qui avait publié les ordonnances du Bureau relatives à la vente des armes et des chevaux, 353 et note.

Mesmes (Jean-Jacques de), seigneur de Roissy, maître des Requêtes. Capitaine de la milice bourgeoise au quartier du Temple, 6 et note. — Rétablissement d'une fontaine dans sa maison de la rue du Temple, 162. — Commis par le Conseil pour examiner les propositions de Germain Gillot, 186 ; — chargé d'en faire le rapport, 186.

Mesmin (Le sieur), procureur. Enseigne de la milice bourgeoise au quartier Sainte-Geneviève, 4.

Mesnager (Thomas). Dizenier au quartier Saint-Martin, 3.

Mesnard (Le sieur), greffier de la Monnaie. Enseigne de la milice bourgeoise au quartier des Innocents, 7 et note.

Mesnard (Alphonse). Voir Mesnard (Robert).

Mesnard (Pierre). Voir Mesnard (Robert).

Mesnard (Robert), marbrier ordinaire des bâtiments de Sa Majesté. Opposition du Bureau à l'entérinement des lettres du Roi qui accordent à la veuve de Robert et à ses fils, Alphonse et Pierre, le droit de loger dans la tour du Bois, 148-149.

Mesnilmontant. Fourniture de pierre pour les fontaines, 158.

Mesnon (Le sieur). Lieutenant de la milice bourgeoise au quartier du Temple, 7.

Messe de la Réduction célébrée à Notre-Dame en souvenir de l'expulsion des Anglais, 70-71, 140, 242, 349. — Messe célébrée aux Augustins, lors de la procession de la Réduction, le 22 mars, 68, 134, 240. — Voir Saint-Esprit (Messe du).

Messier (Le sieur), drapier. Enseigne de la milice bourgeoise au quartier Saint-Séverin, 8.

Messier (Le sieur), brodeur. Enseigne au quartier Notre-Dame, 10.

Messier (Le sieur). Dizenier au quartier du Saint-Esprit, 14.

Messier (Le sieur). Représentant des bourgeois de son quartier à une assemblée générale de la Ville, 146.

Messier (André), maçon. Obtient du Conseil du Roi qu'il soit procédé à une nouvelle adjudication des travaux du quai de Suresnes, 324. — Adjudicataire, 324, 325 (note).

Mestayer (Arnoul), maître paumier, lieutenant de la compagnie des cent arquebusiers. Exempté des gardes et guets et des visites d'armes, à cause de sa charge de lieutenant 42 et note.

Mesureurs d'aulx et oignons. Classés parmi les petits offices de la Ville, 165.

Mesureurs de charbon. Règlement pour leur salaire, 79, 112, 194. — Doivent avertir les bourgeois du prix maximum du charbon, 148. — Classés parmi les grands offices de la Ville, 164. — Chargés de surveiller l'application du tarif de vente, 194, 321. — Défense leur est faite d'exiger plus que ce qui leur est taxé, 323.

Mesureurs de chaux. Classés parmi les petits offices de la Ville, 165.

Mesureurs de grains. Classés parmi les moyens offices de la Ville, 164. — Disputes avec les porteurs de grains, 165 (note). — Procès avec les grainiers au sujet du droit de visiter les grains, 364.

Mesureurs de guèdes, nèfles, noix et châtaignes. Classés parmi les petits offices de la Ville, 165.

Mesureurs de sel. Classés parmi les moyens offices de la Ville, 165.

Metezeau, alias Methezeau (Louis), architecte du Roi. Consulté sur la rédaction du devis de l'aqueduc des eaux de Rungis, 175, 176, 191. — Assignation qui lui est donnée par les trésoriers de France à propos de l'exécution des travaux de l'aqueduc de Rungis, 206 (note). — Convoqué par le Bureau pour procéder aux alignements, 207 ; — ordre du Roi prescrivant cette convocation, 208. — Doit être appelé quand seront donnés les alignements pour les travaux des eaux de Rungis, 216. — Assiste à une visite des travaux de Rungis, 365 (note).

Metz (Intendant de). Voir Marescot (Guillaume).

Meules. Tarif du droit de péage sur l'Armançon, 237 ; — sur l'Oise, 244 ; — sur la Vanne, 254.

Meuniers. Règlement concernant leurs obligations au sujet de la navigation sur les rivières d'Armançon, d'Yonne et de Cure, 333.

Meuniers (Pont aux). Autorisation donnée au capitaine Marchant de le reconstruire, 45 (note).

Meurier (Jérémie). Voir Murles.

Mézières (Ardennes). Fabriques de faux, 160.

Michel (Le sieur). Capitaine de la milice bourgeoise au quartier Saint-Eustache, 12 et note.

Michel (Saint). Statue projetée à l'Hôtel de Ville par P. Bizet, 223.

Michon (Le sieur). Dizenier au quartier du Temple, 6.

Mignart (Claude), libraire. Poursuivi pour injures adressées aux archers, il fait amende honorable, 118 (note).

Midorge (Jean), conseiller au Parlement. Capitaine de la milice bourgeoise au quartier Saint-Antoine, 6.

Miel. Tarif du droit de péage sur l'Oise, 244; — sur la Vanne, 254.
Mignot (Le sieur). Dizenier au quartier Sainte-Geneviève, 5.
Milice bourgeoise. Rôle des colonels, capitaines et enseignes convoqués au Louvre pour prêter serment, 1-15. — Rôle semblable pour 1594, 1-14 (notes). — Les colonels reçoivent mandement de vérifier si les compagnies sont complètes, et d'en envoyer les rôles au Bureau, 19, 24. — Emprisonnement pour désobéissance envers les officiers, 59 (note). — Les officiers chargés de faire une exacte recherche dans les maisons des bourgeois de leurs compagnies, 60. — Mandement aux Quarteniers d'envoyer au Bureau les noms des officiers qui sont morts ou ont changé de quartier, 220-221. — Mandement aux Quarteniers d'apporter au Bureau les rôles des officiers de leurs quartiers, 345. — Listes dressées par les Quarteniers sur lesquelles seront choisis des titulaires pour remplir les charges d'officiers qui sont vacantes, 354. — Les officiers sont chargés de faire des recherches dans les hôtelleries, 366. — Doivent veiller à ce que les bourgeois aient dans leurs maisons des armes prêtes de façon à pouvoir réprimer à main armée les troubles qui pourraient se produire, 367. — Voir Colonels, Capitaines, Enseignes, Lieutenants.
Millon (Le sieur), bourgeois. Plaintes sur le mauvais payement des rentes, 44.
Milon (Le sieur), conseiller de l'Élection. Enseigne de la milice bourgeoise au quartier Saint-Séverin, 9.
Milon (Nicolas), fermier des gabelles de la généralité de Touraine. Ordonnance du Bureau portant qu'il s'engagera, au Bureau de la Ville, à payer ce qu'il doit pour son bail, d'après l'état du Roi, et baillera caution, 337; — ordonnance itérative sur le même objet, 345. — Requête au Roi pour être déchargé de l'exécution de ces ordonnances, 346-347. — Ordonnance du Bureau prescrivant son emprisonnement s'il ne satisfait pas dans trois jours aux ordonnances précédentes, 359. — Ordre donné par le Bureau au premier sergent de la Ville sur ce requis de lui faire commandement de payer à Pierre Payen ce qu'il doit pour trois quartiers des rentes du sel, 363.
Mines. Propositions de François du Noyer pour leur ouverture, 381-382.
Minimes (Église des) de la place Royale, 60 (note). — Somme que P. Bizet se propose de consacrer à la construction du portail, 223.
Ministres convertis. Fondation proposée par Pierre Bizet en leur faveur, 222.
Minutes du Bureau de la Ville, 167 (note).
Miramien (Le sieur), conseiller au Grand Conseil. Délégué des bourgeois de son quartier à l'assemblée électorale, 168.
Mire (Étienne), 16.
Miron (Charles), évêque d'Angers. Son rang au service funèbre de la reine d'Espagne, 120.
Miron (Robert), président aux Requêtes du Palais. Capitaine et colonel de la milice bourgeoise au quartier Saint-Germain-l'Auxerrois, 15. — Assiste à une assemblée des colonels tenue pour aviser à la sûreté de la Ville, 61. — Délégué des bourgeois de son quartier aux élections municipales, 92, 279. — Élu scrutateur pour les officiers du Roi à l'assemblée électorale, 93, 95; — remet au Roi le procès-verbal du scrutin de l'élection, 94. — Candidat à la Prévôté des Marchands, 171.
Miron de l'Espinay (A.). *François Miron*, ouvrage cité, 2 (note).
Moblet (Le sieur). Dizenier au quartier Saint-Gervais, 11.
Moisant (Robert), substitut du Procureur du Roi de la Ville. Reçoit mandement de se présenter pour la Ville à une assignation donnée au For-l'Évêque au sujet d'une place donnée à bail par la Ville, 106. — Poursuites contre Antoine Marie au sujet de la chute de la halle du marché Neuf, 273; — intimé au Parlement pour cette cause, 273. — Reçoit mandement de comparoir pour la Ville à une assignation donnée devant le bailli du For-l'Évêque, 277 (note).
Moisse (Madame de). Le Roi soupe chez elle, à Arcueil, 267 (note).
Moisset (Le sieur de), commis au grenier à sel de Compiègne. Adjudication d'une coupe de bois dans la forêt de Compiègne, 75.
Moisset ou de Moisset (Jean), partisan. Ayant droit par transport de Louis Denyele pour le parti des rentes rachetées, 15-16. — Sommation faite à la Ville par Nicolas Largentier au sujet du cautionnement qu'il a fourni à Moisset pour le bail général des gabelles, 26-27; — Largentier réclame le dépôt dans les coffres de l'Hôtel de Ville des deniers qui sont entre les mains de Moisset pour le payement des arrérages des rentes sur le sel, 26. — La veuve et le fils de Nicolas Largentier s'engagent à continuer le cautionnement qu'il avait fourni à Jean de Moisset pour le bail des gabelles, 32-33. — Dernier quartier qu'il doit acquitter sur le bail des gabelles, 70. — Reçoit ordre de bailler au sieur de Gondi les registres concernant les rentes sur les gabelles, 124. — Parties qui lui sont passées dans les comptes de François de Castille, au préjudice de la Ville, 162. — Prévient le Bureau de la Ville de la hausse des monnaies, 302. — Commission qui lui est délivrée par le Roi pour recouvrer les deniers qui restent dus à Philippe de Gondi et au besoin contraindre ses cautions à verser leur cautionnement, afin de payer ce que ledit de Gondi doit encore sur les rentes du sel, 304-305, 307, 340; — commence à payer ce qui reste dû sur le quartier de 1609, 304; — règlement fait par le Bureau de la Ville pour l'exécution de cette commission, 306-307. — Évaluation de ce qu'il devait à la fin du bail général des gabelles pour le sel étant dans les greniers de la généralité de Paris, 305. — Poursuites exercées contre lui au sujet de pratiques magiques qui lui sont reprochées, 305 (note). — Baillera caution au Bureau de la Ville pour l'exécution de sa commission pour le payement des rentes sur le sel, 307; — engagement pris au greffe de la Ville et présentation de caution pour l'exécution de cette commission, 308. — Questions relatives au contrôle des payements des arrérages des rentes du sel qu'il est

chargé d'effectuer, 308-309. — Les sous-fermiers et commis de Ph. de Gondi lui remettront le montant de leur dette envers ce dernier, et ses cautions, le montant de leur cautionnement, 311. — Ordonnance du Bureau portant qu'il exercera des contraintes contre les cautions de Philippe de Gondi, 322. — État d'amortissements de rentes faits par lui comme subrogé d'Antoine Billard, 325. — État de la recette et dépense faites par lui des deniers provenant des effets de Philippe de Gondi, 336. — Reçoit ordre d'ouvrir le payement du quartier de janvier 1610 des rentes du sel, 337. — Assignations qui lui sont données sur les deniers de l'Épargne pour y pourvoir, 337. — N'a pas le fonds comptant nécessaire pour payer les rentes du sel, 339. — Conditions dans lesquelles Pierre Payen peut lui faire des avances, 340. — Arrêt du Conseil du Roi concernant les avances que doit lui consentir Pierre Payen pour le payement de ce qui reste dû par Philippe de Gondi sur les rentes du sel, 343-345. — Ordre lui est donné par cet arrêt de faire toutes diligences pour le recouvrement des effets de Philippe de Gondi, 344. — Ordonnance du Bureau enjoignant à Sébastien L'Empereur de mettre entre ses mains ce qu'il doit à Philippe de Gondi sur les gabelles de la généralité de Touraine, 345. — Somme qu'il a reçue des effets de P. de Gondi, 355. — Les créances de Gondi sont remises entre ses mains pour le recouvrement, 356. — Les quittances des payements faits par Philippe de Gondi sont remises entre ses mains pour la reddition du compte de la deuxième année du maniement de Gondi, 362.

Moisy (Jean). Dizenier au faubourg Saint-Germain-des-Prés, 9.

Monbaudiat (Le sieur), bourgeois. Vient à une assemblée du Conseil de la Ville protester contre les articles proposés par Geslain pour le rachat des rentes, 321.

Moncel (Le), écart de la commune de Pont-Sainte-Maxence (Oise). Un sergent y est envoyé pour hâter la venue des bateaux chargés de bois, 80.

Moncheny (Le s' de), apothicaire. Lieutenant de la milice bourgeoise au quartier Saint-Jacques-de-l'Hôpital, 10.

Monde (Quatre parties du). Statues projetées à l'Hôtel de Ville par P. Bizet, 223.

Mondétour (Rue), 72 (note).

Monnaie (Hôtel de la). Opposition par le Bureau de la Ville aux lettres du Roi qui le concèdent aux religieux de l'Oratoire, 333-334. — Projet de transfert à l'hôtel de Lyon, 334 (note).

Monnaie du Moulin. Le Bureau demande qu'il y soit fabriqué des doubles et deniers, 18-19, 200-201.

Monnaies. Requête présentée au Roi par le Bureau pour la fabrication de doubles et deniers, 18-19, 200-201. — Correspondance échangée entre le Chancelier et le Bureau de la Ville au sujet de leur hausse, 301, 302, 309-311. — Assemblée particulière de la Ville où sont convoqués des marchands et bourgeois pour donner leur avis sur les causes de la hausse des monnaies, 309-310. — Décri des monnaies, 310 et note.

Monnaies (Cour des). Avis sur la fabrication de doubles et deniers, 18 (note). — Requête lui est présentée par le Bureau afin de donner son avis sur la fabrication de doubles deniers, 200-201; — arrêts de la Cour à ce sujet, 201 (note). — Avis donné pour combattre la hausse des monnaies, 310 (note). — Opposition par le Bureau de la Ville à l'entérinement des lettres du Roi concédant aux religieux de l'Oratoire l'hôtel de la Monnaie, 333-334. — Premier Président. Voir Leclerc (G.). — Président. Voir Parfaict (Jacques).

Monnard (Claude), maçon. Adjudicataire de l'entreprise de la construction du quai de Suresnes, 324, 325 (note).

Monsieur-le-Prince (Rue), autrefois rue de l'Hôtel-de-Condé, 43 (note).

Monsoy (Marie de), femme de J.-B. de Machault, 5 (note).

Montargis (Loiret). Intendant des bâtiments du château, 206 (note).

Montargu (Le sieur de). Lieutenant de la milice bourgeoise au faubourg Saint-Germain-des-Prés, 9.

Montbard (Côte-d'Or), 233, 236.

Montbazon (Duc de). Voir Rohan (Hercule de).

Montceaux (Seine-et-Marne). Château. Actes royaux qui en sont datés, 33. — Séjour du Roi, 281 (note).

Montchevreuil (Port de), sur l'Oise. Un sergent y est envoyé pour hâter la venue des bateaux chargés de bois, 80.

Montelon (Famille de), 72 (note).

Montereau-faut-Yonne (Seine-et-Marne). Offre pour la rupture d'une roche qui entrave la navigation, 144. — Procès entre les échevins et le maître des ponts de cette ville au sujet de la charge de collecteur des tailles, 229. — Mention, 272.

Montescot (Le sieur de), trésorier. Capitaine de la milice bourgeoise au quartier Saint-Eustache, 12.

Montfaucon (Gibet de), 266 (note).

Monthenault, notaire au Châtelet, 26.

Monthers (Jacques de), Quartenier du quartier Saint-Jean, 92 (note). — Présent aux élections municipales; 92, 93, 168, 169, 279, 280; — à des assemblées générales de la Ville, 146.

Montmacq (Oise). Un sergent y est envoyé pour hâter la venue des bateaux chargés de bois, 80.

Montmartre (Faubourg). Rôle des officiers de la milice bourgeoise, 12. — Mention, 213 (note).

Montmartre (Porte), 103, 133, 277 (note). — Vente de la jouissance qu'avait feu Jean Martin d'une casemate située auprès, 74. — Mauvais état du pont de cette porte, 74 (note). — Casemate et place à bâtir situées auprès et données à bail à Claude Vinet, 106 et note.

Montmartre (Rue), au quartier Saint-Eustache, 12 (note).

Montmorency (Charles de), duc de Damville, amiral de France. Séance au Conseil, 80.

Montmorency (Henri duc de), connétable. Séance au Conseil du Roi, 29 et note. — Assiste au Te Deum chanté à Notre-Dame à l'occasion du sacre, 79. — Vente de bois autour du château d'Offémont, 75. — Chantilly fait partie du domaine de Montmorency. 76 (note).

Montmorency (Hercule de), comte d'Offémont, 75 (note).

Montre ou revue des trois Nombres au Temple, 73-74 et note, 357.

MONTRICHARD (Loir-et-Cher). Grenier à sel, 363.
MONTROUGE (Le sieur), vendeur de marée. Lieutenant au quartier Saint-Jacques-de-l'Hôpital, 11.
MONUMENTS FRANÇAIS (Dépôt des), rue des Petits-Augustins, en l'an II, 177 (note).
MOREAU (Le sieur). Signature d'arrêt du Conseil privé et de lettres patentes rendues pour l'exécution de cet arrêt, 275.
MOREAU (Jean), maréchal. Assignation qui lui est donnée à la police du Châtelet pour une place à lui louée par la Ville sur l'emplacement de la fausse porte Saint-Denis, 59 et note.
MOREL (Claude), libraire imprimeur. Enseigne de la milice bourgeoise au quartier Saint-Séverin, 8 et note.
MOREL (Frédéric), libraire imprimeur, 8 (note).
MORELY (Le sieur), contrôleur général de l'artillerie. Lieutenant de la milice bourgeoise au quartier Saint-Martin, 3.
MORELLY (Le sieur). Présente un placet au Roi pour obtenir la levée d'un droit de 2 sols et demi sur les draps, 123-124.
MORENNES (Le sieur DE), conseiller au Châtelet. Candidat à l'Échevinage, 282.
MORÉRI. Dictionnaire, cité, 69 (note), 89 (note), 354 (note).
MORET (Le sieur). Dizenier au quartier Saint-Jacques de l'Hôpital, 10 (note), 11.
MORIN (Le grand), rivière, 145 (note).
MORET (Christophe). Lieutenant de la milice bourgeoise au quartier Saint-Eustache, 12.
MORTELLERIE (Quartier de la). Voir SAINT-PAUL (Quartier).
MORTELLERIE (Rue de la). Fait partie du quartier Saint-Gervais, 11 (note). — Mentions, 17, 29 (note), 65, 223 (note), 380.
MORUE. Tarif du droit de péage sur l'Armançon, 237; — sur l'Oise, 244; — sur la Vanne, 254.
MORVAN (Le). Achats de bois qui y sont faits, 272.
MOTELET (Le sieur). Représentant des bourgeois de son quartier à une assemblée générale de la Ville, 146.
MOUFLE (Le sieur), notaire au Châtelet, 69.
MOULCEAU (Jean DE). État des amortissements de rente faits par lui, 325.
MOULEURS DE BOIS (jurés). Leur salaire pour compter et corder le bois, 79, 112, 193. — Chargés d'afficher le règlement sur le prix du bois, 79, 113, 195. — Rixe entre des mouleurs de bois et un chargeur de bois, 79 (note). — Doivent avertir les bourgeois du prix maximum du bois, 148. — Classés parmi les grands offices de la Ville, 164. — Leur négligence à remplir leur charge, 193 (note). — Doivent veiller à l'observation du tarif fixé pour la vente du bois, 194, 323. — Défense leur est faite d'exiger des droits supérieurs à ce qui leur est taxé, 323. — Poursuites exercées contre eux par le contrôleur du bois et charbon pour négligence dans l'exercice de leurs charges, 323 (note). — Le Bureau expose l'objet de leur charge et s'oppose à la création d'un office de contrôleur des marchandises de bois qui ferait double emploi avec elle, 361.
MOULINS. Les experts sont d'avis qu'il n'en soit pas mis sous le pont Marie du côté du port au Foin, 151. — Christophe Marie n'en pourra construire sans la permission de la Ville, 220. — Moulins à huile et à tan : privilège pour une invention qui s'y rapporte, 343.
MOUSTIER (Le). Enseigne de la rue du Temple, 162.
MOUVANT (Pierre). Dizenier au quartier Saint-Germain-l'Auxerrois, 15.
MEYREN (Mathurin), contrôleur du bois et charbon. Reçoit ordre de se transporter sur les ponts de la rivière d'Oise pour hâter la venue des bateaux chargés de bois, 80.
MOYSANT. Voir MOISANT.
MUIDEBLED (Nicolas), menuisier. Marché pour travaux à la porte de la Tournelle, 226 (note).
MUIDS ou futailles vides. Tarif du droit de péage sur l'Oise, 244; — sur la Vanne, 254.
MULOT (Le sieur), marchand de vin. Enseigne de la milice bourgeoise au quartier Saint-Jacques-de-l'Hôpital, 11.
MURIER (Jérémie), concierge de l'hôtel de Bouillon, 357-358.
MURS DE LA VILLE. Pavage du pont sur le rempart, derrière le jardin des Tuileries, 48-49. — Percement du mur entre les portes de Nesle et de Buci pour l'écoulement des eaux, 78. — Procès avec le duc de Nevers au sujet de constructions qu'il fait élever sur le mur et le fossé de la Ville, 215 et note. — Voir TUILERIES.
MUSNIER (Henri). Capitaine de la milice bourgeoise au faubourg Saint-Honoré, 14.

N

NACELLES. Voir FLETTES.
NAMUR (Le sieur DE). Adjudicataire d'une coupe de bois dans la forêt de Compiègne, 75.
NANTERRE (Seine), 94 (note).
NANTES (Loire-Inférieure). Après les élections de 1614, les nouveaux élus y vont prêter le serment entre les mains du Roi, 377.
NAUDÉ (Le sieur), bourgeois de Paris. Assiste à l'assemblée tenue pour délibérer sur le projet de pont au port Saint-Paul, 203.
NAUDIN (Laurent), quincaillier. Reçoit défense de vendre des armes sans autorisation, 351.
NAVARRE (Armes de). Voir ARMES.
NAVARRE (Collège de), 204 (note).
NAVARRE (Le petit). Saisie du bois qui y est emmagasiné, 204.
NAVARROT (Le sieur). Candidat à l'Échevinage, 282.
NAVIGATION. Proposition de l'établir sur plusieurs rivières : délibérations du Conseil de la Ville à ce sujet, 213. — Reconnaissance de la juridiction du Bureau en cette matière, 246, 255. — La connaissance en appartient au Bureau de la Ville, 297. — Règlement pour la navigation sur les rivières d'Armançon, d'Yonne et de Cure, 333. — Voir BACS, COCHES D'EAU.
NAVIGATION DES INDES ORIENTALES. Propositions de François du Noyer pour son établissement, 381-382; — assem-

blées particulières de la Ville pour les étudier, 381 et note.

NAVIRE des armes de la Ville. Sculpté en pierre de Tonnerre sur la cheminée de la grande salle de l'Hôtel de Ville, 240.

NÈFLES. Voir MESUREURS.

NEOUST (Denis) le jeune. Lieutenant de la milice bourgeoise au quartier Saint-Honoré, 14.

NERET (Le sieur), épicier. Lieutenant de la milice bourgeoise au quartier Saint-Jacques-de-l'Hôpital, 11.

NERET (Le sieur), bourgeois. Représentant des bourgeois de son quartier à une assemblée générale de la Ville, 146. — Délégué des bourgeois de son quartier à l'assemblée de l'Élection, 169.

NESLE (Hôtel de). Hôtel de Nevers construit sur son emplacement, 78 (note).

NESLE (Porte de), 78. — Ordonnance du Bureau concernant son élargissement, 132-133. — Lettre du Roi prescrivant cet élargissement, 135 et note. — Rapport sur les boues et immondices qui sont dans les fossés, 377. — Mandement adressé par le Bureau à Augustin Guillain pour travailler aux fossés de la porte de Nesle, 380.

NESLE (Rue de), autrefois rue d'Anjou, 78 (note).

NESLE (Tour de). Disparaît dans la construction du collège Mazarin, 135 (note).

NEUCOURT (Le sieur). Lieutenant de la milice bourgeoise au quartier des Innocents, 7.

NEUF (Pont). Voir PONT NEUF.

NEUFCHÂTEL (Seine-Inférieure), 221 (note).

NEUILLY-SUR-SEINE (Seine). Pont construit par Marie, 49 (note); — abonnement pour le passage du Roi et de sa suite, 122 (note). — Bac : droit de péage, 122 (note). — Saisie de bois amassé chez le maître du pont, 204.

NEUVE (Porte). Voir PORTE NEUVE.

NEUVE-NOTRE-DAME (Rue), 86 (note).

NEUVE-SAINT-LEU (Rue). Fontaine en la maison de Charles Le Conte, 215 (note).

NEUVILLE. Voir VILLEROY.

NEVERS (Duc DE). Voir GONZAGUE (Charles et Louis DE).

NEVERS (Hôtel de). Travaux exécutés derrière pour l'écoulement des eaux de la rue d'Anjou, 78. — Notice sur cet hôtel, 78 (note).

NICOLAS (Pierre), ancien Quartenier du quartier Saint-Jacques-la-Boucherie, 7 (note).

NICOLAS («La légende de saints [cinq]»), 72 (note).

NICOLAY (Jean DE), sieur de Goussainville, premier président des Comptes. Capitaine de la milice bourgeoise au quartier du Temple, 6 et note. — La Reine lui déclare sa volonté au sujet de la commission de Filacier, 179.

NIELLE (Louis DE). Voir DENYELE.

NIVERNAIS (Le). Achats de bois qui y sont faits, 272.

NIVET (Le sieur). Dizenier au faubourg Saint-Victor, 14.

NIVET (Jacques et Mathurin), voituriers par eau demeurant à Paris. Conclusions de l'enquête sur l'utilité et l'emplacement du pont Marie, 150, 151.

NOBLET (Louis), maître maçon. Rabais mis après l'adjudication des travaux de la porte Saint-Honoré, 104.

NOBLET (Perceval), maître maçon. Enchères pour le bail des travaux de la porte Saint-Honoré, 104. — Rabais mis après l'adjudication, 104.

NOËL (Antoine), procureur en l'Hôtel de Ville. Enchères pour l'adjudication des travaux de l'Hôtel de Ville, 260.

NOËL (Nicolas). Enseigne de la milice bourgeoise au quartier Saint-Séverin, 9.

NOGENT-SUR-SEINE (Aube), 150, 213 (note).

NOIRET (Mathurin). Voir NOYRET.

NOIRMOUTIER (Duc DE). Voir LA TRÉMOÏLLE (Antoine-François et Louis DE).

NOIRMOUTIER (Marquis DE). Voir LA TRÉMOÏLLE (Louis DE).

NOISIEL (Seine-et-Marne), 312 (note).

NOISY-LE-GRAND (Seine-et-Oise). Son port, 63 et note.

NOIX. Tarif du droit de péage sur l'Armançon, 237; — sur l'Oise, 245; — sur la Vanne, 254. — Voir MESUREURS.

NOM DE JÉSUS (Le), enseigne d'une maison au faubourg Saint-Martin, 266.

NOMBRES DE LA VILLE (Les trois), compagnies d'archers, arbalétriers et arquebusiers. Reçoivent un capitaine et colonel unique en la personne de Charles Marchant, 29 (note), 30-31 et note; — suppression de cette charge unique et rétablissement d'un capitaine pour chaque compagnie, 30-31. — Les capitaines sont convoqués, avec leurs compagnies, au Te Deum chanté à Notre-Dame à l'occasion du sacre, 38; — à la procession de la Réduction, 68, 134, 240, 348; — à la messe de la Réduction, 70-71, 140, 242, 349; — à la procession de la châsse de sainte Geneviève, 84; — au service funèbre de la reine d'Espagne, 118. — Font la haie le long du chemin qui conduit à la porte Saint-Antoine, lors de l'entrée du Roi à Paris, 42 et note. — Convocation pour la montre ou revue qui se fait en la cour du Temple, 73-74, 357. — Les capitaines des trois Nombres accompagnent au Louvre les membres du Bureau qui vont présenter au Roi le scrutin de l'élection, 94; — entrent à la tête de la compagnie, 94, 170. — Ordonnance du Bureau portant que les trois Nombres fourniront chaque jour, à tour de rôle, dix hommes de garde qui se tiendront à l'Hôtel de Ville à la disposition du Bureau, 367, 368 (note). — Voir ARCHERS, ARBALÉTRIERS, ARQUEBUSIERS.

NONCE du Pape. Voir UBALDINI (Robert).

NONNAINS-D'HYÈRES (Rue des). Proposition de construire le pont Marie en face, 151, 220, 378-380.

NORMANDIE. Diminution des arrivages de bois qui en viennent, 76. — Mention d'arrêt du Conseil concernant l'envoi à Paris des bois de Normandie, 150 et note. — Forêts de Normandie : règlement pris par le Conseil du Roi pour l'approvisionnement de bois des villes de Paris et de Rouen, 291. — Receveur général des bois de Normandie. Voir ÎLE-DE-FRANCE.

NORROY (Le sieur DE). Conseiller d'État. Commissaire du Conseil dans la cause de la Ville contre le Clergé, 227, 250. — Séance au Conseil, 246.

NORROY (Claude DE), lieutenant puis capitaine des archers de la Ville. Ordonnance du Bureau confirmant son élection à la charge de capitaine de la compagnie des cent archers de la Ville, à la mort de Charles Marchant qui était capitaine unique des trois Nombres, 31-32;

— prête serment, 31-32. — Convoqué pour assister à l'entrée du Roi à Paris, au retour du sacre, 40; — son rang dans le cortège, 41. — Convoqué à la procession de la Réduction, 68, 134, 348; — à la messe de la Réduction, 70-71, 242; — à la montre des compagnies des trois Nombres, 74; — à la procession de la châsse de sainte Geneviève, 84. — Amendes infligées à des archers, applicables à sa discrétion, 74 (note). — Envoyé vers le Gouverneur pour savoir quand le scrutin de l'élection pourra être porté au Roi, 93. — Poursuites contre Claude Micquart pour injures contre les archers, 118 (note).

Norry (Le sieur) le jeune, orfèvre. Délégué des bourgeois de son quartier à une assemblée générale de la Ville, 57.

Norrv (Germain). Voir Nocrry.

Nostaing (Guillaume de), dit Feuillemorte, grand valet de pied du Roi. Sollicite la création à son profit d'une charge de contrôleur des marchandises de bois sur les ports des rivières d'Aisne et d'Oise, 361-362.

Notaires secrétaires du Roi (Collège des). Ne réussit pas à faire recevoir Louis Largentier sur la résignation que son père lui avait faite de sa charge, 32 (note).

Notre-Dame (Chapitre). Voir Chapitre Notre-Dame.

Notre-Dame (Cloître). Une maison canoniale y est concédée à l'évêque de Rieux, 162.

Notre-Dame (Église). *Te Deum* chanté à l'occasion du sacre du Roi, 38 et note, 39. — Procession de la Réduction, 68, 134, 240. — Messe de la Réduction, 71, 140, 242, 349. — Chapelle Notre-Dame, 71. — Procession de la châsse de sainte Geneviève, 83-86. — Service funèbre de la reine d'Espagne, 117 et note, 118; — tenture de deuil, 118, 119, 120.

Notre-Dame (Îles), ancien nom de l'île Saint-Louis. Projet d'y construire un pont, 122 (note). — Maisons que Christophe Marie propose d'y faire construire, 152, 153, 213, 219 et note. — Quais et abreuvoirs qu'y devra construire Christophe Marie, 220. — Projets de fondations religieuses par Pierre Bizet, 221. — Les Îles Notre-Dame sont délaissées à Christophe Marie en vue de la construction du pont projeté au port Saint-Paul, 378 (note). — On s'y rend pour étudier l'emplacement à donner au pont Marie, 379. — Réunion des deux îles en une seule, 380 (note). — Voir Vaches (Île aux).

Notre-Dame (Pont), 7 (note), 220, 379. — Suivi par les chars du carrousel de la place Royale, 139. — Serait déchargé par le pont Marie, 151, 153. — Guillaume Passart en loue la pêche ou guideau, 151 et note, 152. — Saisie des loyers des maisons faite à la requête de Gervais de Versoigne et consorts, 347-348, 350, 357; — mainlevée ordonnée par le Parlement, 358. — Ordonnance du Bureau prescrivant la visite des maisons avant le renouvellement des baux de location, 364. — Renouvellement de ces baux qui comportent une clause réservant aux membres du Bureau la jouissance de places gratuites pour assister aux entrées solennelles, et une autre concernant les obligations des locataires pour l'arrosage de la chaussée, 364 (note). — Visite des piles, 364 (note). — Annonce de la prochaine adjudication de la location des maisons du pont, 368. — Locataire d'une des maisons du pont. Voir Massieu (Jean).

Notre-Dame (Quartier). Rôle des officiers de la milice bourgeoise, 9-10. — Sa circonscription, 9 (note). — Colonel. Voir Le Rouillé (René). — Quarteniers. Voir Beroul (Jacques), Guerrier (Guillaume).

Notre-Dame-des-Champs (La pierre de). Doit être employée pour les fenêtres de la porte Saint-Honoré, 103.

Nouaille (Jean), commis au buissonnage de la rivière de Marne. Reçoit ordre de visiter l'emplacement proposé pour le pont Marie, 122. — Expert commis pour fixer l'alignement du pont de Gournay, 311-313. — Requête par laquelle il réclame cette expertise, 311-312 (note).

Nouroy (Claude de). Voir Norroy.

Nourry, *alias* Norry (Germain), lieutenant puis capitaine de la compagnie des arquebusiers. Ordonnance du Bureau de la Ville le recevant, sur sa requête, capitaine des arquebusiers, à la mort de Charles Marchant qui jouissait sa vie durant de la charge unique de capitaine des trois Nombres, 30-31; — prête serment, 31. — Convoqué, avec sa compagnie, au *Te Deum* chanté à Notre-Dame à l'occasion du sacre, 38; — à l'entrée du Roi à Paris, au retour du sacre, 40; — son rang dans le cortège, 41. — Reçoit mandement du Bureau pour commander vingt archers destinés à accompagner les membres du Bureau qui vont assister à la distribution du bois sur les ports, 46 (note). — Convoqué, avec sa compagnie, à la procession de la Réduction, 68, 134, 240, 348; — à la messe de la Réduction, 70-71, 140, 242; — à la procession de la châsse de sainte Geneviève, 84; — au service funèbre de la reine d'Espagne, 118. — Convocation pour la montre des archers, 73-74, 357. — Signale l'inexactitude d'un archer, 74 (note).

Noyon (Diocèse de), 238 (note). — Évêque. Voir Balzac (Charles de).

Noyret (Mathurin), juré trompette. Accompagne le crieur pour la publication des ordonnances royales ou municipales, 195, 198, 202, 203. — Ses émoluments, 195 (note).

Nyvet (Mathurin), marchand de bois. Mandé au Bureau de la Ville, 142.

O

O (Le sieur d'), gouverneur de Paris. Ordonne que les Quarteniers se portent garants des cinquanteniers et dizeniers de leurs quartiers après l'entrée de Henri IV à Paris, 376 (note).

Octroi. Requête adressée par les officiers du Guet aux Trésoriers généraux de France à fin d'entérinement des lettres par eux obtenues pour la continuation de la levée de 15 sols par muid de sel, 192.

OEufs. Tarif du droit de péage sur l'Oise, 245; — sur la Vanne, 254.

OEuvres des bâtiments (Maîtres des). Voir Maîtres des œuvres.

Offémont, commune de Saint-Crépin-aux-Bois (Oise). Vente de bois autour du château, 75. — Titre de comte porté par Hercule de Montmorency, fils du connétable, 75 (note).

Offices à la nomination de la Ville. Ne sont pas soumis au droit de confirmation, 134-135, 139-140, 210, 218. — Mémoire sur leur distribution, 164-165. — Distinction entre grands, moyens et petits offices et offices en commun, 164-165. — Composition faite avec les héritiers de Jean Forestier pour l'office de juré vendeur et contrôleur du vin qu'il n'avait pu résigner avant sa mort, 277.

Officiers de la milice bourgeoise. Leur rôle, 1-15. — Les colonels reçoivent mandement de leur faire procéder à la visite des maisons et à l'inspection des armes, 17, 19. — Exercice du droit de faire des recherches dans les maisons, 76, 77, 122. — Arrêt du Conseil sur le droit de recherches, 81. — Mandement adressé aux colonels pour envoyer au Bureau les noms de ceux qui sont morts ou ont changé de quartier, afin de procéder à leur remplacement, 87-88. — Voir Milice bourgeoise.

Officiers de la Ville. Ne sont pas soumis au payement du droit de confirmation, 134, 135, 139-140, 210, 218. — Officiers de la Ville pour la vente du bois. Règlement pour leur salaire, 78-79. Voir Bois. — Le Bureau s'oppose à ce qu'il en soit créé de nouveaux à l'occasion du privilège accordé au sieur de Lansac pour la fourniture du bois et charbon, 256. — Voir Offices à la nomination de la Ville.

Officiers du Roi. Scrutateur choisi parmi eux pour les élections municipales. Voir Aubery (Robert), Hacqueville (Jérôme d'), Miron (Robert), Potier (Nicolas).

Oignons. Voir Mesureurs.

Oinville (Sieur d'). Voir Barthélemy (Antoine).

Oise (L'), rivière. Visite aux ports pour faire descendre les bateaux chargés de bois, 63 (note). — Bois vendu par des seigneurs proche de la rivière, 76. — Ordre à un sergent de se transporter sur les ports de la rivière pour hâter la venue des bateaux chargés de bois, 79-80. — Marchands fréquentant la rivière, 201, 202. — Propositions pour sa navigation, 213. — Délibérations du Conseil de Ville sur les propositions faites pour la rendre navigable sur une partie de son cours, 234-236. — Avis du Bureau sur les propositions du sieur de Rustici pour la rendre navigable de Chauny à Erloy, avec tarif du péage, 242-246. — Travaux pour la rendre navigable entre Chauny et Sempigny, 246 (note). — Limite de l'Île-de-France, 312 (note). — Opposition par le Bureau de la Ville au placet par lequel Guillain de Nostaing et Jean Sornet demandent la création à leur profit d'une charge de contrôleur des marchandises de bois sur les ports de cette rivière, 361-362.

Oise (Le sieur d'). Voir Tellier (Charles).

Olin (Le sieur), apothicaire. Enseigne de la milice bourgeoise au quartier du Temple, 7. — Son fils fait partie des Enfants d'honneur, 6 (note). — Délégué des bourgeois de son quartier à une assemblée générale de la Ville et mentionné comme absent, 56. — Représentant des bourgeois de son quartier à une assemblée générale de la Ville, 146.

Olives. Tarif du droit de péage sur l'Oise, 245; — sur la Vanne, 254.

Omoy (Le sieur d'). Voir Godet (Jacques).

Ons-en-Bray (Le président d'). Voir Hacqueville (Jérôme de).

Oranges et citrons. Droit de péage sur l'Oise, 245; — sur la Vanne, 254.

Oratoire (Congrégation de l'). Pierre Bizet propose de lui confier la direction de son «Séminaire académique», 222. — Débuts de la Congrégation, 222 (note). — Opposition par le Bureau de la Ville aux lettres du Roi lui concédant l'hôtel de la Monnaie, 333-334. — Établie d'abord à l'hôtel du Petit-Bourbon, 334 (note). — Transférée à l'hôtel du Bouchage, 334 (note).

Oratoire (Rue de l'), 16 (note).

Orcan. Voir Ourscamp.

Ordonnances de la Ville, 179. — Celles qui concernent l'Élection sont lues par le Greffier à l'assemblée électorale, 22, 93, 169, 280. — Le livre des ordonnances est porté au Louvre pour la prestation de serment des Prévôt des Marchands et Échevins, 93, 94, 171.

Ordre (L') du Roi. Voir Saint-Esprit (Ordre du).

Orfèvres de la Ville. L'un d'eux présente à chacun de Messieurs de la Ville un bouquet d'œillets pour la procession de la châsse de sainte Geneviève, 84. — Ils portent la châsse de saint Marcel, 84-85, 86; — puis celle de sainte Geneviève, 85.

Orge. Tarif du droit de péage sur l'Armançon, 237; — sur l'Oise, 245; — sur la Vanne, 254.

Orléans (N***, duc d'), frère de Louis XIII. Sa mort à l'âge de quatre ans et demi, 109 (note).

Orléans (Le sieur d'), bourgeois de Paris. Assiste à une assemblée tenue pour délibérer sur le projet de pont au port Saint-Paul, 203.

Orléans (Loiret). Les voituriers qui en viennent suivent habituellement la rue de l'Hôtel-de-Condé, 43 (note). — Lettres de la municipalité adressées au Bureau de la Ville pour le consulter sur le différend qu'elle a avec les gens de la justice au sujet de la connaissance du fait des gardes de jour et de nuit, et réponse du Bureau, 159. — Généralité, 298. — Prévôt et juge ordinaire. Voir Lallement (Gabriel).

Orléans (Évêque d'). Voir L'Aubépine (Gabriel de).

Ormes (Quai aux), 48 (note). — Visite pour l'emplacement du pont Marie, 122 et note, 378-380. — Opposition à la vente par décret de la maison de Louis Belle, chargée d'une rente envers la Ville, à cause de la permission qui lui a été donnée d'avancer cette maison sur le quai, en faisant clore les piliers qui la soutiennent, 142. — Permissions analogues données pour d'autres maisons du quai, 142 (note).

Ormes (Ruelle des). Christophe Marie réclame son élargissement, 380.

ORNEMENTS ROYAUX du sacre portés de l'abbaye de Saint-Denis à Reims, 38 (note).
ORSAY (Le sieur d'). Voir BOUCHER (Charles).
OUDIETTE. *Dictionnaire*, cité, 312 (note).
OURSCAMP (Oise). Un sergent y est envoyé pour hâter la venue des bateaux chargés de bois, 80.
OZAMBRAY. Voir ONS-EN-BRAY.

P

PACY (Le sieur DE), fondateur de la chapelle de la Trinité en l'église Saint-Gervais, 71 (note).
PAGEOT. Voir PAJOT.
PAGERIS (Le sieur). Enseigne de la milice bourgeoise au quartier du Saint-Esprit, 14.
PAGET (Nicolas), marchand de bois. Mandé au Bureau de la Ville, 142. — Annonce qu'il fait venir quatre bateaux de bois du port de Crécy-en-Brie, 142.
PAILLE. Tarif du droit de péage sur l'Oise, 245; — sur la Vanne, 254.
PAINTE (Jean). Lieutenant de la milice bourgeoise au faubourg Saint-Honoré, 14.
PAJOT (Antoine), sieur de la Chapelle, maître des Requêtes de l'Hôtel. Capitaine et colonel de la milice bourgeoise au quartier du Sépulcre, 13. — Assiste à une assemblée des colonels tenue pour aviser à la sûreté de la Ville, 61.
PAJOT (Guillaume), marchand de bois. Mandé au Bureau de la Ville, 142.
PAJOT (Nicolas), marchand de bois. Mise en vente de bois défectueux, 193 (note).
PALAIS (Le), 9 (note), 105 (note). — Concession faite au président Jeannin de construire de petites boutiques et des échoppes le long des murs du Palais, à hauteur de la salle Saint-Louis, jusqu'à la tour de l'Horloge, 95, 126. — Le Maitre des cérémonies vient y faire semonce au Parlement, à la Chambre des Comptes et à la Cour des Aides pour le service funèbre de la reine d'Espagne, 119. — Maison à l'Image Saint-Michel, devant le Palais, appartenant à Jean Legay, 67. — Voir HORLOGE.
PALAIS (Île du). Information, faite à la requête du président Jeannin, sur le projet de construction de maisons le long des quais qui partent du pont Neuf, 95-96, 126-129. — Achèvement des quais, 219.
PALAIS (Les) du Roi et de la Reine. — Proposition de leur attribuer une partie des eaux de Rungis, 156, 157. — Voir LOUVRE, LUXEMBOURG, TUILERIES.
PALLUAU (Denis), conseiller au Parlement, Conseiller de la Ville. Colonel et capitaine de la milice bourgeoise au quartier Saint-Jacques-de-l'Hôpital, 11 et note. — Présent aux élections municipales, 20, 91, 167, 278; — à des assemblées du Conseil de la Ville, 52, 54, 87, 143, 214, 224, 336; — à des assemblées générales de la Ville, 56, 113, 146. — Résignation à survivence de son office de Conseiller de la Ville au profit de Jean Leschassier, 23-24. — Assiste à une assemblée des colonels tenue pour aviser à la sûreté de la Ville, 61.
PALLUAU (Marie DE), première femme de Claude Aubery, 39 (note).
PANIER (Robert). Locataire de la maison de la Marchandise, 371 (note). — Cause pendante au Châtelet au sujet de cette maison entre sa veuve et Benigne Havar 371.
PANNIER (Pierre), voiturier par eau demeurant à Château Thierry. Conclusions de l'enquête sur l'utilité et l'emplacement du pont Marie, 150, 151.
PANTHÉON (Place du), 85 (note).
PAPE (Le). Voir Paul V.
PAPIER. Tarif du droit de péage sur l'Armançon, 237; — sur l'Oise, 245; — sur la Vanne, 254.
PARCHEMIN. Tarif du droit de péage sur l'Oise, 245; — sur la Vanne, 254.
PARDON de l'Hôtel-Dieu. Voir HÔTEL-DIEU.
PARFAICT (Claude), Quartenier du quartier Saint-Antoine. Liste des officiers de la milice de son quartier, 5-6. — Présent aux élections municipales, 20, 21, 91, 92, 168; — à des assemblées générales de la Ville, 56, 114, 146. — Remplacé comme Quartenier du quartier Saint-Antoine par Pierre Parfaict, 279 (note).
PARFAICT (Jacques), avocat au Parlement, puis président en la Cour des Monnaies. Lieutenant de la milice bourgeoise au quartier Saint-Antoine, 5 et note.
PARFAICT (Pierre), Quartenier au quartier Saint-Antoine. Présent aux élections municipales, 279, 280. — Succède à Claude comme Quartenier du quartier Saint-Antoine, 279 (note). — Candidat à l'Échevinage, 282. — Refuse de donner au commissaire Canto les noms du dizenier et du capitaine de la place Royale; — mandé au Bureau à ce sujet, 335.
PARIS (Le sieur). Dizenier au quartier Saint-Jacques-de-l'Hôpital, 10 et note.
PARIS (Nicolas DE), auditeur des Comptes. Lieutenant de la milice bourgeoise au quartier Saint-Séverin, 9 et note.
PARIS (La ville de). Pour tout ce qui regarde l'organisation et la vie municipales, voir l'article BUREAU DE LA VILLE. La connaissance des causes intéressant son domaine appartient à la Grand'Chambre du Parlement, 27, 46, 59, 106, 182, 192, 195-196, 227, 232, 250, 337, 342, 371, 382. — Réduction à l'obéissance de Henri IV. Part qu'y prend Charles Marchant, 30-31 (note). Voir PROCESSION de la Réduction. — Dénuement d'argent causé par les grandes sommes employées aux travaux publics, 33-35. — Troubles suscités par une querelle entre le comte de Soissons et le duc de Guise, 59 (note). — *Lutetia*, poème latin consacré à sa louange par Raoul Boutrays, 58-59. — Assemblée des colonels tenue au Bureau pour aviser à la sûreté de la Ville, 61-62. — Regard fait aux frais de la Ville pour la prise d'eau du Louvre, 73. — Approvisionnement de bois, 76, 275; — arrêt du Consei relatif à son approvisionnement de bois tiré des forêts de Normandie, 221. — Recherches faites dans les

maisons par les officiers de la milice pour la garde et sûreté de la Ville, 77. — Reconnaissance de la Ville envers la Reine pour la suspension des droits de douane, 81. — Maintien de son hypothèque sur la douane, 98. — La Cour y rentre en novembre 1611, 109 (note). — Fabriques de faux, 160. — Les marchands merciers ne peuvent vendre que les objets manufacturés à Paris, 161. — Parties passées à quelques particuliers, au préjudice de la Ville, dans les comptes de François de Castille, 162. — Réception du duc de Pastrana, ambassadeur d'Espagne, 163 (note). — Réservoir pour l'eau de l'aqueduc de Rungis qui lui est destinée, 174, 189. — Le Bureau demande que la Ville soit chargée de l'entreprise de l'aqueduc des eaux de Rungis, «pour être conservée en l'autorité qu'elle a toujours euē du maniement et direction des œuvres publicques de cette ville», 176-177. — Propriétaire des fossés de la Ville, 199. — C'est à la Ville qu'appartiennent les fonds destinés aux ouvrages des eaux de Rungis, 208. — La Ville travaillera elle-même à la recherche des deniers provenant des rentes amorties, sans faire de partie, 217. — Concessions de selles à laver faites par la Ville, 232 (note). — Question de savoir s'il faut en être originaire pour remplir l'office de Conseiller de Ville, 248. — Dons et octrois. Emploi des deniers qui en proviennent pour les dépenses relatives à la pose par le Roi de la première pierre des fontaines de Paris, 285-286. — Coche d'eau entre cette ville et Joigny, 295-297, 298 (note). — Autres coches. Voir COCHES D'EAU. — Projet d'y assembler les marchands au sujet de la hausse des monnaies, 302 (note). — Sûreté de la Ville : les Quarteniers ne doivent pas répondre au Lieutenant civil et aux commissaires au Châtelet pour ce qui s'y rapporte, 335. Voir la division qui porte ce titre dans l'article BUREAU DE LA VILLE. — Chambre ecclésiastique, 335 (note). — Arrêt du Conseil du Roi donnant assignation à la Ville sur les deniers de l'Épargne pour le payement de ce qui reste dû par Philippe de Gondi sur les rentes du sel, 336-337, 355; — son enregistrement à la Chambre des Comptes, 343. — La Ville n'est pas obligée aux dettes consacrées par la municipalité ligueuse, 347, 350, 358. — Départ du Roi et de la Reine pour le Poitou et la Bretagne et époque présumée de leur retour, 369 et note. — Places louées par la Ville à des ferroniers sur le quai de la Mégisserie, 382. — Procureur des causes de la Ville au Parlement. Voir JODELET. — Procureur des causes de la Ville au Châtelet. Voir LE SECQ (Geoffroi). — Voir ARMES de la Ville, BUREAU DE LA VILLE, ENTRÉE DE LA REINE, FONTAINES, FOSSÉS, HÔTEL DE VILLE, MURS, OFFICES DE LA VILLE, RENTES DE LA VILLE, SERGENTS.

PARIS (Évêque de). Son voyer, 277 (note). — Droit sur le pied fourché, 334. — Voir GONDI (Henri, cardinal DE).

PARIS (Généralité de), 298. — Assignation donnée sur les fermiers des gabelles aux receveurs des rentes sur le sel, 301. — Deniers des fermes des gabelles destinés au payement des rentes, 305, 306. — Les officiers des greniers à sel délivreront le certificat du sel que Philippe de Gondi a fait descendre dans les greniers et de celui qui a été vendu, 311. — Fermiers des gabelles de la généralité : Demande de contraintes contre eux, 341. — Droit d'embouchure du sel, 356. — Commis de Philippe de Gondi aux greniers à sel de la Généralité. Voir GONDI (Philippe DE).

PARIS À TRAVERS LES ÂGES. Ouvrage cité, 41 (note).

PARISIS (Jacques), marchand de bois. Mandé au Bureau de la Ville, 142.

PARISIS (Vente du). Emploi en rachats de rentes des deniers qui en proviennent, 300.

PARISOT (Pierre), portier de la porte de Buci. Plaintes portées au Bureau à propos des violences exercées par les ouvriers des faubourgs pour obtenir l'ouverture de la porte de Buci, 377 (note).

PARLAN (Le sieur), ancien Quartenier du quartier Saint-Germain-l'Auxerrois, 14 (note).

PARLEMENT DE PARIS. La connaissance des causes intéressant le domaine de la Ville appartient à la Grand' Chambre. Voir PARIS (Ville de). — Plaidoiries et arrêt au sujet de la nomination de Charles Marchant comme capitaine unique des trois Nombres, 30-31 (note). — Messieurs du Parlement assistent au *Te Deum* chanté à Notre-Dame à l'occasion du sacre, 39; — à la messe de la Réduction, 71, 140, 242; — ils y sont convoqués par deux des Échevins, 71, 140. — Ordres donnés au Bureau pour hâter la venue du bois, 63 (note). — Les associés au parti de la Ville ne doivent se soumettre à sa juridiction, 70. — Messieurs de la Ville vont demander au Premier Président de fixer le jour de la procession de la châsse de sainte Geneviève, 83; — rang de Messieurs du Parlement à cette procession, 85. — Relation de cette procession dans les registres du Parlement, 84 (note). — Procès qui est pendant devant la Cour au sujet des recherches dans les maisons, 96. — Organisation du contrôle de l'enseignement chirurgical de Séverin Pineau pour l'opération de la pierre, 111 (note). — Semonce faite à Messieurs du Parlement pour le service funèbre de la reine d'Espagne, 119; — leur rang, 121. — Relation du service funèbre de la reine d'Espagne inscrite aux registres du Conseil, 119 (note). — Requête adressée au Parlement par la Ville au sujet de l'amortissement de la maison de Jean Le Voys donnée aux Chartreux, 132. — Vacances pendant le temps des réjouissances célébrées à l'occasion des futurs mariages entre les princes et princesses des Maisons de France et d'Espagne, 137 (note). — Criées d'une maison de la Porte aux Peintres, 158. — Communique au Bureau de la Ville les lettres de privilège obtenues par les sieurs de Galles et par Jean Bietrix, 160. — Son habitude de communiquer à la Ville les documents en original, 178 (note). — Requête du Bureau demandant que l'affaire concernant le cautionnement de Messieurs Barbin pour Thomas Robin soit renvoyée devant le Parlement, 182, 184, 192. — Plaintes qui y seront portées sur l'insuffisance des deniers baillés par le Clergé pour le payement des rentes, 185. — Requête adressée à là Chambre des Vacations par le Bureau de la Ville au sujet de la jouissance du bac des Tuileries, 191; — arrêt rendu sur cette requête, 191 (note), 196 (note).

— Requête adressée au Parlement par le Bureau au sujet des magasins de bois, 200, 207. — Titre sans valeur pour n'y avoir pas été enregistré, 200. — Requête à lui adressée par le Bureau au sujet de l'insuffisance des payements faits chaque semaine par le receveur du Clergé pour les arrérages des rentes, 201, 227, 250, 256; — assignation y est donnée à François de Castille, 256; — les agents du Clergé déclinent sa juridiction, 201 (note); — la Reine s'oppose à ce que le Prévôt des Marchands y porte ses plaintes contre le mauvais payement des rentes du Clergé, 251; — arrêt portant que les gens du Roi présenteront remontrances au Conseil pour que cette cause ne soit pas retenue au Conseil du Roi, 250 (note); — le Conseil du Roi fait défense au Parlement de prendre connaissance de cette affaire, 257. — Mention des requêtes qui lui sont présentées par le Bureau à propos des tonneliers déchargeurs de vins et au sujet de la maison de M. Le Voys, 226; — instance pendante entre les déchargeurs et les courtiers de vins, 230. — Arrêt au sujet d'un règlement sur le payement des rentes constituant une entreprise sur les droits de la Cour, 228. — Avis que lui donne le Bureau de la Ville sur la requête présentée par Jacques Martin, professeur en la chaire fondée par Pierre de la Ramée, 228. — Intervention de la Ville en la cause pendante en Parlement entre Nicolas de Vailly et Pasquier Le Roy, 228-229. — Avis que lui donne le Bureau de la Ville sur l'enregistrement des lettres patentes obtenues par les hôteliers et cabaretiers, 232. — Le Bureau réclame que les poursuites intentées par l'abbaye Saint-Magloire, devant les Requêtes du Palais, contre les détenteurs de selles à laver, soient renvoyées devant la Cour, 232. — Mention d'arrêts relatifs au commerce du vin, 232. — Le Bureau de la Ville, au bout de trente ans, sera tenu de l'avertir de la suppression des droits de navigation sur l'Armançon et l'Oise, 236, 243. — Cause pendante sentre Jean du Mesnil, maître de la communauté de déchargeurs de vins, et plusieurs membres de cette communauté, 239. — Cause d'appel entre les jurés verriers et Jean Mareschal, 247 (note). — Avis que lui donne le Bureau sur les lettres obtenues par le sieur de Lansac pour la fourniture de bois et charbon, 255-256. — Arrêt confirmant le règlement fait au Bureau de la Ville pour le payement des rentes, 270 et notes. — Assignation y est donnée à la Ville au sujet de la chute de la halle du marché Neuf, 273. — Arrêt du Conseil privé lui attribuant la connaissance en appel des procès se rapportant aux suites des inondations, 275: — lettres du Roi qui lui sont adressées en exécution de cet arrêt, 275. — Chambre des Vacations : Le Bureau de la Ville propose de lui demander de publier des défenses pour interdire la hausse des monnaies, 302. — Juge naturel en fait de droits domaniaux, 334. — Avis donné par la Ville pour vérification d'un brevet d'invention, 343. — Arrêt rendu pendant la Ligue entre la Ville et Nicolas Lebateux et Lazare Martin au sujet d'une fourniture de chevaux faite à la Ville, 347, 350, 357; — texte de cet arrêt, 358 (note). — Requête à lui adressée par le Bureau contre Gervais de Versoigne et consorts, 350, 357. — Donne gain de cause à la Ville, 358. — Avis que lui donne le Bureau sur l'enregistrement d'un privilège pour la fabrication d'ouvrages d'argile imitant le marbre, 354-355. — Instance pendante entre Guillaume Fleury et Gilles de la Massuere, 358-359; — arrêt rendu sur cette affaire, 359 (note). — Trois présidents convoqués à une séance du Conseil du Roi, 359 (note). — Procès entre les mesureurs de grains et les grainiers, 364. — Poursuites exercées contre les auteurs de l'enlèvement de la fille du sieur Barré, 365 (note). — Députation auprès du Roi et de la Reine lors de leur départ pour le Poitou, 369 (note). — Receveur et payeur des gages et droits de Messieurs du Parlement. Voir Bordeaux (Jean de). — Premier Président. Voir Hacqueville (Jérôme de), Harlay (Achille de), Le Jay (Nicolas), Verdun (Nicolas de). — Présidents au mortier, Voir Forget (Jean), Hacqueville (Jérôme de), Le Camus (Antoine), Mesmes (Henri de), Potier (Nicolas), Trou (Jacques-Auguste de). — Présidents aux Enquêtes. Voir Billard (Charles), Bragelongne (Martin de), Champrond, Forget (Jean), Grangier (Timoléon), Le Jay (Nicolas), Thevin (Robert). — Président aux Requêtes. Voir Miron (Robert). — Procureur général. Voir La Guesle (Jacques de); — substitut. Voir Duret (Louis). — Conseillers. Voir Baron (Pierre), Benard de Rezay (Guillaume et Pierre), Boucher (Arnoul), Bouchet (Jacques), Brussel (Pierre), Bruxelles (le sieur de), Buisson (Jacques), Champrond le jeune, Charlet (Étienne et François), Chevalier, Crespin, Descroisettes, Deslandes (Guillaume), Dufour (Jérôme et Michel), Florette, Foucquet, Fournier (Gabriel), Garnier (François), Gillot (Jacques), Godard (François), Grasseteau (Hugues), Grieux (Gaston de), La Boissière (Jean de), Lamoignon (Chrestien de), Larcher (Claude), Le Bailleul, Le Clerc, Le Coigneulx, Le Grand (Alexandre), Le Pelletier (François), Le Praestre (Claude), Le Rouillé (René), Le Roy (Jean), Le Voys (Jean), Loisel (Antoine et Gui), Machault (J.-B. de), Mancy (de), Midorge (Jean), Palluau (Denis), Perrot (Cyprien), Portail, Quelain (Michel et Nicolas), Scaron (Michel), Sevin (Michel), Soulfour (Denis de), Verthamon (François de), Violle. — Voir Cours souveraines.

Parloir aux Bourgeois (Bâtiments du), près la porte Saint-Michel, 43 (note).

Parmentier (Marin), maçon. Obtient du Conseil du Roi qu'il soit procédé à une nouvelle adjudication des travaux du quai de Suresnes, 324. — Adjudicataire, 324, 325 (note).

Paroisses de Paris. Procession à l'abbaye Sainte-Geneviève, 83. — Leur rang dans la procession de la châsse, 85. — Voir Prône.

Parque, notaire au Châtelet, 126.

Partis de finances. Dans leurs propositions sur les rentes les partisans, «sous le nom et l'autorité du Roi, ne veulent faire que leurs affaires», 110. — La Ville renonce à employer ce moyen pour la recherche des deniers provenant des rentes amorties, 217. — Les partisans pour le rachat des rentes donneront communication au Conseil du Roi et au Bureau de la Ville des états des rentes rachetées, 300, 304.

PARVILLIER (Daniel, Étienne et Pierre). Exercice indû de la charge d'aide de maître du pont de Pont-Sainte-Maxence, 155.

PASCHAL (David), marchand de vin muscat. Assigné à la police, 45, 46 et note.

PASQUIER (Le sieur). Lieutenant de la milice bourgeoise au quartier Sainte-Geneviève, 4.

PASQUIER (Le sieur), sieur de Vallegran. Délégué des bourgeois de son quartier à l'assemblée de l'Élection, 169.

PASQUIER (Guy), sieur de Bucy, auditeur des Comptes. Lieutenant de la milice bourgeoise au quartier Sainte-Geneviève, 4 et note, 146 (note). — Délégué des bourgeois de son quartier à l'assemblée électorale, 280. — Choisi comme scrutateur pour bourgeois, 280; — signe le procès-verbal de scrutin, 282. — Candidat à l'Échevinage, 282.

PASSART (Le sieur). Candidat à l'Échevinage, 95, 282.

PASSART (Le sire). Représentant des bourgeois de son quartier à une assemblée générale de la Ville, 146; — à l'assemblée de l'Élection, 279.

PASSART (Le sieur). Délégué des bourgeois de son quartier à l'assemblée de l'Élection, 168.

PASSART (Guillaume), bourgeois de Paris. Conclusions de l'enquête sur l'utilité et l'emplacement du pont Marie, 150, 151. — Adjudicataire de la pêche ou guideau du pont Notre-Dame, il est par là intéressé à ce que le pont Marie ne soit pas construit, 151 et note, 152.

PASSART (Maurice), drapier. Capitaine de la milice bourgeoise au quartier des Innocents, 7.

PASSART (Michel), Quartenier du quartier Saint-Germain-l'Auxerrois. Revendique la dizaine créée sur le pont Marchant, 8 (note), 45. — Rôle des officiers de la milice bourgeoise de son quartier, 14-15. — Colonel de ce quartier en 1594, 14 (note). — Présent aux élections municipales, 20, 21, 91, 92, 168, 259; — à des assemblées générales de la Ville, 56, 146. — Élu scrutateur pour Quartenier, à l'assemblée électorale, 170, 171.

PASSART (Philippe). Dizenier au quartier Saint-Germain-l'Auxerrois, 15.

PASSAVANT (François), gainier. Fourniture de l'étui du buffet d'argent, 131, 229, 329.

PASSECHEVAUX, sorte de bateaux, 144 et note.

PASSEURS D'EAU (Maîtres). Sont hostiles au projet de construction du pont Marie, 152. — Bail passé pour l'exploitation du bac des Tuileries, 191 et note. — Altercation entre un passeur et son passager, au sujet du tarif, 195 (note). — Défense leur est faite de charger bois en flettes ou nacelles, 200.

PASTRANA (Rodrigue Gomez de Silva, Mendoza et Cerda, duc DE), ambassadeur d'Espagne. Reçoit les présents de la Ville, 163-164.

PASTRANA (La ville de), en Castille. Son érection en duché, 163 (note).

PATIN (Jean), marchand de bois. Assigné devant le Parlement de Rouen, 209.

PAUL V, pape. Lettre que lui écrit le Bureau pour le pardon de l'Hôtel-Dieu, 18 et note. — Épître à lui adressée, imprimée à la suite de la *Lutetia* de Boutrays, 59 (note). — Approbation de la congrégation de l'Oratoire, 222 (note).

PAUME (Jeux de). Les maîtres doivent déclarer les magasins de bois qu'ils ont faits, 197.

PAUVRES. Deux cents sont habillés de deuil pour le service funèbre de la reine d'Espagne, 119; — leur rang à ce service, 121. — Propositions de Pierre Bizet pour la nourriture des pauvres enfermés, 222. — Droits applicables au profit des pauvres, qui sont payés à la principale église du lieu pour l'ouverture des écluses les jours de dimanches et fêtes, 333.

PAVÉ de Paris. Offre faite par un partisan de paver deux chaussées, l'une à la porte Saint-Antoine jusqu'au port au Plâtre et l'autre à la Tournelle, 181. — Voir LE BRUN (Pierre).

PAVÉ (Port du). Prix du bois, 78.

PAVOT (Pierre), maître paveur. Enchères pour le pavage du pont du rempart derrière le jardin des Tuileries, 49.

PAYE (Nicolas). Construction de machines dans l'île Notre-Dame, 219 (note).

PAYEN (Gabriel), président en l'Élection. Nommé Procureur du Roi de la Ville, en 1627, sur la résignation d'Étienne Charlet d'Esbly, 148 (note).

PAYEN (Jean), archer du guet. Signale une vente de bois faite la nuit, 105 (note).

PAYEN (Pierre), secrétaire du Roi. Lieutenant de la milice bourgeoise au quartier Saint-Honoré, 13. — Se porte caution de l'exécution de la commission délivrée à Jean de Moisset pour le payement des rentes sur le sel, 308. — Entendu au Conseil de la Ville au sujet de l'ordre du payement des rentes sur le sel, 340. — Conditions dans lesquelles il peut faire des avances à Jean de Moisset, 340. — Ordre qui lui est fixé pour ce payement, 340, 341. — Fera diligence pour le recouvrement des effets de Gondi, 341; — réclame délivrance de contraintes contre les fermiers des gabelles, 341. — Le Conseil sera supplié de lui bailler assignation de 18,750 livres qui lui manquent pour payer le quartier d'octobre dernier des rentes du sel, 341. — Ordonnance du Bureau pour lui faire remettre par les fermiers des gabelles les deniers dont la Ville est assignée sur eux, 341. — Arrêt du Conseil réglant l'ordre des payements qu'il doit faire sur les rentes du sel et les avances qu'il doit consentir à Jean de Moisset pour le payement de ce qui reste dû par Philippe de Gondi, 343-345; — collation de l'arrêt de la Chambre des Comptes portant enregistrement de cet arrêt du Conseil, 345. — Assignation qui lui est faite sur Nicolas Milon pour le payement des rentes du sel, 363; — semblable assignation sur Thomas Robin, 363.

PÉAGE (Droits de). Tarif sur l'Armançon, 236-237; — sur l'Oise, 243-245; — sur la Vanne, 253-255.

PEAUX. Tarif du droit de péage sur l'Oise, 245; — sur la Vanne, 254.

PÊCHE (Droit de) dans les fossés de la Ville près de Saint-Victor, 199 (note).

PEINE (Denis), marchand. Délégué des bourgeois de son

quartier à une assemblée générale de la Ville, mentionné comme absent, 56.

Peintres (Porte aux). Opposition de la Ville à la vente de la moitié d'un jeu de paume et d'une maison chargés d'une rente envers elle, 158.

Pelles de bois. Tarif du droit de péage sur l'Oise, 245; — sur la Vanne, 254.

Pelletier (Le sieur). Délégué des bourgeois de son quartier aux élections municipales, 92.

Pelletier (Jacques), juré porteur de grains. Rixe avec un mesureur de grains, 165 (note).

Pelletier. Voir Le Pelletier.

Pellier (Le sieur). Dizenier au quartier Sainte-Geneviève, 4.

Pensehardye (Antoine), maître du pont de Pont-Sainte-Maxence. Défense lui est faite de laisser exercer la charge d'aide du maître de ce pont sans provisions de la Ville, 155.

Peract (Le sieur), commis au greffe du Conseil d'État. Lieutenant de la milice bourgeoise au quartier Saint-Germain-l'Auxerrois, 15.

Perdereau (Le sieur), marchand. Député des bourgeois de son quartier aux élections municipales, 93.

Perier (Le sieur), notaire. Lieutenant de la milice bourgeoise au quartier Sainte-Geneviève, 5. 146 (note).

Perier (Fremiu), plâtrier. Capitaine de la milice bourgeoise au faubourg Saint-Martin, 3.

Périgueux (Diocèse de). Pauvreté du diocèse, 157. — Requête présentée au Roi et à son Conseil par les syndics et députés du diocèse pour certaines décharges, 335. — Compte des décimes, 335 (note).

Pernelle (Rue). Voir Poisson (Rue du).

Perrin (Pierre), portier de la porte Saint-Martin. Obtient l'adjudication des démolitions de cette porte, 276. — Déchargé du loyer qu'il payait pour les dépendances de cette porte pendant la durée des travaux de réfection, 314 (note).

Perrot (Le sieur). Candidat à l'Échevinage, 171.

Perrot (Claude), ancien Procureur du Roi de la Ville. Sa nomination; sa résignation en faveur de son cousin Pierre Perrot, 147 (note).

Perrot (Cyprien), conseiller au Parlement, Conseiller de la Ville. Présent aux élections municipales, 20, 91, 167, 278; — à des assemblées du Conseil de Ville, 24, 52, 54, 156, 321, 369; — à une assemblée générale de la Ville, 146. — Convoqué à une séance de Conseil de Ville, 181:

Perrot (Jean), sieur du Chesnart, ancien président en l'Élection de Paris, Échevin. Capitaine et colonel de la milice bourgeoise au quartier Saint-Jacques-la-Boucherie, 8. — Assiste aux élections municipales, 20, 91, 167; — à des assemblées du Conseil de Ville, 23, 40, 47, 52, 54, 69, 86, 87, 88, 89, 143, 156; — à des assemblées générales de la Ville, 56, 113, 145; — à une assemblée des colonels de la milice bourgeoise, 61. — Député à Reims auprès du Roi pour porter les plaintes du Bureau contre l'entreprise des Trésoriers de France au sujet du curage des égouts, 35-37; — visite au Chancelier et à M. de Lomenie, 36. — Présente à la Chambre des Comptes l'opposition de la Ville à des partis préjudiciables aux rentes de la Ville, 47; — à la réception de Louis Massuau comme receveur général des bois de Normandie, 48. — Signification lui est faite d'une ordonnance de la Chambre des Comptes, 106. — Député vers la Chambre des Comptes pour présenter les remontrances de la Ville et ses causes d'opposition contre l'enregistrement de la commission de Jean Filacier, 110; — développe ses remontrances devant la Chambre, 110. — Répond à une sommation faite à la Ville par François de Castille, 136. — Harangue prononcée à la Chambre des Comptes pour inviter Messieurs à la cérémonie de la Réduction, 140 (note). — Assiste à la réception de l'horloge de l'Hôtel de Ville, 154. — Assemblée électorale pour son remplacement comme Échevin, 169. — Discussion avec un charretier, qui l'injurie, 169 (note). — Remerciements adressés à l'assemblée électorale à sa sortie de charge, 169-170. — Remerciements qu'il adresse au Roi et à la Reine à sa sortie de charge et éloges qu'il en reçoit, 171. — Délégué des bourgeois de son quartier à l'assemblée électorale, 279.

Perrot (Pierre), Procureur du Roi de la Ville. Requiert assignation contre le prieur de Saint-Martin-des-Champs et le Grand prieur du Temple à propos de l'entretien de leur fontaine, 43; — avis donné au Bureau à ce sujet, 44. — Présent à une adjudication de travaux, 49. — Conclusions en faveur de la réception de François Clément à la survivance de l'office de Greffier de la Ville exercé par son père, 51. — Remontrances adressées à François de Castille sur le mauvais payement des rentes du Clergé, 50-51, 54, 55. — Présent à une assemblée générale de la Ville, 56. — Avis sur l'ordre de l'exercice des charges de receveur et payeur alternatif des rentes sur le Clergé et recettes générales, 63, 70. — Assiste à l'adjudication de l'entretien des fontaines, 65; — avis qu'il donne sur la réception d'une enchère, 66. — Rang et costume à la procession de la Réduction, 68, 134, 240; — à la cérémonie de la messe de la Réduction, 71, 140, 242; — à la procession de la châsse de sainte Geneviève, 84, 85, 86. — Poursuites contre les marchands de bois et convocation de plusieurs d'entre eux au Bureau, 72 (note), 75. — Présent à l'adjudication des travaux de la porte Saint-Honoré, 104; — à la réception de la caution baillée pour ces travaux par Charles du Ry, 105. — Signification lui est faite d'une ordonnance de la Chambre des Comptes, 106. — Conclusions à propos de poursuites intentées pour injures contre les archers, 118 (note). — Assiste à la visite des quais qui partent du pont Neuf vers les ponts Marchant et Saint-Michel pour informer sur la construction de maisons concédée au président Jeannin, 127, 128. — Réception de caution, 130. — Avis sur la conservation par la Ville du bullet d'argent qui avait été offert à la Reine, 131. — La Chambre des Comptes veut qu'il garde une des clefs du coffre-fort où sera conservé ce buffet d'argent, 132 (note), 329. — Recherche du bois étant sur les ports de la rivière de Marne, 142. — Résigne à condition de survivance son office de Procureur du Roi de la Ville en faveur d'Étienne Charlet d'Esbly, son gendre, 145-148; — requête qu'il présente à ce sujet, 146-147; — louanges qui lui sont données, 147; — a été pourvu de cet office sur la résignation de son cousin Claude Perrot, 147 (note); — sa mort en 1627, 147-148 (note). — Avis sur la requête de Christophe Marie concluant à ce qu'il soit fait nouvelle enquête sur l'utilité du pont proposé, 152. — Assiste à l'enquête sur la commodité ou incommodité du pont Marie, 152. — Avis sur l'exercice de la charge d'aide de maître du pont de Pont-Sainte-Maxence, 155. — Assiste à une adjudication, 158. — Donne son consentement à la concession d'eau accordée à Jacques Sanguin, 161. — Conclusions, 165 (note), 176 (note), 194 (note), 202, 261, 297, 307, 308, 312 (note), 330, 331. — Faculté lui est réservée, par l'arrêt du Conseil relatif au cautionnement des sieurs Barbin, de faire appeler Thomas Robin et ses cautions, 192. — On lui doit dénoncer les infractions au règlement sur la vente du bois et charbon, 194. — Requiert la publication d'une ordonnance du Bureau, 202, 314. — Assigné au Parlement par le duc de Nevers, 215. — On lui réclame indûment le droit de confirmation, 210; — arrêt du Conseil qui l'en décharge, 135 (note), 218-219. — Refuse de se charger du buffet d'argent, 230. — Assiste à une adjudication de travaux, 266. — Envoyé par le Bureau en Bourgogne afin de pourvoir aux désastres causés par une inondation, 271-273; — relation de ce voyage, 272 (note). — Requiert l'assignation au Bureau de tous les débiteurs de Philippe de Gondi, 284. — Remontrances faites au Bureau à propos de la vente du cidre, 298. — Assiste à la réception de la caution baillée par Jean de Moisset, 308. — Assiste à la visite de l'emplacement à choisir pour le pont de Gournay, 311-313. — Requiert la communication aux receveurs et payeurs des rentes et aux fermiers des aides et du sel des propositions de Mathurin Geslain relatives à l'amortissement des rentes, 317. — Avis favorable sur la demande de décharge de loyer présentée par le portier de la porte Saint-Martin pendant les travaux de réfection de cette porte, 314 (note). — Remontrances faites au Bureau sur les infractions commises par les marchands de bois au tarif fixé pour la vente, 322. — Surveillance du commerce du bois, 323 (note). — Assigné au Châtelet à la requête de Louis de Vesins et Jacques Le Rahier, 337. — Conclusions contre Guillaume Fleury qui refuse de quitter les fonctions de portier de la porte Saint-Honoré dont il a été cassé, 346 (note). — Accompagne les membres du Bureau chez le Gouverneur, 353. — Convoqué avec les membres du Bureau au sujet de l'emprisonnement du crieur Le Duc par ordre du Lieutenant civil, 353 (note). — Requiert qu'il soit procédé à la visite des maisons du pont Notre-Dame, 364; — y doit assister, 364. — Conclusions au sujet des lettres écrites par la Reine pour retarder l'Élection, 369. — Conclusions sur la revendication par Jean Tronson de la charge de cinquantenier, 376 (note). — Assiste à la visite de l'emplacement proposé pour le pont Marie, 378. — Pour les démarches et cérémonies auxquelles il prend part avec le Corps de Ville, voir BUREAU DE LA VILLE.

PERSET (Catherine), femme d'Étienne Charlet, 145 (note).
PESCHE (Germain). Enseigne de la milice bourgeoise au faubourg Saint-Jacques, 10.
PETIT (Le sieur), secrétaire du Roi. Enseigne de la milice bourgeoise au quartier Saint-Antoine, 6. — Délégué des bourgeois de son quartier aux élections municipales, 21, 279 (note), 280. — Plaintes contre Jean Fleury, 60 (note).
PETIT (Le sieur), bourgeois de Paris. Assiste à une assemblée tenue pour délibérer sur le projet de pont au port Saint-Paul, 203.
PETIT (Jean), quincaillier. Reçoit défense de vendre des armes sans permission, 351.
PETIT (Jean) le jeune, quincaillier. Reçoit défense de vendre des armes sans autorisation, 351.
PETIT-BOURBON (Hôtel du), près du Louvre. Travaux pour amener au Louvre l'eau de la fontaine de la Croix-du-Tiroir, 16 et note. — Les membres du Bureau y retrouvent M. de Liancourt pour aller porter au Louvre le scrutin de l'élection, 170.
PETIT-BOUSSON (Hôtel du), au faubourg Saint-Jacques. Siège primitif de la congrégation de l'Oratoire, 222 (note), 334 (note). — Voir VALOIS (Hôtel de).
PETIT-BOURBON (Rue du), 16 (note).
Petit Cousin. Voir LEBATEUX (Nicolas).
PETITE-FONTAINE (Regard de la), 65.
PETITPAIN (Le sieur). Dizenier au quartier Saint-Jean, 3 (note), 4.
PETIT PONT (Le), 9 (note), 86. — Serait déchargé par la construction du pont Marie, 153.
PETITS-AUGUSTINS (Rue des), 177 (note).
PETITS-CHAMPS (Moulin des). Place située auprès, donnée à bail à Claude Vinet, 106 et note.
PETITS CHAMPS (Rue des). Saisie de bois amassé dans divers magasins, 204.
PEU (Le sieur). Dizenier au faubourg Saint-Denis, 13.
PEYRAS (Le sieur). Dizenier au quartier Saint-Germain-l'Auxerrois, 14.
PHELIPPES (Henri), maître des Comptes. Lieutenant de la milice bourgeoise au quartier Notre-Dame, 10. — Délégué des bourgeois de son quartier aux élections municipales, 21.
PHÉLYPEAUX (Paul), seigneur de Pontchartrain, secrétaire des commandements de Marie de Médicis, secrétaire d'État. Signe l'expédition d'un arrêt du Conseil, 77; — les lettres patentes le notifiant, 78. — Contresigne des lettres de la Reine, 211 (note); — des lettres du Roi, 297. — *Mémoires*, cités, 281 (note).
PHILIPPE II, roi d'Espagne. Érection du duché de Pastrana, 163 (note).
PHILIPPE III, roi d'Espagne, 117 (note), 137 (note). — Son ambassadeur lui envoie une relation du service funèbre de la reine d'Espagne, 120 (note).
PHILIPPE, infant d'Espagne, plus tard Philippe IV. Fiancé à Élisabeth de France, 117 (note). — Réjouissances à propos de son futur mariage, 136-139.
PHILIPPES (Le sire). Représentant des bourgeois de son quartier à des assemblées générales de la Ville, 56, 146.

DE LA VILLE DE PARIS. 483

Philippes (Le sieur), secrétaire. Délégué des bourgeois de son quartier à l'assemblée de l'Élection, 168.
Philippes (Fiacre), marchand de grains. Capitaine de la milice bourgeoise au quartier Saint-Gervais, 11 et note. — Nommé d'office pour procéder à une enquête sur la commodité ou incommodité du pont Marie, 152-153.
Philippes (Guillaume), marchand de bois. Requête au Bureau, 271 (note), 272, 273.
Philippes (Nicolas), marchand de grains. Enseigne au quartier Saint-Gervais, 11.
Philippes. Voir Phelippes.
Philyppes (Antoinette), seconde femme de Claude Merault, 171 (note).
Philosophie au sens de raisonnement, 50 et note.
Picard (Le sieur). Dizenier au quartier Saint-Jean, 3 et note.
Picardie (Généralité de). Sous-fermier du sel, 192.
Picart (Le sieur). Voir Le Picart (Jean).
Picart (Guillaume). Enseigne de la milice bourgeoise au faubourg Saint-Germain-des-Prés, 9.
Pieddeseigle (Le sieur), général des Monnaies. Lieutenant de la milice bourgeoise au quartier Sainte-Geneviève, 5.
Pied fourché (Droit sur le). Protestation du Bureau de la Ville contre un droit ancien qu'on veut faire revivre en dehors de celui qui existe, 334.
Pisark le Grand (Le tsar). Loge à l'hôtel Lesdiguières, 41 (note).
Pierre (Antoine, Jacques, Nicolas et Pasquier). Exercice indû de la charge d'aide de maître du pont de Pont-Sainte-Maxence, 155.
Pierre (Opération de la) enseignée à de jeunes chirurgiens par Séverin Pineau, 111.
Pierre de maasre. Voir Table de marbre.
Pierre de taille. Tarif du droit de péage sur l'Oise, 245; — sur la Vanne, 254.
Pietre (Le sieur), avocat. Lieutenant de la milice bourgeoise au quartier Sainte-Geneviève, 4, 146 (note).
Pietre (Le sieur), médecin. Enseigne de la milice bourgeoise au quartier Sainte-Geneviève, 5.
Pietre (Jean), médecin. Élève de Séverin Pineau pour l'opération de la pierre, 111.
Pietre (Nicolas), docteur en la faculté de médecine. Chargé de contrôler l'enseignement chirurgical de Pineau, 111 (note).
Pietre (Simon), docteur en la faculté de médecine. Chargé de contrôler l'enseignement chirurgical de Pineau, 111 (note).
Pietrocy (Le sieur). Convoqué à une assemblée particulière au sujet de la navigation des Indes orientales, 381 (note).
Piganiol de La Force. Description de Paris, citée, 266 (note), 334 (note), 379 (note).
Pigeart (Le sieur). Enseigne de la milice bourgeoise au quartier Notre-Dame, 10.
Pignon, laine grossière. Tarif du droit de péage sur l'Oise, 245; — sur la Vanne, 254.
Pineau (Philebert), chirurgien, élève de Séverin Pineau pour l'opération de la pierre, 111. — Pension que lui accorde le Roi, 111 (note).

Pineau (Séverin), chirurgien. Décharge que lui donne la Ville pour l'accomplissement du contrat qu'il avait passé avec elle afin d'enseigner à de jeunes chirurgiens l'art de l'opération de la pierre, 111. — Pension que le Roi lui accorde en récompense, 111 (note).
Pinet (Gilles), sergent de la Ville. Condamné à l'amende pour négligence dans son service, 176 (note). Poursuites contre André Vitot, entrepreneur du nettoiement des boues du quartier Saint-Honoré, 74 (note).
Pinsson (Martin), maître tonnelier déchargeur de vins. Procès contre Jean du Mesnil, maître de la communauté des déchargeurs de vins, 239.
Pistoles. Leur cours, 310.
Place Royale, 153. — Liste des officiers de la milice bourgeoise, 6. — Manufacture de tapisseries, 161 et note. — Projet de reconstruire les maisons de la place de Grève sur son modèle, 223. — Le commissaire Canto demande à Pierre Parfaict les noms du capitaine et du dizenier, 335. — Voir Carrousel.
Places publiques. Affichage des règlements municipaux, 195.
Plaisance (Italie). Proposition d'interdire les lettres de change tirées de Lyon sur cette place. Foire qui s'y tient pour le trafic de l'argent, 310.
Plaix (Le sieur de), bourgeois de Paris. Assiste à une assemblée tenue pour délibérer sur le projet de pont au port Saint-Paul, 203.
Planche (Le sieur), marchand drapier. Délégué des bourgeois de son quartier à une assemblée générale de la Ville, 56.
Planche (Sieur de la). Voir Le Voys (Jean).
Plancheieurs et débâcleurs de bateaux. Office classé parmi les offices en commun, 165.
Plâtre. Tarif du droit de péage sur l'Oise, 245; — sur la Vanne, 255. — Voir Déchargeurs, Toiseurs.
Plâtre (Port au). Offre par un partisan de paver une chaussée y conduisant, 181.
Pleurs (Le sieur de). Délégué des bourgeois de son quartier aux élections municipales, 92.
Ploms. Tarif du droit de péage sur l'Armançon, 237; — sur l'Oise, 245; — sur la Vanne, 254.
Plumes. Tarif du droit de péage sur l'Oise, 245; — sur la Vanne, 254.
Poart (Antoine), ancien Procureur du Roi de la Ville. Résignation en faveur de Jérôme Angenoust, 147 (note).
Poart (Léonard), ancien Procureur du Roi de la Ville. Nommé sur la résignation de son beau-père, il résigne à son tour cette charge en faveur de son frère Antoine, 147 (note).
Poignant (Le sieur). Dizenier au quartier Saint-Jacques-la-Boucherie. 7.
Poignant (Richard), quincaillier. Reçoit défense de vendre des armes sans autorisation, 351.
Poinets (Esmée), femme d'Antoine Amblard, marchand de bois. Comparaît pour son mari au Bureau de la Ville, 142.
Poirier (Rue du). Voir Baudroirie (Rue de la).
Poisson (Jacques), vigneron à Nanterre. Apporte à Paris le premier vin nouveau de l'année, 94 (note).

61.

Poisson (Rue du), dite aussi rue des Trois-Poissons, Pernelle et de la Levrette, 223 (note).

Poissons. Tarif du droit de péage sur l'Oise, 245; — sur la Vanne, 254.

Poissy (Seine-et-Oise). Le maître du pont exempté de la charge de collecteur des tailles, 62, 229. — Aides au pont commis par la Ville de Paris, 249.

Poitiers (Vienne). Généralité, 298. — Date de lettres de la Reine, 369. — Entrée du Roi et de la Reine, 369 (note).

Poitou. Voyage du Roi et de la Reine, 369 (note).

Poix. Tarif du droit de péage sur l'Oise, 245; — sur la Vanne, 254.

Police du Châtelet. Assignation donnée aux ferronniers de la Vallée de Misère pour comparaître devant elle, 382.

Pollalion, notaire et secrétaire du Roi, 276.

Pollu (Michel). Capitaine de la milice bourgeoise au quartier Saint-Jacques-la-Boucherie, 8.

Pologne (Reine de). Voir Marie-Louise.

Pologne (Roi de). Voir Henri III.

Pompe (Moulin de la). Voir Samaritaine (Pompe de la).

Ponceau (Le), 204. — Fontaine, 65.

Poncet (Le sieur), conseiller à la Cour des Aides. Délégué des bourgeois de son quartier à l'assemblée électorale, 279.

Poncet (Mathias), auditeur des Comptes. Lieutenant de la milice bourgeoise au quartier Saint-Jean, 3. — Candidat à l'Échevinage, 23. — Obtient 25 voix dans le vote pour le renouvellement des Échevins, 95.

Pontavert (Aisne), 361.

Pontcarré (Le sieur de). Voir Le Camus (Geoffroi).

Pontchartrain. *Mémoires* cités. Voir Phélypeaux.

Pont-de-l'Arche (Eure). Requête adressée au Roi et au Conseil par le Bureau pour faire maintenir en fonctions des aides pourvus et commis par la Ville au pont de Pont-de-l'Arche, 249.

Pont-de-l'Arche (Forêt de), ou de Bord. Commerce du bois, 221.

Pont-l'Évêque (Oise). Un sergent y est envoyé pour hâter la venue des bateaux chargés de bois, 80.

Pont Neuf (Le), 154, 204 (note), 221. — Information sur la construction des maisons que le président Jeannin a obtenu l'autorisation d'élever le long des deux quais qui partent du pont Neuf vers le pont Marchant et le pont Saint-Michel, 95, 96, 126-129. — Pompe de la Samaritaine, 129 (note). — Serait déchargé par le pont Marie, 151.

Pontoise (Seine-et-Oise). Le maître du pont a été déchargé de la collecte des tailles, 62, 229. — Aides au pont commis par la Ville de Paris, 249.

Pont-Sainte-Maxence (Oise), 80. — Ordonnance du Bureau interdisant l'exercice de la charge d'aide de maître du pont sans provisions de la Ville, 155. — Voir Penseharbye (Antoine). — Aides au pont commis par la Ville de Paris, 249.

Pont-sur-Yonne (Yonne), 272 (note).

Ponts. Droit qui se lève sur le pied fourché, 334. — Ponts de la Ville. Voir Change (pont au); Marchant (pont), Marie (pont), Meuniers (pont aux), Petit Pont, Pont-Neuf, Saint-Michel (pont). — Ponts du dehors. Voir Gournay, Neuilly, Poissy, Pont-de-l'Arche, Pontoise, Pont-Sainte-Maxence, Saint-Cloud.

Ponts (Maîtres des). Voir Maîtres des Ponts.

Ponts de bois. Privilège pour leur construction accordé à Christophe Marie. Tarifs de péage, 122 (note). — Contrat passé par Christophe Marie pour leur construction, 153.

Populaire (Jean). Exercice indû de la charge d'aide de maître du pont de Pont-Sainte-Maxence, 155.

Porlier (Le sieur). Dizenier au quartier Saint-Antoine, 6.

Portail (Le sieur), conseiller au Parlement. Assiste à une assemblée tenue pour délibérer sur le projet de pont au port Saint-Paul, 203.

Portail (Anne), femme de Thomas Le Pileur, 6 (note).

Porte Neuve, 103, 148 (note), 213.

Portes de la Ville. Les Quarteniers ne doivent pas répondre au Lieutenant civil et aux Commissaires au Châtelet pour ce qui touche à la garde des portes, 335. — Voir Bernardins, Buci, Montmartre, Nesle, Porte Neuve, Saint-Antoine, Saint-Bernard, Saint-Denis, Saint-Germain, Saint-Honoré, Saint-Jacques, Saint-Marcel, Saint-Martin, Saint-Michel, Tournelles.

Porte-Saint-Denis (Regard de la), 65.

Porteurs de charbon (Jurés). Règlement pour leur salaire, 79, 112, 194. — Classés parmi les moyens offices de la Ville, 164. — Doivent veiller à l'observation du tarif fixé pour la vente du charbon, 194.

Porteurs de grains. Classés parmi les petits offices de la Ville, 165. — Disputes avec les mesureurs de grains, 165 (note).

Porteurs de sel. Classés parmi les petits offices de la Ville, 165.

Ports. Affichage du règlement sur le prix du bois et le salaire des officiers, 79, 112, 113, 195, 323. — Mœurs de la population des ports, 79 (note). — Publication d'ordonnance sur le bois, 198. — Défense aux archers des gardes du corps du Roi, de la Reine et du Grand Prévôt d'y venir entraver la liberté de la vente du bois, 202-203. — Commis à nettoyer les boues sur les ports. Voir Boues. — Différents ports. Voir École, Foin, Grève, Malaquais, Maubert (place), Saint-Paul, Tournelle.

Pot de Rhodes (Guillaume), maître des Cérémonies. Préparatifs et direction du service funèbre de la reine d'Espagne, 118, 119. — Reçoit douze aunes de serge de Florence pour son deuil, 119. — Fait les semonces à Messieurs du Parlement, de la Chambre des Comptes et de la Cour des Aides pour ce service, 119; — laisse les crieurs faire les autres semonces pour ce service, 120. — Envoie l'huissier des Ordres faire différentes convocations pour le service funèbre de la reine d'Espagne, 120. — Conduit les princes qui portent le grand deuil, 121; — les avertit pour l'offrande, 121.

Poteau pour l'affichage du règlement sur le bois, 113.

Potier (Augustin), sieur de Chicherey et d'Ecqueville, Conseiller de la Ville. Mentionné comme absent aux élections municipales, 20. — Présent à des assemblées du Conseil de la Ville, 88, 89, 250, 270, 292, 294, 303, 321, 369; — aux élections municipales, 91,

168, 278. — Est d'avis de persister aux remontrances contre l'édit de création de deux offices de receveurs et payeurs des rentes sur le sel, 295, 303.

Potier (Louis), sieur de Gesvres, secrétaire d'État. Signature de lettres du Roi, 357.

Potier (Nicolas), sieur de Blancmesnil, président au mortier. Capitaine et colonel de la milice bourgeoise au quartier Saint-Martin, 2. — Chancelier de Marie de Médicis, 2 (note). — Délégué des bourgeois de son quartier aux élections municipales, 21. — Élu scrutateur pour les officiers du Roi aux élections municipales, 22, 23; — tient le tableau juratoire pendant l'élection, 22. — Reçoit mandement de faire faire par ses capitaines la revue de leurs compagnies, 59. — Assiste à une assemblée des colonels tenue pour aviser à la sûreté de la Ville, 61. — Le Bureau lui envoie copie de l'arrêt du Conseil consacrant le droit qu'a le Bureau de la Ville de faire faire des recherches dans les maisons, 81. — Mandement lui est adressé pour envoyer les noms des officiers de la milice qui sont morts ou ont changé de quartier, 87-88. — Mandement qui lui est adressé de faire faire dorénavant tous les huit jours les recherches dans les maisons, 125. — Mandement qui lui est adressé pour mettre les bourgeois en état de résister à main armée aux violences qui pourraient se commettre dans son quartier, 365; — nouveau mandement sur le même objet, 367.

Potier (René), fils du précédent, évêque de Beauvais. Son rang au service funèbre de la reine d'Espagne, 120. — Assiste à la communication des comptes de François de Castille faite aux membres du Bureau de la Ville, 162.

Pouancé (Maine-et-Loire). Grenier à sel, 363 et note.

Poudre. Tarif du droit de péage sur l'Oise, 245; — sur la Vanne, 254.

Pouilly-en-Auxois (Côte-d'Or), 233 (note).

Poulies (Rue des), 16 et note.

Poullain (Jean), vendeur de bétail. Enseigne au quartier Saint-Jacques-de-l'Hôpital, 11.

Pourbus (Le sieur), peintre. Le Bureau réclame la livraison du tableau qu'il s'est engagé à faire pour la cheminée de la grande salle de l'Hôtel de Ville, 351 (note).

Pourcelet (Pierre). Recherche de deniers recélés par les receveurs des décimes, 224-225.

Pourrat (Julien), Maître des œuvres de charpenterie de la Ville. Ordonnance du Bureau lui prescrivant de faire des réparations à diverses portes, 30. — La mort de Charles Marchant lui procure l'exercice de sa charge de Maître des œuvres, à laquelle il avait été reçu à survivance, 30 (note). — Visite des bâtiments de la porte Saint-Honoré, 102 (note). — Reçoit ordre de faire un plancher neuf dans la prison, 109; — de visiter l'emplacement proposé pour le pont Marie, 122. — Assiste à l'information faite sur le projet de construire des maisons le long des quais qui partent du pont Neuf, 127, 128. — Chargé de travaux de charpenterie pour le passage des poids de l'horloge de l'Hôtel de Ville, 129 (note). — Mandement qui lui est adressé pour les travaux d'élargissement de la porte de Nesle, 133. — Conclusions de son expertise sur l'utilité et l'emplacement du pont Marie, 150, 151. — Rapport sur les consolidations à faire à la charpente de l'Hôtel de Ville, 230 et note; — assiste à la visite, faite par des experts, de la charpente de l'Hôtel de Ville, 231. — Marché passé avec le Bureau de la Ville pour l'exécution de ce travail de consolidation, 231. — Marché passé avec la Ville pour les ouvrages de charpenterie à faire à la porte Saint-Martin, 361. — Rapport sur la visite du pont-levis de la porte Saint-Jacques et marché passé avec la Ville pour l'exécution des travaux de charpenterie dont la nécessité a été constatée par ce rapport, 370. — Rapport sur les réparations à faire au pont dormant de la porte Saint-Michel, 373 (note). — Expert nommé pour choisir l'emplacement du pont Marie, 378.

Poussart (Jean), maître maçon. Caution de Marin de la Vallée, 263.

Poussemye (Le sieur). Candidat à l'Échevinage, 95.

Poussepin (Le sieur), secrétaire. Capitaine de la milice bourgeoise au quartier Saint-Gervais, 11, 146 (note).

Poussepin (Nicolas), sieur de Belair, conseiller au Châtelet, Échevin. Lieutenant de la milice bourgeoise au quartier Saint-Gervais, 11. — Candidat à l'Échevinage, 93. — Élu premier Échevin, 94, 95; — présenté au Roi, 94; — prête serment, 95; — mis en possession de sa charge, 95. — Député vers la Chambre des Comptes pour présenter les remontrances de la Ville au sujet de la commission de Jean Filacier, 110. — Présent à une assemblée générale de la Ville, 113; — à des assemblées du Conseil de Ville, 143, 156, 176, 181, 183, 211, 214, 217, 224, 235, 249, 270. — Répond à une sommation faite à la Ville par François de Castille, 136. — Va inviter Messieurs du Parlement et de la Chambre des Comptes à la messe de la Réduction, 140 (note). — Envoyé à Fontainebleau vers le Chancelier et le Conseil pour solliciter les affaires de la Ville, 145, 150, 156. — Mentionné comme absent lors d'une assemblée générale de la Ville, 145. — Présent aux élections municipales, 167, 278. — Chargé de surveiller le payement des rentes assignées sur le Clergé, 185. — Accompagne le Prévôt des Marchands au Conseil du Roi, 227. — Assiste à la visite des fontaines de la Ville, 264. — Procès-verbal de visite de l'emplacement à choisir pour le pont de Gournay, 313. — Assemblée électorale pour l'élection de son successeur, 278-282. — Remerciements faits à l'assemblée électorale à sa sortie de charge, 280; — puis au Roi et à la Reine, 281. — La Reine fait son éloge, 281. — Exemption de droits que le Roi lui accorde en récompense de ses services, 281 (note).

Poutreau (Claude), juré trompette. Accompagne le crieur pour la publication d'ordonnances, 195, 198, 202, 314. — Ses émoluments, 195 (note).

Pradel (Le sieur), trésorier de France. Lieutenant de la milice bourgeoise au quartier Saint-Jean, 4.

Pradines (Veuve Gervais). Prétend faire revivre un droit ancien sur le pied fourché, 334.

Praslin (Marquis de). Voir Choiseul (Charles de).

Pré-Saint-Gervais (Le), Seine. Eaux qui en proviennent, 64. — Voir Mausseings (Regard des).
Présentations (Greffier des), 8 et note.
Présents de la Ville offerts à Raoul Boutrays en remerciement de son poème de *Lutetia*, 59; — à la duchesse de Lorraine, 109; — à l'ambassadeur d'Espagne, 163-164.
Presle (Jean), voiturier par eau. Conclusions de son expertise sur l'utilité et l'emplacement du pont Marie, 150, 151.
Presteval (Claude de), veuve de Jean de Boutillac. Épouse Robert Auberi, 20 (note).
Preudhomme (Bernard), sieur de Freschiver, enquêteur et général réformateur des eaux et forêts de France au pays de Bourgogne. Visite des ouvrages entrepris pour rendre la rivière d'Armançon navigable, 233 (note).
Prevost. Voir Le Prevost.
Prevost (Auguste), adjudicataire du domaine. État des rachats de rentes faits par lui, 325.
Prevost (Jean). Enseigne de la milice bourgeoise au faubourg Saint-Jacques, 10.
Prévost (Michel). *Étude sur la forêt de Roumare*, citée, 221 (note).
Prévôt de Paris. Requête qui lui est présentée au sujet de la résignation d'un office de juré vendeur et contrôleur de vin, 277. — Voir Châtelet (Grand), Lieutenant civil.
Prévôt des Marchands. Le Roi et la Reine régente invitent la Ville à continuer Sanguin, sieur de Livry, en sa charge de Prévôt, lors de l'assemblée électorale, 19, 20, 22. — Vote pour l'élection des scrutateurs à l'assemblée électorale, 22, 93, 170, 281; — reçoit le serment des scrutateurs, 22, 93, 170, 281; — leur cède sa place à l'assemblée, 22, 93, 170, 281; — vote pour l'élection, 22, 93, 170, 281. — Sa nomination par l'assemblée électorale. Voir Élections municipales. — Nicolas Largentier demande que les deniers destinés au payement des rentes sur le sel soient déposés dans un coffre dont le Prévôt ait la clef, 26. — Arrêt du Conseil entre lui et Louis Massuau à propos du parti des rentes rachetées, 97. — La Chambre des Comptes veut qu'il garde une des clefs du coffre-fort où sera conservé le buffet d'argent de la Ville, 132 (note), 229, 329. — Profits qui lui sont réservés dans la nomination des offices, 165. — Inscription à sa louange supprimée sous la Révolution, 177 (note). — Aura une clef des coffres que Mathurin Geslain propose de mettre à l'Hôtel de Ville afin de recevoir les deniers provenant de son parti pour l'amortissement des rentes, 317, 318. — Pour son rôle dans l'administration municipale et pour les cérémonies auxquelles il prend part avec le Corps de Ville, voir l'article Bureau de la Ville. — Anciens Prévôts. Voir Danès (Jacques), Lallier (Michel), Langlois (Martin). — Prévôts en exercice. Voir Gameux (Gaston de), Sanguin (Jacques).
Prévôté de l'Hôtel (Archers de la). Défense leur est faite de venir sur les ports entraver la liberté de la vente du bois, 202-203.
Prieur (Jean). Enseigne de la milice bourgeoise au quartier du Sépulcre, 13.

Prinez (Monsieur le). Voir Condé.
Princes (Messieurs les). Plaintes qui leur sont adressées, au Conseil du Roi, sur le mauvais payement des rentes du Clergé, 50; — assistent à l'exposé des remontrances contre l'édit de création de deux receveurs et payeurs des rentes sur le sel, 303; — assistent à une séance du Conseil, 359 (note). — Princes portant le deuil au service funèbre de la reine d'Espagne, 117 (note), 118. — Douze aunes de serge de Florence sont données à chacun d'eux, 119. — Leur rendez-vous au palais de l'Évêché, 120; — leur rang, 121; — jettent de l'eau bénite, 121. — Princes et seigneurs qui assistent à la pose de la première pierre du grand regard de Rungis, 268-269. — Médailles et collation qui leur sont offertes à cette occasion, 286.
Prison de l'Hôtel de Ville. Ordre d'y faire établir un siège de privé et une cheminée, 108-109; — un plancher, 109. — Prisonnier qui refuse de payer à un sergent de la Ville ses salaires et vacations, 60 (note).
Procession de la châsse de sainte Geneviève, 83-86; — relations de cette cérémonie, 84 (note).
Procession de la Réduction, instituée en souvenir de la réduction de Paris à l'obéissance de Henri IV, 68, 134, 240, 348.
Procureur du Roi de la Ville. Résignation à condition de survivance faite de cet office par Pierre Perrot en faveur d'Étienne Charlet d'Esbly, son gendre, 145-148. — Exemples de résignations antérieures, 147 et notes. — Office classé parmi les offices en commun, 165. — La Chambre des Comptes ordonne qu'il ait une des clefs du coffre-fort où sera conservé le buffet d'argent, 132 (note), 229, 329. — Procureurs du Roi de la Ville en exercice. Voir Perrot (Pierre); en survivance. Voir Charlet (Étienne); — nommé en 1627. Voir Payen (Gabriel). — Anciens. Voir Angenoust (Jérôme), Benoise (Jean), Dumoulin (Louis), Perrot (Claude), Poart (Antoine et Léonard), Badin (Jean), Rebours (Jacques). — Substitut du Procureur du Roi de la Ville. Voir Moisant (Robert).
Procureur des causes de la Ville au Parlement. Voir Jodelet; — au Châtelet. Voir Le Secq (Geoffroi).
Procureur du Roi au Châtelet. Rang à la procession de la châsse de sainte Geneviève, 85, 86.
Procureur général en la Chambre des Comptes. Conclusions, 291. — Chargé de poursuivre l'enregistrement de l'édit de création de deux offices de receveurs et payeurs des rentes sur le sel, 293.
Procureur général en la Cour des Monnaies. Le Bureau de la Ville confère avec lui pour rechercher les causes de la hausse des monnaies, 301.
Procureur général au Parlement. Voir La Guesle (Jacques de).
Prône des paroisses. Publications qui y sont faites, 64, 65. — Requête adressée aux curés de Paris pour la publication du règlement sur le bois, 195.
Protestants. Voir Huguenots.
Prouvaires, alias Prouvelles (Rue des), 204 et note. — Rétablissement de fontaine en la maison de Jean Lescuyer, 363; — en la maison du président Gayant, 368.
Prouvelles (Rue des). Voir Prouvaires (Rue des).

PRUDHOMME (Jean), fruitier. Saisie de bois emmagasiné chez lui, 204.
PAUNES sèches. Tarif du droit de péage sur l'Oise, 245; — sur la Vanne, 255.
POGET (Étienne), trésorier de l'Épargne. Rétablissement de fontaine en sa maison, 238. — Payement qu'il doit faire au receveur et payeur des rentes sur le sel, 306.
PUISIEULX (Marne). Seigneurie. Voir CAUCHON (Marie).
PUSSOT (Jean). Son *Journalier*, cité, 38 (note).
PYNEL (Gilles), sergent de l'Hôtel de Ville. Requête à propos d'un prisonnier, 60 (note).

Q

QUAIS. Christophe Marie devra en construire aux îles Notre-Dame, 220.
QUANDÉ. Voir CANDÉ.
QUARTENIERS, *alias* QUARTINIERS. Noms des quartiers à la tête desquels ils sont placés, 1-14 (notes). — Mandement qui leur est adressé pour le serment des officiers de la milice, 1. — Mandement qui leur est adressé par le Bureau pour faire faire la visite des chaînes des rues de leurs quartiers, 18; — semblable mandement qui leur est adressé pour faire faire une exacte recherche de ces chaînes, 24. — Lettres que leur adressent le Roi et la Reine régente pour leur ordonner de continuer dans leurs charges le Prévôt des Marchands et les Échevins, 19, 20, 22. — Reçoivent mandement pour la réunion des assemblées préparatoires à l'assemblée électorale, 19, 91, 162-163, 278, 376-377. — Présents aux élections municipales, 20-21, 91-93, 168-169, 278-279; — à des assemblées générales de la Ville, 56, 113, 145, 148. — Leur rôle aux élections municipales : Assistent à la messe du Saint-Esprit avant l'assemblée électorale, 20, 92, 168, 279; — présentent les procès-verbaux des assemblées préparatoires à l'assemblée électorale, 21, 92, 168, 279; — vote pour l'élection des scrutateurs à l'assemblée électorale, 22, 93, 170, 280; — pour les élections municipales, 22, 93, 170, 281; — scrutateur choisi parmi eux pour les élections municipales. Voir BONNARD (François), CAEN. (Jacques DE), PASSART (Michel). — Convoqués au Te Deum chanté à Notre-Dame à l'occasion du sacre, 38, 39; — à l'entrée du Roi à Paris, à son retour du sacre, 40-42; — à la procession de la Réduction, 68, 134, 239-240, 348; — à la messe de la Réduction, 71, 140, 242, 349; — à la procession de la châsse de sainte Geneviève, 84; — leur rang, 84, 85, 86; — au service funèbre de la reine d'Espagne, 118; — leur rang, 121. — Conflit entre plusieurs Quarteniers revendiquant chacun la dizaine créée sur le pont Marchant, 45. — Exemptés de contribuer aux frais imposés aux gens de métier à l'occasion de l'entrée de la Reine, 67. — Recherches faites dans les maisons, 76; — mandements qui leur sont adressés à cet effet, 257. — Copie leur est envoyée de l'arrêt du Conseil consacrant les droits de la Ville au sujet des recherches dans les maisons, 81 (note). — Il leur est envoyé des exemplaires imprimés du règlement sur la vente du bois, 113. — Mandements qui leur sont adressés pour les réjouissances célébrées à l'occasion des mariages espagnols, 139. — Quelques-uns d'entre eux accompagnent les membres du Bureau qui vont présenter au Roi le scrutin de l'élection, 170. — Les offices de Quarteniers sont classés parmi les offices en commun, 165. — Chargés de notifier aux bourgeois le règlement sur le bois, 195. — Reçoivent mandement pour visiter les chaînes des rues, 196; — pour apporter au Bureau le rôle des bourgeois de leurs quartiers, 196. — Mandement qui leur est adressé pour envoyer au Bureau les noms des officiers de la milice bourgeoise qui sont morts ou ont changé de quartier, 220-221. — Mandés au Bureau et avertis de ne pas répondre au Lieutenant civil et aux commissaires au Châtelet pour ce qui est du fait de leur charge, de la sûreté de la Ville et garde des portes, 335. — Mandement qui leur est adressé d'apporter au Bureau les rôles des officiers de la milice de leurs quartiers, 345. — Mandement leur est adressé d'envoyer une liste de bourgeois parmi lesquels puissent être choisis des titulaires pour les charges d'officiers de la milice qui sont vacantes, 354. — Quarteniers en exercice. Voir ANDRENAS (Antoine), BEROUL (Jacques), BONNARD (François), BOURLON (Nicolas), CANAYE (André), COLLOT (Étienne), CARIL (Jacques DE), DANÈS (Robert), FONTENU (François DE), HUOT (Jacques et Pierre), JOBERT (Jean), LE CLERC (Jean), LE CONTE (Jean), MARCES (Simon), MARIN (Philippe), MONTHERS (Jacques DE), PARFAICT (Claude et Pierre), PASSART (Michel), SAINT-GENIS (Denis DE). — Anciens Quarteniers. Voir BEAUSSE, BOURGEOIS (Nicolas), GABREL (Côme et Jean), CHARPENTIER, LAMBERT (Nicolas), LA NOUE (Jean DE), LE GOIX (Pierre).
QUARTIERS de la Ville. Concordance de leurs noms avec ceux des Quarteniers, 1-14 (notes). — Liste des quartiers dressée en 1588, 1-2 (notes). — Mandement adressé aux colonels pour envoyer les noms des officiers de la milice qui ont changé de quartier, afin de procéder à leur remplacement, 87-88. — Les cinquanteniers doivent habiter le quartier où ils exercent leurs fonctions, 376 (note). — Voir QUARTENIERS.
QUATORZE (Médard), marchand de bois. Mandé au Bureau de la Ville, 142.
QUATRE-FILS (Rue des). Rétablissement de fontaine en la maison de Jean de Bordeaux, 349.
QUELAIN (Michel), conseiller au Parlement, 4 (note).
QUELAIN (Nicolas), fils du précédent, conseiller au Parlement. Capitaine de la milice bourgeoise au quartier Sainte-Geneviève, 4 (note).
QUENTIN (Le sieur), trésorier de la Vénerie. Enseigne de la milice bourgeoise au quartier du Temple, 6.
QUÊTEURS. Interdiction de leur emploi portée par le Concile de Trente, 18 et note.
QUETIF (Pierre), mouleur de bois. Condamné à l'amende pour injures contre H. Le Normant, 193-194 (note).

QUEVULLY. Voir ECQUEVILLY.
QUICQUEBOEUF. Dizenier au quartier Saint-Jacques de l'Hôpital, 10 (note), 11.
QUICQUEBOEUF, huissier du Conseil. Signification d'arrêt et sommation faite au Bureau de l'Hôtel de Ville, 136.
QUIEDEVILLE (Roland), crocheteur. Saisie de bois emmagasiné chez lui, 204.
QUIGNART (Pierre), voiturier par eau demeurant à Paris. Conclusions de son rapport sur l'utilité et l'emplacement du pont Marie, 150, 151.
QUINCAILLIERS. Défense leur est faite de vendre des armes sans permission du Gouverneur et du Bureau, 351-354. — Le Lieutenant civil leur en interdit la vente sans son autorisation, 352.
QUINCAMPOIX (Rue). Bureau de la communauté des marchauds grossiers, merciers et joailliers, pour la descente de leurs marchandises, 125-126.
QUINCQUAIRE (Le sieur), marchand de vin. Lieutenant au quartier Saint-Gervais, 11, 146 (note).
QUINOT, huissier des Comptes. Signification d'une ordonnance de la Chambre, 106.
QUINZE-VINGTS (L'hôpital des), au quartier Saint-Honoré, 13 (note).

R

RACHATS de rentes de diverses natures, 300. — Voir RENTES DE L'HÔTEL DE VILLE.
RACINES (Martin DE), abbé commendataire de la Vernusse, agent général du Clergé. Communique aux membres du Bureau de la Ville les comptes de François de Castille, 162. — Sa nomination comme agent du Clergé par la province de Sens, 162 (note). — Défend le Clergé contre la Ville devant une commission du Conseil, 227, 250. — Assiste à une séance du Conseil du Roi où se discute le payement des rentes du Clergé, 246, 251.
RADIN (Jean), ancien Procureur du Roi de la Ville. Résignation que Jacques Rebours lui fait de cet office, 147 (note).
RAGNY (Marquis DE). Voir LA MAGDELEINE (François DE).
RAGOIS (Le sieur), commis à la recette du grenier à sel de Paris. Ordre lui est donné par le Conseil du Roi de verser entre les mains de Philippe de Gondi les deniers provenant de la vente du sel, nonobstant les défenses antérieures qui tiendront pour l'avenir, 282.
RAINCS (Nicolas), maître des ponts. Assiste à l'information faite sur le projet de construire des maisons le long des quais qui partent du pont Neuf, 127, 128. — Conclusions de l'enquête sur l'utilité et l'emplacement du pont Marie, 150, 151. — Expert nommé pour l'emplacement du pont Marie, 378.
RAISINS. Tarif du droit de péage sur l'Oise, 245; — sur la Vanne, 255.
RAMUS. Voir LA RAMÉE.
BANTÉ (Nicolas), valet de pied de la Reine. Placet présenté au Roi pour obtenir à son profit la création de deux offices de visiteurs et gardes des clefs des fontaines de la Ville, 257.
RÂPÉE (La), 271 (note).
RATS (Rue des), 5 (note).
RAUNIÉ (Émile). *Épitaphier du vieux Paris*, cité, 9 (note), 41 (note), 70 (note), 168 (note), 171 (note).
RAVENNE (Sieur DE). Voir ABANCOURT (Louis D').
RAVINES (Sieur DE). Voir SAINT-GERMAIN (Le sieur DE).
REBOURS (Le président), de la Cour des Aides. Convoqué à une séance du Conseil du Roi, 359 (note).
REBOURS (Jacques), ancien Procureur du Roi de la Ville. Remplace son père, 147 (note).
RECETTES GÉNÉRALES (Rentes sur les). Voir RENTES DE LA VILLE.

RECEVEUR DU DOMAINE, DONS ET OCTROIS DE LA VILLE. Chargé de payer à François Clément, quand il écherra, les gages et droits dus au Greffier de la Ville, 58. — Compte tous les deux ans, en la Chambre des Comptes, des amendes adjugées à la Ville, 149. — Office classé parmi les offices en commun, 165. — Voir LESTOURNEAU (Claude).
RECEVEUR GÉNÉRAL DU CLERGÉ. Ses gages sont pris sur les deniers du Clergé destinés aux rentes, 51. — Une partie des rentes reste entre ses mains pour ses frais, 287. — Voir CASTILLE (François DE).
RECEVEURS ET PAYEURS DES RENTES de l'Hôtel de Ville. Avis du Conseil de Ville favorable au dédoublement des offices de receveurs des rentes sur les recettes générales et sur le Clergé, 46-47. — Lettres patentes leur interdisant de divertir aucun denier des rentes, à peine d'en répondre jusqu'à la troisième et quatrième génération, 54-55. — Les receveurs des rentes sur le Clergé sont mandés au Bureau pour régler dans quel ordre se fera l'exercice de leur charge, 62-63. — Les receveurs des rentes sur les recettes générales sont mandés au Bureau pour régler dans quel ordre se fera l'exercice de leur charge, 70. — Les deniers provenant de la transmission des offices de receveurs des rentes se partagent en commun entre les membres du Bureau de la Ville, 165. — Lenteurs du payement des arrérages aux bureaux des payeurs des rentes, 185-186. — Règlement qu'ils doivent observer pour le payement des arrérages, 217-218, 270; — assemblée du Conseil de Ville tenue pour délibérer sur ce règlement, 270-271. — Requête de Jacques Martin, professeur en la chaire fondée par La Ramée, pour qu'ils soient contraints de lui payer ses honoraires, 228. — Arrêt du Conseil en vertu duquel le receveur des rentes sur les recettes générales doit présenter au Conseil un bref état de sa recette et dépense et un état des rentes amorties ou éteintes, 298-299, 304; — signifié à Flamin Fanuche par le Bureau de la Ville, 304. — Édit de création de deux offices de receveurs et payeurs des rentes sur le sel, 286-293; — arrêt du Conseil du Roi portant règlement pour la charge et fonction de ces nouveaux receveurs, 301, 304. — Voir RENTES DE L'HÔTEL DE VILLE. — Le Procureur du Roi de la Ville requiert que communication soit faite aux receveurs et payeurs des rentes

des propositions de Mathurin Geslain relatives à l'amortissement des rentes, 317. — Opposition aux articles proposés par Mathurin Geslain pour l'amortissement des rentes, 319-321. — Arrêt du Conseil du Roi interdisant aux receveurs et payeurs des rentes sur les recettes générales de plus payer les arrérages des rentes rachetées par Jacques Feret, 326-327. — Arrêt du Conseil du Roi enjoignant aux receveurs des rentes des quatre natures de représenter les doubles de leurs comptes, 338. — Mémoire présenté à la Chambre des Comptes pour le règlement de l'ordre qu'ils doivent suivre dans le payement des rentes, 373-374. — Plaintes contre la lenteur que met la Chambre des Comptes à apposer les états finaux sur leurs comptes, 374 et note. — État de la recette et dépense des receveurs et payeurs des rentes du Clergé pour une année et demie, 374-375. — Leurs gages, 374. — Voir Fanouche (Flamin), La Barre (Paul de), Martin (Christophe et Nicolas).

Receveurs particuliers du Clergé. Leurs payements, 50.

Receveurs provinciaux du Clergé. Leurs gages sont pris sur les deniers du Clergé destinés aux rentes, 51.

Recherches faites dans les maisons par les officiers de la milice. Conflit à ce propos avec le Lieutenant civil, 60-61, 159. — Appel interjeté d'une sentence du Lieutenant civil à ce sujet, 73. — Requête de la Ville au Roi contre le Lieutenant civil pour cet objet, 76-77 ; — arrêt du Conseil donnant gain de cause à la Ville, 77 ; — envoi aux colonels et aux Quarteniers de copies imprimées de cet arrêt, 81 et note. — Procès au Parlement au sujet de l'exécution d'une sentence du Lieutenant civil s'y rapportant, 96. — Mandement aux colonels pour les exercer, 122 ; — pour en remettre le procès-verbal, 123 ; — pour faire faire dorénavant cette recherche tous les huit jours, 125. — Mandement au Quarteniers pour faire des recherches de ce genre, 257. — Mandement aux colonels au sujet des recherches dans les hôtelleries, 366.

Recteur (Monsieur le). Voir Université.

Recueil des actes du Clergé, cité, 25 (note).

Réduction de Paris à l'obéissance de Henri IV, 90. — Récompense donnée à Charles Marchant pour le rôle qu'il y a joué, 30 (note). — Garanties exigées des cinquanteniers à ce moment, 376 (note). — Procession instituée le 22 mars de chaque année pour en rappeler le souvenir. Voir Procession de la Réduction.

Réduction de Paris sur les Anglais. Messe célébrée chaque année à Notre-Dame pour en perpétuer le souvenir. Voir Messe de la Réduction.

Refuge (Anne de), femme de Timoléon Grangier, 5 (note).

Registre rouge des édits de la Ville, 135.

Regards des fontaines, 65. — Suppression des inscriptions sous la Révolution, 177 (note). — Voir Fontaines.

Registres du Bureau, 1 (note). — Consultés par une assemblée générale de la Ville pour étudier les précédents d'une affaire, 147. — Notice du xixᵉ registre (H 1796), 167 (note). — Enregistrement de la commission délivrée à Jean de Moisset pour achever le payement des arrérages des rentes sur le sel dus par Philippe de Gondi, 305.

Regnauld (Christophe), marchand de bois. Assigné devant le Parlement de Rouen, 209.

Regnault (Claude et Hutain). Exercice indû de la charge d'aide de maitre du pont de Pont-Sainte-Maxence, 155.

Regnault (Étienne). Dizenier au quartier Sainte-Geneviève, 4.

Regnier de Guerchy (Georges), Grand Prieur de France et commandeur du Temple. Assigné devant la juridiction du Bureau au sujet de la fontaine du Temple, 43, 44. — Ses armoiries, 44 (note). — Se refuse au rachat d'une rente qui lui a été constituée par la Ville, 123, 133.

Regnoul (Veuve Jean), libraire, 381 (note).

Reims (Marne). Voyage du Roi pour son sacre, 33-38 ; — la ville est autorisée à faire une levée de 3,000 livres pour subvenir aux frais de la députation envoyée au Roi et autres dépenses à l'occasion du sacre, 36 (note) ; — ornements royaux qui y sont portés de Saint-Denis, 38 (note) ; — retour du Roi à Paris, 40, 41. — Jean Perrot, Échevin, et Guillaume Clément, Greffier, y sont députés par le Bureau pour présenter au Roi et à la Reine les plaintes de la Ville au sujet de l'entreprise faite par les Trésoriers de France sur les droits de la Ville en ce qui concerne le curage des égouts, 36-37. — Obligations des ecclésiastiques de la Ville au sujet de la garde des portes, 98 (note).

Reims (Archevêque de). Voir Lorraine (Louis de).

Reine (Fontaine de la), 65.

Relazioni di Francia, citées, 38 (note), 137 (note) 163 (note).

Religieux mendiants. Leur rang à la procession de la châsse de sainte Geneviève, 85.

Remontrances au Roi et au Conseil. Voir Conseil d'État.

Remy (Pierre), marchand de bois. Mandé au Bureau de la Ville, 142.

René Guerchy (George de). Voir Regnier de Guerchy.

Rennes (Parlement de). Conseiller. Voir Charlet (François).

Renouard (Philippe). *Documents sur les Imprimeurs ayant exercé à Paris*, cités, 4 (note), 8 (note).

Rentes de l'Hôtel de Ville. Parti accordé à Denyele pour le rachat des rentes et transporté à Jean de Moisset, 15-16, 90. Voir Denyele. — Commission donnée à Filacier pour la recette des deniers des rentes éteintes par rachat ou autrement, 89-90. Voir Filacier. — Édit de novembre 1594 interdisant le détournement des deniers des rentes, 90, 100, 101, 107, 110, 180. — La Ville réclame que les rentes assignées sur la douane continuent à être payées, 98. — Insuffisance du fonds des diverses rentes pour le payement des arrérages, 101, 180. — «Il n'y a point d'apparence de recevoir ni écouter tant de partisans sur les rentes de la Ville», 110. — Convention passée avec Jacques Guillot et Philippe Habert pour la recherche des rentes rachetées ou amorties dont les arrérages sont indûment payés, 141. — Propositions pour la création d'un bureau destiné à leur payement, faites par Germain Gillot et examinées au Conseil de Ville, 177, 181-182, 183-187. — Délibération du Conseil de Ville au sujet de la recette des deniers qui proviennent des rentes amorties, abandonnés à la Ville par la Reine, 211-212; — continuation de cette délibération, 213-215, 216-217; — la Ville décide de travailler elle-même à leur recherche. sans faire de parti, 217, 225; — bureaux qui seront constitués pour cette recherche, 225. — Règlement sur le mode de payement des arrérages, 217-218, 270. — Propositions de Pierre Bizet pour le rachat des rentes sur les recettes générales et aides, 221-224. — La rente assignée pour le payement du professeur occupant la chaire de la Ramée sera prise sur les deniers des rentes amorties, 228. — Règlement sur leur payement déféré au Parlement comme entreprise sur son autorité, 228. — Propositions de Du Noyer pour leur amortissement, 241 (note). — Propositions de rachat faites par Mathurin Geslain, 248 et note, 315-317; — assemblée du Conseil de la Ville pour donner son avis sur ces propositions, 317-320; — seconde assemblée à ce sujet, 320-321. — Discussion sur l'avantage qu'il y a à mettre les rentes des quatre natures en recette ou en parti, 287-288. — Les états des rentes rachetées seront communiqués au Bureau de la Ville, 299-300, 304. — États des rachats et amortissements de plusieurs rentes, 325. — Parti de Massuau pour le rachat des rentes, 366. — Mémoire présenté à la Chambre des Comptes pour le règlement de l'ordre à suivre dans le payement des rentes, 373-374. — Emploi des deniers provenant des arrérages non réclamés, 374. — Contrôleur des rentures l'Hôtel de Ville. Voir LE NOIR (Louis). — Voir RECEVEURS ET PAYEURS DES RENTES, RENTIERS.

—— Rentes assignées sur les aides. Payement du quatrième quartier et autres conditions les concernant que la Ville demande à faire inscrire dans le bail général des aides, 87. — Règlement pour le mode de payement de leurs arrérages, 218, 271. — On travaillera à la recherche des rentes qui, parmi celles des aides et du sel, sont éteintes ou amorties quand on aura éclairci celles qui sont assignées sur les recettes générales et sur le Clergé, 225. — Sont payées régulièrement, 287. — Voir FERME GÉNÉRALE DES AIDES, FEYDEAU (Antoine).

—— Rentes assignées sur le Clergé. Somme de trente-six mille livres due chaque année par le receveur général du Clergé en vertu du parti de rachat accordé à Louis Denyele, 15-16. — Plaintes du Bureau sur l'insuffisance de leur payement, 25-26, 27, 28. — Remontrances au Conseil du Roi à ce sujet, 29-30. — Projet de démembrement de l'office du receveur, 47. — Remontrances faites à François de Castille, au Bureau de la Ville, sur leur mauvais payement, 50-52, 54; — on y rappelle les plaintes faites à ce sujet par les particuliers, 50. — Le payement au Roi par François de Castille d'une somme que lui doit le Clergé de France ne peut amener de diminution dans les deniers que Castille est tenu de fournir pour payer les arrérages de ces rentes, 136. — Plaintes de la Ville à l'assemblée du Clergé au sujet de leur payement, 149-150, 157-158. — Le Clergé est accusé d'employer les fonds destiné à l'acquittement des arrérages en rachats de rentes à vil prix, 158. — Insuffi-

sance des payements faits chaque semaine par le receveur, 201, 250-252. — Règlement sur le mode de payement des arrérages, 217. — Bureau qui sera constitué pour leur éclaircissement et la recherche de celles qui seraient payées indûment, 225. — Assemblée du Conseil de la Ville où le Prévôt des Marchands fait un long exposé de la question des rentes, des contestations avec le Clergé devant les commissaires du Conseil et de l'intervention de la Reine, 250-252. — Arrêt du Conseil portant que François de Castille payera à la Ville 26,000 livres de plus par an, 256. — Ne sont pas payées entièrement, 287; — augmentation des frais de leur recette, 288-289. — Arrêt du Conseil ordonnant à François de Castille, receveur général du Clergé, de représenter ses comptes aux commissaires du Conseil, 299, 304. — Intervention du Bureau dans un procès relatif aux décimes du diocèse de Chartres, 330; — moyens d'intervention baillés par le Bureau de la Ville contre le curé de Saint-Hilaire de Chartres et les receveurs de ce diocèse, 341-342. — Assemblée du Conseil sur l'emploi des deniers provenant de rentes dont les arrérages ne sont pas réclamés : seront consacrés au rachat des petites rentes sur le Clergé inférieures à 25 livres, 366-367. — Manière dont doivent compter les receveurs, 373. — Frais de la façon des comptes des receveurs des rentes du Clergé, 374. — État de la recette et dépense des receveurs et payeurs des rentes sur le Clergé pour une année et demie, 374-375. — Voir CASTILLE (François DE), CLERGÉ, LA BARRE (P. DE), MARTIN (C.).

—— Rentes assignées sur les recettes générales. Plaintes portées au Bureau et au Roi par un certain nombre de bourgeois au sujet du défaut de payement de ces rentes, 44-45. — Projet de démembrement de l'office de receveur, 47. — Règlement sur le mode de payement des arrérages, 218. — Bureau qui sera constitué pour leur éclaircissement et la recherche de celles qui sont payées indûment, 225. — Requête présentée au Roi et au Conseil pour obtenir que le fonds destiné au payement de ces rentes ne soit pas diminué, étant donné qu'il n'en est payé déjà qu'une demi-année, 247. — Insuffisance de leur payement, à cause des frais absorbés par la recette, 287-288, 298. — Arrêt du Conseil du Roi portant que le receveur et payeur de ces rentes remettra un bref état de sa recette et dépense et un autre état des parties de rentes qui doivent être rejetées comme rachetées ou éteintes, 298-299, 304. — Création de receveurs provinciaux et payeurs des rentes sur les recettes générales, 326. — Voir FANUCUE (F.), MARTIN (C.).

—— Rentes assignées sur le sel ou les gabelles. Nicolas Largentier réclame que les deniers dus par Jean de Moisset pour le payement de leurs arrérages soient déposés à l'Hôtel de Ville, 16. — Elles sont moins en retard aujourd'hui que celles du Clergé, 30. — Les registres concernant leur payement doivent être remis par Jean de Moisset à Philippe de Gondi, 124. — Thomas Robin, adjudicataire du bail des gabelles, doit bailler caution pour les rentes du sel, 124-125. — Ordonnance du Bureau enjoignant à Philippe de Gondi de payer le quartier échu, 203, 217. — Règlement sur le mode de payement des arrérages, 217. — On travaillera à l'éclaircissement de ces rentes et à la recherche de celles qui sont amorties quand on aura éclairci les rentes qui sont assignées sur les recettes générales et sur le Clergé, 225. — Plaintes contre Philippe de Gondi à cause de leur mauvais payement, 224, 225, 274. — Saisie dans les greniers à sel de la généralité de Paris des deniers dus à Philippe de Gondi, avec ordre aux sous-fermiers de payer dorénavant entre les mains de Nicolas Bigot, pour ce commis, tout ce qu'ils doivent de leur recette, 274. — Les deniers provenant de la vente du sel au grenier de Paris doivent être remis à Philippe de Gondi pour servir au payement des arrérages des rentes sur le sel, 282. — Ordonnance du Bureau portant que Claude et Dreux Barbin, cautions de Philippe de Gondi, seront contraints à payer ou faire payer par celui-ci les arrérages de l'année 1609, 282-283; — arrêt du Conseil du Roi défendant au Bureau de mettre cette ordonnance à exécution, 283. — Ordonnance pour la saisie des deniers dus à Philippe de Gondi par Pierre Robin et Briant, 282-283. — Ordonnance pour la saisie-arrêt de tous les deniers dus à Philippe de Gondi, 284. — Claude et Dreux Barbin ont été déchargés de leur cautionnement pour le payement de ces rentes, 283. — Ordonnance du Bureau prescrivant aux porteurs de quittances déchargées à cause de ces rentes de les apporter au Bureau, 284. — Ordonnance du Bureau prescrivant à Philippe de Gondi d'apporter à l'Hôtel de Ville l'inventaire des quittances qu'il a payées sur les rentes du sel, 284. — Protestation de la Ville contre la création de deux offices de receveurs et payeurs des rentes sur le sel, 286-293, 303; — baisse qu'apporte sur le marché de ces rentes l'annonce de l'édit portant cette création, 287; — jusque-là elles ont été payées régulièrement, 287 — ; texte de l'édit créant ces deux offices, 290-291; — lettres de jussion pour son enregistrement, 292-295, 303. — Arrêt du Conseil portant qu'il sera dressé un état des deniers affectés au payement de ce qui reste dû par Philippe de Gondi sur ces rentes, 300, 304. — Arrêt du Conseil portant règlement pour la charge et fonctions des deux receveurs et payeurs de ces rentes nouvellement créés, 301, 304. — Assemblée du Conseil de Ville tenue pour entendre ce qui s'est passé à Fontainebleau au sujet des rentes sur le sel, 303-304. — Ce qui reste dû sur le troisième quartier de 1609 est commencé à payer par Jean de Moisset, 304. — État des deniers à recouvrer par le payeur de ces rentes pour achever le payement des arrérages dus par Philippe de Gondi, 305-306. — Commission délivrée à Jean de Moisset pour payer ce qui reste dû sur ces rentes par Philippe de Gondi, 304-305, 308. — Règlement fait par le Bureau de la Ville pour l'exécution de cette commission, 306-307. — Contrainte ordonnée par le Conseil du Roi contre Philippe de Gondi pour ce qu'il doit sur les rentes du sel, 327. — Le Roi demeure chargé du payement de ce qui reste dû sur les rentes du sel, et ce en vertu des contrats de constitution et de la décharge qu'il a accordée aux cautions de Philippe de Gondi, 327-328. — Remontrances du Bureau de la Ville exposant que le Roi demeure débiteur de ce qui n'a pas été payé par Philippe de Gondi, 332. — Assemblée du Conseil de la Ville où il est résolu de poursuivre les démarches afin d'obtenir du Conseil du Roi assignation des sommes qui manquent pour le payement de ces rentes, 336. — Arrêt du Conseil portant assignation à la Ville sur les deniers de l'Épargne pour continuer le payement de ces rentes auquel ne peut satisfaire Philippe de Gondi, 336-337, 355; — enregistrement de cet arrêt à la Chambre des Comptes, 343. — Ordonnances contre Thomas Robin et Nicolas Milon, fermiers des gabelles de Touraine, 337, 345. — Assemblée du Conseil de la Ville tenue pour entendre ce qui s'est passé au Conseil du Roi au sujet des rentes sur le sel et régler l'ordre de leur payement, 339-341; — demandes présentées à cette assemblée par un certain nombre de bourgeois pour obtenir le payement du premier et du second quartier de 1610, 340. — Ordonnance du Bureau enjoignant aux fermiers des gabelles de mettre en les mains de Pierre Payen les deniers dont la Ville est assignée sur eux, 341. — Arrêt du Conseil réglant l'ordre des payements à faire par Pierre Payen et Jean de Moisset de ce qui reste dû par Philippe de Gondi, 343-345. — Ordonnance du Bureau prescrivant l'emprisonnement de Thomas Robin et Nicolas Milon, fermiers des gabelles de Touraine, s'ils ne satisfont pas dans trois jours aux ordonnances précédentes, 359. — Arrêt du Conseil ordonnant qu'il soit fait inventaire des quittances des payements faits par Philippe de Gondi, et procès-verbal de la levée des scellés mis par la Ville sur ces quittances, 362. — Voir BIGOT (Nicolas) fils, GABELLES, GONDI (Philippe DE), MOISSET (Jean), ROBIN (Thomas).

RENTIERS. Plaintes portées au Bureau et au Roi par un certain nombre de bourgeois et de femmes au sujet du défaut de payement des rentes assignées sur les recettes générales, 44-45. — Leur impatience est à craindre si on diffère le payement des rentes sur le sel, 336. — Demandes présentées au Conseil de la Ville par un certain nombre de bourgeois pour qu'il soit procédé au payement du premier et du second quartier de 1610 de leurs rentes sur le sel, 340.

RANTIGNY (Le sieur du Vert del). Enseigne de la milice bourgeoise au quartier Saint-Martin, 2.

REQUÊTES DU PALAIS. Assignation donnée à la Ville par le Grand Prieur au sujet du rachat d'une rente, 123, 133. — Assignation donnée aux titulaires de selles à laver à la requête de Saint-Magloire, 232. — Louis d'Abancourt réclame leur juridiction pour ses associés dans l'entreprise de la navigation de l'Armançon, 233.

RÉSIGNATION À SURVIVANCE. L'assemblée générale de la Ville étudie les précédents à ce sujet en ce qui concerne l'office de Procureur du Roi de la Ville, 147 et notes. — Conditions auxquelles elles peuvent être admises pour l'office de Conseiller de Ville, 248 et note. — Voir OFFICES.

REVUE des trois Nombres. Voir MENTRE.

REVERDY (François). La Ville lui promet la dixième partie des deniers recouvrés sur les receveurs des décimes, d'après son avis, 224.

REYNAULT (Ambroise), dame de Rerny. Épouse Pierre Brulart, 354 (note).
REZAY, alias REZÉ (Le sieur DE). Voir BENARD (Guillaume).
RAÔNE (Le), fleuve, 233 (note).
RICHARD (Le sieur). Dizenier au quartier Saint-Gervais, 11.
RICHELIEU (Le sieur DE), procureur. Lieutenant de la milice bourgeoise au quartier Saint-Eustache, 12 et note.
RICHELIEU (Cardinal DE). *Mémoires*, cités, 13 (note), 14 (note), 61 (note), 137 (note), 138 (note), 182 (note), 305 (note), 369 (note).
RICHEMONT (Connétable DE), 140 (note).
RICUER (Le sieur), bourgeois. Vient à une assemblée du Conseil de la Ville protester contre les articles proposés par Geslain pour le rachat des rentes, 321.
RICHER (Nicolas), chargeur de bois. Saisie de bois emmagasiné chez lui, 204.
RICHER (Pierre), tenant place à laver. Assigné à la requête de Saint-Magloire, 232.
RIEUX (Évêque de). Voir BERTIER (Jean).
RIGOLES (Bois des), à Belleville. Fourniture de pierre et travaux divers pour les fontaines, 158, 263, 264, 328.
RIOLLANT (Le sieur). Lieutenant de la milice bourgeoise au quartier Sainte-Geneviève, 4.
RIOM (Puy-de-Dôme). Sénéchaussée, 337 (note).
RIVIÈRES. Ouverture de plusieurs d'entre elles à la navigation. Délibération du Conseil de Ville à ce sujet, 213. — Voir ARMANÇON, MARNE, NAVIGATION, OISE. SEINE, VANNE, YONNE.
RIZ. Tarif du droit de péage sur l'Oise, 245; — sur la Vanne, 255.
ROBELIN (Jonas), maître maçon. Caution de Charles Du Ry, 105. — Consulté pour la rédaction du devis de l'aqueduc des eaux de Rungis, 191. — Caution de Jean Coing pour l'entreprise des eaux de Rungis, 205 (note). — Assignations qui lui sont données par les Trésoriers de France au sujet de l'exécution de ces travaux, 205-206 (note). — Doit, après son décès, être remplacé comme caution de Jean Coing, 298. — Sa veuve baillera caution au greffe de la Ville, 332.
ROBERT (Le sieur), marchand. Délégué des bourgeois de son quartier à une assemblée générale de la Ville, mentionné comme absent, 57.
ROBERT (Le sire). Représentant des bourgeois de son quartier à une assemblée générale de la Ville, 146.
ROBERT (Julien), conseiller au Parlement. Promesse et obligation envers Philippe de Gondi, 356.
ROBES DE LIVRÉES portées par les membres du Bureau dans les cérémonies, 22, 281. — Robes mi-parties portées par les sergents et le Greffier à la cérémonie du *Te Deum* chanté à l'occasion du sacre, 39; — Messieurs de la Ville n'en portent pas, à l'entrée du Roi à Paris, après le sacre, en raison du deuil de Henri IV, 42.
ROBICHON (Le sieur), commis à la Chambre des Comptes. Lieutenant de la milice bourgeoise au quartier du Saint-Esprit, 14.

ROBIN (Le sieur). Capitaine de la milice bourgeoise au quartier Saint-Jacques-de-l'Hôpital, 11.
ROBIN (Barthélemy). Fait profession à Saint-Corneille de Compiègne, 69 (note).
ROBIN (Pierre), fournissant l'argenterie. Ordonnance du Bureau prescrivant la saisie des deniers qu'il doit à Philippe de Gondi et l'assignant au Bureau, 283-284. — Promesse et obligation envers Philippe de Gondi, 356. — Caution de Thomas Robin, 363.
ROBIN (Thomas), sieur de Belair et de Coulongnes, maître d'hôtel de la reine Marguerite. Délibération du Conseil de la Ville sur le bail général des gabelles qui lui a été passé, 68-70. — Mentionné comme adjudicataire de ce parti du sel, 194 (note),198, 290, 301. — Doit bailler caution pour les rentes assignées sur le sel, 124-125. — Opposition du Bureau à la décharge accordée à Claude et Dreux Barbin de la caution qu'ils ont prêtée pour Thomas Robin, 182-183, 192; — discussion au Conseil de Ville à ce sujet, 183-184; — arrêts du Conseil du Roi déchargeant les sieurs Barbin de leur cautionnement, 191-192, 283; — ordonnance de la Ville relative à ce cautionnement, 322. — Le Prévôt des Marchands dit que par la négligence de Robin les assignations de Philippe de Gondi pour le payement des rentes sont portées à l'Épargne, 225. — Ce transport à l'Épargne résulte de la saisie faite sur Robin des deniers du sel pour sûreté du Roi, 227. — Fermier particulier des gabelles de la généralité de Touraine. Ordonnance portant qu'il s'engagera, au Bureau de la Ville, à payer les sommes portées sur l'état du Roi, en raison de sa ferme, et baillera caution, 337; — ordonnance itérative sur le même objet, 345; — ordonnance du Bureau prescrivant son emprisonnement s'il ne satisfait pas dans trois jours aux ordonnances précédentes, 359. — Promesse et obligation envers Philippe de Gondi, 356. — Ordre donné par le Bureau de la Ville au premier sergent sur ce requis de lui faire commandement de payer à Pierre Payen ce qu'il doit pour les rentes du sel, 363.
ROBIN (Françoise), femme de Jean Lintlaër. Associée au travail de direction de la pompe de la Samaritaine, 129 (note).
ROBINEAU (Le sieur). Capitaine de la milice bourgeoise au quartier du Sépulcre, 13 et note.
ROCHART (Pierre). Exercice indû de la charge d'aide de maître du pont de Pont-Sainte-Maxence, 155.
ROCHE (Abbaye de la). Abbé. Voir HABERT (Pierre).
ROCHE-SUR-YONNE (La), Yonne, 233 (note).
ROCHEFORT (Le sieur DE). Capitaine de la milice bourgeoise au faubourg Saint-Germain-des-Prés, 9.
ROCHEFORT (Le sieur DE). Compétiteur de Pierre Behety pour l'Agence générale du Clergé, 162 (note).
ROCHEFORT (Le sieur) Voir ALLONGNY (Antoine D').
ROCHEFORT (Le sieur DE). Voir DU MOULINET (Louis).
ROCHELLE (La), Charente-Inférieure. Lettre que le Bureau de la Ville doit lui envoyer pour lui donner avis des propositions de F. du Noyer sur la navigation des Indes, et l'inviter à envoyer aux États généraux des personnes compétentes en ce qui concerne les affaires de la mer, 381.

Rochon (Le sieur), huissier. Lieutenant de la milice bourgeoise au quartier Saint-Séverin. 8.

Rodrigue (Le sieur), marchand bourgeois de Paris. Assiste à une assemblée particulière de la Ville tenue au sujet de la hausse des monnaies, 309.

Rohan (Hercule de), duc de Montbazon. Accompagne le Roi à la visite de Rungis, 267; — assiste à la pose de la première pierre du grand regard, 268.

Roi de France. Voir France (Rois de).

Roi François (Le), enseigne rue Saint-Denis, 204.

Roi-de-Sicile (Rue du), 5 (note).

Roillard. Voir Bouillard.

Roissy (Le sieur de). Voir Mesmes (Henri et Jean-Jacques de).

Rolland (Le sieur). Candidat à l'Échevinage, 171.

Rolland (Denis), voiturier par eau. Assiste à une assemblée tenue pour délibérer sur le projet de pont au port Saint-Paul, 203. — Expert commis pour fixer l'alignement du pont de Gournay, 311-313.

Ronce (Jacques), maître tonnelier déchargeur de vins. Procès contre Jean du Mesnil, maître de la communauté des déchargeurs de vins, 239.

Rondelet (Le citoyen), membre de la Commission des travaux publics en l'an II, 177 (note).

Roquelaure (Hôtel de), rue Saint-Antoine, «que l'on appelle maintenant l'hostel de Saint-Paul et jadis se nommoit l'hostel de Birague pour ce que le feu chancelier de Birague l'a fait bastir». (*Mercure françois*, t. II, fol. 465 v°.) Nicolas de Verdun y loge à son arrivée à Paris, 71 (note). — L'ambassadeur d'Espagne y est logé, 163, 164.

Rosiers (Rue des), 65, 103, 104.

Rosnay (Le sieur). Dizenier au quartier Saint-Antoine, 5 et note.

Rosoy-sur-Serre. *Rozay* (Aisne), 160 et note.

Rosset (François de). *Le romant des Chevaliers de la Gloire*, cité, 137 (note).

Rouen (Seine-Inférieure), 102. — Mention d'arrêt du Conseil concernant la saisie d'un bateau chargé de bois, 150 (note). — Quai de la Vacherie : saisie de bois, 209. — Hôtel-Dieu : saisie de bois, 209. — Parlement : arrêts relatifs au commerce du bois, pour empêcher de le conduire à Paris, 209 ; — instance qui y est pendante au sujet des aides au pont de Pont-de-l'Arche, 249 ; — lettres du Roi en faveur du sieur de Lansac qui lui sont adressées, 256. — Arrêt du Conseil relatif à l'approvisionnement de bois de la ville de Rouen, 221. — Forêts de la Vicomté, 221. — Cour des Aides : les lettres du Roi en faveur du sieur de Lansac lui sont adressées, 256. — Généralité, 298, 337 (note). — Chambre ecclésiastique, 335 (note). — Foire de la Toussaint, 311. — Lettre que le Bureau de la Ville doit écrire à la Ville de Rouen pour lui donner avis des propositions de Fr. du Noyer sur la navigation des Indes et l'engager à envoyer aux États généraux des personnes aptes à étudier cette question, 381.

Rouen (Archevêque de). Voir Joyeuse (cardinal de).

Rouets pour les chaînes des rues. Les Quarteniers reçoivent ordre de les faire visiter, 18. — Mandement au Quartenier Huot de faire remettre le rouet au coin de la rue de la Huchette, à la maison de Pierre Foineau, 24 (note). — Prétention par les commissaires au Châtelet de les visiter, 335. — Voir Chaînes.

Rouillard (Nicolas), maître des Comptes. Délégué des bourgeois de son quartier aux élections municipales, 21 et note.

Rouillé (Jean), maître des Comptes, ancien Échevin. Délégué des bourgeois de son quartier à une assemblée générale de la Ville, 56 ; — mentionné comme absent en la même qualité, 146. — Délégué des bourgeois de son quartier à l'assemblée de l'Élection, 169.

Rouillé (Pierre), alias Le Rouillé, abbé d'Hérivaux et de Lagny, 9 (note), 98 (note).

Rouillé (René), alias Le Bouillé, chanoine de la Sainte-Chapelle, abbé d'Hérivaux et de Lagny, colonel et capitaine de la milice bourgeoise au quartier Notre-Dame, 9, 98 (note). — Assiste à une assemblée des colonels tenue pour aviser à la sûreté de la Ville, 61.

Rouillé (Marie), femme de Guy Pasquier, 4 (note).

Boule (Le). Saisie de bois amassé dans un magasin, 204.

Roullier. Voir Rouillé.

Roumare (Forêt de). Réservée pour l'approvisionnement de bois de la ville de Rouen, 221.

Roussel (Le sieur), marchand de vin. Capitaine de la milice bourgeoise au quartier Saint-Jacques-de-l'Hôpital, 11 et note.

Roussel (Le sieur), marchand. Délégué des bourgeois de son quartier à une assemblée générale de la Ville, 56 ; — mentionné comme absent en la même qualité, 146.

Roussel (Le sieur), marchand de bois. Interrogé par le Bureau au sujet des prix excessifs du bois, 75-76.

Roussel (Le sieur). Présent à l'adjudication des travaux de l'aqueduc des eaux de Rungis, 177.

Roussel (Florimond), marchand de bois à Compiègne. Poursuivi pour avoir vendu son bois à un prix trop élevé, 72 (note). — Mandé au Bureau de la Ville, 142. — Déclaration sur le manque de bois qui se fait sentir dans les forêts de Compiègne et de l'Aigue, 142.

Roussel (Jean). Lieutenant de la milice bourgeoise au quartier du Sépulcre, 13.

Roussel (Nicolas), marchand de bois à Compiègne. Poursuivi pour avoir vendu son bois à un prix trop élevé, 72 (note).

Roussel (Nicolas), voiturier par eau. Assiste à l'information faite sur le projet de construire des maisons le long des quais qui partent du pont Neuf, 197, 198.

Rousselet (Le sieur). Capitaine de la milice bourgeoise au quartier Saint-Séverin, 8.

Rousselet (François), bourgeois de Paris. Indemnité qui lui est assignée pour ses études sur les moyens d'amener à Paris les eaux de Rungis, 205 (note).

Rouvray (Forêt de). Réservée pour l'approvisionnement de bois de la ville de Rouen, 221.

Rozay. Voir Rosoy-sur-Serre.

Royale (Place). Voir Place Royale.

Rubelles (Le sieur de). Voir Saint-Yon (Antoine de).

Rubentel (Le sieur de), écuyer de la Reine. Lui remet la lettre du Bureau de la Ville au sujet de la date des élections, 375.

RUES. Voir ROUETS pour les chaînes des rues.

RUGLES (Eure). Fabriques de fil d'archal, 160.

RUNGIS (Seine). Conduite de ses eaux à Paris. Assemblée du Conseil pour délibérer sur les offres relatives à cet objet, 155-157. — Devis des travaux pour cette conduite, 172-175; — autre devis, 187-191, 205. — Assemblée du Conseil de la Ville au sujet des eaux de Rungis et offres faites au Conseil du Roi par le Bureau de la Ville pour leur conduite à Paris, 175-177. — Possessions du Chapitre Notre-Dame : délibérations relatives à l'aqueduc, 190 (note); — Bail des travaux pour les eaux, 205. — Commission donnée par le Roi aux Trésoriers de France pour surveiller les travaux des eaux, 205-206; — semblable commission donnée au sieur de Fourcy, 206-207; — aux Prévôt des Marchands et Échevins, 206-208. — Études préparatoires faites pour ces travaux sous le règne de Henri IV, 205 et note. — Le lieu est visité par le sieur de Fourcy pour étudier le projet des travaux, 207. — Convocation des entrepreneurs et architectes pour procéder aux alignements, 207. — Commission adressée conjointement aux Prévôt des Marchands et Échevins et aux Trésoriers de France pour la conduite des travaux de conduite des eaux, 209 (note), 215-216. — Lettres patentes prescrivant à la Chambre des Comptes d'allouer, dans les comptes des octrois de la Ville, la dépense pour la pose par le Roi de la première pierre des fontaines, 285-286. — Le Bureau fait observer qu'il n'y a pas lieu de créer d'offices de visiteurs et gardes des clefs des fontaines de Rungis, 257. — Visite du Roi aux travaux et pose de la première pierre du grand regard, 267-269. — Caution que Jean Coing doit bailler pour cette entreprise en remplacement de Jonas Robelin, 298. — Arrêt du Conseil qui reçoit Jean Gobelin comme directeur de l'entreprise des travaux, en remplacement de son beau-père, Jean Coing, 331. — Consentement donné à ce remplacement par les associés auxdits ouvrages, 331. — Thomas Francine, ingénieur des eaux du Roi, admis par lesdits associés à participer aux bénéfices de l'entreprise, 331 (note). — Indemnités dues aux particuliers par les associés de l'entreprise à propos de l'exécution des travaux, 332 (note). — Visite des travaux par les membres du Bureau et les Trésoriers de France, 365 (note). — Inscription sur table de marbre noir placée au premier regard de la fontaine, 371. — Voir COING (Jean), GOBELIN (Jean).

RUSTICI (César-Arnaud DE), écuyer. Avis du Bureau sur ses propositions pour rendre l'Oise navigable de Chauny à Érloy, tarif du péage et soumission de Rustici, 242-246. — Propositions pour faire disparaître les obstacles à la navigation entre Chauny et Sempigny, 246 (note).

RUZÉ (Martin), secrétaire d'État. Assiste au serment des Prévôt des Marchands et Échevins nouvellement élus, 170-171; — le Roi le charge de lire le procès-verbal du scrutin, 171; — lit la formule du serment, 171; — la signe, 172.

S

SABART (Gilles), crocheteur. Saisie de bois emmagasiné chez lui, 204.

SABLES-D'OLONNE (Les), Vendée, 337 (note).

SACRE DU ROI, à Reims, 36 et note, 41. — *Te Deum* chanté à son occasion, à la demande du Roi, 37-39. — Relations du sacre, 38 (note). — Ornements royaux portés à Reims, de l'abbaye de Saint-Denis, 38 (note). — Retour du Roi à Paris; son entrée solennelle, 40-42.

SAFRAN. Tarif du droit de péage sur l'Oise, 245 — sur; la Vanne, 455.

SAIGE (G.). *Mémoires de Dubuisson-Aubenay*, ouvrage cité, 92 (note).

SAINCT-PIGNY. Voir SEMPIGNY.

SAINCTOT (Le sieur) l'aîné. Député des bourgeois de son quartier aux élections municipales, 93.

SAINCTOT (Pierre), Conseiller de la Ville. Présent aux élections municipales, 20, 91, 167, 278; — à des assemblées du Conseil de Ville, 24, 47, 52, 54, 181, 183, 211, 214, 248, 292, 317, 321, 336, 369, 373; — à des assemblées générales de la Ville, 56, 113.

SAINGLAIN (Le sieur), bourgeois. Délégué des bourgeois de son quartier à l'assemblée électorale, 280.

SAINT-ANDRÉ-DES-ARTS (Rue). Hôtel de Lyon, 334 (note).

SAINT-ANTOINE (Rue), 5 (note), 49, 66, 151, 205 (note), 260, 330, 378, 379. — Demeure de Pierre Guillain, 127 (note). — Illumination lors des fêtes du carrousel de la place Royale, 138. — Hôtel de Roquelaure, 163.

SAINT-ANTOINE (Porte), 213. — A l'entrée du Roi à Paris, à son retour du sacre, Messieurs de la Ville vont l'y recevoir, 40-42. — Messieurs de la Ville y vont au-devant de la Reine, au retour du sacre, 41. — Salves d'artillerie tirées sur les remparts, 139. — Un partisan offre de paver une chaussée allant de cette porte au port au Plâtre, 181.

SAINT-ANTOINE (Quartier). Son Quartenier, Claude Parfaict, 5 et note. — Liste des officiers de la milice, 5-6. — Utilité que le pont Marie procurerait à ce quartier, 151. — Pierre Parfaict en devient Quartenier à la place de Claude, 279 (note). — Colonel. Voir DURET. — Quarteniers. Voir PARFAICT (Claude et Pierre).

SAINT-ANTOINE-DES-CHAMPS (Abbaye), 42.

SAINT-ARNOU (Pont). Voir GOURNAY-SUR-MARNE.

SAINT-AUBIN (Sieur DE). Voir GRIEUX (Gaston DE).

SAINT-BENOIT (Église). Son cimetière est pris pour la construction du Collège royal, 222 (note).

SAINT-BERNARD (Port de), sur l'Oise. Un sergent y est envoyé pour hâter la venue des bateaux chargés de bois, 80.

SAINT-BERNARD (Porte). Marché pour son achèvement, 226 et note. — Voir TOURNELLE (Porte de la).

SAINT-CHRISTOPHE (Maison de l'Image), rue Hautefeuille, 132 (note).

Saint-Cloud (Seine-et-Oise). Faux pont, 49 (note). — Aides au pont commis par la Ville de Paris, 249.

Saint-Cloud à Suresnes (Chemin de), 324 (note).

Saint-Corneille (Abbaye) à Compiègne. Barthélemy Robin y fait profession, 69 (note).

Saint-Denis (Seine), 76.

Saint-Denis (Abbaye de). Ornements royaux que les religieux de l'abbaye portent à Reims pour le sacre, 38 (note). — Lettre que le Roi écrit aux religieux à propos des obsèques de son frère le duc d'Orléans, 109 (note). — Abbé. Voir Lorraine (Louis de).

Saint-Denis (Faubourg). Rôle des officiers de la milice bourgeoise, 13.

Saint-Denis (Fausse porte). Son emplacement donné à bail à Jean Moreau, 59 et note.

Saint-Denis (Porte). Réparations ordonnées à la suite de la visite faite par Augustin Guillain, 373 (note). — Fermier de la chaussée de cette porte. Voir Du Bourg (Guillaume).

Saint-Denis (Rue), 7 (note), 72 (note), 130. — Appartient partiellement au quartier du Sépulcre, 12 (note). — Saisie de bois amassé dans un magasin, 204.

Saint-Denis de la Chartre (Église), 9 (note).

Saint-Esprit (Hôpital du). Messe qui y est célébrée à l'occasion de l'assemblée électorale, 20, 92, 168, 279. — Pavillon de l'Hôtel de Ville, au-dessus de l'église du Saint-Esprit, 154. — Bourses pour l'éducation d'enfants qui viennent de cet hôpital, 222. — Devis et adjudication des travaux qui restent à exécuter à l'Hôtel de Ville le long de l'hôpital, 257-263. — Les maîtres de l'hôpital font assigner Marin de la Vallée au sujet des travaux de l'Hôtel de Ville, 263 (note).

Saint-Esprit (Messe du). Célébrée à l'occasion de l'assemblée électorale, 20, 92, 168, 279.

Saint-Esprit (Ordre du). Chevaliers convoqués au service funèbre de la reine d'Espagne, 120; — leur rang à ce service, 121. — Garde des sceaux de l'ordre. Voir Bullion (Claude de), Le Jay (Nicolas). — Huissier. Voir Lambert (Mathurin). Saint-Esprit (Quartier du) ou de la Grève. Rôle des officiers de la milice bourgeoise, 14. — Circonscription, 14 (note). — Colonel. Voir Feuillet. — Quarteniers. Voir Danès (Adrien et Robert).

Saint-Étienne (Jean de). Dizenier au quartier Saint-Honoré, 13 et note.

Saint-Étienne-des-Grès (Rue), 85 (note).

Saint-Eustache (Église), 204 (note).

Saint-Eustache (Quartier). Liste des officiers de la milice bourgeoise, 12. — Sa circonscription, 12 (note). — Colonel. Voir Foscet (Le président). — Quarteniers. Voir Bonnard, Gambies, Lesaige.

Saint-Florent-le-Vieil (Maine-et-Loire). Grenier à sel, 363.

Saint-Gelais (Gui de Lusignan de), sieur de Lansac. Avis du Bureau sur les lettres qu'il a obtenues du Roi pour la fourniture du bois et charbon destinés à la Ville de Paris, 256.

Saint-Genis (Denis de), Quartenier du quartier Saint-Gervais. Présent à une assemblée générale de la Ville, 146; — aux élections municipales, 168, 169, 279, 280. — Succède Étienne Collot, 146 (note).

Saint-Genis (Le sieur de), marchands de grains. Lieutenant de la milice bourgeoise au quartier Saint-Gervais, 11.

Saint-Germain (Le sieur de), sieur de Ravines. Présent aux élections municipales, 20, 91, 167, 278; — à des assemblées du Conseil de Ville, 24, 40, 47, 52, 54, 69, 88, 89, 143, 156, 176, 181, 183, 211, 214, 217, 224, 235, 248, 270, 292, 321, 336, 339, 366; — à des assemblées générales de la Ville, 56, 146. — Démarche auprès du Conseil du Roi au sujet des eaux de Rungis, 176. — S'offre pour travailler à l'éclaircissement des rentes amorties, 225.

Saint-Germain (Jean de). Dizenier au quartier Saint-Séverin, 8.

Saint-Germain (Jean de). Banqueroute, 106 (note).

Saint-Germain (Foire). Interdite à cause des troubles, 59 (note).

Saint-Germain (Porte), 43 (note), 67. — Jeu de paume placé auprès, 108. — Droit sur ses douves, 200. — Rapport sur les boues et immondices qui sont dans les fossés, 377.

Saint-Germain-des-Prés (Abbaye). Bailli : assignation donnée devant lui à Jean Soyer, serviteur de la communauté des passeurs d'eau, 191, 195; — aux occupants de selles à laver, 196. — L'abbaye ne prétend pas droit sur les douves des portes Saint-Germain et de Buci, 200. — Hôtel de la «Prévôté» à Suresnes, 324 et note. — Plan des seigneuries de l'abbaye, 324 (note). — Receveur. Voir Magnac (Nicolas). — Voyer. Voir Vellefaux (Claude).

Saint-Germain-des-Prés (Faubourg). Rôle des officiers de la milice bourgeoise, 9.

Saint-Germain-en-Laye (Seine-et-Oise), 122 (note). — Château : séjour des Enfants de France, 109 (note).

Saint-Germain-l'Auxerrois (Censive de). Plan cité, 16 (note).

Saint-Germain-l'Auxerrois (Église), 100. — Petite porte, 94. — Paroisse, 130.

Saint-Germain-l'Auxerrois (Quartier). Rôle des officiers de la milice bourgeoise, 14-15. — Colonel. Voir Miron (Robert). — Quarteniers. Voir Le Roux (Guillaume), Parlan, Passart (Michel).

Saint-Germain-l'Auxerrois (Rue), 14 (note). — Grenier à sel, 204 (note).

Saint-Germain-le-Grand (Le sieur de). Voir Le Grand (Jean).

Saint-Gervais (Hôpital). Maison qui lui appartient sur le quai aux Ormes, 378.

Saint-Gervais (L'Orme), 11 (note).

Saint-Gervais (Quartier). Rôle de la milice bourgeoise, 11-12. — Sa circonscription, 11 (note). — Étienne Collot y est remplacé comme Quartenier par Denis de Saint-Genis, 146 (note). — Colonel. Voir Champrond (le président de). — Quarteniers. Voir Choilly, Collot, Saint-Genis (Denis de).

Saint-Gervais-et-Saint-Protais (Église). Chapelle de la Trinité, 71 (note). — Paroisse, 103 (note), 127 (note), 226, 266.

Saint-Hilaire (Le mont). Dépend du quartier Sainte-Geneviève, 280 (note).

Saint-Hilaire (Curé de). Voir Gaartres.

Saint-Honoré (Faubourg). Rôle des officiers de la milice bourgeoise, 14. — Mention, 213 (note).
Saint-Honoré (Porte). Le Bureau conteste à l'évêque de Paris le droit de bailler pour construire une place qui doit demeurer vide « pour la décoration des lieux et avenues » de cette porte, 90-91. — Visite de ses bâtiments qui menacent ruine, 102 (note). — Devis et adjudication des travaux de reconstruction, 102-105.
— Casemate et place à bâtir situées auprès et données à bail à Claude Vinet, 106 et note. — Ordonnance concernant les changements apportés au bâtiment de la porte Saint-Honoré pour son élargissement, 133-134.
— Place située auprès et donnée à bail par la Ville. 276-277. — Maison construite entre les deux portes Saint-Honoré, 277 (note).— Ordonnance du Bureau portant que François de Fontenu, Quartenier, présentera un candidat pour la place de portier au lieu de Guillaume Fleury, 169 (note), 346. — Refus par Fleury de céder la charge à Nicolas Lelong nommé pour le remplacer, 346 (note) — Guillaume Fleury maintenu par le Parlement dans ses prétentions de garder l'office de portier, 359 (note). — Contrôleur des impositions. Voir Bouchet (Étienne).
Saint-Honoré (Quartier). Rôle des officiers de la milice bourgeoise, 13-14. — Sa circonscription, 13. — Colonel. Voir Fournier. — Quarteniers. Voir Canaye (André), Fonteny (François de).
Saint-Honoré (Rue), 7 (note). — Appartient en partie au quartier Saint-Honoré, 13 (note). — Fontaine de la Croix-du-Tiroir, 16 et note. — Regard pour la prise d'eau du Louvre, au carrefour de la rue Saint-Honoré, 73. — Saisie de bois amassé dans divers magasins, 204, — Hôtel du Bouchage acheté pour l'Oratoire, 334. (note).
Saint-Innocent (Quartier). Voir Innocents.
Saint-Jacques (Faubourg), 205 (note), 222 (note). — Rôle des officiers de la milice bourgeoise, 10. — Nouvelles fortifications, 172, 174, 187, 188, — Regard à construire pour l'aqueduc de Rungis, 174, 189. — Grand regard des eaux de Rungis près de la fausse porte, 216.
Saint-Jacques (Porte), 43 (note), 172, 187. — Projet de réservoir pour les eaux de Rungis entre cette porte et la porte Saint-Michel, 157. — Réservoir pour les eaux de la Ville venant de Rungis, 174, 189. — Visite du pont-levis pour déterminer les ouvrages de charpenterie qui sont à y faire et marché passé avec Julien Pourrat pour leur exécution, 370. — Rapport d'Augustin Guillain sur les travaux de maçonnerie à faire à cette porte, avec l'ordre donné par le Bureau d'exécuter ces ouvrages, 373.
Saint-Jacques (Rue). Comprise au quartier Sainte-Geneviève, 4 (note). — Maison de David Doulceur, 5 (note).
— Suivie par la procession de la châsse de sainte Geneviève, 85 et note. — Fait la limite entre le quartier Sainte-Geneviève et le quartier Saint-Séverin, 280 (note).
Saint-Jacques-aux-Pèlerins (Hôpital), 10 (note).
Saint-Jacques-de-l'Hôpital (Quartier). Rôle de la milice bourgeoise, 10-11. — Sa circonscription, 10 (note).

— Colonel. Voir Palluau (Denis). — Quartenier. Voir Boublon (Nicolas).
Saint-Jacques-la-Boucherie (Paroisse), 69 (note).
Saint-Jacques-la-Boucherie (Quartier). Ses Quarteniers, 7 (note). — Liste des officiers de la milice, 7-8. — Mention, 12 (note). — Colonel. Voir Perrot (Jean). — Quarteniers. Voir Durantel, Nicolas (Pierre), Marces (Simon).
Saint-Jacques-la-Boucherie (Rue), 7 (note). — Suivie par les chars du carrousel de la place Royale, 139.
Saint-Jean (Cimetière), 153.
Saint-Jean (Rue). Bâtiments de l'Hôtel de Ville qui la longent, 258.
Saint-Jean-de-Jérusalem (Hospitaliers de). Voir Grand Prieur de France. Temple.
Saint-Jean-en-Grève (Quartier). Son Quartenier, 3 et note. — Liste des officiers de la milice bourgeoise, 3-4. — Colonel. Voir Langlois (Martin). — Quartenier. Voir Jobert (Jean), Monthers (Jacques de).
Saint-Jean-le-Rond (Maison des curés de), au cloître Notre-Dame, 162 (note).
Saint-Julien (Le sieur). Associé au parti des gabelles, 69, (note).
Saint-Jullien (Le sieur de). Enseigne de la milice bourgeoise au quartier Saint-Jean, 4.
Saint-Jullien (Le sieur de). Voir Sceve (Le sieur de).
Saint-Laurent (Église), 266.
Saint-Laurent (Regard), 65.
Saint-Léger-aux-Bois (Oise). Un sergent y est envoyé pour hâter la venue des bateaux chargés de bois, 80.
Saint-Leu (La pierre de), 102, 103.
Saint-Leu-d'Esserent (Oise). Un sergent y est envoyé pour hâter la venue des bateaux chargés de bois, 80.
Saint-Liébault. Voir Estissac.
Saint-Louis (Île). Voir Notre-Dame (Île).
Saint-Louis (Pont). Sa construction proposée par Pierre Bizet, 221.
Saint-Louis (Salle). Voir Palais.
Saint-Louis-en-l'Île (Église), 379 (note).
Saint-Magloire (Abbaye). Difficulté soulevée à propos des salles à laver, 196 (note), 232. — Prévôt. Voir Boudin (Antoine).
Saint-Magloire (Rue du Cul-de-Sac). Voir Porte aux Peintres.
Saint-Malo (Ille-et-Vilaine). Lettre que doit lui écrire le Bureau de la Ville pour lui donner avis des propositions de Fr. du Noyer sur la navigation des Indes et l'engager à députer aux États généraux des personnes aptes à étudier cette question, 381.
Saint-Marcel (Chanoines). Prennent l'initiative de recourir aux prières publiques pour obtenir la cessation de la sécheresse, et vont en procession à Saint-Séverin, 83 (note).
Saint-Marcel (Faubourg), 174, 189, 204. — Liste des officiers de la milice bourgeoise, 5. — Manufacture de tapisseries, 161.
Saint-Marcel (Porte). Réparations, 30.
Saint-Marcel (Quartier), 153.
Saint-Marcoul (Prieuré de), à Corbeny (Aisne). Pèlerinage qu'y fait le Roi après son sacre, 36 (note).

DE LA VILLE DE PARIS.   497

Saint-Martin (Le sieur de). Voir Du Noyer (François).
Saint-Martin (Boulevard de la porte). Opposition aux criées d'un moulin, 59 (note).
Saint-Martin (Faubourg), 130, 266. — Liste des officiers de la milice bourgeoise, 3.
Saint-Martin (Porte). Devis et adjudication des travaux de reconstruction, 265-267. — Adjudication des démolitions de cette porte, 276. — Devis et marché pour son achèvement, 314-315. — Rabais sur la ferme des chaussées des portes Saint-Denis et Saint-Martin, en raison de ces travaux, 314 (note). — Devis et marché pour les ouvrages de charpenterie, 359-361. — Devis des travaux de sculpture à faire à cette porte et marché passé avec Pierre Bernard pour leur exécution, 370-371. — Portier. Voir Perrin (Pierre).
Saint-Martin (Quartier). Liste des officiers de la milice bourgeoise, 2-3. — Enfants d'honneur de ce quartier, 2 (note). — Remplacement de Jean Le Conte par Ascanius Guillemeau comme Quartenier, 279 (note). — Rôle de sa milice en 1620, 279 (note). — Colonel. Voir Potier (Nicolas), président de Blancmesnil. — Quarteniers. Voir Le Conte (Jean), Guillemeau (Ascanius).
Saint-Martin (Rue), 2 (note).
Saint-Martin-des-Champs (Prieuré de). Négligence des religieux à réparer la fontaine qui leur est commune avec le Temple; poursuites exercées contre eux par la Ville, 43-44. — Prieur. Voir Dormy (Claude), Du Piat (Jean).
Saint-Maur (Regard). Suppression de l'inscription sous la Révolution, 177 (note).
Saint-Mesay (Cloître). Guillaume Marescot y habite, 89 (note).
Saint-Meary (Paroisse). Pierre Chambiges, marguillier, 3 (note).
Saint-Merry (Rue), 161 (note).
Saint-Michel (Pont). Maisons dont la construction a été concédée au président Jeannin le long du quai qui va du pont Neuf au pont Saint-Michel, 95-96, 126-129.
Saint-Michel (Porte), 172. — Réparations, 30. — Autorisation donnée à Jean de Saint-Paul de construire un mur pour soutenir les terres du fossé de la contrescarpe de cette porte, 43. — Projet de réservoir pour les eaux de Rungis entre cette porte et la porte Saint-Jacques, 157. — Place située auprès, donnée à l'église Saint-Benoît en échange de son cimetière, 222 (note). — Visite du pont dormant par Julien Pourrat, 373 (note).
Saint-Michel (Quai). Marché qui s'y tient. Voir Marché Neuf. — Affiches mises sur le quai pour annoncer le bail des halles de ce marché, 155.
Saint-Nicolas (Curé de) [sans autre désignation du vocable de l'église]. Publication au prône d'une ordonnance de la Ville, 64.
Saint-Nicolas des-Champs (Église). Sépulture de Claude Merault, 171 (note). — Paroisse, 105, 248 (note), 261, 263, 372.
Saint-Paul (Église), 5 (note), 330. — Ordonnance du Bureau publiée au coin de l'église, 353 (note). — Paroisse, 261.
Saint-Paul (Port). Offices de chargeurs et déchargeurs, 101-102. — Genre habituel des marchandises qui s'y déchargent, 102. — Voir Chargeurs et Déchargeurs de fardeaux, Chargeurs et Porteurs de chaux. — Arrivée d'un bateau chargé d'armes, 122 (note). — Passeur traversant du port de la Tournelle, 195 (note). — Pont projeté par Christophe Marie. Voir Marie (Pont). — Visite d'experts qui y est faite en vue de la construction de ce pont, 122, 150-151. — Assemblée de bourgeois et de voituriers par eau sur le projet de ce pont, 203-204, 213, 219-220. — Mentions de ce projet de pont, 212, 219. — Études pour l'emplacement du pont Marie, 378-380. — Propositions par Pierre Bizet pour la construction d'un pont de pierre, 221.
Saint-Paul (Quartier), 122 (note), 153. — Pont qui doit le relier à celui de la Tournelle, 378.
Saint-Paul (Rue), 205 (note).
Saint-Paul (Jean de). Rente qu'il doit à la Ville sur sa maison, en raison de l'autorisation qu'il a obtenue de faire un mur pour contenir les terres de la contrescarpe les fossés de la porte Saint-Michel, 43 et note.
Saint-Père (Regard), 65.
Saint-Quentin (Gouvernement de), 232 (note).
Saint-Sauveur (Église), 10 (note).
Saint-Séverin (Carrefour). Compris au quartier Sainte-Geneviève, 4 (note).
Saint-Séverin (Église). Les chanoines de Saint-Marcel y portent en procession la châsse de saint Clément, 83 (note).
Saint-Séverin (Quartier). Liste des officiers de la milice bourgeoise, 8-9. — Mort de son colonel, le président Forget, 62 (note). — Sa limite du côté du quartier Sainte-Geneviève, 280 (note). — Quartenier. Voir Huot (Jacques).
Saint-Simon (Louis, duc de). *Mémoires* publiés par A. de Boislisle, cités, 5 (note), 39 (note), 41 (note), 60 (note), 121 (note), 279 (note), 337 (note), 338 (note).
Saint-Victor (Abbaye). Les chanoines de Saint-Marcel y célèbrent une grand'messe à la suite d'une procession à Saint-Séverin, 83 (note). — Présente au sceau des lettres confirmatives de celles de Charles VI au sujet de la propriété des fossés de la porte Saint-Victor, 198-200.
Saint-Victor (Faubourg). Rôle des officiers de la milice bourgeoise, 14. — Mention, 204.
Saint-Victor (Quartier), 153.
Saint-Yon (Antoine de), sieur de Rubelles, maître des Requêtes. Député des bourgeois de son quartier aux élections municipales, 93 et note.
Sainte-Avoie (Passage), 162 (note).
Sainte-Beuve (Jacques). Élève du chirurgien Pineau pour l'opération de la pierre, 111.
Sainte-Chapelle du Palais, 222. — Chanoine du chapitre de la Sainte-Chapelle. Voir Rouillé (René).
Sainte-Geneviève (Abbaye). Les paroisses de Paris y vont en procession le dimanche qui précède la descente de la châsse, 83. — Procession de la châsse, 83-86. — Rang des religieux à la procession de la châsse, 85, 86; — répondent à la messe pontificale, 85. — Bailli. Voir Chauvelin.
Sainte-Geneviève (Quartier), 153. — Son Quartenier,

Philippe Marin, 4 et note. — Liste des officiers de la milice, 4-5. — Philippe Marin y est remplacé comme Quartenier par Pierre Huot, et celui-ci par Jean Le Clerc, 146 (note). — Sa limite du côté du quartier Saint-Séverin, 280 (note). — Colonel. Voir GRIEUX (Gaston DE). — Quarteniers. Voir HUOT (Pierre), LE CLERC (Jean), MARIN (Philippe).

SAINTE-GENEVIÈVE-DES-ARDENTS (Église). Dislocation du cortège de la procession de la châsse de sainte Geneviève, 86 et note.

SAINTE-MESME (Le sieur DE). Voir L'HÔPITAL (Anne DE).

SAINTS-INNOCENTS (Quartier des). Voir INNOCENTS.

SALAIRES. Augmentation de ceux des compagnons mariniers, 76.

SALPÊTRE. Tarif du droit de péage sur l'Oise, 245; — sur la Vanne, 255.

SALVE REGINA. Chanté à la procession de la châsse de sainte Geneviève, 85.

SAMARITAINE (Pompe de la). Construite et dirigée par Jean Lintlaër, 129 (note). — Prisée qui y est faite du cadran de l'horloge de l'Hôtel de Ville, 154.

SAMBICHT. Voir CHAMBIGES (Pierre).

SAMOIS (Seine-et-Marne). Roche qui entrave la navigation de la Seine et avis sur les offres faites pour sa rupture, 144. — Pierres qui existent sous le pont de Samois, 144. — Desservi par le bateau de Héricy, 210 (note).

SANGUIN (Guillaume), secrétaire, Conseiller de la Ville. Présent aux élections municipales, 20, 91, 167, 278; — à des assemblées du Conseil de la Ville, 47, 52, 54, 88, 89, 248; — à des assemblées générales de la Ville, 56, 113.

SANGUIN (Jacques), sieur de Livry, Conseiller de la Ville, Prévôt des Marchands. Capitaine et colonel de la milice bourgeoise au quartier du Temple, 6; — est présent à une assemblée des colonels, 61. — Son rôle comme Prévôt des Marchands: le Roi et la Reine régente écrivent aux Conseillers et Quarteniers pour leur ordonner de le continuer en la charge de Prévôt des Marchauds, lors de l'assemblée électorale, 19, 20, 22; — il communique ces lettres à l'assemblée électorale, 22, — harangue qu'il prononce à cette occasion, 22; — est élu de nouveau Prévôt des Marchands, 23; — présente au Roi les scrutateurs qui lui apportent le résultat des élections municipales, 22; — prête serment entre les mains du Roi pour l'exercice de sa charge, 22, 23; — son éloge par la Reine, 23; — nouvelle prise de possession de la charge de Prévôt, 23. — Présent aux élections municipales, 20, 91, 167; — à des assemblées du Conseil de Ville, 23, 40, 47, 52, 54, 69, 86, 87, 88, 89, 143, 156; — à des assemblées générales de la Ville, 56, 113, 145. — Expose l'objet de l'assemblée électorale, 22, 93, 169. — Présente des remontrances au Conseil du Roi au sujet des rentes sur le Clergé, 29-30. — Expose au Conseil de Ville l'intention qu'a Claude Aubery de résigner son office de Conseiller, 40. — Harangue le Roi à son entrée à Paris, au retour du sacre, 42 et note. — Marche côte à côte avec le Gouverneur de la Ville, en allant au-devant de la Reine et du Roi au retour du sacre, 41, 42; — harangue adressée à la Reine, 41. — Prononciation d'une sentence rendue par la juridiction du Bureau à propos de la fontaine de Saint-Martin-des-Champs et du Temple, 44. — Reproche qu'il adresse aux bourgeois d'avoir directement porté plainte au Roi à propos du mauvais payement des rentes, 45; — démarches qu'il a faites auprès du Conseil à ce sujet, 45; — promet aux bourgeois de transmettre leurs plaintes au Roi, 45. — Consulté par le Chancelier sur le projet de démembrement des offices de receveurs des rentes sur le Clergé et sur les recettes générales, 47. — Expose au Conseil de la Ville l'objet des délibérations, 47, 69, 143, 156; — expose à des assemblées générales de la Ville le but de la réunion, 57, 114, 147. — Réclamations faites à François de Castille au sujet du payement des rentes du Clergé, 52. — Propose à l'assemblée générale de la Ville de ratifier la résignation à survivance de son office de Greffier de la Ville faite par Guillaume Clément en faveur de son fils François, 57. — Provisions délivrées à François Clément pour cet office, 57-58; — fait prêter serment à François Clément pour l'office de Greffier, 53. — Présente au Chancelier les réclamations du Bureau au sujet du renouvellement du parti des aides, 80; — les formule de nouveau devant le Conseil, 81. — Présente les scrutateurs de l'élection au Roi, 94. — Signification lui est faite d'un arrêt du Conseil et d'une requête, 97. — Harangue au Conseil du Roi à propos de Jean Filacier, 99. — Harangue aux commissaires du Conseil chargés d'examiner les causes d'opposition de la Ville à la commission de Jean Filacier, 100. — Les Échevins lui rendent compte de leur mission auprès de la Chambre des Comptes au sujet de la commission de Jean Filacier, 110. — Supplie la Reine de renoncer à la commission donnée à Jean Filacier pour la recette des deniers provenant des rentes amorties, 114. — Harangue adressée à la Reine pour la remercier d'avoir révoqué cette commission, 115, 116. — La Reine lui remet l'original de la commission de Jean Filacier et le brevet de don du feu Roi, qu'elle a fait retirer de la Chambre des Comptes, 116. — Provisions de Procureur du Roi de la Ville, en survivance, délivrées à Étienne Charlet d'Esbly, 148. — Assiste à la réception de l'horloge de l'Hôtel de Ville, 154. — Démarches qu'il a faites pour la suppression de l'impositiou des trente sols sur le vin entrant à Paris, 156. — Expose à l'assemblée du Clergé les plaintes de la Ville, 157-158. — Le Bureau de la Ville lui accorde une concession d'eau pour sa maison de la rue Barredu-Bec, en reconnaissance des services qu'il a rendus à la Ville comme Prévôt des Marchands, 161. — Il reçoit du Roi un don de 6,000 livres, 161 (note). — Harangue l'ambassadeur d'Espagne, 164. — Remontrances à la Reine au sujet des rentes amorties, 211. — Accepte les propositions de Habert et Guillot pour la recherche des rentes amorties, 212. — Refuse de se charger du buffet d'argent de la Ville, 230. — Expiration de ses fonctions de Prévôt, 169. — Remerciements adressés à l'assemblée électorale à sa sortie de charge, 169-170. — Présente au Roi et à la Reine la nouvelle municipalité, 170-171; — remerciements qu'il leur adresse et louange qu'il reçoit d'eux, 171. — Son rôle comme

DE LA VILLE DE PARIS. 499

Conseiller de la Ville : assiste à des assemblées du Conseil de Ville, 211, 214, 248, 292, 321; — aux élections municipales, 278; — à une réunion du Bureau, 349.

Santueil (Le sieur). Dizenier au quartier du Sépulcre, 12.

Sauf-conduit délivré à Gabriel du Crocq, sous-fermier du grenier à sel de Sens, pour venir compter au Bureau de la Ville, 326 et note.

Saulnier (F.). *Le Parlement de Bretagne*, cité, 145 (note).

Saumon. Tarif du droit de péage sur l'Armançon, 237; — sur l'Oise, 245; — sur la Vanne, 255.

Saumur (Maine-et-Loire). Assemblée des protestants, 61 (note). — Grenier à sel, 363. — Lettres du Roi et de la Reine qui en sont datées, 375.

Saussaie (La), commune de Chevilly (Seine). Messieurs de la Ville y vont au-devant du Roi, 267. — Ancienne léproserie transformée en monastère, 267 (note).

Sauvage (Le sieur), marchand de vin. Enseigne de la milice bourgeoise au quartier Saint-Honoré, 13.

Sauvage (Antoine). Capitaine de la milice bourgeoise au faubourg Saint-Victor, 14.

Sauval. *Histoire et antiquités de la Ville de Paris*, citées 266 (note).

Saczelle (Le sieur de), maître des requêtes de la Reine. Capitaine de la milice bourgeoise au quartier Saint-Martin, 2 et note.

Savarin (Antoine), voiturier par eau. Expert commis pour fixer l'alignement du pont de Gournay, 311-313.

Savary (Le sieur). Lieutenant de la milice bourgeoise au quartier Saint-Jacques-de-l'Hôpital, 11.

Savary (Le sieur). Candidat à l'Échevinage, 282.

Savoie. Son ambassadeur en France : rang au service funèbre de la reine d'Espagne, 120-121.

Savon. Tarif du droit de péage sur l'Oise, 245; — sur la Vanne, 255.

Savonnerie (Rue de la), 7 (note).

Scample. Signe une requête adressée au Roi par Nicolas Milon, 347.

Scaron (Le sieur), avocat. Enseigne de la milice bourgeoise au quartier Notre-Dame, 10.

Scaron (Le sieur), conseiller au Parlement. Capitaine de la milice bourgeoise au faubourg Saint-Germain-des-Prés, 9.

Scaron (Le sieur), conseiller au Parlement. Délégué des bourgeois de son quartier à l'assemblée électorale, 280.

Sceau (Lettres présentées au). Voir Brulart.

Scel de la Prévôté des Marchands, 273. — Apposé à une sentence de la juridiction du Bureau, 44; — aux provisions de l'office de Greffier, 58; — aux lettres des Prévôt des Marchands et Échevins, 148.

Scellés après décès. Voir Coing (Jean).

Sceve (Le sieur de), sieur de Saint-Jullien. Capitaine au faubourg Saint-Germain-des-Prés, 9.

Sciage du bois (Privilège pour une invention relative au), 343.

Scrutateurs aux élections municipales, 22, 23, 93, 95, 170, 280; — prêtent serment, 22, 93, 170, 281; — prennent séance à la place des Prévôt des Marchands et Échevins, 22, 93, 170, 281; — recueillent les votes et rédigent le scrutin, 22, 93, 170, 281; — le portent au Roi, 22, 23, 94, 95, 170, 171, 281; —

avertis de ne pas s'absenter avant le retour du Roi à Paris, 281. — Noms de ceux qui sont élus pour chacune des assemblées électorales. Voir Bourgeois, Conseillers de la Ville, Officiers du Roi, Quarteniers.

Scrutin de l'élection. Rédigé par les scrutateurs, 22, 93, 170, 281; — présenté au Roi, 22, 94-95, 170, 171, 281. — Texte du procès-verbal du scrutin, 23, 95, 171, 282.

Sculpteurs. Plusieurs sont consultés par le Bureau sur un privilège accordé pour la fabrication d'ouvrages d'argile imitant le marbre, 355.

Sécheresse. Procession de la châsse de sainte Geneviève pour en obtenir la cessation, 83-86.

Sedan (Ardennes). Rassemblement de gens de guerre au sujet du siège de Sedan, 28 (note). — Transport qui se fait dans cette ville des quarts d'écu de France, 310.

Sées (Orne). Fabriques de fil d'archal, 160.

Seiches. Tarif du droit de transport sur l'Armançon, 237.

Seine (La), fleuve, 148 (note), 219, 221, 233 (note), 256. — Ordre au premier des sergents de la Ville de se transporter sur les ports, le long du fleuve, pour hâter la venue du bois, 58. — Mandement au premier des sergents de la Ville de se rendre hors de la Ville, sur les ports, pour hâter la descente des bateaux chargés de bois, 25. — Plaintes que les marchands et voituriers fréquentant la Seine font sur les roches de Montercan et de Samois, 144. — Commission délivrée à Pierre de la Salle pour s'informer du bois qui existe à proximité du fleuve, 196-197. — Marchands fréquentant la rivière de Seine, 201, 202. — Propositions pour sa navigation de Nogent à Châtillon, 213 (note). — Concessions de selles à laver faites par la Ville, 232 (note). — Délibérations du Conseil de Ville sur les propositions faites pour la rendre navigable du côté de Troyes, 234-236. — Naufrage de deux bateaux, 271 (note). — Limite de l'Île-de-France, 312 (note). — Construction d'un quai à Suresnes, 323-325. — Ordonnance du Roi sur les bacs, 356-357. — Voir Marie (Pont).

Seine-Inférieure (Département de la), 221 (note).

Séjour (Le sieur du). Voir Bailly (Charles).

Sel. Tarif du droit de péage sur l'Armançon, 237; — sur l'Oise, 245; — sur la Vanne, 255. — Levée de 15 sols pour muid de sel. Voir Octroi. — Parti du sel. Voir Ferme générale des gabelles, Gabelles, Rentes. — Voir Briseurs, Courtiers, Mesureurs, Porteurs.

Selles à laver. Leurs occupants sont assignés devant le bailli de Saint-Germain-des-Prés, 196. — Leurs titulaires sont assignés aux Requêtes du Palais à la requête de Saint Magloire; la Ville prend fait et cause pour eux, 232.

«Séminaire académique», projeté par Pierre Bizet pour l'enseignement des langues anciennes et orientales et des mathématiques, 222; — places qui y seront réservées aux enfants de ses neveux, 223.

Sempigny (Oise). «*Sainct Pigny*». Travaux pour rendre l'Oise navigable entre Chauny et Sempigny, 246 (note).

Semur-en-Auxois (Côte-d'Or). Ravages causés par une inondation, 271 et note.

Senlis (Oise). Lieutenant général. Voir Loisel (Claude).

63.

Senlis (Jean de), chargeur de bois, 194 (note).
Sens (Yonne). Proposition de Samson Dujae pour rendre la rivière de Vanne navigable de cette ville jusqu'à Saint-Liébault, 252. — Crue de l'Yonne, 271 (note). — Église Saint-Maurice au faubourg d'Yonne, 271 (note). — Hôtellerie de la Levrette, 272 (note). — Coche d'eau entre Sens et Paris, 296 (note). — Grenier à sel. Contraintes à exercer contre le sous-fermier, 300. — Voir De Croc (Gabriel).
Sens (Archevêché de). Archevêque. Voir Du Perron (Cardinal). — La province ecclésiastique de Sens élit l'abbé de la Vernusse comme agent général du Clergé, 162 (note).
Sensier. Voir Censiea.
Sépulcre (Quartier du). Rôle des officiers de la milice bourgeoise, 12-13. — Sa circonscription, 12 (note). — Colonel. Voir Pajot (Antoine). — Quarteniers. Voir Beausse (Mathurin de), Cakil (Jacques de), Lambert (Nicolas).
Sergents de la Ville. Vont prévenir les bourgeois désignés par le sort pour faire partie de l'assemblée électorale, 21, 92, 168, 279. — Vont au Louvre pour accompagner les membres du Bureau qui présentent au Roi le scrutin de l'élection, 22, 94, 281; — vont les y attendre, 170; — malgré l'opposition des huissiers, ils entrent dans le cabinet du Roi, 94. — Assistent au *Te Deum* chanté à Notre-Dame à l'occasion du sacre, 39. — Ne figurent pas au cortège qui va au-devant de la Reine, au retour du sacre, parce qu'ils se préparent pour aller au-devant du Roi, 41. — Leur rang dans le cortège qui va au-devant du Roi à son retour du sacre, 42. — Ordonnance au premier des sergents de se transporter sur les ports pour hâter la venue des bateaux chargés de bois, 58. — Mandement des sergents de se transporter hors de la Ville, sur les ports, pour hâter la descente des bateaux chargés de bois, 63. — Rang et costume à la procession de la Réduction, 68, 134, 240; — au cortège formé pour la messe de la Réduction, 71, 140, 242. — Rang et costume à la procession de la châsse de sainte Geneviève, 84, 85, 86. — Accompagnent Messieurs de la Ville dans la visite rendue à la duchesse de Lorraine, 109. — Rang et costume au service funèbre de la reine d'Espagne, 118. — Accompagnent les Échevins qui vont inviter le Parlement et la Chambre des Comptes à la messe de la Réduction, 140. — Accompagnent Messieurs de la Ville rendant visite à l'ambassadeur d'Espagne, 164. — Classés parmi les grands offices de la Ville, 164. — Service aux séances du Conseil de ville, 176 (note). — Ont ordre de saisir les flettes chargées de bois, 200. — L'un d'eux est chargé de signifier à Philippe de Gondi de payer le quartier échu des rentes du sel, 203. — Mandement au premier sergent de saisir le bois amassé dans divers magasins, 204-205. — Ordre au premier sergent sur ce requis de faire commandement à Nicolas Milon de payer à Pierre Payen ce qu'il doit pour trois quartiers des rentes du sel, 363; — ordre semblable à l'égard de Thomas Robin, 363. — Voir Gouest (Olivier de).
Serisier. Voir Cerisier.

Serment des nouveaux élus, 23, 95, 171-172, 281, 282; — prêté à Nantes en 1614, 377.
Serpente (Rue). Maison de Jean Le Voys, 131.
Serre (La), rivière, 213 (note).
Servant, avocat du Roi au Parlement. Plaidoirie à propos de la nomination de Charles Marchant comme capitaine unique des trois Nombres, 31 (note).
Servien (Abel), secrétaire d'État, 337 (note).
Servien (Ennemond), 338 (note).
Servien (Nicolas), trésorier des parties casuelles des deniers du droit annuel. Assignation donnée à la Ville sur sa recette pour 1615, 337. — Notice, 337-338 (note).
Sevin (Michel), conseiller au Parlement. Député des bourgeois de son quartier aux élections municipales, 92 et note.
Sillery (Marne). Seigneurie. Voir Cauchon (Marie). — Marquis de Sillery. Voir Brulart (Nicolas).
Sinffray (Le sieur). Enseigne de la milice bourgeoise au quartier Saint-Jacques-la-Boucherie, 8.
Sinffret (Christophe). Lieutenant de la milice bourgeoise au faubourg Saint-Victor, 14.
Sirier (Le sieur), huissier du Conseil. Reçoit ordre de délivrer de prison le sieur Cochery, lieutenant de la milice, 61.
Sixdeniers (Pierre). Élève du chirurgien Pineau pour l'opération de la pierre, 111.
Soissons (Généralité de), 298. — Sous-fermier du sel, 192.
Soissons (Le comte de). Voir Bourbon (Charles de).
Sonnins, *Sonyns* (Le sieur), libraire. Lieutenant de la milice bourgeoise au quartier Sainte-Geneviève, 4, 146 (note).
Sonyns (Le sieur), marchand bourgeois de Paris. Assiste à une assemblée particulière de la Ville, tenue au sujet de la hausse des monnaies, 309.
Sornet (Jean), dit Vuivellot, grand valet de pied du Roi. Sollicite la création à son profit d'une charge de contrôleur des marchandises de bois sur les ports des rivières d'Aisne et d'Oise, 361.
Souche (Maison à l'enseigne de la), rue des Gravilliers, 105.
Soufre. Tarif du droit de péage sur l'Oise, 245; — sur la Vanne, 255.
Soulfour (Denis de), conseiller au Parlement. Capitaine de la milice bourgeoise au quartier Saint-Martin, 3.
Sourdis (François d'Escoubleau, cardinal de). Assiste à l'assemblée du Clergé de 1610, 27. — Séance au Conseil du Roi, 29. — Président de l'assemblée du Clergé de 1612. Reçoit les membres du Bureau de la Ville: réponse qu'il leur fait, 149-150, 157-158.
Souvré (Gilles de). Accompagne le Roi à la visite de Rungis, 267.
Soyer (Jean), serviteur de la communauté des passeurs d'eau. Saisie entre ses mains du bac des Tuileries, 191; — assigné devant le bailli de Saint-Germain-des-Prés, 195.
Sucre. Tarif du droit de péage sur l'Oise, 245; — sur la Vanne, 255.
Sully (Le duc de). Voir Béthune (Maximilien de).
Suresnes (Seine). Requête adressée par le Bureau au Roi

T

et à son Conseil au sujet des travaux à exécuter pour la construction d'un quai, 323-325. — Maison de Saint-Germain-des-Prés, dite de la Prévôté, 324 et note. — Chemin de la Marchandise, 324 (note).

TABLE DE MARBRE du Palais, siège des juridictions de l'Amirauté, de la Connétablie et des Eaux et Forêts. Semonce y est faite pour le service funèbre de la reine d'Espagne, 120.

TABLEAU JURATOIRE de la Ville. Les scrutateurs prêtent serment sur lui, 22, 93, 170, 281. — Tenu par le président de Blancmesnil pendant l'élection, 22 ; — par le président Miron, 93 ; — par Jérôme de Hacqueville, 170 ; — par le président Aubery, 281 — Tenu par le Roi pendant la prestation de serment des Prévôt des Marchands et Échevins, 23, 94, 171, 281.

TABLEAUX affichés sur les ports et portant le texte du règlement pour le prix du bois et le salaire des officiers, 79, 112, 113, 195.

TALMOND (Domaine de), 337 (note).

TALON (Le sieur), avocat. Plaidoyer au Parlement, 358.

TALON (Le sieur), procureur au Châtelet. Lieutenant de la milice bourgeoise au quartier des Innocents, 7 et note.

TALON (Le sieur). Candidat à l'Échevinage, 171, 282.

TALON (Jacques), avocat. Enseigne de la milice bourgeoise au quartier Saint-Séverin, 9 et note.

TALON (Omer), avocat, 9 (note).

TALON (Omer), avocat, fils du précédent et auteur des *Mémoires*, 9 (note).

TAMBONNEAU (Michel), président des Comptes. Siège à la Chambre, 110.

TANNEGUY (Le sieur), avocat. Représentant des bourgeois de son quartier à une assemblée générale de la Ville ; mentionné comme absent, 146. — Candidat à l'Échevinage, 95.

TAPISSERIES. Tarif du droit de péage sur l'Oise, 245 ; — sur la Vanne, 255. — Les directeurs de la manufacture Royale et du faubourg Saint-Marcel profitent de leur privilège pour vendre des ouvrages qu'ils font venir du dehors, 161.

TARGER (Le sieur), marchand. Lieutenant de la milice bourgeoise au quartier Saint-Jacques-de-l'Hôpital, 11.

TARGER (Le sieur), marchand. Lieutenant de la milice bourgeoise au quartier du Sépulcre, 13.

TARGER (Le sieur). Candidat à l'Échevinage, 282.

TARTAISE (Étienne), maître maçon. Enchère pour l'adjudication des travaux de l'Hôtel de Ville, 261 ; — ils lui sont adjugés, 261 ; — cède sou marché à Marin la Vallée, 261, 262 ; — celui-ci ayant négligé de bailler caution, Jacques Roullet est subrogé aux lieu et place de Tartaise, 262.

TARTERON (Le sieur). Délégué des bourgeois de son quartier à deux assemblées générales de la Ville, à la première desquelles il est mentionné comme absent, 56, 146.

TASSAULT (Le sieur), contrôleur de l'audience. Enseigne de la milice bourgeoise au quartier Saint-Martin, 2.

TAVERNIER (Plan de), cité, 379 (note).

TE DEUM chanté à Notre-Dame à l'occasion du sacre, 37, 38 et notes, 39.

TELLIER (Charles), auditeur en la Chambre des Comptes, 132 (note).

TEMINE. Voir THEMINES.

TEMPLE (Échelle du), 6 (note).

TEMPLE (Commanderie du). Poursuites exercées par la Ville contre le Grand Prieur de France et commandeur du Temple au sujet des réparations à faire à la fontaine qui lui est commune avec Saint-Martin-des-Champs, 43-44. — Commandeur. Voir REGNIER DE GUERCHY. — Montre des archers dans la cour du Temple, 73-74, 357.

TEMPLE (Marais du), 261.

TEMPLE (Quartier du). Ses Quarteniers, (6 note). — Liste des officiers de la milice, 6. — Colonel. Voir SANGUIN (Jacques). — Quarteniers. Voir CHARPENTIER, DU TERTRE (Guillaume).

TEMPLE (Rue du), 161 (note), 263. — Maison du sieur de Roissy, 162.

TENTURES DE DEUIL pour le service funèbre de la reine d'Espagne, 119.

TESTU (Louis), chevalier du guet. Capitaine de la milice bourgeoise au quartier Saint-Germain-l'Auxerrois, 14 et note.

TEZEAU (Denis), tenant place à laver. Assigné à la requête de Saint-Magloire, 232.

THEMINES (Marquis DE). Voir LAUZIÈRES-THEMINES-CARDAILLAC (PONS DE).

THERIOT (Le sieur), notaire. Enseigne de la milice bourgeoise au quartier Saint-Jacques-de-l'Hôpital, 10.

THEROCIN (Le sieur). Dizenier au faubourg Saint-Jacques, 10.

THEURNY (Le sieur), marchand de bois. Enseigne de la milice bourgeoise au quartier Saint-Gervais, 12.

THÈVE (La), rivière. Limite de l'Île-de-France, 312 (note).

THEVENIN (Le sieur). Saisie du bois emmagasiné chez lui, 204.

THEVENIN (François), élève du chirurgien Pineau pour l'opération de la pierre, 111. — Pension que lui accorde le Roi, 111 (note).

THEVENOT (Jean), conseiller au Châtelet. Échevin. Continué pour un an dans les fonctions d'Échevin par l'assemblée électorale, d'après les ordres de la Reine, 20-23. — Prête serment entre les mains du Roi pour l'exercice de sa charge, 22, 23 ; — son éloge par la Reine, 23 ; — nouvelle prise de possession de la charge d'Échevin, 23. — Nombre de voix qu'il a obtenues au scrutin, 23. — Présent aux assemblées du Conseil de Ville, 23, 40, 47, 52, 54, 69, 86, 87 ; — à une assemblée générale de la Ville, 56. — Chargé d'apposer les scellés sur les papiers de feu Nicolas Largentier, 32. — Présente à la Chambre des comptes l'opposition de la Ville à des partis préjudiciables aux rentes de la Ville, 47 ; — à la réception de Louis

Massuau comme receveur général des bois de Normandie, 48. — Conduit François Clément au Grand Bureau et au Greffe pour le mettre en possession de l'office de Greffier, 57. — Signification lui est faite d'un arrêt du Conseil, 97. — Assemblée électorale pour son remplacement comme Échevin, 91-95; — remerciement qu'il fait à l'assemblée à sa sortie de charge, 93; — remerciement à Leurs Majestés, 95.

Theveny (Pierre). Capitaine de la milice bourgeoise au faubourg Saint-Marcel, 5.

Thevenyn (Le président). Voir Thevin (Robert).

Thevin (Robert), président aux Enquêtes. Capitaine de la milice bourgeoise au faubourg Saint-Germain-des-Prés, 9.

Thibaud-aux-Dés (Rue), aujourd'hui rue des Bourdonnais. Hôtel de la Monnaie, 333 (note).

Thiboult. Signature d'arrêt de la Chambre des Comptes. 178.

Thiérache (La), 160.

Thierssault (Mademoiselle), 261.

Thil (Sieur du). Voir Jubert (Jacques).

Thiret (Le sieur). Caution de Philippe de Gondi, 321-322.

Thiroeyn (Guillaume). Capitaine de la milice bourgeoise au faubourg Saint-Jacques, 10.

Thomas (Le sieur), receveur. Délégué des bourgeois de son quartier à une assemblée générale de la Ville, 56.

Thomas (François), faiseur d'éteufs. Saisie et vente opérées sur lui d'un jeu de paume près la porte Saint-Germain, 108 et note.

Theo (Jacques-Auguste de), président à mortier. Assiste à une entrevue entre le Chancelier et les membres du Bureau de la Ville, 80. — Séance au Conseil du Roi, 81, 99, 182, 246, 251, 274. — Commissaire du Conseil pour examiner les causes d'opposition de la Ville à la commission de Filacier, 99, 100; — avis favorable à la Ville, 110. — Commis par le Conseil pour étudier la cause pendante entre la Ville et le Clergé, 227, 250.

Thou (René de). Voir Bonneuil.

Thumery (Jean de). Voir Boissise.

Thurin (Le sieur), marchand bourgeois de Paris. Assiste à une assemblée particulière de la Ville tenue au sujet de la hausse des monnaies, 309.

Tibi (Le sieur), menuisier. Enseigne de la milice bourgeoise au quartier du Temple, 7.

Tilly (Dame de). Voir Gnon (Madeleine).

Tiraqueau (Pierre). État des amortissements de rentes faits par lui, 325.

Tisserand (L.-M.). Voir Topographie historique du vieux Paris.

Toiles. Tarif du droit de péage sur l'Armançon, 237; — sur l'Oise, 245; — sur la Vanne, 255.

Toiseur de plâtre. Charge classée parmi les offices en commun, 165.

Tonneau, mesure de capacité pour la pierre, 245 et note.

Tonneliers. Soumis à la juridiction du Châtelet, sauf lorsqu'ils agissent en qualité de déchargeurs de vins, 239. — Tonneliers déchargeurs de vins. Voir Déchargeurs de vins.

Tonnellerie (Rue de la). Fait partie du quartier Saint-Jacques-de-l'Hôpital, 10 (note). — Forme la limite du quartier Saint-Eustache, 12 (note).

Tonnerre (Yonne). Grenier à sel. Contraintes à exercer contre le sous-fermier, 300. Voir Du Croc (Gabriel). — Pierre de Tonnerre, 240, 241.

Topographie historique du vieux Paris, citée, 48 (note), 78 (note), 135 (note), 148 (note), 191 (note), 222 (note).

Torches fournies pour l'enterrement du capitaine Marchant, 28.

Toulouse (Haute-Garonne). Receveur particulier du diocèse, 50. — Premier président du Parlement, 71 (note). — Rentes de l'Hôtel de Ville sur le Clergé, 201. — Généralité, 298. — Chambre ecclésiastique, 335 (note).

Tour (Regard de la) ou de la Chapelle à Belleville, 173, 188. — Ordre à Pierre Guillain d'y faire travailler et mettre une inscription, 177.

Touraine (Généralité de). Voir Tours.

Tournelle (Quai de la), 379, 380. — Projet de pont, 219.

Tournelle (Quartier de la). Pont qui doit le relier à celui de Saint-Paul, 378.

Tournelle (Port de la). Point proposé pour l'aboutissement du pont Marie, 151, 152, 153. — Offre faite par un partisan d'y paver une chaussée, 181. — Passeur traversant au port Saint-Paul, 195 (note).

Tournelle ou Tournelle-Saint-Bernard (Porte de la). Projet par Christophe Marie de construire un pont à sa hauteur, 122 (note), 203, 212, 380. — Proposition par Pierre Bizet pour la construction d'un pont de pierre, 221. — Marché pour travaux de menuiserie, 226 (note). — Voir Saint-Bernard (Porte).

Tournelles (Hôtel des). Manufacture d'étoffes de soie, 161 (note).

Tourniquet qui doit être mis sur le quai devant le Palais pour les cordes des bateaux, 128.

Tours (Indre-et-Loire). Siège de la Chambre des Comptes pendant la Ligue, 4 (note). — Parlement pendant la Ligue, 8 (note), 69 (note). — Les voituriers qui viennent de cette ville à Paris suivent habituellement la rue de l'Hôtel-de-Condé, 43 (note). — La province ecclésiastique élit pour agent général Jean Forget, chanoine et trésorier de Tours, 136 (note). — Généralité, 298. — Contraintes à exercer contre les commis à la recette des deniers des gabelles de cette généralité, 300. — Assignation donnée sur les fermiers des gabelles aux receveurs des rentes sur le sel, 301, 305, 306. — Demande de contraintes contre eux, 341; — ordonnances de la Ville dans ce but, 363. — Voir Milon (Nicolas). Robin (Thomas). — Sébastien l'Empereur doit verser entre les mains de Jean de Moisset ce qu'il doit à Ph. de Gondi sur les gabelles de cette généralité, 345. — L'élection de Tours reçoit la caution de Nicolas Milon pour le bail des gabelles de la généralité de Tours, 346. — Chambre ecclésiastique, 335 (note).

Tourvoye (Le sieur de). Voir Charlet (Étienne).

Toussaint (Gilles), tenant place à laver. Assigné à la requête de Saint-Magloire, 232.

Traînée (Rue), 204 (note).

TRAINEL (Marquis DE). Voir JUVENAL DES URSINS (François).

TRAINS DE BOIS. Leur circulation sur les rivières d'Armançon, Yonne et Cure, 333.

TRAITE FORAINE. Arrêt du Conseil concernant le bureau où se doit faire le payement des droits, 125-126.

TRAVAILLÉ (Philippe). Enseigne de la milice bourgeoise au quartier du Sépulcre, 13.

TRAVAILLOT (Jean), charretier. Injures adressées à l'Échevin Perrot, 169 (note).

TRAVAUX DE LA VILLE. Jean Dorival nommé conducteur des travaux sous la direction du Maître des œuvres, 49 (note).

TRAVERS (Pierre), marchand de bois. Poursuivi pour avoir vendu du bois pendant la nuit, 105 (note). — Voir CHAPPERON (Marie).

TRAVERSE (La), rue de la Mortellerie, 17.

TRENTE (Concile de). Interdiction de l'envoi de quêteurs, 18 et note.

TRENTE SOLS (Ferme des) pour muid de vin entrant dans la Ville. On profite du prochain renouvellement de son adjudication pour en réclamer la suppression; lettres adressées par le Bureau au Chancelier, 144-145, 150. — Joseph Aubry propose de se charger de la conduite des eaux de Rungis s'il lui est fait abandon de cette ferme pour six ans, 156. — Une partie du produit est affectée à la construction de l'aqueduc des eaux de Rungis, 176. — Son adjudication, 177. — Sommes que le fermier doit fournir à l'entrepreneur de l'aqueduc des eaux de Rungis, 206, 208.

TRÉSOR (Chambre du). Voir TRÉSORIERS GÉNÉRAUX DE FRANCE.

TRÉSOR DE LA VILLE. Les deux exemplaires de *Lutetia* offerts par R. Boutrays y seront déposés, 59.

TRÉSOR DES CHARTES (Registres du), 198 (note).

TRÉSORIERS GÉNÉRAUX DE FRANCE. Assignation donnée par-devant eux au fermier de la chaussée du Bourget, 27. — Conflit avec le Bureau au sujet du curage des égouts, 33-37. — Reçoivent ordre de surseoir aux travaux commencés pour le curage des égouts, 36; — le Conseil du Roi décide qu'ils dirigeront ces travaux de concert avec le Bureau, 37 (note). — Adjudication en la Chambre du Trésor des travaux pour le curage des égouts, 38 (note). — Ordonnance relative aux travaux pour l'écoulement des eaux de la rue d'Anjou, 78 (note). — Commettent Simon Harnier pour exercer la charge de maître des œuvres de charpenterie des bâtiments du Roi pendant l'échevinage de Jean Fontaine, 94 (note). — Le roi leur communique les offres de Christophe Marie pour la construction d'un pont; visite qu'ils ordonnent, 150, 151, 153. — Rapport d'experts les invitant à s'opposer à la construction du pont Marie, 151. — Commission qui leur est délivrée pour procéder aux expropriations exigées par la construction du palais du Luxembourg, 157 (note). — Requête à eux adressée par les officiers du Guet à fin d'entérinement des lettres par eux obtenues pour la continuation de la levée de 15 sols par muid de sel, 192. — Commission qui leur est donnée par le Roi pour surveiller les travaux de l'aqueduc de Rungis, 205-

206. — Conflit à ce sujet avec le Bureau de la Ville, 205-206 (note), 207 (note). — Requête du Bureau pour réclamer contre cette commission, 208-209. — N'ont jamais eu la direction et conduite des fontaines de la Ville, 208. — Commission qui leur est donnée conjointement avec les Prévôt des Marchands et Échevins, pour la surveillance et conduite des travaux de l'aqueduc des eaux de Rungis, 209 (note), 215-216. — Avis sur l'établissement d'un coche d'eau, 210. — Avis sur le projet du pont Marie, 213 et note, 219. — Ordonnance autorisant François de Castille à élever un balcon sur la maison qu'il construit le long du quai conduisant de l'Arsenal à la Grève, 302 (note). — Avis sur la construction d'un quai à Suresnes et adjudications des travaux, 324, 325 (note). — Ordonnance portant que Jean Gobelin aura la conduite de l'entreprise des travaux de Rungis en remplacement de Jean Coing, 331 (note). — Sentence relative aux indemnités dues à des particuliers pour les travaux des fontaines de Rungis, 332 (note). — Vieux registre du greffe du Trésor, servant de base à un procès au sujet du pied fourché, 334. — Visite des travaux de Rungis, 365 (note). — Visites de l'emplacement proposé pour le pont Marie afin d'en donner l'alignement, 378-380. — Réclamation portée devant eux par Pierre Le Brun contre Christophe Marie, 380 (note).

TRÉSORIERS PROVINCIAUX DU CLERGÉ. Leurs gages à la charge de la Ville, 25, 27.

TRÉVOUX (*Dictionnaire* de), cité, 8 (note), 144 (note), 245 (note), 363 (note).

TRIBOUST (Martin), commis de Philippe de Gondi. Autorisé par le Bureau à contrôler les payements d'arrérages de rente exécutés par Jean de Moisset, 308. — Demeure d'accord de ce que Philippe de Gondi doit encore pour le payement des rentes du sel, 327.

TRILPORT (Le sieur DE). Voir AUBERY (Robert).

TRINITÉ (La), enseigne de la rue Saint-Antoine, 260.

TRINITÉ (Hôpital de la). Bourses pour l'éducation d'enfants qui en viennent, 222.

TROCHE (Le sieur). Dizenier au quartier du Temple, 7.

TROIS-MARIES (Place des), 204 (note).

TROIS-POISSONS (Rue des). Voir POISSON (Rue du).

TRONCHET (Le sieur), marchand de soie. Capitaine au quartier Saint-Jacques-de-l'Hôpital, 11.

TRONSON (Jean), cinquantenier. Sentence du Bureau relative à la possession de sa charge, 376 (note).

TROUILLARD (Le sieur), avocat. Lieutenant de la milice bourgeoise au quartier Saint-Séverin, 9.

TROUSSEVACHE (Fontaine), 239 (note). — Recherches pour déterminer la cause du manque d'eau qu'on y constate, 368 (note).

TROUSSEVACHE (Rue), au quartier du Sépulcre, 12 (note).

TROUSSY (Pierre de), 240.

TROUVÉ (Le sieur). Dizenier au quartier Saint-Jacques-de-l'Hôpital, en 1594, 10 (note).

TROYES (Aube). Propositions faites pour rendre la Seine navigable du côté de cette ville, 234-236.

TUBERT (Le sieur). Dizenier au quartier Saint-Séverin, 8.

TURBEUF (Colin), poissonnier, 199 (note).

Tuetey (Alexandre). *Bannières du Châtelet*, citées, 31 (note).

Tugny (Source de), dans la Côte-d'Or, 233 (note).

Tuileries (Château des), 213 (note). — Pont sur les remparts de la Ville derrière le jardin, 48-49 ; — projet proposé pour la façon du chemin qui y conduit, 48-49 (note). — Gondole et vase de bronze fournis pour le grand vivier du jardin, 129 (note). — Attribution proposée pour elles de partie des eaux de Rungis, 157. — Bac établi pour faire passer les matériaux destinés à la construction du château, 191 (note). —

Voir Bac. — Terres fouillées autour du rempart qui se trouve au bout du jardin, 249 (note).

Tuiliers. Plusieurs sont consultés par le Bureau sur un privilège accordé par le Roi à des marchands anglais pour la fabrication d'ouvrages d'argile imitant le marbre, 355.

Turcault (Le sieur), sergent au Châtelet. Procès qu'il a pendant au Parlement au sujet de poursuites exercées en vertu d'une sentence du Lieutenant civil concernant les recherches dans les maisons; 96.

Tutelle (Charge de). L'office de dizenier en exempte, 228-229.

U

Ubaldini (Robert), nonce du Pape. Son rang au service funèbre de la reine d'Espagne, 120 et note.

Université de Paris. Le Recteur est convoqué au service funèbre de la reine d'Espagne, 120 ; — son rang, 121. — François Clément, étudiant. Voir Clément.

Université (Quartier de l'), 220. — Utilité que lui procurerait le pont Marie, 151.

V

Vacations (Chambre des). Voir Parlement.

Vacherie (Quai de la). Voir Rouen.

Vaches (Île des). Projets de Pierre Bizet, 221. — Études pour l'alignement du pont Marie, 379 et note. — Réunie à l'île Notre-Dame, 380 (note).

Vaillant (Nicolas). Enseigne de la milice bourgeoise au quartier Saint-Jacques-la-Boucherie, 8.

Vaillant (Nicolas), marchand de bois. Enseigne de la milice bourgeoise au quartier Saint-Eustache, 12.

Vaillant de Guélis (Jean). Sa veuve, 92 (note).

Vaillant de Guélis (Catherine), femme de Charles Tellier, 132 (note).

Vaillant de Guélis (Françoise), veuve de Louis du Moulinet, 132 (note).

Vaillant de Guélis (Madeleine), femme de Jacques Godet, 132 (note).

Vailly (Le sieur de). Représentant des bourgeois de son quartier à une assemblée générale de la Ville, 146.

Vailly (Nicolas de). Appel au Parlement contre Pasquier Le Roy, 228-229.

Val-de-Grâce (Monastère du). Construit sur l'emplacement de l'hôtel de Valois, 222 (note).

Valetz, huissier du Conseil d'État. Signification d'arrêt, 192.

Vallegran (Le sieur de). Voir Pasquier.

Valois (Noël). *Inventaire des arrêts du Conseil du Roi*, cité, 89 (note), 122 (note).

Valois (Hôtel de). Premier siège de la congrégation de l'Oratoire, 222 (note).

Vandovie (Jeanne), femme de Michel Marescot, 69 (note).

Vanne (La), rivière. Commission délivrée à Pierre de la Salle pour s'informer du bois qui existe à proximité de cette rivière, 196-197. — Le Prévôt des Marchands fait étudier l'influence qu'aurait sur l'approvisionnement du bois son ouverture à la navigation, 235. — Avis favorable donné par le Bureau de la Ville sur les propositions faites au Conseil du Roi par Simon Dujac

pour rendre la rivière navigable, et tarif des droits de péage proposés, 252-255.

Vannelly (Le sieur). Caution de Philippe de Gondi, 321.

Vannerie (Rue de la), 14 (note), 65, 66.

Varade (Jean de), écuyer, 132 (note).

Varade (Marie de), veuve d'Audebert Cattin, 132 (note).

Vascosan (Jeanne), femme de Frédéric Morel, 8 (note).

Vatan (Marquis de). Voir Auberi (Robert).

Vaudémont (François, comte de). Salué par la Ville, au Louvre, 109.

Vaugirard neuve (Rue de), ou rue de l'Hôtel-de-Condé. Son pavage, 43 (note).

Vauhardy (Le sieur de). Caution de Philippe de Gondi, 321.

Vauselle (Le sieur). Dizenier au quartier Saint-Séverin, 9.

Vaussant (Le sieur). Enseigne de la milice bourgeoise au quartier Saint-Martin, 2.

Vaussemain, *alias* Vaucemain (Le sieur de). Voir Largentier.

Vaux (Le sieur de). Voir Chanteclerc (Charles).

Veaux. Tarif du droit de péage sur l'Oise, 245.

Vellefaux (Claude), voyer de Saint-Germain-des-Prés, architecte. Enseigne de la milice bourgeoise au faubourg Saint-Germain-des-Prés, 9 et note. — Consulté pour la rédaction du devis de l'aqueduc des eaux de Rungis, 175, 176. — Assiste à une visite des travaux de Rungis, 365 (note).

Vendeurs et contrôleurs de vins. Classés parmi les grands offices de la Ville, 164. — Opposition qu'ils font à l'enregistrement des lettres patentes obtenues par les hôteliers et cabaretiers, 232. — Avis du Bureau sur la résignation d'un de ces offices, 277.

Vendôme (César, duc de). Lesueur, son trésorier, 279. — Troubles suscités en Poitou et en Bretagne, 369 (note).

Venise (Ambassadeur de) en France. Relation des réjouissances célébrées à l'occasion des futurs mariages espagnols, 137 (note). — Voir Giustinian.

VERDERONNE (Le sieur DE). Voir L'AUBESPINE.
VERDUN (Nicolas DE) père, 72 (note).
VERDUN (Nicolas DE), Premier Président au Parlement. Messieurs de la Ville lui rendent visite en son hôtel après son installation, 71-72 et notes. — Notice biographique, 71-72 (note); sa réception comme Premier Président, ses débuts, 72 (note). — Élu gouverneur de l'Hôtel-Dieu, 72 (note). — Messieurs de la Ville le prient de fixer le jour de la procession de la châsse de sainte Geneviève, 83. — Son rang à cette procession, 85. — Rétablissement de fontaine en sa maison de la rue des Mauvaises-Paroles, 198.
VERGNETTE (Le sieur). Opposition à la vente de sa maison, chargée d'une rente envers la Ville, 48 (note).
VERMENTON (Yonne). Une inondation disperse le bois existant sur le port, 271-273. — Hôtellerie de Saint-Hubert, 272 (note).
VERNEUIL (Oise). Un sergent y est envoyé pour hâter la venue des bateaux chargés de bois, 80.
VERNOLLES (Le sieur DE). Dizenier au faubourg Saint-Marcel, 5.
VERNON (Forêt de). Commerce du bois, 221.
VERNUSSE (Abbé commendataire de la). Voir RACINES (Martin DE).
VERRERIE (Rue de la), 161 (note).
VERRERIES. Le Bureau de la Ville demande que les verreries soient établies dans les centres de production de bois plutôt qu'à Paris, 247 (note).
VERRIERS (Jurés) à Paris. Appel interjeté d'une sentence rendue au profit de Jean Mareschal, maître de la verrerie du faubourg Saint-Germain, 247 (note).
VERSIGNY (Christophe RECTOR DE MARLE, sieur DE), Conseiller de la Ville. Convoqué aux assemblées électorales, 19, 91, 163, 278, 377; — à une assemblée générale de la Ville, 55; — à des assemblées du Conseil de la Ville, 86, 216, 371. — Présent aux élections municipales, 20, 91, 167, 278; — à des assemblées du Conseil de la Ville, 24, 47, 52, 54, 86, 87, 176, 183, 217, 224, 235, 250, 292, 317, 321, 369; — à une assemblée générale de la Ville, 56. — Convoqué au *Te Deum* chanté à Notre-Dame à l'occasion du sacre du Roi, 38; — à la cérémonie de l'entrée du Roi à Paris, au retour du sacre, 41; — à la procession de la Réduction, 68, 240; — à la messe de la Réduction, 71, 140; — à la procession de la châsse de sainte Geneviève, 83-84. — Rétablissement d'une fontaine dans sa maison, 121 et note. — Seul Conseiller présent à une assemblée convoquée pour entendre ce qui s'est passé à Fontainebleau au sujet des rentes sur le sel, 303-304.
VERSOIGNE, *alias* VERSONGNE (Gervais DE). Assigne la Ville en payement d'une fourniture de chevaux faite pendant la Ligue, 347. — Requêtes du Bureau de la Ville au Parlement contre lui, 350, 357. — Le Parlement repousse sa réclamation, 358.
VERSY (Anne DE), veuve de Guillaume Marchant. Donation à ses enfants, 29 (note).
VERTHAMON (François DE), *Vertamont*, conseiller au Parlement. Capitaine de la milice bourgeoise au quartier Notre-Dame, 10 et note.

VERTON (Le sieur DE), secrétaire du Roi et de ses finances. Capitaine de la milice bourgeoise au quartier Saint-Germain-l'Auxerrois, 15.
VERTON (Pierre DE), correcteur des Comptes. Lieutenant de la milice bourgeoise au quartier Saint-Antoine, 6.
VERTOT (Abbé DE). *Histoire des Chevaliers de Malte*, citée, 44 (note).
VERTUS (Comte DE). Voir BRETAGNE (Louis DE).
VESINS (Louis DE). Assignation donnée à sa requête à Pierre Perrot, Procureur du Roi de la Ville, 337.
VESSIERES (Le sœur). Enseigne de la milice bourgeoise au quartier du Sépulcre, 13.
VEZELAY (Yonne). Grenier à sel. Contraintes à exercer contre le sous-fermier, 300. — Voir DU GAEC (Gabriel).
VIC (Merri DE). Séance au Conseil du Roi, 29, 81, 246. — Commis pour examiner les plaintes de la Ville contre le Clergé, 29, 30, 227, 250.
VICTOIRES (Figures de) sculptées au-dessus de la cheminée de la grande salle de l'Hôtel de Ville, 241.
VICTON (Le sieur), secrétaire du Roi. Lieutenant de la milice bourgeoise au quartier Saint-Martin, 2.
VIEILLARD (Le sieur) l'aîné. Lieutenant de la milice bourgeoise au quartier Notre-Dame, 10.
VIEILLARD (Le sieur), trésorier de France. Député des bourgeois de son quartier aux élections municipales, 92.
VIEIL CHEMIN DE SAINT-MAUR (Regard du), 65.
VIEILLE-DU-TEMPLE (Rue), 5 (note), 32. — Rétablissement d'une fontaine dans la maison de M. de Versigny, 121 et note. — Fontaine en la maison du Président de Jambeville, 218 (note). — Maison d'Étienne Puget, 238 (note).
VIEILLE-MONNAIE (Rue de la), 7 (note).
VIEUX-AUGUSTINS (Rue des). Saisie de bois amassé dans un magasin, 204.
VIGNES (Regard des), 65.
VIGNY (François DE), ancien receveur général du Clergé, 51.
VIGOR (Le sieur), avocat au Conseil privé. Lieutenant de la milice bourgeoise au quartier Saint-Germain-l'Auxerrois, 15.
VILLAINES (Guillaume DE), marchand de bois. Requête au Bureau, 271 (note), 272, 273. — Accompagne les commissaires envoyés en Bourgogne à la suite des inondations, 272 (note).
VILLEJUIF (Seine), 155 (note), 269 (note), 285.
VILLELOING (Le sieur DE). Voir DU MOULINET (Louis).
VILLEMANOCHE (Yonne), 272 (note).
VILLENAUXE (Le prieur de). Voir HENNEQUIN (Dreux).
VILLENEUVE-LA-GUYARD (Yonne), 272 (note).
VILLENEUVE-LE-ROI (Yonne), 272 (note).
VILLENEUVE-SAINT-GEORGES (Seine-et-Oise), 105 (note). — Service de bateaux pour Paris, 210 (note).
VILLEROY (Nicolas III de Neuville, sieur DE). Achète le château de Conflans, 354 (note).
VILLEROY (Nicolas IV de Neuville, sieur DE), secrétaire d'État. Fait partie de la «légende de Saints [cinq] Nicolas», 72 (note). — Assiste aux plaintes portées par le Bureau de la Ville devant la Reine contre les entreprises du Lieutenant civil sur le fait de la police

des armes, 352, 353. — Se trouve à Conflans le jour où les membres du Bureau se présentent chez lui, 354. — Ses travaux au château de Conflans, 354 (note). — Examen du plan des fontaines de Rungis, 365 (note).

VILLERS-EN-VEXIN (Eure). Seigneur. Voir TESTU (Louis).

VILLES MARITIMES. Lettre qui leur sera adressée par le Bureau de la Ville pour les engager à s'intéresser à l'établissement de la navigation des Indes et à envoyer aux États généraux des personnes compétentes pour étudier cette question, 381 et note.

VILLETTE (La), 130, 267.

VILLIERS (Le sieur DE). Voir LECOCQ (Joseph).

VILLIERS (David DE), sculpteur. Marché pour la cheminée de la grande salle de l'Hôtel de Ville, 241. — Marin de la Vallée veut faire rompre ce marché, 262 (note).

VIN. C'est à la Ville qu'appartient de fixer le prix du vin muscat, 45-46 et note. — Le premier vin de l'année qu'on apporte à Paris est exempt des droits d'entrée, 94 (note). — Les maîtres et gardes de la marchandise de vin avertissent le Bureau du prochain renouvellement de la ferme des 30 sols pour muid de vin entrant dans la Ville afin d'obtenir des démarches pour sa suppression, 144-145. — Augmentation exagérée des frais qui pèsent sur cette marchandise, 145. — Lettre adressée au Chancelier pour lui demander de s'employer à faire supprimer l'imposition de 30 sols pour muid sur le vin entrant dans la Ville, 144-145; — autre lettre de remerciement pour ses promesses, 150; — démarches faites par Sanguin à ce sujet et leur résultat, 156. — Les maîtres et gardes de la marchandise de vin consentent à l'enregistrement des lettres patentes obtenues par les hôteliers et cabaretiers, 232. — Tarif du droit de péage du vin sur l'Armançon, 237; — sur l'Oise, 245; — sur la Vanne, 255. — Vin distribué aux ouvriers de Rungis en signe de réjouissance de la pose de la première pierre du grand regard, 268-269. — Défense de vendre du vin mélangé d'eau, 313-314. — Poursuites exercées pour ce motif, 314 (note). — Voir COURTIERS, CRIEURS, DÉCHARGEURS, GARDE DE L'ÉTAPE AU VIN, HÔTELIERS ET CABARETIERS, JAUGEURS, VENDEURS ET CONTRÔLEURS.

VINAIGRE. Tarif du droit de péage sur l'Oise, 245; — sur la Vanne, 255.

VINCELLE (Le sieur DE), conseiller. Délégué des bourgeois de son quartier à l'assemblée de l'Élection, 168.

VINCENNES (Bois de). Le roi y dîne, à son retour du sacre, 41.

VINCENT (Antoine). Dizenier au quartier Saint-Germain-l'Auxerrois, 15.

VINCENT (Charles), échevin de la ville d'Eu. Rente dont il est chargé envers Jean Legay, 67.

VINET (Claude), maître cordier. Assigné au For-l'Évêque pour une place donnée à bail par la Ville, 106 et note.

VINGRIER (Louis), archer de la Ville. Cassé pour cause d'inexactitude aux convocations, 74 (note).

VIOLENCES ET EXCÈS. — Les colonels doivent veiller à ce que les bourgeois aient des armes prêtes pour résister aux perturbateurs de l'ordre, 365, 367.

VIOLLE (Le sieur), conseiller au Parlement. Député des bourgeois de son quartier aux élections municipales, 92.

VIOLLE, sieur de Roquemont, Conseiller de la Ville. Présent aux élections municipales, 20, 91, 167, 278; — à une assemblée du Conseil de la Ville, 369; — à une assemblée générale de la Ville, 113.

VITOT (André), entrepreneur du nettoiement des boues du quartier Saint-Honoré. Autorisé à faire des travaux de consolidation au pont de la porte Montmartre, 74 (note).

VITRES de verre. Tarif du droit de péage sur l'Oise, 245; — sur la Vanne, 255.

VITRY (Le maréchal DE), 337 (note).

VIVIEN (Catherine), seconde femme de Claude Aubery, 39 (note).

VIVIER (Hubert), voiturier par eau. Réclamation au sujet de l'alignement du pont de Gournay, 312 (note).

VOICTURE (Le sieur), marchand. Enseigne de la milice bourgeoise au quartier du Sépulcre, 13.

VOIRIE (Commis à la). Voir GUYOT (Isidore), MASSON.

VOISIN (Le sieur). Dizenier au faubourg Saint-Marcel, 5.

VOISIN (Le sieur), habitant près du moulin Coupeaux, 204.

VOISIN (Le sieur). Signe un arrêt du Parlement, 228.

VOISIN (Claude), entrepreneur des ouvrages de pavé de la rue Dauphine. Chargé de paver la noue de l'égout de la rue d'Anjou, 78 (note).

VOISIN (Henri), marchand de vin. Enseigne de la milice bourgeoise au quartier Saint-Eustache, 12.

VOISIN (Pierre), maître paveur. Adjudicataire des travaux de conduite au Louvre de l'eau des fontaines de la Ville, 17. — Enchères pour le pavage du pont du rempart derrière le jardin des Tuileries, 49.

VOITURIERS PAR EAU. Reçoivent ordre de garer leurs bateaux à cause des glaces, 122-123. — Sont hostiles au projet de construction du pont Marie, 152. — Défense leur est faite de charger bois en flettes ou nacelles, 200. — Assemblée de bourgeois et voituriers concluant à l'utilité du pont Marie, 203-204, 213, 219-220. — Consultés par le Bureau de la Ville pour le tarif des droits de péage sur l'Oise, 243. — Consultés sur les propositions de Samson Dujac pour rendre la Vanne navigable, 252. — Réclament la construction d'un quai à Suresnes, 324. — Convoqués à la visite des lieux faite pour choisir l'emplacement du pont Marie, 378, 379.

VOLLANT (Le sieur), maître horloger. Assiste à l'adjudication pour l'entreprise de l'horloge de l'Hôtel de Ville, 129.

VOLLE (Le président DE). Délégué des bourgeois de son quartier à l'assemblée électorale, 168.

VOYER (Grand). Voir GRAND VOYER.

VUIVELLOT. Voir SORNET (Jean).

VYC (Nicolas), marchand. Lieutenant de la milice bourgeoise au quartier du Sépulcre, 13.

VYON (Ézéchiel), maître des Comptes. Capitaine de la milice bourgeoise au quartier Saint-Jean, 4. — Rapporteur de l'affaire concernant la commission de Filacier, 181. — Délégué des bourgeois de son quartier à l'assemblée électorale, 280.

W

Wailly (Nicolas), marchand cabaretier. Requiert avoir le prix de vin muscat qu'il veut vendre au détail, 46 (note).

Y

Yard (Nicolas). Présent à une assignation donnée par la Ville, 322.
Yon (Le sieur). Dizenier au quartier du Sépulcre, 13.
Yonne (L'), rivière, 233 (note), 236. — Plaintes que les marchands et voituriers qui fréquentent la rivière font sur les roches de Montereau et de Samois, 144. — Crue subite, 271 et note, 272 ; — disperse le bois emmagasiné sur les ports, 275. — Règlement pour la navigation, 333.
Yvert (Le sieur). Candidat à l'Échevinage, 282.

Z

Zamet (Jean), 41 (note).
Zamet (Sébastien), surintendant de la maison de la Reine, capitaine de Fontainebleau. La Reine dine en sa maison au retour du sacre, 41 et note; — y assiste au passage du Roi, 42 (note).
Zamet (Sébastien), évêque de Langres, 41 (note).

TABLE DU VOLUME.

	Pages.
Sommaires (années 1610-1614)...	1 à xxiv
Texte du Volume :	
Années.	
1610..	1
1611..	58
1612..	193
1613..	216
1614..	398
Table alphabétique des matières, des noms de personnes et de lieux................	385

```
DC      Paris
702         Registres des délibérations
P3      du bureau de la ville de Paris
t.15
```

PLEASE DO NOT REMOVE
CARDS OR SLIPS FROM THIS POCKET

UNIVERSITY OF TORONTO LIBRARY

HISTOIRE GÉNÉRALE DE PARIS.
COLLECTION DE DOCUMENTS ORIGINAUX.

*(Géologie, topographie, numismatique, héraldique, métiers et corporations, bibliothèques, épitaphiers,
études d'histoire communale, registres municipaux, etc.)*

DERNIERS OUVRAGES PARUS.

Topographie historique du vieux Paris :
I et II. Région du Louvre et des Tuileries, par A. Berty; deux volumes avec 61 planches sur acier, 21 bois gravés,
2 héliographies et 4 feuilles d'un plan général de restitution. (Deuxième édition.)............ 100 fr.
III. Région du bourg Saint-Germain; un volume avec 47 planches hors texte et 12 bois gravés............. 100 fr.
IV. Région du faubourg Saint-Germain; un volume avec 34 planches hors texte, 5 bois gravés et 3 feuilles de plan. 100 fr.
V. Région occidentale de l'Université; un volume avec 46 planches hors texte, 35 bois gravés et une feuille de plan. 100 fr.
VI. Région centrale de l'Université; un volume avec 28 planches hors texte, 12 bois gravés et une feuille de plan. 100 fr.

Le Livre des Métiers d'Étienne Boileau (XIIIe siècle), publié par René de Lespinasse et François Bonnardot, anciens
élèves de l'École des Chartes, accompagné d'une introduction historique et d'un glossaire; un volume enrichi de fac-similés
en chromolithographie. (Ouvrage couronné par l'Institut.)... 80 fr.

Les Métiers et Corporations de la ville de Paris, recueil de statuts, règlements et autres dispositions ayant régi
l'industrie parisienne depuis le XIIIe siècle jusqu'à la fin du XVIIIe siècle, par René de Lespinasse, ancien élève de l'École des
Chartes. (Suite du *Livre des Métiers*.)
Tome I. Ordonnances générales. — Métiers de l'alimentation; un volume avec 84 bois gravés.......... 60 fr.
Tome II. Orfèvrerie, sculpture, mercerie, ouvriers en métaux, bâtiment et ameublement; un volume avec 3 planches
hors texte et 93 bois gravés.. 60 fr.
Tome III. Tissus, étoffes, vêtements, cuirs et peaux, métiers divers................................ 60 fr.

Registres du Bureau de la Ville. Recueil des délibérations de l'ancienne municipalité parisienne :
Tome I, 1499-1526. (Texte édité et annoté par F. Bonnardot, ancien élève de l'École des Chartes.).......... 60 fr.
Tome II, 1527-1539. (Texte édité et annoté par Alexandre Tuetey, sous-chef de section aux Archives nationales.) 60 fr.
Tome III, 1539-1552. (Texte édité et annoté par Paul Guérin, secrétaire des Archives nationales.).......... 60 fr.
Tome IV, 1552-1558. (Texte édité et annoté par F. Bonnardot, ancien élève de l'École des Chartes.)......... 60 fr.
Tome V, 1558-1567. (Texte édité et annoté par Alexandre Tuetey, sous-chef de section aux Archives nationales.) 60 fr.
Tome VI, 1568-1572. (Texte édité et annoté par Paul Guérin, secrétaire des Archives nationales.).......... 60 fr.
Tome VII, 1572-1576. (Texte édité et annoté par F. Bonnardot, ancien élève de l'École des Chartes.)........ 60 fr.
Tome VIII, 1576-1586. (Texte édité et annoté par Paul Guérin, secrétaire des Archives nationales.)........ 60 fr.
Tome IX, 1586-1590. (Texte édité et annoté par F. Bonnardot, ancien élève de l'École des Chartes.)........ 60 fr.
Tome X, 1590-1594. (Texte édité et annoté par Paul Guérin, secrétaire des Archives nationales.)........... 60 fr.
Tome XI, 1594-1598. (Texte édité et annoté par Alexandre Tuetey, sous-chef de section aux Archives nationales.) 60 fr.
Tome XII, 1598-1602. (Texte édité et annoté par Paul Guérin, chef de section aux Archives nationales.).... 60 fr.
Tome XIII, 1602-1605. (Texte édité et annoté par Paul Guérin, chef de section aux Archives nationales.)... 60 fr.
Tome XIV, 1605-1610. (Texte édité et annoté par Léon Le Grand, archiviste aux Archives nationales.)...... 60 fr.
Tome XV (Texte édité et annoté par Léon Le Grand, conservateur aux Archives nationales.)................ 60 fr.

Le Cartulaire général de Paris. Recueil de documents relatifs à l'histoire et à la topographie de Paris, par Robert
de Lasteyrie, professeur à l'École des Chartes, membre de l'Institut.
Tome I, Chartes de 528 à 1180; un volume avec un bois gravé et 5 planches en héliogravure coloriées....... 80 fr.

Épitaphier du vieux Paris, recueil général des inscriptions funéraires des églises, couvents, collèges, hospices, cimetières et
charniers parisiens depuis le Moyen Âge jusqu'à la fin du XVIIIe siècle, formé et publié par Émile Raunié, ancien élève de l'École des Chartes.
Tome I, nos 1 à 524 : Saint-André-des-Arcs — Saint-Benoît; un volume avec 7 planches hors texte et 64 bois gravés. 60 fr.
Tome II, nos 525 à 980 : Bernardins — Charonne; un vol. avec 9 pl. hors texte et 136 bois gravés........... 60 fr.
Tome III, nos 981 à 1511 : Chartreux — Saint-Étienne-du-Mont; un vol. avec 10 pl. hors texte et 105 bois gravés. 60 fr.
Tome IV, nos 1512 à 2053 : Saint-Eustache — Sainte-Geneviève-la-Petite; revu et mis à jour par Max Prinet. 60 fr.

La Bastille (1370-1789). Histoire et description des bâtiments, régime de la prison, événements historiques,
par Fernand Bournon, ancien élève de l'École des Chartes. Un volume avec 11 planches en héliogravure hors texte.

La Faculté de Décret de l'Université de Paris au XVe siècle, par Marcel Fournier, agrégé des Facultés de droit,
archiviste-paléographe, et Léon Dorez, sous-bibliothécaire à la Bibliothèque nationale.
Tome I (deuxième section)... 50 fr.
Tome II.. 60 fr.
Tome III... 60 fr.

Les Lettres de cachet à Paris et les prisonniers de la Bastille, par Frantz Funck-Brentano................ 40 fr.

Inventaire des registres des insinuations du Châtelet de Paris, règnes de François Ier et de Henri II, par Émile
Campardon et Alexandre Tuetey, chefs de section aux Archives nationales. Un volume in-8°................ 40 fr.

Recueil d'actes notariés relatifs à l'histoire de Paris et de ses environs au XVIe siècle, par Ernest Coyecque.
Tome I, 1498-1545; articles I-LXVI, nos 1-3608. Un volume in-8°...

Atlas de la censive de l'archevêché dans Paris. Reproduction en fac-similé publiée avec des notices extraites du
terrier de l'archevêché, par Armand Brette.
Tome I, 49 héliographies et un plan d'assemblage.. 80 fr.

Les Artistes parisiens du XVIe et du XVIIe siècles, par Jules Guiffrey, membre de l'Institut.............. 50 fr.

SOUS PRESSE :

La Faculté de Décret de l'Université de Paris au XVe siècle, tome I (première section).
Atlas de la censive de l'archevêché dans Paris, tome II.
Recueil d'actes notariés relatifs à l'histoire de Paris et de ses environs au XVIe siècle, tome II.
Registres du Bureau de la Ville, par L. Le Grand, tome XVI.
Les Comptes de la Ville de Paris de 1424 à 1506, par A. Vidier, tome I.

DÉPÔT CENTRAL DES PUBLICATIONS HISTORIQUES DE LA VILLE DE PARIS :
H. CHAMPION, libraire, quai Malaquais, 5.